2013

编者说明

一、《广东统计年鉴－2013》(下简称《年鉴》)系统收录了全省及各市、县（区）2012年经济、社会各方面的统计数据，以及1978年以来各个主要时期全省主要统计数据，是一部全面反映广东国民经济和社会发展情况的资料性年刊。

二、本《年鉴》正文内容分为21个篇章，即：1.行政区划和自然资源；2.综合；3.国民经济核算；4.人口；5.从业人员和职工工资；6.固定资产投资；7.能源；8.财政、银行和保险；9.价格指数；10.人民生活；11.农业；12.工业；13.建筑业；14.运输和邮电；15.国内贸易；16.对外经济；17.旅游；18.教育、科技和文化；19.体育、卫生、社会福利、社会保险、环保和其他；20.区域经济主要指标；21.县（市）区主要经济指标。同时，附录有4个篇章：1.部分省(市)主要统计指标；2.中国香港特别行政区和中国澳门特别行政区主要统计资料；3.中国台湾省主要统计指标；4.部分国家和地区主要统计资料。为方便读者使用，各篇章前设有《简要说明》，对本篇章的主要内容、资料来源、统计范围、统计方法以及历史变动情况予以简要概述，篇末附有《主要统计指标解释》。

三、本《年鉴》资料主要来自政府各级统计局、国家统计局调查总队的各种定期统计报表和抽样调查资料；部分资料来自中央部属单位和省直有关部门。附录资料根据国家统计局有关资料整理。

四、本年鉴涉及珠江三角洲、东翼、西翼和山区的具体划分为：

珠江三角洲包括：广州、深圳、珠海、佛山、江门、东莞、中山、惠州和肇庆。

东翼指汕头、汕尾、潮州和揭阳。

西翼指湛江、茂名和阳江。

山区指韶关、河源、梅州、清远和云浮。

五、资料中所使用的度量衡单位，除灌溉、播种面积照顾我国使用习惯继续用“亩”为单位外，其余均采用国际统一标准计量单位。

六、本年鉴中部分数据合计数或相对数由于单位取舍不同而产生的计算误差，均未做机械调整。

七、本《年鉴》统计表中的符号使用说明：

“ … ”表示数据不足本表最小单位数；

“ # ”表示其中主要项；

“ 空格 ”表示该项统计指标数据不详或无该项数据；

“ ① ”表示本表下有注解。

八、与2012年版《广东统计年鉴》相比较，本《年鉴》在内容上主要做了如下修订：在《综合篇》中企业景气调查调整了部分内容，增加了重点服务业主要经济指标内容；将原“体育、卫生、社会福利、环保和其他”篇章名称修改为“体育、卫生、社会福利、社会保险、环保和其他”；行业分类使用2011年国民经济行业分类标准。

本《年鉴》在整理编辑过程中，得到省直有关部门和单位的大力支持，在此表示感谢!

EDITOR'S NOTES

I. Guangdong Statistical Yearbook 2013 (hereinafter referred to as the Yearbook) is an annual statistical publication, which reflects comprehensively the economic and social development of Guangdong Province. It covers data for 2012 and key statistical data in some historically important years since 1978 at the provincial level and the local levels of city, county and district.

II.The Yearbook contains twenty-two chapters: 1. Administrative Division and Natural Resources; 2. General Survey; 3. National Economic Accounts; 4. Population; 5. Employment and Wages; 6. Investment in Fixed Assets; 7. Energy; 8. Government Finance, Banking and Insurance; 9. Price Indices; 10. People´s Living Conditions; 11. Agriculture; 12. Industry; 13. Construction; 14. Transport, Postal and Telecommunication Services; 15. Domestic Trade; 16. Foreign Trade and Economic Cooperation; 17. Tourism; 18. Education, Science, Technology and Culture; 19. Sports, Public Health, Social Welfare, Social Insurance, Environmental Protection and Others; 20. Main Economic Indicators of Economic Regions; 21. Main Economic Indicators of Counties (County-level Cities) and Districts. Meanwhile, four chapters are listed as appendices: 1. Main Statistical Indicators of Some Provinces and Municipalities; 2. Main Statistics of Hong Kong and Macao Special Administrative Regions; 3. Main Statistical Indicators of Taiwan Province; 4. Main Statistics of Some Countries and Territories.

III.The data in the Yearbook are mainly obtained from regular statistical reports and sample surveys conducted by the statistical bureaus of all levels of government and the Survey Office of the National Bureau of Statistics in Guangdong. Some data are collected from the departments of the central government and the provincial government. Data in the appendices are compiled from statistical publications published by the National Bureau of Statistics and other sources.

IV. The pearl river delta, east wing, west wing and mountainous areas in the Yearbook are divided as following:

The pearl river delta include Guangzhou, Shenzhen, Zhuhai, Foshan, Jiangmen, Dongguan, Zhongshan, Huizhou and Zhaoqing.

The east wing includes Shantou, Shanwei, Chaozhou and Jieyang.

The west wing includes Zhanjiang, Maoming and Yangjiang.

The mountainous areas include Shaoguan, Heyuan, Meizhou, Qingyuan and Yunfu.

V.The units of measurement used in the Yearbook are internationally standard measurement units, except that the unit of cultivated land and sown areas uses"mu" with regard to the Chinese tradition.

VI. Statistical discrepancies on totals and relative figures due to rounding are not adjusted in the Yearbook.

VII.Notations used in the Yearbook:

" … "indicates that the figure is not large enough to be measured with the smallest unit in the table;

" # " indicates a major breakdown of the total;

" blank space " indicates that the data are unknown or are not available;

" ① " indicates footnotes at the end of the table.

VIII. In comparison with Guangdong Statistical Yearbook 2012, the following revisions have been made in the Yearbook in terms of the statistical contents and in editing:In the chapter of Geneal Survey, part of the data of Business Climate Survey are adjusted and data on key Service are added。 The original chapter of "Sports, Public Health, Social Welfare, Environmental Protection and Others "changes to "Sports, Public Health, Social Welfare, Social Insurance, Environmental Protection and Others". Industry sectors are categorized in accordance with the 2011 Industrial Classification of the National Economy.

Acknowledgements: our gratitude goes to relevant departments and units under the provincial government, from which we have received tremendous support when compiling the Yearbook.

《广东统计年鉴—2013》
编委会和编辑出版人员

Guangdong Statistical Yearbook - 2013
EDITORIAL BOARD AND STAFF

目　　录
CONTENTS

一、行政区划和自然资源
Administrative Divisions and Natural Resources

二、综合
General Survey

四、人口
Population

五、从业人员和职工工资
Employment and Wages

六、固定资产投资

Investment in Fixed Assets

七、能源
Energy

八、财政、银行和保险
Government Finance, Banking and Insurance

十、人民生活

People's Living Conditions

十一、农业
Agriculture

十四、运输和邮电
Transport, Postal and Telecommunication Services

十七、旅游
Tourism

十八、教育、科技和文化
Education, Science & Technology and Culture

二十一、县（市）区主要经济指标

Counties and Districts Under City Administration

一、行政区划和自然资源

ADMINISTRATIVE DIVISIONS AND NATURAL RESOURCES

一　行政区划和自然资源

简要说明

一、本篇资料反映广东省行政区划、自然资源的开发和利用等情况。自然资源包括土地 、气候、森林、水利、矿产资源情况。

二、本篇资料由广东省统计局综合处负责整理、编辑。

三、资料来源：

行政区划资料由省民政厅提供；

矿产、土地资源资料由省国土资源厅提供；

海洋资料由省海洋与渔业局提供；

气象资料由省气象局提供；

森林资源资料由省林业厅提供；

水利资料由省水利厅提供。

1 Administrative Divisions and Natural Resources

Brief Introduction

Ⅰ.This chapter covers the data on divisions of administrative areas, land area, natural conditions and the exploitation and utilization of the natural resources of Guangdong Province. Natural resources cover land, climate, forest, water conservancy and mineral resources.

Ⅱ.The data in this chapter are prepared and compiled by the Division of Comprehensive Statistics of Statistics Bureau of Guangdong Province

Ⅲ.The data resources come as follows:

The data on divisions of administrative areas are provided by the Civil Affairs Department of Guangdong Province.

The data on mineral and land resources are provided by the Land and Resources Department of Guangdong Province.

The data on ocean are provided by the Oceanic and Fishery Administration of Guangdong Province.

The data on meteorological phenomena are provided by the Meteorological Bureau of Guangdong Province.

The data on forest are provided by the Forestry Administration of Guangdong Province.

The data on water conservancy are provided by the Water Resources Department of Guangdong Province.

1-1 行政区划（2012年）

Divisions of Administrative Areas (2012)

单位：个 (unit)

市别	City	地级市 Number of Cities at Prefectural Level	县级市 Number of Cities at County Level	县 Number of Counties	自治县 Number of Autonomous Counties	市辖区 Number of Districts under the Jurisdiction of Cities	市辖镇 Number of Towns under the Jurisdiction of Cities	乡 Number of Townships	#民族乡 Ethnic Townships	街道 Number of Street Communities
全省合计	**Provincial Total**	**21**	**23**	**39**	**3**	**56**	**1131**	**11**	**7**	**444**
广州	Guangzhou	1	2			10	35			133
深圳	Shenzhen	1				6				57
珠海	Zhuhai	1				3	15			9
汕头	Shantou	1		1		6	32			37
佛山	Foshan	1				5	21			12
#顺德	Shunde					1	6			4
韶关	Shaoguan	1	2	4	1	3	93	1	1	10
河源	Heyuan	1		5		1	94	1	1	5
梅州	Meizhou	1	1	6		1	104			6
惠州	Huizhou	1		3		2	52	1	1	16
汕尾	Shanwei	1	1	2		1	44			10
东莞	Dongguan	1					28			4
中山	Zhongshan	1					18			6
江门	Jiangmen	1	4			3	61			17
阳江	Yangjiang	1	1	2		1	38			9
湛江	Zhanjiang	1	3	2		4	82	2		37
茂名	Maoming	1	3	1		2	87			22
肇庆	Zhaoqing	1	2	4		2	91	1	1	14
清远	Qingyuan	1	2	2	2	2	77	3	3	5
潮州	Chaozhou	1		2		1	41			9
揭阳	Jieyang	1	1	2		2	63	2		18
云浮	Yunfu	1	1	3		1	55			8

注：本行政区划截止2012年底。

Note: The divisions of administrative areas reflect the status at the end of 2012.

1-2 自然资源（2012年）
Natural Resources (2012)

项目		Item		2012
一、土地资源和海洋		**Land Resources and Sea**		
土地面积	（平方公里）	Total Land Area	(sq.km)	179611.6
耕　地	（万公顷）	Cultivated Land	(10000 hectares)	261.62
林　地	（万公顷）	Afforested Land	(10000 hectares)	1006.78
园　地	（万公顷）	Plantation	(10000 hectares)	130.33
牧草地	（万公顷）	Grass Land	(10000 hectares)	0.32
海域总面积	（万平方公里）	Total Area of Sea	(10000 sq.km)	41.9
海洋滩涂面积	（万公顷）	Sea Beach Area	(10000 hectares)	20.4
海岛面积	（平方公里）	Area of Islands	(sq.km)	1592.7
大陆海岸线长度	（公里）	Length of Continental Coastline	(km)	4114.4
岛屿岸线长度	（公里）	Length of Island Coastline	(km)	2428.7
岛屿个数	（个）	Number of Islands	(unit)	1431
二、气候		**Climate**		
年平均降雨量	（毫米）	Annual Average Precipitation	(mm)	1847.6
年平均气温	（摄氏度）	Annual Average Temperature	(℃)	21.8
年日照时数	（小时）	Annual Sunshine Hours	(hour)	1547.9
三、森林		**Forest**		
活立木蓄积量	（亿立方米）	Total Standing Stock Volume	(100 million cu.m)	4.92
森林覆盖率	（%）	Forest Coverage Rate	(%)	57.7
四、水力水产		**Hydropower and Aquatic Products**		
水力资源理论蕴藏量	（万千瓦）	Theoretical Hydropower Resources	(10000 kw)	1137.2
#可开发装机容量		Developable Resources		824.5
海水养殖可养面积	（万公顷）	Cultivatable Area in Marine Areas	(10000 hectares)	77.6
淡水可养面积	（万公顷）	Cultivatable Area in Freshwater Areas	(10000 hectares)	49.59
五、矿产		**Mineral Resources**		
煤保有资源储量	（万吨）	Ensured Reserve of Coal	(10000 tons)	59840.34
铁矿石保有资源储量	（万吨）	Ensured Reserve of Iron Ore	(10000 tons)	65825.52
硫铁矿保有资源储量	（万吨）	Ensured Reserve of Pyrite Ore	(10000 tons)	39482.9

注：1. 海岛面积、岛岸线长度、岛屿个数是1994年调查数据，大陆海岸线为2008年调查数据。
2. 海域总面积包括200海里专属经济区面积。
3. 土地资源数据未经国土资源部认可，仅供参考，最终数据以国土资源部确认的为准。

Notes: a) Data of the area of islands, length of island coastline and number of islands were obtained from surveys in 1994, while the length of continental coastline was obtained from surveys in 2008.

b) Total area of sea includes 200 sea miles of exclusive economic zone.

c) The land data in this table is for reference only because the data has not been examined or confirmed by national authorities.The final result is subject to be comfired by national authorities.

1-3 各地区年平均气温

Average Temperature by Region

单位：摄氏度 (℃)

年份 Year	粤北 Northern Regions	粤东北 North Eastern Regions	粤西北 North Western Regions	粤东 Eastern Regions	粤中 Central Regions	粤西 Western Regions
1980	20.7	21.5	22.5	21.2	22.2	23.4
1985	20.2	20.9	22.0	21.1	21.6	22.6
1990	21.1	21.5	22.8	21.8	22.6	23.4
1995	20.0	20.0	22.2	21.6	22.3	23.0
1996	19.9	21.4	22.4	21.9	21.6	23.3
1997	20.4	21.3	22.7	22.1	22.0	23.7
1998	21.2	22.5	23.3	23.0	22.8	24.5
1999	20.8	21.9	22.7	22.6	22.5	24.0
2000	20.4	21.9	22.6	22.5	22.5	23.8
2001	20.5	22.0	22.5	22.7	22.6	23.8
2002	21.0	22.3	22.8	23.0	23.0	24.1
2003	20.9	21.9	22.9	22.6	23.0	24.4
2004	20.8	21.6	22.6	22.6	22.8	23.2
2005	20.5	21.6	22.5	22.3	22.8	23.0
2006	20.8	22.1	23.1	22.8	23.2	23.4
2007	21.2	22.0	23.0	22.9	23.2	23.2
2008	20.5	21.5	22.1	22.3	22.5	22.4
2009	20.6	22.3	22.9	22.6	23.0	23.3
2010	20.0	21.8	22.4	22.3	22.5	23.3
2011	19.6	21.7	22.3	22.1	21.4	22.4
2012	19.6	22.0	22.4	22.3	21.7	23.2

1-4 各地区年降雨量

Annual Precipitation by Region

单位：毫米 (mm)

年份 Year	粤北 Northern Regions	粤东北 North Eastern Regions	粤西北 North Western Regions	粤东 Eastern Regions	粤中 Central Regions	粤西 Western Regions
1980	1459.4	1461.7	1586.1	1369.1	1492.2	2274.0
1985	1360.2	1607.8	1726.9	1481.3	1706.0	2411.3
1990	1436.6	1709.0	1284.8	2236.9	1239.5	1510.2
1995	1506.9	1171.0	1766.4	1512.2	1752.4	2082.9
1996	1633.1	1361.5	1693.1	1409.0	1683.4	1222.6
1997	2045.3	1847.5	1815.3	2040.9	1997.3	2344.3
1998	1862.3	1458.2	1737.5	1593.6	1736.1	1266.4
1999	1314.3	1033.8	1318.7	1517.4	1620.4	1392.6
2000	1565.8	1850.9	1318.2	1486.7	1798.9	1762.7
2001	1689.8	1560.3	1889.2	1947.9	2678.9	2314.5
2002	1814.9	1110.3	1480.9	1409.7	1866.7	2263.3
2003	1388.2	1415.2	1251.8	1406.6	1338.7	1372.4
2004	1156.3	1251.8	1034.7	1379.7	1636.5	1068.5
2005	1772.2	1647.3	1905.2	1631.3	1986.2	1387.3
2006	1782.8	2040.2	1727.0	2507.7	2175.7	1149.8
2007	1502.3	1399.2	1252.4	1482.2	1370.3	1620.8
2008	1553.1	1300.2	2221.0	2123.6	2284.0	1865.2
2009	1275.5	1246.7	1440.4	927.9	1472.6	1849.9
2010	2104.4	1416.1	1419.6	1350.3	2353.6	1952.3
2011	1443.0	1233.1	1277.2	1027.0	1632.3	1408.5
2012	2056.3	1460.5	1919.2	1247.1	1813.9	2068.6

1-5 各地区年日照时数

Annual Sunshine Hours by Region

单位：小时 (hour)

年份 Year	粤 北 Northern Regions	粤东北 North Eastern Regions	粤西北 North Western Regions	粤 东 Eastern Regions	粤 中 Central Regions	粤 西 Western Regions
1980	1754.1	1811.1	1945.8	1989.2	1921.8	2036.5
1985	1701.6	1926.7	1613.3	1900.6	1406.0	1868.4
1990	1613.9	1893.1	1542.8	1921.3	1648.7	1877.4
1995	1420.6	1868.7	1704.6	2038.3	1559.6	1828.3
1996	1626.5	1965.7	1796.9	2094.8	1564.7	2042.3
1997	1349.1	1490.2	1454.9	1985.8	1209.8	1895.1
1998	1578.3	1689.6	1546.1	1917.5	1469.4	1994.0
1999	1564.0	1819.7	1699.0	2237.0	1599.5	2050.7
2000	1497.2	1672.6	1714.1	2126.3	1609.2	1855.3
2001	1613.0	1884.0	1559.2	2199.8	1651.0	1794.6
2002	1506.4	1813.2	1521.7	2266.6	1566.5	1783.8
2003	1821.1	2030.1	1762.6	2341.5	1741.6	2144.5
2004	1818.5	2117.1	1640.2	2433.5	1767.4	2024.7
2005	1491.2	1736.4	1345.6	1849.5	1288.5	1784.4
2006	1487.7	1779.4	1454.8	1843.5	1328.7	1664.3
2007	1736.3	1750.6	1722.4	1961.2	1616.0	1778.7
2008	1545.0	1853.1	1638.8	1852.1	1482.2	1864.4
2009	1852.9	1962.9	1531.8	2059.8	1671.8	1981.8
2010	1631.0	1676.9	1356.5	1855.5	1484.0	1878.4
2011	1783.8	1901.1	1709.7	2077.9	1878.4	1822.3
2012	1501.0	1660.3	1361.1	1650.4	1471.2	1544.0

1-6 各市土地面积和人口密度

Land Area and Population Density by City

市别	City	土地面积 (平方公里) Land Area (sq.km)	人口密度 (人/平方公里) Population Density (persons/sq.km)						
			2000	2005	2008	2009	2010	2011	2012
全省合计	**Provincial Total**	**179612**	**486**	**511**	**550**	**563**	**581**	**584**	**590**
广州	Guangzhou	7249	1337	1277	1531	1629	1744	1750	1771
深圳	Shenzhen	1997	3596	4239	4887	5095	5311	5360	5282
珠海	Zhuhai	1724	758	839	914	932	944	948	918
汕头	Shantou	2187	2263	2395	2290	2322	2400	2409	2492
佛山	Foshan	3798	1400	1507	1708	1786	1871	1879	1912
#顺德	Shunde	807	2100	2424	2775	2909	3054	3067	3078
韶关	Shaoguan	18413	149	159	156	155	154	155	156
河源	Heyuan	15654	143	176	183	184	189	191	192
梅州	Meizhou	15865	240	259	262	263	267	269	271
惠州	Huizhou	11346	288	332	369	383	405	408	412
汕尾	Shanwei	4865	465	531	595	598	600	603	610
东莞	Dongguan	2460	2615	2662	3037	3180	3328	3340	3371
中山	Zhongshan	1784	1313	1352	1566	1647	1735	1746	1769
江门	Jiangmen	9505	414	430	449	458	467	468	472
阳江	Yangjiang	7956	278	297	297	298	304	307	310
湛江	Zhanjiang	13261	487	536	523	524	530	535	536
茂名	Maoming	11427	457	510	519	515	510	515	522
肇庆	Zhaoqing	14891	227	247	257	259	265	267	267
清远	Qingyuan	19036	164	188	191	192	193	195	198
潮州	Chaozhou	3146	780	810	838	847	862	866	858
揭阳	Jieyang	5265	999	1068	1098	1104	1117	1123	1131
云浮	Yunfu	7785	277	301	301	300	304	306	310

注：1. 2000、2005年数据来源于2000年广东省第五次全国人口普查公报和广东省2005年全国1%人口抽样调查公报。2008-2009年年末常住人口根据2010年第六次全国人口普查快速汇总数进行了平滑调整。2009年人口密度按调整后的土地面积数据计算。

2. 土地面积为2012年数据，全省合计面积包含"未确定权属岛屿"面积。

Note: a) Data of 2000 and 2005 are based on the Communique of the Fifth National Population Census in Guangdong in 2000 and the Communique of 1% National Population Sample Survey in 2005.The year-end populations from 2008 to 2009 have been adjusted in accordance with the fast sum figure obtained from the 6th National Population Census.The population density of 2009 is calculated in accordance with the adjusted land area.

b) Data on land area are the data of 2012, provincial total area includes areas of the islands with "undetermined jurisdiction".

主要统计指标解释

行政区划　指国家对行政区域的划分。根据有关法规规定，我国的行政区域划分如下: (1)全国分为省、自治区、直辖市;(2)省、自治区分为自治州、县、自治县、市; (3)自治州分为县、自治县、市; (4)县、自治县分为乡、民族乡、镇; (5)直辖市和较大的市分为区、县; (6)国家在必要时设立的特别行政区。

土地资源　土地指陆地的表层部分，它主要由岩石、岩石的风化物和土壤构成。土地资源按利用类型可以分为农用地、建筑用地和未利用地。农用地包括耕地、园地、林地、牧草地和水面。建筑用地包括居民点及工矿用地、交通用地和水利设施用地。未利用地指农用地和建筑用地以外的土地，包括滩涂、荒漠、戈壁、冰川和石山等。

耕地面积　指经过开垦用以种植农作物并经常进行耕耘的土地面积。包括种有作物的土地面积、休闲地、新开荒地和抛荒未满三年的土地面积。

林业用地面积　指生长乔木、竹类、灌木、沿海红树林等林木的土地面积，包括有林地、灌木林、疏林地、未成林造林地、迹地、苗圃等。

草地面积　指牧区和农区用于放牧牲畜或割草，植被盖度在 5% 以上的草原、草坡、草山等面积。包括天然的和人工种植或改良的草地面积。

森林资源　指森林、林木、林地以及依托森林、林木、林地生存的野生动物、植物和微生物。林木指树木和竹子。森林指以乔木为主体的植物群落，是集生的乔木及与共同作用的植物、动物、微生物和土壤、气候等的总体。

活立木总蓄积量　指一定范围内土地上全部树木蓄积的总量，包括森林蓄积、疏林蓄积、散生木蓄积和四旁树蓄积。

森林覆盖率　指一个国家或地区森林面积占土地总面积的百分比。森林覆盖率是反映森林资源的丰富程度和生态平衡状况的重要指标。在计算森林覆盖率时，森林面积包括郁闭度 0.2 以上的乔木林地面积和竹林地面积，国家特别规定的灌木林地面积、农田林网以及四旁(村旁、路旁、水旁、宅旁)林木的覆盖面积。计算公式为:

$$\text{森林覆盖率(\%)}=\frac{\text{森林面积}}{\text{土地总面积}}\times 100\%$$

森林面积　指由乔木树种构成，郁闭度 0.2 以上(含 0.2)的林地或冠幅宽度 10 米以上的林带的面积，即有林地面积。森林面积包括天然起源和人工起源的针叶林面积、阔叶林面积、针阔混交林面积和竹林面积，不包括灌木林地面积和疏林地面积。

森林蓄积量　指一定森林面积上存在着的林木树干部分的总材积。它是反映一个国家或地区森林资源总规模和水平的基本指标之一，也是反映森林资源的丰富程度、衡量森林生态环境优劣的重要依据。

水资源　水在自然界中以固体、液体和气态三种聚集状态存在，分布于海洋、陆地(包括土壤)以及大气之中，通过水循环形成水资源。水资源包括经人类控制并直接可供灌溉、发电、给水、航运、养殖等用途的地表水和地下水，以及江河、湖泊、井、泉、潮汐、港湾和养殖水域等。水资源是发展国民经济不可缺少的重要自然资源。

矿产资源　矿产资源指由地质作用形成的，具有利用价值的，呈固态、液态、气态的自然资源，是社会发展的重要物质基础。

矿产基础储量　基础储量是查明矿产资源的一部分。它能满足现行采矿和生产所需的指标要求，是控制的、探明的并通过可行性或预可行性研究认为属于经济的、边界经济的部分，用未扣除设计、采矿损失的数量表表示。

矿产保有资源储量　指查明的矿产资源储量（资源储量=基础储量+资源量）扣除已开采部分损失量和加减应勘查，重算或其它原因增减量而得出的年底实有资源储量。

Explanatory Notes on Main Statistical Indicators

Divisions of Administrative Areas refer to the divisions of administrative areas by the state. Relevant laws of the People' s Republic of China stipulate the following principles for the divisions of administrative areas: 1)The whole country is divided into provinces, autonomous regions and municipalities directly under the central government; 2) Provinces and autonomous regions are divided into autonomous prefectures, counties, autonomous counties and cities; 3) Autonomous prefectures are divided into counties, autonomous counties and cities; 4) Counties and autonomous counties are divided into townships, ethnic townships and towns, 5) Municipalities under the central government and large cities are divided into districts and counties; 6) The state will, when necessary, establish special administrative regions.

Land Resource Land refers to the surface of the earth, consisting of mainly rocks and its weathering and earth. Land resource can be classified, by its utilization, as land for agriculture, land for construction and unused land. Land for agriculture includes cultivated land, plantation, forestland, grassland and waters. Land for construction includes land for residential purpose, for manufacturing and mining, for transportation and for water conservancy projects. Unused land refers to land other than land for agriculture and construction, including beaches, deserts, Gobi, glaciers and rock mountains.

Area of Cultivated Land refers to area of land reclaimed for the regular cultivation of various farm crops, including crop-cover land, fallow, newly reclaimed land and land laid idle for less than 3 years.

Area of Afforested Land refers to land for trees, bamboos, bushes and mangrove including forest-cover land, bush-covered land, sparse forest land, land planned for forestation, slash and nurseries of young trees.

Area of Grassland refers to areas of grassland, grass-slopes and grass-covered hills with a vegetation-covering rate of over 5% that are used for animal husbandry or harvesting of grass. It includes natural, cultivated and improved grassland areas.

Forest Resource refers to forests, trees, forestland and wild animals, plants and microorganism that live on forests and trees. Trees include trees and bamboos. Forest refers to the population of clusters of trees and other plants, animals and microorganism as well as the earth and climate that have interactions with the trees.

Total Standing Stock Volume refers to the total stock volume of trees growing in land, including trees in forests, tress in sparse forests, scattered trees and trees planted by the side of villages, farm houses and along roads and rivers.

Forest Coverage Rate refers to the ratio of area of afforested land to total land area. It is a very important indicator that reflects the status of abundance of forest resource and ecosystem balance. Forest area includes the area of trees and bamboo growing with a canopy density above 0.2, the area of shrubby trees according to regulations of the government, the area of forest land inside farm land and the area of trees planted by the side of villages, farm houses and along roads and rivers. The formula for calculating forest coverage rate is as follows:

Forest Coverage Rate（%）＝（Area of Afforested Land/Area of Total Land）× 100%

Forest Area refers to wooded area, i.e. the area of forest where trees and bamboo grow with a canopy density above 0.2 (inclusive) or a crown width above 10 meters, including natural and planted coniferous forest, broad-leaved forest, mixed forest, and bamboo groves, but excluding shrubbery and open forest.

Stock Volume of Forest refers to total stock volume of wood growing in forest area, which shows the total size and level of forest resources of a country or a region. It is also an important indicator of the richness of forest resource and the status of forest ecological environment.

Water Resource Water exists in the nature in solid, liquid and gaseous states, is distributed in the ocean, land（including earth）and air, and constitutes water resource through circulation. Water resource includes surface water and underground water that is controlled by human beings for irrigation, power-generation, water supply, navigation and cultivation. It also includes rivers, lakes, wells, springs, tides, gulfs and water area for cultivation. Water resource as an indispensable natural resource for the development of national economy.

Mineral Resources refer to useful natural resources enriched due to geological processes, in the form of solid, liquid or gas. Minerals are important material basis for social development.

Basic Reserves of Mineral Resources Basic reserves are part of total identified mineral resources that meet present mining and production standards, which is the part of reserve controlled, proven, and found to be of economic or marginal value through feasibility assessment or pre-feasibility study. Basic reserves are indicated as a figure including designing and mining loss.

Ensured Reserves of Mineral Resources refer to the actual reserves of mineral resources at the year-end, calculated as the proven reserves of mineral resources (Reserves of Mineral Resources = Basic Reserves + Resource) minus losses in previous extraction processes, plus or minus increases or losses due to exploration, recalculation or other reasons.

二、综合

GENERAL SURVEY

二 综合

简要说明

一、本篇资料反映广东经济、科技、社会等方面的规模、水平、速度、结构、比例、效益情况，并收录了基本单位统计、企业宏观经济景气及广东重点服务业相关指标。

二、本篇资料分别由广东省统计局各专业处、综合处、法规处、普查中心、信息中心和国家统计局广东调查总队整理提供。

三、综合统计资料是根据广东省统计局各专业统计年报资料以及国家统计局、广东省有关部门提供的统计资料加工整理而成。

四、基本单位资料中的产业活动单位按“在地”原则，国民经济行业分类标准(GB/T 4754-2002)汇总.

五、从2012年起，企业景气指数和企业家信心指数由国家统计局信息景气中心通过网上直报系统，对规模以上工业重点企业（2012年约7000多家）和841家其他行业企业定期进行问卷调查所得，调查范围跟以往不同，数据不可直接对比。

六、重点服务业资料由广东省统计局服务业统计处整理、编辑。根据国家统计报表制度，2012年重点服务业年报首次纳入“一套表”联网直报系统，统计内容为调查单位基本情况、财务状况，物业管理、房地产中介服务等行业的经营状况，调查方法为全面调查。重点服务业统计范围：包括交通运输、仓储和邮电业，信息传输、软件和信息技术服务业，租赁和商务服务业，科学研究和技术服务业，水利、环境和公共设施管理业，居民服务、修理和其他服务业，教育，卫生和社会工作，文化、体育和娱乐业以及物业管理、房地产中介服务等行业中年末从业人数50人以上或年营业收入1000万元以上的全部服务业法人企业。

2 General Survey

Brief Introduction

Ⅰ.The summary data in this chapter reflect the scale, level, speed, structure, proportion and efficiency of the national economy, science and technology and the social development of Guangdong Province, also covering statistics of basic units and related indicators on key enterprise groups, the macroeconomic climate of enterprises and the Key Services in Guangdong Province.

Ⅱ.The data are prepared and provided by the Division of Professional Statistics, the Division of Comprehensive Statistics, the Division of Law, the Census Center of Statistics Bureau of Guangdong Province ,the Information Center and the Survey Office in Guangdong of National Bureau of Statistics respectively.

Ⅲ.The summary data are processed and prepared on the basis of the annual reports of various specialized fields provided by Statistics Bureau of Guangdong Province and the statistics provided by the National Bureau of Statistics and some related departments of Guangdong Province.

Ⅳ. The data on “Units of Industrial Establishments” of the basic industrial units are prepared on the principle of location and the standard of Industrial Classification of the National Economy(GB/T 4754-2002).

V. From 2012, business climate index and entrepreneur confidence index are calculated from the regular survey of enterprises above the designated size in key industries (over 7000 enterprises in 2012) and 841 enterprises in other industries conducted by the business center of the National Bureau of statistics information through the online reporting system. Since the investigation scope is different from the past, the data can not be directly compared with previous data.

VI. Data of key service are prepared and edited by the Division of Service Statistics of Statistics Bureau of Guangdong Province. According to the National Statistical Reporting System, Key Services have been integrated into the "network reporting" system since 2012. The data covers the basic information and financial condition of the Statistical units, the business condition of some sectors, like property management, real estate agency services,all statistics are based on complete survey. The Statistical Coverage of the Key Services: all the corporative enterprises of services sector with over 50 employees by the end of the year or with annual business revenue of over 10 million yuan, including transport, storage and postal services, information transmission, software and information technology services, leasing and business services, scientific research and technical services, management of Water Conservancy, Environment and Public Facilities, Households' service, repair and other services, education, health and social work, culture, sports and entertainment, real estate agent services, etc..

2-1 各部门机构数

Grassroots Units in Various Sectors

部门	Sector	2005	2010	2011	2012
农村基层组织 （个）	**Rural Grassroots Units (unit)**				
镇政府	Town Governments	1145	1134	1132	1131
乡政府	Township Governments	11	11	11	11
村民委员会	Villagers' Committees	21825	22140	22189	22191
乡镇企业 （万个）	Township Enterprises (10000 units)	121.29	39.34	39.23	39.33
工业企业 （个）	**Industrial Enterprises (unit)**	**445657**	**481022**	**493604**	**490757**
规模以上工业	Industrial Enterprises above Designated Size	35157	53418	**38304**	**37811**
#国有工业	State-owned	1033	567	415	399
集体工业	Collective-owned	1272	872	474	375
建筑业企业 （个）	**Construction Enterprises (unit)**	**4182**	**4551**	**4589**	**4637**
#国有企业	State-owned	704	511	525	527
批发零售和住宿餐饮企业法人单位数 （万个）	**Number of Corporate Units in Wholesale and Retail Trades, Accommodations and Catering Services (10000 units)**	**11.52**	**18.63**	**26.52**	**30.37**
卫生事业 （个）	**Health Care (unit)**	**16318**	**16541**	**16962**	**17470**
#医院及卫生院	Hospitals and Health Centers	2428	2444	2411	2437
社会福利收养性事业单位数	Social Welfare Institutions	2070	2514	2460	2488
教育事业	**Education**				
普通高等学校 （所）	Regular Institutions of Higher Education (unit)	111	131	134	138
中等学校 （所）	Secondary Schools (unit)	5115	5146	5112	5091
#普通中学	Regular Secondary Schools	4282	4334	4328	4326
小学 （万所）	Primary Schools (10000 units)	2.12	1.68	1.51	1.34
幼儿园 （所）	Kindergartens (unit)	10359	11161	11785	12720
艺术表演团体 （个）	Art Performance Troupes (unit)	139	133	100	61
文化事业 （个）	Cultural Institutions (unit)	2132	2384	2396	2293
文物事业 （个）	Cultural Relic Establishments (unit)	209	208	199	205
广播电视 （座）	**Radio and Television (unit)**				
广播电台	Radio Stations	22	22	22	22
电视台	Television Stations	24	24	24	24
县、市广播电视台	Radio and Television Stations in Counties and County-level Cities	78	79	79	79
研究机构数 （个）	**Number of R&D Institutions (units)**		**4452**	**4535**	**4751**
科学研究与技术开发机构	Scientific Research and Technological Development Institutions		186	185	184
全日制普通高等学校	Full-time Regular Institutions of Higher Education		450	550	595
工业企业	Industrial Enterprises		3309	3289	3455
其他	Others		507	511	517

注："乡镇企业"2007年起按新口径统计。

Note: Since 2007, data of township enterprises are calculated according to new statistical coverage.

2-2 国民经济和社会发展总量与速度指标

指标	Item	1978	1990	2000
人口与就业	**Population and Employment**			
人口 （万人）	**Population (10000 persons)**			
年末户籍总人口	Population with Residence Registration at the Year-end	5064.15	6246.32	7498.54
年末常住人口	Permanent Population at the Year-end	5064.15	6347.19	8650.03
男性人口	Male	2624.57	3249.76	4402.87
女性人口	Female	2515.93	3097.43	4247.16
城镇人口	Urban Population			4757.52
乡村人口	Rural Population			3892.51
就业 （万人）	**Employment (10000 persons)**			
年末从业人员人数	Employed Persons at the Year-end	2275.95	3118.10	3989.32
城镇登记失业人数	Number of Registered Unemployed Persons in Urban Areas			
宏观经济	**Macro Economy**			
国民经济核算 （亿元）	**National Accounting (100 million yuan)**			
地区生产总值	Gross Domestic Product	185.85	1559.03	10741.25
第一产业	Primary Industry	55.31	384.59	986.32
第二产业	Secondary Industry	86.62	615.86	4999.51
#工业	Industry	76.12	523.42	4463.06
第三产业	Tertiary Industry	43.92	558.58	4755.42
人均地区生产总值 （元）	Per Capita Gross Domestic Product (yuan)	370	2484	12736
支出法地区生产总值（亿元）	Gross Domestic Product by Expenditure Approach(100 million yuan)	194.14	1541.99	10741.25
#最终消费支出	Final Consumption Expenditures	130.02	938.48	5714.46
居民消费	Household Consumption Expenditures	111.46	807.84	4474.11
政府消费	Government Consumption Expenditures	18.56	130.64	1240.35
资本形成总额	Gross Capital Formation	54.79	502.90	3850.81
固定资本形成总额	Gross Fixed Capital Formation	37.93	336.61	3093.82
存货增加	Changes in Inventories	16.86	166.29	756.99
货物和服务净流出	Net Exports of Goods and Services	9.33	100.61	1175.99
固定资产投资 （亿元）	**Investment in Fixed Assets (100 million yuan)**			
固定资产投资总额	Investment in Fixed Assets	27.23	381.47	3233.70
城镇	Urban	20.51	309.86	2710.57
#房地产开发	Real Estate Development		32.70	858.61
农村	Rural	6.72	71.61	523.13
施工房屋建筑面积(万平方米)	Floor Space of Buildings under Construction (10 000 sq.m)			23520.91
竣工房屋建筑面积(万平方米)	Floor Space of Buildings Completed (10 000 sq.m)			13492.94
消费 （亿元）	**Domestic Trade (100 million yuan)**			
社会消费品零售总额	Total Retail Sales of Consumer Goods	79.86	667.36	4379.81
对外贸易 （亿美元）	**Foreign Trade (USD 100 million)**			
货物进出口总额	Total Exports and Imports		418.98	1701.06
进口额	Imports		196.77	781.87
出口额	Exports		222.21	919.19
利用外资 （亿美元）	**Foreign Capital Utilized (USD 100 million)**			
实际利用外商直接投资	Foreign Direct Investment Actually Utilized		14.60	122.37
财政 （亿元）	**Government Finance (100 million yuan)**			
地方公共财政预算收入	Local Public Budgetary Revenue	41.82	131.02	910.56
地方公共财政预算支出	Local Public Budgetary Expenditure	28.70	150.69	1069.86
价格指数 （上年=100）	**Price Indices (preceding year=100)**			
商品零售价格指数	Retail Price Index	100.4	95.6	99.9
居民消费价格指数	Consumer Price Index	100.3	97.5	101.4
工业生产者出厂价格指数	Producer Price Index for Manufactured Goods			103.4
固定资产投资价格指数	Investment in Fixed Assets Price Indices			
能源生产与消费 （万吨标准煤）	**Production and Consumption of Energy (10000 tons of SCE)**			
能源生产总量	Total Energy Production		1006.24	3711.69
能源消费总量	Total Energy Consumption		4044.28	9447.70

Principal Aggregate Indicators on National Economic and Social Development and Growth Rates

2005	2010	2011	2012	速度指标(%) Indices and Growth Rates (%)									
				指数(2012为以下各年) Index (2012 as percentage of the following years)						平均增长速度 Average Annual Growth Rate			
				1978	1990	2000	2005	2010	2011	1979–2012	1991–2012	2001–2012	2006–2012
7899.64	8521.55	8637.19	8635.89	170.5	138.3	115.2	109.3	101.3	100.0	1.6	1.5	1.2	1.3
9194.00	10440.94	10505.00	10594.00	209.2	166.9	122.5	115.2	101.5	100.8	2.2	2.4	1.7	2.0
4652.16	5439.73	5557.15	5572.44	212.3	171.5	126.6	119.8	102.4	100.3	2.2	2.5	2.0	2.6
4541.84	5001.21	4947.86	5021.56	199.6	162.1	118.2	110.6	100.4	101.5	2.1	2.2	1.4	1.4
5578.92	6908.77	6985.83	7140.36			150.1	128.0	103.4	102.2			3.4	3.6
3615.08	3532.17	3519.17	3453.64			88.7	95.5	97.8	98.1			-1.0	-0.7
5022.97	5870.48	5960.74	5965.95	262.1	191.3	149.5	118.8	101.6	100.1	2.9	3.0	3.4	2.5
34.49	39.23	38.83	39.61				114.8	101.0	102.0				2.0
22557.37	46013.06	53210.28	57067.92	6920.3	1641.4	399.0	213.6	119.0	108.2	13.3	13.6	12.2	11.5
1428.27	2286.98	2665.20	2847.26	586.9	237.2	157.9	132.6	108.2	103.8	5.3	4.0	3.9	4.1
11356.60	23014.53	26447.38	27700.97	14221.4	2792.1	470.2	227.0	118.6	107.3	15.7	16.3	13.8	12.4
10489.73	21462.72	24649.60	25810.07	17113.9	3164.1	500.2	232.0	119.2	107.6	16.3	17.0	14.4	12.8
9772.50	20711.55	24097.70	26519.69	8592.8	1456.1	376.9	209.9	120.5	109.5	14.0	12.9	11.7	11.2
24647	44736	50807	54095	3297.6	976.5	319.0	185.3	116.0	107.4	10.8	10.9	10.1	9.2
22557.37	46013.06	53210.28	57067.92										
11450.96	22480.91	26074.76	29264.26										
8968.54	17702.35	20504.11	23022.47										
2482.42	4778.56	5570.65	6241.79										
8239.73	17706.61	21003.62	22871.85										
7418.23	16515.11	19432.79	22033.82										
821.50	1191.50	1570.83	838.03										
2866.68	5825.54	6131.90	4931.81										
7164.11	16113.19	16843.83	19307.53	70905.3	5061.3	597.1	269.5	119.8	114.6	21.3	19.5	16.1	15.2
6038.77	12870.09	14111.53	15937.34	77705.2	5143.4	588.0	263.9	123.8	112.9	21.6	19.6	15.9	14.9
1591.90	3659.69	4809.91	5352.79		16369.4	623.4	336.3	146.3	111.3		26.1	16.5	18.9
1125.34	3243.10	2732.30	3370.18	50151.5	4706.3	644.2	299.5	103.9	123.3	20.1	19.1	16.8	17.0
38351.76	57221.79	58134.27	62648.42			266.4	163.4	109.5	107.8			8.5	7.3
17053.80	20420.60	14308.21	14411.55			106.8	84.5	70.6	100.7			0.6	-2.4
7915.51	17414.66	20246.72	22677.11	28396.1	3398.0	517.8	286.5	130.2	112.0	18.1	17.4	14.7	16.2
4280.02	7848.96	9133.34	9839.47		2348.4	578.4	229.9	125.4	107.7		15.4	15.8	12.6
1898.31	3317.05	3815.41	4098.88		2083.1	524.2	215.9	123.6	107.4		14.8	14.8	11.6
2381.71	4531.91	5317.93	5740.59		2583.4	624.5	241.0	126.7	107.9		15.9	16.5	13.4
123.64	202.61	217.98	235.49		1612.9	192.4	190.5	116.2	108.0		18.6	14.4	9.6
1807.20	4517.04	5514.84	6229.18	14895.2	4754.4	684.1	344.7	137.9	113.0	15.9	19.2	17.4	19.3
2289.07	5421.54	6712.40	7387.86	25741.7	4902.7	690.5	322.7	136.3	110.1	17.7	19.4	17.5	18.2
101.8	103.3	105.1	102.2										
102.3	103.1	105.3	102.8										
101.5	103.2	103.7	99.5										
101.6	103.0	105.5	101.5										
4758.79	4858.07	4846.76	5088.88		505.7	137.1	106.9	104.8	105.0		7.6	2.7	1.0
17920.98	27195.14	28479.99	29144.01		720.6	308.5	162.6	107.2	102.3		9.4	9.8	7.2

2-2 续表 1

指　　标	Item	1978	1990	2000
产业	**Industry**			
农业	**Agriculture**			
农林牧渔业总产值　(亿元)	Gross Output Value of Farming, Forestry, Animal Husbandry and Fishery (100 million yuan)	85.94	600.71	1701.18
主要农产品产量　(万吨)	Output of Major Farm Products (10000 tons)			
粮食	Grain	1509.51	1896.39	1822.33
油料	Oil-bearing Crops	36.04	58.93	78.78
糖蔗	Sugarcane	835.42	2093.46	1137.59
茶叶	Tea	0.90	2.59	4.21
水果	Fruits	29.40	328.58	643.52
肉类	Meat	48.45	202.45	324.48
水产品	Aquatic Products	65.50	207.66	593.19
工业	**Industry**			
主要工业产品产量	Output of Major Industrial Products			
布　(亿米)	Cloth (100 million m)	2.27	4.59	16.99
机制纸及纸板　(万吨)	Machine-made Paper and Paperboard (10000 tons)	27.47	104.13	260.30
成品糖　(万吨)	Sugar (10000 tons)	96.15	184.50	91.30
家用电冰箱　(万台)	Household Refrigerators (10000 sets)		105.75	320.70
家用洗衣机　(万台)	Household Washing Machines (10000 sets)		143.01	244.18
彩色电视机　(万台)	Color Television Sets (10000 sets)		262.37	1531.53
照相机　(万架)	Cameras (10000 sets)		99.30	3545.88
原油　(万吨)	Crude Oil (10000 tons)	10.22	49.05	1393.17
发电量　(亿千瓦时)	Electricity (100 million kwh)	92.32	343.98	1292.69
粗钢　(万吨)	Raw Steel (10000 tons)	35.84	116.96	286.99
成品钢材　(万吨)	Steel Products (10000 tons)	43.67	133.74	406.28
水泥　(万吨)	Cement (10000 tons)	369.08	2070.91	5872.00
汽车　(万辆)	Motor Vehicles (10000 units)			3.94
规模以上工业企业主要指标	Main Indicators of Industrial Enterprises above Designated Size			
工业增加值　(亿元)	Value-added of Industry (101 million yuan)			3422.60
资产总计　(亿元)	Total Assets (100 million yuan)			14370.57
主营业务收入　(亿元)	Main Business Revenue (100 million yuan)		1287.91	12380.65
利润和税金总额　(亿元)	Pre-tax Profits (100 million yuan)	32.91	121.50	1042.77
建筑业	**Construction**			
建筑业企业年末从业人员(万人)	Number of Employed Persons in Construction Enterprises at the Year-end (10000 persons)	14.78	67.22	141.46
建筑业总产值(当年价)　(亿元)	Gross Output Value (at current prices) (100 million yuan)	5.47	113.40	944.61
交通运输业	**Transportation**			
客运量　(万人)	Passenger Traffic (10000 persons)	15906	78046	164791
铁路	Railways	2410	4467	12165
公路	Highways	10897	70681	148945
水运	Civil Aviation	2546	2428	2363
民航	Civil Aviation	53	470	1318
货运量　(万吨)	Freight Traffic (10000 tons)	15204	85809	119216
铁路	Railways	3206	4803	15172
公路	Highways	3967	63709	75365
水运	Waterways	7887	16198	25696
管道	Pipelines	143	1091	2952
民航	Civil Aviation	1	8	31
港口货物吞吐量　(万吨)	Volume of Freight Handled at Ports (10000 tons)	7133	11904	31649

2-2 1 continued

2005	2010	2011	2012	速度指标(%) Indices and Growth Rates (%)									
				指数(2012为以下各年) Index (2012 as percentage of the following years)						平均增长速度 Average Annual Growth Rate			
				1978	1990	2000	2005	2010	2011	1979-2012	1991-2012	2001-2012	2006-2012
2447.57	3754.86	4384.44	4656.85	632.2	276.1	162.4	131.7	107.8	103.7	5.6	4.7	4.1	4.0
1394.97	1316.50	1360.95	1396.33	92.5	73.6	76.6	100.1	106.1	102.6	-0.2	-1.4	-2.2	0.0
77.01	88.16	91.90	96.61	268.1	163.9	122.6	125.5	109.6	105.1	2.9	2.3	1.7	3.3
946.02	1134.35	1202.69	1279.03	153.1	61.1	112.4	135.2	112.8	106.3	1.3	-2.2	1.0	4.4
4.45	5.33	5.96	6.31	701.1	243.6	149.9	141.8	118.3	105.9	5.9	4.1	3.4	5.1
831.69	1128.73	1205.05	1279.09	4350.6	389.3	198.8	153.8	113.3	106.1	11.7	6.4	5.9	6.3
384.31	441.10	434.68	443.21	914.8	218.9	136.6	115.3	100.5	102.0	6.7	3.6	2.6	2.1
695.23	729.03	762.14	789.50	1204.4	379.9	133.0	113.5	108.2	103.5	7.6	6.3	2.4	1.8
24.82	28.27	24.46	23.54						100.7				
690.61	1434.68	1495.84	1581.84						108.6				
119.43	91.66	98.23	147.60						143.2				
601.51	1457.76	1409.25	1654.97						116.6				
266.41	467.83	502.07	606.96						133.5				
4089.62	4494.78	4862.42	5810.12						110.3				
4726.47	3798.93	3249.71	3125.57						100.3				
1470.03	1287.15	1152.77	1209.29						104.9				
2163.36	3101.28	3607.20	3593.24						101.3				
757.07	1239.34	1323.81	1228.53						94.7				
1365.77	2918.89	3176.62	2992.96						102.8				
8031.74	11536.67	12607.03	11384.25						103.2				
41.36	156.29	166.95	159.66						93.9				
9416.39	20338.34	21663.30	22720.81						108.4				
27076.08	62626.90	67397.28	71343.84						104.2				
34781.58	84114.85	92996.88	93821.73						103.7				
2877.81	9418.42	9608.33	9383.63						97.7				
166.78	196.32	190.28	198.31	1341.7	295.0	140.2	118.9	101.0	104.2	7.9	5.0	2.9	2.5
2200.58	4742.09	5804.21	6564.37	120006.8	5788.7	694.9	298.3	138.4	113.1	23.2	20.3	17.5	16.9
161357	467049	522095	586299	3686.0	751.2	355.8	363.4	125.5	112.3	11.2	9.6	11.2	20.2
16106	14956	17902	18528	768.8	414.8	152.3	115.0	123.9	103.5	6.2	6.7	3.6	2.0
139158	442224	493618	556510	5107.0	787.4	373.6	399.9	125.8	112.7	12.3	9.8	11.6	21.9
2038	2241	2594	2725	107.0	112.2	115.3	133.7	121.6	105.1	0.2	0.5	1.2	4.2
4055	7628	7981	8535	16103.8	1816.0	647.6	210.5	111.9	106.9	16.1	14.1	16.8	11.2
133992	205034	234978	266359	1751.9	310.4	223.4	198.8	129.9	113.4	8.8	5.3	6.9	10.3
18647	12170	12034	12002	374.4	249.9	79.1	64.4	98.6	99.7	4.0	4.3	-1.9	-6.1
84861	142389	166567	189034	4765.2	296.7	250.8	222.8	132.8	113.5	12.0	5.1	8.0	12.1
26422	43092	48856	57737	732.1	356.4	224.7	218.5	134.0	118.2	6.0	5.9	7.0	11.8
3989	7267	7403	7458	5215.4	683.6	252.6	187.0	102.6	100.7	12.3	9.1	8.0	9.4
73	116	118	128	12800.0	1600.0	412.9	175.3	110.3	108.5	15.3	13.4	12.5	8.4
70926	122258	133704	140776	1973.6	1182.6	444.8	198.5	115.1	105.3	9.2	11.9	13.2	10.3

2-2 续表 2

指　　标	Item	1978	1990	2000
邮电通信业	**Postal and Telecommunication Services**			
邮电业务总量 (亿元)	Total Business Volume (100 million yuan)	1.59	26.30	602.31
函件 (亿件)	Number of Letters Delivered (100 million pieces)		4.72	10.66
报刊累计数 (亿份)	Accumulated Number of Newspapers and Magazines Distributed (100 million copies)		11.63	10.78
本地电话用户 (万户)	Number of Subscribers of Local Telephones (10000 subscribers)		113.00	1414.94
#城市	Urban Areas		72.00	916.03
移动电话用户 (万户)	Number of Subscribers of Mobile Telephones (10000 subscribers)		1.11	1357.26
国际互联网用户 (万户)	Number of Internet Subscribers (10000 subscribers)			216.41
国际旅游	**International Tourism**			
入境旅游人数 (万人次)	Number of Overseas Visitor Arrivals (10000 person-times)	169.91	2527.54	6729.18
国际旅游外汇收入 (亿美元)	Foreign Exchange Earnings from International Tourism(USD 100 million)		7.17	41.12
金融保险	**Banking and Insurance**			
中资金融机构人民币存款余额 (亿元)	RMB Deposits of Domestic-funded Financial Institutions (100 million yuan)			16908.26
中资金融机构人民币贷款余额 (亿元)	Loans in Renminbi in Domestic-funded Financial Institutions (100 million yuan)			11716.93
保费收入 (亿元)	Premium Income (100 million yuan)		18.05	191.88
教育、科技、文化	**Education, Science and Technology and Culture**			
教育	**Education**			
专任教师数 (万人)	Full-time Teachers (10000 persons)			
普通高等学校	Institutions of Higher Education	0.90	1.57	2.04
中等学校	Secondary Schools	15.93	16.33	27.24
小学	Primary Schools	26.09	27.73	36.41
在校学生数 (万人)	Students Enrollment (10000 persons)			
普通高等学校	Institutions of Higher Education	3.07	9.59	29.95
中等学校	Secondary Schools	316.96	284.52	541.72
小学	Primary Schools	743.02	747.29	929.93
财政教育支出 (亿元)	Government Expenditures on Education (100 million yuan)		21.34	144.39
科技	**Science and Technology**			
研究与试验发展(R&D)活动人员 (人)	Number of R&D Personnel (persons)			
研究与试验发展(R&D)经费内部支出 (亿元)	Internal Expenditure on R&D (100 million yuan)			
研究与试验发展(R&D)活动课题(项目)数 (个)	Number of R&D Programs/Projects (item)			
文化	**Culture**			
出版数量	Number of Publications			
图书 (亿册)	Number of Books Published (100 million copies)	1.72	2.81	2.70
杂志 (万册)	Number of Magazines Issued (10000 copies)	1519	11325	26299
报纸 (亿份)	Number of Newspapers Issued (100 million copies)	3.19	13.81	34.63

2-2 2 continued

2005	2010	2011	2012	速度指标(%) Indices and Growth Rates (%)									
				指数(2012为以下各年) Index (2012 as percentage of the following years)						平均增长速度 Average Annual Growth Rate			
				1978	1990	2000	2005	2010	2011	1979-2012	1991-2012	2001-2012	2006-2012
2121.94	4832.94	1918.01	2174.67	599194.9	30496.3	1059.2	300.7	153.4	131.8	29.2	29.7	21.7	17.0
9.13	7.62	8.09	8.04		170.3	74.6	88.1	105.5	99.4		2.5	-2.4	-1.8
11.30	8.79	10.13	10.53		90.5	97.7	93.2	119.8	103.9		-0.5	-0.2	-1.0
3442.53	3169.14	3147.14	3135.81		2775.1	221.6	91.1	98.9	99.6		16.3	6.9	-1.3
2700.89	2236.05	2206.10	2220.87		3084.5	242.4	82.2	99.3	100.7		16.9	7.7	-2.8
6406.61	9710.09	10792.83	12467.99		1123242.3	918.6	194.6	128.4	115.5		52.8	20.3	10.0
1006.36	1523.22	1716.30	1975.39			912.8	196.3	129.7	115.1			20.2	10.1
9579.12	10485.82	11085.83	10794.72	6353.2	427.1	160.4	112.7	102.9	97.4	13.0	6.8	4.0	1.7
63.97	124.32	139.06	156.23		2178.9	379.9	244.2	125.7	112.3		15.0	11.8	13.6
35783.57	78285.89	86849.26	97463.20			576.4	272.4	124.5	112.2			15.7	15.4
20745.27	46099.26	52167.25	58540.62			499.6	282.2	127.0	112.2			14.3	16.0
499.24	1593.19	1578.96	1692.12		9374.6	881.9	338.9	106.2	107.2		22.9	19.9	19.1
5.43	7.86	8.29	8.74	971.1	556.7	428.4	161.0	111.2	105.4	6.9	8.1	12.9	7.0
35.13	45.48	47.14	48.23	302.8	295.3	177.1	137.3	106.0	102.3	3.3	5.0	4.9	4.6
40.38	43.07	43.25	43.24	165.7	155.9	118.8	107.1	100.4	100.0	1.5	2.0	1.4	1.0
87.47	142.66	152.73	161.68	5266.4	1685.9	539.8	184.8	113.3	105.9	12.4	13.7	15.1	9.2
715.52	939.39	931.04	906.49	286.0	318.6	167.3	126.7	96.5	97.4	3.1	5.4	4.4	3.4
1067.03	848.55	822.06	808.24	108.8	108.2	86.9	75.7	95.2	98.3	0.2	0.4	-1.2	-3.9
329.21	921.48	1227.87	1501.22		7034.8	1039.7	456.0	162.9	122.3		21.3	21.5	24.2
	446579	515646	629055					140.9	122.0				
	808.75	1045.42	1236.15					152.8	118.2				
	72747	78772	93179					128.1	118.3				
2.26	2.31	3.26	2.96	172.2	105.4	109.7	131.1	128.2	90.8	1.6	0.2	0.8	3.9
20371	21201	20402	18572	1222.6	164.0	70.6	91.2	87.6	91.0	7.6	2.3	-2.9	-1.3
39.82	45.59	45.79	45.32	1420.7	328.2	130.9	113.8	99.4	99.0	8.1	5.6	2.3	1.9

2-2 续表 3

指 标	Item	1978	1990	2000
家庭、生活、环境	**Family, People's Livelihood and Environment**			
家庭	**Family**			
城镇居民平均每户家庭人口 (人)	Average Household Size in Urban Areas (person)	4.84	3.85	3.57
农村居民平均每户家庭人口 (人)	Average Household Size in Rural Areas (person)	5.99	5.65	5.15
婚姻	**Marriages and Divorces**			
结婚登记总数 (万对)	Registered Number of Marriages (10000 couples)		50.66	56.21
离婚数 (万对)	Number of Divorces (10000 couples)		2.58	4.75
居住	**Residence**			
城镇居民人均现住房建筑面积(平方米)	Per Capita Floor Space of Urban Residents (sq.m)	5.47	15.77	24.60
农村居民人均居住面积 (平方米)	Per Capita Floor Space of Rural Residents (sq.m)	8.73	17.39	22.42
生活	**People's Livelihood**			
城镇居民人均可支配收入 (元)	Per Capita Disposable Income of Urban Residents(yuan)	412.13	2303.15	9761.57
农村居民人均纯收入 (元)	Per Capita Net Income of Rural Residents (yuan)	193.25	1043.03	3654.48
城乡居民人民币储蓄存款余额 (亿元)	Savings Deposits by Urban and Rural Residents (100 million yuan)	17.56	752.16	8667.29
工资	**Wages**			
城镇单位从业人员工资总额 (亿元)	Earnings of Employed Persons in Urban Areas (100 million yuan)	30.59	223.29	1057.57
城镇单位从业人员平均工资 (元)	Average Earnings of Employed Persons in Urban Areas (yuan)	615	2929	13859
卫生	**Health Care**			
医院、卫生院 (个)	Number of Hospitals (unit)	1968	1885	2426
执业(助理)医师 (万人)	Number of Doctors (10000 persons)	4.79	8.11	11.12
医院、卫生院床位数 (万张)	Number of Hospital Beds (10000 units)	8.41	11.41	15.72
环境、灾害	**Environment and Disaster**			
废水中化学需氧量排放量 (万吨)	Volume of COD Discharged from Waste Water (10000 tuns)			95.1
废气中二氧化硫排放总量 (万吨)	Total Volume of Industrial Sulfur Dioxide Emission (1000 tuns)			90.5
火灾发生数 (起)	Number of Fire Disasters (time)		1725	8622
火灾损失 (万元)	Fire Loss (10000 yuan)		9102	10065
交通事故发生数 (起)	Number of Traffic Accidents (time)		25909	66072
交通事故损失 (万元)	Loss of Traffic Accidents (10000 yuan)		5044	27526

注：1. 2006-2009年年末常住人口根据2010年第六次全国人口普查快速汇总数据进行平滑调整。
2. 2003年起，职工改为单位从业人员，2000年数据作了相应调整。
3. 农业、工业总产值绝对数按当年价格计算，增长速度按可比价计算。
4. 工业指标统计范围为规模以上工业企业(即年主营业务收入500万元以上的法人工业企业，2000-2006年为全部国有工业企业及年主营业务收入500万元以上的非国有工业企业，2011年起，调整为年主营业务收入2000万元及以上的法人工业企业)。
5. 2000年起，粮食产量为抽样调查数据。
6. 1994年起，财政收入按税改新口经统计(即不含中央返还部分)。
7. 邮电业务总量2000年以前按1990年不变价计算，2000年至2010年按2000年不变价计算,2011年起按2010年不变价计算。
8. 1986年以前中等学校不含成人中专数据。
9.城镇居民人均住房建筑面积1995、2000年为使用面积， 2005年以后为建筑面积。
10.2011年起，固定资产投资项目统计起点由50万元提高至500万元，且不包含农村农户投资；2010年以前为全社会固定资产投资。
11.2012年起，“地方一般预算收入”和“地方一般预算支出”统一更名为“地方公共财政预算收入”和“地方公共财政预算支出”。

2-2 3 continued

2005	2010	2011	2012	速度指标(%) Indices and Growth Rates (%)									
				指数(2012为以下各年) Index (2012 as percentage of the following years)						平均增长速度 Average Annual Growth Rate			
				1978	1990	2000	2005	2010	2012	1979-2012	1991-2012	2001-2012	2006-2012
3.27	3.21	3.20	3.19	65.9	82.9	89.4	97.6	99.4	99.7	-1.2	-0.9	-0.9	-0.4
5.00	4.95	4.84	4.82	80.5	85.3	93.6	96.4	97.4	99.6	-0.6	-0.7	-0.6	-0.5
58.94	85.71	86.36	87.07		171.9	154.9	147.7	101.6	100.8		2.5	3.7	5.7
8.09	12.70	14.14	15.54		602.5	327.3	192.2	122.4	109.9		8.5	10.4	9.8
33.18	34.13	34.40	34.40	628.9	218.1	139.8	103.7	100.8	100.0	5.6	3.6	2.8	0.5
25.71	29.23	30.73	31.67	362.8	182.1	141.3	123.2	108.3	103.1	3.9	2.8	2.9	3.0
14769.94	23897.80	26897.48	30226.71	7334.3	1312.4	309.7	204.7	126.5	112.4	13.5	12.4	9.9	10.8
4690.49	7890.25	9371.73	10542.84	5455.5	1010.8	288.5	224.8	133.6	112.5	12.5	11.1	9.2	12.3
19051.35	36219.15	39725.24	44803.43	255144.8	5956.6	516.9	235.2	123.7	112.8	26.0	20.4	14.7	13.0
2143.29	4484.29	5574.90	6561.14	21448.6	2938.4	620.4	306.1	146.3	117.7	17.1	16.6	16.4	17.3
24122	40432	45060	50278	8175.3	1716.6	362.8	208.4	124.4	111.6	13.8	13.8	11.3	11.1
2428	2444	2411	2437	123.8	129.3	100.5	100.4	99.7	101.1	0.6	1.2	0.0	0.1
11.80	16.85	17.94	19.21	401.0	236.9	172.8	162.8	114.0	107.1	4.2	4.0	4.7	7.2
19.26	27.71	29.81	32.47	386.1	284.6	206.6	168.6	117.2	108.9	4.1	4.9	6.2	7.7
105.8	85.8	188.5	180.3										
129.4	105.5	84.8	79.9										
3176	6065	8148	8101		469.6	94.0	255.1	133.6	99.4		7.3	-0.5	14.3
7629	17500	19693	21798		239.5	216.6	285.7	124.6	110.7		4.0	6.7	16.2
67756	30480	26582	25719		99.3	38.7	38.0	84.4	96.8		...	-7.6	-12.9
20883	8051	9359	7915		156.9	28.8	37.9	98.3	84.6		2.1	-9.9	-12.9

Notes: a) Figures of "Permanent Population at the Year-end" have been adjusted in accordance with the flash sums of the 6th National Population Cencus in 2010.

b)The number of staff and workers has been recoded as employed persons in units since 2003.The data of 2000 have been adjusted accordingly

c)Figures in value terms on gross output value of agriculture and industry are calculated at current prices , whereas their growth rates are calculated at constant prices.

d)The statistical coverage of the industrial indicators refers to the industrial enterprises above designated size, i.e.legal person industrial enterprises with annual main business revenue over 5 million yuan.The industrial indicators from 2000 to 2006 covered all state-owned industrial enterprises and non-state-owned industrial enterprises with annual main business revenue over 5 million yuan. Since 2011, it refers to legal person industrial enterprises with annual principal business revenue of over 20 million yuan.

e) Figures of output of grain have been obtained from sample surveys since 2000.

f) Figures of government revenues since 1994 are calculated according to new standards stipulated in the tax reform (excluding revenues refunded by the central government).

g)The total business volume of postal and telecommunication services are at 1990 constant prices before 2000 and at 2000 constant prices from 2000 to 2010,and at 2010 constant price since 2010.

h) Before 1986, the figures of secondary schools excluded those of specialized secondary schools for adults.

i) The "per capital floor space of urban residents" of 1995 and 2000 are useable area, and that since 2005 are building area.

j) Since 2011, the cut-off point of investment statistics is changed from a minimum of 500,000 yuan to a minimum of 5,000,000 yuan, and the data do not include the investment made by rural households. Data before 2010 refer to total investment in fixed assets.

k) From 2012, the name of local government budgetary revenue and local government budgetary expenditure have been changed to local public budgetary revenue and local public budgetary expenditure.

2-3 国民经济和社会发展结构指标

Composition Indicators of National Economic and Social Development

单位：%　　　　(%)

指　标	Item	2000	2005	2010	2011	2012
人口与就业	**Population and Employment**					
人口	**Population**					
城乡结构(常住人口)	Urban and Rural Composition(by permanent population)					
城镇	Urban	55.0	60.7	66.2	66.5	67.4
农村	Rural	45.0	39.3	33.8	33.5	32.6
性别结构(户籍人口)	Sexual Composition(by residential population)					
男	Male	51.6	51.7	51.5	51.5	51.5
女	Female	48.4	48.3	48.5	48.5	48.5
就业	**Employment**					
产业结构	Industrial Structure					
第一产业	Primary Industry	40.0	32.1	24.4	23.9	23.8
第二产业	Secondary Industry	27.9	38.1	42.4	42.4	42.1
第三产业	Tertiary Industry	32.1	29.8	33.2	33.7	34.2
按登记注册类型分组	Grouped by Status of Registration					
国有单位	State-owned Units	11.8	7.6	6.7	7.1	7.2
集体单位	Collective-owned Units	59.4	40.6	31.6	29.3	28.7
股份合作单位	Share-holding Cooperative Units	0.3	0.4	0.4	0.4	0.4
联营单位	Joint Ownership Units	0.2	0.3	0.3	0.3	0.3
有限责任公司	Limited Liability Corporations	1.0	4.1	5.2	5.3	5.8
股份有限公司	Share-holding Corporations Ltd.	0.7	1.0	1.5	1.7	1.8
外商投资单位	Units with Foreign Investment	1.1	4.3	4.9	5.2	5.1
港澳台投资单位	Units with Investment from Hong Kong，Macao and Taiwan	2.6	12.0	12.5	12.3	11.8
私营企业	Private Enterprises	5.5	13.3	17.7	19.2	19.6
个体经济	Individual Economy	7.7	14.6	17.8	17.9	18.0
宏观经济	**Macro Economy**					
国民经济核算	**National Accounts**					
地区生产总值产业结构	Industrial Structure of Gross Domestic Product					
第一产业	Primary Industry	9.2	6.3	5.0	5.0	5.0
第二产业	Secondary Industry	46.5	50.4	50.0	49.7	48.5
第三产业	Tertiary Industry	44.3	43.3	45.0	45.3	46.5
支出法地区生产总值结构	Domestic Expenditure Structure					
最终消费	Final Consumption	53.2	50.8	48.9	49.0	51.3
居民消费	Household Consumption	41.7	39.8	38.5	38.5	40.3
农村	Rural Households	12.6	6.2	4.9	5.2	5.5
城镇	Urban Households	29.1	33.5	33.6	33.3	34.9
政府消费	Government Consumption	11.5	11.0	10.4	10.5	10.9
资本形成总额	Gross Capital Formation	35.9	36.5	38.5	39.5	40.1
固定资本形成总额	Gross Fixed Capital Formation	28.8	32.9	35.9	36.5	38.6
存货增加	Changes in Inventories	7.0	3.6	2.6	3.0	1.5
净流出	Net Exports	10.9	12.7	12.7	11.5	8.6
固定资产投资	**Investment**					
按登记注册类型分	Grouped by Status of Registration					
内资	Domestic-funded	81.2	74.9	85.4	85.5	84.8
国有	State-owned	37.7	25.9	32.0	26.2	21.4
集体	Collective-owned	12.2	4.6	4.6	4.1	4.5
股份合作	Cooperative	0.6	0.9	0.3	0.4	0.6
联营	Joint ownership	1.5	0.8	0.1	0.1	0.3
其他有限责任公司	Limited Liability	11.3	17.1	21.1	27.9	30.1
股份有限公司	Share-holding	4.7	5.3	5.4	5.9	5.4
私营	Private	6.4	15.5	13.7	16.8	18.1
个体	Induvidual	7.7	4.1	5.6	1.1	1.3
其他	Others	0.6	0.8	2.6	2.9	3.1
港澳台投资	Investment from Hong Kong, Macao & Taiwan	12.9	15.1	9.2	9.1	8.9
外商投资	Foreign investment	4.4	10.0	5.4	5.4	6.3

2-3 续表 1 continued

单位：% (%)

指　　标	Item	2000	2005	2010	2011	2012
资金来源结构	Structure of Sources of Funds					
国家预算资金	State Budgetary Appropriation	1.7	0.9	2.2	2.1	4.4
国内贷款	Domestic Loans	17.2	17.2	16.8	14.4	14.4
利用外资	Foreign Investment	10.5	9.9	3.3	2.9	2.6
自筹投资	Fundraising	42.9	54.1	56.6	58.8	57.1
其他投资	Others	27.7	17.9	21.1	21.8	21.5
对外贸易	**Foreign Trade**					
出口按贸易方式分	Exports by Customs Regime					
一般贸易	Ordinary Trade	19.0	22.4	32.9	34.5	33.2
加工贸易	Processing Trade	78.1	73.5	60.8	58.6	56.6
其他	Others	2.9	4.1	6.3	6.9	10.3
进口按贸易方式分	Imports by Customs Regime					
一般贸易	Ordinary Trade	26.7	25.5	36.0	35.9	33.9
加工贸易	Processing Trade	63.1	61.7	51.4	51.4	50.0
其他	Others	10.2	12.8	12.6	12.7	16.1
利用外资	**Utilization of Foreign Capital**					
实际利用外资结构	Structure of Foreign Capital Actually Utilized					
外商直接投资	Foreign Direct Investment	84.0	81.5	96.4	97.6	97.7
外商其他投资	Other Foreign Investment	11.2	18.5	3.6	2.4	2.3
国内贸易	**Domestic Trade**					
社会消费品零售总额结构	Structure of Total Retail Sales of Consumer Goods					
城镇	Urban Areas	75.1	75.4	85.3	85.7	87.2
乡村	Rural Areas	24.9	24.6	14.7	14.3	12.8
能源生产与消费	**Production and Consumption of Energy**					
能源生产总量结构	Structure of Total Energy Production					
原煤	Coal	8.0	7.2			
原油	Crude Oil	53.6	44.1	37.9	34.0	34.0
电力	Electricity	27.1	36.2	40.7	43.2	44.2
天然气	Natural Gas	11.3	12.5	21.4	22.8	21.8
一次能源消费总量结构	Structure of Total Primary Energy Consumption					
原煤	Coal	52.2	52.8	48.1	51.5	48.7
原油	Crude Oil	35.0	26.1	29.1	26.1	26.8
电力	Electricity	12.6	20.8	19.1	16.2	18.2
天然气	Natural Gas	0.2	0.3	3.7	6.2	6.3
其他	Others					
农业	**Agriculture**					
农林牧渔业产值结构	Structure of Gross Output Value of Farming, Forestry, Animal Husbandry and Fishery					
农业	Farming	47.5	45.3	46.9	46.6	47.9
林业	Forestry	3.5	2.7	4.7	4.8	4.8
牧业	Animal Husbandry	26.5	26.1	25.2	26.1	24.3
渔业	Fishery	22.5	21.4	19.7	19.2	19.6
农林牧渔服务业	Services for Farming, Forestry, Animal Husbandry and Fishery	...	4.5	3.5	3.3	3.4
工业	**Industry**					
年主营业务收入2000万元以上工业产值结构	Structure of Gross Industrial Output Value of Non-state-owned Enterprises with Main Business Revenue over 20 Million Yuan					
按轻重工业分	Grouped by Light and Heavy Industry					
轻工业	Light Industry	52.9	40.4	38.3	38.0	37.5
重工业	Heavy Industry	47.1	59.6	61.7	62.0	62.5
按经济类型分	Grouped by Ownership					
国有工业	State-owned Industry	11.6	5.8	5.4	5.4	6.2
集体工业	Collective-owned Industry	9.6	1.3	0.9	0.7	0.5
股份合作工业	Share-holding Cooperative Industry	0.9	0.3	0.2	0.2	0.2
股份制工业	Share-holding Industry	14.3	25.8	35.7	37.0	38.7
外商投资工业	Industry with Foreign Investment	20.2	31.1	25.4	27.9	26.5
港澳台商投资工业	Industry with Investment from Hong Kong, Macao and Taiwan	38.0	32.6	27.6	24.1	23.4

2-3 续表 2 continued

单位：%　　(%)

指　　标	Item	2000	2005	2010	2011	2012
按企业规模分	Grouped by Size of Enterprise					
大型企业	Large	36.2	34.9	33.0	44.1	45.4
中型企业	Medium-sized	11.4	33.0	33.3	27.4	28.0
小微型企业	Small and Micro	52.3	32.1	33.7	28.5	26.6
建筑业	**Construction**					
按登记注册类型分	Grouped by Status of Registration					
内资	Domestic-funded	97.6	98.3	96.5	96.9	97.6
国有	State-owned	38.8	25.4	20.3	18.9	17.2
集体	Collective-owned	33.2	10.5	6.2	5.7	4.8
股份合作	Cooperative	0.8	0.5	0.3	0.3	0.2
联营	Joint ownership	1.2	1.1	0.4	0.7	0.5
有限责任公司	Limited Liability	13.9	37.8	42.0	42.6	43.9
股份有限公司	Share-holding	5.2	5.4	7.3	8.9	9.8
私营	Private	4.4	17.5	18.6	18.9	19.4
其他	Others		0.1	1.0	1.0	1.9
港澳台投资	Investment from Hong Kong, Macao & Taiwan	1.6	1.2	1.5	1.7	1.2
外商投资	Foreign investment	0.8	0.5	2.0	1.5	1.2
交通运输和旅游	**Transportation and Tourism**					
货运量结构	Structure of Freight Traffic					
铁路	Railways	12.7	13.9	5.9	5.1	4.5
公路	Highways	63.2	63.3	69.4	70.9	71.0
水运	Waterways	21.6	19.7	21.0	20.8	21.7
民用航空	Civil Aviation	...	0.1	0.1	0.1	0.0
管道输油(气)	Pipelines	2.5	3.0	3.5	3.2	2.8
客运量结构	Structure of Passenger Traffic					
铁路	Railways	7.4	10.0	3.2	3.4	3.2
公路	Highways	90.4	86.2	94.6	94.5	94.9
水运	Waterways	1.4	1.3	0.5	0.5	0.5
民用航空	Civil Aviation	0.8	2.5	1.6	1.5	1.5
入境旅游人数结构	Composition of Tourists Visiting China					
外国人	Foreigners	4.2	5.6	6.2	6.9	7.1
港澳同胞	Compatriots from Hong Kong and Macao	92.9	92.1	91.8	91.3	91.1
台湾同胞	Compatriots from Taiwan	2.8	2.2	2.0	1.8	1.8
教育、科技、文化	**Education and Culture**					
教育	**Education**					
在校学生结构	Structure of Enrolled Students					
大学生	Colleges and Universities	2.1	5.0	8.4	9.1	9.9
中学生	Regular Secondary Schools	32.4	34.6	41.7	41.8	40.8
小学生	Primary Schools	65.5	60.4	49.9	49.1	49.3

2-3 续表 3 continued

单位：% (%)

指 标	Item	2000	2005	2010	2011	2012
专任教师结构	Structure of Full-time Teachers					
大学	Colleges and Universities	3.3	7.1	8.7	9.0	9.3
中学	Secondary Schools	37.3	40.1	43.5	44.0	44.4
小学	Primary Schools	59.4	52.8	47.8	47.0	46.2
科技	**Science and Technology**					
研究与试验发展(R&D)经费内部支出机构	Structure of Internal Expenditure on R&D					
科学研究与技术开发机构	Scientific Research and Technological Development Institutions			2.6	3.0	3.2
全日制普通高等学校	Full-time Regular Institutions of Higher Education			3.5	3.7	3.6
工业企业	Industrial Enterprises			87.0	86.0	87.2
其他	Others			6.8	7.3	6.1
文化	**Culture**					
文化事业机构人员结构	Structure of Persons Engaged in Cultural Activities					
艺术事业	Arts	32.7	29.9	27.8	24.3	16.2
图书馆事业	Library	10.6	12.9	13.8	14.9	16.1
群众文化事业	Mass Culture	28.3	35.5	35.4	35.4	38.9
教育事业	Education	2.9	3.6	2.8	2.7	2.9
其他文化事业	Other Cultural Activities	25.5	18.1	20.3	22.6	25.9
生活、卫生、环境	**People's Livelihood，Health Care and Environment**					
生活	**People's Livelihood**					
城镇居民消费结构	Consumption Structure of Urban Households					
食品类	Food	38.6	36.1	36.5	36.9	36.9
衣着类	Clothing	4.6	5.7	6.7	6.9	6.8
用品及其他	Articles for Daily Use and Others	43.0	48.2	46.4	46.3	46.9
居住	Residence	13.8	10.0	10.4	9..9	9.4
农村居民消费结构	Consumption Structure of Rural Households					
食品类	Food	49.8	48.3	47.7	49.1	49.1
衣着类	Clothing	3.9	3.9	3.9	4.1	4.3
用品及其他	Articles for Daily Use and Others	32.0	33.6	30.5	29.4	30.6
居住	Residence	14.3	14.3	17.9	17.4	16.0
卫生	**Health Care**					
卫生技术人员结构	Structure of Medical Technical Personnel					
#医生	Doctors	42.0	39.7	37.7	37.6	37.6
注册护士	Nurses	31.4	33.2	37.1	37.8	38.7
床位结构	Structure of Hospital Beds					
#医院	Hospitals	71.4	73.2	74.7	75.7	76.8
环境、灾害	**Environment and Disaster**					
工业污染源治理投资结构	Investment Structure of Treatment of Industrial Pollution Sources					
治理废水	Treatment of Waste Water		29.0	56.8	33.5	20.6
治理废气	Treatment of Waste Gas		47.4	20.5	45.0	67.7
治理固体废物	Treatment of Waste Solid Wastes		3.4	1.7	4.6	6.2
治理噪声	Treatment of Noise		0.6	0.1	0.1	0.3
治理其它	Treatment of Others		19.6	20.9	16.8	5.2
火灾事故损失额结构	Structure of Fire Losses Converted into Cash					
特大或重大	Extraordinarily Serious Fires				…	0
较大	Serious Fires			0.2	0.1	22.2
一般	Ordinary Fires			99.8	99.9	77.8
交通事故损失额结构	Structure of Losses from Traffic Accidents Converted into Cash					
机动车道	Roads for Motored Vehicles			81.5	86.3	83.6
非机动车道	Roads for Nonmotored Vehicles			1.4	1.4	1.2
混合道	Mixed Roads			12.8	8.9	10.6
其他道	Others			4.3	3.5	4.6

注：1. 由于数据计算进位的原因，部分结构总和不等于100。
2. 2007年起工业污染源治理投资结构进行了调整。

Note: a) Owing to the rounding-off of figures, some totals in this table are not equal to 100.
b) The investment structure of treatment of industrial pollution sources in 2007 has been modified.

2-4 国民经济和社会发展主要指标占全国比重

Percentage of National Total of Main Indicators of Economic and Social Development of Guangdong

指 标	Item	2011			2012		
		广东 Guang-dong	全国 National Total	广东占全国(%) As Percentage of National Total	广东 Guang-dong	全国 National Total	广东占全国(%) As Percentage of National Total
人口	**Population**						
年末常住人口数 (万人)	Permanent Population at the Year-end (10000 persons)	10505.00	134735	7.8	10594.00	135404	7.8
土地面积 (万平方公里)	**Land Area (10000 sp.km)**	**17.98**	**960.00**	**1.9**	**17.96**	**960.00**	**1.9**
国内(地区)生产总值 (亿元)	**Gross Domestic Product (100 million yuan)**	**53210.28**	**473104.0**	**11.2**	**57067.92**	**519322.1**	**11.0**
第一产业	Primary Industry	2665.20	47486.2	5.6	2847.26	52377.0	5.4
第二产业	Secondary Industry	26447.38	220412.8	12.0	27700.97	235318.6	11.8
第三产业	Tertiary Industry	24097.70	205205.0	11.7	26519.69	231626.5	11.4
人均国内(地区)生产总值 (元)	**Per Capita Gross Domestic Product (yuan)**	**50807**	**35198**		**54095**	**38449**	
主要工农业产品产量	**Output of Major Farm Products and Industrial Products**						
粮食 (万吨)	Grain (10000 tons)	1360.95	57120.8	2.4	1396.33	58958.0	2.4
油料 (万吨)	Oil-bearing Crops (10000 tons)	91.90	3306.8	2.8	96.61	3436.8	2.8
肉类 (万吨)	Meat (10000 tons)	434.68	7965.1	5.5	443.21	8387.2	5.3
水产品 (万吨)	Aquatic Products (10000 tons)	762.14	5603.2	13.6	788.87	5907.7	13.4
水果 (万吨)	Fruits (10000 tons)	1314.3	22768.2	5.8	1310.1	24056.8	5.8
茶叶 (万吨)	Tea (10000 tons)	5.96	162.3	3.7	6.31	179.0	3.5
农用化肥 (万吨)	Chemical Fertilizer (10000 tons)	51.87	6625.6	0.8	48.64	7296.0	0.7
发电量 (亿千瓦时)	Electricity (100 million kwh)	3607.20	47130.2	7.7	3593.24	49377.7	7.3
水泥 (万吨)	Cement (10000 tons)	12607.03	209925.9	6.0	11384.25	221000.0	5.2
布 (亿米)	Cloth (100 million m)	24.46	814.1	2.9	23.54	840.8	2.8
机制纸及纸板 (万吨)	Machine-made Paper and Paperboard (10000 tons)	1495.84	11034.3	13.6	1581.84	11375.5	13.9
成品钢材 (万吨)	Steel (10000 tons)	3176.62	88619.6	3.6	2992.96	95317.6	3.1
成品糖 (万吨)	Sugar (10000 tons)	98.23	1187.4	8.3	147.60	1406.8	10.5
平板玻璃 (万重量箱)	Flat Glass (10000 wt.cases)	7414.06	79107.6	10.0	7982.16	71416.6	11.2
家用电冰箱 (万台)	Household Refrigerators (10000 units)	1409.25	8699.2	16.2	1654.97	8427.0	19.6
家用洗衣机 (万台)	Household Washing Machines (10000 units)	502.07	6715.9	7.5	606.96	6741.5	9.0
彩电电视机 (万台)	Color Television Sets (10000 sets)	4862.42	12231.4	39.8	5810.12	12823.3	47.3
房间空调器 (万台)	Room Air Conditioners (10000 sets)	6374.63	13912.5	45.8	5342.08	13281.1	40.2
汽车 (万辆)	Bicycles (10000 units)	166.95	1841.6	9.1	159.66	1927.7	8.3
微型电子计算设备(万台)	Microcomputers (10000 units)	4417.84	32036.7	13.8	5382.47	35411.0	15.2
固定资产投资	**Investment in Fixed Assets**						
固定资产投资额 (亿元)	Investment in Fixed Assets (100 million yuan)	16843.83	302396.1	5.6	19307.53	364835.1	5.3
#内资	Domestic Investment	14399.45	283679.2	5.1	16369.79	344020.8	4.8
港澳台商投资	Investment from Hong Kong, Macao and Taiwan	1527.74	9431.0	16.2	1716.85	10184.5	16.9
外商投资	Foreign Investment	916.64	9285.9	9.9	1220.88	10629.7	11.5

2-4 续表 continued

指 标	Item	2011 广东 Guang-dong	2011 全国 National Total	2011 广东占全国(%) As Percentage of National Total	2012 广东 Guang-dong	2012 全国 National Total	2012 广东占全国(%) As Percentage of National Total
运输、邮电	**Transport, Postal and Telecommunication Services**						
货物周转量 (亿吨公里)	Freight Traffic (100 million ton-kilometers)	7113.29	159324	4.5	9780.56	173771	5.6
旅客周转量 (亿人公里)	Passenger Traffic (100 million personkilometers)	3851.84	30984	12.4	4372.06	33383.1	13.1
港口货物吞吐量 (万吨)	Volume of Freight Handled at Major Coastal Ports (10000 tons)	133704	1004100	13.3	140776	1077600	13.1
邮电业务总量 (亿元)	Total Business Volume of Postal and Telecommunication Services (100 million yuan)	1918.01	13379.22	14.3	2174.67	15021.50	14.5
财政金融	**Government Finance and Banking**						
地方公共财政预算收入 (亿元)	Local Public Budgetary Revenue (100 million yuan)	5514.84	52547.11	10.5	6229.18	61077.3	10.2
地方公共财政预算支出 (亿元)	Local Public Budgetary Expenditure (100 million yuan)	6712.40	92733.68	7.2	7387.86	106947.5	6.9
城乡居民人民币储蓄存款余额 (亿元)	Savings Deposits by Urban and Rural Residents (100 million yuan)	39725.24	343635.9	11.6	44803.43	399551.0	11.2
外经旅游	**Foreign Trade and International Tourism**						
进口总额 (亿美元)	Total Imports (USD 100 million)	3815.41	17434.8	21.9	4098.88	18178.3	22.5
出口总额 (亿美元)	Total Exports (USD 100 million)	5317.93	18983.8	28.0	5740.59	20489.3	28.0
实际外商直接投资(亿美元)	Foreign Direct Investment(USD 100 million)	217.98	1160.1	18.8	235.49	1117.2	21.1
国际旅游外汇收入(亿美元)	Total Foreign Exchange Earnings from International Tourism (USD 100 million)	139.06	484.6	28.7	156.23	500.3	31.2
国内贸易和物价	**Domestic Trade and Prices**						
社会消费品零售总额 (亿元)	Total Amount of Retail Sales of Consumer Goods (100 million yuan)	20246.72	183918.6	11.0	22677.11	210307.0	10.8
商品零售价格指数 (%)	General Retail Price Index (%)	105.1	104.9		102.2	102.0	
居民消费价格指数 (%)	General Consumer Price Index (%)	105.3	105.4		102.8	102.6	
人民生活	**People's Livelihood**						
城镇单位从业人员工资总额 (亿元)	Earnings of Urban Employed Persons (100 million yuan)	5574.90	59955.0	9.3	6561.14	70914.26	9.3
城镇居民人均可支配收入 (元)	Per Capita Disposable Income of Urban Households (yuan)	26897.48	21810		30226.71	24565	
农村居民人均纯收入 (元)	Per Capita Net Income of Rural Households (yuan)	9371.73	6977		10542.84	7917.0	
教育、科技、卫生	**Education, Science and Technology and Health Care**						
高等学校在校学生数(万人)	Students Enrolled in Colleges and Universities (10000 persons)	152.73	2308.5	6.6	161.68	2391.3	6.8
国有企事业单位专业技术人员 (万人)	Number of Scientific and Technological Personnel in State-owned Enterprises and Institutions (10000 persons)	144.80	2356.9	6.1	145.90		
医疗卫生机构床位数 (万张)	Number of Hospital Beds (10000 units)	32.50	516.0	6.3	35.53	572.4	6.2
专业卫生技术人员 (万人)	Number of Medical Technical Personnel (10000 persons)	47.64	620.3	7.7	51.03	667.9	7.6

注：1. 本表水果产量含瓜果产量。
2. 全国2012年数为快报数并来自中国统计概要，广东数据为正式年报数。

Note: a) The output of fruits includes melons in this table
b) The 2012 data of the whole nation are based on flash reports and from China Statistical Abstract.The data of Guangdong comes from formal annual reports.

2-5 法人和产业活动单位数

Number of Corporate Units and Industrial Establishments

单位：个 (unit)

项 目	Item	2011 法人单位数 Corporate Units	2011 产业单位数 Industrial Establishments	2012 法人单位数 Corporate Units	2012 产业单位数 Industrial Establishments
总 计	**Total**	**908003**	**1086479**	**1009027**	**1188018**
按行业分	By Sector				
第一产业	Primary Industry	12029	13979	15663	17625
第二产业	Secondary Industry	299831	316501	325198	340150
采矿业	Mining	2975	3101	3234	3353
制造业	Manufacture	265396	275234	287165	295423
电力、燃气及水的生产和供应业	Production and Supply of Electric Power, Gas and Water	8295	10517	8525	10768
建筑业	Construction	23165	27649	26274	30606
第三产业	Tertiary Industry	596143	755999	668166	830243
交通运输、仓储和邮政业	Transport, Storage and Postal Services	22784	31843	25568	34685
信息传输、计算机服务和软件业	Information Transmission, Computer Services and Software	21644	28166	25049	31881
批发和零售业	Wholesale and Retail Trades	248483	295246	285381	333376
住宿和餐饮业	Hotels and Catering Services	16672	21015	18366	22906
金融业	Finance	3984	23000	4759	24107
房地产业	Real Estate	42356	52021	46212	55574
租赁和商务服务业	Leasing and Business Services	84173	101536	96370	113972
科学研究、技术服务和地质勘查业	Scientific Research, Technical Services and Geological Prospecting	26966	30073	30980	34170
水利、环境和公共设施管理业	Management of Water Conservancy, Environment and Public Facilities	4967	6148	5394	6577
居民服务和其他服务业	Services to Households and Other Services	17530	20225	18961	21712
教育	Education	31500	41274	32585	42403
卫生、社会保障和社会福利业	Health Care, Social Security and Social Welfare	9139	20039	9391	20310
文化、体育和娱乐业	Culture, Sports and Recreation	7762	9681	9309	11211
公共管理和社会组织	Public Administration and Social Organizations	58183	75732	59841	77359
按注册类型分	By Status of Registration				
内资企业	Domestic-funded Enterprises	850657	1011418	949310	1110928
国有企业	State-owned Enterprises	64191	114983	64844	115235
集体企业	Collective-owned Enterprises	28079	43570	28359	43673
股份合作企业	Share-holding Cooperative Enterprises	6630	11124	6946	11409
联营企业	Joint-operation Enterprises	1660	2582	1711	2640
有限责任公司	Limited Liability Corporations	118833	139973	137036	158447
股份有限公司	Share-holding Corporations Ltd.	9796	23780	11483	25648
私营企业	Private Enterprises	545113	584709	616127	656738
其他企业	Other Enterprises	76355	90697	82804	97138
港、澳、台商投资企业	Enterprises with Investment from Hong Kong, Macao and Taiwan	39920	49291	41742	50696
合资经营企业(港或澳、台资)	Joint Ventures	4882	6656	4987	6707
合作经营企业(港或澳、台资)	Cooperative Enterprises	2305	2898	2260	2800
港、澳、台商独资经营企业	Sole Investment Enterprises	31667	38032	33318	39354
港、澳、台商投资股份有限公司	Share-holding Corporations Ltd.	952	1580	994	1611
其他港、澳、台商投资	Other Enterprises	114	125	183	224
外商投资企业	Enterprises with Foreign Investment	17426	25770	17975	26394
中外合资经营企业	Sino-foreign Joint Ventures	3405	5116	3485	5242
中外合作经营企业	Sino-foreign Cooperative Enterprises	1038	1304	1014	1275
外资企业	Foreign-funded Enterprises	12366	18309	12757	18699
外商投资股份有限公司	Share-holding Corporations Ltd.	541	945	566	979
其他外商投资	Other Enterprises	76	96	153	199

2-6 各市法人和产业活动单位数

Number of Corporate Units and Industrial Establishments by City

单位: 个 (unit)

市 别	City	2011		2012	
		法人单位数 Corporate Units	产业单位数 Industrial Establishments	法人单位数 Corporate Units	产业单位数 Industrial Establishments
总 计	**Total**	**908003**	**1086479**	**1009027**	**1188018**
广 州	Guangzhou	164171	192688	178738	206810
深 圳	Shenzhen	224013	263448	255734	294167
珠 海	Zhuhai	26946	31572	29884	34749
汕 头	Shantou	29683	34004	31527	36027
佛 山	Foshan	86714	97646	94412	105487
#顺 德	Shunde	36077	41912	39458	45208
韶 关	Shaoguan	14671	21176	16453	22911
河 源	Heyuan	11106	15758	13493	18171
梅 州	Meizhou	17563	26668	19682	28862
惠 州	Huizhou	37904	45877	42854	51220
汕 尾	Shanwei	6360	7970	6625	8228
东 莞	Dongguan	86392	96382	94204	104240
中 山	Zhongshan	42410	49703	49867	57408
江 门	Jiangmen	32025	37098	36148	41543
阳 江	Yangjiang	17112	19804	17797	20440
湛 江	Zhanjiang	20721	29538	22261	31066
茂 名	Maoming	19372	24970	22209	27793
肇 庆	Zhaoqing	18377	24445	19717	25883
清 远	Qingyuan	14272	19652	16346	21993
潮 州	Chaozhou	13997	15807	14962	16770
揭 阳	Jieyang	16613	19949	17466	20764
云 浮	Yunfu	7581	12324	8648	13486
按经济区域分	By Region				
珠三角	Pearl River Delta	718952	838859	801558	921507
东 翼	Eastern Region	66653	77730	70580	81789
西 翼	Western Region	57205	74312	62267	79299
山 区	Mountainous Region	65193	95578	74622	105423

2-7 按行业和登记注册类型分组的法人单位数（2012年）
Number of Corporate Units by Sector and by Status of Registration (2012)

单位：个 (unit)

项 目	Item	总 计 Total	内资企业 Domestic-funded Enterprises	国有企业 State-owned Enterprises	集体企业 Collective-owned Enterprises	股份合作企业 Share-holding Cooperative Enterprises
总 计	**Total**	**1009027**	**949310**	**64844**	**28359**	**6946**
第一产业	Primary Industry	15663	15353	1012	957	47
第二产业	Secondary Industry	325198	284156	2361	5828	1754
采矿业	Mining	3234	3176	41	105	8
制造业	Manufacture	287165	246652	1158	3470	1498
电力、燃气及水的生产和供应业	Production and Supply of Electric Power, Gas and Water	8525	8294	519	1406	85
建筑业	Construction	26274	26034	643	847	163
第三产业	Tertiary Industry	668166	649801	61471	21574	5145
交通运输、仓储和邮政业	Transport, Storage and Postal Services	25568	24153	1167	561	162
信息传输、计算机服务和软件业	Information Transmission, Computer Services and Software	25049	23830	391	58	94
批发和零售业	Wholesale and Retail Trades	285381	278498	3249	4329	2130
住宿和餐饮业	Hotels and Catering Services	18366	17425	575	475	253
金融业	Finance	4759	4526	312	152	113
房地产业	Real Estate	46212	43848	1401	3873	847
租赁和商务服务业	Leasing and Business Services	96370	93274	3187	7940	932
科学研究、技术服务和地质勘查业	Scientific Research, Technical Services and Geological Prospecting	30980	29536	3155	477	155
水利、环境和公共设施管理业	Management of Water Conservancy, Environment and Public Facilities	5394	5294	2090	259	20
居民服务和其他服务业	Services to Households and Other Services	18961	18662	642	511	249
教育	Education	32585	32506	17440	1028	69
卫生、社会保障和社会福利业	Health Care, Social Security and Social Welfare	9391	9371	4085	805	32
文化、体育和娱乐业	Culture, Sports and Recreation	9309	9106	2177	238	78
公共管理和社会组织	Public Administration and Social Organizations	59841	59772	21600	868	11

2-7 续表 1 continued

单位：个 (unit)

项 目	Item	联营企业 Joint-operation Enterprises	有限责任公司 Limited Liability Corpor-ations	股份有限公司 Share-holding Corpor-ations Ltd.	私营企业 Private Enter-prises	其他企业 Other Enter-prises
总 计	**Total**	**1711**	**137036**	**11483**	**616127**	**82804**
第一产业	Primary Industry	26	1718	125	5134	6334
第二产业	Secondary Industry	392	46763	3061	217634	6363
采矿业	Mining	11	388	51	2474	98
制造业	Manufacture	246	39356	2402	192932	5590
电力、燃气及水的生产和供应业	Production and Supply of Electric Power, Gas and Water	86	737	117	5118	226
建筑业	Construction	49	6282	491	17110	449
第三产业	Tertiary Industry	1293	88555	8297	393359	70107
交通运输、仓储和邮政业	Transport, Storage and Postal Services	80	3815	423	17533	412
信息传输、计算机服务和软件业	Information Transmission, Computer Services and Software	32	3098	381	19210	566
批发和零售业	Wholesale and Retail Trades	452	44389	3390	214310	6249
住宿和餐饮业	Hotels and Catering Services	51	2124	201	12827	919
金融业	Finance	17	858	717	2223	134
房地产业	Real Estate	125	11989	955	23597	1061
租赁和商务服务业	Leasing and Business Services	198	13040	1237	56184	10556
科学研究、技术服务和地质勘查业	Scientific Research, Technical Services and Geological Prospecting	62	4407	538	19696	1046
水利、环境和公共设施管理业	Management of Water Conservancy, Environment and Public Facilities	17	742	64	1798	304
居民服务和其他服务业	Services to Households and Other Services	39	2488	213	13083	1437
教育	Education	87	528	60	6462	6832
卫生、社会保障和社会福利业	Health Care, Social Security and Social Welfare	46	136	13	1699	2555
文化、体育和娱乐业	Culture, Sports and Recreation	33	874	93	4518	1095
公共管理和社会组织	Public Administration and Social Organizations	54	67	12	219	36941

2-7 续表 2 continued

单位：个 (unit)

项 目	Item	港、澳、台商投资企业 Enterprises with Investment from Hong Kong, Macao and Taiwan	合资经营企业(港或澳、台资) Joint Ventures	合作经营企业(港或澳、台资) Cooperative Enterprises	港、澳、台商独资经营企业 Sole Investment Enterprises	港、澳、台商投资股份有限公司 Share-holding Corporations Ltd.	其他港、澳、台商投资 Other Enterprises
总 计	**Total**	**41742**	**4987**	**2260**	**33318**	**994**	**183**
第一产业	Primary Industry	260	38	11	161	26	24
第二产业	Secondary Industry	30153	3428	1391	24671	600	63
采矿业	Mining	37	8	2	26	1	
制造业	Manufacture	29803	3294	1342	24523	583	61
电力、燃气及水的生产和供应业	Production and Supply of Electric Power,Gas and Water	147	67	28	43	8	1
建筑业	Construction	166	59	19	79	8	1
第三产业	Tertiary Industry	11329	1521	858	8486	368	96
交通运输、仓储和邮政业	Transport, Storage and Postal Services	929	183	241	466	38	1
信息传输、计算机服务和软件业	Information Transmission, Computer Services and Software	746	66	12	625	34	9
批发和零售业	Wholesale and Retail Trades	4270	428	69	3587	141	45
住宿和餐饮业	Hotels and Catering Services	551	122	69	338	19	3
金融业	Finance	70	17	3	47	3	
房地产业	Real Estate	1748	360	342	1004	40	2
租赁和商务服务业	Leasing and Business Services	1709	166	40	1430	50	23
科学研究、技术服务和地质勘查业	Scientific Research, Technical Services and Geological Prospecting	851	83	15	720	23	10
水利、环境和公共设施管理业	Management of Water Conservancy, Environment and Public Facilities	51	21	6	23	1	
居民服务和其他服务业	Services to Households and Other Services	177	26	15	126	9	1
教育	Education	41	7	8	24	2	
卫生、社会保障和社会福利业	Health Care, Social Security and Social Welfare	13	4	2	7		
文化、体育和娱乐业	Culture, Sports and Recreation	132	35	34	56	6	1
公共管理和社会组织	Public Administration and Social Organizations	41	3	2	33	2	1

2-7 续表 3 continued

单位：个 (unit)

项 目	Item	外商投资企业 Enterprises with Foreign Investment	中外合资经营企业 Sino-foreign Joint Ventures	中外合作经营企业 Sino-foreign Cooperative Enterprises	外资企业 Foreign-funded Enterprises	外商投资股份有限公司 Share-holding Corporations Ltd.	其他外商投资 Other Enterprises
总 计	**Total**	**17975**	**3485**	**1014**	**12757**	**566**	**153**
第一产业	Primary Industry	50	9	5	26	9	1
第二产业	Secondary Industry	10889	2089	539	7935	281	45
采矿业	Mining	21	8	4	8	1	
制造业	Manufacture	10710	2022	513	7867	265	43
电力、燃气及水的生产和供应业	Production and Supply of Electric Power, Gas and Water	84	36	13	26	9	
建筑业	Construction	74	23	9	34	6	2
第三产业	Tertiary Industry	7036	1387	470	4796	276	107
交通运输、仓储和邮政业	Transport, Storage and Postal Services	486	175	123	168	14	6
信息传输、计算机服务和软件业	Information Transmission, Computer Services and Software	473	101	7	342	16	7
批发和零售业	Wholesale and Retail Trades	2613	417	71	1981	103	41
住宿和餐饮业	Hotels and Catering Services	390	88	42	237	16	7
金融业	Finance	163	79	4	66	13	1
房地产业	Real Estate	616	174	104	316	19	3
租赁和商务服务业	Leasing and Business Services	1387	141	46	1105	66	29
科学研究、技术服务和地质勘查业	Scientific Research, Technical Services and Geological Prospecting	593	132	11	424	15	11
水利、环境和公共设施管理业	Management of Water Conservancy, Environment and Public Facilities	49	15	10	21	2	1
居民服务和其他服务业	Services to Households and Other Services	122	24	16	77	4	1
教育	Education	38	6	14	16	2	
卫生、社会保障和社会福利业	Health Care, Social Security and Social Welfare	7	3	3	1		
文化、体育和娱乐业	Culture, Sports and Recreation	71	25	18	25	3	
公共管理和社会组织	Public Administration and Social Organizations	28	7	1	17	3	

2-8 各市按机构类型分法人单位数（2012年）
Number of Corporate Units by Type by City (2012)

单位：个 (unit)

市 别	city	法人单位 Corporate Units	企业 Enterprises	事业单位 Institutions	机关 Government Agencies	社会团体 Social Organizations	民办非企业 Non-enterprise Units Run by l NGO	其他组织机构 Other Organizations
总 计	**Total**	**1009027**	**885517**	**41390**	**11783**	**12690**	**12777**	**44870**
广 州	Guangzhou	178738	165354	5116	1241	1578	1248	4201
深 圳	Shenzhen	255734	247031	1839	694	2246	1973	1951
珠 海	Zhuhai	29884	27020	861	367	395	521	720
汕 头	Shantou	31527	25568	2075	558	656	641	2029
佛 山	Foshan	94412	86286	2208	414	1000	1117	3387
#顺 德	Shunde	39458	37279	958	82	328	283	528
韶 关	Shaoguan	16453	10620	1583	808	720	470	2252
河 源	Heyuan	13493	9044	1687	495	242	226	1799
梅 州	Meizhou	19682	12635	2069	753	524	609	3092
惠 州	Huizhou	42854	35888	1965	628	632	747	2994
汕 尾	Shanwei	6625	3562	1199	455	195	195	1019
东 莞	Dongguan	94204	88780	1402	274	346	1185	2217
中 山	Zhongshan	49867	45337	827	185	367	1105	2046
江 门	Jiangmen	36148	30100	2007	597	581	364	2499
阳 江	Yangjiang	17797	14756	1221	393	184	142	1101
湛 江	Zhanjiang	22261	15206	3425	800	260	338	2232
茂 名	Maoming	22209	15256	2963	610	898	350	2132
肇 庆	Zhaoqing	19717	13622	1994	682	445	458	2516
清 远	Qingyuan	16346	11854	1608	566	429	423	1466
潮 州	Chaozhou	14962	11113	1759	330	320	140	1300
揭 阳	Jieyang	17466	11259	2330	489	376	379	2633
云 浮	Yunfu	8648	5226	1252	444	296	146	1284
按经济区域分	By Region							
珠 三 角	Pearl River Delta	801558	739418	18219	5082	7590	8718	22531
东 翼	Eastern Region	70580	51502	7363	1832	1547	1355	6981
西 翼	Western Region	62267	45218	7609	1803	1342	830	5465
山 区	Mountainous Region	74622	49379	8199	3066	2211	1874	9893

2-9 各市按行业分法人单位数（2012年）
Number of Corporate Units by Sector by City (2012)

单位：个 (unit)

市别	city	总计 Total	第一产业 Primary Industry	第二产业 Secondary Industry	采矿业 Mining	制造业 Manufacture	电力、燃气及水的生产和供应业 Production and Supply of Electric Power, Gas and Water
全省	**Provincial Total**	**1009027**	**15663**	**325198**	**3234**	**287165**	**8525**
广州	Guangzhou	178738	1357	39690	36	34381	235
深圳	Shenzhen	255734	180	62040	24	57518	105
珠海	Zhuhai	29884	319	6997	8	5470	56
汕头	Shantou	31527	456	11885	41	11157	77
佛山	Foshan	94412	480	42886	27	40750	164
#顺德	Shunde	39458	222	18148	1	17180	60
韶关	Shaoguan	16453	1058	3749	281	1986	1121
河源	Heyuan	13493	1989	2830	273	1563	532
梅州	Meizhou	19682	2096	5202	401	2960	1245
惠州	Huizhou	42854	1147	14487	199	11197	363
汕尾	Shanwei	6625	273	1491	28	1180	164
东莞	Dongguan	94204	179	47858	15	44508	168
中山	Zhongshan	49867	283	25880	10	24019	92
江门	Jiangmen	36148	529	15920	118	14559	269
阳江	Yangjiang	17797	675	6205	138	5074	576
湛江	Zhanjiang	22261	875	4962	245	4130	139
茂名	Maoming	22209	741	5380	335	4090	603
肇庆	Zhaoqing	19717	578	6475	355	4842	708
清远	Qingyuan	16346	1089	4634	526	2639	1095
潮州	Chaozhou	14962	730	7436	20	6980	254
揭阳	Jieyang	17466	222	7163	35	6639	298
云浮	Yunfu	8648	407	2028	119	1523	261
按经济区域分	By Region						
珠三角	Pearl River Delta	801558	5052	262233	792	237244	2160
东翼	Eastern Region	70580	1681	27975	124	25956	793
西翼	Western Region	62267	2291	16547	718	13294	1318
山区	Mountainous Region	74622	6639	18443	1600	10671	4254

2-9 续表 1 continued

单位：个 (unit)

市 别	city	建筑业 Construction	第三产业 Tertiary Industry	交通运输、仓储和邮政业 Transport, Storage and Postal Services	信息传输、计算机服务和软件业 Information Transmission, Computer Services and Software	批发和零售业 Wholesale and Retail Trades	住宿和餐饮业 Hotels and Catering Services
全 省	**Provincial Total**	**26274**	**668166**	**25568**	**25049**	**285381**	**18366**
广 州	Guangzhou	5038	137691	5624	6951	56811	4623
深 圳	Shenzhen	4393	193514	9364	8795	101610	3728
珠 海	Zhuhai	1463	22568	767	1042	9670	619
汕 头	Shantou	610	19186	895	509	7977	545
佛 山	Foshan	1945	51046	1458	1171	26010	1624
#顺 德	Shunde	907	21088	685	431	12469	417
韶 关	Shaoguan	361	11646	311	243	3035	617
河 源	Heyuan	462	8674	213	281	1917	231
梅 州	Meizhou	596	12384	322	202	3426	302
惠 州	Huizhou	2728	27220	752	1034	8314	700
汕 尾	Shanwei	119	4861	128	93	933	167
东 莞	Dongguan	3167	46167	1629	1666	21020	1341
中 山	Zhongshan	1759	23704	623	522	10191	891
江 门	Jiangmen	974	19699	592	415	7348	560
阳 江	Yangjiang	417	10917	554	255	4310	449
湛 江	Zhanjiang	448	16424	650	504	5253	568
茂 名	Maoming	352	16088	316	328	6152	365
肇 庆	Zhaoqing	570	12664	407	294	3048	316
清 远	Qingyuan	374	10623	367	317	2402	212
潮 州	Chaozhou	182	6796	217	160	1611	221
揭 阳	Jieyang	191	10081	185	124	2774	203
云 浮	Yunfu	125	6213	194	143	1569	84
按经济区域分	By Region						
珠 三 角	Pearl River Delta	22037	534273	21216	21890	244022	14402
东 翼	Eastern Region	1102	40924	1425	886	13295	1136
西 翼	Western Region	1217	43429	1520	1087	15715	1382
山 区	Mountainous Region	1918	49540	1407	1186	12349	1446

2-9 续表 2 continued

单位：个 (unit)

市 别	Item	金融业 Finance	房地产业 Real Estate	租赁和商务服务业 Leasing and Business Services	科学研究、服务和技术地质勘查业 Scientific Research, Technical Services and Geological Prospecting	水利、环境和公共设施管理业 Management of Water Conservancy, Environment and Public Facilities
全 省	**Provincial Total**	**4759**	**46212**	**96370**	**30980**	**5394**
广 州	Guangzhou	586	11984	23526	6809	1038
深 圳	Shenzhen	1457	8764	29566	14630	660
珠 海	Zhuhai	121	2240	3302	1003	171
汕 头	Shantou	157	920	1727	360	174
佛 山	Foshan	293	2906	8196	1543	380
#顺 德	Shunde	115	1170	2827	583	160
韶 关	Shaoguan	108	698	1112	346	186
河 源	Heyuan	92	757	773	293	141
梅 州	Meizhou	103	506	908	430	213
惠 州	Huizhou	351	4643	3831	1069	426
汕 尾	Shanwei	52	197	243	101	52
东 莞	Dongguan	319	3049	9213	955	379
中 山	Zhongshan	176	2008	4713	443	166
江 门	Jiangmen	186	1645	2478	561	225
阳 江	Yangjiang	159	854	745	333	132
湛 江	Zhanjiang	99	1058	998	399	153
茂 名	Maoming	92	858	693	404	183
肇 庆	Zhaoqing	123	1061	1743	384	210
清 远	Qingyuan	112	1238	1223	342	197
潮 州	Chaozhou	47	283	426	190	124
揭 阳	Jieyang	57	180	537	185	86
云 浮	Yunfu	69	363	417	200	98
按经济区域分	By Region					
珠 三 角	Pearl River Delta	3612	38300	86568	27397	3655
东 翼	Eastern Region	313	1580	2933	836	436
西 翼	Western Region	350	2770	2436	1136	468
山 区	Mountainous Region	484	3562	4433	1611	835

2-9 续表 3 continued

单位：个 (unit)

市别	Item	居民服务和其他服务业 Services to Households and Other Services	教育 Education	卫生、社会保障和社会福利业 Health Care, Social Security and Social Welfare	文化、体育和娱乐业 Culture, Sports and Recreation	公共管理和社会组织 Public Administration and Social Organizations
全省	**Provincial Total**	**18961**	**32585**	**9391**	**9309**	**59841**
广州	Guangzhou	4833	4197	1846	2195	6668
深圳	Shenzhen	4695	3043	1121	1750	4331
珠海	Zhuhai	708	776	429	377	1343
汕头	Shantou	572	1855	319	367	2809
佛山	Foshan	1764	1903	566	802	2430
#顺德	Shunde	539	577	286	205	624
韶关	Shaoguan	207	817	524	161	3281
河源	Heyuan	166	1086	224	98	2402
梅州	Meizhou	154	817	744	264	3993
惠州	Huizhou	634	1433	358	341	3334
汕尾	Shanwei	62	923	122	106	1682
东莞	Dongguan	2212	1646	545	562	1631
中山	Zhongshan	1029	1266	205	399	1072
江门	Jiangmen	474	1322	324	311	3258
阳江	Yangjiang	244	787	170	188	1737
湛江	Zhanjiang	287	2620	371	282	3182
茂名	Maoming	216	2208	336	262	3675
肇庆	Zhaoqing	217	1343	308	215	2995
清远	Qingyuan	162	1003	277	216	2555
潮州	Chaozhou	104	996	201	184	2032
揭阳	Jieyang	100	1919	223	105	3403
云浮	Yunfu	121	625	178	124	2028
按经济区域分	By Region					
珠三角	Pearl River Delta	16566	16929	5702	6952	27062
东翼	Eastern Region	838	5693	865	762	9926
西翼	Western Region	747	5615	877	732	8594
山区	Mountainous Region	810	4348	1947	863	14259

2-10 各市按注册类型分法人单位数（2012年）
Number of Corporate Units by Status of Registration by City (2012)

单位：个 (unit)

市 别	city	总 计 Total	内资企业 Domestic-funded Enterprises	国有企业 State-owned Enterprises	集体企业 Collective-owned Enterprises	股份合作企业 Share-holding Cooperative Enterprises
全 省	**Provincial Total**	**1009027**	**949310**	**64844**	**28359**	**6946**
广 州	Guangzhou	178738	169717	9296	8629	2624
深 圳	Shenzhen	255734	238616	3673	604	1317
珠 海	Zhuhai	29884	26903	1800	855	140
汕 头	Shantou	31527	30671	3696	1783	718
佛 山	Foshan	94412	90828	2088	1950	617
#顺 德	Shunde	39458	37938	348	586	129
韶 关	Shaoguan	16453	16055	3039	618	121
河 源	Heyuan	13493	13029	2569	370	46
梅 州	Meizhou	19682	19282	3301	653	111
惠 州	Huizhou	42854	38799	3517	1466	216
汕 尾	Shanwei	6625	6404	2021	277	42
东 莞	Dongguan	94204	82007	1477	2242	376
中 山	Zhongshan	49867	47045	1005	2844	59
江 门	Jiangmen	36148	33692	2769	1470	107
阳 江	Yangjiang	17797	17616	1971	306	12
湛 江	Zhanjiang	22261	22037	5132	783	64
茂 名	Maoming	22209	21988	4182	974	74
肇 庆	Zhaoqing	19717	18909	3101	630	73
清 远	Qingyuan	16346	15740	2497	532	104
潮 州	Chaozhou	14962	14440	2514	471	63
揭 阳	Jieyang	17466	17111	3245	521	17
云 浮	Yunfu	8648	8421	1951	381	45
按经济区域分	By Region					
珠 三 角	Pearl River Delta	801558	746516	28726	20690	5529
东 翼	Eastern Region	70580	68626	11476	3052	840
西 翼	Western Region	62267	61641	11285	2063	150
山 区	Mountainous Region	74622	72527	13357	2554	427

2-10 续表 1 continued

单位：个 (unit)

市 别	city	联营企业 Joint-operation Enterprises	有限责任公司 Limited Liability Corporations	股份有限公司 Share-holding Corporations Ltd.	私营企业 Private Enterprises	其他企业 Other Enterprises
全 省	**Provincial Total**	**1711**	**137036**	**11483**	**616127**	**82804**
广 州	Guangzhou	310	15098	1719	121964	10077
深 圳	Shenzhen	462	12285	2359	211804	6112
珠 海	Zhuhai	59	7468	369	14347	1865
汕 头	Shantou	70	6824	632	13243	3705
佛 山	Foshan	119	25622	1157	52215	7060
#顺 德	Shunde	39	13668	372	21018	1778
韶 关	Shaoguan	59	2820	335	5790	3273
河 源	Heyuan	20	1720	682	4052	3570
梅 州	Meizhou	58	2022	223	7948	4966
惠 州	Huizhou	106	4271	556	24743	3924
汕 尾	Shanwei	18	325	84	2221	1416
东 莞	Dongguan	148	23407	1124	45944	7289
中 山	Zhongshan	8	8054	71	33391	1613
江 门	Jiangmen	46	5513	406	18356	5025
阳 江	Yangjiang	14	1660	97	10833	2723
湛 江	Zhanjiang	40	4028	296	8585	3109
茂 名	Maoming	37	4659	475	8193	3394
肇 庆	Zhaoqing	47	2594	203	8670	3591
清 远	Qingyuan	44	3597	324	5948	2694
潮 州	Chaozhou	5	1105	130	8062	2090
揭 阳	Jieyang	22	2254	127	7380	3545
云 浮	Yunfu	19	1710	114	2438	1763
按经济区域分	By Region					
珠 三 角	Pearl River Delta	1305	104312	7964	531434	46556
东 翼	Eastern Region	115	10508	973	30906	10756
西 翼	Western Region	91	10347	868	27611	9226
山 区	Mountainous Region	200	11869	1678	26176	16266

2-10 续表 2 continued

单位：个 (unit)

市别	city	港、澳、台商投资企业 Enterprises with Investment from Hong Kong,Macao and Taiwan	合资经营企业（港或澳、台资） Joint Ventures	合作经营企业（港或澳、台资） Cooperative Enterprises	港、澳、台商独资经营企业 Sole Investment Enterprises	港、澳、台商投资股份有限公司 Share-holding Corporations Ltd.	其他港、澳、台商投资 Other Enterprises
全 省	**Provincial Total**	**41742**	**4987**	**2260**	**33318**	**994**	**183**
广 州	Guangzhou	5224	763	584	3761	115	1
深 圳	Shenzhen	12551	1306	251	10774	196	24
珠 海	Zhuhai	2087	350	95	1604	34	4
汕 头	Shantou	551	83	54	393	18	3
佛 山	Foshan	2247	677	79	1435	53	3
#顺 德	Shunde	1005	337	34	606	26	2
韶 关	Shaoguan	293	46	38	179	25	5
河 源	Heyuan	376	35	7	228	70	36
梅 州	Meizhou	303	44	64	180	10	5
惠 州	Huizhou	3202	331	231	2541	73	26
汕 尾	Shanwei	195	19	16	156	4	
东 莞	Dongguan	8709	433	351	7659	237	29
中 山	Zhongshan	1943	204	33	1687	19	
江 门	Jiangmen	1798	329	89	1320	55	5
阳 江	Yangjiang	131	29	41	54	5	2
湛 江	Zhanjiang	133	56	12	60	4	1
茂 名	Maoming	159	31	27	84	13	4
肇 庆	Zhaoqing	547	89	29	400	18	11
清 远	Qingyuan	464	54	45	338	25	2
潮 州	Chaozhou	376	52	152	146	5	21
揭 阳	Jieyang	274	34	47	188	5	
云 浮	Yunfu	179	22	15	131	10	1
按经济区域分	By Region						
珠 三 角	Pearl River Delta	38308	4482	1742	31181	800	103
东 翼	Eastern Region	1396	188	269	883	32	24
西 翼	Western Region	423	116	80	198	22	7
山 区	Mountainous Region	1615	201	169	1056	140	49

2-10 续表 3 continued

单位：个 (unit)

市别	city	外商投资企业 Enterprises with Foreign Investment	中外合资经营企业 Sino-foreign Joint Ventures	中外合作经营企业 Sino-foreign Cooperative Enterprises	外资企业 Foreign-funded Enterprises	外商投资股份有限公司 Share-holding Corporations Ltd.	其他外商投资 Other Enterprises
全 省	**Provincial Total**	**17975**	**3485**	**1014**	**12757**	**566**	**153**
广 州	Guangzhou	3797	766	270	2648	92	21
深 圳	Shenzhen	4567	899	102	3403	137	26
珠 海	Zhuhai	894	203	39	622	23	7
汕 头	Shantou	305	84	55	150	14	2
佛 山	Foshan	1337	462	73	754	39	9
#顺 德	Shunde	515	180	26	290	16	3
韶 关	Shaoguan	105	24	16	53	11	1
河 源	Heyuan	88	15	13	46	13	1
梅 州	Meizhou	97	29	22	35	8	3
惠 州	Huizhou	853	182	60	586	24	1
汕 尾	Shanwei	26	8	3	13	1	1
东 莞	Dongguan	3488	263	122	2944	132	27
中 山	Zhongshan	879	158	23	681	14	3
江 门	Jiangmen	658	147	45	401	23	42
阳 江	Yangjiang	50	12	11	20	6	1
湛 江	Zhanjiang	91	50	9	26	4	2
茂 名	Maoming	62	30	9	19	4	
肇 庆	Zhaoqing	261	63	16	170	9	3
清 远	Qingyuan	142	35	15	86	3	3
潮 州	Chaozhou	146	23	72	49	2	
揭 阳	Jieyang	81	20	32	26	3	
云 浮	Yunfu	48	12	7	25	4	
按经济区域分	By Region						
珠 三 角	Pearl River Delta	16734	3143	750	12209	493	139
东 翼	Eastern Region	558	135	162	238	20	3
西 翼	Western Region	203	92	29	65	14	3
山 区	Mountainous Region	480	115	73	245	39	8

2-11 民营经济主要指标

Main Indicators on Private Economy

指 标	Indicator	2002	2005	2010	2011	2012	2012比2011增长(%) Growth Rate in 2012over 2011 (%)
单位个数 (万个)	**Number of Units (10000 units)**	**210.39**	**278.29**	**438.66**	**468.40**	**502.16**	**7.2**
#私营	Private	25.86	44.92	94.82	106.28	125.62	13.3
个体	Individual	175.31	227.40	334.63	348.48	361.91	3.9
从业人数 (万人)	**Number of Employed Persons(10000 persons)**	**1002.45**	**1503.11**	**2422.26**	**2596.69**	**2855.49**	**2.5**
#私营	Private	422.35	629.85	1032.87	1146.49	1122.30	3.0
个体	Individual	430.82	659.51	1022.46	1066.43	1047.18	1.9
地区生产总值(亿元)	**Gross Domestic Product (100 million yuan)**	**5265.20**	**8826.99**	**19620.96**	**23336.44**	**29319.97**	**9.1**
第一产业	Primary Industry	438.48	602.97	2183.96	2541.11	2798.78	3.9
第二产业	Secondary Industry	2129.35	3779.58	8405.88	10068.87	13188.68	10.0
工业	Industry	1857.07	3303.98	7865.75	9470.22	12139.35	10.7
#规模以上	Above Designated Size	923.56	1744.42	5533.69	6812.05	8606.28	12.0
建筑业	Construction	272.28	475.60	540.13	598.65	1049.33	2.3
第三产业	Tertiary Industry	2697.36	4444.44	9031.12	10726.46	13332.51	9.2
交通运输仓储和邮政业	Transport, Storage and Postal Services	287.09	390.70	733.25	835.78	1077.86	14.0
批发零售贸易业	Wholesale and Retail Trades	1054.80	1650.06	3670.94	4298.93	4399.52	11.0
住宿和餐饮业	Hotels and Catering Services	280.41	415.95	940.79	1098.13	1156.63	9.0
金融业	Finance	36.25	49.18	170.08	213.01	668.44	14.2
房地产业	Real Estate	552.50	1115.79	1938.56	2477.45	2526.29	4.4
其他服务业	Other Services	486.30	822.76	1577.50	1803.16	3503.77	8.1
固定资产投资(亿元)	**Investment in Fixed Assets (100 million yuan)**	**1501.71**	**2480.98**	**8625.20**	**10053.32**	**10177.28**	**22.5**
进出口总额(亿美元)	**Total Value of Imports and Exports (USD 100 million)**						
出口总额	Exports	41.48	299.48	1002.43	1321.71	1814.95	20.9
进口总额	Imports	44.13	209.35	686.42	846.49	1055.95	16.0
运输邮电业	**Transportation, Postal and Telecommunication Services**						
营业收入 (亿元)	Business Revenue (100 million yuan)	122.10	177.38	313.78	371.83	469.35	15.6
批发零售贸易餐饮业(亿元)	**Wholesale and Retail Trades and Catering Services (100 million yuan)**						
批发贸易业销售额	Sales Value of Wholesale Trade	8821.17	13520.35	30264.58	37072.40	50694.03	21.0
批发贸易业零售额	Retail Sales of Wholesale Trade	3455.13	5277.20	12098.52	14086.34	16665.73	13.3
批发零售贸易税金	Taxes of Wholesale and Retail Trades	119.60	184.07	402.40	485.47	601.67	13.7
餐饮业零售额	Retail Sales of Catering Services	618.01	889.69	1766.28	1992.52	2265.50	14.6
餐饮业税金	Taxes of Catering Services	16.42	23.50	58.21	66.87	77.92	13.3
税金 (亿元)	**Taxes (100 million yuan)**	**535.71**	**1184.49**	**2933.09**	**3718.96**	**6467.82**	**22.5**
#私营	Private	141.72	310.24	763.64	913.51	1110.09	21.5
个体	Individual	139.46	210.70	418.47	479.08	631.02	31.7

注：1. 从2012年开始，民营经济统计范围调整为集体企业、股份合作企业、集体联营企业、其他联营企业、私营企业、其他企业、个体工商户，以及国有与集体联营企业、其他有限责任公司、股份有限公司、"三资"企业中的集体控股、私人控股、其他控股部分。绝对数与其他年份不可比，增长速度可比。

2. 2010、2011年从业人员数据根据人口普查结果作了调整,与之前年份不可比。

3. 2011年固定资产投资统计口径由50万元以上调整为500万元以上，数据与之前年份不可比。

Note: a)The statistical coverage of private economy in this table refers to collective enterprises,private enterprises,share-holding cooperative enterprises other joint-operation enterprises, other corporations and individual economy.

b)The numbers of employed persons in 2010 and 2011 have been adjusted in accordance with the results of the population census, hence the data are not comparable to the previous years.

c)The statistical coverage of enterprises above designated size 2011 has been adjusted from those with main revenue of or above 500,000 yuan to 5,000,000 yuan, hence the data are not comparable to the previous years.

2-12 企业家信心指数（2012年）
Entrepreneur Confidence Index (2012)

项目	Item	一季度 1st Quarter	二季度 2nd Quarter	三季度 3rd Quarter	四季度 4th Quarter
按行业分	**Grouped by Sector**				
工业	Industry	100.4	119.4	112.8	114.4
#采矿业	Mining	86.7	122.5	140.0	123.6
制造业	Manufacture	99.8	118.8	112.1	113.9
电力、热力、燃气及水生产和供应业	Production and Supply of Electric Power, Heat Power,Gas and Water	112.5	160.0	150.0	142.4
建筑业	Construction	115.0	119.4	115.9	125.2
交通运输、仓储及邮政业	Transport, Storage and Postal Services	115.9	114.6	101.0	110.7
批发和零售业	Wholesale and Retail Trades	124.1	118.1	110.6	124.8
房地产业	Real Estate	79.0	104.5	97.8	116.6
社会服务业	Social Services	135.9	130.4	123.2	130.6
信息传输、软件和信息技术服务业	Information transmission, Sottware and Information technology Services	157.5	143.4	140.3	141.4
住宿和餐饮业	Hotels and Catering Services	133.0	119.5	126.4	125.4

2-13 企业景气指数（2012年）
Business Climate Index（2012）

项目	Item	一季度 1st Quarter	二季度 2nd Quarter	三季度 3rd Quarter	四季度 4th Quarter
按行业分	**Grouped by Sector**				
工业	Industry	101.3	124.2	117.8	118.8
#采矿业	Mining	120.0	140.0	162.5	122.1
制造业	Manufacture	100.1	123.6	117.0	118.5
电力、热力、燃气及水生产和供应业	Production and Supply of Electric Power, Heat Power,Gas and Water	123.0	156.4	149.1	142.1
建筑业	Construction	125.9	123.0	125.8	128.4
交通运输、仓储及邮政业	Transport, Storage and Postal Services	120.0	127.2	112.8	115.5
批发和零售业	Wholesale and Retail Trades	134.9	138.7	123.8	126.3
房地产业	Real Estate	115.2	120.8	121.4	125.7
社会服务业	Social Services	137.9	132.8	130.4	132.3
信息传输、软件和信息技术服务业	Information transmission, Sottware and Information technology Services	161.3	149.0	144.5	141.1
住宿和餐饮业	Hotels and Catering Services	132.5	117.0	130.3	122.3

2-14 工业主要行业大类企业家信心指数（2012年）
Entrepreneur Confidence Index by Major Sector of Industry(2012)

项 目	Item	一季度 1st Quarter	二季度 2nd Quarter	三季度 3rd Quarter	四季度 4th Quarter
农副食品加工业	Processing of Farm and Sideline Food	95.9	128.7	133.9	124.6
食品制造业	Manufacture of Food	100.0	159.0	144.2	143.5
饮料制造业	Manufacture of Beverage	88.3	146.7	97.8	134.0
烟草制造业	Manufacture of Tobacco	132.0	200.0	160.0	150.0
纺织业	Textile Industry	74.8	104.8	107.9	105.7
纺织服装、鞋、帽制造业	Manufacture of Textile Garments, Footwear and Headgear	91.3	100.2	98.0	103.4
皮革、毛皮、羽绒及其制品业	Leather, Fur, Feather, Down and Related Products	85.0	120.3	113.0	109.4
木材加工及木、竹、藤、棕、草制品业	Timber Processing, Bamboo, Cane, Palm Fiber&Straw Products	104.5	90.0	112.0	127.5
家具制造业	Furniure Manufacturing	96.2	110.0	102.0	113.0
造纸及纸制品业	Papermaking and Paper Products	110.6	111.4	102.7	111.0
印刷业、记录媒介的复制	Printing and Record Medium Reproduction	88.7	132.0	110.4	115.2
文教体育用品制造业	Cultural, Educational and Sports Articles	97.0	110.0	92.7	107.7
石油加工、炼焦及核燃料加工业	Petroleum Refining, Coking and Nuclear Fuel Processing	50.0	150.0	150.0	122.6
化学原料及化学制品制造业	Manufacture of Raw Chemical Materials and Chemical Products	98.8	116.4	111.8	119.1
医药制造业	Manufacture of Medicines	104.3	145.7	158.4	159.1
化学纤维制造业	Manufacture of Chemical Fibers	116.6	133.3	86.7	103.3
橡胶制造业	Manufacture of Rubber	89.4	100.0	100.0	112.3
塑料制品业	Plastic Products	97.1	111.0	107.4	109.8
非金属矿物制品业	Nonmetal Mineral Products	100.0	100.6	100.9	105.1
黑色金属冶炼及压延加工业	Manufacture and Processing of Ferrous Metals	72.0	85.0	71.4	93.1
有色金属冶炼及压延加工业	Manufacture & Processing of Non-ferrous Metals	129.6	124.7	110.4	107.0
金属制品业	Metal Products	109.1	123.5	126.5	112.8
通用设备制造业	Manufacture of General-purpose Machinery	101.2	146.7	131.6	112.2
专用设备制造业	Manufacture of Special-purpose Machinery	103.9	121.5	120.0	118.5
交通运输设备制造业	Manufacture of Transport Equipment	119.2	134.0	108.5	116.7
电气机械及器材制造业	Manufacture of Electrical Machinery and Equipment	104.4	125.4	113.1	119.9
通信设备、计算机及其它电子设备制造业	Manufacture of Communication Equipment,Computers and Other Electronic Equipment	104.7	122.7	115.5	115.2
仪器仪表及文化、办公用机械制造业	Manufacture of Instruments, Meters and Machinery for Cultural and Office Use	110.9	129.1	118.7	119.7
工艺品及其他制造业	Handicraft and Other Manufactures	95.9	124.0	118.9	119.7
废弃资源和废旧材料回收加工业	Recycling and Disposal of Waste	150.0	124.0	120.0	128.5

2-15 工业主要行业大类企业景气指数（2012年）

Business Climate Index by Major Sector of Industry (2012)

项目	Item	一季度 1st Quarter	二季度 2nd Quarter	三季度 3rd Quarter	四季度 4th Quarter
农副食品加工业	Processing of Farm and Sideline Food	107.6	140.9	118.2	124.6
食品制造业	Manufacture of Food	122.8	164.2	147.4	147.2
饮料制造业	Manufacture of Beverage	88.3	148.9	111.1	127.8
烟草制造业	Manufacture of Tobacco	128.0	160.0	160.0	165.0
纺织业	Textile Industry	82.6	114.9	111.9	111.3
纺织服装、鞋、帽制造业	Manufacture of Textile Garments, Footwear and Headgear	102.5	105.4	102.2	113.4
皮革、毛皮、羽绒及其制品业	Leather, Fur, Feather, Down and Related Products	92.1	130.7	125.6	113.4
木材加工及木、竹、藤、棕、草制品业	Timber Processing, Bamboo, Cane, Palm Fiber&Straw Products	101.2	102.0	100.0	137.0
家具制造业	Furniure Manufacturing	96.2	117.0	114.5	115.1
造纸及纸制品业	Papermaking and Paper Products	103.3	109.3	111.0	113.2
印刷业、记录媒介的复制	Printing and Record Medium Reproduction	97.5	135.2	108.8	119.3
文教体育用品制造业	Cultural, Educational and Sports Articles	89.6	116.6	109.3	109.4
石油加工、炼焦及核燃料加工业	Petroleum Refining, Coking and Nuclear Fuel Processing	50.0	150.0	150.0	136.0
化学原料及化学制品制造业	Manufacture of Raw Chemical Materials and Chemical Products	85.5	124.1	127.7	130.7
医药制造业	Manufacture of Medicines	113.9	145.7	153.8	158.5
化学纤维制造业	Manufacture of Chemical Fibers	110.0	120.0	86.7	110.0
橡胶制造业	Manufacture of Rubber	74.0	115.7	102.8	109.8
塑料制品业	Plastic Products	105.7	108.6	106.7	116.0
非金属矿物制品业	Nonmetal Mineral Products	94.2	115.7	107.1	109.8
黑色金属冶炼及压延加工业	Manufacture and Processing of Ferrous Metals	56.0	96.7	80.0	86.6
有色金属冶炼及压延加工业	Manufacture & Processing of Non-ferrous Metals	114.8	124.8	109.5	110.6
金属制品业	Metal Products	114.3	130.9	128.9	115.7
通用设备制造业	Manufacture of General-purpose Machinery	105.3	143.6	122.6	117.5
专用设备制造业	Manufacture of Special-purpose Machinery	103.8	139.5	115.6	129.0
交通运输设备制造业	Manufacture of Transport Equipment	108.9	139.2	128.6	114.7
电气机械及器材制造业	Manufacture of Electrical Machinery and Equipment	109.7	128.1	116.8	125.6
通信设备、计算机及其它电子设备制造业	Manufacture of Communication Equipment, Computers and Other Electronic Equipment	107.3	122.3	121.2	119.9
仪器仪表及文化、办公用机械制造业	Manufacture of Instruments, Meters and Machinery for Cultural and Office Use	98.2	133.4	125.1	121.4
工艺品及其他制造业	Handicraft and Other Manufactures	92.5	135.4	131.4	120.2
废弃资源和废旧材料回收加工业	Recycling and Disposat of Waste	150.0	112.0	108.0	123.8

2-16 重点服务业企业财务指标

Main Financial Indicators of Key Service

单位：亿元 (100 million yuan)

项 目	Item	2011	2012	2012年比2011年增长(%) Growth Rate in 2012 over 2011 (%)
一、年初存货	Inventory at the Year-beginning	633.98	779.94	23.0
二、期末资产负债	Closing Balance			
固定资产原价	Original Value of Fixed Assets	15724.69	17836.31	13.4
本年折旧	Depreciation Drawn in Current Year	970.51	1084.35	11.7
资产总计	Total Assets	38811.49	43414.99	11.9
负债合计	Total Liabilities	19797.32	22216.36	12.2
所有者权益合计	Total Creditors'Equity	19014.17	21198.63	11.5
三、损益及分配	Profits and Loss			
营业收入	Business Revenue	11242.25	12701.12	13.0
其中：主营业务收入	Main Business Revenue	10720.73	12248.28	14.2
营业成本	Business Costs	7819.70	8983.97	14.9
其中：主营业务成本	Main Business Costs	7418.41	8530.39	15.0
营业税金及附加	Tax and Extra Charges on Business	293.37	304.51	3.8
其中：主营业务税金及附加	Tax and Extra Charges on Main Business	256.58	266.21	3.8
销售费用	Sales Expenses	721.23	815.95	13.1
管理费用	Management Expenses	1225.15	1358.23	10.9
其中：税金	Taxes	29.78	33.46	12.4
财务费用	Financial Expenses	244.27	359.96	47.4
其中：利息收入	Interest Revenue	64.09	82.76	29.1
利息支出	Interest Expense	333.53	460.15	38.0
投资收益(损失以“-”号记)	Investment Income(loss with “-”mark)	704.54	798.78	13.4
营业利润	Business Profits	1678.42	1745.12	4.0
利润总额	Total Profits	1866.10	1891.78	1.4
应交所得税	Income Taxes Payable	280.66	298.98	6.5
四、人工成本及增值税	Labor Cost and Value-added Tax			
应付职工薪酬(本年贷方累计发生额)	Total Wages Payable(Credit Accumulated Amount in this year)	1639.66	1895.31	15.6
应交增值税	Value-added Tax Payable	58.44	82.69	41.5
五、土地和固定资产支出	Land and Fixed Assets Expense	1087.92	993.68	-8.7
六、从业人员平均人数 （万人）	Average Number of Employed Persons (10000 person)		271.64	

2-17 重点服务业企业分行业主要指标（2012年）

单位：亿元

项　　目	Item	企业单位数（个）Number of Enterprises (unit)	年末资产总计 Total Assets at the end of the year	
			总量 Total	比2011年增长(%) Increased by Over 2011(%)
全省总计	**Provincial Total**	**10866**	**43414.09**	**11.9**
按经济类型分	Grouped by Ownership			
内资企业	Domestic-funded Enterprises	9496	37843.87	12.0
#国有企业	State-owned Enterprises	987	10466.60	11.0
集体企业	Collective-owned Enterprises	561	681.64	8.7
有限责任公司	Limited Liability Corporations	2673	15008.28	11.6
私营企业	Private Enterprises	3992	2812.96	20.7
港澳台商投资企业	Enterprises with Investment from Hong Kong, Macao and Taiwan	821	2879.18	11.3
外商投资企业	Enterprises with Foreign Investment	549	2691.94	10.6
按行业分	Grouped by Sector			
交通运输、仓储和邮政业	Transport, Storage and Postal Services	1965	13135.29	11.3
铁路运输业	Railway Transport Service	13	3707.31	10.0
#铁路旅客运输	Railway Passenger Transport	7	3403.72	7.3
铁路货物运输	Railway Freight Transport	3	24.24	0.9
道路运输业	Road Transport Services	880	3816.85	8.1
#城市公共交通运输	Urban Public Trasport	179	1841.05	15.1
公路旅客运输	Highway Passenger Transport	177	199.83	1.8
道路货物运输	Road Freight Transport	416	203.55	9.2
水上运输业	Waterway Transport Service	186	2170.77	16.8
#水上旅客运输	Waterway Passenger Trasport	13	94.47	7.9
水上货物运输	Waterway Freight Transport	87	997.19	39.8
航空运输业	Air Transport Service	25	1880.90	12.7
#航空客货运输	Air Passenger and Freight Transport	19	1737.73	13.6
管道运输业	Pipeline Transport Service	2	22.50	3.6
装卸搬运和运输代理业	Handling and Transportation Agency	536	322.03	7.8
#运输代理业	Transportation Agency	476	246.31	8.9
仓储业	Warehousing Service	269	1003.62	18.0
邮政业	Postal Service	54	211.31	5.8
#快递服务	Express Service	33	122.91	6.8
信息传输、软件和信息技术服务业	Information Transmission, Software and Information Technology Services	1249	4865.46	14.8
电信、广播电视和卫星传输服务	Telecommunications, Broadcasting Television and Satellite Transmission Services	165	2998.07	6.1
#电信	Telecommunications	146	2928.17	6.3
互联网和相关服务	Internet and Related Services	78	625.20	38.3
#互联网信息服务	Internet Information Services	54	597.80	40.2
软件和信息技术服务业	Software and Information Technology Services	1006	1242.19	29.3
#软件开发	Software Development	653	813.45	29.2
信息系统集成服务	Information System Integration Service	194	174.87	33.5
信息技术咨询服务	Information Technology Consulting Services	44	98.34	23.0
物业管理业	Property Management Industry	1185	784.02	18.9
房地产中介服务业	Real Estate Agent Services	106	246.33	14.1

Main Indicators of Key Service by Sector(2012)

(100 million yuan)

本年折旧 Depreciation Drawn in Current Year		营业收入 Business Revenue		营业成本 Business Costs		营业税金及附加 Tax and Extra Charges on Business		销售费用 Selling Expenses	
总量 Total	比2011年增长(%) Increased by Over 2011(%)	总量 Total	比2011年增长(%) Increased by Over 2011(%)	总量 Total	比2011年增长(%) Increased by Over 2011(%)	总量 Total	比2011年增长(%) Increased by Over 2011(%)	总量 Total	比2011年增长(%) Increased by Over 2011(%)
1084.35	**11.7**	**12701.12**	**13.0**	**8983.97**	**14.9**	**304.51**	**3.8**	**815.95**	**13.1**
849.44	11.1	10157.69	14.2	7435.91	16.6	245.46	6.3	648.02	13.7
251.02	12.7	2816.46	9.9	2140.40	12.4	71.76	5.6	140.94	7.4
18.44	9.0	122.72	3.1	60.21	6.7	3.94	9.9	5.12	0.6
276.64	17.4	2638.92	11.5	1824.90	12.2	76.54	8.7	222.78	12.8
62.81	21.5	2405.08	24.7	1823.63	27.4	45.03	9.5	136.04	19.3
156.24	16.5	1292.87	11.5	628.13	9.9	38.40	-6.0	108.40	10.8
78.66	9.4	1250.57	5.5	919.94	5.9	20.65	-4.3	59.53	11.4
421.87	11.7	4550.27	13.1	3815.80	17.0	93.00	-2.3	118.00	9.9
70.88	5.5	704.97	8.2	600.01	11.5	18.38	2.8	1.76	9.1
70.28	5.7	702.75	8.1	598.33	11.6	18.30	2.7	1.76	9.1
0.37	-16.3	1.46	24.4	1.38	9.3	0.05	3.7		
114.80	5.7	807.04	5.8	664.25	10.9	23.07	-4.7	13.85	15.5
38.03	9.8	211.41	8.0	257.70	12.6	6.36	-6.2	2.87	44.2
18.65	0.6	112.25	3.1	91.11	5.2	3.58	-5.9	1.32	-5.7
8.76	8.6	250.37	12.2	206.70	13.7	4.84	0.2	9.27	12.4
69.52	19.0	505.48	8.5	368.01	11.9	9.80	-9.0	2.99	-14.5
2.58	35.0	47.04	-3.8	35.49	-3.9	0.35	-7.3	0.31	-26.4
22.92	18.5	226.93	12.1	195.04	17.1	2.92	-10.1	1.76	-22.1
125.47	18.5	1067.37	8.9	877.64	12.5	28.12	-2.7	73.08	9.5
117.10	19.9	1008.33	8.8	838.63	12.5	26.11	-2.8	71.96	9.5
1.41	14.1	6.98	-1.1	3.08	10.0	0.22	-15.5		
9.96	11.4	409.63	17.3	343.93	18.7	5.60	0.1	11.86	18.8
5.36	15.8	367.31	18.6	318.58	19.9	4.38	0.5	10.77	16.9
18.10	15.8	854.07	34.8	795.16	37.9	4.04	-5.4	10.61	4.0
11.73	0.7	194.74	12.9	163.72	10.9	3.76	15.5	3.84	15.5
3.76	2.4	134.96	16.3	111.48	16.1	2.81	11.7	3.83	15.5
352.07	9.9	2760.68	14.7	1375.03	17.2	75.76	10.0	401.80	14.4
312.47	6.0	1550.97	9.0	745.19	12.8	47.54	7.4	280.89	12.0
308.95	6.1	1516.04	9.1	727.43	13.0	46.33	6.9	278.51	11.9
23.25	93.4	367.39	33.1	162.26	40.3	13.32	18.7	27.03	18.3
22.80	96.2	329.10	35.6	135.83	50.1	12.29	19.9	24.06	11.9
16.35	20.6	842.31	19.2	467.58	17.8	14.90	11.1	93.87	21.0
8.32	19.2	563.48	23.4	291.75	23.9	9.99	18.7	75.47	22.5
3.76	39.2	142.43	15.9	95.15	7.4	2.21	13.3	6.93	16.8
1.44	16.7	65.52	3.9	38.36	10.9	1.39	-14.2	4.57	44.3
13.08	29.3	350.78	17.0	218.04	14.3	18.81	18.0	18.66	13.5
1.70	3.5	58.90	4.4	19.74	-6.0	3.04	-1.2	20.59	27.7

2-17 续表 1

单位：亿元

项　　目	Item	管理费用 Management Expenses 总量 Total	管理费用 比2011年增长(%) Increased by Over 2011(%)	财务费用 Financial Expenses 总量 Total	财务费用 比2011年增长(%) Increased by Over 2011(%)
全省总计	**Provincial Total**	**1358.23**	**10.9**	**359.96**	**47.4**
按经济类型分	Grouped by Ownership				
内资企业	Domestic-funded Enterprises	1071.04	11.4	316.75	47.9
#国有企业	State-owned Enterprises	268.06	10.3	104.78	57.5
集体企业	Collective-owned Enterprises	25.50	4.5	3.19	6.6
有限责任公司	Limited Liability Corporations	324.59	8.9	108.08	20.3
私营企业	Private Enterprises	252.12	17.8	25.32	39.0
港澳台商投资企业	Enterprises with Investment from Hong Kong, Macao and Taiwan	155.57	12.1	9.70	54.9
外商投资企业	Enterprises with Foreign Investment	131.63	5.3	33.51	40.3
按行业分	Grouped by Sector				
交通运输、仓储和邮政业	Transport, Storage and Postal Services	304.89	11.1	163.08	100.2
铁路运输业	Railway Transport Service	61.29	10.5	58.32	87.5
#铁路旅客运输	Railway Passenger Transport	60.86	10.5	57.85	88.7
铁路货物运输	Railway Freight Transport	0.28	-3.5	0.47	2.4
道路运输业	Road Transport Services	75.47	7.2	52.18	21.2
#城市公共交通运输	Urban Public Trasport	24.02	4.9	14.13	35.5
公路旅客运输	Highway Passenger Transport	18.28	6.3	1.26	24.2
道路货物运输	Road Freight Transport	18.80	12.1	1.53	19.0
水上运输业	Waterway Transport Service	49.77	14.6	19.05	128.1
#水上旅客运输	Waterway Passenger Trasport	6.19	4.4	0.69	105.5
水上货物运输	Waterway Freight Transport	20.47	42.3	5.62	224.5
航空运输业	Air Transport Service	35.19	3.4	18.36	-290.7
#航空客货运输	Air passenger and freight Transport	30.31	3.6	17.67	-275.1
管道运输业	Pipeline Transport Service	0.78	6.7	-0.03	6.5
装卸搬运和运输代理业	Handling and Transportation Agency	29.57	9.3	2.92	73.0
#运输代理业	Transportation Agency	25.22	10.5	2.67	37.9
仓储业	Warehousing Service	24.54	15.6	11.31	71.1
邮政业	Postal Service	28.28	27.6	0.99	213.5
#快递服务	Express Service	14.58	35.5	0.96	216.4
信息传输、软件和信息技术服务业	Information Transmission, Software and Information Technology Services	296.03	14.5	-21.14	84.0
电信、广播电视和卫星传输服务	Telecommunications, Broadcasting Television and Satellite Transmission Services	92.60	5.0	-14.95	61.8
#电信	Telecoommunications	87.71	4.9	-14.89	59.3
互联网和相关服务	Internet and Related Services	46.55	33.8	-5.09	73.3
#互联网信息服务	Internet Information Services	40.46	29.5	-5.22	75.8
软件和信息技术服务业	Software and Information Technology Services	156.88	15.7	-1.11	-261.8
#软件开发	Software Development	107.24	19.1	-1.57	-443.8
信息系统集成服务	Information System Integration Service	19.00	9.3	0.30	-34.6
信息技术咨询服务	Information Technology Consulting services	13.24	2.0	0.69	193.7
物业管理业	Property Management Industry	68.69	11.6	7.18	40.9
房地产中介服务业	Real Estate Agent Services	14.94	2.4	0.63	6.8

注：2012年11月，广东正式开始“营改增”试点，对增值税指标增幅产生影响。

2-17 1 continued

(100 million yuan)

利润总额 Total Profits		应交所得税 Income Taxes Payable		应付职工薪酬 Total Wages Payable		应交增值税 Value-added Taxes Payable		从业人员平均人数(万人) Average number of employed persons (10000 persons)
总量 Total	比2011年增长(%) Increased by Over 2011(%)	总量 Total	比2011年增长(%) Increased by Over 2011(%)	总量 Total	比2011年增长(%) Increased by Over 2011(%)	总量 Total	比2011年增长(%) Increased by Over 2011(%)	
1891.78	**1.4**	**298.98**	**6.5**	**1895.31**	**15.6**	**82.69**	**41.5**	**271.64**
1381.55	0.1	204.08	6.9	1551.67	15.2	62.22	35.0	233.82
341.39	-5.9	89.13	19.6	482.96	9.2	8.05	-33.8	61.47
24.15	5.3	2.21	18.9	27.86	13.5	1.52	406.6	9.47
490.54	24.1	62.09	12.6	447.31	16.2	21.14	25.3	63.44
144.67	-1.7	22.88	-2.2	297.06	34.0	17.02	73.6	65.88
363.06	8.2	64.74	4.2	195.51	17.1	13.06	193.2	21.37
147.17	-2.3	30.16	9.2	148.13	17.7	7.41	-6.3	16.45
274.09	-24.2	68.64	-14.9	659.90	11.9	16.53	174.8	85.25
-39.82	-921.8	5.57	-21.8	134.24	8.2	1.44	21.7	17.79
-39.41	-820.8	5.48	-22.4	132.84	8.1	1.44	21.3	17.70
-0.69				0.40	25.1			0.05
102.83	-8.0	24.95	-2.3	185.94	14.5	2.71	389.5	32.98
-4.09		1.49	0.6	109.42	18.2	0.48	290.0	17.61
8.53	24.2	2.05	13.1	26.08	4.7	0.88	261.9	6.21
13.38	26.7	3.13	16.9	27.53	14.4	1.17	624.1	5.59
87.90	-10.6	11.44	-14.2	66.00	11.5	0.39	-2.7	6.71
4.97	-1.6	0.75	-7.6	5.09	5.4	0.05	80.2	0.69
13.59	-41.4	2.61	-40.9	30.26	23.4	-0.52	-270.0	2.58
64.74	-32.1	14.97	-37.2	143.48	12.9	3.09	239.6	9.40
52.20	-37.7	11.84	-43.5	127.18	12.9	2.82	233.7	7.86
2.71	-10.3	0.74	-8.4	0.35	19.0	…		0.02
19.55	-2.3	4.72	7.6	39.81	20.8	3.40	265.0	6.41
9.73	-6.8	2.48	5.5	30.90	17.2	3.27	261.8	4.98
25.60	40.0	5.08	19.1	20.29	12.4	5.06	215.1	3.11
10.58	7.4	1.17	-12.8	69.77	6.2	0.43	0.3	8.83
6.60	-10.5	0.98	-18.6	37.16	18.2	0.35	8.0	5.15
697.75	10.6	122.44	13.1	331.02	19.4	35.66	43.1	35.67
426.61	0.0	86.59	5.1	126.84	8.9	0.54	28.8	15.33
417.34	-0.1	85.75	5.1	120.26	9.1	0.47	47.7	14.83
125.51	30.0	18.45	55.3	33.06	23.5	6.29		2.60
123.92	31.2	18.10	54.6	26.55	22.5	6.31		1.78
145.64	34.9	17.41	24.4	171.11	27.6	28.83	19.5	17.74
107.53	33.0	12.40	27.2	121.88	32.6	22.82	21.8	11.56
22.49	122.2	2.80	44.4	18.86	19.4	3.88	52.8	2.05
9.24	-25.4	1.35	-23.6	17.05	25.2	1.12	-37.7	1.83
25.89	-7.9	6.39	14.3	111.72	18.5	0.94	14.5	29.55
4.14	548.6	1.51	81.3	21.87	-9.9	0.11	80.7	3.29

Notes: On November 2012, Guangdong began "Sales Tax to Value-added Tax" pilot which has an impact on the growth of value-added tax index.

2-17 续表 2

单位：亿元

项 目	Item	企业单位数(个) Number of Enterprises (unit)	年末资产总计 Total Assets at the end of the year 总量 Total	比2011年增长(%) Increased by Over 2011(%)
租赁和商务服务业	Leasing and Business Services	3363	20359.17	10.9
租赁业	Leasing	67	205.26	44.4
#机械设备租赁	Machinery Equipment Leasing	59	187.45	41.9
商务服务业	Business Services	3296	20153.90	10.6
#企业管理服务	Enterprise Management Service	1483	17874.18	10.9
咨询与调查	Consultation and Investigation	452	580.77	7.3
广告业	Advertising	358	225.77	13.9
旅行社及相关服务	Travel Agency and Related Services	268	102.57	6.8
科学研究和技术服务业	Scientific Research and Technical Services	1327	1768.30	20.5
研究和试验发展	Research and Experimental Development	241	540.04	20.5
#工程和技术研究和试验发展	Engineering and Technology Research and Experimental Development	194	475.30	18.9
专业技术服务业	Professional Technical Services	974	1054.00	21.0
科技推广和应用服务业	Services of Science and Technology Exchanges and Promotion	112	174.26	17.3
水利环境和公共设施管理业	Management of Water Conservancy, Environment and Public Facilities	244	689.51	6.6
水利管理业	Management of Water Conservancy	13	4.47	19.1
生态保护和环境治理业	Ecological Protection and Environmental Treatment	35	44.60	9.5
#生态保护	Ecological Protection	3	4.65	-0.4
环境治理业	Environmental Treatment	32	39.95	10.8
公共设施管理业	Management of Public Facilities	196	640.44	6.3
居民服务、修理和其他服务业	Households' service, Repair and Other Services	512	285.08	23.6
居民服务业	Services to Households	165	44.56	10.2
机动车、电子产品和日用产品修理业	Motor Vehicle, Electronic Products and Consumer Products repair	115	31.89	10.0
#汽车、摩托车修理与维护	Automobile, Motorcycle Repair and Maintenance	71	15.72	3.3
其他服务业	Other Services	232	208.63	29.5
教育	Education	348	157.98	20.2
#中等教育	Secondary Education	94	53.80	5.2
高等教育	Higher Education	14	42.69	23.5
卫生和社会工作	Health and Social Work	183	144.58	12.9
卫生	Health	177	143.54	13.0
#医院	Hospital	130	130.90	13.8
社区医疗与卫生院	Community Medical and Health Center	11	1.87	10.1
社会工作	Social Work	6	1.04	-5.1
文化、体育和娱乐业	Culture, Sports and Entertainment	384	979.26	4.4
新闻和出版业	News and Publication	63	242.98	9.5
#出版业	Publication	60	221.83	8.5
广播、电视、电影和影视录音制作业	Production of Radio, Television, Film and Video Recording	88	144.58	11.9
文化艺术业	Culture and Arts	35	14.68	5.8
体育	Sports	95	170.75	5.5
娱乐业	Entertainment	103	406.28	-1.1

2-17 2 continued

(100 million yuan)

本年折旧 Depreciation Drawn in Current Year		营业收入 Business Revenue		营业成本 Business Costs		营业税金及附加 Tax and Extra Charges on Business		销售费用 Selling Expenses	
总量 Total	比2011年增长(%) Increased by Over 2011(%)	总量 Total	比2011年增长(%) Increased by Over 2011(%)	总量 Total	比2011年增长(%) Increased by Over 2011(%)	总量 Total	比2011年增长(%) Increased by Over 2011(%)	总量 Total	比2011年增长(%) Increased by Over 2011(%)
222.53	13.6	3106.68	12.2	2256.84	11.7	61.08	5.8	151.71	13.4
6.32	24.2	35.82	17.3	19.10	18.6	1.42	19.3	3.29	6.8
6.27	24.8	31.36	15.9	15.73	15.7	1.35	20.1	3.01	7.5
216.21	13.3	3070.86	12.1	2237.74	11.6	59.66	5.5	148.42	13.5
196.77	12.7	1507.08	7.0	1078.76	4.3	27.99	15.9	51.12	16.4
3.89	29.7	247.31	32.9	122.47	34.0	7.78	-3.4	27.36	38.1
2.75	13.4	348.01	8.5	282.44	9.1	8.23	13.7	18.75	8.3
2.08	13.2	331.67	10.7	306.07	11.0	1.66	11.1	13.96	16.3
23.57	12.5	1130.29	12.0	816.28	12.2	26.65	-0.2	38.49	15.1
8.04	0.4	329.74	19.3	249.92	20.5	3.53	-10.6	11.19	19.9
6.60	-2.0	302.19	19.1	232.93	21.4	3.18	-10.6	9.07	22.9
13.67	16.7	745.92	9.8	532.98	9.5	22.01	2.3	23.16	19.7
1.86	51.9	54.62	1.1	33.39	0.5	1.12	-10.5	4.15	-13.2
8.06	14.4	114.44	13.8	74.81	14.8	3.61	13.2	7.37	10.3
0.14	-1.9	3.72	21.9	2.36	20.9	0.18	24.6	0.23	30.1
1.43	3.7	17.88	5.3	11.89	2.4	0.17	-8.5	1.27	15.8
0.21	4.2	1.49	8.4	0.14	12.8	0.04	-10.1	0.83	14.0
1.22	3.6	16.40	5.1	11.75	2.3	0.13	-8.0	0.44	19.3
6.49	17.5	92.83	15.3	60.56	17.4	3.26	14.0	5.87	8.5
3.25	32.2	166.39	4.0	114.88	9.8	6.55	0.1	17.72	17.1
1.26	13.3	33.05	9.7	15.69	15.6	1.38	16.8	9.25	36.6
0.77	3.3	34.47	4.6	23.85	3.7	0.44	-0.2	3.53	3.2
0.48	5.5	14.22	4.5	9.92	6.6	0.14	-1.0	1.60	2.4
1.23	101.7	98.87	2.1	75.34	10.7	4.73	-3.9	4.94	0.1
8.33	29.0	88.72	22.0	55.53	23.8	1.61	29.3	4.58	13.0
3.49	45.8	27.04	10.4	19.69	11.0	0.12	31.6	0.16	-26.8
1.75	27.3	9.77	24.1	6.39	17.8	0.07	5.6	0.02	5.7
9.45	36.1	106.58	14.0	76.95	19.9	0.13	26.9	6.54	6.7
9.41	36.3	106.07	14.0	76.84	20.0	0.13	28.8	6.36	7.3
8.72	40.5	93.38	14.3	69.01	20.7	0.09	41.8	5.04	8.2
0.07	12.9	1.42	1.9	0.89	6.9	…	-103.0	0.24	11.3
0.04	4.4	0.51	3.6	0.10	7.4	…	-25.1	0.18	-10.6
20.44	-2.7	267.41	6.2	160.07	10.7	14.26	-3.5	30.49	-0.9
3.08	-9.6	96.67	-6.7	64.52	-3.8	3.83	-22.9	9.24	7.7
2.81	-8.2	91.63	-5.4	60.86	-3.5	3.64	-21.5	9.21	8.0
3.75	6.3	87.08	18.7	55.15	17.8	4.21	5.0	8.97	27.1
0.46	6.6	5.99	14.3	2.83	27.0	0.24	-0.4	1.02	-5.1
4.71	1.5	35.28	3.3	16.53	17.0	2.61	-11.5	5.89	6.5
8.44	-6.3	42.38	19.5	21.05	45.5	3.36	29.5	5.37	-37.0

2-17 续表 3

单位：亿元

项　　目	item	管理费用 Management Expenses 总量 Total	管理费用 比2011年增长(%) Increased by Over 2011(%)	财务费用 Financial Expenses 总量 Total	财务费用 比2011年增长(%) Increased by Over 2011(%)
租赁和商务服务业	Leasing and Business Services	385.31	5.4	177.59	23.9
租赁业	Leasing	6.93	9.9	2.33	1.3
#机械设备租赁	Machinery Equipment Leasing	6.44	11.2	2.28	1.7
商务服务业	Business Services	378.38	5.3	175.27	24.2
#企业管理服务	Enterprise Management Service	225.74	6.1	171.27	24.0
咨询与调查	Consultation and Investigation	56.78	-8.9	-0.59	
广告业	Advertising	22.01	13.8	0.80	77.6
旅行社及相关服务	Travel Agency and Related Services	8.62	21.8	0.50	-7.2
科学研究和技术服务业	Scientific Research and Technical Services	162.42	20.9	11.53	24.8
研究和试验发展	Research and Experimental Development	44.51	24.6	6.79	43.2
#工程和技术研究和试验发展	Engineering and Technology Research and Experimental Development	35.98	16.2	5.87	44.9
专业技术服务业	Professional Technical Services	106.54	20.8	4.13	-2.8
科技推广和应用服务业	Services of Science and Technology Exchanges and Promotion	11.37	9.0	0.61	144.3
水利环境和公共设施管理业	Management of Water Conservancy, Environment and Public Facilities	17.86	12.4	3.55	21.2
水利管理业	Management of Water Conservancy	0.71	38.6	0.04	-19.6
生态保护和环境治理业	Ecological Protection and Environmental Treatment	2.18	8.0	0.39	3.0
#生态保护	Ecological Protection	0.20	29.0	0.11	12.2
环境治理业	Environmental Treatment	1.98	6.3	0.28	-0.2
公共设施管理业	Management of Public Facilities	14.97	12.0	3.12	24.8
居民服务、修理和其他服务业	Households' service, Repair and Other Services	20.46	-3.5	0.63	-26.1
居民服务业	Services to Households	5.41	12.8	0.28	-19.9
机动车、电子产品和日用产品修理业	Motor Vehicle, Electronic Products and Consumer Products repair	4.87	11.3	0.18	34.3
#汽车、摩托车修理与维护	Automobile, Motorcycle Repair and Maintenance	2.24	6.8	0.14	16.1
其他服务业	Other Services	10.18	-15.4	0.18	-52.8
教育	Education	23.10	29.1	1.39	40.5
#中等教育	Secondary Education	6.90	27.6	0.22	7.3
高等教育	Higher Education	2.20	23.5	0.89	50.5
卫生和社会工作	Health and Social Work	19.01	10.5	2.59	57.4
卫生	Health	18.79	10.4	2.59	57.5
#医院	Hospital	16.36	14.0	2.40	59.2
社区医疗与卫生院	Community Medical and Health Center	0.30	5.8	…	-184.8
社会工作	Social Work	0.22	19.6	…	
文化、体育和娱乐业	Culture, Sports and Entertainment	45.53	4.1	12.93	34.9
新闻和出版业	News and Publication	15.70	4.0	0.34	348.2
#出版业	Publication	14.67	3.0	0.40	107.8
广播、电视、电影和影视录音制作业	Production of Radio, Television, Film and Video Recording	11.05	13.2	0.79	61.9
文化艺术业	Culture and Arts	2.49	26.0	0.03	-16.7
体育	Sports	11.74	10.3	1.31	31.8
娱乐业	Entertainment	4.55	-27.1	10.46	30.9

2-17 3 continued

(100 million yuan)

利润总额 Total Profits		应交所得税 Income Taxes Payable		应付职工薪酬 Total Wages Payable		应交增值税 Value-added Tax Payable		从业人员平均人数（万人） Average Number of Employed Persons (10000 persons)
总量 Total	比2011年增长(%) Increased by Over 2011(%)	总量 Total	比2011年增长(%) Increased by Over 2011(%)	总量 Total	比2011年增长(%) Increased by Over 2011(%)	总量 Total	比2011年增长(%) Increased by Over 2011(%)	
748.85	12.4	72.94	37.78	368.86	17.2	13.25	-2.5	62.76
7.04	93.4	0.88	17.23	3.46	11.8	0.94	445.9	0.88
6.80	98.5	0.77	12.49	2.99	13.5	0.91	474.2	0.79
741.82	11.9	72.06	38.07	365.40	17.2	12.31	-8.2	61.89
542.88	22.6	43.46	79.85	144.64	3.6	7.60	-33.1	17.94
28.82	35.3	5.98	13.66	63.30	24.7	1.24	207.2	7.00
24.72	21.4	3.14	-24.62	19.96	17.1	1.53	477.4	2.18
2.21	16.2	0.65	18.34	9.05	19.9	0.15	66.0	2.19
89.65	-22.2	16.53	-6.77	218.37	16.7	11.21	22.0	21.22
24.95	-42.0	3.83	-33.37	41.95	22.2	2.53	18.1	4.56
20.74	-50.1	3.40	-37.74	35.67	25.0	2.31	15.0	3.34
59.92	-6.4	11.77	6.88	164.94	16.1	7.29	17.9	15.32
4.77	-41.8	0.92	-3.99	11.47	7.2	1.40	60.3	1.33
11.26	18.1	2.84	13.56	19.26	14.1	0.98	11.7	3.87
0.12	-45.3	0.09	11.68	1.31	33.9	0.05	100.5	0.16
2.34	…	0.41	23.04	2.81	12.8	0.26	-28.8	0.34
0.17	-24.6	0.03	-14.09	0.31	20.3	0.01	9.2	0.04
2.17	2.6	0.38	26.96	2.49	11.9	0.26	-29.5	0.30
8.80	26.3	2.34	12.13	15.15	12.9	0.66	38.0	3.37
8.24	-55.4	2.71	-67.15	45.25	14.1	2.08	21.5	12.27
1.93	-30.5	0.63	-22.63	7.65	10.2	0.34	138.8	2.29
1.67	-6.7	0.46	-3.86	8.03	16.4	1.22	5.6	1.49
0.16	-70.5	0.12	-24.78	2.65	19.9	0.73	5.3	0.57
4.64	-66.6	1.63	-76.62	29.58	14.5	0.52	25.7	8.49
3.33	-24.2	0.96	-12.29	32.43	25.9	0.20	7.9	5.72
0.22	-81.3	0.08	-71.17	11.95	14.8	0.02	-20.0	1.94
0.33	503.2	0.01	-24.89	2.53	34.5	…	7.7	0.38
1.84	-1.5	0.80	1.82	27.15	22.9	0.02	31.9	4.60
1.81	-0.5	0.80	1.78	26.93	23.1	0.02	31.9	4.52
1.26	-9.0	0.62	-3.85	23.05	22.9	…	9.4	3.93
-0.05	-134.1	…	-89.19	0.48	13.4			0.09
0.03	-43.7	…	25.85	0.22	-0.3			0.08
26.75	-6.6	3.21	59.28	59.47	24.3	1.71	60.9	7.45
8.16	1.0	0.47	-19.00	26.38	32.7	1.02	20.3	2.42
7.74	11.0	0.43	12.16	25.08	34.2	0.99	20.4	2.33
11.75	19.5	1.91	31.00	10.88	6.3	0.42	745.0	1.13
0.65	162.8	0.12	19.74	1.83	15.3	0.03		0.27
-2.28	-556.1	0.43	-19.39	14.37	33.9	0.12	191.8	2.29
8.47	-15.1	0.27	-140.69	6.01	11.2	0.13	2.6	1.34

2-18 各市重点服务业企业主要指标（2012年）

单位：亿元

市别	City	企业单位数(个) Number of Enterprises (unit)	年末资产总计 Total Assets at the end of the year		本年折旧 Depreciation Drawn in Current Year	
			总量 Total	比2011年增长(%) Increased by Over 2011(%)	总量 Total	比2011年增长(%) Increased by Over 2011(%)
广州	Guangzhou	4543	21660.80	11.3	436.60	12.4
深圳	Shenzhen	3710	15775.90	14.5	311.38	14.7
珠海	Zhuhai	237	435.78	12.6	11.78	0.6
汕头	Shantou	121	141.37	2.6	9.77	-1.7
佛山	Foshan	410	1155.44	6.7	42.65	13.6
#顺德	Shunde	176	363.70	2.8	7.39	27.8
韶关	Shaoguan	67	62.95	10.2	6.45	20.9
河源	Heyuan	35	74.33	7.8	4.79	23.6
梅州	Meizhou	39	114.42	2.3	11.92	8.7
惠州	Huizhou	152	586.81	5.2	65.79	11.2
汕尾	Shanwei	33	42.44	6.2	16.85	10.3
东莞	Dongguan	761	1620.17	5.9	76.72	10.0
中山	Zhongshan	189	743.79	7.8	16.09	-5.3
江门	Jiangmen	88	186.28	9.4	13.17	10.8
阳江	Yangjiang	37	53.41	13.5	4.80	-4.4
湛江	Zhanjiang	73	210.01	6.2	14.91	6.7
茂名	Maoming	73	80.56	9.9	9.05	8.0
肇庆	Zhaoqing	90	139.22	12.7	8.04	6.7
清远	Qingyuan	111	186.83	5.1	11.34	4.1
潮州	Chaozhou	38	39.31	11.1	3.72	1.9
揭阳	Jieyang	47	62.24	11.7	4.46	-12.1
云浮	Yunfu	12	42.93	10.9	4.06	5.6
按经济区域分	By Region					
珠三角	Pearl River Delta	10180	42304.19	12.0	982.24	12.3
东翼	Eastern Region	239	285.36	6.1	34.80	2.5
西翼	Western Region	183	343.97	8.1	28.75	5.1
山区	Mountainous Region	264	481.47	6.0	38.56	10.5

Main Indicators of Key Service by City (2012)

(100 million yuan)

营业收入 Business Revenue		营业成本 Business Costs		营业税金及附加 Tax and Extra Charges on Business		销售费用 Selling Expenses	
总量 Total	比2011年增长(%) Increased by Over 2011(%)	总量 Total	比2011年增长(%) Increased by Over 2011(%)	总量 Total	比2011年增长(%) Increased by Over 2011(%)	总量 Total	比2011年增长(%) Increased by Over 2011(%)
5524.05	11.5	4124.75	13.1	134.08	2.4	337.50	10.6
5158.58	16.9	3649.74	18.3	115.80	6.2	284.93	16.2
163.76	12.9	104.78	17.3	4.16	-0.7	13.48	10.5
90.89	7.3	63.95	10.1	2.39	0.7	8.05	12.4
299.32	5.8	176.81	8.1	9.72	2.7	32.00	15.9
71.45	10.9	48.09	12.8	2.43	6.2	3.85	41.0
34.60	5.5	22.03	10.1	1.02	-2.6	4.78	7.1
21.77	5.9	13.53	17.4	0.63	8.2	3.58	-0.3
30.28	7.4	22.81	9.0	0.91	9.7	3.91	7.0
151.81	5.7	90.01	14.4	4.62	-2.5	12.55	22.8
25.90	9.0	16.85	13.8	0.59	6.2	3.45	5.2
547.23	8.0	308.86	13.5	12.79	0.9	38.29	12.0
144.44	2.3	76.26	3.1	4.42	3.8	21.64	13.7
100.76	6.0	62.15	5.7	2.67	1.4	9.94	14.8
35.42	10.1	23.79	8.4	0.91	9.1	4.00	28.5
94.38	11.5	56.02	13.5	2.80	3.3	7.91	9.7
72.21	15.8	47.70	18.0	1.70	9.0	6.68	8.4
45.76	4.5	25.12	5.2	1.37	6.0	5.15	9.0
68.90	11.8	44.87	10.1	1.65	3.9	5.22	16.7
23.28	6.6	12.54	8.5	0.67	6.5	4.22	28.9
47.25	5.4	28.30	3.5	1.10	11.6	5.89	8.7
20.54	9.2	13.10	10.1	0.53	5.0	2.76	20.2
12135.71	13.1	8618.48	15.1	289.62	3.7	755.49	13.2
187.32	6.9	121.64	8.8	4.74	4.5	21.61	13.0
202.01	12.7	127.51	14.1	5.42	6.0	18.59	12.8
176.09	8.7	116.34	10.7	4.73	4.2	20.26	9.6

2-18 续表

单位：亿元

市别	City	管理费用 Management Expenses 总量 Total	比2011年增长(%) Increased by Over 2011(%)	财务费用 Financial Expenses 总量 Total	比2011年增长(%) Increased by Over 2011(%)	利润总额 Total Profits 总量 Total	比2011年增长(%) Increased by Over 2011(%)
广　州	Guangzhou	597.94	14.2	169.56	74.1	616.74	-4.5
深　圳	Shenzhen	548.49	9.5	127.74	37.3	915.80	9.0
珠　海	Zhuhai	25.62	11.1	2.31	145.4	30.28	44.2
汕　头	Shantou	8.21	12.4	2.15	16.3	6.57	-27.4
佛　山	Foshan	33.04	10.5	9.84	19.8	52.62	-3.8
#顺　德	Shunde	12.06	19.2	6.12	9.8	1.99	-46.0
韶　关	Shaoguan	4.62	-11.6	0.58	48.3	2.59	1.3
河　源	Heyuan	2.72	3.3	0.23	4.7	1.44	-36.3
梅　州	Meizhou	3.70	14.2	3.42	24.0	-0.56	-274.4
惠　州	Huizhou	14.20	11.1	7.60	4.4	35.38	-25.5
汕　尾	Shanwei	2.83	-3.3	0.07	39.2	1.85	-13.6
东　莞	Dongguan	47.09	3.0	22.90	15.7	124.61	-4.5
中　山	Zhongshan	18.64	-8.7	4.63	-1.2	27.28	-27.8
江　门	Jiangmen	8.23	7.7	1.79	5.9	18.08	2.8
阳　江	Yangjiang	3.70	9.3	0.44	2.2	4.33	28.3
湛　江	Zhanjiang	12.50	5.0	1.69	34.5	14.89	9.3
茂　名	Maoming	5.99	15.9	0.51	55.3	10.09	12.3
肇　庆	Zhaoqing	6.45	9.5	0.39	41.6	7.93	-3.1
清　远	Qingyuan	7.03	11.4	3.63	8.6	5.68	14.8
潮　州	Chaozhou	2.14	12.0	0.10	77.2	4.58	-4.3
揭　阳	Jieyang	3.07	3.0	0.29	53.6	9.27	9.3
云　浮	Yunfu	2.03	4.7	0.11	43.6	2.34	-4.2
按经济区域分	By Region						
珠三角	Pearl River Delta	1299.70	11.1	346.74	48.6	1828.72	1.4
东　翼	Eastern Region	16.26	7.5	2.61	21.7	22.27	-8.9
西　翼	Western Region	22.18	8.5	2.64	31.0	29.30	12.8
山　区	Mountainous Region	20.10	3.9	7.97	17.4	11.49	-8.3

2-18 continued

(100 million yuan)

应交所得税 Income Taxes Payable		应付职工薪酬 Total Wages Payable		应交增值税 Value-added Tax Payable		从业人员平均人数(万人) Average Number of Employed Persons (10000 persons)
总量 Total	比2011年增长(%) Increased by Over 2011(%)	总量 Total	比2011年增长(%) Increased by Over 2011(%)	总量 Total	比2011年增长(%) Increased by Over 2011(%)	
110.96	2.8	873.98	16.3	25.69	31.3	112.82
118.80	17.7	726.90	15.3	51.15	41.8	102.92
5.17	15.5	37.54	24.1	2.24	48.1	5.51
2.17	-0.7	14.63	8.7	0.07	300.2	2.40
10.72	-3.0	37.76	11.6	0.71	108.8	8.35
1.22	1.2	13.50	12.8	0.34	56.9	3.36
0.79	-16.9	6.89	-5.7	0.07	146.1	1.51
0.33	-17.6	3.31	11.9	…		0.65
0.90	7.5	4.91	6.1	0.17	341.3	0.89
6.22	-9.2	16.92	13.8	0.33	146.5	3.21
0.67	-2.3	5.27	18.2	0.03	50.5	0.96
19.39	-2.6	71.65	18.0	1.00	220.9	14.36
4.36	-37.2	23.88	11.6	0.25	132.8	4.40
3.82	5.4	13.39	12.5	0.27	695.0	2.29
0.97	31.1	4.80	11.1	0.11		0.91
4.25	1.8	15.86	8.9	0.21	281.0	2.65
2.40	11.4	8.01	15.4	0.07	83.8	1.66
2.30	13.1	7.90	13.2	0.10		2.17
1.68	4.8	11.59	16.3	0.06	625.2	2.32
0.93	-6.6	2.40	13.1	…		0.47
1.59	1.7	4.61	6.2	0.11	-11.6	0.82
0.56	-8.1	3.11	10.6	0.01	3.5	0.34
281.73	6.8	1809.92	15.9	81.75	40.7	256.05
5.35	-1.3	26.91	10.4	0.22	32.4	4.66
7.62	7.8	28.67	11.0	0.40	278.9	5.22
4.28	-3.2	29.81	7.8	0.32	278.1	5.71

主要统计指标解释

发展速度 用以反映社会经济发展程度的相对指标，根据两个不同时期发展水平的对比而得。由于比较的标准时期不同，发展速度可分为定期发展速度和环比发展速度两种。

增长速度 发展速度－1（或100%）就是增长速度。即增长速度＝发展速度－1（或100%）。

平均每年增长速度 我国计算平均增长速度有两种方法，一种是习惯上经常使用的“水平法”，又称几何平均法，是以间隔最后一年的水平同基期水平对比来计算平均每年增长（或下降）的速度；另一种是“累计法”又称代数平均法或方程法，是以间隔年内各年水平的总和同基期水平对比来计算平均每年增长（或下降）的速度。具体计算方法，可参照中国财经出版社出版的《平均增长速度查对表》。

在一般正常情况下，两种方法计算的平均每年增长速度比较接近，但在经济发展不平衡出现大起大落时，两种方法计算的结果差别较大。

本《年鉴》内所列的平均每年增长速度都是用水平法计算的。从某年到某年平均增长速度的年份，均不包基期年在内。如1981－2010年平均每年增长速度，是以1980年为基期，2010年为报告期，年份从1981年算起，共30年。

当年价格 是报告期的实际价格，如工厂的出厂价格、农产品的收购价格、商品的零售价格等。按当年价格计算，是指一些以货币表现的物量指标，如工业总产值、国内生产总值等，按照当年的实际价格来计算总量。按当年价格计算的价值指标，在不同年份之间进行对比时，因为包含有各年间价格变动的因素，不能确切地反映实物量的增减变动。因此，在计算增长速度时都使用按可比价格计算的数字。

景气指数 又称景气度，是对企业景气调查中的定性指标进行量化描述。通过其上升和下降的动态变化，直观地反映经济所处的状态。景气指数的数值范围在0—200之间，100为景气指数的临界值：当景气指数大于100时，表明经济状况趋于上升或改善，处于景气状态；当景气指数小于100时，表明经济状况趋于下降或恶化，处于不景气状态。

Explanatory Notes on Main Statistical Indicators

Development Rate is a relative indicator of the degree of social and economic development calculated through the comparison of two different periods in the degree of development. Development rate can take the form of either fixed-base development rate or chain base development rate.

Growth Rate is equal to development rate minus one (or 100%), i.e. growth rate = development rate －1 (or 100%)

Average Annual Growth Rate Two methods for calculating average annual growth rate are applied in China, one is the more commonly-used "level approach" or the method of calculating geometric average, which is derived by comparing the level of the last year of the interval to that of the base year; the other is called "accumulative approach" or algebraic average or equation method, which is derived by comparing the summation of the actual figure of each year in the interval to the figure in the base year. The detailed calculating methods can be found by reference to the Check Table of Average Growth Rate published by China Financial Publishing House.

Under normal conditions the results calculated by the two methods are fairly close, but they differed sharply when uneven economic development occurred with striking fluctuations in growth.

The average annual growth rates listed in this statistical yearbook are calculated by level approach. The base years are not included when the years are listed for average annual growth rates. For instance, the average annual growth rate of 30 years since 1981 is listed as average annual growth rate of 1981-2010, among which 1980 is the base year and 2010 is the reference year.

Current Price refers to the actual price in the reference period, such as ex-factory price, purchasing price of agricultural products, retail price of commodities, etc. Total values of some quantum indicators in value terms at current prices, such as gross industrial output value and gross domestic product, are calculated in accordance with actual prices of the current year. When comparing indicators of value over time at current prices, they cannot accurately reflect the changes in real term due to price fluctuations of each year. That is why growth rates are calculated at constant prices.

Climate Index refers a quantitative description of the qualitative indices of the business climate survey of an enterprise. The increase and decrease of the indices directly reflect the status of an economy. The indices are between 0 and 200. 100 is the critical value—when the index is above 100, the economic situation is improving and the business climate is favorable; when the index is below 100, the economic situation is deteriorating and the business climate is unfavorable.

三、国民经济核算

NATIONAL ECONOMIC ACCOUNTS

三 国民经济核算

简要说明

一、本篇资料反映广东国民经济核算情况。

二、国民经济核算资料主要包括地区生产总值及其有关资料。地区生产总值是根据不同产业部门、不同支出构成的特点和资料来源情况而采用不同方法计算的。

三、本年鉴公布的国民经济核算资料，最后一年数据不是最终数，还会发生变动。如果遇到普查，在能够获得更详细的基础资料情况下，地区生产总值的历史数据也会发生变动。1996 年，根据第一次第三产业普查结果，对 1992 年以前全省生产总值的历史数据作了调整；2005 年，根据全国第一次经济普查结果，对 1993-2004 年的全省生产总值历史数据作了调整；2008 年，根据全国第二次经济普查结果，对 2005-2008 年全省生产总值进行了调整。本年鉴数据是调整后的数据。

四、国民经济核算数据绝对数按当年价格计算，速度和指数按可比价格计算。

五、分市的国民经济核算数据由各市统计局提供，由于采取分级核算，各市数据相加不等于全省总计。

六、本篇资料由广东省统计局国民经济核算处整理提供。

3 National Economic Accounts

Brief Introduction

Ⅰ.The data in this chapter reflect the national accounts of Guangdong Province.

Ⅱ. The data on national accounts mainly include gross domestic product (GDP) and related data. Data on GDP are calculated with various approaches in accordance with the features of various industrial sectors, various expenditure structures and the data resources.

III. Data on the national accounts of the latest year published in the yearbook are not final and are subject to changes. The GDP data of past years may also be revised on the basis of more detailed basic data obtained during a census year. In 1996, the GDP figures of years prior to 1992 were adjusted in accordance with the result of the first tertiary industry census. In 2005, the GDP figures from 1993 to 2004 were adjusted in accordance with the result of the first national economic census. GDP data from 2005 to 2008 were adjusted in accordance with the result of the second national economic census in 2008. Data published in this yearbook are adjusted data.

IV. The data on national accounts are calculated at current prices, and the growth rates and the index are calculated at constant prices.

V. The data on national accounts by city are provided by the statistical bureaus of various cities. The sum of the city data is not equal to the provincial total due to the decentralized accounting approach.

VI. The data in this chapter are prepared and provided by the Division of National Accounts of Statistics Bureau of Guangdong Province.

3-1 地区生产总值
Gross Domestic Product

单位：亿元 (100 million yuan)

年份 Year	地区生产总值 Gross Domestic Product	第一产业 Primary Industry	第二产业 Secondary Industry	工业 Industry	建筑业 Construction	第三产业 Tertiary Industry	#交通运输、仓储和邮政业 Transport, Storage, and Post	#批发和零售业 Wholesale and Retail Trades	#金融业 Financial Intermediation	#房地产业 Real Estate
1978	185.85	55.31	86.62	76.12	10.49	43.92	10.05	19.39	4.53	1.42
1979	209.34	66.62	91.65	82.36	9.29	51.06	11.26	23.52	4.74	1.62
1980	249.65	82.97	102.53	89.87	12.66	64.14	13.72	29.53	6.10	2.13
1981	290.36	94.30	120.34	103.60	16.74	75.71	16.71	33.57	6.76	2.79
1982	339.92	118.17	135.37	113.13	22.24	86.39	18.34	38.07	7.98	3.39
1983	368.75	121.24	152.27	125.82	26.45	95.24	19.47	41.42	8.94	4.09
1984	458.74	145.25	187.55	154.33	33.22	125.93	25.68	54.41	11.76	5.09
1985	577.38	171.87	229.82	185.81	44.01	175.69	35.91	79.86	12.74	6.16
1986	667.53	188.37	255.88	208.46	47.42	223.28	40.18	89.78	20.84	11.69
1987	846.69	232.14	330.35	273.77	56.58	284.20	53.20	104.17	34.25	16.44
1988	1155.37	306.50	460.17	386.35	73.82	388.70	65.22	145.89	46.80	22.84
1989	1381.39	351.73	554.13	464.06	90.07	475.53	79.02	136.65	72.70	41.36
1990	1559.03	384.59	615.86	523.42	92.45	558.58	101.61	152.90	82.46	42.87
1991	1893.30	416.00	782.67	675.55	107.12	694.63	138.54	185.77	94.83	54.09
1992	2447.54	465.83	1100.32	899.28	201.04	881.39	174.28	236.59	122.79	81.74
1993	3469.28	558.70	1704.88	1386.83	318.05	1205.70	233.15	340.49	149.29	126.25
1994	4619.02	692.25	2253.25	1865.44	387.80	1673.52	336.95	486.46	199.84	171.11
1995	5933.05	864.49	2900.22	2448.82	451.40	2168.34	433.10	647.77	229.27	230.75
1996	6834.97	935.24	3307.51	2842.85	464.66	2592.22	505.91	798.55	264.86	283.92
1997	7774.53	978.32	3704.39	3235.42	468.97	3091.81	642.37	944.61	302.87	342.54
1998	8530.88	994.55	4067.12	3564.25	502.87	3469.21	705.98	1073.36	306.39	419.76
1999	9250.68	1009.01	4359.00	3832.44	526.56	3882.66	766.84	1174.76	331.10	505.74
2000	10741.25	986.32	4999.51	4463.06	536.45	4755.42	938.74	1371.49	443.69	626.10
2001	12039.25	988.84	5506.06	4941.20	564.86	5544.35	1114.18	1543.83	450.81	696.41
2002	13502.42	1015.08	6143.40	5548.41	594.99	6343.94	1206.20	1761.27	454.65	808.16
2003	15844.64	1072.91	7592.78	6886.97	705.81	7178.94	1263.39	2009.33	534.28	955.66
2004	18864.62	1219.84	9280.73	8485.85	794.88	8364.05	1419.78	2321.59	602.68	1103.75
2005	22557.37	1428.27	11356.60	10489.73	866.87	9772.50	1031.93	2250.66	661.81	1430.37
2006	26587.76	1532.17	13469.77	12518.59	951.18	11585.82	1208.82	2606.79	899.91	1722.07
2007	31777.01	1695.57	16004.61	14942.91	1061.70	14076.83	1418.57	2912.30	1705.08	2029.77
2008	36796.71	1973.05	18502.20	17304.79	1197.41	16321.46	1634.45	3476.44	1972.40	2057.45
2009	39482.56	2010.27	19419.70	18091.56	1328.14	18052.59	1595.34	3907.43	2283.29	2470.63
2010	46013.06	2286.98	23014.53	21462.72	1551.81	20711.55	1825.29	4647.76	2658.76	2813.95
2011	53210.28	2665.20	26447.38	24649.60	1797.78	24097.70	2090.36	5681.17	2916.13	3321.31
2012	57067.92	2847.26	27700.97	25810.07	1890.90	26519.69	2367.46	6333.62	3171.96	3643.87

注：2004年及以前年份第一产业不包括农林牧渔服务业，交通运输仓储和邮政业包括电信业，但不包括城市公共交通业，批发与零售业包括餐饮业（下表同）。

Notes: In 2004 and prior to it, the primary industry did not include service activities for farming, forestry, animal husbandry and fishery;transport, storage, and postal services included telecommunication services,but excluded urban public transport; and wholesale and retail trades included catering services. The same applies to the following tables.

3-2 地区生产总值指数
Indices of Gross Domestic Product

上年=100 (preceding year=100)

年份 Year	地区生产总值 Gross Domestic Product	第一产业 Primary Industry	第二产业 Secondary Industry	工业 Industry	建筑业 Construction	第三产业 Tertiary Industry	#交通运输、仓储和邮政业 Transport, Storage, and Post	#批发和零售业 Wholesale and Retail Trades	#金融业 Financial Interme-diation	#房地产业 Real Estate
1978	101.0	104.3	97.1			101.2				
1979	108.5	106.1	104.3	107.6	89.5	117.6	112.7	123.1	103.1	115.2
1980	116.6	112.7	116.9	113.2	136.6	122.1	119.5	119.6	126.4	136.0
1981	109.0	105.1	112.9	110.8	122.0	110.0	107.5	106.8	106.4	129.5
1982	112.0	111.9	111.5	108.1	124.9	112.5	117.4	108.0	110.0	121.0
1983	107.3	103.6	110.1	109.6	111.6	108.9	105.0	106.9	110.0	117.9
1984	115.6	112.5	118.8	120.5	113.0	115.7	105.7	116.6	116.8	109.3
1985	118.0	106.2	120.7	120.9	120.1	128.7	123.1	127.6	130.0	148.3
1986	112.7	105.6	108.1	108.8	105.4	124.7	120.9	117.9	130.2	161.1
1987	119.6	109.6	127.5	131.6	112.1	120.6	122.2	116.5	140.3	132.2
1988	115.8	106.6	124.9	128.0	111.4	113.7	121.8	108.3	115.0	127.6
1989	107.2	107.2	108.6	110.8	97.1	105.7	118.2	80.1	133.0	141.4
1990	111.6	107.3	112.7	114.4	102.7	113.4	106.8	112.2	117.3	97.6
1991	117.7	105.4	123.6	123.0	127.5	119.4	128.3	119.6	107.2	114.3
1992	122.1	105.6	133.4	130.8	149.8	119.0	120.9	119.4	121.2	146.2
1993	123.0	102.5	136.3	139.8	117.0	116.7	124.9	122.0	102.5	129.0
1994	119.7	103.1	125.7	127.2	116.2	118.4	127.6	119.4	107.4	127.4
1995	115.6	105.4	118.7	119.6	112.8	114.6	117.3	115.9	101.8	122.2
1996	111.3	104.9	112.6	113.9	102.6	111.5	109.4	114.2	107.5	115.8
1997	111.2	104.7	112.9	114.4	100.0	110.7	109.1	113.6	109.6	111.6
1998	110.8	103.8	112.4	112.9	107.6	110.4	106.7	115.0	103.1	110.6
1999	110.1	103.9	110.6	110.9	107.5	111.2	105.7	110.4	110.8	119.3
2000	111.5	102.3	112.0	113.3	99.1	113.2	117.3	109.4	122.7	115.4
2001	110.5	102.2	110.7	111.2	106.1	112.0	114.0	111.6	101.7	108.7
2002	112.4	104.3	113.7	114.9	103.5	112.5	106.3	113.3	100.6	111.9
2003	114.8	102.2	120.3	121.0	113.1	111.3	106.1	111.6	110.6	115.3
2004	114.8	104.1	118.8	120.3	102.9	112.0	112.1	109.8	106.9	108.2
2005	114.1	104.9	115.2	115.9	106.6	114.3	118.8	111.1	107.7	121.2
2006	114.8	104.2	117.0	117.7	109.0	113.8	116.3	113.0	124.7	112.8
2007	114.9	103.2	117.1	117.8	107.5	113.8	111.0	108.0	141.8	113.1
2008	110.4	103.9	111.6	112.3	100.5	109.8	108.4	112.6	109.0	93.5
2009	109.7	104.9	109.2	108.8	115.4	110.8	105.8	115.7	115.1	121.3
2010	112.4	104.5	114.7	114.9	112.0	110.6	112.0	114.2	111.9	104.9
2011	110.0	104.2	110.5	110.8	107.3	110.0	113.2	113.1	104.1	106.0
2012	108.2	103.8	107.3	107.6	103.2	109.5	113.5	109.6	108.6	109.0

3-3 地区生产总值指数

Indices of Gross Domestic Product

1978年=100 (1978=100)

年份 Year	地区生产总值 Gross Domestic Product	第一产业 Primary Industry	第二产业 Secondary Industry	工业 Industry	建筑业 Construction	第三产业 Tertiary Industry	#交通运输、仓储和邮政业 Transport, Storage, and Post	#批发和零售业 Wholesale and Retail Trades	#金融业 Financial Interme-diation	#房地产业 Real Estate
1978	100.0	100.0	100.0	100.0	100.0	100.0	100.0	100.0	100.0	100.0
1979	108.5	106.1	104.3	107.6	89.5	117.6	112.7	123.1	103.1	115.2
1980	126.5	119.6	121.9	121.8	122.2	143.5	134.6	147.3	130.4	156.6
1981	137.9	125.8	137.6	135.0	149.1	157.8	144.8	157.2	138.6	202.8
1982	154.4	140.8	153.4	145.9	186.4	177.5	170.0	169.7	152.6	245.3
1983	165.6	145.9	168.8	159.9	208.0	193.3	178.6	181.5	167.8	289.1
1984	191.4	164.1	200.6	192.7	235.1	223.7	188.8	211.7	196.0	316.0
1985	225.7	174.2	242.1	233.0	282.4	287.9	232.5	270.1	254.7	468.8
1986	254.5	184.0	261.6	253.4	297.5	359.0	281.0	318.5	331.7	755.1
1987	304.5	201.7	333.4	333.4	333.5	433.0	343.4	370.9	465.3	998.5
1988	352.6	215.0	416.5	426.7	371.4	492.6	418.2	401.6	535.1	1273.9
1989	377.9	230.6	452.1	472.8	360.6	520.5	494.3	321.8	711.7	1801.5
1990	421.6	247.4	509.3	540.9	370.4	590.1	527.8	361.1	834.5	1758.4
1991	496.1	260.9	629.7	665.4	472.2	704.6	677.2	431.9	894.5	2009.4
1992	605.8	275.4	840.2	870.4	707.4	838.6	818.6	515.7	1084.5	2938.0
1993	745.1	282.4	1145.2	1217.2	827.9	979.1	1022.1	629.1	1111.4	3788.9
1994	891.9	291.2	1439.6	1547.9	962.4	1159.6	1304.3	751.2	1193.3	4828.9
1995	1030.6	306.9	1709.0	1850.6	1085.2	1329.3	1529.5	870.7	1214.2	5898.5
1996	1146.8	321.9	1924.2	2108.2	1113.5	1482.0	1673.6	994.7	1305.1	6832.5
1997	1275.1	336.9	2172.0	2412.2	1113.7	1640.1	1826.4	1129.7	1429.9	7621.7
1998	1412.9	349.6	2441.7	2723.9	1198.7	1810.5	1948.7	1299.0	1474.6	8430.9
1999	1555.9	363.3	2700.6	3021.1	1288.3	2013.9	2060.5	1434.6	1634.4	10060.7
2000	1734.3	371.7	3024.8	3421.5	1276.9	2279.9	2416.0	1570.1	2004.6	11611.0
2001	1916.2	379.9	3347.4	3805.4	1354.2	2554.0	2753.1	1751.8	2039.4	12625.5
2002	2153.3	396.3	3806.6	4372.0	1401.6	2873.3	2926.6	1984.9	2052.4	14124.3
2003	2473.0	405.1	4579.4	5292.0	1585.6	3198.8	3105.3	2215.4	2269.9	16289.3
2004	2838.7	421.8	5438.5	6365.6	1631.6	3582.9	3480.8	2433.5	2427.3	17629.0
2005	3239.7	442.5	6264.8	7378.1	1739.4	4093.5	4134.5	2704.2	2614.1	21371.6
2006	3719.4	461.1	7332.9	8685.2	1895.3	4656.3	4808.1	3055.7	3260.9	24097.0
2007	4272.3	475.9	8586.9	10234.0	2038.1	5296.7	5335.4	3301.6	4625.3	27255.5
2008	4718.1	494.5	9579.9	11496.4	2048.6	5817.7	5781.0	3718.0	5043.4	25488.8
2009	5173.4	518.9	10457.0	12504.1	2364.4	6446.7	6118.3	4302.2	5804.6	30924.9
2010	5817.5	542.5	11991.0	14360.9	2646.9	7128.5	6850.2	4911.0	6496.6	32444.3
2011	6398.5	565.1	13252.0	15904.8	2839.3	7844.2	7751.1	5556.8	6760.5	34395.6
2012	6920.3	586.9	14221.4	17113.9	2930.7	8592.8	8794.7	6092.1	7345.1	37491.3

3-4 地区生产总值产业构成

Composition of Gross Domestic Product by Industry

单位：% (%)

年份 Year	地区生产总值 Gross Domestic Product	第一产业 Primary Industry	第二产业 Secondary Industry	#工 业 Industry	第三产业 Tertiary Industry
1978	100.0	29.8	46.6	41.0	23.6
1979	100.0	31.8	43.8	39.3	24.4
1980	100.0	33.2	41.1	36.0	25.7
1981	100.0	32.5	41.4	35.7	26.1
1982	100.0	34.8	39.8	33.3	25.4
1983	100.0	32.9	41.3	34.1	25.8
1984	100.0	31.7	40.9	33.6	27.4
1985	100.0	29.8	39.8	32.2	30.4
1986	100.0	28.2	38.3	31.2	33.5
1987	100.0	27.4	39.0	32.3	33.6
1988	100.0	26.5	39.8	33.4	33.7
1989	100.0	25.5	40.1	33.6	34.4
1990	100.0	24.7	39.5	33.6	35.8
1991	100.0	22.0	41.3	35.7	36.7
1992	100.0	19.0	45.0	36.7	36.0
1993	100.0	16.1	49.1	40.0	34.8
1994	100.0	15.0	48.8	40.4	36.2
1995	100.0	14.6	48.9	41.3	36.5
1996	100.0	13.7	48.4	41.6	37.9
1997	100.0	12.6	47.6	41.6	39.8
1998	100.0	11.7	47.7	41.8	40.6
1999	100.0	10.9	47.1	41.4	42.0
2000	100.0	9.2	46.5	41.6	44.3
2001	100.0	8.2	45.7	41.0	46.1
2002	100.0	7.5	45.5	41.1	47.0
2003	100.0	6.8	47.9	43.5	45.3
2004	100.0	6.5	49.2	45.0	44.3
2005	100.0	6.3	50.4	46.5	43.3
2006	100.0	5.8	50.6	47.1	43.6
2007	100.0	5.3	50.4	47.0	44.3
2008	100.0	5.4	50.3	47.0	44.3
2009	100.0	5.1	49.2	45.8	45.7
2010	100.0	5.0	50.0	46.6	45.0
2011	100.0	5.0	49.7	46.3	45.3
2012	100.0	5.0	48.5	45.2	46.5

3-5 三次产业贡献率

Share of the Contributions of the Three Strata of Industry

单位：% (%)

年份 Year	地区生产总值 Gross Domestic Product	第一产业 Primary Industry	第二产业 Secondary Industry	#工业 Industry	第三产业 Tertiary Industry
1979	100.0	30.0	16.6	24.2	53.4
1980	100.0	31.0	32.1	21.0	36.9
1981	100.0	22.4	45.4	31.0	32.2
1982	100.0	37.8	31.5	17.8	30.7
1983	100.0	18.7	45.1	33.4	36.2
1984	100.0	29.2	40.5	34.1	30.3
1985	100.0	12.2	39.8	31.4	48.0
1986	100.0	14.1	22.3	19.1	63.6
1987	100.0	14.7	47.3	42.9	38.0
1988	100.0	11.4	56.8	52.0	31.8
1989	100.0	25.5	46.2	48.8	28.3
1990	100.0	16.0	43.1	41.7	40.9
1991	100.0	7.5	53.1	44.8	39.4
1992	100.0	5.5	63.1	50.1	31.4
1993	100.0	2.1	72.0	66.8	25.9
1994	100.0	2.5	65.9	60.4	31.6
1995	100.0	4.7	63.9	58.5	31.4
1996	100.0	5.3	60.9	59.4	33.8
1997	100.0	4.9	63.5	63.5	31.6
1998	100.0	3.8	64.4	60.6	31.8
1999	100.0	4.0	59.5	55.7	36.5
2000	100.0	2.0	59.7	60.1	38.3
2001	100.0	2.0	47.3	44.4	50.7
2002	100.0	3.0	51.7	50.3	45.3
2003	100.0	1.2	64.5	60.6	34.3
2004	100.0	1.9	62.7	61.8	35.4
2005	100.0	2.3	55.0	53.2	42.7
2006	100.0	1.8	58.0	55.6	40.2
2007	100.0	1.2	59.0	57.2	39.7
2008	100.0	1.9	58.0	57.8	40.1
2009	100.0	2.5	50.1	45.2	47.4
2010	100.0	1.7	62.0	58.9	36.3
2011	100.0	2.1	52.7	50.2	45.2
2012	100.0	2.2	45.1	43.8	52.7

注：三次产业贡献率指各产业增加值增量与GDP增量之比。

Notes: Industrial contribution rate refers to the proportion of the increment of every industrial value added to the increment of GDP.

3-6 三次产业对地区生产总值增长的拉动

Contribution of the Three Strata of Industry to GDP Growth

单位：百分点 (percentage points)

年份 Year	地区生产总值 Gross Domestic Product	第一产业 Primary Industry	第二产业 Secondary Industry	#工业 Industry	第三产业 Tertiary Industry
1979	8.5	2.6	1.4	2.0	4.5
1980	16.6	5.2	5.3	3.5	6.1
1981	9.0	2.0	4.1	2.8	2.9
1982	12.0	4.5	3.8	2.1	3.7
1983	7.3	1.4	3.3	2.4	2.6
1984	15.6	4.5	6.3	5.3	4.7
1985	18.0	2.2	7.2	5.6	8.6
1986	12.7	1.8	2.8	2.4	8.1
1987	19.6	2.9	9.3	8.4	7.6
1988	15.8	1.8	9.0	8.2	5.0
1989	7.2	1.8	3.3	3.5	2.1
1990	11.6	1.9	5.0	4.8	4.7
1991	17.7	1.3	9.4	7.9	7.0
1992	22.1	1.2	14.0	11.1	6.9
1993	23.0	0.5	16.5	15.3	6.0
1994	19.7	0.5	13.0	11.9	6.2
1995	15.6	0.8	9.9	9.1	4.9
1996	11.3	0.6	6.9	6.7	3.8
1997	11.2	0.6	7.1	7.1	3.5
1998	10.8	0.4	7.0	6.5	3.4
1999	10.1	0.4	6.0	5.6	3.7
2000	11.5	0.2	6.9	6.9	4.4
2001	10.5	0.2	5.0	4.7	5.3
2002	12.4	0.4	6.4	6.2	5.6
2003	14.8	0.2	9.5	9.0	5.1
2004	14.8	0.3	9.3	9.1	5.2
2005	14.1	0.3	7.8	7.5	6.0
2006	14.8	0.3	8.6	8.2	5.9
2007	14.9	0.2	8.8	8.5	5.9
2008	10.4	0.2	6.0	6.0	4.2
2009	9.7	0.2	4.9	4.4	4.6
2010	12.4	0.2	7.7	7.3	4.5
2011	10.0	0.2	5.3	5.0	4.5
2012	8.2	0.2	3.7	3.6	4.3

注：三次产业拉动指GDP增长速度与各产业贡献率之乘积。

Notes: Industrial pulling rate is the growth rate of GDP multiplying industrial contribution rate.

3-7 地区生产总值项目结构

Components of Gross Domestic Product

单位：亿元 (100 million yuan)

年份 Year	地区生产总值 Gross Domestic Product	劳动者报酬 Compensation of Employees	生产税净额 Net Taxes on Production	固定资产折旧 Depreciation of Fixed Assets	营业盈余 Operating Surplus
1978	185.85	112.58	25.13	21.07	27.07
1979	209.34	126.64	28.07	23.67	30.96
1980	249.65	151.09	32.62	28.25	37.69
1981	290.36	175.16	38.66	33.28	43.26
1982	339.92	207.09	43.58	38.11	51.14
1983	368.75	222.02	48.33	41.82	56.58
1984	458.74	274.33	59.74	52.06	72.61
1985	577.38	343.38	74.24	65.66	94.10
1986	667.53	393.11	84.86	77.99	111.57
1987	846.69	486.39	108.63	99.73	151.94
1988	1155.37	662.14	149.93	135.89	207.41
1989	1381.39	769.17	176.84	169.99	265.39
1990	1559.03	864.69	197.92	192.05	304.37
1991	1893.30	1031.46	248.47	240.20	373.17
1992	2447.54	1287.81	352.00	328.48	479.25
1993	3469.28	1822.72	478.22	450.06	718.29
1994	4619.02	2451.06	630.43	635.37	902.15
1995	5933.05	3077.86	827.17	904.23	1123.79
1996	6834.97	3584.34	985.78	1076.00	1188.84
1997	7774.53	4053.33	1111.15	1209.40	1400.66
1998	8530.88	4858.94	1268.93	1369.14	1033.86
1999	9250.68	5109.07	1375.14	1592.07	1174.40
2000	10741.25	5600.63	1759.12	1853.60	1527.91
2001	12039.25	6104.83	1939.52	1988.27	2006.62
2002	13502.42	7116.01	1988.13	2162.42	2235.87
2003	15844.64	7941.03	2303.35	2471.85	3128.41
2004	18864.62	9016.48	2659.30	2843.99	4344.85
2005	22557.37	10618.90	3177.03	3622.78	5138.66
2006	26587.76	12075.99	4038.50	4275.66	6197.61
2007	31777.01	14212.84	4947.40	4740.53	7876.24
2008	36796.71	16658.38	5796.13	5231.17	9111.03
2009	39482.56	17849.91	6020.88	5524.55	10087.22
2010	46013.06	20452.36	6841.07	6159.34	12560.29
2011	53210.28	24287.53	8567.19	6986.46	13369.10
2012	57067.92	27239.83	8988.68	7535.69	13303.72

3-8 各行业增加值构成项目（2012年）

Components of Value Added by Sector (2012)

单位：亿元 (100 million yuan)

行　　业	Sector	地区生产总值 Gross Domestic Product	劳动者报酬 Conpensation of Employees	生产税净额 Net Taxes on Production	固定资产折旧 Depreciation of Fixed Assets	营业盈余 Operating Surplus
地区生产总值	**Gross Domestic Product**	**57067.92**	**27239.83**	**8988.68**	**7535.69**	**13303.72**
第一产业	Primary Industry	2847.26	2795.58	1.63	50.05	
第二产业	Secondary Industry	27700.97	12927.24	4512.18	3331.72	6929.83
工业	Industry	25810.07	11983.74	4143.27	3194.94	6488.12
建筑业	Construction	1890.90	943.50	368.91	136.78	441.71
第三产业	Tertiary Industry	26519.69	11517.01	4474.87	4153.92	6373.89
交通运输、仓储和邮政业	Transport, Storage and Postal Services	2367.46	1098.99	210.56	587.72	470.19
信息传输、计算机服务和软件业	Information Transmission, Computer Services and Software	1618.09	405.75	116.48	391.71	704.15
批发和零售业	Wholesale and Retail Trade	6333.62	2388.78	2572.14	263.12	1109.58
住宿和餐饮业	Accommodations and Catering Services	1308.40	1019.31	105.39	129.72	53.98
金融业	Finance	3171.96	941.16	397.63	52.98	1780.19
房地产业	Real Estate	3643.87	436.62	725.61	1661.66	819.98
租赁和商务服务业	Leasing and Business Services	2132.42	641.86	172.13	366.25	952.18
科学研究、技术服务和地质勘查业	Scientific Research, Technical Services and Geological Prospecting	597.72	335.56	55.61	59.15	147.40
水利、环境和公共设施管理业	Management of Water Conservancy, Environment and Public Facilities	247.69	124.69	12.35	65.91	44.74
居民服务和其他服务业	Services to Households and Other Services	895.77	732.51	36.53	56.17	70.56
教育	Education	1382.55	1161.47	11.23	173.34	36.51
卫生、社会保障和社会福利业	Health Care, Social Security and Social Welfare	853.78	636.98	10.16	68.25	138.39
文化、体育和娱乐业	Culture, Sports and Recreation	329.95	177.92	41.60	64.40	46.03
公共管理和社会组织	Public Administration and Social Organizations	1636.40	1415.41	7.45	213.54	

3-9 支出法地区生产总值

Gross Domestic Product by Expenditure Approach

年份 Year	支出法地区生产总值(亿元) Gross Domestic Product by Expenditure Approach (100 million yuan)	最终消费支出 Final Consumption Expenditure	资本形成总额 Gross Capital Formation	货物和服务净流出 Net Exports of Goods and Services	最终消费率(消费率)(%) Final Consumption Rate (%)	资本形成率(投资率)(%) Capital Formation Rate (%)
1978	194.14	130.02	54.79	9.33	67.0	28.2
1979	215.43	147.11	55.86	12.46	68.3	25.9
1980	259.32	180.93	71.37	7.02	69.8	27.5
1981	305.22	201.43	96.74	7.05	66.0	31.7
1982	349.13	233.21	112.35	3.57	66.8	32.2
1983	367.36	252.07	113.49	1.80	68.6	30.9
1984	446.06	288.26	150.07	7.72	64.6	33.6
1985	568.98	347.18	238.58	-16.78	61.0	41.9
1986	650.99	415.91	256.75	-21.67	63.9	39.4
1987	815.05	516.02	312.33	-13.29	63.3	38.3
1988	1129.64	667.03	462.07	0.54	59.0	40.9
1989	1348.54	857.33	472.75	18.46	63.6	35.1
1990	1541.99	938.48	502.90	100.61	60.9	32.6
1991	1847.99	1081.39	610.18	156.42	58.5	33.0
1992	2440.58	1359.08	987.96	93.54	55.7	40.5
1993	3465.31	1852.06	1554.46	58.79	53.4	44.9
1994	4618.25	2598.57	1930.86	88.82	56.3	41.8
1995	5933.05	3363.38	2394.79	174.89	56.7	40.4
1996	6834.97	3859.32	2782.89	192.75	56.5	40.7
1997	7774.53	4245.18	2974.45	554.90	54.6	38.3
1998	8530.88	4582.16	3331.11	617.60	53.7	39.0
1999	9250.68	5083.60	3511.30	655.78	55.0	38.0
2000	10741.25	5714.46	3850.81	1175.99	53.2	35.9
2001	12039.25	6255.92	4392.51	1390.82	52.0	36.5
2002	13502.42	7286.63	4762.90	1452.89	54.0	35.3
2003	15844.64	8643.44	5911.97	1289.23	54.6	37.3
2004	18864.62	10162.04	7214.70	1487.89	53.9	38.2
2005	22557.37	11450.96	8239.73	2866.68	50.8	36.5
2006	26587.76	12635.59	9307.90	4644.28	47.5	35.0
2007	31777.01	14842.85	10701.48	6232.69	46.7	33.7
2008	36796.71	17202.13	12257.94	7336.63	46.7	33.3
2009	39482.56	19179.39	14951.42	5351.75	48.6	37.9
2010	46013.06	22480.91	17706.61	5825.54	48.9	38.5
2011	53210.28	26074.76	21003.62	6131.90	49.0	39.5
2012	57067.92	29264.26	22871.85	4931.81	51.3	40.1

3-10 资本形成总额及构成
Gross Capital Formation and Its Composition

年份 Year	资本形成总额 (亿元) Gross Capital Formation (100 million yuan)	固定资本形成总额 Gross Fixed Capital Formation	存货增加 Change in Inventories	比重(资本形成总额=100) Proportion (gross capital formation=100) 固定资本形成总额 Gross Fixed Capital Formation	存货增加 Change in Inventories
1978	54.79	37.93	16.86	69.2	30.8
1979	55.86	41.81	14.05	74.8	25.2
1980	71.37	57.15	14.23	80.1	19.9
1981	96.74	73.39	23.34	75.9	24.1
1982	112.35	94.64	17.71	84.2	15.8
1983	113.49	96.80	16.69	85.3	14.7
1984	150.07	133.04	17.03	88.7	11.3
1985	238.58	163.84	74.74	68.7	31.3
1986	256.75	182.15	74.59	70.9	29.1
1987	312.33	197.01	115.32	63.1	36.9
1988	462.07	286.00	176.07	61.9	38.1
1989	472.75	266.68	206.07	56.4	43.6
1990	502.90	336.61	166.29	66.9	33.1
1991	610.18	396.49	213.70	65.0	35.0
1992	987.96	683.66	304.30	69.2	30.8
1993	1554.46	1110.69	443.77	71.5	28.5
1994	1930.86	1375.09	555.76	71.2	28.8
1995	2394.79	1819.17	575.62	76.0	24.0
1996	2782.89	1919.41	863.48	69.0	31.0
1997	2974.45	2079.15	895.30	69.9	30.1
1998	3331.11	2473.82	857.30	74.3	25.7
1999	3511.30	2870.40	640.89	81.7	18.3
2000	3850.81	3093.82	756.99	80.3	19.7
2001	4392.51	3447.52	944.99	78.5	21.5
2002	4762.90	4023.73	739.17	84.5	15.5
2003	5911.97	4986.53	925.44	84.3	15.7
2004	7214.70	5957.86	1256.83	82.6	17.4
2005	8239.73	7418.23	821.50	90.0	10.0
2006	9307.90	8489.71	818.19	91.2	8.8
2007	10701.48	9964.01	737.47	93.1	6.9
2008	12257.94	11471.36	786.58	93.6	6.4
2009	14951.42	14025.08	926.33	93.8	6.2
2010	17706.61	16515.11	1191.50	93.3	6.7
2011	21003.62	19432.79	1570.83	92.5	7.5
2012	22871.85	22033.82	838.03	96.3	3.7

3-11 最终消费及构成

Final Consumption Expenditure and Its Composition

年份 Year	最终消费支出(亿元) Final Consumption Expenditure (100 million yuan)	居民消费支出 Household Consumption	农业居民 Rural Households	非农业居民 Non-rural Households	政府消费支出 Government Consumption	比重 Proportion 最终消费支出=100 Final Consumption Expenditure=100 居民消费支出 Household Consumption	政府消费支出 Government Consumption	居民消费支出=100 Household Consumption=100 农业居民 Rural Households	非农业居民 Non-rural Households
1978	130.02	111.46	71.34	40.12	18.56	85.7	14.3	64.0	36.0
1979	147.11	128.48	81.91	46.57	18.63	87.3	12.7	63.8	36.2
1980	180.93	156.51	95.95	60.55	24.42	86.5	13.5	61.3	38.7
1981	201.43	175.12	110.62	64.50	26.31	86.9	13.1	63.2	36.8
1982	233.21	202.70	127.93	74.76	30.51	86.9	13.1	63.1	36.9
1983	252.07	220.14	134.45	85.69	31.93	87.3	12.7	61.1	38.9
1984	288.26	250.92	145.05	105.87	37.34	87.0	13.0	57.8	42.2
1985	347.18	298.00	160.16	137.84	49.17	85.8	14.2	53.7	46.3
1986	415.91	349.52	185.03	164.49	66.39	84.0	16.0	52.9	47.1
1987	516.02	442.20	218.69	223.51	73.82	85.7	14.3	49.5	50.5
1988	667.03	566.25	282.86	283.39	100.77	84.9	15.1	50.0	50.0
1989	857.33	743.90	366.82	377.08	113.42	86.8	13.2	49.3	50.7
1990	938.48	807.84	401.62	406.22	130.64	86.1	13.9	49.7	50.3
1991	1081.39	923.37	412.36	511.00	158.02	85.4	14.6	44.7	55.3
1992	1359.08	1118.52	470.01	648.51	240.55	82.3	17.7	42.0	58.0
1993	1852.06	1574.61	617.45	957.16	277.45	85.0	15.0	39.2	60.8
1994	2598.57	2287.69	845.03	1442.66	310.88	88.0	12.0	36.9	63.1
1995	3363.38	2912.58	1021.83	1890.75	450.80	86.6	13.4	35.1	64.9
1996	3859.32	3343.01	1188.44	2154.56	516.32	86.6	13.4	35.6	64.4
1997	4245.18	3539.62	1222.48	2317.15	705.56	83.4	16.6	34.5	65.5
1998	4582.16	3781.21	1281.92	2499.29	800.95	82.5	17.5	33.9	66.1
1999	5083.60	4072.05	1297.91	2774.14	1011.55	80.1	19.9	31.9	68.1
2000	5714.46	4474.11	1348.67	3125.44	1240.35	78.3	21.7	30.1	69.9
2001	6255.92	4733.53	1415.25	3318.28	1522.40	75.7	24.3	29.9	70.1
2002	7286.63	5449.58	1424.04	4025.54	1837.05	74.8	25.2	26.1	73.9
2003	8643.44	6537.53	1263.84	5273.69	2105.91	75.6	24.4	19.3	80.7
2004	10162.04	7953.60	1224.22	6729.38	2208.44	78.3	21.7	15.4	84.6
2005	11450.96	8968.54	1408.30	7560.24	2482.42	78.3	21.7	15.7	84.3
2006	12635.59	9895.13	1425.11	8470.02	2740.46	78.3	21.7	14.4	85.6
2007	14842.85	11781.66	1552.25	10229.41	3061.19	79.4	20.6	13.2	86.8
2008	17202.13	13599.73	1787.13	11812.60	3602.40	79.1	20.9	13.1	86.9
2009	19179.39	15261.28	2028.28	13233.01	3918.11	79.6	20.4	13.3	86.7
2010	22480.91	17702.35	2263.93	15438.42	4778.56	78.7	21.3	12.8	87.2
2011	26074.76	20504.11	2768.58	17735.53	5570.65	78.6	21.4	13.5	86.5
2012	29264.26	23022.47	3123.49	19898.98	6241.79	78.7	21.3	13.6	86.4

3-12 三大需求对地区生产总值增长的贡献率和拉动

Contribution Share and Contribution of the Three Components of GDP to GDP Growth

年份 Year	最终消费支出 Final Consumption Expenditure		资本形成总额 Gross Capital Formation		货物和服务净流出 Net Exports of Goods and Services	
	贡献率(%) Contribution Share (%)	拉动(百分点) Contribution (percentage points)	贡献率(%) Contribution Share (%)	拉动(百分点) Contribution (percentage points)	贡献率(%) Contribution Share (%)	拉动(百分点) Contribution (percentage points)
1979	95.7	5.3	-13.8	-0.8	18.2	1.0
1980	71.3	13.0	33.5	6.1	-4.8	-0.9
1981	50.5	6.3	56.4	7.1	-6.9	-0.9
1982	72.7	8.3	40.6	4.6	-13.2	-1.5
1983	124.4	5.6	-12.9	-0.6	-11.5	-0.5
1984	56.5	8.5	42.2	6.3	1.3	0.2
1985	32.0	6.9	80.6	17.4	-12.6	-2.7
1986	83.6	8.8	15.5	1.6	0.8	0.1
1987	38.6	4.9	34.9	4.4	26.4	3.3
1988	-2.8	-0.3	60.1	7.4	42.8	5.2
1989	110.8	9.4	-35.6	-3.0	24.8	2.1
1990	60.9	7.2	9.5	1.1	29.6	3.5
1991	39.9	7.1	35.1	6.3	25.0	4.5
1992	56.0	12.4	65.2	14.5	-21.1	-4.7
1993	50.2	11.6	60.1	13.9	-10.3	-2.4
1994	53.8	10.4	36.1	7.0	10.1	1.9
1995	50.2	8.0	40.2	6.4	9.6	1.5
1996	45.3	5.1	52.0	5.9	2.7	0.3
1997	21.8	2.4	6.9	0.8	71.3	8.0
1998	39.8	4.3	43.7	4.7	16.5	1.8
1999	55.5	5.6	21.2	2.2	23.2	2.3
2000	33.8	3.9	25.5	2.9	40.7	4.7
2001	46.2	4.8	48.5	5.1	5.3	0.6
2002	68.5	8.5	22.8	2.8	8.8	1.1
2003	63.6	9.4	50.2	7.5	-13.8	-2.0
2004	50.5	7.5	37.2	5.5	12.3	1.8
2005	43.0	6.1	30.2	4.3	26.8	3.8
2006	31.5	4.7	28.5	4.2	40.0	5.9
2007	45.5	6.8	22.8	3.4	31.7	4.7
2008	45.9	4.8	34.4	3.6	19.6	2.0
2009	64.8	6.3	80.4	7.8	-45.2	-4.4
2010	53.5	6.7	46.2	5.8	0.2	0.0
2011	49.2	4.9	48.9	4.9	1.8	0.2
2012	54.4	4.4	43.7	3.6	1.9	0.2

注：1. 三大需求指支出法地区生产总值的三大构成项目，即最终消费支出、资本形成总额、货物和服务净流出；
2. 贡献率指三大需求增量与地区支出法生产总值增量之比。
3. 拉动指地区生产总值增长速度与三大需求贡献率的乘积。

Notes: a) Three major demands refer to three major components of gross domestic product by expenditure approach,i.e.final consumption expenditure, gross capital formation, and net exports of goods and services.
b) Contribution rate refers to the proportion of the increment of three major demands to the increment of gross domestic product by expenditure approach.
c) Pulling rate is the growth rate of gross regional product multiplying the contribution rates of three major demands.

3-13 人均地区生产总值及人均消费水平

Per Capita Gross Domestic Product and Consumption

年份 Year	人均地区生产总值 Per Capita Gross Domestic Product		人均消费水平 Per Capita Consumption					
			居民 Households		农业居民 Rural Households		非农业居民 Non-rural Households	
	绝对数（元） Absolute Figure (yuan)	增长速度（%） Growth Rate (%)	绝对数（元） Absolute Figure (yuan)	增长速度（%） Growth Rate (%)	绝对数（元） Absolute Figure (yuan)	增长速度（%） Growth Rate (%)	绝对数（元） Absolute Figure (yuan)	增长速度（%） Growth Rate (%)
1978	370		222		171		466	
1979	410	6.9	252	8.3	196	9.8	507	2.6
1980	481	14.8	302	14.9	228	14.1	620	12.7
1981	550	7.1	332	7.9	260	13.3	627	-1.9
1982	633	10.0	377	10.3	298	10.4	696	8.3
1983	675	5.6	403	7.2	310	5.1	764	8.5
1984	827	13.8	453	10.3	334	7.8	878	9.7
1985	1026	16.2	529	5.7	372	-2.6	1038	10.2
1986	1164	10.6	609	9.5	430	6.3	1146	8.4
1987	1443	17.0	754	6.4	515	4.9	1382	1.1
1988	1926	13.2	944	-3.5	651	0.5	1716	-6.8
1989	2251	4.8	1212	19.7	831	23.1	2188	15.0
1990	2484	9.1	1287	9.3	896	12.9	2263	4.7
1991	2941	14.7	1434	8.3	906	0.2	2712	14.8
1992	3699	18.8	1690	14.7	1023	9.7	3210	15.7
1993	5085	19.3	2308	20.5	1347	17.6	4280	17.0
1994	6530	15.5	3234	17.8	1831	14.3	5870	15.7
1995	8129	12.0	3991	10.1	2206	8.4	7091	7.6
1996	9139	8.6	4470	6.9	2547	11.6	7660	2.3
1997	10130	8.4	4612	-2.1	2597	-0.4	7807	-4.8
1998	10819	7.9	4796	4.2	2681	5.8	8054	2.2
1999	11415	7.1	5025	4.5	2661	0.8	8598	5.9
2000	12736	7.1	5305	0.2	2680	-1.3	9189	0.2
2001	13852	7.2	5445	1.9	2759	3.0	9312	0.3
2002	15365	11.1	6199	13.2	2904	5.7	10358	10.2
2003	17798	13.4	7342	17.0	3032	3.4	11136	6.4
2004	20876	13.1	8800	15.9	3386	8.2	12409	7.9
2005	24647	12.7	9799	10.0	3915	13.2	13609	8.5
2006	28534	12.8	10619	7.4	4009	2.2	14695	6.9
2007	33272	12.1	12336	12.9	4401	5.0	16982	12.6
2008	37638	7.9	13911	7.1	4975	5.6	19101	7.1
2009	39436	7.1	15243	10.9	5533	6.9	20852	11.3
2010	44736	9.5	17211	9.3	6255	9.4	23159	7.5
2011	50807	8.0	19578	7.9	7854	14.1	25527	5.3
2012	54095	7.4	21823	8.3	8898	7.7	28269	7.9

3-14 人均地区生产总值及人均消费水平指数

Indices of Per Capita Gross Domestic Product and Consumption

年份 Year	人均地区生产总值 Per Capita Gross Domestic Product		人均消费水平 Per Capita Consumption					
			居民 Households		农业居民 Rural Households		非农业居民 Non-rural Households	
	绝对数（元） Absolute Figure (yuan)	1978年为100（%） 1978=100 (%)	绝对数（元） Absolute Figure (yuan)	1978年为100（%） 1978=100 (%)	绝对数（元） Absolute Figure (yuan)	1978年为100（%） 1978=100 (%)	绝对数（元） Absolute Figure (yuan)	1978年为100（%） 1978=100 (%)
1978	370	100.0	222	100.0	171	100.0	466	100.0
1979	410	106.9	252	108.3	196	109.8	507	102.6
1980	481	122.6	302	124.4	228	125.2	620	115.6
1981	550	131.3	332	134.2	260	141.9	627	113.4
1982	633	144.4	377	148.1	298	156.7	696	122.8
1983	675	152.5	403	158.7	310	164.8	764	133.3
1984	827	173.5	453	175.0	334	177.6	878	146.3
1985	1026	201.6	529	184.9	372	172.9	1038	161.2
1986	1164	223.1	609	202.5	430	183.7	1146	174.7
1987	1443	260.9	754	215.6	515	192.6	1382	176.6
1988	1926	295.4	944	208.1	651	193.6	1716	164.6
1989	2251	309.6	1212	249.0	831	238.2	2188	189.3
1990	2484	337.7	1287	272.1	896	269.0	2263	198.2
1991	2941	387.5	1434	294.7	906	269.5	2712	227.5
1992	3699	460.3	1690	338.1	1023	295.7	3210	263.2
1993	5085	549.0	2308	407.5	1347	347.8	4280	308.1
1994	6530	633.9	3234	480.2	1831	397.6	5870	356.5
1995	8129	709.8	3991	528.9	2206	430.8	7091	383.5
1996	9139	770.8	4470	565.4	2547	480.6	7660	392.3
1997	10130	835.2	4612	553.4	2597	478.6	7807	373.5
1998	10819	900.8	4796	576.9	2681	506.5	8054	381.6
1999	11415	965.1	5025	602.6	2661	510.6	8598	404.2
2000	12736	1033.7	5305	603.5	2680	503.8	9189	405.0
2001	13852	1108.3	5445	615.2	2759	519.0	9312	406.3
2002	15365	1231.8	6199	696.1	2904	548.8	10358	447.6
2003	17798	1396.4	7342	814.5	3032	567.2	11136	476.2
2004	20876	1579.1	8800	944.4	3386	613.6	12409	513.8
2005	24647	1779.5	9798	1039.1	3915	694.6	13607	557.5
2006	28534	2006.6	10619	1116.3	4009	709.7	14695	596.4
2007	33272	2248.7	12336	1260.1	4401	745.0	16982	671.4
2008	37638	2426.0	13911	1349.9	4975	787.0	19101	719.2
2009	39436	2597.6	15243	1496.7	5533	841.1	20852	800.4
2010	44736	2843.3	17211	1636.2	6255	920.4	23159	860.3
2011	50807	3071.3	19578	1765.5	7854	1050.1	25527	905.9
2012	54095	3297.6	21823	1912.0	8898	1131.7	28269	977.2

3-15 各市地区生产总值

Gross Domestic Product by City

单位: 亿元 (100 million yuan)

市 别	City	2000	2005	2008	2009	2010	2011	2012
广 州	Guangzhou	2492.74	5154.23	8287.38	9138.21	10748.28	12423.44	13551.21
深 圳	Shenzhen	2187.45	4950.91	7786.79	8201.32	9581.51	11505.53	12950.06
珠 海	Zhuhai	332.35	635.45	997.16	1038.66	1208.60	1404.93	1503.76
汕 头	Shantou	450.16	635.88	951.81	1035.87	1208.97	1275.74	1425.01
佛 山	Foshan	1050.38	2429.38	4378.30	4820.90	5651.52	6210.23	6613.02
#顺 德	Shunde	364.59	825.12	1501.25	1670.18	1951.06	2153.90	2317.33
韶 关	Shaoguan	192.72	337.03	553.85	578.75	683.10	816.81	906.48
河 源	Heyuan	87.22	204.81	395.88	405.50	475.14	579.29	615.26
梅 州	Meizhou	180.50	314.61	479.61	519.29	612.85	707.54	744.75
惠 州	Huizhou	439.19	803.92	1304.05	1414.70	1729.95	2093.08	2367.55
汕 尾	Shanwei	128.49	205.75	346.58	390.04	465.08	550.55	610.41
东 莞	Dongguan	820.25	2183.20	3703.60	3763.91	4246.45	4735.39	5010.17
中 山	Zhongshan	345.44	885.72	1457.01	1566.41	1850.65	2193.20	2441.04
江 门	Jiangmen	504.66	801.70	1270.88	1340.88	1570.42	1830.64	1880.39
阳 江	Yangjiang	160.20	294.40	480.50	527.27	639.84	766.82	887.03
湛 江	Zhanjiang	373.81	680.97	1099.41	1156.67	1405.06	1700.23	1860.22
茂 名	Maoming	417.36	738.35	1177.84	1231.25	1492.09	1745.31	1936.18
肇 庆	Zhaoqing	249.78	435.05	760.50	862.00	1085.87	1324.41	1462.35
清 远	Qingyuan	157.92	323.28	652.10	715.14	869.79	1003.03	1025.03
潮 州	Chaozhou	177.87	282.39	438.08	480.18	559.24	647.22	706.65
揭 阳	Jieyang	311.09	414.00	724.23	816.09	1009.51	1225.86	1396.79
云 浮	Yunfu	137.70	201.84	324.55	344.51	400.97	481.37	530.29
按经济区域分	By Region							
珠 三 角	Pearl River Delta	8422.24	18279.55	29945.66	32147.00	37673.26	43720.86	47779.56
东 翼	Eastern Region	1067.61	1538.02	2460.70	2722.18	3242.81	3699.38	4138.87
西 翼	Western Region	951.37	1713.72	2757.74	2915.19	3536.99	4212.36	4683.43
山 区	Mountainous Region	756.06	1381.57	2405.99	2563.18	3041.86	3588.03	3821.81

3-16 各市地区生产总值指数

Indices of Gross Domestic Product by City

上年=100 (preceding year=100)

市 别	City	2000	2005	2008	2009	2010	2011	2012
广 州	Guangzhou	113.3	112.9	112.5	111.7	113.2	111.3	110.5
深 圳	Shenzhen	115.7	115.1	112.1	110.7	112.2	110.0	110.0
珠 海	Zhuhai	112.0	113.1	109.2	106.6	112.9	111.3	107.0
汕 头	Shantou	107.0	111.3	110.5	110.7	113.9	112.0	109.5
佛 山	Foshan	112.5	119.4	115.2	113.5	114.3	111.4	108.2
#顺 德	Shunde	114.5	118.9	115.5	114.1	114.5	111.6	108.0
韶 关	Shaoguan	111.3	110.1	110.8	110.1	112.5	112.1	110.0
河 源	Heyuan	110.7	122.9	110.3	110.1	113.3	113.1	111.6
梅 州	Meizhou	108.2	107.8	110.2	109.8	114.1	113.6	110.1
惠 州	Huizhou	111.3	115.9	111.6	113.2	118.0	114.6	112.6
汕 尾	Shanwei	111.5	116.0	115.8	116.3	118.1	114.0	113.5
东 莞	Dongguan	119.7	119.5	114.0	105.3	110.3	108.0	106.1
中 山	Zhongshan	112.4	120.9	111.1	110.2	113.9	113.1	111.0
江 门	Jiangmen	110.2	112.6	110.8	109.7	114.5	113.0	108.1
阳 江	Yangjiang	109.6	113.9	111.8	112.2	116.8	114.9	113.0
湛 江	Zhanjiang	107.1	113.3	111.7	110.6	114.2	113.0	109.6
茂 名	Maoming	111.2	114.1	109.8	110.3	114.1	110.8	110.6
肇 庆	Zhaoqing	110.6	115.7	116.2	113.9	117.5	114.7	111.0
清 远	Qingyuan	108.3	127.8	110.1	112.8	112.9	108.3	105.1
潮 州	Chaozhou	105.6	111.4	112.2	112.5	114.1	113.0	110.6
揭 阳	Jieyang	105.4	111.3	116.0	116.0	119.6	114.6	111.3
云 浮	Yunfu	105.3	113.4	110.3	110.5	113.8	114.3	112.8
按经济区域分	By Region							
珠三角	Pearl River Delta	113.7	115.7	112.8	109.4	112.2	109.9	108.1
东 翼	Eastern Region	106.7	111.9	113.1	112.1	115.0	112.2	110.2
西 翼	Western Region	109.4	113.8	110.9	110.4	114.2	111.1	110.0
山 区	Mountainous Region	108.7	115.7	110.3	110.4	113.1	110.5	108.6

注：2009年起区域生产总值增速由广东省统计局统一调整核算，以前年份增速由分市汇总计算。

Note: The GDP growth rates of 2009 are calculated by Statistics Bureau of Guangdong Province, and those of the previous years are calculated by each city.

3-17 各市第三产业增加值

Value-added of the Tertiary Industry by City

单位：亿元 (100 million yuan)

市 别	City	2000	2005	2008	2009	2010	2011	2012
广 州	Guangzhou	1376.75	2978.79	4890.33	5560.77	6557.45	7641.92	8616.79
深 圳	Shenzhen	1085.80	2298.64	3918.03	4367.55	5051.67	6155.65	7206.12
珠 海	Zhuhai	145.14	273.58	423.68	465.88	514.23	603.98	688.38
汕 头	Shantou	193.39	264.83	373.07	409.32	466.22	552.28	604.37
佛 山	Foshan	435.03	876.52	1482.97	1687.44	2003.63	2220.43	2369.16
#顺 德	Shunde	138.89	309.32	522.00	610.51	713.40	906.91	1029.64
韶 关	Shaoguan	73.00	138.05	227.34	260.74	301.82	356.40	403.78
河 源	Heyuan	35.87	81.93	129.60	141.35	170.26	200.35	237.33
梅 州	Meizhou	61.30	112.56	179.84	203.79	236.19	280.89	318.44
惠 州	Huizhou	121.70	273.09	472.14	535.45	608.00	753.32	865.76
汕 尾	Shanwei	44.48	76.53	126.88	148.84	174.81	202.05	226.95
东 莞	Dongguan	343.64	934.78	1787.17	1926.04	2069.07	2351.32	2615.78
中 山	Zhongshan	141.09	315.59	562.39	616.73	725.81	911.51	1025.24
江 门	Jiangmen	200.73	303.66	425.35	459.08	581.18	695.01	770.06
阳 江	Yangjiang	50.21	103.32	163.74	189.75	227.93	267.52	302.08
湛 江	Zhanjiang	133.24	222.75	368.49	461.45	538.15	645.65	752.15
茂 名	Maoming	143.73	311.83	469.54	530.02	626.81	729.38	802.51
肇 庆	Zhaoqing	104.93	200.36	328.03	376.98	438.94	510.72	554.41
清 远	Qingyuan	55.77	124.83	237.48	274.45	351.83	415.23	455.68
潮 州	Chaozhou	62.59	99.08	156.99	180.76	209.57	248.32	268.48
揭 阳	Jieyang	98.11	146.66	236.15	274.36	319.62	362.21	397.23
云 浮	Yunfu	42.90	65.34	101.95	116.06	135.11	157.19	184.13
按经济区域分	By Region							
珠三角	Pearl River Delta	3954.80	8455.01	14290.09	15995.92	18549.99	21843.86	24711.70
东 翼	Eastern Region	398.57	587.10	893.09	1013.28	1170.22	1364.85	1497.02
西 翼	Western Region	327.18	637.90	1001.78	1181.23	1392.89	1642.54	1856.74
山 区	Mountainous Region	268.84	522.71	876.20	996.39	1195.21	1410.05	1599.37

3-18 各市第三产业增加值指数

Indices of Value-added of the Tertiary Industry by City

上年=100 (preceding year=100)

市 别	City	2000	2005	2008	2009	2010	2011	2012
广 州	Guangzhou	116.3	113.3	113.8	113.4	113.6	111.3	112.0
深 圳	Shenzhen	113.3	112.2	112.5	112.5	110.1	108.5	112.3
珠 海	Zhuhai	108.9	109.1	110.6	111.1	107.1	111.6	112.1
汕 头	Shantou	106.9	109.9	105.6	111.3	111.8	113.6	107.3
佛 山	Foshan	113.6	112.3	113.3	113.8	113.4	110.8	106.6
#顺 德	Shunde	116.1	115.6	115.4	116.2	113.7	111.5	108.0
韶 关	Shaoguan	110.9	113.9	118.7	113.0	113.9	112.6	109.1
河 源	Heyuan	112.4	117.1	109.7	110.9	113.1	112.3	109.5
梅 州	Meizhou	112.6	110.9	116.1	111.6	113.6	115.3	109.8
惠 州	Huizhou	108.6	117.4	113.5	114.7	110.6	116.1	111.1
汕 尾	Shanwei	112.0	117.1	118.5	121.2	114.7	109.4	109.5
东 莞	Dongguan	120.0	119.3	124.0	111.4	104.1	109.0	106.5
中 山	Zhongshan	110.0	126.0	114.1	112.5	112.0	113.0	107.1
江 门	Jiangmen	110.2	104.0	106.1	108.1	111.9	109.9	112.2
阳 江	Yangjiang	111.1	120.5	113.7	115.4	117.2	112.3	110.9
湛 江	Zhanjiang	110.4	114.2	117.1	117.7	116.5	119.3	111.7
茂 名	Maoming	114.4	120.5	115.1	116.2	117.7	111.2	108.1
肇 庆	Zhaoqing	112.2	120.2	114.8	113.1	111.4	111.4	105.3
清 远	Qingyuan	120.0	118.2	116.8	111.9	117.6	112.7	106.4
潮 州	Chaozhou	107.8	110.2	115.8	117.2	114.0	113.8	111.0
揭 阳	Jieyang	107.2	112.0	113.6	118.2	112.7	108.1	105.4
云 浮	Yunfu	104.7	111.0	116.8	113.7	110.8	110.1	113.8
按经济区域分	By Region							
珠三角	Pearl River Delta	113.9	113.7	114.3	110.5	110.4	109.7	109.7
东 翼	Eastern Region	107.7	111.4	111.1	112.7	112.2	110.7	107.8
西 翼	Western Region	112.3	118.2	115.6	116.2	116.9	113.2	109.9
山 区	Mountainous Region	111.9	114.4	116.0	111.0	113.6	111.8	109.0

3-19 各市地区生产总值（2012年）
Gross Domestic Product by City (2012)

单位：亿元 (100 million yuan)

市别	City	地区生产总值 Gross Domestic Product	第一产业 Primary Industry	第二产业 Secondary Industry	工业 Industry	建筑业 Construction
广州	Guangzhou	13551.21	213.76	4720.65	4264.16	456.49
深圳	Shenzhen	12950.06	6.30	5737.64	5355.85	381.79
珠海	Zhuhai	1503.76	39.02	776.36	720.25	56.11
汕头	Shantou	1425.01	80.44	740.20	679.26	60.94
佛山	Foshan	6613.02	130.53	4113.34	3976.10	137.24
#顺德	Shunde	2317.33	41.22	1246.47	1196.00	50.47
韶关	Shaoguan	906.48	123.13	379.57	321.49	58.08
河源	Heyuan	615.26	78.22	299.70	277.63	22.07
梅州	Meizhou	744.75	157.17	269.14	225.17	43.97
惠州	Huizhou	2367.55	124.56	1377.23	1296.40	80.83
汕尾	Shanwei	610.41	99.28	284.18	260.37	23.81
东莞	Dongguan	5010.17	18.76	2375.64	2297.51	78.12
中山	Zhongshan	2441.04	62.17	1353.64	1291.41	62.23
江门	Jiangmen	1880.39	149.51	960.82	913.78	47.04
阳江	Yangjiang	887.03	176.02	408.93	359.72	49.21
湛江	Zhanjiang	1860.22	384.97	723.10	644.87	78.22
茂名	Maoming	1936.18	344.12	789.55	730.82	58.73
肇庆	Zhaoqing	1462.35	238.63	669.31	616.23	53.07
清远	Qingyuan	1025.03	152.78	416.58	370.63	45.95
潮州	Chaozhou	706.65	49.44	388.74	368.48	20.26
揭阳	Jieyang	1396.79	140.21	859.35	810.96	48.40
云浮	Yunfu	530.29	125.49	220.66	195.25	25.41
按经济区域分	By Region					
珠三角	Pearl River Delta	47779.56	983.24	22084.62	20731.70	1352.92
东翼	Eastern Region	4138.87	369.37	2272.48	2119.07	153.41
西翼	Western Region	4683.43	905.11	1921.58	1735.41	186.16
山区	Mountainous Region	3821.81	636.80	1585.65	1390.17	195.48

3-19 续表 continued

单位：亿元 (100 million yuan)

市别	City	第三产业 Tertiary Industry	交通运输、仓储和邮政业 Transport, Storage and Post	批发和零售业 Wholesale and Retail Trades	住宿和餐饮业 Hotels and Catering Services	金融业 Financial Intermediation	房地产业 Real Estate	其他服务业 Others
广州	Guangzhou	8616.79	930.59	1896.83	383.74	971.27	1022.55	3411.81
深圳	Shenzhen	7206.12	470.96	1520.57	255.54	1721.12	1123.00	2114.94
珠海	Zhuhai	688.38	27.04	157.19	37.07	82.88	107.10	277.11
汕头	Shantou	604.37	34.82	207.61	45.47	28.71	64.22	223.53
佛山	Foshan	2369.16	138.43	539.96	99.29	252.32	414.03	925.13
#顺德	Shunde	1029.64	103.40	193.48	34.62	84.50	172.65	440.99
韶关	Shaoguan	403.78	59.72	75.84	33.32	20.98	40.15	173.76
河源	Heyuan	237.33	13.80	48.45	19.27	26.14	44.21	85.45
梅州	Meizhou	318.44	29.77	59.82	18.92	23.35	35.13	151.45
惠州	Huizhou	865.76	108.60	190.35	78.01	67.12	132.16	289.52
汕尾	Shanwei	226.95	15.75	76.39	21.77	8.37	29.06	75.61
东莞	Dongguan	2615.78	136.09	502.20	167.94	199.91	465.32	1144.31
中山	Zhongshan	1025.24	44.34	210.14	51.17	100.20	145.80	473.59
江门	Jiangmen	770.06	67.27	162.88	36.74	69.72	115.90	317.56
阳江	Yangjiang	302.08	32.19	91.95	34.54	22.25	35.97	85.18
湛江	Zhanjiang	752.15	148.13	141.66	38.72	28.99	75.97	318.68
茂名	Maoming	802.51	59.83	261.42	70.89	17.76	55.31	337.30
肇庆	Zhaoqing	554.41	39.57	147.90	51.10	38.52	42.47	234.84
清远	Qingyuan	455.68	65.51	78.21	49.24	30.36	59.59	172.77
潮州	Chaozhou	268.48	24.47	87.03	9.79	19.80	28.29	99.10
揭阳	Jieyang	397.23	15.58	196.53	24.39	13.76	34.43	112.54
云浮	Yunfu	184.13	12.18	36.33	12.66	10.87	23.16	88.93
按经济区域分	By Region							
珠三角	Pearl River Delta	24711.70	1962.89	5328.02	1160.60	3503.05	3568.32	9188.82
东翼	Eastern Region	1497.02	90.63	567.56	101.42	70.64	155.99	510.78
西翼	Western Region	1856.74	240.15	495.03	144.14	69.01	167.26	741.16
山区	Mountainous Region	1599.37	180.98	298.65	133.41	111.71	202.25	672.36

3-20 各市地区生产总值增长速度（2012年）

Growth Rates of Gross Domestic Product by City (2012)

单位：% (%)

市别	City	地区生产总值 Gross Domestic Product	第一产业 Primary Industry	第二产业 Secondary Industry	工业 Industry	建筑业 Construction
广州	Guangzhou	10.5	3.2	8.5	9.1	2.9
深圳	Shenzhen	10.0	0.1	7.3	7.3	7.6
珠海	Zhuhai	7.0	4.9	3.1	2.7	9.9
汕头	Shantou	9.5	4.2	11.9	12.5	5.4
佛山	Foshan	8.2	2.3	9.2	9.6	-0.7
#顺德	Shunde	8.0	0.3	4.5	4.7	-0.3
韶关	Shaoguan	10.0	5.3	12.5	11.9	16.5
河源	Heyuan	11.6	4.7	15.0	15.8	4.9
梅州	Meizhou	10.1	5.0	12.6	13.6	8.1
惠州	Huizhou	12.6	2.9	14.4	15.0	5.1
汕尾	Shanwei	13.5	5.9	18.9	21.1	4.6
东莞	Dongguan	6.1	0.0	5.8	6.0	-1.5
中山	Zhongshan	11.0	2.6	14.1	14.5	4.7
江门	Jiangmen	8.1	4.2	6.0	6.0	4.9
阳江	Yangjiang	13.0	3.8	18.5	19.5	11.2
湛江	Zhanjiang	9.6	6.0	9.1	8.5	14.2
茂名	Maoming	10.6	3.5	16.2	16.4	13.1
肇庆	Zhaoqing	11.0	4.0	18.6	20.4	0.4
清远	Qingyuan	5.1	6.3	3.4	4.0	-1.7
潮州	Chaozhou	10.6	5.0	11.1	11.6	1.5
揭阳	Jieyang	11.3	4.4	15.5	16.4	1.1
云浮	Yunfu	12.8	4.3	16.4	17.3	7.9
按经济区域分	By Region					
珠三角	Pearl River Delta	8.1	3.3	6.7	7.0	3.5
东翼	Eastern Region	10.2	4.9	12.6	13.4	3.0
西翼	Western Region	10.0	4.6	12.4	12.5	11.4
山区	Mountainous Region	8.6	5.2	9.5	9.9	6.6

3-20 续表 continued

单位：% (%)

市别	City	第三产业 Tertiary Industry	交通运输、仓储和邮政业 Transport, Storage and Post	批发和零售业 Wholesale and Retail Trades	住宿和餐饮业 Hotels and Catering Services	金融业 Financial Interme-diation	房地产业 Real Estate	其他服务业 Othres
广州	Guangzhou	12.0	17.8	17.2	5.2	11.2	14.9	7.8
深圳	Shenzhen	12.3	7.4	15.3	5.3	8.2	17.5	13.2
珠海	Zhuhai	12.1	9.4	15.0	2.2	15.6	14.1	10.1
汕头	Shantou	7.3	8.5	8.3	-0.6	7.4	6.7	8.1
佛山	Foshan	6.6	1.3	13.5	-2.7	8.1	-1.3	8.1
#顺德	Shunde	13.6	20.0	11.4	-19.0	6.8	21.5	15.5
韶关	Shaoguan	9.1	9.4	12.9	18.1	21.0	10.2	4.3
河源	Heyuan	9.5	15.8	4.1	10.3	9.4	13.9	9.9
梅州	Meizhou	9.8	13.1	12.9	-3.4	1.3	10.5	11.1
惠州	Huizhou	11.1	18.2	7.2	14.8	8.6	11.1	11.1
汕尾	Shanwei	9.5	14.2	10.6	8.3	15.8	13.1	5.9
东莞	Dongguan	6.5	28.4	5.0	-5.5	6.8	3.0	8.2
中山	Zhongshan	7.1	15.1	5.5	2.1	24.4	-6.2	8.4
江门	Jiangmen	12.2	9.7	-0.4	-10.1	8.8	37.9	17.7
阳江	Yangjiang	10.9	19.3	4.9	12.0	31.3	8.1	11.6
湛江	Zhanjiang	11.7	9.0	7.9	8.3	2.7	3.0	17.9
茂名	Maoming	8.1	7.9	10.5	5.2	2.4	9.4	7.1
肇庆	Zhaoqing	5.3	12.5	8.5	8.6	9.5	-0.5	2.5
清远	Qingyuan	6.4	17.8	4.3	-7.6	6.6	12.1	5.7
潮州	Chaozhou	11.0	21.0	9.2	12.9	6.4	10.2	11.3
揭阳	Jieyang	5.4	4.0	7.9	7.0	6.1	-13.3	7.8
云浮	Yunfu	13.8	6.6	13.5	8.6	13.4	4.7	18.5
按经济区域分	By Region							
珠三角	Pearl River Delta	9.7						
东翼	Eastern Region	7.8						
西翼	Western Region	9.9						
山区	Mountainous Region	9.0						

3-21 各市地区生产总值产业构成（2012年）

Composition of Gross Domestic Product by Industry by City (2012)

单位：%　　　　(%)

市别	City	地区生产总值 Gross Domestic Product	第一产业 Primary Industry	第二产业 Secondary Industry	#工业 Industry	第三产业 Tertiary Industry
广州	Guangzhou	100.0	1.6	34.8	31.5	63.6
深圳	Shenzhen	100.0	0.1	44.3	41.4	55.6
珠海	Zhuhai	100.0	2.6	51.6	47.9	45.8
汕头	Shantou	100.0	5.7	51.9	47.7	42.4
佛山	Foshan	100.0	2.0	62.2	60.1	35.8
#顺德	Shunde	100.0	1.8	53.8	51.6	44.4
韶关	Shaoguan	100.0	13.6	41.9	35.5	44.5
河源	Heyuan	100.0	12.7	48.7	45.1	38.6
梅州	Meizhou	100.0	21.1	36.1	30.2	42.8
惠州	Huizhou	100.0	5.3	58.2	54.8	36.5
汕尾	Shanwei	100.0	16.3	46.5	42.7	37.2
东莞	Dongguan	100.0	0.4	47.4	45.9	52.2
中山	Zhongshan	100.0	2.5	55.5	52.9	42.0
江门	Jiangmen	100.0	7.9	51.1	48.6	41.0
阳江	Yangjiang	100.0	19.8	46.1	40.6	34.1
湛江	Zhanjiang	100.0	20.7	38.9	34.7	40.4
茂名	Maoming	100.0	17.8	40.8	37.7	41.4
肇庆	Zhaoqing	100.0	16.3	45.8	42.1	37.9
清远	Qingyuan	100.0	14.9	40.6	36.2	44.5
潮州	Chaozhou	100.0	7.0	55.0	52.1	38.0
揭阳	Jieyang	100.0	10.0	61.5	58.1	28.4
云浮	Yunfu	100.0	23.7	41.6	36.8	34.7
按经济区域分	By Region					
珠三角	Pearl River Delta	100.0	2.1	46.2	43.4	51.7
东翼	Eastern Region	100.0	8.9	54.9	51.2	36.2
西翼	Western Region	100.0	19.3	41.0	37.1	39.7
山区	Mountainous Region	100.0	16.7	41.5	36.4	41.8

3-22 各市支出法地区生产总值（2012年）

Gross Domestic Product by Expenditure Approach by City (2012)

市 别	City	支出法地区生产总值(亿元) Gross Domestic Product by Expenditure Approach (100 million yuan)	最终消费支出 Final Consumption Expenditure	资本形成总额 Gross Capital Formation	货物和服务净流出 Net Export of Goods and Services	最终消费率(消费率)(%) Final Consumption Rate (%)	资本形成率(投资率)(%) Capital Formation Rate (%)
广 州	Guangzhou	13551.21	6612.97	4811.03	2127.21	48.8	35.5
深 圳	Shenzhen	12950.06	5500.20	3616.77	3833.09	42.5	27.9
珠 海	Zhuhai	1503.76	612.26	986.53	-95.02	40.7	65.6
汕 头	Shantou	1425.01	889.60	502.33	33.09	62.4	35.3
佛 山	Foshan	6613.02	2713.41	2306.18	1593.43	41.0	34.9
#顺 德	Shunde						
韶 关	Shaoguan	906.48	455.96	482.01	-31.49	50.3	53.2
河 源	Heyuan	615.26	413.14	184.76	17.36	67.1	30.0
梅 州	Meizhou	744.75	618.23	244.17	-117.65	83.0	32.8
惠 州	Huizhou	2367.55	1152.38	1303.79	-88.62	48.7	55.1
汕 尾	Shanwei	610.41	432.64	416.87	-239.10	70.9	68.3
东 莞	Dongguan	5010.17	2738.12	1361.45	910.61	54.7	27.2
中 山	Zhongshan	2441.04	1054.51	923.99	462.54	43.2	37.9
江 门	Jiangmen	1880.39	918.04	837.48	124.87	48.8	44.5
阳 江	Yangjiang	887.03	376.88	499.48	10.67	42.5	56.3
湛 江	Zhanjiang	1860.22	1054.24	733.46	72.52	56.7	39.4
茂 名	Maoming	1936.18	765.17	587.73	583.28	39.5	30.4
肇 庆	Zhaoqing	1462.35	707.45	676.14	78.77	48.4	46.2
清 远	Qingyuan	1025.03	553.25	481.47	-9.69	54.0	47.0
潮 州	Chaozhou	706.65	477.20	219.84	9.61	67.5	31.1
揭 阳	Jieyang	1396.79	781.61	539.28	75.90	56.0	38.6
云 浮	Yunfu	530.29	342.17	367.23	-179.11	64.5	69.3
按经济区域分	By Region						
珠 三 角	Pearl River Delta	47779.56	22009.33	16823.35	8946.88	46.1	35.2
东 翼	Eastern Region	4138.87	2581.06	1678.32	-120.50	62.4	40.6
西 翼	Western Region	4683.43	2196.29	1820.68	666.47	46.9	38.9
山 区	Mountainous Region	3821.81	2382.73	1759.65	-320.57	62.3	46.0

3-23 各市资本形成总额及构成（2012年）

Gross Capital Formation and Its Composition by City (2012)

市 别	City	资本形成总额（亿元）Gross Capital Formation (100 million yuan)	固定资本形成总额 Gross Fixed Capital Formation	存货增加 Change in Inventories	比重(资本形成总额=100) Proportion (gross capital formation=100) 固定资本形成总额 Gross Fixed Capital Formation	存货增加 Change in Inventories
广 州	Guangzhou	4811.03	4466.52	344.51	92.8	7.2
深 圳	Shenzhen	3616.77	2811.32	805.45	77.7	22.3
珠 海	Zhuhai	986.53	978.82	7.71	99.2	0.8
汕 头	Shantou	502.33	461.48	40.85	91.9	8.1
佛 山	Foshan	2306.18	2028.43	277.75	88.0	12.0
#顺 德	Shunde					
韶 关	Shaoguan	482.01	468.79	13.22	97.3	2.7
河 源	Heyuan	184.76	185.37	-0.61	100.3	-0.3
梅 州	Meizhou	244.17	236.55	7.62	96.9	3.1
惠 州	Huizhou	1303.79	1262.64	41.15	96.8	3.2
汕 尾	Shanwei	416.87	409.79	7.08	98.3	1.7
东 莞	Dongguan	1361.45	1207.16	154.28	88.7	11.3
中 山	Zhongshan	923.99	871.61	52.38	94.3	5.7
江 门	Jiangmen	837.48	717.35	120.13	85.7	14.3
阳 江	Yangjiang	499.48	480.34	19.14	96.2	3.8
湛 江	Zhanjiang	733.46	637.12	96.34	86.9	13.1
茂 名	Maoming	587.73	315.30	272.44	53.6	46.4
肇 庆	Zhaoqing	676.14	633.61	42.53	93.7	6.3
清 远	Qingyuan	481.47	469.63	11.84	97.5	2.5
潮 州	Chaozhou	219.84	210.00	9.84	95.5	4.5
揭 阳	Jieyang	539.28	481.84	57.44	89.3	10.7
云 浮	Yunfu	367.23	362.71	4.52	98.8	1.2
按经济区域分	By Region					
珠 三 角	Pearl River Delta	16823.35	14977.46	1845.89	89.0	11.0
东 翼	Eastern Region	1678.32	1563.10	115.22	93.1	6.9
西 翼	Western Region	1820.68	1432.76	387.91	78.7	21.3
山 区	Mountainous Region	1759.65	1723.06	36.59	97.9	2.1

3-24 各市最终消费及构成（2012年）

Final Consumption Expenditure and Its Composition by City (2012)

市别	City	最终消费（亿元）Final Consumption Expenditure (100 million yuan)	居民消费 Household Consumption	农村居民 Rural Households	城镇居民 Non-rural Households	政府消费 Government Consumption	比重 Proportion: 最终消费=100 Final Consumption Expenditure=100: 居民消费 Household Consumption	政府消费 Government Consumption	居民消费=100 Household Consumption=100: 农村居民 Rural Households	城镇居民 Non-rural Households
广州	Guangzhou	6612.97	4853.76	266.55	4587.22	1759.20	73.40	26.6	5.5	94.5
深圳	Shenzhen	5500.20	4584.80		4584.80	915.40	83.36	16.6		100.0
珠海	Zhuhai	612.26	439.73	18.48	421.24	172.53	71.82	28.2	4.2	95.8
汕头	Shantou	889.60	728.70	94.93	633.78	160.89	81.91	18.1	13.0	87.0
佛山	Foshan	2713.41	2134.45	36.89	2097.56	578.96	78.66	21.3	1.7	98.3
#顺德	Shunde									
韶关	Shaoguan	455.96	326.59	84.49	242.10	129.37	71.63	28.4	25.9	74.1
河源	Heyuan	413.14	303.47	125.34	178.12	109.67	73.45	26.5	41.3	58.7
梅州	Meizhou	618.23	450.94	182.87	268.07	167.29	72.94	27.1	40.6	59.4
惠州	Huizhou	1152.38	921.13	144.83	776.30	231.25	79.93	20.1	15.7	84.3
汕尾	Shanwei	432.64	343.25	99.11	244.14	89.39	79.34	20.7	28.9	71.1
东莞	Dongguan	2738.12	2342.13	216.58	2125.55	395.99	85.54	14.5	9.2	90.8
中山	Zhongshan	1054.51	894.03	60.90	833.13	160.49	84.78	15.2	6.8	93.2
江门	Jiangmen	918.04	751.76	150.03	601.73	166.28	81.89	18.1	20.0	80.0
阳江	Yangjiang	376.88	262.86	92.79	170.07	114.02	69.75	30.3	35.3	64.7
湛江	Zhanjiang	1054.24	796.79	295.00	501.79	257.45	75.58	24.4	37.0	63.0
茂名	Maoming	765.17	575.52	235.45	340.07	189.65	75.21	24.8	40.9	59.1
肇庆	Zhaoqing	707.45	485.20	174.05	311.15	222.25	68.58	31.4	35.9	64.1
清远	Qingyuan	553.25	421.04	143.67	277.37	132.21	76.10	23.9	34.1	65.9
潮州	Chaozhou	477.20	411.99	83.98	328.01	65.22	86.33	13.7	20.4	79.6
揭阳	Jieyang	781.61	668.53	230.99	437.54	113.08	85.53	14.5	34.6	65.4
云浮	Yunfu	342.17	244.61	97.11	147.51	97.55	71.49	28.5	39.7	60.3
按经济区域分	By Region									
珠三角	Pearl River Delta	22009.33	17406.99	1068.32	16338.67	4602.35	79.1	20.9	6.1	93.9
东翼	Eastern Region	2581.06	2152.47	509.00	1643.47	428.58	83.4	16.6	23.6	76.4
西翼	Western Region	2196.29	1635.17	623.24	1011.93	561.12	74.5	25.5	38.1	61.9
山区	Mountainous Region	2382.73	1746.65	633.48	1113.17	636.09	73.3	26.7	36.3	63.7

3-25 各市人均地区生产总值

Per Capita Gross Domestic Product by City

单位：元 (yuan)

市别	City	2000	2005	2008	2009	2010	2011	2012
广州	Guangzhou	25626	53809	76440	79383	87458	97588	105909
深圳	Shenzhen	32800	60801	83431	84147	94296	110421	123247
珠海	Zhuhai	27770	45320	66798	68042	77888	89794	95471
汕头	Shantou	9741	12883	18634	19982	22776	23596	26231
佛山	Foshan	20231	42066	68033	71691	80313	86073	91259
#顺德	Shunde	22213	42382	68605	72881	81154	87263	93494
韶关	Shaoguan	7028	11608	19258	20245	24050	28760	31702
河源	Heyuan	3826	7483	14127	14163	16301	19505	20536
梅州	Meizhou	4728	7670	11539	12453	14554	16623	17396
惠州	Huizhou	13877	21909	31748	33142	38650	45331	50873
汕尾	Shanwei	5262	7419	11938	13336	15845	18682	20608
东莞	Dongguan	13679	33287	50471	48988	52798	57470	60557
中山	Zhongshan	15077	36435	52921	54156	60797	70014	77527
江门	Jiangmen	12851	19546	29910	30999	35622	41063	42028
阳江	Yangjiang	7377	12717	20340	22260	26676	31491	36096
湛江	Zhanjiang	6231	10243	15938	16708	20161	24163	26240
茂名	Maoming	7981	12729	19774	20847	25496	29811	32678
肇庆	Zhaoqing	7422	11890	20041	22554	27987	33642	36864
清远	Qingyuan	5003	9079	17813	19479	23569	26957	27320
潮州	Chaozhou	7444	11215	16960	18381	21107	24169	26252
揭阳	Jieyang	6001	7417	12539	14075	17264	20780	23532
云浮	Yunfu	6399	8664	13889	14741	17074	20302	22115
按经济区域分	By Region							
珠三角	Pearl River Delta	20280	40336	59480	61231	68633	77637	84355
东翼	Eastern Region	7294	9729	15032	16479	19371	21850	24315
西翼	Western Region	7099	11608	18123	19182	23239	27485	30271
山区	Mountainous Region	5344	8838	15197	16120	19006	22205	23467

注：2009年以后区域人均生产总值增速由广东省统计局统一调整核算，以往年份增速由分市汇总计算。

Note: The growth rates after per capital GDP after 2009 are calculated by Statistics Bureau of Guangdong Province, and those of the previous years are calculated by each city.

3-26 各市人均地区生产总值指数

Indices of Per Capita Gross Domestic Product by City

上年=100 (preceding year=100)

市 别	City	2000	2005	2008	2009	2010	2011	2012
广 州	Guangzhou	108.3	114.3	106.4	105.2	106.1	107.5	110.0
深 圳	Shenzhen	105.2	111.6	107.1	106.0	107.6	107.3	109.0
珠 海	Zhuhai	104.9	110.3	106.8	104.2	111.0	110.3	106.3
汕 头	Shantou	104.5	110.3	108.9	109.0	111.2	109.9	109.0
佛 山	Foshan	106.3	117.8	110.5	108.6	109.2	108.6	107.7
#顺 德	Shunde	108.0	116.4	110.3	108.9	109.1	108.7	107.6
韶 关	Shaoguan	111.8	108.7	111.6	110.8	113.2	112.1	109.3
河 源	Heyuan	111.9	118.3	109.5	107.8	111.2	111.0	110.6
梅 州	Meizhou	108.9	106.4	109.8	109.5	112.9	112.4	109.5
惠 州	Huizhou	107.7	113.0	107.4	108.9	112.5	111.1	111.7
汕 尾	Shanwei	110.2	113.3	114.5	115.4	117.7	113.5	113.0
东 莞	Dongguan	106.6	119.4	109.0	100.5	105.3	105.4	105.7
中 山	Zhongshan	105.4	120.6	105.6	104.9	108.3	109.9	110.5
江 门	Jiangmen	108.8	112.1	109.1	107.8	112.4	111.7	107.7
阳 江	Yangjiang	109.6	112.7	111.3	111.9	115.3	113.2	111.9
湛 江	Zhanjiang	106.0	111.3	111.2	110.2	113.4	111.9	108.8
茂 名	Maoming	110.5	112.0	110.0	111.2	115.2	110.7	109.3
肇 庆	Zhaoqing	109.9	114.1	115.4	113.1	115.7	113.0	110.2
清 远	Qingyuan	108.8	124.8	109.4	112.5	112.3	107.4	104.2
潮 州	Chaozhou	104.3	110.7	110.9	111.2	112.5	111.8	110.1
揭 阳	Jieyang	103.0	110.2	115.2	115.5	118.6	113.6	110.7
云 浮	Yunfu	105.1	111.9	110.5	110.5	113.3	113.2	111.5
按经济区域分	By Region							
珠 三 角	Pearl River Delta	107.2	114.6	108.3	104.9	107.3	107.1	107.5
东 翼	Eastern Region	104.7	110.6	111.8	111.0	113.5	111.0	109.6
西 翼	Western Region	108.6	111.8	110.7	110.6	114.0	110.4	108.9
山 区	Mountainous Region	109.2	113.4	110.1	109.9	112.4	109.5	107.8

3-27 各市人均地区生产总值指数

Indices of Per Capita Gross Domestic Product by City

2000年=100 (2000=100)

市 别	City	2000	2005	2008	2009	2010	2011	2012
广 州	Guangzhou	100.0	194.0	255.6	268.8	285.1	306.3	336.9
深 圳	Shenzhen	100.0	174.5	228.5	242.1	260.5	279.5	304.8
珠 海	Zhuhai	100.0	163.0	227.2	236.7	262.8	290.0	308.2
汕 头	Shantou	100.0	130.5	175.5	191.4	212.8	233.9	255.0
佛 山	Foshan	100.0	191.4	281.6	305.8	333.9	362.7	390.6
#顺 德	Shunde	100.0	189.1	278.2	303.0	330.5	359.3	386.5
韶 关	Shaoguan	100.0	155.9	231.0	255.9	289.7	324.8	355.0
河 源	Heyuan	100.0	179.3	303.0	326.4	363.2	403.1	446.0
梅 州	Meizhou	100.0	147.9	198.7	217.5	245.6	276.0	302.1
惠 州	Huizhou	100.0	156.7	214.4	233.4	262.6	291.8	325.9
汕 尾	Shanwei	100.0	158.1	239.9	276.9	326.0	370.1	418.0
东 莞	Dongguan	100.0	230.2	330.7	332.4	350.2	369.0	389.9
中 山	Zhongshan	100.0	228.6	306.9	321.8	348.4	383.0	423.2
江 门	Jiangmen	100.0	153.4	217.4	234.2	263.2	294.1	316.8
阳 江	Yangjiang	100.0	163.5	237.1	265.3	306.0	346.3	387.6
湛 江	Zhanjiang	100.0	146.8	206.8	227.8	258.5	289.2	314.5
茂 名	Maoming	100.0	158.9	218.9	243.4	280.4	310.5	339.2
肇 庆	Zhaoqing	100.0	160.3	245.3	277.3	320.9	362.6	399.5
清 远	Qingyuan	100.0	181.2	311.9	350.9	394.2	423.4	441.1
潮 州	Chaozhou	100.0	151.6	213.3	237.2	266.8	298.2	328.2
揭 阳	Jieyang	100.0	125.8	191.2	220.9	262.0	297.5	329.2
云 浮	Yunfu	100.0	139.9	203.7	225.1	255.0	288.6	321.8
按经济区域分	By Region							
珠 三 角	Pearl River Delta	100.0	187.6	258.6	271.3	291.0	311.8	335.3
东 翼	Eastern Region	100.0	135.3	192.8	214.1	243.0	269.6	295.4
西 翼	Western Region	100.0	154.9	217.0	239.9	273.5	301.9	328.9
山 区	Mountainous Region	100.0	158.5	242.9	266.9	300.0	328.4	353.9

主要统计指标解释

国内（地区）生产总值 指按市场价格计算的一个国家（或地区）所有常住单位在一定时期内生产活动的最终成果。国内（地区）生产总值有三种计算方法，即生产法、收入法和支出法。三种方法分别从不同的方面反映国内生产总值及其构成。

三次产业 三次产业的划分是世界上较为常用的产业结构分类，但各国的划分不尽一致。我国的三产产业划分是：

第一产业是指农业、林业、畜牧业、渔业和农林牧渔服务业。

第二产业是指采矿业，制造业，电力、煤气及水的生产和供应业，建筑业。

第三产业是指除第一、二产业以外的其他行业。

劳动者报酬 指劳动者从事生产活动所获得的全部报酬。包括劳动者获得的各种形式的工资、奖金和津贴，既有货币形式的，也有实物形式的，还包括劳动者所享受的公费医疗和医药卫生费、上下班交通补贴、单位支出的社会保险费、住房公积金等。

生产税净额 指生产税减生产补贴后的余额。生产税指政府对生产单位从事生产、销售和经营活动以及因从事生产活动使用某些生产要素（如固定资产、土地、劳动力）所征收的各种税、附加费和规费。生产补贴与生产税相反，指政府对生产单位的单方面转移支付，因此视为负生产税，包括政策性亏损补贴、价格补贴等。

固定资产折旧 指一定时期内为弥补固定资产损耗按照规定的固定资产折旧率提取的固定资产折旧，或按国民经济核算统一规定的折旧率虚拟计算的固定资产折旧。它反映了固定资产在当期生产中的转移价值。各类企业和企业化管理的事业单位的固定资产折旧是指实际计提的折旧费；不计提折旧的政府机关、非企业化管理的事业单位和居民住房的固定资产折旧是按照统一规定的折旧率和固定资产原值计算的虚拟折旧。原则上，固定资产折旧应按固定资产的重置价值计算，但是目前我国尚不具备对全社会固定资产进行重估价的基础，所以暂时还不能采用上述办法。

营业盈余 指常住单位创造的增加值扣除劳动者报酬、生产税净额和固定资产折旧后的余额。它相当于企业的营业利润加上生产税补贴，但要扣除从利润中开支的工资和福利等。

支出法国内（地区）生产总值 是从最终使用的角度反映一个国家（或地区）一定时期内生产活动最终成果的一种方法，包括最终消费支出、资本形成总额及货物和服务净出口三部分。计算公式为：

支出法国内（地区）生产总值=最终消费支出+资本形成总额+货物和服务净出口

最终消费支出 指常住单位为满足物质、文化和精神生活的需要，从本国经济领土和国外购买的货物和服务的支出。不包括非常住单位在本国经济领土内的消费支出。最终消费支出分为居民消费支出和政府消费支出。

居民消费支出 指常住住户在一定时期内对于货物和服务的全部最终消费支出。居民消费支出除了直接以货币形式购买的货物和服务的消费之外，还包括以其他方式获得的货物和服务的消费，即所谓的虚拟消费支出。居民虚拟消费支出包括如下几种类型：单位以实物报酬及实物转移的形式提供给劳动者的货物和服务；住户生产并由本住户消费发的货物和服务，其中的服务仅指住户的自有住房服务和付酬的家庭雇员提供的家庭和个人服务；金融机构提供的金融媒介服务等。

政府消费支出 指政府部门为全社会提供公共服务的消费支出和免费或以较低价格向住户提供的货物和服务的净支出。前者等于政府服务的产出价值减去政府单位所获得的经营收入后的价值，后者等于政府部门免费或以较低价格向住户提供的货物和服务的市场价值减去向住户收取的价值。

资本形成总额 指常住单位在一定时期内获得的减去处置的固定资产和存货的净额，包括固定资本形成总额和存货增加两部分。

固定资本形成总额 指生产者在一定时期内获得的固定资产减处置的固定资产的价值总额。固定资产是通过生产活动生产出来的，且其使用年限在一年以上、单位价值在规定标准以上的资产，不包括自然资产。可分为有形固定资本形成总额和无形固定资本形成总额。有形固定资本形成总额包括一定时期内完成的建筑工程、安装工程、设备工器具购置（减处置）价值，以及土地改良、新增役、种、奶、毛、娱乐用牲畜和新增经济林木价值。无形固定资本形成总额包括矿藏的勘探、计算机软件等获得减处置。

存货增加 指常住单位存货实物量变动的市场价值，即期末价值减期初价值的差额，再扣除当期由于价格变动而产生的持有收益。存货增加可以是正值，也可以是负值；正值表示存货上升，负值表示存货下降。存货包括生产单位购进的原材料、燃料和储备物资等存货，以及生产单位生产的产成品、在制品和半成品等存货。

货物和服务净流出 指货物和服务流出减货物和服务流入的差额。流出包括常住单位向非常住单位出售或无偿转让的各种货物和服务的价值；流入包括常住单位从非常住单位购买或无偿得到的各种货物和服务价值。由于服务活动的提供与使用同时发生，一般把常住单位从非常住单位得到的服务作为流入，常住单位向非常住单位提供的服务作为流出。

Explanatory Notes on Main Statistical Indicators

Gross Domestic (Regional) Product refers to the final products at market prices produced by all resident units in a country (or a region) during a certain period of time. It is calculated with three approaches, i.e. production approach, income approach and expenditure approach, which reflect gross domestic product and its composition from different aspects.

Three Strata of Industry Classification of economic activities into three strata of industry is a common practice in the world, although the grouping varies to some extent from country to country. In China economic activities are categorized into the following three strata of industry:

Primary industry refers to agriculture, forestry, animal husbandry and fishery and services in support of these industries.

Secondary industry refers to mining and quarrying, manufacturing, production and supply of electricity, water and gas, and construction.

Tertiary industry refers to all other economic activities not included in the primary or secondary industries.

Value-added refers to value newly created in the process of production by resident units and the transfer value of fixed assets. It can be calculated by both production approach and income approach. In terms of production approach, it is the total output minus intermediate input. In terms of income approach, it is the summation of laborers' remuneration, net taxes on production, depreciation of fixed assets and operating surplus.

Laborers' Remuneration refers to the whole payment of various forms earned by laborers from productive activities they are engaged in, including wages, bonuses and allowances earned in monetary form and in kind, as well as free medical services provided to the laborers and the medicine expenses, traffic subsidies, and social insurance fee and housing fund paid by the laborers' working units for them.

Net Taxes on Production refers to the residual of the taxes on production minus the subsidies on production. The taxes on production refers to the various taxes, extra charges and fees levied on the production units on their production, sale and business activities as well as on some factors of production, such as fixed assets, land and labor force, used in the production activities they are engaged in. In contrast to the taxes on production, the subsidies on production refer to the unilateral transfer of part of the government's revenue to the production units and are therefore regarded as negative taxes on production. They include subsidies on the loss due to implementation of government policies and price subsidies, etc.

Depreciation of Fixed Assets refers to the depreciation of fixed assets of a given period, drawn in accordance with the stipulated depreciation rate for the purpose of compensating the wear loss of the fixed assets or the depreciation of fixed assets calculated in a fictitious way in accordance with the stipulated unified depreciation rate in the national economic accounting system. It reflects the value of transfer of the fixed assets in the production of the current period. The depreciation of fixed assets in various enterprises and institutions managed as enterprises refers to the depreciation expenses actually drawn and calculated as part of the cost. In government agencies and institutions not managed as enterprises which do not draw the depreciation expenses, as well as for the houses of residents, the depreciation of fixed assets is the imputed depreciation, which is calculated in accordance with the stipulated unified depreciation rate and the original value of the fixed assets. In principle, the depreciation of fixed assets should be calculated on the basis of the repurchase value of the fixed assets. However, there is no actual condition to reevaluate all the fixed assets in China. Therefore, the above-mentioned methods are temporarily adopted at present.

Operating Surplus refers to the balance of the value-added created by the resident units deducting the laborers' remuneration, net taxes on production and the depreciation of fixed assets. It is equivalent to the business profit of the enterprises plus subsidies on production, but the wages and welfare expenses paid from the profits should be deducted.

Gross Domestic (Regional) Product Calculated by Expenditure Approach refers to the method of measuring the final results of production activities of a country (region) during a given period from the perspective of final uses. It includes final consumption expenditure, gross capital formation and net export of goods and services. The formula for computation is.:

GDP by expenditure approach = final consumption expenditure + gross capital formation + net export of goods and services

Final Consumption refers to the total expenditure of resident units for purchases of goods and services from both the domestic economic territory and abroad to meet the needs of material, cultural and spiritual life. It does not include the expenditure of non-resident units on consumption in the economic territory of the country. The final consumption expenditure is broken down into household consumption expenditure and government consumption expenditure.

Household Consumption Expenditure refers to the total expenditure of resident households on the final consumption of goods and services. In addition to the consumption of goods and services paid for in monetary form by the resident households , the expenditure on goods and services obtained by the resident households in other ways is also included in the household consumption, which includes: (a) goods and services provided to the households by the units in the form of payment in kind and transfer in kind; (b) goods and services produced and consumed by the households themselves, where services refer only to services related to residential buildings owned by the households and paid services for the households; (c) services of financial intermediary provided by financial institutions; (d) insurance services provided by insurance companies; etc.

Government Consumption Expemditure refers to the expenditure on the consumption of public services provided by the government to the whole society and the net expenditure on goods and services provided by the government for households free of charge or at low prices. The former equals the output value of the government services minus the value of operating income obtained by the government departments. The latter equals the market value of goods and services provided by the government free of charge or at low prices for households minus the value charged by the government on households.

Total Capital Formation refers to the net value of change within a certain period calculated as fixed assets acquired minus those disposed plus inventory, which includes total fixed assets formation and increase in inventory.

Total Fixed Capital Formation refers to the value of fixed assets acquired minus the value of fixed assets disposed within a certain period, where fixed assets refer to assets produced through productive activities with a term of use of over one year and a unit price above designated standards, excluding natural assets. Total fixed capital formation can be classified into total tangible assets formation and total intangible assets formation. Total tangible assets formation includes the value of the construction projects, installation projects completed and the equipment, apparatus and instruments purchased as well as the value of land improved, the value of draught animals, breeding stock, milk, wool and recreational animals and newly-increased economic forest in a certain period. Total intangible assets formation includes value acquired through the prospecting of minerals, computer software, and other operations minus the disposal of them.

Changes in Inventories refers to the market value of the change in the physical volume of inventory of resident units during a given period, i.e. the difference between the values at the beginning and at the end of the period minus the gains due to the change in prices. The changes in inventories can have a positive or a negative value. A positive value indicates an increase in inventory while a negative value indicates a decrease in inventory. The inventory includes raw materials, fuels and reserve materials purchased by the production units as well as the inventory of finished products, semi-finished products and work-in-progress.

Net Outflow of Goods and Services refers to the difference between the outflow of goods and services andthe inflow of goods and services. The outflow includes the value of various goods and services sold or gratuitously transferred by resident units to nonresident units. The inflow includes the value of various goods and services purchased or gratuitously acquired by resident units from non-resident units. As the provision of services and the use of them happen simultaneously, the acquisition of services by resident units from abroad is usually treated as inflow while the acquisition of services by non-resident units in this country is usually treated as outflow.

四、人口

POPULATION

四 人口

简要说明

一、本篇资料反映广东人口发展变化基本情况，主要内容包括：

1. 年末常住人口、性别比例、年龄比例、城镇人口比例以及人口出生率、人口死亡率和人口自然增长率。数据由广东省统计局根据人口普查、1%人口抽样调查或年度人口变动情况抽样调查推算所得。

2. 1990-2009 年年末常住人口数、出生率、死亡率以及自然增长率，除人口普查和 1%人口抽样调查年份直接推算外，其余年份数据均已按人口普查和 1%人口抽样调查结果作平滑调整。

3. 户籍总人口、按性别分和按农业、非农业分的人口以及迁移人口等，数据来源于广东省公安厅人口统计年报。

二、本资料由广东省统计局人口和就业统计处整理提供。

4 Population

Brief Introduction

Ⅰ. The data in this chapter show the basic conditions of development and changes of population in Guangdong, including mainly:

1. Permanent population at the year-end, proportion of population by sex, proportion of population by age, proportion of urban population, birth rate, death rate and natural growth rate of population. The data are estimated by Guangdong Provincial Bureau of Statistics on the basis of population censuses, the one percent sample survey on population， or annual sample surveys on population changes.

2. Permanent population at the year-end, birth rate, death rate and natural growth rate of population from 1990 to 2009 result from smooth adjustment on population census and national one-percent sample survey on population with the exceptions of 1990 and 2000 data, which are direct estimates from the result of population censuses and 1996.

3. The total population with residence registration, population by sex, by agricultural and non-agricultural population, and migrant population are obtained from the annual reports of population of Guangdong Provincial Department of Public Security.

Ⅱ. The date in this chapter are prepared and provided by the Division of Population and Employment Statistics of Statistics Bureau of Guangdong Province.

4-1 人口主要指标

Main Population Indicators

项 目	Item	1995	2000	2005	2010	2011	2012
年末常住人口 （万人）	**Permanent Population at the Year-end (10000 persons)**	**7387.49**	**8650.03**	**9194.00**	**10440.94**	**10505.00**	**10594.00**
男性比例 (%)	Proportion of Male Population (%)	50.7	50.9	50.6	52.1	52.9	52.6
女性比例 (%)	Proportion of Female Population (%)	49.3	49.1	49.4	47.9	47.1	47.4
0-14岁人口比例 (%)	Proportion of Population Aged 0-14 (%)		24.2	21.3	16.9	16.9	16.0
15-64岁人口比例 (%)	Proportion of Population Aged 15-64 (%)		69.8	71.3	76.3	76.3	77.0
65岁及以上人口比例(%)	Proportion of Population Aged 65 And Over (%)		6.0	7.4	6.8	6.8	7.0
城镇人口比例 (%)	Proportion of Urban Population (%)	39.3	55.0	60.7	66.2	66.5	67.4
人口密度（人/平方公里)	Population Density (person/sq.km.)	411	486	511	581	584	590
户籍人口	**Population with Residence Registration**						
年末总户数 (万户)	Total Households at the Year-end (10000 households)	1631.03	1901.91	2096.29	2296.61	2326.44	2325.13
年末总人口 (万人)	Total Population at the Year-end(10000 persons)	6788.74	7498.54	7899.64	8521.55	8637.19	8635.89
#农业人口	Agricultural Population	4753.37	5160.26	3792.32	4054.37	4111.72	4090.05
非农业人口比例 (%)	Proportion of Non-agricultural Population (%)	29.98	31.18	51.67	52.15	52.17	52.17
性别比 (女=100)	Sex Ratio (female=100)	106.5	106.7	106.9	106.2	106.1	106.2
人口变动情况 (‰)	**Status of Population Changes (‰)**						
出生率	Birth Rate	16.93	12.91	11.70	11.18	10.45	11.60
死亡率	Death Rate	5.33	4.77	4.68	4.21	4.35	4.65
自然增长率	Natural Growth Rate	11.60	8.14	7.02	6.97	6.10	6.95
迁入率	Immigration Rate	16.04	16.59	13.65	12.07	11.01	11.34
迁出率	Emigration Rate	13.31	12.94	8.97	8.35	7.62	13.04
总迁移率	Total Migration Rate	29.35	29.53	22.62	20.42	18.63	24.38
净迁移率	Net Migration Rate	2.73	3.65	4.68	3.72	3.39	-1.70
跨省净迁移率	Net Cross-Provincial Migration Rate	1.09	1.01	2.55	2.52	2.65	0.84

注：2006-2009年年末常住人口根据2010年第六次全国人口普查快速汇总数据进行平滑调整，出生率、死亡率、自然增长率也作了相应的调整。

Note: Figures of"Permanent Population at the Year-end" have been adjusted in accordance with the flash sums of the 6th National Population Census in 2010. Figures of "Birth Rate", "Death Rate", "Natural Growth Rate" have been adjusted accordingly.

4-2 年末户籍总人口

Total Population with Residence Registration at the Year-end

单位：万人 (10000 persons)

年份 Year	总人口 Total Population	按性别分 By Sex		按农业、非农业分 By Agricultural & Non-agricultural Population		人口密度(人/平方公里) Population Density (person/sq.km.)
		男 Male	女 Female	非农业人口 Non-agricultural Population	农业人口 Agricultural Population	
1978	5064.15	2586.68	2477.47	823.23	4240.92	285
1980	5227.67	2671.28	2556.39	909.71	4317.96	294
1982	5415.35	2771.86	2643.49	971.46	4443.89	304
1983	5494.12	2818.92	2675.20	1001.05	4493.07	309
1984	5576.62	2865.90	2710.72	1097.36	4479.26	313
1985	5655.60	2909.52	2746.08	1197.92	4457.68	318
1986	5740.70	2955.68	2785.02	1254.60	4486.10	323
1987	5832.15	3003.09	2829.06	1309.91	4522.24	328
1988	5928.31	3053.50	2874.81	1366.54	4561.77	333
1989	6024.98	3106.37	2918.61	1422.75	4602.23	338
1990	6246.32	3213.20	3033.12	1477.31	4769.01	353
1991	6348.95	3266.26	3082.69	1540.92	4808.03	363
1992	6463.17	3327.67	3135.50	1640.80	4822.37	373
1993	6581.60	3390.37	3191.23	1808.09	4773.51	386
1994	6691.46	3450.68	3240.78	1964.72	4726.74	401
1995	6788.74	3501.19	3287.55	2035.37	4753.37	411
1996	6896.77	3559.54	3337.23	2107.80	4788.97	421
1997	7013.73	3620.32	3393.41	2173.50	4840.23	433
1998	7115.65	3676.95	3438.70	2219.07	4896.58	444
1999	7298.88	3769.70	3529.18	2276.42	5022.46	457
2000	7498.54	3871.13	3627.41	2338.29	5160.25	486
2001	7565.33	3905.28	3660.05	2391.31	5174.02	486
2002	7649.29	3948.25	3701.04	2767.31	4881.98	492
2003	7723.42	3989.24	3734.18	3681.93	4003.07	499
2004	7804.75	4025.87	3778.88	3797.92	3973.52	507
2005	7899.64	4080.74	3818.90	4082.06	3792.32	511
2006	8048.71	4154.03	3894.68	4149.42	3880.37	525
2007	8156.05	4204.47	3951.58	4242.85	3894.02	537
2008	8267.09	4263.24	4003.85	4297.78	3950.53	550
2009	8365.98	4309.11	4056.87	4358.05	3990.01	563
2010	8521.55	4388.61	4132.94	4443.96	4054.37	581
2011	8637.19	4445.48	4191.71	4505.68	4111.72	584
2012	8635.89	4448.45	4187.44	4504.96	4090.05	590

注：1. 2003年起"按农业、非农业分"的人口，不包括未落常住户口的人数，4-7表同；
2. 人口密度数为常住人口的人口密度。
3. 2006-2009年年末常住人口根据2010年第六次全国人口普查快速汇总数据进行平滑调整，人口密度也作了相应的调整。

Note: 1. Population grouped by agricultural and non-agricultural population since 2003 does not include the number who does not register as permanent population. The same applies to Table 4-7.
2. The population density refers to that of the permant population.
3. Figures of"Permanent Population at the Year-end"have been adjusted in accordance with the flash sums of the 6th National Population Cescus in 2010. Figures of "Population Density" have been adjusted accordingly.

4-3 人口自然变动情况
Status of Natural Population Changes

单位：万人、‰ (10000 persons, ‰)

年 份 Year	出生 Birth		死亡 Death		自然增长 Natural Growth	
	出生人数 Number of Birth	出生率 Birth Rate	死亡人数 Number of Death	死亡率 Death Rate	自然增长人数 Number of Natural Growth	自然增长率 Rate of Natural Growth
1978	111.23	22.14	27.35	5.44	83.88	16.70
1980	118.31	22.82	28.40	5.48	89.91	17.34
1982	123.98	23.09	31.79	5.92	92.19	17.17
1983	114.55	21.00	34.47	6.32	80.08	14.68
1984	114.86	20.75	34.37	6.21	80.49	14.54
1985	115.70	20.60	35.53	6.33	80.17	14.27
1986	126.23	22.15	32.48	5.70	93.75	16.45
1987	128.00	22.12	32.98	5.70	95.02	16.42
1988	122.90	20.90	29.81	5.07	93.09	15.83
1989	121.15	20.27	34.25	5.73	86.90	14.54
1990	140.11	22.26	36.25	5.76	103.86	16.50
1991	131.31	20.40	38.04	5.91	93.27	14.49
1992	125.17	18.92	40.00	6.05	85.17	12.87
1993	120.00	17.59	38.00	5.57	82.00	12.02
1994	121.00	17.11	38.00	5.37	83.00	11.74
1995	123.54	16.93	38.91	5.33	84.63	11.60
1996	124.80	16.69	42.11	5.63	82.69	11.06
1997	118.40	15.43	37.83	4.93	80.57	10.50
1998	117.00	14.84	40.00	5.07	77.00	9.77
1999	110.00	13.57	39.00	4.81	71.00	8.76
2000	108.85	12.91	40.21	4.77	68.64	8.14
2001	107.99	12.42	39.63	4.56	68.36	7.86
2002	103.94	11.82	39.73	4.52	64.21	7.30
2003	108.00	12.13	41.98	4.71	66.02	7.42
2004	106.73	11.81	41.62	4.60	65.11	7.21
2005	107.11	11.70	42.24	4.68	64.87	7.02
2006	108.96	11.69	41.53	4.46	67.43	7.24
2007	112.00	11.73	44.00	4.61	68.00	7.12
2008	112.00	11.46	43.00	4.40	69.00	7.06
2009	113.00	11.29	43.00	4.29	70.00	6.99
2010	115.00	11.18	43.27	4.21	71.73	6.97
2011	109.44	10.45	45.56	4.35	63.88	6.10
2012	122.37	11.60	49.06	4.65	73.31	6.95

注：2006-2009年年末常住人口根据2010年第六次全国人口普查快速汇总数据进行平滑调整，出生率、死亡率、自然增长率也作了相应的调整。

Note: Figures of"Permanent Population at the Year-end" have been adjusted in accordance with the flash sums of the 6th National Population Census in 2010. Figures of "Birth Rate", "Death Rate", "Natural Growth Rate" have been adjusted accordingly.

4-4 户籍人口迁移变动情况
Status of Migrant Changes

单位：万人、‰ (10000 persons, ‰)

年份 Year	迁入 Immigration		迁出 Emigration		总迁移 Total Migration		净迁移 Net Migration	
	迁入人数 Number of Immigration	迁入率 Immigration Rate	迁出人数 Number of Emigration	迁出率 Emigration Rate	总迁人数 Total Number of Migration	总迁移率 Total Migration Rate	净迁移人数 Net Number of Migration	净迁移率 Net Migration Rate
1978	81.83	16.29	75.58	15.04	157.41	31.33	6.25	1.25
1980	91.45	17.64	82.09	15.83	173.54	33.47	9.36	1.81
1982	71.63	13.34	65.06	12.11	136.69	25.45	6.57	1.23
1983	66.26	12.14	59.35	10.88	125.61	23.02	6.91	1.26
1984	92.30	16.67	83.31	15.05	175.61	31.72	8.99	1.62
1985	100.10	17.82	84.90	15.12	185.00	32.94	15.20	2.70
1986	85.61	15.02	70.83	12.43	156.44	27.45	14.78	2.59
1987	92.89	16.05	73.26	12.66	166.15	28.71	19.63	3.39
1988	93.82	15.96	73.46	12.49	167.28	28.45	20.36	3.47
1989	95.26	15.94	73.87	12.36	169.13	28.30	21.39	3.58
1990	94.39	15.38	77.07	12.56	171.46	27.94	17.32	2.82
1991	97.23	15.44	83.74	13.30	180.97	28.74	13.49	2.14
1992	135.89	21.21	108.39	16.92	244.28	38.13	27.50	4.29
1993	158.20	24.25	128.06	19.63	286.26	43.88	30.14	4.62
1994	140.93	21.24	115.72	17.44	256.65	38.68	25.21	3.80
1995	108.09	16.04	89.74	13.31	197.83	29.35	18.35	2.73
1996	113.47	16.58	88.88	12.99	202.35	29.57	24.59	3.59
1997	130.94	18.83	98.90	14.22	229.84	33.05	32.04	4.61
1998	117.93	16.69	94.18	13.33	212.11	30.02	23.75	3.36
1999	107.68	14.94	89.13	12.37	196.81	27.31	18.55	2.57
2000	122.72	16.59	95.76	12.94	218.48	29.53	26.96	3.65
2001	109.88	14.59	92.34	12.26	202.22	26.85	17.54	2.33
2002	102.26	13.44	81.95	10.77	184.21	24.21	20.31	2.67
2003	105.27	13.70	83.22	10.83	188.49	24.53	22.05	2.87
2004	133.91	17.25	104.26	13.43	238.17	30.68	29.65	3.82
2005	107.21	13.65	70.45	8.97	177.66	22.62	36.76	4.68
2006	145.49	18.25	80.56	10.10	226.05	28.35	64.93	8.14
2007	119.95	14.80	71.67	8.85	191.62	23.65	48.28	5.96
2008	110.56	13.46	79.47	9.68	190.03	23.14	31.09	3.79
2009	96.80	11.64	64.93	7.81	161.73	19.45	31.87	3.83
2010	101.90	12.07	70.48	8.35	172.38	20.42	31.43	3.72
2011	94.47	11.01	65.37	7.62	159.84	18.63	29.10	3.39
2012	97.91	11.34	112.62	13.04	210.53	24.38	-14.70	-1.70

4-5 各市年末常住人口数

Permanent Population at the Year-end by City

单位：万人 (10000 persons)

市 别	City	2000	2005	2007	2008	2009	2010	2011	2012
广 州	Guangzhou	994.80	949.68	1053.01	1115.34	1186.97	1270.96	1275.14	1283.89
深 圳	Shenzhen	701.24	827.75	912.37	954.28	995.01	1037.20	1046.74	1054.74
珠 海	Zhuhai	123.65	141.57	147.44	151.12	154.18	156.16	156.76	158.26
汕 头	Shantou	467.78	494.45	506.79	514.78	522.02	539.62	541.71	544.81
佛 山	Foshan	534.05	580.03	629.67	657.44	687.47	719.91	723.10	726.18
#顺 德	Shunde	169.42	195.53	213.83	223.81	234.62	246.31	247.34	248.38
韶 关	Shaoguan	273.65	292.26	288.49	286.70	285.04	283.02	285.00	286.87
河 源	Heyuan	226.78	278.24	274.96	285.48	287.12	295.82	298.18	301.01
梅 州	Meizhou	380.52	411.84	415.01	416.29	417.72	424.46	426.81	429.41
惠 州	Huizhou	321.80	370.69	402.86	418.65	435.08	460.11	463.36	467.40
汕 尾	Shanwei	245.71	279.87	288.81	291.84	293.12	293.90	295.50	296.90
东 莞	Dongguan	644.84	656.07	717.02	750.60	786.08	822.48	825.48	829.23
中 山	Zhongshan	236.47	243.46	268.68	281.95	296.53	312.27	314.23	315.50
江 门	Jiangmen	395.24	410.29	421.32	428.48	436.64	445.08	446.55	448.27
阳 江	Yangjiang	217.20	232.14	235.93	236.54	237.19	242.53	244.49	247.00
湛 江	Zhanjiang	603.43	668.95	688.48	691.12	693.44	700.38	706.92	710.92
茂 名	Maoming	524.82	584.04	597.88	593.43	587.81	582.64	588.26	596.76
肇 庆	Zhaoqing	337.69	367.60	378.31	380.62	383.77	392.22	395.14	398.23
清 远	Qingyuan	314.98	359.37	365.58	366.58	367.70	370.38	373.80	376.60
潮 州	Chaozhou	240.44	252.01	256.83	259.78	262.70	267.21	268.37	270.00
揭 阳	Jieyang	524.61	559.69	576.74	578.45	581.18	588.30	591.54	595.59
云 浮	Yunfu	215.49	233.99	233.34	234.01	233.41	236.29	237.92	241.65
按经济区域分	By Region								
珠三角	Pearl River Delta	4289.78	4547.14	4930.68	5138.48	5361.72	5616.39	5646.51	5689.64
东 翼	Eastern Region	1478.54	1586.02	1629.17	1644.85	1659.02	1689.03	1697.12	1709.69
西 翼	Western Region	1345.45	1485.13	1522.29	1521.09	1518.44	1525.55	1539.67	1556.85
山 区	Mountainous Region	1411.42	1575.7	1577.38	1589.06	1591.00	1609.97	1621.70	1637.82

注：1.2006-2009年年末常住人口根据2010年第六次全国人口普查快速汇总数据进行平滑调整。
2. 2012年各市年末常住人口与全省差额14.78万人，为难以确定常住地人口。

Note: a) Figures of permanent population at the year-end have been adjusted in accordance with the flash sums of the 6th National Population Cencus in 2010.
b) There are fourteen and forty seven thousand and eight hundred population balance between permanent population by city and provincial permanent population which are difficult to define the resident population in 2012.

4-6 各市城镇人口占常住人口的比例

Proportion of Urban Population to Permanent Population by City

单位：% (%)

市别	City	2000	2005	2007	2008	2009	2010	2011	2012
全省	**Provincial Total**	**55.00**	**60.68**	**63.14**	**63.37**	**63.40**	**66.17**	**66.50**	**67.40**
广州	Guangzhou	83.79	91.51	82.17	82.23	82.53	83.78	84.13	85.02
深圳	Shenzhen	92.46	100.00	100.00	100.00	100.00	100.00	100.00	100.00
珠海	Zhuhai	85.48	87.90	85.10	85.14	87.16	87.65	87.80	87.82
汕头	Shantou	67.00	72.34	70.05	70.28	69.58	68.46	69.34	69.50
佛山	Foshan	75.06	78.39	90.98	91.82	92.36	94.09	94.86	94.87
#顺德	Shunde	69.38	72.64	95.47	96.34	97.13	97.74	98.49	98.50
韶关	Shaoguan	51.13	49.76	46.26	46.88	47.29	52.53	52.77	53.30
河源	Heyuan	26.53	32.47	40.12	40.50	40.50	40.04	40.18	40.46
梅州	Meizhou	37.21	41.63	46.51	46.00	46.20	43.01	43.27	43.57
惠州	Huizhou	51.66	55.01	61.22	61.27	61.27	61.84	62.19	63.90
汕尾	Shanwei	52.58	51.88	52.39	52.59	57.00	54.18	54.55	54.60
东莞	Dongguan	60.04	73.02	85.20	86.39	86.39	88.46	88.60	88.67
中山	Zhongshan	60.67	74.29	84.96	86.14	86.34	87.82	87.87	87.92
江门	Jiangmen	47.08	56.78	48.70	49.45	61.81	62.30	62.80	63.20
阳江	Yangjiang	41.92	44.09	45.91	45.89	46.72	46.81	46.97	48.00
湛江	Zhanjiang	38.47	39.71	39.26	38.94	38.99	36.68	37.26	38.30
茂名	Maoming	37.45	39.30	36.98	37.04	37.50	35.06	35.92	37.43
肇庆	Zhaoqing	32.52	38.99	40.37	40.96	41.60	42.39	42.45	42.62
清远	Qingyuan	32.60	38.46	41.86	43.67	45.57	47.54	47.65	47.93
潮州	Chaozhou	43.41	53.62	62.90	59.20	62.10	62.75	63.15	63.15
揭阳	Jieyang	37.91	41.15	45.02	45.36	45.36	47.31	47.60	49.00
云浮	Yunfu	35.86	37.26	36.39	36.58	36.78	36.96	37.17	39.10
按经济区域分	By Region								
珠三角	Pearl River Delta	71.59	77.32	79.50	80.17	81.60	82.72	83.01	83.84
东翼	Eastern Region	50.45	54.75	56.93	56.63	57.69	57.71	58.21	59.05
西翼	Western Region	38.64	40.23	39.40	39.28	39.62	37.67	38.29	39.72
山区	Mountainous Region	36.96	40.16	42.78	43.25	43.84	44.29	44.49	45.30

注：1. 本表2000、2005年数据按国家统计局1999年发布的《关于统计上划分城乡的规定(试行)》计算；2006年起数据按国家统计局2006年颁布的《关于统计上划分城乡的暂行规定》计算。

2. 2006-2009年年末常住人口根据2010年第六次全国人口普查快速汇总数据进行平滑调整，城镇人口占常住人口的比重也作了相应的调整。

Note: a)The 2000 and 2005 data in this table are calculated according to Interim Regulations on Statistical Classification of Urban and Rural Populationissued by National Bureau of Statistics in 1999. The 2006 data are calculated according to Provisional Regulations on Statistical Classification of Urban and Rural Population issued by National Bureau of Statistics in 2006.

b)Figures of "Permanent Population at the Year-end" have been adjusted in accordance with the flash sums of the 6th National Population Census in 2010 and the proportion of urban population to permanent population is also adjusted.

4-7 各市年末户籍人口数（2012年）

Total Population with Residence Registration at the Year-end by City (2012)

单位：万人 (10000 persons)

市 别	City	总人口 Total Population	按性别分 By Sex		按农业、非农业分 By Agricultural & Non-agricultural Population	
			男 Male	女 Female	非农业人口 Non-agricultural Population	农业人口 Agricultural Population
广 州	Guangzhou	822.30	415.83	406.47	744.03	77.42
深 圳	Shenzhen	299.15	157.21	141.94	299.15	
珠 海	Zhuhai	106.55	54.42	52.13	106.55	
汕 头	Shantou	532.88	267.19	265.69	527.87	5.01
佛 山	Foshan	377.65	187.88	189.77	377.65	
#顺 德	Shunde	124.79	62.00	62.79	124.79	
韶 关	Shaoguan	326.49	169.18	157.31	159.96	165.57
河 源	Heyuan	355.06	181.05	174.01	76.97	278.09
梅 州	Meizhou	521.35	266.58	254.78	134.44	386.76
惠 州	Huizhou	341.91	173.41	168.50	203.92	137.96
汕 尾	Shanwei	347.16	180.30	166.86	153.54	175.24
东 莞	Dongguan	186.05	94.41	91.65	94.69	90.98
中 山	Zhongshan	152.01	75.55	76.46	80.89	70.67
江 门	Jiangmen	391.80	197.42	194.38	220.06	171.41
阳 江	Yangjiang	282.50	150.50	132.00	115.30	163.74
湛 江	Zhanjiang	785.17	417.97	367.20	291.62	493.55
茂 名	Maoming	748.90	400.14	348.76	274.65	472.34
肇 庆	Zhaoqing	427.59	221.04	206.55	119.63	302.38
清 远	Qingyuan	405.67	209.89	195.78	120.23	285.40
潮 州	Chaozhou	264.80	133.81	130.99	74.53	190.27
揭 阳	Jieyang	673.94	344.42	329.51	225.44	440.75
云 浮	Yunfu	286.97	150.25	136.72	103.86	182.53
按经济区域分	By Region					
珠三角	Pearl River Delta	3105.01	1577.17	1527.85	2246.57	850.82
东 翼	Eastern Region	1818.78	925.72	893.05	981.38	811.27
西 翼	Western Region	1816.57	968.61	847.96	681.57	1129.63
山 区	Mountainous Region	1895.54	976.95	918.60	595.46	1298.35

4-8 各市年末户籍迁移人口数（2012年）

Number of Migrant Population at the Year-end by City (2012)

单位：人 (person)

市别	City	迁入 Immigration		迁出 Emigration		净迁移 Net Migration	
		省内迁入 Within Guangdong	省外迁入 Outside Guangdong	迁往省内 Within Guangdong	迁往省外 Outside Guangdong	省内 Within Guangdong	省外 Outside Guangdong
广州	Guangzhou	68460	62998	66031	37942	2429	25056
深圳	Shenzhen	56598	121399	13735	15017	42863	106382
珠海	Zhuhai	5124	11409	4669	15430	455	-4021
汕头	Shantou	10573	5454	14243	4789	-3670	665
佛山	Foshan	12129	11910	5583	11330	6546	580
#顺德	Shunde	3382	5258	1598	4563	1784	695
韶关	Shaoguan	23141	9460	39454	15615	-16313	-6155
河源	Heyuan	5887	4730	29807	3471	-23920	1259
梅州	Meizhou	37363	7495	40869	5490	-3506	2005
惠州	Huizhou	34346	22726	48041	15768	-13695	6958
汕尾	Shanwei	17974	3390	35510	5609	-17536	-2219
东莞	Dongguan	6783	12930	1846	4734	4937	8196
中山	Zhongshan	11289	7560	7448	3789	3841	3771
江门	Jiangmen	33304	8567	64893	13723	-31589	-5156
阳江	Yangjiang	16157	2936	27972	3830	-11815	-894
湛江	Zhanjiang	133828	8948	191556	12487	-57728	-3539
茂名	Maoming	30362	14481	109231	65769	-78869	-51288
肇庆	Zhaoqing	37710	6333	42207	5475	-4497	858
清远	Qingyuan	15309	5644	22657	5644	-7348	-
潮州	Chaozhou	14433	2610	17056	1574	-2623	1036
揭阳	Jieyang	49361	9105	55931	20715	-6570	-11610
云浮	Yunfu	12566	6324	13625	5588	-1059	736
按经济区域分	By Region						
珠三角	Pearl River Delta	265743	265832	254453	123208	11290	142624
东翼	Eastern Region	92341	20559	122740	32687	-30399	-12128
西翼	Western Region	180347	26365	328759	82086	-148412	-55721
山区	Mountainous Region	94266	33653	146412	35808	-52146	-2155

主要统计指标解释

总人口 指一定时点、一定地区范围内有生命的个人的总和。按不同的统计范围可分为常住人口和户籍人口；统计时点通常为每年 12 月 31 日 24 时。

0-14 岁人口比例 （少年儿童人口系数或少年儿童人口比例） 指 0-14 岁的少年儿童人口与同期总人口之比，反映人口的年龄结构特征。通常以百分比表示。

15-64 岁人口比例 （成年人口系数或成年人口比例） 指 15-64 岁的成年人口与同期总人口之比，反映人口的年龄结构特征。通常以百分比表示。

65 岁及以上人口比例 （老年人口系数或老年人口比例） 指 65 岁及以上的老年人口与同期总人口之比，反映人口的老龄化程度。通常以百分比表示。

城镇人口比例 指城镇人口与同期总人口之比，反映该区域人口的城镇化水平。通常以百分比表示。

人口密度 指某一时点单位土地面积上居住的人口数。通常以每平方公里常住的人口数表示。

非农业人口 指按常住户口性质划分的人口。具体为：（1）设区市的市区和不设区市的市区所辖街道办事处区域内的常住人口；（2）市辖镇、县辖镇所辖居民委员会或镇政府驻地村民委员会区域内的常住人口。按非农业、农业分的人口中，不包括未落常住户口的人数。

性别比 总人口（或分年龄人口）中男性人数与女性人数之比。通常以每 100 个女性人口相应有多少男性人口表示。

其计算公式为：性别比=男性人口数/女性人口数×100

出生率 也称粗出生率。指某一人口在一定时期（通常为一年）内活产婴儿数与同期总人口的生存人口数（或同期平均总人口、年中人口数）之比。通常以千分比表示。

死亡率 也称粗死亡率。指一定时期（通常为一年）内全部死亡人数与同期平均总人口之比，反映该时期人口的死亡强度。通常以千分比表示。

自然增长率 指一定时期（通常为一年）内人口自然增加数（出生人口减死亡人口）与同期平均总人口之比。通常以千分比表示。

迁入率（迁出率） 指一定时期（通常为一年）内迁入（迁出）人数与同期平均总人口之比。通常以千分比表示。

总迁移率 指一定时期（通常为一年）内人口迁移总量（迁入人口加迁出人口）与同期平均总人口之比。通常以千分比表示。

净迁移率 指一定时期（通常为一年）内人口迁入迁出相抵后（迁入人口减迁出人口）与同期平均总人口之比。通常以千分比表示。

跨省净迁移率 指一定时期（通常为一年）内省外迁入人口和迁往省外（含出国）人口之差与同期平均总人口之比。通常以千分比表示。

Explanatory Notes on Main Statistical Indicators

Total Population refers to the total number of people alive within a given area at a certain point of time. It can be divided into the permanent population and the population with residence registration according to different statistical coverage. The reference time of the statistics on total population is usually taken at midnight of December 31.

Proportion of Population Aged 0-14 (coefficient of child population or proportion of child population) refers to the proportion of population aged 0-14 in the total population during the same period of time. It is an indicator of age structure, usually expressed in percentage.

Proportion of Population Aged 15-64 (coefficient of adult population or proportion of adult population) refers to the proportion of population aged 15-64 in the total population during the same period of time. It is an indicator of age structure, usually expressed in percentage.

Proportion of Population Aged 65 and Over (coefficient of aged population or proportion of aged population) refers to the proportion of population aged 65 and over in the total population during the same period of time. It is an indicator of population ageing, usually expressed in percentage.

Proportion of Urban Population refers to the proportion of urban population in the total population during the same period of time. It is an indicator of population urbanization in a certain region, usually expressed in percentage.

Population Density refers to the number of people located in a given land area at a certain point of time, usually expressed in the number of permanent population per square kilometer.

Non-agricultural Population refers to a population classified by the status of permanent population, including (1) the permanent population under the jurisdiction of urban districts or sub-district offices in cities without urban districts; and (2) the permanent population under the jurisdiction of neighborhood committees of townships in cities and counties or villagers' committees where the township governments are located.

Sex Ratio refers to the ratio of the male population to the female population among the total population (or population grouped by age), usually expressed in the number of males per 100 females.

The following formula is used:

Sex Ration = Number of Male Population / Number of Female Population ×100

Birth Rate (or Crude Birth Rate) refers to the ratio of live births to the total number of population alive (or average population, mid-year population) during a certain period of time (usually one year), expressed in ‰.

Death Rate (or Crude Death Rate) refers to the ratio of deaths to the average population during a certain period of time (usually one year), expressed in ‰. Death rate reflects the death intensity of the population during the same period of time.

Natural Growth Rate refers to the ratio of natural increase in population (number of births minus number of deaths) during a certain period of time (usually one year) to the average population of the same period, expressed in ‰.

Immigration Rate (Emigration Rate) refers to the ratio of the number of immigration (emigration) to the average population during a certain period of time (usually one year), expressed in ‰.

Total Migration Rate refers to the ratio of the total number of migration (number of immigration plus number of emigration) to the average population during a certain period of time (usually one year),expressed in ‰.

Net Migration Rate refers to the ratio of the net number of migration (number of immigration minus number of emigration) to the average population during a certain period of time (usually one year), expressed in ‰

Net Migration Rate across Province refers to the ratio of the number of immigration from outside the province minus the number of emigration to outside the province (including those going abroad) to the average population during a certain period of time (usually one year), expressed in ‰.

五、从业人员和职工工资

EMPLOYMENT AND WAGES

五　从业人员和职工工资

简要说明

一、本篇资料反映广东劳动就业与工资的基本情况。主要内容包括全社会从业人员数、城镇以上单位在岗职工人数、城镇私营企业和个体工商业从业人数、在岗职工工资总额、平均工资和城镇登记失业率等。

二、本篇资料由广东省统计局人口和就业处整理提供。

三、本篇资料主要根据国家统计调查制度搜集汇总，部分由省人力资源和社会保障厅、省工商行政管理局等部门提供并加工整理。

四、本篇资料中的城镇单位从业人员、在岗职工及其工资统计范围只包括城镇以上国有、集体及其他经济类型单位，不包括私营企业和个体劳动者。

五、1998 年，劳动统计年报中对全部调查单位改按企业登记注册类型分组。即国有单位中不再包括国有联营和有限责任公司中的国有独资公司；城镇集体单位中不再包括集体联营和股份合作企业；其他单位则包括国有联营和有限责任公司中的国有独资公司，集体联营和股份合作企业。

5 Employment and Wages

Brief Introduction

Ⅰ. The data in this chapter show the basic conditions of labor employment and wages of Guangdong Province, mainly including the number of all employed persons, number of fully employed staff and workers in units in urban areas, number of the persons employed in urban private enterprises and self-employed persons in industry and commerce, total wages and average wage of fully employed staff and workers and registered urban unemployment rate, etc.

Ⅱ. The data in this chapter are prepared and provided by the Division of Population and Employment Statistics of Statistics Bureau of Guangdong Province.

Ⅲ. The data in this chapter are collected and tabulated mainly in accordance with the statistical survey scheme of the National Bureau of Statistics, part of which are processed and prepared from figures provided by Guangdong Provincial Department of Human Resources and Social Security, Guangdong Provincial Administration for Industry and Commerce and some other related organs.

Ⅳ. The statistical coverage of urban unit employed persons, fully employed staff and workers, staff and workers and wages in this chapter only includes state-owned units, collective-owned units and other types of ownership in urban areas, but excludes private enterprises and self-employed individuals.

Ⅴ. In annual labor reports since 1998, survey units are categorized by registration status. As a result, exclusively state-invested companies in state-owned joint ownership units and limited liability companies are no longer entered as state-owned units, and collective-owned joint ownership units and cooperative units are no longer entered as urban collective-owned units. These units excluded from the categories of state-owned joint ownership units and urban collective-owned units are now categorized as units of other types of ownership.

5-1 从业人员主要指标

Main Indicators of Employed Persons

指　标	Item	1995	2000	2005	2010	2011	2012
从业人员人数　（万人）	**Number of Employed Persons (10000 persons)**	**3551.20**	**3989.32**	**5022.97**	**5870.48**	**5960.74**	**5965.95**
#城镇单位从业人员	Urban Employed Persons	911.90	759.21	904.27	1118.52	1238.22	1303.98
国有单位	State-owned Units	548.98	425.52	380.19	400.65	423.88	430.33
城镇集体单位	Urban Collective-owned Units	202.36	105.97	68.70	57.66	62.83	55.28
其他各种单位	Units of Other Types of Ownership	160.56	227.73	455.38	660.21	751.51	818.38
#城镇私营企业从业人员	Employed Persons in Urban Private Enterprises	76.00	161.73	660.05	896.69	899.46	907.42
#城镇个体从业人员	Self-employed Individuals in Urban Areas	168.90	278.40	369.17	429.99	433.18	441.15
第一产业劳动者	Employed Persons in Primary Industry	1473.60	1593.68	1609.89	1435.17	1427.34	1418.38
第二产业劳动者	Employed Persons in Secondary Industry	1199.00	1114.86	1916.16	2487.25	2526.48	2509.69
第三产业劳动者	Employed Persons in Tertiary Industry	878.60	1280.78	1496.92	1948.06	2006.92	2037.88
城镇失业人员就业数	Employees from Urban Unemployed Persons	43.67	52.65	59.48	65.20	74.30	68.50
城镇单位从业人员工资总额（亿元）	**Earnings of Urban Employed Persons (100 million yuan)**	**734.14**	**1057.57**	**2143.29**	**4484.29**	**5574.90**	**6561.14**
国有单位	State-owned Units	458.86	612.17	1078.00	1951.16	2272.45	2545.59
城镇集体单位	Urban Collective-owned Units	124.32	93.04	90.36	129.01	154.47	171.77
其他各种单位	Units of Other Types of Ownership	150.96	352.37	974.93	2404.12	3147.99	3843.78
城镇单位从业人员平均工资（元）	**Average Labor Remuneration of Urban Employed Persons (yuan)**	**8250**	**13859**	**24122**	**40432**	**45060**	**50278**
国有单位	State-owned Units	8540	14296	28553	49027	53976	59423
城镇集体单位	Urban Collective-owned Units	6395	8605	13249	22453	25573	30947
其他各种单位	Units of Other Types of Ownership	9546	15538	22018	36779	41651	46814

注：2003年起城镇职工改为城镇从业人员,2000年的数据作了相应调整。2007年以前城镇个体从业人员的数据已作相应调整。2006-2010年从业人员人数，根据“六普”资料作了相应调整。

Note: Since 2003, the urban staff and workers have been referred to as the urban employed persons. The figures in 2000 are adjusted correspondingly. The data on self-employed individuals before 2007 have been adjusted accordingly.Figures of"Number of Employed Persons"from 2006 to 2010 have been adjusted in accordance with the results of the 6th population census.

5-2 从业人员年末人数

Number of Employed Persons at the Year-end

单位：万人 (10000 persons)

年份 Year	从业人员年末人数 Number of Employed Persons at the Year-end	#城镇单位从业人员 Urban Employed Persons	#城镇私营企业从业人员年末人数 Employed Persons in Urban Private Enterprises	#城镇个体从业人员年末人数 Self-employed Individuals in Urban Areas
1978	2275.95	515.85		
1979	2304.95	535.37		
1980	2367.78	563.62		
1981	2423.79	587.34		
1982	2521.38	608.12		
1983	2569.70	612.65		
1984	2637.49	631.77		
1985	2731.11	660.82		
1986	2811.92	686.20		
1987	2910.99	720.34		
1988	2994.72	747.67		
1989	3041.27	762.61		
1990	3118.10	785.49		
1991	3259.20	827.58	19.58	121.63
1992	3367.21	858.12	26.21	146.75
1993	3433.91	877.16	39.51	191.30
1994	3493.15	879.84	58.22	209.90
1995	3551.20	911.90	76.00	168.90
1996	3641.30	904.07	89.40	241.76
1997	3701.90	897.32	105.80	250.71
1998	3783.87	884.80	126.42	265.08
1999	3796.32	857.07	132.95	268.00
2000	3989.32	759.21	161.73	278.40
2001	4058.63	737.12	182.09	280.71
2002	4134.37	751.23	303.07	295.68
2003	4395.93	781.14	443.70	346.56
2004	4681.89	830.72	541.21	365.38
2005	5022.97	904.27	660.05	369.17
2006	5177.02	954.44	666.04	324.98
2007	5341.50	1001.46	733.14	371.53
2008	5471.72	1007.87	761.43	375.79
2009	5688.62	1055.03	834.06	433.40
2010	5870.48	1118.52	896.69	429.99
2011	5960.74	1238.22	899.46	433.18
2012	5965.95	1303.98	907.42	441.15

注：2007年以前城镇个体从业人员的数据已作相应调整。2006-2010年从业人员人数,根据“六普”资料作了相应调整。

Note: The data on self- employed individuals before 2007 have been adjusted accordingly . Figures of "Number of Employed Persons" from 2006 to 2010 have been adjusted in accordance with the results of the 6th population census.

5-3 按各种分组的从业人员年末人数

Number of Employed Persons at the Year-end by Grouping

单位：万人 (10000 persons)

项 目	Item	2000	2005	2010	2011	2012
从业人员总数	**Total Number of Employed Persons**	**3989.32**	**5022.97**	**5870.48**	**5960.74**	**5965.95**
按登记注册类型分组	Grouped by Status of Registration					
国有单位	State-owned Units	471.03	380.19	392.84	423.88	431.50
集体单位	Collective-owned Units	2368.89	2037.35	1856.34	1748.97	1713.34
股份合作单位	Cooperative Units	11.07	20.19	25.51	26.07	26.10
联营单位	Joint Ownership	7.28	16.53	15.99	17.69	15.46
有限责任公司	Limited Liability Corporations	38.29	205.69	307.64	314.74	348.01
股份有限公司	Share-holding Corporations Ltd.	29.79	52.33	87.29	100.04	105.14
外商投资单位	Foreign Funded Units	43.47	216.68	289.61	308.75	305.65
港澳台投资单位	Units Funded by Entrepreneurs from Hong Kong, Macao and Taiwan	103.74	602.72	732.06	734.23	705.12
私营企业	Private Enterprises	217.54	666.20	1039.69	1146.60	1167.90
个体经济	Individuals	308.88	732.92	1044.11	1066.55	1072.33
按国民经济行业分组	Grouped by Economic Sector					
农、林、牧、渔业	Farming, Forestry, Animal Husbandry and Fishery		1609.89	1435.17	1427.34	1419.75
采矿业	Mining and Quarrying		15.92	12.48	13.15	13.14
制造业	Manufacture		1666.23	2214.67	2235.86	2217.23
电力、热力、燃气及水生产和供应业	Production and Supply of Electric Power,Gas and Water		24.27	31.94	34.45	34.66
建筑业	Construction		209.74	228.17	243.02	247.31
批发和零售业	Wholesale and Retail Trade		562.18	763.92	792.02	790.16
交通运输、仓储和邮政业	Transport, Storage and Postal Services		117.65	160.53	162.38	160.58
住宿和餐饮业	Hotels and Catering Services		166.67	201.71	213.28	221.38
信息传输、软件和信息技术服务业	Information Transmission, Computer Services and Software		36.72	53.94	58.06	62.08
金融业	Finance		29.83	55.28	56.43	57.70
房地产业	Real Estate		44.31	69.58	71.33	73.74
租赁和商务服务业	Leasing and Business Services		61.11	90.21	88.66	91.12
科学研究、技术服务业	Scientific Research and Technical Services		16.35	26.41	31.35	33.42
水利、环境和公共设施管理业	Water Conservancy, Environment and Public Facilities Management		15.42	19.88	20.49	21.96
居民服务、修理和其他服务业	Resident Services and Other Services		179.84	159.15	167.18	168.22
教育	Education		113.18	131.55	136.36	138.45
卫生和社会工作	Health Care and Social Work		44.01	57.57	60.27	63.62
文化、体育和娱乐业	Culture, Sports and Recreation		17.03	25.63	23.82	24.57
公共管理、社会保障和社会组织	Public Administration and Social Organizations		92.61	132.71	125.30	126.86

注：2000年没有按新的行业分组进行整理，2003年起年末从业人员采用新的报表制度和行业分组进行统计。2006-2010年从业人员人数，根据“六普”资料作了相应调整。

Note: The figures of 2000 are not adjusted according to the new sector grouping. Since 2003,the number of employed persons at the yearend is calculated according to the new reporting system and sector grouping . Figures of "Number of Employed Persons" from 2006 to 2010 have been adjusted in accordance with the results of the 6th population census.

5-4 各市从业人员年末人数

Number of Employed Persons at the Year-end by City

单位：万人 (10000 persons)

市 别	City	2000	2005	2007	2008	2009	2010	2011	2012
广 州	Guangzhou	503.69	574.46	623.63	652.90	679.15	711.07	743.18	751.30
深 圳	Shenzhen	308.50	576.26	647.11	682.35	723.61	758.14	764.54	771.20
珠 海	Zhuhai	78.90	94.01	98.13	99.92	101.57	103.02	104.09	104.93
汕 头	Shantou	207.13	179.81	202.38	210.70	225.87	237.91	238.55	239.05
佛 山	Foshan	193.50	348.69	386.29	397.80	424.38	443.46	445.13	437.25
#顺 德	Shunde	42.99	90.31	98.69	102.13	136.00	159.07	160.72	155.71
韶 关	Shaoguan	142.20	138.44	140.93	141.01	141.26	142.51	142.65	143.10
河 源	Heyuan	151.05	118.20	124.74	127.96	130.55	133.15	135.47	136.59
梅 州	Meizhou	207.23	211.98	211.72	209.63	209.70	208.07	209.48	211.00
惠 州	Huizhou	186.70	222.62	236.47	243.74	252.16	260.14	267.94	270.04
汕 尾	Shanwei	136.01	117.78	120.59	119.98	119.25	119.15	119.23	119.45
东 莞	Dongguan	97.88	388.13	472.93	511.18	571.45	626.25	628.54	631.40
中 山	Zhongshan	122.45	188.85	197.26	199.73	204.34	207.34	208.64	208.84
江 门	Jiangmen	208.68	214.53	229.33	232.90	243.11	249.55	253.03	248.34
阳 江	Yangjiang	129.57	146.63	127.18	128.09	129.50	131.34	137.87	131.98
湛 江	Zhanjiang	314.87	305.00	312.77	312.78	318.07	319.78	329.13	331.64
茂 名	Maoming	279.31	287.36	283.36	276.77	277.09	273.18	275.58	278.30
肇 庆	Zhaoqing	202.63	215.05	216.23	211.85	212.33	213.05	215.13	215.55
清 远	Qingyuan	178.76	195.95	197.22	195.02	196.85	196.07	197.49	197.68
潮 州	Chaozhou	121.00	129.18	133.65	133.68	137.13	138.48	138.80	134.98
揭 阳	Jieyang	253.79	253.70	259.02	262.07	265.14	270.26	273.55	271.94
云 浮	Yunfu	131.20	114.30	120.56	121.66	126.10	128.57	132.73	131.41
按经济区域分	By Region								
珠三角	Pearl River Delta	1902.93	2822.60	3107.38	3232.38	3412.10	3572.01	3630.21	3638.83
东 翼	Eastern Region	717.93	680.47	715.64	726.43	747.39	765.79	770.13	765.42
西 翼	Western Region	723.75	738.99	723.31	717.64	724.66	724.30	742.58	741.92
山 区	Mountainous Region	810.44	778.87	795.18	795.28	804.47	808.37	817.81	819.78

注：2003年起从业人员数采用新的报表制度进行统计，部分市的数据有较大的波动。2006-2010年从业人员人数,根据“六普”资料作了相应调整。

Note: Since 2003, the number of employed persons is calculated according to the new reporting system, which leads to relatively big changes in the data of some cities. Figures of"Number of Employed Persons"from 2006 to 2010 have been adjusted in accordance with the results of the 6th population census.

5-5 各市按三次产业分从业人员年末人数

Number of Employed Persons at the Year-end by Strata of Industry by City

单位: 万人 (10000 persons)

市别	City	2011				2012			
		合计 Total	第一产业 Primary Industry	第二产业 Secondary Industry	第三产业 Tertiary Industry	合计 Total	第一产业 Primary Industry	第二产业 Secondary Industry	第三产业 Tertiary Industry
全省	**Provincial Total**	**5960.74**	**1427.34**	**2526.48**	**2006.92**	**5965.95**	**1418.38**	**2509.69**	**2037.88**
广州	Guangzhou	743.18	62.90	282.93	397.34	751.30	64.68	282.56	404.06
深圳	Shenzhen	764.54	0.32	382.91	381.31	771.20	0.13	373.24	397.82
珠海	Zhuhai	104.09	6.36	46.34	51.39	104.93	6.18	48.94	49.80
汕头	Shantou	238.55	70.28	104.77	63.50	239.05	68.68	106.88	63.49
佛山	Foshan	445.13	26.40	265.22	153.50	437.25	26.75	258.19	152.32
#顺德	Shunde	160.72	6.64	104.38	49.70	155.71	6.00	102.39	47.33
韶关	Shaoguan	142.65	60.29	31.08	51.28	143.10	59.13	31.32	52.65
河源	Heyuan	135.47	72.26	29.39	33.82	136.59	72.76	29.64	34.19
梅州	Meizhou	209.48	95.89	46.81	66.78	211.00	92.48	47.59	70.92
惠州	Huizhou	267.94	52.56	133.12	82.27	270.04	52.15	134.13	83.75
汕尾	Shanwei	119.23	53.60	31.70	33.93	119.45	52.89	31.81	34.75
东莞	Dongguan	628.54	5.88	478.87	143.79	631.40	6.01	480.95	144.44
中山	Zhongshan	208.64	10.03	141.49	57.11	208.84	10.01	140.83	57.99
江门	Jiangmen	253.03	76.53	110.37	66.12	248.34	76.31	104.69	67.35
阳江	Yangjiang	137.87	51.28	46.73	39.87	131.98	48.77	44.83	38.39
湛江	Zhanjiang	329.13	203.97	46.69	78.47	331.64	202.80	48.30	80.54
茂名	Maoming	275.58	148.57	56.08	70.94	278.30	147.20	57.36	73.74
肇庆	Zhaoqing	215.13	116.77	51.91	46.44	215.55	116.50	51.86	47.20
清远	Qingyuan	197.49	105.85	45.32	46.32	197.68	107.13	44.83	45.72
潮州	Chaozhou	138.80	37.88	68.14	32.78	134.98	39.01	65.16	30.82
揭阳	Jieyang	273.55	93.10	96.31	84.14	271.94	92.30	97.74	81.90
云浮	Yunfu	132.73	76.62	30.29	25.82	131.41	76.52	28.85	26.04
按经济区域分	By Region								
珠三角	Pearl River Delta	3630.21	357.76	1893.17	1379.28	3638.83	358.71	1875.38	1404.74
东翼	Eastern Region	770.13	254.86	300.92	214.36	765.42	252.87	301.59	210.95
西翼	Western Region	742.58	403.81	149.50	189.27	741.92	398.77	150.48	192.67
山区	Mountainous Region	817.81	410.90	182.89	224.01	819.78	408.03	182.23	229.52

注：2010年从业人员人数,根据"六普"资料作了相应调整。

Note: Figures of "Number of Employed Persons" from 2006 to 2010 have been adjusted in accordance with the results of the 6th population census.

5-6 城镇单位从业人员年末人数（2012年）

Number of Employed Persons in Urban Units at the Year-end (2012)

单位：万人　　(10000 persons)

项　目	Item	从业人员 Employed Persons	国有单位 State-owned Units	城镇集体单位 Urban Collective-owned Units	其他单位 Other Types of Ownership	在岗职工 Fully Employed Staff and Workers	国有单位 State-owned Units	城镇集体单位 Urban Collective-owned Units	其他单位 Other Types of Ownership
合　计	**Total**	**1303.98**	**430.33**	**55.28**	**818.38**	**1262.06**	**419.20**	**53.10**	**789.76**
按企业、事业和机关分	Grouped by Enterprises,Institutions and Agencies								
企业	Enterprises	999.06	133.49	52.01	813.56	964.33	129.18	49.88	785.26
事业	Institutions	208.12	202.88	3.09	2.16	202.59	197.55	3.04	2.00
机关	Agencies	93.66	93.65			92.22	92.22		
民营非盈利组织	Private Non-profit Organizations	1.75	0.09	0.08	1.58	1.61	0.08	0.08	1.45
其他	Others	1.40	0.22	0.10	1.08	1.31	0.17	0.10	1.05
按国民经济行业分	Grouped by Economic Sector								
农、林、牧、渔业	Farming, Forestry, Animal Husbandry and Fishery	7.23	6.81	0.10	0.31	7.11	6.72	0.10	0.29
采矿业	Mining and Quarrying	3.44	1.60	0.17	1.67	3.38	1.56	0.17	1.65
制造业	Manufacture	540.94	9.65	12.88	518.41	536.64	9.42	12.68	514.54
电力、热力、燃气及水生产和供应业	Production and Supply of Electric Power, Gas and Water	20.08	12.82	1.28	5.98	19.97	12.77	1.26	5.94
建筑业	Construction	107.58	22.72	20.77	64.09	89.13	20.92	19.29	48.93
批发和零售业	Wholesale and Retail Trade	64.97	10.98	2.96	51.04	63.91	10.72	2.89	50.31
交通运输、仓储和邮政业	Transport, Storage and Postal Services	61.80	27.72	1.44	32.64	60.30	27.34	1.43	31.53
住宿和餐饮业	Hotels and Catering Services	32.28	4.72	0.86	26.70	31.47	4.58	0.85	26.05
信息传输、软件和信息技术服务业	Information Transmission, Computer Services and Software	18.59	4.90	0.23	13.46	18.40	4.82	0.23	13.34
金融业	Finance	47.59	13.35	4.34	29.90	42.16	12.41	4.30	25.45
房地产业	Real Estate	34.86	4.33	1.46	29.07	33.99	4.25	1.39	28.36
租赁和商务服务业	Leasing and Business Services	37.03	14.46	4.83	17.73	35.82	14.33	4.64	16.85
科学研究、技术服务业	Scientific Research and Technical Services	21.25	10.86	0.35	10.04	20.62	10.50	0.33	9.79
水利、环境和公共设施管理业	Water Conservancy, Environment and Public Facilities Management	14.31	11.23	0.85	2.23	13.84	10.86	0.84	2.14
居民服务、修理和其他服务业	Resident Services and Other Services	5.84	2.04	0.43	3.38	5.76	1.99	0.42	3.35
教育	Education	117.69	110.01	0.73	6.96	114.91	107.64	0.71	6.56
卫生和社会工作	Health Care and Social Work	56.11	52.57	1.48	2.06	54.37	50.90	1.47	2.00
文化、体育和娱乐业	Culture, Sports and Recreation	9.47	6.77	0.11	2.59	9.04	6.38	0.10	2.56
公共管理、社会保障和社会组织	Public Administration and Social Organizations	102.93	102.77	0.01	0.14	101.25	101.11	0.01	0.12
按产业分	Grouped by Industry								
第一产业	Primary Industry	6.17	5.81	0.06	0.29	6.06	5.73	0.06	0.27
第二产业	Secondary Industry	670.31	46.32	35.09	588.90	647.44	44.22	33.39	569.83
第三产业	Tertiary Industry	627.50	378.19	20.12	229.19	608.56	369.25	19.65	219.66

5-7 各市城镇单位从业人员和在岗职工（2012年）

Number of Employed Persons and of Fully Employed Staff and Workers in Urban Units by City (2012)

单位：万人 (10000 persons)

市别	City	从业人员 Employed Persons 合计 Total	国有单位 State-owned Units	城镇集体单位 Urban Collective-owned Units	其他单位 Other Types of Ownership	在岗职工 Fully Employed Staff and Workers 合计 Total	国有单位 State-owned Units	城镇集体单位 Urban Collective-owned Units	其他单位 Other Types of Ownership
年末人数	**Year-end Number**								
广州	Guangzhou	326.85	97.83	10.61	218.40	310.23	95.36	10.18	204.69
深圳	Shenzhen	280.01	50.05	1.67	228.29	277.90	49.58	1.66	226.66
珠海	Zhuhai	65.44	11.31	2.35	51.79	64.04	11.10	2.28	50.67
汕头	Shantou	53.01	22.07	3.36	27.58	50.76	21.23	3.22	26.31
佛山	Foshan	64.95	20.65	2.04	42.26	60.74	19.58	2.03	39.13
#顺德	Shunde	23.69	6.71	0.23	16.76	22.65	6.51	0.23	15.92
韶关	Shaoguan	34.81	15.13	2.94	16.74	32.03	14.75	2.61	14.66
河源	Heyuan	23.77	10.71	1.18	11.88	23.72	10.69	1.16	11.87
梅州	Meizhou	24.00	16.46	1.59	5.95	23.11	16.22	1.48	5.40
惠州	Huizhou	88.99	18.61	2.42	67.96	87.22	18.39	2.41	66.43
汕尾	Shanwei	17.52	9.38	1.89	6.26	16.91	9.03	1.68	6.20
东莞	Dongguan	25.29	14.70	3.56	7.04	25.02	14.50	3.54	6.98
中山	Zhongshan	32.98	8.87	1.03	23.09	32.01	8.28	1.01	22.72
江门	Jiangmen	53.27	14.57	2.13	36.58	50.93	13.36	1.96	35.61
阳江	Yangjiang	18.44	9.98	3.59	4.87	17.90	9.73	3.47	4.71
湛江	Zhanjiang	44.35	29.17	3.94	11.24	43.37	28.69	3.86	10.83
茂名	Maoming	38.32	21.23	3.34	13.75	36.99	20.95	3.28	12.75
肇庆	Zhaoqing	31.80	15.14	1.61	15.05	30.60	14.22	1.47	14.91
清远	Qingyuan	26.90	12.62	0.81	13.47	26.30	12.33	0.73	13.23
潮州	Chaozhou	13.14	7.74	1.50	3.91	12.82	7.51	1.46	3.85
揭阳	Jieyang	22.99	15.29	2.75	4.94	22.50	14.96	2.63	4.91
云浮	Yunfu	17.14	8.81	0.99	7.33	16.97	8.73	0.98	7.25
年平均人数	**Annual Average Number**								
广州	Guangzhou	324.39	96.67	10.72	217.00	308.93	94.21	10.30	204.42
深圳	Shenzhen	280.42	49.71	1.63	229.08	278.29	49.21	1.62	227.45
珠海	Zhuhai	66.69	11.27	2.39	53.04	65.32	11.05	2.31	51.96
汕头	Shantou	53.61	22.04	3.44	28.12	51.21	21.16	3.33	26.72
佛山	Foshan	65.55	20.67	2.05	42.82	61.94	19.60	2.03	40.31
#顺德	Shunde	23.79	6.74	0.23	16.83	22.73	6.53	0.23	15.97
韶关	Shaoguan	34.45	15.12	2.90	16.42	32.11	14.75	2.58	14.77
河源	Heyuan	23.92	10.68	1.18	12.06	23.88	10.66	1.17	12.05
梅州	Meizhou	23.75	16.30	1.54	5.91	22.88	16.07	1.44	5.36
惠州	Huizhou	87.74	18.54	2.33	66.87	86.02	18.32	2.32	65.39
汕尾	Shanwei	17.57	9.30	2.13	6.14	16.71	8.95	1.66	6.09
东莞	Dongguan	25.42	14.55	3.53	7.34	25.16	14.36	3.51	7.28
中山	Zhongshan	33.47	8.75	1.11	23.61	32.49	8.17	1.08	23.24
江门	Jiangmen	54.24	14.49	2.25	37.50	51.89	13.30	2.09	36.51
阳江	Yangjiang	18.22	9.96	3.51	4.75	17.64	9.69	3.37	4.58
湛江	Zhanjiang	44.43	29.50	3.89	11.05	43.50	29.03	3.80	10.67
茂名	Maoming	37.76	21.09	3.28	13.39	36.30	20.82	3.21	12.27
肇庆	Zhaoqing	32.11	15.22	1.64	15.25	30.94	14.30	1.52	15.12
清远	Qingyuan	27.35	12.42	0.80	14.13	26.74	12.14	0.72	13.88
潮州	Chaozhou	13.43	8.08	1.49	3.86	13.07	7.82	1.46	3.80
揭阳	Jieyang	22.95	15.28	2.74	4.93	22.45	14.94	2.62	4.89
云浮	Yunfu	17.51	8.75	0.94	7.81	17.34	8.67	0.94	7.73

5-8 各市城镇单位各行业在岗职工年末人数（2012年）

Number of Fully Employed Staff and Workers in Urban Units at the Year-end by Sector and by City (2012)

单位：万人 (10000 persons)

市 别	City	合计 Total	农、林、牧、渔业 Farming, Forestry, Animal Husbandry and Fishery	采矿业 Mining and Quarrying	制造业 Manuf-acture	电力、热力、燃气及水的生产和供应业 Production and Supply of Electric Power,Gas and Water	建筑业 Const-ruction	批发和零售业 Transport, Storage and Postal Services	交通运输、仓储和邮政业 Information Transmi-ssion, Computer Services and Software	住宿和餐饮业 Wholesale and Retail Trade	信息传输、软件和信息技术服务业 Hotels and Catering Services
广 州	Guangzhou	310.23	0.23	0.05	117.12	3.19	17.96	26.54	22.95	13.61	5.08
深 圳	Shenzhen	277.90	0.08	0.17	126.15	1.51	17.10	16.40	19.82	8.96	5.19
珠 海	Zhuhai	64.04	0.72	0.01	41.66	0.60	1.86	2.50	1.80	1.44	1.20
汕 头	Shantou	50.76	0.05	0.02	19.73	0.96	10.23	2.47	0.88	0.73	0.53
佛 山	Foshan	60.74	0.03	0.03	31.03	1.13	2.24	1.19	1.50	0.80	1.03
#顺 德	Shunde	22.65	0.01		13.15	0.25	0.68	0.40	0.19	0.30	0.09
韶 关	Shaoguan	32.03	0.39	0.87	11.47	1.30	3.85	0.56	1.18	0.39	0.29
河 源	Heyuan	23.72	0.08	0.28	10.40	0.60	0.91	0.42	0.61	0.31	0.27
梅 州	Meizhou	23.11	0.10	0.11	3.61	1.21	1.57	0.75	0.54	0.07	0.36
惠 州	Huizhou	87.22	0.10	0.02	60.74	1.00	3.09	2.20	1.23	1.00	0.48
汕 尾	Shanwei	16.91	0.77	0.03	6.92	0.49	0.54	0.45	0.30	0.08	0.29
东 莞	Dongguan	25.02	0.09	0.01	7.69	0.56	0.29	0.74	0.88	0.07	0.25
中 山	Zhongshan	32.01	…		18.59	0.73	0.47	0.97	1.26	0.55	0.40
江 门	Jiangmen	50.93	0.04	0.04	27.46	0.91	4.42	1.53	0.86	1.15	0.34
阳 江	Yangjiang	17.90	0.46	0.03	2.74	0.39	3.88	0.84	0.71	0.25	0.28
湛 江	Zhanjiang	43.37	2.21	0.96	7.82	0.99	5.96	1.74	2.30	0.49	0.47
茂 名	Maoming	36.99	0.92	0.20	5.15	0.76	8.27	1.86	1.09	0.36	0.40
肇 庆	Zhaoqing	30.60	0.10	0.16	12.74	0.61	1.53	1.00	0.79	0.46	0.35
清 远	Qingyuan	26.30	0.17	0.05	11.62	0.82	0.69	0.33	0.51	0.30	0.32
潮 州	Chaozhou	12.82	0.02	…	3.54	0.84	0.97	0.21	0.36	0.09	0.30
揭 阳	Jieyang	22.50	0.48		4.32	0.89	2.25	0.77	0.47	0.21	0.40
云 浮	Yunfu	16.97	0.05	0.34	6.15	0.48	1.05	0.43	0.25	0.15	0.19
按经济区域分	By Region										
珠 三 角	Pearl River Delta	938.69	1.40	0.50	443.18	10.25	48.97	53.06	51.09	28.04	14.31
东 翼	Eastern Region	102.99	1.32	0.06	34.50	3.18	13.99	3.91	2.01	1.11	1.51
西 翼	Western Region	98.26	3.59	1.19	15.71	2.14	18.11	4.44	4.10	1.10	1.15
山 区	Mountainous Region	122.13	0.80	1.64	43.25	4.40	8.06	2.49	3.09	1.22	1.42

5-8 续表 continued

单位：万人 (10000 persons)

市别	City	金融业 Finance	房地产业 Real Estate	租赁和商务服务业 Leasing and Business Services	科学研究、技术服务业 Scientific Research, Technical Services and Geological Prospecting	水利、环境和公共设施管理业 Water Conservancy, Environment and Public Facilities Management	居民服务、修理和其他服务业 Resident Services and Other Services	教育 Education	卫生和社会工作 Health Care, Social Security and Social Welfare	文化、体育和娱乐业 Culture, Sports and Recreation	公共管理、社会保障和社会组织 Public Administration and Social Organizations
广　州	Guangzhou	8.72	12.53	12.11	9.04	3.59	2.29	21.02	12.78	3.24	18.19
深　圳	Shenzhen	12.54	13.52	16.79	5.99	1.39	2.44	8.75	5.51	1.93	13.65
珠　海	Zhuhai	1.26	1.71	1.03	0.58	0.65	0.13	2.26	1.12	0.34	3.18
汕　头	Shantou	1.15	0.54	0.29	0.34	0.64	0.07	6.10	2.11	0.21	3.70
佛　山	Foshan	2.91	0.71	0.60	0.78	0.90	0.09	6.54	4.27	0.21	4.74
#顺　德	Shunde	0.89	0.19	0.35	0.18	0.14	0.04	2.93	1.39	0.06	1.41
韶　关	Shaoguan	0.73	0.36	0.37	0.36	0.58	0.07	3.58	1.62	0.17	3.90
河　源	Heyuan	0.52	0.27	0.24	0.17	0.19	0.04	3.70	1.26	0.17	3.29
梅　州	Meizhou	0.93	0.29	0.21	0.41	0.62	0.03	5.81	2.12	0.18	4.20
惠　州	Huizhou	1.41	1.08	0.74	0.50	0.77	0.08	4.56	2.21	0.39	5.63
汕　尾	Shanwei	0.32	0.06	0.19	0.06	0.14	0.01	3.04	0.73	0.12	2.38
东　莞	Dongguan	2.80	0.05	0.25	0.20	0.06	0.02	2.74	3.42	0.17	4.71
中　山	Zhongshan	1.28	0.49	0.52	0.19	0.15	0.03	2.49	1.63	0.22	2.05
江　门	Jiangmen	1.57	0.41	0.20	0.25	0.56	0.13	4.27	2.22	0.18	4.38
阳　江	Yangjiang	0.52	0.26	0.22	0.14	0.39	0.02	2.76	1.10	0.08	2.83
湛　江	Zhanjiang	1.25	0.39	0.82	0.45	0.87	0.05	8.71	2.87	0.43	4.60
茂　名	Maoming	1.01	0.39	0.32	0.33	0.65	0.02	8.35	2.45	0.22	4.24
肇　庆	Zhaoqing	0.88	0.30	0.39	0.24	0.48	0.06	4.47	2.08	0.21	3.76
清　远	Qingyuan	0.78	0.17	0.08	0.19	0.32	0.11	3.81	1.62	0.16	4.24
潮　州	Chaozhou	0.50	0.12	0.10	0.17	0.25	0.03	2.74	0.91	0.11	1.55
揭　阳	Jieyang	0.64	0.23	0.26	0.16	0.45	0.03	6.14	1.33	0.21	3.26
云　浮	Yunfu	0.45	0.11	0.08	0.07	0.18	0.02	3.08	1.02	0.10	2.76
按经济区域分 By Region											
珠三角	Pearl River Delta	33.37	30.79	32.64	17.76	8.56	5.26	57.10	35.24	6.89	60.30
东　翼	Eastern Region	2.60	0.96	0.84	0.74	1.48	0.14	18.02	5.08	0.64	10.89
西　翼	Western Region	2.78	1.04	1.36	0.92	1.92	0.09	19.82	6.42	0.73	11.66
山　区	Mountainous Region	3.41	1.21	0.98	1.21	1.89	0.27	19.98	7.63	0.78	18.40

5-9 城镇单位女性从业人员年末人数（2012年）

Number of Females Employed in Urban Units at the Year-end (2012)

单位：万人 (10000 persons)

行业	Sector	合计 Total	国有单位 State-owned Units	城镇集体单位 Urban Collective-owned Units	其他单位 Other Types of Ownership
合 计	**Total**	**520.52**	**169.46**	**17.99**	**333.08**
农、林、牧、渔业	Farming, Forestry, Animal Husbandry and Fishery	2.29	2.18	0.02	0.09
采矿业	Mining and Quarrying	0.80	0.44	0.05	0.32
制造业	Manufacture	238.92	3.28	7.83	227.81
电力、热力、燃气及水生产和供应业	Production and Supply of Electric Power, Gas and Water	5.19	3.28	0.37	1.54
建筑业	Construction	12.18	2.41	2.39	7.38
批发和零售业	Wholesale and Retail Trade	30.57	4.11	1.09	25.38
交通运输、仓储和邮政业	Transport, Storage and Postal Services	16.11	7.70	0.40	8.01
住宿和餐饮业	Hotels and Catering Services	16.24	2.42	0.50	13.33
信息传输、软件和信息技术服务业	Information Transmission, Computer Services and Software	6.88	1.52	0.10	5.26
金融业	Finance	23.74	6.71	1.77	15.26
房地产业	Real Estate	11.34	1.49	0.48	9.37
租赁和商务服务业	Leasing and Business Services	9.74	2.68	0.79	6.27
科学研究、技术服务业	Scientific Research and Technical Services	6.65	3.38	0.09	3.17
水利、环境和公共设施管理业	Water Conservancy, Environment and Public Facilities Management	5.91	4.46	0.44	1.01
居民服务、修理和其他服务业	Resident Services and Other Services	2.53	0.74	0.14	1.65
教育	Education	64.15	59.05	0.55	4.55
卫生和社会工作	Health Care and Social Work	34.90	32.63	0.94	1.33
文化、体育和娱乐业	Culture, Sports and Recreation	4.06	2.73	0.05	1.28
公共管理、社会保障和社会组织	Public Administration and Social Organizations	28.32	28.25	...	0.07

5-10 城镇单位职工工资总额与年平均工资
Total Wages Bill and Average Wage of Staff and Workers in Urban Units

年份 Year	工资总额（亿元） Total Wages Bill (100 million yuan)				平均工资（元） Average Wage (yuan)			
	合计 Total	国有单位 State-owned Units	城镇集体单位 Urban Collective-owned Units	其他单位 Other Types of Ownership	合计 Total	国有单位 State-owned Units	城镇集体单位 Urban Collective-owned Units	其他单位 Other Types of Ownership
1978	30.59	22.67	7.92		615	638	558	
1979	35.56	26.37	9.19		685	718	605	
1980	42.83	32.00	10.83		789	828	691	
1981	49.40	37.01	12.39		873	912	774	
1982	56.69	43.03	13.66		961	1000	856	
1983	60.85	46.25	14.60		1021	1061	907	
1984	72.82	52.66	19.59	0.57	1187	1261	1017	1697
1985	88.91	63.42	23.85	1.64	1393	1458	1216	2209
1986	102.13	73.10	26.69	2.34	1541	1619	1330	2198
1987	121.10	84.99	31.99	4.12	1743	1805	1544	2469
1988	162.76	113.60	41.23	7.93	2250	2320	1979	3134
1989	200.39	139.38	47.74	13.27	2678	2763	2302	3641
1990	223.29	154.96	50.06	18.27	2929	3000	2508	3972
1991	268.19	179.81	60.15	28.23	3358	3383	2931	4558
1992	334.61	222.27	72.06	40.28	4027	4059	3510	5157
1993	455.33	300.91	83.79	70.63	5327	5431	4388	6435
1994	612.73	401.80	107.03	103.90	7117	7410	5565	8216
1995	734.14	458.86	124.32	150.96	8250	8540	6395	9546
1996	803.50	512.22	124.35	166.93	9127	9494	6799	10569
1997	858.35	539.95	120.36	198.04	9698	10032	6814	11635
1998	899.68	530.11	105.59	263.98	10233	10432	6671	12410
1999	970.70	567.54	101.72	301.44	11309	11579	7025	13492
2000	1038.38	604.59	91.81	341.98	13823	14387	8615	15240
2001	1146.11	663.85	82.67	399.59	15682	16779	9040	16392
2002	1306.32	737.63	80.26	488.43	17814	19696	9881	17597
2003	1515.58	841.02	83.52	591.05	19986	22944	10836	18782
2004	1771.05	942.39	84.73	743.94	22116	25979	11937	20267
2005	2085.64	1058.97	88.63	938.04	23959	28835	13240	21500
2006	2413.63	1165.88	94.91	1152.84	26186	31352	14520	23794
2007	2854.99	1343.92	104.01	1407.06	29443	36396	16328	26215
2008	3294.17	1520.88	110.28	1663.02	33110	40775	18461	29580
2009	3698.34	1687.96	114.71	1895.66	36355	44964	20347	32377
2010	4363.82	1913.19	125.99	2324.64	40358	49610	22470	36347
2011	5444.34	2235.58	149.68	3059.08	45152	54739	25679	41390
2012	6397.01	2508.29	165.71	3723.02	50577	60116	31219	46860

注：从2000年起统计口径为在岗职工。

Note: Since 2000, statistical coverage refers to the fully employed staff and workers.

5-11 各市城镇单位从业人员工资总额和在岗职工年平均工资（2012年）

Earnings of Employed Persons and Wages of Fully Employed Staff and Workers in Urban Units by City (2012)

市 别	City	从业人员工资 Earnings of Employed Persons				在岗职工工资 Wages of Fully Employed Staff and Workers			
		合计 Total	国有单位 State-owned Units	城镇集体单位 Urban Collective-owned Units	其他单位 Other Types of Ownership	合计 Total	国有单位 State-owned Units	城镇集体单位 Urban Collective-owned Units	其他单位 Other Types of Ownership
总额 （亿元）Total(100 million yuan)									
广 州	Guangzhou	2030.59	805.73	36.58	1188.29	1969.51	794.45	35.64	1139.43
深 圳	Shenzhen	1670.00	448.14	5.62	1216.24	1642.18	445.34	5.59	1191.25
珠 海	Zhuhai	325.61	78.45	10.31	236.85	316.70	77.62	10.10	228.98
汕 头	Shantou	200.11	93.80	7.49	98.81	193.14	91.30	7.28	94.56
佛 山	Foshan	295.42	118.29	10.07	167.06	286.20	115.35	10.01	160.83
#顺 德	Shunde	105.23	34.47	0.98	69.78	102.70	33.77	0.98	67.95
韶 关	Shaoguan	136.87	69.74	8.93	58.20	128.85	68.83	8.19	51.83
河 源	Heyuan	85.49	42.12	2.88	40.50	85.35	42.08	2.84	40.44
梅 州	Meizhou	87.11	63.78	3.88	19.46	84.94	63.22	3.68	18.05
惠 州	Huizhou	365.83	101.84	8.35	255.64	357.05	101.17	8.32	247.56
汕 尾	Shanwei	60.68	31.18	6.65	22.85	58.12	30.52	4.85	22.75
东 莞	Dongguan	144.94	96.81	12.70	35.43	143.41	96.03	12.65	34.74
中 山	Zhongshan	185.44	61.26	4.47	119.72	180.28	58.75	4.36	117.17
江 门	Jiangmen	205.16	67.32	6.81	131.03	197.11	62.59	6.50	128.02
阳 江	Yangjiang	60.89	34.28	9.98	16.63	59.73	33.77	9.69	16.27
湛 江	Zhanjiang	149.64	102.96	8.44	38.24	147.74	101.97	8.33	37.45
茂 名	Maoming	137.22	74.33	9.79	53.10	133.10	73.85	9.65	49.61
肇 庆	Zhaoqing	123.71	70.49	4.24	48.97	121.15	68.47	4.06	48.61
清 远	Qingyuan	120.99	70.68	3.67	46.63	119.25	69.94	3.42	45.89
潮 州	Chaozhou	44.51	29.95	2.54	12.02	43.67	29.35	2.49	11.83
揭 阳	Jieyang	69.98	48.10	6.12	15.76	69.04	47.53	5.85	15.66
云 浮	Yunfu	60.94	36.34	2.23	22.37	60.49	36.16	2.23	22.10
平均工资(元) Average Wage (yuan)									
广 州	Guangzhou	62598	83351	34114	54760	63752	84328	34591	55740
深 圳	Shenzhen	59554	90149	34567	53092	59010	90492	34444	52374
珠 海	Zhuhai	48823	69636	43148	44658	48486	70218	43751	44072
汕 头	Shantou	37328	42556	21768	35135	37716	43147	21900	35385
佛 山	Foshan	45068	57220	49054	39011	46203	58860	49230	39897
#顺 德	Shunde	44228	51179	42579	41468	45181	51703	42653	42550
韶 关	Shaoguan	39734	46127	30750	35437	40133	46652	31707	35095
河 源	Heyuan	35735	39441	24352	33571	35747	39471	24377	33552
梅 州	Meizhou	36677	39118	25155	32944	37129	39335	25488	33649
惠 州	Huizhou	41694	54935	35823	38228	41506	55221	35895	37862
汕 尾	Shanwei	34539	33532	31188	37229	34786	34095	29148	37342
东 莞	Dongguan	57019	66530	35962	48294	57007	66857	35977	47726
中 山	Zhongshan	55413	70005	40327	50713	55480	71887	40271	50419
江 门	Jiangmen	37824	46462	30261	34940	37983	47066	31148	35064
阳 江	Yangjiang	33421	34426	28407	35028	33858	34842	28772	35514
湛 江	Zhanjiang	33678	34908	21719	34599	33965	35124	21911	35103
茂 名	Maoming	36344	35244	29868	39662	36671	35474	30050	40435
肇 庆	Zhaoqing	38524	46315	25909	32104	39151	47885	26682	32147
清 远	Qingyuan	44242	56903	45885	33016	44590	57603	47541	33055
潮 州	Chaozhou	33148	37056	17052	31177	33404	37535	17079	31158
揭 阳	Jieyang	30493	31488	22317	31954	30752	31820	22338	31996
云 浮	Yunfu	34811	41519	23772	28626	34885	41689	23801	28591

5-12 城镇单位从业人员工资总额（2012年）

Earnings of Employed Persons in Urban Units (2012)

单位：亿元 (100 million yuan)

项　目	Item	合计 Total	国有单位 State-owned Units	城镇集体单位 Urban Collective-owned Units	其他单位 Other Types of Ownership
合　计	**Total**	**6561.14**	**2545.59**	**171.77**	**3843.78**
按企业、事业和机关分	Grouped by Enterprises, Institutions and Agencies				
企业	Enterprises	4782.09	802.66	158.76	3820.66
事业	Institutions	1182.49	1159.37	11.93	11.19
机关	Agencies	581.85	581.85	0.01	
民营非盈利组织	Private Non-profit Organizations	9.81	0.66	0.59	8.56
其他	Others	4.90	1.05	0.49	3.37
按国民经济行业分	Grouped by Economic Sector				
农、林、牧、渔业	Farming, Forestry, Animal Husbandry and Fishery	14.84	13.62	0.24	0.98
采矿业	Mining and Quarrying	19.63	8.95	0.55	10.13
制造业	Manufacture	2306.77	54.84	39.69	2212.23
电力、热力、燃气及水生产和供应业	Production and Supply of Electric Power, Gas and Water	146.88	90.65	7.52	48.71
建筑业	Construction	378.23	94.31	50.97	232.94
批发和零售业	Wholesale and Retail Trade	305.31	51.81	6.79	246.71
交通运输、仓储和邮政业	Transport, Storage and Postal Services	356.11	166.54	4.29	185.27
住宿和餐饮业	Hotels and Catering Services	100.05	18.65	2.42	78.98
信息传输、软件和信息技术服务业	Information Transmission, Computer Services and Software	148.39	39.84	1.23	107.32
金融业	Finance	478.21	153.06	22.64	302.51
房地产业	Real Estate	170.20	20.72	5.17	144.31
租赁和商务服务业	Leasing and Business Services	187.76	67.35	14.72	105.68
科学研究、技术服务业	Scientific Research and Technical Services	177.77	90.08	1.59	86.11
水利、环境和公共设施管理业	Water Conservancy, Environment and Public Facilities Management	59.21	46.40	2.60	10.21
居民服务、修理和其他服务业	Resident Services and Other Services	21.44	9.33	0.96	11.16
教育	Education	632.75	591.77	3.49	37.50
卫生和社会工作	Health Care and Social Work	363.93	345.2	6.45	12.28
文化、体育和娱乐业	Culture, Sports and Recreation	52.29	41.78	0.41	10.10
公共管理、社会保障和社会组织	Public Administration and Social Organizations	641.39	640.70	0.03	0.65
按产业分	Grouped by Industry				
第一产业	Primary Industry	12.55	11.46	0.17	0.93
第二产业	Secondary Industry	2838.09	245.74	98.71	2493.63
第三产业	Tertiary Industry	3710.50	2288.39	72.89	1349.22

5-13 城镇单位在岗职工工资总额（2012年）

Total Wages Bill of Fully Employed Staff and Workers in Urban Units (2012)

单位：亿元 (100 million yuan)

项目	Item	合计 Total	国有单位 State-owned Units	城镇集体单位 Urban Collective-owned Units	其他单位 Other Types of Ownership
合计	**Total**	**6397.01**	**2508.29**	**165.71**	**3723.02**
按企业、事业和机关分	Grouped by Enterprises, Institutions and Agencies				
企业	Enterprises	4641.02	787.10	152.85	3701.08
事业	Institutions	1164.01	1141.67	11.78	10.56
机关	Agencies	577.95	577.94	0.01	
民营非盈利组织	Private Non-profit Organizations	9.32	0.63	0.59	8.10
其他	Others	4.71	0.94	0.49	3.28
按国民经济行业分	Grouped by Economic Sector				
农、林、牧、渔业	Farming, Forestry, Animal Husbandry and Fishery	14.61	13.44	0.24	0.94
采矿业	Mining and Quarrying	19.47	8.84	0.55	10.08
制造业	Manufacture	2270.86	54.00	37.93	2178.92
电力、热力、燃气及水生产和供应业	Production and Supply of Electric Power, Gas and Water	146.39	90.51	7.50	48.37
建筑业	Construction	330.20	89.45	47.71	193.04
批发和零售业	Wholesale and Retail Trade	299.21	51.08	6.67	241.46
交通运输、仓储和邮政业	Transport, Storage and Postal Services	350.83	165.12	4.27	181.45
住宿和餐饮业	Hotels and Catering Services	97.58	18.04	2.39	77.15
信息传输、软件和信息技术服务业	Information Transmission, Computer Services and Software	147.05	39.59	1.21	106.24
金融业	Finance	453.25	148.50	22.57	282.18
房地产业	Real Estate	166.92	20.38	5.01	141.54
租赁和商务服务业	Leasing and Business Services	181.69	66.96	14.38	100.35
科学研究、技术服务业	Scientific Research and Technical Services	172.85	88.12	1.52	83.20
水利、环境和公共设施管理业	Water Conservancy, Environment and Public Facilities Management	58.04	45.62	2.55	9.88
居民服务、修理和其他服务业	Resident Services and Other Services	21.09	9.15	0.95	10.99
教育	Education	623.13	584.84	3.44	34.85
卫生和社会工作	Health Care and Social Work	356.41	338.05	6.40	11.97
文化、体育和娱乐业	Culture, Sports and Recreation	50.65	40.43	0.39	9.83
公共管理、社会保障和社会组织	Public Administration and Social Organizations	636.78	636.17	0.03	0.58
按产业分	Grouped by Industry				
第一产业	Primary Industry	12.35	11.30	0.16	0.89
第二产业	Secondary Industry	2753.80	239.97	93.66	2420.16
第三产业	Tertiary Industry	3630.86	2257.02	71.88	1301.97

5-14 城镇单位从业人员年平均工资（2012年）

Average Earning of Employed Persons in Urban Units (2012)

单位：元 (yuan)

项目	Item	合计 Total	国有单位 State-owned Units	城镇集体单位 Urban Collective-owned Units	其他单位 Other Types of Ownership
合 计	**Total**	**50278**	**59423**	**30947**	**46814**
按企业、事业和机关分	Grouped by Enterprises, Institutions and Agencies				
企业	Enterprises	47741	60370	30341	46799
事业	Institutions	57070	57381	39676	52114
机关	Agencies	62514	62515	24000	
民营非盈利组织	Private Non-profit Organizations	59133	76463	78247	57171
其他	Others	36141	47721	51120	32331
按国民经济行业分	Grouped by Economic Sector				
农、林、牧、渔业	Farming, Forestry, Animal Husbandry and Fishery	20315	19739	23889	32239
采矿业	Mining and Quarrying	56370	55531	32022	59634
制造业	Manufacture	41712	56710	29039	41765
电力、热力、燃气及水生产和供应业	Production and Supply of Electric Power, Gas and Water	72974	70447	58923	81406
建筑业	Construction	36540	41848	25006	38447
批发和零售业	Wholesale and Retail Trade	48345	47024	22845	50183
交通运输、仓储和邮政业	Transport, Storage and Postal Services	58895	61163	29432	58304
住宿和餐饮业	Hotels and Catering Services	31378	41071	27628	29840
信息传输、软件和信息技术服务业	Information Transmission, Computer Services and Software	80595	81385	53888	80761
金融业	Finance	101308	114570	52802	102351
房地产业	Real Estate	49644	48054	35408	50614
租赁和商务服务业	Leasing and Business Services	51342	46081	31000	61427
科学研究、技术服务业	Scientific Research and Technical Services	85565	83961	45456	88781
水利、环境和公共设施管理业	Water Conservancy, Environment and Public Facilities Management	41107	41404	30080	43761
居民服务、修理和其他服务业	Resident Services and Other Services	36844	45968	23321	33008
教育	Education	53743	53688	48489	55198
卫生和社会工作	Health Care and Social Work	65942	66695	45755	60738
文化、体育和娱乐业	Culture, Sports and Recreation	56081	61978	38572	40781
公共管理、社会保障和社会组织	Public Administration and Social Organizations	62700	62727	34283	45536
按产业分	Grouped by Industry				
第一产业	Primary Industry	20105	19441	25719	32546
第二产业	Secondary Industry	41835	53178	27814	41791
第三产业	Tertiary Industry	59815	60816	36538	60207

5-15 城镇单位在岗职工年平均工资（2012年）
Annual Average Wage of Fully Employed Staff and Workers in Urban Units (2012)

单位：元 (yuan)

项　目	Item	合计 Total	国有单位 State-owned Units	城镇集体单位 Urban Collective-owned Units	其他单位 Other Types of Ownership
合　计	**Total**	**50577**	**60116**	**31219**	**46860**
按企业、事业和机关分	Grouped by Enterprises, Institutions and Agencies				
企业	Enterprises	47913	61222	30601	46842
事业	Institutions	57700	58016	39807	53002
机关	Agencies	63066	63067	24000	
民营非盈利组织	Private Non-profit Organizations	61052	77831	79071	59079
其他	Others	36981	55086	51256	32557
按国民经济行业分	Grouped by Economic Sector				
农、林、牧、渔业	Farming, Forestry, Animal Husbandry and Fishery	20331	19744	24273	33064
采矿业	Mining and Quarrying	56968	56525	32007	59922
制造业	Manufacture	41415	57315	28776	41447
电力、热力、燃气及水生产和供应业	Production and Supply of Electric Power, Gas and Water	73118	70632	59572	81346
建筑业	Construction	38021	43255	25201	40868
批发和零售业	Wholesale and Retail Trade	48170	47479	22956	49835
交通运输、仓储和邮政业	Transport, Storage and Postal Services	59514	61522	29505	59172
住宿和餐饮业	Hotels and Catering Services	31372	41010	27736	29852
信息传输、软件和信息技术服务业	Information Transmission, Computer Services and Software	80749	82160	53983	80689
金融业	Finance	108254	119543	53085	112000
房地产业	Real Estate	49963	48290	36049	50913
租赁和商务服务业	Leasing and Business Services	51095	46245	31491	60766
科学研究、技术服务业	Scientific Research and Technical Services	85740	84963	46945	87921
水利、环境和公共设施管理业	Water Conservancy, Environment and Public Facilities Management	41717	42104	29908	44353
居民服务、修理和其他服务业	Resident Services and Other Services	36761	46291	23394	32760
教育	Education	54209	54240	48665	54286
卫生和社会工作	Health Care and Social Work	66609	67416	45875	60747
文化、体育和娱乐业	Culture, Sports and Recreation	56774	63413	39177	40187
公共管理、社会保障和社会组织	Public Administration and Social Organizations	63283	63305	32420	47359
按产业分	Grouped by Industry				
第一产业	Primary Industry	20127	19451	26403	33428
第二产业	Secondary Industry	41921	54485	27933	41776
第三产业	Tertiary Industry	60336	61434	36888	60583

5-16 各市年末城镇登记失业人数和失业率

Number of Registered Unemployed Persons and Unemployment Rate in Urban Area at the Year-end by City

市别	City	2005		2010		2011		2012	
		失业人员(人) Unemp-loyed Persons (person)	失业率(%) Unemp-loyment Rate (%)	失业人员(人) Unemp-loyed Persons (person)	失业率(%) Unemp-loyment Rate (%)	失业人员(人) Unemp-loyed Persons (person)	失业率(%) Unemp-loyment Rate (%)	失业人员(人) Unemp-loyed Persons (person)	失业率(%) Unemp-loyment Rate (%)
合计	**Total**	**344904**	**2.6**	**392274**	**2.5**	**388345**	**2.5**	**396062**	**2.5**
广州	Guangzhou	54162	2.1	76485	2.3	76592	2.4	75503	2.4
深圳	Shenzhen	26746	2.4	35302	2.5	33220	2.2	38165	2.4
珠海	Zhuhai	11453	2.8	12501	2.7	11145	2.4	11339	2.3
汕头	Shantou	17731	3.1	16127	2.8	15404	2.4	15391	2.4
佛山	Foshan	26062	2.0	19628	1.9	22233	2.3	23085	2.4
韶关	Shaoguan	18831	3.3	16928	3.0	15784	2.9	15159	2.8
河源	Heyuan	14096	3.1	13951	3.0	10999	2.5	10940	2.5
梅州	Meizhou	14510	2.7	14200	2.5	12591	2.2	13750	2.4
惠州	Huizhou	14001	2.6	15696	2.3	16267	2.3	16869	2.4
汕尾	Shanwei	9436	3.3	11314	2.7	11926	2.7	12156	2.6
东莞	Dongguan	4437	1.3	8655	1.7	11120	2.1	12150	2.3
中山	Zhongshan	6593	2.1	9246	2.1	9178	2.2	9785	2.3
江门	Jiangmen	19639	2.7	21380	2.4	22249	2.3	24119	2.4
阳江	Yangjiang	14608	3.1	15012	2.9	13423	2.6	12952	2.5
湛江	Zhanjiang	22835	3.0	23882	3.0	24637	3.0	23374	2.8
茂名	Maoming	22203	3.4	30504	3.1	29321	2.8	29796	2.8
肇庆	Zhaoqing	10668	2.7	11662	2.3	12745	2.5	12671	2.4
清远	Qingyuan	9796	3.1	14257	3.1	14805	3.1	14785	2.8
潮州	Chaozhou	8142	2.7	8362	2.3	8605	2.4	8682	2.4
揭阳	Jieyang	10350	2.8	11357	3.0	10299	2.7	9708	2.4
云浮	Yunfu	8605	3.0	5825	2.8	5802	2.8	5683	2.8
按经济区域分	By Region								
珠三角	Pearl River Delta	173761		210555		214749		223686	
东翼	Eastern Region	45659		47160		46234		45937	
西翼	Western Region	59646		69398		67381		66122	
山区	Mountainous Region	65838		65161		59981		60317	

主要统计指标解释

劳动力资源总数　指在劳动年龄内，具有劳动能力，在正常情况下，可能或实际参加社会劳动的人口数。劳动力资源的范围为：劳动年龄内(16 周岁以上)，有劳动能力，实际参加社会劳动和未参加社会劳动的人员。劳动力资源也可划分为：经济活动人口和非经济活动人口。劳动力资源不包括下列人员：

(1)在押犯人；

(2)劳动年龄内丧失劳动能力的人员；

(3)16 岁以下实际参加社会劳动的人员。

从业人员　指从事一定社会劳动并取得劳动报酬或经营收入的人员。包括：

(1)在岗职工；

(2)私营业主；

(3)个体户主；

(4)私营和个体从业人员；

(5)乡镇企业从业人员；

(6)农村从业人员；

(7)其他从业人员（包括再就业的离退休人员、民办教师、在各单位中工作的外方人员和港、澳、台方人员和宗教职业者等)。

这一指标反映了一定时期内全部劳动力资源的实际利用情况，是研究我国基本国情国力的重要指标。

经济活动人口　指在 16 岁以上，有劳动能力，参加或要求参加社会经济活动的人口。包括：从业人员和失业人员。

单位从业人员　指在各级国家机关、政党机关、社会团体及企业、事业单位中工作，并取得劳动报酬的全部人员。包括在岗职工和其他从业人员。各单位的从业人员反映了各单位实际参加生产或工作的全部劳动力。

其他从业人员　指各级国家机关、政党机关、社会团体及企业、事业单位中再就业的离退休人员、民办教师以及在各单位中工作的外方人员和港、澳、台方人员。

在岗职工　指在调查时期(点)在国有经济、城镇集体经济、联营经济、股份制经济、外商和港、澳、台投资经济、其他经济单位及其附属机构中有工作岗位，并参加实际工作和在本单位领取工资的各类人员。

城镇私营和个体从业人员　城镇私营从业人员　指在工商管理部门注册登记，其经营地址设在县城关镇（含城关镇）以上的私营企业从业人员。包括：私营企业投资者和雇工。城镇个体从业人员指在工商管理部门注册登记，并持有城镇户口或在城镇长期居住，经批准从事个体工商经营的从业人员。包括：个体经营者和在个体工商户劳动的家庭帮工和雇工。

城镇登记失业人员及失业率　指有非农业户口，在一定的劳动年龄内，有劳动能力，无业而要求就业，并在当地就业服务机构进行求职登记的人员。城镇登记失业率指城镇登记失业人数同城镇从业人数与城镇登记失业人数之和的比。计算公式为：

$$\text{城镇登记失业率}=\frac{\text{城镇登记失业人数}}{\text{城镇从业人数}+\text{城镇登记失业人数}}\times 100\%$$

单位从业人员工资总额　指各单位在一定时期内直接支付给本单位全部从业人员的劳动报酬总额。

在岗职工工资总额　指各单位在一定时期内直接支付给本单位在岗职工的劳动报酬总额。

Explanatory Notes on Main Statistical Indicators

Labor Resources refer to the population within the working age who are capable of work and who may participate in or are actually participating in social labor under normal conditions. The coverage of labor resources includes persons within the working ages (16 and over) who are capable of work, either actually engaged in or not engaged in social labor. Labor resources can also be divided into economically active population and non-economically active population.

The following persons are not included in the labor resources:

1. Prisoners in custody;
2. Persons within the working age but disabled;
3. Persons actually engaged in social labor but under the age of 16.

Employed Persons refer to persons who are engaged in social labor and receive remuneration payment or earn business income, including:

1. fully employed staff and workers,
2. employers of private enterprises,
3. self-employed workers,
4. employed persons in private enterprises and individual economy,
5. employed persons in township enterprises,
6. employed persons in rural areas,
7. other employed persons (including re-employed retirees, teachers in schools run by the local people, foreigners and Chinese compatriots from Hong Kong, Macao and Taiwan working in various units, and people engaged in religious profession, etc).

This indicator reflects the actual utilization of total labor force during a certain period of time and is often used for the research on China's economic situation and national strength.

Economically Active Population refers to the population aged 16 and over who are capable of work and are participating in or willing to participate in social economic activities, including employed persons and unemployed persons.

Persons Employed in Various Units refer to all persons working with payment in government agencies of various levels, political and party organizations, social organizations, enterprises and institutions, including fully employed staff and workers and other employed persons. This indicator reflects the total number of laborers actually engaged in production or other operations in various units.

Other Employed Persons refer to re-employed retirees working in government agencies of various levels, political and party organizations, enterprises and institutions, and teachers working in schools run by the local people, as well as foreigners and Chinese compatriots from Hong Kong, Macao and Taiwan working in various units.

Fully Employed Staff and Workers refer to persons who have work posts, work in and receive payment from units of state ownership, collective ownership, joint ownership, share holding ownership, foreign ownership, and ownership by entrepreneurs from Hong Kong, Macao and Taiwan, and other types of ownership and their affiliated units at the reference period (point).

Persons Employed in Private Enterprises and Self-employed Individuals in Urban Areas Persons employed in private enterprises refer to persons employed in private enterprises which are registered at the department of industrial and commercial administration and are situated at a county town (i.e. a town where the county government is located) for business operation or at urban areas with the level higher than a county town, including investors and employees of private enterprises. Self-employed individuals in urban areas refer to persons who hold the certificates of residence in urban areas or have resided in the urban areas for a long time and have been registered at the department of industrial and commercial administration and approved to be engaged in individual industrial or commercial business, including self-employed persons as well as helpers and hired laborers who work in the individual households engaged in industrial or commercial business.

Registered Unemployed Persons and Registered Unemployment Rate in Urban Areas Registered unemployed persons in urban areas refer to persons with non-agricultural registration at certain working ages, who are capable of work, unemployed and willing to work, and have been registered at the local employment service agencies to apply for a job. Registered unemployment rate in urban areas refers to the ratio of the number of registered urban unemployed persons to the sum of the number of urban employed persons and registered urban unemployed persons. The formula is as follows:

$$\text{Registered Urban Unemployment Rate} = \frac{\text{Number of Registered Urban Unemployed Persons}}{\text{Number of Urban Employed Persons} + \text{Number of Registered Urban Unemployed Persons}} \times 100\%$$

Earnings of Persons Employed in Units refer to the total wages directly paid to all employed persons in working units during a certain period of time.

Total Wages refer to total remuneration payment directly paid to fully employed persons in working units during a certain period of time.

六、固定资产投资

INVESTMENT IN FIXED ASSETS

六 固定资产投资

简要说明

一、本篇资料反映广东省固定资产投资的基本情况，主要包括：固定资产投资，城镇、房地产开发、国有单位固定资产投资情况以及各市固定资产投资的主要指标数据。

二、本篇资料由广东省统计局固定资产投资统计处整理提供。

三、固定资产投资统计的资料来源主要为全面统计报表。按照现行的固定资产投资统计报表制度，固定资产投资按登记注册类型可分为：国有、集体、股份合作、联营、有限责任公司、股份有限公司、私营、个体、其他、港澳台投资、外商投资。

四、2011 年起，固定资产投资项目统计起点由 50 万元提高到 500 万元，且不包含农户投资；2010 年以前为全社会固定资产投资。

五、2011 年报起，原国家预算内资金改为国家预算资金。

6 Investment in Fixed Assets

Brief Introduction

Ⅰ.The data in this chapter reflect the basic conditions of investment in fixed assets of Guangdong Province, mainly including investment in fixed assets in the whole province, investment in fixed assets in the urban area, real estate development, investment in fixed assets by state-owned units, and main indicators on investment in fixed assets by city.

Ⅱ.The data in this chapter are prepared and provided by the Division of Investment and Construction Statistics of Statistics Bureau of Guangdong Province.

Ⅲ.The data sources for the statistics of investment in fixed assets mainly come from complete statistical report forms. According to the present regulations on the statistics of investment in fixed assets, the investment in fixed assets is classified by the following status of registration: state-owned units, collective-owned units, joint ownership units, share-holding corporations, units with funds from Hong Kong, Macao and Taiwan, foreign-funded units, self-employed individuals and others.

Ⅳ.Since 2011, the cut-off point of investment statistics is changed from a minimum of 500,000 yuan to a minimum of 5,000,000 yuan, and the data do not include the investment made by rural households. Data before 2010 refer to total investment in fixed assets.

Ⅴ.Since 2011, state budget is changed to state and local budget.

6-1 固定资产投资主要指标

Main Indicators of Investment in Fixed Assets

项 目	Item	1995	2000	2005	2010	2011	2012
投资完成额 （亿元）	**Investment (100 million yuan)**	**2327.22**	**3233.70**	**7164.11**	**16113.19**	**16843.83**	**19307.53**
按城乡分	Grouped by Urban or Rural Area						
城镇	Urban Area	1935.97	2710.57	6038.77	12870.09	14111.53	15937.34
#房地产开发	Real Estate Development	563.89	858.61	1591.90	3659.69	4809.91	5352.79
农村	Rural Area	391.25	523.13	1125.34	3243.10	2732.30	3370.18
按登记注册类型分	Grouped by Status of Registration						
内资	Domestic	1874.41	2676.65	5368.63	13759.62	14399.45	16369.79
国有	State-owned	1122.84	1219.19	1858.90	5152.60	4418.30	4129.75
集体	Collective-owned	363.67	393.23	328.17	735.49	693.57	872.63
股份合作	Cooperative		19.43	66.56	49.91	72.06	118.89
联营	Joint		47.78	56.36	15.05	21.96	48.42
其他有限责任公司	Other Limited Liability		366.63	1221.77	3393.58	4698.41	5804.88
股份有限公司	Share-holding		153.58	377.11	869.46	990.59	1045.92
私营	Private	17.22	207.67	1107.61	2212.44	2822.70	3497.50
个体	Self-employed Individual	249.78	248.51	295.86	909.02	187.98	252.63
其他	Others	120.90	20.63	56.29	422.07	493.87	599.17
港澳台投资	Funds from Hong Kong, Macao and Taiwan	197.93	416.34	1081.10	1489.78	1527.74	1716.85
外商投资	Foreign Funded	254.88	140.71	714.39	863.78	916.64	1220.88
按构成分	Grouped by Use of Funds						
建筑安装工程	Construction and Installation	1507.92	2103.78	4520.62	10396.22	11019.16	12794.53
设备工具器具购置	Purchase of Equipments and Instruments	464.75	597.29	1593.83	2966.13	3022.94	3366.14
其他费用	Others	354.55	532.63	1049.67	2750.84	2801.72	3146.85
按三次产业分	Grouped by Three Strata of Industry						
第一产业	Primary Industry	14.27	23.40	28.72	181.83	213.58	274.28
第二产业	Secondary Industry	682.40	768.82	2868.44	5241.53	5561.01	6544.31
第三产业	Tertiary Industry	1630.55	2441.48	4266.94	10689.83	11069.23	12488.93
按财务拨贷款合计	**Grouped by Source of Funds**	**2509.38**	**3396.79**	**7948.02**	**18864.04**	**19610.99**	**22656.13**
国家预算资金	State and Local Budget	26.98	56.80	69.13	411.16	412.55	1002.17
国内贷款	Domestic Loans	376.11	584.34	1366.09	3171.76	2827.15	3255.23
利用外资	Foreign Investment	465.13	357.05	786.05	630.48	574.03	599.17
自筹资金	Self-raising Funds	941.71	1456.24	4300.92	10668.57	11523.54	12925.48
其他资金	Others	699.45	942.35	1425.83	3982.07	4273.73	4874.07
房屋建筑面积（万平方米）	**Floor Space of Buildings (10000 sq.m)**						
施工面积	Floor Space under Construction	21364.88	23520.91	38351.76	57221.79	58134.27	62648.42
竣工面积	Floor Space Completed	10689.48	13492.94	17053.80	20420.60	14308.21	14411.55
#住宅	Residential Buildings	7308.18	8888.66	9633.54	12267.54	5595.67	5677.81
实际销售商品房屋面积（万平方米）	**Floor Space of Commercial Buildings Actually Sold (10000 sq.m)**	**1000.41**	**2259.95**	**5038.91**	**7321.76**	**7427.87**	**7898.99**
#住宅	Residential Buildings	850.44	2009.34	4546.32	6552.81	6706.60	7157.63

注：1. 2011年起固定资产投资项目统计起点由50万元提高至500万元，且不包含农村农户投资；2010年以前为全社会固定资产投资，下表同。

2. 2011年报起，原国家预算内资金改为国家预算资金，下表同。

Note: a)Since 2011,the cut-off point of investment statistics is changed from a minimum of 500,000 yuan to a minimum of 5,000,000 yuan, and the data do not include the investment made by rural households. Data before 2010 refer to total investment in fixed assets. The same applies to all tables following.

b) Since 2011, state budget is changed to state and local budget.The same applies to all tables following.

6-2 固定资产投资总额
Investment in Fixed Assets

单位：亿元 (100 million yuan)

年份 Year	投资总额 Total Investment	按城乡分 By Urban and Rural Areas		
		城 镇 Urban Area	#房地产开发 Real Estate Development	农 村 Rural Area
1978	27.23	20.51		6.72
1979	28.29	20.65		7.64
1980	38.29	26.81		11.48
1981	60.40	39.15		21.25
1982	84.73	57.34		27.39
1983	88.71	62.11		26.60
1984	130.37	89.86		40.51
1985	184.59	149.71		34.88
1986	216.50	179.49	10.00	37.01
1987	251.01	208.87	16.29	42.14
1988	353.59	315.06	21.96	38.53
1989	347.34	294.95	48.15	52.39
1990	381.47	309.86	32.70	71.61
1991	478.20	391.75	49.75	86.45
1992	921.75	702.59	125.57	219.16
1993	1629.87	1307.33	316.53	322.54
1994	2141.15	1734.91	404.13	406.24
1995	2327.22	1935.97	563.89	391.25
1996	2327.64	1945.72	528.85	381.92
1997	2298.14	1899.22	528.31	398.92
1998	2668.13	2224.24	602.72	443.89
1999	3027.56	2553.41	710.20	474.15
2000	3233.70	2710.57	858.61	523.13
2001	3536.41	3003.72	972.34	532.69
2002	3970.69	3343.46	1115.25	627.23
2003	5030.57	4235.14	1233.52	795.43
2004	6025.53	5121.45	1355.84	904.08
2005	7164.11	6038.77	1591.90	1125.34
2006	8132.37	6618.77	1843.51	1513.60
2007	9596.95	7525.46	2519.13	2071.49
2008	11165.06	8789.19	2932.34	2375.87
2009	13353.15	10395.03	2961.32	2958.12
2010	16113.19	12870.09	3659.69	3243.10
2011	16843.83	14111.53	4809.91	2732.30
2012	19307.53	15937.34	5352.79	3370.18

注：1. 1993年以前房地产开发投资主要是商品房建设投资。
2. 2011年起固定资产投资项目统计起点由50万元提高至500万元，且不包含农村农户投资；2010年以前为全社会固定资产投资。

Notes: a) Prior to 1993, investment in real estate development focused mainly on the construction of commercial buildings.
b) Since 2011, the cut-off point of investment statistics is changed from a minimum of 500,000 yuan to a minimum of 5,000,000 yuan, and the data do not include the investment made by rural households. Data before 2010 refer to total investment in fixed assets.

6-3 按资金来源和构成分固定资产投资

Investment in Fixed Assets by Source of Funds and Structure of Investment

年 份 Year	按财务拨贷款资金来源分 By Source of Funds				按构成分 By Structure of Investment		
	国家预算资金 State Budget Funds	国内贷款 Domestic Loans	利用外资 Foreign Investment	自筹和其他资金 Fundraising and Others	建筑安装工程 Construction and Installation	设备工具器具购置 Purchase of Equipment and Instruments	其他费用 Others
投资额(亿元)Investment (100 million yuan)							
1985	15.02	45.70	19.00	104.87	138.31	32.71	13.57
1990	12.92	73.92	61.07	261.60	246.56	103.97	30.94
1995	26.98	376.11	465.13	1641.16	1507.92	464.75	354.55
1996	22.52	347.75	494.70	1573.54	1507.04	498.79	321.81
1997	21.75	296.54	477.70	1605.60	1511.58	464.55	322.01
1998	46.53	414.58	394.44	1971.60	1688.14	546.06	433.93
1999	60.95	549.97	323.63	2167.05	1960.22	588.35	478.99
2000	56.80	584.34	357.06	2398.59	2103.78	597.29	532.63
2001	58.10	592.65	361.09	2680.24	2293.93	698.49	543.99
2002	73.58	749.21	439.31	3040.07	2548.91	783.70	638.08
2003	90.23	950.98	568.95	3996.32	3201.16	977.70	851.71
2004	72.39	1132.08	655.75	4864.42	3784.12	1247.82	993.59
2005	69.13	1366.09	786.05	5726.75	4520.62	1593.83	1049.67
2006	105.55	1659.26	865.58	6662.41	5221.87	1796.20	1114.29
2007	179.42	1755.86	984.01	8494.11	6088.11	1979.44	1529.39
2008	253.16	1877.90	779.48	9293.86	7140.54	2264.31	1760.21
2009	379.74	2695.36	682.36	12131.70	8800.83	2467.73	2084.60
2010	411.16	3171.76	630.48	14650.64	10396.22	2966.13	2750.84
2011	412.55	2827.15	574.03	15797.27	11019.16	3022.94	2801.72
2012	1002.17	3255.23	599.17	17799.55	12794.53	3366.14	3146.85
构成(%) Percentage (%)							
1985	8.1	24.8	10.3	56.8	74.9	17.7	7.4
1990	3.2	18.1	14.9	63.9	64.6	27.3	8.1
1995	1.1	15.0	18.5	65.4	64.8	20.0	15.2
1996	0.9	14.3	20.3	64.5	64.7	21.4	13.8
1997	0.9	12.3	19.9	66.9	65.8	20.2	14.0
1998	1.6	14.7	14.0	69.7	63.3	20.5	16.3
1999	2.0	17.7	10.4	69.9	64.7	19.4	15.8
2000	1.7	17.2	10.5	70.6	65.1	18.5	16.5
2001	1.6	16.1	9.8	72.6	64.9	19.8	15.4
2002	1.7	17.4	10.2	70.7	64.2	19.7	16.1
2003	1.6	17.0	10.1	71.3	63.6	19.4	16.9
2004	1.1	16.8	9.8	72.3	62.8	20.7	16.5
2005	0.9	17.2	9.9	72.1	63.1	22.2	14.7
2006	1.1	17.9	9.3	71.7	64.2	22.1	13.7
2007	1.6	15.4	8.6	74.4	63.4	20.6	15.9
2008	2.1	15.4	6.4	76.1	64.0	20.3	15.7
2009	2.4	16.9	4.3	76.4	65.9	18.5	15.6
2010	2.2	16.8	3.3	77.7	64.5	18.4	17.1
2011	2.1	14.4	2.9	80.6	65.4	17.9	16.6
2012	4.4	14.4	2.6	78.6	66.3	17.4	16.3

注：1. 1986年及以后的资金来源为财务拨贷款数，各项相加不等于投资总额。
2. 2011年起固定资产投资项目统计起点由50万元提高至500万元，且不包含农村农户投资；2010年以前为全社会固定资产投资。
3. 2011年报起，原国家预算内资金改为国家预算资金。

Note: a) The source of funds since 1986 refers to financial appropriations, which do not add up to total investment.
b) Since 2011, the cut-off point of investment statistics is changed from a minimum of 500,000 yuan to a minimum of 5,000,000 yuan, and the data do not include the investment made by rural households. Data before 2010 refer to total investment in fixed assets.
c) Since 2011, state budget is changed to state and local budget.

6-4 按构成分固定资产投资（2012年）

Investment in Fixed Assets by Structure of Investment (2012)

项 目	Item	投资 Total	城镇 Urban	#房地产开发 Real Estate Develop	农村 Rural
建设项目个数 （个）	**Number of Projects (unit)**				
施工项目	Projects under Construction	28825	19372		9453
全部建成投产项目	Projects Completed and Put into Use	17438	10994		6444
计划总投资 （亿元）	**Total Planned Investment (100 million yuan)**	**79749.39**	**73390.29**	**31182.22**	**6359.10**
自开始建设累计完成投资	Investment Completed Since the Beginning of Construction	49245.89	44652.98	20253.26	4592.90
本年投资总额 （亿元）	**Total Investment in this year (100 million yuan)**	**19307.53**	**15937.34**	**5352.79**	**3370.18**
#住宅	Residential Buildings	4019.62	3951.88	3704.98	67.74
按隶属关系分	Investment by Jurisdiction of Management				
中央	Central Investment	1379.75	1334.63	194.68	45.12
地方	Local Invesement	17927.77	14602.71	5158.11	3325.06
按构成分	Grouped by Structure				
建筑安装工程	Construction and Installation	12794.53	10761.25	3821.10	2033.29
设备工具器具购置	Purchase of Equipment and Instruments	3366.14	2411.39	48.28	954.76
其他费用	Others	3146.85	2764.71	1483.40	382.14
财务拨贷款合计 （亿元）	**Total Financial Appropriations (100 million yuan)**	**22656.13**	**19047.48**	**7918.27**	**3608.64**
国家预算资金	State and Local Budget	1002.17	887.46		114.71
国内贷款	Domestic Loans	3255.23	3068.31	1507.53	186.92
利用外资	Foreign Investment	599.17	427.78	29.06	171.39
自筹资金	Self-raising Funds	12925.48	10038.23	2414.64	2887.24
其他资金	Others	4874.07	4625.69	3967.04	248.38
新增固定资产 （亿元）	**Newly Increased Fixed Assets (100 million yuan)**	**13034.40**	**10563.89**	**2696.68**	**2470.50**
房屋建筑面积 （万平方米）	**Floor Space of Buildings (10000 sq.m)**				
施工面积	Floor Space under Construction	62648.42	55587.88	39296.27	7060.54
竣工面积	Floor Space Completed	14411.55	11219.91	6356.12	3191.63
#住宅	Residential Buildings	5677.81	5398.12	4918.16	279.69

注：施工项目个数不含房地产开发。

Note: The total number projects under Construction excludes the projects of real estate development.

6-5 各市固定资产投资额

Investment in Fixed Assets by City

单位：亿元 (100 million yuan)

市 别	City	2000	2005	2006	2007	2008	2009	2010	2011	2012
全省总计	**Provincial Total**	**3233.70**	**7164.11**	**8132.37**	**9596.95**	**11165.06**	**13353.15**	**16113.19**	**16843.83**	**19307.53**
广 州	Guangzhou	923.67	1514.01	1687.11	1858.64	2101.45	2659.85	3263.57	3412.20	3758.39
深 圳	Shenzhen	677.12	1182.32	1287.43	1345.00	1464.32	1709.15	1944.70	2060.92	2314.43
珠 海	Zhuhai	95.08	218.23	256.28	339.32	351.32	410.51	501.55	637.39	787.62
汕 头	Shantou	112.48	154.14	175.18	206.69	261.36	291.90	361.68	438.15	611.92
佛 山	Foshan	198.96	741.43	895.25	1052.23	1230.64	1470.56	1719.63	1933.96	2128.33
#顺 德	Shunde	64.11	185.04	222.11	269.33	301.74	342.60	392.75	416.11	449.88
韶 关	Shaoguan	56.82	139.75	169.16	217.59	283.79	356.50	433.73	472.20	548.48
河 源	Heyuan	26.54	111.10	175.18	232.09	174.79	198.15	242.74	237.34	278.59
梅 州	Meizhou	44.45	97.66	108.43	125.00	140.54	162.98	195.52	197.65	230.14
惠 州	Huizhou	77.41	352.37	308.78	486.91	588.74	758.97	894.02	1024.21	1208.68
汕 尾	Shanwei	36.21	101.86	133.48	175.08	206.27	289.43	366.99	329.65	391.56
东 莞	Dongguan	102.89	592.20	698.67	841.21	943.07	1094.08	1114.98	1079.31	1180.35
中 山	Zhongshan	109.95	320.92	346.49	399.22	444.95	545.61	660.37	766.95	893.43
江 门	Jiangmen	104.34	228.87	267.65	316.64	378.22	492.07	631.77	741.79	850.41
阳 江	Yangjiang	33.23	82.25	102.46	135.16	171.70	239.49	329.20	400.66	483.67
湛 江	Zhanjiang	68.94	168.00	205.25	242.83	295.32	393.23	526.57	490.76	572.28
茂 名	Maoming	73.57	147.72	169.85	130.71	145.74	180.01	244.54	214.51	427.37
肇 庆	Zhaoqing	75.29	178.01	216.94	270.57	326.31	462.77	625.21	710.03	852.60
清 远	Qingyuan	48.37	222.42	301.00	483.40	703.47	841.24	996.92	486.07	437.95
潮 州	Chaozhou	30.70	97.59	108.00	120.83	128.31	162.98	182.78	198.94	224.16
揭 阳	Jieyang	68.43	115.16	151.57	203.19	265.79	393.50	564.07	658.08	663.51
云 浮	Yunfu	32.98	103.44	110.29	129.19	142.76	240.19	312.66	353.08	463.66
按经济区域分	By Region									
珠三角	Pearl River Delta	2364.71	5328.37	5964.60	6909.74	7829.03	9603.55	11355.80	12366.76	13974.24
东 翼	Eastern Region	247.82	468.75	568.23	705.79	861.73	1137.80	1475.51	1624.81	1891.15
西 翼	Western Region	175.74	397.97	477.56	508.70	612.76	812.73	1100.32	1105.92	1483.32
山 区	Mountainous Region	209.16	674.38	864.06	1187.27	1445.35	1799.06	2181.56	1746.34	1958.82

注：1. 2008年前全省总计中含不分区部分。

2. 2011年起固定资产投资项目统计起点由50万元提高至500万元，且不包含农村农户投资；2010年以前为全社会固定资产投资。

Note: a) Provincial total prior to 2008 includes investment unclassified by region.

b) Since 2011, the cut-off point of investment statistics is changed from a minimum of 500,000 yuan to a minimum of 5,000,000 yuan , and the data do not include the investment made by rural households. Data before 2010 refer to total investment in fixed assets.

6-6 各市按城乡分固定资产投资（2012年）
Investment in Fixed Assets by Urban-rural Division and by City (2012)

单位：亿元 (100 million yuan)

市别	City	投资 Total	城镇 Urban	#房地产开发 Real Estate Development	农村 Rural
全省总计	**Provincial Total**	**19307.53**	**15937.34**	**5352.79**	**3370.18**
广州	Guangzhou	3758.39	3612.21	1370.45	146.17
深圳	Shenzhen	2314.43	2314.43	736.84	
珠海	Zhuhai	787.62	778.65	242.08	8.97
汕头	Shantou	611.92	519.19	83.35	92.72
佛山	Foshan	2128.33	1121.12	638.46	1007.20
#顺德	Shunde	449.88	299.26	181.75	150.63
韶关	Shaoguan	548.48	507.45	91.30	41.03
河源	Heyuan	278.59	230.17	67.13	48.42
梅州	Meizhou	230.14	200.92	44.05	29.22
惠州	Huizhou	1208.68	1114.41	482.17	94.27
汕尾	Shanwei	391.56	332.94	16.07	58.62
东莞	Dongguan	1180.35	959.55	377.32	220.80
中山	Zhongshan	893.43	664.61	346.41	228.82
江门	Jiangmen	850.41	620.13	144.49	230.28
阳江	Yangjiang	483.67	433.34	77.18	50.33
湛江	Zhanjiang	572.28	373.95	114.96	198.33
茂名	Maoming	427.37	233.88	73.96	193.48
肇庆	Zhaoqing	852.60	522.87	145.45	329.73
清远	Qingyuan	437.95	366.20	180.72	71.76
潮州	Chaozhou	224.16	125.59	28.57	98.57
揭阳	Jieyang	663.51	511.85	56.44	151.67
云浮	Yunfu	463.66	393.88	35.40	69.78
按经济区域分	By Region				
珠三角	Pearl River Delta	13974.24	11708.00	4483.67	2266.25
东翼	Eastern Region	1891.15	1489.56	184.42	401.58
西翼	Western Region	1483.32	1041.18	266.10	442.14
山区	Mountainous Region	1958.82	1698.61	418.60	260.21

注：2011年起固定资产投资项目统计起点由50万元提高至500万元，且不包含农村农户投资；2010年以前为全社会固定资产投资。

Note: Since 2011, the cut-off point of investment statistics is changed from a minimum of 500,000 yuan to a minimum of 5,000,000 yuan, and the data do not include the investment made by rural households. Data before 2010 refer to total investment in fixed assets.

6-7 各市按登记注册类型分固定资产投资（2012年）

Investment in Fixed Assets by Status of Registration and City (2012)

单位：亿元 (100 million yuan)

市 别	City	总计 Total	内资 Domestic	国有 State-owned	集体 Collective-owned	股份合作 Cooperative	联营 Joint
全省总计	**Provincial Total**	**19307.53**	**16369.79**	**4129.75**	**872.63**	**118.89**	**48.42**
广 州	Guangzhou	3758.39	2941.56	1147.69	173.99	18.21	20.39
深 圳	Shenzhen	2314.43	1942.53	608.37	37.89	61.13	0.73
珠 海	Zhuhai	787.62	631.62	281.34	8.18	2.37	
汕 头	Shantou	611.92	575.15	118.64	37.58	3.01	0.90
佛 山	Foshan	2128.33	1815.22	201.90	142.23	11.90	12.45
#顺 德	Shunde	449.88	375.61	16.87	36.68	10.14	4.95
韶 关	Shaoguan	548.48	519.38	189.29	13.68	1.89	1.50
河 源	Heyuan	278.59	251.69	58.51	3.27	2.73	1.18
梅 州	Meizhou	230.14	221.81	89.59	6.10		1.03
惠 州	Huizhou	1208.68	1005.28	230.56	31.30	2.05	0.41
汕 尾	Shanwei	391.56	346.79	55.63	46.32	1.46	1.08
东 莞	Dongguan	1180.35	886.14	85.00	119.80	4.26	0.07
中 山	Zhongshan	893.43	677.32	64.00	44.66	1.08	0.01
江 门	Jiangmen	850.41	692.88	227.18	18.13		0.62
阳 江	Yangjiang	483.67	469.12	71.35	18.11	0.37	
湛 江	Zhanjiang	572.28	498.56	151.49	28.60	1.47	1.32
茂 名	Maoming	427.37	419.57	145.00	9.75	1.28	
肇 庆	Zhaoqing	852.60	776.07	128.60	32.53	1.87	4.17
清 远	Qingyuan	437.95	411.39	108.74	10.39	0.62	0.57
潮 州	Chaozhou	224.16	207.64	28.00	4.45		
揭 阳	Jieyang	663.51	639.02	67.98	82.44	2.88	1.54
云 浮	Yunfu	463.66	441.03	70.92	3.24	0.29	0.45
按经济区域分	By Region						
珠 三 角	Pearl River Delta	13974.24	11368.63	2974.62	608.70	102.88	38.84
东 翼	Eastern Region	1891.15	1768.60	270.24	170.79	7.35	3.52
西 翼	Western Region	1483.32	1387.26	366.86	56.46	3.12	1.32
山 区	Mountainous Region	1958.82	1845.30	517.05	36.68	5.55	4.73

6-7 续表 Continued

单位: 亿元 (100 million yuan)

市别	City	其他有限责任公司 Other Limited Liability	股份有限公司 Share-holding	私营 Private	个体 Self-employed Indicuvual	其他 Others	港、澳台商投资 Funds from Hong Kong Macao and Twaiwan	外商投资 Foreign Funded
全省总计	**Provincial Total**	**5804.88**	**1045.92**	**3497.50**	**252.63**	**599.17**	**1716.85**	**1220.88**
广州	Guangzhou	802.51	277.97	479.77	5.42	15.62	446.41	370.41
深圳	Shenzhen	573.96	258.34	313.49	0.06	88.56	181.91	189.99
珠海	Zhuhai	164.73	61.87	112.03		1.10	80.90	75.10
汕头	Shantou	308.48	36.44	45.51	4.99	19.61	20.01	16.75
佛山	Foshan	986.16	70.71	327.71	12.43	49.73	177.57	135.54
#顺德	Shunde	242.22	16.42	30.29	6.78	11.27	40.74	33.53
韶关	Shaoguan	203.46	20.07	75.55	5.67	8.25	21.66	7.44
河源	Heyuan	91.84	19.48	67.10	0.90	6.67	20.91	5.99
梅州	Meizhou	60.14	12.12	48.33	0.96	3.55	4.24	4.09
惠州	Huizhou	293.89	26.38	363.78	10.49	46.43	142.53	60.87
汕尾	Shanwei	10.14	3.46	99.51	1.99	127.20	22.84	21.92
东莞	Dongguan	407.39	21.35	205.11	19.20	23.96	189.17	105.04
中山	Zhongshan	339.46	14.46	148.86	44.36	20.44	160.87	55.24
江门	Jiangmen	181.41	16.59	223.06	5.38	20.52	79.38	78.15
阳江	Yangjiang	239.03	25.90	104.70	1.28	8.39	8.80	5.76
湛江	Zhanjiang	117.38	40.76	138.37	8.40	10.78	51.17	22.54
茂名	Maoming	116.61	9.03	125.37	0.65	11.89	7.37	0.42
肇庆	Zhaoqing	219.43	16.14	307.23	37.60	28.49	46.86	29.68
清远	Qingyuan	209.77	22.11	51.93	0.27	7.00	14.48	12.08
潮州	Chaozhou	131.76	21.83	14.93	0.16	6.51	14.82	1.69
揭阳	Jieyang	188.40	64.28	161.39	2.69	67.43	3.78	20.72
云浮	Yunfu	158.93	6.62	83.79	89.75	27.04	21.18	1.45
按经济区域分	By Region							
珠三角	Pearl River Delta	3968.94	763.82	2481.04	134.93	294.85	1505.59	1100.02
东翼	Eastern Region	638.78	126.00	321.33	9.82	220.76	61.46	61.08
西翼	Western Region	473.02	75.69	368.43	10.33	31.05	67.34	28.72
山区	Mountainous Region	724.14	80.40	326.69	97.55	52.51	82.47	31.05

6-8 各市按主要行业分固定资产投资（2012年）
Investment in Fixed Assets by Sector and by City (2012)

单位: 亿元 (100 million yuan)

市别	City	合计 Total	农、林、牧、渔业 Agriculture, Forestry, Animal Husbandry and Fishery	采矿业 Mining	制造业 Manufacturing	电力、燃气及水的生产和供应业 Production and Supply of Electricity, Gas and Water	建筑业 Construction	交通运输、仓储和邮政业 Transport, Storage and Post
全省总计	**Provincial Total**	**19307.53**	**274.28**	**89.86**	**5352.26**	**1063.32**	**38.88**	**1817.50**
广州	Guangzhou	3758.39	7.19		453.41	160.94	22.31	497.47
深圳	Shenzhen	2314.43	3.85	1.09	401.74	83.44	0.83	238.22
珠海	Zhuhai	787.62	1.60	0.61	149.03	37.07	0.12	118.85
汕头	Shantou	611.92	4.21	0.82	294.66	27.68	2.56	36.74
佛山	Foshan	2128.33	5.14	0.28	772.31	69.01	0.16	90.51
#顺德	Shunde	449.88	0.54		137.18	4.01	0.16	10.21
韶关	Shaoguan	548.48	31.42	13.84	171.45	30.36		80.07
河源	Heyuan	278.59	5.75	2.91	61.53	19.10		15.52
梅州	Meizhou	230.14	11.14	4.27	48.68	21.21		42.76
惠州	Huizhou	1208.68	8.21	2.70	328.29	19.81	0.30	119.17
汕尾	Shanwei	391.56	28.26		70.52	39.52		29.83
东莞	Dongguan	1180.35	1.97		382.60	32.07	0.22	127.86
中山	Zhongshan	893.43	0.15		280.86	26.51		51.09
江门	Jiangmen	850.41	5.86	0.32	342.37	163.88	0.87	42.41
阳江	Yangjiang	483.67	13.33	3.00	118.31	157.04		20.93
湛江	Zhanjiang	572.28	46.24	28.40	140.98	35.17	0.14	52.63
茂名	Maoming	427.37	15.84	15.60	168.84	33.75	0.05	29.53
肇庆	Zhaoqing	852.60	50.04	8.98	383.81	28.68	0.49	65.95
清远	Qingyuan	437.95	7.79	1.94	83.78	15.61		66.80
潮州	Chaozhou	224.16	8.79		124.73	15.94		16.39
揭阳	Jieyang	663.51	5.56	0.13	328.98	19.76	1.82	41.43
云浮	Yunfu	463.66	11.93	4.95	245.39	26.78	9.02	33.32
按经济区域分	By Region							
珠三角	Pearl River Delta	13974.24	84.01	13.98	3494.42	621.41	25.30	1351.54
东翼	Eastern Region	1891.15	46.82	0.95	818.90	102.89	4.37	124.40
西翼	Western Region	1483.32	75.42	47.01	428.12	225.96	0.19	103.09
山区	Mountainous Region	1958.82	68.03	27.92	610.82	113.06	9.02	238.47

6-8 续表 1 Continued 1

单位: 亿元 (100 million yuan)

市别	City	信息传输、计算机服务和软件业 Information Transmission, Computer Services and Software	批发和零售业 Wholesale and Retail Trades	住宿和餐饮业 Hotels and Catering Services	金融业 Financial Interme-diation	房地产业 Real Estate	租赁和商务服务业 Leasing and Business Services	科学研究、技术服务和地质勘查业务 Scientific Research, Technical Service and Geologic Prospecting
全省总计	**Provincial Total**	**378.79**	**528.75**	**415.09**	**84.08**	**6517.84**	**179.68**	**122.85**
广　州	Guangzhou	167.38	120.34	55.30	9.66	1667.36	42.12	59.29
深　圳	Shenzhen	46.52	23.96	25.10	54.65	1046.62	51.86	12.54
珠　海	Zhuhai	8.03	3.51	54.09		242.93	4.26	2.96
汕　头	Shantou	10.24	17.42	8.50	0.12	98.01	2.29	0.69
佛　山	Foshan	34.74	97.62	33.96	10.71	745.26	22.80	7.44
#顺　德	Shunde	1.59	6.15	6.41		201.45	7.50	3.52
韶　关	Shaoguan	7.07	14.19	15.05	0.52	102.15	0.96	3.72
河　源	Heyuan	5.05	5.91	6.75		83.76	6.65	0.45
梅　州	Meizhou	2.80	6.60	4.51		49.67	0.08	0.15
惠　州	Huizhou	11.51	29.88	41.10	0.88	526.78	7.34	3.21
汕　尾	Shanwei	3.75	21.73	14.22	0.40	111.83	0.65	2.06
东　莞	Dongguan	21.86	19.54	10.19	2.59	441.97	2.57	9.91
中　山	Zhongshan	12.37	30.72	16.84	2.02	379.10	24.17	4.09
江　门	Jiangmen	9.46	9.58	32.68		156.09	1.29	9.19
阳　江	Yangjiang	6.01	13.35	20.69		80.32	0.11	0.26
湛　江	Zhanjiang	7.81	20.34	16.84	0.15	144.25	0.56	0.07
茂　名	Maoming	6.76	9.24	6.99	0.42	78.41	1.32	0.44
肇　庆	Zhaoqing	4.74	24.66	11.57	0.93	170.73	3.34	1.59
清　远	Qingyuan	0.57	2.44	8.21	0.62	192.59		0.46
潮　州	Chaozhou	3.56	6.25	3.04	0.12	31.97		1.30
揭　阳	Jieyang	3.68	21.98	14.43	0.19	122.21	6.33	2.85
云　浮	Yunfu	4.87	29.50	15.03	0.11	45.83	1.01	0.20
按经济区域分	By Region							
珠三角	Pearl River Delta	316.62	359.81	280.84	81.42	5376.84	159.74	110.21
东　翼	Eastern Region	21.23	67.38	40.19	0.83	364.03	9.26	6.89
西　翼	Western Region	20.58	42.93	44.52	0.58	302.98	1.99	0.77
山　区	Mountainous Region	20.36	58.63	49.55	1.25	474.00	8.69	4.97

6-8 续表 2 Continued 2

单位: 亿元 (100 million yuan)

市别	City	水利、环境和公共设施管理业 Management of Water Conservancy, Environment and Public Facilities	居民服务和其他服务业 Services to Households and Other Services	教育 Education	卫生、社会保障和社会福利业 Health, Social Security and Social Welfare	文化、体育和娱乐业 Culture, Sports and Entertainment	公共管理和社会组织 Public Management and Social Organization	国际组织 International Organizations
全省总计	**Provincial Total**	**1631.25**	**26.83**	**345.27**	**157.23**	**170.15**	**113.61**	
广　州	Guangzhou	324.30	1.77	77.62	42.17	25.98	23.77	
深　圳	Shenzhen	201.58	1.35	42.57	23.89	23.86	30.79	
珠　海	Zhuhai	117.52	0.47	41.77	0.71	2.75	1.34	
汕　头	Shantou	73.86	5.30	11.14	6.28	5.35	6.06	
佛　山	Foshan	197.39	1.85	9.75	8.20	17.10	4.10	
#顺　德	Shunde	60.38		3.09	4.97	2.73		
韶　关	Shaoguan	56.90	0.89	6.50	4.42	4.84	4.12	
河　源	Heyuan	51.34		9.47	2.03	0.63	1.73	
梅　州	Meizhou	29.21	0.53	2.76	2.33	1.01	2.44	
惠　州	Huizhou	66.09	0.69	16.93	14.07	7.83	3.88	
汕　尾	Shanwei	41.12	1.24	7.21	2.80	10.19	6.23	
东　莞	Dongguan	85.53	0.80	24.54	5.50	7.02	3.60	
中　山	Zhongshan	32.22	1.02	7.81	8.44	14.51	1.51	
江　门	Jiangmen	60.75	1.26	4.62	3.81	3.47	2.51	
阳　江	Yangjiang	35.70	2.37	5.07	4.18	2.83	0.17	
湛　江	Zhanjiang	49.31	0.55	8.15	4.51	13.75	2.42	
茂　名	Maoming	36.20	1.28	12.14	2.88	3.35	4.34	
肇　庆	Zhaoqing	57.58	2.61	22.53	7.49	3.81	3.09	
清　远	Qingyuan	38.99	0.13	12.44	3.14	2.09	0.36	
潮　州	Chaozhou	6.92		0.98	1.20	1.66	1.30	
揭　阳	Jieyang	51.73	1.93	12.53	3.83	15.32	8.83	
云　浮	Yunfu	17.01	0.81	8.76	5.33	2.81	1.01	
按经济区域分	By Region							
珠三角	Pearl River Delta	1142.96	11.81	248.12	114.29	106.32	74.60	
东　翼	Eastern Region	173.64	8.46	31.85	14.11	32.52	22.41	
西　翼	Western Region	121.21	4.20	25.36	11.57	19.92	6.93	
山　区	Mountainous Region	193.45	2.36	39.93	17.25	11.39	9.67	

6-9 国有经济固定资产投资主要指标

Main Indicators of Investment in Fixed Assets of State-owned Economy

项　目	Item	1995	2000	2005	2010	2011	2012
建设项目个数　（个）	**Number of Projects (unit)**						
施工项目	Projects under Construction	6748	8934	7095	8669	7206	8208
全部建成投产项目	Projects Completed and Put into Use	3217	4070	3062	4659	3660	3993
投资总额　（亿元）	**Total Investment (100 million yuan)**	**1122.84**	**1286.91**	**2062.31**	**5152.6**	**4418.30**	**4712.82**
#住宅	Residential Buildings	193.93	185.38	54.08	171.36	233.94	268.06
按构成分	Grouped by Structure of Investment						
建筑安装工程	Construction and Installation	680.01	835.63	1365.02	3558.7	3165.14	3413.78
设备工具器具购置	Purchase of Equipment and Instruments	254.30	222.31	345.90	741.84	579.26	594.81
其他费用	Others	188.53	228.97	351.41	852.06	673.90	704.23
按建设性质分	Grouped by Type of Construction						
#新建	New Construction	685.99	635.88	1220.11	3291.99	2942.97	3387.02
扩建	Expansion	258.41	280.76	478.22	684.71	538.91	446.83
改建	Reconstruction	101.85	128.62	262.00	844.39	788.59	742.66
按资金来源分	Grouped by Source of Funds						
国家预算资金	State and Local Budget	19.31	48.77	58.78	366.85	371.35	922.39
国内贷款	Domestic Loans	186.84	275.53	558.68	1111.67	945.50	1087.13
利用外资	Foreign Investment	142.71	55.08	9.28	35.97	48.36	54.35
自筹资金	Self-raising Funds	550.53	743.32	1282.55	3303.88	2953.66	2499.28
其他资金	Others	223.45	164.21	153.02	533.65	472.90	440.29
新增固定资产　（亿元）	**Newly Increased Fixed Assets (100 million yuan)**	**634.07**	**1022.34**	**1195.42**	**3305.85**	**2947.53**	**2940.55**
房屋建筑面积（万平方米）	**Floor Space of Buildings (10000 sq.m)**						
施工面积	Floor Space under Construction	7425.60	5010.21	3878.94	5043.04	6543.35	6260.86
竣工面积	Floor Space Completed	2486.51	2062.14	1592.14	1261.43	1355.18	1197.18
#住宅	Residential Buildings	1385.38	1024.44	343.53	231.48	274.06	299.83

注：1. 建设项目个数、投资总额按建设性质分不含房地产开发部分。
　　2. 2011年起固定资产投资项目统计起点由50万元提高至500万元，且不包含农村农户投资；2010年以前为全社会固定资产投资。
　　3. 2011年报起，原国家预算内资金改为国家预算资金。

Note: a) Number of projects and total investment by type of construction exclude real estate development.
b) Since 2011, the cut-off point of investment statistics is changed from a minimum of 500,000 yuan to a minimum of 5,000,000 yuan, and the data do not include the investment made by rural households. Data before 2010 refer to total investment in fixed assets.
c) Since 2011, state budget is changed to state and local budget.

6-10 基础产业和基础设施完成投资额

Completed Investment in Basic Industries and Infrastructure

单位：亿元 (100 million yuan)

年份 Year	基础产业 Basic Industries	基础设施 Infrastructure	电力、燃气及水的生产和供应业 Production and Supply of Electric Power, Gas and Water	交通运输和邮政业 Transport and Postal Services	信息传输、软件和信息技术服务业 Information Transmission, Sottware and Information Technology Services	水利、环境和公共设施管理业 Management of Water Conservancy, Environment and Public Facilities
1990	139.95	132.62	24.73	46.77	28.75	32.37
1995	779.53	738.70	137.77	260.49	160.13	180.31
2000	1159.40	1098.68	204.91	387.43	238.16	268.18
2001	1187.24	1049.32	225.93	340.61	247.38	235.40
2002	1237.56	1127.94	300.13	348.87	242.34	236.60
2003	1655.29	1426.24	338.85	473.57	264.35	349.47
2004	2221.66	1858.46	548.32	627.93	267.91	414.30
2005	2612.47	2154.45	691.16	675.40	241.07	546.82
2006	2800.36	2392.07	714.76	820.49	218.37	638.45
2007	2989.95	2462.09	636.07	891.56	214.35	720.11
2008	3559.61	2935.03	749.57	1106.76	242.05	836.65
2009	5151.98	4488.32	1222.37	1664.65	278.46	1322.84
2010	5981.47	5394.68	1332.84	1908.64	239.17	1914.02
2011	5314.74	4544.10	934.31	1657.06	343.39	1609.34
2012	5642.85	4693.66	1063.32	1700.77	298.32	1631.25

注：2011年起固定资产投资项目统计起点由50万元提高至500万元，且不包含农村农户投资；2010年以前为全社会固定资产投资。

Note: Since 2011, the cut-off point of investment statistics is changed from a minimum of 500,000 yuan to a minimum of 5,000,000 yuan , and the data do not include the investment made by rural households.Data before 2010 refer to total investment in fixed assets.

6-11 按行业分城镇投资主要指标（2012年）
Main Indicators of Investment in Urban Area by Sector (2012)

行业	Sector	投资额（亿元）Investment (100 million yuan)	施工项目个数（个）Number of Projects under Construction (unit)	全部建成投产项目个数（个）Number of Projects Completed and Put into Use (unit)	新增固定资产（亿元）Newly Increased Fixed Assets (100 million yuan)
全省总计	**Provincial Total**	**15937.34**	**19372**	**10994**	**10563.89**
农、林、牧、渔业	**Farming, Forestry, Animal Husbandry and Fishery**	**91.97**	**329**	**210**	**58.77**
农业	Farming	31.69	97	51	14.50
林业	Forestry	15.11	49	37	12.74
畜牧业	Animal Husbandry	9.97	40	30	7.85
渔业	Fishery	13.58	50	32	10.78
农、林、牧、渔服务业	Service Activities for Farming, Forestry, Animal Husbandry and Fishery	21.62	93	60	12.90
采矿业	**Mining**	**58.16**	**84**	**45**	**274.98**
煤炭开采和洗选业	Mining and Washing of Coal				
石油和天然气开采业	Extraction of Petroleum and Natural Gas	28.15	5	2	262.11
黑色金属矿采选业	Mining and Dressing of Ferrous Metal Ores	3.53	13	9	1.91
有色金属矿采选业	Mining and Dressing of Non-Ferrous Metal Ores	13.52	29	13	4.41
非金属矿采选业	Mining and Dressing of Nonmetal Ores	11.93	34	18	6.05
其他采矿业	Mining of Other Ores	1.04	3	3	0.50
制造业	**Manufacture**	**3412.06**	**6852**	**4233**	**2824.38**
农副食品加工业	Processing of Farm and Sideline Food	64.18	189	121	47.11
食品制造业	Manufacture of Food	84.49	191	128	64.99
酒、饮料和精制茶制造业	Manufacture of Wine, Beverage and Refined Tea	27.95	65	36	25.90
烟草制品业	Tobacco Products	10.93	9	6	8.46
纺织业	Textile Industry	91.24	231	178	68.82
纺织服装、服饰业	Manufacture of Textile Garments, Apparel	137.63	419	300	114.85
皮革、毛皮、羽毛及其制品和制鞋业	Leather, Fur, Feather and Related Products, and Footwear	40.57	161	118	32.06
木材加工及木、竹、藤、棕、草制品业	Timber Processing, Bamboo, Cane, Palm Fiber & Straw Products	38.85	85	58	34.01
家具制造业	Manufacture of Furniture	54.96	129	85	53.14
造纸和纸制品业	Papermaking and Paper Products	63.57	131	89	129.28
印刷业和记录媒介复制业	Printing and Record Medium Reproduction	61.55	181	142	49.99
文教、工美、体育和娱乐用品制造业	Manufacture of Culture, Arts, Sports and Entertainment Articles	93.24	288	220	105.56
石油加工、炼焦及核燃料加工业	Petroleum Refining, Coking and Nuclear Fuel Processing	99.96	42	14	38.43
化学原料及化学制品制造业	Manufacture of Raw Chemical Materials and Chemical Products	195.19	437	271	143.01
医药制造业	Manufacture of Medicines	74.53	185	77	42.34
化学纤维制造业	Manufacture of Chemical Fibers	6.48	18	14	9.60
橡胶和塑料制品业	Manufacture of Rubber and Plastic Products	146.50	428	317	114.69
非金属矿物制品业	Nonmetal Mineral Products	282.05	635	363	190.74
黑色金属冶炼及压延加工业	Smelting and Pressing of Ferrous Metals	84.11	70	51	76.06
有色金属冶炼及压延加工业	Smelting and Pressing of Nonferrous Metals	72.75	98	58	43.61
金属制品业	Metal Products	195.18	474	311	138.98
通用设备制造业	Manufacture of General-purpose Machinery	116.94	256	158	86.66
专用设备制造业	Manufacture of Special-purpose Machinery	170.71	339	202	114.55
汽车制造业	Manufacture of Automobile	183.58	171	85	120.42

注：1. 施工项目个数不含房地产开发。
2. 2011年起固定资产投资项目统计起点由50万元提高至500万元，且不包含农村农户投资。

Note: a) The number of projects under construction does not include those of real estate development.

b) Since 2011, the cut-off point of investment statistics is changed from a minimum of 500,000 yuan to a minimum of 5,000,000 yuan, and the data do not include the investment made by rural households. Data before 2010 refer to total investment in fixed assets.

6-11 续表 1 continued 1

行 业	Sector	投资额(亿元) Investment (100 million yuan)	施工项目个数(个) Number of Projects under Construction (unit)	全部建成投产项目个数(个) Number of Projects Completed and Put into Use (unit)	新增固定资产(亿元) Newly Increased Fixed Assets (100 million yuan)
铁路、船舶、航空航天和其他运输设备制造业	Manufacture of Railway, Slip, Aeronautics and Other Transport Equipment	38.82	67	39	25.86
电气机械及器材制造业	Manufacture of Electrical Machinery and Equipment	324.46	640	324	315.23
计算机、通信和其他电子设备制造业	Manufacture of Computers, Communication Equipment and Other Electronic Equipment	545.75	683	323	559.41
仪器仪表制造业	Manufacture of Instrments and Meters	45.73	82	43	32.73
其他制造业	Other Manufactures	31.06	76	52	23.60
废弃资源综合利用业	Comprehensive Utilization of Waste	18.03	55	40	10.23
金属制品、机械和设备修理业	Manufacture of Metal Products, Machinery and Equipment Maintenance	11.07	17	10	4.09
电力、热力、燃气及水生产和供应业	**Production and Supply of Electric Power, Heat Power, Gas and Water**	**945.48**	**1194**	**499**	**861.63**
电力、热力生产和供应业	Production and Supply of Electric Power and Heat Power	728.26	747	289	612.66
燃气生产和供应业	Production and Supply of Gas	73.16	85	35	40.99
水的生产和供应业	Production and Supply of Water	144.06	362	175	207.98
建筑业	**Construction**	**35.88**	**45**	**30**	**26.72**
房屋建筑业	Housing Construciton	2.98	8	5	2.19
土木工程建筑业	Civil Engineering Construction	20.28	11	5	12.63
建筑安装业	Construction and Installation	1.10	3	3	1.07
建筑装饰和其他建筑业	Architectural Decoration and Other Construction	11.52	23	17	10.84
批发和零售业	**Wholesale and Retail Trades**	**335.47**	**822**	**569**	**238.56**
批发业	Wholesale	134.20	275	169	88.79
零售业	Retail Trade	201.26	547	400	149.77
交通运输、仓储和邮政业	**Transport, Storage and Postal Services**	**1676.67**	**1267**	**605**	**938.72**
铁路运输业	Railway Transport	171.52	39	9	17.79
道路运输业	Road Transport	1037.19	867	425	599.99
水上运输业	Waterway Transport	119.28	118	53	62.06
航空运输业	Air Transport	222.52	17	8	193.34
管道运输业	Pipeline Transport	1.49	6	3	1.14
装卸搬运和运输代理业	Transportation and Handling	23.25	46	25	14.74
仓储业	Storage	92.16	148	66	43.99
邮政业	Postal Services	9.26	26	16	5.66
住宿和餐饮业	**Hotels and Catering Services**	**303.69**	**548**	**360**	**204.22**
住宿业	Hotels	246.48	372	218	154.48
餐饮业	Catering Services	57.21	176	142	49.74
信息传输、软件和信息技术服务业	**Information Transmission, Software and Information Technology Services**	**371.96**	**1193**	**831**	**301.08**
电信、广播电视和卫星传输服务	Telecommunications, Broadcasting Television and Satellite Transmission Services	261.68	1006	716	231.60
互联网和相关服务	Internet and Related Services	30.00	101	78	22.25
软件和信息技术服务业	Software and Information Technology Services	80.28	86	37	47.24
金融业	**Finance**	**73.19**	**63**	**31**	**20.11**
货币金融服务	Monetary and Financial Services	24.96	45	26	15.99

6-11 续表 2 continued 2

行 业	Sector	投资额(亿元) Investment (100 million yuan)	施工项目个数(个) Number of Projects under Construction	全部建成投产项目个数(个) Number of Projects Completed and Put into Use	新增固定资产(亿元) Newly Increased Fixed Assets (100 million yuan)
资本市场服务	Capital Market Services	18.71	9	2	2.85
保险业	Insurance	29.33	7	1	1.07
其他金融活动	Other Financial Activities	0.20	2	2	0.20
房地产业	**Real Estate**	**6353.41**	**1559**	**1017**	**3288.28**
房地产业	Real Estate	6353.41	1559	1017	3288.28
租赁和商务服务业	**Leasing and Business Services**	**154.18**	**170**	**74**	**66.09**
租赁业	Leasing	0.30	2	1	0.21
商务服务业	Business Services	153.88	168	73	65.88
科学研究、技术服务业	**Scientific Research, Technological Services**	**102.85**	**185**	**83**	**85.60**
研究与试验发展	Research and Experimental Development	45.72	55	21	43.36
专业技术服务业	Professional Technical Services	31.54	85	40	26.30
科技推广和应用服务业	Science and Technology Popularization and Application Services	25.59	45	22	15.94
水利、环境和公共设施管理业	**Management of Water Conservancy, Environment and Public Facilities**	**1329.10**	**3060**	**1385**	**882.66**
水利管理业	Management of Water Conservancy	162.39	512	245	118.55
生态保护和环境治理业	Ecological Protection and Environmental Treatment	93.33	140	56	54.91
公共设施管理业	Management of Public Facilities	1073.38	2408	1084	709.21
居民服务、修理和其他服务业	**Households' service, Repair and Other Services**	**19.42**	**79**	**57**	**18.60**
居民服务业	Services to Households	8.47	44	34	9.36
机动车、电子产品和日用产品修理业	Motor Vehicle, Electronic Products and Consumer Products Repair	8.62	23	20	7.94
其他服务业	Other Services	2.33	12	3	1.30
教育	**Education**	**300.32**	**815**	**436**	**211.07**
教育	Education	300.32	815	436	211.07
卫生和社会工作	**Health and Social Work**	**140.88**	**380**	**167**	**103.14**
卫生	Health	135.39	336	145	98.29
社会工作	Social Work	5.48	44	22	4.85
文化、体育和娱乐业	**Culture, Sports and Recreation**	**132.18**	**361**	**163**	**85.11**
新闻出版业	Publication	1.29	5	2	4.47
广播、电视、电影和影视录音制作业	Production of Radio, Television, Film and Video Recording	11.20	20	8	13.34
文化艺术业	Culture and Arts	50.17	174	56	26.06
体育	Sports	38.31	102	58	25.35
娱乐业	Recreation	31.21	60	39	15.89
公共管理、社会保障和社会组织	**Public Administration, Social Security and Social Organizations**	**100.45**	**366**	**199**	**74.16**
中国共产党机关	Organs of Communist Party of China	0.18	4	2	1.09
国家机构	Government Agencies	80.20	289	140	57.33
人民政协、民主党派	Chinese Peoples Political Consultative Conference, Democratic Parties	0.09			0.09
社会保障	Social Security	0.52	4	4	0.49
群众社团、社会团体和其他成员组织	Mass Organizations, Social Organizations and Other Member Organizations	12.36	40	29	9.71
基层群众自治组织	Self-governing Mass Organizations at the Grass-roots Level	7.1073	29	24	5.4579
国际组织	**International Organizations**				

6-12 城镇各行业财务拨贷款资金来源主要指标(2012年)

Main Indicators on Sources of Funds and Loans for Investment by Sector (2012)

单位: 亿元 (100 million yuan)

项 目	Item	本年资金来源合计 Sources of Funds	国家预算资金 State and Local Budget	国内贷款 Domestic Loans	利用外资 Foreign Investment	自筹资金 Self-raising Fund	其他资金 Others
全省总计	**Provincial Total**	**19047.48**	**887.46**	**3068.31**	**427.78**	**10038.23**	**4625.69**
农、林、牧、渔业	**Farming, Forestry, Animal Husbandry and Fishery**	**95.23**	**11.63**	**4.81**	**3.28**	**62.41**	**13.11**
农业	Farming	33.96	7.04	1.45	0.88	20.58	4.01
林业	Forestry	15.14	2.21	0.45		9.51	2.97
畜牧业	Animal Husbandry	9.88		0.20		8.95	0.73
渔业	Fishery	14.18	0.68	0.15	2.40	8.29	2.65
农、林、牧、渔服务业	Service Activities for Farming, Forestry, Animal Husbandry and Fishery	22.07	1.69	2.56		15.08	2.75
采矿业	**Mining**	**67.74**	**0.42**	**1.76**		**64.41**	**1.16**
煤炭开采和洗选业	Mining and Washing of Coal						
石油和天然气开采业	Extraction of Petroleum and Natural Gas	37.12				37.12	
黑色金属矿采选业	Mining and Dressing of Ferrous Metal Ores	3.61	0.03	0.14		3.44	
有色金属矿采选业	Mining and Dressing of Non-Ferrous Metal Ores	13.43	0.39	0.69		11.20	1.14
非金属矿采选业	Mining and Dressing of Nonmetal Ores	12.50		0.88		11.62	
其他采矿业	Mining of Other Ores	1.09		0.05		1.02	0.02
制造业	**Manufacture**	**3682.14**	**31.89**	**206.84**	**294.29**	**3031.99**	**117.13**
农副食品加工业	Processing of Farm and Sideline Food	68.49		1.71		60.48	6.31
食品制造业	Manufacture of Food	83.91		2.83	4.23	75.80	1.05
酒、饮料和精制茶制造业	Manufacture of Wine,Beverage and refined tea	28.28		0.95	3.61	22.89	0.83
烟草制品业	Tobacco Products	11.11				10.95	0.16
纺织业	Textile Industry	93.90	0.19	4.89	4.84	82.52	1.46
纺织服装、服饰业	Manufacture of Textile Garments, Apparel	141.15	0.40	3.23	3.05	131.89	2.57
皮革、毛皮、羽毛及其制品和制鞋业	Leather, Fur, Feather and Related Products, and Footwear	41.19		2.46	2.45	31.96	4.31
木材加工及木、竹、藤、棕、草制品业	Timber Processing, Bamboo, Cane, Palm Fiber & Straw Products	41.98		3.82		34.10	4.06
家具制造业	Manufacture of Furniture	62.92		2.16	3.37	56.19	1.20
造纸和纸制品业	Papermaking and Paper Products	62.66		2.22	3.00	55.82	1.63
印刷业和记录媒介复制业	Printing and Record Medium Reproduction	57.24	0.73	1.61	1.65	49.02	4.23
文教、工美、体育和娱乐用品制造业	Manufacture of Culture, Arts, Sports and Entertainment Articles	91.43		4.75	2.81	78.06	5.80
石油加工、炼焦及核燃料加工业	Petroleum Refining, Coking and Nuclear Fuel Processing	108.69		25.21	4.49	79.00	0.00
化学原料及化学制品制造业	Manufacture of Raw Chemical Materials and Chemical Products	203.00	4.39	9.98	10.56	167.56	10.51
医药制造业	Manufacture of Medicines	76.28	0.66	5.64	1.95	66.97	1.07
化学纤维制造业	Manufacture of Chemical Fibers	9.91		0.09	0.79	8.85	0.17
橡胶和塑料制品业	Manufacture of Rubber and Plastic Products	151.90	0.35	3.70	12.89	128.81	6.15
非金属矿物制品业	Nonmetal Mineral Products	299.47	0.18	13.78	34.02	234.86	16.62
黑色金属冶炼及压延加工业	Smelting and Pressing of Ferrous Metals	87.77	18.20	9.54	0.01	59.74	0.29
有色金属冶炼及压延加工业	Smelting and Pressing of Nonferrous Metals	72.78	0.07	7.45	1.52	57.57	6.17
金属制品业	Metal Products	203.87		16.21	17.52	163.30	6.84
通用设备制造业	Manufacture of General-purpose Machinery	121.90		7.38	5.28	98.67	10.58
专用设备制造业	Manufacture of Special-purpose Machinery	185.21	0.66	14.69	20.99	146.95	1.91
汽车制造业	Manufacture of Automobile	204.13	0.04	17.73	24.03	160.12	2.22

注：1. 2011年起固定资产投资项目统计起点由50万元提高至500万元，且不包含农村农户投资；2010年以前为全社会固定资产投资。
2. 2011年报起，原国家预算内资金改为国家预算资金。

Note: a) Since 2011, the cut-off point of investment statistics is changed from a minimum of 500,000 yuan to a minimum of 5,000,000 yuan, and the data do not include the investment made by rural households. Data before 2010 refer to total investment in fixed assets.
b) Since 2011, state budget is changed to state and local budget.

6-12 续表 1 Contunued 1

单位: 亿元 (100 million yuan)

项目	Item	本年资金来源合计 Sources of Funds	国家预算内资金 State Budget	国内贷款 Domestic Loans	利用外资 Foreign Inves-tment	自筹资金 Self-raising Fund	其他资金 Others
铁路、船舶、航空航天和其他运输设备制造业	Manufacture of Railway, Slip, Aeronautics and Other Transport Equipment	41.36	1.76	0.47	0.33	38.14	0.66
电气机械及器材制造业	Manufacture of Electrical Machinery and Equipment	368.21	2.23	20.30	43.24	294.03	8.42
计算机、通信和其他电子设备制造业	Manufacture of Computers, Communication Equipment and Other Electronic Equipment	662.69	0.57	17.23	74.63	562.06	8.21
仪器仪表制造业	Manufacture of Instrments and Meters	42.64	0.17	0.73	9.37	31.56	0.82
其他制造业	Other Manufactures	30.76		1.87	2.37	24.52	2.00
废弃资源综合利用业	Comprehensive Utilization of Waste	19.89	1.30	1.74	0.38	15.89	0.58
金属制品、机械和设备修理业	Manufacture of Metal Products, Machinery and Equipment Maintenance	7.41		2.48	0.92	3.71	0.30
电力、热力、燃气及水生产和供应业	**Production and Supply of Electric Power, Heat Power, Gas and Water**	**969.80**	**56.55**	**330.28**	**8.30**	**538.28**	**36.39**
电力、热力生产和供应业	Production and Supply of Electric Power and Heat Power	764.69	18.20	301.70	5.84	418.07	20.89
燃气生产和供应业	Production and Supply of Gas	72.85	7.79	13.76	2.46	43.54	5.31
水的生产和供应业	Production and Supply of Water	132.25	30.56	14.83		76.67	10.19
建筑业	**Construction**	**37.55**	**0.09**	**3.30**		**31.79**	**2.37**
房屋建筑业	Housing Construciton	3.25	0.07	0.12		2.86	0.20
土木工程建筑业	Civil Engineering Construction	21.42		0.88		20.54	
建筑安装业	Construction and Installation	1.10	0.02			1.07	0.01
建筑装饰和其他建筑业	Architectural Decoration and Other Construction	11.79		2.30		7.32	2.17
批发和零售业	**Wholesale and Retail Trades**	**340.98**	**0.79**	**19.15**	**1.09**	**291.92**	**28.03**
批发业	Wholesale	144.70	0.30	11.00	0.62	125.57	7.20
零售业	Retail Trade	196.29	0.49	8.16	0.47	166.35	20.83
交通运输、仓储和邮政业	**Transport, Storage and Postal Services**	**1721.09**	**173.40**	**646.90**	**33.01**	**726.70**	**141.08**
铁路运输业	Railway Transport	215.23	18.72	76.35	0.03	74.13	46.00
道路运输业	Road Transport	1026.80	119.50	431.00	16.38	369.91	90.01
水上运输业	Waterway Transport	114.35	14.29	20.52		78.32	1.23
航空运输业	Air Transport	236.73	18.58	105.82	14.32	97.11	0.90
管道运输业	Pipeline Transport	1.49	0.11			1.25	0.13
装卸搬运和运输代理业	Transportation and Handling	25.87	0.75	1.91		23.19	0.03
仓储业	Storage	91.36	1.46	11.30	2.28	73.57	2.74
邮政业	Postal Services	9.28				9.22	0.05
住宿和餐饮业	**Hotels and Catering Services**	**304.44**	**3.20**	**24.65**	**2.06**	**258.27**	**16.27**
住宿业	Hotels	243.95	3.20	21.07	1.26	207.76	10.66
餐饮业	Catering Services	60.49		3.58	0.80	50.51	5.61
信息传输、软件和信息技术服务业	**Information Transmission, Software and Information Technology Services**	**354.08**	**17.95**	**12.01**	**1.13**	**317.58**	**5.41**
电信、广播电视和卫星传输服务	Telecommunications, Broadcasting Television and Satellite Transmission Services	251.12	3.98	4.54	1.13	240.84	0.63
互联网和相关服务	Internet and Related Services	27.24	0.50	0.41		26.20	0.13
软件和信息技术服务业	Software and Information Technology Services	75.72	13.48	7.06		50.54	4.65
金融业	**Finance**	**70.70**	**0.42**	**0.11**		**69.86**	**0.31**
货币金融服务	Monetary and Financial Services	22.53	0.42	0.11		21.96	0.05

6-12 续表 2 Continued 2

单位: 亿元 (100 million yuan)

项　目	Item	本年资金来源合计 Sources of Funds	国家预算内资金 State Budget	国内贷款 Domestic loans	利用外资 Foreign Inivestment	自筹资金 Self-raising Fund	其他资金 Others
资本市场服务	Capital Market Services	22.01				21.85	0.16
保险业	Insurance	25.95				25.95	
其他金融活动	Other Financial Activities	0.20				0.10	0.10
房地产业	**Real Estate**	**1043.92**	**90.28**	**85.41**	**7.49**	**773.18**	**87.57**
房地产业	Real Estate	1043.92	90.28	85.41	7.49	773.18	87.57
租赁和商务服务业	**Leasing and Business Services**	**181.50**	**6.82**	**22.14**	**0.65**	**147.52**	**4.37**
租赁业	Leasing	0.24				0.24	
商务服务业	Business Services	181.26	6.82	22.14	0.65	147.28	4.37
科学研究、技术服务业	**Scientific Research, Technological Services**	**113.35**	**10.11**	**6.69**	**0.04**	**88.66**	**7.85**
研究与试验发展	Research and Experimental Development	48.00	2.49	6.23		38.58	0.70
专业技术服务业	Professional Technical Services	35.72	6.95	0.06		28.07	0.63
科技推广和应用服务业	Science and Technology Popularization and Application Services	29.63	0.67	0.40	0.04	22.01	6.51
水利、环境和公共设施管理业	**Management of Water Conservancy, Environment and Public Facilities**	**1420.95**	**308.23**	**146.47**	**9.05**	**834.69**	**122.52**
水利管理业	Management of Water Conservancy	165.97	47.87	28.79		73.49	15.82
生态保护和环境治理业	Ecological Protection and Environmental Treatment	96.03	13.78	1.19	0.21	78.79	2.07
公共设施管理业	Management of Public Facilities	1158.95	246.58	116.48	8.84	682.41	104.63
居民服务、修理和其他服务业	**Households'service,Repair and Other Services**	**19.08**	**1.03**	**0.15**		**15.82**	**2.07**
居民服务业	Services to Households	8.34	0.56			6.21	1.57
机动车、电子产品和日用产品修理业	Motor Vehicle, Electronic Products and Consumer Products repair	8.07	0.39	0.06		7.11	0.51
其他服务业	Other Services	2.67	0.08	0.09		2.50	
教育	**Education**	**314.19**	**83.53**	**27.68**	**35.66**	**143.72**	**23.59**
教育	Education	314.19	83.53	27.68	35.66	143.72	23.59
卫生和社会工作	**Health and Social Work**	**145.68**	**36.89**	**17.07**		**83.37**	**8.35**
卫生	Health	139.91	35.45	17.07		79.83	7.56
社会工作	Social Work	5.77	1.44			3.54	0.79
文化、体育和娱乐业	**Culture, Sports and Recreation**	**145.21**	**15.68**	**3.80**	**2.62**	**95.88**	**27.24**
新闻出版业	Publication	1.10		0.40	0.12	0.58	
广播、电视、电影和影视录音制作业	Production of Radio, Television, Film and Video Recording	12.11	0.47	0.05		10.61	0.99
文化艺术业	Culture and Arts	55.81	12.95	2.68		27.74	12.45
体育	Sports	42.84	2.14		0.80	35.59	4.31
娱乐业	Recreation	33.34	0.12	0.67	1.70	21.36	9.50
公共管理、社会保障和社会组织	**Public Administration, Social Security and Social Organizations**	**101.56**	**38.53**	**1.59**	**0.05**	**47.55**	**13.84**
中国共产党机关	Organs of Communist Party of China	0.15	0.05				0.10
国家机构	Government Agencies	75.75	38.31	1.32	0.05	29.04	7.03
人民政协、民主党派	Chinese Peoples Political Consultative Conference, Democratic Parties	0.09				0.09	
社会保障	Social Security	1.42				0.11	1.31
群众社团、社会团体和其他成员组织	Mass Organizations, Social Organizations and Other Member Organizations	17.42				12.33	5.08
基层群众自治组织	Self-governing Mass Organizations at the Grass-roots Level	6.73	0.17	0.26		5.98	0.32
国际组织	**International Organizations**						

6-13 各市城镇财务拨贷款资金来源主要指标(2012年)

Main Indicators on Sources of Funds and Loans for Investment by City (2012)

单位: 亿元 (100 million yuan)

市别	City	本年资金来源合计 Sources of Funds	国家预算资金 State and Local Budget	国内贷款 Domestic Loans	利用外资 Foreign Investment	自筹资金 Self-raising Fund	其他资金 Others
全省总计	**Provincial Total**	**19047.48**	**887.46**	**3068.31**	**427.78**	**10038.23**	**4625.69**
广州	Guangzhou	4213.31	160.82	806.52	48.34	2133.38	1064.26
深圳	Shenzhen	2858.90	359.15	496.99	42.53	1521.71	438.53
珠海	Zhuhai	921.56	37.62	207.46	83.20	341.61	251.68
汕头	Shantou	508.77	13.88	54.18	0.84	410.75	29.12
佛山	Foshan	1505.94	2.61	215.80	20.24	686.04	581.25
#顺德	Shunde	385.05	0.37	63.96	3.63	191.97	125.12
韶关	Shaoguan	544.08	16.44	70.50	9.89	342.01	105.24
河源	Heyuan	247.54	17.57	41.46	3.37	134.71	50.43
梅州	Meizhou	232.91	26.00	31.30	1.42	143.64	30.55
惠州	Huizhou	1349.78	28.94	196.65	21.16	716.52	386.50
汕尾	Shanwei	344.90	5.34	17.77	21.40	188.46	111.94
东莞	Dongguan	1331.74	32.66	150.16	108.10	581.46	459.36
中山	Zhongshan	928.97	22.61	143.77	13.64	424.53	324.42
江门	Jiangmen	743.16	13.48	184.24	23.55	365.61	156.28
阳江	Yangjiang	460.13	35.48	113.95	3.37	244.01	63.33
湛江	Zhanjiang	422.55	40.46	50.02	0.18	255.37	76.53
茂名	Maoming	297.16	26.65	54.53	1.28	137.89	76.81
肇庆	Zhaoqing	559.36	10.56	64.43	13.24	296.30	174.83
清远	Qingyuan	479.31	16.06	77.28	2.44	236.39	147.14
潮州	Chaozhou	129.09	6.22	16.31	0.65	96.53	9.38
揭阳	Jieyang	530.20	4.06	19.67	0.48	465.23	40.77
云浮	Yunfu	438.12	10.85	55.32	8.47	316.11	47.36
按经济区域分	By Region						
珠三角	Pearl River Delta	14412.72	668.45	2466.03	374.00	7067.15	3837.09
东翼	Eastern Region	1512.97	29.50	107.92	23.37	1160.97	191.21
西翼	Western Region	1179.84	102.58	218.50	4.83	637.26	216.68
山区	Mountainous Region	1941.95	86.93	275.86	25.59	1172.86	380.72

注：1. 2011年起固定资产投资项目统计起点由50万元提高至500万元，且不包含农村农户投资；2010年以前为全社会固定资产投资。
2. 2011年报起，原国家预算内资金改为国家预算资金。

Note: a) Since 2011, the cut-off point of investment statistics is changed from a minimum of 500,000 yuan to a minimum of 5,000,000 yuan, and the data do not include the investment made by rural households. Data before 2010 refer to total investment in fixed assets.
b) Since 2011, state budget is changed to state and local budget.

6-14 各市按构成和建设性质分城镇固定资产投资（2012年）

Investment in Fixed Assets in Urban Area by Composition of Funds,Type of Construction and City (2012)

单位：亿元 (100 million yuan)

市别	City	投资额 Total Investment	按构成分 By Composition of Funds 建筑安装工程 Construction and Installion	设备、工具器具购置 Purchase of Equipment and Instruments	其他费用 Others	按建设性质分 By Type of Construction #新建 New Construction	#扩建 Expansion	#改建和技术改造 Reconstruction and Technological Transformation
全省总计	**Provincial Total**	**15937.34**	**10761.25**	**2411.39**	**2764.71**	**7106.91**	**1209.45**	**1544.77**
广　州	Guangzhou	3612.21	2349.19	584.09	678.93	1139.77	213.94	534.69
深　圳	Shenzhen	2314.43	1574.82	278.75	460.86	1340.64	38.68	191.16
珠　海	Zhuhai	778.65	606.30	66.69	105.65	466.12	19.83	27.34
汕　头	Shantou	519.19	270.56	191.96	56.68	132.72	232.79	52.61
佛　山	Foshan	1121.12	705.57	104.67	310.88	281.12	60.45	128.30
#顺　德	Shunde	299.26	183.15	36.35	79.76	75.93	7.52	33.61
韶　关	Shaoguan	507.45	377.06	75.27	55.11	303.44	48.93	59.46
河　源	Heyuan	230.17	139.28	38.67	52.21	127.29	18.51	10.82
梅　州	Meizhou	200.92	164.77	19.02	17.13	96.35	16.47	42.68
惠　州	Huizhou	1114.41	822.09	132.18	160.14	474.32	33.71	60.56
汕　尾	Shanwei	332.94	238.57	44.26	50.10	183.29	86.85	39.84
东　莞	Dongguan	959.55	587.85	177.67	194.03	366.63	34.15	59.81
中　山	Zhongshan	664.61	448.81	77.70	138.11	209.17	39.62	37.93
江　门	Jiangmen	620.13	365.40	166.84	87.89	340.65	76.53	34.82
阳　江	Yangjiang	433.34	331.54	72.26	29.54	317.27	20.99	14.42
湛　江	Zhanjiang	373.95	329.46	21.28	23.20	166.43	58.75	33.55
茂　名	Maoming	233.88	159.45	46.38	28.05	60.87	27.48	66.29
肇　庆	Zhaoqing	522.87	336.47	92.13	94.27	241.31	69.81	47.45
清　远	Qingyuan	366.20	287.87	28.26	50.06	144.65	14.70	23.36
潮　州	Chaozhou	125.59	80.89	25.03	19.67	68.56	9.60	15.69
揭　阳	Jieyang	511.85	329.40	85.98	96.46	333.56	71.49	48.82
云　浮	Yunfu	393.88	255.88	82.28	55.72	312.75	16.16	15.15
按经济区域分	By Region							
珠三角	Pearl River Delta	11708.00	7796.51	1680.72	2230.77	4859.73	586.73	1122.08
东　翼	Eastern Region	1489.56	919.43	347.23	222.91	718.14	400.73	156.96
西　翼	Western Region	1041.18	820.45	139.93	80.80	544.56	107.22	114.25
山　区	Mountainous Region	1698.61	1224.86	243.51	230.24	984.48	114.77	151.47

注：2011年起固定资产投资项目统计起点由50万元提高至500万元，且不包含农村农户投资。

Note: Since 2011, the cut-off point of investment statistics is changed from a minimum of 500,000 yuan to a minimum of 5,000,000 yuan, and the data do not include the investment made by rural households.

6-15 各市农业、能源、原材料、运输邮电业投资和比重（2012年）

Volume and Proportion of Investment in Capital Construction of Agriculture, Energy,Raw Materials, Transport, Post and Telecommunications (2012)

市别	City	投资额(亿元) Volume of Investment (100 million yuan)				比重(以投资总额为100) Proportion (total investment=100)			
		农、林、牧、渔业 Farming, Forestry, Animal Husbandry and Fishery	能源 Energy	原材料 Raw Materials	交通运输、仓储和邮政业 Transport, Storage and Postal Services	农、林、牧、渔业 Farming, Forestry, Animal Husbandry and Fishery	能源 Energy	原材料 Raw Materials	交通运输、仓储和邮政业 Transport, Storage and Postal Services
全省总计	**Provincial Total**	**274.28**	**1031.61**	**1083.81**	**1817.50**	**1.4**	**5.3**	**5.6**	**9.4**
广州	Guangzhou	7.19	122.15	51.62	497.47	0.2	3.3	1.4	13.2
深圳	Shenzhen	3.85	59.12	26.25	238.22	0.2	2.6	1.1	10.3
珠海	Zhuhai	1.60	43.08	26.83	118.85	0.2	5.5	3.4	15.1
汕头	Shantou	4.21	22.47	24.41	36.74	0.7	3.7	4.0	6.0
佛山	Foshan	5.14	61.12	122.07	90.51	0.2	2.9	5.7	4.3
#顺德	Shunde	0.54	3.92	13.24	10.21	0.1	0.9	2.9	2.3
韶关	Shaoguan	31.42	26.34	117.03	80.07	5.7	4.8	21.3	14.6
河源	Heyuan	5.75	15.95	16.48	15.52	2.1	5.7	5.9	5.6
梅州	Meizhou	11.14	19.56	12.88	42.76	4.8	8.5	5.6	18.6
惠州	Huizhou	8.21	21.76	41.09	119.17	0.7	1.8	3.4	9.9
汕尾	Shanwei	28.26	36.98	5.28	29.83	7.2	9.4	1.3	7.6
东莞	Dongguan	1.97	26.83	12.20	127.86	0.2	2.3	1.0	10.8
中山	Zhongshan	0.15	18.09	12.97	51.09	0.0	2.0	1.5	5.7
江门	Jiangmen	5.86	157.52	63.20	42.41	0.7	18.5	7.4	5.0
阳江	Yangjiang	13.33	151.25	42.91	20.93	2.8	31.3	8.9	4.3
湛江	Zhanjiang	46.24	70.28	48.25	52.63	8.1	12.3	8.4	9.2
茂名	Maoming	15.84	75.89	58.27	29.53	3.7	17.8	13.6	6.9
肇庆	Zhaoqing	50.04	27.11	135.38	65.95	5.9	3.2	15.9	7.7
清远	Qingyuan	7.79	14.58	51.01	66.80	1.8	3.3	11.6	15.3
潮州	Chaozhou	8.79	14.60	4.38	16.39	3.9	6.5	2.0	7.3
揭阳	Jieyang	5.56	23.32	50.02	41.43	0.8	3.5	7.5	6.2
云浮	Yunfu	11.93	23.60	161.28	33.32	2.6	5.1	34.8	7.2
按经济区域分	By Region								
珠三角	Pearl River Delta	84.01	536.77	491.61	1351.54	0.6	3.8	3.5	9.7
东翼	Eastern Region	46.82	97.37	84.08	124.40	2.5	5.1	4.4	6.6
西翼	Western Region	75.42	297.42	149.44	103.09	5.1	20.1	10.1	6.9
山区	Mountainous Region	68.03	100.04	358.68	238.47	3.5	5.1	18.3	12.2

注：2011年起固定资产投资项目统计起点由50万元提高至500万元，且不包含农村农户投资。

Note: Since 2011, the cut-off point of investment statistics is changed from a minimum of 500,000 yuan to a minimum of 5,000,000 yuan, and the data do not include the investment made by rural households.

6-16 各市工业投资和比重（2012年）

Investment in Industry and Proportion by City (2012)

单位：亿元 (100 million yuan)

市别	City	投资额（亿元） Volume of Investment (100 million yuan) 工业合计 Total	采矿业 Mining	制造业 Manufacturing	电力、燃气及水的生产和供应业 Production and Supply of Electricity,Gas and Water	比重（以投资总额为100） Proportion (total investment=100) 合计 Total	采矿业 Mining	制造业 Manufacturing	电力、燃气及水的生产和供应业 Production and Supply of Electricity,Gas and Water
全省总计	**Provincial Total**	**6505.44**	**89.86**	**5352.26**	**1063.32**	**33.7**	**0.5**	**27.7**	**5.5**
广州	Guangzhou	614.36		453.41	160.94	16.3		12.1	4.3
深圳	Shenzhen	486.26	1.09	401.74	83.44	21.0	0.0	17.4	3.6
珠海	Zhuhai	186.72	0.61	149.03	37.07	23.7	0.1	18.9	4.7
汕头	Shantou	323.16	0.82	294.66	27.68	52.8	0.1	48.2	4.5
佛山	Foshan	841.60	0.28	772.31	69.01	39.5	0.0	36.3	3.2
#顺德	Shunde	141.19		137.18	4.01	31.4		30.5	0.9
韶关	Shaoguan	215.64	13.84	171.45	30.36	39.3	2.5	31.3	5.5
河源	Heyuan	83.55	2.91	61.53	19.10	30.0	1.0	22.1	6.9
梅州	Meizhou	74.16	4.27	48.68	21.21	32.2	1.9	21.2	9.2
惠州	Huizhou	350.79	2.70	328.29	19.81	29.0	0.2	27.2	1.6
汕尾	Shanwei	110.04		70.52	39.52	28.1		18.0	10.1
东莞	Dongguan	414.67		382.60	32.07	35.1		32.4	2.7
中山	Zhongshan	307.38		280.86	26.51	34.4		31.4	3.0
江门	Jiangmen	506.57	0.32	342.37	163.88	59.6	0.0	40.3	19.3
阳江	Yangjiang	278.35	3.00	118.31	157.04	57.5	0.6	24.5	32.5
湛江	Zhanjiang	204.55	28.40	140.98	35.17	35.7	5.0	24.6	6.1
茂名	Maoming	218.19	15.60	168.84	33.75	51.1	3.7	39.5	7.9
肇庆	Zhaoqing	421.47	8.98	383.81	28.68	49.4	1.1	45.0	3.4
清远	Qingyuan	101.32	1.94	83.78	15.61	23.1	0.4	19.1	3.6
潮州	Chaozhou	140.67		124.73	15.94	62.8		55.6	7.1
揭阳	Jieyang	348.87	0.13	328.98	19.76	52.6	0.0	49.6	3.0
云浮	Yunfu	277.12	4.95	245.39	26.78	59.8	1.1	52.9	5.8
按经济区域分	By Region								
珠三角	Pearl River Delta	4129.81	13.98	3494.42	621.41	29.6	0.1	25.0	4.4
东翼	Eastern Region	922.74	0.95	818.90	102.89	48.8	0.1	43.3	5.4
西翼	Western Region	701.09	47.01	428.12	225.96	47.3	3.2	28.9	15.2
山区	Mountainous Region	751.80	27.92	610.82	113.06	38.4	1.4	31.2	5.8

注：2011年起固定资产投资项目统计起点由50万元提高至500万元，且不包含农村农户投资。

Note: Since 2011, the cut-off point of investment statistics is changed from a minimum of 500,000 yuan to a minimum of 5,000,000 yuan, and the data do not include the investment made by rural households.

6-17 投资效益指标
Indicators on Investment Efficiency

项　　目	Item	2005	2009	2010	2011	2012
固定资产交付使用率	**Rate of Fixed Assets Put into Use**					
本年完成投资　(亿元)	Investment Completed in Current Year (100 million yuan)	7164.11	13353.15	16113.19	16843.83	19307.53
本年新增固定资产(亿元)	Newly Increased Fixed Assets in Current Year (100 million yuan)	4668.97	7926.97	10744.63	10829.70	13034.40
固定资产交付使用率(%)	Rate of Fixed Assets Put into Use (%)	65.2	59.4	66.7	64.3	67.5
建成项目投产率	**Rate of Projects Completed and Put into Use**					
本年施工项目　(个)	Number of Projects under Construction (unit)	23472	45646	50626	24958	28825
本年建成投产项目　(个)	Projects Completed and Put into Use (unit)	10680	31420	36926	15625	17438
建成项目投产率　(%)	Rate of Projects Completed and Put into Use(%)	45.5	68.8	72.9	62.6	60.5
房屋建筑面积	**Floor Space of Buildings Completed**					
本年房屋施工面积 (万平方米)	Floor Space of Buildings under Construction (10000 sq.m)	38351.76	49419.17	57221.79	58134.27	62648.42
本年房屋竣工面积 (万平方米)	Floor Space of Buildings Completed (10000 sq.m)	17053.80	18736.95	20420.60	14308.21	14411.55
房屋面积竣工率　(%)	Rate of Floor Space of Buildings Completed(%)	44.5	37.9	35.7	24.6	23.0
建设周期	**Period to Complete Total Planned Investment**					
计划总投资　(亿元)	Total Planned Investment (100 million yuan)	26335.04	48414.85	62193.20	67835.29	79749.39
本年完成投资　(亿元)	Investment Completed in Current Year (100 million yuan)	7164.11	13353.15	16113.19	16843.83	19307.53
建设周期　(年/月)	Period to Complete Total Planned Investment (year/month)	3/8	3/8	3/10	4/0	4/2

注：2011年起固定资产投资项目统计起点由50万元提高至500万元，且不包含农村农户投资；2010年以前为全社会固定资产投资。

Note: Since 2011, the cut-off point of investment statistics is changed from a minimum of 500,000 yuan to a minimum of 5,000,000 yuan, and the data do not include the investment made by rural households.Data before 2010 refer to total investment in fixed assets.

6-18 新增主要生产能力或效益

Newly Increased Production Capacity or Efficiency

指标	Item	2005	2009	2010	2011	2012
石油加工:	Petroleum Refining:					
蒸馏设备能力 (处理万吨/年)	Distillation Equipment Capacity (10000 tons/year)	300	1340		30	
裂化设备能力 (处理万吨/年)	Cracking Equipment Capacity (10000 tons/year)	10		102	120	
加氢精制设备能力 (处理万吨/年)	Hydro-refining Equipment Capacity (10000 tons/year)	120	220	200	60	
钢材:	Steels:					203.05
热轧钢材 (万吨/年)	Hot-roll (10000 tons/year)	280.35	146.00	103.60	93.50	
冷轧(拔)钢材 (万吨/年)	Non-hot-roll (10000 tons/year)	377.55	76.00	75.45	309.15	
铜冶炼 (吨/年)	Copper Smelting (tons/year)	25477	420	155000	250000	10200
铝加工材 (吨/年)	Aluminum Processing (tons/year)	119780	668610	184230	208860	505436
铜加工材 (吨/年)	Copper Material (tons/year)					406800
发电机组装机容量 (万千瓦)	Capacity of Generating Sets (10000 kw)	526.93	670.25	763.96	1198.79	
#水力发电 (万千瓦)	Hydropower (10000 kw)	37.32	31.59	108.39	119.43	676.00
火力发电 (万千瓦)	Thermal Power (10000 kw)	433.57	489.00	580.00	868.30	423.38
输电线路(11万伏及以上) (公里)	Transmission Lines(≥110000kv) (km)	4066.05	5638.58	6996.95	5463.29	3438.37
水泥 (万吨/年)	Cement (10000 tons/year)	1792.15	793.50	1750.50	1873	1838
塑料树脂及共聚物 (吨/年)	Plastic Resin and Copolymer (ton/year)	32999	466989	340713	120360	289918
内燃机 (台/年)	Internal Combustion Engine (set/year)					120000
(万千瓦/年)	(10000 kw/year)					1284
轿车制造 (辆/年)	Manufacture of Car (one/year)					240000
电视机 (万部/年)	Television (10000 units/year)					205
新建公路 (公里)	Newly Constructed Highways (km)	1860.61	2380.65	3028.90	1249.13	1482.10
#高速公路 (公里)	Express Highways (km)	187.86	172.54	508.70	156.34	255.49
改建公路 (公里)	Reconstructed Highways (km)	5379.79	3945.65	4253.65	1660.54	2745.62
#一级公路 (公里)	First Class Highways (km)	309.70	278.39	237.85	196.59	124.83
新建独立公路桥梁 (延长米)	Length of Newly Constructed Highway Bridges (m)	13032.4	4094.53	22739.20	6043.50	13799.00
(座)	Number of Newly Constructed Highway Bridges (unit)	118	36	48	13	29
新(扩)建港口码头 (年吞吐量: 万吨)	Annual Handling Capacity of Newly Constructed or Expanded Ports (10000 tons)	3158.00	1676.30	3516.00	2244.00	1938.00
(泊位:个)	Number of Berths in Newly Constructed or Expanded Ports (unit)	13	35	28	19	12
新(扩)建客、货运站 (个)	Number of Newly Constructed or Expanded Passenger and Freight Stations (unit)	29	16	22	13	15
(平方米)	Area of Newly Constructed or Expanded Passenger and Freight Stations (sq.m)	90564	147980	221957	205782	73926
程控交换机(指安装能力)(万线/年)	Program-controlled Switchboards (10 000 lines/year)	81.87			10.1	42
飞机购置 (架)	Aircraft Purchase (unit)					31
城市自来水供水能力 (万吨/日)	Capacity of City Tap Water Supply (10000 tons/day)	359.41	189.20	62.77	22.30	20.27
城市污水处理能力 (万吨/日)	Disposal Capacity of City Sewage (10000 tons/day)	124.46	321.25	506.88	65.70	67.65

注：2011年起固定资产投资项目统计起点由50万元提高至500万元，且不包含农村农户投资。

Note: Since 2011, the cut-off point of investment statistics is changed from a minimum of 500,000 yuan to a minimum of 5,000,000 yuan, and the data do not include the investment made by rural households.

6-19 各市建筑面积及价值（2012年）

Floor Space and Value of Buildings by City (2012)

市 别	City	施工建筑面积（万平方米）Floor Space under Construction (10000 sq.m)	#住宅 Residential Buildings	竣工建筑面积（万平方米）Floor Space Completed (10000 sq.m)	#住宅 Residential Buildings	竣工价值（亿元）Value Completed (100 million yuan)	#住宅 Residential Buildings
总计	**Provincial Total**	**62648.42**	**31370.86**	**14411.55**	**5677.81**	**3521.69**	**1703.43**
广 州	Guangzhou	12381.69	5152.06	2957.66	940.44	812.31	287.07
深 圳	Shenzhen	5259.50	2547.67	815.47	310.85	338.42	173.19
珠 海	Zhuhai	2536.59	1326.35	528.30	329.59	200.43	147.93
汕 头	Shantou	1736.72	763.96	647.95	228.18	93.89	36.82
佛 山	Foshan	5610.88	3011.68	1692.22	528.46	369.80	177.59
#顺 德	Shunde	2010.99	1164.60	501.67	202.65	112.32	59.02
韶 关	Shaoguan	1788.25	858.01	432.07	218.16	97.21	48.01
河 源	Heyuan	1143.20	585.30	246.64	148.11	58.01	38.54
梅 州	Meizhou	699.24	422.91	230.46	131.68	42.54	27.66
惠 州	Huizhou	6454.41	3726.62	1366.60	495.80	288.07	120.61
汕 尾	Shanwei	800.16	443.38	328.02	166.29	51.72	29.95
东 莞	Dongguan	3482.51	1965.15	489.05	313.92	182.60	144.49
中 山	Zhongshan	5349.36	2564.98	725.25	332.00	205.35	123.02
江 门	Jiangmen	2838.28	1193.95	919.77	310.62	177.96	80.46
阳 江	Yangjiang	990.29	657.15	245.33	127.00	54.98	30.61
湛 江	Zhanjiang	1568.68	938.30	354.38	157.45	86.68	38.20
茂 名	Maoming	1493.62	867.06	294.20	189.12	51.26	34.43
肇 庆	Zhaoqing	2311.80	1296.49	697.39	241.85	107.55	52.06
清 远	Qingyuan	2368.07	1745.63	420.93	293.50	85.11	61.22
潮 州	Chaozhou	505.61	354.36	135.18	69.76	35.18	16.89
揭 阳	Jieyang	2760.13	680.50	765.63	84.38	116.43	21.09
云 浮	Yunfu	569.43	269.34	119.05	60.64	66.18	13.59
城镇总计	**Urban Total**	**55587.88**	**30790.19**	**11219.91**	**5398.12**	**3080.15**	**1663.02**
广 州	Guangzhou	11653.92	5093.01	2536.80	884.98	750.78	281.69
深 圳	Shenzhen	5259.50	2547.67	815.47	310.85	338.42	173.19
珠 海	Zhuhai	2520.23	1326.35	518.38	329.59	198.75	147.93
汕 头	Shantou	1606.46	745.80	589.53	210.92	85.90	34.91
佛 山	Foshan	4254.69	2998.16	871.41	525.36	260.80	176.96
#顺 德	Shunde	1604.12	1162.80	285.52	200.85	82.19	58.57
韶 关	Shaoguan	1717.76	841.74	393.62	211.49	90.58	47.38
河 源	Heyuan	1026.93	562.03	225.40	130.99	54.24	35.80
梅 州	Meizhou	676.55	415.61	226.17	131.42	41.49	27.63
惠 州	Huizhou	6141.63	3677.27	1113.81	464.03	245.82	113.37
汕 尾	Shanwei	697.35	430.22	264.68	154.69	44.74	28.69
东 莞	Dongguan	2941.13	1936.16	421.86	313.52	173.91	144.44
中 山	Zhongshan	4400.13	2513.01	447.66	301.51	161.43	116.52
江 门	Jiangmen	2240.93	1181.73	662.32	302.01	150.02	79.29
阳 江	Yangjiang	965.80	653.06	235.80	123.01	53.21	30.21
湛 江	Zhanjiang	1318.47	822.84	246.94	125.71	68.73	34.27
茂 名	Maoming	1170.54	800.72	240.17	185.80	42.34	33.99
肇 庆	Zhaoqing	1934.99	1267.81	390.63	214.85	81.29	48.31
清 远	Qingyuan	2190.30	1674.85	345.84	264.25	75.91	57.39
潮 州	Chaozhou	449.35	352.63	87.23	68.25	23.13	16.49
揭 阳	Jieyang	1884.97	680.39	478.79	84.32	83.70	21.02
云 浮	Yunfu	536.26	269.11	107.41	60.57	54.96	13.56

注：2011年起固定资产投资项目统计起点由50万元提高至500万元，且不包含农村农户投资；2010年以前为全社会固定资产投资。

Note: Since 2011, the cut-off point of investment statistics is changed from a minimum of 500,000 yuan to a minimum of 5,000,000 yuan, and the data do not include the investment made by rural households. Data before 2010 refer to total investment in fixed assets.

6-20 房地产开发主要指标
Main Indicators on Real Estate Development

项目	Item	2000	2005	2010	2011	2012
土地开发及购置（万平方米）	**Land Development and Purchases(10000 sq.m)**					
本年土地开发面积	Land Space Developed in Current Year	1754.51	2085.66			
本年土地购置面积	Land Space Purchased in Current Year	1942.30	2894.12	1726.31	2436.64	1805.44
本年完成投资额（亿元）	**Investment Completed in Current Year (100 million yuan)**	**858.61**	**1591.90**	**3659.69**	**4809.91**	**5352.79**
#住宅	Residential Buildings	593.74	1065.74	2539.03	3453.04	3704.98
#经济适用房屋	Economically Affordable Housing	19.52	2.86	24.66		
资金来源小计（亿元）	**Source of Funds (100 million yuan)**	**1064.51**	**2233.60**	**7426.13**	**6877.82**	**7918.27**
#国内贷款	Domestic Loans	228.53	385.75	1256.11	1224.22	1507.53
利用外资	Foreign Investment	39.16	37.16	90.85	73.38	29.06
自筹资金	Self-raising Funds	287.71	702.33	1582.94	2153.46	2414.64
房屋建筑面积（万平方米）	**Floor Space of Buildings (10000 sq.m)**					
施工面积	Floor Space under Construction	9922.12	15110.04	29301.36	36137.07	39296.27
#住宅	Residential Buildings	7400.38	11399.99	22253.76	27377.88	29253.24
#经济适用房屋	Economically Affordable Housing (Cancelled)	301.75	70.80	151.15		
竣工面积	Floor Space Completed	3161.39	4385.16	5659.10	6140.56	6356.12
#住宅	Residential Buildings	2598.52	3476.73	4589.22	4884.18	4918.16
#经济适用房屋	Economically Affordable Housing	180.42	33.86	50.74		
商品房屋销售额（亿元）	**Total Sales (100 million yuan)**	**729.50**	**2238.66**	**5480.77**	**5852.54**	**6407.81**
#住宅	Residential Buildings	597.36	1886.39	4589.82	5070.76	5488.39
#经济适用房屋	Economically Affordable Housing	14.83	4.70	25.78		
商品房屋销售面积（万平方米）	**Floor Space of Buildings Sold (10000 sq.m)**	**2259.95**	**5038.91**	**7321.76**	**7427.87**	**7898.99**
#住宅	Residential Buildings	2009.34	4546.32	6552.81	6706.60	7157.63
#经济适用房屋	Economically Affordable Housing	106.74	33.96	69.34		

注：2010年国家取消本年土地开发面积指标，2011年取消经济适用房相关指标。

Note: In 2010,the index of"Land Space Developed in Current Year"is cancelled by the nation.In 2011,the index of"Economically Affordable Housing" is cancelled.

6-21 房地产开发投资情况（2012年）
Investment in Real Estate Development (2012)

单位：亿元 (100 million yuan)

按登记注册类型分组	By Registration Status	完成投资额 Investment Completed	#住宅 Residential Buildings
全省总计	**Provincial Total**	**5352.79**	**3704.98**
内资	Domestic	4305.75	3020.45
国有	State-owned	270.36	195.67
集体	Collective-owned	58.83	42.82
股份合作	Cooperative	14.40	10.01
联营	Joint	0.08	0.05
有限责任公司	Limited Liability	2324.06	1651.90
股份有限公司	Share-holding	150.48	97.61
私营	Private	1455.54	998.17
其他	Others	32.00	24.23
港澳台商投资	Funds from Hong Kong, Macao and Taiwan	728.28	453.06
外商投资	Foreign Funded	318.76	231.47

6-22 房地产开发房屋建筑面积及价值（2012年）
Floor Space and Value of Buildings in Real Estate Development (2012)

按登记注册类型分组	By Registration Status	房屋建筑面积(万平方米) Floor Space of Buildings(10000 sq.m)			竣工房屋价值(万元) Value of Buildings Completed (10000yuan)	
		施工面积 Floor Space of Buildings under Construction	竣工面积 Floor Space of Buildings Completed	#住宅 Residential Buildings		#住宅 Residential Buildings
全省总计	**Provincial Total**	**39296.27**	**6356.12**	**4918.16**	**20798426**	**15800759**
内资	Domestic-funded Economy	32726.03	5216.01	4099.99	16708493	12954295
国有	State-owned	1958.60	255.37	203.14	1249838	1001399
集体	Collective-owned	484.59	107.35	92.42	229855	198597
股份合作	Cooperative	147.50	11.95	9.23	25105	18653
联营	Joint	15.77				
有限责任公司	Limited Liability	16619.40	2615.10	2054.92	9007531	6939440
股份有限公司	Share-holding	1057.36	114.41	88.67	360112	244347
私营	Private	12156.02	2075.60	1619.11	5632441	4357257
其他	Others	286.79	36.24	32.49	203611	194602
港澳台商投资	Funds from Hong Kong, Macao and Taiwan	4290.78	610.00	392.58	2408282	1476008
外商投资	Foreign Funded	2279.45	530.10	425.59	1681651	1370456

6-23 各市房地产开发投资情况（2012年）

Investment in Real Estate Development by City (2012)

单位: 亿元 (100 million yuan)

市 别	City	完成投资额 Investment Completed	#住宅 Residential Buildings
广 州	Guangzhou	1370.45	827.61
深 圳	Shenzhen	736.84	474.60
珠 海	Zhuhai	242.08	181.78
汕 头	Shantou	83.35	58.80
佛 山	Foshan	638.46	432.36
#顺 德	Shunde	181.75	131.73
韶 关	Shaoguan	91.30	69.68
河 源	Heyuan	67.13	52.08
梅 州	Meizhou	44.05	32.27
惠 州	Huizhou	482.17	364.02
汕 尾	Shanwei	16.07	11.99
东 莞	Dongguan	377.32	273.42
中 山	Zhongshan	346.41	263.22
江 门	Jiangmen	144.49	111.02
阳 江	Yangjiang	77.18	56.51
湛 江	Zhanjiang	114.96	83.45
茂 名	Maoming	73.96	56.95
肇 庆	Zhaoqing	145.45	114.40
清 远	Qingyuan	180.72	147.69
潮 州	Chaozhou	28.57	19.44
揭 阳	Jieyang	56.44	47.34
云 浮	Yunfu	35.40	26.37
按经济区域分	By Region		
珠 三 角	Pearl River Delta	4483.67	3042.42
东 翼	Eastern Region	184.42	137.57
西 翼	Western Region	266.10	196.91
山 区	Mountainous Region	418.60	328.09

6-24 各市房地产开发房屋建筑面积及价值（2012年）
Floor Space and Value of Buildings in Real Estate Development by City (2012)

市别	City	房屋建筑面积(万平方米) Floor Spaceof Buildings(10000 sq.m)			竣工房屋价值(万元) Value of Buildings Completed (10000 yuan)	
		施工面积 Floor Space of Buildings under Construction	竣工面积 Floor Space of Buildings Completed	#住宅 Residential Buildings		#住宅 Residential Buildings
广州	Guangzhou	7845.62	1290.79	800.86	4449071	2666215
深圳	Shenzhen	3216.69	425.75	289.40	2596228	1690099
珠海	Zhuhai	1775.67	402.41	329.18	1742474	1478234
汕头	Shantou	936.89	211.07	163.21	409746	322654
佛山	Foshan	3848.36	649.70	510.68	2256529	1759298
#顺德	Shunde	1423.81	216.41	186.16	679242	575445
韶关	Shaoguan	1026.65	242.31	202.01	568913	462095
河源	Heyuan	584.37	132.44	115.08	378183	334536
梅州	Meizhou	471.49	147.13	119.39	319949	254118
惠州	Huizhou	4579.87	509.01	403.75	1328259	1058551
汕尾	Shanwei	220.37	32.68	30.96	71407	68670
东莞	Dongguan	2453.93	362.47	306.34	1619347	1424222
中山	Zhongshan	3073.46	321.67	265.84	1211314	1058914
江门	Jiangmen	1461.58	351.64	296.44	918466	782549
阳江	Yangjiang	802.58	141.17	122.36	373117	301263
湛江	Zhanjiang	1055.52	154.80	117.60	404418	320501
茂名	Maoming	913.67	214.30	183.24	387794	332383
肇庆	Zhaoqing	1573.41	247.22	198.28	575241	449552
清远	Qingyuan	1975.56	300.27	259.78	670136	567642
潮州	Chaozhou	418.74	75.63	67.53	191197	162917
揭阳	Jieyang	720.45	78.53	75.73	180186	170929
云浮	Yunfu	341.40	65.14	60.50	146451	135417
按经济区域分	By Region					
珠三角	Pearl River Delta	29828.59	4560.65	3400.75	16696929	12367634
东翼	Eastern Region	2296.45	397.90	337.44	852536	725170
西翼	Western Region	2771.77	510.27	423.20	1165329	954147
山区	Mountainous Region	4399.46	887.30	756.77	2083632	1753808

6-25 按用途分商品房屋销售面积(2012年)

Floor Space of Commercialized Buildings Sold by Use(2012)

单位：万平方米 (10 000 sq.m)

按登记注册类型分组	By Registration Status	商品房销售面积合计 Floor Space of Commercialized Buildings Sold	按用途分 By use				
			住宅 Residential Buildings	#别墅、高档公寓 Villas, High-grade Apartments	办公楼 Office Buildings	商业营业用房 Houses for Business Use	其他 Others
全省总计	**Provincial Total**	**7898.99**	**7157.63**	**540.21**	**141.47**	**360.57**	**239.32**
内资	Domestic-funded Economy	6635.65	6015.61	435.38	110.76	322.24	187.04
国有	State-owned	215.01	193.81	3.52	8.49	5.82	6.90
集体	Collective-owned	111.69	96.07	0.28	0.24	11.06	4.32
股份合作	Cooperative	21.14	18.59	1.44		0.55	2.00
联营	Joint	0.01					0.01
有限责任公司	Limited Liability	3600.95	3286.83	335.50	49.29	169.01	95.82
股份有限公司	Share-holding	230.99	202.25	0.98	3.62	13.84	11.27
私营	Private	2391.76	2161.21	93.19	48.92	116.06	65.57
其他	Others	64.10	56.86	0.46	0.18	5.91	1.16
港澳台商投资	Funds from Hong Kong, Macao and Taiwan	867.26	773.75	52.24	27.17	31.79	34.55
外商投资	Foreign Funded	396.09	368.27	52.60	3.54	6.55	17.73

6-26 按用途分商品房屋销售额(2012年)

Sales Volume of Commercialized Buildings Sold by Use(2012)

单位：万元 (10 000 yuan)

按登记注册类型分组	By Registration Status	商品房销售额合计 Floor Space of Commercialized Buildings Sold	按用途分 By use				
			住宅 Residential Buildings	#别墅、高档公寓 Villas, High-grade Apartments	办公楼 Office Buildings	商业营业用房 Houses for Business Use	其他 Others
全省总计	**Provincial Total**	**64078111**	**54883925**	**5540562**	**2899756**	**4685105**	**1609325**
内资	Domestic-funded Economy	50851377	43631246	4241752	1966060	3996274	1257797
国有	State-owned	2105350	1711249	25274	250447	108332	35322
集体	Collective-owned	538031	467675	1572	1667	50142	18547
股份合作	Cooperative	222955	213409	41729		1826	7720
联营	Joint	268					268
有限责任公司	Limited Liability	27312591	23775975	3190745	687202	2240212	609202
股份有限公司	Share-holding	3344219	2730273	19736	137621	259617	216708
私营	Private	16937239	14404466	955101	887514	1281525	363734
其他	Others	390724	328199	7595	1609	54620	6296
港澳台商投资	Funds from Hong Kong, Macao and Taiwan	9783370	8069835	746583	873735	573287	266513
外商投资	Foreign Funded	3443364	3182844	552227	59961	115544	85015

6-27 各市商品房屋销售情况（2012年）
Sales of Commercial Buildings by City (2012)

市 别	City	商品房销售面积（万平方米）Floor Space of Buildings Actually Sold (10000 sq.m)	#住宅 Residential Buildings	商品房销售额（万元）Sales Volume of Buildings Actually Sold (10000 yuan)	#住宅 Residential Buildings
广 州	Guangzhou	1333.13	1128.51	17547500	13543132
深 圳	Shenzhen	525.83	488.44	10300981	9278424
珠 海	Zhuhai	251.22	230.67	2684821	2460740
汕 头	Shantou	189.94	169.76	1147003	997987
佛 山	Foshan	802.17	705.36	6462530	5613081
#顺 德	Shunde	273.61	248.75	2122711	1870053
韶 关	Shaoguan	259.64	234.88	1163330	883523
河 源	Heyuan	128.25	123.75	502029	479199
梅 州	Meizhou	149.07	128.20	619169	483272
惠 州	Huizhou	826.72	787.29	4784238	4457970
汕 尾	Shanwei	54.70	52.58	206151	191815
东 莞	Dongguan	639.12	583.38	5423825	4725186
中 山	Zhongshan	654.16	593.97	3598074	3148199
江 门	Jiangmen	351.12	329.97	1936489	1796340
阳 江	Yangjiang	189.28	175.76	888142	774926
湛 江	Zhanjiang	206.62	182.79	1073714	913351
茂 名	Maoming	327.69	302.47	1235575	1133214
肇 庆	Zhaoqing	373.60	339.55	1758215	1520881
清 远	Qingyuan	392.57	368.89	1816979	1626057
潮 州	Chaozhou	48.24	44.21	195395	175934
揭 阳	Jieyang	110.68	107.09	369509	352719
云 浮	Yunfu	85.26	80.10	364442	327975
按经济区域分	By Region				
珠 三 角	Pearl River Delta	5757.06	5187.16	54496673	46543953
东 翼	Eastern Region	403.55	373.63	1918058	1718455
西 翼	Western Region	723.59	661.02	3197431	2821491
山 区	Mountainous Region	1014.79	935.81	4465949	3800026

主要统计指标解释

固定资产投资额 是以货币形式表现的在一定时期内建造和购置固定资产的工作量以及与此有关的费用的总称。它是反映固定资产投资规模、结构和发展速度的综合性指标，又是观察工程进度和考核投资效果的重要依据。固定资产投资按登记注册类型可分为国有、集体、联营、股份制、私营和个体、港澳台商、外商、其他等。

1.城镇固定资产投资 指城镇各种登记注册类型的企业、事业、行政单位及个体户进行的计划总投资500万元及500万元以上的建设项目投资和房地产开发投资。县城及以上区域内发生的投资，县及县以上各级政府及主管部门直接领导、管理的建设项目和企事业单位的投资均为城镇固定资产投资。

2.农村固定资产投资 包括农村区域范围内进行的计划总投资500万元及500万元以上的企业、事业、行政单位投资，不包括农村农户投资。

房地产开发投资 各种登记注册类型的房地产开发公司 、商品房建设公司及其他房地产开发单位统一开发的包括统代建、拆迁还建的住宅、厂房、仓库、饭店、宾馆、度假村、写字楼、办公楼等房屋建筑物和配套的服务设施、土地开发工程，如道路、给水、排水、供电 、供热、通讯、平整场地等基础设施工程的投资。包括实际从事房地产开发或经营活动的附营房地产开发单位。不包括单纯的土地交易活动。

固定资产投资的资金来源 根据固定资产投资的资金来源不同，分为国家预算内资金、国内贷款、债券、利用外资、自筹资金和其他资金来源。

(1)国家预算资金 自2011年起，按照全国人大和国务院的要求，各级财政的所有资金，包括税收和非税收入，均必须纳入预算管理，我国已不存在预算外资金的概念，因此各级政府用于固定资产投资的财政资金均为预算资金。由于已经没有预算外资金，因此名称改为国家预算资金，包括中央预算资金和地方预算资金，旧的国家预算内资金的内容和现中央预算资金的内容基本一致。

国家预算包括一般预算、政府性基金预算、国有资本经营预算和社保基金预算。各类预算中用于固定资产投资的资金全部作为国家预算资金填报，其中一般预算中用于固定资产投资的部分包括基建投资、车购税、灾后恢复重建基金和其他财政投资。各级政府债券也应归入国家预算资金。

(2)国内贷款 指报告期固定资产投资单位向银行及非银行金融机构借入的用于固定资产投资的各种国内借款，包括银行利用自有资金及吸收存款发放的贷款、上级主管部门拨入的国内贷款、国家专项贷款（包括煤代油贷款、劳改煤矿专项贷款等），地方财政专项资金安排的贷款、国内储备贷款、周转贷款等。

(3)债券 是企业（公司）或金融机构通过发行各种债券筹集到的用于固定资产投资的资金，包括由银行代理发行的重点企业债券和重点建设债券。

(4)利用外资 指报告期内收到的用于固定资产建造和购置的国外资金（包括设备、材料、技术）。包括对外借款、外商直接投资、外商其他投资。不包括我国自有外汇资金。

(5)自筹资金 指固定资产投资单位报告期内收到的，由各地区、各部门及企事业单位筹集用于固定资产投资的预算外资金，包括中央各部门、各级地方和企事业单位的自筹资金。

(6)其他资金来源 指报告期收到的除以上各种资金之外其他用于固定资产投资的资金。包括集资、个人资金、无偿捐赠的资金及其他单位拨入的资金。

新增生产能力（或工程效益） 指通过固定资产投资活动而增加的设计能力（或工程效益），是以实物形态表示的固定资产投资成果的指标，也是考核投资经济效果的重要依据之一。

房屋建筑面积 是房屋建筑物勒脚以上外墙外围的水平截面面积，包括房屋建筑物的有效面积和结构面积。房屋建筑面积统计指标是建设规模和建设成果的重要指标之一，也是检查工程形象进度、计算工程造价、分析投资效果、研究施工任务和建筑材料之间平衡情况的重要依据。

住宅 指供人们居住的房屋，包括职工家属宿舍、集体宿舍（包括职工单身宿舍和学生宿舍）及供居住的各种公寓等。住宅建筑面积中不包括作为人防用、不住人的地下室面积和供办公用的公寓。

房屋施工面积 指在报告期内施工的全部房屋建筑面积。包括本期新开工的面积和上期开工跨入本期继续施工的面积，以及上期已停建在本期恢复施工的房屋面积。本期竣工和本期施工后又停缓建的房屋，其建筑面积仍计入本期房屋施工面积中。

房屋竣工面积 指在报告期内房屋建筑按照设计要求已经全部完工，达到住人和使用条件，经验收鉴定合格（或达到竣工验收标准），正式移交使用的各栋房屋建筑面积的总和。

房屋建筑面积竣工率 是指一定时期内房屋竣工面积与施工面积的比率。它是从房屋建筑施工速度的角度反映投资效果的指标。

新增固定资产 指已经完成建造和购置过程，并已交付生产或使用单位的固定资产的价值。它是表示固定资产投资成果的价值指标，也是反映建设进度，计算固定资产投资效果的重要依据。

固定资产交付使用率 指一定时期新增固定资产与同期完成投资额的比率。它是反映各个时期固定资产动用速度，衡量建设过程中投资效果的一个综合性指标。

建设项目投产率 是建设周期的逆指标，是指一定时期内全部建成投产项目个数与同期施工项目个数的比率。它是从建设速度的角度反映投资效果的指标。

Explanatory Notes on Main Statistical Indicators

Amount of Investment in Fixed Assets refers to the sum in monetary terms of the volume of activities in the construction and purchase of fixed assets as well as related expenses. It is not only a comprehensive indicator of the size, proportional relations and developmental pace of investment in fixed assets, but also an important basis to follow the progress of projects and check the result of investment on. By status of registration, investment in fixed assets consists state-owned, collectively-owned, cooperative, joint, limited-liability, share-holding,, private, self-employed individual, funds from Hong Kong, Macao and Taiwan, foreign funded, and others.

1. Urban Investment in Fixed Assets refers to construction projects involving a total planned investment of 5,000,000 yuan and over by enterprises of various types of ownership, institutions, administrative units and individuals in urban areas, investment in real estate development. In other words, all investments that take place in county towns and urban areas, investment in construction projects under the direct leadership and management of government agencies at and above county levels and investments by enterprises and institutions at and above county levels are covered in urban investment in fixed assets.

2.Rural Investment in Fixed Assets refers to projects involving a total planned investment of 5,000,000 yuan and over by enterprises, institutions, administrative units and individuals in rural areas, excluding those by rural households.

Investment in Real Estate Development refers to investment by real estate development companies, commercialized buildings construction companies and other real estate development units of various types of ownership in the construction of buildings, such as residential buildings, factory buildings, warehouses, hotels, guesthouses, holiday villages, office buildings, and the complementary service facilities and land development projects, such as roads, water supply, water drainage, power supply, heating supply, telecommunications, land leveling and other infrastructural projects. It does not include activities in pure land transactions.

Sources of Funds for Investment in Fixed Assets are categorized as funds from the State budget, domestic loans, foreign investment, self-raised funds, and others, depending on the sources of investment.

(1)State Budgetary Funds Since 2011, in accordance with the requirements of the National People's Congress and the State Council, budgetary funds at all levels, including tax and non-tax revenues, must be included into budgetary management. As a result, the concept of "extra-budgetary funds" no longer exist. Therefore, all the fiscal funds used in fixed asset investment by governments at all levels are state budgetary funds. Without extra-budgetary funds, the name is changed into State Budgetary Funds. It includes central budgetary funds and local budgetary funds. The contents of the previously named "Fund from the State budget" is basically the same as the content of the central budgetary funds.

State budget includes general budget, government fund budget, state-owned capital operation budget and social insurance fund budget. Of all the budgets, the funds used in fixed asset investment are recorded as state budgetary funds. In general budget, the funds used in fixed asset investment include investment in infrastructure, vehicle purchase tax, post-disaster reconstruction fund and other fiscal investments. Government bonds at all levels shall also be included in state budgetary funds.

(2) Domestic loans refer to loans of various forms borrowed by investing units from banks and non-bank financial institutions during the reference period for the purpose of investment in fixed assets, including loans issued by banks from their self-owned funds and deposit, loans appropriated by higher authorities, special loans by government, loans arranged by local government from special funds, domestic reserve loan, and working loan.

(3) Bonds refer to funds raised by enterprises (companies) and financial institutions through issuing various bonds for the purpose of investment in fixed assets, including key enterprise bonds and key construction bonds issued through the agency of banks.

(4) Foreign investment refers to foreign funds received during the reference period for the purpose of construction and purchase of fixed assets (including equipment, materials and technologies). It includes foreign loans, foreign direct investment and other foreign investment, but excludes self-owned foreign exchanges of China.

(5) Fundraising refers to extra-budgetary funds received and raised by enterprises and institutions at all levels during the reference period for the purpose of investment in fixed assets, including funds raised by various departments under the central government, government departments of various levels, enterprises and institutions.

(6) Other funds refer to funds received during the reference period for the purpose of investment in fixed assets which are not included in the above-mentioned sources, including mass financing, individual funds, donations and funds from other units.

Newly Increased Production Capacity (or Project Efficiency) refers to the increase of designed capacity or project efficiency through investment in fixed assets, which is not only an indicator of the accomplishment in kind of investment in fixed assets but also an important basis to check the economic result of investment on..

Floor Space of Buildings refers to level cross-section floor space in each story of buildings calculated from the outside line of building walls above the plinth, including the effective space and structural space occupied by constructions. It is one of the important indicators of construction size and results, as well as an important foundation for checking the progress of projects, calculating the value of project, analyzing the investment result and studying the balance between building materials.

Residential Buildings refer to buildings used as residence by people, including dormitories for families of staff and workers, mass dormitories like those for single workers and students, and various apartments. The floor space of residential buildings excludes the floor space of basement used for air-raid shelters and other purposes than residence and apartments used as offices.

Floor Space under Construction refers to total floor space of all buildings under construction during the reference period, including floor space of newly started buildings during the reference period, floor space of construction extended from the previous period to the current period, and floor space of construction suspended during the previous period but resumed in the current period. Floor space of construction completed in the current period and floor space of construction started and then suspended in the current period are also included in floor space under construction.

Floor Space of Buildings Completed refers to total floor space of all buildings completed in the reference period, which have come up to the designed standards with proper conditions of residence and use, and have been examined and accepted (or met the standards for completion), and put into use.

Completion Rate of Floor Space of Buildings refers to the ratio of the floor space of buildings completed in a certain period of time to the floor space of buildings under construction in the same period, which reflects the investment result of the construction industry from the perspective of the speed of project construction.

Newly Increased Fixed Assets refer to the value of fixed assets which have been completed and transferred to production units or users. It is a value indicator of the achievements of investment in fixed assets as well as an important basis to evaluate the result of investment in fixed assets on.

Rate of Projects of Fixed Assets Completed and Put into Use refers to the ratio of newly increased fixed assets to total investment made in the same period. It is a comprehensive indicator of the speed of the deployment of fixed assets and investment efficiency.

Rate of Construction Projects Completed and Put into Use is the inverse indicator of construction period, referring to the ratio of the number of construction projects completed and put into use in certain period of time to the number of projects under construction in the same period. This reflects the investment efficiency from the perspective of the speed of project construction.

七、能源

ENERGY

七 能源

简要说明

一、本篇资料反映广东能源生产、消费和能耗水平等情况。内容主要包括：能源生产、消费及品种构成，分行业能源消费总量，综合能源平衡，各市能源单耗，能源生产和消费弹性系数，能源加工转换效率，生活用能源消费等资料。

二、本篇资料由广东省统计局能源统计处根据有关资料和调查结果整理提供。

三、能源资料取自全省《地区能源平衡表》和《工业企业能源购进、消费及库存表》等。地区能源平衡表编制范围为辖区内生产和消费能源的单位，其中规模以上工业企业的能源消费根据国家统计局制发的报表制度由统计系统搜集资料逐级汇总上报；加工转换消费来源于《工业企业能源购进、消费及库存附表》；其他数据来源于有关厅 (局)、公司或企业。

四、关于数据口径与计算的说明：

1. 能源生产与消费弹性系数分别以能源生产、消费增长速度与地区生产总值增长速度相比求得。

2. 能源平衡表中，进口量和出口量采用海关统计数据，电力折算标准煤系数按平均发电煤耗计算。

3. 能源加工转换效率表中的电力折算标准煤系数采用当量值计算，每千瓦小时折 0.1229 千克标准煤。

7 Energy

Brief Introduction

Ⅰ. The data in this chapter reflect the energy production, consumption, and efficiency of Guangdong Province, mainly including the energy production and consumption and their composition, the energy consumption by sector, the overall balance of energy, energy consumption per unit by city, the elasticity ratios of energy production and consumption, the efficiency of energy conversion and the consumption of energy for non-production use, etc.

Ⅱ. The data in this chapter are prepared and provided by the Division of Energy Statistics of Statistics Bureau of Guangdong Province.

Ⅲ. The data in this chapter come from the Energy Balance Sheet of the whole province and the Sheets of Energy Purchase, Consumption and Storage of Key Energy Consumption Industrial Enterprises. The coverage of the regional energy balance includes the units that produce and consume energy. Among them, the data on the energy consumption of all the state-owned industrial enterprises and the enterprises with yearly sales revenue over 5 million yuan are collected by the statistical agencies in accordance with the statistical reporting scheme stipulated by the National Bureau of Statistics and tabulated and reported to the higher authorities level by level; the data on the energy processing, transformation and consumption are derived from the Sheets of Energy Purchase, Consumption and Storage of Key Energy Consumption Industrial Enterprises; other data are provided by related government departments, companies and enterprises.

Ⅳ. Data coverage and calculation:

(1) The elasticity ratio of energy production is calculated as the quotient of the growth rate of energy production divided by the growth rate of GDP; and the elasticity ratio of energy consumption is calculated as the quotient of the growth rate of energy consumption divided by the growth rate of GDP.

(2) In the energy balance sheet, the data on the imports and exports are data from the customs statistics.The ratio for converting electric power into the standard coal equivalent is calculated according to the average consumption of coal for generating electricity.

(3) In the table on the efficiency of energy conversion, the ratio for converting electric power into the standard coal equivalent is calculated on the basis of heat value equivalent.One kilowatt is equal to 0.1229 kg SCE.

7-1 能源生产总量及构成

Total Production of Energy and its Composition

项目	Item	1990	1995	2000	2005	2010	2011	2012
能源生产总量	**Total Energy Production**	**1006.24**	**2622.53**	**3711.69**	**4758.79**	**5268.89**	**4846.76**	**5088.88**
（万吨标准煤）	**(10000 tons of SCE)**							
构 成 (%)	Composition (%)	100.0	100.0	100.0	100.0	100	100	100
原 煤	Coal	63.1	29.1	8.0	7.2			
原 油	Crude Oil	7.0	35.5	53.6	44.1	37.9	34.0	34.0
电 力	Electricity	29.9	34.9	27.1	36.2	40.7	43.2	44.2
天然气	Natural Gas		0.5	11.3	12.5	21.5	22.9	21.8

7-2 能源消费总量及构成

Total Consumption of Energy and Its Composition

年份 Year	一次能源消费量 (万吨标准煤) Primary Energy Consumption (10000 tons of SCE)	构成(%) Composition(%)					终端能源消费量 (万吨标准煤) Final Energy Consumption (10000 tons of SCE)	构成(%) Composition(%)				
		合计 Total	原煤 Coal	原油 Crude Oil	电力 Elect-ricity	天然气 Natural Gas		合计 Total	原煤 Coal	油品 Oil Products	电力 Elect-ricity	其他 Others
1990	3690.25	100.0	56.5	35.3	8.2		3936.44	100.0	33.6	22.4	33.0	11.0
1995	6147.61	100.0	56.4	28.5	14.9	0.2	7062.28	100.0	27.0	20.9	39.7	12.4
2000	7983.46	100.0	52.2	35.0	12.6	0.2	9080.20	100.0	17.1	22.6	45.4	14.9
2001	8169.60	100.0	52.5	34.0	13.5		9775.15	100.0	15.9	22.6	46.1	15.4
2002	9036.40	100.0	51.9	31.0	17.1		10861.68	100.0	14.5	21.6	49.2	14.7
2003	10462.09	100.0	53.5	28.6	17.7	0.2	12414.48	100.0	17.8	22.6	44.5	15.1
2004	12013.14	100.0	51.4	28.4	20.0	0.2	14487.74	100.0	11.7	20.7	52.6	15.0
2005	13086.58	100.0	52.8	26.1	20.8	0.3	17255.84	100.0	10.9	23.6	50.7	14.8
2006	15281.00	100.0	50.4	26.2	22.1	1.3	19254.03	100.0	12.5	23.7	48.7	15.1
2007	17344.10	100.0	52.0	24.2	20.3	3.5	21427.33	100.0	12.0	22.2	49.3	16.5
2008	17679.13	100.0	50.8	24.6	20.5	4.1	22671.76	100.0	13.8	21.2	48.5	16.5
2009	19235.86	100.0	46.5	27.5	20.6	5.4	23943.39	100.0	12.2	20.9	46.3	20.6
2010	22317.17	100.0	47.1	28.5	18.8	5.6	26344.85	100.0	11.4	18.9	47.0	22.7
2011	24131.26	100.0	51.5	26.1	16.2	6.2	27780.05	100.0	12.3	17.3	48.6	21.8
2012	24080.97	100.0	48.7	26.8	18.2	6.3	28377.06	100.0	11.6	17.2	49.2	22.0

7-3 综合能源平衡表
Overall Energy Balance Sheet

单位：万吨标准煤 (10000 tons of SCE)

项　目	Item	1990	1995	2000	2005	2011	2012
可供本地区消费的能源量	**Total Energy Available for Consumption by Locality**	**4044.28**	**7344.82**	**9447.70**	**17920.985**	**28479.99**	**29144.01**
年初库存量	Stock at the Year-beginning	583.00	614.43	675.20	800.55	1356.17	1599.37
一次能源生产量	Primary Energy Output	1006.24	2622.53	3711.69	4758.79	4846.76	5088.88
外省调入量	Allocation from Other Provinces	2955.36	4293.08	5628.27	10054.81	18405.93	17527.03
进口量	Imports	473.83	1575.45	2757.39	4585.56	7504.06	8241.96
境内轮船和飞机在境外加油量	Petroleum Consumed by Chinese Airplanes and Ships Abroad	12.28			42.07	199.40	220.07
本省调出量(-)	Allocation over Other Provinces(-)	-113.82	-609.34	-1599.39	-1066.35	-731.07	-839.13
出口量(-)	Exports(-)	-153.11	-509.37	-980.31	-543.10	-1202.80	-821.43
境外轮船和飞机在境内加油量(-)	Petroleum Consumed by Foreign Airplanes and Ships in China(-)	-70.30	-50.82	-62.51	-5.21	-299.10	-320.75
年末库存量(-)	Stock at the Year-end(-)	-649.20	-610.24	-779.26	-1013.78	-1599.38	-1551.98
加工转换投入(-)产出(+)量	**Input Output in Processing and Transformation**	**-13.74**	**-11.86**	**-35.74**	**-36.04**	**37.61**	**89.12**
火力发电	Thermal Power						2.05
供热	Heating					-116.28	-140.00
洗选煤	Coal Washing				-6.10		
炼焦	Coking	-4.21	-6.95	-3.85	-5.19	-3.23	-5.51
炼油	Petroleum Refining	-6.90	-1.86	-26.89	-16.03	304.78	-93.41
制气	Gas Production		-3.05	-5.00	-6.96	-0.08	0.03
回收能	Recovery of Energy		19.07	96.59	307.64	255.19	330.80
损失量	**Losses**	**113.33**	**271.16**	**331.76**	**629.11**	**737.55**	**856.07**
#运输和输配损失	Losses in Transmission	104.17	266.75	318.75	619.64	712.73	792.81
终端消费量	**End-use**	**3936.44**	**7062.28**	**9080.20**	**17255.84**	**27780.05**	**28377.06**
第一产业	Primary Industry	193.15	349.96	353.56	458.07	445.72	463.59
农、林、牧、渔业	Farming, Forestry, Animal Husbandry and Fishery	193.15	349.96	353.56	458.07	445.72	463.59
第二产业	Secondary Industry	2775.58	4626.99	5790.91	11246.12	18255.97	18357.07
工业	Industry	2728.01	4521.20	5693.02	11060.98	17561.14	17641.61
#用作原材料、燃料	As Raw Materials and Fuel	335.68	99.90	86.44	408.03	1091.70	1082.12
建筑业	Construction	47.57	105.76	97.90	185.14	694.83	715.46
第三产业	Tertiary Industry	515.11	1093.40	1648.93	3466.34	5393.13	5721.75
交通运输仓储及邮电通信业	Transport, Storage, Postal and Telecommunication Services	339.43	577.29	957.92	1917.42	2845.04	2950.94
批发和零售贸易业、餐饮业	Wholesale and Retail Trade and Catering	92.16	283.01	403.21	751.52	1206.39	1304.26
其他	ServicesOthers	83.52	233.10	287.81	797.40	1341.70	1466.55
生活消费	Residential Consumption	452.60	991.92	1286.80	2085.32	3685.23	3834.65
城镇	Urban Areas	296.73	659.27	818.33	1409.98	2357.76	2442.38
乡村	Rural Areas	155.87	332.61	468.45	675.34	1327.46	1392.27
平衡差额	**Balance**	**-19.23**	**-0.48**				**-0.01**
消费量合计	**Total Energy Consumption**	**4063.51**	**7345.30**	**9447.70**	**17920.98**	**28479.99**	**29144.01**

注：本表指标2010年口径与往年不同，含生物质能源消费量。

Notes: Different from previous years, the coverage of 2010 includes the consumption of bioenergy. The same applies to all tables following.

7-4 分行业能源消费总量和原煤、电力消费量（2012年）
Consumption of Total Energy, Coal and Electricity by Sector (2012)

行业	Sector	能源消费总量（万吨标准煤）Total Energy Consumption (10000 tons of SCE)	原煤消费量（万吨）Coal Consumption (10000 tons)	电力消费量（亿千瓦小时）Electricity Consumption (100 million kwh)
消费总量	**Total**	**29144.01**	**16303.90**	**4619.42**
农、林、牧、渔业	**Farming,Forestry,Animal Husbandry and Fishery**	**463.59**	**61.38**	**79.34**
工业合计	**Industry**	**18408.57**	**16153.55**	**3048.23**
采矿业	**Mining and Quarrying**	**258.78**	**5.82**	**20.40**
煤炭开采和洗选业	Mining and Washing of Coal	0.30		
石油和天然气开采业	Extraction of Petroleum and Natural Gas	100.24		0.41
黑色金属矿采选业	Mining and Dressing of Ferrous Metal Ores	68.47	0.17	6.33
有色金属矿采选业	Mining and Dressing of Nonferrous Metal Ores	15.19	0.21	4.22
非金属矿采选业	Mining and Dressing of Nonmetal Ores	74.11	5.44	9.35
开采辅助活动	Auxiliary Minning Operations	0.29		0.09
其他采矿业	Mining and Dressing of Other Ores	0.18		
制造业	**Manufacturing**	**15634.92**	**5082.96**	**2323.31**
农副食品加工业	Processing of Farm and Sideline Food	425.90	106.39	40.84
食品制造业	Manufacture of Food	152.72	28.11	23.83
酒、饮料和精制茶制造业	Manufacture of Wine, Beverage and Tea	104.66	34.38	16.72
烟草制品业	Tobacco Products	13.11	5.08	2.25
纺织业	Textile Industry	749.81	524.99	97.52
纺织服装、服饰业	Manufacture of Textile Garments, Footwear and	343.48	89.66	64.67
皮革、毛皮、羽毛(绒)及其制品业	Leather, Fur, Feather, Down and Related Products	205.44	13.54	49.21
木材加工及木、竹、藤、棕、草制品业	Timber Processing, Bamboo, Cane, Palm Fiber & Straw Products	151.78	3.63	26.09
家具制造业	Manufacture of Furniture	96.52	0.38	24.57
造纸及纸制品业	Papermaking and Paper Products	1039.17	978.35	147.78
印刷业和记录媒介的复制	Printing and Record Medium Reproduction	107.60	3.02	25.78
文教、工美、体育和娱乐用品制造业	Manufacture of Cultural, Educational and Sports Articles	188.15	4.27	48.95
石油加工、炼焦及核燃料加工业	Petroleum Refining, Coking, and Nuclear Fuel Processing	1440.05	95.58	58.21
化学原料及化学制品制造业	Manufacture of Raw Chemical Materials and Chemical Products	1258.81	168.27	124.67
医药制造业	Manufacture of Medicines	145.36	44.41	17.44
化学纤维制造业	Manufacture of Chemical Fibers	63.23	8.62	14.13
橡胶和塑料制品业	Rubber Products	673.63	91.92	161.55
非金属矿物制品业	Nonmetal Mineral Products	3432.78	2364.36	311.25
黑色金属冶炼及压延加工业	Smelting and Pressing of Ferrous Metals	1272.57	337.71	150.54
有色金属冶炼及压延加工业	Smelting and Pressing of Nonferrous Metals	688.69	65.59	89.55
金属制品业	Metal Products	508.96	19.56	123.92
通用设备制造业	Manufacture of General-purpose Machinery	178.91	0.60	46.36
专用设备制造业	Manufacture of Special-purpose Machinery	153.92	0.81	41.86
汽车制造业	Manufacture of Automobile	192.83	5.09	51.33
铁路、船舶、航空航天和其他运输设备制造业	Manufacture of Railway ,Ship,Aeronautics and Other Transport Equipment	100.80	3.49	22.94
电气机械及器材制造业	Manufacture of Electrical Machinery and Equipment	608.21	8.01	161.37
通信设备、计算机及其他电子设备制造业	Manufacture of Communication Equipment, Computers and Other Electronic Equipment	1183.34	6.27	345.30
仪器仪表制造业	Manufacture of Instruments and Meters	60.28	0.07	16.99
其他制造业	Handicraft and Other Manufactures	46.37	62.15	7.33
废弃资源综合利用业	Recycling and Disposal of Waste	37.65	8.37	7.86
金属制品、机械和设备修理业	Manufacture of Metal Products,Machinery and Equipment Maintenance	10.21	0.28	2.50
电力、燃气及水的生产和供应业	**Production and Supply of Electric Power,Gas and Water**	**2514.86**	**11064.77**	**704.52**
电力、热力的生产和供应业	Production and Supply of Electric Power and Heat Power	2312.22	11064.77	659.35
燃气生产和供应业	Production and Supply of Gas	63.48		
水的生产和供应业	Production and Supply of Water	139.16		
建筑业	**Construction**	**715.46**	**3.12**	**52.97**
交通运输、仓储及邮政业	**Transport, Storage,Postal and Telecommunication Services**	**2950.94**	**2.43**	**68.11**
批发和零售贸易餐饮业	**Wholesale and Retail Trade and Catering Services**	**1304.26**	**40.18**	**250.57**
其他行业	**Others**	**1466.55**		**430.38**
生活消费	**Non-production Consumption**	**3834.65**	**43.24**	**689.82**

7-5 各市电力消费量
Electricity Consumption by City

单位：亿千瓦小时 (100 million kwh)

市 别	City	2000	2005	2006	2007	2008	2009	2010	2011	2012
全省总计	**Provincial Total**	**1334.58**	**2673.56**	**3004.03**	**3394.05**	**3506.78**	**3609.64**	**4060.13**	**4399.02**	**4619.42**
广 州	Guangzhou	238.78	425.67	469.42	527.13	545.92	567.08	625.90	663.55	694.13
深 圳	Shenzhen	190.35	440.21	487.20	562.52	585.92	585.68	663.55	696.02	714.01
珠 海	Zhuhai	30.82	61.58	72.14	83.89	89.60	91.72	102.26	112.56	117.47
汕 头	Shantou	43.91	87.60	96.51	106.90	112.87	120.92	136.81	149.69	154.36
佛 山	Foshan	168.84	316.29	355.21	398.28	396.00	416.77	463.08	485.62	506.95
韶 关	Shaoguan	35.81	58.72	60.79	68.28	73.52	72.96	84.06	95.60	96.67
河 源	Heyuan	9.27	23.90	30.11	37.46	38.96	43.94	51.52	58.91	58.38
梅 州	Meizhou	22.70	40.40	42.35	49.36	52.03	56.00	60.88	66.20	66.33
惠 州	Huizhou	43.53	105.22	123.17	145.59	153.57	165.83	192.46	209.66	227.36
汕 尾	Shanwei	9.35	16.87	19.29	21.98	24.46	26.72	29.73	32.32	35.19
东 莞	Dongguan	179.78	419.83	472.01	515.40	514.16	495.58	562.00	586.07	604.28
中 山	Zhongshan	54.54	123.63	137.38	153.88	156.60	161.58	186.65	198.55	206.49
江 门	Jiangmen	64.65	113.63	124.97	140.60	140.26	141.97	165.21	187.68	196.14
阳 江	Yangjiang	12.09	22.46	25.23	28.91	30.39	32.76	40.43	47.48	64.00
湛 江	Zhanjiang	24.15	49.09	54.94	62.46	63.82	68.98	78.68	85.43	93.45
茂 名	Maoming	29.98	40.11	47.06	54.47	56.54	60.47	65.80	70.71	75.12
肇 庆	Zhaoqing	24.00	48.58	56.06	68.30	78.08	87.92	105.08	122.09	131.03
清 远	Qingyuan	22.60	59.47	80.14	97.73	96.25	109.09	125.53	135.71	142.44
潮 州	Chaozhou	13.95	33.17	39.01	44.03	48.07	51.41	59.16	63.65	66.12
揭 阳	Jieyang	22.51	51.13	60.27	69.30	75.47	85.57	98.68	112.67	120.87
云 浮	Yunfu	12.14	21.55	22.63	27.75	29.08	30.58	34.89	39.06	42.43
按经济区域分	By Region									
珠 三 角	Pearl River Delta	995.29	2054.64	2297.57	2595.60	2660.10	2714.12	3066.18	3261.79	3397.86
东 翼	Eastern Region	89.72	188.77	215.08	242.20	260.87	284.62	324.38	358.33	376.55
西 翼	Western Region	66.22	111.66	127.22	145.84	150.75	162.21	184.91	203.63	232.57
山 区	Mountainous Region	102.52	204.04	236.02	280.58	289.84	312.57	356.88	395.49	406.25

注：由于各市电力消费量不包含线损，全省数不等于分市数合计。

Note: Becausee the electricity consumption by region doesn't include line losses , the sum of electricity consumption by cities is different from the provincial total.

7-6 各市单位GDP能耗

Energy Consumption per Unit of GDP by City

市别	City	单位GDP能耗 (吨标准煤/万元) Energy Consumption per Unit of GDP (tons of SCE/10000 yuan)					上升或下降(±%) Changes(±%)			
		2005	2009	2010	2011	2012	2009	2010	2011	2012
全省总计	**Provincial Total**	**0.79**	**0.684**	**0.664**	**0.563**	**0.532**	**-4.27**	**-2.94**	**-3.78**	**-5.38**
广州	Guangzhou	0.78	0.651	0.621	0.533	0.506	-4.01	-4.60	-4.91	-4.94
深圳	Shenzhen	0.59	0.529	0.513	0.472	0.451	-2.76	-2.94	-4.39	-4.51
珠海	Zhuhai	0.66	0.581	0.560	0.503	0.480	-3.60	-3.67	-3.93	-4.75
汕头	Shantou	0.69	0.608	0.588	0.524	0.501	-3.85	-3.19	-3.44	-4.48
佛山	Foshan	0.89	0.694	0.664	0.582	0.556	-6.93	-4.38	-4.01	-4.53
韶关	Shaoguan	2.14	1.737	1.710	1.337	1.279	-4.51	-1.57	-3.68	-4.31
河源	Heyuan	0.96	0.809	0.800	0.717	0.671	-3.65	-1.06	-3.67	-6.36
梅州	Meizhou	1.43	1.229	1.189	0.995	0.947	-3.90	-3.23	-4.39	-4.86
惠州	Huizhou	0.86	0.947	0.892	0.814	0.782	-0.95	-5.82	-3.97	-3.91
汕尾	Shanwei	0.58	0.528	0.517	0.480	0.463	-5.60	-2.02	-3.73	-3.63
东莞	Dongguan	0.86	0.705	0.691	0.631	0.604	-4.48	-2.02	-4.61	-4.46
中山	Zhongshan	0.78	0.646	0.636	0.557	0.535	-4.03	-1.50	-4.18	-3.91
江门	Jiangmen	0.87	0.732	0.715	0.648	0.583	-5.79	-2.30	-3.66	-5.23
阳江	Yangjiang	0.87	0.709	0.702	0.604	0.580	-3.56	-1.00	-3.47	-3.91
湛江	Zhanjiang	0.74	0.641	0.639	0.551	0.527	-2.76	-0.30	-3.67	-4.21
茂名	Maoming	1.33	1.146	1.097	0.929	0.881	-3.73	-4.25	-3.90	-5.16
肇庆	Zhaoqing	0.99	0.844	0.823	0.674	0.641	-4.80	-2.44	-3.74	-4.94
清远	Qingyuan	1.73	1.481	1.452	1.182	1.102	-3.82	-1.96	-3.94	-6.82
潮州	Chaozhou	1.47	1.274	1.232	1.109	1.048	-3.54	-3.32	-3.71	-5.55
揭阳	Jieyang	1.03	0.874	0.855	0.733	0.696	-3.15	-2.21	-4.22	-5.00
云浮	Yunfu	1.53	1.294	1.274	1.136	1.056	-3.27	-1.54	-3.68	-6.95

注：2005-2010年计算单位GDP能耗的GDP按2005年可比价计算，2011年起按2010年可比价计算。

Note: From year 2005 to 2010 GDP in energy consumption per unit of GDP is calculated at comparable prices of 2005 and since 2011 calculated at comparable prices of 2010 .

7-7 各市单位GDP电耗增长速度

Growth Rate of Electricity Consumption per Unit by GDP by City

单位：%　　(%)

市别	City	2007	2008	2009	2010	2011	2012
全省总计	**Provincial Total**	**-1.30**	**-6.44**	**-6.13**	**0.03**	**-1.46**	**-2.90**
广　州	Guangzhou	-2.29	-7.98	-6.96	-2.53	-4.74	-4.59
深　圳	Shenzhen	0.54	-7.44	-9.33	1.00	-4.69	-3.28
珠　海	Zhuhai	-0.35	-2.21	-3.92	-1.21	-1.05	-2.49
汕　头	Shantou	-1.97	-4.44	-3.19	-0.62	-2.27	-5.87
佛　山	Foshan	-5.93	13.72	-7.23	-2.76	-5.83	-3.48
韶　关	Shaoguan	-2.22	-2.81	-9.88	2.44	1.45	-7.32
河　源	Heyuan	1.50	-5.70	2.45	3.54	1.11	-11.21
梅　州	Meizhou	3.64	-4.58	-2.00	-4.67	-4.25	-8.37
惠　州	Huizhou	0.65	-5.48	-4.56	-1.64	-4.93	-3.68
汕　尾	Shanwei	-3.83	-3.89	-6.05	-5.82	-4.61	-4.08
东　莞	Dongguan	-7.64	-12.49	-8.42	2.84	-3.40	-2.85
中　山	Zhongshan	-3.16	-8.38	-6.34	1.38	-5.98	-6.31
江　门	Jiangmen	-2.22	-9.93	-7.73	1.60	0.53	-3.32
阳　江	Yangjiang	0.51	-5.98	-3.92	5.66	2.24	19.28
湛　江	Zhanjiang	0.58	-8.51	-2.25	-0.12	-3.89	0.74
茂　名	Maoming	2.35	-5.46	-3.00	-4.65	-2.99	-3.95
肇　庆	Zhaoqing	5.62	-1.16	-1.12	1.74	1.33	-3.31
清　远	Qingyuan	-8.24	-18.07	-2.54	-2.32	-0.18	-0.10
潮　州	Chaozhou	-1.17	-2.68	-4.89	0.85	-4.75	-6.12
揭　阳	Jieyang	-2.61	-6.09	-2.23	-3.58	-0.34	-3.62
云　浮	Yunfu	6.81	-5.01	-4.84	0.24	-2.04	-3.70

7-8 各市单位工业增加值能耗增长速度

Growth Rate of Energy Consumption per Unit of Industrial Value-added by City

单位：% (%)

市 别	City	2007	2008	2009	2010	2011	2012
全省总计	**Provincial Total**	**-5.28**	**-11.32**	**-6.94**	**-6.88**	**-5.13**	**-11.18**
广 州	Guangzhou	-8.33	-10.72	-10.52	-12.61	-10.06	-16.98
深 圳	Shenzhen	-3.76	-4.46	-3.59	-3.72	-24.02	-12.68
珠 海	Zhuhai	18.53	-2.40	-5.74	-10.52	-6.61	-16.62
汕 头	Shantou	-12.94	-22.49	12.65	18.74	-4.37	-22.41
佛 山	Foshan	-12.02	-21.24	-9.37	-10.48	-8.17	-4.91
韶 关	Shaoguan	-13.19	-18.93	-3.87	-2.11	-4.32	-16.04
河 源	Heyuan	-1.07	-21.87	61.14	-1.15	0.03	-27.94
梅 州	Meizhou	-8.03	-8.02	12.84	-15.33	-24.00	-18.71
惠 州	Huizhou	13.03	-11.13	0.69	-16.87	0.15	-11.08
汕 尾	Shanwei	-2.12	684.61	-22.70	-14.25	2.75	6.26
东 莞	Dongguan	-10.07	-10.94	-0.26	-10.92	-6.12	-11.42
中 山	Zhongshan	-6.34	-6.07	-11.70	-3.84	-8.51	-21.83
江 门	Jiangmen	-0.79	-19.13	-18.45	-12.91	-0.96	-15.35
阳 江	Yangjiang	-7.09	-12.60	11.54	58.95	-5.11	-17.53
湛 江	Zhanjiang	-8.47	-14.82	-4.04	-4.35	-4.94	-5.21
茂 名	Maoming	-2.36	-6.46	-6.26	-9.91	-7.48	-20.08
肇 庆	Zhaoqing	-11.37	-10.81	-14.14	-7.65	-8.44	-9.04
清 远	Qingyuan	-24.69	-23.67	-11.14	-16.28	-11.77	-20.63
潮 州	Chaozhou	31.02	-3.91	-10.54	17.93	17.99	-18.92
揭 阳	Jieyang	36.80	-5.25	-15.50	-15.49	-18.98	-23.59
云 浮	Yunfu	-14.97	-15.61	-4.05	-9.70	-17.32	-25.69

7-9 平均每天各种能源消费量
Average Daily Energy Consumption by Variety

能源品种	Energy Variety	1990	1995	2000	2005	2011	2012
合　计(吨标准煤)	**Total (ton of SCE)**	**112476**	**201241**	**248773**	**472363**	**761097**	**777453**
煤　炭　(吨)	Coal (Ton)	50828	72961	59590	78227	154117	150928
焦　炭　(吨)	Coke (Ton)	2871	3613	3973	8058	15127	14936
原　油　(吨)	Crude Oil (Ton)	754	143	250	178	462	437
燃料油　(吨)	Fuel Oil (Ton)	4874	7195	9248	18288	10634	8427
汽　油　(吨)	Gasoline (Ton)	3878	7700	8226	19330	32995	34379
煤　油　(吨)	Kerosene (Ton)	866	1535	2444	4212	5924	6661
柴　油　(吨)	Diesel Oil (Ton)	7025	11334	18726	34920	40812	42122
液化石油气　(吨)	Liquefied Petroleum Gas(Ton)	549	5110	8720	16676	19106	17421
电　力(万千瓦时)	Electricity (10000 kwh)	9836	19698	33978	69671	115111	119813

7-10 平均每人年生活用能源
Annual per Capita Energy Consumption of Households

能源品种	Energy Variety	1990	1995	2000	2005	2010	2011	2012
合　计(千克标准煤)	**Total (kg of SCE)**	**72.04**	**146.11**	**148.90**	**227.85**	**296.18**	**351.88**	**363.49**
煤　炭　(千克)	Coal (kg)	56.77	40.07	9.63	10.54	6.96	6.48	6.02
汽　油　(千克)	Gasoline (kg)	1.65	4.50	4.42	14.57	28.97	37.31	38.18
煤　油　(千克)	Kerosene (kg)	1.95	1.18	0.24	0.33	0.35	0.37	0.37
柴　油　(千克)	Diesel Oil (kg)		0.37	0.57	0.98	1.39	1.56	1.58
液化石油气　(千克)	Liquefied Petroleum Gas(kg)	1.76	24.51	31.47	43.66	36.97	46.23	43.06
电　力　(千瓦时)	Electricity (kwh)	63.90	165.24	239.09	359.06	536.60	594.74	653.89

7-11 分品种生活能源年消费总量

Annual Total Energy Consumption of Households by Variety

能源品种	Energy Variety	1990	1995	2000	2005	2010	2011	2012
合 计（万吨标准煤）	**Total (10000 tons of SCE)**	**454.71**	**991.92**	**1286.80**	**2100.39**	**3046.36**	**3685.23**	**3834.65**
煤 炭 (万吨)	Coal (10000 tons)	348.03	272.01	83.22	96.46	71.56	67.88	63.56
汽 油 (万吨)	Gasoline (10000 tons)	10.44	30.54	38.20	133.36	297.95	390.76	402.75
煤 油 (万吨)	Kerosene (10000 tons)	11.98	8.00	2.10	2.98	3.60	3.91	3.88
柴 油 (万吨)	Diesel Oil (10000 tons)		2.54	4.90	8.93	14.30	16.31	16.72
液化石油气 (万吨)	Liquefied Petroleum Gas(10000 tons)	10.78	166.41	271.96	399.55	380.26	484.19	454.27
电 力(亿千瓦小时)	Electricity (100 million kwh)	39.17	112.18	206.62	328.62	551.92	622.87	689.82

7-12 能源加工转换效率

Efficiency of Energy Conversion

单位：% (%)

年 份 Year	火力发电 Thermal Power Generation	供 热 Heating	炼 焦 Coking	炼 油 Petroleum Refining	制 气 Gas Production
1990	31.13	79.21	93.48	99.44	
1995	31.85	80.07	90.93	99.89	86.17
2000	37.20	87.19	94.35	99.02	79.18
2001	37.21	85.09	95.23	99.12	77.90
2002	36.36	76.40	94.27	98.40	80.08
2003	40.69	71.43	82.36	98.57	78.67
2004	35.53	86.10	91.53	99.29	79.70
2005	36.22	95.99	96.66	99.53	79.18
2006	37.74	88.49	96.95	99.80	95.40
2007	38.80	70.66	99.02	99.79	97.22
2008	38.00	77.34	98.43	99.10	95.65
2009	38.69	82.15	98.31	99.58	93.47
2010	38.90	82.80	99.08	98.12	87.81
2011	38.22	79.19	98.69	98.54	89.87
2012	38.49	78.26	97.57	98.17	89.77

7-13 能源生产弹性系数

Elasticity Ratio of Energy Production

年 份 Year	能源生产比上年增长% Growth Rate of Energy Production over Preceding Year(%)	电力生产比上年增长% Growth Rate of Electricity Production over Preceding Year(%)	本省生产总值比上年增长% Growth Rate of Gross Domestic Product(GDP) over Preceding Year(%)	能源生产弹性系数 Elasticity Ratio of Energy Production	电力生产弹性系数 Elasticity Ratio of Electricity Production
1986	1.0	8.0	12.7	0.08	0.63
1990	0.3	15.3	11.6	0.02	1.32
1995	14.7	6.6	15.6	0.94	0.42
1996	43.3	10.7	11.3	3.83	0.95
1997	8.5	8.0	11.2	0.76	0.71
1998	-4.1	5.6	10.8		0.52
1999	-10.3	9.8	10.1		0.97
2000	5.8	18.7	11.5	0.50	1.63
2001	-8.2	5.9	10.5		0.56
2002	6.5	12.4	12.4	0.52	1.00
2003	12.7	17.7	14.8	0.86	1.20
2004	18.6	11.9	14.8	1.26	0.80
2005	-6.7	7.4	13.8		0.54
2006	-8.1	8.5	14.6		0.58
2007	-5.7	8.9	14.7		0.61
2008	12.5	-0.4	10.1	1.24	
2009	-0.6	-0.6	9.7		
2010	10.6	20.1	12.4	0.85	1.62
2011	-0.2	15.6	10.0		1.56
2012	5.0	-1.8	8.2	0.61	

7-14 能源消费弹性系数

Elasticity Ratio of Energy Consumption

年份 Year	能源消费比上年增长 (%) Growth Rate of Energy Consumption over Preceding Year(%)	电力消费比上年增长% Growth Rate of Electricity Consumption over Preceding Year(%)	本省生产总值比上年增长% Growth Rate of Gross Domestic Product(GDP) over Preceding Year(%)	能源消费弹性系数 Elasticity Ratio of Energy Consumption	电力消费弹性系数 Elasticity Ratio of Electricity Consumption
1986	8.4	4.7	12.7	0.66	0.37
1990	4.1	14.3	11.6	0.35	1.24
1995	9.2	7.6	15.6	0.59	0.49
1996	5.5	8.9	11.3	0.48	0.79
1997	2.7	7.1	11.2	0.24	0.64
1998	5.3	7.5	10.8	0.49	0.70
1999	4.3	10.0	10.1	0.42	0.99
2000	8.2	22.9	11.5	0.71	1.99
2001	7.7	9.3	10.5	0.74	0.88
2002	11.6	15.7	12.4	0.93	1.27
2003	15.4	20.3	14.8	1.04	1.37
2004	16.1	17.5	14.8	1.09	1.18
2005	16.8	12.0	13.8	1.22	0.87
2006	11.2	12.4	14.6	0.77	0.85
2007	10.9	13.0	14.7	0.74	0.88
2008	5.3	3.3	10.1	0.52	0.32
2009	6.9	2.9	9.7	0.71	0.30
2010	8.9	12.5	12.4	0.72	1.00
2011	5.8	8.3	10.0	0.58	0.83
2012	2.3	5.0	8.2	0.28	0.61

主要统计指标解释

能源生产总量 指一定时期内全国（地区）一次能源生产量的总和，是观察全国（地区）能源生产水平、规模、构成和发展速度的总量指标。一次能源生产量包括原煤、原油、天然气、水电、核能及其他动力能（如风能、地热能等）发电量。不包括低热值燃料生产量、生物质能、太阳能等的利用和由一次能源加工转换而成的二次能源产量。

能源消费总量 指一定时期内全国（地区）生产和生活消费的各种能源的总和，是观察能源消费水平、构成和增长速度的总量指标，能源消费总量包括原煤和原油及其制品、天然气、电力。不包括低热值燃料、生物质能和太阳能等的利用 。能源消费总量分为三部分，即终端能源消费量、能源加工转换损失量和损失量。

(1)终端能源消费量 指一定时期内全国（地区）生产和生活消费的各种能源在扣除了用于加工转换二次能源消费量和损失量以后的数量。

(2)能源加工转换损失量 指一定时期内全国（地区）投入加工转换的各种能源数量之和与产出各种能源产品之和的差额。它是观察能源在加工转换过程中损失量变化的指标。

(3)能源损失量 指一定时期内能源在输送、分配、储存过程中发生的损失和由客观原因造成的各种损失量。不包括各种气体能源放空、放散量。

能源生产弹性系数 是研究能源生产增长速度与国民经济增长速度之间关系的指标。计算公式：

$$\text{能源生产弹性系数}=\frac{\text{能源生产总量增长速度}}{\text{国民经济增长速度}}$$

国民经济增长速度，可根据不同的目的或需要，用国民生产总值，国内生产总值等指标来计算，本资料是采用国内生产总值指标计算的。

电力生产弹性系数 是研究电力生产增长速度与国民经济增长速度之间关系的指标。一般来说，电力的发展应当快于国民经济的发展，也就是说电力应超前发展。计算公式：

$$\text{电力生产弹性系数}=\frac{\text{电力生产量增长速度}}{\text{国民经济增长速度}}$$

能源消费弹性系数 是反映能源消费增长速度与国民经济增长速度之间比例关系的指标。计算公式：

$$\text{能源消费弹性系数}=\frac{\text{能源消费量增长速度}}{\text{国民经济增长速度}}$$

电力消费弹性系数 是反映电力消费增长速度与国民经济增长速度之间比例关系的指标。计算公式：

$$\text{电力消费弹性系数}=\frac{\text{电力消费量增长速度}}{\text{国民经济增长速度}}$$

能源加工转换效率 指一定时期内能源经过加工、转换后，产出的各种能源产品的数量与同期内投入加工转换的各种能源数量的比率。它是观察能源加工转换装置和生产工艺先进与落后、管理水平高低等的重要指标。计算公式：

$$\text{能源加工转换效率}=\frac{\text{能源加工、转换产出量}}{\text{能源加工、转换投入量}}\times 100\%$$

Explanatory Notes on Main Statistical Indicators

Total Energy Production refers to the total production of primary energy by all energy producing enterprises in the country (region) in a given period of time. It is a comprehensive indicator of the capacity, scale, composition and development speed of energy production of the country (region). The production of primary energy includes that of coal, crude oil, natural gas, hydropower and electricity generated by nuclear energy and other means such as wind power and geothermal power. However, it excludes the production of fuel of low calorific value, bioenergy, solar energy and secondary energy converted from primary energy.

Total Domestic Energy Consumption refers to the total consumption of energy of various kinds by production sectors and households in the country (region) in a given period of time. It is a comprehensive indicator of the scale, composition and development speed of energy consumption. The total energy consumption includes that of coal, crude oil and their products, natural gas and electricity, but excludes the consumption of fuel of low calorific value, bioenergy and solar energy. Total domestic energy consumption can be divided into three parts:

(1) Final Energy Consumption: This refers to the total energy consumption by production sectors and households in the country (region) in a given period of time, excluding primary energy consumption and loss in the process of conversion into secondary energy.

(2)Loss During the Process of Energy Conversion: This refers to the total input of various kinds of energy for conversion minus the total output of various kinds of energy in the country (region) in a given period of time. It is an indicator of the loss that occurs during the process of energy conversion.

(3)Loss: This refers to the total loss of energy during the course of energy transmission, distribution and storage and the loss caused by any objective reason in a given period of time, excluding the loss of various kinds of gas due to gas discharges and stocktaking.

Elasticity Ratio of Energy Production is an indicator of the relationship between the growth rate of energy production and the growth rate of the national economy. The formula is:

$$\text{Elasticity Ratio of Energy Production} = \frac{\text{Growth Rate of Energy Production}}{\text{Growth Rate of National Economy}}$$

The average annual growth rate of the national economy can be shown by the gross national product, gross domestic product and other indicators, depending on the purposes or needs. The gross domestic product is used in the calculation of the ratio in this chapter.

Elasticity Ratio of Electricity Production is an indicator of the relationship between the growth rate of electricity production and the growth rate of the national economy. Generally speaking, the growth rate of electricity production should be higher than that of the national economy; in other words, electricity production should develop in advance of the national economy. Its formula is:

$$\text{Elasticity Ratio of Electricity Production} = \frac{\text{Growth Rate of Electricity Production}}{\text{Growth Rate of National Economy}}$$

Elasticity Ratio of Energy Consumption is an indicator of the relationship between the growth rate of energy consumption and the growth rate of the national economy. The formula is:

$$\text{Elasticity Ratio of Energy Consumption} = \frac{\text{Growth Rate of Energy Consumption}}{\text{Growth Rate of National Economy}}$$

Elasticity Ratio of Electricity Consumption is an indicator of the relationship between the growth rate of electricity consumption and the growth rate of the national economy. The formula is:

$$\text{Elasticity Ratio of Electricity Consumption} = \frac{\text{Growth Rate of Electricity Consumption}}{\text{Growth Rate of National Economy}}$$

Efficiency of Energy Processing and Conversion refers to the ratio of the total output of energy products of various kinds after processing and conversion to the total input of energy of various kinds for processing and conversion in the same reference period. It is an important indicator of the current conditions of energy processing and conversion equipment, production technique and management. The formula is:

$$\text{Efficiency of Energy Processing \& Conversion} = \frac{\text{Output of Energy after Processing \& Conversion}}{\text{Input of Energy for Processing \& Conversion}} \times 100\%$$

八、财政、银行和保险

GOVERNMENT FINANCE,BANKING AND INSURANCE

八　财政、银行和保险

简要说明

一、本篇资料反映广东地方财政一般预算收支、银行、保险等方面的基本情况。

二、本篇资料由广东省统计局综合处负责整理、编辑。

三、资料来源：

财政资料根据广东省财政厅提供的历年《广东省财政总决算报表》的有关项目加工整理。

银行资料由中国人民银行广州分行提供。

保险业务资料由中国保险监督管理委员会广东监管局提供。

8 Government Finance，Banking and Insurance

Brief Introduction

Ⅰ. The data in this chapter show the basic situation of local government general budgetary revenue and expenditure, banking and insurance of Guangdong Province.

Ⅱ. The data in this chapter are prepared by the Division of Comprehensive Statistics of Statistics Bureau of Guangdong Province.

Ⅲ. Data sources:

The data on local government finance are prepared in accordance with the related tables of the Total Final Accounts of Government Finance of Guangdong provided by Guangdong Provincial Department of Finance.

The data on banking are provided by Guangzhou Branch of the People's Bank of China.

The data on insurance are provided by Guangdong Bureau of China Insurance Regulatory Commission.

8-1 地方公共财政预算收支和增长速度

Local Government General Budgetary Revenue and Expenditure and Their Growth Rates

单位：亿元 (100 million yuan)

年份 Year	地方公共财政预算收入 Local Government General Budgetary Revenue	地方公共财政预算支出 Local Government General Budgetary Expenditure	收支差额 Balance	增长速度（%）Growth Rate (%)		财政收入占地区生产总值的比重(%) Percentage of Budgetary Revenue to GDP (%)
				地方公共财政预算收入 Local General Government Budgetary Revenue	地方公共财政预算支出 Local General Government Budgetary Expenditure	
1978	41.82	28.70	13.12	17.9	42.6	22.5
1979	36.25	29.88	6.37	-13.3	4.1	17.3
1980	37.79	27.04	10.75	4.2	-9.5	15.1
1981	41.01	29.60	11.41	8.5	9.5	14.1
1982	42.23	33.34	8.89	3.0	12.6	12.4
1983	44.29	37.45	6.84	4.9	12.3	12.0
1984	49.28	47.18	2.10	11.3	26.0	10.7
1985	69.27	66.74	2.53	40.6	41.5	12.0
1986	82.41	89.55	-7.14	19.0	34.2	12.3
1987	95.88	96.59	-0.71	16.3	7.9	11.3
1988	107.57	115.20	-7.63	12.2	19.3	9.3
1989	136.87	141.16	-4.29	27.2	22.5	9.9
1990	131.02	150.69	-19.67	-4.3	6.8	8.4
1991	177.35	182.48	-5.13	35.4	21.1	9.4
1992	222.64	219.61	3.03	25.5	20.3	9.1
1993	346.56	331.27	15.29	55.7	50.8	10.0
1994	298.70	416.83	-118.13	-13.8	25.8	6.5
1995	382.34	525.63	-143.29	28.0	26.1	6.4
1996	479.45	601.23	-121.78	25.4	14.4	7.0
1997	543.95	682.66	-138.71	13.5	13.5	7.0
1998	640.75	825.61	-184.86	17.8	20.9	7.5
1999	766.19	1034.44	-268.25	19.6	25.3	8.3
2000	910.56	1069.86	-159.30	18.8	3.4	8.5
2001	1160.51	1321.33	-160.82	27.5	23.5	9.6
2002	1201.61	1521.08	-319.47	3.5	15.1	8.9
2003	1315.52	1695.63	-380.11	9.5	11.5	8.3
2004	1418.51	1852.95	-434.44	7.8	9.3	7.5
2005	1807.20	2289.07	-481.87	27.4	23.5	8.1
2006	2179.46	2553.34	-373.88	20.6	11.5	8.3
2007	2785.80	3159.57	-373.77	27.8	23.7	9.0
2008	3310.32	3778.57	-468.25	18.8	19.6	9.3
2009	3649.81	4334.37	-684.56	10.3	14.7	9.2
2010	4517.04	5421.54	-904.50	23.8	25.1	9.8
2011	5514.84	6712.40	-1197.56	22.1	23.8	10.4
2012	6229.18	7387.86	-1158.68	13.0	10.1	10.9

注：自2012年起，“地方一般预算收入”和“地方一般预算支出”统一更名为“地方公共财政预算收入”和“地方公共财政预算支出”。

Note: From 2012, the name of local government budgetary revenue local government budgetary expenditure have been changed to local public budgetary revenue local public budgetary expenditure

8-2 地方公共财政预算收支基本情况

Basic Conditions of Local Government General Budgetary Revenue and Expenditure

单位：亿元 (100 million yuan)

指 标	Item	2000	2005	2008	2009	2010	2011	2012
一、财政收入	**Local Government Budgetary Revenue**	**910.56**	**1807.20**	**3310.32**	**3649.81**	**4517.04**	**5514.84**	**6229.18**
各项税收	Taxes	798.61	1526.97	2864.79	3130.61	3803.47	4548.66	5073.88
#增值税	Value-added Tax	132.13	323.59	552.85	580.27	657.82	701.17	793.84
营业税	Business Tax	272.42	555.77	955.35	1073.35	1244.26	1431.16	1556.80
企业所得税	Corporate Income Tax	167.42	236.45	535.92	523.03	678.75	827.90	891.03
个人所得税	Individual Income Tax	84.80	132.43	236.38	238.99	287.26	341.40	322.71
城市维护建设税	City Maintenance and Construction Tax	30.00	64.34	106.23	113.91	135.97	295.45	338.31
印花税	Stamp Tax	32.94	20.57	48.60	52.26	69.93	74.42	81.16
非税收入	Non-tax Revenue	111.95	280.23	445.53	569.20	713.57	966.18	1155.30
#国有资本经营收入	Operating Income from State-owned Capital			56.38	66.78	90.00	86.09	120.08
罚没收入	Penalty Receipts	40.71	60.33	80.94	88.90	95.62	112.33	139.99
行政事业性收费收入	Charge of Administrative and Units	41.05	103.41	149.10	164.06	293.43	369.64	391.62
专项收入	Special Program Receipts	21.01	52.42	86.03	81.95	97.35	179.78	202.56
其他收入	Others	7.49	34.77	33.41	48.62	55.29	115.64	158.80
二、财政支出	**Local Government Budgetary Expenditure**	**1069.86**	**2289.07**	**3778.57**	**4334.37**	**5421.54**	**6712.40**	**7387.86**
一般公共服务	Expenditure for General Public Services			629.02	625.26	685.39	807.41	892.62
教育	Expenditure for Education	144.75	329.21	703.32	803.20	921.48	1227.87	1501.22
科学技术	Expenditure for Science and Technology			132.52	168.50	214.44	203.92	246.71
文化体育与传媒	Expenditure for Culture, Sports and Media	26.33	50.84	33.72	111.50	166.16	170.56	137.64
社会保障与就业	Expenditure for Social Safety Net and Employment Effort			362.83	401.50	469.58	548.65	611.04
医疗卫生	Expenditure for Medical and Health Care	47.73	82.36	201.15	252.85	304.04	433.75	505.14
节能保护	Expenditure for Energy Conservation and Environment Protection			47.09	100.80	239.16	232.62	235.44
城乡社区事务	Expenditure for Urban and Rural Community Affairs			283.29	358.63	407.64	518.16	623.28
农林水事务	Expenditure for Agriculture, Forestry and Water Conservancy			192.60	279.21	325.02	420.34	539.56
交通运输	Expenditure for Transportation			105.84	249.13	318.17	533.40	503.57
其他支出	Other Expenditure			450.02	290.30	331.54	382.36	282.93

8-3 各市人均地方公共财政预算收入

Per Capita Local Government General Budgetary Revenue by City

单位: 元 (yuan)

市 别	City	2000	2005	2006	2007	2008	2009	2010	2011	2012
全 省	**Provincial Total**	**1087.68**	**1974.59**	**2338.97**	**2916.83**	**3386.00**	**3645.50**	**4390.34**	**5265.78**	**5904.72**
广 州	Guangzhou	2061.72	3875.93	4388.58	5110.97	5735.56	6103.90	7100.70	7693.97	8615.73
深 圳	Shenzhen	3327.64	5064.37	5896.73	7379.55	8575.37	9037.32	10892.78	12856.12	14105.11
珠 海	Zhuhai	2024.57	3492.54	4213.55	5194.40	6184.14	6643.34	8025.47	9166.01	10323.14
汕 头	Shantou	409.83	596.51	702.63	844.33	1002.83	1129.16	1368.64	1582.87	1773.45
佛 山	Foshan	1146.57	2265.69	2652.59	3153.36	3542.73	3787.59	4349.20	4736.35	5300.29
#顺 德	Shunde			2785.13	3270.61	3625.81	3895.47	4439.32	4945.20	5507.95
韶 关	Shaoguan	314.70	686.57	781.73	1036.88	1264.88	1424.05	1683.27	1898.17	2150.02
河 源	Heyuan	111.86	311.21	447.97	544.90	628.47	704.99	860.81	1056.23	1256.37
梅 州	Meizhou	188.06	370.01	442.43	554.67	652.21	737.88	924.97	1101.64	1314.38
惠 州	Huizhou	408.85	946.27	1172.44	1570.40	1900.54	2379.32	2931.87	3526.46	4316.39
汕 尾	Shanwei	170.37	255.84	328.20	423.79	542.52	674.01	893.66	1109.94	1387.30
东 莞	Dongguan	503.97	1585.20	1922.06	2658.48	2851.21	3008.51	3454.53	3799.37	4306.79
中 山	Zhongshan	762.08	2231.98	2666.87	3289.91	3636.68	3818.31	4578.83	5848.99	6411.82
江 门	Jiangmen	540.87	1014.97	1226.85	1492.10	1757.69	1933.44	2365.62	2673.09	3018.13
阳 江	Yangjiang	179.12	375.62	446.22	551.75	692.41	850.92	1116.06	1435.25	1754.75
湛 江	Zhanjiang	207.35	361.18	448.66	556.57	662.64	760.55	950.34	1137.36	1298.97
茂 名	Maoming	173.63	366.48	436.24	530.68	610.59	706.11	887.70	1129.39	1318.51
肇 庆	Zhaoqing	325.95	558.68	672.36	868.72	1147.86	1463.01	1979.41	2342.76	2616.91
清 远	Qingyuan	143.50	372.24	543.34	766.31	1021.02	1362.84	1972.39	2265.84	2315.36
潮 州	Chaozhou	192.52	343.30	421.00	528.75	620.11	698.43	877.50	1018.33	1186.31
揭 阳	Jieyang	178.24	200.52	243.52	301.99	387.31	497.84	660.97	785.70	955.16
云 浮	Yunfu	169.61	400.53	486.11	597.05	711.80	803.48	1002.33	1256.82	1533.09
按经济区域分	By Region									
珠 三 角	Pearl River Delta	1442.48	2688.72	3147.33	3894.02	4465.44	4804.27	5717.85	6525.32	7284.81
东 翼	Eastern Region	252.38	356.63	429.44	527.91	643.61	758.87	960.44	1133.50	1327.14
西 翼	Western Region	189.61	365.50	443.43	545.66	646.91	753.48	952.37	1181.64	1377.88
山 区	Mountainous Region	187.58	423.54	535.61	696.40	853.39	1009.27	1300.73	1524.16	1712.03

注：本表按年末常住人口数计算。
Note: The data in this table are calculated by year-end permanent population.

8-4 各市地方公共财政预算收支

Local Government General Budgetary Revenue and Expenditure by City

单位: 亿元 (100 million yuan)

市 别	City	地方公共财政预算收入 Local Government General Budgetary Revenue							
		2000	2005	2007	2008	2009	2010	2011	2012
全省合计	**Provincial Total**	**910.56**	**1807.20**	**2785.80**	**3310.32**	**3649.81**	**4517.04**	**5514.84**	**6229.18**
广 州	Guangzhou	200.55	371.26	523.79	621.84	702.65	872.65	979.48	1102.40
深 圳	Shenzhen	221.92	412.38	658.06	800.36	880.82	1106.82	1339.57	1482.08
珠 海	Zhuhai	24.23	48.97	75.82	92.32	101.41	124.53	143.41	162.60
汕 头	Shantou	18.94	29.44	42.49	51.22	58.54	72.65	85.58	96.34
佛 山	Foshan	59.53	130.85	194.54	227.99	254.70	306.05	341.73	384.08
#顺 德	Shunde	21.22	47.38	68.39	79.34	89.29	106.75	122.06	136.52
韶 关	Shaoguan	8.63	19.93	30.04	36.38	40.71	47.81	53.91	61.48
河 源	Heyuan	2.55	8.52	15.16	17.61	20.18	25.09	31.37	37.64
梅 州	Meizhou	7.18	15.18	22.97	27.11	30.77	38.95	46.89	56.27
惠 州	Huizhou	12.94	34.72	62.06	78.07	101.57	131.23	162.83	200.88
汕 尾	Shanwei	4.16	7.09	12.16	15.75	19.71	26.23	32.71	41.09
东 莞	Dongguan	30.22	103.97	186.45	209.22	231.16	277.84	313.06	356.32
中 山	Zhongshan	17.46	54.26	86.12	100.12	110.44	139.38	183.22	201.89
江 门	Jiangmen	21.24	41.63	62.43	74.68	83.63	104.29	119.17	135.03
阳 江	Yangjiang	3.89	8.70	12.97	16.36	20.16	26.77	34.95	43.12
湛 江	Zhanjiang	12.44	24.01	38.24	45.71	52.65	66.23	80.03	92.09
茂 名	Maoming	9.08	21.26	31.66	36.37	41.70	51.95	66.12	78.12
肇 庆	Zhaoqing	10.97	20.44	32.74	43.56	55.92	76.80	92.23	103.81
清 远	Qingyuan	4.53	13.25	27.89	37.38	50.04	72.79	84.31	86.87
潮 州	Chaozhou	4.60	8.64	13.50	16.02	18.25	23.25	27.27	31.93
揭 阳	Jieyang	9.24	11.19	17.32	22.37	28.87	38.65	46.35	56.70
云 浮	Yunfu	3.65	9.33	13.97	16.63	18.78	23.54	29.80	36.76
按经济区域分	By Region								
珠三角	Pearl River Delta	599.06	1218.48	1882.01	2248.16	2522.29	3139.58	3674.70	4129.09
东 翼	Eastern Region	36.94	56.38	85.47	105.36	125.36	160.78	191.91	226.07
西 翼	Western Region	25.41	53.96	82.87	98.44	114.51	144.95	181.10	213.33
山 区	Mountainous Region	26.54	66.21	110.03	135.11	160.48	208.18	246.28	279.02

8-4 续表 continued

单位: 亿元 (100 million yuan)

市 别	City	地方公共财政预算支出 Local Government General Budgetary Expenditure							
		2000	2005	2007	2008	2009	2010	2011	2012
全省合计	**Provincial Total**	**1069.86**	**2289.07**	**3159.57**	**3778.57**	**4334.37**	**5421.54**	**6712.40**	**7387.86**
广 州	Guangzhou	240.72	438.41	623.69	713.35	789.92	977.32	1181.25	1343.65
深 圳	Shenzhen	225.04	599.16	727.97	889.86	1000.84	1266.07	1590.56	1569.01
珠 海	Zhuhai	31.14	57.77	82.82	105.68	121.31	166.41	190.37	212.20
汕 头	Shantou	27.90	50.14	72.89	87.43	99.35	121.71	151.66	172.93
佛 山	Foshan	72.48	150.85	206.67	244.51	266.99	363.35	388.68	433.96
#顺 德	Shunde	25.16	54.21	69.25	77.34	83.23	134.52	130.50	148.25
韶 关	Shaoguan	19.94	44.55	58.61	71.33	88.59	100.24	128.56	148.04
河 源	Heyuan	16.78	37.00	55.85	63.20	79.24	94.55	110.04	134.47
梅 州	Meizhou	23.84	46.25	72.09	81.37	97.26	117.98	148.21	175.53
惠 州	Huizhou	20.14	52.41	86.06	106.30	134.75	185.44	227.21	274.08
汕 尾	Shanwei	9.99	20.05	31.11	40.12	53.21	56.51	74.37	87.99
东 莞	Dongguan	33.61	117.04	193.10	218.26	232.62	289.83	351.92	385.58
中 山	Zhongshan	19.24	56.71	87.76	101.22	117.90	145.85	192.67	215.32
江 门	Jiangmen	28.18	54.24	76.40	92.60	111.08	132.98	165.30	188.12
阳 江	Yangjiang	11.00	23.17	35.68	45.93	56.64	64.92	81.05	102.90
湛 江	Zhanjiang	27.82	57.95	94.21	111.01	123.27	153.65	186.81	218.24
茂 名	Maoming	20.67	45.28	69.97	83.97	98.28	122.49	161.79	192.27
肇 庆	Zhaoqing	20.09	40.64	61.35	78.99	106.93	127.66	157.01	176.49
清 远	Qingyuan	16.35	38.15	61.95	76.19	100.05	132.81	157.76	172.01
潮 州	Chaozhou	11.31	21.36	33.54	37.43	44.30	55.99	63.50	77.81
揭 阳	Jieyang	19.50	30.99	51.48	62.34	76.79	94.68	123.92	149.48
云 浮	Yunfu	11.18	23.87	36.10	41.35	48.54	69.28	77.18	95.15
按经济区域分	By Region								
珠 三 角	Pearl River Delta	690.64	1567.23	2145.82	2550.77	2882.33	3654.91	4444.97	4798.40
东 翼	Eastern Region	68.70	122.50	189.00	227.30	273.64	328.89	413.45	488.21
西 翼	Western Region	59.49	126.40	199.86	240.91	278.18	341.06	429.65	513.42
山 区	Mountainous Region	88.09	189.83	284.60	333.43	413.69	514.86	621.75	725.20

8-5 中外资金融机构本外币存贷款余额

Deposits and Loans in Foreign Currencies in Chinese and Foreign Financial Institutions Foreign Financial Institutions

单位：亿元 (100 million yuan)

指　　标	Item	2005	2009	2010	2011	2012
各项存款	**Total Deposits**	**38119.91**	**69691.46**	**82019.40**	**91590.15**	**105099.55**
单位存款	Corporate Deposits				44915.61	51192.82
#活期存款	Demand Deposits				17979.66	18661.48
定期存款	Time Deposits				13792.53	16723.79
通知存款	Notice Deposits				1828.43	1943.45
保证金存款	Margin Deposits				5453.64	6490.81
个人存款	Personal Deposits				41795.46	47263.03
储蓄存款	Savings Deposits	20267.76	32136.32	36965.75	41061.56	46265.58
保证金存款	Margin Deposit				26.52	52.23
结构性存款	Structure Deposits				707.38	945.21
财政性存款	Fiscal Deposits				2448.67	3147.06
临时性存款	Temporary Deposits				172.46	222.10
委托存款(净)	Trusted Deposits				134.28	134.33
其他存款	Other Deposits				2123.66	3140.21
各项贷款	**Total Loans**	**23261.21**	**44510.22**	**51799.3**	**58615.27**	**67077.08**
(一)境内贷款	Domestic Loans				56971.33	65263.22
短期贷款	Short-term				16674.28	21642.86
中长期贷款	Medium & Long-term Loans				38334.14	40986.95
个人贷款	Personal Loans				13158.15	14641.30
#个人消费贷款	Personal Consumption Loans				11331.35	12429.88
(二)境外贷款	Overseas Loans				1643.94	1813.87

注：2011年起银行资金来源项目使用新的分类。
Note: Since 2011, new categorization is applied to items of bank fund sources.

8-6 中资金融机构人民币存贷款余额

Deposits and Loans in Renminbi in Chinese and Foreign Financial Institutions

单位：亿元 (100 million yuan)

指　　标	Item	2005	2009	2010	2011	2012
各项存款	**Total Deposits**	**35783.57**	**66766.49**	**78285.89**	**86849.26**	**97463.20**
单位存款	Corporate Deposits				41610.10	45122.55
#活期存款	Demand Deposits				16525.34	17217.17
定期存款	Time Deposits				12331.95	13983.56
通知存款	Notice Deposits				1773.97	1915.33
保证金存款	Margin Deposits				5141.06	4644.31
个人存款	Personal Deposits				40445.63	45786.44
储蓄存款	Savings Deposits	19051.35	31345.78	36219.15	39725.24	44803.43
保证金存款	Margin Deposit				25.00	50.15
结构性存款	Structure Deposits				695.39	932.86
财政性存款	Fiscal Deposits	1107.74	2104.35	2303.33	2449.31	3147.57
临时性存款	Temporary Deposits				126.70	183.51
委托存款(净)	Trusted Deposits				132.64	133.91
其他存款	Other Deposits				2084.87	3089.21
各项贷款	**Total Loans**	**20745.27**	**38893.06**	**46099.26**	**52167.25**	**58540.62**
(一)境内贷款	Domestic Loans				51742.54	58118.90
短期贷款	Short-term				13833.83	17260.08
中长期贷款	Medium & Long-term Loans				36264.27	38643.84
个人贷款	Personal Loans				13093.14	14554.53
#个人消费贷款	Personal Consumption Loans				11266.35	12343.11
(二)境外贷款	Overseas Loans				424.70	421.72

注：2011年起银行资金来源项目使用新的分类。
Note: Since 2011, new categorization is applied to items of bank fund sources.

8-7 各市中资金融机构基本情况

Basic Conditions of Chinese-funded Financial Institutions by City

市别	City	2005				2010			
		机构数(个) Number of Financial Institutions	年末从业人员(人) Number of Employed Persons at the Year-end	各项存款(亿元) Total Deposits (100 million yuan)	各项贷款(亿元) Total Loans (100 million yuan)	机构数(个) Number of Financial Institutions	年末从业人员(人) Number of Employed Persons at the Year-end	各项存款(亿元) Total Deposits (100 million yuan)	各项贷款(亿元) Total Loans (100 million yuan)
全省合计	**Provincial Total**	**15433**	**222738**	**35783.57**	**20745.27**	**14983**	**258254**	**78285.89**	**46099.26**
广　州	Guangzhou	2053	45800	11065.22	6873.34	2395	58412	22775.49	14597.74
深　圳	Shenzhen	1119	28354	8478.18	6168.03	1286	41483	20210.75	13708.16
珠　海	Zhuhai	417	6798	925.47	424.33	406	7664	2542.56	1203.85
汕　头	Shantou	655	9196	955.34	391.08	632	9476	1849.14	627.91
佛　山	Foshan	1913	21732	3770.74	2056.29	1775	25815	8293.02	4729.61
#顺　德	Shunde	645	6909	1204.02	689.91	627	7921	2531.53	1615.82
韶　关	Shaoguan	406	5153	461.78	166.55	401	5317	903.67	346.28
河　源	Heyuan	349	3759	204.20	107.99	325	3828	496.83	335.32
梅　州	Meizhou	635	7373	429.79	206.37	529	6371	835.07	330.25
惠　州	Huizhou	664	8012	781.79	367.23	650	9065	2038.58	1096.21
汕　尾	Shanwei	246	2937	140.77	57.21	217	2965	326.96	130.20
东　莞	Dongguan	1262	14985	2933.40	1500.52	1221	19395	5915.54	3302.49
中　山	Zhongshan	586	7837	1131.19	479.02	568	9017	2596.88	1324.65
江　门	Jiangmen	906	11627	1163.76	534.17	819	11194	2214.97	973.75
阳　江	Yangjiang	289	3986	245.37	99.66	268	3806	564.19	283.93
湛　江	Zhanjiang	931	10663	705.32	285.97	780	10321	1556.00	714.40
茂　名	Maoming	717	7915	521.02	225.46	612	7670	1025.39	361.30
肇　庆	Zhaoqing	551	7120	478.15	229.43	494	6874	1057.35	642.04
清　远	Qingyuan	471	5510	386.23	175.08	447	5620	986.45	510.26
潮　州	Chaozhou	304	4087	324.04	132.34	275	4187	649.81	205.91
揭　阳	Jieyang	613	6120	468.15	169.19	586	6178	963.79	400.68
云　浮	Yunfu	346	3774	213.66	96.02	297	3596	483.45	274.32
按经济区域分	By Region								
珠三角	Pearl River Delta	9642	159817	35103.66	20939.71	9614	188919	67645.13	41578.51
东　翼	Eastern Region	1762	22454	2147.42	788.51	1710	22806	3789.69	1364.70
西　翼	Western Region	1846	22857	1692.94	643.84	1660	21797	3145.59	1359.62
山　区	Mountainous Region	2156	25791	1958.72	810.10	1999	24732	3705.47	1796.43

8-7 续表 continued

市别	City	2011 机构数(个) Number of Financial Institutions	2011 年末从业人员(人) Number of Employed Persons at the Year-end	2011 各项存款(亿元) Total Deposits (100 million yuan)	2011 各项贷款(亿元) Total Loans (100 million yuan)	2012 机构数(个) Number of Financial Institutions	2012 年末从业人员(人) Number of Employed Persons at the Year-end	2012 各项存款(亿元) Total Deposits (100 million yuan)	2012 各项贷款(亿元) Total Loans (100 million yuan)
全省合计	**Provincial Total**	**15175**	**270598**	**86849.26**	**52167.25**	**15477**	**286657**	**97463.20**	**58540.62**
广州	Guangzhou	2431	62185	25048.61	15904.65	2485	63627	28270.68	17554.90
深圳	Shenzhen	1317	42296	22782.39	15719.01	1371	46944	25910.24	17305.47
珠海	Zhuhai	416	8584	2734.51	1396.04	430	9426	2987.35	1651.85
汕头	Shantou	641	9943	1946.20	694.59	643	10321	2196.17	773.00
佛山	Foshan	1796	27376	8925.50	5430.93	1825	30065	9734.79	6078.40
#顺德	Shunde	642	8321	2713.63	1842.97	652	10166	3060.44	2172.94
韶关	Shaoguan	407	5435	1001.01	390.99	413	5489	1107.17	464.32
河源	Heyuan	327	3927	559.22	385.22	333	4105	634.62	468.21
梅州	Meizhou	527	6491	941.74	387.57	533	6639	1059.31	452.17
惠州	Huizhou	661	9661	2314.90	1289.70	675	10470	2497.37	1483.72
汕尾	Shanwei	221	3008	368.35	156.38	220	3181	416.27	188.08
东莞	Dongguan	1243	20811	6568.71	3689.92	1273	21827	7392.17	4157.48
中山	Zhongshan	581	9624	2906.17	1528.07	596	10243	3212.63	1774.51
江门	Jiangmen	830	11506	2486.84	1133.24	854	12050	2800.20	1329.71
阳江	Yangjiang	270	3957	638.52	357.52	274	4321	725.28	430.34
湛江	Zhanjiang	783	10817	1717.89	847.87	790	11270	1887.26	1043.20
茂名	Maoming	612	7849	1184.84	443.71	621	8047	1328.32	539.41
肇庆	Zhaoqing	499	7015	1194.59	752.94	506	7716	1319.93	868.63
清远	Qingyuan	446	5856	1102.17	601.68	453	6277	1198.75	708.17
潮州	Chaozhou	279	4255	723.42	234.30	285	4348	829.90	270.76
揭阳	Jieyang	589	6307	1125.87	494.04	594	6471	1298.50	608.60
云浮	Yunfu	299	3695	577.80	328.88	303	3820	656.31	389.71
按经济区域分	By Region								
珠三角	Pearl River Delta	9774	199058	74962.22	46844.50	10015	212368	84125.35	52204.67
东翼	Eastern Region	1730	23513	4163.84	1579.31	1742	24321	4740.84	1840.43
西翼	Western Region	1665	22623	3541.25	1649.10	1685	23638	3940.85	2012.94
山区	Mountainous Region	2006	25404	4181.94	2094.34	2035	26330	4656.16	2482.58

注：1. 本表存贷款统计口径为中资金融机构人民币存贷款。
2. 机构数和年末从业人员统计范围为银行业及相关金融机构(不含人民银行、外资银行及资产管理公司)。

Notes: a) Deposits and loans in this table refer to the deposits and loans in Renminbi in domestic-funded financial institutions.
b) The number of financial institutions and the number of employed persons at the year-end refer to those in banking and related financial institutions (excluding the People's Bank of China, foreign-funded banks and assets management companies).

8-8 各市中外资金融机构本外币存贷款

Deposits and Loans in Renminbi and Foreign Currencies in Chinese and Foreign Financial Institutions by City

单位：亿元 (100 million yuan)

市别	City	各项存款 Total Deposits 2000	2005	2007	2008	2009	2010	2011	2012
全省合计	**Provincial Total**	**18975.25**	**38119.91**	**48955.02**	**56119.26**	**69691.46**	**82019.40**	**91590.15**	**105099.55**
广州	Guangzhou	6161.70	11734.10	14783.45	16929.46	20944.19	23953.96	26460.80	30186.57
深圳	Shenzhen	3918.58	9486.76	12829.73	14260.93	18357.47	21937.89	25095.78	29662.40
珠海	Zhuhai	519.03	1014.08	1388.07	1575.36	2105.20	2748.70	2980.01	3449.70
汕头	Shantou	597.13	995.64	1161.64	1365.86	1623.06	1873.03	1989.65	2285.36
佛山	Foshan	2107.92	3906.93	4885.43	5713.95	7211.14	8462.33	9116.84	10167.55
#顺德	Shunde	684.72	1249.91	1467.68	1698.29	2158.35	2531.53	2757.91	3146.27
韶关	Shaoguan	262.37	468.35	585.22	674.42	794.40	907.75	1005.35	1117.81
河源	Heyuan	90.66	205.94	286.55	334.76	409.59	500.02	561.36	638.58
梅州	Meizhou	218.35	438.71	489.95	601.71	705.69	839.63	946.24	1063.83
惠州	Huizhou	392.42	823.96	1169.47	1336.94	1778.95	2090.14	2401.05	2696.97
汕尾	Shanwei	77.79	144.45	192.72	233.51	279.78	332.70	373.30	422.71
东莞	Dongguan	1320.97	3036.77	3843.38	4460.25	5094.92	6077.87	6756.66	7691.24
中山	Zhongshan	616.26	1186.76	1560.23	1823.11	2211.13	2665.35	2993.67	3469.71
江门	Jiangmen	801.04	1279.67	1466.13	1683.39	1995.14	2285.75	2559.66	2905.50
阳江	Yangjiang	142.00	248.75	318.32	394.33	477.87	575.32	649.29	729.35
湛江	Zhanjiang	406.80	716.97	926.90	1075.80	1316.10	1565.19	1728.19	1902.35
茂名	Maoming	330.84	524.90	624.36	736.44	855.78	1028.67	1188.72	1332.42
肇庆	Zhaoqing	280.18	493.23	629.42	728.75	920.63	1072.54	1210.67	1355.59
清远	Qingyuan	212.76	393.96	565.68	651.26	832.57	995.36	1117.31	1215.34
潮州	Chaozhou	161.87	328.97	393.74	476.78	556.31	653.27	743.18	836.51
揭阳	Jieyang	238.84	473.60	572.67	726.87	816.18	967.03	1130.77	1311.12
云浮	Yunfu	117.76	217.40	281.97	335.41	405.35	486.93	581.66	658.93
按经济区域分	By Region								
珠三角	Pearl River Delta	16118.10	32962.25	42555.31	48512.14	60618.78	71294.51	79575.13	91585.24
东翼	Eastern Region	1075.63	1942.66	2320.77	2803.02	3275.34	3826.04	4236.89	4855.70
西翼	Western Region	879.64	1490.63	1869.58	2206.57	2649.75	3169.17	3566.20	3964.12
山区	Mountainous Region	901.90	1724.37	2209.37	2597.56	3147.60	3729.68	4211.93	4694.49

8-8 续表 continued

单位：亿元 (100 million yuan)

市别	City	各项贷款 Total Loans 2000	2005	2007	2008	2009	2010	2011	2012
全省合计	**Provincial Total**	**12954.62**	**23261.21**	**30617.27**	**33835.86**	**44510.22**	**51799.30**	**58615.27**	**67077.08**
广州	Guangzhou	4265.18	7622.20	9661.38	11080.08	13851.83	16284.31	17732.88	19936.52
深圳	Shenzhen	2906.82	7596.72	10239.44	11188.40	14783.39	16808.12	19248.73	21808.34
珠海	Zhuhai	318.86	486.72	683.23	748.46	1062.44	1472.54	1638.21	1920.30
汕头	Shantou	387.59	421.36	448.83	426.74	570.47	661.52	728.18	811.95
佛山	Foshan	1550.91	2122.74	2820.80	2999.73	4101.97	4868.99	5615.15	6391.47
#顺德	Shunde	498.38	704.48	905.07	944.33	1232.06	1615.82	1873.13	2243.78
韶关	Shaoguan	147.67	169.68	197.76	221.29	320.02	376.06	425.23	497.90
河源	Heyuan	63.05	108.13	174.02	201.33	294.26	338.69	389.26	472.89
梅州	Meizhou	150.54	206.44	215.62	206.52	274.26	331.10	389.97	454.04
惠州	Huizhou	224.31	409.44	679.74	752.10	1134.26	1225.71	1439.09	1735.12
汕尾	Shanwei	64.01	57.21	71.26	66.04	98.56	131.12	157.59	190.83
东莞	Dongguan	647.10	1540.48	2217.93	2432.88	3017.07	3441.99	3860.92	4446.82
中山	Zhongshan	356.58	498.05	747.31	844.27	1196.59	1373.62	1626.77	1969.07
江门	Jiangmen	571.00	565.45	624.97	624.73	892.58	1032.46	1205.30	1467.17
阳江	Yangjiang	88.46	100.66	136.68	159.22	229.38	292.24	369.12	445.73
湛江	Zhanjiang	289.74	310.03	421.46	476.92	629.71	721.00	868.48	1067.54
茂名	Maoming	220.45	230.93	234.30	222.90	299.77	362.40	444.74	540.64
肇庆	Zhaoqing	220.51	232.13	308.07	374.15	568.31	652.01	766.51	893.63
清远	Qingyuan	151.26	179.13	240.02	276.44	442.53	520.62	617.00	725.87
潮州	Chaozhou	110.33	137.20	160.12	160.08	192.71	219.41	256.64	290.20
揭阳	Jieyang	132.30	169.40	217.60	235.03	335.18	407.06	502.33	615.58
云浮	Yunfu	87.97	97.10	116.72	138.56	214.93	278.34	333.17	395.46
按经济区域分	By Region								
珠三角	Pearl River Delta	11061.27	21073.93	27982.87	31044.80	40608.44	47159.74	53133.57	60568.45
东翼	Eastern Region	694.23	785.17	897.81	887.89	1196.92	1419.10	1644.74	1908.56
西翼	Western Region	598.65	641.62	792.44	859.04	1158.86	1375.65	1682.34	2053.91
山区	Mountainous Region	600.49	760.49	944.14	1044.14	1546.00	1844.81	2154.62	2546.16

8-9 各市金融机构储蓄存款

Savings Deposits in Financial Institutions by City

单位：亿元 (100 million yuan)

市别	City	中资金融机构人民币储蓄存款 Savings Deposits in Renminbi in Chinese-funded Financial Institutions							
		2000	2005	2007	2008	2009	2010	2011	2012
全省合计	**Provincial Total**	**8667.29**	**19051.35**	**22214.49**	**27417.52**	**31345.78**	**36219.15**	**39725.24**	**44803.43**
广州	Guangzhou	2239.64	5024.69	5576.24	6836.35	7920.13	9013.15	9911.95	11174.68
深圳	Shenzhen	1082.43	3229.38	3795.29	4905.93	5723.76	6717.05	7251.39	8132.16
珠海	Zhuhai	216.08	480.87	570.05	705.06	805.37	957.58	1066.39	1196.27
汕头	Shantou	351.40	733.50	824.94	1009.82	1153.31	1291.11	1365.36	1528.12
佛山	Foshan	1216.98	2358.78	2768.81	3436.10	3885.33	4406.34	4653.70	5155.01
#顺德	Shunde	407.94	790.88	911.68	1150.10	1321.66	1500.57	1587.37	1784.58
韶关	Shaoguan	165.47	313.97	359.35	430.87	486.34	559.16	616.99	698.58
河源	Heyuan	69.96	145.12	186.79	223.38	262.84	313.64	363.82	415.52
梅州	Meizhou	155.14	318.77	347.31	435.56	496.90	578.33	662.21	757.67
惠州	Huizhou	249.31	522.21	647.61	771.66	867.49	1031.63	1172.86	1349.23
汕尾	Shanwei	54.18	108.39	137.91	166.91	195.42	229.73	259.39	296.29
东莞	Dongguan	672.07	1728.28	2120.49	2636.76	2902.66	3384.45	3697.27	4187.68
中山	Zhongshan	354.65	725.06	875.54	1058.85	1220.95	1442.18	1582.18	1747.90
江门	Jiangmen	483.75	851.93	972.97	1158.16	1289.06	1461.98	1644.86	1852.48
阳江	Yangjiang	104.99	189.91	229.45	276.08	320.14	385.69	432.63	494.59
湛江	Zhanjiang	298.14	505.70	596.87	707.45	810.79	940.08	1076.41	1245.66
茂名	Maoming	247.45	410.02	481.36	567.27	640.08	750.67	851.75	984.03
肇庆	Zhaoqing	184.21	335.91	411.02	482.80	554.14	650.23	744.57	851.29
清远	Qingyuan	146.27	273.86	367.79	436.68	496.56	590.26	660.50	741.99
潮州	Chaozhou	104.19	242.65	287.89	352.30	404.48	459.60	507.78	585.92
揭阳	Jieyang	180.82	387.29	447.18	574.27	622.66	714.16	808.42	947.98
云浮	Yunfu	90.13	165.09	209.64	245.27	287.35	342.13	394.81	460.38
按经济区域分	By Region								
珠三角	Pearl River Delta	6699.12	15257.09	17738.02	21991.67	25168.89	29064.60	31725.17	35646.70
东翼	Eastern Region	690.59	1471.82	1697.92	2103.30	2375.88	2694.60	2940.94	3358.31
西翼	Western Region	650.58	1105.62	1307.68	1550.80	1771.02	2076.44	2360.79	2724.28
山区	Mountainous Region	626.97	1216.81	1470.88	1771.76	2029.99	2383.51	2698.34	3074.14

8-9 续表 continued

单位：亿元 (100 million yuan)

市别	City	中外资金融机构本外币储蓄存款 Savings Deposits in Renminbi and Foreign Currencies in Chinese and Foreign Financial Institutions							
		2000	2005	2007	2008	2009	2010	2011	2012
全省合计	**Provincial Total**	**10028.65**	**20267.76**	**23013.34**	**28181.18**	**32136.32**	**36965.75**	**41061.56**	**46265.58**
广州	Guangzhou	2677.84	5475.77	5855.79	7111.27	8214.21	9302.33	10260.54	11557.00
深圳	Shenzhen	1391.53	3525.70	4009.06	5125.66	5943.09	6918.19	7963.54	8910.98
珠海	Zhuhai	262.40	513.72	591.87	727.86	828.04	982.54	1102.85	1234.72
汕头	Shantou	399.25	765.26	843.59	1025.32	1168.73	1305.62	1384.40	1549.33
佛山	Foshan	1364.95	2465.51	2836.67	3494.11	3945.01	4460.82	4707.06	5215.16
#顺德	Shunde	453.34	825.15	932.18	1167.79	1340.39	1517.91	1603.10	1805.47
韶关	Shaoguan	172.46	320.00	363.22	434.19	489.72	562.11	619.79	701.41
河源	Heyuan	71.32	146.36	187.66	224.14	263.60	314.33	364.52	416.29
梅州	Meizhou	166.95	326.86	352.67	439.94	501.32	582.20	665.74	761.27
惠州	Huizhou	276.61	548.27	663.89	785.09	881.28	1044.17	1185.53	1362.56
汕尾	Shanwei	58.88	111.83	139.92	168.79	197.35	231.32	261.45	298.38
东莞	Dongguan	753.77	1796.69	2164.06	2677.51	2945.59	3425.89	3750.36	4246.97
中山	Zhongshan	409.23	764.69	901.04	1080.43	1242.83	1462.96	1603.23	1771.65
江门	Jiangmen	607.53	951.96	1043.74	1219.45	1353.17	1516.72	1690.52	1898.06
阳江	Yangjiang	107.92	192.35	230.89	277.34	321.41	386.82	433.90	496.04
湛江	Zhanjiang	310.22	514.85	602.99	713.00	816.81	945.28	1081.46	1251.64
茂名	Maoming	251.70	413.71	483.64	569.35	642.22	752.61	853.88	986.18
肇庆	Zhaoqing	197.68	347.39	418.97	489.87	561.40	657.31	751.94	862.12
清远	Qingyuan	152.70	279.69	371.58	439.91	499.84	593.11	663.28	744.74
潮州	Chaozhou	111.07	246.32	290.22	354.25	406.51	461.35	510.18	588.53
揭阳	Jieyang	190.83	392.24	449.98	576.52	624.85	716.17	810.98	950.56
云浮	Yunfu	93.82	168.58	211.85	247.20	289.35	343.92	396.41	462.00
按经济区域分	By Region								
珠三角	Pearl River Delta	7941.54	16389.71	18485.09	22711.25	25914.60	29770.92	33015.57	37059.20
东翼	Eastern Region	760.03	1515.65	1723.71	2124.88	2397.43	2714.46	2967.02	3386.80
西翼	Western Region	669.84	1120.91	1317.52	1559.69	1780.44	2084.70	2369.23	2733.86
山区	Mountainous Region	657.25	1241.49	1486.98	1785.38	2043.84	2395.67	2709.74	3085.72

8-10 财产保险公司主要指标

Main Indicators of Property Insurance Companies

单位: 万元 (10000 yuan)

项目	Item	2005 保费收入 Premium Income	2005 赔款支出 Indemnity Expenditure	2010 保费收入 Premium Income	2010 赔款支出 Indemnity Expenditure
合计	**Total**	**1685170.63**	**845800.87**	**4448165.78**	**2033172.29**
企业财产保险	Enterprise Property Insurance	222004.35	173826.76	351292.22	183461.19
家庭财产保险	Household Property Insurance	12407.59	1170.37	21282.82	8106.04
#投资型家财险	Of Which: Investment-Linked Household Property Insurance	446.66	164.19	94.28	39.39
机动车辆保险	Motor Vehicle Insurance	1063848.58	529693.38	3226433.10	1480270.14
工程保险	Project Insurance	42979.14	12776.23	114572.14	34954.38
责任保险	Liability Insurance	58002.34	19459.36	152882.02	53781.74
信用保险	Credit Insurance	23565.76	10567.38	169656.19	23650.28
保证保险	Guarantee Insurance	16905.26	24343.42	21311.67	3303.65
#机动车辆消费贷款保证保险	Of Which: Motor Vehicle Consumption Loan Guarantee Insurance	250.61	22936.13	677.83	1880.55
个人贷款抵押房屋保证保险	Personal Loan Home Mortgage Guarantee Insurance	14236.25	292.60	-1426.3	347.16
船舶保险	Ship Insurance	44728.47	17886.27	72556.10	41911.92
货物运输保险	Freight Transport Insurance	54008.64	22312.82	97472.09	46828.17
特殊风险保险	Peculiar Risk Insurance	68514.78	3559.03	56890.54	60442.32
农业保险	Agriculture Insurance	1402.67	1115.53	10915.63	11289.18
健康险	Health Insurance	9787.22	4084.66	61987.52	45552.78
意外伤害保险	Accident Injury Insurance	66225.36	23567.92	90593.62	37625.61
其他险	Other Property Insurance	790.47	1437.75	974.31	-272.21

8-10 续表 continued

单位: 万元 (10000 yuan)

项目	Item	2011 保费收入 Premium Income	2011 赔款支出 Indemnity Expenditure	2012 保费收入 Premium Income	2012 赔款支出 Indemnity Expenditure
合计	**Total**	**5261234.00**	**2410523.90**	**5945717.47**	**3169726.96**
企业财产保险	Enterprise Property Insurance	422799.06	183614.19	436317.10	276186.41
家庭财产保险	Household Property Insurance	26776.34	2688.84	28777.77	4908.57
#投资型家财险	Of Which: Investment-Linked Household Property Insurance	-0.01	0.17	1260.00	112.70
机动车辆保险	Motor Vehicle Insurance	3740370.07	1852114.71	4199161.55	2387272.08
工程保险	Project Insurance	105762.27	40641.39	114142	42058.83
责任保险	Liability Insurance	185494.42	76460.36	227736.57	87408.53
信用保险	Credit Insurance	212131.65	18258.68	191319.05	72591.59
保证保险	Guarantee Insurance	66549.02	3365.48	146644.96	10258.17
#机动车辆消费贷款保证保险	Of Which: Motor Vehicle Consumption Loan Guarantee Insurance	354.03	-29.65	220.78	1101.46
个人贷款抵押房屋保证保险	Personal Loan Home Mortgage Guarantee Insurance	1480.18	295.98	3610.74	204.49
船舶保险	Ship Insurance	60658.87	43721.78	48154.34	38851.89
货物运输保险	Freight Transport Insurance	118302.90	51785.63	128523.65	62370.27
特殊风险保险	Peculiar Risk Insurance	116311.62	41054.79	147285.63	48146.74
农业保险	Agriculture Insurance	19156.19	8935.15	44667.69	24326.80
健康险	Health Insurance	79119.86	51283.27	103001.45	77406.05
意外伤害保险	Accident Injury Insurance	106761.27	36177.36	129661.25	37817.85
其他险	Other Property Insurance	1040.44	422.27	324.44	123.19

注：本表数据包括深圳，来源于中国保险监督管理委员会广东监管局。

Note: The data in the table include those of Shenzhen and are obtained from Guangdong Bureau of China Insurance Regulatory Commission.

8-11 人身保险公司主要指标

Main Indicators of Life Insurance Companies

单位：亿元 (100 million yuan)

项　目	Item	2005	2010	2011	2012
保费收入	**Premium Income**	**330.72**	**1148.37**	**1052.84**	**1097.55**
按险种分	Premium by Line of Business:				
寿险	Life Insurance	283.77	1056.69	947.90	970.75
个人业务	Personal Business	242.75	1021.96	942.71	963.68
新单保费	New Business Premium	122.71	659.94	504.78	410.89
续期保费	Renewal Premium	120.03	362.02	437.93	552.79
团体业务	Group Business	41.02	34.73	5.19	7.07
新单保费	New Business Premium	38.99	28.60	1.77	3.81
续期保费	Renewal Premium	2.04	6.14	3.42	3.26
意外伤害险	Accident Injury Insurance	13.14	22.94	27.82	30.92
一年期以内业务	Within One-year	0.81	1.07	0.93	1.66
一年期业务	One Year	12.32	21.10	25.39	26.65
一年以上业务	Over One-year Period Business		0.78	1.50	2.61
健康险	Health Insurance	33.81	68.73	77.12	95.88
一年期以内及一年期业务	Within One Year and One-year Period Business	13.07	23.47	25.95	28.84
个人业务	Personal Business	8.21	9.39	9.68	9.99
团体业务	Group Business	4.86	14.07	16.27	18.85
一年期以上业务	Over One-year Period Business	20.75	45.27	51.17	67.04
个人业务	Personal Business	16.73	43.31	51.09	66.89
团体业务	Group Business	4.01	1.96	0.08	0.15
按新型产品分:	Premium by New Product:				
寿险保费收入合计	Total Life Insurance Premium Income	283.77	1056.69	947.90	970.75
普通寿险	Ordinary Insurance	86.25	95.06	98.12	104.09
新单保费	New Business Premium	15.12	7.89	10.04	13.49
续期保费	Renewal Premium	71.13	87.16	88.08	90.60
分红寿险	Dividend Insurance	161.43	805.02	841.25	857.32
新单保费	New Business Premium	116.84	574.61	493.56	399.35
续期保费	Renewal Premium	44.60	230.41	347.70	457.97
投资连结保险	Investment Link Insurance	7.32	30.57	0.86	0.89
万能寿险	Universal Life Insurance	28.76	126.05	7.66	8.46
赔付支出	**Total Payment Expenditure**	**38.92**	**123.26**	**157.61**	**168.04**
赔款支出	Total Indemnity Expenditure	12.80	21.64	23.66	25.36
意外伤害险	Accident Injury Insurance	3.96	4.57	5.19	5.77
一年期以内业务	Within One-year Period Business	0.09	0.07	0.07	0.07
一年期业务	One-year Period Business	3.87	4.51	5.12	5.70
一年期以内及一年期健康险	Within One Year and One-year Period Health Insurance Business	8.84	17.07	18.47	19.59
个人业务	Personal Business	4.48	4.87	4.54	4.72
团体业务	Group Business	4.36	12.20	13.93	14.87
死伤医疗给付合计	**Total Payment for Death, Injury and Medical Treatment**	**5.72**	**13.77**	**15.22**	**19.26**
寿险	Life Insurance	3.91	8.64	9.50	11.48
个人业务	Personal Business	3.73	7.53	8.34	10.28
团体业务	Group Business	0.18	1.11	1.16	1.19
一年期以上健康险	Over One-year Period Health Insurance	1.81	5.13	5.72	7.79
个人业务	Personal Business	0.99	3.87	5.68	7.69
团体业务	Group Business	0.82	1.26	0.04	0.09
满期给付合计	**Total Mature Payment**	**9.55**	**60.71**	**94.61**	**89.47**
寿险	Life Insurance	9.55	54.46	75.67	89.08
个人业务	Personal Business	8.25	51.36	72.30	85.56
团体业务	Group Business	1.30	3.10	3.37	3.53
一年期以上健康险	Over One-year Period Health Insurance		6.26	18.95	0.38
个人业务	Personal Business		4.04	18.95	0.38
团体业务	Group Business		2.21	…	…
年金给付合计	**Total Annuity Payment**	**10.85**	**27.13**	**24.11**	**33.95**
个人业务	Personal Business	7.22	23.21	21.85	30.61
团体业务	Group Business	3.63	3.92	2.26	3.35
退保金	**Withdrawal Amount Insured**	**42.51**	**142.62**	**99.77**	**130.40**
寿险	Life Insurance	41.94	140.77	98.38	128.83
个人业务	Personal Business	22.05	112.26	96.92	127.91
团体业务	Group Business	19.89	28.51	1.46	0.92
一年期以上健康险	Over One-year Period Health Insurance	0.57	1.85	1.40	1.57

注：本表数据包括深圳，来源于中国保险监督管理委员会广东监管局。
Note: The data in the table include those of Shenzhen and are obtained from Guangdong Bureau of China Insurance Regulatory Commission.

主要统计指标解释

财政收入 指国家财政参与社会产品分配所取得的收入，是实现国家职能的财力保证。主要包括：

（1）各项税收：包括国内增值税、国内消费税、进口货物增值税和消费税、出口货物退增值税和消费税、营业税、企业所得税、个人所得税、资源税、城市维护建设税、房产税、印花税、城镇土地使用税、土地增值税、车船税、船舶吨税、车辆购置税、关税、耕地占用税、契税、烟叶税等。

（2）非税收入：包括专项收入、行政事业性收费、罚没收入和其他收入。

财政支出 指国家财政将筹集起来的资金进行分配使用，以满足经济建设和各项事业的需要。主要包括：一般公共服务；外交；国防；公共安全；教育；科学技术；文化教育与传媒；社会保障和就业；医疗卫生；环境保护；城乡社区事务；农林水事务；交通运输；工业商业金融等事务。

信贷资金 指金融机构以信用方式积聚和分配的货币资金。金融机构信贷资金的来源有各项存款、对国际金融机构负债、流通中货币、银行自有资金及当年结益等；信贷资金的运用有各项贷款、黄金占款、外汇占款、财政借款及在国际金融机构中的资产等。

存款 机构或个人在保留资金或货币所有权的条件下，以不可流通的存款凭证为依据，暂时让渡或接受资金使用权所形成的债权或债务。存款可分为单位存款、个人存款、财政性存款等项目。

贷款 机构或个人在保留资金或货币所有权的条件下，以不可流通的贷款凭证或类似凭证为依据，暂时让渡或接受资金使用权所形成的债权或债务。贷款分个人贷款、单位贷款、融资租赁等项目。

储蓄存款 个人客户在其他存款性公司开立账户并存入资金或货币，由其他存款性公司出具存款凭证，个人客户凭存款凭证可以支取本金或利息的存款。

保险金额 指保险人承担赔偿或者给付保险金责任的最高限额。

保费 指投保人为取得保险人在约定范围内所承担赔偿责任而支付给保险人的费用。

赔款 指保险人根据保险合同的规定，向被保险人支付的赔偿保险责任损失的金额。

给付 包括死伤医疗给付和满期给付。死伤医疗给付是指保险人根据人寿保险及长期健康保险合同的规定，因被保险人在保险期内发生保险责任范围内的保险事故支付给被保险人（或受益人）的金额。满期给付是指被保险人生存期满，保险人按人寿保险合同规定支付给被保险人的满期保险金额。

Explanatory Notes on Main Statistical Indicators

Government Revenue refers to income for the government finance through participating in the distribution of social products. It is the financial guarantee to ensure government functioning. The contents of government revenue include the following main items:

(1) Various tax revenues, including domestic value added tax (VAT), domestic consumption tax, VAT and consumption tax from imports, VAT and consumption tax rebate for exports, business tax, corporate income tax, individual income tax, resource tax, city maintenance and construct tax, house property tax, stamp tax, urban land use tax, land appreciation tax, tax on vehicles and boat operation, ship tonnage tax, vehicle purchase tax, tariffs, farm land occupation tax, deed tax, and tobacco leaf tax, etc.

(2) Non-tax revenue, including special program receipts, charge of administrative and institutional units, penalty receipts and others non-tax receipts.

Government Expenditure refers to the distribution and use of the funds which the government finance has raised, so as to meet the needs of economic construction and various causes. It mainly includes the following items: expenditure for general public services, expenditure for foreign affairs, expenditure for national defence, expenditure for public security, expenditure for education, Expenditure for science and technology, expenditure for culture, sport and media, expenditure for social safety net and employment effort, expenditure for medical and health care, expenditure for environment protection, expenditure for urban and rural community affairs, expenditure for agriculture, forestry and water conservancy, expenditure for transportation, expenditure for industry, commerce and banking.

Credit Funds refer to the monetary funds accumulated and distributed in the means of credit by the financial institutions. The sources of credit funds include deposits, liabilities to international financial institutions, currency in circulation, self-owned funds and current retained profits, etc. The uses of credit funds include loans, position for bullion purchase, position for foreign exchange purchase, advances to treasury, and assets with international financial institutions.

Deposit refers to the creditor's right or debt that is formed when the institution or individual temporarily gives up or accepts the right to use the capital while keeping the ownership of the capital with the untransferrable deposit certificate as the proof. It includes corporate deposits, personal deposits, fiscal deposits, etc..

Loan refers to the creditor's right or debt that is formed when the institution or individual temporarily gives up or accepts the right to use the capital while keeping the ownership of the capital with the untransferrable loan certificate or other certificates as the proof. It includes personal loans, corporate loans, financial lease, etc..

Savings Deposits refer to the capital which is deposited in the account opened in the reserve corporation by the individual with a deposit certificate as the proof, the principal and interest of which can be withdrew with the deposit certificate.

Amount Insured refers to the maximum that the insurant will get for the claim of the case sured.

Premium is the fee paid by the insurant to the insurer to obtain the obligation of compensation from the insurance within the agreed terms. is the compensation paid by the insurer to the insurant in accordance with the insurance contract.

Settled Claim is the compensation paid by the insurer to the insurant in accordance with the insurance contract.

Payment includes payment for death, injury or medical treatment and payment at maturity. Payment for death, injury or medical treatment refers to the money paid to the insurant (or the beneficiary) in accordance with the life or health insurance contract when the insurant encounters accidents within the insured period covered in the contract. Payment at maturity refers to the payment to the insurant in accordance with the life insurance contract at the end of the insured period.

九、价格指数

PRICE INDICES

九　价格指数

简要说明

一、本篇资料反映生产、流通、消费与投资等环节的价格变动情况。主要包括居民消费价格指数、商品零售价格指数、农业生产资料价格指数、工业生产者出厂价格指数、工业生产者购进价格指数、农产品生产价格指数和固定资产投资价格指数。

二、本篇资料由国家统计局广东调查总队消费价格调查处和生产投资价格调查处整理提供。

三、居民消费价格指数、商品零售价格指数采用分层随机抽样调查方法编制，即在全省选择不同经济区域的市、县以及有代表性的商品和服务项目作为样本，对市场价格进行经常性调查，以样本推断总体。

四、工业生产者出厂价格指数和工业生产者购进价格指数均采用重点调查与典型调查相结合的方法统计。

五、固定资产投资价格指数采用重点调查与典型调查相结合的方法统计。

六、农产品生产价格指数采用抽样调查和重点调查相结合的调查方法进行统计。

9 Price Indices

Brief Introduction

Ⅰ. The data in this chapter reflect price changes in production, circulation，consumption and investment, including mainly consumer price indices, retail price indices, price indices of means of agricultural production, producer price indices for manufactured goods, producer price indices for purchased goods, producers' price indices for farm products and price indices for investment in fixed assets.

Ⅱ. The data are prepared and provided by the Division of Consumers Price Survey and the Division of Production Price Survey under Guangdong Survey Office of the National Bureau of Statistics.

Ⅲ. The data for the calculation of consumer price indices and retail price indices in the province are collected through stratified random sampling. Cities and counties distributed in different economic regions of the province are selected as sample areas, and representative commodities and services are selected as sample commodities and services. Regular surveys are conducted to collect data on market prices. The data on the population are estimated on the basis of the sample.

Ⅳ. The data for the calculation of producer price indices for manufactured goods and producer price indices for purchased goods are all collected through key-point survey combined with typical survey.

Ⅴ. The data for the calculation of price indices of investment in fixed assets are collected through key-point survey combined with typical survey.

Ⅵ. The data for the calculation of producers' price indices of farm products are collected through sampling survey combined with key-point survey.

9-1 各种价格指数

Price Indices

上年=100 (preceding year=100)

年份 Year	商品零售价格指数 Retail Price Index	居民消费价格指数 Consumer Price Index	城市居民消费价格指数 Urban Household	农村居民消费价格指数 Rural Household	工业生产者出厂价格指数 Producer Price Index for Manufactured Goods	工业生产者购进价格指数 Producer Price Index for Purchased Goods	固定资产投资价格指数 Price Index for Investment in Fixed Assets
1978	100.4		100.3				
1979	103.0		104.6				
1980	108.5		109.5				
1981	109.3		106.3				
1982	102.3		102.6				
1983	100.7		102.8				
1984	101.2	101.3	101.9	100.4			
1985	113.6	114.8	117.1	111.2			
1986	104.8	104.9	104.7	105.3			
1987	111.7	111.2	112.8	109.7			
1988	130.2	129.4	129.5	129.3			
1989	121.0	122.1	121.9	122.4			
1990	95.6	97.5	97.4	97.6			
1991	100.6	101.2	102.3	99.9			
1992	105.8	107.3	108.4	105.9			
1993	118.2	121.6	122.0	120.6			
1994	118.9	121.7	121.0	122.5			
1995	111.6	114.0	113.1	115.3			
1996	104.4	107.0	107.2	106.5			
1997	100.1	101.9	102.1	101.5	100.1	97.3	
1998	97.0	98.2	98.3	98.1	94.8	91.4	
1999	96.7	98.2	98.4	97.7	97.7	97.8	
2000	99.9	101.4	102.2	100.0	103.4	110.9	
2001	98.7	99.3	99.2	99.6	98.5	99.1	100.2
2002	98.5	98.6	98.6	98.6	96.5	96.3	99.7
2003	100.0	100.6	100.7	100.4	99.3	104.1	102.2
2004	102.9	103.0	102.6	103.7	101.7	110.6	106.4
2005	101.8	102.3	102.0	102.7	101.5	105.0	101.6
2006	101.5	101.8	101.8	101.6	101.4	103.6	100.7
2007	103.4	103.7	103.7	103.5	101.3	103.3	102.4
2008	106.0	105.6	105.5	105.8	103.1	107.9	108.6
2009	96.8	97.7	97.6	97.8	95.8	93.8	96.7
2010	103.3	103.1	103.1	103.2	103.2	107.3	103.0
2011	105.1	105.3	105.3	105.6	103.7	107.3	105.5
2012	102.2	102.8	102.8	102.9	99.5	99.5	101.5

9-2 各种价格定基指数

Fixed-base Price Indices

年份 Year	商品零售价格指数(1978年为100) Retail Price Index (1978=100)	居民消费价格指数(1983年为100) Consumer Price Index (1983=100)	城市居民消费价格指数(1983年为100) Urban Household (1983=100)	农村居民消费价格指数(1983年为100) Rural Household (1983=100)	工业生产者出厂价格指数(1996年为100) Producer Price Index for Manufactured Goods (1996=100)	工业生产者购进价格指数(1996年为100) Producer Price Index for Purchased Goods (1996=100)	固定资产投资价格指数(2000年为100) Price Index for Investment in Fixed Assets (2000=100)
1978	100.0						
1979	103.0						
1980	111.8						
1981	122.0						
1982	124.9						
1983	125.7	100.0	100.0	100.0			
1984	127.2	101.3	101.9	100.4			
1985	144.5	116.3	119.3	111.6			
1986	151.5	122.0	124.9	117.6			
1987	169.2	135.7	140.9	129.0			
1988	220.3	175.5	182.5	166.8			
1989	266.6	214.3	222.5	204.1			
1990	254.8	209.0	216.7	199.2			
1991	256.4	211.5	221.7	199.0			
1992	271.3	226.9	240.3	210.7			
1993	320.6	275.9	293.1	254.2			
1994	381.3	335.8	354.7	311.3			
1995	425.6	382.8	401.2	359.0			
1996	444.3	409.6	430.1	382.3	100.0	100.0	
1997	444.7	417.4	439.1	388.1	100.1	97.3	
1998	431.4	409.9	431.6	380.7	94.9	88.9	
1999	417.1	402.5	424.7	371.9	92.7	86.9	
2000	416.7	408.1	434.1	371.9	95.9	96.4	100.0
2001	411.3	405.3	430.6	370.4	94.5	95.5	100.2
2002	405.1	399.6	424.6	365.3	91.2	92.0	99.9
2003	405.1	402.0	427.5	366.7	90.6	95.8	102.1
2004	416.9	414.1	438.6	380.3	92.1	106.0	108.6
2005	424.4	423.6	447.4	390.5	93.5	111.3	110.3
2006	430.8	431.2	455.5	396.8	94.8	115.3	111.1
2007	445.4	447.2	472.3	410.7	96.0	119.1	113.8
2008	472.2	472.2	498.3	434.5	99.0	128.4	123.6
2009	457.1	461.3	486.3	424.9	94.9	120.4	119.5
2010	472.2	475.6	501.4	438.5	97.9	129.2	123.0
2011	496.3	500.8	528.0	463.1	101.4	138.6	129.9
2012	507.2	514.8	542.8	476.5	100.9	137.9	131.8

9-3 居民消费价格分类指数（2012年）
Consumer Price Indices by Category (2012)

上年=100 (preceding year=100)

项目	Item	全省 Provincial Indices	城市 Urban Indices	农村 Rural Indices
居民消费价格指数	**Consumer Price Index**	**102.8**	**102.8**	**102.9**
非食品价格指数	**Non-foods Price Index**	**101.4**	**101.3**	**102.1**
服务项目价格指数	**Service Price Index**	**101.6**	**101.4**	**102.5**
工业品价格指数	**Industrial Products Price Index**	**101.3**	**101.2**	**101.7**
扣除食品烟酒和能源价格指数	**Price Index Deducting Foods, Tobacco, Liquor and Energy Sources**	**101.3**	**101.2**	**102.0**
扣除鲜菜鲜果价格指数	**Price Index Deducting Fresh Vegetables and Fruits**	**102.5**	**102.5**	**102.6**
消费品价格指数	**Consumer Goods Price Index**	**103.3**	**103.4**	**103.0**
食品	**Foods**	**105.6**	**105.8**	**104.4**
粮食	Grain	105.0	105.4	103.6
#大米	Rice	105.9	106.5	103.9
粮食制品	Grain Products	104.9	105.4	102.6
淀粉及制品	Starches and Its Products	104.9	105.4	102.6
干豆类及豆制品	Beans and Bean Products	100.2	100.1	100.7
油脂	Oil or Fat	106.0	105.8	106.5
肉禽及其制品	Meat, Poultry and Processed Products	104.4	104.7	103.1
#猪肉	Pork	100.6	101.1	98.3
蛋	Eggs	98.2	98.4	97.3
水产品	Aquatic Products	107.3	107.7	105.2
菜	Vegetables	114.9	114.9	114.5
#鲜菜	Fresh Vegetables	117.5	117.3	118.2
干菜及菜制品	Dried Vegetables and Vegetable Products	101.5	101.7	100.4
调味品	Flavoring	103.1	102.7	104.7
糖	Carbohydrate	103.0	102.8	103.6
#食糖	Sugar	101.5	101.9	100.0
糖果	Candy	104.8	104.2	108.0
茶及饮料	Tea and Beverages	102.4	102.4	102.6
茶叶	Tea	102.3	102.3	102.5
饮料	Beverages	102.4	102.4	102.6
干鲜瓜果	Dried and Fresh Melons and Fruits	98.9	99.2	96.7
#鲜瓜果	Fresh Melons and Fruits	98.4	98.8	95.6
糕点饼干面包	Cake, Biscuit and Bread	104.0	104.2	102.2
液体乳及乳制品	Milk and Its Products	103.9	103.9	104.3
在外用膳食品	Outward Dinner Food	106.8	106.9	105.0
其它食品	Other Foods	103.7	103.7	103.8
烟酒及用品	**Tobacco, Liquor and Articles**	**102.6**	**102.5**	**103.1**
烟草	Tobacco	100.8	100.7	101.2
酒	Liquor	105.3	105.2	105.6
衣着	**Clothing**	**104.0**	**104.0**	**104.2**
服装	Garments	104.7	104.6	105.0
衣着材料	Clothing Material	101.2	102.2	99.0
鞋袜帽	Footgear and Hats	102.5	102.5	102.8

9－3 续表 continued

上年=100 (preceding year=100)

项 目	Item	全省 Provincial Indices	城市 Urban Indices	农村 Rural Indices
衣着加工服务	Clothing Manufacturing Services	102.5	101.6	104.6
家庭设备用品及维修服务	**Household Facilities, Articles and Services**	**101.9**	**101.9**	**102.4**
耐用消费品	Durable Consumer Goods	99.5	99.2	102.0
家具	Furniture	100.7	100.5	102.2
家庭设备	Household Facilities	98.9	98.5	101.9
室内装饰品	Interior Decorations	100.9	101.2	100.0
床上用品	Bed Articles	98.6	98.5	99.0
家庭日用杂品	Daily-use Household Articles	102.0	101.9	102.5
家庭服务及加工维修服务	Household Services and Maintenance and Renovation	109.9	110.2	106.8
医疗保健和个人用品	**Health Care and Personal Articles**	**101.9**	**101.9**	**101.9**
医疗保健	Health Care	101.7	101.6	101.9
#中药材及中成药	Traditional Chinese Medicine	104.4	104.4	104.5
西药	Western Medicine	99.8	99.6	101.1
医疗保健服务	Health Care Services	101.1	101.3	100.2
个人用品及服务	Personal Articles and Services	102.3	102.3	102.0
化妆美容用品	Cosmetics	101.4	101.6	100.5
清洁化妆用品	Sanitary Articles	103.1	103.2	102.7
个人饰品	Personal Ornaments	99.9	99.7	101.5
个人服务	Personal Services	104.3	104.7	102.8
交通和通信	**Transportation and Communication**	**99.2**	**99.2**	**99.6**
交通	Transportation	100.6	100.5	100.9
交通工具	Transportation Facility	98.4	98.2	100.2
车用燃料及零配件	Fuels and Parts	102.5	102.6	102.2
车辆使用及维修费	Fees for Vehicles Use and Maintenance	101.3	101.4	100.8
市区公共交通费	Incity Traffic Fare	101.0	101.1	100.7
城市间交通费	Intercity Traffic Fare	101.2	101.2	101.0
通信	Telecommunication	97.3	97.2	97.8
通信工具	Communication Facility	86.8	85.5	93.2
通信服务	Communication Service	99.1	99.2	98.9
娱乐教育文化用品及服务	**Recreation, Education, Culture Articles and Services**	**100.7**	**100.6**	**101.7**
文娱用耐用消费品及服务	Durable Consumer Goods for Cultural and Recreational Use and Services	95.4	94.6	98.9
教育	Education	103.0	103.1	102.1
教材及参考书	Teaching Materials and Reference Books	101.1	101.2	101.1
教育服务	Education Services	103.3	103.4	102.5
文化娱乐类	Culture and Recreation	100.6	100.6	101.0
文化娱乐用品	Cultural and Recreational Articles	100.8	100.8	101.1
书报杂志	Newspapers and Magazines	100.7	100.7	100.4
文娱费	Expenditure on Culture and Recreation	100.4	100.3	101.3
旅游	Touring and Outing	100.3	99.8	104.6
居住	**Residence**	**101.8**	**101.7**	**102.9**
建房及装修材料	Building and Building Decoration Materials	101.9	101.9	101.8
住房租金	Rental Housing	102.1	101.9	104.4
自有住房	Private Housing	101.2	100.7	104.2
水、电、燃料	Water, Electricity and Fuels	102.5	102.7	101.6

9-4　商品零售价格分类指数（2012年）

Retail Price Indices by Category (2012)

上年=100 　(preceding year=100)

项　目	Item	全省 Provincial Indices	城市 Urban Indices	农村 Rural Indices
商品零售价格指数	**Retail Price Index**	**102.2**	**102.1**	**102.4**
食品	**Foods**	**105.6**	**106.1**	**104.3**
粮食	Grain	104.9	105.5	103.7
#大米	Rice	105.8	106.8	104.1
粮食制品	Grain Products	105.3	106.5	102.6
淀粉及制品	Starches and Its Products	105.7	106.3	104.2
干豆类及豆制品	Beans and Bean Products	100.3	100.1	100.9
油脂	Oil or Fat	106.1	105.7	106.6
肉禽及其制品	Meat, Poultry and Processed Products	104.7	105.4	103.2
食用畜肉及副产品	Edible Meat and By-products	104.7	105.8	102.5
禽	Poultry	103.2	102.8	104.0
肉禽加工制品	Processed Products	106.9	107.7	104.7
蛋	Eggs	97.7	97.9	97.3
水产品	Aquatic Products	107.5	108.2	105.4
鱼	Fish	107.5	108.2	105.6
其它水产品	Other Aquatic Products	107.6	108.2	105.1
菜	Vegetables	114.2	114.0	114.5
#鲜菜	Fresh Vegetables	117.0	116.5	118.4
干菜及菜制品	Dried Vegetables and Vegetable Products	100.6	100.6	100.5
调味品	Flavoring	103.9	103.1	105.6
糖	Carbohydrate	103.3	103.2	103.6
#食糖	Sugar	101.7	102.4	100.5
糖果	Candy	105.7	105.0	107.5
干鲜瓜果	Dried and Fresh Melons and Fruits	98.4	99.1	96.8
#鲜瓜果	Fresh Melons and Fruits	97.9	98.7	95.7
糕点饼干面包	Cake, Biscuit and Bread	104.2	104.8	102.1
液体乳及乳制品	Milk and Its Products	103.9	103.8	104.4
在外用膳食品	Outward Dinner Food	106.8	107.1	105.0
其它食品	Other Foods	103.7	103.7	103.9
饮料、烟酒	**Beverages, Tobacco and Liquor**	**103.1**	**102.9**	**103.4**
茶及饮料	Tea and Beverages	103.0	103.1	102.6
茶叶	Tea	103.3	103.8	102.2
饮料	Beverages	102.8	102.7	102.9
烟草	Tobacco	101.1	100.9	101.7
酒	Liquor	106.0	106.0	106.2
服装、鞋帽	**Garments, Shoes and Hats**	**103.8**	**103.6**	**104.3**
服装	Garments	104.5	104.3	105.1
男式服装	Men's Garments	104.1	103.7	105.3
女式服装	Women's Garments	104.7	104.7	104.4
儿童服装	Children's Garments	105.1	104.6	106.1
鞋袜帽	Footgear and Hats	102.1	102.0	102.5
其它	Others	100.7	99.3	102.6
纺织品	**Textiles**	**99.0**	**99.1**	**98.7**
衣着材料	Clothing Materials	102.3	104.3	98.2
床上用品	Bed Articles	97.7	97.2	99.0
家用电器及音像器材	**Household Appliances, Audio and Video Equipment**	**98.1**	**97.0**	**100.6**
家庭设备	Household Facilities	99.5	98.7	101.9

9-4 续表 continued

上年=100 (preceding year=100)

项 目	Item	全 省 Provincial Indices	城 市 Urban Indices	农 村 Rural Indices
文娱用耐用消费品	Durable Consumer Goods for Cultural and Recreational Use	96.0	94.0	99.4
音像器材	Audio and Video Equipment	97.8	97.4	99.6
文化办公用品	**Cultural and Office Appliances**	**99.4**	**99.3**	**99.7**
日用品	**Articles for Daily Use**	**102.0**	**102.1**	**101.7**
日用百货	General Merchandise for Daily Use	101.7	101.8	101.4
日用杂品	Miscellaneous for Daily Use	102.1	102.1	102.3
洗涤用品	Detergents	103.2	103.6	101.9
其它日用品	Other Articles for Daily Use	101.2	101.1	101.4
体育娱乐用品	**Sports and Recreation Articles**	**101.7**	**101.8**	**101.6**
体育用品	Sports Articles	103.4	103.6	102.9
娱乐用品	Recreation Articles	100.4	100.5	100.1
交通、通信用品	**Transportation and Communication Appliances**	**95.0**	**94.5**	**97.0**
交通运输机械	Transportation Machinery	97.4	96.9	99.6
通信器材	Communication Equipment	89.9	88.0	94.1
家具	**Furniture**	**100.4**	**100.0**	**102.2**
化妆品	**Cosmetics**	**102.3**	**102.5**	**101.4**
金银珠宝	**Gold, Silver and Jewelry**	**101.8**	**101.7**	**102.8**
中西药品及医疗保健用品	**Traditional Chinese & Western Medicines and Health Care Articles**	**101.7**	**101.5**	**102.2**
医疗器具及用品	Medical Apparatus and Articles	103.9	104.8	100.8
中药材及中成药	Traditional Chinese Medicinal Materials and Medicines	103.5	103.3	104.2
西药	Western Medicines	100.0	99.6	100.9
保健器具及用品	Health Care Appliances and Articles	100.9	100.7	101.2
书报杂志及电子出版物	**Books, Newspapers, Magazines and Electronic Publications**	**100.4**	**100.4**	**100.5**
教材及参考书	Teaching Materials and Reference Books	101.0	101.0	101.0
书报杂志	Newspapers and Magazines	100.6	100.7	100.2
电子音像制品	Electronic Audio and Video Products	99.6	99.5	100.2
燃料	**Fuels**	**102.5**	**102.5**	**102.4**
煤炭及制品	Coal and Its Products	100.1	98.7	101.8
石油及制品	Petroleum and Its Products	102.6	102.7	102.5
建筑材料及五金电料	**Building Materials and Hardware**	**100.4**	**100.3**	**100.7**
建筑装璜材料	Building Decoration Materials	100.0	99.8	100.7
五金电料	Hardware	101.5	101.6	101.1

9-5 居民消费价格分类指数
Consumer Price Indices by Category

上年=100 (preceding year=100)

项　目	Item	2005	2008	2009	2010	2011	2012
居民消费价格指数	**Consumer Price Index**	**102.3**	**105.6**	**97.7**	**103.1**	**105.3**	**102.8**
非食品价格指数	**Non-food Price Index**	**100.9**	**101.6**	**97.2**	**101.8**	**102.5**	**101.4**
服务项目价格指数	**Service Price Index**	**101.7**	**101.5**	**97.8**	**101.4**	**103.3**	**101.6**
工业品价格指数	**Industrial Products Price Index**		**101.7**	**96.8**	**102.0**	**101.9**	**101.3**
扣除食品烟酒和能源价格指数	**Price Index Deducting Foods, Tobacco, Liquor and Energy Sources**		**100.7**	**98.3**	**100.9**	**102.0**	**101.3**
扣除鲜菜鲜果价格指数	**Price Index Deducting Fresh Vegetables and Fruits**	**102.0**	**105.3**	**97.5**	**102.5**	**105.3**	**102.5**
消费品价格指数	**Consumer Goods Price Index**	**102.4**	**107.0**	**97.6**	**103.7**	**106.2**	**103.3**
食品	**Food**	**104.7**	**113.2**	**98.5**	**105.9**	**111.4**	**105.6**
粮食	Grain	101.8	108.1	104.3	107.5	112.7	105.0
#大米	Rice	101.5	108.2	105.4	109.2	115.4	105.9
粮食制品	Grain Products	103.2	107.8	103.9	103.7	109.2	104.9
淀粉及制品	Starches and Its Products	102.4	112.0	101.7	103.7	106.6	104.9
干豆类及豆制品	Beans and Bean Products	105.1	121.8	99.9	111.3	102.5	100.2
油脂	Oil or Fat	99.9	120.1	83.2	105.2	109.8	106.0
#食用植物油	Edible Vegetable Oil	100.2	121.2	82.8	106.8	110.3	107.0
肉禽及其制品	Meat, Poultry and Processed Products	105.8	119.9	92.1	102.0	118.9	104.4
#猪肉	Pork	102.7	122.9	83.6	100.6	128.8	100.6
蛋	Eggs	104.6	104.8	99.5	107.5	112.9	98.2
水产品	Aquatic Products	109.3	115.4	101.0	106.0	112.1	107.3
菜	Vegetables	110.2	115.9	99.9	117.4	101.2	114.9
#鲜菜	Fresh Vegetables	111.4	115.9	99.9	118.7	100.3	117.5
干菜及菜制品	Dried Vegetables and Vegetable Products	100.7	114.5	100.2	107.3	105.4	101.5
调味品	Flavoring	100.6	102.8	102.3	102.4	105.1	103.1
糖	Carbohydrate	104.2	102.9	101.7	107.2	111.7	103.0
茶及饮料	Tea and Beverages	101.0	102.1	101.1	100.4	104.0	102.4
茶叶	Tea	102.8	101.0	100.4	100.2	103.6	102.3
饮料	Beverages	99.6	102.8	101.5	100.5	104.2	102.4
干鲜瓜果	Dried and Fresh Melons and Fruits	99.8	109.8	104.0	112.0	113.0	98.9
#鲜瓜果	Fresh Melons and Fruits	99.1	108.3	104.6	111.2	112.5	98.4
糕点饼干面包	Cake, Biscuit and Bread	101.8	107.1	101.6	104.2	106.9	104.0
液体乳及乳制品	Milk and Its Products	99.0	111.5	100.5	103.6	105.9	103.9
在外用膳食品	Outward Dinner Food	102.8	107.8	101.8	103.9	109.8	106.8
其它食品	Other Foods	102.5	109.0	101.7	100.9	104.1	103.7
烟酒及用品	**Tobacco, Liquor and Articles**	**101.3**	**101.4**	**102.7**	**102.3**	**102.6**	**102.6**
烟草	Tobacco	101.7	99.7	102.5	102.0	100.8	100.8
酒	Liquor	101.6	105.2	103.8	102.9	105.4	105.3
衣着	**Clothing**	**98.3**	**98.4**	**97.3**	**99.6**	**101.9**	**104.0**
服装	Garments	98.0	98.5	97.4	100.4	102.1	104.7
男式服装	Men's Garments	96.9	98.3	96.7	98.7	100.5	103.7
女式服装	Women's Garments	98.7	98.2	98.3	101.9	102.8	105.1
儿童服装	Children's Garments	98.6	100.2	95.7	98.3	103.9	105.5
衣着材料	Clothing Material	100.7	104.6	100.5	102.7	106.1	101.2
鞋袜帽	Footgear and Hats	98.7	97.4	96.1	96.6	100.6	102.5

9-5 续表 continued

上年=100 (preceding year=100)

项　目	Item	2005	2008	2009	2010	2011	2012
衣着加工服务	Clothing Manufacturing Services	100.4	101.6	100.2	100.5	105.3	102.5
家庭设备用品及维修服务	**Household Facilities, Articles and Services**	**100.6**	**102.0**	**99.3**	**100.0**	**102.8**	**101.9**
耐用消费品	Durable Consumer Goods	99.3	100.3	97.4	98.4	99.9	99.5
家具	Furniture	98.9	101.5	98.3	100.0	101.3	100.7
家庭设备	Household Facilities	99.5	99.4	96.9	97.5	99.1	98.9
室内装饰品	Interior Decorations	100.5	100.1	100.0	100.3	101.7	100.9
床上用品	Bed Articles	99.3	100.7	97.0	98.0	103.6	98.6
家庭日用杂品	Daily-use Household Articles	101.3	102.5	102.0	99.9	100.9	102.0
家庭服务及加工维修服务	Household Services and Maintenance and Revonation	104.4	107.2	101.6	105.3	113.9	109.9
医疗保健和个人用品	**Health Care & Personal Articles**	**99.2**	**102.9**	**100.9**	**103.8**	**103.9**	**101.9**
医疗保健	Health Care	99.1	102.6	100.7	104.4	104.5	101.7
#中药材及中成药	Traditional Chinese Medicinal Materials and Medicines	97.7	107.8	100.7	112.2	114.2	104.4
西药	Western Medicines	98.9	99.7	100.8	102.0	100.2	99.8
医疗保健服务	Health Care Services	100.4	101.5	100.3	100.2	100.2	101.1
个人用品及服务	Personal Articles and Services	99.5	103.3	101.4	102.4	103.1	102.3
化妆美容用品	Cosmetics	97.5	100.7	100.5	99.8	100.6	101.4
清洁化妆用品	Sanitation Articles	99.5	100.6	101.2	101.2	101.8	103.1
个人饰品	Personal Ornaments	101.5	108.7	101.9	108.3	107.2	99.9
个人服务	Personal Services	99.9	104.3	102.2	101.4	103.4	104.3
交通和通信	**Transportation and Communication**	**99.1**	**99.7**	**97.4**	**99.6**	**99.8**	**99.2**
交通	Transportation	100.7	101.4	97.2	101.3	102.5	100.6
交通工具	Transportation Facility	95.0	97.0	96.5	97.3	97.6	98.4
车用燃料及零配件	Fuels and Parts	110.7	114.7	91.1	111.2	111.4	102.5
车辆使用及维修	Fees for Vehicles Use and Maintenance	100.4	98.9	100.8	99.9	102.8	101.3
市区公共交通费	Incity Traffic Fare	101.2	100.0	100.1	101.5	101.5	101.0
城市间交通费	Intercity Traffic Fare	101.7	101.3	100.6	101.6	101.9	101.2
通信	Communication	97.5	97.2	97.6	97.5	96.1	97.3
通信工具	Communication Facility	87.5	81.8	83.9	86.6	85.3	86.8
通信服务	Communication Service	100.0	100.0	99.9	99.3	98.3	99.1
娱乐教育文化用品及服务	**Recreation, Education, Culture Articles and Services**	**100.3**	**99.4**	**98.0**	**100.4**	**101.0**	**100.7**
文娱用耐用消费品及服务	Durable Consumer Goods for Cultural and Recreational Use and Services	93.6	92.7	92.3	96.0	94.3	95.4
教育	Education	102.5	100.4	100.6	100.4	101.3	103.0
教材及参考书	Teaching Materials and Reference Books	102.4	101.6	101.8	100.5	100.6	101.1
教育服务	Education Services	102.5	100.1	100.3	100.4	101.4	103.3
文化娱乐类	Culture and Recreation	100.7	100.8	101.4	100.3	100.9	100.6
文化娱乐用品	Cultural and Recreational Articles	99.0	99.3	98.7	100.3	101.3	100.8
书报杂志	Newspapers and Magazines	101.8	100.8	105.3	100.3	101.1	100.7
文娱费	Expenditure on Culture and Recreation	101.4	102.1	101.1	100.2	100.5	100.4
旅游	Touring and Outing	100.3	101.2	95.7	104.0	106.3	100.3
居住	**Residence**	**104.4**	**104.8**	**93.5**	**104.8**	**104.5**	**101.8**
建房及装修材料	Building and Building Decoration Materials	101.3	107.0	98.3	103.3	102.6	101.9
住房租金	Rental Housing	99.9	103.6	100.7	103.0	107.3	102.1
自有住房	Private Housing	105.7	102.5	86.8	102.0	105.1	101.2
水、电、燃料	Water, Electricity and Fuels	106.9	105.6	92.2	107.7	103.7	102.5

9-6 商品零售价格分类指数

Retail Price Indices by Category

上年=100 (preceding year=100)

项　目	Item	2005	2008	2009	2010	2011	2012
商品零售价格指数	**Retail Price Index**	**101.8**	**106.0**	**96.8**	**103.3**	**105.1**	**102.2**
食品	**Food**	**104.6**	**113.7**	**98.6**	**106.4**	**111.6**	**105.6**
粮食	Grain	102.0	108.3	104.2	106.9	112.0	104.9
#大米	Rice	101.6	108.4	105.4	108.5	114.8	105.8
粮食制品	Grain Products	103.5	108.9	104.3	103.5	109.2	105.3
淀粉及制品	Starches and Its Products	102.6	111.9	101.4	103.1	107.1	105.7
干豆类及豆制品	Beans and Bean Products	104.8	125.2	101.4	112.2	103.2	100.3
油脂	Oil or Fat	100.1	120.2	83.5	105.4	109.6	106.1
#食用植物油	Edible Vegetable Oils	100.3	120.6	83.6	107.4	110.3	107.3
肉禽及其制品	Meat, Poultry and Processed Products	105.6	120.3	92.5	102.3	119.0	104.7
食用畜肉及副产品	Edible Meat and By-products	104.2	126.7	88.3	101.7	124.3	104.7
禽	Poultry	109.8	105.9	99.3	104.4	112.4	103.2
肉禽加工制品	Processed Products	104.3	118.0	97.9	101.1	110.6	106.9
蛋	Eggs	105.1	104.2	98.8	108.2	112.4	97.7
水产品	Aquatic Products	108.9	116.2	100.6	106.3	111.6	107.5
鱼	Fish	111.7	122.0	99.6	104.0	111.6	107.5
其它水产品	Other Aquatic Products	104.6	107.3	101.9	109.6	111.5	107.6
菜	Vegetables	109.5	116.6	99.6	118.0	101.8	114.2
#鲜菜	Fresh Vegetables	110.6	116.8	99.4	119.0	100.9	117.0
干菜及菜制品	Dried Vegetables and Vegetable Products	100.2	113.8	100.7	107.5	106.2	100.6
调味品	Flavoring	100.7	103.2	102.4	102.3	105.2	103.9
糖	Carbohydrate	103.9	103.1	101.9	107.3	112.5	103.3
#食糖	Sugar	109.9	97.8	100.6	120.3	127.1	101.7
干鲜瓜果	Dried and Fresh Melons and Fruits	99.6	111.2	103.5	111.7	114.4	98.4
#鲜瓜果	Fresh Melons and Fruits	99.1	109.8	103.9	110.3	114.1	97.9
糕点饼干面包	Cake, Biscuit and Bread	101.8	107.1	101.9	104.7	107.0	104.2
液体乳及乳制品	Milk and Its Products	99.1	111.5	100.9	103.8	105.8	103.9
在外用膳食品	Outward Dinner Food	102.7	107.6	102.3	104.1	109.9	106.8
其它食品	Other Foods	102.6	109.2	101.4	100.5	103.8	103.7
饮料、烟酒	**Beverages, Tobacco and Liquor**	**101.3**	**102.5**	**101.9**	**101.7**	**103.4**	**103.1**
茶及饮料	Tea and Beverages	100.8	102.7	101.0	100.8	104.5	103.0
茶叶	Tea	102.0	101.8	100.2	100.7	104.9	103.3
饮料	Beverages	100.0	103.3	101.6	100.8	104.3	102.8
烟草	Tobacco	101.5	100.9	101.7	101.3	101.1	101.1
酒	Liquor	101.8	104.9	103.4	103.3	105.7	106.0
服装、鞋帽	**Garments, Shoes and Hats**	**97.8**	**99.4**	**97.0**	**99.5**	**101.9**	**103.8**
服装	Garments	97.5	99.6	97.0	100.5	102.6	104.5
男式服装	Men's Garments	96.6	99.8	96.5	98.2	101.2	104.1
女式服装	Women's Garments	98.1	98.8	98.0	102.7	103.2	104.7
儿童服装	Children's Garments	98.2	101.4	95.1	99.3	103.9	105.1
鞋袜帽	Footgear and Hats	98.6	98.8	96.4	96.3	100.0	102.1
其它	Others	97.9	98.9	100.8	100.9	100.8	100.7
纺织品	**Textiles**	**99.1**	**102.0**	**98.2**	**97.9**	**104.4**	**99.0**
衣着材料	Clothing Materials	100.4	103.0	99.8	100.9	106.3	102.3
床上用品	Bed Articles	98.5	101.6	97.7	96.8	103.7	97.7
家用电器及音像器材	**Household Appliances, Audio and Video Equipment**	**96.6**	**97.3**	**94.9**	**96.6**	**97.0**	**98.1**
家庭设备	Household Facilities	99.4	100.0	96.7	97.4	99.2	99.5

9-6 续表 continued

上年=100 (preceding year=100)

项 目	Item	2005	2008	2009	2010	2011	2012
文娱用耐用消费品	Durable Consumer Goods for Cultural and Recreational Use	93.3	94.0	91.9	95.4	93.7	96.0
音像器材	Audio and Video Equipment	96.5	96.5	98.1	97.7	98.4	97.8
文化办公用品	**Cultural and Office Articles**	**94.8**	**95.7**	**95.3**	**98.4**	**99.0**	**99.4**
日用品	**Articles for Daily Use**	**101.0**	**101.2**	**100.9**	**100.0**	**101.5**	**102.0**
日用百货	General Merchandise for Daily Use	100.4	101.0	101.1	100.5	102.6	101.7
日用杂品	Sundries for Daily Use	101.8	100.7	100.8	99.9	100.9	102.1
洗涤用品	Detergents	100.4	103.5	102.2	100.3	101.1	103.2
其它日用品	Miscellaneous for Daily Use	101.5	100.0	99.7	99.4	101.1	101.2
体育娱乐用品	**Sports and Recreation Articles**	**99.9**	**98.9**	**97.6**	**98.5**	**101.1**	**101.7**
体育用品	Sports Articles	100.8	101.4	100.9	99.4	102.3	103.4
娱乐用品	Recreation Articles	99.0	96.3	94.0	97.4	100.2	100.4
交通、通信用品	**Transportation and Communication Facilities**	**91.6**	**92.7**	**92.7**	**94.0**	**94.6**	**95.0**
交通运输机械	Transportation Machinery	94.9	98.0	96.7	97.8	97.8	97.4
通讯器材	Communication Equipment	88.2	86.6	88.1	89.5	88.5	89.9
家具	**Furniture**	**99.2**	**102.1**	**98.4**	**100.1**	**101.9**	**100.4**
化妆品	**Cosmetics**	**98.8**	**100.4**	**100.4**	**100.1**	**101.3**	**102.3**
金银珠宝	**Gold, Silver and Jewelry**	**105.3**	**114.6**	**102.4**	**112.6**	**112.5**	**101.8**
中西药品及医疗保健用品	**Traditional Chinese & Western Medicines and Health Care Articles**	**98.9**	**103.1**	**100.6**	**105.7**	**105.8**	**101.7**
医疗器具及用品	Medical Apparatus and Articles	101.0	98.2	102.0	103.8	100.5	103.9
中药材及中成药	Traditional Chinese Medicinal Materials and Medicines	98.1	108.3	100.7	112.1	115.0	103.5
西药	Western Medicines	99.1	99.5	100.4	101.9	99.9	100.0
保健器具及用品	Health Care Appliances and Articles	99.5	102.5	100.8	103.5	104.1	100.9
书报杂志及电子出版物	**Books, Newspapers, Magazines and Electronic Publications**	**100.8**	**99.8**	**102.6**	**99.7**	**100.5**	**100.4**
教材及参考书	Teaching Materials and Reference Books	101.6	101.4	102.7	99.7	100.3	101.0
书报杂志	Newspapers and Magazines	101.8	101.2	105.6	100.3	101.1	100.6
电子音像制品	Electronic Audio-video Products	97.7	94.3	97.1	98.3	99.9	99.6
燃料	**Fuels**	**115.6**	**115.7**	**85.2**	**115.4**	**111.1**	**102.5**
煤炭及制品	Coal and Its Products	120.9	123.6	96.7	109.3	107.9	100.1
石油及制品	Petroleum and Its Products	115.2	115.1	84.2	116.1	111.3	102.6
建筑材料及五金电料	**Building Materials and Hardware**	**100.8**	**107.7**	**98.5**	**103.5**	**103.5**	**100.4**
建筑装潢材料	Building Decoration Materials	100.9	109.3	97.7	104.5	104.1	100.0
五金电料	Hardware	100.3	102.6	100.9	100.5	101.6	101.5

9-7 居民消费定基价格分类指数（2012年）

Fixed-base Consumer Price Indices by Category (2012)

2010年=100 (2010=100)

项　目	Item	全省 Provincial Indices	城市 Urban Indices	农村 Rural Indices
居民消费价格指数	**Consumer Price Index**	**108.3**	**108.2**	**108.7**
非食品价格指数	**Non-food Price Index**	**103.9**	**103.8**	**104.6**
服务项目价格指数	**Service Price Index**	**104.9**	**104.9**	**104.7**
工业品价格指数	**Industrial Products Price Index**	**103.2**	**102.9**	**104.6**
扣除食品烟酒和能源价格指数	**Price Index Deducting Foods, Tobacco, Liquor and Energy Sources**	**103.3**	**103.2**	**103.9**
扣除鲜菜鲜果价格指数	**Price Index Deducting Fresh Vegetables and Fruits**	**108.0**	**107.9**	**108.3**
消费品价格指数	**Consumer Goods Price Index**	**109.7**	**109.6**	**110.1**
食品	**Food**	**117.6**	**117.8**	**116.4**
粮食	Grain	118.3	118.9	116.1
#大米	Rice	122.3	123.3	118.6
粮食制品	Grain Products	114.6	115.0	112.9
淀粉及制品	Starches and Its Products	111.8	113.0	107.1
干豆类及豆制品	Beans and Bean Products	102.7	102.6	103.4
油脂	Oil or Fat	116.3	116.3	116.4
肉禽及其制品	Meat, Poultry and Processed Products	124.2	124.0	124.9
#猪肉	Pork	129.5	129.3	130.6
蛋	Eggs	110.8	112.5	104.3
水产品	Aquatic Products	120.2	121.6	113.9
菜	Vegetables	116.3	116.5	114.9
#鲜菜	Fresh Vegetables	117.8	117.9	117.5
干菜及菜制品	Dried Vegetables and Vegetable Products	106.9	107.3	105.4
调味品	Flavoring	108.4	108.4	108.5
糖	Carbohydrate	115.0	114.0	119.9
#食糖	Sugar	128.3	128.9	126.6
茶及饮料	Tea and Beverages	106.5	106.6	105.5
茶叶	Tea	105.9	106.0	105.6
饮料	Beverages	106.8	107.0	105.4
干鲜瓜果	Dried and Fresh Melons and Fruits	111.7	111.4	113.8
#鲜瓜果	Fresh Melons and Fruits	110.7	110.2	113.7
糕点饼干面包	Cake, Biscuit and Bread	111.1	111.8	106.2
液体乳及乳制品	Milk and Its Products	110.1	110.6	105.5
在外用膳食品	Outward Dinner Food	117.2	117.7	113.0
其它食品	Other Foods	108.0	108.5	105.8
烟酒及用品	**Tobacco, Liquor and Articles**	**105.3**	**105.3**	**105.4**
烟草	Tobacco	101.6	101.6	101.7
酒	Liquor	110.9	111.1	110.3
衣着	**Clothing**	**106.0**	**106.0**	**105.5**
服装	Garments	106.8	107.0	105.9
衣着材料	Clothing Material	107.4	107.2	108.0
鞋袜帽	Footgear and Hats	103.2	103.1	103.9
衣着加工服务	Clothing Manufacturing Services	107.9	109.0	105.4

9-7 续表 continued

2010年=100 (2010=100)

项 目	Item	全省 Provincial Indices	城市 Urban Indices	农村 Rural Indices
家庭设备用品及维修服务	**Household Facilities, Articles and Services**	**104.8**	**104.9**	**104.2**
耐用消费品	Durable Consumer Goods	99.5	99.1	102.4
家具	Furniture	102.0	101.8	103.8
家庭设备	Household Facilities	98.0	97.6	101.5
室内装饰品	Interior Decorations	102.7	102.3	104.3
床上用品	Bed Articles	102.1	102.0	103.2
家庭日用杂品	Daily-use Household Articles	103.0	102.7	104.4
家庭服务及加工维修服务	Household Services and Manufacturing Upkeep	125.1	127.1	109.6
医疗保健和个人用品	**Health Care & Personal Articles**	**105.9**	**105.6**	**107.4**
医疗保健	Health Care	106.2	105.7	108.6
#中药材及中成药	Traditional Chinese Medicinal Materials and Medicines	119.2	117.5	128.5
西药	Western Medicines	100.0	99.6	102.3
医疗保健服务	Health Care Services	101.3	101.5	100.6
个人用品及服务	Personal Articles and Services	105.4	105.4	105.1
化妆美容用品	Cosmetics	102.1	102.3	100.6
清洁化妆用品	Sanitation Articles	104.9	105.0	104.4
个人饰品	Personal Ornaments	107.1	106.8	109.1
个人服务	Personal Services	107.8	108.2	106.4
交通和通信	**Transportation and Communication**	**99.0**	**98.8**	**100.0**
交通	Transportation	103.1	102.8	104.8
交通工具	Transportation Facility	96.0	95.5	100.1
车用燃料及零配件	Fuels and Parts	114.2	114.4	112.9
车辆使用及维修	Fees for Vehicles Use and Maintenance	104.2	104.5	102.0
市区公共交通费	Incity Traffic Fare	102.6	102.4	105.2
城市间交通费	Intercity Traffic Fare	103.1	102.5	107.5
通信	Communication	93.5	93.4	94.4
通信工具	Communication Facility	74.0	72.1	83.7
通信服务	Communication Service	97.4	97.5	96.9
娱乐教育文化用品及服务	**Recreation, Education, Culture Articles and Services**	**101.8**	**101.6**	**102.9**
文娱用耐用消费品及服务	Durable Consumer Goods for Cultural and Recreational Use and Services	90.0	88.7	96.0
教育	Education	104.3	104.6	102.6
教材及参考书	Teaching Materials and Reference Books	101.8	102.3	100.0
教育服务	Education Services	104.8	105.0	103.6
文化娱乐类	Culture and Recreation	101.5	101.4	102.3
文化娱乐用品	Cultural and Recreational Articles	102.2	102.1	102.8
书报杂志	Newspapers and Magazines	101.8	101.7	102.1
文娱费	Expenditure on Culture and Recreation	100.9	100.8	102.0
旅游	Touring and Outing	106.6	105.8	113.8
居住	**Residence**	**106.4**	**106.4**	**106.6**
建房及装修材料	Building and Building Decoration Materials	104.5	104.5	104.7
住房租金	Rental Housing	109.5	109.6	108.7
自有住房	Private Housing	106.4	106.3	106.8
水、电、燃料	Water, Electricity and Fuels	106.3	106.2	107.0

9-8 各市居民消费价格分类指数（2012年）

Consumer Price Indices by Category and by City (2012)

上年=100 (preceding year=100)

市别	City	总指数 General Index	服务项目 Services	食品 Food	#粮食 Grain	油脂 Oil or Fat	肉禽及其制品 Meat, Poultry and Processed Foods	蛋 Eggs	水产品 Aquatic Products	菜 Vegetables	干鲜瓜果 Dried and Fresh Melons and Fruits
广州	Guangzhou	103.0	100.2	108.4	104.9	106.1	108.0	97.6	112.8	115.2	98.0
深圳	Shenzhen	102.8	101.9	104.5	110.4	104.6	103.0	96.7	106.8	107.7	99.2
珠海	Zhuhai	102.8	102.3	104.8	104.0	103.6	100.6	97.5	102.8	113.9	97.5
汕头	Shantou	102.6	101.4	105.4	104.2	105.8	106.3	99.1	107.3	111.6	99.7
佛山	Foshan	102.6	101.3	105.5	103.8	104.3	104.2	99.7	106.0	117.7	102.0
#顺德	Shunde	102.8	102.5	105.7	104.5	107.6	104.3	98.5	109.9	112.0	97.4
韶关	Shaoguan	102.7	102.6	104.8	104.9	107.6	102.1	97.1	106.4	119.3	98.4
河源	Heyuan	102.8	102.6	104.4	102.5	108.8	101.4	105.5	107.1	119.5	100.7
梅州	Meizhou	102.2	101.3	104.7	102.5	109.5	104.1	94.3	108.5	111.0	100.0
惠州	Huizhou	102.8	102.8	104.4	101.4	108.1	103.3	95.3	103.2	116.4	98.2
汕尾	Shanwei	102.4	100.3	105.7	103.4	105.3	107.0	98.5	107.3	109.6	103.7
东莞	Dongguan	102.9	101.1	106.1	103.7	105.0	102.6	101.1	108.3	124.5	98.4
中山	Zhongshan	102.3	100.3	105.9	102.4	104.0	106.6	99.9	105.4	119.7	97.4
江门	Jiangmen	102.7	101.6	105.0	104.7	108.2	100.5	96.3	106.7	117.1	97.6
阳江	Yangjiang	102.6	101.1	105.4	105.1	109.5	102.6	100.2	106.0	116.3	106.4
湛江	Zhanjiang	103.2	102.2	106.6	105.8	106.5	107.3	97.8	109.5	117.5	101.3
茂名	Maoming	103.0	102.1	105.3	102.1	103.6	101.1	99.2	108.5	118.9	103.9
肇庆	Zhaoqing	102.8	101.5	104.8	106.3	105.4	104.5	102.8	107.5	115.4	95.0
清远	Qingyuan	102.9	100.8	105.5	103.7	109.4	103.8	99.5	105.2	118.7	100.3
潮州	Chaozhou	102.4	101.0	106.0	104.3	107.6	107.5	105.7	108.9	113.2	92.6
揭阳	Jieyang	102.6	101.8	105.2	101.9	106.5	105.8	94.6	101.2	109.5	99.1
云浮	Yunfu	102.9	103.2	104.7	103.7	104.3	108.6	103.1	101.8	110.4	98.4

9-8 续表 continued

上年＝100 (preceding year＝100)

市别	City	在外用膳食品 Dining Out	烟酒及用品 Tobacco, Liquor and Articles	衣着 Clothing	家用设备用品及维修服务 Household Facilities, Articles and Services	医疗保健和个人用品 Health Care and Personal Articles	交通和通信 Transpor-tation and Commun-ication	娱乐教育文化用品及服务 Recreation, Education and Culture Articles and Services	居住 Residence
广州	Guangzhou	111.2	103.5	101.5	101.8	101.3	97.7	98.3	102.1
深圳	Shenzhen	104.2	103.7	105.0	103.2	103.0	99.9	102.0	101.6
珠海	Zhuhai	111.4	102.1	102.3	102.1	103.1	99.2	103.0	102.3
汕头	Shantou	105.7	103.2	102.7	102.8	101.4	100.1	101.4	99.7
佛山	Foshan	104.7	100.8	107.6	101.8	100.2	99.4	100.3	101.2
#顺德	Shunde	106.6	104.2	101.8	101.4	102.1	98.9	102.3	102.9
韶关	Shaoguan	107.7	102.3	105.2	100.4	100.0	99.2	103.4	101.4
河源	Heyuan	102.1	104.9	104.6	100.7	102.2	98.5	100.1	104.2
梅州	Meizhou	105.6	103.1	101.6	100.9	101.7	99.5	99.8	100.8
惠州	Huizhou	105.8	101.1	112.6	99.6	100.1	99.7	99.0	104.0
汕尾	Shanwei	105.5	103.1	100.2	102.5	100.6	100.5	99.2	100.5
东莞	Dongguan	106.3	101.4	101.0	101.4	104.8	98.8	101.8	101.5
中山	Zhongshan	106.1	102.6	99.1	103.8	101.8	96.9	101.3	101.3
江门	Jiangmen	108.5	103.1	101.1	105.3	102.9	100.6	100.0	101.1
阳江	Yangjiang	106.7	102.7	105.9	100.3	100.8	100.0	100.8	100.5
湛江	Zhanjiang	101.1	102.0	101.3	101.4	100.5	99.4	101.1	102.9
茂名	Maoming	105.7	100.7	103.4	101.7	101.7	99.8	100.5	103.3
肇庆	Zhaoqing	104.3	100.5	109.8	101.1	104.4	98.9	98.2	102.4
清远	Qingyuan	105.2	102.8	109.4	104.1	103.9	97.2	99.7	100.4
潮州	Chaozhou	105.5	99.4	101.4	101.6	100.2	99.0	99.5	101.2
揭阳	Jieyang	112.1	105.7	103.8	104.1	100.4	99.5	101.6	99.6
云浮	Yunfu	102.4	102.0	102.2	107.3	101.9	99.5	103.7	100.3

9-9 各市服务项目价格分类指数（2012年）

Service Price Indices by Category and by City (2012)

上年=100 (preceding year=100)

市别	City	总指数 General Index	#家庭服务加工维修 Household Services and Maintenance	医疗保健服务 Health Care Services	个人服务 Personal Services	市区公共交通费 Incity Traffic Fare	城市间交通费 Intercity Traffic Fare	通信服务 Communication Services	教育服务 Education Services	文娱费 Expenditure on Culture and Recreation	旅游 Touring and Outing	住房租金 Rental Housing
广州	Guangzhou	100.2	119.3	100.0	104.0	100.1	101.3	98.1	103.9	99.9	92.6	103.1
深圳	Shenzhen	101.9	112.3	107.3	102.1	100.1	99.3	100.6	106.0	100.1	100.5	102.7
珠海	Zhuhai	102.3	104.3	100.6	103.0	91.5	106.5	100.0	105.3	102.6	105.4	101.2
汕头	Shantou	101.4	109.7	99.8	107.0	109.7	102.1	99.1	100.7	97.5	106.5	98.4
佛山	Foshan	101.3	110.8	100.3	105.2	103.1	102.3	99.0	100.9	99.9	104.1	103.0
#顺德	Shunde	102.5	105.4	100.1	104.2	100.8	103.4	97.1	103.8	101.8	104.5	102.5
韶关	Shaoguan	102.6	107.3	99.7	96.3	103.8	102.1	100.0	106.8	102.7	104.3	102.2
河源	Heyuan	102.6	102.2	100.3	107.5	106.9	101.3	98.6	100.8	100.0	103.5	104.5
梅州	Meizhou	101.3	103.4	99.7	113.2	105.4	107.6	98.6	100.9	100.0	102.5	100.3
惠州	Huizhou	102.8	107.4	99.3	103.5	106.0	97.6	99.2	100.7	101.2	101.2	106.6
汕尾	Shanwei	100.3	110.4	100.0	96.5	102.3	102.4	98.8	100.6	100.0	96.8	100.0
东莞	Dongguan	101.1	104.7	99.8	99.9	99.8	97.6	99.1	107.1	99.8	102.8	97.1
中山	Zhongshan	100.3	113.6	99.8	100.2	87.2	100.8	98.8	102.2	100.0	103.8	99.9
江门	Jiangmen	101.6	120.8	99.0	103.7	102.5	106.8	100.0	100.7	103.7	97.0	100.3
阳江	Yangjiang	101.1	104.7	101.1	102.3	104.3	101.0	100.1	100.0	100.0	107.8	100.0
湛江	Zhanjiang	102.2	100.2	100.0	105.1	101.2	103.1	98.6	101.8	103.2	105.7	102.0
茂名	Maoming	102.1	108.9	100.0	105.7	100.6	100.7	97.7	100.0	100.4	104.4	105.6
肇庆	Zhaoqing	101.5	111.2	100.0	118.7	103.0	99.4	98.8	100.6	101.5	95.8	102.5
清远	Qingyuan	100.8	117.1	100.0	105.9	93.2	103.2	99.0	100.7	100.0	100.8	100.0
潮州	Chaozhou	101.0	104.7	100.1	101.7	102.8	104.8	97.1	100.5	99.5	100.1	100.0
揭阳	Jieyang	101.8	110.0	100.1	103.0	106.7	100.0	100.0	105.7	100.7	97.8	104.5
云浮	Yunfu	103.2	134.9	100.1	101.6	100.5	103.4	98.8	108.2	101.3	104.1	104.5

9-10 各市居民消费定基价格分类指数（2012年）

Fixed-base Consumer Price Indices by Category and by City (2012)

2010年=100 (2010=100)

市 别	City	总指数 General Index	服务项目 Services	食品 Food	烟酒及用品 Tobacco, Liquor and Articles	衣着 Clothing	家用设备用品及维修服务 Household Facilities, Articles and Services	医疗保健和个人用品 Health Care and Personal Articles	交通和通信 Transportation and Communication	娱乐教育文化用品及服务 Recreation, Education and Culture Articles and Services	居住 Residence
广 州	Guangzhou	108.7	103.6	121.6	107.1	105.7	106.0	104.3	97.1	99.2	106.8
深 圳	Shenzhen	108.3	104.9	116.9	108.4	107.2	104.5	108.2	100.2	103.8	105.7
珠 海	Zhuhai	108.0	105.7	115.8	104.1	104.8	104.4	108.9	98.6	105.5	106.1
汕 头	Shantou	108.0	105.2	115.3	105.6	105.3	106.2	105.3	98.9	103.6	106.1
佛 山	Foshan	108.2	107.4	117.9	102.7	109.1	104.5	105.5	98.3	100.2	108.1
#顺 德	Shunde	108.3	107.9	116.2	108.7	105.7	104.5	104.0	99.0	108.1	108.7
韶 关	Shaoguan	107.9	106.1	118.2	103.9	100.8	99.8	98.9	97.7	106.1	105.5
河 源	Heyuan	108.2	108.1	113.0	111.6	106.5	105.3	106.4	95.5	99.6	114.1
梅 州	Meizhou	107.1	104.5	113.9	106.3	106.5	101.7	105.8	98.8	98.9	106.7
惠 州	Huizhou	107.9	106.0	116.6	103.1	110.2	100.3	101.6	100.7	101.2	107.7
汕 尾	Shanwei	108.0	102.5	117.6	106.5	100.1	106.5	102.1	101.5	98.8	105.6
东 莞	Dongguan	107.9	104.1	117.9	103.0	102.4	107.0	107.3	98.9	102.1	105.9
中 山	Zhongshan	107.8	103.0	118.0	106.7	102.7	107.9	106.0	96.9	103.4	104.7
江 门	Jiangmen	107.6	105.5	114.0	105.5	101.4	107.3	110.6	101.7	104.0	104.2
阳 江	Yangjiang	107.9	101.7	118.1	107.4	103.1	99.2	107.1	102.0	98.4	103.4
湛 江	Zhanjiang	108.5	103.5	118.7	104.2	102.8	105.0	102.6	100.4	101.6	105.3
茂 名	Maoming	108.1	103.0	117.7	102.4	101.3	102.7	104.6	100.5	100.4	106.5
肇 庆	Zhaoqing	108.4	103.0	118.3	103.1	109.2	104.8	108.0	99.8	98.5	104.0
清 远	Qingyuan	107.9	103.3	115.7	106.5	116.0	106.0	109.5	95.9	101.1	103.0
潮 州	Chaozhou	107.2	103.1	116.5	88.6	103.6	104.1	103.2	98.7	101.0	105.2
揭 阳	Jieyang	107.6	103.8	114.9	110.1	104.7	106.5	104.8	100.4	103.2	103.8
云 浮	Yunfu	108.6	112.1	113.7	103.7	96.1	111.4	105.0	100.6	105.5	111.7

9-11 工业生产者出厂价格指数
Producer Price Indices for Manufactured Goods

上年=100 (preceding year=100)

项目	Item	2005	2008	2009	2010	2011	2012
工业生产者出厂价格指数	**Producer Price Index for Manufactured Goods**	**101.5**	**103.1**	**95.8**	**103.2**	**103.7**	**99.5**
按轻重工业分	**Grouped by Light and Heavy Industries**						
轻工业	Light Industry	99.8	101.5	97.3	101.7	103.1	100.7
以农产品为原料	Using Farm Products as Raw Materials	101.3	104.4	98.2	103.1	105.1	102.1
以非农产品为原料	Using Non-farm Products as Raw Materials	99.4	100.7	97.1	101.3	101.8	99.8
重工业	Heavy Industry	105.1	106.2	93.2	105.7	104.0	98.8
采　掘	Mining and Quarrying	128.6	131.0	69.0	127.9	120.5	98.8
原　料	Raw Materials	107.4	108.1	94.6	107.9	108.4	100.3
加　工	Processing	101.2	103.1	94.2	103.3	102.3	98.3
按生产生活资料分	**Grouped by Light and Heavy Industries**						
生产资料	Means of Production	102.5	103.7	94.6	104.1	104.6	99.0
采　掘	Mining and Quarrying	128.6	131.0	69.0	127.9	120.5	98.8
原　料	Raw Materials	107.2	107.7	94.4	108.3	108.6	100.2
加　工	Processing	100.3	101.8	95.5	102.4	103.1	98.6
生活资料	Consumer Goods	99.7	102.0	98.2	101.4	101.9	100.5
食　品	Food	101.9	106.0	97.4	103.3	106.0	102.6
衣　着	Clothing	100.5	101.7	99.0	101.3	103.9	102.5
一般日用品	Articles for Daily Use	101.6	102.8	99.6	102.7	103.4	100.5
耐用消费品	Durable Consumer Goods	97.5	100.4	97.0	99.9	99.0	99.1
按工业部门分	**Grouped by Industrial Sectors**						
冶金工业	Metallurgical Industry	104.9	109.1	89.3	109.1	107.9	94.9
电力工业	Power Industry	102.4	103.3	102.3	98.7	100.6	102.1
煤炭及炼焦工业	Coal and Coking Industry	111.6	106.1	108.9	107.0		
石油工业	Petroleum Industry	124.9	123.4	81.5	122.1	116.5	103.3
化学工业	Chemical Industry	103.6	103.2	95.5	105.3	107.7	98.6
机械工业	Machine Manufacturing Industry	98.8	99.2	96.5	100.2	100.5	99.1
建筑材料工业	Building Materials Industry	96.2	107.1	98.4	104.3	104.4	101.2
森林工业	Timber Industry	100.4	105.1	100.6	103.4	102.2	100.9
食品工业	Food Industry	101.7	107.6	96.9	103.7	106.9	103.5
纺织工业	Textile Industry	101.5	103.0	99.7	102.2	110.6	101.8
缝纫工业	Tailoring Industry	100.4	101.1	98.3	101.1	103.5	102.1
皮革工业	Leather Industry	101.2	103.7	100.8	101.8	104.6	103.7
造纸工业	Paper Making Industry	101.0	104.9	96.2	107.0	101.0	97.6
文教艺术用品工业	Industry for Cultural, Educational & Art Articles	100.6	101.4	100.1	100.0	101.2	101.1
其它工业	Others	101.1	103.4	102.7	106.4	103.5	99.4

9-12 各市工业生产者出厂价格指数
Producer Price Indices for Manufactured Goods by City

上年=100 (preceding year=100)

市 别	City	2005	2008	2009	2010	2011	2012
全 省	**Provincial Total**	**101.5**	**103.1**	**95.8**	**103.2**	**103.7**	**99.5**
广 州	Guangzhou	101.7	103.7	96.5	102.4	103.1	99.7
深 圳	Shenzhen	98.7	99.6	95.3	101.4	101.8	99.9
珠 海	Zhuhai	100.8	101.2	96.5	102.2	103.3	99.4
汕 头	Shantou	102.4	102.8	98.7	102.4	103.8	100.6
佛 山	Foshan	101.8	103.8	96.3	102.8	104.0	99.5
韶 关	Shaoguan	103.2	107.1	86.4	107.5	108.6	95.8
河 源	Heyuan	103.9	109.3	93.0	104.6	105.7	96.7
梅 州	Meizhou	101.9	104.2	96.5	103.8	105.0	99.1
惠 州	Huizhou	97.5	100.7	93.7	104.0	104.0	99.4
汕 尾	Shanwei	99.7	101.5	97.2	102.3	103.2	99.9
东 莞	Dongguan	100.4	101.7	96.8	102.6	102.9	99.8
中 山	Zhongshan	101.4	102.6	97.6	102.6	103.1	99.9
江 门	Jiangmen	102.1	103.4	96.7	103.6	104.4	99.7
阳 江	Yangjiang	103.0	106.4	94.2	103.8	105.5	99.2
湛 江	Zhanjiang	111.8	111.9	89.9	110.4	111.6	102.0
茂 名	Maoming	112.1	111.8	91.4	114.7	113.0	102.0
肇 庆	Zhaoqing	100.6	104.2	95.9	105.9	105.7	98.4
清 远	Qingyuan	103.5	105.2	92.3	108.0	106.8	97.3
潮 州	Chaozhou	102.5	104.3	97.4	101.3	104.6	102.2
揭 阳	Jieyang	101.6	104.3	96.4	102.9	105.1	99.7
云 浮	Yunfu	101.6	106.5	94.9	104.7	105.8	100.7

9-13 分行业工业生产者出厂价格指数
Producer Price Indices for Manufactured Goods by Sector

上年=100 (preceding year=100)

项　目	Item	2005	2010	2011	2012
工业生产者出厂价格指数	**Producer Price Index for Manufactured Goods**	**101.5**	**103.2**	**103.7**	**99.5**
按工业行业分	**Grouped by Industrial Sector**				
#石油和天然气开采业	Extraction of Petroleum and Natural Gas	134.3	138.9	126.9	102.7
黑色金属矿采选业	Mining and Processing of Ferrous Metal Ores	128.2	119.6	111.6	80.2
有色金属矿采选业	Mining and Processing of Non-ferrous Metal Ores	122.3	130.2	129.2	94.4
非金属矿采选业	Mining and Processing of Nonmetal Ores	102.3	105.1	102.7	100.8
农副食品加工业	Processing of Foods from Agricultural Products	103.1	107.1	111.6	104.6
食品制造业	Processing of Foodstuff	101.2	102.2	103.3	101.5
饮料制造业	Manufacture of Beverages	99.4	100.3	102.5	104.8
烟草制品业	Manufacture of Tobacco	100.7	98.9	99.7	101.3
纺织业	Textile Industry	101.6	101.3	107.1	101.3
纺织服装、鞋、帽制造业	Manufacture of Textile Garments, Footwear and Headgear	99.9	101.5	104.2	102.6
皮革、毛皮、羽毛(绒)及其制品业	Manufacture of Leather, Fur, Feather and Related Products	101.1	101.9	104.7	103.8
木材加工及木、竹、藤、棕、草制品业	Processing of Timber, Manufacture of Wood, Bamboo, Rattan, Palm and Straw Products	100.9	104.0	101.7	100.1
家具制造业	Manufacture of Furniture	100.7	102.3	102.1	101.7
造纸及纸制品业	Manufacture of Paper and Paper Products	101.0	107.2	101.0	97.6
印刷业和记录媒介的复制	Printing, Reproduction of Recording Media	99.5	101.5	104.8	102.5
文教体育用品制造业	Manufacture of Cultural, Educational and Sports Articles	101.5	99.5	103.2	101.3
石油加工、炼焦及核燃料加工业	Processing of Petroleum, Coking, Processing of Nuclear Fuel	122.7	119.6	115.6	103.4
化学原料及化学制品制造业	Manufacture of Raw Chemical Materials and Chemical Products	102.3	108.1	110.1	97.2
医药制造业	Manufacture of Medicines	101.5	102.0	99.8	101.3
化学纤维制造业	Manufacture of Chemical Fibers	104.5	120.9	125.7	95.5
橡胶制品业	Manufacture of Rubber	102.8	102.1	107.5	102.5
塑料制品业	Manufacture of Plastics	106.3	102.9	105.8	99.1
非金属矿物制品业	Manufacture of Non-metallic Mineral Products	97.3	103.9	104.5	101.2
黑色金属冶炼及压延加工业	Smelting and Pressing of Ferrous Metals	103.3	107.9	113.8	89.5
有色金属冶炼及压延加工业	Smelting and Pressing of Nonferrous Metals	108.5	118.7	110.2	92.5
金属制品业	Manufacture of Metal Products	103.6	102.8	103.2	99.6
通用设备制造业	Manufacture of General-purpose Machinery	102.2	104.1	101.6	98.4
专用设备制造业	Manufacture of Special-purpose Machinery	100.6	98.5	102.0	99.8
交通运输设备制造业	Manufacture of Transport Equipment	99.1	99.6	99.7	99.9
电气机械及器材制造业	Manufacture of Electrical Machinery and Equipment	102.5	102.3	102.7	99.4
通信设备、计算机及其他电子设备制造业	Manufacture of Communication Equipment, Computers and Other Electronic Equipment	97.1	99.0	99.4	98.5
仪器仪表及文化、办公用机械制造业	Manufacture of Measuring Instruments, and Machinery for Cultural Activity and Office Work	100.1	99.8	98.2	100.9
工艺品及其他制造业	Manufacture of Artwork and Other Manufacturing	100.5	109.3	104.1	97.4
废弃资源和废旧材料回收加工业	Recycling and Disposal of Waste		113.4	109.9	94.0
电力、热力的生产和供应业	Production and Supply of Electric Power and Heat Power	102.4	98.8	100.7	102.2
燃气生产和供应业	Production and Supply of Gas	115.9	112.1	108.1	103.3
水的生产和供应业	Production and Supply of Water	100.8	102.8	102.7	103.9

9-14 工业生产者购进价格指数
Producer Price Indices for Purchased Goods

上年=100 (preceding year=100)

项目	Item	2005	2010	2011	2012
工业生产者购进价格指数	**Producer Price Index for Purchased Goods**	**105.0**	**107.3**	**107.3**	**99.5**
按材料类别分	**Grouped by Type of Material**				
燃料、动力类	Fuels and Power	112.2	107.8	108.8	102.4
黑色金属材料类	Ferrous Materials	110.5	106.6	107.8	94.1
#钢材	Steel	108.5	105.9	105.3	95.4
其它	Others	114.2	107.6	111.9	91.9
有色金属材料和电线类	Nonferrous Materials and Wires	111.4	117.8	111.6	93.9
化工原料类	Chemical Materials	107.2	109.4	110.2	97.1
木材及纸浆类	Timber and Paper Pulp	102.3	107.6	103.7	98.2
建筑材料及非金属矿类	Building Materials and Nonmetal Minerals	100.6	113.6	105.7	97.0
其它工业原材料及半成品类	Other Raw Materials and Semi-finished Products	99.1	103.7	102.8	98.9
农副产品类	Farm and Products	104.8	112.9	112.4	100.6
纺织原料类	Textile Raw Materials	99.1	109.3	116.0	103.1
按行业分(企业法)	**Grouped by Sector**				
#石油和天然气开采业	Extraction of Petroleum and Natural Gas	108.7	114.5	115.3	92.6
黑色金属矿采选业	Mining and Dressing of Ferrous Metal Ores	113.5	109.5	117.6	99.0
有色金属矿采选业	Mining and Dressing of Nonferrous Metal Ores	107.0	113.7	124.0	108.9
非金属矿采选业	Mining and Dressing of Nonmetal Ores	109.7	108.8	110.8	98.1
其他矿采选业	Mining and Dressing of Other Ores	104.2	103.8		
农副食品加工业	Processing of Foods from Agricultural Products	106.0	110.1	116.2	102.2
食品制造业	Processing of Foodstuff	104.7	109.0	106.1	99.1
饮料制造业	Manufacture of Beverages	104.9	108.0	107.9	95.9
烟草制品业	Manufacture of Tobacco	107.9	113.2	102.4	100.1
纺织业	Textile Industry	104.8	106.7	116.5	97.9
纺织服装、鞋、帽制造业	Manufacture of Textile Garments, Footwear and Headgear	102.9	104.5		
皮革、毛皮、羽毛(绒)及其制品业	Manufacture of Leather, Fur, Feather and Related Products	103.5	104.4	104.5	104.2
木材加工及木、竹、藤、棕、草制品业	Processing of Timber, Manufacture of Wood, Bamboo, Rattan, Palm and Straw Products	108.3	105.6	106.9	102.8
家具制造业	Manufacture of Furniture	104.9	104.4		
造纸及纸制品业	Manufacture of Paper and Paper Products	107.1	114.4	104.0	99.6
印刷业和记录媒介的复制	Printing, Reproduction of Recording Media	108.4	106.6		
文教体育用品制造业	Manufacture of Cultural, Educational and Sports Articles	105.3	107.6	107.5	105.0
石油加工、炼焦及核燃料加工业	Processing of Petroleum, Coking, Processing of Nuclear Fuel	108.5	110.9	100.7	103.2
化学原料及化学制品制造业	Manufacture of Raw Chemical Materials and Chemical Products	107.2	107.8	108.1	93.1
医药制造业	Manufacture of Medicines	104.1	108.1	102.8	102.7
化学纤维制造业	Manufacture of Chemical Fibers	106.9	113.8	109.2	94.6
橡胶制品业	Manufacture of Rubber	111.4	105.5	110.5	106.7
塑料制品业	Manufacture of Plastics	107.0	108.4	106.7	97.4
非金属矿物制品业	Manufacture of Non-metallic Mineral Products	105.5	105.3	107.8	99.0
黑色金属冶炼及压延加工业	Smelting and Pressing of Ferrous Metals	108.6	108.6	103.1	91.9
有色金属冶炼及压延加工业	Smelting and Pressing of Nonferrous Metals	105.1	110.2	109.2	96.8
金属制品业	Manufacture of Metal Products	106.1	106.9	110.2	98.5
通用设备制造业	Manufacture of General-purpose Machinery	104.6	106.5	103.3	97.2
专用设备制造业	Manufacture of Special-purpose Machinery	106.1	103.8		
交通运输设备制造业	Manufacture of Transport Equipment	103.9	105.4	100.8	91.7
电气机械及器材制造业	Manufacture of Electrical Machinery and Equipment	107.2	106.3	105.3	95.2
通信设备、计算机及其他电子设备制造业	Manufacture of Communication Equipment, Computers and Other Electronic Equipment	105.3	102.9	98.9	97.8
仪器仪表及文化、办公用机械制造业	Manufacture of Measuring Instruments, and Machinery for Cultural Activity and Office Work	103.1	101.7	96.8	99.9
工艺品及其他制造业	Manufacture of Artwork and Other Manufacturing	105.2	104.9		
废弃资源和废旧材料回收加工业	Recycling and Disposal of Waste		126.4	67.0	103.5
电力、热力的生产和供应业	Production and Supply of Electric Power and Heat Power	111.4	110.4		
燃气生产和供应业	Production and Supply of Gas	116.5	122.1	104.2	100.8
水的生产和供应业	Production and Supply of Water	104.9	99.1	102.4	101.0

9-15 固定资产投资价格指数

Price Indices for Investment in Fixed Assets

上年=100 (preceding year=100)

项　　目	Item	2005	2008	2009	2010	2011	2012
固定资产投资价格指数	**Price Index of Investment in Fixed Assets**	**101.6**	**108.6**	**96.7**	**103.0**	**105.5**	**101.5**
建筑安装、装饰工程	Construction, Installation and Decoration	102.3	112.2	95.3	104.3	108.0	101.9
人工费	Manpower	104.5	115.2	105.0	109.0	111.2	109.6
材料费	Materials	101.7	111.9	92.9	103.4	107.5	99.6
钢材	Steel	100.2	117.1	87.2	103.4	108.9	95.9
木材	Timber	101.3	106.2	101.2	103.1	105.4	102.3
水泥	Cement	100.0	111.0	98.1	105.7	106.2	99.2
地方建筑材料	Local Building Materials	103.3	108.0	97.6	102.9	106.9	104.1
化工材料	Chemical Materials	106.7	110.1	97.0	106.2	108.3	104.1
电料	Electrical Materials and Appliances	105.0	103.3	96.8	101.7	103.4	101.8
其他材料	Other Materials	101.7	104.9	99.4	101.3	103.1	101.7
机械费	Machinery	101.8	108.9	102.4	102.7	106.2	104.2
设备、工器具购置	Purchase of Equipment, Tools and Instruments	98.7	100.1	97.4	99.8	100.5	98.7
其他费用	Others	102.2	105.7	101.6	101.4	101.8	103.3

9-16 农业生产资料价格分类指数

Price Indices for Means of Agricultural Production by Category

上年=100 (preceding year=100)

项　　目	Item	2005	2008	2009	2010	2011	2012
农业生产资料价格指数	**Price Index of Means of Agricultural Production**	**105.8**	**114.5**	**98.2**	**101.7**	**109.6**	**104.0**
农用手工工具	Farm Handtools	102.4	110.6	101.0	101.7	104.2	102.0
饲料	Forage	104.2	112.6	102.6	102.1	105.1	104.3
混合饲料	Mixed Forage	103.8	111.9	98.5	101.5	105.2	103.7
其他	Others	104.6	114.0	110.7	103.4	104.9	105.7
产品畜	Product Livestock	105.6	105.2	84.4	95.9	129.0	103.3
半机械化农具	Semi-mechanized Farm Tools	102.3	105.6	100.1	100.9	102.3	101.4
机械化农具	Mechanized Farm Machinery	102.0	106.5	101.1	100.6	103.3	101.6
化学肥料	Chemical Fertilizer	108.0	125.9	97.3	101.7	113.3	105.5
氮肥	Nitrogenous Fertilizer	105.9	113.1	93.7	101.9	119.0	105.3
磷肥	Phosphate Fertilizer	112.6	123.7	96.3	102.0	111.4	107.7
钾肥	Potash Fertilizer	119.0	141.9	100.2	99.8	103.8	103.1
复合肥料	Compound Fertilizer	105.5	139.4	100.1	101.8	109.0	105.3
农药及农药器械	Pesticide and Its Appliances	101.7	102.7	96.7	100.0	102.7	100.7
化学农药	Chemical Pesticide	101.4	102.2	96.0	99.8	102.9	100.4
杀虫剂	Insecticide	101.3	101.9	95.4	100.8	102.5	100.2
杀菌剂	Bactericide	100.8	103.2	98.1	98.8	103.4	100.5
除草剂	Herbicide	102.0	102.0	95.9	98.0	103.2	100.7
农药器械	Appliances for Pesticide	103.7	106.3	101.4	101.3	101.6	102.3
农用机油	Oil for Farm Machinery	107.7	110.9	96.0	108.4	109.7	101.5
其他农业生产资料	Other Means of Agricultural Production	110.7	103.5	101.5	104.0	108.5	105.0
农用种子	Seeds for Farming	111.9	102.3	102.7	103.6	112.6	107.8
其他	Others	108.9	105.5	99.8	104.6	102.2	100.3
农用薄膜	Pellicle for Farming	108.9	104.9	99.0	105.7	101.5	100.6
其他	Others		106.8	101.6	102.3	103.3	99.8
农业生产服务	Services for Agricultural Production		111.7	108.9	103.2	104.8	107.0
排灌费	Expenditure of Irrigation and Drainage		101.1	99.3	99.9	100.2	101.7
机械作业费	Expenditure of Mechanical Operations		107.5	107.9	101.6	110.5	111.7
农业用电	Agricultural Use of Electricity					100.5	100.6
农业用工	Agricultural Labor					104.6	111.1

9-17 农产品生产者价格指数
Producers' Price Indices for Farm Products

上年=100 (preceding year=100)

项目	Item	2005	2008	2009	2010	2011	2012
农产品生产者价格指数	**Producers' Prices Index for Farm Products**	**103.5**	**116.5**	**95.0**	**107.9**	**112.4**	**103.4**
农业产品	**Farm Products**	**104.5**	**110.8**	**98.8**	**113.4**	**108.6**	**106.9**
谷物	Cereal	99.7	111.0	101.4	107.8	119.4	106.0
#稻谷	Rice	99.8	110.8	101.4	107.7	120.7	106.0
薯类	Potato	103.2	111.9	108.3	109.5	119.9	90.3
油料	Oil-bearing Crops	102.9	115.0	92.1	114.4	129.5	104.2
豆类	Beans	107.1	130.6	94.4	117.6	117.1	102.0
糖料	Sugar Crops	107.3	87.5	102.9	131.1	121.4	75.6
未加工烟草	Raw Tobacco	86.7	116.3	110.1	106.8	112.3	122.1
蔬菜及食用菌	Vegetables & Edible Fungi	108.0	112.0	97.2	115.6	100.8	111.5
#叶菜类蔬菜	Leaf Vegetable					104.9	112.1
白菜类蔬菜	Chinese Cabbage Vegetable					106.7	108.5
芥菜类蔬菜	Mustard Vegetable					99.7	110.7
甘蓝类蔬菜	Brassica Vegetable					106.6	112.2
根茎类蔬菜	Root Vegetable					125.4	108.0
瓜菜类蔬菜	Coucurbita Vegetable					87.3	106.5
豆类蔬菜	Bean Vegetable					93.0	115.6
茄果类蔬菜	Solanaceous Vegetable					72.8	127.1
莴苣及菊苣类蔬菜	Lettuce Vegetable					91.3	118.4
葱蒜类蔬菜	Bulb Vegetable					89.9	106.5
花卉	Flowers	96.0	120.0	91.5	97.3	107.3	103.4
盆景及园艺产品	Potted Landscape and Gardening Products					106.2	101.3
水果及坚果	Fruit and Nuts	103.1	110.8	95.2	113.9	110.0	104.1
茶及饮料原料	Tea and Beveage Raw Meterials	104.7	101.9	101.7	99.6	116.0	117.3
中草药材	Medicinal Herbs	102.9	103.0	86.7	126.9	113.1	103.1
林业产品	**Forestry Products**	**103.9**	**107.9**	**98.9**	**116.9**	**108.7**	**101.8**
育种和育苗	Seed breeding and seedling					111.2	104.2
木材采伐产品	Wood logging	104.2	108.1	97.0	113.1	106.8	101.8
竹材采伐产品	Bamboo logging	101.2	111.0	99.4	115.7	106.6	104.2
林产品	Forestry products	105.5	102.4	95.9	132.1	116.4	92.5
饲养动物及其产品	**Farm Animal and Products**	**100.8**	**124.9**	**89.7**	**99.2**	**121.7**	**97.6**
活牲畜	Live Animals	100.5	116.5	101.1	95.6	129.1	94.2
#猪	Pig	97.1	127.1	83.4	96.8	132.3	91.2
牛	Cattle and Buffalo	101.0	123.5	101.7	92.4	105.6	129.8
活家禽	Live Birds	105.3	109.7	101.7	104.0	111.1	101.7
#鸡	Chicken	105.2	109.0	101.8	102.1	111.3	102.2
鸭	Duck	104.7	106.6	101.2	106.0	112.5	100.3
畜禽产品	Animal and Bird Products					107.1	103.5
#鸡蛋	Chicken Eggs	103.3	115.6	104.7	102.1	107.8	103.6
鸭蛋	Duck Eggs	119.9	114.7	100.0	100.0	102.9	103.3
渔业产品	**Fishing Products**	**104.6**	**117.2**	**94.2**	**107.9**	**107.6**	**104.5**
海水养殖产品	Marine Farm Products					106.1	104.2
#海水养殖鱼	Marine farm fish					111.2	99.5
海水养殖虾	Marine farm shrimp					103.0	101.5
海水养殖产品种苗	Mraine farm breeding					93.8	101.9
海水捕捞产品	Marine Catching Products					113.8	108.5
#海水捕捞鲜鱼	Marine catching fish					121.9	109.6
海水捕捞虾	Marine catching shrimp					100.9	110.7
淡水养殖产品	Freshwater Farm Products					108.3	101.9
#养殖淡水鱼	Freshwater fram fish					104.7	100.3
淡水养殖虾	Freshwater fram shrimp					119.3	102.7
淡水捕捞产品	Freshwater catching products					109.0	109.7
#捕捞淡水鱼	Freshwater catching fish					106.0	108.7
淡水捕捞鲜虾	Freshwater catching shrimp					104.5	120.4

注：2011年开始农产品生产者价格调查制度变更，部分分类指标以前年份没数据。

Note: Since 2011, the system of agricultural product price survey is changed, therefore no data are available for some indexes in previous years.

主要统计指标解释

居民消费价格指数 是度量生活消费品及服务项目价格水平随着时间而变动的相对数，反映居民家庭购买的消费品及服务项目价格水平的变动情况。该指数是宏观经济分析、决策、调控和价格总水平监测以及国民经济核算的重要指标，其按年度计算的变动率通常被用来作为反映通货膨胀(或紧缩)程度的指标。

城市居民消费价格指数 是反映城市居民家庭所购买的生活消费品和服务项目价格变动趋势和变动程度的相对数。编制该指数，可以观察和分析消费品的零售价格和服务项目价格变动对城市居民生活消费支出的影响，作为研究城市居民生活和制定工资政策的依据。

农村居民消费价格指数 是反映农村居民家庭所购买的生活消费品和服务项目价格变动趋势和变动程度的相对数。编制该指数，可以观察农村消费品的零售价格和服务项目价格变动对农村居民生活消费支出的影响，反映农村居民生活水平的实际变化情况，为分析和研究农村居民生活问题提供依据。

商品零售价格指数 是度量市场商品零售价格水平变动趋势和变动程度的相对数，反映商品在流通过程中最后一个环节的价格即工业、商业、餐饮业和其他零售企业向城乡居民、机关团体出售生活消费品和办公用品价格水平的变动趋势和变动程度。其目的在于掌握商品价格的变动趋势，为国家宏观调控和国民经济核算提供参考依据。

工业生产者出厂价格指数 是反映工业企业产品第一次出售时的出厂价格变化趋势和变动幅度的相对数（2010 年前称工业品出厂价格指数），是综合了工业企业出售给本企业以外所有单位和个人的各种产品价格指数计算取得。是反映某一时期工业生产领域价格变动情况的重要经济指标，也是制定有关经济政策和国民经济核算的重要依据。

工业生产者购进价格指数 是反映工业企业作为中间投入产品购进价格的变化趋势和变动幅度的相对数（2010 年前称原材料、燃料、动力购进价格指数）。反映工业企业作为生产投入而从物资交易市场和能源、原材料生产企业购买原材料，燃料和动力产品时，所支付的价格水平变动趋势和程度的重要指标，是扣除工业企业物质消耗成本中的价格变动影响的重要依据。

固定资产投资价格指数 是反映全社会及各类工程固定资产投资价格变动幅度和变动趋势的相对数。编制该价格指数，用以消除按现价计算的固定资产指标中的价格变动因素，真实地反映全社会及各类工程固定资产投资的规模、速度、结构和效益，为国家及各部门科学地制定、检查固定资产投资计划和进行国民经济核算提供科学的、可靠的依据。

农业生产资料价格指数 是反映一定时期内农业生产资料在流通领域最后一个环节的价格即工业、商业及其他单位和个人向农民出售农业生产资料及服务价格水平的变动趋势和程度的相对数。其编制目的是了解农业生产中物质资料及服务投入价格的变动状况，为制定经济政策提供依据。1994 年以前，农业生产资料价格指数为商品零售价格指数的一个类别，此后单独编制。

农产品生产价格指数 是反映农产品生产者第一手(直接)出售其农产品时实际获得的单位产品价格变动的相对数。农产品生产价格指数客观反映了农产品生产价格水平和结构变动情况，满足农业与国民经济核算需要，为各级政府制定农业保护和农产品流通政策提供决策依据。

Explanatory Notes on Main Statistical Indicators

Consumer Price Indices measure the relative change with time in prices of consumer goods and services, reflecting the rates of change in consumer goods and services purchased by households. It is an important indicator for macroeconomic analysis, decision-making, regularization and control, supervision of general price level and national economic accounting. The annualized rates of change are generally considered as an indicator of inflation or deflation.

Consumer Price Indices of Urban Households reflect the trend and degree of changes in prices of consumer goods and services purchased by urban households and can be used to observe and analyze the impact of price changes in consumer goods and services on urban household living expenditures, thus providing the basis for policy making concerning the living cost and the wages of urban staff and workers.

Consumer Price Indices of Rural Households reflect the trend and degree of changes in prices of consumer goods and services purchased by rural households and can be used to observe and analyze the impact of change in prices of consumer goods and services on living expenditure and actual changes in the living standards of rural residents, thus providing the basis for analysis and research on the conditions of life in rural areas.

Retail Price Indices measure the relative trend and degree of changes in retail prices of commodities, reflecting the trend of changes in prices in the last link of circulation, i.e. prices of consumer goods and office appliances sold to households or organizations by enterprises of industry, commerce, catering services and other retail trades. It reflects the trend of price changes and provides a reference for macroeconomic adjustment and control as well as national economic accounting.

Producer Price Indices for Manufactured Goods reflect the trend and degree of changes in general ex-factory prices of all manufactured goods on first sale (it was referred to as Ex-factory Price Indices for Industrial Goods). It is calculated on the basis of sales of manufactured goods by an industrial enterprise to all units outside the enterprise, as well as sales of consumer goods to residents.It is an import index reflecting the price changes on the course of industrial production, and provides important data for economic policy making and national economic accounting

Producer Price Indices for Purchased Goods reflect the trend and degree of changes in prices paid by industrial enterprises when they purchase production input (it was referred to as Purchasing Price Indices of Raw Materials, Fuels and Power). They reflect changes in the level and degree of prices paid by industrial enterprises when they purchase production input such as raw materials, fuels and power from the market or from other energy or raw materials producing enterprises. These indices provide an important basis for measuring the material consumption of industrial enterprises after removing the influence of price changes.

Price Indices of Investment in Fixed Assets reflect the trend and degree of changes in prices of investment in fixed assets in various projects and in the whole country. It can be used to remove the factor of price changes in the data of investment in fixed assets calculated at current prices, to truly reflect the scale, growth rate, structure, proportion and efficiency of investment in fixed assets in various projects and in the whole country, and to provide a scientific and reliable basis for formulating the plan for investment in fixed assets and examining its fulfillment as well as for conducting national economic accounting.

Price Indices for Means of Agricultural Production reflect the trend and degree of changes in the prices of the means of agricultural production at the final stage of the circulation, or the prices at which industrial, commercial or other units sell the means of agricultural production or services to farmers. Compilation of these indices helps to understand the changes in prices of input into agricultural production and services and facilitate formulation of economic policies. Before 1994, price indices for means of agricultural production were a sub-category in the retail price indices for commodities, and it has been compiled separately since 1994.

Producers' Price Indices of Farm Products reflect the trend and degree of changes in unit prices received by producers of farm products when they sell farm products at first hand (directly). These indices objectively reflect changes in the level and structure of producers' prices of farm products, meeting the needs of agricultural and national account statistics and providing governments of various levels with a basis for policy making concerning the protection of agriculture and the circulation of farm products.

十、人民生活

PEOPLE' S LIVING CONDITIONS

十　人民生活

简要说明

一、本篇资料反映广东城乡居民生活状况，包括就业、居民收支、消费水平、住房及主要消费品消费量和拥有量等基本情况。

二、本篇资料由国家统计局广东调查总队城镇住户调查处和农村住户调查处整理提供。

三、本篇中有关城镇居民生活状况的数据来源于国家统计局广东调查总队城镇住户抽样调查资料。主要内容包括家庭人口、家庭现金收支、主要商品购买数量及支出金额、劳动就业状况、居住状况和耐用消费品拥有量等。

四、有关农村居民生活的统计资料主要来源于国家统计局广东调查总队农村住户抽样调查资料。主要内容包括农村居民家庭基本情况、家庭总收支和现金收支、购买农业生产资料、主要消费品消费量、耐用消费品拥有量等。

五、城镇住户调查资料采用二相抽样和多阶段抽样相结合的调查方法统计。农村住户调查采用分层两阶段抽样方法抽取样本户进行调查取得资料。

10　People's Living Conditions

Brief Introduction

Ⅰ. The data in this chapter show the basic conditions of the people's livelihood in the urban and rural areas of Guangdong Province, including employment, income and expenditure of households, level of consumption, housing conditions, consumption and possession of the major consumer goods, etc.

Ⅱ. The data in this chapter are prepared and provided by the Division of Urban Household Survey and the Division of Rural Household Survey under Guangdong Survey Office of the National Bureau of Statistics.

Ⅲ. The data on the livelihood of urban residents come from sample surveys on urban households conducted by the Division of Urban Household Survey under Guangdong Survey Office of the National Bureau of Statistics. The main content of the surveys includes household composition, cash income and expenditure of households, purchases of and expenditures on major commodities, employment of household members, housing conditions and possession of durable consumer goods, etc.

Ⅳ. The data on the livelihood of the rural residents mainly come from sample surveys on rural households conducted by the Division of Rural Household Survey under Guangdong Survey Office of the National Bureau of Statistics. The main content of the surveys includes basic conditions of rural households, total household income and expenditure as well as cash income and expenditure, purchase of means of agricultural production, consumption of major commodities, and possession of durable consumer goods, etc.

Ⅴ. The survey data of urban households are collected through two-phase sampling scheme combined with multi-stage sampling scheme; whereas survey data of rural households are collected through stratified two-stage sampling.

10-1 人民生活主要指标
Main Indicators of People's Living Conditions

指　标	Item	2000	2005	2010	2011	2012
居民人均消费水平（元）	**Per Capita Annual Consumption (yuan)**	**5305**	**9799**	**17211**	**19578**	**21823**
非农业居民	Non-rural Households	9189	13609	23159	25527	28269
农业居民	Rural Households	2680	3915	6255	7854	8898
城镇居民	**Urban Households**					
城镇居民家庭每一就业者负担人口（人）	Number of Dependents per Urban Employee (person)	1.81	1.90	1.89	1.87	1.83
城镇居民家庭人均可支配收入（元）	Per Capita Annual Disposable Income of Urban Households (yuan)	9761.57	14769.94	23897.80	26897.48	30226.71
城镇居民最高收入户与最低收入户人均可支配收入之比（以最低收入户为1）	Ratio of Per Capita Disposable Income of Highest Income Households to That of Lowest Income Households in Urban Areas (lowest income households = 1)	8.0	9.6	9.2	8.7	7.7
城镇居民家庭人均消费性支出（元）	Per Capita Annual Consumption Expenditure of Urban Households (yuan)	8016.91	11809.87	18489.53	20251.82	22396.35
食品（元）	Food (yuan)	3096.33	4265.19	6746.62	7471.88	8258.44
衣着（元）	Clothing (yuan)	369.99	673.90	1230.72	1404.60	1520.59
居住（元）	Residence (yuan)	1099.99	1181.42	1925.21	2005.15	2099.75
家庭设备用品及服务（元）	Household Facilities, Articles and Services(yuan)	603.19	605.12	1208.03	1370.28	1467.20
医疗保健（元）	Health Care and Medical Services (yuan)	346.56	704.90	929.50	948.18	1048.28
交通和通信（元）	Transport and Telecommunication (yuan)	1076.80	2333.05	3419.74	3630.62	4176.66
教育文化娱乐服务（元）	Educational, Cultural and Recreational Services (yuan)	921.44	1669.09	2375.96	2647.94	2954.13
杂项商品和服务（元）	Miscellaneous Goods and Services (yuan)	502.61	377.20	653.75	773.17	871.30
住房总建筑面积（平方米/人）	**Total Floor Space of Houses (sq.m/person)**		**33.18**	**34.13**	**34.40**	**34.40**
每百户城镇居民家庭耐用消费品拥有量	Number of Major Durable Consumer Goods Owned per 100 Urban Households					
彩色电视机（台）	Color TV Set	135.58	155.26	142.99	142.44	141.07
电冰箱（台）	Refrigerator	81.87	93.90	96.62	97.56	99.15
洗衣机（台）	Washing Machine	97.50	97.23	97.68	98.07	98.55
家用汽车（辆）	Car (set)	1.70	9.69	26.58	30.71	36.63
农村居民	**Rural Housholds**					
农村居民家庭每个劳动力负担人口（人）	Number of Dependents per Rural Laborer (person)	**1.65**	**1.55**	**1.47**	**1.50**	**1.50**
农村居民人均纯收入（元）	Annual Per Capita Net Income of Rural Households (yuan)	3654.48	4690.49	7890.25	9371.73	10542.84
农村居民高收入户与低收入户人均纯收入之比（以低收入户为1）	Ratio of Per Capita Disposable Income of Highest Income Households to That of Lowest Income Households in Rural Areas (lowest income households = 1)	4.2	5.4	5.4	6.0	5.3
农村居民人均生活费支出（元）	Annual Per Capita Expenditure for Living Cost of Rural Households (yuan)	2646.02	3707.73	5515.58	6725.55	7458.56
#食品	Food	1317.48	1789.42	2630.05	3301.14	3658.66
衣着	Clothing	104.21	143.50	215.51	277.34	319.46
居住	Residence	378.86	530.30	986.70	1172.30	1196.10
家庭设备、用品及服务	Household Facilities, Articles and Services	125.65	152.12	235.01	301.29	378.53
文化教育娱乐用品及服务	Recreational, Educational and Cultural Articles and Services	313.46	360.73	326.53	404.15	466.63
农村居民人均生活用房面积（平方米）	Per Capita Living Floor Space of Rural Households (sq.m)	22.42	25.71	29.23	30.73	31.67
农村每百户耐用品拥有量	Number of Major Durable Goods Owned per 100 Rural Households					
电视机（台）	Television (set)	102.42	112.19	120.63	117.90	118.93
电冰箱（台）	Refrigerator (set)	15.12	24.73	49.10	60.94	66.39
摩托车（辆）	Motorcycle (unit)	54.18	86.88	107.11	107.90	108.16
电话机（部）	Telephone (set)	40.82	82.38	82.38	68.58	69.29

注：1. 城镇居民最高收入户与最低收入户人均可支配收入之比是按九等分组计算。
2. 农村居民高收入户与低收入户人均纯收入之比是按五等分组计算。

Note: a) The ratio of per capita disposable income of highest income households to that of lowest income households in urban areas is calculated on the basis of nine groups.

b) The ratio of per capita net income of highest income households to that of lowest income households in rural areas is calculated on the basis of five groups.

10-2 城镇居民家庭基本情况
Basic Conditions of Urban Households

项　目		Item	2000	2005	2010	2011	2012
调查户数	**（户）**	**Number of Households Surveyed**	**1600**	**1600**	**3150**	**3150**	**3250**
平均每户家庭人口	**（人）**	**Average Household Size (person)**	**3.57**	**3.27**	**3.21**	**3.20**	**3.19**
平均每户就业人口	**（人）**	**Average Number of Employed Persons per Household (person)**	**1.97**	**1.72**	**1.70**	**1.71**	**1.74**
平均每户就业率	**（%）**	**Percentage of Employment per Household (%)**	**55.2**	**52.6**	**52.9**	**53.4**	**54.5**
人均家庭总收入	**（元）**	**Per Capita Total Income of Households (yuan)**	**9853.65**	**16249.89**	**26896.86**	**30218.76**	**34044.38**
#人均可支配收入		Per Capita Disposable Income	9761.57	14769.94	23897.80	26897.48	30226.71
人均工薪收入		Per Capita Income of Wages and Salaries	7418.31	12265.04	18902.43	21092.14	23632.2
人均经营净收入		Per Capita Net Business Income	545.59	1043.51	2666.53	3035.25	3603.89
人均财产性收入		Per Capita Income from Properties	429.94	417.25	956.60	1242.95	1468.73
人均转移性收入		Per Capita Income from Transfers	1459.81	2524.09	4371.30	4848.42	5339.56
人均消费性支出	**（元）**	**Per Capita Consumption Expenditure (yuan)**	**8016.91**	**11809.87**	**18489.53**	**20251.82**	**22396.35**
食品		Food	3096.33	4265.19	6746.62	7471.88	8258.44
衣着		Clothing	369.99	673.90	1230.72	1404.60	1520.59
居住		Residence	1099.99	1181.42	1925.21	2005.15	2099.75
家庭设备用品及服务		Household Facilities, Articles and Services	603.19	605.12	1208.03	1370.28	1467.20
医疗保健		Health Care and Medical Services	346.56	704.90	929.50	948.18	1048.28
交通和通讯		Transport and Telecommunication	1076.80	2333.05	3419.74	3630.62	4176.66
教育文化娱乐服务		Educational, Cultural and Recreational Services	921.44	1669.09	2375.96	2647.94	2954.13
杂项商品和服务		Miscellaneous Goods and Services	502.61	377.20	653.75	773.17	871.3
人均消费性支出构成	**（%）**	**Composition of Per Capita Consumption Expenditure (%)**	**100.0**	**100.0**	**100.0**	**100.0**	**100.0**
食品		Food	38.6	36.1	36.5	36.9	36.9
衣着		Clothing	4.6	5.7	6.7	6.9	6.8
居住		Residence	13.7	10.0	10.4	9.9	9.4
家庭设备用品及服务		Household Facilities, Articles and Services	7.5	5.1	6.5	6.8	6.5
医疗保健		Health Care and Medical Services	4.3	6.0	5.0	4.7	4.7
交通和通讯		Transport and Telecommunication	13.4	19.8	18.5	17.9	18.6
教育文化娱乐服务		Educational, Cultural and Recreational Services	11.5	14.1	12.9	13.1	13.2
杂项商品和服务		Miscellaneous Goods and Services	6.4	3.2	3.5	3.8	3.9
平均每百户主要消费品年末拥有量		**Number of Major Durable Consumer Goods Owned by per 100 Households at the Year-end**					
摩托车	（辆）	Motorcycle (set)	58.84	72.83	44.90	44.35	42.58
家用汽车	（辆）	Car (set)	1.70	9.69	26.58	30.71	36.63
洗衣机	（台）	Washing Machine (set)	97.50	97.23	97.68	98.07	98.55
电冰箱	（台）	Refrigerator (set)	81.87	93.90	96.62	97.56	99.15
彩色电视机	（台）	Color Television (set)	135.59	155.26	142.99	142.44	141.07
计算机	（台）	Computer (set)	25.78	70.34	96.80	104.13	113.89
组合音响	（台）	Hi-fi Stereo Component System (set)	48.55	56.88	49.83	47.46	48.15
摄像机	（台）	Pickup Camera (set)	1.97	6.41	12.05	12.29	13.89
微波炉	（台）	Microwave Oven (set)	29.86	61.05	69.90	69.57	71.90
空调器	（台）	Air Conditioner (set)	98.04	168.66	206.86	211.55	226.89
移动电话	（台）	Mobile Telephone (set)	57.94	187.39	222.12	231.75	242.74
住房总建筑面积（平方米/人）		**Total Floor Space of Housing (sq.m/person)**		**33.18**	**34.13**	**34.40**	**34.40**

10-3 城镇居民人均可支配收入及消费性支出

Per Capita Disposable Income and Consumption Expenditure of Urban Households

年份 Year	人均可支配收入(元) Per Capita Disposable Income (yuan)	增长速度(%) Growth Rate (%) 名义增长(上年为100) Nominal Growth (preceding year=100)	实际增长(上年为100) Real Growth (preceding year=100)	实际增长(1978年为100) Real Growth (1978=100)	人均消费性支出(元) Per Capita Consumption Expenditure (yuan)	增长速度(%) Growth Rate (%) 名义增长(上年为100) Nominal Growth (preceding year=100)	实际增长(上年为100) Real Growth (preceding year=100)	恩格尔系数(%) Engle Coefficient (%)
1978	412.13				399.96			66.6
1979	416.33	1.0	-3.4	96.6	424.96	6.3	1.5	67.0
1980	472.57	13.5	3.7	100.1	485.76	14.3	4.5	65.5
1981	560.69	18.6	11.6	111.7	517.44	6.5	0.2	65.8
1982	631.45	12.6	9.8	122.7	592.08	14.4	11.5	64.2
1983	714.20	13.1	10.0	135.0	660.12	11.5	8.5	64.5
1984	818.37	14.6	12.4	151.8	744.36	12.8	10.7	63.6
1985	954.12	16.6	-0.4	151.1	889.56	19.5	2.1	58.3
1986	1102.09	15.5	10.3	166.7	998.88	12.3	7.2	58.6
1987	1320.89	19.9	6.3	177.1	1215.84	21.7	7.9	56.7
1988	1583.13	19.9	-7.4	163.9	1506.99	23.9	-4.3	56.7
1989	2086.21	31.8	8.1	177.2	1921.05	27.5	4.6	56.5
1990	2303.15	10.4	13.3	200.8	1983.86	3.3	6.0	57.2
1991	2752.18	19.5	16.8	234.6	2388.77	20.4	17.7	53.1
1992	3476.70	26.3	16.5	273.4	2830.62	18.5	10.4	51.5
1993	4632.38	33.2	9.2	298.6	3777.43	33.4	10.3	48.9
1994	6367.08	37.4	13.6	339.2	5181.30	37.2	13.4	46.4
1995	7438.68	16.8	3.3	350.4	6253.68	20.7	6.7	48.0
1996	8157.81	9.7	2.3	358.4	6736.09	7.7	0.5	47.3
1997	8561.71	5.0	2.8	368.4	6853.48	1.7	-0.3	46.0
1998	8839.68	3.2	5.0	387.0	7054.09	2.9	4.7	44.1
1999	9125.92	3.2	4.9	406.0	7517.81	6.6	8.3	40.6
2000	9761.57	7.0	4.7	424.9	8016.91	6.6	4.3	38.6
2001	10415.19	6.7	7.6	457.0	8099.63	1.0	1.8	38.1
2002	11137.20	9.1	10.6	495.7	8988.48	11.0	12.6	38.5
2003	12380.40	11.2	10.4	547.2	9636.24	7.2	6.5	37.2
2004	13627.65	10.1	7.3	587.0	10694.79	11.0	8.2	37.0
2005	14769.94	8.4	6.3	623.8	11809.87	10.4	8.2	36.1
2006	16015.58	8.4	6.5	664.3	12432.22	5.3	3.4	36.2
2007	17699.30	10.5	6.6	707.9	14336.87	15.3	11.2	35.3
2008	19732.86	11.5	5.7	748.3	15527.97	8.3	2.7	37.8
2009	21574.72	9.3	12.0	838.1	16857.51	8.6	11.3	36.9
2010	23897.80	10.8	7.5	901.0	18489.53	9.7	6.4	36.5
2011	26897.48	12.6	6.9	963.2	20251.82	9.5	4.0	36.9
2012	30226.71	12.4	9.3	1052.8	22396.35	10.6	7.6	36.9

注：1. 可支配收入=家庭总收入-交纳所得税-个人交纳的社会保障支出-记帐补贴

2. 消费性支出指用于日常生活的全部支出，包括食品、衣着、家庭设备用品及服务 、医疗保健、交通和通讯、娱乐教育文化服务、居住、杂项商品和服务等八大类支出。

3. 2002年人均可支配收入增幅按可比口径计算。

Notes: a) Disposable Income = Total Income of Households - Income Tax Payable - Personal Expenditure on Social Security - Sample Household Subsidy for Keeping Dairies .

b) Consumption expenditure refers to total expenditure of the sample households for consumption in daily life,including expenditure on eight categories: food, clothing, household facilities, articles and services, health care and medical services, transport and telecommunication, recreational, residence, miscellaneous goods and services.educational and cultural services.

c) The growth rates of per capita disposable income of 2002 were calculated at comparable prices.

10-4 各市城镇居民人均可支配收入和消费支出

Per Capita Disposable Income and Consumption Expenditure of Urban Households by City

市别	City	可支配收入(元) Disposable Income (yuan)					消费支出(元) Consumption Expenditure (yuan)				
		2000	2005	2010	2011	2012	2000	2005	2010	2011	2012
广州	Guangzhou	13621.83	18287.24	30658.49	34438.08	38053.52	10988.99	14468.24	25011.61	28209.74	30490.44
深圳	Shenzhen	21577.24	28665.25	32380.86	36505.04	40741.88	18200.67	21188.84	22806.54	24080.03	26727.68
珠海	Zhuhai	15375.90	18907.73	25381.58	28730.69	32978.21	12616.21	14323.66	20369.83	21162.14	24083.48
汕头	Shantou	8966.64	12229.17	15178.59	17473.89	20023.54	7663.77	9505.66	13218.23	15746.22	17985.51
佛山	Foshan	11976.98	17680.10	27244.68	30717.99	34579.72	10662.58	14485.61	21995.08	23782.18	26163.76
韶关	Shaoguan	7208.56	10908.36	18020.61	20328.83	23183.63	6159.81	8113.64	12910.02	14396.78	16290.45
河源	Heyuan			13177.19	14737.01	16519.83			8371.12	9816.95	11201.71
梅州	Meizhou	7310.32	8842.84	14727.66	16761.06	18699.15	6166.69	6757.02	11008.39	12554.79	13120.51
惠州	Huizhou	10327.78	15762.77	23565.24	26608.94	29965.02	8945.02	12651.95	19740.50	20602.58	22278.90
汕尾	Shanwei			13915.46	15751.37	18422.00			10013.15	11983.42	13799.60
东莞	Dongguan	14226.05	22881.80	35690.02	39512.65	42944.23	12603.21	21767.78	25732.81	27495.23	31369.01
中山	Zhongshan			25356.59	27699.71	31129.83			18833.13	20518.95	22287.55
江门	Jiangmen			21152.50	23923.63	27016.58			15560.79	17076.26	18448.45
阳江	Yangjiang			14640.57	16878.19	19120.11			10429.52	11765.37	13330.48
湛江	Zhanjiang	7096.96	9867.36	15305.05	17583.62	20227.32	6329.84	7669.84	11824.74	14055.00	15617.99
茂名	Maoming			14360.23	16113.39	18034.13			10182.14	13161.83	14300.49
肇庆	Zhaoqing	7300.73	10097.20	16832.37	19039.65	21754.40	6750.84	7476.65	12163.85	14019.89	15728.70
清远	Qingyuan			15768.21	17667.53	19513.81			10595.41	11286.82	12399.05
潮州	Chaozhou			13669.14	15664.31	17645.05			11925.87	14096.76	15553.97
揭阳	Jieyang			14907.37	16878.89	18900.98			12163.96	13269.40	14517.19
云浮	Yunfu			14612.53	16090.48	18332.14			10535.32	12375.75	14406.12

10-5 城镇居民家庭年末居住情况

Housing Conditions of Urban Households at the Year-end

项　　目	Item	2000	2005	2010	2011	2012
调查户数　　　　（户）	**Number of Households Surveyed**	**1600**	**1600**	**3150**	**3150**	**3250**
住房总建筑面积(平方米/人)	**Total Floor Space of Houses(sq.m/person)**	**24.60**	**33.18**	**34.13**	**34.40**	**34.40**
房屋产权　　　　(%)	**Property Rights of Houses　　(%)**	**100.00**	**100.00**	**100.00**	**100.00**	**100.00**
租赁公房	Public Apartments for Rent	16.50	6.76	2.93	2.77	2.45
租赁私房	Private Apartments for Rent	1.50	1.58	4.55	5.72	5.61
原有私房	Original Private Apartments	70.00	18.33	13.67	13.62	12.89
房改私房	Private Apartments Acquired through Housing Reform	12.00	44.77	27.33	24.41	23.19
商品房	Commercial Houses		26.01	50.57	52.05	54.38
其他	Others		2.55	0.95	1.43	1.48
住宅建筑式样　　(%)	**Design of Residential Buildings　　(%)**		**100.00**	**100.00**	**100.00**	**100.00**
单栋住宅	Separate Residential Buildings		10.93	9.24	9.61	8.81
四居室	Four-bedroom Apartments		6.69	7.69	8.97	9.54
三居室	Three-bedroom Apartments		38.60	47.78	46.05	47.15
二居室	Two-bedroom Apartments		33.89	28.90	28.72	28.99
一居室	One-bedroom Apartment		4.45	2.46	2.54	2.71
普通楼房	Ordinary Multi-story Buildings		4.16	3.10	3.11	2.23
平房及其他	Bungalows and Others		1.28	0.83	1.00	0.57
用水情况　　　　(%)	**Water Use　　(%)**		**100.00**	**100.00**	**100.00**	**100.00**
独用自来水	Tap Water for Private Use		98.97	99.96	99.28	100.00
公用自来水	Tap Water for Public Use		1.01	0.04	0.02	
井、河水	Well & River Water		0.02			
其他	Others					
卫生设备　　　　(%)	**Sanitation Facilities　　(%)**	**100.00**	**100.00**	**100.00**	**100.00**	**100.00**
无卫生设备	Without Sanitation Facilities	2.56	0.70	0.16	0.03	0.14
有厕所浴室	With Washroom and Bathroom	81.50	95.16	99.41	99.22	99.6
有厕所无浴室	With Washroom but no Bathroom	13.69	2.70	0.22	0.27	0.06
公用	For Public Use	2.25	1.44	0.21	0.48	0.20
炊用燃料使用情况　(%)	**Fuel Use for Cooking　　(%)**	**100.00**	**100.00**	**100.00**	**100.00**	**100.00**
管道煤气	Pipeline Gas	10.00	21.27	2.08	0.12	0.09
液化石油气	Liquefied Petroleum Gas	86.87	77.34	68.65	68.80	64.84
管道天然气	Pipeline Gas			27.47	30.64	34.47
煤	Coal	2.94	1.01	0.61	0.43	0.39
其他	Others	0.19	0.38	1.19	0.21	0.22
通信设备使用情况（每百户）	**Use of Telecommunication Facilities (per 100 households)**					
固定电话	Fixed Landline Telephones		101.40	91.83	87.32	85.12
移动电话	Mobile Telephones		187.39	222.12	231.75	242.74
接入互联网的计算机	Computers with Internet Access			73.90	81.40	90.44

注：住房总建筑面积2000年为使用面积， 2005年以后为建筑面积。

Note: The “total floor space of houses” of 2000 are useable area, and that since 2005 are building area.

10-6 按收入等级分的城镇居民家庭平均每人全年现金收入（2012年）

单位：元

项　目	Item	总平均 Average	最低收入户 Lowest Income Households	#困难户 Poor Households
家庭总收入	**Total Income of Households**	**34044.38**	**10860.16**	**9166.18**
#可支配收入	Of Which: Disposable Income	30226.71	9822.11	8313.93
工薪收入	Income from Wages and Salaries	23632.20	7372.84	6429.06
工资及补贴收入	Income from Wages and Subsidies	23455.33	7208.88	6258.94
其他劳动收入	Other Incomes	176.87	163.96	170.12
经营性收入	Net Business Income	3603.89	1198.56	1004.30
财产性收入	Income from Properties	1468.73	126.81	112.27
利息收入	Interest Income	87.96	8.07	8.58
股息与红利收入	Dividend and Bonus Income	288.25	1.47	0.82
保险收益	Insurance Revenue	15.65		
其它投资收入	Other Investment Income	45.79		
出租房屋收入	Lease Income	1019.34	115.77	102.87
知识产权收入	Intellectual Property Income	0.03		
其他财产性收入	Other Property Incomes	11.71	1.51	
转移性收入	Income from Transfers	5339.56	2161.96	1620.55
养老金或离退休金	Pension or Retirement Annuities	4147.31	1512.14	982.39
社会救济收入	Social Relief Income	18.89	50.33	71.33
#最低生活保障收入	Government Minimum Living Allowance	4.50	28.19	49.56
辞退金	Dismissal Income	13.63	9.10	16.65
赔偿收入	Compensation Income	7.36		
保险收入	Insurance Income	16.81	3.78	1.73
#失业保险金	Of which: Unemployment Insurance Benefits	12.71	3.78	1.73
赡养收入	Alimony Income	253.84	163.63	146.94
捐赠收入	Donated Income	482.75	264.38	254.40
提取住房公积金	Withdrawal of Public Reserve Funds for Housing	41.87		
记帐补贴	Sample Household Subsidy for Keeping Dairies	252.00	139.40	138.75
其他转移性收入	Other Transfer Incomes	105.10	19.21	8.37
出售财物收入	**Income from Selling Properties**	**112.68**	**0.55**	**0.10**
出售住房收入	Income from Selling Houses	87.92		
出售其他物品收入	Income from Selling Other Properties	24.76	0.55	0.10
借贷收入	**Loan Income**	**9409.12**	**1361.63**	**1125.00**
提取储蓄存款	Withdrawal of Savings Deposits	9259.59	1288.49	1042.77
借入款	Borrowed Money	22.11	66.12	80.88
收回借出款	Repayment of Loans Receivable	41.71	0.19	0.36
收回储蓄性保险本	Insured Savings Receivable	2.22		
兑售有价证券	Selling Portfolio	29.50		
收回投资本金	Investment Capital Receivable	4.03		
住房贷款	Loans for Housing	21.71		
汽车贷款	Loans for Automobile	10.10		
教育贷款	Loans for Education			
其他贷款	Other Loans	4.20	6.28	
其他借贷收入	Other Loan Incomes	13.95	0.55	1.00

Per Capita Annual Cash Income of Urban Households by Level of Income (2012)

(yuan)

低收入户 Low Income Households	中等偏下户 Lower Middle Income Households	中等收入户 Middle Income Households	中等偏上户 Upper Middle Income Households	高收入户 High Income Households	最高收入户 Highest Income Households
16159.12	**22175.09**	**30424.94**	**41507.37**	**54723.12**	**83733.76**
14364.50	19516.25	26810.40	36698.06	48552.03	75417.57
10760.72	15623.25	22036.42	29035.62	38527.67	54904.52
10565.91	15502.68	21844.29	28827.61	38342.69	54719.59
194.81	120.57	192.13	208.01	184.98	184.93
2015.22	1898.20	2686.54	3913.01	5873.59	11960.18
165.73	510.93	866.15	1866.46	3037.41	5945.67
13.46	31.45	51.81	143.12	167.33	286.43
9.03	86.13	164.34	408.91	627.50	1131.92
0.45	1.87	6.17	14.73	46.15	79.98
	2.53	47.53	62.09	75.75	192.36
141.63	386.82	580.27	1217.22	2094.37	4241.72
	0.15				
1.16	1.96	16.02	20.38	26.32	13.26
3217.44	4142.72	4835.83	6692.28	7284.45	10923.39
2540.98	3235.36	3586.61	5380.81	5720.09	8505.11
26.01	13.04	17.25	13.03	12.71	5.49
7.17	0.12	2.02	0.26		
	2.34				148.83
		0.47	1.73		84.93
2.54	11.17	31.94	21.89	6.46	29.05
2.54	9.05	31.64	14.50	0.82	10.19
200.98	296.87	282.73	221.64	167.09	457.09
249.38	323.98	512.65	591.55	783.66	764.79
	0.75	33.58	24.66	104.53	244.19
167.42	204.37	262.91	298.16	333.22	393.73
30.13	54.83	107.69	138.82	156.69	290.19
35.27	**20.34**	**204.25**	**4.06**	**130.82**	**626.38**
		200.31	0.66		588.86
35.27	20.34	3.95	3.40	130.82	37.52
2449.98	**4916.06**	**6784.06**	**9815.06**	**18353.52**	**35326.13**
2439.08	4887.93	6673.00	9757.25	18223.45	34248.36
6.81	4.38	36.00	3.99	50.14	
0.77	11.97	0.54	5.29	45.84	413.31
0.43	2.44		3.62	4.41	6.30
		43.52	7.58		236.80
			19.43		
					266.95
		3.90			114.65
2.18		11.48	2.20	3.72	1.76
0.71	9.34	15.61	15.70	25.95	38.01

10-7 按收入等级分的城镇居民家庭平均每人全年现金收入构成（2012年）

单位：%

项　目	Item	总平均 Average	最低收入户 Lowest Income Households	#困难户 Poor Households
家庭总收入	**Total Income of Households**	**100.0**	**100.0**	**100.0**
#可支配收入	Of Which: Disposable Income	88.8	90.4	90.7
工薪收入	Income from Wages and Salaries	69.4	67.9	70.1
工资及补贴收入	Income from Wages and Subsidies	68.9	66.4	68.3
其他劳动收入	Other Incomes	0.5	1.5	1.9
经营净收入	Net Business Income	10.6	11.0	11.0
财产性收入	Income from Properties	4.3	1.2	1.2
利息收入	Interest Income	0.3	0.1	0.1
股息与红利收入	Dividend and Bonus Income	0.8	…	…
保险收益	Insurance Revenue	…		
其它投资收入	Other Investment Income	0.1		
出租房屋收入	Lease Income	3.0	1.1	1.1
知识产权收入	Intellectual Property Income	…		
其他财产性收入	Other Property Incomes	…	…	
转移性收入	Income from Transfers	15.7	19.9	17.7
养老金或离退休金	Pension or Retirement Annuities	12.2	13.9	10.7
社会救济收入	Social Relief Income	0.1	0.5	0.8
#最低生活保障收入	Government Minimum Living Allowance	…	0.3	0.5
辞退金	Dismissal Income	…	0.1	0.2
赔偿收入	Compensation Income	…		
保险收入	Insurance Income	…	…	…
#失业保险金	Of which: Unemployment Insurance Benefits	…	…	…
赡养收入	Alimony Income	0.7	1.5	1.6
捐赠收入	Donated Income	1.4	2.4	2.8
提取住房公积金	Withdrawal of Public Reserve Funds for Housing	0.1		
记帐补贴	Sample Household Subsidy for Keeping Dairies	0.7	1.3	1.5
其他转移性收入	Other Transfer Incomes	0.3	0.2	0.1
出售财物收入	**Income from Selling Properties**	**100.0**	**100.0**	**100.0**
出售住房收入	Income from Selling Houses	78.0		
出售其他物品收入	Income from Selling Other Properties	22.0	100.0	100.0
借贷收入	**Loan Income**	**100.0**	**100.0**	**100.0**
提取储蓄存款	Withdrawal of Savings Deposits	98.4	94.6	92.7
借入款	Borrowed Money	0.2	4.9	7.2
收回借出款	Repayment of Loans Receivable	0.4	…	…
收回储蓄性保险本	Insured Savings Receivable	0.1		
兑售有价证券	Selling Portfolio	0.3		
收回投资本金	Investment Capital Receivable	0.1		
住房贷款	Loans for Housing	0.2		
汽车贷款	Loans for Automobile	0.1		
教育贷款	Loans for Education			
其他贷款	Other Loans	0.1	0.5	
其他借贷收入	Other Loan Incomes	0.1	…	0.1

Composition of Per Capita Annual Cash Income of Urban Households by Level of Income (2012)

(%)

低收入户 Low Income Households	中等偏下户 Lower Middle Income Households	中等收入户 Middle Income Households	中等偏上户 Upper Middle Income Households	高收入户 High Income Households	最高收入户 Highest Income Households
100.0	**100.0**	**100.0**	**100.0**	**100.0**	**100.0**
88.9	88.0	88.1	88.4	88.7	90.1
66.6	70.5	72.4	70.0	70.4	65.6
65.4	69.9	71.8	69.5	70.1	65.3
1.2	0.5	0.6	0.5	0.3	0.2
12.5	8.6	8.8	9.4	10.7	14.3
1.0	2.3	2.8	4.5	5.6	7.1
0.1	0.1	0.2	0.3	0.3	0.3
0.1	0.4	0.5	1.0	1.1	1.4
…	…	…	…	0.1	0.1
	…	0.2	0.1	0.1	0.2
0.9	1.7	1.9	2.9	3.8	5.1
	…				
…	…	0.1	…	…	…
19.9	18.7	15.9	16.1	13.3	13.0
15.7	14.6	11.8	13.0	10.5	10.2
0.2	0.1	0.1		…	…
…	…	…			
	…				0.2
		…			0.1
…	0.1	0.1	0.1	…	…
…	…	0.1	…	…	…
1.2	1.3	0.9	0.5	0.3	0.5
1.5	1.5	1.7	1.4	1.4	0.9
	…	0.1	0.1	0.2	0.3
1.0	0.9	0.9	0.7	0.6	0.5
0.2	0.2	0.4	0.3	0.3	0.3
100.0	**100.0**	**100.0**	**100.0**	**100.0**	**100.0**
		98.1	16.3		94.0
100.0	100.0	1.9	83.7	100.0	6.0
100.0	**100.0**	**100.0**	**100.0**	**100.0**	**100.0**
99.6	99.4	98.4	99.4	99.3	96.9
0.3	0.1	0.5	…	0.3	
…	0.2	…	0.1	0.2	1.2
…	…		…	…	…
		0.6	0.1		0.7
			0.2		
					0.8
		0.1			0.3
0.1		0.2	…	0.1	…
…	0.2	0.2	0.2	0.1	0.1

10-8 城镇居民家庭平均每人全年消费性支出（2012年）
Per Capita Annual Consumption Expenditure of Urban Households (2012)

单位：元 (yuan)

项目	Item	总平均 Average	最低收入户 Lowest Income Households	#困难户 Poor Households	低收入户 Low Income Households
消费性支出	**Total Consumption Expenditure**	**22396.35**	**8758.61**	**7767.67**	**11747.74**
食品	Food	8258.44	4310.40	3918.65	5631.23
#粮食	Grain	544.10	382.29	342.14	457.17
肉禽蛋水产品类	Meat, Poultry, Eggs and Aquatic Products	2986.76	2219.69	2084.30	2728.31
肉类	Meat	1433.67	1067.86	965.47	1314.34
禽类	Poultry	653.02	523.52	506.34	589.06
蛋类	Eggs	107.81	69.27	62.07	88.25
水产品类	Aquatic Products	792.27	559.05	550.43	736.65
奶及奶制品	Milk and Dairy Products	246.06	94.62	86.18	123.06
衣着	Clothing	1520.59	450.04	371.37	727.78
#服装	Garments	1152.79	346.76	285.75	548.46
居住	Residence	2099.75	1077.59	1048.88	1343.53
#住房	Housing	572.34	114.71	147.21	209.33
家庭设备用品及服务	Household Facilities, Articles and Services	1467.20	480.54	426.98	721.14
#耐用消费品	Durable Consumer Goods	452.90	92.13	65.26	195.06
医疗保健	Health Care and Medical Services	1048.28	370.24	351.36	553.94
交通和通讯	Transport and Telecommunication	4176.66	1077.12	842.80	1422.05
教育文化娱乐服务	Education, Culture and Recreation Services	2954.13	775.26	613.81	1026.66
#文化娱乐用品	Cultural and Recreational Products	552.09	166.20	125.89	246.64
其他商品和服务	Other Goods and Services	871.30	217.40	193.82	321.42

10-8 续表 continued

单位：元 (yuan)

项目	Item	中等偏下户 Lower Middle Income Households	中等收入户 Middle Income Households	中等偏上户 Upper Middle Income Households	高收入户 High Income Households	最高收入户 Highest Income Households
消费性支出	**Total Consumption Expenditure**	**16472.52**	**20645.64**	**26592.70**	**35991.21**	**47066.28**
食品	Food	6873.75	8353.38	9571.33	11275.87	13396.55
#粮食	Grain	510.81	571.10	583.12	630.54	697.06
肉禽蛋水产品类	Meat, Poultry, Eggs and Aquatic Products	3051.27	3136.97	3061.78	3138.16	3511.29
肉类	Meat	1413.46	1495.59	1493.42	1513.61	1757.19
禽类	Poultry	673.07	683.87	661.83	682.44	735.84
蛋类	Eggs	100.74	117.55	117.25	121.58	140.31
水产品类	Aquatic Products	863.98	839.95	789.28	820.53	877.95
奶及奶制品	Milk and Dairy Products	184.00	264.53	319.44	327.21	438.08
衣着	Clothing	1014.02	1438.57	1829.29	2698.26	3292.56
#服装	Garments	773.84	1075.57	1372.16	2037.10	2564.01
居住	Residence	1689.12	1995.49	2366.06	2818.30	4228.27
#住房	Housing	309.18	447.82	633.94	1002.56	1958.68
家庭设备用品及服务	Household Facilities, Articles and Services	1044.48	1360.33	1817.49	2507.62	2972.95
#耐用消费品	Durable Consumer Goods	295.39	399.16	590.79	945.21	870.94
医疗保健	Health Care and Medical Services	948.06	871.52	1242.43	1432.62	2357.84
交通和通讯	Transport and Telecommunication	2728.17	3242.92	4760.50	8142.26	11663.03
教育文化娱乐服务	Education, Culture and Recreation Services	1676.54	2637.41	3946.75	5498.42	6811.26
#文化娱乐用品	Cultural and Recreational Products	332.22	491.81	688.28	1053.23	1227.11
其他商品和服务	Other Goods and Services	498.37	746.03	1058.86	1617.87	2343.83

10-9 城镇居民家庭平均每人全年消费性支出构成（2012年）

Composition of Per Capita Annual Consumption Expenditure of Urban Households (2012)

单位：% (%)

项 目	Item	总平均 Average	最低收入户 Lowest Income Households	#困难户 Poor Households	低收入户 Low Income Households
消费性支出	**Total Consumption Expenditure**	**100.0**	**100.0**	**100.0**	**100.0**
食品	Food	36.9	49.2	50.4	47.9
#粮食	Grain	2.4	4.4	4.4	3.9
肉禽蛋水产品类	Meat, Poultry, Eggs and Aquatic Products	13.3	25.3	26.8	23.2
肉类	Meat	6.4	12.2	12.4	11.2
禽类	Poultry	2.9	6.0	6.5	5.0
蛋类	Eggs	0.5	0.8	0.8	0.8
水产品类	Aquatic Products	3.5	6.4	7.1	6.3
奶及奶制品	Milk and Dairy Products	1.1	1.1	1.1	1.0
衣着	Clothing	6.8	5.1	4.8	6.2
#服装	Garments	5.1	4.0	3.7	4.7
居住	Residence	9.4	12.3	13.5	11.5
#住房	Housing	2.6	1.3	1.9	1.8
家庭设备用品及服务	Household Facilities, Articles and Services	6.5	5.5	5.5	6.2
#耐用消费品	Durable Consumer Goods	2.0	1.1	0.8	1.7
医疗保健	Health Care and Medical Services	4.7	4.2	4.5	4.7
交通和通讯	Transport and Telecommunication	18.6	12.3	10.9	12.1
教育文化娱乐服务	Education, Culture and Recreation Services	13.2	8.9	7.9	8.7
#文化娱乐用品	Cultural and Recreational Products	2.5	1.9	1.6	2.1
其他商品和服务	Other Goods and Services	3.9	2.5	2.5	2.7

10-9 续表 continued

单位：% (%)

项 目	Item	中等偏下户 Lower Middle Income Households	中等收入户 Middle Income Households	中等偏上户 Upper Middle Income Households	高收入户 High Income Households	最高收入户 Highest Income Households
消费性支出	**Total Consumption Expenditure**	**100.0**	**100.0**	**100.0**	**100.0**	**100.0**
食品	Food	41.7	40.5	36.0	31.3	28.5
#粮食	Grain	3.1	2.8	2.2	1.8	1.5
肉禽蛋水产品类	Meat, Poultry, Eggs and Aquatic Products	18.5	15.2	11.5	8.7	7.5
肉类	Meat	8.6	7.2	5.6	4.2	3.7
禽类	Poultry	4.1	3.3	2.5	1.9	1.6
蛋类	Eggs	0.6	0.6	0.4	0.3	0.3
水产品类	Aquatic Products	5.2	4.1	3.0	2.3	1.9
奶及奶制品	Milk and Dairy Products	1.1	1.3	1.2	0.9	0.9
衣着	Clothing	6.2	7.0	6.9	7.5	7.0
#服装	Garments	4.7	5.2	5.2	5.7	5.4
居住	Residence	10.3	9.7	8.9	7.8	9.0
#住房	Housing	1.9	2.2	2.4	2.8	4.2
家庭设备用品及服务	Household Facilities, Articles and Services	6.3	6.6	6.8	7.0	6.4
#耐用消费品	Durable Consumer Goods	1.8	1.9	2.2	2.6	1.9
医疗保健	Health Care and Medical Services	5.8	4.2	4.7	4.0	5.0
交通和通讯	Transport and Telecommunication	16.5	15.7	17.9	22.6	24.8
教育文化娱乐服务	Education, Culture and Recreation Services	10.2	12.8	14.8	15.3	14.5
#文化娱乐用品	Cultural and Recreational Products	2.0	2.4	2.6	2.9	2.6
其他商品和服务	Other Goods and Services	3.0	3.5	4.0	4.5	5.0

10-10 按收入等级分的城镇居民家庭平均每人全年购买主要食品数量(2012年)

Per Capita Annual Purchase of Major Food Commodities of Urban Households by Level of Income (2012)

项目	Item	总平均 Average	最低收入户 Lowest Income Households	#困难户 Poor Households	低收入户 Low Income Households	中等偏下户 Lower Middle Income Households	中等收入户 Middle Income Households	中等偏上户 Upper Middle Income Households	高收入户 High Income Households	最高收入户 Highest Income Households
粮食 (元)	Grain (yuan)	544.10	382.29	342.14	457.17	510.81	571.10	583.12	630.54	697.06
#大米 (公斤)	Rice (kg)	48.68	49.41	43.82	54.95	53.49	48.58	43.59	42.60	48.56
面粉 (公斤)	Flour (kg)	1.23	0.53	0.42	0.85	1.01	1.41	1.42	1.54	1.94
其它粮食及制品 (元)	Other Grain and Processed Products (yuan)	239.71	117.71	109.01	145.66	197.74	256.20	287.91	335.87	356.14
食用植物油(公斤)	Edible Vegetable Oil (kg)	8.31	7.37	6.68	8.44	8.73	8.54	8.14	8.03	8.67
食用动物油 (元)	Edible Animal Oil (yuan)	4.18	8.24	7.85	6.70	5.83	3.03	2.45	1.19	1.96
猪肉 (公斤)	Pork (kg)	31.51	25.41	22.79	30.96	31.34	32.19	31.88	32.10	38.11
牛肉 (公斤)	Beef (kg)	2.70	2.06	1.76	2.36	2.56	2.95	2.92	2.84	3.03
羊肉 (公斤)	Mutton (kg)	0.56	0.25	0.21	0.39	0.48	0.61	0.69	0.68	0.79
其它肉及制品(元)	Other Meat and Processed Products (yuan)	219.12	144.83	133.35	185.52	235.40	236.75	226.97	230.32	250.84
禽类 (元)	Poultry (yuan)	653.02	523.52	506.34	589.06	673.07	683.87	661.83	682.44	735.84
蛋类 (元)	Eggs (yuan)	107.81	69.27	62.07	88.25	100.74	117.55	117.25	121.58	140.31
鱼 (公斤)	Fish (kg)	19.43	14.63	13.99	18.42	21.43	20.10	19.46	19.36	21.06
虾 (公斤)	Prawns (kg)	1.80	1.55	1.62	1.86	2.13	2.02	1.48	1.71	1.66
其它水产品及制品 (元)	Other Aquatic Products and Processed Products (yuan)	194.95	130.45	121.58	160.81	201.49	212.81	202.97	216.89	223.41
鲜菜 (公斤)	Fresh Vegetables (kg)	107.60	81.96	74.25	99.12	105.12	111.75	112.60	113.92	130.54
干菜 (元)	Dried Vegetables (yuan)	57.87	37.64	31.82	47.26	52.03	63.54	64.36	67.89	71.96
白酒 (公斤)	Spirits (kg)	0.59	0.52	0.50	0.88	0.61	0.54	0.50	0.57	0.62
果酒 (公斤)	Fruit Wine (kg)	0.19	0.04	0.02	0.08	0.14	0.22	0.23	0.29	0.43
啤酒 (公斤)	Beer (kg)	1.51	0.54	0.36	0.78	1.27	1.88	1.60	1.85	2.87
其它酒 (元)	Other Liquors (yuan)	25.00	9.20	8.41	13.61	21.41	25.27	22.64	45.47	51.58
碳酸饮料 (公斤)	Carbonated Drinks (kg)	1.33	0.65	0.55	0.65	1.01	1.33	1.65	2.37	1.91
瓶装饮用水(公斤)	Bottled Drinking Water (kg)	20.92	8.51	6.12	13.57	18.14	18.94	25.96	33.43	31.78
茶叶 (公斤)	Tea (kg)	0.56	0.41	0.37	0.50	0.67	0.57	0.54	0.61	0.60
其它饮料 (元)	Other Soft Drinks (yuan)	49.58	16.45	13.73	22.09	36.74	50.63	62.41	73.26	99.11
鲜果 (公斤)	Fresh Fruits (kg)	37.12	20.05	16.87	26.69	32.66	39.73	43.57	46.36	51.61
鲜瓜 (公斤)	Fresh Melons (kg)	6.54	2.11	1.70	3.46	5.20	7.40	8.28	9.48	9.98
其它干鲜瓜果类及制品 (元)	Other Dried and Fresh Fruits and Processed Products(yuan)	122.82	49.31	45.56	67.43	98.26	129.73	151.32	185.99	192.18
糕点 (公斤)	Cake (kg)	4.60	2.37	2.30	3.01	4.09	4.79	5.54	6.03	6.38
鲜乳品 (公斤)	Fresh Milk (kg)	7.33	2.58	2.11	3.87	5.53	7.98	9.48	10.58	11.92
奶粉 (公斤)	Milk Powder (kg)	0.60	0.29	0.32	0.32	0.50	0.66	0.73	0.73	1.05

10-11 按收入等级分的城镇每百户居民家庭全年购买非食品数量（2012年）
Number of Annual Purchases of Non-food Commodities per 100 Urban Households by Level of Income (2012)

项　目	Item	总平均 Average	最低收入户 Lowest Income Households	#困难户 Poor Households	低收入户 Low Income Households	中等偏下户 Lower Middle Income Households	中等收入户 Middle Income Households	中等偏上户 Upper Middle Income Households	高收入户 High Income Households	最高收入户 Highest Income Households
洗衣机（台）	Washing Machine (set)	5.73	1.10	0.32	3.84	4.58	4.74	7.11	12.20	6.72
电冰箱（台）	Refrigerator (set)	3.69	0.73	1.29	1.61	2.35	3.70	3.93	6.82	7.70
微波炉（台）	Microwave Oven (set)	3.19	1.52	1.47	0.87	1.79	4.60	2.21	9.35	2.50
空调器（台）	Air Conditioner (set)	6.35	1.59	0.89	2.81	4.93	7.01	8.43	9.11	8.62
淋浴热水器（台）	Shower Heater (set)	7.15	0.67	0.48	3.79	4.80	11.08	8.75	10.25	6.55
消毒碗柜（台）	Sterilizer Cupboard (set)	2.06	0.03		0.19	1.24	2.09	2.70	4.11	4.01
摩托车（辆）	Motorcycle (unit)	0.64	0.64	1.20	0.83	0.97	0.78	0.69		
助力车（辆）	Electric Bicycle (set)	1.60	1.42	0.81	1.10	1.13	1.31	1.08	1.46	5.27
家用汽车（辆）	Family Car (set)	1.19	0.47		0.18	0.23	2.60	0.83	1.45	2.36
电话机（部）	Telephone (set)	26.42	6.97	9.71	18.56	10.75	29.00	42.34	20.50	52.55
移动电话（部）	Mobile phone (set)	38.22	14.96	9.37	15.98	24.34	32.92	40.48	67.23	88.51
彩色电视机（台）	Color Television (set)	5.82	1.17	0.42	1.57	2.93	6.41	8.40	8.62	10.75
家用电脑（台）	Computer (set)	6.84	3.15	0.54	1.52	4.75	4.61	8.80	12.97	14.09
组合音响（台）	Hi-fi Stereo Component System (set)	0.54			0.06	0.15	0.17	0.99	1.41	1.26
摄像机（架）	Video Camera (set)	0.13				0.46	0.12	0.04	0.03	0.07
照相机（架）	Camera (set)	3.06	0.08	0.14	2.73	1.26	1.07	5.27	6.41	5.97
其它中高档乐器（件）	Other Medium and High Grade Musical Instruments (unit)	0.89	0.17	0.32	0.76	0.67	1.01	0.67	0.95	2.40
健身器材（件）	Body Building Equipment (unit)	0.53			0.05	0.05	0.39	1.05	0.51	1.74
电子辞典（部）	Electronic Dictionary (unit)	0.78	0.97	0.09	0.10	0.23	0.91	1.19	0.96	0.98

10-12 按收入等级分城镇居民家庭平均每百户年底耐用消费品拥有量(2012年)
Number of Durable Consumer Goods Owned per 100 Urban Households at the Year-end by Level of Income (2012)

项 目	Item	总平均 Average	最低收入户 Lowest Income Households	#困难户 Poor Households	低收入户 Low Income Households	中等偏下户 Lower Middle Income Households	中等收入户 Middle Income Households	中等偏上户 Upper Middle Income Households	高收入户 High Income Households	最高收入户 Highest Income Households
摩托车 (辆)	Motorcycle (unit)	42.58	68.55	66.64	77.61	68.07	36.60	24.93	16.40	11.03
助力车 (辆)	Electric Bicycle (unit)	15.18	27.98	23.49	26.36	20.95	14.73	8.44	5.87	5.74
家用汽车 (辆)	Family Car (unit)	36.63	5.55	4.57	7.32	22.00	31.14	48.64	65.01	80.65
洗衣机 (台)	Washing Machine (unit)	98.55	89.09	85.31	95.11	99.48	97.81	101.14	102.83	100.72
电冰箱 (台)	Refrigerator (unit)	99.15	77.93	67.36	94.70	96.61	98.97	104.09	108.85	109.14
彩色电视机 (台)	Color Television (unit)	141.07	117.77	108.15	130.87	139.28	135.92	149.93	153.93	155.63
计算机 (台)	Computer (unit)	113.89	65.49	59.75	82.79	101.73	119.42	126.35	135.44	155.03
组合音响 (台)	Hi-fi Stereo Component System(set)	48.15	20.41	15.64	35.49	42.01	47.69	59.50	64.34	59.21
摄像机 (架)	Video Camera (unit)	13.89	2.09	2.74	4.45	8.23	10.52	20.40	24.24	28.07
照相机 (架)	Camera (unit)	67.11	20.23	14.53	37.80	47.42	69.93	79.26	100.71	113.84
钢琴 (架)	Piano (unit)	4.53	0.45		3.10	1.71	3.10	5.53	9.86	10.95
其它中高档乐器 (件)	Other Medium and High Grade Musical Instruments (unit)	5.80	1.66	1.09	2.37	3.28	6.24	5.08	12.16	12.27
微波炉 (台)	Microwave Oven (unit)	71.90	45.81	41.02	63.05	68.79	71.91	79.86	85.07	81.30
空调器 (台)	Air Conditioner (unit)	226.89	119.40	105.60	153.69	193.12	231.36	264.86	291.05	311.87
淋浴热水器 (台)	Shower Heater (unit)	113.45	103.62	101.17	109.08	111.55	111.09	115.53	123.36	121.18
消毒碗柜 (台)	Sterilizer Cupboard (unit)	84.02	74.01	69.13	75.15	82.20	83.37	88.46	93.84	87.22
洗碗机 (台)	Dishwasher (unit)	2.15	0.82	0.45	1.35	1.46	2.13	3.54	2.84	1.86
健身器材 (件)	Body Building Equipment (unit)	5.90	1.54	0.44	3.79	2.59	4.38	6.94	11.87	13.70
固定电话 (台)	Telephone (set)	85.12	76.51	76.52	83.43	82.47	84.58	88.91	87.57	91.08
移动电话 (部)	Mobile phone (set)	242.74	204.20	194.38	224.53	235.98	244.68	252.64	261.12	267.19

10-13 农村居民家庭基本情况

Basic Conditions of Rural Households

项目	Item	1995	2000	2005	2010	2011	2012
调查户数 （户）	**Number of Households Surveyed**	**2480**	**2560**	**2560**	**2560**	**3100**	**3100**
调查户人口、劳动力 （人）	**Number of Residents and Laborers Surveyed (person)**						
常住人口	Number of Permanent Residents in the Households Surveyed	13289	13190	12795	12670	14990	14929
平均每户常住人口	Average Number of Permanent Residents per Household	5.36	5.15	5.00	4.95	4.84	4.82
平均每户整半劳动力	Average Number of Full/Semi Labor Force per Household	3.11	3.11	3.23	3.37	3.23	3.24
平均每个劳动力负担人口	Average Number of Dependents per Laborer	1.72	1.65	1.55	1.47	1.50	1.48
平均每百个劳动力的文化程度 (%)	Average Education Level per 100 Laborers (%)						
文盲或半文盲	Illiterate and Semi-illiterate	7.4	4.3	3.8	2.9	2.9	2.7
小学程度	Primary Education	40.0	33.2	25.5	20.7	22.9	21.9
初中程度	Junior Secondary Education	40.7	48.9	53.9	54.5	55.6	55.9
高中程度	Senior Secondary Education	10.0	10.0	11.8	14.0	11.7	11.8
中专程度	Specialized Secondary Education	1.7	3.1	3.5	4.7	3.6	4.0
大专程度	Tertiary Education	0.3	0.6	1.5	3.1	3.3	3.7
平均每人经营耕地面积 （亩）	**Per Capita Area of Cultivated Land under Management (mu)**	**0.90**	**0.85**	**0.66**	**0.65**	**0.53**	**0.53**
平均每户年末生产性固定资产原值 （元）	**Original Value of Productive Fixed Assets Owned per Household at the Year-end (yuan)**	**2744.85**	**4504.29**	**3842.3**	**5132.93**	**7628.46**	**8516.72**
农林牧渔业	Farming, Forestry, Animal Husbandry and Fishery		2172.85	2269.54	3085.21	3781.21	4342.62
#房屋及建筑物	Of Which: Houses and Buildings	647.81	929.03	891.20	1135.51	1561.01	1659.85
役畜、产品畜	Drought Animals and Commodity Animals	657.45	509.72	575.60	766.78	1099.52	1163.80
大中型铁木农具	Large and Medium Iron and Wood Farm Implements	175.41	260.04	287.72	281.81	181.45	226.98
农林牧渔机械	Farming, Forestry, Animal Husbandry and Fishery Machinery	261.16	416.98	440.43	755.01	886.27	1024.93
采矿业	Mining			0.12		9.48	15.67
制造业	Manufacturing	64.17	434.11	196.04	194.36	298.76	281.39
#房屋及建筑物	Of Which: Houses and Buildings		126.76	55.31	107.03	130.16	97.26
生产设备	Equipment for Production		279.10	137.34	81.66	163.65	118.62
电力煤气与水的生产及供应	Production and Supply of Electric Power, Gas and Water			…		645.16	645.23
建筑业	Construction		51.69	50.31	59.27	256.14	476.83
交通运输业、仓储和邮政业	Transport, Storage and Postal Services	681.26	826.67	488.64	915.24	1520.59	1385.49
批发和零售贸易业	Wholesale and Retail Trades			287.66	690.86	688.58	906.89
住宿和餐饮业	Accommodations and Catering Services			382.42	63.95	207.35	72.00
居民服务与其他服务业	Services to Households and Other Services			96.88	66.88	124.41	299.33
教育	Education			3.32		1.61	1.77
卫生、社会保障和福利业	Health Care, Social Security and Social Welfare			43.16	39.85	31.03	26.19
文化、体育和娱乐业	Culture, Sports and Recreation			15.63			2.26
其他	Others			8.55	17.32	64.12	61.04
平均每百户年末拥有主要固定资产	**Number of Major Fixed Assets Owned per 100 Households at the Year-end**						
房屋及建筑物 （平方米）	Houses and Buildings (sq.m)		1561.48	1226	1546.17	1540.32	1721.48
汽车 （辆）	Motor Vehicles (unit)	1.15	1.35	1.00	1.89	2.38	2.22
大中型拖拉机 （台）	Large and Medium Tractors (unit)	0.38	0.20	0.23	0.59	0.58	0.55
小型及手扶拖拉机 （台）	Small and Walking Tractors (unit)	7.19	9.06	6.11	7.25	6.84	6.74
机动脱粒机 （台）	Motorized Threshing Machines (unit)	7.38	12.41	13.95	18.32	14.20	14.97
胶轮大车 （辆）	Carts with Rubber Tires (unit)	1.94	5.86	4.59	4.90	4.69	4.47
役畜 （头）	Drought Animals (unit)	50.69	39.73	26.95	24.44	14.87	14.69
产品畜 （头）	Commodity Animals (unit)	32.70	27.93	18.01	20.00	39.55	34.87
收割机 （台）	Reaping Machines (unit)		0.47	0.63	0.68	0.39	0.87
水泵 （台）	Pumps (unit)	7.93	13.36	17.19	22.35	12.89	13.87
农用动力机械 （台）	Farm Power Machines (unit)		6.52	11.27	13.08	12.66	12.57

注:1995年农林牧渔业的房屋及建筑物包含工业用房屋及建筑物。1995年制造业不含房屋及建筑物。

Note: In 1995 , the houses and buildings of farming , forestry , animal husbandry and fishery included the houses and buildings for industrial use. The manufacturing of 1995 excluded the houses and buildings.

10-14 农村居民平均每人纯收入及生活消费支出
Per Capita Net Income and Consumption Expenditure of Rural Households

年份 Year	人均纯收入(元) Per Capita Net Income (yuan)	增长速度(%) Growth Rate (%) 名义增长(上年为100) Nominal Growth (preceding year=100)	实际增长(上年为100) Real Growth (preceding year=100)	实际增长(1978年为100) Real Growth (1978=100)	人均生活消费支出(元) Per Capita Living Expenditure (yuan)	增长速度(%) Growth Rate (%) 名义增长(上年为100) Nominal Growth (preceding year=100)	实际增长(上年为100) Real Growth (preceding year=100)	实际增长(1978年为100) Real Growth (1978=100)	恩格尔系数(%) Engle Coefficient (%)
1978	193.25	7.9		100.0	184.89	-2.6		100.0	61.7
1979	222.72	15.2	13.6	113.6	205.18	11.0	10.1	110.1	59.9
1980	274.37	23.2	19.4	135.6	222.22	8.3	3.9	114.4	60.4
1981	325.37	18.6	11.4	151.1	266.05	19.7	12.1	128.2	59.3
1982	381.79	17.3	12.7	170.3	312.44	17.4	16.2	149.0	58.4
1983	395.92	3.7	7.0	182.2	328.76	5.2	6.3	158.4	60.3
1984	425.34	7.4	7.2	195.3	346.19	5.3	5.0	166.3	59.3
1985	495.31	16.5	9.8	214.5	388.00	12.1	5.7	175.8	60.4
1986	546.43	10.3	7.6	230.8	454.06	17.0	11.1	195.3	58.8
1987	662.24	21.2	11.1	256.4	545.25	20.1	9.5	213.9	57.3
1988	808.70	22.1	2.7	263.3	684.67	25.6	3.2	220.7	55.2
1989	955.02	18.1	2.0	268.6	870.59	27.2	7.3	236.8	53.7
1990	1043.03	9.2	1.6	272.9	932.63	7.1	-0.3	236.1	57.7
1991	1143.06	9.6	9.4	298.5	942.40	1.1	1.2	238.9	57.4
1992	1307.65	14.4	10.4	329.6	1060.29	12.5	8.8	259.9	54.0
1993	1674.78	28.1	6.1	349.7	1391.01	31.2	6.8	277.6	52.8
1994	2181.52	30.3	3.8	363.0	1882.00	35.3	3.6	287.6	55.6
1995	2699.24	23.7	6.5	386.6	2255.01	19.8	5.3	302.9	54.5
1996	3183.46	17.9	7.6	415.9	2584.16	14.6	6.9	323.8	51.6
1997	3467.69	8.9	4.2	433.4	2617.65	1.3	0.3	324.7	52.3
1998	3527.14	1.7	3.4	448.2	2683.18	2.5	3.8	337.1	51.1
1999	3628.93	2.9	6.2	475.9	2645.94	-1.4	1.7	342.8	50.7
2000	3654.48	0.7	0.9	480.2	2646.02	…	…	342.9	49.8
2001	3769.79	3.2	3.5	497.0	2703.36	2.2	2.5	351.4	49.9
2002	3911.91	3.8	5.1	522.4	2825.01	4.5	6.0	372.5	47.6
2003	4054.58	3.6	3.4	540.1	2927.35	3.6	3.4	385.2	47.9
2004	4365.87	7.7	4.0	561.8	3240.78	10.7	6.7	411.0	48.8
2005	4690.49	7.4	4.5	587.0	3707.73	14.4	11.4	457.9	48.3
2006	5079.78	8.3	6.4	624.6	3885.97	4.8	3.2	472.6	48.6
2007	5624.04	10.7	6.5	665.5	4202.32	8.1	4.5	493.8	49.7
2008	6399.77	13.8	7.6	715.8	4872.96	15.9	9.6	541.3	49.0
2009	6906.93	7.9	10.7	792.4	5019.81	3.0	5.3	570.0	48.3
2010	7890.25	14.2	10.3	874.0	5515.58	9.9	6.5	607.1	47.7
2011	9371.73	18.8	11.9	978.0	6725.55	21.9	15.5	701.2	49.1
2012	10542.84	12.5	9.3	1069.0	7458.56	10.9	7.8	755.9	49.1

注：农村居民现金纯收入受农村生活消费品价格指数和农村服务项目价格指数以及农业生产资料价格指数的影响(购买生产性固定资产部分)；实物纯收入受自产自用产品价格指数影响。名义增长扣除物价因素影响后为实际增长。

Note: The figures of per capita net income in cash of rural households are affected by the rural consumer price indices,rural services price indices,and price indices of means of agricultural production (for the purchase of productive fixed assets); whereas the figures of real net income in kind are affected by the price indices of products for self-consumption. Real growth is nominal growth with price factors deducted.

10-15 农村居民家庭房屋情况

Housing Conditions of Rural Households

项　　目	Item	1995	2000	2005	2010	2011	2012
平均每户年内新建(购)住房	**Houses Newly Built or Purchased per Household in Current Year**						
面积 (平方米)	Floor Space (sq.m)	5.11	6.34	2.85	2.96	5.43	3.23
按类型分	By Type of Building						
#楼房 (平方米)	Multi-story Buildings (sq.m)	0.75	5.60	2.67	2.80	5.17	3.19
砖瓦平房 (平方米)	Brick-and-tile Bungalows (sq.m)		0.43	0.15	0.10	0.19	0.04
按结构分	By Structure						
#钢筋混凝土结构(平方米)	Reinforced Concrete Structure (sq.m)	3.87	6.02	2.76	2.95	4.74	3.12
砖木结构 (平方米)	Brick and Wood Structure (sq.m)	0.64	0.29	0.09	0.01	0.01	
每平方米价值 (元)	Value per Square Meter (yuan)	308.20	340.89	459.57	716.14	907.96	1175.45
平均每人年末生活住房	**Per Capita Residential Buildings at the Year-end**						
面积 (平方米)	Floor Space (sq.m)	20.83	22.42	25.71	29.23	30.73	31.67
按类型分	By Type of Building						
#楼房 (平方米)	Multi-story Buildings (sq.m)		12.52	18.20	22.57	24.45	25.37
砖瓦平房 (平方米)	Brick-and-tile Bungalows (sq.m)		7.80	5.70	4.98	5.39	5.47
按结构分	By Structure						
#钢筋混凝土结构(平方米)	Reinforced Concrete Structure (sq.m)	8.57	13.03	19.06	23.43	23.75	24.56
砖木结构 (平方米)	Brick and Wood Structure (sq.m)	10.55	7.52	5.28	4.69	4.75	4.88
每平方米价值 (元)	Value per Square Meter at the Year-end (yuan)	181.41	288.25	376.90	465.62	832.44	867.46

10-16 农村居民家庭平均每户购买农业生产资料

Purchase of Means of Agricultural Production per Rural Household

单位：公斤 (kg)

项　　目	Item	1995	2000	2005	2010	2011	2012
化肥	Chemical Fertilizer	487.58	553.22	503.24	381.44	373.33	364.15
饼肥	Cake Fertilizer	5.09	9.78	17.18	9.83	20.19	15.10
农用薄膜	Farming Plastic Pellicle	0.57	0.63	0.78	0.99	1.37	1.39
生产用种籽	Seeds for Production Use		9.85	6.74	6.64	21.87	13.60
生产用饲料	Forage for Production Use		721.69	1332.29	1098.64	1023.90	1351.12

10-17 农村居民家庭平均每人总收入和纯收入及构成
Per Capita Total and Net Incomes and Their Composition of Rural Households

项　　目	Item	1995	2000	2005	2010	2011	2012
总收入　（元）	**Total Income　(yuan)**	**3567.43**	**4574.43**	**5957.83**	**9386.84**	**11080.22**	**12521.37**
工资性收入	Income of Wages and Salaries	712.24	1362.16	2562.39	4799.52	5854.68	6804.43
#在非企业组织中得到收入	From Non-enterprise Organizations	39.60	177.26	228.05	384.09	312.61	388.79
在本地企业中得到收入	From Local Enterprises		386.59	438.89	847.70	1162.71	1326.69
常住人口外出从业得到收入	From Outward Employment of Permanent Residents		728.74	1550.18	2684.00	3334.02	3813.99
家庭经营收入	Income from Household Operations	2579.07	2869.35	2944.16	3606.67	4125.80	4426.77
财产性收入	Income from Properties	50.06	73.68	167.25	401.15	490.43	556.47
转移性收入	Income from Transfers	226.06	269.24	284.02	579.50	609.31	733.70
总收入构成　（%）	Composition of Total Income　(%)	100.0	100.0	100.0	100.0	100.0	100.0
工资性收入	Income of Wages and Salaries	20.0	29.8	43.0	51.1	52.8	54.3
家庭经营收入	Income from Household Operations	72.3	62.7	49.4	38.4	37.2	35.4
财产性收入	Income from Properties	1.4	1.6	2.8	4.3	4.4	4.4
转移性收入	Income from Transfers	6.3	5.9	4.8	6.2	5.5	5.9
纯收入　（元）	**Net Income　(yuan)**	**2699.24**	**3654.48**	**4690.49**	**7890.25**	**9371.73**	**10542.84**
按收入来源分	By Source of Income						
工资性收入	Income of Wages and Salaries	712.24	1362.16	2562.39	4799.52	5854.68	6804.43
家庭经营纯收入	Income from Household Operations	1756.64	2002.93	1731.97	2203.74	2498.11	2566.10
财产性收入	Income from Properties	50.06	73.68	167.25	401.15	490.43	556.47
转移性收入	Income from Transfers	180.30	215.71	228.88	485.85	528.51	615.84
按收入来源分构成　（%）	Composition by Source of Income　(%)	100.0	100.0	100.0	100.0	100.0	100.0
工资性收入	Income of Wages and Salaries	26.4	37.3	54.6	60.8	62.5	64.5
家庭经营纯收入	Income from Household Operations	65.1	54.8	36.9	27.9	26.7	24.3
财产性收入	Income from Properties	1.8	2.0	3.6	5.1	5.2	5.3
转移性收入	Income from Transfers	6.7	5.9	4.9	6.2	5.6	5.8
按收入性质分　（元）	By Type of Income　(yuan)						
生产性纯收入	Income from Production	2468.88	3365.09	4294.36	7003.25	8352.79	9370.53
农业生产性收入	Income from Agricultural Production	1253.80	1384.25	1315.43	1700.49	1804.16	1716.80
非农业生产性收入	Income from Non-agricultural Production	1215.08	1980.84	2978.93	5302.76	6548.63	7653.73
非生产性纯收入	Income from Non-production Activities	230.36	289.39	396.13	887.00	1018.94	1172.31
按收入性质分构成　（%）	Composition by Type of Income　(%)	100.0	100.0	100.0	100.0	100.0	100.0
生产性纯收入	Income from Production	91.5	92.1	91.6	88.8	89.1	88.9
农业生产性收入	Income from Agricultural Production	46.5	37.9	28.1	21.6	19.3	18.3
非农业生产性收入	Income from Non-agricultural Production	45.0	54.2	63.5	67.2	69.9	81.7
非生产性纯收入	Income from Non-production Activities	8.5	7.9	8.4	11.2	10.9	11.1

10-18 农村居民家庭平均每人家庭经营纯收入及构成
Per Capita Net Income from Household Operations and Its Composition of Rural Households

项　　目	Item	1995	2000	2005	2010	2011	2012
家庭经营纯收入　　（元）	**Net Income from Household Operations　(yuan)**	**1756.64**	**2002.93**	**1731.97**	**2203.74**	**2498.11**	**2566.10**
农业收入	Farming	885.89	944.73	871.88	1194.33	1268.78	1205.30
林业收入	Forestry	19.36	16.00	25.30	42.60	53.66	51.41
牧业收入	Animal Husbandry	236.44	278.31	252.83	282.22	318.00	268.92
渔业收入	Fishery	112.11	145.21	165.42	181.35	163.72	191.17
工业收入	Industry	24.83	49.39	36.00	13.43	29.20	39.46
建筑业收入	Construction	140.01	137.32	32.27	61.14	56.62	54.71
交通、运输和邮电业收入	Transport, Postal and Telecommunication Services	76.97	119.60	80.80	99.57	100.03	109.49
批发和零售贸易、餐饮业收入	Wholesale and Retail Trades and Catering Services	120.41	156.28	190.53	245.04	341.94	461.91
社会服务业收入	Social Services	45.07	54.43	35.09	38.75	44.42	62.03
文教卫生业收入	Culture, Education and Health Care		15.89	8.18	6.07	26.91	36.31
其他家庭经营收入	Other Household Operations	95.55	85.77	33.68	39.24	94.83	85.39
家庭经营纯收入构成　　(%)	**Composition of Net Income from Household Operations　(%)**	**100.0**	**100.0**	**100.0**	**100.0**	**100.0**	**100.0**
农业收入	Farming	50.5	47.1	50.3	54.2	50.8	47.0
林业收入	Forestry	1.1	0.8	1.5	1.9	2.1	2.0
牧业收入	Animal Husbandry	13.5	13.9	14.6	12.8	12.7	10.5
渔业收入	Fishery	6.4	7.2	9.5	8.2	6.6	7.4
工业收入	Industry	1.4	2.5	2.1	0.6	1.2	1.5
建筑业收入	Construction	7.9	6.9	1.9	2.8	2.3	2.1
交通、运输和邮电业收入	Transport, Postal and Telecommunication Services	4.3	6.0	4.7	4.5	4.0	4.3
批发和零售贸易、餐饮业收入	Wholesale and Retail Trades and Catering Services	6.9	7.8	11.0	11.1	13.7	18.0
社会服务业收入	Social Services	2.6	2.7	2.0	1.8	1.8	2.4
文教卫生业收入	Culture, Education and Health Care		0.8	0.5	0.3	1.1	1.4
其他家庭经营收入	Other Household Operations	5.4	4.3	1.9	1.8	3.8	3.3

注：1995年的社会服务业收入含文教卫生业收入。

Note: Income from social services of 1995 included income from culture, education and health care.

10-19 农村居民家庭平均每人总支出及构成

Per Capita Total Expenditure and Its Composition of Rural Households

项　　目	Item	1995	2000	2005	2010	2011	2012
总支出　　　　(元)	**Total Expenditure　　　　(yuan)**	**3151.31**	**3613.14**	**5081.02**	**7199.09**	**8846.06**	**9795.63**
家庭经营费用支出	Expenditure on Household Operations	714.47	753.10	1154.16	1326.62	1517.40	1741.58
农业生产支出	Farming	239.09	240.90	295.25	360.17	431.19	443.69
林业生产支出	Forestry	1.72	8.98	3.10	5.36	5.85	6.34
牧业生产支出	Animal Husbandry	354.90	262.66	613.10	595.68	688.49	882.08
渔业生产支出	Fishery	50.69	135.31	166.44	266.26	223.60	264.66
工业生产支出	Industry	3.88	17.31	8.79	6.19	20.94	9.25
建筑业支出	Construction	9.06	7.76	3.78	1.18	7.76	3.74
交通运输、邮电业支出	Transport, Postal and Telecommunication Services	24.74	34.56	23.75	37.18	47.51	39.13
批发和零售贸易、餐饮业支出	Wholesale and Retail Trades and Catering Services	15.89	23.86	21.36	45.61	79.10	80.69
社会服务业支出	Social Services	5.95	3.37	11.63	6.84	6.77	6.38
文教卫生业支出	Culture, Education and Health Care		2.56	0.61	0.62	1.91	1.02
其他家庭经营支出	Other Household Operations	8.55	15.83	6.35	1.53	4.28	4.58
购置生产性固定资产支出	Expenditure on Purchase of Productive Fixed Assets	25.40	30.57	31.28	46.50	105.29	107.17
#农林牧渔业机械	Farming, Forestry, Animal Husbandry and Fishery Machinery	2.93	5.78	13.96	16.86	27.61	24.05
运输机械	Transport Machinery	5.29	7.97	1.53	10.51	21.36	28.73
建造生产性固定资产雇工支出	Expenditure on Employees for Building Productive Fixed Assets			0.77	9.05	3.34	2.03
税费支出	Expenditure on Taxes and Fees	73.81	55.05	6.78	7.18	5.11	1.19
缴纳生产税	Production Taxes	39.62	30.50	2.67	4.58	3.96	0.74
其他各项收费	Other Fees	34.19	24.55	4.11	2.60	1.15	0.45
#"一事一议"筹资	Ad Hoc Fees			0.37	0.08	0.03	0.01
生活消费支出	Expenditure on Household Consumption	2255.01	2646.02	3707.73	5515.58	6725.55	7458.56
财产性支出	Property Expenditure	7.44	4.45	10.59	13.77	1.49	1.33
转移性支出	Transfer Expenditure	75.18	123.95	169.70	280.41	487.87	483.77
总支出构成　　　　(%)	**Composition of Total Expenditure　　　　(%)**	**100.0**	**100.0**	**100.0**	**100.0**	**100.0**	**100.0**
家庭经营费用支出	Expenditure on Household Operations	22.7	20.9	22.8	18.4	17.2	17.8
购置生产性固定资产支出	Expenditure on Purchase of Productive Fixed Assets	0.8	0.9	0.6	0.6	1.2	1.1
建造生产性固定资产雇工支出	Expenditure on Employees for Building Productive Fixed Assets			…	0.1	…	
税费支出	Expenditure on Taxes and Fees	2.4	1.5	0.1	0.1	0.1	
生活消费支出	Expenditure on Household Consumption	71.5	73.2	73.0	76.6	76.0	76.1
财产性支出	Property Expenditure	0.2	0.1	0.2	0.2	…	
转移性支出	Transfer Expenditure	2.4	3.4	3.3	3.9	5.5	4.9

10-20 农村居民家庭平均每人生活消费支出

Per Capita Consumption Expenditure of Rural Households

单位：元 (yuan)

项　目	Item	1995	2000	2005	2010	2011	2012
生活消费支出	**Consumption Expenditure**	**2255.01**	**2646.02**	**3707.73**	**5515.58**	**6725.55**	**7458.56**
食品	**Food**	**1228.00**	**1317.48**	**1789.42**	**2630.05**	**3301.14**	**3658.66**
主食	Staple Food	328.46	323.61	360.07	450.55	548.85	552.07
副食	Non-staple Food	684.88	706.71	962.38	1496.41	1903.43	2101.73
其他食品	Other Food	144.48	214.57	326.41	454.06	569.60	624.21
在外饮食	Dining Out	59.47	65.89	133.27	221.84	272.40	372.86
其他	Others	10.71	6.70	7.29	7.20	6.86	7.77
衣着	**Clothing**	**91.31**	**104.21**	**143.50**	**215.51**	**277.34**	**319.46**
居住	**Residence**	**345.65**	**378.86**	**530.30**	**986.70**	**1172.30**	**1196.10**
住房	Housing	210.52	222.88	268.68	561.39	750.04	739.34
电费	Electric Expenses	40.19	54.46	83.50	146.13	162.10	185.01
水费	Water Expenses		6.21	12.76	21.69	29.59	34.78
燃料	Fuels	58.40	89.40	144.84	210.07	212.90	220.29
其他	Others	36.54	5.91	20.52	47.42	17.67	16.68
家庭设备、用品及服务	**Household Facilities, Articles and Services**	**140.54**	**125.65**	**152.12**	**235.01**	**301.29**	**378.53**
#耐用消费品	Durable Consumer Goods	42.53	37.35	49.76	86.42	127.96	142.66
家庭日用杂品	Household Articles for Daily use	83.94	75.02	84.30	131.16	141.07	187.50
交通和通讯	**Transport and Telecommunication**	**82.08**	**205.52**	**411.64**	**637.08**	**682.54**	**760.07**
#交通、通讯工具	Transport and Communication Tools	47.14	56.97	68.29	128.27	105.76	112.59
交通费	Transport Expenses	19.73	45.08	90.88	138.62	148.85	169.40
邮电费	Postal and Telecommunication Expenses	10.88	80.80	175.89	244.18	249.37	283.62
交通、通讯修理费	Maintenance Expenses of Transport and Telecommunication Tools	4.33	9.48	18.05	19.54	23.03	27.77
文化教育娱乐用品及服务	**Cultural, Educational and Recreational Articles and Services**	**245.16**	**313.46**	**360.73**	**326.53**	**404.15**	**466.63**
文化教育娱乐用品	Cultural, Educational and Recreational Articles	39.47	45.37	45.58	55.10	81.03	92.21
文化教育娱乐服务	Cultural, Educational and Recreational Services	205.68	268.09	315.15	271.43	323.12	374.42
#学杂费	Tuition and Miscellaneous Fees	187.33	247.71	234.83	114.14	154.05	156.80
技术培训费	Technical Training Fees	6.05	2.13	4.50	1.78	7.13	7.18
休闲娱乐费	Recreational Fees	6.63	12.90	9.12	20.39	33.77	414.18
医疗保健	**Health Care and Medical Services**	**67.51**	**100.31**	**203.85**	**307.43**	**398.54**	**446.46**
#医疗卫生保健用品	Facilities and Articles for Health Care and Medical Services	37.34	52.76	80.16	108.57	123.42	152.02
医疗保健服务费	Expenses of Health Care and Medical Services	28.62	39.75	123.69	198.85	275.12	294.43
其他商品和服务	**Other Commodities and Services**	**54.76**	**100.53**	**116.17**	**177.27**	**188.27**	**232.66**

10-21 农村居民家庭平均每人现金收入
Per Capita Cash Income of Rural Households

单位：元 (yuan)

项目	Item	1995	2000	2005	2010	2011	2012
年内现金收入	**Cash Income within the Year**	**2849.86**	**3781.19**	**5381.66**	**8638.63**	**10262.04**	**11777.17**
工资性收入	**Income of Wages and Salaries**	**708.89**	**1360.80**	**2562.34**	**4799.20**	**5854.26**	**6804.12**
#在非企业组织中得到收入	From Non-enterprise Organizations		177.26	228.00	383.85	312.42	388.67
在本地企业中得到收入	From Local Enterprises		385.63	438.89	847.70	1162.69	1326.54
常住人口外出从业得到收入	From Outward Employment of Permanent Residents		728.38	1550.18	2684.00	3333.90	3813.99
家庭经营现金收入	**Cash Income from Household Operations**	**1892.34**	**2051.18**	**2369.45**	**2862.36**	**3319.24**	**3693.88**
农业现金收入	From Farming	1270.03	1300.46	1851.69	2227.04	2399.42	2641.03
#出售产品的现金收入	By Selling Products	1270.03	1259.43	1821.94	2195.21	2365.61	2608.10
出售农业产品	Farm Products	566.80	527.30	686.14	940.93	1015.35	1022.62
#出售粮食	Grain	112.11	118.23	153.55	199.42	267.56	225.81
出售林业产品	Forestry Products	16.76	35.36	24.19	46.90	58.36	57.65
出售牧业产品	Animal Husbandry Products	535.45	446.23	787.35	765.87	930.25	1071.55
出售渔业产品	Fishery Products	151.02	250.54	324.26	441.51	361.65	456.28
工业的现金收入	From Industry	29.26	68.84	48.05	22.30	63.51	61.78
建筑业的现金收入	From Construction	152.90	149.75	36.68	63.40	68.17	65.07
运输业的现金收入	From Transport	110.33	160.17	111.24	150.25	169.42	167.90
批发和零售贸易、餐饮业现金收入	From Wholesale and Retail Trades and Catering Services	138.70	187.17	222.95	304.18	435.19	556.57
社会服务业现金收入	From Social Services	52.89	60.05	48.20	46.58	52.94	72.67
文教卫生业现金收入	From Culture, Education and Health Care		19.17	9.76	7.29	29.27	37.75
其他行业收入	From Others	138.23	105.57	40.88	41.32	101.32	91.11
财产性现金收入	**Cash Income from Properties**	**38.93**	**73.67**	**166.58**	**400.13**	**487.02**	**554.21**
#租金收入	Rental Income	9.06	25.98	75.73	139.43	152.15	204.85
转移性现金收入	**Cash Income from Transfers**	**209.70**	**259.54**	**283.30**	**576.94**	**601.51**	**724.96**
#亲友赠送的现金	Presented by Relatives	65.58	76.62	81.31	119.13	196.89	220.74

10-22 农村居民家庭平均每人现金支出

Per Capita Cash Expenditure of Rural Households

单位：元 (yuan)

项 目	Item	1995	2000	2005	2010	2011	2012
年内现金支出	**Cash Expenditure within the Year**	**2609.02**	**3090.92**	**4542.99**	**6530.91**	**8231.23**	**9173.43**
生产费用支出的现金	**Cash Expenditure on Production**	**655.61**	**740.71**	**1133.43**	**1347.90**	**1589.64**	**1821.72**
家庭经营费用支出	Expenditure on Household Operations	630.21	710.14	1101.38	1292.35	1481.00	1712.52
农业生产支出	Farming	220.12	231.14	286.63	353.00	426.29	439.87
林业生产支出	Forestry	1.57	8.69	2.91	5.22	5.69	6.29
牧业生产支出	Animal Husbandry	294.76	233.41	570.77	569.16	659.59	857.95
渔业生产支出	Fishery	46.61	133.33	165.50	265.95	223.27	264.48
工业生产支出	Industry	3.87	17.15	8.79	6.19	19.22	8.66
建筑业支出	Construction	8.68	7.50	3.71	1.18	7.73	3.74
交通运输、邮电业支出	Transport, Postal and Telecommunication Services	24.58	34.39	23.73	37.18	47.51	39.13
批发和零售贸易、餐饮业支出	Wholesale and Retail Trades and Catering Services	15.87	22.86	20.87	45.55	78.97	80.44
社会服务业支出	Social Services	5.95	3.29	11.57	6.82	6.70	6.38
文教卫生业支出	Culture, Education and Health Care		2.56	0.61	0.62	1.91	1.02
其他经营支出	Other Household Operations	8.20	15.82	6.28	1.47	4.13	4.57
购买生产性固定资产支出	Expenditure on Purchase of Productive Fixed Assets	25.40	30.57	31.28	46.50	105.29	107.17
建、造生产性固定资产雇工支出	Expenditure on Employees for Building Productive Fixed Assets			0.77	9.05	3.34	2.03
税费支出	**Taxes and Fees Expenditure**	**38.04**	**29.45**	**6.78**	**7.18**	**5.11**	**1.19**
缴纳生产税	Production Taxes	16.02	15.15	2.67	4.58	3.96	0.74
其他各项收费	Other Fees	22.02	14.30	4.11	2.60	1.15	0.45
# "一事一议"筹资	Ad Hoc Fees			0.37	0.08	0.03	0.01
生活消费支出的现金	**Cash Expenditure on Consumption**	**1790.33**	**2197.64**	**3224.28**	**4884.58**	**6149.94**	**6867.19**
食品	Food	794.04	908.45	1369.96	2110.72	2817.84	3155.91
#主食	Staple Food	73.19	81.61	152.50	221.83	304.47	318.10
副食	Non-staple Food	513.48	548.06	767.14	1228.13	1675.93	1842.14
衣着	Clothing	89.73	101.76	143.49	215.47	277.31	319.41
居住	Residence	317.26	343.87	466.47	875.39	1080.18	1107.61
家庭设备、用品及服务	Household Facilities, Articles and Services	139.78	123.73	151.96	234.69	301.13	378.45
交通和通讯	Transport and Telecommunication	82.08	205.52	411.64	637.08	682.54	760.07
文化教育娱乐用品及服务	Cultural, Educational and Recreational Articles and Services	245.16	313.46	360.73	326.53	404.15	466.63
医疗保健	Health Care and Medical Services	67.51	100.31	203.85	307.43	398.54	446.46
其他商品和服务	Other Commodities and Services	54.77	100.54	116.17	177.27	188.27	232.66
财产性支出	**Property Expenditure**	**5.00**	**4.45**	**10.59**	**13.77**	**1.49**	**1.33**
转移性支出	**Transfer Expenditure**	**120.04**	**118.67**	**167.90**	**277.48**	**485.05**	**481.99**

10-23 农村居民家庭平均每人主要食品消费量及衣着购买量
Per Capita Consumption of Major Food and Purchase of Clothing of Rural Households

项 目	Item	1995	2000	2005	2010	2011	2012
粮食(原粮)(公斤)	Grain (Crude Grain) (kg)	252.19	252.79	229.54	193.17	186.75	176.61
#稻谷 (公斤)	Rice (kg)	223.43	216.99	220.20	186.28	179.68	170.28
蔬菜 (公斤)	Vegetable (kg)	112.36	116.39	122.02	111.66	105.46	99.53
食油 (公斤)	Edible Oil (kg)	7.17	5.93	6.40	5.45	6.73	7.09
肉类 (公斤)	Meat (kg)	17.63	23.88	28.28	26.78	30.36	30.82
家禽 (公斤)	Poultry (kg)	7.38	10.60	10.93	11.73	12.95	13.16
蛋类 (公斤)	Eggs (kg)	2.98	2.78	2.86	3.04	3.28	3.39
水产品 (公斤)	Aquatic Products (kg)	12.04	11.72	14.48	14.55	15.74	15.88
食糖 (公斤)	Sugar (kg)	2.87	1.34	1.89	1.31	1.36	1.37
卷烟 (盒)	Cigarette (pack)	21.84	25.42	24.87	23.52	24.16	23.89
酒类 (公斤)	Liquor (kg)	3.62	4.71	3.72	3.66	4.08	4.00
茶叶 (公斤)	Tea (kg)	0.55	0.41	0.50	0.47	0.46	0.54
水果 (公斤)	Fruits (kg)	12.81	19.12	13.63	12.92	12.31	13.62
购买服装 (件)	Purchase of Garments(piece)	0.95	2.14	2.11	2.32	2.69	2.87

10-24 农村居民家庭平均每百户主要耐用物品年末拥有量
Number of Durable Consumer Goods Owned per 100 Rural Households at the Year-end

项 目	Item	1995	2000	2005	2010	2011	2012
自行车 (辆)	Bicycle (unit)	216.85	162.46	109.65	99.22	86.68	86.77
摩托车 (辆)	Motorcycle (unit)	15.73	54.18	86.88	107.11	107.90	108.16
生活用汽车(辆)	Automobile (Unit)		0.35	0.94	3.98	5.86	6.60
洗衣机 (台)	Washing Machine (unit)	14.88	25.00	29.49	45.78	50.84	55.16
电冰箱 (台)	Refrigerator (unit)	7.90	15.12	24.73	49.10	60.94	66.39
黑白电视机(台)	Black and White Television Set(unit)	51.85	29.22	8.28	1.37	0.97	0.61
彩色电视机(台)	Color Television Set (unit)	34.35	73.20	103.91	119.26	116.94	118.32
照相机 (架)	Camera (unit)	1.98	3.98	6.52	9.49	7.06	8.03
影碟机 (台)	Video Recorder (unit)		34.61	58.91	64.30	44.94	43.32
空调机 (台)	Air Conditioner (unit)	0.65	3.05	18.13	36.17	50.58	55.29
家用计算机(台)	Personal Computer (unit)		1.95	9.26	19.53	29.52	31.68
移动电话 (部)	Mobile Telephone (unit)		14.49	116.41	203.83	241.97	244.48
电话机 (台)	Telephone Set (unit)	9.40	40.82	82.38	82.38	68.58	69.29
热水器 (台)	Water Heater (unit)	5.56	20.94	38.67	57.89	62.58	65.94

10-25 按人均纯收入等级分的农村居民家庭基本情况（2012年）

Basic Conditions of Rural Households Grouped by Per Capita Annual Net Income (2012)

项目	Item	低收入户 Low Income Households	中低收入户 Middle Low Income Households	中等收入户 Middle Income Households	中高收入户 Middle High Income Households	高收入户 High Income Households
调查户人口、劳动力（人）	**Number of Residents and Laborers Surveyed (person)**					
平均每户常住人口	Average Number of Permanent Residents per Household	5.15	5.24	4.95	4.73	4.00
平均每户整半劳动力	Average Number of Full/Semi Labor Force per Household	2.73	3.25	3.39	3.65	3.20
平均每个劳动力负担人口	Average Number of Dependents per Laborer	1.89	1.61	1.46	1.30	1.25
平均每百个劳动力的文化程度	Average Education Level per 100 Laborers	100.0	100.0	100.0	100.0	100.0
文盲或半文盲	Illiterate and Semi-illiterate	4.5	2.4	3.1	1.9	2.0
小学程度	Primary Education	29.9	24.1	22.9	18.6	15.9
初中程度	Junior Secondary Education	56.9	60.7	57.4	58.5	45.7
高中程度	Senior Secondary Education	6.4	9.6	11.2	12.4	18.5
中专程度	Specialized Secondary Education	1.7	2.1	3.5	5.2	7.1
大专程度	Tertiary Education	0.7	1.2	2.0	3.5	10.7
总收入（元）	**Total Income (yuan)**	**5987.83**	**8178.26**	**10731.22**	**14443.20**	**26556.51**
工资性收入	Income of Wages and Salaries	2687.11	5062.09	6850.68	9129.02	11579.65
#在非企业组织中得到收入	From Non-enterprise Organizations	51.32	82.96	145.47	318.12	1607.69
在本地企业中得到收入	From Local Enterprises	345.67	694.28	980.39	1387.22	3773.36
常住人口外出从业得到收入	From Outward Employment of Permanent Residents	1071.50	2920.64	4407.01	6102.46	5075.67
家庭经营收入	Income from Household Operations	2860.57	2562.46	3040.29	4144.82	10930.00
财产性收入	Income from Properties	69.41	117.61	214.22	434.54	2324.83
转移性收入	Income from Transfers	370.74	436.10	626.02	734.82	1722.04
总收入构成（%）	Composition of Total Income (%)	100.0	100.0	100.0	100.0	100.0
工资性收入	Income of Wages and Salaries	44.9	61.9	63.8	63.2	43.6
家庭经营收入	Income from Household Operations	47.8	31.3	28.3	28.7	41.2
财产性收入	Income from Properties	1.2	1.4	2.0	3.0	8.8
转移性收入	Income from Transfers	6.2	5.3	5.8	5.1	6.5
纯收入（元）	**Net Income (yuan)**	**4099.49**	**7188.49**	**9682.69**	**12836.29**	**21578.37**
工资性收入	Income of Wages and Salaries	2687.11	5062.09	6850.68	9129.02	11579.65
家庭经营纯收入	Income from Household Operations	1098.66	1671.85	2132.37	2647.03	6065.33
财产性收入	Income from Properties	69.41	117.61	214.22	434.54	2324.83
转移性收入	Income from Transfers	244.31	336.93	485.42	625.70	1608.57
纯收入构成（%）	Composition of Net Income (%)	100.0	100.0	100.0	100.0	100.0
工资性收入	Income of Wages and Salaries	65.5	70.4	70.8	71.1	53.7
家庭经营纯收入	Income from Household Operations	26.8	23.3	22.0	20.6	28.1
财产性收入	Income from Properties	1.7	1.6	2.2	3.4	10.8
转移性收入	Income from Transfers	6.0	4.7	5.0	4.9	7.5

10-26 按人均纯收入等级分的农村居民家庭平均每人生活消费支出(2012年)
Average Consumption Expenditure of Rural Households Grouped by Per Capita Annual Net Income (2012)

单位：元 (yuan)

项目	Item	低收入户 Low Income Households	中低收入户 Middle Low Income Households	中等收入户 Middle Income Households	中高收入户 Middle High Income Households	高收入户 High Income Households
生活消费支出	**Living Expenditure**	**4695.95**	**6010.34**	**7144.21**	**8606.75**	**11941.20**
食品	**Food**	**2601.90**	**3116.45**	**3622.52**	**4026.62**	**5338.02**
主食	Staple Food	471.47	534.08	588.46	604.43	572.27
副食	Non-staple Food	1572.24	1822.90	2075.94	2314.27	2928.82
其他食品	Other Food	405.13	515.29	626.28	711.69	942.74
在外饮食	Dining Out	146.88	237.29	323.67	387.89	884.15
其他	Others	6.19	6.88	8.18	8.34	9.83
衣着	**Clothing**	**173.85**	**237.93**	**311.70**	**411.34**	**514.60**
居住	**Residence**	**690.46**	**882.55**	**1126.38**	**1539.22**	**1938.12**
住房	Housing	347.92	505.03	716.57	1057.10	1202.55
电费	Electric Expenses	120.47	138.33	154.58	191.22	359.42
水费	Water Expenses	17.09	21.60	24.53	33.29	89.20
燃料	Fuels	198.92	209.30	222.04	218.80	261.80
其他	Others	6.06	8.29	8.66	38.81	25.15
家庭设备、用品及服务	**Household Facilities, Articles and Services**	**208.02**	**299.84**	**335.99**	**460.20**	**657.06**
#耐用消费品	Durable Consumer Goods	57.56	109.78	116.04	169.86	296.00
家庭日用杂品	Miscellaneous for Daily Use	119.52	147.46	182.96	236.04	275.67
交通和通讯	**Transport and Telecommunication**	**354.46**	**534.41**	**669.42**	**901.76**	**1522.02**
#交通、通讯工具	Transport and Communication Tools	32.04	54.20	60.01	96.36	376.84
交通费	Transport Expenses	66.25	130.29	188.20	256.01	227.75
邮电费	Postal and Telecommunication Expenses	147.33	210.61	276.36	351.83	422.83
交通、通讯修理费	Maintenance Expenses of Transport and Telecommunication Tools	18.48	19.84	19.98	30.24	56.80
文化教育娱乐用品及服务	**Cultural, Educational and Recreational Articles and Services**	**245.18**	**330.67**	**433.74**	**503.94**	**926.11**
文化教育娱乐用品	Cultural, Educational and Recreational Articles	61.54	56.87	81.27	97.07	185.72
文化教育娱乐服务	Cultural, Educational and Recreational Services	183.64	273.80	352.46	406.88	740.39
#学杂费	Tuition and Miscellaneous Fees	106.12	133.36	157.06	152.35	257.64
技术培训费	Technical Training Fees	2.40	2.74	3.03	14.89	15.15
休闲娱乐费	Recreational Fees	9.13	18.00	41.35	51.59	100.25
医疗保健	**Health Care and Medical Services**	**293.63**	**419.53**	**423.30**	**492.45**	**652.63**
#医疗卫生保健用品	Facilities and Articles for Health Care and Medical Services	101.82	153.85	157.11	183.80	170.41
医疗保健服务费	Expenses of Health Care and Medical Services	191.81	265.68	266.19	308.65	482.22
其他商品和服务	**Other Commodities and Services**	**128.46**	**188.96**	**221.16**	**271.20**	**392.64**

10-27 各市农村居民人均纯收入和生活消费支出

Per Capital Net Income and Living Expenditure of Rural Residents by City

市别	City	2010		2011		2012	
		人均纯收入 (元) Per Capital Net Income (yuan)	人均生活消费支出 (元) Per Capital Living Expenditure (yuan)	人均纯收入 (元) Per Capital Net Income (yuan)	人均生活消费支出 (元) Per Capital Living Expenditure (yuan)	人均纯收入 (元) Per Capital Net Income (yuan)	人均生活消费支出 (元) Per Capital Living Expenditure (yuan)
广州	Guangzhou	12675.55	8985.81	14817.72	9903.00	16788.48	10964.52
珠海	Zhuhai	10187.10	8070.79	11857.78	8896.90	13399.29	10099.20
汕头	Shantou	6517.94	5960.49	7893.18	6586.00	9031.68	7296.08
佛山	Foshan	12202.28	8539.28	13861.80	11184.19	15683.50	11458.11
#顺德	Shunde	12543.03	9641.14	14148.54	12225.19	16062.50	11149.29
韶关	Shaoguan	6317.20	4930.25	7460.61	6199.72	8579.70	6633.70
河源	Heyuan	5644.64	4949.17	6734.39	5880.52	7771.71	6204.99
梅州	Meizhou	6366.69	5578.38	7825.00	6283.42	9036.39	6728.88
惠州	Huizhou	9077.20	6028.82	10938.03	7187.15	12414.66	8285.96
汕尾	Shanwei	6315.52	5751.51	7389.16	6483.45	8569.40	7137.65
东莞	Dongguan	20486.46	11839.70	22842.40	14054.77	24943.90	16188.73
中山	Zhongshan	14928.00	9007.72	17182.13	10173.50	19347.08	11321.27
江门	Jiangmen	8588.65	6411.91	9995.94	7609.42	11345.39	8355.11
阳江	Yangjiang	6654.51	6069.74	7912.21	7507.60	9201.90	8485.65
湛江	Zhanjiang	6909.21	4579.29	8256.51	5632.00	9561.04	6911.52
茂名	Maoming	6801.63	4320.01	8187.79	5586.00	9506.02	6623.60
肇庆	Zhaoqing	7524.04	5080.96	9013.75	6159.25	10365.81	6429.73
清远	Qingyuan	6385.65	4976.62	7426.57	6089.54	8611.71	6766.91
潮州	Chaozhou	6373.20	6026.94	7786.54	7071.41	8889.38	7635.45
揭阳	Jieyang	6128.42	4745.31	6992.67	5602.85	8046.29	6150.90
云浮	Yunfu	6743.91	5179.94	8146.64	6237.10	9222.00	6860.81
按经济区域分	By Region						
珠三角	Pearl River Delta	11431.40	7735.98	13211.10	9096.00	14892.49	9944.96
东翼	Eastern Region	6307.32	5443.79	7439.41	6248.84	8543.92	6862.36
西翼	Western Region	6823.34	4688.35	8172.53	5914.82	9480.45	7045.97
山区	Mountainous Region	6245.91	5189.07	7490.50	6136.85	8632.40	6602.99

注：1. 本表数据来自市县农村住户调查

2. 深圳因完全城市化没有开展农村居民调查，因此无相关数据。

Notes: a) Data of this table are obtained from rural household surveys conducted by statistics bureaus of respective cities and counties.

b) Due to complete urbanization, Shenzhen City did not conduct rural household survey in Shenzhen City, and hence data of Shenzhen are available.

主要统计指标解释

居民消费水平 居民消费水平是指按人口平均计算的居民消费额。居民消费水平表明国家对人民的物质文化生活需要的满足程度，它是反映一个国家（或地区）的经济发展水平和人民物质文化生活水平的综合指标。 居民消费水平，可以按国民收入口径，即居民物质产品消费进行计算，也可以按国内生产总值口径，即包括劳务以内的总消费进行计算。根据计算居民消费的不同价格，可以计算出按当年价格计算的居民消费和按可比价格计算的居民消费水平，后者便于观察居民实际消费水平的增长变化。为了观察居民消费的实物构成，还可以进一步计算各种消费品的平均消费的数量和金额，以反映居民在取得基本生存资料的基础上逐步向需要享受资料和发展资料的方向发展的趋势。

城镇居民家庭可支配收入 是指居民家庭在支付个人所得税和交纳的社会保障支出之后，所余下的实际收入。即用实际收入减掉个人所得税减掉个人交纳的社会保障支出以及记帐补贴。

城镇居民家庭消费性支出 是指调查户用于日常生活的全部支出，包括食品、衣着、家庭设备用品及服务、医疗、保健、交通和通讯、娱乐教育文化服务、居住、杂项商品和服务八大类支出。

农村居民家庭总收入 是指调查期内农村住户和住户成员从各种来源渠道得到的收入总和。按收入的性质划分为工资性收入、家庭经营收入、财产性收入和转移性收入。

农村居民家庭纯收入 是指农村住户当年从各个来源得到的总收入相应地扣除所发生的费用后的收入总和。纯收入主要用于再生产投入和当年生活消费支出，也可用于储蓄和各种非义务性支出。“农民人均纯收入”按人口平均的纯收入水平，反映的是一个地区或一个农户农村居民的平均收入水平。计算方法：

纯收入＝总收入-家庭经营费用支出-税费支出-生产性固定资产折旧-农村亲友赠送收入。

农村全面小康监测 是指运用农村全面小康社会的指标体系、衡量标准，再选择科学评价模型对一个区域的农村全面小康社会实现程度和进程进行综合评价。农村全面小康监测其标准由 2003 年国家统计局与国务院政策研究室共同研究制定，涵盖了六个方面十八项指标。

全面小康社会是一个阶段性目标，这个目标界于总体小康与基本实现现代化两个目标之间。因此，全面小康社会的标准既要高于 20 世纪 90 年代初制定的总体小康标准，又要低于基本实现现代化的标准。

Explanatory Notes on Main Statistical Indicators

Consumption Level of Residents refers to per capita consumption of residents. Reflecting the degree of satisfaction by the nation of needs in people's material and cultural life, it is a comprehensive indicator of the economic development of a country (or region) and the standard of the material and cultural life of people.

Consumption level of residents can be calculated either in terms of national income (i.e. the material product consumption of residents) or in terms of gross domestic product (i.e. the total consumption including that of labor services). Through calculating different prices of consumption by residents, the consumption of residents at current prices and that at comparable prices are obtained respectively. The latter is used to reflect the growth of actual consumption of residents. In order to observe the composition of residential consumption in kind, the volume and value of average consumption of various consumer goods can be further calculated to reflect the growing needs of residents for means of pleasure and development upon satisfaction of the n eeds for means of existence.

Disposable Income of Urban Households refers to the actual income of households after paying personal income tax and expenditure on social security, i.e. total income of households minus personal income tax, expenditure on social security and sample household subsidy for keeping dairies.

Consumption Expenditure of Urban Households refers to total expenditure of the sample households for consumption in daily life, including expenditure on eight categories: food, clothing, household facilities, articles and services, health care and medical services, transport and telecommunication, recreational, educational and cultural services, residence, miscellaneous goods and services.

Total Income of Rural Households refers to the sum of income earned from various sources by the rural households and their members during the reference period, and is classified into income from wages and salaries, income from household operations, income from properties and income from transfers.

Net Income of Rural Households refers to the total income of rural households from all sources minus all corresponding expenses. The net income is mainly used as input for reproduction and as consumption expenditure of the current year, and also used for savings and non-compulsory expenses of various forms. "Per capita net income of farmers" is the level of net income averaged by population which reflects the average income level of rural households in a given area. The formula for calculation is as follows:

Net Income = Total Income - Household Operation Expenses - Taxes and Fees - Depreciation of Fixed Assets for Production - Gifts from Rural Relatives.

Monitoring of Well-off Society in an All-round Way in Rural Areas refers to comprehensive evaluation of the degree and process of realization of well-off society in an all-round way in rural areas of a region, conducted through a corresponding indicator system, standards of evaluation, and a scientific evaluation model. The Standards of a well-off society in an all-round way in rural areas were formulated by National Bureau of Statistics and Policy Research Office of the State Council, including eighteen indicators in six aspects.

A well-off society in an all-round way is a phased target, lying between an overall well-off society and basic realization of modernization. Therefore, the standards of a well-off society in an all-round way are higher than the standards of an overall well-off society formulated in the early 1990s, but lower than the standards of basic realization of modernization.

十一、农业

AGRICULTURE

十一 农业

简要说明

一、本篇资料反映广东省农业生产和农村经济的基本情况。内容主要包括农村劳动力、农业产值、主要产品产量、农村居民家庭主要农产品生产与出售情况、农业自然灾害和乡镇企业等方面的统计资料。

二、本篇资料主要由广东省统计局农村社会经济统计处和国家统计局广东调查总队农村住户调查处整理提供。

三、本篇资料主要来源于《广东省农林牧渔业综合统计报表制度》和农村住户调查资料。农林牧渔业综合统计报表制度的统计范围包括各市县区的各种经济类型的全部农林牧渔业以及各非农行业附属的农林牧渔业生产单位。

四、根据国务院第二次全国农业普查条例，本篇资料的2006、2007年部分数据以普查结果为基础做了调整。

11 Agriculture

Brief Introduction

Ⅰ.The data in this chapter show the basic conditions of agricultural production and rural economy in Guangdong Province, including mainly rural labor force, output value of agriculture, output of major products, production and sale of major agricultural products by rural households, as well as statistics on natural disasters in agriculture and township enterprises.

Ⅱ.The data in this chapter are mainly prepared and provided by the Division of Rural Socio-economic Statistics of Statistics Bureau of Guangdong Province and Division of Rural Household Survey under Guangdong Survey Office of the National Bureau of Statistics.

Ⅲ.The data in this chapter mainly come from The Comprehensive Statistical Report System on Farming, Forestry, Animal Husbandry and Fishery of Guangdong Province and sample surveys on rural households. The statistical coverage of the statistical reporting summary scheme includes all productive units of farming, forestry, animal husbandry and fishery and units engaged in farming, forestry, animal husbandry and fishery in non-agricultural sectors with various types of ownership in cities, counties and districts of Guangdong Province.

Ⅳ. Some data of 2006 and 2007 in this chapter are adjusted in accordance with the regulations of the second national agricultural census.

11-1 农业主要指标

Main Indicators of Agriculture

指 标	Item	2000	2005	2010	2011	2012	2012比2011增长(%) Growth Rate in 2012 over 2011 (%)
乡镇户数 (万户)	Number of Rural Households (10000 households)	1419.91	1540.84	1686.62	1702.32	1720.29	1.1
乡镇人口 (万人)	Rural Population (10000 persons)	6046.62	6451.55	6805.44	6874.36	6936.95	0.9
乡镇从业人员 (万人)	Number of Rural Employed Persons(10000 persons)	2789.89	3089.48	3425.28	3499.88	3507.49	0.2
#第一产业	Primary Industry	1572.07	1533.48	1468.25	1402.33	1376.77	-1.8
有效灌溉面积 (万亩)	Irrigated Area (10000 mu)	2217.77	1976.72	1910.32	1977.27	2023.34	2.3
农业机械总动力 (亿瓦特)	Total Agricultural Machinery Power (100 million W)	176.39	178.21	225.34	235.05	241.44	2.7
化肥施用量(折纯)(万吨)	Consumption of Chemical Fertilizers (100 percent equivalent,10000 tons)	176.20	204.62	237.29	241.30	245.38	1.7
农药施用量 (万吨)	Consumption of Pesticides (10000 tons)	8.47	8.70	10.44	11.41	11.39	-0.2
农村用电量 (亿千瓦时)	Electricity Consumed in Rural Areas (100 million kwh)	405.45	766.43	1044.26	1134.92	1187.50	4.6
农业总产值 (亿元)	Gross Output Value of Agriculture (100 million yuan)	1701.18	2447.57	3754.86	4384.44	4656.85	3.7
农业增加值 (亿元)	Value-added of Agriculture (100 million yuan)	1000.06	1442.80	2286.98	2665.20	2847.26	3.8
主要产品产量 (万吨)	Output of Major Products (10000 tons)						
粮食	Grain	1822.33	1394.97	1316.5	1360.95	1396.33	2.6
糖蔗	Sugarcane	1137.59	946.02	1134.35	1202.69	1279.30	6.4
花生	Peanuts	77.68	75.86	87.13	90.85	95.52	5.1
烟叶	Tobacco	6.21	6.30	5.51	5.63	5.81	3.2
蔬菜	Vegetables	2214.8	2596.02	2718.59	2850.99	2982.71	4.6
水果	Fruits	643.52	831.69	1128.73	1205.05	1279.09	6.1
水产品	Aquatic Products	593.19	695.23	729.03	762.14	789.50	3.6
猪肉	Pork	206.85	256.28	275.46	270.97	276.39	2.0
荒山造林面积 (万亩)	Afforested Area in Barren Mountains (10000 mu)	25.76	27.51	142.72	188.21	161.27	-14.3
乡镇企业单位数 (万个)	Number of Township Enterprises (10000 units)	76.66	121.29	39.34	39.23	39.33	0.3
乡镇企业人数 (万人)	Number of Employed Persons in Township Enterprises (10000 persons)	928.28	1207.90	1115.00	1079.18	1094.86	1.5
乡镇企业营业收入 (亿元)	Business Income of Township Enterprises (100 million yuan)	8555.76	13993.09	23974.61	27424.58	30630.96	11.7
乡镇企业实交国家税金 (亿元)	Taxes Actually Handed Over to the State by Township Enterprises (100 million yuan)	196.44	330.19	688.34	827.37	916.82	10.8
乡镇企业利润总额 (亿元)	Total Profits of Township Enterprises (100 million yuan)	457.2	653.29	1293.61	1510.20	1900.06	25.8

注：1. 表中农业总产值、农业增加值按当年价格计算,增长速度按可比价格计算。
2. 2004年起，粮食产量含大豆。
3. 乡镇企业相关指标2007年起按新口径统计。

Notes: a) Gross output value and value-added of agriculture in this table are calculated at current prices, whereas the growth rates are calculated at comparable prices.
b) Since 2004, the output of grain has included that of soybeans.
c) Since 2007, data of township enterprises has been calculated in accordance with new stipulations.

11-2 农村基层组织情况

Basic Conditions of Rural Grassroots Units

项　目	Item	1995	2000	2005	2010	2011	2012
农村基层组织　（个）	**Rural Grassroots Units　(unit)**						
镇政府	Number of Town Governments	1531	1556	1145	1134	1132	1131
乡政府	Number of Township Governments	61	33	11	11	11	11
村民委员会	Number of Villagers' Committees	22869	22962	21825	22140	22189	22191
乡镇户数　（万户）	**Number of Rural Households　(10000 households)**	**1283.73**	**1419.91**	**1540.84**	**1686.62**	**1702.32**	**1720.29**
乡镇人口　（万人）	**Population in Rural Areas　(10000 persons)**	**5622.31**	**6046.62**	**6451.55**	**6805.44**	**6874.36**	**6936.95**
乡镇从业人员　（万人）	**Number of Rural Employed Persons(10000 persons)**	**2519.21**	**2789.89**	**3089.48**	**3425.28**	**3499.88**	**3507.49**
#农、林、牧、渔业	Farming, Forestry, Animal Husbandry and Fishery	1431.98	1572.07	1533.48	1468.25	1402.33	1376.77
按性别分	Grouped by Sex						
男	Male	1301.24	1450.37	1615.99	1802.67	1847.87	1851.06
女	Female	1217.97	1339.52	1473.49	1622.61	1652.01	1656.43

11-3 农业机耕、农田水利、化肥和农药施用量及农村用电量

Statistics on Tractor Ploughing, Irrigatws Area, Consumption of Chemical Fertilizers, Pesticides and Electricity in Rural Areas

项　目	Item	1995	2000	2005	2010	2011	2012
有效灌溉面积　（万亩）	Irrigated Area　(10000 mu)	2232.41	2217.77	1976.72	1910.32	1977.27	2023.34
旱涝保收面积　（万亩）	Areas Unaffected by Drought or Floods　(10000 mu)	1645.58	1626.68	1403.06	1345.55	1392.33	1416.74
化肥施用量　（万吨）	Consumption of Chemical Fertilizers　(10000 tons)						
实物量	Gross Weight	601.09	611.12	661.55	739.86	760.20	770.25
#氮肥	Nitrogenous Fertilizer	271.75	248.15	246.05	254.28	259.03	262.43
磷肥	Phosphate Fertilizer	146.00	153.01	165.64	186.89	195.60	195.92
钾肥	Potash Fertilizer	78.69	79.35	93.77	104.50	105.74	107.79
折纯量	Effective Weight	195.71	176.20	204.62	237.28	241.30	245.38
#氮肥	Nitrogenous Fertilizer	99.49	95.89	93.78	100.01	101.51	102.8
磷肥	Phosphate Fertilizer	27.16	18.36	18.96	21.50	21.71	21.83
钾肥	Potash Fertilizer	34.14	35.84	41.54	46.99	47.41	48.28
农药施用量　（万吨）	Consumption of Pesticides　(10000 tons)	8.04	8.47	8.70	10.44	11.41	11.39
农村小型水电站　（个）	Small-scale Hydropower Stations in Rural Areas　(unit)	7988	5478	5121	5666	5916	5911
发电能力　（万千瓦）	Generating Capacity　(10000 kw)	130.14	142.57	184.57	223.96	236.51	244.01
农村用电量　（亿千瓦时）	Electricity Consumed in Rural Areas(100 million kwh)	186.27	405.45	766.43	1044.26	1134.92	1187.50
农业机械总动力(亿瓦特)	Total Agricultural Machinery Power　(100 million w)	166.96	176.39	178.21	225.34	235.05	241.44

11-4 各市农村基层组织情况（2012年）

Basic Conditions of Rural Grassroots Units by City (2012)

市 别	City	乡镇个数（个） Number of Townships (unit)	乡镇户数（万户） Number of Rural Households (10000 households)	乡镇人口（万人） Rural Population (10000 persons)	乡镇从业人员(万人) Rural Employed Persons (10000 persons)	#第一产业 Primary Industry	按性别分 By Sex 男 Male	女 Female
广 州	Guangzhou	35	144.32	505.27	314.47	64.60	161.27	153.20
深 圳	Shenzhen							
珠 海	Zhuhai	15	15.64	56.73	29.46	7.55	15.71	13.75
汕 头	Shantou	32	91.21	436.06	176.83	68.64	94.77	82.06
佛 山	Foshan	21	93.85	343.96	205.73	23.19	108.91	96.82
#顺 德	Shunde	6	27.89	99.45	56.30	5.99	29.48	26.82
韶 关	Shaoguan	94	62.27	228.05	109.13	59.47	57.02	52.11
河 源	Heyuan	95	75.21	331.76	152.15	72.32	79.32	72.83
梅 州	Meizhou	104	114.61	393.18	187.23	83.24	96.33	90.90
惠 州	Huizhou	53	80.08	356.04	204.77	51.83	104.90	99.87
汕 尾	Shanwei	44	68.75	334.54	139.79	52.94	80.99	58.79
东 莞	Dongguan	28	50.43	168.36	94.43	6.01	50.61	43.82
中 山	Zhongshan	18	64.41	246.29	175.20	10.03	89.81	85.39
江 门	Jiangmen	61	85.61	300.86	173.08	76.31	88.09	84.99
阳 江	Yangjiang	38	66.78	255.16	129.13	48.39	70.11	59.02
湛 江	Zhanjiang	84	147.02	654.49	319.82	200.54	171.36	148.46
茂 名	Maoming	87	126.86	527.41	251.02	140.87	134.43	116.59
肇 庆	Zhaoqing	92	90.43	340.55	165.73	115.14	84.01	81.72
清 远	Qingyuan	80	86.40	354.10	180.23	101.53	94.45	85.78
潮 州	Chaozhou	41	55.99	236.26	111.62	39.01	58.55	53.07
揭 阳	Jieyang	65	128.72	596.21	245.15	78.57	134.52	110.63
云 浮	Yunfu	55	71.70	271.68	142.51	76.58	75.90	66.61
按经济区域分	By Region							
珠 三 角	Pearl River Delta	323	624.78	2318.06	1362.87	354.67	703.31	659.56
东 翼	Eastern Region	182	344.67	1603.07	673.39	239.16	368.83	304.57
西 翼	Western Region	209	340.66	1437.06	699.98	389.80	375.91	324.07
山 区	Mountainous Region	428	410.18	1578.77	771.25	393.13	403.02	368.23

注：乡镇个数为广东省民政厅统计年报数。

Note: The number of townships comes from the annual reports of Guangdong Provincial Department of Civil Affairs.

11-5 农业自然灾害情况

Statistics on Agriculture Covered and Affected by Natural Disasters

项　目	Item	2000	2005	2010	2011	2012
农作物受灾面积 (万亩)	Area of Farm Crops Covered by Natural Disasters (10000 mu)	948.43	1088.03	916.21	694.91	625.84
#绝收面积	Area without Output	84.14	201.39	106.45	42.24	36.03
受灾人口 (万人)	Number of Persons Covered by Natural Disasters (10000 persons)	1801	1504	1197	510.72	499.52
紧急转移安置人口(万人)	Number of Persons Receiving Evacuation and Re-settlement (10000 persons)	27.73	59.66	71.61	18.45	52.61
饮水困难人口 (万人)	Number of Persons Lacking Access to Clean Drinking Water (10000 persons)	23.16	57.81	1.96	59.41	0.32
因灾死亡人口 (人)	DeathToll in Natural Disasters (person)	102	113	177	31	48
因灾伤病人口 (人)	Number of Wounded Persons in Natural Disasters (person)	14454	4448	1121	634	89
倒塌房屋 (间)	Number of Broken Buildings (room)	27743	96583	73666	10170	12522
损坏房屋 (间)	Number of Damaged Buildings (room)	74052	285668	137066	35338	55158
因灾死亡大牲畜(头、只)	Number of Large Livestock Killed in Natural Disasters (head)	62417	39562	74002	2593	17128
直接经济损失 (亿元)	Volume of Direct Economic Loss (100 million yuan)	38.2	82.06	180.01	57.13	75.75

11-6 农村经济主要比例关系和效益指标

Main Proportions and Efficiency Indicators of Rural Economy

项目	Item	2000	2005	2010	2011	2012
投入产出率 (%)	**Input-output Ratio (%)**					
农林牧渔业	Farming, Forestry, Animal Husbandry and Fishery	41.2	41.1	39.1	39.2	38.9
农业	Farming	31.6	30.1	30.2	30.2	30.2
林业	Forestry	24.7	25.8	25.5	25.5	25.5
牧业	Animal Husbandry	54.6	55.1	54.7	54.6	54.6
渔业	Fishery	41.4	43.0	40.2	40.2	40.2
农林牧渔服务业	Services for Farming, Forestry, Animal Husbandry and Fishery		69.9	58.7	58.7	58.7
产出率	**Output Ratio**					
园地 (元/亩)	Garden Plot (yuan/mu)	914	1258	2206	2687	2753
淡水养殖水面(元/亩)	Freshwater Aquatic Cultivation Area (yuan/mu)	3643	4965	6930	7786	8116
生猪出栏率 (%)	Slaughtered Fattened Hog Rate (%)	146	162	156	163	162

11-7 农副产品人均拥有量

Per Capita Possession of Farm and Sideline Products

单位：公斤/人 (kg/person)

年份 Year	粮食 Grain	#稻谷 Rice	花生 Peanuts	糖蔗 Sugarcane	蔬菜 Vegetables	水果 Fruits	肉类 Meat	#猪肉 Pork	#家禽 Poultry	水产品 Aquatic Products
1978	298.08	262.35	6.94	164.97		5.81				12.93
1980	321.73	291.51	9.56	159.68		5.57				12.12
1985	283.68	257.14	10.09	323.82		20.56				19.49
1990	303.60	270.09	9.28	335.17	156.38	52.60				33.25
1991	295.09	260.14	8.84	360.12	174.23	62.74				35.86
1992	280.11	247.91	9.33	351.38	186.22	70.19				38.84
1993	249.79	218.60	10.12	245.79	207.73	61.70				41.66
1994	250.53	216.08	9.60	210.53	225.65	60.51				47.33
1995	267.55	230.55	10.38	218.43	250.98	61.43				52.57
1996	276.57	237.84	10.68	203.58	270.43	55.74	36.54	23.49	12.67	57.74
1997	282.77	240.01	10.65	234.25	284.58	59.59	39.30	25.18	13.59	74.53
1998	266.70	239.01	9.82	228.88	282.63	64.14	41.78	26.60	14.61	78.46
1999	268.59	226.18	10.17	169.04	289.04	86.40	43.28	28.00	14.52	79.91
2000	246.30	206.59	10.50	153.76	295.36	86.98	43.27	27.59	14.87	80.17
2001	228.57	191.37	10.59	142.51	314.28	78.43	44.05	28.24	14.99	80.95
2002	195.10	163.46	9.88	149.39	319.31	91.87	44.92	28.78	14.53	82.56
2003	193.59	162.68	10.50	123.97	334.59	93.49	46.42	30.14	14.51	84.38
2004	179.03	144.66	9.85	121.17	327.70	101.47	46.81	31.02	14.04	86.47
2005	176.58	141.40	9.60	119.75	328.63	105.28	48.65	32.44	14.39	88.01
2006	154.36	126.22	9.51	127.43	295.77	111.01	47.47	31.24	14.72	81.86
2007	157.51	128.25	9.40	134.49	288.31	116.56	47.29	28.86	16.84	81.45
2008	150.41	121.36	9.74	130.55	294.11	118.96	49.83	30.72	17.69	82.25
2009	157.12	126.48	10.00	133.41	306.86	126.93	51.04	31.33	18.23	84.01
2010	154.49	124.46	10.22	133.11	319.03	132.46	51.76	32.32	17.95	85.55
2011	157.57	127.00	10.52	139.25	330.08	139.52	50.33	31.37	17.40	88.24
2012	161.69	130.45	11.06	148.14	345.39	148.11	51.32	32.00	17.77	91.42

注：1. 表中2006、2007年数据为第二次全国农业普查后调整数。
2. 表中数据均按户籍人口计算。

Note: a) Data of 2006 and 2007 in this table are adjusted according to the second national agricultural census.
b)The data are calculated according to population with residence registration.

11-8 农村劳动力情况

Statistics on Rural Labor Force

单位：% (%)

项 目	Item	2000	2005	2010	2011	2012
性别	**By Sex**	**100.0**	**100.0**	**100.0**	**100.0**	**100.0**
男劳动力	Male	51.6	52.6	53.6	53.0	53.8
女劳动力	Female	48.4	47.4	46.4	47.0	46.2
文化程度	**By Educational Level**	**100.0**	**100.0**	**100.0**	**100.0**	**100.0**
文盲与半文盲	Illiterate and Semi-illiterate	4.0	3.8	2.9	2.9	2.7
小学程度	Primary Education	33.5	25.5	20.7	22.9	21.9
初中程度	Junior Secondary Education	48.9	53.9	54.5	55.6	55.9
高中程度	Senior Secondary Education	9.9	11.8	14.0	11.7	11.8
中专程度	Specialized Secondary Education	3.1	3.5	4.7	3.6	4.0
大专及其以上程度	Education with Specialized Courses and Over	0.6	1.5	3.1	3.3	3.7
行业分布情况	**By Sector**		**100.0**	**100.0**	**100.0**	**100.0**
农业	Farming, Forestry, Animal Husbandry and Fishery		48.6	43.6	36.5	35.6
采矿业	Mining		0.1	0.2	0.4	0.4
制造业	Manufacture		17.7	22.0	29.7	28.8
电力、燃气及水的生产供应业	Production and Supply of Electric Power, Gas and Water		0.6	0.5	0.5	0.5
建筑业	Construction		2.9	3.5	6.2	6.6
交通运输仓储及邮电通讯业	Transport, Storage, Postal and Telecommunication Services		2.8	3.4	3.0	3.3
	Macro Economic Climate Situations of					
批发和零售贸易	Wholesale and Retail Trades		5.2	7.1	7.7	7.7
住宿和餐饮业	Hotels and Catering Services		2.7	3.4	3.7	3.7
居民服务和其他服务业	Services to Households and Other Services		6.3	6.6	6.1	7.0
教育	Education		0.8	0.8	0.7	0.8
卫生、社会保障和社会福利业	Health Care, Social Security and Social Welfare		0.5	0.6	0.4	0.4
文化、体育和娱乐业	Culture, Sports and Recreation		0.2	0.3	0.2	0.2
其它	Others		11.6	8.0	4.9	5.0

注：本表数据为抽样调查数。
Note: Data in this table are estimated from sample surveys.

11-9 农村劳动力就业地点分布情况

Distribution of Employment Locations of Rural Labor Force

单位：% (%)

项 目	Item	2000	2005	2010	2011	2012
总 计	**Total**	**100.0**	**100.0**	**100.0**	**100.0**	**100.0**
乡内	Within Townships	74.8	73.7	70.2	67.7	68.3
县内乡外	Outside Townships but Within Counties	7.1	2.7	4.1	4.6	4.1
省内县外	Outside Counties but Within Province	17.7	23.0	25.1	26.5	26.6
省外	Outside Province	0.4	0.5	0.6	0.9	0.9
国外	Abroad		0.1	0.1	0.2	0.2

注:本表数据为抽样调查数。
Note: Data in this table are estimated from sample surveys.

11-10 农村劳动力外出务工情况
Statistics on Outgoing Rural Laborers

单位：% (%)

项 目	Item	2005	2010	2011	2012
当年外出务工的劳动力占总劳动力比重	**Percentage of Outgoing Laborers in Total Labor Force in Current Year**	**26.8**	**29.6**	**32.5**	**32.6**
外出务工劳动力的性别、年龄和文化技术素质情况	**Percentage of Outgoing Laborers by Sex, Age, Educational Level and Technical Training**				
性别	By Sex	100.0	100.0	100.0	**100.0**
男劳动力	Male	59.0	61.4	62.0	63.1
女劳动力	Female	41.0	38.6	38.0	36.9
文化程度	By Educational Level	100.0	100.0	100.0	**100.0**
文盲与半文盲	Illiterate and Semi-illiterate	0.2	0.1	0.6	0.6
小学程度	Primary Education	9.8	6.7	9.2	7.7
初中程度	Junior Secondary Education	70.5	67.4	66.8	66.0
高中程度	Senior Secondary Education	10.6	13.1	12.2	12.6
中专程度	Specialized Secondary Education	6.7	8.4	5.9	7.0
大专及其以上程度	Education with Specialized Courses and Over	2.2	4.4	5.4	6.1
外出从事的行业	**Outgoing Laborers by Sector**	**100.0**	**100.0**	**100.0**	**100.0**
农林牧渔业	Farming, Forestry, Animal Husbandry and Fishery	0.4	0.4	3.5	2.1
采矿业	Mining	0.1	0.3	0.1	0.2
制造业	Manufacture	48.3	50.5	49.2	50.3
电力、煤气及水的生产供应业	Production and Supply of Electric Power, Gas and Water	0.6	0.7	0.5	0.6
建筑业	Construction	5.1	4.8	6.3	5.7
交通运输仓储及邮电通讯业	Transport, Storage, Postal and Telecommunication Services	5.0	6.2	4.6	4.6
批发和零售贸易	Wholesale and Retail Trades	7.7	11.2	11.5	11.8
住宿和餐饮业	Hotels and Catering Services	8.3	8.7	8.1	7.5
居民服务和其他服务业	Services to Households and Other Services	10.4	10.2	9.8	10.0
教育	Education	0.6	0.2	0.5	0.7
卫生、社会保障和社会福利业	Health Care, Social Security and Social Welfare	0.9	0.8	0.5	0.6
文化、体育和娱乐业	Culture, Sports and Recreation	0.4	0.7	0.3	0.3
其它	Others	12.2	5.2	5.0	5.7
外出劳动力从业时间情况	**Employment Period of Outgoing Laborers**	**100.0**	**100.0**	**100.0**	**100.0**
外出从业累计1个月以下人数占外出人数比重	Percentage of Outgoing Laborers Employed under 1 Month in Total Outgoing Laborers	0.1			0.1
外出从业累计1-3个月人数占外出人数比重	Percentage of Outgoing Laborers Employed from 1 Month to 3 Months in Total Outgoing Laborers	3.1	0.9	4.2	2.5
外出从业累计3-6个月人数占外出人数比重	Percentage of Outgoing Laborers Employed from 3 Months to 6 Months in Total Outgoing Laborers	6.8	3.9	8.2	4.5
外出从业累计6个月以上人数占外出人数比重	Percentage of Outgoing Laborers Employed over 6 Months in Total Outgoing Laborers	90.0	95.2	87.6	93.0

注：本表数据为抽样调查数。
Note: Data in this table are estimated from sample surveys.

11-11 农村居民家庭主要农产品生产情况
Output of Major Farm Products of Rural Households

项目	Item	1995	2000	2005	2010	2011	2012
平均每户主要农作物播种面积（亩）	**Sown Area of Major Crops per Household(mu)**	**10.12**	**7.71**	**6.21**	**4.86**	**4.66**	**4.47**
粮食	Grain	6.48	5.47	4.13	3.28	3.06	2.71
#水稻	Rice	5.76	4.94	3.77	3.03	2.67	2.40
油料	Oil-bearing Crops	0.71	0.52	0.48	0.33	0.43	0.39
糖料	Sugar Crops	0.26	0.12	0.27	0.20	0.10	0.08
烟叶	Tobacco	0.04	0.09	0.06	0.07	0.09	0.10
蔬菜	Vegetables	2.59	1.41	1.25	0.95	0.93	1.15
果用瓜	Melons	0.04	0.10	0.02	0.03	0.06	0.04
平均每人主要农林产品产量（公斤）	**Per Capita Output of Major Farm and Forestry Products (kg)**						
粮食	Grain	404.73	448.85	291.89	232.55	239.98	216.22
#稻谷	Rice	348.38	375.57	274.42	227.21	213.27	198.39
油料	Oil-bearing Crops	18.71	19.07	16.06	11.60	17.15	15.96
糖料	Sugar Crops	215.10	105.86	194.32	183.02	97.85	103.49
烟叶	Tobacco	1.00	2.16	1.70	1.94	3.22	3.02
蔬菜	Vegetables	330.99	387.36	352.00	287.61	234.30	201.33
果用瓜	Melons	7.96	29.03	5.48	6.68	17.27	17.46
水果	Fruits	59.82	31.78	50.39	72.77	44.52	57.78
茶叶	Tea	0.08	0.29	0.24	0.14	0.12	0.09
平均每户出售和自宰畜禽量及其他	**Sold and Slaughtered Livestock, Poultry and Other Animal Products per Household**						
出售和自宰肉猪头数（头）	Sold and Slaughtered Fattened Hogs (head)	2.03	2.12	1.89	1.46	1.57	2.06
猪肉产量（公斤）	Pork (kg)	178.31	183.08	141.48	122.53	164.84	221.74
出售和自宰家禽只数（只）	Sold and Slaughtered Poultry (head)	47.13	46.87	102.67	50.24	36.96	27.41
家禽产量（公斤）	Poultry (kg)	89.04	85.46	222.59	121.52	66.44	72.00
蛋类产量（公斤）	Eggs (kg)	6.92	7.35	3.95	4.96	5.79	4.38
蜂蜜产量（公斤）	Honey (kg)	0.05	1.04	0.12	0.08	0.52	0.49
蚕茧产量（公斤）	Silkworm Cocoon (kg)	5.94	3.95	4.27	2.56	2.49	1.99
牛、羊奶产量（公斤）	Milk (kg)	1.16	0.13	0.40	0.30	0.36	0.51
水产品产量（公斤）	Aquatic Products (kg)	119.92	200.16	159.47	160.08	151.35	154.30

11-12 农村居民家庭出售主要农产品数量
Amount of Major Farm Products Sold by Rural Households

项目	Item	1995	2000	2005	2010	2011	2012
平均每人出售量	**Per Capita Amount Sold**						
粮食(原粮)(公斤)	Grain (Raw) (kg)	61.96	86.36	90.55	82.20	80.26	71.95
#稻谷（公斤）	Rice (kg)	50.89	75.34	79.72	75.54	60.30	59.27
油料（公斤）	Oil-bearing Crops (kg)	4.08	4.42	5.92	3.04	3.99	4.35
糖料（公斤）	Sugar Crops (kg)	164.65	96.35	194.27	182.60	97.59	102.18
烟叶（公斤）	Tobacco (kg)	0.82	2.03	1.62	1.89	3.15	2.54
蔬菜（公斤）	Vegetables (kg)	206.29	255.31	278.88	227.88	173.60	155.40
果用瓜（公斤）	Melons (kg)	5.69	25.11	5.36	6.20	17.24	17.31
水果（公斤）	Fruits (kg)	48.55	24.20	48.59	71.22	43.15	56.83
茶叶（公斤）	Tea (kg)	0.04	0.25	0.17	0.07	0.10	0.09
平均每户出售量	**Amount Sold per Household**						
生猪（头）	Fattened Hogs (head)	1.62	2.01	1.85	1.46	1.57	2.06
猪肉（公斤）	Pork (kg)	162.92	165.42	177.98	120.76	127.75	170.80
肉牛（头）	Beef Cattle (head)	0.01	0.02	0.01	0.01	0.02	0.01
兔（只）	Rabbits (head)	0.03	0.05	0.02	0.02	0.02	0.01
家禽（只）	Poultry (head)	34.29	30.34	89.74	39.46	16.28	17.59
蛋类（公斤）	Eggs (kg)	0.61	1.87	0.65	0.45	1.85	0.53
蜂蜜（公斤）	Honey (kg)	0.05	0.46	0.11	0.06	0.51	0.49
蚕茧（公斤）	Silkworm Cocoon (kg)	5.88	3.78	4.27	2.56	2.48	1.99
牛羊奶（公斤）	Milk (kg)	1.13	0.11	0.35	0.30	0.35	0.48
水产品（公斤）	Aquatic Products (kg)	102.40	175.92	155.56	154.56	141.39	157.40

11-13 农林牧渔业总产值

Gross Output Value of Farming, Forestry, Animal Husbandry and Fishery

单位：亿元 (100 million yuan)

年份 Year	农林牧渔业总产值 Gross Output Value of Farming, Forestry, Animal Husbandry and Fishery	农业产值 Farming	林业产值 Forestry	牧业产值 Animal Husbandry	渔业产值 Fishery	农林牧渔服务业产值 Services for Farming,Forestry, Animal Husbandry and Fishery
1978	85.94	59.56	4.98	15.98	5.42	
1979	91.53	67.19	7.67	13.58	3.09	
1980	126.25	97.15	6.83	17.75	4.52	
1981	133.85	99.33	7.81	21.62	5.09	
1982	135.52	98.33	8.33	21.73	7.13	
1983	169.96	120.06	10.72	28.57	10.61	
1984	200.07	141.22	12.13	33.81	12.91	
1985	245.21	149.09	21.09	54.68	20.35	
1986	279.15	168.68	24.38	60.74	25.35	
1987	348.61	214.47	16.74	78.26	39.14	
1988	473.78	277.38	27.66	114.28	54.46	
1989	548.60	323.15	28.00	134.60	62.85	
1990	600.71	359.39	28.46	143.68	69.18	
1991	654.82	388.90	29.64	156.08	80.20	
1992	737.11	428.99	32.86	175.36	99.90	
1993	899.03	486.46	35.51	223.16	153.90	
1994	1151.38	628.17	41.07	279.98	202.16	
1995	1445.48	777.72	46.12	349.11	272.53	
1996	1577.89	825.60	49.64	398.12	304.53	
1997	1656.46	851.35	52.10	425.67	327.34	
1998	1705.44	861.97	54.65	441.61	347.21	
1999	1745.02	859.66	58.77	457.51	369.08	
2000	1701.18	807.94	59.64	450.18	383.42	
2001	1722.35	817.95	56.78	457.56	390.06	
2002	1781.06	841.77	57.09	465.91	416.29	
2003	1908.66	851.72	55.72	482.83	432.74	85.65
2004	2154.79	959.97	61.72	571.09	466.45	95.56
2005	2447.57	1109.18	66.25	638.61	523.79	109.74
2006	2536.27	1235.40	67.60	623.34	519.03	90.90
2007	2821.24	1328.70	73.45	775.62	541.87	101.60
2008	3298.01	1481.69	79.41	967.91	652.59	116.41
2009	3337.59	1551.03	88.30	917.14	661.23	119.89
2010	3754.86	1760.18	176.34	947.25	741.44	129.66
2011	4384.44	2042.16	208.68	1146.42	843.01	144.18
2012	4656.85	2229.27	222.74	1134.14	914.04	156.66

注：1. 本表按当年价格计算。
2. 表中2006、2007年数据为第二次全国农业普查后调整数。
3. 从2010年起，农业产值、林业产值统计范围作了调整，原农业中的野生植物采集归入林业，原林业中板栗、桂皮等归入农业。

Note: a) Data in value terms in this table are calculated at current prices.
b) Data in value terms of 2006 and 2007 in this table are adjusted according to the second national agricultural census.
c) Since 2010, the coverage of the output value of agriculture and that of forestry have been adjusted. The output value of wild plants have been moved from Farming to Forestry, and those of chestnuts and cinnamon bark have beenmoved from Forestry to Farming.

11-14 农林牧渔业总产值指数（1978年＝100）

Indices of Gross Output Value of Farming, Forestry, Animal Husbandry and Fishery (year of 1978=100)

1978年＝100 (year of 1978=100)

年份 Year	农林牧渔业总产值 Gross Output Value of Farming, Forestry, Animal Husbandry and Fishery	农业产值 Farming	林业产值 Forestry	牧业产值 Animal Husbandry	渔业产值 Fishery	农林牧渔服务业产值 Services for Farming,Forestry, Animal Husbandry and Fishery
1978	100.0	100.0	100.0	100.0	100.0	
1979	99.2	99.4	85.1	104.6	93.7	
1980	110.2	111.8	108.3	104.4	102.8	
1981	112.8	110.3	119.6	122.9	111.9	
1982	131.2	127.4	133.4	148.6	135.0	
1983	134.6	127.2	140.4	159.8	164.3	
1984	147.1	138.9	147.6	175.5	185.5	
1985	157.8	145.5	154.8	202.2	216.2	
1986	167.5	151.0	173.4	219.6	257.0	
1987	183.6	165.8	166.9	237.7	313.2	
1988	197.7	173.4	223.2	259.2	350.3	
1989	213.2	186.9	232.3	279.4	389.9	
1990	228.9	201.5	215.7	306.2	429.3	
1991	243.0	211.9	213.8	332.6	470.1	
1992	257.7	220.3	218.9	357.8	536.5	
1993	267.6	213.7	222.6	398.9	644.5	
1994	279.5	219.5	227.5	415.1	716.3	
1995	302.7	237.1	239.6	443.5	800.1	
1996	320.9	245.0	246.5	485.9	882.9	
1997	342.7	263.7	249.2	509.5	953.5	
1998	359.3	272.7	258.1	535.8	1033.7	
1999	379.1	286.8	271.8	563.9	1101.9	
2000	389.3	288.6	281.3	579.6	1184.5	
2001	400.1	295.6	294.0	592.7	1230.1	
2002	426.1	323.4	285.8	601.4	1310.6	
2003	438.2	331.6	277.8	614.8	1367.5	100.0
2004	457.9	350.5	287.2	625.9	1433.1	107.8
2005	479.9	362.3	295.5	660.4	1514.2	120.5
2006	499.1	375.2	280.8	680.7	1605.1	132.3
2007	515.5	385.3	291.3	701.0	1670.8	143.1
2008	535.9	391.5	300.6	749.9	1749.3	155.0
2009	562.6	413.3	323.7	778.5	1838.6	163.2
2010	586.6	433.0	338.1	803.1	1920.9	171.4
2011	609.6	456.8	365.7	794.2	2021.4	180.8
2012	632.2	474.2	388.7	810.1	2120.4	191.1

注：1. 本表按可比价格计算。
　　2. 表中2007年数据为第二次全国农业普查后调整数。

Note: a) The indices are calculated at comparable prices.
　　b) Indices of 2007 in this table are adjusted according to the second national agricultural census.

11-15 农林牧渔业总产值指数（上年=100）

Indices of Gross Output Value of Farming, Forestry, Animal Husbandry and Fishery (preceding year=100)

上年=100 (preceding year=100)

年份 Year	农林牧渔业总产值 Gross Output Value of Farming, Forestry, Animal Husbandry and Fishery	农业产值 Farming	林业产值 Forestry	牧业产值 Animal Husbandry	渔业产值 Fishery	农林牧渔服务业产值 Services for Farming, Forestry, Animal Husbandry and Fishery
1979	99.2	99.4	85.1	104.6	93.7	
1980	111.1	112.5	127.3	99.8	109.7	
1981	102.4	98.7	110.4	117.6	108.9	
1982	116.3	115.5	111.5	120.9	120.6	
1983	102.6	99.9	105.2	107.6	121.7	
1984	109.3	109.2	105.1	109.8	112.9	
1985	107.3	104.8	104.9	115.2	116.5	
1986	106.1	103.8	112.0	108.6	118.9	
1987	109.6	109.8	96.3	108.2	121.9	
1988	107.7	104.6	133.7	109.0	111.8	
1989	107.8	107.8	104.1	107.8	111.3	
1990	107.4	107.8	92.9	109.6	110.1	
1991	106.2	105.1	99.1	108.6	109.5	
1992	106.0	103.9	102.4	107.6	114.1	
1993	103.8	97.0	101.7	111.5	120.1	
1994	104.4	102.7	102.2	104.1	111.1	
1995	108.3	108.0	105.3	106.8	111.7	
1996	106.0	103.3	102.9	109.6	110.3	
1997	106.8	107.6	101.1	104.8	108.0	
1998	104.8	103.4	103.6	105.2	108.4	
1999	105.5	105.2	105.3	105.2	106.6	
2000	102.7	100.6	103.5	102.8	107.5	
2001	102.8	102.4	104.5	102.2	103.8	
2002	106.5	109.4	97.2	101.5	106.5	
2003	102.8	102.5	97.2	102.2	104.3	
2004	104.5	105.7	103.4	101.8	104.8	107.8
2005	104.8	103.4	102.9	105.5	105.7	111.8
2006	104.0	103.6	95.0	103.1	106.0	109.8
2007	103.3	102.7	103.7	103.0	104.1	108.2
2008	104.0	101.6	103.2	107.0	104.7	108.3
2009	105.0	105.6	107.7	103.8	105.1	105.3
2010	104.3	104.8	104.5	103.2	104.5	105.0
2011	103.9	105.5	108.1	98.9	105.2	105.5
2012	103.7	103.8	106.3	102.0	104.9	105.7

注：1. 本表按可比价格计算。
2. 表中2007年数据为第二次全国农业普查后调整数。

Note: a) The indices are calculated at comparable prices.
b) Indices of 2007 in this table are adjusted according to the second national agricultural census.

11-16 各市农林牧渔业总产值（2012年）

Gross Output Value of Farming, Forestry, Animal Husbandry and Fishery by City (2012)

单位：亿元 (100 million yuan)

市 别	City	农林牧渔业总产值 Gross Output Value of Farming, Forestry, Animal Husbandry and Fishery	农业产值 Farming	林业产值 Forestry	牧业产值 Animal Husbandry	渔业产值 Fishery	农林牧渔服务业产值 Services for Farming, Forestry,Animal Husbandry and Fishery
广 州	Guangzhou	366.79	187.24	3.22	76.68	63.73	35.92
深 圳	Shenzhen	14.86	4.50	0.13	4.37	4.23	1.63
珠 海	Zhuhai	69.57	10.80	0.11	11.74	40.10	6.82
汕 头	Shantou	146.58	70.69	0.37	29.53	42.88	3.11
佛 山	Foshan	258.02	80.40	0.98	65.95	98.77	11.93
#顺 德	Shunde	83.07	18.56	0.01	12.52	48.28	3.70
韶 关	Shaoguan	198.61	135.03	15.14	39.23	6.41	2.81
河 源	Heyuan	125.48	71.25	15.23	31.32	3.74	3.93
梅 州	Meizhou	253.80	157.05	12.03	70.19	8.65	5.87
惠 州	Huizhou	201.80	129.57	4.67	46.14	17.93	3.48
汕 尾	Shanwei	161.64	69.02	3.10	26.80	55.95	6.77
东 莞	Dongguan	32.01	16.93	0.17	6.33	7.64	0.94
中 山	Zhongshan	105.80	32.88	0.06	10.56	61.19	1.11
江 门	Jiangmen	272.73	86.16	6.58	72.73	103.16	4.10
阳 江	Yangjiang	286.16	91.39	9.46	50.82	118.49	16.00
湛 江	Zhanjiang	606.63	324.61	18.02	99.93	151.39	12.67
茂 名	Maoming	542.37	272.62	27.61	167.24	58.24	16.66
肇 庆	Zhaoqing	364.06	169.22	47.78	106.17	37.65	3.23
清 远	Qingyuan	235.30	130.86	21.27	64.66	12.89	5.62
潮 州	Chaozhou	84.71	35.13	2.69	18.41	25.01	3.46
揭 阳	Jieyang	213.75	130.95	15.73	45.04	16.21	5.82
云 浮	Yunfu	200.40	80.79	20.26	86.11	9.16	4.08
按经济区域分	By Region						
珠 三 角	Pearl River Delta	1685.63	717.71	63.70	400.66	434.41	69.16
东 翼	Eastern Region	606.67	305.79	21.89	119.77	140.05	19.17
西 翼	Western Region	1435.15	688.63	55.09	317.98	328.12	45.33
山 区	Mountainous Region	1013.59	574.97	83.93	291.51	40.85	22.32

注：本表按当年价格计算。

Note: Data in this table are calculated at current prices.

11-17 各市农林牧渔业总产值指数（2012年）

Indices of Gross Output Value of Farming, Forestry, Animal Husbandry and Fishery by City (2012)

上年=100 (preceding year=100)

市 别	City	农林牧渔业总产值 Gross Output Value of Farming, Forestry, Animal Husbandry and Fishery	农业产值 Farming	林业产值 Forestry	牧业产值 Animal Husbandry	渔业产值 Fishery	农林牧渔服务业产值 Services for Farming, Forestry,Animal Husbandry and Fishery
广 州	Guangzhou	102.8	103.5	93.1	100.3	104.4	103.2
深 圳	Shenzhen	103.1	97.6	47.0	90.1	134.0	94.2
珠 海	Zhuhai	104.7	100.0	103.5	98.4	108.2	103.7
汕 头	Shantou	104.7	101.6	91.0	102.1	110.4	138.8
佛 山	Foshan	101.6	105.6	124.2	96.8	101.4	106.8
#顺 德	Shunde	101.8	104.0	101.9	100.2	101.4	102.4
韶 关	Shaoguan	105.2	106.1	104.5	103.0	102.6	107.6
河 源	Heyuan	104.2	103.9	114.1	100.8	100.7	107.0
梅 州	Meizhou	104.8	105.8	113.5	101.7	101.4	107.5
惠 州	Huizhou	102.9	103.4	103.7	101.1	103.2	106.9
汕 尾	Shanwei	105.8	106.6	117.2	102.2	105.8	107.7
东 莞	Dongguan	100.6	97.8	77.3	103.3	105.2	100.0
中 山	Zhongshan	102.0	108.0	100.4	84.5	102.9	104.1
江 门	Jiangmen	104.0	106.3	101.0	102.3	103.8	103.1
阳 江	Yangjiang	103.9	101.3	107.8	102.9	106.0	105.2
湛 江	Zhanjiang	106.0	106.0	103.4	102.1	108.9	108.0
茂 名	Maoming	103.3	103.8	103.8	102.9	105.7	93.3
肇 庆	Zhaoqing	104.0	103.6	108.3	101.9	106.9	106.0
清 远	Qingyuan	106.3	107.3	107.8	104.2	104.3	109.7
潮 州	Chaozhou	105.7	104.0	68.7	107.4	111.0	103.9
揭 阳	Jieyang	104.4	104.6	110.1	102.4	102.1	108.3
云 浮	Yunfu	104.3	105.5	111.7	101.8	100.0	107.1
按经济区域分	By Region						
珠 三 角	Pearl River Delta	103.1	103.7	106.2	99.9	104.2	103.9
东 翼	Eastern Region	105.0	104.3	104.8	103.0	107.6	111.2
西 翼	Western Region	104.5	104.5	104.3	102.6	107.3	101.2
山 区	Mountainous Region	105.0	105.9	110.0	102.4	102.1	107.9

注：本表按可比价格计算。
Note: The indices are calculated at comparable prices.

11-18 农作物播种面积

Total Sown Area of Farm Crops

单位：万亩 (10000 mu)

年份 Year	农作物总播种面积 Total Sown Area	一、粮食作物 Grain Crops	#稻谷 Rice	#薯类 Tubers	二、大豆 Soybean
1978	9962.46	7603.47	5790.39	873.02	163.71
1979	9492.62	7300.54	5691.88	845.65	185.91
1980	8954.84	6908.02	5596.10	800.67	198.18
1981	8567.83	6548.40	5450.29	767.07	199.33
1982	8539.77	6475.65	5373.51	778.51	218.52
1983	8364.03	6485.66	5406.97	780.98	197.43
1984	8313.00	6269.47	5272.01	765.51	193.21
1985	8036.82	5750.76	4815.81	730.83	175.22
1986	8037.18	5731.76	4804.77	745.48	177.59
1987	8064.78	5679.94	4750.06	743.22	174.25
1988	8063.89	5598.29	4678.26	726.61	172.60
1989	8322.71	5777.18	4768.32	743.93	173.64
1990	8507.35	5822.06	4763.67	751.70	172.44
1991	8489.09	5643.92	4596.92	746.74	163.30
1992	8231.36	5303.82	4313.79	710.56	157.48
1993	7718.41	4840.76	3944.83	681.66	160.54
1994	7807.99	4959.10	4005.47	747.93	157.12
1995	7957.19	5052.24	4052.13	775.96	155.84
1996	8156.22	5120.09	4066.33	778.70	155.04
1997	8267.25	5144.06	4055.92	772.52	149.14
1998	8310.73	5147.65	4029.10	768.09	146.06
1999	7894.24	4912.04	3836.30	697.22	144.52
2000	7735.35	4649.83	3619.05	640.15	145.46
2001	7868.21	4634.79	3638.28	661.15	132.19
2002	7207.37	4021.44	3151.22	582.81	102.14
2003	7294.58	4012.81	3144.56	578.14	114.54
2004	7211.96	4184.55	3208.50	581.55	120.60
2005	7223.06	4179.75	3206.40	579.75	125.70
2006	6573.85	3700.00	2912.90	468.40	96.90
2007	6544.56	3719.30	2908.50	476.40	92.00
2008	6606.46	3749.91	2920.35	479.15	93.00
2009	6714.06	3807.75	2939.55	491.74	96.85
2010	6786.77	3797.90	2929.12	493.67	95.38
2011	6858.04	3795.63	2911.39	498.93	95.55
2012	6944.40	3810.27	2924.07	495.81	93.05

注：1. 2004年起粮食播种面积含大豆。

2. 表中2006、2007年数据为第二次全国农业普查后调整数。

Note: a) Since 2004, the sown area of grain has included that of soybeans.

b) Data of 2006 and 2007 in this table are adjusted according to the second national agricultural census.

11-18 续表 continued

单位：万亩 (10000 mu)

年份 Year	三、经济作物 Economic Crops	#糖蔗 Sugarcane	#花生 Peanuts	#烟叶 Tobacco	四、其他作物 Other Crops	#蔬菜 Vegetables
1978	1277.28	258.96	486.62	69.19	918.00	
1979	1258.28	227.15	519.73	59.44	747.89	
1980	1213.98	218.57	553.24	38.62	634.66	
1981	1302.19	272.52	595.41	45.06	517.91	
1982	1327.84	331.53	588.01	48.73	517.76	
1983	1126.05	312.86	489.74	43.25	554.89	
1984	1213.32	341.02	523.56	39.06	637.00	
1985	1417.68	442.83	545.78	55.25	693.16	
1986	1334.07	405.07	560.80	41.87	793.76	
1987	1324.67	344.72	533.13	41.42	885.92	
1988	1318.08	354.90	497.82	61.39	974.92	
1989	1324.88	338.02	486.05	72.25	1047.01	
1990	1338.43	419.73	485.96	68.55	1174.42	776.00
1991	1374.36	453.90	472.15	81.93	1307.51	867.95
1992	1393.07	461.14	471.88	79.08	1376.99	946.88
1993	1295.77	353.65	499.78	73.92	1421.34	1057.02
1994	1224.21	325.62	505.35	53.15	1467.56	1147.53
1995	1185.17	320.18	499.60	44.33	1563.94	1244.96
1996	1202.15	329.28	497.42	45.10	1678.94	1348.64
1997	1211.80	334.02	499.70	55.45	1762.26	1416.62
1998	1185.21	325.59	510.83	50.30	1831.81	1484.82
1999	1071.27	261.47	468.50	42.72	1766.41	1441.85
2000	1093.04	239.60	496.61	46.64	1847.01	1515.15
2001	1088.71	215.25	511.57	53.48	2012.52	1685.69
2002	1068.46	222.66	472.49	46.27	2015.33	1692.00
2003	1055.55	198.29	488.66	44.86	2111.68	1792.29
2004	1008.72	193.45	462.20	47.42	2018.69	1720.01
2005	1001.56	188.08	464.11	47.47	2041.75	1744.08
2006	947.98	195.13	462.28	30.23	1925.87	1627.80
2007	944.03	206.46	453.71	29.39	1881.24	1597.50
2008	957.45	204.06	471.21	35.23	1899.11	1668.94
2009	979.23	203.72	483.22	37.11	1927.09	1707.65
2010	998.59	204.62	492.77	35.80	1990.28	1769.69
2011	1024.29	210.86	501.66	36.36	2038.12	1813.22
2012	1063.74	218.28	514.75	35.90	2070.39	1843.77

注：1. 2004年起粮食播种面积含大豆。
2. 表中2006、2007年数据为第二次全国农业普查后调整数。

Note: a) Since 2004, the sown area of grain has included that of soybeans.
b) Data of 2006 and 2007 in this table are adjusted according to the second national agricultural census.

11-19 农作物产量
Output of Farm Crops

单位：万吨 (10000 tons)

年份 Year	粮食作物 Grain Crops	#稻谷 Rice	#薯类 Tubers	大豆 Soybean	主要经济作物 Major Economic Crops 糖蔗 Sugarcane	花生 Peanuts	烟叶 Tobacco	蔬菜 Vegetables
1978	1509.51	1328.56	121.04	7.99	835.42	35.17	4.73	
1979	1605.36	1435.22	125.15	9.56	742.90	40.70	4.00	
1980	1681.91	1523.92	123.68	11.47	834.73	50.00	2.72	
1981	1521.00	1372.22	122.53	12.01	1235.50	57.39	3.68	
1982	1795.72	1627.37	138.98	14.44	1496.10	61.90	4.67	
1983	1817.48	1673.12	138.98	10.80	1159.83	48.08	3.41	
1984	1819.33	1666.08	130.21	11.90	1454.15	53.40	3.50	
1985	1604.37	1454.29	131.88	11.32	1831.40	57.07	4.89	
1986	1567.00	1421.55	128.01	12.27	1622.13	60.40	3.50	
1987	1701.81	1536.46	146.48	12.43	1338.60	53.50	4.05	
1988	1636.70	1472.95	143.42	12.32	1538.68	51.80	5.80	
1989	1817.21	1630.29	153.47	13.25	1681.34	55.38	7.15	
1990	1896.29	1687.00	167.05	13.87	2093.46	57.95	7.08	976.83
1991	1873.50	1651.65	176.59	12.60	2286.38	56.11	8.46	1106.19
1992	1810.40	1602.27	170.28	13.94	2271.06	60.30	8.62	1203.54
1993	1629.11	1425.81	169.20	15.28	1603.11	66.02	7.70	1367.22
1994	1662.66	1434.04	194.68	15.44	1397.22	63.71	5.30	1509.93
1995	1803.33	1553.90	209.40	16.50	1472.21	69.98	5.04	1703.86
1996	1891.43	1626.29	210.28	17.32	1392.00	73.05	5.29	1865.10
1997	1966.75	1669.33	228.35	17.61	1629.27	74.10	7.33	1995.99
1998	1884.13	1688.53	238.28	17.32	1616.94	69.38	6.61	2011.13
1999	1935.82	1630.13	214.38	17.91	1218.30	73.31	5.80	2109.68
2000	1822.33	1528.53	199.05	18.73	1137.59	77.68	6.21	2214.80
2001	1721.55	1441.35	198.15	17.36	1073.38	79.73	6.79	2377.60
2002	1484.16	1243.46	171.02	12.67	1136.45	75.19	6.08	2442.53
2003	1488.00	1250.38	166.77	14.92	952.87	80.73	6.00	2584.20
2004	1390.00	1123.13	180.28	18.10	940.77	76.47	6.27	2557.65
2005	1394.97	1116.99	185.48	18.87	946.02	75.86	6.30	2596.02
2006	1242.42	1015.90	150.48	14.92	1025.66	76.54	4.23	2380.56
2007	1284.70	1046.05	157.40	13.53	1096.87	76.66	4.18	2351.48
2008	1243.44	1003.30	154.56	13.86	1079.30	80.53	4.93	2431.43
2009	1314.50	1058.10	162.43	14.67	1116.11	83.63	5.36	2567.17
2010	1316.50	1060.60	162.32	14.70	1134.35	87.13	5.51	2718.59
2011	1360.95	1096.90	166.35	15.16	1202.69	90.85	5.63	2850.99
2012	1396.33	1126.57	167.35	15.26	1279.30	95.52	5.81	2982.71

注：1. 2004年起粮食产量含大豆。
2. 表中2006、2007年数据为第二次全国农业普查后调整数。

Note: a) Since 2004, the output of grain has included that of soybeans.
b) Data of 2006 and 2007 in this table are adjusted according to the second national agricultural census.

11-20 主要农作物播种面积、亩产及总产量

Sown Area, Yield per Mu and Total Output of Major Farm Crops

单位：万亩、公斤、万吨 (10000 mu, kg, 10000 tons)

作物名称	Farm Crop	2010			2011			2012		
		播种面积 Sown Area	亩产 Yield per Mu	总产量 Total Output	播种面积 Sown Area	亩产 Yield per Mu	总产量 Total Output	播种面积 Sown Area	亩产 Yield per Mu	总产量 Total Output
农作物播种面积	**Total Sown Area**	**6786.77**			**6858.04**			**6944.40**		
粮食作物	**Grain Crops**	**3797.90**	**347**	**1316.50**	**3795.63**	**359**	**1360.95**	**3810.27**	**366**	**1396.33**
稻谷	Rice	2929.12	362	1060.60	2911.39	377	1096.90	2924.07	385	1126.57
早稻	Early Rice	1412.00	362	511.10	1391.81	379	527.36	1403.33	381	534.33
晚稻	Late Rice	1517.12	362	549.50	1519.58	375	569.54	1520.74	389	592.24
小麦	Wheat	1.31	188	0.25	1.41	202	0.29	1.40	214	0.30
旱粮	Upland Grain	278.43	282	78.63	288.35	285	82.26	295.94	293	86.85
#玉米	Corn	243.39	296	72.09	250.97	299	75.06	258.76	308	79.70
薯类	Tubers	493.67	329	162.32	498.93	333	166.35	495.81	338	167.35
大豆	Soybean	95.38	154	14.70	95.55	159	15.16	93.05	164	15.26
经济作物	**Economic Crops**	**998.59**			**1024.29**			**1063.74**		
甘蔗	Sugarcane and Fruit Cane	232.29	5597	1300.15	240.39	5782	1390.03	248.16	5920	1469.21
#糖蔗	Sugarcane	204.62	5544	1134.35	210.86	5704	1202.69	218.28	5861	1279.30
油料作物	Oil-bearing Crops	506.13	174	88.16	515.01	178	91.90	528.28	183	96.61
#花生	Peanuts	492.77	177	87.13	501.66	181	90.85	514.75	186	95.52
麻类	Fiber Crops	0.31	162	0.05	0.28	158	0.04	0.21	159	0.03
烟叶	Tobacco	35.80	154	5.51	36.36	155	5.63	35.90	162	5.81
木薯	Cassava	125.05	1236	154.57	124.38	1246	154.95	122.50	1267	155.23
药材	Medicinal Plants	16.70			20.37			23.52		
其他经济作物	Other Economic Crops	82.32			87.50			105.17		
其他作物	**Other Crops**	**1990.28**			**2038.12**			**2070.39**		
#蔬菜	Vegetables	1769.69	1536	2718.59	1813.22	1572	2850.99	1843.77	1618	2982.71

11-21 各市主要农作物播种面积、亩产及总产量（2012年）
Sown Area, Yield per Mu and Total Output of Major Farm Crops by City (2012)

单位：亩、公斤、吨 (mu, kg, ton)

市别	City	粮食作物 Grain Crops			#稻谷 Rice		
		播种面积 Sown Area	亩产 Yield per Mu	总产量 Total Output	播种面积 Sown Area	亩产 Yield per Mu	总产量 Total Output
广州	Guangzhou	1348182	334	449669	933983	341	318410
深圳	Shenzhen	12	417	5			
珠海	Zhuhai	113647	390	44349	76103	410	31173
汕头	Shantou	1075335	446	479193	750929	451	338668
佛山	Foshan	310214	314	97331	180125	349	62938
#顺德	Shunde	2135	291	621			
韶关	Shaoguan	2384043	384	916583	1893564	418	791509
河源	Heyuan	2465625	379	933711	2041066	409	834795
梅州	Meizhou	3280932	384	1259080	2663289	411	1094612
惠州	Huizhou	1813798	345	626570	1277275	351	448323
汕尾	Shanwei	1438082	337	484760	1065049	349	371702
东莞	Dongguan	41282	302	12476	23675	353	8357
中山	Zhongshan	226223	342	77468	96971	347	33684
江门	Jiangmen	2925697	331	969187	2646134	340	900270
阳江	Yangjiang	2202660	331	728828	1611825	355	572198
湛江	Zhanjiang	4387671	348	1525757	3300649	363	1197114
茂名	Maoming	3812057	399	1519453	3078173	418	1286677
肇庆	Zhaoqing	3047321	378	1151145	2512078	399	1002803
清远	Qingyuan	2693993	301	811312	2013599	327	658446
潮州	Chaozhou	686595	422	289547	508281	442	224660
揭阳	Jieyang	2058690	427	878779	1195131	413	493565
云浮	Yunfu	1790641	395	708097	1372801	434	595796
按经济区域分	By Region						
珠三角	Pearl River Delta	9826376	349	3428200	7746344	362	2805958
东翼	Eastern Region	5258702	405	2132279	3519390	406	1428595
西翼	Western Region	10402388	363	3774038	7990647	382	3055989
山区	Mountainous Region	12615234	367	4628783	9984319	398	3975158

11-21 续表 1 continued

单位：亩、公斤、吨 (mu, kg, ton)

市 别	City	大豆 Soybean 播种面积 Sown Area	大豆 Soybean 亩产 Yield per Mu	大豆 Soybean 总产量 Total Output	经济作物 Economic Crops 播种面积 Sown Area	#糖蔗 Sugarcane 播种面积 Sown Area	#糖蔗 Sugarcane 亩产 Yield per Mu	#糖蔗 Sugarcane 总产量 Total Output
广 州	Guangzhou	23922	236	5645	485819	953	6276	5981
深 圳	Shenzhen				2255			
珠 海	Zhuhai	1449	281	407	46333	12084	6129	74063
汕 头	Shantou	3808	140	535	22085			
佛 山	Foshan	2874	160	460	218488	347	7689	2668
#顺 德	Shunde	10	100	1	44028	17	1941	33
韶 关	Shaoguan	134919	188	25324	1008050	37665	5170	194733
河 源	Heyuan	148479	159	23669	439147	5646	3872	21863
梅 州	Meizhou	130151	156	20278	503233			
惠 州	Huizhou	34237	128	4395	370943	14856	4933	73290
汕 尾	Shanwei	30194	133	4018	222695	1000	5080	5080
东 莞	Dongguan	901	180	162	21281			
中 山	Zhongshan	5519	290	1600	90741	457	3779	1727
江 门	Jiangmen	35444	152	5387	402430	31672	5993	189801
阳 江	Yangjiang	108400	133	14460	482156	21883	4527	99060
湛 江	Zhanjiang	27287	174	4737	3055042	1934974	5946	11504967
茂 名	Maoming	25076	186	4676	896949	59674	4737	282662
肇 庆	Zhaoqing	28522	164	4682	787303	10432	4737	49420
清 远	Qingyuan	72298	156	11259	821529	47522	5557	264070
潮 州	Chaozhou	5159	149	768	36640	1750	8100	14175
揭 阳	Jieyang	43964	170	7452	163454	1765	4908	8662
云 浮	Yunfu	67897	187	12686	560864	154	5078	782
按经济区域分	By Region							
珠 三 角	Pearl River Delta	132868	171	22738	2425593	70801	5607	396950
东 翼	Eastern Region	83125	154	12773	444874	4515	6183	27917
西 翼	Western Region	160763	148	23873	4434147	2016531	5895	11886689
山 区	Mountainous Region	553744	168	93216	3332823	90987	5291	481448

11-21 续表 2 continued

单位：亩、公斤、吨 (mu, kg, ton)

市别	City	#花生 Peanuts 播种面积 Sown Area	亩产 Yield per Mu	总产量 Total Output	#烟叶 Tobacco 播种面积 Sown Area	亩产 Yield per Mu	总产量 Total Output
广州	Guangzhou	106056	177	18724	5	200	1
深圳	Shenzhen	19	211	4			
珠海	Zhuhai	5308	183	971			
汕头	Shantou	19053	171	3265			
佛山	Foshan	26304	197	5174	7	143	1
#顺德	Shunde	20	500	10			
韶关	Shaoguan	562312	216	121537	209211	161	33679
河源	Heyuan	369272	187	69178			
梅州	Meizhou	224701	163	36685	84176	158	13308
惠州	Huizhou	333938	168	56140			
汕尾	Shanwei	178158	149	26526			
东莞	Dongguan	930	302	281			
中山	Zhongshan	1355	258	350			
江门	Jiangmen	182233	160	29175	55	127	7
阳江	Yangjiang	371141	144	53416	710	169	120
湛江	Zhanjiang	775906	209	162318	7684	197	1516
茂名	Maoming	657280	194	127304	13603	200	2722
肇庆	Zhaoqing	379361	187	71017	20366	172	3495
清远	Qingyuan	538584	179	96555	21030	139	2928
潮州	Chaozhou	25966	162	4212			
揭阳	Jieyang	112010	203	22794	47	149	7
云浮	Yunfu	277604	179	49583	2109	139	293
按经济区域分	By Region						
珠三角	Pearl River Delta	1035504	176	181836	20433	171	3504
东翼	Eastern Region	335187	169	56797	47	149	7
西翼	Western Region	1804327	190	343038	21997	198	4358
山区	Mountainous Region	1972473	189	373538	316526	159	50208

11-21 续表 3 continued

单位：亩、公斤、吨 (mu, kg, ton)

市别	City	#木薯 Cassava 播种面积 Sown Area	#木薯 Cassava 亩产 Yield per Mu	#木薯 Cassava 总产量 Total Output	其他作物 Other Crops 播种面积 Sown Area	#蔬菜 Vegetables 播种面积 Sown Area	#蔬菜 Vegetables 亩产 Yield per Mu	#蔬菜 Vegetables 总产量 Total Output
广　州	Guangzhou	1771	1259	2230	2110894	2056495	1628	3348958
深　圳	Shenzhen				85044	84704	1227	103941
珠　海	Zhuhai	132	303	40	118545	103232	1358	140184
汕　头	Shantou	480	3450	1656	692355	683002	2311	1578140
佛　山	Foshan	1035	1467	1518	1146887	922757	1603	1478908
#顺　德	Shunde				180763	95666	1049	100383
韶　关	Shaoguan	31960	1164	37192	1471793	1208743	1498	1810870
河　源	Heyuan	43610	881	38408	527062	460782	1217	560773
梅　州	Meizhou	144047	907	130597	1386762	1030918	1892	1950505
惠　州	Huizhou	1176	1461	1718	1561924	1493630	1497	2236319
汕　尾	Shanwei	20633	2932	60490	737946	679198	1480	1005174
东　莞	Dongguan				309892	303778	1288	391147
中　山	Zhongshan				370576	347753	1441	501044
江　门	Jiangmen	39716	1470	58363	977919	856721	1452	1244320
阳　江	Yangjiang	60308	995	60001	936056	881959	1042	918738
湛　江	Zhanjiang	147732	1858	274532	2001714	1878976	1567	2944786
茂　名	Maoming	99546	1142	113670	1497281	1441427	1682	2423921
肇　庆	Zhaoqing	247627	1193	295516	1325559	1091220	1961	2140035
清　远	Qingyuan	131831	1099	144919	1799835	1511607	1502	2270518
潮　州	Chaozhou	3536	1641	5802	242690	201186	2168	436253
揭　阳	Jieyang	18620	1271	23675	894956	838654	2264	1898441
云　浮	Yunfu	231282	1306	302019	508192	360945	1230	444092
按经济区域分	By Region							
珠三角	Pearl River Delta	291457	1233	359385	8007240	7260290	1596	11584856
东　翼	Eastern Region	43269	2118	91623	2567947	2402040	2047	4918008
西　翼	Western Region	307586	1457	448203	4435051	4202362	1496	6287445
山　区	Mountainous Region	582730	1121	653135	5693644	4572995	1539	7036758

11-22 造林面积及主要林产品产量

Area of Afforestation and Output of Major Forest Products

项目	Item	1995	2000	2005	2010	2011	2012
当年荒山造林面积(万亩)	Total Afforested Area in Barren Mountains in Current Year (10000 mu)	31.02	25.76	27.50	142.72	188.21	161.27
人工造林	Afforestation by Manpower	31.02	25.76	27.50	137.93	182.46	142.38
年末实有育苗面积(万亩)	Actual Area of Seedlings Raising at the Year-end (10000 mu)	3.51	3.12	2.95	4.54	5.40	5.66
当年未林抚育实际面积	Area of Immature Forest Tending in Current Year (10000 mu)	584.33	333.37	219.69	259.941	305.68	287.50
成林抚育面积	Area of Grown Forest Tending	411.00	432.00	183.00	273.09	223.72	412.52
主要林产品产量	Output of Major Forest Products						
油桐籽 (吨)	Tung-oil Seeds (ton)	3536	3817	5193	6050	7191	7563
油茶籽 (吨)	Tea-oil Seeds (ton)	24997	26268	30470	82417	60393	65239
棕片 (吨)	Palm Pieces (ton)	606	663	1640	2536	2646	2597
松脂 (万吨)	Rosin (10000 tons)	11.46	11.31	15.46	18.11	19.05	19.63
竹笋干 (吨)	Dried Bamboo Shoots (ton)	9004	14132	17825	30291	33221	34921
板栗 (吨)	Chinese Chestnuts (ton)	3577	5440	8637	10616	11853	11828
松香类产品 (万吨)	Rosin Products (10000 tons)	11.11	9.61	7.38	12.91	8.95	9.76

注：2012年起，幼林抚育实际面积改为未成林抚育作业面积。

Note: Since 2012,area of young forest tending is changed to area of immature forest tending.

11-23 水产养殖面积和水产品产量

Area of Cultivation and Output of Aquatic Products

指标	Item	1995	2000	2005	2010	2011	2012
水产品产量(万吨)	**Output of Aquatic Products(10000 tons)**	**354.34**	**593.19**	**695.23**	**729.03**	**762.14**	**789.50**
海水产品	Seawater Aquatic Products	197.21	360.45	397.95	401.50	417.84	432.34
捕捞	Catches	161.42	191.48	172.05	152.43	152.26	156.61
养殖	Artificially Cultured	35.79	168.97	225.90	249.07	265.57	275.73
淡水产品	Freshwater Aquatic Products	157.13	232.74	297.28	327.53	344.31	357.16
捕捞	Catches	7.36	13.52	13.03	12.86	12.84	13.06
养殖	Artificially Cultured	149.77	219.22	284.25	314.67	331.47	344.09
养殖面积 (万亩)	**Area of Cultivation (10000 mu)**	**668.73**	**846.76**	**906.97**	**845.12**	**860.87**	**862.81**
海水养殖	Seawater	174.23	292.33	336.60	298.89	305.12	302.75
淡水养殖	Freshwater	494.50	554.43	570.37	546.24	555.76	560.06

注：1998年起水产品产量按新标准计算。

Note: Since 1998, the outputs of aquatic products have been calculated in accordance with new criteria.

11-24 牲畜头数及肉类产量

Number of Livestock and Output of Meat

项 目	Item	1995	2000	2005	2010	2011	2012
牛年末存栏头数 （万头）	**Number of Cattle and Buffaloes(at the year-end) (10000 heads)**	**471.53**	**420.64**	**372.25**	**229.18**	**233.82**	**232.77**
役用牛	Farming Cattle	336.89	295.20	262.76	118.96	119.59	119.20
肉用牛	Beef Cattle				104.86	108.56	107.83
奶牛	Milch Cows	2.56	3.72	4.83	5.36	5.68	5.74
牛奶产量 （万吨）	**Output of Milk (10000 tons)**	**5.49**	**9.19**	**11.64**	**14.23**	**14.23**	**13.64**
山羊年末存栏只数(万只)	**Number of Goats on Hand at the Year-end (10000 heads)**	**27.30**	**29.33**	**39.20**	**37.01**	**40.56**	**40.18**
生猪年末存栏头数(万头)	**Number of Hogs at the Year-end (10000 heads)**	**2183.95**	**2034.79**	**2143.50**	**2253.29**	**2300.60**	**2256.63**
#能繁殖母猪 （万头）	Number of Female Hogs with Fertility (10000 heads)	137.25	143.75	162.77	252.73	253.56	250.51
肉猪出栏头数 （万头）	**Number of Slaughtered Fattened Hogs (10000 heads)**	**2395.21**	**2954.98**	**3616.74**	**3732.02**	**3664.10**	**3736.18**
家禽年末存栏 （亿只）	**Poultry at year-end (100 million heads)**		**3.89**	**3.48**	**3.84**	**3.70**	**3.56**
出售和自宰的家禽(亿只)	**Poultry sold or slaughtered (100 million heads)**	**7.76**	**9.29**	**10.10**	**11.37**	**11.18**	**11.31**
禽蛋产量 （万吨）	**Poultry Eggs (10 000 tons)**	**31.11**	**33.08**	**33.19**	**34.41**	**34.84**	**31.81**
肉类产量 （万吨）	**Output of Meat (10000 tons)**	**305.06**	**324.48**	**384.31**	**441.10**	**434.68**	**443.21**
#猪肉	Pork	188.75	206.85	256.28	275.46	270.97	276.39
牛肉	Beef	5.68	5.17	7.21	6.27	6.56	6.68
羊肉	Mutton	0.44	0.43	0.71	0.91	0.93	0.88
禽肉	Meat of Poultry	109.94	111.50	113.66	152.99	150.28	153.46
兔肉	Rabbit Meat	0.25	0.53	0.64	0.65	0.84	0.81

注：表中1995年的数据按原来口径计算。

Note: Data of 1995 are calculated in accordance with the original criteria.

11-25 各市造林面积、水产品产量、牲畜头数及猪肉产量（2012年）
Area of Afforestation, Output of Aquatic Products, Number of Livestock and Output of Pork by City (2012)

市 别	City	荒山荒(沙)地造林面积(万亩) Area of Afforestation of Barren Mountains and Lands (10000 mu)	水产品产量(万吨) Output of Aquatic Products (10000 tons)	#淡水养殖 Freshwater	牛年末存栏头数(万头) Number of Cattles and Buffalos at the Year-end (10000 heads)	生猪年末存栏头数(万头) Number of Hogs at the Year-end (10000 heads)	肉猪出栏头数(万头) Number of Slaughtered Fattened Hogs (10000 heads)	猪肉产量(万吨) Output of Pork (10000 tons)
广 州	Guangzhou		46.02	33.55	4.54	121.97	229.53	17.16
深 圳	Shenzhen	0.42	3.19	0.09	0.57	6.49	18.47	1.24
珠 海	Zhuhai	0.73	24.00	19.79	0.42	32.92	47.96	3.58
汕 头	Shantou	2.53	41.69	7.04	1.04	45.30	86.11	6.36
佛 山	Foshan		58.44	57.71	0.95	101.30	195.92	14.05
#顺 德	Shunde		22.96	22.89	0.08	21.07	52.26	3.57
韶 关	Shaoguan	24.44	7.47	7.22	12.70	104.34	160.23	11.84
河 源	Heyuan	18.59	4.09	3.91	13.62	80.54	95.01	7.18
梅 州	Meizhou	28.51	9.95	9.00	15.30	164.06	253.93	18.81
惠 州	Huizhou	9.18	14.94	7.31	11.33	114.28	186.26	13.94
汕 尾	Shanwei	14.07	58.49	4.62	10.80	42.64	79.09	5.85
东 莞	Dongguan		7.67	5.82	0.02	14.25	28.63	1.96
中 山	Zhongshan		35.46	33.08	0.06	23.63	43.32	3.21
江 门	Jiangmen	3.03	71.24	35.78	5.44	149.41	256.13	18.92
阳 江	Yangjiang	1.21	109.25	10.01	13.57	134.53	189.44	14.14
湛 江	Zhanjiang	0.87	116.31	14.27	55.53	194.29	329.07	24.48
茂 名	Maoming	9.53	84.06	23.77	34.71	317.80	571.14	42.73
肇 庆	Zhaoqing	8.97	36.12	35.54	21.86	239.58	410.53	30.55
清 远	Qingyuan	16.35	10.89	10.71	14.01	145.07	208.59	14.89
潮 州	Chaozhou	5.30	19.85	4.79	1.82	39.79	59.92	4.42
揭 阳	Jieyang	10.30	15.11	7.03	5.81	99.05	149.22	11.13
云 浮	Yunfu	7.01	10.22	10.08	8.69	85.42	137.68	9.94
按经济区域分	By Region							
珠三角	Pearl River Delta	22.33	297.08	228.67	45.18	803.81	1416.74	104.61
东 翼	Eastern Region	32.20	135.13	23.49	19.48	226.77	374.35	27.76
西 翼	Western Region	11.61	309.62	48.06	103.81	646.62	1089.65	81.35
山 区	Mountainous Region	94.91	42.61	40.92	64.31	579.43	855.44	62.66

11-26 茶叶、桑、水果面积及产量

Planted Area and Output of Tea, Mulberry and Fruits

指　　标	Item	1995	2000	2005	2010	2011	2012
茶叶年末实有面积（万亩）	Planted Area of Tea at the Year-end(10000 mu)	68.74	64.80	54.05	61.24	61.69	62.76
茶叶总产量（万吨）	Output of Tea (10000 tons)	3.96	4.21	4.45	5.3319	5.96	6.31
桑地年末实有面积（万亩）	Planted Area of Mulberries at the Year-end (10000 mu)	37.76	26.89	43.64	47.73	48.81	49.50
蚕茧总产量（万吨）	Output of Mulberries (10000 tons)	3.32	3.09	6.52	9.1352	9.61	9.73
水果年末实有面积（万亩）	Planted Area of Fruits at the Year-end (10000 mu)	1103.46	1502.35	1495.37	1627.214	1644.93	1650.36
水果总产量（万吨）	Gross Output of Fruits (10000 tons)	414.51	643.52	831.69	1128.732	1205.05	1279.09
#柑桔橙年末实有面积（万亩）	Planted Area of Citruses at the Year-end (10000 mu)	169.84	123.34	249.03	375.055	383.49	382.06
柑桔橙总产量（万吨）	Output of Citruses (10000 tons)	107.43	81.06	143.02	293.0671	316.58	346.56
香(大)蕉年末实有面积（万亩）	Planted Area of Bananas at the Year-end (10000 mu)	131.41	151.51	192.59	188.22	188.22	187.93
香(大)蕉总产量（万吨）	Output of Bananas (10000 tons)	157.60	235.30	330.23	371.27	384.89	403.16
菠萝年末实有面积(万亩)	Planted Area of Pineapples at the Year-end (10000 mu)	38.60	44.58	40.70	41.27	43.70	44.64
菠萝总产量（万吨）	Output of Pineapples (10000 tons)	26.30	47.53	52.10	67.55	76.91	82.10
荔枝年末实有面积(万亩)	Planted Area of Lychees at the Year-end (10000 mu)	294.17	474.83	417.21	409.67	409.71	410.29
荔枝总产量（万吨）	Output of Lychees (10000 tons)	26.91	64.75	86.21	100.83	106.38	105.91
龙眼年末实有面积(万亩)	Planted Area of Longans at the Year-end (10000 mu)	113.50	236.31	186.63	190.91	191.21	191.30
龙眼总产量（万吨）	Output of Longans (10000 tons)	7.60	34.68	46.40	60.70	65.48	67.49

11-27 各市水果面积及产量（2012年）
Planted Area and Output of Fruits by City (2012)

单位：万亩、万吨 (10000 mu，10000 tons)

市 别	City	水果合计 Fruits 年末面积 Year-end Area	水果合计 Fruits 总产量 Total Output	#柑桔橙 Citrus 年末面积 Year-end Area	#柑桔橙 Citrus 总产量 Total Output	#香(大)蕉 Banana 年末面积 Year-end Area	#香(大)蕉 Banana 总产量 Total Output
广 州	Guangzhou	93.58	40.28	4.49	4.72	6.92	14.39
深 圳	Shenzhen	4.70	0.27	0.04	0.02	0.02	0.01
珠 海	Zhuhai	9.59	6.26	0.25	0.28	2.71	3.69
汕 头	Shantou	19.26	18.37	1.19	1.88	3.58	6.85
佛 山	Foshan	4.60	5.01	0.38	0.27	1.93	3.93
#顺 德	Shunde	0.50	0.85			0.48	0.84
韶 关	Shaoguan	48.06	39.47	22.32	19.49	0.49	0.39
河 源	Heyuan	52.79	29.41	13.08	8.59	1.31	0.99
梅 州	Meizhou	116.83	116.83	13.91	16.50	6.40	7.50
惠 州	Huizhou	85.15	63.41	37.10	38.31	6.26	8.72
汕 尾	Shanwei	54.64	24.23	2.16	3.17	3.76	3.58
东 莞	Dongguan	17.87	6.49	0.01	0.01	3.67	5.19
中 山	Zhongshan	9.95	16.01	0.43	0.82	5.24	10.05
江 门	Jiangmen	29.48	23.97	4.10	6.03	6.21	11.05
阳 江	Yangjiang	122.46	56.99	35.49	32.88	5.16	5.89
湛 江	Zhanjiang	139.82	244.37	2.41	2.02	51.92	139.40
茂 名	Maoming	353.37	261.44	2.81	2.27	61.77	151.75
肇 庆	Zhaoqing	122.76	118.93	100.07	95.04	6.35	11.38
清 远	Qingyuan	97.23	67.41	71.10	52.65	0.98	1.48
潮 州	Chaozhou	24.69	15.52	2.07	2.64	1.06	2.13
揭 阳	Jieyang	126.22	53.24	6.50	8.59	6.61	9.60
云 浮	Yunfu	117.31	71.17	62.14	50.39	5.57	5.21
按经济区域分	By Region						
珠 三 角	Pearl River Delta	377.68	280.63	146.87	145.51	39.31	68.40
东 翼	Eastern Region	224.81	111.36	11.92	16.28	15.01	22.17
西 翼	Western Region	615.65	562.80	40.71	37.17	118.86	297.03
山 区	Mountainous Region	432.22	324.30	182.56	147.61	14.76	15.56

11-27 续表 continued

单位：万亩、万吨 (10000 mu，10000 tons)

市别	City	#菠萝 Pineapple 年末面积 Year-end Area	#菠萝 Pineapple 总产量 Total Output	#荔枝 Lychee 年末面积 Year-end Area	#荔枝 Lychee 总产量 Total Output	#龙眼 Longan 年末面积 Year-end Area	#龙眼 Longan 总产量 Total Output
广州	Guangzhou	0.39	0.15	47.07	6.14	11.86	3.23
深圳	Shenzhen	...	...	3.91	0.18	0.71	0.05
珠海	Zhuhai	0.02	...	4.65	0.56	0.72	0.15
汕头	Shantou	0.11	0.08	3.80	0.63	0.65	0.33
佛山	Foshan	0.03	0.04	0.54	0.19	1.04	0.30
#顺德	Shunde					0.01	...
韶关	Shaoguan			...	0.01	0.32	0.12
河源	Heyuan	0.10	0.03	6.44	0.54	1.98	0.56
梅州	Meizhou	0.28	0.15	5.93	2.19	5.97	2.79
惠州	Huizhou	0.54	0.44	24.28	7.40	10.48	4.39
汕尾	Shanwei	2.18	0.88	23.93	8.76	5.00	2.64
东莞	Dongguan			11.82	0.63	1.77	0.28
中山	Zhongshan	0.30	0.23	1.13	0.52	0.80	0.31
江门	Jiangmen	0.15	0.12	9.64	1.76	6.06	2.11
阳江	Yangjiang	0.33	0.16	46.84	8.29	23.29	6.31
湛江	Zhanjiang	32.73	72.96	25.91	9.46	11.68	4.78
茂名	Maoming	0.35	0.31	140.74	43.69	77.96	28.46
肇庆	Zhaoqing	0.60	0.44	2.64	2.16	3.18	1.73
清远	Qingyuan	0.01	...	2.32	0.71	2.24	0.88
潮州	Chaozhou	1.01	1.04	4.51	1.19	4.70	2.29
揭阳	Jieyang	5.19	4.86	26.54	7.05	10.86	2.62
云浮	Yunfu	0.32	0.20	17.67	3.87	10.02	3.17
按经济区域分	By Region						
珠三角	Pearl River Delta	2.03	1.42	105.67	19.53	36.62	12.53
东翼	Eastern Region	8.48	6.87	58.77	17.62	21.21	7.88
西翼	Western Region	33.41	73.43	213.48	61.43	112.93	39.56
山区	Mountainous Region	0.72	0.39	32.36	7.32	20.54	7.52

11-28 主要农副产品产量与最高年份比较（2012年）

Output of Major Farm and Sideline Products in Comparison with Peak Year (2012)

指　标	Item	2012	建国以来最高年 Peak Year since 1949		
			年份 Year	产量 Output	2012为建国以来最高年份% Percentage of 2012to Peak Year%
粮食总产量　（万吨）	**Total Output of Grain　(10000 tons)**	**1396.33**	**1997**	**1966.75**	**71.0**
#稻谷	Output of Rice	1126.57	1998	1688.53	66.7
早稻	Early Rice	534.33	1983	862.25	62.0
晚稻	Late Rice	592.24	1998	866.51	68.3
薯类	Tubers	167.35	1998	238.28	70.2
经济作物　（万吨）	**Economic Crops　(10000 tons)**				
甘蔗	Sugarcane and Fruit Canes	1469.21	1992	2376.62	61.8
#糖蔗	Sugarcane	1279.30	1992	2271.06	56.3
油料作物	Oil-bearing Crops	96.61	2011	91.90	105.1
#花生	Peanuts	95.52	2011	90.85	105.1
烟叶	Tobacco	5.81	1992	8.62	67.4
其他作物	**Other Crops**				
#蔬菜　（万吨）	Vegetables　(10000 tons)	2982.71	2011	2850.99	104.6
水果　（万吨）	**Fruits　(10000 tons)**	**1279.09**	**2011**	**1205.05**	**106.1**
水产品　（万吨）	**Aquatic Products　(10000 tons)**	**789.50**	**2011**	**762.14**	**103.6**
生猪年末存栏量　（万头）	**Number of Hogs at the Year-end　(10000 heads)**	**2256.63**	**2009**	**2392.28**	**94.3**
生猪出栏头数　（万头）	**Number of Slaughtered Fattened Hogs　(10000 heads)**	**3736.18**	**2010**	**3732.02**	**100.1**
猪肉产量　（万吨）	**Output of Pork　(10000 tons)**	**276.39**	**2010**	**275.46**	**100.3**
家禽年末存栏　（亿只）	**Poultry at year-end　(100 million heads)**	**3.56**	**2010**	**3.84**	**92.7**
出售和自宰的家禽（亿只）	**Poultry sold or slaughtered(100 million heads)**	**11.31**	**2010**	**11.37**	**99.4**
禽肉产量　（万吨）	**Output of Poultry Meat　(10 000 tons)**	**153.46**	**2010**	**152.99**	**100.3**

注：1. 1998年起水产品产量按新标准计算。
2. 1998年起主要农产品产量采用抽样调查数，其他年份均为全面统计数。
3. 2004年起粮食产量含大豆。

Notes: a) The outputs of aquatic products since 1998 have been calculated in accordance with new criteria.
b) Since 1998, the outputs of major agricultural products have been obtained from the sample surveys, while those of other years were obtained from complete enumeration.
c) Since 2004, the output of grain has included that of soybeans.

11-29 乡镇企业基本情况（2012年）

Basic Conditions on Township Enterprises (2012)

项 目	Item	企业个数（个） Number of Enterprises (unit)	从业人员年末人数（万人） Number of Employed Persons at the Year-end (10000 persons)	营业收入（亿元） Business Income (100 million yuan)	利润总额（亿元） Total Profits (100 million yuan)	上交税金（亿元） Taxes Paied (100 million yuan)
总 计	**Total**	**393254**	**1094.86**	**30630.96**	**1900.06**	**916.82**
按登记注册类型分	Grouped by Status of Registration					
内资企业小计	Domestic-funded Enterprises	369848	735.54	19958.79	1342.00	579.77
集体企业	Collective-owned Enterprises	16238	47.29	1143.15	74.73	33.76
股份合作企业	Share-holding Cooperative Enterprises	2822	8.42	185.06	16.99	5.29
联营企业	Joint-operation Enterprises	7208	7.41	74.43	6.54	2.50
有限责任公司	Limited Liability Corporations	44372	184.91	7197.66	358.97	181.01
股份有限公司	Share-holding Corporation Ltd.	5130	25.91	1012.45	77.45	37.23
私营企业	Private Enterprises	294078	461.60	10346.04	807.32	319.97
港、澳、台商投资企业	Enterprises with Investment from Hong Kong, Macao and Taiwan	18007	275.07	7196.45	376.12	239.35
外商投资企业	Enterprises with Foreign Investment	5399	84.25	3475.72	181.94	97.71
按国民经济行业分	Grouped by Sector					
农、林、牧、渔业	Farming, Forestry, Animal Husbandry and Fishery	7399	10.56	185.27	19.76	4.27
工业	Industry	186546	896.61	26546.13	1473.02	753.69
#采矿业	Mining	3240	8.40	297.46	26.47	11.28
#制造业	Manufacture	177634	878.95	25751.77	1384.56	717.30
#电力、燃气及水的生产和供应业	Production and Supply of Electricity, Gas and Water	5672	9.26	496.90	61.99	25.12
建筑业	Construction	10250	29.55	640.65	53.16	30.01
#资质等级企业	Enterprises under Qualification Criteria	719	5.59	150.29	12.40	7.41
交通运输仓储业	Transportion and Storage	15714	13.60	241.85	35.09	10.00
批发零售业	Wholesale and Retail Trades	96696	59.65	1641.87	108.45	46.13
住宿及餐饮业	Hotels and Catering Services	34105	44.29	583.16	97.51	33.67
#餐饮业	Catering Services	19080	23.52	310.90	32.52	14.45
社会服务业	Social Services	21777	23.98	407.81	37.55	21.67
其他	Others	20767	16.63	384.23	75.53	17.38

11-30 各市乡镇企业基本情况（2012年）

Basic Conditions of Township Enterprises by City (2012)

市 别	City	企业单位数（个）Number of Enterprises (unit)	企业人数（万人）Number of Employed Persons (10000 persons)	现价总产值（亿元）Gross Output Value at Current Prices (100 million yuan)	利润总额（亿元）Total Profits (100 million yuan)	上交税金（亿元）Taxes Paid (100 million yuan)
广 州	Guangzhou	24722	74.52	2120.40	88.55	68.30
深 圳	Shenzhen					
珠 海	Zhuhai	8891	33.89	1990.85	127.24	50.42
汕 头	Shantou	17637	61.24	2187.96	109.42	49.31
佛 山	Foshan					
#顺 德	Shunde					
韶 关	Shaoguan	12818	7.74	51.56	7.60	1.74
河 源	Heyuan	5747	17.29	339.82	29.72	12.87
梅 州	Meizhou	6382	21.08	409.30	25.31	22.14
惠 州	Huizhou	14787	70.29	1325.98	86.47	24.79
汕 尾	Shanwei	2707	29.24	530.70	12.74	7.60
东 莞	Dongguan	61370	302.29	6274.60	274.18	205.56
中 山	Zhongshan	35730	128.12	4794.51	250.19	181.81
江 门	Jiangmen	54593	85.67	2782.03	118.41	96.56
阳 江	Yangjiang	25724	25.07	697.53	308.21	25.70
湛 江	Zhanjiang	10091	27.36	892.78	52.93	19.84
茂 名	Maoming	17010	49.18	909.88	75.17	16.01
肇 庆	Zhaoqing	19619	38.04	1565.60	85.73	46.21
清 远	Qingyuan	25820	23.37	1001.43	85.98	21.14
潮 州	Chaozhou	15903	35.56	950.87	49.20	27.78
揭 阳	Jieyang	11834	46.27	2444.87	88.55	30.96
云 浮	Yunfu	21869	18.63	307.29	24.45	8.08
按经济区域分	By Region					
珠 三 角	Pearl River Delta	219712	732.82	20853.96	1030.77	673.65
东 翼	Eastern Region	48081	172.31	6114.41	259.91	115.65
西 翼	Western Region	52825	101.60	2500.19	436.31	61.55
山 区	Mountainous Region	72636	88.13	2109.41	173.06	65.98

主要统计指标解释

农林牧渔业增加值 是指农、林、牧、渔及农林牧渔服务业在一定时期内生产货物或提供服务活动而增加的价值。它反映了农业生产经营活动的最终成果和对社会的贡献。

农业增加值的计算方法有两种：(1)生产法，是从生产角度进行计算的一种方法。即用农业总产出减去农业中间消耗求得。由于农户没有健全的核算记录，故农业增加值一般是采用生产法计算的。(2)分配法，是从分配角度进行计算的一种方法。是通过农业生产单位在生产经营和劳务活动过程中形成的不含中间消耗的各种收入来计算。具体包括农业劳动者收入、福利基金、利税、固定资产折旧及大修理和其他。

农林牧渔业总产值 是以货币表现的农林牧渔业的全部产品总量和对农林牧渔业生产活动进行的各种支持性服务活动的价值。它反映一定时期内农林牧渔业生产总规模和总成果，是观察农林牧渔业生产水平和发展速度，研究农林牧渔业内部比例关系、农林牧渔业与工业、农林牧渔业与国家建设、人民生活比例关系的重要指标，同时也是计算农林牧渔业劳动生产率和农林牧渔业增加值的基础资料。

农林牧渔业总产值的计算，一般采用“产品法”，即凡有产品产量的，都按单位产品价格乘产量的办法求得每种产品产量的产值，然后相加求得各业的产值，最后各业相加求出农林牧渔业总产值。

农作物播种面积 是指一定生产季节结束时实际播种或移植有农作物的面积。播种面积的大小，反映农作物的生产规模和耕地的利用程度。正确地核算播种面积，对于组织农业生产活动，计算农作物产量，研究农作物的种植结构和分布情况以及制定各项增产技术措施，都是非常必要的。

播种面积的统计年度，凡是能在本日历年度内（自 1 月 1 日至 12 月 31 日）收获的农作物（包括上年秋冬播和本年春播、夏播以及南方地区的晚秋播而在本年收获的全部作物）播种面积，都包括在内。

农作物总产量 是指在一定时期内（通常是一年）生产的各种农作物产品总产量。它是衡量农业生产成果，统筹安排城乡人民生活，研究生产、积累和消费比例关系及编制国民经济计划的基本数据。不论是种植在耕地上或非耕地上的农作物产量，都包括在内。有的农作物收割期较长，虽在当年冬季就开始收割，但需跨年延到来年春季才能收完的，仍计算为本年农作物总产量。

农作物总产量是指全社会的产量，包括国有农场等国有经济单位的产量、集体统一经营的和农户承包地的产量，还包括农民自留地、工矿企业职工农属办的农场和其他单位生产的农作物产量。

农作物总产量是统计晒干入库的产量。有些地区，粮食脱粒、晒干、入库比较迟，是按照折干比例折成晒干的粮食产量进行统计的。

农业机械总动力 是指主要用于农、林、牧、渔业的各种动力机械的动力总和。包括耕作机械、排灌机械、收获机械、农产品加工机械、运输机械、植保机械、牧业机械、林业机械、渔业机械和其他农业机械。内燃机按引擎马力计算，电动机功率折成马力计入。

Explanatory Notes on Main Statistical Indicators

Value-added of Farming, Forestry, Animal Husbandry and Fishery refers to the value-added of goods produced or services provided by farming, forestry, animal husbandry, fishery in a given period of time. It shows the final results of the activities of production and management of agriculture and its contributions to the society.

The value-added of agriculture is calculated with two approaches:

(1) Production approach is a method from the production angle, i.e. total output of agriculture minus intermediate consumption of agriculture. The value-added of agriculture is usually calculated with the production approach as no complete accounting records of the rural households are available;

(2) Distribution approach is a method from the distribution angle, i.e. various incomes from the activities of production and management of the productive units of agriculture without intermediate consumption, including incomes of the rural laborers, welfare funds, profit and tax, depreciation of fixed assets and major overhaul and others.

Gross Output Value of Agriculture refers to the total volume of products of farming, forestry, animal husbandry, and fishery and the value of various services supporting the production of farming, forestry, animal husbandry and fishery in monetary terms, which reflects the total scale and total results of farming, forestry, animal husbandry and fishery production during a given period of time. It is an important indicator to observe the production level and development speed of farming, forestry, animal husbandry and fishery, to study the internal structure of farming, forestry, animal husbandry and fishery, and to review the proportionate relationship of farming, forestry, animal husbandry and fishery to industry, to national construction and to people' s life. It is also the foundation for calculating the labor productivity and value-added of farming, forestry, animal husbandry and fishery.

Generally, the gross output value of farming, forestry, animal husbandry and fishery is calculated with the production approach. Where applicable, the gross output value of each single product is obtained by multiplying the output of each product by its price. These values are then summed up to obtain the output value of each sector. The sum of output values of all sectors is the gross output value of farming, forestry, animal husbandry and fishery.

Area of Regularly Cultivated Land refers to farmland among the total land resources which is exclusively used for farming and is under regular cultivation with harvest in normal years. Included are currently cultivated land, land that has been abandoned or put in idle for less than 3 years and is available for recultivation at any time, newly-claimed land that has been put into cultivation for more than 3 years, and ditches, trenches, roads, and ridges with a width of less than 1 meter. Excluded under this category are steep slope land over 25 degrees under temporary cultivation, stretches or scattered plots temporarily claimed along river bends, lake sides or banks of reservoirs, as well as land that has been designated under the "Green for Grain" programmes of the state and provincial governments but is still temporarily under cultivation. Regularly cultivated land is classified into basic farmland and odd pieces of land used for cultivation.

Sown Area of Crops refers to area of land sown or transplanted with crops at the end of a production season, which reflects the scale of crops and the use of cultivated area. It is imperative to calculate the sown area correctly in order to organize the production activities of agriculture, calculate the yield of crops, study the composition and distribution of crops and work out technical measures to increase production.

Sown area within a statistical year refers to area of sown land with a harvest of crops within the calender year (from Jan.1 to Dec.31), including all area sown in the autumn and winter of the preceding year, in the spring and summer of the current year, and in the late autumn in southern regions, provided that it is harvested within the current year.

Total Output of Crops refers to the total output of farm crops of various kinds during a given period of time (usually a year). It is the basic figure to examine the production results of agriculture, make overall arrangements in the life of urban and rural households, study the proportionate relationships between production, accumulation and consumption and work out a plan of national economy. It covers the output of crops in both cultivated and uncultivated area. Crops with an extensive reaping period beginning in the winter of the current year are included in the total output of crops of the current year, even if harvest is extended until the spring of the following year.

The total output of crops refers to the total output of the whole society, including the output from state-owned units (e.g. state-owned farms), collective-owned units and contracted land of rural households as well as plots for family use, farms owned by rural family members of staff and workers of industrial and mining enterprises and others.

The total output of crops is the output of dry crops in storage. In areas with delayed threshing, drying and storing, it is converted from the output of undried crops according to certain rates.

Total Power of Farm Machinery refers to total mechanical power of machinery used in farming, forestry, animal husbandry, and fishery, including ploughing, irrigation and drainage, harvesting, processing, transport, plant protection, stock breeding, forestry and fishery. The power of internal combustion engines is calculated in horsepower, whereas the power of electric motors is converted into horsepower.

十二、工业

INDUSTRY

十二 工业

简要说明

一、本篇主要包括如下资料：

1. 全省及各地市全部工业和规模以上工业生产主要指标总量及速度。
2. 规模以上工业主要产品产量。
3. 全省及各地市规模以上工业主要经济效益指标。
4. 规模以上工业企业按主要经济类型和企业规模分组的主要财务指标。
5. 规模以上工业中高技术制造业、先进制造业主要经济指标。
6. 全省工业总产值、主营业务收入、固定资产净值 50 强企业排行版。

二、本篇资料由广东省统计局工业交通处整理提供。

三、本篇工业资料是根据国家统计局工业统计报表制度，经各市、县统计局收集、汇总整理的，其中 1995 年度资料通过第三次全国工业普查取得，2004 年数据根据 2004 年广东省第一次全国经济普查取得，2008 年数据根据 2008 年广东省第二次全国经济普查取得。

四、规模以上工业企业的统计范围。指年主营业务收入 500 万元及以上的法人工业企业，2006 年及以前年份为全部国有工业企业及年主营业务收入 500 万元以上的非国有工业企业，2007 年以后年主营业务收入低于 500 万元的国有企业不包含在内，2011 年起调整为年主营业务收入 2000 万元及以上的法人工业企业。

五、从 2011 年年报起，工业行业分类按 2011 年《国民经济行业分类标准》划分；企业规模划分按 2011 年《统计上大中小微型企业划分办法》标准执行，增加了微型企业分组。

六、鉴于国家统计局按收入法确定工业增加值，本篇规模以上工业增加值从 2011 年起按收入法公布，个别地方 2010 年工业增加值相应调整为收入法增加值，收入法工业增加值与核算核定的工业增加值略有差异，在使用数据时请注意。

12 Industry

Brief Introduction

Ⅰ. This chapter covers the following data:

（1）Principal aggregate indicators and growth rates of industrial production of total industry and industry above designated size of the province and cities,

（2）Output of major products of industry above designated size,

（3）Main indicators on economic benefits of industry above designated size of the province and cities,

（4）Main financial indicators on industry above designated size grouped by sector and scale,

（5）Main economic indicators on advanced manufacturing industries and hi-tech manufacturing industries above designated size,

（6）Top 50 Industrial Enterprises of the Province in terms of gross industrial output value, principal business revenue, and net value of fixed assets.

Ⅱ. The data in this chapter are prepared and provided by the Division of Industry and Transport Statistics of Statistics Bureau of Guangdong Province.

Ⅲ. The data in this chapter are collected, tabulated and prepared by the municipal and county statistical bureaus mainly in accordance with the industrial statistical reporting scheme stipulated by the National Bureau of Statistics, of which the annual data of 1995 were collected in the Third National Industrial Census and the data of 2004 were collected in the First National Economic Census of Guangdong. The data of 2008 were collected in the

Second National Economic Census of Guangdong. Since the data of the Second National Economic Census of Guangdong has not yet been verified by the National Bureau of Statistics, some data in the Yearbook may be slightly different from the final data.

Ⅳ. Industrial enterprises above designated size refers to legal person industrial enterprises with annual principal business revenue of over 5 million yuan. In 2006 and prior to it, it referred to all state-owned industrial enterprises and non-state-owned industrial enterprises with annual principal business revenue of over 5 million yuan. From 2007 to 2010, it does not include state-owned industrial enterprises with principal business revenue less than 5 million yuan. Since 2011, it refers to legal person industrial enterprises with annual principal business revenue of over 20 million yuan.

Ⅴ. Industrial sectors since 2011 in this chapter has been categorized in accordance with the 2011 Industrial Classification of the National Economy and the sizes of industrial enterprises have been categorized in accordance with the 2011 Interim Regulations on Statistical Categorization of Large, Medium , Small and Micro Industrial Enterprises. Micro industrial enterprises are added

VI. Because the National Bureau of Statistics has decided that the value-added of industrial enterprises should be calculated by income approach. The value-added of industrial enterprises above designated size in this chapter is calculated by income approach since 2011. There is some difference between the industrial value-added by income approach and that by reckoning. Please take that into account when using the data.

12-1 工业主要指标

Main Indicators of Industry

指 标	Item	2000	2005	2010	2011	2012	2012比2011增长(%) Growth Rate in 2012 over 2011 (%)
全部工业	**All Industrial Enterprises**						
企业单位数 (个)	Number of Enterprises (unit)	380231	445657	481022	493604	490757	
工业总产值 (亿元)	Gross Industrial Output Value (100 million yuan)	16904.47	41661.74	93462.97	103493.35	105049.54	10.5
工业增加值 (亿元)	Value-added of Industry (100 million yuan)	4463.06	10482.03	21462.72	24649.60	25810.07	7.6
规模以上工业	**Industrial Enterprises above Designated Size**						
企业单位数 (个)	Number of Enterprises (unit)	19695	35157	53418	38304	37811	
亏损企业数 (个)	Number of Loss-making Enterprises	4805	7487	6385	4540	5133	13.6
工业总产值 (亿元)	Gross Industrial Output Value (100 million yuan)	12480.93	35942.74	85824.64	94871.68	95602.09	10.8
工业增加值 (亿元)	Value-added of Industry (100 million yuan)	3422.60	9416.39	20338.34	21663.30	22720.81	8.4
工业销售产值 (亿元)	Sales Output Value of Industy(100 million yuan)	12156.19	35045.52	83646.51	92625.27	93754.37	9.8
出口交货值 (亿元)	Export Delivery Value (100 million yuan)	4634.44	14326.66	25919.08	27408.04	28540.50	6.5
主营业务收入 (亿元)	Main Business Revenue (100 million yuan)	12380.65	34781.58	84114.85	92996.88	93821.73	3.7
资产总计 (亿元)	Total Assets (100 million yuan)	14370.57	27076.08	62626.90	67397.28	71343.84	4.2
流动资产合计 (亿元)	Average Balance of Circulating Funds (100 million yuan)	6891.49	15132.34	34339.97	39306.66	40764.19	4.3
固定资产合计 (亿元)	Average Balance of Net Value of Fixed Assets (100 million yuan)	5884.78	9996.70	22407.53	20670.38	21208.93	2.6
负债总计 (亿元)	Total Liabilities (100 million yuan)	8272.36	15661.24	35073.74	39767.73	41508.50	2.2
所有者权益合计(亿元)	Total Creditors' Equity (100 million yuan)	6098.21	11414.84	27461.84	27646.98	29610.21	7.1
利润总额 (亿元)	Total Profits (100 million yuan)	564.75	1693.99	6239.64	5874.03	5464.90	2.4
亏损企业亏损额(亿元)	Loss Value of Loss-making Enterprises (100 million yuan)	156.03	222.16	227.26	353.78	455.79	24.8
利税总额 (亿元)	Total Pre-tax Profits (100 million yuan)	1042.77	2877.81	9418.42	9608.33	9383.63	-2.3
应交增值税 (亿元)	Value-added Tax Payable (100 million yuan)	360.83	956.53	2280.56	2729.01	2866.35	4.2
应交所得税 (亿元)	Incomne Tax Payable (100 million yuan)	62.79	222.95	820.89	840.56	837.12	-0.4
本年应付工资总额 (亿元)	Total Salary Payable in Current Year (100 million yuan)	676.06	1963.90	5747.72	5937.14	6510.58	9.7
从业人员平均人数 (万人)	Average Employed Persons (10000 persons)	572.79	1085.65	1568.00	1463.34	1452.16	-4.5

注：1. 2011年统计口径从年主营业务收入500万元以上调整为2000万元以上，为反映可比口径速度，本表规模以上工业主要指标增速使用快报增速。

2. 表中全部工业增加值及增长速度是核算的年度数据，2010年及以后规模以上工业增加值按照收入法计算，与全社会工业增加值不可直接比对。

Notes: a) Since 2011,the annual principal business revenue of industrial enterprises above designated size is changed from 5 million yuan or above to 20 million yuan or above. Growth rates in this table are calculated at current price with flash statistics report in order to compare the rate.

b) The value-added and growth rates of all industries in this talbe are calculated figures of the year. The value-added of industry above designated size is calculated by income approach since 2010,and hence is not directly comparable with the value-added of all industries.

12-2 规模以上工业企业增加值和指数

Value-added of Industrial Enterprises above Designated Size and Their Indices

项　目	Item	2000	2005	2010	2011	2012
工业增加值　（亿元）	**Value-added of Industry (100 million yuan)**	**3422.60**	**9416.39**	**20338.34**	**21663.30**	**22720.81**
按经济类型分	Grouped by Ownership					
#国有控股工业	Of the Total: State-holding Industry	1035.41	1690.01	3729.48	3663.17	4274.71
国有工业	State-owned Industry	574.73	563.00	1172.21	1281.86	1475.61
集体工业	Collective-owned Industry	301.48	137.07	199.38	220.97	147.82
股份合作工业	Share-holding Cooperative Industry	29.15	27.22	42.23	33.88	37.10
股份制工业	Share-holding Industry	158.86	2443.57	7351.85	8339.80	9062.94
外商投资工业	Foreign-funded Industry	575.31	2659.82	5200.37	5232.71	5379.78
港澳台投资工业	Industry with Funds from Hong Kong, Macao and Taiwan	1290.47	3283.07	5393.80	5502.88	5604.99
按轻重工业分	Grouped by Light and Heavy Industries					
轻工业	Light Industry	1628.13	3937.55	8038.97	8590.63	8924.66
重工业	Heavy Industry	1794.47	5478.84	12299.37	13072.67	13796.15
按企业规模分	Grouped by Size of Enterprises					
大型企业	Large Enterprises	610.13	2989.39	6579.38	9440.51	10688.64
中型企业	Medium Enterprises	1513.26	3125.07	7107.28	6506.35	6513.52
小微型企业	Small and Micro Enterprises	1298.55	3301.94	6651.68	5716.44	5518.65
工业增加值指数(2000年=100)	**Indices of Value-added of Industry(2000=100)**	**100.0**	**283.1**	**592.4**	**667.0**	**723.0**
按经济类型分	Grouped by Ownership					
#国有控股工业	Of the Total: State-holding Industry	100.0	167.5	354.9	399.3	428.4
国有工业	State-owned Industry	100.0	100.5	226.2	250.0	269.0
集体工业	Collective-owned Industry	100.0	46.7	81.0	85.9	93.3
股份合作工业	Share-holding Cooperative Industry	100.0	95.8	188.0	195.1	213.8
股份制工业	Share-holding Industry	100.0	1578.7	4296.3	5091.1	5666.4
外商投资工业	Foreign-funded Industry	100.0	474.5	844.5	923.0	971.9
港澳台投资工业	Industry with Funds from Hong Kong, Macao and Taiwan	100.0	261.1	468.8	508.2	541.2
按轻重工业分	Grouped by Light and Heavy Industries					
轻工业	Light Industry	100.0	253.9	532.0	598.0	653.0
重工业	Heavy Industry	100.0	321.7	653.6	737.3	795.5
按企业规模分	Grouped by Size of Enterprises					
大型企业	Large Enterprises	100.0	502.9	978.4	1096.8	1185.6
中型企业	Medium Enterprises	100.0	212.0	412.9	449.2	476.2
小微型企业	Small and Micro Enterprises	100.0	260.9	637.7	750.6	816.7

注：1. 本表统计口径从2011年起从年主营业务收入500万元以上调整为2000万元以上。
2. 本表工业增加值2010年以前采用生产法计算，2011年起采用收入法计算，按当年价格计算，速度为可比口径计算。
3. 企业规模划分：2003年以前是一个标准，2003-2010年是一个标准，2011年起采用新的标准，增加了微型企业.

Note: a) Since 2011, the annual principal business revenue of industrial enterprises above designated size is changed from 5 million yuan or above to 20 million yuan or above.

b) Data of value-added in this table prior to 2010 are calculated with production approach and since 2011 calculated with income approach.Data of value-added of industry are calculated at current prices and the growth rates are calculated at comparable coverage.

c) Size of Industrial enterprise categorization: The standard prior to 2003 is not the same as the period from 2003 to 2010.Since 2011, New standard is adopted and micro-enterprieses is added.

12-3 历年规模以上工业增加值增长速度

Growth Rates of Industrial Enterprises above Designated Size

单位: % (%)

年份 Year	工业增加值 Gross Industrial Output Value	按轻重工分 Grouped by Light & Heavy Industry		按规模分 Grouped by Size			按经济类型分 Grouped by Ownership	
		轻工业 Light Industry	重工业 Heavy Industry	大型企业 Large Enterprises	中型企业 Medium Enterprises	小微型企业 Small and Micro Enterprises	国有控股工业 Of the Total: State-holding Industry	外商及港澳台商投资工业 Industry with Investment from Fordeign Country , Hong Kong, Macao and Taiwan
2001	15.1	12.4	18.4				4.0	14.2
2002	20.0	20.4	19.7				14.7	15.9
2003	28.4	23.4	38.5				20.8	22.2
2004	28.0	26.0	31.1	30.8	26.8	27.4	20.8	23.9
2005	24.7	20.6	25.0	23.2	21.5	28.0	6.1	16.2
2006	23.4	18.2	24.2	15.5	19.3	32.4	19.4	14.8
2007	18.2	24.2	13.2	19.2	14.2	22.1	12.6	16.9
2008	12.8	14.2	12.2	14.2	9.1	16.3	7.8	10.9
2009	8.9	7.4	10.0	11.4	-0.1	17.5	7.0	4.1
2010	16.8	16.4	17.1	15.0	13.4	22.2	12.8	14.5
2011	12.6	12.4	12.8	12.1	8.8	17.7	12.5	8.4
2012	8.4	9.2	7.9	8.1	6.0	8.8	7.3	5.7

注：本表按可比口径计算。

Note: Data in this table are caculated in comparable coverage.

12-4 规模以上分行业工业增加值和增长速度

Value-added and Growth Rates of Industry above Designated Size by Sector

行业	Sector	工业增加值(亿元) Value-added of Industry (100 million yuan) 2012	2012比2011增长(%) Growth Rate in 2012 over 2011 (%)
总计	**Total**	**22720.81**	**8.4**
煤炭开采和洗选业	Mining and Washing of Coal		
石油和天然气开采业	Extraction of Petroleum and Natural Gas	494.50	1.5
黑色金属矿采选业	Mining and Dressing of Ferrous Metal Ores	48.22	10.8
有色金属矿采选业	Mining and Dressing of Nonferrous Metal Ores	46.53	-2.1
非金属矿采选业	Mining and Dressing of Nonmetal Ores	69.99	-4.6
开采辅助活动	Auxiliary Minning Operations	8.93	20.1
其他采矿业	Mining and Dressing of Other Ores		
农副食品加工业	Processing of Farm and Sideline Food	418.55	14.4
食品制造业	Manufacture of Food	465.52	15.3
酒、饮料和精制茶制造业	Manufacture of Wine, Beverage and Refined Tea	210.09	10.2
烟草制品业	Tobacco Products	292.62	4.1
纺织业	Textile Industry	509.09	8.0
纺织服装、服饰业	Manufacture of Textile Garments, Footwear and Headgear	847.50	9.3
皮革、毛皮、羽毛及其制品和制鞋业	Leather, Fur, Feather, Down and Related Products	523.37	2.6
木材加工和木、竹、藤、棕、草制品业	Timber Processing, Bamboo, Cane, Palm Fiber & Straw Products	123.99	21.2
家具制造业	Manufacture of Furniture	306.43	8.2
造纸和纸制品业	Papermaking and Paper Products	346.61	7.8
印刷和记录媒介复制业	Printing and Record Medium Reproduction	232.25	5.7
文教、工美、体育和娱乐用品制造业	Manufacture of Cultural, Educational,Sports and Entertainment Articles	595.19	9.6
石油加工、炼焦和核燃料加工业	Petroleum Refining, Coking and Nuclear Fuel Processing	768.36	6.4
化学原料和化学制品制造业	Manufacture of Raw Chemical Materials and Chemical Products	1217.90	7.9
医药制造业	Manufacture of Medicines	332.20	16.7
化学纤维制造业	Manufacture of Chemical Fibers	29.05	3.9
橡胶和塑料制品业	Rubber and Plastic Products	819.49	7.6
非金属矿物制品业	Nonmetal Mineral Products	825.59	9.3
黑色金属冶炼和压延加工业	Smelting and Pressing of Ferrous Metals	370.35	10.1
有色金属冶炼和压延加工业	Smelting and Pressing of Nonferrous Metals	429.18	9.7
金属制品业	Metal Products	975.37	10.7
通用设备制造业	Manufacture of General-purpose Machinery	578.05	9.8
专用设备制造业	Manufacture of Special-purpose Machinery	462.80	9.7
汽车制造业	Manufacture of Automobile	1081.85	4.8
铁路、船舶、航空航天和其他运输设备制造业	Manufacture of Railway ,Ship,Aeronautics and Other Transport equipment	250.75	2.9
电气机械和器材制造业	Manufacture of Electrical Machinery and Equipment	2105.45	9.6
计算机、通信和其他电子设备制造业	Manufacture of Communication Equipment, Computers and Other Electronic Equipment	4838.75	10.5
仪器仪表制造业	Manufacture of Instruments and Meters	189.52	4.3
其他制造业	Other Manufactures	54.78	12.2
废弃资源综合利用业	Comprehensive Utilization of Waste	176.95	-0.6
金属制品、机械和设备修理业	Manufacture of Metal Products,Machinery and Equipment Maintenance	18.42	7.2
电力、热力生产和供应业	Production and Supply of Electric Power and Heat Power	1440.24	4.2
燃气生产和供应业	Production and Supply of Gas	110.48	14.5
水的生产和供应业	Production and Supply of Water	105.89	5.9

注:本表工业增加值按当年价格计算,增长速度按快报可比价格计算。

Note: Data of value-added of industry in this table are calculated at current prices by income approach according to 2002 industry classification, whereas their growth rates are calculated at constant prices in accordance with flash reports.

12-5 规模以上工业企业单位数和产值

Number of Industrial Enterprises above Designated Size and Their Gross Output Values

项 目	Item	2000	2005	2010	2011	2012
工业企业单位数（个）	**Total Number of Industrial Enterprises (unit)**	**19695**	**35157**	**53418**	**38304**	**37811**
按经济类型分	Grouped by Ownership					
#国有控股工业	Of the Total: State-holding Industry	3320	1806	1279	1019	1033
国有工业	State-owned Industry	2383	1033	567	415	399
集体工业	Collective-owned Industry	4158	1272	872	474	375
股份合作工业	Share-holding Cooperative Industry	299	331	223	128	124
股份制工业	Share-holding Industry	1875	12753	25490	18179	18762
外商投资工业	Foreign-funded Industry	1682	4416	5790	4777	4595
港澳台投资工业	Industry with Funds from Hong Kong, Macao and Taiwan	6731	11292	13151	9677	9436
按轻重工业分	Grouped by Light and Heavy Industries					
轻工业	Light Industry	12255	20201	29678	20824	20379
重工业	Heavy Industry	7440	14956	23740	17480	17432
按企业规模分	Grouped by Size of Enterprises					
大型企业	Large Enterprises	823	288	524	1354	1383
中型企业	Medium Enterprises	1228	4189	6968	8984	9102
小微型企业	Small and Micro Enterprises	17644	30680	45926	27966	27326
工业总产值 （亿元）	**Gross Industrial Output Value (100 million yuan)**	**12480.93**	**35942.74**	**85824.64**	**94871.68**	**95602.09**
按经济类型分	Grouped by Ownership					
#国有控股工业	Of the Total: State-holding Industry	3126.12	6375.54	13166.37	13927.70	15529.16
国有工业	State-owned Industry	1450.86	2068.75	4595.82	5102.02	5938.25
集体工业	Collective-owned Industry	1202.49	468.56	767.03	688.10	515.91
股份合作工业	Share-holding Cooperative Industry	106.87	103.72	175.69	142.92	167.13
股份制工业	Share-holding Industry	1780.64	9256.47	30626.84	35067.15	37018.42
外商投资工业	Foreign-funded Industry	2527.06	11167.53	23705.89	26432.94	25308.97
港澳台投资工业	Industry with Funds from Hong Kong, Macao and Taiwan	4747.30	11708.00	21813.34	22844.18	22390.99
按轻重工业分	Grouped by Light and Heavy Industries					
轻工业	Light Industry	6607.84	14506.76	32867.30	36005.33	35817.39
重工业	Heavy Industry	5873.09	21435.97	52957.34	58866.35	59784.70
按企业规模分	Grouped by Size of Enterprises					
大型企业	Large Enterprises	4523.92	12558.39	28306.79	41792.02	43400.30
中型企业	Medium Enterprises	1427.65	11853.06	28566.98	26003.92	26777.97
小微型企业	Small and Micro Enterprises	6529.37	11531.28	28950.88	27075.73	25423.82

注：1. 本表统计口径从2011年起从年主营业务收入500万元以上调整为2000万元以上。
2. 企业规模划分：2003年以前是一个标准，2003-2010年是一个标准，2011年起采用新的标准，增加了微型企业.

Note: a) Since 2011, the annual principal business revenue of industrial enterprises above designated size is changed from 5 million yuan or above to 20 million yuan or above.
b) Size of Industrial enterprise categorization: The standard prior to 2003 is not the same as the period from 2003 to 2010. Since 2011, New standard is adopted and micro enterprieses is added.

12-6 全部工业总产值和指数

Gross Industrial Output Value of All Industrial Enterprises and Theirs Indices

年份 Year	绝对数（亿元） Absolute Figures (100 million yuan)			指数（1978年＝100） Indices(1978=100)	
	全部工业总产值 Gross Industrial Output Value	#国有控股工业 State-holding Industry	#国有工业 State-owned Industry	全部工业总产值 Gross Industrial Output Value	#国有工业 State-owned Industry
1978	206.56		131.83	100.0	100.0
1979	221.46		142.64	107.5	106.1
1980	248.68		146.95	117.4	109.2
1981	282.95		165.53	134.5	120.3
1982	313.76		178.78	145.7	129.5
1983	356.91		204.68	163.4	144.1
1984	433.40		240.19	196.4	164.0
1985	534.72		298.42	249.6	194.0
1986	632.89		334.59	288.3	209.7
1987	878.29		427.10	384.6	255.4
1988	1318.90		594.98	519.3	316.7
1989	1647.24		714.93	603.9	335.8
1990	1902.25		765.43	707.1	366.9
1991	2524.12		973.59	909.6	442.1
1992	3479.39		1202.46	1243.0	532.5
1993	5237.37		1445.38	1731.0	552.4
1994	7273.95		1562.24	2305.9	536.8
1995	9720.54		1709.89	2880.8	539.8
1995(新规定) (New Stipulations)	8849.90		1465.82		
1996	10530.93		1544.58	3404.9	549.8
1997	12372.69		1574.39	4040.7	590.0
1998	13799.16		1453.79	4708.5	526.3
1999	15303.33	3025.68	1427.42	5385.9	487.2
2000	16904.47	3126.12	1536.50	6376.7	472.1
2001	18909.91	3309.51	1186.24	7428.9	374.8
2002	21788.71	3369.50	1217.66	8847.8	392.4
2003	27375.56	4017.54	979.19	11281.8	379.3
2004	34443.48	6039.24	1862.55	13958.7	709.5
2005	41661.74	6375.54	2068.75	16634.5	776.4
2006	51131.94	7253.17	2923.76	20137.8	1082.3
2007	62759.92	8603.94	2791.73	24399.0	1267.4
2008	74414.31	11144.50	2877.31	27636.7	1267.0
2009	75886.62	10790.11	3654.86	29405.4	1280.4
2010	93462.97	13166.37	4595.82	35110.0	1554.0
2011	103493.35	13927.70	5102.02	39358.3	1765.3
2012	105049.54	15529.16	5938.25	43490.9	1899.5

注：1. 工业总产值按当年价计算，2008年根据经普结果进行调整，指数按可比价计算。
2. 2000年起全部工业总产值中规模以下部分为抽样调查数。

Notes: a) Gross industrial output values are calculated at current prices, whereas their indices have been adjusted in accordance with the national economic census in 2008 and are calculated at constant prices.

b) Since 2000, data of the industrial enterprises below designated size in the gross industrial output value have been obtained from sample surveys.

12-7 规模以上工业总产值和指数

Gross Output Value of Industrial Enterprises above Designated Size and Their Indices

单位:亿元 (100 million yuan)

年份 Year	工业总产值 Gross Industrial Output Value	轻工业 Light Industry	重工业 Heavy Industry	#大中型工业 Large and Medium-sized Industry	指数(1978年=100) Indices (1978=100)	轻工业 Light Industry	重工业 Heavy Industry	#大中型工业 Large and Medium-sized Industry
1978	180.73	102.32	78.41	49.34	100.0	100.0	100.0	100.0
1979	194.64	110.28	84.36	54.91	105.8	105.3	106.4	109.5
1980	212.69	128.17	84.52	56.33	115.8	127.7	100.7	103.1
1981	241.93	152.97	88.96	66.89	128.7	151.3	102.1	133.0
1982	263.02	164.17	98.85	75.37	139.9	164.2	111.2	148.5
1983	293.70	180.60	113.10	92.78	157.1	184.5	124.7	181.5
1984	359.87	223.29	136.58	110.63	188.1	226.1	142.8	209.9
1985	471.83	289.68	182.15	166.11	236.0	279.6	179.8	302.0
1986	550.49	344.70	205.79	210.27	269.5	327.7	194.7	379.7
1987	747.47	472.45	275.02	299.19	350.1	426.5	252.2	522.3
1988	1118.00	718.03	399.97	459.74	472.5	582.1	332.2	720.2
1989	1399.45	893.20	506.25	622.42	543.2	594.3	389.2	863.6
1990	1605.80	1057.02	548.78	734.35	637.6	795.5	435.8	1042.2
1991	2144.93	1371.46	773.47	1057.02	820.0	1009.7	622.1	1476.1
1992	2884.93	1796.12	1088.23	1408.48	1096.0	1331.0	854.4	1980.5
1993	4252.70	2515.77	1736.93	1891.29	1470.7	1751.6	1188.8	2412.8
1994	5565.48	3224.69	2340.79	2563.27	1819.1	2135.9	1507.6	2863.3
1995(原规定) (Original Stipulations)	7189.24	4148.78	3040.46	3227.59	2274.1	2581.8	1993.2	3519.7
1995(新规定) (New Stipulations)	6502.97	3776.94	2726.03	2824.61				
1996	7490.49	4344.25	3146.24	3470.81	2625.4	2989.5	2290.2	4253.6
1997	8442.32	4914.09	3528.23	3950.86	3045.3	3470.5	2652.8	5176.4
1998	9738.56	5765.51	3973.05	4169.16	3508.2	3866.1	3228.5	5927.0
1999	10538.17	6011.06	4527.11	4711.94	4016.9	4299.1	3861.3	7070.9
2000	12480.93	6607.84	5873.09	5951.56	4757.4	4737.6	5027.4	8590.8
2001	14035.35	7165.90	6869.44	7534.70	5637.5	5400.9	6234.0	12181.8
2002	16378.60	8161.63	8216.97	8755.02	6787.6	6313.7	7742.6	14472.0
2003	21513.46	9959.51	11553.95	14353.53	9051.9	7845.4	11063.4	19955.4
2004	29554.92	12146.01	17408.91	19799.88	12228.7	9549.6	15380.9	27054.8
2005	35942.74	14506.76	21435.97	24403.13	14652.0	11434.3	17914.1	32852.0
2006	44674.75	17148.09	27526.65	30828.93	17963.7	13549.8	21927.5	40937.6
2007	55252.86	21221.12	34031.74	37718.60	21931.9	16667.6	26370.0	49436.3
2008	65424.61	25035.86	40388.76	43866.65	25188.6	19373.2	29468.8	55765.6
2009	68275.77	26685.86	41589.91	44755.10	27430.4	20806.8	32415.7	57494.3
2010	85824.64	32867.30	52957.34	56873.77	33437.7	25200.5	39064.6	70824.4
2011	94871.68	36005.33	58866.35	67492.96	38954.9	29333.4	45549.3	79606.6
2012	95602.09	35817.39	59784.70	70178.27	43162.0	32032.1	49147.7	86134.3

注：1. 工业总产值按当年价格计算，指数按可比价计算。

2. 1997年以前为乡及乡以上工业，2011年起规模以上统计口径从年主营业务收入500万元以上调整为2000万元以上。

Notes: a) Gross industrial output values are calculated at current prices, whereas their indices are calculated at constant prices.

b) Data prior to 1997 refer to the industrial enterprises at or above the township level.Since 2011, the annual principal business revenue of industrial enterprises above designated size is changed from 5 million yuan or above to 20 milliom yuan.

12-8 规模以上工业产品产量

Output of Industrial Products of Enterprises above Designated Size

产品名称		Item		2000	2005	2010	2011	2012
化学纤维	(万吨)	Chemical Fiber	(10000 tons)	45.00	46.50	44.54	41.96	57.11
#合成纤维		Synthetic Fiber		45.00	40.28	42.45	38.36	53.03
纱	(万吨)	Yarn	(10000 tons)	16.99	36.64	45.16	43.59	40.86
布	(亿米)	Cloth	(100 million m)	16.99	24.82	28.27	24.46	23.54
#纯棉布		Pure Cotton Cloth		7.49	17.75	19.54	16.83	14.11
丝	(万吨)	Silk	(10000 tons)	0.05	0.11	0.17	0.12	0.15
呢绒	(万米)	Woolen Piece Goods	(10000 m)	676.00	947.17	13.00	114.00	492.00
机制纸及纸板	(万吨)	Machine-made Paper and Paperboard	(10000 tons)	260.30	690.61	1434.68	1495.84	1581.84
家用电冰箱	(万台)	Household Refrigerators	(10000 sets)	320.70	601.51	1457.76	1409.25	1654.97
冷柜	(万台)	Freezers	(10000 sets)		79.80	180.14	172.72	239.17
家用洗衣机	(万台)	Household Washing Machines	(10000 sets)	244.18	266.41	467.83	502.07	606.96
吸尘器	(万台)	Vacuum Cleaners	(10000 sets)	251.80	1163.05	2626.67	3124.58	2858.67
电风扇	(万台)	Electric Fans	(10000 sets)	6759.02	10174.90	14813.38	15848.62	13352.95
房间空气调节器	(万台)	House Air Conditioners	(10000 sets)	697.91	3441.69	5477.85	6374.63	5342.08
排油烟机	(万台)	Smoke Absorbers	(10000 sets)	43.39	312.78	1324.67	1379.58	1451.74
微波炉	(万台)	Microwave Ovens	(10000 sets)	906.51	2874.37	5341.00	5293.59	5501.58
日用玻璃制品	(万吨)	Daily Use Glassware	(10000 tons)	51.46	106.73	150.93	126.98	31.32
合成洗涤剂	(万吨)	Synthetic Detergents	(10000 tons)	26.31	149.20	224.61	294.61	274.78
成品糖	(万吨)	Refined Sugar	(10000 tons)	91.30	119.43	91.66	98.23	147.60
卷烟	(万箱)	Cigarettes	(10000 units)	177.30	210.71	260.69	269.11	274.17
罐头	(万吨)	Canned Food	(10000 tons)	7.11	13.81	30.18	23.79	29.87
饮料酒(混合量)	(万千升)	Alcoholic Beverages (mixed weight)	(10000 kiloliter)	178.66	263.35	415.80	495.76	491.37
#白酒	(商品量)	Spirits	(commodity weight)	17.88	7.61	10.27	10.03	11.02
啤酒		Beer		158.89	253.69	401.40	482.24	474.24
乳制品	(万吨)	Dairy Products	(10000 tons)	1.29	19.55	58.12	61.22	56.62
中成药	(万吨)	Traditional Chinese Patent Medicine	(10000 tons)	6.05	9.03	19.01	19.14	19.13
化学原料药	(万吨)	Chemical Medicine	(10000 tons)	1.94	2.82	4.78	4.58	5.62
彩色电视机	(万部)	Color TV Sets	(10000 sets)	1531.53	4089.62	4494.78	4862.42	5810.12
组合音响	(万部)	Hi-fi Stereo Component System	(10000 sets)	2344.58	5249.07	9713.01	10273.09	11265.00
照相机	(万架)	Cameras	(10000 sets)	3545.88	4726.47	3798.93	3249.71	3125.57
表	(万只)	Watches	(10000 units)	19123.23	9958.44	11892.26	11056.75	12182.03
农用化肥	(万吨)	Chemical Fertilizer	(10000 tons)	34.65	36.47	62.15	51.87	48.64
#氮肥		Nitrogen Fertilizer		15.98	3.04	11.49	5.02	1.94
磷肥		Phosphate Fertilizer		18.67	31.48	50.66	46.41	39.62
化学农药	(万吨)	Chemical Pesticide	(10000 tons)	0.84	1.19	0.86	3.57	1.75
乙烯	(万吨)	Ethylene	(10000 tons)	54.85	56.17	203.96	226.62	234.74
合成橡胶	(万吨)	Synthetic Rubber	(10000 tons)	5.45	7.85	38.36	37.19	33.69
轮胎外胎	(万条)	Tires	(10000 pieces)	359.13	833.02	6907.25	6123.26	5676.03
交流电动机	(万千瓦)	Alternating Current Motors	(10000 kw)	236.21	405.62	753.39	778.99	1221.27
汽车	(万辆)	Motor Vehicles	(10000 units)	3.94	41.36	156.29	166.95	159.66
#载货汽车		Trucks		0.53	0.51	0.34	0.40	0.55
客车		Buses		0.18	0.11	0.20	0.15	0.16
轿车		Cars		3.22	40.74	132.67	131.00	120.56

12-8 续表 continued

产品名称		Item		2000	2005	2010	2011	2012
摩托车	(万辆)	Motorcycles	(10000 units)	146.31	455.82	917.60	920.83	790.12
自行车	(万辆)	Bicycles	(10000 units)	1038.00	1760.58	788.75	940.86	942.45
小型拖拉机	(万台)	Mini tractors	(10000 units)	1.28	1.89	3.43	2.53	2.25
电话单机	(万部)	Telephone Sets	(10000 sets)	7700.05	15062.47	14766.80	12241.72	11175.68
传真机	(万部)	Fax Machines	(10000 sets)	109.57	402.04	176.61	182.94	245.49
微型电子计算设备	(万台)	Micro-computers	(10000 units)	169.74	1664.12	3581.11	4417.84	5382.47
集成电路	(亿块)	Semiconductor Integrated Circuit	(100 million pieces)	11.76	56.37	161.01	176.07	172.07
原油	(万吨)	Crude Oil	(10000 tons)	1393.17	1470.03	1287.15	1152.77	1209.29
汽油	(万吨)	Gasoline	(10000 tons)	331.50	367.23	635.67	635.46	674.09
柴油	(万吨)	Diesel Oil	(10000 tons)	654.02	875.28	1531.03	1551.66	1539.91
天然气	(亿立方米)	Natural Gas	(100 million cu.m)	34.60	44.75	78.36	83.28	83.52
发电量	(亿千瓦小时)	Electricity	(100 million kwh)	1292.69	2163.36	3101.28	3607.20	3593.24
#火电		Thermol Power		1038.61	1725.07	2487.86	3007.03	2860.68
生铁	(万吨)	Pig Iron	(10000 tons)	201.57	464.69	806.68	861.61	842.00
粗钢	(万吨)	Crude Steel	(10000 tons)	286.99	757.07	1239.34	1323.81	1228.53
成品钢材	(万吨)	Rolled Steel Products	(10000 tons)	406.28	1365.77	2918.89	3176.62	2992.96
焦炭	(万吨)	Coke	(10000 tons)	53.96	124.58	195.40	193.47	178.16
水泥	(万吨)	Cement	(10000 tons)	5872.00	8031.74	11536.67	12607.03	11384.25
平板玻璃	(万重量箱)	Plate Glass	(10000 wt.cases)	632.59	2328.82	7821.07	7414.06	7982.16
硫酸	(万吨)	Sulphuric Acid	(10000 tons)	138.75	172.64	236.74	252.66	260.20
纯碱	(万吨)	Soda Ash	(10000 tons)	24.28	31.91	40.01	48.80	48.27
烧碱	(万吨)	Caustic Soda	(10000 tons)	16.43	22.77	27.62	31.66	30.93
合成氨	(万吨)	Synthetic Ammonia	(10000 tons)	23.43	4.39	6.88	6.11	6.02

注：1. 纱包括纯棉纱、棉混纺纱、纯化纤纱，不包括棉线、代用纤维纱和手工纺纱。
2. 布包括纯棉布、棉混纺布、纯化纤布，不包括代用纤维布、手工织布。
3. 农用化肥按有效成分100%计算。
4. 原油包括天然原油和人造原油。
5. 成品钢材已剔除重复加工的钢材。

Notes: a) Yarn includes pure and blended cotton yarn, pure chemical fiber yarn, but excludes cotton thread, substitute fiber yarn and handmade yarn.
b) Cloth includes pure and blended cotton cloth,pure chemical fiber cloth and canvas,but excludes substitute fiber cloth,hand-woven cloth and cord fabric.
c) The output of chemical fertilizers is calculated on the basis of 100 percent effective content equivalent.
d) Crude oil includes natural and synthetic crude oil.
e) The output of rolled steel products excludes the steel products reprocessed.

12-9 各市规模以上工业企业单位数和工业总产值

Number and Gross Output Value of Industrial Enterprises above Designated Size by City

市　别	City	工业企业单位数(个) Number of Industrial Enterprises (unit)							
		2000	2005	2007	2008	2009	2010	2011	2012
广　州	Guangzhou	4531	5240	4988	7442	7023	6969	4438	4373
深　圳	Shenzhen	1834	5214	6875	8930	8413	8249	5692	5835
珠　海	Zhuhai	771	992	1106	1395	1386	1347	893	927
汕　头	Shantou	794	1490	2122	2339	2403	2580	1877	1880
佛　山	Foshan	2180	5148	6680	7997	7807	7684	6318	5950
#顺　德	Shunde	513	1558	2207	2843	2709	2676	1914	1761
韶　关	Shaoguan	406	392	427	507	515	559	408	482
河　源	Heyuan	148	226	360	419	411	440	361	383
梅　州	Meizhou	371	392	420	454	489	521	340	326
惠　州	Huizhou	689	1243	1387	1875	1870	1853	1428	1430
汕　尾	Shanwei	94	179	235	277	347	452	243	257
东　莞	Dongguan	1663	4504	4987	5954	5801	5899	4243	4526
中　山	Zhongshan	1074	3291	4300	5078	5036	5063	3170	3192
江　门	Jiangmen	1599	2365	2611	3164	3246	3246	2766	1851
阳　江	Yangjiang	250	498	591	623	604	596	521	527
湛　江	Zhanjiang	458	578	710	798	832	850	651	695
茂　名	Maoming	447	590	670	737	737	792	628	675
肇　庆	Zhaoqing	981	684	906	1035	1065	1131	1054	1046
清　远	Qingyuan	304	426	660	774	770	813	635	497
潮　州	Chaozhou	326	727	884	1008	1140	1245	726	768
揭　阳	Jieyang	455	714	1034	1416	1833	2525	1511	1731
云　浮	Yunfu	320	264	336	381	489	604	401	460
按经济区域分	By Region								
珠三角	Pearl River Delta	15322	28681	33840	42870	41647	41441	30002	29130
东　翼	Eastern Region	1669	3110	4275	5040	5723	6802	4357	4636
西　翼	Western Region	1155	1666	1971	2158	2173	2238	1800	1897
山　区	Mountainous Region	1549	1700	2203	2535	2674	2937	2145	2148

注：本表统计口径从2011年起从年主营业务收入500万元以上调整为2000万元以上。

Note: Since 2011, the annual principal business revenue of industrial enterprises above designated size is changed from 5 million yuan or above to 20 million yuan or above.

12-9 续表 continued

市 别	City	工业总产值(亿元) Gross Industrial Output Value (100 million yuan)							
		2000	2005	2007	2008	2009	2010	2011	2012
广 州	Guangzhou	2568.57	6032.05	8903.17	10514.91	11376.76	13831.25	15712.72	14857.09
深 圳	Shenzhen	2566.93	9867.55	13958.01	15854.28	15416.24	18526.82	20432.12	21363.05
珠 海	Zhuhai	630.17	1569.56	2357.37	2496.68	2405.04	2976.18	3377.25	3072.56
汕 头	Shantou	344.34	761.37	1067.85	1330.51	1531.10	1897.57	1892.26	2111.54
佛 山	Foshan	1560.55	4780.88	8417.06	10658.47	11711.28	14527.47	14425.03	14653.96
#顺 德	Shunde	640.38	1820.30	2979.92	3689.48	4019.99	4785.24	4808.53	4914.61
韶 关	Shaoguan	151.01	393.36	585.56	670.43	599.23	773.37	917.86	1000.18
河 源	Heyuan	35.81	182.10	472.35	519.56	604.68	832.73	1041.39	953.66
梅 州	Meizhou	81.81	206.98	293.16	333.56	351.11	455.97	546.78	502.91
惠 州	Huizhou	657.83	1428.66	2217.96	2600.26	3005.14	3905.17	4765.03	5477.28
汕 尾	Shanwei	30.08	113.45	199.05	257.81	319.60	432.42	579.41	760.63
东 莞	Dongguan	914.64	3940.11	5851.51	6632.82	6071.11	7739.09	8469.69	9492.55
中 山	Zhongshan	532.95	2221.45	3283.57	3766.54	4057.97	5023.63	5746.84	5702.16
江 门	Jiangmen	871.15	1453.25	2231.32	2709.55	2933.26	3828.91	4671.20	2519.47
阳 江	Yangjiang	66.17	213.82	336.51	448.05	504.56	693.46	964.52	1197.42
湛 江	Zhanjiang	269.10	644.27	963.04	1139.85	1028.79	1404.95	1752.66	1717.67
茂 名	Maoming	373.22	702.04	1042.39	1199.78	1098.13	1360.15	1703.91	1775.52
肇 庆	Zhaoqing	392.04	321.20	675.04	964.05	1179.01	1744.19	2468.96	2816.44
清 远	Qingyuan	77.51	364.34	1104.25	1646.06	2024.06	2887.04	1752.20	1334.44
潮 州	Chaozhou	73.88	293.72	444.89	521.38	581.07	723.12	840.22	891.63
揭 阳	Jieyang	136.46	298.82	583.07	885.66	1153.29	1794.82	2298.98	2828.79
云 浮	Yunfu	146.71	153.77	265.75	274.41	324.32	466.34	512.63	573.13
按经济区域分	By Region								
珠三角	Pearl River Delta	10694.83	31614.71	47895.00	56197.57	58155.82	72102.70	80068.84	79954.57
东 翼	Eastern Region	584.76	1467.36	2294.85	2995.35	3585.06	4847.93	5610.88	6592.59
西 翼	Western Region	708.49	1560.13	2341.94	2787.68	2631.48	3458.56	4421.10	4690.61
山 区	Mountainous Region	492.85	1300.55	2721.06	3444.02	3903.40	5415.45	4770.86	4364.33

注：本表产值按当年价格计算。

Note: Data of gross industrial output value in this table are calculated at current prices.

12-10 各市规模以上工业增加值和指数

Value-added and Indices of Industry above Designated Size by City

市别	City	工业增加值(亿元) Value-add of Industry (100 million yuan)							
		2000	2005	2007	2008	2009	2010	2011	2012
广州	Guangzhou	708.40	1654.03	2410.83	2987.65	3241.76	4073.35	4008.38	3945.18
深圳	Shenzhen	706.85	2571.95	3298.57	4207.20	4014.36	5015.33	4769.43	5107.24
珠海	Zhuhai	156.16	328.74	475.25	516.56	569.84	683.98	675.48	664.93
汕头	Shantou	88.56	190.30	270.75	350.05	389.59	483.20	416.86	510.21
佛山	Foshan	401.78	1303.31	2332.48	3027.33	3234.43	3915.12	2991.38	3302.10
#顺德	Shunde	145.21	492.95	816.49	1057.46	1137.79	1288.00	1035.45	1111.20
韶关	Shaoguan	50.72	108.63	180.76	181.47	181.84	219.25	241.88	264.21
河源	Heyuan	10.66	57.78	147.80	181.33	189.59	312.36	265.44	245.41
梅州	Meizhou	29.46	72.49	109.68	125.30	134.35	166.00	161.71	160.17
惠州	Huizhou	129.08	315.32	502.52	614.67	674.76	881.16	1013.54	1173.97
汕尾	Shanwei	8.74	29.17	59.05	73.78	88.55	112.34	183.10	185.74
东莞	Dongguan	259.44	1060.49	1430.60	1688.98	1453.37	1760.02	1642.45	1978.13
中山	Zhongshan	136.16	551.20	825.01	953.96	1012.28	1263.08	1234.73	1227.06
江门	Jiangmen	189.49	355.10	576.36	712.54	796.08	1053.39	1069.84	576.13
阳江	Yangjiang	21.55	66.26	96.75	123.05	137.96	184.14	224.86	294.86
湛江	Zhanjiang	99.80	229.87	335.16	438.53	387.78	528.83	517.50	557.52
茂名	Maoming	78.44	165.28	246.04	299.59	325.44	362.29	426.18	498.04
肇庆	Zhaoqing	36.36	76.86	168.14	244.76	288.81	434.51	570.95	664.99
清远	Qingyuan	21.22	90.83	287.78	408.17	557.00	686.02	362.99	290.92
潮州	Chaozhou	20.19	69.46	115.36	143.00	152.41	194.91	215.79	241.49
揭阳	Jieyang	39.09	77.62	156.23	236.92	307.48	512.46	547.05	685.73
云浮	Yunfu	22.37	41.70	79.07	77.22	97.53	146.58	123.77	146.78
按经济区域分	By Region								
珠三角	Pearl River Delta	2723.72	8217.00	12019.76	14953.65	15285.69	19079.95	17976.18	18639.71
东翼	Eastern Region	156.58	366.55	601.40	803.75	938.03	1302.91	1362.80	1623.17
西翼	Western Region	199.79	461.41	677.95	861.17	851.18	1075.26	1168.54	1350.43
山区	Mountainous Region	134.43	371.44	805.10	973.49	1160.31	1530.20	1155.78	1107.49

注：1. 本表统计口径从2011年起从年主营业务收入500万元以上调整为2000万元以上。
2. 本表增加值2010年及以前用生产法计算，2011年起用收入法计算。

Note:a) Since 2011, the annual principal business revenue of industrial enterprises above designated size is changed from 5 million yuan or above to 20 million yuan or above.

b) The value-added in this table in 2010 and prior to are calculated with production approach and since 2011 calculated with income approach.

12-10 续表 continued

市 别	City	指数(2000年=100) Indices (2000=100)							
		2000	2005	2007	2008	2009	2010	2011	2012
广 州	Guangzhou	100.0	223.8	317.9	357.0	391.6	455.8	510.5	566.2
深 圳	Shenzhen	100.0	391.6	519.8	584.7	635.6	723.3	814.5	873.9
珠 海	Zhuhai	100.0	229.9	327.4	356.3	360.5	426.1	492.2	523.2
汕 头	Shantou	100.0	183.0	254.7	300.6	346.9	407.9	481.4	551.1
佛 山	Foshan	100.0	312.0	524.3	625.4	713.0	851.3	977.3	1093.6
#顺 德	Shunde	100.0	242.1	366.4	425.4	476.0	565.0	637.9	700.4
韶 关	Shaoguan	100.0	159.8	244.4	270.1	286.3	332.4	383.9	428.4
河 源	Heyuan	100.0	460.0	1121.1	1306.0	1488.9	1844.7	2215.5	2618.8
梅 州	Meizhou	100.0	210.7	300.4	329.0	355.6	422.1	511.2	587.4
惠 州	Huizhou	100.0	215.2	348.6	391.1	457.3	582.5	700.2	830.5
汕 尾	Shanwei	100.0	367.4	748.3	958.5	1169.4	1541.3	2017.5	2588.5
东 莞	Dongguan	100.0	327.6	432.8	459.6	430.2	512.0	550.4	581.2
中 山	Zhongshan	100.0	494.0	714.9	787.1	869.0	1026.2	1182.2	1365.5
江 门	Jiangmen	100.0	207.7	325.0	378.0	424.5	525.1	625.4	701.1
阳 江	Yangjiang	100.0	266.8	369.0	441.3	530.5	705.0	927.8	1156.1
湛 江	Zhanjiang	100.0	183.7	235.1	261.4	287.8	340.2	389.5	436.6
茂 名	Maoming	100.0	163.6	213.9	231.0	242.3	276.9	319.8	390.2
肇 庆	Zhaoqing	100.0	211.8	445.3	580.7	712.5	952.6	1218.4	1464.5
清 远	Qingyuan	100.0	353.0	1033.2	1351.4	1716.2	2310.0	2848.3	2888.2
潮 州	Chaozhou	100.0	321.1	510.0	583.9	663.3	796.0	968.0	1129.6
揭 阳	Jieyang	100.0	188.3	365.4	499.5	633.4	879.7	1142.8	1394.2
云 浮	Yunfu	100.0	174.7	317.9	355.8	393.1	517.4	709.8	895.1
按经济区域分	By Region								
珠三角	Pearl River Delta	100.0	205.0	282.5	317.3	343.0	399.6	444.8	480.8
东 翼	Eastern Region	100.0	208.4	300.7	365.3	430.3	532.7	639.2	757.5
西 翼	Western Region	100.0	199.8	268.8	296.2	318.1	373.3	428.5	500.5
山 区	Mountainous Region	100.0	207.5	361.0	432.1	507.7	638.6	763.1	845.5

注：本表工业增加值按当年价格计算,指数按可比价格计算。
Note: Data of value-added of industry in this table are calculated at current prices, whereas their indices are calculated at constant prices.

12-11 各市规模以上工业企业单位数（2012年）

单位：个

项目	Item	全省 Provincial Total	广州 Guangzhou
全省总计	**Provincial Total**	**37811**	**4373**
按经济类型分	Grouped by Ownership		
在总计中：国有控股工业	Of the Total:State-holding Industry	1033	267
国有工业	State-owned Industry	399	75
集体工业	Collective-owned Industry	375	38
股份合作工业	Share-holding Cooperative Industry	124	26
股份制工业	Share-holding Industry	18762	2092
外商投资工业	Foreign-funded Industry	4595	753
港澳台投资工业	Industry with Funds from Hong Kong, Macao and Taiwan	9436	996
按轻重工业分	Grouped by Light and Heavy Industries		
轻工业	Light Industry	20379	2476
重工业	Heavy Industry	17432	1897
按企业规模分	Grouped by Size of Enterprises		
大型企业	Large Enterprises	1383	187
中型企业	Medium Enterprises	9102	847
小微型企业	Small and Micro Enterprises	27326	3339
按行业分	Grouped by Sector		
煤炭开采和洗选业	Mining and Washing of Coal		
石油和天然气开采业	Extraction of Petroleum and Natural Gas	3	1
黑色金属矿采选业	Mining and Dressing of Ferrous Metal Ores	59	
有色金属矿采选业	Mining and Dressing of Nonferrous Metal Ores	39	
非金属矿采选业	Mining and Dressing of Nonmetal Ores	208	3
开采辅助活动	Auxiliary Minning Operations	7	
其他采矿业	Mining and Dressing of Other Ores		
农副食品加工业	Processing of Farm and Sideline Food	822	82
食品制造业	Manufacture of Food	596	122
酒、饮料和精制茶制造业	Manufacture of Wine, Beverage and Refined Tea	214	26
烟草制品业	Tobacco Products	11	1
纺织业	Textile Industry	1673	237
纺织服装、服饰业	Manufacture of Textile Garments, Footwear and Headgear	2881	556
皮革、毛皮、羽毛及其制品和制鞋业	Leather, Fur, Feather, Down and Related Products	1529	225
木材加工和木、竹、藤、棕、草制品业	Timber Processing, Bamboo, Cane, Palm Fiber & Straw Products	491	37
家具制造业	Manufacture of Furniture	1070	86
造纸和纸制品业	Papermaking and Paper Products	1152	100
印刷和记录媒介复制业	Printing and Record Medium Reproduction	794	91
文教、工美、体育和娱乐用品制造业	Manufacture of Cultural, Educational,Sports and Entertainment Articles	1450	141
石油加工、炼焦和核燃料加工业	Petroleum Refining, Coking and Nuclear Fuel Processing	94	13
化学原料和化学制品制造业	Manufacture of Raw Chemical Materials and Chemical Products	2003	375
医药制造业	Manufacture of Medicines	352	74
化学纤维制造业	Manufacture of Chemical Fibers	58	5
橡胶和塑料制品业	Rubber and Plastic Products	3079	293
非金属矿物制品业	Nonmetal Mineral Products	2146	140
黑色金属冶炼和压延加工业	Smelting and Pressing of Ferrous Metals	518	50
有色金属冶炼和压延加工业	Smelting and Pressing of Nonferrous Metals	651	59
金属制品业	Metal Products	3032	242
通用设备制造业	Manufacture of General-purpose Machinery	1309	207
专用设备制造业	Manufacture of Special-purpose Machinery	1194	138
汽车制造业	Manufacture of Automobile	564	225
铁路、船舶、航空航天和其他运输设备制造业	Manufacture of Railway ,Ship,Aeronautics and Other Transport equipment	404	100
电气机械和器材制造业	Manufacture of Electrical Machinery and Equipment	3928	278
计算机、通信和其他电子设备制造业	Manufacture of Communication Equipment, Computers and Other Electronic Equipment	4035	325
仪器仪表制造业	Manufacture of Instruments and Meters	397	47
其他制造业	Other Manufactures	214	17
废弃资源综合利用业	Comprehensive Utilization of Waste	210	7
金属制品、机械和设备修理业	Manufacture of Metal Products,Machinery and Equipment Maintenance	44	12
电力、热力生产和供应业	Production and Supply of Electric Power and Heat Power	289	20
燃气生产和供应业	Production and Supply of Gas	71	13
水的生产和供应业	Production and Supply of Water	220	25

Number of Industrial Enterprises above Designated Size by City (2012)

(unit)

深 圳 Shenzhen	珠 海 Zhuhai	汕 头 Shantou	佛 山 Foshan	#顺 德 Shunde	韶 关 Shaoguan	河 源 Heyuan	梅 州 Meizhou	惠 州 Huizhou	汕 尾 Shanwei
5835	**927**	**1880**	**5950**	**1761**	**482**	**383**	**326**	**1430**	**257**
169	36	33	64	5	68	14	29	46	13
37	2	14	30	3	30	8	15	24	10
37	6	16	45	5	6	3	4	14	13
2	1	24	26	1	5	1	1	4	
2837	347	1207	3537	1038	331	184	194	428	139
774	205	103	502	168	17	31	22	235	4
1997	347	195	899	397	57	115	54	633	63
2392	374	1534	2942	941	147	186	124	710	186
3443	553	346	3008	820	335	197	202	720	71
349	49	17	153	54	13	14	10	73	25
1810	279	264	880	314	87	105	79	443	118
3676	599	1599	4917	1393	382	264	237	914	114
1									
					4	9	8	1	
					10	4	4	2	
		1	2		20	19	2	16	
4		1							
33	21	45	78	39	14	15	12	27	15
39	13	50	34	10	7	6	4	8	7
16	5	8	28	6	6	8	5	6	3
1		2			3		2		
53	16	170	390	70	15	17	5	43	22
213	40	460	273	133	6	23	7	62	29
59	8	25	172	23	6	11	4	126	9
26	4	3	58	12	20	9	4	20	2
139	6	14	296	115	5	2	11	44	
154	26	78	163	48	7	5	2	25	5
137	18	85	114	29	1	8	2	19	3
266	17	279	109	23	18	22	23	59	45
6	6		14	2				3	
167	81	92	327	86	79	6	6	93	6
41	23	18	25	6	4	10	5	8	
5	3	2	8	2		1	1	2	
508	75	250	512	179	8	17	4	130	43
119	27	20	445	48	46	36	62	54	13
15	8	2	183	27	27	19	12	11	
50	14	9	231	38	19	10	8	14	
350	52	40	722	210	19	7	7	66	13
233	52	31	291	84	21	5	10	30	2
298	45	38	232	68	23	10	3	28	1
43	14	12	103	31	5		13	22	
64	13	5	67	21		1	1	12	3
897	128	57	742	359	17	35	10	116	5
1629	166	37	197	75	12	33	59	320	11
154	23	6	31	3	3	8	2	12	
59	3	11	12	1	1	7		9	1
2	4	2	42	1	16	2	2	14	4
12	2	3			1			1	2
17	7	14	12	4	33	15	22	14	8
1	4	1	6		3	1	1	2	
24	3	9	31	8	3	2	3	11	5

12-11 续表

单位：个

项　目	Item	东 莞 Dongguan	中 山 Zhongshan
全省总计	**Provincial Total**	**4526**	**3192**
按经济类型分	Grouped by Ownership		
在总计中：国有控股工业	Of the Total:State-holding Industry	31	23
国有工业	State-owned Industry	10	3
集体工业	Collective-owned Industry	53	40
股份合作工业	Share-holding Cooperative Industry	2	3
股份制工业	Share-holding Industry	1406	1639
外商投资工业	Foreign-funded Industry	1052	371
港澳台投资工业	Industry with Funds from Hong Kong, Macao and Taiwan	1846	724
按轻重工业分	Grouped by Light and Heavy Industries		
轻工业	Light Industry	2416	2102
重工业	Heavy Industry	2110	1090
按企业规模分	Grouped by Size of Enterprises		
大型企业	Large Enterprises	223	104
中型企业	Medium Enterprises	1744	738
小微型企业	Small and Micro Enterprises	2559	2350
按行业分	Grouped by Sector		
煤炭开采和洗选业	Mining and Washing of Coal		
石油和天然气开采业	Extraction of Petroleum and Natural Gas		
黑色金属矿采选业	Mining and Dressing of Ferrous Metal Ores		
有色金属矿采选业	Mining and Dressing of Nonferrous Metal Ores		
非金属矿采选业	Mining and Dressing of Nonmetal Ores		3
开采辅助活动	Auxiliary Minning Operations		
其他采矿业	Mining and Dressing of Other Ores		
农副食品加工业	Processing of Farm and Sideline Food	43	28
食品制造业	Manufacture of Food	29	35
酒、饮料和精制茶制造业	Manufacture of Wine, Beverage and Refined Tea	13	16
烟草制品业	Tobacco Products		
纺织业	Textile Industry	134	176
纺织服装、服饰业	Manufacture of Textile Garments, Footwear and Headgear	338	357
皮革、毛皮、羽毛及其制品和制鞋业	Leather, Fur, Feather, Down and Related Products	285	108
木材加工和木、竹、藤、棕、草制品业	Timber Processing, Bamboo, Cane, Palm Fiber & Straw Products	29	18
家具制造业	Manufacture of Furniture	207	128
造纸和纸制品业	Papermaking and Paper Products	225	110
印刷和记录媒介复制业	Printing and Record Medium Reproduction	78	69
文教、工美、体育和娱乐用品制造业	Manufacture of Cultural, Educational,Sports and Entertainment Articles	193	90
石油加工、炼焦和核燃料加工业	Petroleum Refining, Coking and Nuclear Fuel Processing	4	6
化学原料和化学制品制造业	Manufacture of Raw Chemical Materials and Chemical Products	160	160
医药制造业	Manufacture of Medicines	10	29
化学纤维制造业	Manufacture of Chemical Fibers	8	4
橡胶和塑料制品业	Rubber and Plastic Products	478	256
非金属矿物制品业	Nonmetal Mineral Products	94	76
黑色金属冶炼和压延加工业	Smelting and Pressing of Ferrous Metals	29	14
有色金属冶炼和压延加工业	Smelting and Pressing of Nonferrous Metals	68	39
金属制品业	Metal Products	244	261
通用设备制造业	Manufacture of General-purpose Machinery	181	120
专用设备制造业	Manufacture of Special-purpose Machinery	144	90
汽车制造业	Manufacture of Automobile	45	28
铁路、船舶、航空航天和其他运输设备制造业	Manufacture of Railway ,Ship,Aeronautics and Other Transport equipment	18	14
电气机械和器材制造业	Manufacture of Electrical Machinery and Equipment	485	700
计算机、通信和其他电子设备制造业	Manufacture of Communication Equipment, Computers and Other Electronic Equipment	818	162
仪器仪表制造业	Manufacture of Instruments and Meters	70	25
其他制造业	Other Manufactures	42	22
废弃资源综合利用业	Comprehensive Utilization of Waste	1	4
金属制品、机械和设备修理业	Manufacture of Metal Products,Machinery and Equipment Maintenance		4
电力、热力生产和供应业	Production and Supply of Electric Power and Heat Power	16	9
燃气生产和供应业	Production and Supply of Gas	5	6
水的生产和供应业	Production and Supply of Water	32	25

12-11 continued

(unit)

江 门 Jiangmen	阳 江 Yangjiang	湛 江 Zhanjiang	茂 名 Maoming	肇 庆 Zhaoqing	清 远 Qingyuan	潮 州 Chaozhou	揭 阳 Jieyang	云 浮 Yunfu
1851	**527**	**695**	**675**	**1046**	**497**	**768**	**1731**	**460**
26	18	68	26	31	24	9	23	15
10	10	41	20	16	14	8	15	7
14	1	7	22	7	7	3	34	5
2		2	4	1	1	14	1	4
813	311	401	391	519	273	418	1006	289
189	23	39	18	94	39	55	51	18
602	70	54	68	202	132	121	178	83
1007	345	417	389	409	163	592	1280	188
844	182	278	286	637	334	176	451	272
41	12	14	7	29	21	9	24	9
360	120	107	66	272	176	176	363	68
1450	395	574	602	745	300	583	1344	383
		1						
		2	3	19	9			4
		3	6	2	6		1	1
14	2	20	37	29	10	1	4	25
		2						
43	33	114	83	16	15	21	64	20
35	6	17	16	10	5	41	105	7
6	2	18	9	8	3	6	17	5
	1	1						
115	4	17	24	45	25	8	145	12
123	16	2	9	22	12	39	266	28
78	9	32	68	43	27	57	173	4
23	29	74	71	39	6	1	10	8
46	16	13	11	22	4	3	14	3
72	13	31	9	34	13	28	37	15
26	10	14	2	15	4	49	48	1
34		7	20	27	17	17	61	5
3		3	34	1			1	
120	10	23	84	95	32	14	34	39
8	4	15	17	13	6	8	27	7
8				3			8	
126	22	49	36	53	35	17	145	22
115	27	48	58	116	88	303	120	139
31	20		11	12	15	4	55	
25	5	5	1	36	36	5	13	4
315	217	18	13	163	10	78	157	38
39	8	6	7	31	11	7	6	11
32	8	24	6	23	6	5	33	7
22	5	4		13	6		4	
79	3	3	1	5	4		8	3
187	11	95	6	37	16	15	78	13
93	6	3	14	53	15	11	53	18
2	1		1	4	2	1	5	
15	2			3	1	1	5	3
1	20	9	2	27	35		15	1
		1		2			3	1
7	9	9	9	17	19	8	11	13
	2	6	1	1		18		
8	6	6	6	7	4	2	5	3

12-12 各市规模以上工业总产值（2012年）

单位：亿元

项　目	Item	全　省 Provincial Total	广　州 Guangzhou
全省总计	**Provincial Total**	**95602.09**	**14857.09**
按经济类型分	Grouped by Ownership		
在总计中：国有控股工业	Of the Total:State-holding Industry	15529.16	4056.76
国有工业	State-owned Industry	5935.25	707.88
集体工业	Collective-owned Industry	515.91	38.54
股份合作工业	Share-holding Cooperative Industry	167.13	17.06
股份制工业	Share-holding Industry	37018.42	4495.59
外商投资工业	Foreign-funded Industry	25308.97	6515.35
港澳台投资工业	Industry with Funds from Hong Kong, Macao and Taiwan	22390.99	2731.66
按轻重工业分	Grouped by Light and Heavy Industries		
轻工业	Light Industry	35817.39	5124.68
重工业	Heavy Industry	59784.70	9732.41
按企业规模分	Grouped by Size of Enterprises		
大型企业	Large Enterprises	43400.30	8544.49
中型企业	Medium Enterprises	26777.97	2955.53
小微型企业	Small and Micro Enterprises	25423.82	3357.06
按行业分	Grouped by Sector		
煤炭开采和洗选业	Mining and Washing of Coal		
石油和天然气开采业	Extraction of Petroleum and Natural Gas	642.65	0.08
黑色金属矿采选业	Mining and Dressing of Ferrous Metal Ores	154.20	
有色金属矿采选业	Mining and Dressing of Nonferrous Metal Ores	126.70	
非金属矿采选业	Mining and Dressing of Nonmetal Ores	232.15	1.56
开采辅助活动	Auxiliary Minning Operations	29.29	
其他采矿业	Mining and Dressing of Other Ores		
农副食品加工业	Processing of Farm and Sideline Food	2388.08	432.48
食品制造业	Manufacture of Food	1399.28	421.50
酒、饮料和精制茶制造业	Manufacture of Wine, Beverage and Refined Tea	842.47	203.60
烟草制品业	Tobacco Products	379.64	176.95
纺织业	Textile Industry	2132.53	266.16
纺织服装、服饰业	Manufacture of Textile Garments, Footwear and Headgear	2995.82	483.31
皮革、毛皮、羽毛及其制品和制鞋业	Leather, Fur, Feather, Down and Related Products	1769.94	222.46
木材加工和木、竹、藤、棕、草制品业	Timber Processing, Bamboo, Cane, Palm Fiber & Straw Products	512.55	24.85
家具制造业	Manufacture of Furniture	1227.16	102.44
造纸和纸制品业	Papermaking and Paper Products	1643.64	129.87
印刷和记录媒介复制业	Printing and Record Medium Reproduction	843.90	57.93
文教、工美、体育和娱乐用品制造业	Manufacture of Cultural, Educational,Sports and Entertainment Articles	3257.12	209.40
石油加工、炼焦和核燃料加工业	Petroleum Refining, Coking and Nuclear Fuel Processing	3405.98	773.76
化学原料和化学制品制造业	Manufacture of Raw Chemical Materials and Chemical Products	4731.53	1585.47
医药制造业	Manufacture of Medicines	1027.73	201.20
化学纤维制造业	Manufacture of Chemical Fibers	126.34	6.32
橡胶和塑料制品业	Rubber and Plastic Products	3590.79	375.10
非金属矿物制品业	Nonmetal Mineral Products	3221.58	139.98
黑色金属冶炼和压延加工业	Smelting and Pressing of Ferrous Metals	2265.41	523.97
有色金属冶炼和压延加工业	Smelting and Pressing of Nonferrous Metals	2365.70	247.21
金属制品业	Metal Products	4114.55	336.53
通用设备制造业	Manufacture of General-purpose Machinery	2901.96	559.50
专用设备制造业	Manufacture of Special-purpose Machinery	1638.58	155.87
汽车制造业	Manufacture of Automobile	3845.06	2722.52
铁路、船舶、航空航天和其他运输设备制造业	Manufacture of Railway ,Ship,Aeronautics and Other Transport equipment	1185.15	555.00
电气机械和器材制造业	Manufacture of Electrical Machinery and Equipment	9623.39	760.79
计算机、通信和其他电子设备制造业	Manufacture of Communication Equipment, Computers and Other Electronic Equipment	22865.39	1780.05
仪器仪表制造业	Manufacture of Instruments and Meters	617.70	64.91
其他制造业	Other Manufactures	212.38	14.93
废弃资源综合利用业	Comprehensive Utilization of Waste	844.87	54.60
金属制品、机械和设备修理业	Manufacture of Metal Products,Machinery and Equipment Maintenance	90.07	21.09
电力、热力生产和供应业	Production and Supply of Electric Power and Heat Power	5520.78	1045.09
燃气生产和供应业	Production and Supply of Gas	553.03	157.10
水的生产和供应业	Production and Supply of Water	277.01	43.49

注：本表产值按当年价格计算。

Gross Output Value of Industry above Designated Size by City (2012)

(100 million yuan)

深 圳 Shenzhen	珠 海 Zhuhai	汕 头 Shantou	佛 山 Foshan	#顺 德 Shunde	韶 关 Shaoguan	河 源 Heyuan	梅 州 Meizhou	惠 州 Huizhou	汕 尾 Shanwei
21363.05	**3072.56**	**2111.54**	**14653.96**	**4914.61**	**1000.18**	**953.66**	**502.91**	**5477.28**	**760.63**
3064.76	841.35	306.02	616.24	6.32	497.60	103.51	171.05	1611.90	106.32
714.89	123.99	174.41	456.27	5.65	384.06	59.33	92.25	1190.70	103.03
67.37	4.76	22.18	68.00	4.55	6.24	1.49	1.58	8.36	60.33
11.49	5.00	22.73	33.53	1.02	5.15	0.45	0.83	4.47	
8551.33	1031.71	1116.65	8122.53	3037.82	391.89	446.47	279.02	686.96	210.05
6600.53	1222.77	265.05	2179.88	508.24	25.05	147.69	39.43	2045.90	71.13
5235.12	673.41	227.76	2752.26	1242.41	149.46	231.99	67.24	1407.88	270.38
5606.44	1141.58	1426.06	6831.67	3209.41	227.56	257.46	160.10	1146.72	413.00
15756.62	1930.98	685.48	7822.29	1705.21	772.62	696.20	342.81	4330.56	347.63
13360.85	1527.60	372.35	5237.31	2835.08	421.20	303.18	173.78	2300.86	344.31
4941.57	856.43	608.61	3564.85	1131.25	246.25	379.33	173.61	2219.33	318.24
3060.64	688.54	1130.59	5851.80	948.28	332.74	271.16	155.52	957.08	98.07
373.52									
					15.40	48.72	4.79	1.65	
					29.40	31.37	3.73	0.66	
		0.20	2.05		24.59	25.80	0.85	12.86	
22.80		0.59							
161.81	49.01	69.63	231.76	83.50	15.41	21.68	9.81	41.48	24.53
59.81	24.97	40.30	190.01	18.43	3.59	8.54	1.84	4.79	7.50
90.71	15.69	7.26	147.74	8.12	5.23	23.52	2.51	26.52	2.28
54.86		4.68			57.83		66.49		
59.18	19.51	137.92	544.07	74.93	19.83	18.35	1.47	41.97	99.93
235.58	39.75	346.59	356.99	108.60	3.45	25.50	4.78	66.10	49.30
130.11	16.45	13.52	215.50	19.43	4.58	17.52	14.92	112.63	17.86
12.50	5.65	0.43	113.49	28.64	22.88	14.06	1.45	26.43	2.95
137.49	11.28	85.82	313.27	77.49	3.09	0.50	9.72	84.85	
139.10	41.27	52.92	196.29	32.35	4.65	2.58	0.63	25.31	5.46
170.82	8.30	92.52	127.69	22.23	2.82	3.67	1.04	24.15	3.70
1379.14	18.08	260.38	513.11	281.11	53.35	20.35	8.84	47.98	130.56
25.07	88.76		210.18	0.54				941.33	
213.78	240.59	131.90	591.42	154.62	78.56	6.54	3.07	457.01	22.14
179.19	101.85	24.78	61.48	11.23	6.30	16.85	4.35	9.83	
4.22	26.83	0.83	17.20	1.82		0.43	3.00	1.34	
595.34	65.10	249.07	787.80	218.82	9.76	14.85	15.12	144.68	75.21
252.18	28.60	23.30	1000.37	41.87	41.88	42.37	54.48	92.54	24.02
56.71	87.65	0.66	480.96	109.81	258.84	134.38	12.47	64.65	
244.81	63.21	17.65	833.54	93.72	58.22	20.42	20.87	13.37	
437.03	68.19	28.34	1132.82	381.21	27.25	10.47	5.31	95.21	25.53
575.13	166.21	24.29	663.91	180.04	18.42	5.69	3.27	42.55	1.03
465.96	80.83	34.91	405.65	161.08	14.60	31.28	0.99	27.76	2.10
257.33	32.07	39.09	363.81	123.85	6.07		20.00	116.74	
105.99	32.92	3.22	95.48	31.13		5.05	0.58	10.24	1.01
1712.97	716.78	83.18	3307.31	2460.28	26.94	69.84	20.12	250.30	8.16
11977.39	697.21	54.03	792.42	160.20	26.64	230.87	77.04	2374.63	148.64
253.71	28.02	4.17	68.61	0.98	4.06	5.18	1.34	8.38	
44.92	1.97	8.48	13.01	1.05	0.20	3.50		5.48	0.32
1.13	4.20	0.80	301.52	0.81	16.01	1.19	0.88	15.12	4.69
16.06	26.38	2.78			1.12			0.43	0.57
763.46	200.57	259.34	480.22	20.67	136.21	91.36	125.09	276.36	101.61
65.57	56.56	1.33	58.33		1.74	0.53	0.32	3.50	
87.67	8.11	6.63	35.97	6.05	1.24	0.67	1.72	8.47	1.51

Note: Data in this table are calculated at current prices.

12-12 续表

单位：亿元

项　　目	Item	东 莞 Dongguan	中 山 Zhongshan
全省总计	**Provincial Total**	**9492.55**	**5702.16**
按经济类型分	Grouped by Ownership		
在总计中：国有控股工业	Of the Total:State-holding Industry	743.89	391.63
国有工业	State-owned Industry	509.95	217.30
集体工业	Collective-owned Industry	42.81	39.25
股份合作工业	Share-holding Cooperative Industry	2.52	20.70
股份制工业	Share-holding Industry	2056.40	1865.87
外商投资工业	Foreign-funded Industry	2984.28	1572.16
港澳台投资工业	Industry with Funds from Hong Kong, Macao and Taiwan	3790.77	1641.05
按轻重工业分	Grouped by Light and Heavy Industries		
轻工业	Light Industry	3907.51	2971.74
重工业	Heavy Industry	5585.04	2730.42
按企业规模分	Grouped by Size of Enterprises		
大型企业	Large Enterprises	4453.72	2104.92
中型企业	Medium Enterprises	3074.26	1935.21
小微型企业	Smal and Micro Enterprises	1964.57	1662.03
按行业分	Grouped by Sector		
煤炭开采和洗选业	Mining and Washing of Coal		
石油和天然气开采业	Extraction of Petroleum and Natural Gas		
黑色金属矿采选业	Mining and Dressing of Ferrous Metal Ores		
有色金属矿采选业	Mining and Dressing of Nonferrous Metal Ores		
非金属矿采选业	Mining and Dressing of Nonmetal Ores		2.34
开采辅助活动	Auxiliary Minning Operations		
其他采矿业	Mining and Dressing of Other Ores		
农副食品加工业	Processing of Farm and Sideline Food	321.60	47.98
食品制造业	Manufacture of Food	89.87	156.40
酒、饮料和精制茶制造业	Manufacture of Wine, Beverage and Refined Tea	172.90	52.88
烟草制品业	Tobacco Products		
纺织业	Textile Industry	183.24	185.38
纺织服装、服饰业	Manufacture of Textile Garments, Footwear and Headgear	447.76	315.35
皮革、毛皮、羽毛及其制品和制鞋业	Leather, Fur, Feather, Down and Related Products	312.12	143.50
木材加工和木、竹、藤、棕、草制品业	Timber Processing, Bamboo, Cane, Palm Fiber & Straw Products	17.45	16.77
家具制造业	Manufacture of Furniture	205.18	94.82
造纸和纸制品业	Papermaking and Paper Products	517.66	158.48
印刷和记录媒介复制业	Printing and Record Medium Reproduction	106.77	75.35
文教、工美、体育和娱乐用品制造业	Manufacture of Cultural, Educational,Sports and Entertainment Articles	274.63	122.42
石油加工、炼焦和核燃料加工业	Petroleum Refining, Coking and Nuclear Fuel Processing	14.77	37.86
化学原料和化学制品制造业	Manufacture of Raw Chemical Materials and Chemical Products	255.83	218.61
医药制造业	Manufacture of Medicines	13.04	131.39
化学纤维制造业	Manufacture of Chemical Fibers	7.00	3.13
橡胶和塑料制品业	Rubber and Plastic Products	429.27	305.62
非金属矿物制品业	Nonmetal Mineral Products	121.59	108.62
黑色金属冶炼和压延加工业	Smelting and Pressing of Ferrous Metals	39.26	32.73
有色金属冶炼和压延加工业	Smelting and Pressing of Nonferrous Metals	87.55	144.93
金属制品业	Metal Products	255.21	352.09
通用设备制造业	Manufacture of General-purpose Machinery	449.73	230.27
专用设备制造业	Manufacture of Special-purpose Machinery	118.48	152.37
汽车制造业	Manufacture of Automobile	103.18	83.54
铁路、船舶、航空航天和其他运输设备制造业	Manufacture of Railway ,Ship,Aeronautics and Other Transport equipment	48.18	32.98
电气机械和器材制造业	Manufacture of Electrical Machinery and Equipment	791.23	1225.78
计算机、通信和其他电子设备制造业	Manufacture of Communication Equipment, Computers and Other Electronic Equipment	3280.85	848.58
仪器仪表制造业	Manufacture of Instruments and Meters	122.59	40.88
其他制造业	Other Manufactures	52.29	33.04
废弃资源综合利用业	Comprehensive Utilization of Waste	1.34	4.57
金属制品、机械和设备修理业	Manufacture of Metal Products,Machinery and Equipment Maintenance		8.71
电力、热力生产和供应业	Production and Supply of Electric Power and Heat Power	597.78	205.37
燃气生产和供应业	Production and Supply of Gas	26.87	103.45
水的生产和供应业	Production and Supply of Water	27.37	25.98

12-12 continued

(100 million yuan)

江 门 Jiangmen	阳 江 Yangjiang	湛 江 Zhanjiang	茂 名 Maoming	肇 庆 Zhaoqing	清 远 Qingyuan	潮 州 Chaozhou	揭 阳 Jieyang	云 浮 Yunfu
2519.47	**1197.42**	**1717.67**	**1775.52**	**2816.44**	**1334.44**	**891.63**	**2828.79**	**573.13**
271.13	203.44	636.62	1041.14	246.24	198.95	163.22	171.22	86.16
254.85	66.06	227.32	86.44	133.45	154.23	85.10	135.11	58.64
24.75	2.06	9.09	9.27	13.90	39.53	3.39	50.69	2.33
0.72		16.27	5.66	2.74	0.38	12.09	1.56	3.78
825.87	657.94	650.01	1492.19	1155.19	654.16	471.67	1544.75	312.18
384.28	116.65	308.20	26.56	435.65	91.84	111.28	139.27	26.02
925.22	197.08	385.26	49.82	641.01	366.90	115.47	385.68	145.57
1192.44	612.82	772.13	353.61	783.52	264.48	492.42	1915.52	215.93
1327.03	584.61	945.55	1421.91	2032.91	1069.96	399.21	913.26	357.20
810.87	275.61	477.64	1092.39	576.62	323.88	224.53	367.39	106.80
840.99	429.54	713.65	167.86	1122.91	696.33	278.94	1102.32	152.24
867.62	492.28	526.38	515.27	1116.91	314.23	388.16	1359.08	314.09
		269.05						
		4.27	1.47	72.49	3.11			2.30
		0.40	2.89	53.72	2.57		1.40	0.55
5.33	0.72	15.54	21.72	61.22	25.43	0.45	5.63	25.86
		5.90						
88.40	139.78	389.84	139.06	29.62	52.07	19.00	72.72	30.42
141.71	21.38	9.87	13.04	24.17	7.82	57.56	110.55	4.07
14.57	4.92	17.47	3.99	16.02	12.52	5.96	14.93	1.24
	0.37	18.45						
89.79	4.97	17.27	22.41	85.04	25.73	8.31	287.67	14.33
72.17	41.48	2.14	5.18	53.24	6.91	26.60	395.07	18.56
54.92	8.70	20.77	39.23	104.89	73.01	41.51	204.51	1.23
23.17	44.01	55.36	45.07	69.65	6.36	0.29	6.09	3.65
48.35	27.32	35.68	8.92	36.18	2.04	2.08	16.89	1.24
109.44	11.35	83.65	5.25	54.62	25.40	16.32	46.13	17.28
35.75	8.72	11.12	0.78	21.34	9.22	30.22	50.79	1.19
16.63		2.85	18.53	59.56	15.60	10.89	90.10	4.75
20.44		261.48	1029.90	1.77			0.67	
211.03	13.45	56.67	204.36	249.58	47.37	12.12	78.58	53.45
13.15	19.57	15.84	9.91	38.28	5.75	5.18	155.99	13.81
33.12				5.23			17.69	
80.08	25.12	26.28	20.65	76.06	49.85	26.14	207.74	11.95
115.23	43.47	53.52	41.54	309.96	214.79	266.80	105.41	140.94
68.17	165.97		13.72	27.46	53.83	6.99	237.00	
26.83	60.66	5.03	0.68	326.93	158.21	13.60	15.70	6.29
269.01	332.05	17.76	5.18	352.69	8.81	46.33	231.18	77.55
39.01	16.67	10.00	4.23	33.78	25.29	8.03	10.69	14.28
17.84	12.36	23.68	8.89	29.52	4.55	4.66	39.81	6.45
30.21	15.72	1.63		42.59	5.70		4.86	
247.54	1.13	12.63	0.39	10.52	1.17		20.44	0.66
225.18	21.02	118.62	3.83	61.05	66.31	20.26	114.68	19.04
153.37	7.48	0.41	8.91	245.05	23.50	36.73	71.95	29.63
1.12	0.73		0.43	4.85	0.80	0.67	7.25	
6.00	8.60			5.12	0.96	0.47	11.66	1.41
1.01	41.53	4.22	0.40	120.86	251.35		18.18	1.26
		0.27		2.89			9.53	0.24
255.39	89.33	139.31	89.89	123.69	146.79	162.32	163.21	68.39
	5.11	7.90	2.54	1.44		60.73		
5.52	3.71	2.80	2.53	5.37	1.66	1.40	4.10	1.11

12-13 各市规模以上工业增加值（2012年）

单位：亿元

项 目	Item	全 省 Provincial Total	广 州 Guangzhou
全省总计	**Provincial Total**	**22720.81**	**3945.18**
按经济类型分	Grouped by Ownership		
在总计中：国有控股工业	Of the Total:State-holding Industry	4274.71	1129.36
国有工业	State-owned Industry	1475.61	161.43
集体工业	Collective-owned Industry	147.82	15.57
股份合作工业	Share-holding Cooperative Industry	37.10	4.41
股份制工业	Share-holding Industry	9062.94	1123.92
外商投资工业	Foreign-funded Industry	5379.78	1808.13
港澳台投资工业	Industry with Funds from Hong Kong, Macao and Taiwan	5604.99	733.28
按轻重工业分	Grouped by Light and Heavy Industries		
轻工业	Light Industry	8924.66	1684.44
重工业	Heavy Industry	13796.14	2260.73
按企业规模分	Grouped by Size of Enterprises		
大型企业	Large Enterprises	10688.64	2447.34
中型企业	Medium Enterprises	6513.52	727.58
小微型企业	Small and Micro Enterprises	5518.65	770.26
按行业分	Grouped by Sector		
煤炭开采和洗选业	Mining and Washing of Coal		
石油和天然气开采业	Extraction of Petroleum and Natural Gas	494.50	0.44
黑色金属矿采选业	Mining and Dressing of Ferrous Metal Ores	48.22	
有色金属矿采选业	Mining and Dressing of Nonferrous Metal Ores	46.53	
非金属矿采选业	Mining and Dressing of Nonmetal Ores	69.99	0.39
开采辅助活动	Auxiliary Minning Operations	8.93	
其他采矿业	Mining and Dressing of Other Ores		
农副食品加工业	Processing of Farm and Sideline Food	418.55	82.70
食品制造业	Manufacture of Food	465.52	159.29
酒、饮料和精制茶制造业	Manufacture of Wine, Beverage and Refined Tea	210.09	46.73
烟草制品业	Tobacco Products	292.62	135.90
纺织业	Textile Industry	509.09	55.85
纺织服装、服饰业	Manufacture of Textile Garments, Footwear and Headgear	847.50	149.45
皮革、毛皮、羽毛及其制品和制鞋业	Leather, Fur, Feather, Down and Related Products	523.37	73.10
木材加工和木、竹、藤、棕、草制品业	Timber Processing, Bamboo, Cane, Palm Fiber & Straw	123.99	5.26
家具制造业	Manufacture of Furniture	306.43	33.73
造纸和纸制品业	Papermaking and Paper Products	346.61	32.24
印刷和记录媒介复制业	Printing and Record Medium Reproduction	232.25	16.93
文教、工美、体育和娱乐用品制造业	Manufacture of Cultural, Educational and Sports Articles	595.19	81.79
石油加工、炼焦和核燃料加工业	Petroleum Refining, Coking and Nuclear Fuel Processing	768.36	113.10
化学原料和化学制品制造业	Manufacture of Raw Chemical Materials and Chemical Products	1217.90	592.52
医药制造业	Manufacture of Medicines	332.20	76.38
化学纤维制造业	Manufacture of Chemical Fibers	29.05	1.75
橡胶和塑料制品业	Rubber and Plastic Products	819.49	73.51
非金属矿物制品业	Nonmetal Mineral Products	825.59	40.28
黑色金属冶炼和压延加工业	Smelting and Pressing of Ferrous Metals	370.35	48.23
有色金属冶炼和压延加工业	Smelting and Pressing of Nonferrous Metals	429.18	42.88
金属制品业	Metal Products	975.37	90.02
通用设备制造业	Manufacture of General-purpose Equipment	578.05	123.38
专用设备制造业	Manufacture of Special-purpose Equipment	462.80	41.92
汽车制造业	Manufacture of Transport Equipment	1081.85	794.81
铁路、船舶、航空航天和其他运输设备制造业	Manufacture of Railway ,Ship,Aeronautics and Other Transport equipment	250.75	121.08
电气机械和器材制造业	Manufacture of Electrical Machinery and Equipment	2105.45	157.08
计算机、通信和其他电子设备制造业	Manufacture of Communication Equipment, Computers and Other Electronic Equipment	4838.75	391.21
仪器仪表制造业	Manufacture of Instruments and Meters	189.52	24.32
其他制造业	Other Manufactures	54.78	3.64
废弃资源综合利用业	Comprehensive Utilization of Waste	176.95	10.15
金属制品、机械和设备修理业	Manufacture of Metal Products,Machinery and Equipment Maintenance	18.42	2.81
电力、热力生产和供应业	Production and Supply of Electric Power and Heat Power	1440.24	276.90
燃气生产和供应业	Production and Supply of Gas	110.48	31.15
水的生产和供应业	Production and Supply of Water	105.89	14.26

注：本表工业增加值按收入法、当年价格计算。

Value-added of Industry above Designated Size by City (2012)

(100 million yuan)

深 圳 Shenzhen	珠 海 Zhuhai	汕 头 Shantou	佛 山 Foshan	#顺 德 Shunde	韶 关 Shaoguan	河 源 Heyuan	梅 州 Meizhou	惠 州 Huizhou	汕 尾 Shanwei
5107.24	**664.93**	**510.21**	**3302.10**	**1111.20**	**264.21**	**245.41**	**160.17**	**1173.97**	**185.74**
1024.86	213.96	88.50	137.80	2.04	141.32	28.65	75.79	358.57	32.57
197.29	26.03	41.79	98.42	1.81	99.55	13.47	58.67	280.45	31.79
16.81	3.04	4.82	17.16	1.97	2.21	0.36	0.35	3.17	12.39
2.88	1.22	5.14	7.18	0.23	1.48	0.12	0.28	1.51	
2369.01	248.11	262.09	1832.60	705.71	108.19	124.54	67.55	169.17	51.37
1115.26	208.15	70.02	478.70	96.02	5.92	21.15	10.92	370.49	16.47
1369.04	175.91	59.46	632.67	279.00	36.91	61.53	17.35	314.82	62.06
1118.30	283.57	346.18	1614.01	748.89	86.32	63.29	78.16	261.49	97.92
3988.94	381.36	164.03	1688.08	362.31	177.89	182.12	82.01	912.48	87.82
3386.82	318.44	91.75	1204.51	662.57	87.19	52.72	76.13	440.62	79.97
1145.19	233.06	165.48	825.74	270.57	96.18	116.93	47.38	536.52	83.10
575.23	113.43	252.98	1271.85	178.06	80.84	75.76	36.66	196.82	22.67
322.71									
					9.18	11.36	3.16	0.44	
					23.88	15.59	1.72	0.45	
		0.05	0.52		9.40	9.13	0.31	5.01	
5.25		0.16							
27.00	4.24	8.33	33.70	9.50	1.81	3.56	1.27	6.97	4.82
17.36	10.41	7.96	46.84	4.17	1.22	1.76	0.34	1.11	1.79
21.48	4.17	1.75	41.91	3.31	0.99	4.38	0.75	7.90	0.53
46.79		0.95			43.55		51.17		
15.94	3.77	34.83	133.41	17.85	5.05	6.16	0.33	10.04	23.64
83.02	13.61	94.16	94.90	27.36	1.00	6.52	1.43	16.84	12.98
41.99	6.48	3.32	55.90	5.82	1.23	5.42	5.98	35.62	3.59
1.94	1.10	0.06	23.23	4.34	5.23	4.69	0.29	6.07	0.66
33.23	3.36	22.68	72.46	16.71	0.60	0.14	2.72	19.21	
30.05	5.53	10.84	45.46	6.30	0.87	0.56	0.10	5.32	1.14
53.41	3.47	23.41	31.75	6.03	0.73	1.22	0.31	6.60	0.84
111.73	4.16	63.53	101.87	59.25	13.61	6.18	3.06	13.00	30.27
17.67	17.08		30.29	0.08				216.95	
43.90	27.60	26.00	129.29	33.86	21.48	1.79	0.73	72.36	2.26
73.14	31.14	7.30	19.75	5.27	2.84	6.07	1.17	3.05	
2.11	7.17	0.17	4.96	0.53		0.07	0.64	0.30	
141.36	15.72	52.25	177.90	45.43	2.44	4.14	2.43	34.82	19.47
70.04	4.98	4.21	248.45	9.36	10.42	11.15	13.65	27.68	5.46
2.21	20.87	0.23	75.73	15.25	31.80	47.94	2.00	16.53	
24.58	16.10	2.93	158.77	11.42	7.06	5.39	4.06	2.69	
101.89	14.82	5.88	255.45	85.31	5.22	3.42	1.16	22.26	6.24
105.43	33.94	5.20	143.08	31.08	4.60	1.09	0.69	9.49	0.25
153.31	21.42	10.66	102.48	41.28	3.36	9.06	0.24	7.86	0.36
65.79	10.30	7.65	89.36	32.21	1.68		5.60	35.07	
27.46	6.51	0.65	22.71	7.02		1.42	0.13	3.31	0.27
353.58	172.28	16.35	776.76	587.50	7.04	13.78	3.25	51.70	1.69
2742.76	123.42	16.49	177.56	38.52	6.92	35.23	18.95	445.07	36.90
75.22	9.67	1.22	18.38	0.26	2.32	1.85	0.78	2.37	
11.81	0.51	2.71	3.20	0.17	0.06	0.72		1.07	0.08
0.22	0.77	0.18	61.16	0.17	2.91	0.35	0.17	3.62	0.47
4.71	4.56	0.86			0.26			0.09	0.13
219.42	56.48	74.29	99.21	3.07	34.20	24.85	31.01	78.68	31.42
22.10	4.25	0.28	12.07		0.49	0.12	0.09	0.83	
36.63	5.05	2.66	13.57	2.79	0.75	0.31	0.50	3.61	0.47

Note: Data of value-added of industry in this table are calculated with income approach and at current prices.

12-13 续表

单位：亿元

项 目	Item	东 莞 Dongguan	中 山 Zhongshan
全省总计	**Provincial Total**	**1978.13**	**1227.06**
按经济类型分	Grouped by Ownership		
在总计中：国有控股工业	Of the Total:State-holding Industry	168.48	79.95
国有工业	State-owned Industry	108.02	46.00
集体工业	Collective-owned Industry	21.18	12.14
股份合作工业	Share-holding Cooperative Industry	0.52	5.31
股份制工业	Share-holding Industry	394.65	411.97
外商投资工业	Foreign-funded Industry	572.58	305.30
港澳台投资工业	Industry with Funds from Hong Kong, Macao and Taiwan	859.06	373.45
按轻重工业分	Grouped by Light and Heavy Industries		
轻工业	Light Industry	928.09	698.95
重工业	Heavy Industry	1050.04	528.11
按企业规模分	Grouped by Size of Enterprises		
大型企业	Large Enterprises	884.55	426.99
中型企业	Medium Enterprises	724.60	452.05
小微型企业	Small and Micro Enterprises	368.99	348.02
按行业分	Grouped by Sector		
煤炭开采和洗选业	Mining and Washing of Coal		
石油和天然气开采业	Extraction of Petroleum and Natural Gas		
黑色金属矿采选业	Mining and Dressing of Ferrous Metal Ores		
有色金属矿采选业	Mining and Dressing of Nonferrous Metal Ores		
非金属矿采选业	Mining and Dressing of Nonmetal Ores		0.60
开采辅助活动	Auxiliary Minning Operations		
其他采矿业	Mining and Dressing of Other Ores		
农副食品加工业	Processing of Farm and Sideline Food	33.13	5.20
食品制造业	Manufacture of Food	36.78	59.31
酒、饮料和精制茶制造业	Manufacture of Wine, Beverage and Refined Tea	32.34	15.97
烟草制品业	Tobacco Products		
纺织业	Textile Industry	44.71	40.28
纺织服装、服饰业	Manufacture of Textile Garments, Footwear and Headgear	114.07	95.30
皮革、毛皮、羽毛及其制品和制鞋业	Leather, Fur, Feather, Down and Related Products	112.07	41.00
木材加工和木、竹、藤、棕、草制品业	Timber Processing, Bamboo, Cane, Palm Fiber & Straw Products	3.95	3.96
家具制造业	Manufacture of Furniture	51.65	21.06
造纸和纸制品业	Papermaking and Paper Products	98.44	26.16
印刷和记录媒介复制业	Printing and Record Medium Reproduction	35.58	11.49
文教、工美、体育和娱乐用品制造业	Manufacture of Cultural, Educational and Sports Articles	73.65	34.41
石油加工、炼焦和核燃料加工业	Petroleum Refining, Coking and Nuclear Fuel Processing	1.14	10.76
化学原料和化学制品制造业	Manufacture of Raw Chemical Materials and Chemical Products	43.41	57.66
医药制造业	Manufacture of Medicines	5.76	33.02
化学纤维制造业	Manufacture of Chemical Fibers	1.42	0.51
橡胶和塑料制品业	Rubber and Plastic Products	109.65	59.74
非金属矿物制品业	Nonmetal Mineral Products	29.40	24.20
黑色金属冶炼和压延加工业	Smelting and Pressing of Ferrous Metals	3.51	4.69
有色金属冶炼和压延加工业	Smelting and Pressing of Nonferrous Metals	8.87	31.82
金属制品业	Metal Products	67.29	72.85
通用设备制造业	Manufacture of General-purpose Machinery	61.25	51.03
专用设备制造业	Manufacture of Special-purpose Machinery	34.43	38.13
汽车制造业	Manufacture of Automobile	23.93	19.91
铁路、船舶、航空航天和其他运输设备制造业	Manufacture of Railway ,Ship,Aeronautics and Other Transport equipment	12.81	4.24
电气机械和器材制造业	Manufacture of Electrical Machinery and Equipment	170.83	233.78
计算机、通信和其他电子设备制造业	Manufacture of Communication Equipment, Computers and Other Electronic Equipment	565.67	132.04
仪器仪表制造业	Manufacture of Instruments and Meters	38.61	10.48
其他制造业	Other Manufactures	13.19	8.84
废弃资源综合利用业	Comprehensive Utilization of Waste	0.21	1.22
金属制品、机械和设备修理业	Manufacture of Metal Products,Machinery and Equipment Maintenance		2.07
电力、热力生产和供应业	Production and Supply of Electric Power and Heat Power	137.63	48.56
燃气生产和供应业	Production and Supply of Gas	3.61	21.38
水的生产和供应业	Production and Supply of Water	9.13	5.39

12-13 continued

(100 million yuan)

江 门 Jiangmen	阳 江 Yangjiang	湛 江 Zhanjiang	茂 名 Maoming	肇 庆 Zhaoqing	清 远 Qingyuan	潮 州 Chaozhou	揭 阳 Jieyang	云 浮 Yunfu
576.13	**294.86**	**557.52**	**498.04**	**664.99**	**290.92**	**241.49**	**685.73**	**146.78**
72.18	36.29	187.83	292.30	45.79	45.16	47.62	48.04	19.72
67.46	16.42	70.79	29.57	31.68	31.02	20.05	31.69	14.04
5.77	0.48	2.67	2.89	3.95	8.54	0.77	13.02	0.54
0.16		0.12	1.56	0.91	0.15	2.73	0.40	1.02
155.13	155.05	173.96	408.22	279.36	135.15	134.64	376.66	81.61
93.28	22.49	85.97	6.57	102.76	16.60	28.41	34.69	5.90
230.61	58.73	193.33	16.06	153.52	93.46	30.36	95.21	38.17
282.07	156.80	203.00	105.15	186.95	69.47	133.86	471.36	55.28
294.07	138.06	354.52	392.89	478.04	221.45	107.63	214.38	91.50
212.51	57.61	223.45	300.20	134.61	75.72	69.32	87.91	30.27
185.49	117.03	203.49	45.11	261.76	150.94	73.01	284.01	38.91
178.13	120.22	130.58	152.73	268.61	64.27	99.16	313.81	77.60
		171.36						
		-0.08	0.48	22.46	0.82			0.39
		0.17	1.08	2.01	0.83		0.46	0.34
1.47	0.25	4.52	8.42	14.94	4.84	0.12	0.58	9.43
		3.52						
10.25	29.37	86.54	33.99	7.32	10.60	4.28	15.72	7.73
55.49	4.32	2.52	4.09	6.58	1.50	15.92	29.84	1.11
7.03	0.88	5.65	1.21	3.88	6.81	1.64	3.94	0.14
	0.08	14.17						
20.46	1.59	3.36	6.32	18.66	5.46	2.11	73.97	3.15
21.79	10.61	0.65	1.61	13.98	2.25	7.77	99.01	6.56
10.71	2.65	4.90	12.94	26.02	21.00	10.99	48.12	0.34
4.64	11.57	15.37	15.35	17.40	1.02	0.09	1.34	0.76
9.91	7.94	10.55	3.43	8.64	0.45	0.51	3.89	0.26
24.49	2.99	24.17	1.47	12.22	5.26	3.94	11.52	3.85
13.64	2.57	2.90	0.24	4.96	1.74	7.78	12.32	0.37
4.38		0.82	6.40	13.76	4.28	3.11	23.77	1.41
3.56		76.05	281.13	0.44			0.17	
34.90	2.94	14.79	50.37	54.60	6.58	3.17	15.79	15.74
5.15	5.04	5.08	3.40	7.42	1.75	2.09	38.36	4.30
4.62				0.67			4.66	
19.09	6.78	6.47	6.92	19.39	11.57	5.17	47.73	2.92
26.46	13.23	14.30	11.53	77.32	58.70	73.97	24.27	35.89
11.53	31.83		4.36	6.58	7.41	0.76	54.14	
5.17	12.67	0.27	0.12	70.70	28.80	2.40	2.82	1.08
61.45	89.08	4.53	1.47	84.16	2.01	12.10	55.15	18.93
9.48	3.93	3.56	1.40	8.24	4.17	2.54	2.06	3.22
5.38	3.14	5.36	2.58	7.00	1.38	1.48	11.68	1.58
7.94	4.74	0.17		11.85	1.92		1.12	
37.44	0.30	5.64	0.10	2.56	0.22		3.75	0.16
49.10	6.76	30.99	0.98	14.84	9.27	4.94	26.24	4.19
36.82	2.35	0.08	5.03	59.55	5.98	15.18	14.81	6.72
0.38	0.17		0.15	1.08	0.24	0.35	1.93	
1.12	2.97			1.09	0.18	0.11	3.20	0.29
0.20	10.74	1.09	0.09	28.11	50.72		4.24	0.35
		0.08		0.72			2.09	0.05
68.77	21.24	35.22	29.49	33.31	32.21	46.74	45.49	15.13
	0.61	1.35	0.59	0.32		11.23		
3.32	1.49	1.39	1.31	2.20	0.93	1.00	1.55	0.37

12-14 规模以上工业企业主要经济指标

Main Indicators of Industrial Enterprises above Designated Size

年份 Year	全部从业人员平均人数（万人） Annual Average Number of Employed Persons (10000 persons)	总产值（亿元） Gross Output Value of Industry (100 million yuan)	固定资产原价（亿元） Original Value of Fixed Assets (100 million yuan)	主营业务收入（亿元） Principal Business Revenue (100 million yuan)	利税总额（亿元） Total Pre-tax Profits (100 million yuan)	百元固定资产实现利税（元） Pre-tax Profits per 100 yuan of Original Value of Fixed Assets (yuan)	总资产贡献率 Ratio of Total Assets to Industrial Output Value	产值利税率（%） Ratio of Pre-tax Profits to Gross Output Value (%)	百元主营业务收入实现利税（元） Pre-tax Profits per 100 yuan of Main Business Revenue (yuan)	全员劳动生产率（元/人） Overall Labor Productivity (yuan/person)
1978	170.51	168.91	111.42		32.91	29.54		19.48		9906
1979	171.76	181.96	129.09	170.09	34.48	26.71		18.45	20.27	10594
1980	182.39	198.83	136.59	189.97	38.51	28.19		19.37	20.27	10902
1981	189.08	226.26	152.58	215.09	42.12	27.60		18.61	19.58	11966
1982	194.33	245.54	172.00	231.20	44.62	25.94		18.17	19.30	12635
1983	197.50	275.25	226.58	226.91	48.59	21.45		17.65	21.42	13937
1984	241.42	336.45	221.46	313.33	56.83	25.66		16.89	18.14	13937
1985	298.66	438.91	269.13	412.77	75.99	29.23		17.31	18.41	14696
1986	323.16	522.35	335.19	498.80	80.90	24.14		15.49	16.22	16164
1987	353.95	711.04	433.95	692.47	102.24	23.56		14.38	14.76	20089
1988	382.19	1056.47	540.37	1016.20	140.65	26.03		13.31	13.84	27643
1989	387.90	1321.33	700.66	1222.20	138.71	19.80		10.50	11.35	34064
1990	390.28	1379.98	843.88	1287.91	121.50	14.40		8.80	9.43	35359
1991	433.18	2018.62	1339.04	1875.02	188.08	14.05		9.32	10.03	46600
1992	450.99	2696.47	1485.36	2537.84	248.78	22.32		9.23	9.80	59790
1993	478.39	4085.35	2099.09	3920.98	397.40	18.93		9.73	10.14	85379
1994	537.57	5325.35	3309.63	4826.68	478.41	14.46		8.89	9.91	99063
1995	537.83	6325.19	4298.15	6195.84	445.53	10.37		7.04	7.19	117606
1996	529.13	7308.51	5066.23	6808.08	489.26	9.66		6.69	7.19	36094
1997	522.94	8201.71	5904.95	7767.79	617.90	10.46	7.54	7.53	7.95	40040
1998	548.59	9738.56	6968.36	9243.42	622.82	8.94	7.37	6.40	6.74	44553
1999	537.77	10538.17	7399.10	10208.99	778.94	10.53	7.62	7.39	7.63	50307
2000	572.89	12480.93	8005.77	12380.65	1042.77	13.03	8.86	8.35	8.42	58836
2001	578.94	14035.35	8655.82	13891.46	1139.98	13.17	8.70	8.12	8.21	67012
2002	644.39	16378.60	9550.47	16247.73	1380.24	14.45	9.17	8.43	8.50	58940
2003	741.17	21513.46	10768.77	21566.93	1850.90	17.19	10.42	8.60	8.56	77150
2004	996.44	29554.92	12713.34	28998.45	2329.79	18.33	10.52	7.90	8.03	74661
2005	1085.65	35942.74	14453.16	34781.58	2877.81	19.91	11.29	8.01	8.27	86735
2006	1203.58	44674.75	17824.33	43550.87	3907.10	21.92	12.24	8.75	8.97	97882
2007	1307.40	55252.86	19763.42	53927.94	5105.93	25.83	13.59	9.24	9.46	107880
2008	1493.38	65424.61	24529.17	63371.65	6136.69	25.02	14.32	9.38	9.68	117940
2009	1436.02	68275.77	26293.23	66117.81	6793.59	25.84	14.18	9.95	10.27	126984
2010	1568.00	85824.64	33489.49	84114.85	9418.42	28.12	15.63	10.97	11.20	129709
2011	1463.86	94871.68	33244.26	92996.88	9608.33	28.90	14.98	10.13	10.33	147987
2012	1452.16	95602.09	35983.70	93821.74	9383.63	26.08	13.94	9.82	10.00	156463

注：1. 利税总额包括增值税。
2. 全员劳动生产率1996年后按工业增加值计算。
3. 1997年以前为独立核算工业企业，1998年起统计口径改为年主营业务收入500万元及以上的规模以上工业，2011年调整为年主营业务收入2000万元及以上工业企业。

Note:a) Total pre-tax profits include value-added tax.
b) Since 1996, figures of overall labor productivity have been calculated by value-added of industry.
c) From 1998 to 2010, data are statistics of industrial enterprises above designated size with annual principal business revenue of over 5 million yuan, while data prior to 1997 are statistics of industrial enterprises with independent accounting systems. Since 2011, data are statistics of legal person industrial enterprises with annual principal business revenue of over 20 million yuan.

12-15 规模以上国有控股工业企业主要经济指标

Main Indicators of State-owned and State-holding Industrial Enterprises above Designated Size

年份 Year	全部从业人员平均人数(万人) Annual Average Number of Employed Persons (10000 persons)	总产值(亿元) Gross Output Value of Industry (100 million yuan)	固定资产原价(亿元) Original Value of Fixed Assets (100 million yuan)	主营业务收入(亿元) Principal Business Revenue (100 million yuan)	利税总额(亿元) Total Pre-tax Profits (100 million yuan)	百元固定资产实现利税(元) Pre-tax Profits per 100 yuan of Original Value of Fixed Assets (yuan)	总资产贡献率 Ratio of Total Assets to Industrial Output Value	产值利税率(%) Ratio of Pre-tax Profits to Gross Output Value (%)	百元主营业务收入实现利税(元) Pre-tax Profits per 100 yuan of Main Business Revenue (yuan)	全员劳动生产率(元/人) Overall Labor Productivity (yuan/person)
1978	120.35	122.28	96.06		26.09	27.16		21.34		10159
1979	121.97	132.30	103.51	126.87	26.89	25.96		20.31	21.18	10847
1980	126.09	136.30	107.27	127.97	28.33	25.90		20.57	22.19	10829
1981	132.60	153.54	118.82	147.85	31.18	26.24		20.31	21.09	11579
1982	139.90	165.82	131.82	158.43	33.29	25.26		20.08	21.01	11853
1983	142.18	188.09	147.53	178.04	38.18	25.88		20.30	21.45	13228
1984	143.08	222.35	162.13	205.73	44.02	27.15		19.80	21.39	15540
1985	144.14	277.87	203.80	265.05	56.34	27.64		20.28	21.26	19278
1986	150.14	312.74	235.47	305.42	59.70	25.36		19.09	19.55	20829
1987	156.48	400.55	294.46	402.63	72.44	24.60		18.09	17.99	25598
1988	162.43	555.41	328.58	545.00	91.05	27.71		16.39	16.71	34194
1989	162.85	670.95	404.50	631.61	94.11	23.26		14.93	14.90	41200
1990	163.80	713.88	488.36	689.83	84.35	17.27		11.82	12.23	43582
1991	173.85	906.72	612.24	853.62	116.26	18.99		12.82	13.62	52155
1992	171.60	1118.86	751.42	1073.94	131.24	17.47		11.73	12.22	65202
1993	153.26	1371.58	856.85	1372.66	169.40	19.77		12.35	12.34	89494
1994	152.25	1498.80	1076.47	1400.87	176.81	16.42		11.80	12.62	98443
1995	142.83	1396.35	1315.16	1499.25	160.57	12.21		11.50	10.71	97763
1996	137.50	1476.12	1599.77	1555.28	139.01	8.69		9.42	8.94	34057
1997	124.71	1505.06	1794.89	1657.79	160.92	8.97		10.69	9.71	36596
1998	102.67	1453.79	1790.91	1616.64	163.10	9.11		11.22	10.09	47019
1999	128.16	3025.68	3520.17	3153.04	376.11	10.68	8.63	12.34	11.93	72606
2000	104.39	3126.12	3513.50	3583.55	433.35	12.33	9.09	13.86	12.09	91413
2001	91.77	3236.65	3982.54	3757.95	486.46	12.21	9.53	15.03	12.94	112515
2002	83.25	3264.46	3942.57	3800.38	483.25	12.26	9.34	14.80	12.72	132894
2003	75.20	3949.03	4603.66	4717.48	623.49	13.54	10.88	15.79	13.22	191590
2004	72.53	6039.24	4913.92	6031.47	779.41	15.86	12.39	12.91	12.92	213941
2005	69.42	6375.54	5153.83	6261.70	800.26	15.53	13.03	12.55	12.78	243447
2006	60.80	7253.17	6557.86	6887.69	1213.73	18.50	14.89	16.73	17.62	391250
2007	60.86	8603.94	6702.65	8258.85	1603.72	23.92	17.68	18.63	19.41	464322
2008	77.84	11144.50	8327.10	11045.88	1676.74	20.14	15.49	15.05	15.18	430063
2009	75.33	10790.11	9249.22	10637.39	1747.60	18.89	14.73	16.20	16.43	457743
2010	78.89	13166.37	10456.03	13418.41	2398.44	22.94	17.21	18.22	17.87	518203
2011	82.98	13927.70	10891.43	13871.28	1963.69	18.03	13.54	14.10	14.16	441471
2012	82.87	15529.16	12395.46	15602.52	2172.26	17.52	14.03	13.99	13.92	515822

注：1998年以前为国有工业，1999年起为国有及国有控股工业,2007年起改为国有控股工业。

Note: Data prior to 1998 are statistics of state-owned industrial enterprises,data since 1999 are statistics of state-owned and state-holding industrial enterprises, and data since 2007 are statistics of state-holding industrial enterprises.

12-16 规模以上工业企业主要经济指标（2012年）

单位：亿元

项 目	Item	企业单位数（个）Number of Enterprises (unit)	工业总产值（当年价）Gross Industrial Output Value (at current prices)
全省总计	**Provincial Total**	**37811**	**95602.09**
按经济类型分	Grouped by Ownership		
在总计中：国有控股工业	Of the Total: State-holding Industry	1033	15529.16
国有工业	State-owned Industry	399	5935.25
集体工业	Collective-owned Industry	375	515.91
股份合作工业	Share-holding Cooperative Industry	124	167.13
股份制工业	Share-holding Industry	18762	37018.42
外商投资工业	Foreign-funded Industry	4595	25308.97
港澳台投资工业	Industry with Funds from Hong Kong, Macao and Taiwan	9436	22390.99
按轻重工业分	Grouped by Light and Heavy Industries		
轻工业	Light Industry	20379	35817.39
重工业	Heavy Industry	17432	59784.70
按企业规模分	Grouped by Size of Enterprises		
大型企业	Large Enterprises	1383	43400.30
中型企业	Medium Enterprises	9102	26777.97
小微型企业	Small and Mciro Enterprises	27326	25423.82
按行业分	Grouped by Sector		
煤炭开采和洗选业	Mining and Washing of Coal		
石油和天然气开采业	Extraction of Petroleum and Natural Gas	3	642.65
黑色金属矿采选业	Mining and Dressing of Ferrous Metal Ores	59	154.20
有色金属矿采选业	Mining and Dressing of Nonferrous Metal Ores	39	126.70
非金属矿采选业	Mining and Dressing of Nonmetal Ores	208	232.15
开采辅助活动	Auxiliary Minning Operations	7	29.29
其他采矿业	Mining and Dressing of Other Ores		
农副食品加工业	Processing of Farm and Sideline Food	822	2388.08
食品制造业	Manufacture of Food	596	1399.28
酒、饮料和精制茶制造业	Manufacture of Wine, Beverage and Refined Tea	214	842.47
烟草制品业	Tobacco Products	11	379.64
纺织业	Textile Industry	1673	2132.53
纺织服装、服饰业	Manufacture of Textile Garments, Footwear and Headgear	2881	2995.82
皮革、毛皮、羽毛及其制品和制鞋业	Leather, Fur, Feather, Down and Related Products	1529	1769.94
木材加工和木、竹、藤、棕、草制品业	Timber Processing, Bamboo, Cane, Palm Fiber & Straw Products	491	512.55
家具制造业	Manufacture of Furniture	1070	1227.16
造纸和纸制品业	Papermaking and Paper Products	1152	1643.64
印刷和记录媒介复制业	Printing and Record Medium Reproduction	794	843.90
文教、工美、体育和娱乐用品制造业	Manufacture of Cultural, Educational,Sports and Entertainment Articles	1450	3257.12
石油加工、炼焦和核燃料加工业	Petroleum Refining, Coking and Nuclear Fuel Processing	94	3405.98
化学原料和化学制品制造业	Manufacture of Raw Chemical Materials and Chemical Products	2003	4731.53
医药制造业	Manufacture of Medicines	352	1027.73
化学纤维制造业	Manufacture of Chemical Fibers	58	126.34
橡胶和塑料制品业	Rubber and Plastic Products	3079	3590.79
非金属矿物制品业	Nonmetal Mineral Products	2146	3221.58
黑色金属冶炼和压延加工业	Smelting and Pressing of Ferrous Metals	518	2265.41
有色金属冶炼和压延加工业	Smelting and Pressing of Nonferrous Metals	651	2365.70
金属制品业	Metal Products	3032	4114.55
通用设备制造业	Manufacture of General-purpose Machinery	1309	2901.96
专用设备制造业	Manufacture of Special-purpose Machinery	1194	1638.58
汽车制造业	Manufacture of Automobile	564	3845.06
铁路、船舶、航空航天和其他运输设备制造业	Manufacture of Railway ,Ship,Aeronautics and Other Transport equipment	404	1185.15
电气机械和器材制造业	Manufacture of Electrical Machinery and Equipment	3928	9623.39
计算机、通信和其他电子设备制造业	Manufacture of Communication Equipment, Computers and Other Electronic Equipment	4035	22865.39
仪器仪表制造业	Manufacture of Instruments and Meters	397	617.70
其他制造业	Other Manufactures	214	212.38
废弃资源综合利用业	Comprehensive Utilization of Waste	210	844.87
金属制品、机械和设备修理业	Manufacture of Metal Products,Machinery and Equipment Maintenance	44	90.07
电力、热力生产和供应业	Production and Supply of Electric Power and Heat Power	289	5520.78
燃气生产和供应业	Production and Supply of Gas	71	553.03
水的生产和供应业	Production and Supply of Water	220	277.01

Main Economic Indicators of Industrial Enterprises above Designated Size (2012)

(100 million yuan)

工业增加值 Value-added of Industry	年末资产总计 Total Assets at the Year-end	流动资产合计 Total Working Capital	固定资产合计 Toatal Fixed Assets	主营业务收入 Principal Business Revenue	主营业务税金及附加 Tax and Extra Charges on Main Business	利润总额 Total Profits	利税总额 Total Pre-tax Profits	本年应交增值税 Value-added Tax Payable in Current Year	全部从业人员年平均人数(万人) Annual Average Number of Employed Persons (10000 persons)
22720.81	**71343.84**	**40764.19**	**21208.93**	**93821.74**	**1034.98**	**5464.90**	**9383.63**	**2866.35**	**1452.16**
4274.71	16984.90	6323.58	7535.35	15602.52	616.97	700.33	2172.26	843.90	82.87
1475.61	5592.41	1205.96	3732.21	5922.73	191.11	180.90	713.53	331.20	29.06
147.82	274.28	115.53	114.89	497.51	2.42	27.28	38.13	8.31	23.24
37.10	113.32	66.93	25.44	155.26	0.81	13.22	17.44	3.39	3.17
9062.94	29808.44	17248.40	7326.66	36415.40	451.76	2281.89	3931.71	1194.77	504.17
5379.78	16293.49	10221.46	4640.39	24941.68	225.37	1375.23	2283.90	681.61	312.65
5604.99	17519.59	10949.74	4831.61	21770.86	140.51	1287.83	1970.85	541.17	514.21
8924.66	24565.27	15914.96	5921.10	35399.58	358.39	2196.06	3602.60	1045.06	748.14
13796.14	46778.57	24849.23	15287.82	58422.16	676.59	3268.84	5781.03	1821.29	704.02
10688.64	33346.88	18895.30	9750.84	42768.91	613.40	2507.19	4591.98	1459.63	513.70
6513.52	21505.22	12016.16	6775.27	26047.17	303.11	1578.24	2699.79	815.61	580.43
5518.65	16491.74	9852.73	4682.82	25005.66	118.48	1379.48	2091.86	591.10	358.03
494.50	653.41	41.62	272.16	594.61	51.70	253.53	340.26	34.99	0.31
48.22	146.71	45.62	29.88	151.48	2.07	15.45	27.87	10.35	1.06
46.53	60.22	34.24	16.33	127.35	1.40	17.28	25.98	7.30	0.91
69.99	102.65	42.22	41.00	218.98	3.33	22.39	35.33	9.54	2.62
8.93	20.96	16.96	3.51	29.31	0.66	7.28	7.96	0.02	0.14
418.55	1346.71	935.61	254.11	2322.96	5.42	121.74	162.38	35.10	16.49
465.52	986.86	651.82	221.89	1409.64	10.62	206.37	300.34	83.32	17.70
210.09	634.19	336.05	223.54	850.60	20.66	39.72	101.31	40.64	7.97
292.62	375.47	259.82	72.25	369.86	179.94	43.19	267.47	44.34	0.80
509.09	1253.73	690.94	443.08	2069.63	8.79	117.90	175.36	48.55	45.70
847.50	1506.94	1021.93	385.48	2894.41	14.66	157.60	243.05	70.70	101.77
523.37	945.97	676.75	191.64	1741.05	8.48	81.49	129.59	39.44	83.90
123.99	358.87	195.40	88.02	488.07	2.82	36.98	55.24	15.25	8.66
306.43	807.02	487.61	183.25	1215.85	6.42	68.59	112.28	37.02	32.37
346.61	1621.96	808.10	658.75	1581.61	5.44	68.73	111.21	36.87	25.57
232.25	776.75	463.30	213.68	818.71	3.89	64.42	93.74	25.41	20.95
595.19	1603.06	1228.46	248.76	3272.29	8.24	125.50	178.11	43.77	79.78
768.36	1162.14	528.38	541.66	3433.07	313.82	38.94	589.30	236.46	2.72
1217.90	3224.69	1851.73	973.42	4611.37	26.14	382.92	610.69	201.32	33.60
332.20	1204.45	741.99	241.64	966.67	6.82	134.82	190.49	48.73	11.59
29.05	109.77	54.01	45.80	120.14	0.40	7.57	10.30	2.33	1.50
819.49	2742.83	1479.23	766.65	3544.59	15.64	184.46	278.07	77.64	83.22
825.59	2556.37	1265.68	1035.69	3059.43	16.87	194.07	308.69	97.39	57.05
370.35	1552.44	702.11	711.16	2171.60	6.85	51.52	108.08	49.07	12.56
429.18	1539.35	801.86	549.42	2330.36	6.14	100.64	146.25	39.45	16.63
975.37	2344.13	1419.29	655.68	3980.75	18.63	267.24	391.48	105.38	76.85
578.05	2043.92	1455.20	378.60	2797.41	12.33	153.46	230.00	63.98	44.01
462.80	1614.92	1011.27	398.11	1581.24	9.58	133.05	187.63	44.82	32.95
1081.85	2718.63	1618.77	804.87	3874.38	100.90	366.93	595.27	127.17	31.58
250.75	1258.53	741.93	265.51	1123.33	8.62	22.02	55.37	24.57	16.09
2105.45	7416.74	5214.95	1370.87	9681.98	36.36	566.23	843.38	240.00	186.95
4838.75	15488.48	11184.68	2906.84	22305.51	92.34	865.45	1572.24	613.61	337.65
189.52	550.35	387.56	100.62	602.37	3.17	47.43	65.43	14.79	21.03
54.78	133.81	85.31	34.60	206.87	0.81	10.57	16.49	5.12	6.67
176.95	353.44	235.38	99.50	835.91	2.23	69.26	83.66	12.17	3.93
18.42	105.02	62.67	32.38	90.34	0.61	3.74	5.90	1.55	1.71
1440.24	8407.27	1526.40	5002.40	5535.40	17.84	349.73	626.48	248.48	20.96
110.48	498.27	167.95	231.45	543.37	1.88	46.78	68.14	19.45	1.32
105.89	1116.79	291.39	514.70	269.24	2.47	19.93	32.81	10.26	4.87

12-17 规模以上国有控股工业企业主要经济指标（2012年）

单位：亿元

项 目	Item	企业单位数（个） Number of Enterprises (unit)	工业总产值（当年价） Gross Industrial Output Value (at current prices)
全省总计	**Provincial Total**	**1033**	**15529.16**
按轻重工业分	Grouped by Light and Heavy Industries		
轻工业	Light Industry	362	2130.21
重工业	Heavy Industry	671	13398.95
按企业规模分	Grouped by Size of Enterprises		
大型企业	Large Enterprises	138	10751.57
中型企业	Medium Enterprises	338	3591.73
小微型企业	Small and Mciro Enterprises	557	1185.86
按行业分	Grouped by Sector		
煤炭开采和洗选业	Mining and Washing of Coal		
石油和天然气开采业	Extraction of Petroleum and Natural Gas	1	0.08
黑色金属矿采选业	Mining and Dressing of Ferrous Metal Ores	3	9.85
有色金属矿采选业	Mining and Dressing of Nonferrous Metal Ores	14	85.28
非金属矿采选业	Mining and Dressing of Nonmetal Ores	8	22.88
开采辅助活动	Auxiliary Minning Operations	4	25.73
其他采矿业	Mining and Dressing of Other Ores		
农副食品加工业	Processing of Farm and Sideline Food	51	213.68
食品制造业	Manufacture of Food	25	63.42
酒、饮料和精制茶制造业	Manufacture of Wine, Beverage and Refined Tea	20	82.42
烟草制品业	Tobacco Products	7	372.96
纺织业	Textile Industry	24	27.08
纺织服装、服饰业	Manufacture of Textile Garments, Footwear and Headgear	9	4.53
皮革、毛皮、羽毛及其制品和制鞋业	Leather, Fur, Feather, Down and Related Products	4	2.54
木材加工和木、竹、藤、棕、草制品业	Timber Processing, Bamboo, Cane, Palm Fiber & Straw Products	10	11.62
家具制造业	Manufacture of Furniture	2	2.38
造纸和纸制品业	Papermaking and Paper Products	16	79.14
印刷和记录媒介复制业	Printing and Record Medium Reproduction	31	29.82
文教、工美、体育和娱乐用品制造业	Manufacture of Cultural, Educational,Sports and Entertainment Articles	17	25.89
石油加工、炼焦和核燃料加工业	Petroleum Refining, Coking and Nuclear Fuel Processing	11	2850.14
化学原料和化学制品制造业	Manufacture of Raw Chemical Materials and Chemical Products	48	408.15
医药制造业	Manufacture of Medicines	35	184.48
化学纤维制造业	Manufacture of Chemical Fibers	1	12.92
橡胶和塑料制品业	Rubber and Plastic Products	29	110.32
非金属矿物制品业	Nonmetal Mineral Products	40	99.47
黑色金属冶炼和压延加工业	Smelting and Pressing of Ferrous Metals	18	392.74
有色金属冶炼和压延加工业	Smelting and Pressing of Nonferrous Metals	24	162.58
金属制品业	Metal Products	36	114.62
通用设备制造业	Manufacture of General-purpose Machinery	27	128.32
专用设备制造业	Manufacture of Special-purpose Machinery	14	28.87
汽车制造业	Manufacture of Automobile	20	1104.71
铁路、船舶、航空航天和其他运输设备制造业	Manufacture of Railway ,Ship,Aeronautics and Other Transport equipment	31	364.99
电气机械和器材制造业	Manufacture of Electrical Machinery and Equipment	52	744.80
计算机、通信和其他电子设备制造业	Manufacture of Communication Equipment, Computers and Other Electronic Equipment	96	2088.76
仪器仪表制造业	Manufacture of Instruments and Meters	8	20.73
其他制造业	Other Manufactures	1	2.44
废弃资源综合利用业	Comprehensive Utilization of Waste	4	3.83
金属制品、机械和设备修理业	Manufacture of Metal Products,Machinery and Equipment Maintenance	9	19.87
电力、热力生产和供应业	Production and Supply of Electric Power and Heat Power	187	5216.94
燃气生产和供应业	Production and Supply of Gas	17	269.28
水的生产和供应业	Production and Supply of Water	79	140.92

Main Economic Indicators of State-holding Industrial Enterprises above Designated Size (2012)

(100 million yuan)

工业增加值 Value-added of Industry	年末资产总计 Total Assets at the Year-end	流动资产合计 Total Working Capital	固定资产合计 Total Fixed Assets	主营业务收入 Principal Business Revenue	主营业务税金及附加 Tax and Other Charges on Principal Business	利润总额 Total Profits	利税总额 Total Pre-tax Profits	本年应交增值税 Value-added Tax Payable in Current Year	全部从业人员年平均人数(万人) Annual Average Number of Employed Persons (10000 persons)
4274.71	**16984.90**	**6323.58**	**7535.35**	**15602.52**	**616.97**	**700.33**	**2172.26**	**843.90**	**82.87**
762.53	2931.24	1843.76	688.80	2515.47	195.56	164.83	482.14	121.45	21.47
3512.18	14053.66	4479.81	6846.54	13087.06	421.40	535.49	1690.13	722.45	61.40
2929.89	11081.34	4236.94	4663.91	10846.83	413.77	388.81	1323.43	510.50	54.70
1069.56	4450.00	1475.55	2245.30	3519.67	193.74	232.31	707.86	281.27	20.66
275.27	1453.56	611.09	626.13	1236.03	9.46	79.21	140.97	52.13	7.52
0.44	20.40	2.71	1.40	0.08	0.01	0.03	0.08		0.01
4.56	45.39	7.36	11.44	10.19	0.24	-2.72	-1.63	0.86	0.27
26.79	46.41	24.68	12.94	85.52	0.91	14.64	19.62	4.07	0.64
7.27	8.04	4.07	2.16	21.21	0.15	2.21	3.21	0.85	0.13
8.18	17.32	14.83	2.01	25.73	0.56	6.08	6.64	0.01	0.11
46.62	70.70	46.48	20.92	219.82	0.30	8.86	11.35	2.18	1.15
19.00	41.29	22.18	13.30	63.34	0.35	6.37	9.72	2.98	1.07
22.85	96.15	41.90	31.39	77.23	4.20	2.15	11.11	4.72	0.87
291.14	358.65	252.86	69.71	363.65	179.89	42.73	266.75	44.13	0.65
8.08	23.54	15.34	7.00	27.81	0.21	1.09	2.52	1.20	1.04
1.37	4.08	3.10	0.68	4.19	0.03	0.00	0.19	0.15	0.17
1.07	1.30	0.70	0.30	2.48	0.02	0.11	0.28	0.14	0.04
3.04	9.46	3.00	3.66	10.62	0.06	0.24	0.70	0.41	0.20
1.47	1.04	0.31	0.73	2.34	0.02	0.13	0.27	0.13	0.12
12.36	183.79	92.81	62.13	77.65	0.29	2.16	4.87	2.42	1.18
10.14	41.28	25.64	14.71	30.60	0.20	1.85	4.03	1.98	0.71
8.44	28.77	18.05	7.56	26.18	0.16	2.44	3.60	0.99	0.75
656.44	808.90	325.85	441.47	2850.48	301.56	-3.25	523.23	224.86	1.74
68.00	406.57	115.24	258.10	404.06	1.89	5.16	30.52	23.45	1.31
71.11	221.48	118.29	46.46	179.66	1.72	23.93	39.51	13.77	2.34
4.39	8.56	6.81	1.56	13.02	0.08	3.05	3.83	0.69	0.03
25.90	170.20	81.17	57.50	139.11	0.77	6.38	10.81	3.62	1.74
27.07	129.69	56.08	64.84	96.56	0.44	8.12	12.50	3.93	1.02
44.69	405.02	147.28	235.52	361.39	0.91	-23.24	-11.66	10.67	2.82
29.85	187.50	97.86	62.59	165.76	0.26	-0.42	7.16	7.31	1.13
27.98	118.70	67.31	33.01	107.28	0.55	6.54	8.62	1.51	1.58
34.54	172.64	113.89	32.47	127.11	0.79	11.01	17.27	5.46	1.99
7.72	35.67	21.43	10.00	29.08	0.28	1.27	1.92	0.37	0.70
362.02	487.33	270.30	169.89	1116.53	78.50	104.98	230.98	47.49	2.76
78.34	713.41	369.50	155.35	359.10	2.55	-9.54	1.09	7.97	4.17
167.38	1108.05	956.71	64.34	1170.33	4.82	67.06	101.63	29.73	6.06
705.68	2308.03	1474.16	494.66	1755.46	15.77	61.37	214.01	136.85	19.79
5.15	23.25	18.84	2.41	21.11	0.12	1.27	2.38	0.99	0.43
1.53	0.77	0.35	0.43	2.44	0.01	0.73	0.86	0.12	0.12
1.06	3.99	1.27	2.41	3.78	0.04	0.56	0.73	0.14	0.04
2.42	49.00	20.97	24.55	20.93	0.11	-1.97	-1.62	0.24	0.53
1354.99	7631.21	1241.48	4585.24	5240.68	15.61	318.56	579.94	235.37	19.69
67.14	330.34	75.33	178.41	255.40	1.23	29.40	45.99	15.33	0.60
58.50	666.98	167.45	352.10	134.62	1.35	0.96	9.23	6.82	3.16

12-18 规模以上集体工业企业主要经济指标（2012年）

单位：亿元

项目	Item	企业单位数（个）Number of Enterprises (unit)	工业总产值（当年价）Gross Industrial Output Value (at current prices)
全省总计	**Provincial Total**	**375**	**515.91**
按轻重工业分	Grouped by Light and Heavy Industries		
轻工业	Light Industry	223	330.58
重工业	Heavy Industry	152	185.32
按企业规模分	Grouped by Size of Enterprises		
大型企业	Large Enterprises	13	130.40
中型企业	Medium Enterprises	111	204.40
小微型企业	Small and Mciro Enterprises	251	181.11
按行业分	Grouped by Sector		
煤炭开采和洗选业	Mining and Washing of Coal		
石油和天然气开采业	Extraction of Petroleum and Natural Gas		
黑色金属矿采选业	Mining and Dressing of Ferrous Metal Ores		
有色金属矿采选业	Mining and Dressing of Nonferrous Metal Ores		
非金属矿采选业	Mining and Dressing of Nonmetal Ores	19	25.59
开采辅助活动	Auxiliary Minning Operations		
其他采矿业	Mining and Dressing of Other Ores		
农副食品加工业	Processing of Farm and Sideline Food	14	14.37
食品制造业	Manufacture of Food	7	6.51
酒、饮料和精制茶制造业	Manufacture of Wine, Beverage and Refined Tea	2	0.13
烟草制品业	Tobacco Products		
纺织业	Textile Industry	19	54.72
纺织服装、服饰业	Manufacture of Textile Garments, Footwear and Headgear	18	27.72
皮革、毛皮、羽毛及其制品和制鞋业	Leather, Fur, Feather, Down and Related Products	20	22.59
木材加工和木、竹、藤、棕、草制品业	Timber Processing, Bamboo, Cane, Palm Fiber & Straw Products	3	3.41
家具制造业	Manufacture of Furniture	2	1.38
造纸和纸制品业	Papermaking and Paper Products	17	21.56
印刷和记录媒介复制业	Printing and Record Medium Reproduction	5	5.56
文教、工美、体育和娱乐用品制造业	Manufacture of Cultural, Educational,Sports and Entertainment Articles	20	59.03
石油加工、炼焦和核燃料加工业	Petroleum Refining, Coking and Nuclear Fuel Processing		
化学原料和化学制品制造业	Manufacture of Raw Chemical Materials and Chemical Products	8	5.33
医药制造业	Manufacture of Medicines	1	2.01
化学纤维制造业	Manufacture of Chemical Fibers		
橡胶和塑料制品业	Rubber and Plastic Products	35	54.81
非金属矿物制品业	Nonmetal Mineral Products	20	16.16
黑色金属冶炼和压延加工业	Smelting and Pressing of Ferrous Metals	4	1.15
有色金属冶炼和压延加工业	Smelting and Pressing of Nonferrous Metals	11	13.72
金属制品业	Metal Products	20	14.64
通用设备制造业	Manufacture of General-purpose Machinery	5	6.69
专用设备制造业	Manufacture of Special-purpose Machinery	6	3.60
汽车制造业	Manufacture of Automobile	1	1.10
铁路、船舶、航空航天和其他运输设备制造业	Manufacture of Railway ,Ship,Aeronautics and Other Transport equipment	8	19.31
电气机械和器材制造业	Manufacture of Electrical Machinery and Equipment	19	29.95
计算机、通信和其他电子设备制造业	Manufacture of Communication Equipment, Computers and Other Electronic Equipment	27	27.06
仪器仪表制造业	Manufacture of Instruments and Meters	5	5.66
其他制造业	Other Manufactures	2	1.01
废弃资源综合利用业	Comprehensive Utilization of Waste	1	31.05
金属制品、机械和设备修理业	Manufacture of Metal Products,Machinery and Equipment Maintenance		
电力、热力生产和供应业	Production and Supply of Electric Power and Heat Power	6	5.72
燃气生产和供应业	Production and Supply of Gas	1	0.87
水的生产和供应业	Production and Supply of Water	49	33.52

Main Economic Indicators of Collective-owned Industrial Enterprises above Designated Size (2012)

(100 million yuan)

工业增加值 Value-added of Industry	年末资产总计 Total Assets at the Year-end	流动资产合计 Total Working Capital	固定资产合计 Total Fixed Assets	主营业务收入 Principal Business Revenue	主营业务税金及附加 Tax and Other Charges on Principal Business	利润总额 Total Profits	利税总额 Total Pre-tax Profits	本年应交增值税 Value-added Tax Payable in Current Year	全部从业人员年平均人数(万人) Annual Average Number of Employed Persons (10000 persons)
147.82	**274.28**	**115.53**	**114.89**	**497.51**	**2.42**	**27.28**	**38.13**	**8.31**	**23.24**
94.20	192.96	75.96	81.67	318.84	1.19	13.84	19.62	4.54	16.16
53.61	81.31	39.57	33.23	178.67	1.22	13.44	18.51	3.77	7.08
36.16	27.12	13.54	12.45	127.06	0.18	2.61	3.57	0.78	7.11
66.40	125.22	49.78	45.56	197.18	0.69	14.77	18.31	2.78	13.07
45.26	121.93	52.21	56.89	173.27	1.54	9.90	16.24	4.75	3.06
6.85	10.17	3.74	6.25	24.14	0.50	2.40	3.87	0.93	0.37
3.36	2.79	1.19	0.78	13.16	0.05	1.21	1.62	0.36	0.13
1.59	1.53	0.94	0.47	6.28	0.02	0.30	0.47	0.14	0.10
0.03	0.25	0.19	0.06	0.11	0.00	0.00	0.02	0.02	0.01
12.83	10.31	3.36	6.00	53.69	0.16	2.94	3.73	0.64	1.26
10.15	5.96	3.50	2.15	26.85	0.06	1.44	1.79	0.29	1.97
13.13	6.02	4.92	0.69	22.75	0.02	1.22	1.28	0.04	3.96
0.68	0.89	0.41	0.46	3.28	0.02	0.29	0.37	0.06	0.08
0.36	0.67	0.35	0.23	1.31	0.00	0.10	0.10		0.05
4.12	7.76	3.47	3.59	21.75	0.18	0.71	1.31	0.39	0.40
1.25	1.00	0.58	0.28	5.53	0.11	0.46	0.88	0.32	0.09
16.12	10.29	6.51	3.71	58.90	0.07	1.02	1.35	0.26	3.28
1.29	4.27	3.37	0.17	5.36	0.02	0.45	0.76	0.28	0.06
0.51	1.76	1.09	0.21	1.84	0.01	0.22	0.32	0.08	0.05
14.28	17.82	7.13	9.68	53.93	0.20	1.27	1.88	0.41	3.18
3.52	10.71	5.11	3.19	15.55	0.07	-0.54	-0.18	0.30	0.29
0.22	1.06	0.90	0.14	1.16	0.02	0.01	0.06	0.03	0.05
2.60	4.14	2.70	0.75	13.61	0.04	1.08	1.31	0.20	0.23
2.68	3.12	1.70	1.01	13.76	0.13	0.26	0.77	0.37	0.41
2.11	2.51	0.83	1.38	6.48	0.01	0.46	0.61	0.14	0.36
0.81	0.88	0.74	0.14	3.36	0.01	0.21	0.32	0.09	0.08
0.21	0.09	0.04	0.05	1.10	0.00	0.09	0.10	0.01	0.02
4.89	11.05	8.83	2.21	19.51	0.15	1.70	2.73	0.86	0.18
5.15	21.20	10.34	3.17	22.28	0.05	0.74	0.92	0.13	1.08
17.68	16.05	5.93	7.12	25.33	0.03	1.27	1.45	0.13	4.28
1.53	1.93	0.42	1.40	5.37	0.01	0.26	0.27		0.35
0.34	0.70	0.63	0.02	1.01	0.00	0.06	0.07	0.00	0.06
6.54	8.77	1.90	6.87	31.05	0.09	5.56	5.89	0.23	0.09
2.05	4.38	1.47	1.80	5.54	0.08	0.14	0.36	0.14	0.08
0.15	0.50	0.35	0.15	0.87	0.00	0.03	0.07	0.03	0.00
10.80	105.71	32.85	50.75	32.64	0.32	1.92	3.65	1.40	0.68

12-19 规模以上股份合作工业企业主要经济指标(2012年)

单位：亿元

项目	Item	企业单位数(个) Number of Enterprises (unit)	工业总产值(当年价) Gross Industrial Output Value (at current prices)
全省总计	**Provincial Total**	**124**	**167.13**
按轻重工业分	Grouped by Light & Heavy Industries		
轻工业	Light Industry	59	80.89
重工业	Heavy Industry	65	86.23
按企业规模分	Grouped by Size of Enterprises		
大型企业	Large Enterprises	4	57.19
中型企业	Medium Enterprises	12	20.35
小微型企业	Small and Micro Enterprises	108	89.58
按行业分	Grouped by Sector		
煤炭开采和洗选业	Mining and Washing of Coal		
石油和天然气开采业	Extraction of Petroleum and Natural Gas		
黑色金属矿采选业	Mining and Dressing of Ferrous Metal Ores		
有色金属矿采选业	Mining and Dressing of Nonferrous Metal Ores	1	1.29
非金属矿采选业	Mining and Dressing of Nonmetal Ores		
开采辅助活动	Auxiliary Minning Operations		
其他采矿业	Mining and Dressing of Other Ores		
农副食品加工业	Processing of Farm and Sideline Food	5	30.37
食品制造业	Manufacture of Food	1	1.56
酒、饮料和精制茶制造业	Manufacture of Wine, Beverage and Refined Tea	1	0.23
烟草制品业	Tobacco Products		
纺织业	Textile Industry	6	3.91
纺织服装、服饰业	Manufacture of Textile Garments, Footwear and Headgear	4	1.89
皮革、毛皮、羽毛及其制品和制鞋业	Leather, Fur, Feather, Down and Related Products	1	0.63
木材加工和木、竹、藤、棕、草制品业	Timber Processing, Bamboo, Cane, Palm Fiber & Straw Products	1	0.34
家具制造业	Manufacture of Furniture		
造纸和纸制品业	Papermaking and Paper Products	7	6.12
印刷和记录媒介复制业	Printing and Record Medium Reproduction	7	13.53
文教、工美、体育和娱乐用品制造业	Manufacture of Cultural, Educational,Sports and Entertainment Articles	4	2.43
石油加工、炼焦和核燃料加工业	Petroleum Refining, Coking and Nuclear Fuel Processing		
化学原料和化学制品制造业	Manufacture of Raw Chemical Materials and Chemical Products	11	10.84
医药制造业	Manufacture of Medicines	1	0.35
化学纤维制造业	Manufacture of Chemical Fibers		
橡胶和塑料制品业	Rubber and Plastic Products	5	3.25
非金属矿物制品业	Nonmetal Mineral Products	13	14.40
黑色金属冶炼和压延加工业	Smelting and Pressing of Ferrous Metals	1	0.14
有色金属冶炼和压延加工业	Smelting and Pressing of Nonferrous Metals	2	9.36
金属制品业	Metal Products	9	23.87
通用设备制造业	Manufacture of General-purpose Machinery	6	2.44
专用设备制造业	Manufacture of Special-purpose Machinery	4	1.52
汽车制造业	Manufacture of Automobile		
铁路、船舶、航空航天和其他运输设备制造业	Manufacture of Railway ,Ship,Aeronautics and Other Transport equipment	4	5.76
电气机械和器材制造业	Manufacture of Electrical Machinery and Equipment	15	14.69
计算机、通信和其他电子设备制造业	Manufacture of Communication Equipment, Computers and Other Electronic Equipment	6	7.35
仪器仪表制造业	Manufacture of Instruments and Meters	3	1.35
其他制造业	Other Manufactures	1	0.22
废弃资源综合利用业	Comprehensive Utilization of Waste		
金属制品、机械和设备修理业	Manufacture of Metal Products,Machinery and Equipment Maintenance		
电力、热力生产和供应业	Production and Supply of Electric Power and Heat Power	2	4.35
燃气生产和供应业	Production and Supply of Gas	3	4.96
水的生产和供应业	Production and Supply of Water		

Main Economic Indicators of Share-holding Cooperative Industrial Enterprises above Designated Size (2012)

(100 million yuan)

工业增加值 Value-added of Industry	年末资产总计 Total Assets at the Year-end	流动资产合计 Total Working Capital	固定资产合计 Total Fixed Assets	主营业务收入 Principal Business Revenue	主营业务税金及附加 Tax and Other Charges on Principal Business	利润总额 Total Profits	利税总额 Total Pre-tax Profits	本年应交增值税 Value-added Tax Payable in Current Year	全部从业人员年平均人数(万人) Annual Average Number of Employed Persons (10000 persons)
37.10	**113.32**	**66.93**	**25.44**	**155.26**	**0.81**	**13.22**	**17.44**	**3.39**	**3.17**
15.72	58.05	37.18	9.26	73.60	0.35	3.68	5.57	1.53	2.07
21.38	55.28	29.75	16.18	81.66	0.46	9.53	11.88	1.87	1.09
10.07	45.70	24.56	8.88	50.75	0.11	6.20	6.67	0.36	1.09
5.54	20.48	14.19	3.95	19.28	0.08	1.71	2.33	0.54	0.79
21.49	47.15	28.18	12.62	85.23	0.62	5.31	8.44	2.49	1.28
0.48	0.71	0.50	0.21	1.59	0.00	0.32	0.37	0.05	0.01
3.30	24.27	13.97	4.17	23.75	0.09	-0.33	0.04	0.27	0.53
0.40	0.43	0.21	0.22	1.49	0.01	0.19	0.25	0.05	0.04
0.06	0.15	0.08	0.07	0.23	0.00	0.02	0.02	0.00	0.01
0.91	1.30	0.60	0.70	3.33	0.05	0.07	0.17	0.05	0.04
0.51	0.85	0.74	0.11	1.81	0.01	0.03	0.08	0.04	0.05
0.17	0.22	0.18	0.01	0.71	0.00	0.00	0.03	0.02	0.03
0.10	0.19	0.07	0.11	0.34	0.00	0.04	0.05	0.01	0.01
1.35	1.76	1.32	0.27	6.15	0.05	0.07	0.21	0.09	0.09
3.48	19.22	12.82	2.14	13.58	0.04	2.69	2.96	0.22	0.52
1.15	1.17	0.61	0.18	2.55	0.01	0.08	0.13	0.04	0.33
2.63	6.87	4.97	1.06	10.72	0.09	0.76	1.25	0.39	0.18
0.10	0.19	0.07	0.12	0.35	0.00	0.02	0.03	0.01	0.01
0.72	0.64	0.34	0.24	3.08	0.03	0.11	0.29	0.15	0.06
3.58	9.28	5.35	3.48	13.52	0.07	0.88	1.37	0.41	0.29
0.02	0.00	0.00		0.14	0.00	-0.01	0.00	0.00	0.00
2.00	1.81	0.56	0.18	9.26	0.09	1.21	1.75	0.45	0.05
5.97	10.87	1.85	4.29	23.82	0.12	4.98	5.28	0.19	0.24
0.44	1.01	0.73	0.21	2.19	0.02	0.06	0.13	0.05	0.05
0.45	1.71	1.43	0.21	1.51	0.00	0.05	0.10	0.05	0.06
1.43	5.62	3.25	1.26	4.18	0.03	0.38	0.63	0.22	0.10
2.81	8.12	6.16	1.55	13.13	0.06	0.73	1.12	0.31	0.20
2.21	10.66	7.91	2.03	7.59	0.02	0.53	0.66	0.12	0.18
0.49	0.74	0.65	0.02	1.40	0.00	0.08	0.15	0.06	0.03
0.07	0.14	0.07	0.03	0.22	0.00	0.00	0.00	0.01	0.00
1.29	4.51	1.81	2.41	3.90	0.01	0.05	0.16	0.10	0.03
1.00	0.89	0.69	0.19	4.74	0.00	0.20	0.22	0.01	0.03

12-20 规模以上股份制工业企业主要经济指标（2012年）

单位：亿元

项　　目	Item	企业单位数（个）Number of Enterprises (unit)	工业总产值（当年价）Gross Industrial Output Value (at current prices)
全省总计	**Provincial Total**	**18762**	**37018.42**
按轻重工业分	Grouped by Light and Heavy Industries		
轻工业	Light Industry	9946	15740.66
重工业	Heavy Industry	8816	21277.76
按企业规模分	Grouped by Size of Enterprises		
大型企业	Large Enterprises	366	13429.77
中型企业	Medium Enterprises	3451	10465.21
小微型企业	Small and Mciro Enterprises	14945	13123.44
按行业分	Grouped by Sector		
煤炭开采和洗选业	Mining and Washing of Coal		
石油和天然气开采业	Extraction of Petroleum and Natural Gas		
黑色金属矿采选业	Mining and Dressing of Ferrous Metal Ores	39	114.40
有色金属矿采选业	Mining and Dressing of Nonferrous Metal Ores	27	64.63
非金属矿采选业	Mining and Dressing of Nonmetal Ores	91	109.58
开采辅助活动	Auxiliary Minning Operations	1	0.59
其他采矿业	Mining and Dressing of Other Ores		
农副食品加工业	Processing of Farm and Sideline Food	486	1307.38
食品制造业	Manufacture of Food	319	461.15
酒、饮料和精制茶制造业	Manufacture of Wine, Beverage and Refined Tea	106	174.26
烟草制品业	Tobacco Products	7	185.30
纺织业	Textile Industry	762	848.38
纺织服装、服饰业	Manufacture of Textile Garments, Footwear and Headgear	1445	1446.11
皮革、毛皮、羽毛及其制品和制鞋业	Leather, Fur, Feather, Down and Related Products	620	547.28
木材加工和木、竹、藤、棕、草制品业	Timber Processing, Bamboo, Cane, Palm Fiber & Straw Products	285	296.62
家具制造业	Manufacture of Furniture	542	631.01
造纸和纸制品业	Papermaking and Paper Products	602	656.03
印刷和记录媒介复制业	Printing and Record Medium Reproduction	444	351.89
文教、工美、体育和娱乐用品制造业	Manufacture of Cultural, Educational,Sports and Entertainment Articles	577	1490.38
石油加工、炼焦和核燃料加工业	Petroleum Refining, Coking and Nuclear Fuel Processing	61	2062.24
化学原料和化学制品制造业	Manufacture of Raw Chemical Materials and Chemical Products	1110	1645.79
医药制造业	Manufacture of Medicines	215	595.18
化学纤维制造业	Manufacture of Chemical Fibers	27	49.75
橡胶和塑料制品业	Rubber and Plastic Products	1378	1336.43
非金属矿物制品业	Nonmetal Mineral Products	1305	1858.46
黑色金属冶炼和压延加工业	Smelting and Pressing of Ferrous Metals	297	919.29
有色金属冶炼和压延加工业	Smelting and Pressing of Nonferrous Metals	386	1200.07
金属制品业	Metal Products	1565	1802.63
通用设备制造业	Manufacture of General-purpose Machinery	658	813.05
专用设备制造业	Manufacture of Special-purpose Machinery	606	774.15
汽车制造业	Manufacture of Automobile	177	306.19
铁路、船舶、航空航天和其他运输设备制造业	Manufacture of Railway ,Ship,Aeronautics and Other Transport equipment	192	516.82
电气机械和器材制造业	Manufacture of Electrical Machinery and Equipment	2093	5324.97
计算机、通信和其他电子设备制造业	Manufacture of Communication Equipment, Computers and Other Electronic Equipment	1701 142	6903.29 184.36
仪器仪表制造业	Manufacture of Instruments and Meters	142	184.36
其他制造业	Other Manufactures	81	85.43
废弃资源综合利用业	Comprehensive Utilization of Waste	154	589.99
金属制品、机械和设备修理业	Manufacture of Metal Products,Machinery and Equipment Maintenance	24	28.78
电力、热力生产和供应业	Production and Supply of Electric Power and Heat Power	105	1118.90
燃气生产和供应业	Production and Supply of Gas	31	120.28
水的生产和供应业	Production and Supply of Water	101	97.36

Main Economic Indicators of Share-holding Industrial Enterprises above Designated Size (2012)

(100 million yuan)

工业增加值 Value-added of Industry	年末资产总计 Total Assets at the Year-end	流动资产合计 Total Working Capital	固定资产合计 Total Fixed Assets	主营业务收入 Principal Business Revenue	主营业务税金及附加 Tax and Other Charges on Principal Business	利润总额 Total Profits	利税总额 Total Pre-tax Profits	本年应交增值税 Value-added Tax Payable in Current Year	全部从业人员年平均人数(万人) Annual Average Number of Employed Persons (10000 persons)
9062.94	**29808.44**	**17248.40**	**7326.66**	**36415.40**	**451.76**	**2281.89**	**3931.71**	**1194.77**	**504.17**
3717.75	10966.54	7144.17	2376.77	15676.76	162.13	1016.81	1618.59	438.25	267.21
5345.19	18841.90	10104.23	4949.89	20738.64	289.63	1265.08	2313.12	756.53	236.97
3763.99	12995.74	7847.70	2547.84	13308.58	336.26	792.43	1727.45	597.90	129.62
2420.01	8591.32	4646.21	2485.48	10187.64	53.54	770.28	1111.53	286.94	187.82
2878.94	8221.38	4754.50	2293.35	12919.19	61.97	719.17	1092.73	309.94	186.73
33.64	119.72	32.78	15.80	113.47	1.42	9.12	18.17	7.63	0.68
40.55	42.98	23.35	14.12	64.80	1.15	15.32	22.94	6.46	0.65
34.09	62.97	24.98	22.25	102.01	1.27	10.61	16.80	4.91	1.34
0.16	0.62	0.57	0.05	0.61	0.00	0.04	0.05	0.01	0.01
237.74	774.90	518.70	152.59	1248.89	2.62	65.75	84.52	16.12	9.20
116.74	284.78	179.74	64.46	444.86	2.01	39.76	57.77	15.97	7.08
49.85	160.98	73.31	54.68	167.62	9.09	11.56	28.91	8.25	2.52
138.71	193.77	129.39	37.14	179.70	84.87	19.55	125.36	20.94	0.51
209.80	446.05	213.65	170.21	818.37	4.21	55.72	82.17	22.18	15.86
393.06	655.82	457.11	154.96	1387.92	6.84	75.10	119.81	37.80	41.36
147.37	249.09	176.57	54.87	540.90	2.48	23.27	39.90	14.08	18.47
71.98	204.20	91.52	54.47	286.11	1.56	22.90	34.15	9.63	4.64
159.16	392.79	232.90	71.68	627.46	3.75	40.95	67.99	23.21	14.04
140.13	539.09	284.06	206.62	633.90	2.40	29.05	45.63	14.06	11.09
93.68	301.54	164.48	85.52	344.59	1.74	28.37	41.02	10.91	7.31
164.59	651.43	498.51	79.55	1475.90	2.42	47.93	63.95	13.52	15.89
440.05	600.12	276.99	298.79	2047.42	190.25	19.70	293.60	83.57	2.09
355.98	1184.34	661.40	302.15	1600.27	7.48	115.58	168.42	45.09	15.05
189.47	794.11	492.78	143.04	571.58	3.92	81.34	112.69	27.33	6.39
11.07	26.64	13.66	10.88	45.66	0.17	2.77	3.90	0.96	0.84
305.00	1113.04	508.81	291.65	1345.30	6.67	88.84	128.90	33.29	23.56
464.90	1276.95	628.49	501.83	1751.63	9.60	119.85	185.50	55.85	29.49
179.02	538.38	257.84	196.75	920.76	2.86	42.50	67.65	22.04	6.21
208.51	733.75	349.17	243.34	1183.65	3.45	70.03	93.55	20.05	9.41
427.58	916.51	538.88	265.45	1761.99	8.78	125.76	183.44	48.78	32.06
193.42	714.70	492.89	134.55	784.16	4.34	62.36	91.54	24.72	14.91
232.86	775.15	485.19	160.35	743.94	4.67	92.54	119.60	22.25	13.92
60.76	275.20	157.88	72.14	297.75	3.00	9.71	19.96	7.24	4.82
89.30	641.71	336.31	119.96	484.00	2.68	-10.95	3.05	11.27	6.36
1207.18	4359.00	3091.94	698.92	5553.43	22.94	395.30	574.09	155.26	83.73
2039.79	6159.80	4665.60	745.27	6696.41	42.04	358.40	728.86	328.21	89.79
48.72	219.82	162.41	25.38	179.85	1.21	16.64	24.90	7.03	4.30
21.35	53.57	30.75	13.90	81.93	0.33	4.73	7.93	2.87	1.75
122.29	253.72	159.88	77.20	574.81	1.56	45.73	56.17	8.88	2.95
6.95	23.43	16.66	1.84	28.81	0.35	2.57	3.74	0.82	0.60
361.43	3534.85	677.39	1543.16	1107.56	6.26	122.27	183.84	55.02	3.10
28.90	157.58	24.78	73.27	121.70	0.71	13.14	18.51	4.63	0.63
37.19	375.32	117.12	167.88	95.67	0.65	8.07	12.73	3.92	1.57

12-21 规模以上“三资”工业企业主要经济指标（2012年）

单位：亿元

项目	Item	企业单位数（个）Number of Enterprises (unit)	工业总产值（当年价）Gross Industrial Output Value (at current prices)
全省总计	**Provincial Total**	**14031**	**47699.96**
按经济类型分	Grouped by Ownership		
外商投资工业	Foreign-funded Industry	9436	22390.99
港澳台投资工业	Industry with Funds from Hong Kong, Macao and Taiwan	4595	25308.97
按轻重工业分	Grouped by Light and Heavy Industries		
轻工业	Light Industry	7527	16929.31
重工业	Heavy Industry	6504	30770.65
按企业规模分	Grouped by Size of Enterprises		
大型企业	Large Enterprises	934	25651.79
中型企业	Medium Enterprises	4955	13473.93
小微型企业	Small and Micro Enterprises	8142	8574.23
按行业分	Grouped by Sector		
煤炭开采和洗选业	Mining and Washing of Coal		
石油和天然气开采业	Extraction of Petroleum and Natural Gas	2	642.57
黑色金属矿采选业	Mining and Dressing of Ferrous Metal Ores	1	4.54
有色金属矿采选业	Mining and Dressing of Nonferrous Metal Ores		
非金属矿采选业	Mining and Dressing of Nonmetal Ores	7	2.19
开采辅助活动	Auxiliary Minning Operations	3	3.97
其他采矿业	Mining and Dressing of Other Ores		
农副食品加工业	Processing of Farm and Sideline Food	173	816.30
食品制造业	Manufacture of Food	180	853.90
酒、饮料和精制茶制造业	Manufacture of Wine, Beverage and Refined Tea	79	640.86
烟草制品业	Tobacco Products		
纺织业	Textile Industry	606	945.36
纺织服装、服饰业	Manufacture of Textile Garments, Footwear and Headgear	997	1132.93
皮革、毛皮、羽毛及其制品和制鞋业	Leather, Fur, Feather, Down and Related Products	754	1108.76
木材加工和木、竹、藤、棕、草制品业	Timber Processing, Bamboo, Cane, Palm Fiber & Straw Products	107	133.75
家具制造业	Manufacture of Furniture	401	493.35
造纸和纸制品业	Papermaking and Paper Products	343	797.35
印刷和记录媒介复制业	Printing and Record Medium Reproduction	205	360.42
文教、工美、体育和娱乐用品制造业	Manufacture of Cultural, Educational,Sports and Entertainment Articles	719	1592.79
石油加工、炼焦和核燃料加工业	Petroleum Refining, Coking and Nuclear Fuel Processing	24	397.33
化学原料和化学制品制造业	Manufacture of Raw Chemical Materials and Chemical Products	704	2843.48
医药制造业	Manufacture of Medicines	109	377.99
化学纤维制造业	Manufacture of Chemical Fibers	27	73.52
橡胶和塑料制品业	Rubber and Plastic Products	1244	1821.91
非金属矿物制品业	Nonmetal Mineral Products	477	967.04
黑色金属冶炼和压延加工业	Smelting and Pressing of Ferrous Metals	126	947.84
有色金属冶炼和压延加工业	Smelting and Pressing of Nonferrous Metals	173	1034.92
金属制品业	Metal Products	975	1744.04
通用设备制造业	Manufacture of General-purpose Machinery	518	1950.56
专用设备制造业	Manufacture of Special-purpose Machinery	498	784.32
汽车制造业	Manufacture of Automobile	362	3517.66
铁路、船舶、航空航天和其他运输设备制造业	Manufacture of Railway ,Ship,Aeronautics and Other Transport equipment	150	490.72
电气机械和器材制造业	Manufacture of Electrical Machinery and Equipment	1472	3930.78
计算机、通信和其他电子设备制造业	Manufacture of Communication Equipment, Computers and Other Electronic Equipment	2113	15661.97
仪器仪表制造业	Manufacture of Instruments and Meters	229	407.22
其他制造业	Other Manufactures	118	113.06
废弃资源综合利用业	Comprehensive Utilization of Waste	21	97.38
金属制品、机械和设备修理业	Manufacture of Metal Products,Machinery and Equipment Maintenance	13	53.70
电力、热力生产和供应业	Production and Supply of Electric Power and Heat Power	57	542.87
燃气生产和供应业	Production and Supply of Gas	26	337.91
水的生产和供应业	Production and Supply of Water	18	74.69

Main Economic Indicators of Foreign-funded Industrial Enterprises above Designated Size (2012)

(100 million yuan)

工业增加值 Value-added of Industry	年末资产总计 Total Assets at the Year-end	流动资产合计 Total Working Capital	固定资产合计 Total Fixed Assets	主营业务收入 Principal Business Revenue	主营业务税金及附加 Tax and Other Charges on Principal Business	利润总额 Total Profits	利税总额 Total Pre-tax Profits	本年应交增值税 Value-added Tax Payable in Current Year	全部从业人员年平均人数(万人) Annual Average Number of Employed Persons (10000 persons)
10984.77	**33813.08**	**21171.21**	**9472.00**	**46712.54**	**365.88**	**2663.06**	**4254.75**	**1222.78**	**826.86**
5604.99	17519.59	10949.74	4831.61	21770.86	140.51	1287.83	1970.85	541.17	514.21
5379.78	16293.49	10221.46	4640.39	24941.68	225.37	1375.23	2283.90	681.61	312.65
4309.39	11855.18	7920.07	2876.10	16668.65	85.33	975.99	1578.11	515.44	415.25
6675.38	21957.90	13251.14	6595.90	30043.89	280.55	1687.07	2676.64	707.34	411.61
5983.67	16402.28	10371.52	4435.37	25171.10	237.46	1615.49	2550.80	696.90	354.71
3240.86	10865.86	6558.95	3290.01	13090.24	94.58	637.07	1074.96	341.84	348.27
1760.25	6544.94	4240.74	1746.61	8451.20	33.84	410.50	628.99	184.04	123.88
494.07	633.01	38.91	270.76	594.53	51.69	253.50	340.18	34.99	0.30
1.42	1.43	0.68	0.75	4.55	0.05	0.95	1.26	0.27	0.02
0.52	2.97	1.38	1.36	2.34	0.01	0.08	0.17	0.08	0.05
0.78	3.98	2.30	1.68	3.97	0.13	1.36	1.49	0.01	0.03
130.60	470.04	351.90	76.55	820.53	1.39	42.72	58.02	13.83	4.59
327.42	662.02	453.80	142.58	876.36	8.08	158.82	231.94	65.03	9.26
152.82	456.72	256.46	160.10	655.12	10.97	26.03	68.55	31.29	5.08
216.41	695.35	421.03	226.10	921.61	2.99	41.21	63.76	19.49	23.90
338.58	706.37	476.47	180.68	1103.69	5.12	59.78	89.95	25.04	49.38
338.93	662.11	476.56	128.46	1087.62	5.45	52.71	81.43	23.17	59.07
29.91	131.60	92.66	24.23	126.09	0.73	8.09	12.13	3.30	2.64
123.32	384.19	238.47	102.88	488.32	2.20	20.58	34.16	11.20	16.31
166.25	995.05	477.79	420.11	764.15	2.14	30.11	51.60	19.33	11.89
106.70	390.93	248.82	100.26	347.67	1.53	25.31	37.08	10.24	11.22
384.75	901.18	702.81	152.21	1624.62	5.18	69.78	103.18	27.79	57.16
110.36	247.04	137.87	72.94	422.92	41.46	9.67	95.93	44.80	0.39
799.63	1945.95	1134.56	644.40	2796.86	16.81	247.31	415.15	151.01	16.48
123.47	373.11	227.21	87.15	345.81	2.60	46.34	67.91	18.95	4.43
17.18	81.54	39.26	34.46	71.60	0.23	4.64	6.16	1.29	0.63
415.08	1401.78	874.53	374.28	1778.11	6.76	69.19	111.40	35.41	50.55
262.00	1094.62	535.62	468.72	929.41	4.52	51.22	86.32	30.46	21.44
123.34	732.85	352.95	328.19	890.87	2.65	8.97	24.52	12.51	3.66
193.77	728.57	403.86	282.16	1016.64	2.36	25.52	41.50	13.62	6.07
409.20	1210.78	777.43	324.23	1659.07	7.05	90.71	139.83	42.00	36.91
353.86	1240.17	906.10	222.28	1876.87	7.38	83.26	126.50	35.77	26.50
209.74	782.42	490.57	222.06	761.08	4.53	35.30	60.38	20.50	17.63
1015.12	2426.90	1450.90	728.43	3554.71	97.81	355.39	572.58	119.13	26.18
113.16	415.98	267.30	94.93	467.34	5.28	25.63	40.28	9.36	7.93
824.83	2863.32	1996.01	626.03	3786.65	12.13	153.82	244.44	78.33	95.87
2719.95	9060.48	6371.75	2118.63	15324.02	49.26	489.37	816.69	277.46	237.76
133.78	313.93	214.18	72.05	396.29	1.84	29.45	38.63	7.30	15.61
28.95	76.78	52.09	19.94	111.57	0.38	3.94	6.18	1.85	4.58
18.73	58.84	52.40	4.96	106.73	0.11	4.00	4.83	0.72	0.27
9.78	64.31	34.27	25.67	53.62	0.25	0.90	1.83	0.67	0.90
196.76	1018.76	401.45	542.82	533.31	3.23	94.63	121.15	23.29	1.12
63.14	260.60	129.44	100.48	332.13	0.89	28.15	41.00	11.97	0.54
30.46	317.41	81.46	88.47	75.75	0.70	14.63	16.64	1.32	0.51

12-22 规模以上私营工业企业主要经济指标（2012年）

单位：亿元

项　目	Item	企业单位数（个） Number of Enterprises (unit)	工业总产值（当年价） Gross Industrial Output Value (at current prices)
全省总计	**Provincial Total**	**14322**	**17466.06**
按轻重工业分	Grouped by Light & Heavy Industries		
轻工业	Light Industry	8042	8883.85
重工业	Heavy Industry	6280	8582.21
按企业规模分	Grouped by Size of Enterprises		
大型企业	Large Enterprises	141	1663.81
中型企业	Medium Enterprises	2310	5930.96
小微型企业	Small and Micro Enterprises	11871	9871.29
按行业分	Grouped by Sector		
煤炭开采和洗选业	Mining and Washing of Coal		
石油和天然气开采业	Extraction of Petroleum and Natural Gas		
黑色金属矿采选业	Mining and Dressing of Ferrous Metal Ores	35	69.09
有色金属矿采选业	Mining and Dressing of Nonferrous Metal Ores	9	6.93
非金属矿采选业	Mining and Dressing of Nonmetal Ores	119	125.50
开采辅助活动	Auxiliary Minning Operations	1	0.59
其他采矿业	Mining and Dressing of Other Ores		
农副食品加工业	Processing of Farm and Sideline Food	301	507.18
食品制造业	Manufacture of Food	231	228.10
酒、饮料和精制茶制造业	Manufacture of Wine, Beverage and Refined Tea	64	72.90
烟草制品业	Tobacco Products	2	4.68
纺织业	Textile Industry	690	761.55
纺织服装、服饰业	Manufacture of Textile Garments, Footwear and Headgear	1356	1406.23
皮革、毛皮、羽毛及其制品和制鞋业	Leather, Fur, Feather, Down and Related Products	527	414.23
木材加工和木、竹、藤、棕、草制品业	Timber Processing, Bamboo, Cane, Palm Fiber & Straw Products	258	221.11
家具制造业	Manufacture of Furniture	424	416.40
造纸和纸制品业	Papermaking and Paper Products	520	463.97
印刷和记录媒介复制业	Printing and Record Medium Reproduction	350	247.06
文教、工美、体育和娱乐用品制造业	Manufacture of Cultural, Educational,Sports and Entertainment Articles	497	1148.48
石油加工、炼焦和核燃料加工业	Petroleum Refining, Coking and Nuclear Fuel Processing	20	190.14
化学原料和化学制品制造业	Manufacture of Raw Chemical Materials and Chemical Products	723	917.30
医药制造业	Manufacture of Medicines	81	114.79
化学纤维制造业	Manufacture of Chemical Fibers	21	29.34
橡胶和塑料制品业	Rubber and Plastic Products	1152	1072.28
非金属矿物制品业	Nonmetal Mineral Products	901	1175.24
黑色金属冶炼和压延加工业	Smelting and Pressing of Ferrous Metals	224	550.31
有色金属冶炼和压延加工业	Smelting and Pressing of Nonferrous Metals	292	691.62
金属制品业	Metal Products	1348	1451.82
通用设备制造业	Manufacture of General-purpose Machinery	453	414.01
专用设备制造业	Manufacture of Special-purpose Machinery	417	421.15
汽车制造业	Manufacture of Automobile	115	101.92
铁路、船舶、航空航天和其他运输设备制造业	Manufacture of Railway ,Ship,Aeronautics and Other Transport equipment	147	309.81
电气机械和器材制造业	Manufacture of Electrical Machinery and Equipment	1450	1646.41
计算机、通信和其他电子设备制造业	Manufacture of Communication Equipment, Computers and Other Electronic Equipment	1279	1628.08
仪器仪表制造业	Manufacture of Instruments and Meters	89	102.89
其他制造业	Other Manufactures	67	56.37
废弃资源综合利用业	Comprehensive Utilization of Waste	104	432.45
金属制品、机械和设备修理业	Manufacture of Metal Products,Machinery and Equipment Maintenance	12	14.66
电力、热力生产和供应业	Production and Supply of Electric Power and Heat Power	16	26.38
燃气生产和供应业	Production and Supply of Gas	13	18.13
水的生产和供应业	Production and Supply of Water	14	6.97

Main Economic Indicators of Private Industrial Enterprises above Designated Size (2012)

(100 million yuan)

工业增加值 Value-added of Industry	年末资产总计 Total Assets at the Year-end	流动资产合计 Total working Capital	固定资产合计 Total Fixed Assets	主营业务收入 Principal Business Revenue	主营业务税金及附加 Tax and Other Charges on Principal Business	利润总额 Total Profits	利税总额 Total Pre-tax Profits	本年应交增值税 Value-added Tax Payable in Current Year	全部从业人员年平均人数(万人) Annual Average Number of Employed Persons (10000 persons)
3953.42	**9575.00**	**5778.49**	**2598.50**	**16957.71**	**74.59**	**1059.94**	**1528.31**	**392.21**	**296.83**
2014.47	4312.11	2738.32	1146.55	8653.12	40.25	481.64	718.14	195.77	170.17
1938.95	5262.89	3040.17	1451.95	8304.60	34.34	578.31	810.17	196.44	126.66
392.04	1157.03	729.43	253.24	1549.70	6.32	114.74	164.54	43.47	28.48
1352.32	3332.93	2071.13	909.77	5753.81	24.28	417.83	584.13	141.50	121.87
2209.06	5085.04	2977.93	1435.49	9654.20	43.99	527.38	779.65	207.24	146.48
24.64	34.68	23.40	7.50	66.00	1.00	10.40	15.91	4.52	0.45
3.05	2.39	1.47	0.74	6.83	0.08	0.57	0.84	0.19	0.05
35.68	41.56	16.33	17.94	117.96	1.34	11.94	17.47	4.17	1.21
0.16	0.62	0.57	0.05	0.61	0.00	0.04	0.05	0.01	0.01
93.57	266.06	172.73	56.95	481.04	1.47	29.38	38.22	7.36	4.54
57.10	97.14	52.40	28.90	224.54	1.17	17.26	25.06	6.63	3.88
22.14	42.53	22.03	13.74	72.40	2.33	7.42	12.53	2.78	1.22
0.95	14.78	5.76	1.76	4.14	0.03	0.31	0.43	0.09	0.12
190.45	328.63	157.06	138.38	733.31	4.06	51.04	73.43	18.30	12.59
385.52	549.51	372.44	149.21	1353.79	7.24	69.10	107.86	31.47	37.60
109.38	165.89	114.81	39.93	412.13	1.90	17.13	28.80	9.75	12.92
56.18	105.16	48.24	29.56	210.19	1.22	15.22	22.86	6.29	3.95
102.29	229.29	137.50	49.61	410.27	2.12	23.24	37.58	12.18	9.77
97.42	240.25	149.97	68.60	451.23	1.64	20.39	31.83	9.73	8.19
64.18	159.74	91.42	54.77	243.37	1.08	16.42	24.00	6.49	5.24
123.56	439.56	348.81	56.81	1140.30	1.83	30.18	40.49	8.44	12.18
37.88	125.80	68.10	49.99	189.71	0.15	11.20	12.25	0.90	0.24
207.27	576.34	324.29	163.40	861.92	4.11	65.89	91.06	20.82	8.48
36.52	166.34	123.57	21.69	108.63	0.77	16.44	20.38	3.16	1.38
8.15	13.45	7.98	4.09	28.67	0.10	2.24	3.01	0.67	0.63
242.96	802.30	312.24	260.49	1051.21	5.29	70.76	100.20	23.92	18.78
296.21	609.97	300.87	252.90	1123.93	6.16	76.15	114.51	32.03	19.05
129.92	200.11	82.56	90.10	532.58	1.78	39.57	55.22	13.81	3.52
119.92	329.24	183.63	105.72	684.23	1.50	45.23	55.37	8.62	5.68
345.55	621.98	359.91	185.51	1425.66	6.41	100.54	145.57	38.53	24.91
93.68	295.11	198.54	65.55	399.55	1.80	26.12	39.12	11.14	8.00
113.45	300.70	179.54	80.65	404.42	2.06	37.84	50.71	10.75	7.76
25.92	76.05	41.89	23.36	100.33	0.40	5.71	9.06	2.95	1.94
64.45	153.96	114.03	23.58	283.21	1.66	6.82	15.57	7.09	3.39
351.75	1008.43	696.51	212.62	1586.76	5.58	84.09	127.77	38.00	32.77
364.75	1189.17	844.46	223.58	1606.32	5.92	85.35	128.67	37.33	39.22
27.61	116.25	85.43	13.22	98.56	0.73	8.62	12.78	3.42	2.87
12.95	24.77	16.66	4.39	53.56	0.24	3.85	5.48	1.40	1.27
92.26	161.58	91.55	58.78	425.23	1.06	47.03	55.69	7.59	2.17
3.24	3.57	2.45	0.77	14.50	0.09	0.90	1.53	0.54	0.33
6.72	65.85	21.34	37.52	26.04	0.19	3.68	4.71	0.82	0.20
3.37	4.56	3.14	1.30	18.12	0.06	1.44	1.64	0.13	0.18
2.62	11.67	4.88	4.84	6.46	0.02	0.43	0.65	0.19	0.13

12-23 规模以上大中型工业企业主要经济指标（2012年）

单位：亿元

项目	Item	企业单位数（个）Number of Enterprises (unit)	工业总产值（当年价）Gross Industrial Output Value (at current prices)
全省总计	**Provincial Total**	**10485**	**70178.27**
按轻重工业分	Grouped by Light & Heavy Industry		
轻工业	Light Industry	5829	24090.60
重工业	Heavy Industry	4656	46087.67
按企业规模分	Grouped by Size of Enterprises		
大型企业	Large	1383	43400.30
中型企业	Medium	9102	26777.97
按行业分	Grouped by Sector		
煤炭开采和洗选业	Mining and Washing of Coal		
石油和天然气开采业	Extraction of Petroleum and Natural Gas	2	642.57
黑色金属矿采选业	Mining and Dressing of Ferrous Metal Ores	7	60.67
有色金属矿采选业	Mining and Dressing of Nonferrous Metal Ores	10	107.44
非金属矿采选业	Mining and Dressing of Nonmetal Ores	18	53.74
开采辅助活动	Auxiliary Minning Operations	2	23.90
其他采矿业	Mining and Dressing of Other Ores		
农副食品加工业	Processing of Farm and Sideline Food	151	1138.61
食品制造业	Manufacture of Food	141	1034.44
酒、饮料和精制茶制造业	Manufacture of Wine, Beverage and Refined Tea	66	681.87
烟草制品业	Tobacco Products	8	375.76
纺织业	Textile Industry	370	1098.12
纺织服装、服饰业	Manufacture of Textile Garments, Footwear and Headgear	962	1708.87
皮革、毛皮、羽毛及其制品和制鞋业	Leather, Fur, Feather, Down and Related Products	588	1176.74
木材加工和木、竹、藤、棕、草制品业	Timber Processing, Bamboo, Cane, Palm Fiber & Straw Products	66	163.04
家具制造业	Manufacture of Furniture	294	761.76
造纸和纸制品业	Papermaking and Paper Products	199	887.30
印刷和记录媒介复制业	Printing and Record Medium Reproduction	161	427.56
文教、工美、体育和娱乐用品制造业	Manufacture of Cultural, Educational,Sports and Entertainment Articles	621	2349.48
石油加工、炼焦和核燃料加工业	Petroleum Refining, Coking and Nuclear Fuel Processing	13	2868.39
化学原料和化学制品制造业	Manufacture of Raw Chemical Materials and Chemical Products	215	2365.01
医药制造业	Manufacture of Medicines	117	718.30
化学纤维制造业	Manufacture of Chemical Fibers	14	79.24
橡胶和塑料制品业	Rubber and Plastic Products	661	1770.14
非金属矿物制品业	Nonmetal Mineral Products	469	1768.20
黑色金属冶炼和压延加工业	Smelting and Pressing of Ferrous Metals	101	1438.47
有色金属冶炼和压延加工业	Smelting and Pressing of Nonferrous Metals	126	1479.89
金属制品业	Metal Products	652	2168.35
通用设备制造业	Manufacture of General-purpose Machinery	322	2184.93
专用设备制造业	Manufacture of Special-purpose Machinery	284	945.95
汽车制造业	Manufacture of Automobile	207	3405.90
铁路、船舶、航空航天和其他运输设备制造业	Manufacture of Railway ,Ship,Aeronautics and Other Transport equipment	122	886.37
电气机械和器材制造业	Manufacture of Electrical Machinery and Equipment	1205	7540.67
计算机、通信和其他电子设备制造业	Manufacture of Communication Equipment, Computers and Other Electronic Equipment	1859	21199.16
仪器仪表制造业	Manufacture of Instruments and Meters	170	466.11
其他制造业	Other Manufactures	63	124.89
废弃资源综合利用业	Comprehensive Utilization of Waste	33	413.82
金属制品、机械和设备修理业	Manufacture of Metal Products,Machinery and Equipment Maintenance	15	72.75
电力、热力生产和供应业	Production and Supply of Electric Power and Heat Power	116	5145.46
燃气生产和供应业	Production and Supply of Gas	12	282.59
水的生产和供应业	Production and Supply of Water	43	161.81

Main Economic Indicators of Large and Medium-sized Industrial Enterprises above Designated Size (2012)

(100 million yuan)

工业增加值 Value-added of Industry	年末资产总计 Total Assets at the Year-end	流动资产合计 Total Working Capital	固定资产合计 Total Fixed Assets	主营业务收入 Principal Business Revenue	主营业务税金及附加 Tax and Extra Charges on Main Business	利润总额 Total Profits	利税总额 Total Pre-tax Profits	本年应交增值税 Value-added Tax Payable in Current Year	全部从业人员年平均人数(万人) Annual Average Number of Employed Persons (10000 persons)
17202.16	**54852.10**	**30911.46**	**16526.11**	**68816.08**	**916.50**	**4085.42**	**7291.77**	**2275.24**	**1094.13**
6274.36	17917.37	11829.15	4064.00	23883.10	305.64	1593.50	2689.16	788.07	549.00
10927.80	36934.73	19082.31	12462.11	44932.98	610.86	2491.93	4602.61	1487.18	545.12
10688.64	33346.88	18895.30	9750.84	42768.91	613.40	2507.19	4591.98	1459.63	513.70
6513.52	21505.22	12016.16	6775.27	26047.17	303.11	1578.24	2699.79	815.61	580.43
494.07	633.01	38.91	270.76	594.53	51.69	253.50	340.18	34.99	0.30
16.72	96.75	18.65	17.39	58.66	0.84	1.37	6.59	4.38	0.49
37.92	46.05	24.76	13.10	107.96	1.05	15.52	22.82	6.24	0.63
16.64	44.12	19.32	15.40	49.40	0.62	5.77	9.74	3.30	1.05
7.26	15.72	13.80	1.47	23.90	0.50	5.72	6.23	0.01	0.09
225.60	796.50	568.54	128.86	1086.02	2.50	66.88	88.61	19.20	8.98
365.28	748.26	501.42	162.50	1055.72	8.79	176.89	258.02	72.32	11.87
168.51	498.95	271.79	167.92	688.79	17.99	25.03	78.53	35.25	6.08
291.73	361.70	255.09	70.42	366.09	179.92	42.85	266.97	44.21	0.75
266.49	681.74	409.68	223.14	1069.11	3.91	63.05	94.34	27.31	28.36
504.08	939.30	656.29	217.29	1637.48	7.96	99.30	152.47	45.17	72.09
365.32	702.77	516.09	130.63	1161.11	5.96	54.95	87.23	26.23	68.52
37.75	141.79	81.51	25.03	154.79	0.90	13.63	20.11	5.54	3.10
196.95	574.82	338.36	127.21	759.51	3.80	44.26	73.25	25.00	21.77
188.91	1155.43	520.26	518.54	840.05	2.57	35.51	58.64	20.54	14.26
127.31	465.84	275.54	118.69	415.83	1.92	36.99	52.43	13.51	13.30
454.15	1148.26	878.96	182.08	2363.65	5.91	92.98	132.87	33.57	66.41
669.08	909.95	380.86	463.32	2875.39	306.84	-1.36	528.22	222.67	2.10
732.90	1623.74	890.18	518.15	2266.58	16.54	222.15	381.72	142.98	16.06
239.06	963.56	601.01	182.74	669.98	5.13	104.62	145.95	36.12	8.48
18.88	77.49	35.64	36.22	73.44	0.24	6.11	7.82	1.47	0.93
426.24	1443.81	841.23	410.65	1731.77	7.68	89.96	136.13	38.24	53.88
468.43	1678.75	773.12	742.65	1665.28	9.32	113.50	180.34	57.34	37.21
238.37	1194.66	479.20	610.39	1376.52	4.87	13.56	50.32	31.51	8.28
289.68	1128.68	527.04	455.25	1451.83	4.41	67.31	95.23	23.50	11.09
535.05	1306.85	792.32	365.25	2079.87	9.23	158.04	223.65	56.30	46.03
417.65	1517.54	1091.96	269.13	2087.76	8.60	108.81	161.10	43.59	31.40
286.35	1051.15	637.55	271.87	908.57	4.76	84.55	114.73	25.33	21.04
981.00	2386.78	1417.23	700.71	3436.75	99.29	339.93	556.29	116.95	26.47
185.34	1067.28	618.02	224.83	843.48	6.98	16.24	42.78	19.44	12.42
1698.80	6075.20	4241.85	1130.01	7651.14	29.24	481.33	708.22	197.04	149.17
4520.95	14140.08	10258.09	2652.92	20625.33	84.90	807.58	1475.33	582.21	303.22
147.27	422.09	292.31	79.84	451.42	2.19	36.66	48.74	9.86	17.76
33.37	73.47907	44.28	21.81	119.43177	0.44	6.63127	9.85	2.77074	4.57
89.01	158.19	90.75	59.84	402.02	1.02	48.73	56.89	7.13	1.90
13.67	91.62	53.52	29.38	73.02	0.29	1.95	3.13	0.88	1.35
1316.57	7400.20	1191.08	4419.46	5165.25	14.72	300.94	553.37	227.30	19.06
64.69	330.78	80.75	168.31	272.38	1.33	32.94	44.26	9.97	0.78
65.12	759.21	184.50	322.91	156.23	1.67	11.03	18.68	5.89	2.87

12-24 规模以上高技术制造业主要经济指标（2012年）

单位：亿元

项 目	Item	企业单位数（个）Number of Enterprises (unit)	工业总产值（当年价）Gross Industrial Output Value (at current prices)
高技术制造业合计	**Total**	**4864**	**25253.28**
一、核燃料加工	Manufacture of Nuclear Material		
二、信息化学品制造	Manufacture of Information Chemical Products	46	98.25
三、医药制造业	Manufacture of Medicines	352	1027.73
#化学药品制造	Manufacture of Chemical Medicines	109	520.01
中成药生产	Manufacture of Traditional Chinese Patent Medicines	88	227.46
生物药品制造	Manufacture of Biological and Biochemical Products	47	118.37
四、航空航天器及设备制造	Manufacture of Aircraft and Spacecraft	11	66.85
1. 飞机制造	Manufacture of Aircraft	1	9.45
2. 航天器制造	Manufacture of Spacecraft		
3. 航空、航天相关设备制造	Manufacture of Aircraft and Spacecraft related products	4	24.30
4. 其他飞行器制造	Manufacture of Air Vehicle	3	3.65
5. 航空航天器修理	Repair of Aircraft and Spacecraft	3	29.45
五、电子及通信设备制造业	Manufacture of Electronic and Communication Equipment	3552	16863.74
1. 通信设备制造	Manufacture of Communication Equipment	427	6362.27
#通信系统设备制造	Manufacture of Communication Transmission Equipment	169	3791.13
通信终端设备制造	Manufacture of Communication Exchange Equipment	258	2571.14
2. 广播电视设备制造	Manufacture of Broadcasting and Television Equipment	123	233.14
3. 雷达及配套设备制造	Manufacture of Radar Equipment	11	18.38
4. 视听设备制造	Manufacture of Audio-visual Equipment	514	1850.20
5. 电子器件制造	Manufacture of Electronic Parts	595	3794.94
电子真空器件制造	Manufacture of Electronic Vacuum Devices	8	47.46
半导体分立器件制造	Manufacture of Semiconductor Discrete Devices	34	103.21
集成电路制造	Manufacture of Integrated Circuits	122	764.21
光电子器件及其他电子器件制造	Manufacture of Optical and Other Electronic Devices and Other Electronic Equipment	431	2880.07
6. 电子元件制造	Manufacture of Electronic Parts	1579	4021.24
7. 其他电子设备制造	Manufacture of Electronic Devices	303	583.58
六、电子计算机及办公设备制造业	Manufacture of Computers and Office Equipment	543	6567.52
1. 计算机整机制造	Manufacture of Complete Computers	52	1461.07
2. 计算机零部件制造	Manufacture of Computer part Equipment	207	3083.91
3. 计算机外围设备制造	Manufacture of Computer Peripheral Equipment	165	1255.88
4. 其他计算机制造	Other computer equipment	59	200.79
5. 办公设备制造	Manufacture of Office Equipment	60	565.87
七、医疗设备及仪器仪表制造业	Manufacture of Medical Equipment, Instruments and Meters	360	629.19
1. 医疗设备及器械制造	Manufacture of Medical Equipment and Appliances	123	227.46
2. 仪器仪表制造	Manufacture of Instruments and Meters	237	401.73

Main Indicators on High-tech Manufacturingl Enterprises above Designated Size (2012)

(100 million yuan)

工业增加值 Value-added of Industry	年末资产总计 Total Assets at the Year-end	流动资产合计 Total Working Capital	固定资产 Fixed Assets	主营业务收入 Principal Business Revenue	主营业务税金及附加 Tax and Extra Charges on Main Business	利润总额 Total Profits	利税总额 Total Pre-tax Profits	本年应交增值税 Value-added Tax Payable in Current Year	全部从业人员年平均人数(万人) Annual Average Number of Employed Persons (10000 persons)
5478.80	**17947.75**	**12744.56**	**3332.28**	**24607.63**	**105.65**	**1106.99**	**1908.52**	**694.89**	**371.49**
24.12	97.44	53.09	31.32	94.30	0.45	10.33	13.71	2.93	0.90
332.20	1204.45	741.99	241.64	966.67	6.82	134.82	190.49	48.73	11.59
153.66	603.42	356.91	136.49	481.29	3.09	64.26	90.63	23.24	4.41
83.10	257.75	156.30	47.33	217.75	1.97	32.53	49.91	15.34	3.33
46.87	212.86	151.19	27.87	110.93	1.03	21.91	28.38	5.44	0.99
21.47	211.11	56.60	14.74	65.80	0.38	4.17	6.33	1.79	0.97
1.59	155.49	17.81	3.59	9.34		-0.57	-0.57		0.09
13.23	26.62	14.98	7.07	23.41	0.25	1.61	3.39	1.53	0.72
1.06	2.82	2.35	0.37	3.83	0.01	0.34	0.40	0.05	0.06
5.59	26.17	21.46	3.71	29.22	0.12	2.78	3.11	0.21	0.09
3948.10	12443.97	8942.26	2415.60	16471.40	78.34	696.39	1299.25	524.09	259.65
1849.69	5136.08	4144.75	472.07	6259.69	37.98	299.20	669.33	332.00	53.61
1409.87	3687.47	3008.02	298.60	3642.55	31.20	200.33	479.21	247.63	28.90
439.82	1448.61	1136.73	173.47	2617.14	6.78	98.87	190.11	84.37	24.71
43.87	188.22	136.83	27.21	226.47	0.89	12.11	16.30	3.30	5.33
4.32	12.52	8.77	3.05	17.72	0.05	1.12	1.61	0.44	0.50
334.21	1221.39	963.94	145.70	1790.79	5.18	49.87	107.35	52.27	32.67
720.62	2693.49	1629.10	860.57	3665.24	21.28	162.74	235.98	51.91	48.69
4.89	26.59	22.28	2.62	50.67	0.01	2.04	2.06	0.02	0.24
22.44	97.34	46.83	43.74	100.35	0.19	2.45	3.79	1.15	2.25
126.58	477.88	306.80	141.93	731.55	1.48	26.00	34.31	6.82	10.22
566.72	2091.67	1253.19	672.28	2782.67	19.60	132.25	195.82	43.93	35.98
881.03	2883.94	1826.17	850.25	3947.79	11.37	147.29	232.48	73.62	107.34
114.36	308.34	232.70	56.77	563.71	1.60	24.06	36.22	10.55	11.51
961.63	3312.65	2464.62	522.65	6391.81	15.60	189.90	306.45	100.55	83.84
208.11	715.78	486.64	119.90	1368.51	4.69	51.44	85.69	29.56	13.42
470.62	1587.49	1204.62	243.71	3092.77	6.13	82.16	131.61	42.94	45.60
183.54	583.33	430.72	110.64	1167.73	2.64	26.39	43.70	14.65	16.09
28.38	157.92	120.44	16.99	205.09	0.55	9.06	11.99	2.37	2.90
70.97	268.14	222.20	31.41	557.71	1.59	20.84	33.47	11.03	5.83
191.30	678.15	486.00	106.33	617.66	4.08	71.38	92.28	16.80	14.54
82.68	269.89	193.13	42.38	222.67	1.74	38.11	47.00	7.14	4.83
108.61	408.26	292.87	63.95	394.99	2.33	33.28	45.28	9.66	9.71

12-25 规模以上先进制造业主要经济指标（2012年）

单位：亿元

项　　目	Item	企业单位数（个）Number of Enterprises (unit)	工业总产值（当年价）Gross Industrial Output Value (at current prices)
合　计	**Total**	**13378**	**46865.65**
一、装备制造业	Equipment Manufacturing	10536	35584.13
#汽车制造	Automobile	564	3845.06
船舶制造	Ship	116	462.01
#金属船舶制造	Metal ship	52	335.40
飞机制造及修理业	Airplane manufacturing and maintenance	8	63.20
环境污染防治专用设备制造	Special equipment for Environmental pollution prevention	30	38.28
二、钢铁冶炼及加工	Steel and Iron and Processing	413	2135.98
#炼铁	Iron smelting	7	16.61
炼钢	Steel smelting	22	66.00
钢材加工	Steel processing	378	2015.07
铁合金冶炼	Iron alloy smelting	6	38.30
三、石油及化学	Petroleum and Chemical Industry	2429	9145.54
1. 石油和天然气开采业	Oil and Natural Gas Extraction	3	642.65
2. 石油加工、炼焦及核燃料加工业	Petroleum Refining, Coking and Nuclear Fuel Processing	94	3405.98
3. 化学原料及化学制品制造业	Raw Chemical Materials and Chemical Products	2003	4731.53
4. 橡胶制品业	Rubber products	329	365.38

Main Indicators on Advanced Manufacturing Enterprises above Designated Size (2012)

(100 million yuan)

工业增加值 Value-added of Industry	年末资产总计 Total Assets at the Year-end	流动资产合计 Total Working Capital	固定资产合计 Total Fixed Assets	主营业务收入 Principal Business Revenue	主营业务税金及附加 Tax and Extra Charges on Main Business	利润总额 Total Profits	利税总额 Total Pre-tax Profits	本年应交增值税 Value-added Tax Payable in Current Year	全部从业人员年平均人数(万人) Annual Average Number of Employed Persons (10000 persons)
10923.69	**32414.22**	**20616.90**	**8081.77**	**45712.62**	**633.30**	**2548.72**	**4645.91**	**1460.96**	**586.33**
8017.24	25604.52	17382.54	5516.64	34673.31	233.46	1810.50	2979.20	933.33	530.43
1081.85	2718.63	1618.77	804.87	3874.38	100.90	366.93	595.27	127.17	31.58
95.83	700.66	424.74	203.94	434.19	1.57	-9.42	0.93	8.68	5.44
64.81	541.75	338.70	144.84	317.45	0.96	-12.41	-5.12	6.24	3.36
20.41	208.29	54.25	14.37	61.97	0.37	3.82	5.93	1.74	0.91
11.90	67.40	47.96	7.54	35.30	0.35	5.89	7.28	1.04	0.54
343.62	1482.41	662.41	688.52	2045.54	6.28	44.02	96.24	45.34	10.55
3.16	3.76	1.90	1.74	15.91	0.04	0.53	1.05	0.49	0.11
19.38	17.34	10.83	5.63	65.14	0.33	6.60	8.94	2.01	0.39
312.98	1382.51	624.06	631.31	1924.60	5.85	40.15	89.32	42.73	9.80
8.10	78.80	25.62	49.84	39.89	0.06	-3.25	-3.07	0.11	0.26
2562.83	5327.29	2571.95	1876.61	8993.78	393.55	694.19	1570.46	482.29	45.34
494.50	653.41	41.62	272.16	594.61	51.70	253.53	340.26	34.99	0.31
768.36	1162.14	528.38	541.66	3433.07	313.82	38.94	589.30	236.46	2.72
1217.90	3224.69	1851.73	973.42	4611.37	26.14	382.92	610.69	201.32	33.60
82.07	287.05	150.22	89.36	354.72	1.89	18.81	30.22	9.52	8.72

12-26 规模以上工业企业主要经济效益指标（2012年）

项　　目	Item	总资产贡献率(%) Ratio of Total Assets to Industrial Output Value (%)
全省总计	**Provincial Total**	**13.94**
按经济类型分	Grouped by Ownership	
在总计中：国有控股工业	Of the Total: State-holding Industry	14.03
国有工业	State-owned Industry	14.57
集体工业	Collective-owned Industry	15.00
股份合作工业	Share-holding Cooperative Industry	16.33
股份制工业	Share-holding Industry	14.09
外商投资工业	Foreign-funded Industry	14.52
港澳台投资工业	Industry with Funds from Hong Kong, Macao and Taiwan	11.79
按轻重工业分	Grouped by Light and Heavy Industries	
轻工业	Light Industry	15.29
重工业	Heavy Industry	13.24
按企业规模分	Grouped by Size of Enterprises	
大型企业	Large Enterprises	14.39
中型企业	Medium Enterprises	13.55
小微型企业	Small and Micro Enterprises	13.57
按行业分	Grouped by Sector	
煤炭开采和洗选业	Mining and Washing of Coal	
石油和天然气开采业	Extraction of Petroleum and Natural Gas	52.07
黑色金属矿采选业	Mining and Dressing of Ferrous Metal Ores	20.89
有色金属矿采选业	Mining and Dressing of Nonferrous Metal Ores	44.35
非金属矿采选业	Mining and Dressing of Nonmetal Ores	35.24
开采辅助活动	Auxiliary Minning Operations	37.86
其他采矿业	Mining and Dressing of Other Ores	
农副食品加工业	Processing of Farm and Sideline Food	13.02
食品制造业	Manufacture of Food	30.58
酒、饮料和精制茶制造业	Manufacture of Wine, Beverage and Refined Tea	16.61
烟草制品业	Tobacco Products	71.28
纺织业	Textile Industry	14.66
纺织服装、服饰业	Manufacture of Textile Garments, Footwear and Headgear	16.76
皮革、毛皮、羽毛及其制品和制鞋业	Leather, Fur, Feather, Down and Related Products	14.07
木材加工和木、竹、藤、棕、草制品业	Timber Processing, Bamboo, Cane, Palm Fiber & Straw Products	16.60
家具制造业	Manufacture of Furniture	14.53
造纸和纸制品业	Papermaking and Paper Products	8.11
印刷和记录媒介复制业	Printing and Record Medium Reproduction	12.70
文教、工美、体育和娱乐用品制造业	Manufacture of Cultural, Educational,Sports and Entertainment Articles	12.04
石油加工、炼焦和核燃料加工业	Petroleum Refining, Coking and Nuclear Fuel Processing	51.75
化学原料和化学制品制造业	Manufacture of Raw Chemical Materials and Chemical Products	19.62
医药制造业	Manufacture of Medicines	16.15
化学纤维制造业	Manufacture of Chemical Fibers	10.72
橡胶和塑料制品业	Rubber and Plastic Products	10.75
非金属矿物制品业	Nonmetal Mineral Products	13.00
黑色金属冶炼和压延加工业	Smelting and Pressing of Ferrous Metals	8.70
有色金属冶炼和压延加工业	Smelting and Pressing of Nonferrous Metals	10.88
金属制品业	Metal Products	17.41
通用设备制造业	Manufacture of General-purpose Machinery	11.59
专用设备制造业	Manufacture of Special-purpose Machinery	12.25
汽车制造业	Manufacture of Automobile	22.34
铁路、船舶、航空航天和其他运输设备制造业	Manufacture of Railway ,Ship,Aeronautics and Other Transport equipment	4.77
电气机械和器材制造业	Manufacture of Electrical Machinery and Equipment	11.94
计算机、通信和其他电子设备制造业	Manufacture of Communication Equipment, Computers and Other Electronic Equipment	10.46
仪器仪表制造业	Manufacture of Instruments and Meters	12.26
其他制造业	Other Manufactures	12.96
废弃资源综合利用业	Comprehensive Utilization of Waste	24.38
金属制品、机械和设备修理业	Manufacture of Metal Products,Machinery and Equipment Maintenance	6.94
电力、热力生产和供应业	Production and Supply of Electric Power and Heat Power	9.41
燃气生产和供应业	Production and Supply of Gas	14.79
水的生产和供应业	Production and Supply of Water	5.17

Main Indicators on Economic Benefit of Industrial Enterprises above Designated Size (2012)

资本保值增值率(%) Ratio of Capital Maintenance and Appreciation (%)	资产负债率(%) Assets-Liability Ratio (%)	成本费用利润率(%) Ratio of Profits to Industrial Costs (%)	全员劳动生产率(元/人) Overall Labor Productivity (yuan/person)	产品销售率(%) Proportion of Products Sold (%)
107.10	**58.18**	**6.13**	**156463**	**98.07**
109.51	57.67	4.63	515822	98.52
112.51	58.75	3.13	507698	100.43
84.79	61.95	5.90	63603	97.89
119.52	46.95	9.20	117165	96.86
108.52	59.24	6.62	179758	97.20
105.23	56.84	5.78	172070	98.88
106.43	57.53	6.20	109002	98.11
107.44	56.55	6.53	119292	98.25
106.91	59.04	5.89	195963	97.96
105.74	59.02	6.14	208072	98.05
109.51	56.45	6.40	112219	97.77
106.59	58.73	5.84	154140	98.41
24.47	96.88	86.08	16050119	98.74
70.15	62.71	11.45	453449	94.80
57.47	55.23	15.74	512420	97.60
106.60	36.61	11.91	267569	95.55
140.49	42.70	32.25	633431	99.62
97.86	67.54	5.46	253842	97.22
123.03	45.73	17.24	263043	99.85
108.61	53.26	5.16	263446	100.33
103.89	18.33	9.52	3640953	125.47
102.29	55.08	6.06	111390	97.83
110.69	54.66	5.83	83274	97.02
95.67	51.92	4.93	62381	98.37
76.13	58.66	8.31	143216	96.53
124.74	54.59	5.98	94654	98.46
103.49	58.59	4.36	135580	97.74
118.23	49.89	8.44	110872	97.75
111.70	58.80	3.98	74608	98.57
119.39	70.49	1.24	2827127	99.92
104.29	50.16	8.95	362495	96.62
114.06	39.31	16.16	286612	94.79
92.83	50.41	6.59	193154	96.01
122.65	52.86	5.48	98471	98.43
108.84	59.08	6.76	144707	96.55
124.55	71.82	2.38	294760	98.16
106.72	66.34	4.47	258030	98.57
98.61	54.56	7.13	126915	97.72
112.43	56.38	5.69	131361	97.36
111.14	52.04	9.01	140437	96.75
116.00	50.92	10.34	342609	100.21
101.91	65.72	1.99	155822	98.19
102.94	62.71	6.07	112619	97.78
106.57	62.53	3.98	143305	97.50
100.65	47.29	8.48	90127	97.74
86.67	56.03	5.36	82115	98.22
74.09	66.24	8.90	450838	97.56
88.90	58.18	4.27	107527	98.70
107.71	53.83	6.58	686977	99.72
126.84	57.36	9.18	836343	100.82
100.86	60.63	7.74	217532	97.13

12-27 规模以上制造业工业企业主要经济指标
Main Economic Indicators of Manufacturing Enterprises above Designated Size

项目	Item	2000	2005	2010	2011	2012	2012比2011增长(%) Growth Rate of 2012 over 2011(%)
企业单位数 (个)	Number of Enterprises (unit)	18571	34123	52102	37371	36915	-1.2
工业总产值 (亿元)	Gross Industrial Output Value (100 million yuan)	11352.62	32719.04	79504.12	87690.91	88066.29	11.1
工业增加值 (亿元)	Value-added of Industry (100 million yuan)	2768.88	8156.04	18317.74	19378.11	20396.03	9.0
主营业务收入 (亿元)	Main Business Revenue (100 million yuan)	10865.66	31768.01	77730.85	85824.61	86352.00	0.6
资产总计 (亿元)	Total Assets (100 million yuan)	11653.11	22687.34	52734.31	56842.03	60337.56	6.1
流动资产合计 (亿元)	Total Liquid Assets (100 million yuan)			32414.52	37207.61	38597.80	3.7
固定资产合计 (亿元)	Total Fixed Assets (100 million yuan)			16420.14	14022.83	15097.49	7.7
负债总计 (亿元)	Total Liabilities (100 million yuan)	6950.47	13350.07	29407.47	33683.93	35215.36	4.5
所有者权益合计 (亿元)	Total Creditors' Equity (100 million yuan)	4576.24	9337.27	23243.24	23165.00	24901.20	7.5
利润总额 (亿元)	Total Profits (100 million yuan)	348.92	1295.53	5313.74	5001.85	4732.53	-5.4
亏损企业亏损额 (亿元)	Loss Value of Loss-making Enterprises (100 million yuan)	131.89	196.09	195.53	310.30	420.25	35.4
利税总额 (亿元)	Total Pre-tax Profits (100 million yuan)	729.92	2273.57	8150.46	8323.26	8218.79	-1.3
应交增值税 (亿元)	Value-added Tax Payable(100 million yuan)	277.66	777.85	2003.07	2402.074	2525.95	5.2
从业人员平均人数(万人)	Average Employed Persons (10000 persons)	546.03	1062.06	1533.72	1431.32	1419.97	-0.8

注：本表总产值和增加值绝对数按当年价格计算，增加值2009年及以前用生产法计算，2010年起用收入法计算，2011年统计口径从年业务收入500万元以上调整为2000万元以上。

Note: Gross industrial output values and value-added are calculated at current prices.Value-added is calculated by production approach in 2009 and prior to and since 2010 by income approach.Growth rates in this table are calculated at constant prices with the coverage of over 20 million yuan.

12-28 各市规模以上工业企业主要经济指标（2012年）

Main Economic Indicators of Industrial Enterprises above Designated Size by City (2012)

单位：亿元 (100 million yuan)

市 别	City	主营业务收入 Main Business Revenue	资产合计 Total Assets	负债合计 Total Liabilities	利润总额 Total Profits	利税总额 Total Pre-tax Profits	从业人员平均人数(万人) Average Number of Employed Persons (10000 persons)
广 州	Guangzhou	14595.82	12156.23	6445.46	825.60	1595.55	149.99
深 圳	Shenzhen	20990.98	18458.35	11380.03	1135.83	1923.85	344.91
珠 海	Zhuhai	3467.34	3532.79	2144.37	164.38	252.32	45.35
汕 头	Shantou	2072.74	1773.70	744.97	164.88	234.53	39.37
佛 山	Foshan	13980.37	8814.87	5354.35	1140.50	1574.95	168.76
#顺 德	Shunde	4652.67	2996.70	1873.07	375.28	526.00	69.61
韶 关	Shaoguan	937.67	1044.31	685.72	31.32	105.10	15.89
河 源	Heyuan	928.70	648.20	362.44	58.07	93.23	14.20
梅 州	Meizhou	484.77	573.34	293.85	29.94	91.38	10.37
惠 州	Huizhou	5503.05	3530.70	2153.47	219.32	584.01	66.78
汕 尾	Shanwei	739.78	598.62	279.93	31.52	45.66	21.83
东 莞	Dongguan	9612.66	7206.02	4189.56	291.67	518.84	254.70
中 山	Zhongshan	5203.63	3192.02	1866.89	283.77	472.21	109.44
江 门	Jiangmen	2464.21	2320.45	1382.25	127.96	220.00	49.06
阳 江	Yangjiang	1178.48	632.96	393.59	137.15	187.67	14.66
湛 江	Zhanjiang	1618.78	1469.32	1151.62	111.56	264.89	13.61
茂 名	Maoming	1778.35	697.88	344.27	98.56	311.63	12.25
肇 庆	Zhaoqing	2745.09	1448.22	691.13	192.20	300.51	32.25
清 远	Qingyuan	1299.99	1105.71	602.66	74.89	115.76	22.13
潮 州	Chaozhou	883.82	576.64	262.55	78.86	118.36	19.57
揭 阳	Jieyang	2782.95	1109.86	527.49	227.19	312.18	36.24
云 浮	Yunfu	552.55	453.66	251.90	39.74	61.01	10.80
按经济区域分	By Region						
珠三角	Pearl River Delta	78563.14	60659.64	35607.52	4381.23	7442.24	1221.24
东 翼	Eastern Region	6479.30	4058.82	1814.94	502.44	710.72	117.01
西 翼	Western Region	4575.61	2800.16	1889.47	347.27	764.19	40.52
山 区	Mountainous Region	4203.68	3825.22	2196.57	233.96	466.49	73.39

12-29 各市私营工业企业主要经济指标（2012年）

Main Economic Indicators of Private Industrial Enterprises by City (2012)

单位：亿元 (100 million yuan)

市 别	City	主营业务收入 Main Business Revenue	资产合计 Total Assets	负债合计 Total Liabilities	利润总额 Total Profits	利税总额 Total Pre-tax Profits	从业人员平均人数(万人) Average Number of Employed Persons (10000 persons)
广 州	Guangzhou	1945.27	1196.47	743.69	56.98	98.85	35.26
深 圳	Shenzhen	3139.16	2359.55	1446.59	138.66	205.54	64.75
珠 海	Zhuhai	230.49	161.75	104.52	11.16	16.21	4.53
汕 头	Shantou	824.20	571.57	270.50	68.24	88.74	17.44
佛 山	Foshan	3503.79	1833.45	1133.23	281.98	362.84	39.10
#顺 德	Shunde	440.57	179.58	123.08	44.79	56.11	6.73
韶 关	Shaoguan	109.79	68.11	44.06	6.35	11.40	1.43
河 源	Heyuan	197.46	119.80	55.46	20.36	29.03	1.78
梅 州	Meizhou	77.00	59.30	31.12	3.45	7.47	2.16
惠 州	Huizhou	354.38	178.52	118.24	26.67	38.94	5.93
汕 尾	Shanwei	178.43	241.91	104.30	3.05	5.56	6.45
东 莞	Dongguan	936.15	653.77	453.65	35.12	64.34	25.66
中 山	Zhongshan	1053.54	484.46	349.02	49.06	80.32	25.21
江 门	Jiangmen	390.29	281.88	195.04	10.63	22.67	9.54
阳 江	Yangjiang	463.84	125.11	72.11	60.59	81.06	7.41
湛 江	Zhanjiang	273.59	132.85	96.31	6.31	11.31	3.70
茂 名	Maoming	213.94	81.56	33.42	31.78	46.23	4.36
肇 庆	Zhaoqing	951.48	310.53	139.60	87.88	131.29	10.30
清 远	Qingyuan	347.96	218.63	109.34	32.19	43.52	4.04
潮 州	Chaozhou	305.83	148.50	50.79	24.13	36.55	8.72
揭 阳	Jieyang	1367.00	299.80	134.82	98.76	135.93	17.54
云 浮	Yunfu	94.12	47.50	23.60	6.59	10.51	1.53
按经济区域分	By Region						
珠三角	Pearl River Delta	12504.55	7460.37	4683.56	698.14	1021.01	220.29
东 翼	Eastern Region	2675.46	1261.79	560.42	194.18	266.78	50.15
西 翼	Western Region	951.37	339.51	201.84	98.68	138.60	15.46
山 区	Mountainous Region	826.33	513.33	263.58	68.95	101.92	10.94

12-30 各市工业企业主要经济效益指标（2012年）
Main Indicators on Economic Benefit of Industrial Enterprises by City (2012)

市 别	City	总资产贡献率(%) Ratio of Total Assets to Industrial Output Value (%)	资本保值增值率(%) Ratio of Capital Maintenance and Appreciation (%)	资产负债率(%) Assets-Liability Ratio (%)	成本费用利润率(%) Ratio of Profits to Industrial Costs (%)	全员劳动生产率(元/人) Overall Labor Productivity (yuan/person)	产品销售率(%) Proportion of Products Sold (%)
全省合计	**Provincial Total**	**13.94**	**107.10**	**58.18**	**6.13**	**156463**	**98.07**
广 州	Guangzhou	13.89	109.14	53.02	5.93	263027	98.55
深 圳	Shenzhen	11.02	101.76	61.65	5.64	148073	97.80
珠 海	Zhuhai	7.39	108.85	60.70	4.82	146606	98.01
汕 头	Shantou	14.07	119.09	42.00	8.71	129593	97.04
佛 山	Foshan	18.72	106.58	60.74	8.73	195669	97.47
#顺 德	Shunde	18.55	92.71	62.50	8.59	159642	98.15
韶 关	Shaoguan	11.97	122.73	65.66	3.31	166287	100.02
河 源	Heyuan	15.40	111.85	55.92	6.59	172807	95.75
梅 州	Meizhou	17.19	115.90	51.25	6.06	154410	101.19
惠 州	Huizhou	17.30	111.98	60.99	4.14	175809	99.49
汕 尾	Shanwei	8.84	207.80	46.76	4.48	85096	97.77
东 莞	Dongguan	7.74	110.20	58.14	3.10	77666	100.33
中 山	Zhongshan	15.57	108.32	58.49	5.74	112121	95.31
江 门	Jiangmen	10.65	88.36	59.57	5.41	117443	97.27
阳 江	Yangjiang	31.65	109.16	62.18	13.22	201138	97.50
湛 江	Zhanjiang	19.26	83.06	78.38	7.67	409497	96.60
茂 名	Maoming	45.63	139.41	49.33	6.20	406642	98.18
肇 庆	Zhaoqing	22.09	102.31	47.72	7.58	206213	98.22
清 远	Qingyuan	11.72	94.15	54.50	6.07	131480	97.16
潮 州	Chaozhou	22.13	122.79	45.53	9.80	123404	99.07
揭 阳	Jieyang	29.73	115.49	47.53	9.19	189206	98.34
云 浮	Yunfu	14.70	100.93	55.53	7.83	135917	96.78

12-30 续表 continued

市 别	City	总资产贡献率比去年增长百分点 Percentage Gain in Ratio of Total Assets to Industrial Output Value over Preceding Year	资本保值增值率比去年增长百分点 Percentage Gain in Ratio of Capital Maintenance and Appreciation over Preceding Year	资产负债率比去年增长百分点 Percentage Gain in Assets-Liability Ratio over Preceding Year	成本费用利润率比去年增长百分点 Percentage Gain in Ratio of Profits to Industrial Costs over Preceding Year	全员劳动生产率比去年增长(%) Growth in Overall Labor Productivity over Preceding Year (%)	产品销售率比去年增长百分点 Percentage Gain in Proportion of Products Sold over Preceding Year
全省合计	**Provincial Total**	**-1.04**	**3.40**	**-0.82**	**-0.52**	**5.73**	**0.44**
广 州	Guangzhou	-1.61	0.67	-3.13	-0.68	1.52	0.99
深 圳	Shenzhen	-2.44	20.66	1.01	-1.10	5.90	-0.26
珠 海	Zhuhai	-0.89	-15.83	0.28	-0.07	0.67	4.42
汕 头	Shantou	-0.89	5.17	4.07	0.39	8.66	0.10
佛 山	Foshan	2.58	-4.59	-3.71	1.14	12.15	-0.16
#顺 德	Shunde	4.04	-29.92	-2.15	2.30	15.64	-1.22
韶 关	Shaoguan	-0.14	13.86	-3.30	-0.71	3.90	0.47
河 源	Heyuan	-12.33	4.45	0.06	-7.50	-10.14	0.57
梅 州	Meizhou	-1.77	2.59	-1.75	-0.78	4.55	2.01
惠 州	Huizhou	1.43	-9.02	-1.27	-0.70	11.69	0.73
汕 尾	Shanwei	-0.10	94.02	-10.36	1.90	-16.53	0.44
东 莞	Dongguan	0.02	-5.57	-0.49	-0.62	19.33	0.73
中 山	Zhongshan	-1.87	-4.43	-0.98	-0.74	4.96	-0.92
江 门	Jiangmen	-8.81	-18.88	3.12	-2.11	-28.06	1.78
阳 江	Yangjiang	5.28	-34.17	2.82	1.06	17.86	0.49
湛 江	Zhanjiang	0.50	-33.28	6.86	0.04	3.23	0.80
茂 名	Maoming	0.12	35.79	-5.03	0.96	2.11	0.17
肇 庆	Zhaoqing	2.86	-41.47	0.27	-0.03	15.11	0.24
清 远	Qingyuan	-6.50	-34.00	2.06	-3.19	-0.49	-1.08
潮 州	Chaozhou	-1.43	-12.56	-4.32	-0.08	12.70	-0.44
揭 阳	Jieyang	3.04	3.91	-3.50	0.27	14.30	-0.85
云 浮	Yunfu	0.64	-36.87	1.94	0	15.73	0.07

12-31 各市规模以上国有控股工业企业主要经济效益指标（2012年）
Main Indicators on Economic Benefit of State-holding Industrial Enterprises above Designated Size by City (2012)

市别	City	总资产贡献率(%) Ratio of Total Assets to Industrial Output Value (%)	资本保值增值率(%) Ratio of Capital Maintenance and Appreciation (%)	资产负债率(%) Assets-Liability Ratio (%)	成本费用利润率(%) Ratio of Profits to Industrial Costs (%)	全员劳动生产率(元/人) Overall Labor Productivity (yuan/person)	产品销售率(%) Proportion of Products Sold (%)
全省合计	**Provincial Total**	**14.03**	**109.51**	**57.67**	**4.63**	**515822**	**98.52**
广州	Guangzhou	13.12	113.20	47.94	5.04	605144	101.00
深圳	Shenzhen	12.42	91.66	62.53	7.03	495343	92.05
珠海	Zhuhai	7.45	105.80	66.87	6.10	351310	97.55
汕头	Shantou	13.02	88.02	45.23	9.61	449068	99.90
佛山	Foshan	8.81	108.12	60.34	3.80	338768	99.62
#顺德	Shunde	-5.49	75.45	77.16	-20.30	122310	102.92
韶关	Shaoguan	10.30	122.57	70.19	0.18	269295	102.97
河源	Heyuan	10.08	74.12	58.26	2.56	374753	99.40
梅州	Meizhou	28.79	146.25	40.50	4.31	518438	111.19
惠州	Huizhou	27.81	170.15	64.60	2.30	1164483	100.49
汕尾	Shanwei	14.64	138.51	65.59	10.31	580599	99.79
东莞	Dongguan	11.15	105.26	54.09	5.12	435747	98.97
中山	Zhongshan	12.13	141.39	48.75	4.70	351316	96.18
江门	Jiangmen	12.12	104.69	66.58	6.72	484521	99.89
阳江	Yangjiang	10.77	153.59	69.63	3.07	281051	97.59
湛江	Zhanjiang	25.69	97.55	70.29	0.06	589544	99.46
茂名	Maoming	44.31	137.67	51.98	0.73	1508009	99.00
肇庆	Zhaoqing	9.49	108.64	49.20	3.99	189860	99.67
清远	Qingyuan	9.23	143.62	56.55	3.00	338796	99.08
潮州	Chaozhou	18.50	135.01	66.51	12.36	543157	100.00
揭阳	Jieyang	10.29	120.78	63.21	5.66	421923	100.06
云浮	Yunfu	9.35	100.58	69.75	3.78	419961	100.17

12-32 各市按经济类型分的工业企业资产（2012年）
Total Assets of Industrial Enterprises by Ownership and by City (2012)

单位：亿元 (100 million yuan)

市别	City	资产合计 Total Assets	#国有控股工业 State-holding Industry	集体工业 Collective-owned Industry	股份合作制工业 Share-holding Cooperative Industry	股份制工业 Share-holding Industry	外商投资工业 Foreign-funded Industry	港澳台投资工业 Industry with Funds from Hong Kong, Macao and Taiwan
广州	Guangzhou	12156.23	5019.02	25.25	11.67	5111.99	3878.34	2059.43
深圳	Shenzhen	18458.35	3805.42	23.77	18.29	8301.66	4602.87	4488.22
珠海	Zhuhai	3532.79	1552.22	1.80	4.72	1779.25	903.00	725.14
汕头	Shantou	1773.70	385.28	9.68	10.30	903.52	299.66	211.52
佛山	Foshan	8814.87	703.42	60.27	8.49	4924.81	1430.76	1550.58
#顺德	Shunde	2996.70	22.49	32.12	0.75	1904.75	324.72	686.22
韶关	Shaoguan	1044.31	687.73	1.60	4.92	479.75	19.21	109.88
河源	Heyuan	648.20	111.23	0.44	0.05	325.31	55.29	188.81
梅州	Meizhou	573.34	195.36	1.63	0.79	368.37	35.64	48.69
惠州	Huizhou	3530.70	1023.73	9.99	8.08	530.58	1127.16	1233.26
汕尾	Shanwei	598.62	155.42	8.58		266.86	32.62	128.38
东莞	Dongguan	7206.02	702.78	52.40	3.77	1500.88	1905.77	3209.46
中山	Zhongshan	3192.02	311.92	14.38	5.75	932.99	921.60	998.55
江门	Jiangmen	2320.45	336.98	13.95	0.86	618.25	405.52	902.96
阳江	Yangjiang	632.96	186.49	0.39		400.83	41.30	97.41
湛江	Zhanjiang	1469.32	441.37	15.62	22.02	567.65	111.51	484.62
茂名	Maoming	697.88	406.96	3.49	2.86	505.43	17.31	25.15
肇庆	Zhaoqing	1448.22	216.65	2.84	0.81	486.58	299.71	405.10
清远	Qingyuan	1105.71	212.50	17.46	1.14	482.94	80.81	358.08
潮州	Chaozhou	576.64	177.44	1.53	5.62	322.11	70.49	66.79
揭阳	Jieyang	1109.86	251.61	7.63	0.43	782.12	24.14	106.99
云浮	Yunfu	453.66	101.38	1.59	2.75	216.55	30.78	120.57
按经济区域分	By Region							
珠三角	Pearl River Delta	60659.64	13672.14	204.64	62.44	24187.00	15474.74	15572.70
东翼	Eastern Region	4058.82	969.74	27.42	16.35	2274.61	426.91	513.68
西翼	Western Region	2800.16	1034.83	19.50	24.88	1473.91	170.12	607.19
山区	Mountainous Region	3825.22	1308.19	22.71	9.65	1872.92	221.73	826.02

12-33 各市规模以上大中型工业企业产值资产（2012年）

Gross Output Value and Total Assets of Large and Medium-sized Industrial Enterprises above Designated Size by City (2012)

单位: 亿元 (100 million yuan)

市别	City	企业个数(个) Number of Enterprises (unit)	#大型 Large-sized	工业总产值（当年价格） Gross Industrial Output Value (at current prices)	#大型 Large-sized	资产总计 Total Assets	#大型 Large-sized
全省合计	**Provincial Total**	**10485**	**1383**	**70178.27**	**43400.30**	**54852.10**	**33346.88**
广州	Guangzhou	1034	187	11500.02	8544.49	9649.12	7163.28
深圳	Shenzhen	2159	349	18302.41	13360.85	15780.37	10610.56
珠海	Zhuhai	328	49	2384.03	1527.60	2904.83	1691.02
汕头	Shantou	281	17	980.95	372.35	966.77	300.78
佛山	Foshan	1033	153	8802.16	5237.31	5774.69	3516.46
#顺德	Shunde	368	54	3966.34	2835.08	2385.18	1731.85
韶关	Shaoguan	100	13	667.44	421.20	760.58	451.24
河源	Heyuan	119	14	682.50	303.18	470.03	158.76
梅州	Meizhou	89	10	347.39	173.78	359.39	146.72
惠州	Huizhou	516	73	4520.20	2300.86	2938.83	1440.30
汕尾	Shanwei	143	25	662.55	344.31	353.85	160.93
东莞	Dongguan	1967	223	7527.98	4453.72	5540.62	3030.40
中山	Zhongshan	842	104	4040.13	2104.92	2304.23	1185.84
江门	Jiangmen	401	41	1651.86	810.87	1607.03	768.68
阳江	Yangjiang	132	12	705.15	275.61	480.21	242.88
湛江	Zhanjiang	121	14	1191.29	477.64	1202.19	623.58
茂名	Maoming	73	7	1260.24	1092.39	507.04	368.79
肇庆	Zhaoqing	301	29	1699.53	576.62	995.68	520.37
清远	Qingyuan	197	21	1020.21	323.88	831.27	319.70
潮州	Chaozhou	185	9	503.47	224.53	387.76	230.97
揭阳	Jieyang	387	24	1469.71	367.39	780.00	318.70
云浮	Yunfu	77	9	259.04	106.80	257.63	96.89
按经济区域分	By Region						
珠三角	Pearl River Delta	8581	1208	60428.32	38917.25	47495.39	29926.91
东翼	Eastern Region	996	75	3616.68	1308.58	2488.37	1011.39
西翼	Western Region	326	33	3156.68	1845.64	2189.44	1235.25
山区	Mountainous Region	582	67	2976.59	1328.84	2678.91	1173.33

12-34 各市现代产业增加值及比重（2012年）
Value Added and Ratio of Modern Industries by City (2012)

市 别	City	先进制造业增加值（亿元） Value Added of Advanced Manufacturing Industry (100 Million yuan)	先进制造业增加值占规模以上工业比重（%） Ratio of the Value Added to that of Industry (%)	高技术制造业增加值（亿元） Added of High-tech Industry (100 Million yuan)	高技术制造业增加值占规模以上工业比重（%） Ratio of the Value Added to that of Industry (%)
全省合计	**Provincial Total**	**10923.69**	**48.1**	**5478.80**	**24.1**
广 州	Guangzhou	2297.05	58.2	514.65	13.0
深 圳	Shenzhen	3594.65	70.4	2949.40	57.7
珠 海	Zhuhai	297.76	44.8	172.79	26.0
汕 头	Shantou	82.17	16.1	31.28	6.1
佛 山	Foshan	1040.56	31.5	217.54	6.6
#顺 德	Shunde	325.49	29.3	44.00	4.0
韶 关	Shaoguan	78.67	29.8	10.09	3.8
河 源	Heyuan	98.19	40.0	41.34	16.8
梅 州	Meizhou	31.23	19.5	20.31	12.7
惠 州	Huizhou	781.92	66.6	450.63	38.4
汕 尾	Shanwei	47.46	25.6	36.90	19.9
东 莞	Dongguan	834.35	42.2	615.49	31.1
中 山	Zhongshan	407.10	33.2	179.09	14.6
江 门	Jiangmen	192.74	33.5	43.53	7.6
阳 江	Yangjiang	71.07	24.1	9.67	3.3
湛 江	Zhanjiang	280.09	50.2	5.39	1.0
茂 名	Maoming	346.90	69.7	15.07	3.0
肇 庆	Zhaoqing	222.71	33.5	68.55	10.3
清 远	Qingyuan	35.70	12.3	7.86	2.7
潮 州	Chaozhou	23.87	9.9	17.95	7.4
揭 阳	Jieyang	129.49	18.9	60.23	8.8
云 浮	Yunfu	30.01	20.4	11.03	7.5
按经济区域分	By Region				
珠 三 角	Pearl River Delta	9668.83	51.9	5211.67	28.0
东 翼	Eastern Region	283.00	17.4	146.37	9.0
西 翼	Western Region	698.05	51.7	30.13	2.2
山 区	Mountainous Region	273.80	24.7	90.62	8.2

注：本表现代产业增加值按年报收入法计算。
Note: Value Added of modern industries in this table is calculated in accordance with the income method of the annual report.

12-35 全省工业总产值最大的50家工业企业（2012年）
Top 50 Industrial Enterprises of the Province in Terms of Gross Industrial Output Value (2012)

序号 Rank	企业名称	Name of Enterprises
1	广东电网公司	GUANGDONG POWER GRID CORPORATION
2	华为技术有限公司	HUAWEI TECHNOLOGIES CO., LTD
3	富泰华工业(深圳)有限公司	FUTAIHUA INDUSTRY (SHENZHEN) CO., LTD
4	美的集团股份有限公司	GUANGDONG MD HOLDING CO., LTD
5	中兴通讯股份有限公司	ZTE CORPORATION
6	中国石油化工股份有限公司茂名分公司	SINOPEC MAOMING COMPANY
7	惠州三星电子有限公司	HUIZHOU SAMSUNG ELECTRONICS CO.,LTD
8	东风汽车有限公司东风日产乘用车公司	DONGFENG MOTOR CO. LTD. PASSENGER VEHICLE COMPANY
9	中海石油炼化有限责任公司惠州炼化分公司	CNOOC OIL & PETROCHEMICALS CO.,LTD HUIZHOU COMPANY
10	中国石油化工股份有限公司广州分公司	SINOPEC GUANGZHOU COMPANY
11	鸿富锦精密工业(深圳)有限公司	HONG FU JIN PRECISION (SHENZHEN) CO., LTD
12	深圳供电局有限公司	SHENZHEN POWER SUPPLY BUREAU CO.,LTD
13	中国南方电网有限责任公司	CHINA SOUTHERN POWER GRID CO., LTD
14	珠海格力电器股份有限公司	GREE ELECTRIC APPLIANCES, INC. OF ZHUHAI
15	广汽丰田汽车有限公司	GAC TOYOTA MOTOR CO.,LTD
16	乐金显示(广州)有限公司	LG DISPLAY (GUANGZHOU)CO.,LTD
17	广州供电局有限公司	GUANGZHOU POWER SUPPLY BUREAU CO.,LTD
18	广汽本田汽车有限公司	GUANGQI HONDA AUTOMOBILE CO., LTD
19	中海石油(中国)有限公司深圳分公司	CNOOC (CHINA) LIMITED SHENZHEN BRANCH
20	广东格兰仕集团有限公司	GUANGDONG GALANZ GROUP CO., LTD
21	广州宝洁有限公司	PROCTER & GAMBLE (GUANGZHOU) CO., LTD
22	广东中烟工业有限责任公司	GUANGDONG CHINA TOBACCO INDUSTRIAL CO., LTD
23	安利(中国)日用品有限公司	AMWAY (CHINA) CO., LTD
24	东莞三星视界有限公司	SAMSUNG MOBILE DISPLAY
25	中海壳牌石油化工有限公司	CNOOC AND SHELL PETROCHEMICALS COMPANY LIMITED
26	中海石油(中国)有限公司公司湛江分公司	CNOOC (CHINA) LIMITED ZHANJIANG BRANCH
27	纬创资通(中山)有限公司	WISTRON INFOCOMM (ZHONGSHAN) CORPORATION
28	联想信息产品(深圳)有限公司	LENOVO INFORMATION PRODUCTS (SHENZHEN)CO., LTD
29	伟创力制造(珠海)有限公司	FLEXTRONICS MANUFACTURING (ZHUHAI) CO., LTD
30	南海奇美电子有限公司	NANHAI CHIMEI OPTOELECTRONICS LTD
31	中国石化湛江东兴石油化工有限公司	SINOPEC ZHANJIANG DONGXING PETROLEUM ENTERPRISE CO., LTD
32	深圳创维-RGB电子有限公司	SHENZHEN SKYWORTH-RGB ELECTRONICS CO., LTD
33	宝钢集团广东韶关钢铁有限公司	SHAOGUAN IRON & STEEL GROUP CO., LTD.,GUANGDONG
34	联众(广州)不锈钢有限公司	LIANZHONG STAINLESS STEEL CORPORATION
35	海信科龙电器股份有限公司	HISENSE KELON ELECTRICAL HOLDINGS CO., LTD
36	比亚迪股份有限公司	BYD CO., LTD
37	康佳集团股份有限公司	KONKA GROUP CO., LTD
38	深圳长城开发科技股份有限公司	SHENZHEN KAIFA TECHNOLOGY CO.,LTD
39	捷普电子(广州)有限公司	JABIL CIRCUIT (GUANGZHOU) CO., LTD
40	日立电梯(中国)有限公司	HITACHI ELEVATOR (CHINA) CO.,LTD
41	华为机器有限公司	HUAWEI MACHINE CO., LTD
42	中海石油开氏石化有限责任公司	CNOOC AND KINGS PETROCHEMICALS CO.,LTD
43	周大福珠宝金行(深圳)有限公司	CHOW TAI FOOK JEWELLERY(SHENZHEN) CO.,LTD.
44	群康科技(深圳)有限公司	INNOCOM TECHNOLOGY (SHENZHEN) LTD
45	深圳市比亚迪汽车有限公司	BYD AUTO INDUSTRY COMPANY LIMITED
46	ＴＣＬ王牌电器(惠州)有限公司	TCL KING ELECTRICAL APPLIANCE (HUIZHOU) CO.,LTD
47	富士施乐高科技(深圳)有限公司	FUJI XEROX SHENZHEN LTD
48	东风本田发动机有限公司	DONGFENG HONDA ENGINE CO., LTD
49	高先电子(深圳)有限公司	GOLDLAND ELECTRONICS(SHENZHEN)CO.,LTD.
50	广州金发科技股份有限公司	KINGFA SCI.& TECH.CO.,LTD

12-36 全省主营业务收入最大的50家工业企业（2012年）
Top 50 Industrial Enterprises of the Province in Terms of Principal Business Revenue (2012)

序号 Rank	企业名称	Name of Enterprises
1	广东电网公司	GUANGDONG POWER GRID CORPORATION
2	华为技术有限公司	HUAWEI TECHNOLOGIES CO., LTD
3	富泰华工业(深圳)有限公司	FUTAIHUA INDUSTRY (SHENZHEN) CO., LTD
4	美的集团股份有限公司	GUANGDONG MD HOLDING CO., LTD
5	中国石油化工股份有限公司茂名分公司	SINOPEC MAOMING COMPANY
6	中兴通讯股份有限公司	ZTE CORPORATION
7	珠海格力电器股份有限公司	GREE ELECTRIC APPLIANCES, INC. OF ZHUHAI
8	惠州三星电子有限公司	HUIZHOU SAMSUNG ELECTRONICS CO.,LTD
9	东风汽车有限公司东风日产乘用车公司	DONGFENG MOTOR CO. LTD. PASSENGER VEHICLE COMPANY
10	中海石油炼化有限责任公司惠州炼化分公司	CNOOC OIL & PETROCHEMICALS CO.,LTD HUIZHOU COMPANY
11	中国石油化工股份有限公司广州分公司	SINOPEC GUANGZHOU COMPANY
12	鸿富锦精密工业(深圳)有限公司	HONG FU JIN PRECISION (SHENZHEN) CO., LTD
13	深圳供电局有限公司	SHENZHEN POWER SUPPLY BUREAU CO.,LTD
14	中国南方电网有限责任公司	CHINA SOUTHERN POWER GRID CO., LTD
15	广汽丰田汽车有限公司	GAC TOYOTA MOTOR CO.,LTD
16	乐金显示(广州)有限公司	LG DISPLAY (GUANGZHOU)CO.,LTD
17	广汽本田汽车有限公司	GUANGQI HONDA AUTOMOBILE CO., LTD
18	广州供电局有限公司	GUANGZHOU POWER SUPPLY BUREAU CO.,LTD
19	中海石油(中国)有限公司深圳分公司	CNOOC (CHINA) LIMITED SHENZHEN BRANCH
20	广州宝洁有限公司	PROCTER & GAMBLE (GUANGZHOU) CO., LTD
21	广东中烟工业有限责任公司	GUANGDONG CHINA TOBACCO INDUSTRIAL CO., LTD
22	东莞三星视界有限公司	SAMSUNG MOBILE DISPLAY
23	中海壳牌石油化工有限公司	CNOOC AND SHELL PETROCHEMICALS COMPANY LIMITED
24	安利(中国)日用品有限公司	AMWAY (CHINA) CO., LTD
25	广东格兰仕集团有限公司	GUANGDONG GALANZ GROUP CO., LTD
26	联想信息产品(深圳)有限公司	LENOVO INFORMATION PRODUCTS (SHENZHEN)CO., LTD
27	中海石油(中国)有限公司公司湛江分公司	CNOOC (CHINA) LIMITED ZHANJIANG BRANCH
28	伟创力制造(珠海)有限公司	FLEXTRONICS MANUFACTURING (ZHUHAI) CO., LTD
29	中国石化湛江东兴石油化工有限公司	SINOPEC ZHANJIANG DONGXING PETROLEUM ENTERPRISE CO., LTD
30	比亚迪股份有限公司	BYD CO., LTD
31	深圳创维-RGB电子有限公司	SHENZHEN SKYWORTH-RGB ELECTRONICS CO., LTD
32	南海奇美电子有限公司	NANHAI CHIMEI OPTOELECTRONICS LTD
33	纬创资通(中山)有限公司	WISTRON INFOCOMM (ZHONGSHAN) CORPORATION
34	周大福珠宝金行(深圳)有限公司	CHOW TAI FOOK JEWELLERY(SHENZHEN) CO.,LTD.
35	宝钢集团广东韶关钢铁有限公司	SHAOGUAN IRON & STEEL GROUP CO., LTD.,GUANGDONG
36	联众(广州)不锈钢有限公司	LIANZHONG STAINLESS STEEL CORPORATION
37	海信科龙电器股份有限公司	HISENSE KELON ELECTRICAL HOLDINGS CO., LTD
38	深圳长城开发科技股份有限公司	SHENZHEN KAIFA TECHNOLOGY CO.,LTD
39	ＴＣＬ王牌电器(惠州)有限公司	TCL KING ELECTRICAL APPLIANCE (HUIZHOU) CO.,LTD
40	捷普电子(广州)有限公司	JABIL CIRCUIT (GUANGZHOU) CO., LTD
41	康佳集团股份有限公司	KONKA GROUP CO., LTD
42	华为机器有限公司	HUAWEI MACHINE CO., LTD
43	中海石油开氏石化有限责任公司	CNOOC AND KINGS PETROCHEMICALS CO.,LTD
44	日立电梯(中国)有限公司	HITACHI ELEVATOR (CHINA) CO.,LTD
45	东风本田发动机有限公司	DONGFENG HONDA ENGINE CO., LTD
46	高先电子(深圳)有限公司	GOLDLAND ELECTRONICS(SHENZHEN)CO.,LTD.
47	群康科技(深圳)有限公司	INNOCOM TECHNOLOGY (SHENZHEN) LTD
48	富士施乐高科技(深圳)有限公司	FUJI XEROX SHENZHEN LTD
49	宇龙计算机通信科技(深圳)有限公司	YULONG COMPUTER TELECOMMUNICATION SCIENTIFIC
50	珠海碧辟化工有限公司	BP ZHUHAI CHEMICAL CO., LTD

12-37 全省固定资产合计最大的50家工业企业（2012年）
Top 50 Industrial Enterprises of the Province in Terms of Net Value of Fixed Assets (2012)

序号 Rank	企业名称	Name of Enterprises
1	广东电网公司	GUANGDONG POWER GRID CORPORATION
2	中国南方电网有限责任公司	CHINA SOUTHERN POWER GRID CO., LTD
3	广州供电局有限公司	GUANGZHOU POWER SUPPLY BUREAU CO.,LTD
4	中海石油(中国)有限公司深圳分公司	CNOOC (CHINA) LIMITED SHENZHEN BRANCH
5	岭东核电有限公司	LING DONG NUCLEAR POWER CO., LTD
6	深圳供电局有限公司	SHENZHEN POWER SUPPLY BUREAU CO.,LTD
7	中海壳牌石油化工有限公司	CNOOC AND SHELL PETROCHEMICALS COMPANY LIMITED
8	美的集团股份有限公司	GUANGDONG MD HOLDING CO., LTD
9	深圳市华星光电技术有限公司	SHENZHEN CHINA STAR OPTOELECTRONICS TECHNOLOGY CO., LTD.
10	宝钢集团广东韶关钢铁有限公司	SHAOGUAN IRON & STEEL GROUP CO., LTD.,GUANGDONG
11	岭澳核电有限公司	LING'AO NUCLEAR POWER CO., LTD
12	中国石油化工股份有限公司茂名分公司	SINOPEC MAOMING COMPANY
13	广东国华粤电台山发电有限公司	GUANGDONG GUOHUA YUEDIAN TAISHAN POWER GENERATION CO.,LTD
14	中兴通讯股份有限公司	ZTE CORPORATION
15	富泰华工业(深圳)有限公司	FUTAIHUA INDUSTRY (SHENZHEN) CO., LTD
16	中海石油炼化有限责任公司惠州炼化分公司	CNOOC OIL & PETROCHEMICALS CO.,LTD HUIZHOU COMPANY
17	广州市自来水公司	GUANGZHOU WATER SUPPLY COMPANY
18	华能国际电力股份有限公司海门电厂	HUANENG HAIMEN POWER PLANT
19	华为技术有限公司	HUAWEI TECHNOLOGIES CO., LTD
20	广汽丰田汽车有限公司	GAC TOYOTA MOTOR CO.,LTD
21	中国石油化工股份有限公司广州分公司	SINOPEC GUANGZHOU COMPANY
22	广东红海湾发电有限公司	GUANGDONG RED BAY POWER GENERATION CO., LTD
23	广东大唐国际潮州发电有限责任公司	GUANDDONG DATANG INTERNATIONAL CHAOZHOU POWER GENERATION CO., LTD
24	联众(广州)不锈钢有限公司	LIANZHONG STAINLESS STEEL CORPORATION
25	深圳市比亚迪汽车有限公司	BYD AUTO INDUSTRY COMPANY LIMITED
26	广东粤电靖海发电有限公司	GUANGDONG YUEDIAN JINGHAI POWER GENERATION CO., LTD
27	湛江晨鸣浆纸有限公司	ZHANJIANG CHENMING PULP & PAPER CO., LTD
28	亚洲铝业(中国)有限公司	ASIA ALUMINUM(CHINA) CO., LTD
29	比亚迪股份有限公司	BYD CO., LTD
30	深超光电(深圳)有限公司	CENTURY TECHNOLOGY SHENZHEN CORPORATION.LTD
31	佛山津西金兰冷轧板有限公司	FOSHAN JIN XI JIN LAN COLD ROLLED SHEET CO.,LTD
32	广东惠州平海发电厂有限公司	GUANGDONG HUIZHOU PINGHAI POWER STATION CO., LTD
33	广东中烟工业有限责任公司	GUANGDONG CHINA TOBACCO INDUSTRIAL CO., LTD
34	天生桥一级水电开发有限责任公司	TIANSHENGQIAO HYDROPOWER DEVELOPMENT CO., LTD
35	鸿富锦精密工业(深圳)有限公司	HONG FU JIN PRECISION (SHENZHEN) CO., LTD
36	广州中船龙穴造船有限公司	CSSC GUANGZHOU LONGXUE SHIPBUILDING CO.,LTD
37	阳西海滨电力发展有限公司	YANGXI HAIBIN ELECTRIC POWER DEVELOPMENT CO. LTD.
38	广东理文造纸有限公司	LEE & MAN PAPER MANUFACTURING LTD.
39	广东大鹏液化天然气有限公司	GUANGDONG DAPENG LNG CO., LTD
40	伯恩光学(惠州)有限公司	BIEL CRYSTAL MANUFACTORY(HUIZHOU) LIMITED
41	中海石油气电集团有限责任公司广东贸易分公司	CNOOC GAS AND POWER LTD.GUANGDONG TRADING & MARKETING BRANCH COMPANY
42	佛山恒益发电有限公司	FOSHAN EVER PROFIT POWER GENERATION CO., LTD
43	广州JFE钢板有限公司	GUANGZHOU JFE STEEL PLATE CO., LTD.
44	广东宝丽华电力有限公司	GUANGDONG BAOLIHUA ELECTRIC POWER CO.,LTD.
45	湛江中粤能源有限公司	ZHANJIANG ZHONGYUE ENERGY CO., LTD
46	珠海粤裕丰钢铁有限公司	ZHUHAI YUEYUFENG IRON &STEEL CO.,LTD
47	华润水泥(封开)有限公司	CHINA RESOURCES CEMENT (FENGKAI) LIMITED
48	天马微电子股份有限公司	TIANMA MICRO-ELECTRONICS CO.,LTD
49	肇庆亚洲铝厂有限公司	ZHAOQING ASIA ALUMINUM FACTORY CO., LTD
50	广东珠海金湾发电有限公司	GUANGDONG JINWAN POWER COMPANY LIMITED

主要统计指标解释

工业 指从事自然资源的开采，对采掘品和农产品进行加工和再加工的物质生产部门。具体包括：(1)对自然资源的开采，如采矿、晒盐、森林采伐等（但不包括禽兽捕猎和水产捕捞）；(2)对农副产品的加工、再加工，如粮油加工、食品加工、轧花、缫丝、纺织、制革等；(3)对采掘品的加工、再加工，如炼铁、炼钢、化工生产、石油加工、机器制造、木材加工等，以及电力、自来水、煤气的生产和供应等；(4)对工业品的修理、翻新，如机器设备的修理、交通运输工具（包括小卧车）的修理等。

1984 年以前农村的村及村以下办工业归属农业，1984 年以后划归工业。

工业统计调查单位 工业统计调查单位分为两类：独立核算法人工业企业和工业生产活动单位。

(1)独立核算法人工业企业 是指从事工业生产经营活动的单位。独立核算法人工业企业应同时具备以下条件：①依法成立，有自己的名称、组织机构和场所，能够承担民事责任；②独立拥有和使用资产，承担负债，有权与其他单位签订合同；③独立核算盈亏，并能够编制资产负债表。

(2)工业生产活动单位 是指在一个场所从事一种或主要从事一种工业生产活动的经济单位。它包括独立核算工业企业按主营业务活动(即工业生产活动)划分的主营业务活动单位和非工业企业所属的工业生产活动单位（即原非独立核算工业生产单位）。工业生产活动单位，一般应同时具备以下三个条件：①具有一个场所，从事一种或主要从事一种工业活动；②单独组织工业生产、经营或业务活动；③单独核算收入和支出。

轻工业 指主要提供生活消费品和制作手工工具的工业。按其所使用的原料不同，可分为两大类：(1)以农产品为原料的轻工业，是指直接或间接以农产品为基本原料的轻工业。主要包括食品制造、饮料制造、烟草加工、纺织、缝纫、皮革和毛皮制作、造纸以及印刷等工业；(2)以非农产品为原料的轻工业，是指以工业品为原料的轻工业。主要包括文教体育用品、化学药品制造、合成纤维制造、日用化学制品、日用玻璃制品、日用金属制品、手工工具制造、医疗器械制造、文化和办公用机械制造等工业。

重工业 是指为国民经济各部门提供物质技术基础的主要生产资料的工业。按其生产性质和产品用途，可分为下列三类：(1)采掘（伐）工业，是指对自然资源的开采，包括石油开采、煤炭开采、金属矿开采、非金属矿开采和木材采伐等工业；(2)原材料工业，指向国民经济各部门提供基本材料、动力和燃料的工业。包括金属冶炼及加工、炼焦及焦炭化学、化工原料、水泥、人造板以及电力、石油和煤炭加工等工业；(3)加工工业，是指对工业原材料进行再加工制造的工业。包括装备国民经济各部门的机械设备制造工业、金属结构、水泥制品等工业，以及为农业提供的生产资料如化肥、农药等工业。

根据上述划分原则，修理业中以重工业产品为修理作业对象的划为重工业，反之划为轻工业。

工业总产值 是以货币表现的工业企业在一定时期内生产的已出售或可供出售工业产品总量，它反映一定时间内工业生产的总规模和总水平。它包括：在本企业内不再进行加工，经检验、包装入库（规定不需包装的产品除外）的成品价值，对外加工费收入，自制半成品、在产品期末期初差额价值。工业总产值采用“工厂法”计算，即以工业企业作为一个整体，按企业工业生产活动的最终成果来计算，企业内部不允许重复计算，不能把企业内部各个车间（分厂）生产的成果相加。但在企业之间、行业之间、地区之间存在着重复计算。

轻重工业总产值的划分也是按“工厂法”计算的，即一个工业企业在正常情况下生产的主要产品的性质属于轻工业，则该企业的全部总产值作为轻工业总产值；一个工业企业生产的主要产品的性质属于重工业，则该企业的全部总产值作为重工业总产值。

工业销售产值（当年价格） 是以货币形式表现的，工业企业在本年内销售的本企业生产的工业产品或提供工业性劳务价值的总价值量。工业销售产值包括的内容为：

1. 销售成品价值：指企业在报告期内实际销售（包括本期生产和非本期生产）的全部成品、半成品的总价值，即按报告期产品的实际销售数量乘以不含增值税（销项税额）的产品实际销售平均单价计算。销售成品价值中包括企业生产的自制设备及提供给本企业在建工程、其他非工业部门和生活福利部门等单位使用的成品价值，但不包括用订货者来料加工，并且只收取加工费的成品（半成品）价值。

2. 对外加工费收入：指企业在报告期内完成的对外承接的工业品加工（包括用定货者来料加工的产品）的加工费收入；对外工业品修理作业可收取的加工费收入和对内非工业部门提供的加工修理、设备安装等收入。对外加工费收入按不含增值税（销项税额）的价格计算。

对于以对外加工生产为主，对外加工费收入所占比重较大的企业，如果对外加工费收入出现跨年度支付的情况，为保证总产值生产口径计算的准确性，则应将对外加工费收入按实际情况调整，记录本年应实际收取的对外加工费收入。

出口交货值　指工业企业交给外贸部门或自营（委托）出口（包括销往香港、澳门、台湾），用外汇价格结算的产品价值，以及外商来样、来料加工、来件装配和补偿贸易等生产的产品价值。在计算出口交货值时，要把外汇价格按交易时的汇率折成人民币计算。

工业增加值　是指工业行业在报告期内以货币表现的工业生产活动的最终成果，是企业全部生产活动的总成果扣除了在生产过程中消耗或转移的物质产品和劳务价值后的余额，是企业生产过程中新增加的价值。

计算工业增加值通常采用两种方法。

一是“生产法”，即从工业生产过程中产品和劳务价值形成的角度入手，剔除生产环节中间投入的价值，从而得到新增价值的方法。公式为：

工业增加值＝工业总产值－工业中间投入＋本期应交增值税

二是“收入法”，即从工业生产过程中创造的原始收入初次分配的角度，对工业生产活动最终成果进行核算的一种方法，其计算公式为：

工业增加值＝固定资产折旧＋劳动者报酬＋生产税净额＋营业盈余

流动资产　指企业可以在一年内或者超过一年的一个生产周期内变现或者耗用的资产，包括现金及各种存款、短期投资，应收及预付款项、存货等。根据会计“资产负债表”中“流动资产合计”项的期末数填列。

应收账款　指企业因销售商品、产品、提供劳务等，应向购货单位或接受劳务单位收取款项。该指标根据会计“资产负债表”中“应收账款”项的年末数填报。

存货　指企业在生产经营过程中为销售或耗用而储备的各种资产，包括原材料、周转材料、包装物、低值易耗品、在产品、自制半成品、产成品等。

产成品　指企业报告期末已经加工生产并完成全部生产过程，可以对外销售的制成产品。

固定资产　指企业使用期限超过一年的房屋、建筑物、机器、机械、运输工具以及其他与生产、经营有关的设备、器具、工具等。不属于生产经营主要设备的物品，单位价值在2000元以上，并且使用年限超过2年的，也应当作为固定资产。

固定资产原价　指企业在建造、购置、安装、改建、扩建、技术改造某项固定资产时所支出的全部货币总额。

固定资产折旧　指对固定资产由于磨损和损耗而转移到产品中去的那一部分价值的补偿。一般根据固定资产原价(选用双倍余额递减法计提折旧的企业，为固定资产帐面净值)和确定的折旧率计算。“累计折旧”：指企业在报告期末提取的历年固定资产折旧累计数。

固定资产净值　固定资产净值指固定资产原价减去累计折旧后的净额。

资产总计　指企业拥有或控制的能以货币计量的经济资源，包括各种财产、债权和其他权利。资产按其流动性(即资产的变现能力和支付能力)划分为：流动资产、长期投资、固定资产、无形资产、递延资产和其他资产。

无形资产　指企业长期使用而没有实物形态的资产。包括专利权、非专利技术、商标权、著作权、土地使用权、商誉等。

负债合计　指企业所承担的能以货币计量，将以资产或劳务偿付的债务，偿还形式包括货币、资产或提供劳务。负债一般按偿还期长短分为流动负债和长期负债。

流动负债合计 指企业在一年内或超过一年的一个营业周期内需要偿还的债务，包括短期借款、应付票据、应付帐款、预收帐款、应付工资、应交税金、应付利润、预提费用等。

长期负债合计 指企业偿还期在一年以上或者超过一年的一个营业周期以上的债务，包括长期借款、长期应付款、应付债券等。

所有者权益合计 指企业投资人对企业净资产的所有权。企业净资产为企业全部资产与企业全部负债的差额，包括实收资本、资本公积、盈余公积、未分配利润等。

实收资本 指企业投资者实际投入的资本(或股本)，包括货币、实物、无形资产等各种形式的投入。实收资本按投资主体可分为国家资本、集体资本、法人资本、个人资本、港澳台资本和外商资本。

国家资本 指有权代表国家投资的政府部门或机构、直属事业单位对企业形成的资本金。

集体资本 指由本企业职工等自然人集体投资或各种机构对企业进行扶持形成的集体性质的资本金。

法人资本 指法人以其依法可支配的资产投入企业形成的资本金。

个人资本 指自然人实际投入企业的资本金。

港澳台资本 指我国香港、澳门和台湾地区投资者实际投入企业的资本金。

外商资本 指外国投资者实际投入企业的资本金。

营业收入 是指企业在销售产品（商品）或提供劳务等经营业务中实现的收入。一般可分为主营业务收入（或基本业务收入）和其他业务收入（或附营业务收入）两部分。

主营业务收入 是企业销售产品的销售收入和提供劳务等经营业务取得的业务收入。

主营业务税金及附加 是指企业销售产品和提供劳务等主要经营业务应负担的城市维护建设税、消费税、资源税和教育费附加。

主营业务成本 是指企业销售产品和提供劳务等主要经济业务的实际成本。

主营业务利润 指企业销售产品和提供工业性劳务等主要经营业务收入扣除其成本、费用、税金后的利润。

营业费用 指企业在销售商品过程中发生的各项费用以及为销售本企业商品而专设的销售机构（含销售网点、售后服务网点等）的经营费用。包括运输费、装卸费、包装费、保险费、广告费、业务费、差旅费、招待费、社保费等。

管理费用 指企业为组织和管理企业生产经营所发生的管理费用，包括企业的董事会和行政管理部门在企业经营管理中发生的，或者应当由企业统一负担的各项管理费用。包括行政管理部门职工工资、福利费、差旅费、办公费、会议费、印刷费、水电费、社保肥、招待费、技术转让费等。

财务费用 指企业为筹集生产经营所需资金而发生的费用，包括企业生产经营期间发生的利息支出（减利息收入）、汇兑损失（减汇兑收益）以及相关的手续费等。

营业利润 指企业从事生产经营活动所产生的利润，即主营业务利润加其他业务利润扣除管理费用、财务费用后的净额。

利润总额 指企业在生产经营过程中各种收入扣除各种耗费后的盈余，反映企业在报告期内实现的亏盈总额，包括营业利润、补贴收入、投资净收益和营业外收支净额。

本年应交增值税 指企业按税法规定，从事货物销售或提供加工、修理修配劳务等增加货物价值的活动本期应交纳的税金。计算公式为：

本年应交增值税=销项税额－（进项税额－进项税额转出）－出口抵减内销产品应纳税额

－减免税款+出口退税

本年进项税额：指工业企业在报告期内购入货物或接受应税劳务而支付的、准予从销项税额中抵扣的增值税额。

本年销项税额：指工业企业在报告期内销售货物或提供应税劳务应收取的增值税额。

利税总额 指企业利润总额、产品销售税金及附加和应交增值税之和。

工业经济效益综合指数 是指现行综合评价工业经济效益总体水平及工业经济运行质量的指数。它是用工业产品销售率、总资产贡献率、资本保值增值率、资产负债率、流动资金周转率、成本费用利润率、全员劳动生产率等七项代表性经济效益指标，分别除以各项指标的标准值，再乘以各自的权数，加总后除以总权数求得。其计算公式为：

$$工业经济效益综合指数=\sum(\frac{某项经济效益指标报告期数值}{该项指标标准值}\times 权数)\div 总权数$$

上式总权数为 100。

总资产贡献率 是指企业一定时期内全部资产获利能力，是企业经营业绩和管理水平的集中体现，是评价和考核企业盈利能力的核心指标。计算公式为：

$$总资产贡献率（\%）=\frac{利润总额+税金总额+利息支出}{平均资产总额}\times 100\%$$

税金总额为产品销售税金及附加与应交增值税之和，平均资产总额为期初、期末资产总计的算术平均值 。

资本保值增值率 是反映企业净资产变动状况的一个重要指标，是企业发展能力的集中体现。它是指期末所有者权益总额与上年同期期末所有者权益总额的比率。计算公式为：

$$资本保值增值率（\%）=\frac{报告期期末所有者权益}{上年同期期末所有者权益}\times 100\%$$

所有者权益等于资产总计减负债总计。

资产负债率 是指反映企业经营风险的大小，反映企业利用债权人提供的资金从事经营活动的能力。计算公式为：

$$资产负债率（\%）=\frac{负债总计}{资产总计}\times 100\%$$

资产及负债均为报告期末数。

流动资金周转率 是指一定时期内流动资产完成的周转次数，反映投入工业企业流动资金的周转速度，一般以一年时间内周转多少次表示。计算公式为：

$$流动资产周转率（次）=\frac{主营业务收入}{流动资产平均余额}$$

成本费用利润率 是指工业企业投入生产成本及费用的经济效益，同时也反映企业降低成本所取得的经济效益。计算公式为：

$$成本费用利润率（\%）=\frac{利润总额}{成本费用总额}\times 100\%$$

成本费用总额为主营业务成本和营业费用、管理费用、财务费用三项期间费用。

全员劳动生产率 是指反映企业的生产效率和劳动投入的经济效益。一般用平均每人一年创造的工业增加值表示。计算公式为：

$$全员劳动生产率（元/人）=\frac{工业增加值}{全部职工平均人数}\times 100\%$$

全部职工平均人数为企业在报告期内全部从业人员的平均人数，计算公式为：

$$全部从业人员年平均人数=\frac{1至12月各月全部从业人员平均人数之和}{12}$$

或：

$$全部从业人员年平均人数=\frac{1至12月各月月初、月末全部从业人员之和}{24}$$

工业产品销售率 是指反映工业产品已实现销售的程度，是分析工业产销衔接情况、研究工业产品满足社会需求的指标。计算公式为：

$$产品销售率（\%）=\frac{现价工业销售产值}{现价工业总产值}\times 100\%$$

Explanatory Notes on Main Statistical Indicators

Industry refers to the material production sector which is engaged in extraction of natural resources and processing and reprocessing of minerals and agricultural products, including (1) extraction of natural resources, such as mining, salt production, and logging (but excluding hunting and fishing); (2) processing and reprocessing of farm and sideline produces, such as rice husking, flour milling, wine making, oil pressing, cotton ginning, silk reeling, spinning and weaving, and leather making; (3) manufacture of industrial products, such as steel making, iron smelting, chemicals manufacturing, petroleum processing, machine building, timber processing; and production and supply of electricity, water and gas; (4) repair and renovation of industrial products, such as the repair of machinery and means of transport (including cars).

Prior to 1984, industrial enterprises run by villages and cooperative organizations under village were classified into agriculture. Since 1984, these enterprises have been grouped into industry.

Units of Industrial Statistics Survey These are classified into two categories: corporate industrial enterprises with independent accounting system and industrial establishments.

(1) Corporate industrial enterprises with independent accounting system refer to enterprises engaging in industrial production activities which simultaneously meet the following requirements: ①They are established legally, having their own names, organizations, location, able to take civil liability; ②They possess and use their assets independently, assume liabilities, and are entitled to sign contracts with other units; ③They are financially independent and compile their own balance sheets.

(2) Industrial establishments refer to economic units located in one single place and engaged entirely or primarily in one kind of industrial production activity, including units engaged in main business activities (industrial production activities) under industrial enterprises with independent accounting system and units engaged in industrial production activities under non-industrial enterprises (formerly industrial establishments with dependent accounting system). Industrial establishments generally meet the following requirements simultaneously: ① They have each one location and are engaged entirely or primarily in one kind of industrial activity each; ② They operate and manage their industrial production activities separately; ③ They have accounts of income and expenditure separately.

Light Industry refers to the industry that produces consumer goods and hand tools. It consists of two categories, depending on the materials used:

(1) Industries using farm products as raw materials. These are branches of light industry which directly or indirectly use farm products as basic raw materials, including the manufacture of food and beverages, tobacco processing, textile, clothing, fur and leather manufacturing, paper making, printing, etc.

(2) Industries using non-farm products as raw materials. These are branches of light industry which use manufactured goods as raw materials, including the manufacture of cultural, educational and sports articles, chemicals, synthetic fiber, chemical products for daily use, glass products for daily use, metal products for daily use, hand tools, medical apparatus and instruments, and the manufacture of cultural and clerical machinery.

Heavy Industry refers to the industry which produces capital goods and provides various sectors of the national economy with necessary material and technical basis. It consists of the following three branches according to the purpose of production or the use of products:

(1) Mining, quarrying and logging industry refers to the industry that extracts natural resources, including extraction of petroleum, coal, metal and non-metal ores, and logging.

(2) Raw materials industry refers to the industry that provides various sectors of the national economy with raw materials, fuels and power. It includes smelting and processing of metals, coking and coke chemistry, chemical

materials and building materials such as cement, plywood, and power, petroleum refining and coal dressing.

(3) Manufacturing industry refers to the industry that processes raw materials. It includes machine-building industry which equips sectors of the national economy, industries of metal structure and cement products, industries producing means of agricultural production, such as chemical fertilizers and pesticides.

According to the above principle of classification, repairing trades engaged primarily in repairing products of heavy industry are classified into heavy industry, while those engaged in repairing products of light industry are classified into light industry.

Gross Industrial Output Value refers to the total volume of industrial products sold or available for sale in monetary terms during a given period, which reflects the total achievements and overall scale of industrial production during a given period. It includes the value of the finished products in the enterprises, which are not to be further processed and have been inspected, packed and put in storage (where applicable), the income from external processing and the value gain of semi-finished products at the end of the reference period over the beginning. The gross industrial output value is calculated by the factory approach, i.e. the whole industrial enterprise is regarded as the basic accounting unit in calculating the gross industrial output value. No double calculations are to be made within the same enterprise and the output value of different workshops (branch factories) should not be added. However, this approach does not exclude the possibility of double calculations between enterprises, sectors and regions.

Output value of light and heavy industries is also classified by the factory approach. Under normal conditions, if the major products of an industrial enterprise belong to light industry products, the gross output value of that enterprise is classified wholly into light industry; the same principle applies to heavy industry.

Sales Value of Industry (Current Price) refers to refers to the total value of industrial products sold or industrial services provided in monetary terms within the current year. It includes:

(1) Sales Value of Finished Products. Sale value of finished products refers to the total value of finished and semi-finished products sold within the reporting period (including those produced within and outside the period). It equals the actual sales volume of products sold within the reporting period timing the actual average sales price (excluding value added or sales tax). It includes the equipment made by the enterprise itself, as well as the finished products provided to the projects under construction, non-industrial departments and welfare department, and excludes the value of finished or semi-finished products of external processing with supplied materials that produces only processing charges.

(2) Income from External Processing: refers to income from contracted external processing of industrial products (including processing of industrial products using materials from the clients), and the income from industrial repairing work provided to other units. Income from external processing is calculated using information from the item "products sales income" in the enterprise accounting at the prices excluding value-added tax.

For an enterprise whose main business is external processing and the charges of external processing constitute a large proportion of its income, in case of cross-year payment, the income of external processing charges shall be adjusted and the actual income of external processing charges of the current year shall be recorded to ensure the accuracy of the coverage of gross industrial output.

Export Delivery Value refers to the value of the products that an industrial enterprises have delivered to export units or have exported on its own or per procurationem (including those sold to Hong Kong, Macaw and Taiwan), and the value of the products from processing and compensation trades(processing with given materials or samples, assembling supplied components). In calculating the export delivery value, the foreign exchanges shall be converted into yuan at current exchange rates.

Value-added of Industry refers to the final results of industrial production of industrial enterprises in monetary terms during the reference period. It equals to the total achievements of all industrial production minus the goods and services consumed or transferred during the industrial production of enterprises, in other terms the newly added value during the industrial production of enterprises. It is calculated by the following two approaches:

a) The production approach. The value added is calculated by taking the value of industrial intermediate input out of the final value of products and labor services that comes from industrial production. The formula used is:

Value-added of industry = gross industrial output − industrial intermediate input + value-added tax

b) The income approach. It is calculation of the final value of industrial activities by approaching the primary distribution of the primary income of industrial production. The formula used is:

Value-added of industry = depreciation of fixed assets + remuneration of laborers + net production tax+ operating surplus

Working Capital refers to capital that an enterprise can cash or use during one year or one production cycle that may exceed one year, including cash and savings deposits of various forms, short-term investment,money receivable and prepaid money, inventories, etc. It is recorded at the item of "Total Working Capital" of the "Balance Sheet".

Account Receivable: refers to accounts receivable from purchasers or receivers due to the delivery of goods, products or services. The index is recorded in accordance with the year-end figure of Account Receivable of the balance sheet.

Inventory: refers to various assets stored by an enterprise during production and operation for the purpose of sale or use, including raw materials, circulation materials, wrappages, low-value consumables, work-in-process, self-made semi-finished products and finished products.

Finished Products: refers to the products that have completed the entire production process at the end of the reference period and are ready or sale.

Fixed Assets: refers to houses, buildings machines, vehicles and other equipment, appliances and tools related to production and operation that have been used for more than one year. It also includes articles that are not major equipment of production or operation, but the value of which exceeds 2000 yuan and the service period of which exceeds 2 years.

Depreciation of Fixed Assets: refers to the value that has been transferred to products as a result of the depletion of fixed assets. In general, it is calculated in accordance with the original price of the fixed assets (or the book value of the fixed assets in case of calculation by the double declining balance method) and the depreciation rate. "Accumulated Depreciation" refers to the accumulated depreciation of fixed assets over the years calculated by an enterprise at the end of the reference period.

Net Value of Fixed Assets: refers to original value of fixed assets minus accumulated depreciation.

Total Assets refer to all economic resources, in monetary terms, that is owned or controlled by enterprises, including properties, creditors' equity and other economic rights of all forms. Classified by the degree of equitability, total assets include circulating assets, long-term investment, fixed assets, intangible assets and deferred assets, and other assets.

Intangible Assets refer to the assets without material form used by enterprises over a long time, including patents, non-patent technologies, trade marks, copyright, land use right and business reputation, etc.

Total Liabilities refer to payable liabilities of enterprises that have to be repaid in terms of money, assets or labor services. In terms of payment, it can be classified as liquid liabilities, long-term liabilities and deferred taxes,etc.

Total Liquid Liabilities refer to total debt payable by enterprises within an operating cycle of one year or over one year, including short-term loans, payables and advance payments, wages payable, taxes payable and profits payable, etc.

Total Long-term Liabilities refer to total debt payable by enterprises within an operation cycle of one year or over one year, including long-term loans, payable liabilities and long-term payables, etc.

Creditors' Equity refers to investors' ownership of net assets of the enterprise. It is equal to the total assets of the enterprise minus its total liabilities, including the primary input from investors, capital accumulation fund, surplus accumulation fund and undistributed profit.

Paid-in Capital refers to the capital (or share) actually invested by the investors of an enterprise, including currency, goods, intangible assets, etc. Classified by the investing bodies, paid-in capital includes state capital, collective capital, corporate capital, individual capital, Hong Kong, Macaw and Taiwan capital and foreign capital.

State Capital refers to the investment in an enterprises made by government departments or agencies under government's jurisdiction on behalf of state.

Collective Capital refers to the collective capital contributed by work staff or other institutions to support an enterprise.

Corporate Capital refers to the investment in an enterprise made by a corporate body out of its legal disposable assets.

Individual Capital refers to the capital actually invested in an enterprise by an individual.

Hong Kong, Macaw and Taiwan Capital refers to the capital actually invested in an enterprises by investors from Hong Kong, Macaw and Taiwan.

Foreign Capital refers to the capital actually invested in an enterprise by a foreign investor.

Business Revenue refers to the revenue from the sales of products (or commodities) and from rendering of industrial services by industrial enterprises. It is classified into two categories: principal business revenue (or basic business revenue) and other business revenue (or additional business revenue).

Principal Business Revenue refers to the revenue from the principal business, including the sales of products and from rendering of industrial services by industrial enterprises.

Principal Business Cost refers to the actual cost of products sold and industrial services provided by industrial enterprises.

Tax and Extra Charges on Principal Business refer to the tax on city maintenance and construction, consumption tax, resources tax and extra charges for education, which should be borne by the enterprises in selling products and providing industrial services.

Principal Business Profits refer to the main business revenue of the enterprises from the sales of products and from rendering of industrial services minus cost, charges, and taxes.

Business Cost refers to the costs from sales of commodities and the operational costs of sales agencies (including sales stores and service centers, etc.), including the costs of transport, loading, packaging, advertising, business operation, travelling, reception, social security, etc..

Management Cost refers to the costs of organizing and managing enterprise operation, including the operational cost of the board of directors and the executive body in management that shall be borne by the enterprise. Management costs include staff wages, welfare, the costs of administration, meeting, printing, water and electricity, social security, reception, technology transfer, etc.

Financial Cost refers to the cost from raising fund for production and operation, including expenditure of interests, loss of momentary exchange and related charges.

Business Profits refers to the profits from production and operation. It equals to principal business profits plus other business profits minus management costs and financial costs.

Total Profits refer to the profits gained by the enterprises.

Value-added Tax Payable refers to the amount of the value-added tax which should be paid by the enterprises according to tax laws during the reference period of selling goods or providing such services as processing, repairing or assembling that add value to goods. The formula used is:

Value-added Tax Payable=Output Tax－(Input Tax－Input Tax Returns)

－Export Deduct Domestic Sales Goods Tax－Tax Deduction+ Export Tax Refund

Amount of Input Tax at Current Year refers to the VAT an industrial enterprise pays for purchasing goods or receiving taxable services within the reference period, which is allowed to be deducted from the amount of output tax.

Amount of Output Tax at Current Year refers to the VAT an industrial enterprise pays for selling goods or providing taxable services within the reference period.

Total Pre-Tax Profits refers to the sum of total profits, sales tax as well as additional and payable value-added taxes.

Comprehensive Index on Economic Benefit of Industry refers to the current comprehensive evaluation of the general level of economic benefit of industry and the performance of industrial economy. It is calculated by a selection of representative indicators on economic benefit divided by the standard value of each indicator respectively, multiplied by the weight of each indicator, summed and divided by total weight. The formula used is:

$$\text{Comprehensive Index on Economic Benefit of Industry} = \left(\frac{\text{Value of an Indicator on Economic Benefit in the Reference Period}}{\text{Standard Value of the Indicator}} \times \text{Weight}\right) \div \text{Total Weight where Total Weight} = 100$$

Ratio of Total Assets to Industrial Output Value refers to the profit-making capability of all assets of the enterprise. As a core indicator for the evaluation and assessment of the profit-making potential of the enterprise, it is a focused reflection of the performance and management efficiency of the enterprise. This ratio is calculated as follows:

$$\text{Ratio of Total Assets to Industrial Output Value (\%)} = \left(\frac{\text{Total Profits} + \text{Total Taxes} + \text{Interest Expenditure}}{\text{Average Assets}}\right) \times 100\% \times \left(\frac{12}{\text{cumulative number of months}}\right)$$

where Total Taxes are the sum of tax and extra charges on the sales of products and value-added tax payable; and Average Assets are the arithmetic mean of beginning assets and ending assets.

Ratio of Capital Maintenance and Appreciation is an important indicator of the changes of net assets of an enterprise and a focused reflection of the development capability of enterprises. It is the ratio of total creditors' equity at the end of the reference period to that of the same period of the previous year, calculated as follows:

$$\text{Ratio of Capital Maintenance and Appreciation (\%)} = \left(\frac{\text{Total Creditors' Equity at the End of the Reference Period}}{\text{Total Creditors' Equity of the Same Period of the Previous Year}}\right) \times 100\%$$

where Creditors' equity is equal to the total assets of the enterprise minus its total liabilities.

Assets-Liability Ratio reflects both the operation risk and the capability of the enterprise in making use of the capital from the creditors. It is calculated as follows:

$$\text{Assets-Liability Ratio(\%)} = \left(\frac{\text{Total Debts}}{\text{Total Assets}}\right) \times 100\%$$

where both assets and debts are figures at the end of the reference period.

Number of Times of Turnover of Circulating Funds refers to the number of times in which turnover of circulating funds is completed in a given period of time, which reflects the speed of the turnover of circulating funds. It is expressed as times of turnover within a year and is calculated as follows:

$$\text{Number of Times of Turnover of Circulating Funds} = \left(\frac{\text{Sales Revenue of Products}}{\text{Average Balance of Total Number of Times of Turnover of Circulating Funds}}\right) \times \left(\frac{12\%}{\text{Cumulative Number of Months}}\right)$$

Ratio of Profits to Industrial Costs refers to the ratio of profits realized in a given period to the total production costs of industrial enterprises in the same period, which also reflects the economic benefit attained by the enterprises from reduced costs. This ratio is calculated as follows:

$$\text{Ratio of Profits to Industrial Costs (\%)} = \left(\frac{\text{Total Profits}}{\text{Total Costs}}\right) \times 100\%$$

where Total costs are the sum of cost of products sold, marketing cost, management cost and financial cost.

Value-added Labor Productivity reflects the production efficiency of the enterprise and economic benefit of its labor input. It is usually expressed as the industrial value-added created by an average member of an industrial enterprise in a year. The formula used is:

$$\text{Value-added Labor Productivity (yuan/person)} = \left(\frac{\text{Value-added of Industry}}{\text{Average Number of Staff and Workers}}\right) \times \left(\frac{12}{\text{Cumulative Number of Months}}\right)$$

Average Number of Staff and Workers refers to the average number of all employed persons by an industrial enterprise within the reference period. The formula used is:

$$\text{Average Number of Staff and Workers} = \frac{\text{Sum of Average Monthly Numbers from January to December}}{12}$$

Or

$$\text{Average Number of Staff and Workers} = \frac{\text{Sum of Average Numbers at the Beginning and End of Each Month from January to December}}{24}$$

Proportion of Products Sold refers to the sales of industrial products to the gross industrial output value, and is used to analyze the linkage between production and sales and the extent to which the needs of the society are met by the supply of industrial products. It is calculated as follows:

$$\text{Proportion of Products Sold (\%)} = \left(\frac{\text{Value of Industrial Sales at Current Prices}}{\text{Gross Industrial Output Value at Current Prices}}\right) \times 100\%$$

十三、建筑业

CONSTRUCTION

十三　建筑业

简要说明

一、本篇资料反映广东省建筑业发展的基本情况。主要内容包括全省和各市建筑业企业生产经营的情况，主要指标有企业个数、从业人员数、建筑业总产值、房屋建筑面积、建筑业企业房屋建筑施工新开工面积、利润总额、利税总额等。

二、本篇资料由广东省统计局固定资产投资统计处整理提供。

三、本篇资料是根据国家统计局制定的《建筑业统计报表制度》整理汇总的。统计范围包括：广东境内具有法人资格的独立核算建筑业企业和辖区内建筑业法人所属的产业活动单位。

四、从 2004 年开始，统计范围为具有建筑业资质的独立核算建筑业企业。

13 Construction

Brief Introduction

Ⅰ. The data in this chapter show the development of the construction industry in Guangdong Province. They cover mainly the statistics of production and management of the enterprises of construction of the whole province and its cities, including the number of enterprises, the number of employed persons, gross output value of construction, floor space of buildings, value-added of construction, total profits and total pre-tax profits, etc.

Ⅱ. The data in this chapter are prepared and provided by the Division of Investment and Construction Statistics of Statistics Bureau of Guangdong Province.

Ⅲ. The data in this chapter are collected in accordance with the Reporting Scheme of Construction Statistics stipulated by the National Bureau of Statistics. The coverage of construction statistics includes construction enterprises with legal person qualifications and independent accounting system and industrial establishments affiliated with corporate construction enterprises under the jurisdiction of Guangdong Province.

Ⅳ. The data since 2004 include all construction enterprises with construction qualifications and independent accounting system.

13-1 建筑业企业生产情况

Production Conditions of Construction Enterprises

项　　目	Item	2011 合计 Total of 2011	2011 #国有及国有控股企业 State-owned and State-holding	2012 合计 Total of 2012	2012 #国有及国有控股企业 State-owned and State-holding
企业个数 （个）	**Number of Construction Enterprises (unit)**	**4589**	**525**	**4637**	**527**
建筑业合同情况	**Contracts of Construction**				
签订的合同额 （亿元）	Value of Contracts Signed (100 million yuan)	**13933.66**	**7518.77**	**16088.31**	**8106.38**
上年结转合同额(亿元)	Value of Contracts Carried-over from the Previous Year (100 million yuan)	6512.07	4019.20	7657.96	3720.85
本年新签合同额(亿元)	Value of Newly-signed Contracts in Current Year (100 million yuan)	7421.59	3499.57	8430.37	4385.56
承包工程完成情况	**Contracted Projects Completed**				
直接从建设单位承揽工程完成产值 （亿元）	Completed Output Value of Contracted Projects Directly from Construction Units (100 million yuan)	**6175.73**	**2615.89**	**6838.34**	**3034.34**
自行完成施工产值 （亿元）	Output Value of Self-completed Projects (100 million yuan)	5572.03	2162.25	6274.90	2569.92
分包出去工程的产值 （亿元）	Output Value of Outsourcing Projects (100 million yuan)	603.70	453.64	613.22	474.63
从建设单位以外承揽工程完成产值 （亿元）	Completed Output Value of Contracted Projects outside Construction Units (100 million yuan)	274.07	118.10	289.47	101.73
建筑业总产值 （亿元）	**Gross Output Value of Construction (100 million yuan)**	**5804.21**	**2280.36**	**6564.37**	**2671.65**
#装饰装修产值 （亿元）	Output Value of Decoration Projects (100 million yuan)	923.24	139.04	1069.65	167.72
在外省完成的产值 （亿元）	Output Value Completed in Other Provinces (100 million yuan)	1358.52	680.21	1610.22	802.74
建筑工程产值 （亿元）	Output Value of Construction Projects (100 million yuan)	5121.94	2077.26	5700.09	2469.03
安装工程产值 （亿元）	Output Value of Installation Projects (100 million yuan)	572.70	164.10	635.79	149.94
其他产值 （亿元）	Other Output Values (100 million yuan)	151.57	38.99	193.31	51.40
竣工产值 （亿元）	**Output Value Completed (100 million yuan)**	**3064.75**	**1015.95**	**3537.64**	**1238.60**
房屋建筑施工面积 （万平方米）	**Floor Space of Buildings under Construction (10000 sq.m)**	**38604.41**	**14671.93**	**42431.74**	**17833.69**
#新开工面积 （万平方米）	Floor Space of Newly-started Buildings (10000 sq.m)	15889.34	5834.68	16118.27	6085.22
#实行投标承包面积 （万平方米）	Floor Space of Contracted Projects through Bidding (10000 sq.m)	23295.08	11357.48	25523.38	14027.62
#新开工面积 （万平方米）	Floor Space of Newly-started Buildings (10000 sq.m)	10760.79	4832.92	10471.26	5097.09
劳动人员情况	**Labor Force**				
劳动生产率平均人数 （万人）	Average Number of Persons for Labor Productivity Calculation (10000 persons)	**229.09**	**55.54**	**187.65**	**59.79**
期末从业人数 （万人）	Number of Employed Persons at the Year-end (10000 persons)	**190.28**	**46.20**	**198.31**	**55.26**
#工程技术人员 （万人）	Number of Engineering Technical Personnel (10000 persons)	25.81	7.01	25.79	6.78

13-2 建筑业企业主要指标

Main Indicators on Construction Enterprises

年份 Year	建筑业企业单位数 (个) Number of Construction Enterprises (unit)	建筑业企业总产值 (亿元) Gross Output Value of Construction Enterprises (100 million yuan)	建筑业企业增加值 (亿元) Value-added of Construction Enterprises (100 million yuan)	建筑业企业利税总额 (亿元) Total Pre-tax Profits of Construction Enterprises (100 million yuan)	建筑业企业从业人员 (万人) Number of Employed Persons of Construction Enterprises (10000 persons)
1978	178	5.47		0.20	14.78
1979	188	6.32		0.23	16.27
1980	204	8.88		0.32	19.45
1981	224	13.44		0.49	24.29
1982	246	19.66		0.72	29.94
1983	269	24.51		0.90	36.23
1984	357	36.83		1.31	47.12
1985	462	50.45		1.54	54.47
1986	448	57.14		1.28	58.24
1987	492	65.96		1.56	59.08
1988	596	86.74		2.74	66.56
1989	646	125.65		3.62	71.88
1990	686	113.40		3.12	67.22
1991	705	137.30		4.33	67.71
1992	910	216.56		9.65	84.80
1993	1766	459.95		23.03	144.12
1994	1587	535.75		31.29	150.05
1995	1618	635.83		39.47	135.56
1996	2031	632.16	182.74	35.74	146.56
1997	2399	732.97	170.13	38.26	143.89
1998	2961	800.00	176.70	43.11	142.82
1999	3283	954.44	199.50	53.06	144.78
2000	4593	944.61	205.89	58.24	141.46
2001	3699	1179.03	266.00	84.51	147.07
2002	4019	1418.41	363.65	88.95	150.12
2003	4488	1702.87	364.20	127.48	161.48
2004	4166	1901.86	794.88	143.75	152.10
2005	4182	2200.58	855.87	164.38	166.78
2006	4172	2594.04	930.40	191.62	169.33
2007	4326	3005.32	1029.08	256.59	179.13
2008	4601	3282.55	1197.41	289.23	172.54
2009	4508	3826.83	1324.14	329.00	179.34
2010	4551	4742.09	1551.81	393.87	196.32
2011	4589	5804.21	1797.78	470.75	190.28
2012	4637	6564.37	1888.10	517.82	198.31

13-3 各市建筑业企业个数

Number of Construction Enterprises by City

单位：个 (unit)

市 别	City	2000	2005	2006	2007	2008	2009	2010	2011	2012
全省总计	**Provincial Total**	**4593**	**4182**	**4172**	**4326**	**4601**	**4508**	**4551**	**4589**	**4637**
广 州	Guangzhou	757	764	741	755	801	804	779	781	786
深 圳	Shenzhen	447	604	702	746	812	801	808	814	822
珠 海	Zhuhai	143	165	161	163	156	161	144	151	170
汕 头	Shantou	271	199	195	193	218	209	212	197	191
佛 山	Foshan	248	502	460	464	508	496	497	452	443
#顺 德	Shunde	70	243	221	227	268	252	262	234	233
韶 关	Shaoguan	110	66	72	72	74	76	76	93	99
河 源	Heyuan	117	82	84	86	99	94	85	103	102
梅 州	Meizhou	154	111	118	120	135	130	146	149	155
惠 州	Huizhou	241	124	122	119	120	115	111	118	112
汕 尾	Shanwei	100	43	45	43	39	37	38	37	37
东 莞	Dongguan	183	361	344	438	414	404	444	448	473
中 山	Zhongshan	385	273	269	264	295	304	314	315	315
江 门	Jiangmen	342	156	153	150	168	160	165	165	158
阳 江	Yangjiang	122	91	86	90	95	94	95	111	123
湛 江	Zhanjiang	238	125	104	96	113	106	106	108	122
茂 名	Maoming	146	100	102	99	115	100	97	114	118
肇 庆	Zhaoqing	136	122	133	131	127	120	119	122	101
清 远	Qingyuan	136	74	73	74	74	68	80	71	69
潮 州	Chaozhou	139	90	88	90	90	87	83	82	80
揭 阳	Jieyang	121	84	79	90	101	96	107	114	117
云 浮	Yunfu	57	46	41	43	47	46	45	44	44
按经济区域分	By Region									
珠三角	Pearl River Delta	2882	3071	3085	3230	3401	3365	3381	3366	3380
东 翼	Eastern Region	631	416	407	416	448	429	440	430	425
西 翼	Western Region	506	316	292	285	323	300	298	333	363
山 区	Mountainous Region	574	379	388	395	429	414	432	460	469

13-4 各市建筑业企业总产值

Gross Output Value of Construction Enterprises by City

单位：亿元 (100 million yuan)

市 别	City	2000	2005	2006	2007	2008	2009	2010	2011	2012
全省总计	**Provincial Total**	**944.61**	**2200.58**	**2594.04**	**3005.32**	**3282.55**	**3826.83**	**4742.09**	**5804.21**	**6564.37**
广 州	Guangzhou	256.13	633.99	688.25	753.16	879.04	1023.66	1296.19	1578.38	1763.21
深 圳	Shenzhen	153.02	545.62	712.84	857.64	923.35	1184.47	1460.99	1858.96	2103.05
珠 海	Zhuhai	33.11	52.48	61.01	67.71	83.58	80.70	100.81	121.64	184.47
汕 头	Shantou	80.67	127.78	140.31	159.78	173.33	188.66	219.12	252.49	292.37
佛 山	Foshan	73.08	154.68	188.69	209.77	254.55	262.38	315.42	350.60	338.54
#顺 德	Shunde	30.62	59.42	79.73	88.12	107.55	115.31	159.18	145.50	135.57
韶 关	Shaoguan	24.14	29.25	34.38	48.98	57.11	69.28	102.76	130.15	166.07
河 源	Heyuan	5.74	17.01	21.27	23.49	18.40	18.26	20.68	30.88	33.90
梅 州	Meizhou	15.14	54.81	67.02	76.81	96.02	100.91	125.91	158.32	169.66
惠 州	Huizhou	20.35	46.94	49.70	54.23	51.89	52.87	69.83	86.93	93.74
汕 尾	Shanwei	5.49	6.95	16.78	15.25	9.58	12.20	15.44	15.08	11.54
东 莞	Dongguan	40.45	84.35	96.53	112.94	108.94	99.40	122.06	131.71	157.57
中 山	Zhongshan	26.20	73.41	76.20	87.08	97.19	118.10	133.70	141.81	160.08
江 门	Jiangmen	47.18	56.06	56.40	66.37	73.66	90.29	119.18	171.60	173.33
阳 江	Yangjiang	18.80	32.97	34.85	42.62	47.61	53.35	66.18	72.41	81.60
湛 江	Zhanjiang	45.61	75.96	89.28	109.21	123.34	146.67	168.08	203.88	248.75
茂 名	Maoming	39.05	92.14	124.39	141.73	93.79	104.75	134.67	185.74	271.70
肇 庆	Zhaoqing	15.40	39.99	47.10	63.51	65.76	78.58	99.40	101.04	103.71
清 远	Qingyuan	11.49	20.19	27.56	39.52	37.31	39.97	52.78	66.70	64.83
潮 州	Chaozhou	12.71	18.99	19.44	19.24	23.56	23.99	25.98	30.61	30.75
揭 阳	Jieyang	12.24	21.78	27.23	39.31	51.74	61.18	75.06	92.89	91.36
云 浮	Yunfu	8.61	15.20	14.82	16.95	12.78	17.16	17.85	22.40	24.13
按经济区域分	By Region									
珠三角	Pearl River Delta	664.92	1687.53	1976.71	2272.42	2537.97	2990.45	3717.58	4542.68	5077.70
东 翼	Eastern Region	111.11	175.50	203.76	233.58	258.21	286.03	335.60	391.07	426.03
西 翼	Western Region	103.46	201.08	248.52	293.56	264.74	304.77	368.93	462.03	602.04
山 区	Mountainous Region	65.12	136.47	165.05	205.75	221.62	245.58	319.98	408.44	458.59

13-5 各市建筑业企业利税总额

Total Pre-tax Profits of Construction Enterprises by City

单位：亿元 (100 million yuan)

市 别	City	2000	2005	2006	2007	2008	2009	2010	2011	2012
全省总计	**Provincial Total**	**58.24**	**164.38**	**191.62**	**256.59**	**289.23**	**329.00**	**393.87**	**470.75**	**517.82**
广 州	Guangzhou	15.17	45.42	51.19	69.52	85.98	93.25	118.16	123.81	129.12
深 圳	Shenzhen	13.79	39.76	38.20	68.15	61.80	80.35	105.09	141.93	166.61
珠 海	Zhuhai	1.43	4.16	4.75	5.46	8.20	7.20	7.44	9.03	12.31
汕 头	Shantou	4.14	9.86	9.82	13.63	13.99	17.30	17.64	21.39	22.11
佛 山	Foshan	4.70	14.31	28.87	27.34	26.16	24.95	30.47	26.19	24.65
#顺 德	Shunde	2.17	5.17	18.36	17.91	12.57	13.70	17.48	14.22	11.77
韶 关	Shaoguan	2.00	1.57	2.15	3.27	3.92	5.37	6.66	8.76	12.35
河 源	Heyuan	0.53	1.23	1.60	2.62	2.02	1.78	2.08	2.39	3.67
梅 州	Meizhou	0.81	6.47	8.12	8.86	14.87	18.13	13.70	24.70	24.71
惠 州	Huizhou	1.02	3.63	3.68	4.47	3.59	4.61	4.96	6.06	5.56
汕 尾	Shanwei	0.58	0.58	0.76	1.03	0.90	0.93	1.43	1.40	0.77
东 莞	Dongguan	2.25	6.36	7.44	8.14	7.46	9.99	9.80	9.77	10.74
中 山	Zhongshan	1.53	6.09	6.86	6.85	7.92	12.89	13.71	14.25	13.91
江 门	Jiangmen	2.37	3.79	3.58	4.30	7.26	8.41	9.61	15.69	14.23
阳 江	Yangjiang	1.15	3.24	3.64	5.03	6.10	5.01	6.26	6.30	7.87
湛 江	Zhanjiang	1.69	3.80	4.93	7.45	10.87	10.96	10.69	12.03	14.40
茂 名	Maoming	1.82	5.97	6.44	7.48	8.69	8.17	10.01	17.67	28.34
肇 庆	Zhaoqing	0.77	2.55	2.66	3.80	3.99	5.08	6.32	6.71	6.23
清 远	Qingyuan	0.40	1.20	2.00	2.93	5.32	3.70	6.24	5.38	5.48
潮 州	Chaozhou	0.66	1.17	1.06	1.35	1.79	2.05	2.12	2.94	2.50
揭 阳	Jieyang	0.73	2.09	2.37	3.53	7.46	7.23	9.48	12.16	9.69
云 浮	Yunfu	0.70	1.13	1.49	1.36	0.94	1.64	1.98	2.17	2.55
按经济区域分	By Region									
珠 三 角	Pearl River Delta	43.03	126.06	147.24	198.04	212.35	246.73	305.57	353.45	383.36
东 翼	Eastern Region	6.11	13.70	14.01	19.54	24.14	27.52	30.68	37.90	35.08
西 翼	Western Region	4.66	13.01	15.00	19.97	25.67	24.14	26.96	36.00	50.62
山 区	Mountainous Region	4.44	11.61	15.36	19.05	27.07	30.61	30.66	43.39	48.76

13-6 各市建筑业企业利润总额

Total Profits of Construction Enterprises by City

单位：亿元 (100 million yuan)

市别	City	2000	2005	2006	2007	2008	2009	2010	2011	2012
全省总计	**Provincial Total**	**22.73**	**70.53**	**90.29**	**138.87**	**145.43**	**173.42**	**205.47**	**252.73**	**283.88**
广州	Guangzhou	5.20	18.64	21.96	37.71	45.84	48.67	65.51	67.09	70.58
深圳	Shenzhen	7.57	15.65	12.86	37.29	23.77	38.04	50.44	73.43	92.97
珠海	Zhuhai	0.37	1.98	2.54	2.90	4.85	3.72	3.47	4.33	6.45
汕头	Shantou	1.36	3.74	4.05	6.37	6.60	8.34	8.23	9.90	9.89
佛山	Foshan	2.00	6.54	20.19	19.00	15.68	14.67	19.27	15.43	14.57
#顺德	Shunde	0.92	2.84	15.12	14.31	8.24	9.43	12.09	9.15	6.98
韶关	Shaoguan	0.23	0.43	0.68	1.21	1.77	2.52	2.95	3.84	6.04
河源	Heyuan	0.29	0.48	0.64	1.38	0.93	0.79	0.95	0.99	2.29
梅州	Meizhou	0.21	4.56	5.60	6.08	10.43	13.81	8.44	18.98	18.70
惠州	Huizhou	0.35	1.02	1.25	1.66	0.91	1.79	1.68	2.93	2.14
汕尾	Shanwei	0.22	0.18	0.13	0.19	0.22	0.38	0.56	0.57	0.30
东莞	Dongguan	1.14	3.81	4.20	4.57	3.39	6.15	5.78	4.98	5.64
中山	Zhongshan	0.78	3.63	4.40	4.37	4.57	8.88	7.46	9.04	8.54
江门	Jiangmen	0.34	1.55	1.16	1.61	4.07	4.56	4.88	8.55	7.46
阳江	Yangjiang	0.61	1.38	1.95	2.96	3.67	2.63	3.59	3.47	4.46
湛江	Zhanjiang	0.28	1.19	1.67	2.17	5.64	4.71	3.76	4.25	5.22
茂名	Maoming	0.77	2.49	3.02	3.52	4.16	3.91	4.43	9.17	15.50
肇庆	Zhaoqing	0.09	0.65	0.77	1.51	1.45	1.77	2.51	2.92	2.22
清远	Qingyuan	0.01	0.46	0.73	1.15	2.28	1.70	3.44	2.72	2.83
潮州	Chaozhou	0.28	0.49	0.50	0.62	0.76	0.80	1.12	1.82	1.38
揭阳	Jieyang	0.26	1.22	1.18	1.87	4.15	4.77	5.90	7.14	5.18
云浮	Yunfu	0.37	0.43	0.79	0.73	0.31	0.81	1.10	1.18	1.51
按经济区域分	By Region									
珠三角	Pearl River Delta	17.84	53.48	69.34	110.61	104.52	128.25	161.00	188.70	210.59
东翼	Eastern Region	2.12	5.62	5.86	9.06	11.72	14.30	15.81	19.43	16.75
西翼	Western Region	1.66	5.06	6.64	8.64	13.47	11.25	11.78	16.89	25.18
山区	Mountainous Region	1.11	6.36	8.45	10.56	15.72	19.63	16.87	27.70	31.37

13-7 各市建筑业企业房屋建筑施工面积

Floor Space of Buildings under Construction by Construction Enterprises by City

单位：万平方米 (10000 sq.m)

市 别	City	2000	2005	2006	2007	2008	2009	2010	2011	2012
全省总计	**Provincial Total**	**16333.82**	**26886.00**	**28878.86**	**32631.10**	**30295.65**	**30126.96**	**33140.39**	**38604.41**	**42431.74**
广 州	Guangzhou	3161.25	5311.14	5462.94	5951.92	6156.62	6190.86	7135.48	8439.12	9119.66
深 圳	Shenzhen	1999.65	4800.07	5163.59	5875.60	5263.99	5690.62	5980.34	7505.14	9731.89
珠 海	Zhuhai	733.57	625.51	703.35	647.47	730.49	728.52	877.39	980.71	1004.81
汕 头	Shantou	1477.16	2176.29	2294.04	2433.69	2355.81	2243.67	2381.63	2697.29	3016.58
佛 山	Foshan	1763.57	2782.45	3263.76	3394.09	3348.91	3225.96	3335.62	3405.59	3240.44
#顺 德	Shunde	652.00	809.73	1353.44	1368.11	1305.96	1442.69	1248.00	1271.10	1136.34
韶 关	Shaoguan	362.44	424.57	553.41	772.22	723.08	751.88	781.78	950.89	1031.84
河 源	Heyuan	79.80	294.41	307.11	303.54	222.38	217.42	218.83	265.33	247.43
梅 州	Meizhou	273.56	776.23	876.57	853.93	1052.29	1146.44	1315.80	1239.34	1299.41
惠 州	Huizhou	366.05	772.13	871.38	1059.76	988.51	839.73	942.90	1010.97	1073.02
汕 尾	Shanwei	127.42	114.77	104.91	165.79	166.72	149.15	175.11	168.34	127.50
东 莞	Dongguan	1217.56	1234.98	1484.55	1298.63	964.27	739.73	733.44	756.01	777.57
中 山	Zhongshan	400.99	945.60	832.63	824.34	707.94	640.83	601.02	704.94	757.35
江 门	Jiangmen	1329.02	1585.95	1257.38	1376.90	1326.39	1377.80	1640.13	1917.19	1713.24
阳 江	Yangjiang	270.81	525.95	521.77	618.21	678.88	699.48	825.31	761.45	820.89
湛 江	Zhanjiang	857.19	1399.47	1414.23	1557.29	1709.60	1724.16	1943.66	2427.94	2971.01
茂 名	Maoming	734.43	1395.55	1699.62	2827.31	1607.76	1458.04	1770.78	1898.70	2840.62
肇 庆	Zhaoqing	386.93	531.11	628.86	828.16	690.83	696.23	728.47	773.93	760.58
清 远	Qingyuan	249.02	466.45	549.93	871.33	576.95	572.66	632.87	727.12	645.76
潮 州	Chaozhou	217.15	206.67	305.65	347.85	351.78	356.79	373.12	460.99	531.09
揭 阳	Jieyang	193.91	277.75	329.72	411.33	515.74	488.99	559.41	572.49	526.15
云 浮	Yunfu	132.34	238.96	253.47	211.73	156.71	187.99	187.29	213.27	194.90
按经济区域分	By Region									
珠 三 角	Pearl River Delta	11358.59	18588.94	19668.45	21256.88	20177.94	20130.30	21974.80	25493.61	28178.56
东 翼	Eastern Region	2015.64	2775.47	3034.30	3358.67	3390.05	3238.61	3489.27	3899.10	4201.31
西 翼	Western Region	1862.43	3320.97	3635.61	5002.81	3996.24	3881.67	4539.75	5088.09	6632.53
山 区	Mountainous Regio	1097.16	2200.62	2540.50	3012.74	2731.41	2876.39	3136.57	3395.96	3419.34

13-8 各市建筑业企业房屋建筑施工新开工面积

Floor Space of Buildings under Construction by Construction Enterprises by City

单位：万平方米 (10000 sq.m)

市别	City	2000	2005	2006	2007	2008	2009	2010	2011	2012
全省总计	**Provincial Total**	**6423.16**	**11879.41**	**14051.04**	**14894.41**	**12277.78**	**11995.73**	**14529.68**	**15889.34**	**16118.27**
广州	Guangzhou	1153.97	2313.48	2375.67	2319.58	2195.96	2236.24	2995.47	3119.47	2543.37
深圳	Shenzhen	791.59	1933.19	2245.06	2441.48	2067.04	2046.14	2443.02	3016.70	3833.09
珠海	Zhuhai	236.23	298.50	363.20	397.94	262.63	276.09	476.92	303.37	322.40
汕头	Shantou	576.48	942.72	967.81	983.23	978.75	783.18	1129.55	1060.91	1073.15
佛山	Foshan	943.98	1230.74	1580.06	1329.29	898.19	1389.33	931.63	945.76	1127.34
#顺德	Shunde	410.99	414.65	839.26	457.54	366.02	674.97	479.60	262.90	329.86
韶关	Shaoguan	160.10	196.57	340.40	415.95	320.06	331.29	360.77	380.87	532.82
河源	Heyuan	40.48	151.18	144.65	177.43	133.13	113.02	126.65	174.15	108.93
梅州	Meizhou	124.38	323.52	495.25	525.00	595.24	576.51	655.48	642.42	490.15
惠州	Huizhou	185.75	380.49	417.07	503.11	342.26	236.38	444.14	275.72	279.39
汕尾	Shanwei	84.60	50.11	64.54	83.19	76.90	64.93	122.07	110.30	46.22
东莞	Dongguan		589.95	800.75	750.55	404.06	259.75	345.07	415.59	345.91
中山	Zhongshan	200.38	503.83	420.36	439.28	324.93	277.66	287.82	339.35	277.53
江门	Jiangmen	668.83	631.55	626.37	672.77	642.59	682.75	833.99	1032.47	596.56
阳江	Yangjiang	354.20	249.55	293.71	314.04	327.94	346.54	369.70	355.32	322.04
湛江	Zhanjiang	290.52	639.64	679.57	740.18	778.49	657.25	922.67	1325.28	1426.14
茂名	Maoming	138.54	600.67	1091.02	1365.87	828.25	699.29	848.76	1139.95	1617.99
肇庆	Zhaoqing	115.93	248.72	348.26	493.69	286.22	268.86	298.32	279.41	270.24
清远	Qingyuan	97.89	235.35	279.96	436.86	304.32	256.27	318.47	309.58	303.68
潮州	Chaozhou	99.95	96.79	197.65	155.93	147.23	133.54	134.94	121.82	118.48
揭阳	Jieyang	108.93	147.23	197.54	250.03	286.85	267.66	388.76	424.99	367.03
云浮	Yunfu	50.43	115.64	122.18	99.01	76.75	93.03	95.48	115.91	115.82
按经济区域分	By Region									
珠三角	Pearl River Delta	4296.66	8130.45	9176.77	9347.69	7423.88	7673.20	9056.38	9727.84	9595.83
东翼	Eastern Region	869.96	1236.84	1427.53	1472.38	1489.72	1249.31	1775.32	1718.02	1604.88
西翼	Western Region	783.26	1489.86	2064.31	2420.09	1934.68	1703.09	2141.14	2820.55	3366.17
山区	Mountainous Regio	473.28	1022.26	1382.43	1654.25	1429.50	1370.13	1556.84	1622.93	1551.39

13-9 各市建筑业企业期末从业人员

Number of Employed Persons of Construction Enterprises at the Year-end by City

单位：万人 (10000 persons)

市 别	City	2000	2005	2006	2007	2008	2009	2010	2011	2012
全省总计	**Provincial Total**	**141.46**	**166.78**	**169.33**	**179.13**	**172.54**	**179.34**	**196.32**	**190.28**	**198.31**
广 州	Guangzhou	26.40	30.80	33.20	33.16	35.04	38.30	39.65	39.14	40.25
深 圳	Shenzhen	20.15	26.85	29.68	37.09	33.18	36.91	45.59	44.55	52.26
珠 海	Zhuhai	3.55	3.24	3.46	3.54	4.20	3.84	4.36	2.90	3.46
汕 头	Shantou	14.29	12.63	12.65	13.25	12.78	13.06	14.35	13.02	13.02
佛 山	Foshan	8.62	13.71	11.73	12.22	11.87	12.29	11.02	10.34	11.66
#顺 德	Shunde	3.14	7.12	5.53	5.85	5.51	6.16	5.33	4.34	3.83
韶 关	Shaoguan	4.46	3.69	4.25	4.82	4.49	6.08	5.71	5.92	7.10
河 源	Heyuan	1.74	2.09	2.12	2.30	1.80	1.69	1.72	1.86	1.69
梅 州	Meizhou	3.58	7.27	7.05	6.88	8.06	7.63	9.13	7.78	7.01
惠 州	Huizhou	3.33	3.94	4.05	3.88	3.23	3.12	3.24	2.96	3.34
汕 尾	Shanwei	1.25	1.28	1.21	1.24	1.09	1.12	1.31	0.95	0.78
东 莞	Dongguan	6.65	7.78	8.41	7.84	6.18	5.38	5.73	6.07	6.35
中 山	Zhongshan	3.71	5.75	5.04	4.71	4.77	4.90	5.32	5.45	5.06
江 门	Jiangmen	10.26	10.58	8.36	7.98	7.20	7.43	8.50	11.29	7.26
阳 江	Yangjiang	3.54	4.54	5.28	4.85	5.34	5.37	5.49	5.22	5.23
湛 江	Zhanjiang	8.03	7.87	7.74	7.86	9.00	9.63	10.29	8.92	9.79
茂 名	Maoming	8.92	10.44	10.16	11.56	8.56	7.86	8.27	8.68	10.00
肇 庆	Zhaoqing	3.61	3.70	3.95	4.56	3.96	4.06	4.12	2.78	3.05
清 远	Qingyuan	2.74	2.46	2.87	3.30	3.15	2.59	3.43	2.88	2.48
潮 州	Chaozhou	2.10	2.17	2.08	1.92	1.79	1.37	1.46	1.49	1.45
揭 阳	Jieyang	2.88	3.86	4.06	3.88	4.84	4.65	5.75	6.26	5.42
云 浮	Yunfu	1.65	2.13	1.99	2.29	2.00	2.09	1.85	1.84	1.65
按经济区域分	By Region									
珠三角	Pearl River Delta	86.28	106.35	107.87	114.98	109.63	116.21	127.54	125.47	132.68
东 翼	Eastern Region	20.52	19.94	20.00	20.28	20.51	20.20	22.88	21.73	20.67
西 翼	Western Region	20.49	22.86	23.17	24.27	22.89	22.86	24.06	22.82	25.02
山 区	Mountainous Region	14.17	17.64	18.28	19.59	19.51	20.07	21.84	20.27	19.93

13-10 各市建筑业企业劳动生产率
Labor Productivity of Construction Enterprises by City

单位：元/人 (yuan/person)

市 别	City	2000	2005	2006	2007	2008	2009	2010	2011	2012
全省总计	**Provincial Total**	**66780**	**132049**	**155312**	**166377**	**187538**	**212420**	**239595**	**290806**	**356696**
广 州	Guangzhou	91086	204454	208349	226900	249920	271428	315033	357975	506773
深 圳	Shenzhen	107549	183515	249994	223577	266221	291311	300502	365620	350511
珠 海	Zhuhai	85936	162503	171078	182939	185645	203730	228342	351646	656863
汕 头	Shantou	56057	99266	114466	125230	136651	147170	159623	199497	253241
佛 山	Foshan	86795	115051	151408	163044	213343	226936	285616	368172	417531
#顺 德	Shunde	97509	84095	132567	137153	191715	214870	301529	327837	435826
韶 关	Shaoguan	57743	83704	85208	107603	122454	130287	189045	212203	328545
河 源	Heyuan	33395	82741	106900	103738	103593	110034	121383	175090	230341
梅 州	Meizhou	44258	78866	98749	114178	115770	135454	141903	211947	275983
惠 州	Huizhou	60374	119974	127346	142800	158081	174962	217933	279815	357245
汕 尾	Shanwei	46496	51367	118178	115186	89504	115906	116927	175038	170432
东 莞	Dongguan	64176	108136	111939	146017	173813	184034	218052	208933	309757
中 山	Zhongshan	73597	119772	136689	156854	194817	223833	249502	271956	380332
江 门	Jiangmen	49612	64418	69836	81276	95319	118329	147038	197196	259535
阳 江	Yangjiang	59689	78360	70942	92475	101186	110279	123368	111674	189791
湛 江	Zhanjiang	57160	98452	115690	140362	138348	156933	173336	226382	262224
茂 名	Maoming	46992	90457	125071	124612	114007	136748	170522	224550	343345
肇 庆	Zhaoqing	46380	107435	121341	147678	179047	211363	257334	344042	306971
清 远	Qingyuan	42073	90596	100662	129029	126604	156001	158598	221388	268486
潮 州	Chaozhou	57817	91838	99110	93579	114444	146613	146120	170587	261483
揭 阳	Jieyang	40672	57368	74608	95972	97677	125337	131884	148945	190814
云 浮	Yunfu	49773	74640	75063	71930	59042	86311	101721	130305	198521
按经济区域分	By Region									
珠 三 角	Pearl River Delta	82426	156714	183651	193115	226140	251417	283028	338546	397550
东 翼	Eastern Region	53458	87357	105636	115435	122316	140285	149042	181481	234253
西 翼	Western Region	55234	90945	110086	123536	121179	139523	160692	194444	277491
山 区	Mountainous Region	47252	81395	94187	108503	111672	129410	151686	203225	281286

主要统计指标解释

建筑业总产值 是以货币表现的建筑业企业在一定时期内生产的建筑业产品和服务的总和。建筑业总产值包括三部分内容：

⑴建筑工程产值：指列入建筑工程预算内的各种工程价值。

⑵设备安装工程产值：指设备安装工程价值，但不包括设备本身的价值。

⑶其他产值：建筑业总产值中除建筑工程、安装工程以外的产值。包括房屋构筑物修理产值、非标准设备制造产值、总包企业向分包企业收取的管理费以及不能明确划分的施工活动所完成的产值。

①房屋构筑物修理产值：指房屋和构筑物的修理所完成的价值，但不包括被修理房屋构筑物的本身价值和生产设备的修理价值。

②非标准设备制造产值：指加工制造没有定型的非标准生产设备的加工费和原材料价值以及附属加工厂为本企业承建工程制作的非标准设备的价值。

竣工产值 一般是以单位工程为对象，当该工程按照设计所规定的工程内容全部完成，达到了设计规定的交工条件，经有关部门检查验收鉴定合格的单位工程价值，即为竣工产值。

房屋施工面积 指在报告期内施工的全部房屋建筑面积，它包括本期新开工的房屋面积、上期跨入本期继续施工的房屋面积、上期停缓建在本期恢复施工的房屋面积、本期竣工的房屋面积以及本期施工后又停缓建的房屋面积。

房屋新开工面积 指在报告期内新开工的各个房屋单位工程的建筑面积之和。它不包括在上期开工跨入报告期继续施工的房屋建筑面积和上期停缓建而在本期复工的建筑面积。新开工面积用于反映报告期内投入施工的房屋建筑规模，为科学组织施工提供依据。

计算建筑业劳动生产率的平均人数 指建筑业企业(或单位)报告期实际拥有的、与建筑施工活动有关的人员的平均人数，包括参加本企业(或单位)建筑施工活动的非本企业(或单位)人员，但不包括企业内部社会服务性机构的人员以及由本企业支付工资但所从事的工作与本企业生产基本无关的人员。

年末从业人员中工程技术人员 指负担工程技术和工程技术管理工作，并具有工程技术工作能力的人员。

利润总额 指企业在生产经营过程中各种收入扣除各种耗费后的盈余，反映企业在报告期内实现的亏盈总额，包括营业利润、补贴收入、投资净收益和营业外收支净额。

工程结算税金及附加 指因从事建筑业生产活动，取得工程价款结算收入而按规定应该交纳的营业税、城市维护建设税等以及随同营业税金一并计算交纳的教育费附加等。

管理费用中税金 指企业按规定从管理费用中支付的各种税金,包括房产税、土地使用税、车船使用税、印花税等。

利税总额=工程结算税金及附加+管理费用中税金+利润总额

建筑业全员劳动生产率=建筑业总产值÷计算建筑业劳动生产率的平均人数

Explanatory Notes on Main Statistical Indicators

Gross Output Value of Construction refers to the sum in monetary terms of construction products and services completed by construction enterprises during a given period of time. It includes:

(1) Output value of construction projects, which is the value of various projects covered by the project budgets;

(2)Output value of equipment installation projects refers to the value of the installation of equipment. It does not include the value of the equipment itself.

(3) Other output values, which are output values other than output value of construction projects and output value of installation projects, including output value of house and building repair, output value of non-standard equipment manufacture, management expenses received by overall contractor enterprises from subcontractor enterprises and output value completed in unclassified construction activities.

①Output value of house and building repair is the value created through the repairs of houses and buildings, excluding the value of houses or buildings being repaired and the value of the repair of production equipment.

②Output value of non-standard equipment manufacture is the value of non-standard production equipment with unique specifications (including raw materials and manufacturing costs), and equipment manufactured by subsidiary workshops for construction projects contracted by construction enterprises.

Output Value Completed refers to the value of unit project completed, which has come up to the designed standards for putting into use and has been checked and accepted as qualified project by related departments.

Floor Space of Buildings under Construction refers to the floor space of buildings under construction during the reference period, including newly started buildings, buildings started earlier and continued into the reference period, buildings suspended in preceding periods but resumed during the reference period, buildings completed during the reference period, and buildings started and then suspended during the reference period.

Average Number of Persons for Labor Productivity Calculation of the Construction Industry refers to the average number of persons actually employed in the construction enterprises (units) and engaged in related activities of construction in the reference period, including non-staff personnel engaged in the construction activities of the enterprises (units), but excluding personnel employed in social service institutions of the enterprises and those receiving remunerations therefrom but engaged in activities basically irrelevant to the production of the enterprises.

Number of Engineering Technical Personnel Employed at the Year-end refers to personnel capable of and engaged in engineering technical work and related management.

Total Profits refer to the surplus of various incomes in the production and operation of the enterprises after deducting all expenses. This reflects the total profits or losses realized by the enterprises in the reference period, including profits from operation, income from subsidies, net investment earnings and net income from activities other than operations.

Taxes and Extra Charges on Project Settlement Accounts refer to business tax, city maintenance and construction tax and extra charges for education calculated and paid with business tax, which should be borne by the enterprises obtaining project settlement incomes from the production activities of construction.

Taxes from Management Expenses refer to the taxes which should be borne by the enterprises from management expenses, including property tax, land use tax, vehicle and vessel use tax, and stamp tax.

Total Pre-tax Profits = Taxes and Extra Charges on Project Settlement Accounts + Taxes from Management Expenses + Total Profits

Overall Labor Productivity of Construction = Gross Output Value of Construction ÷ Average Number of Persons for Labor Productivity Calculation

十四、运输和邮电

TRANSPORT,POSTAL AND TELECOMMUNICATION SERVICES

十四　运输和邮电

简要说明

一、本篇资料反映广东运输和邮电通信业发展的基本状况。

交通运输业资料主要包括：运输线路里程、运输设备拥有量、货物运输量和旅客运输量、港口设备和吞吐量、航站吞吐量等。

邮电通信业资料主要包括：邮电通信主要工具及设备情况，主要邮电业务完成情况，邮电通信发展水平等。

二、资料调查范围和统计单位

1. 铁路资料：包括国家铁路、地方铁路和合资铁路运营情况，不含军用铁路及由厂矿企事业单位自建的铁路专用线和专用铁道。

2. 公路、水路、港口资料：(1)公路和水路线路里程为年末通车和通航里程数。公路里程、桥梁、渡口统计从 2006 年起包括农村公路。(2)民用汽车拥有量，根据公安交通管理局所属车管部门登记注册的车辆资料整理；(3)民用运输船舶拥有量，不含渔船、水上施工作业船，根据水上航运管理部门登记注册的船舶资料整理；(4)公路、水路客货运输量资料，包括在广东公路水路运输管理部门注册登记或审批备案的、从事营业性公路、水路客、货运输的营业性运输工具(包括个体联户)所完成的运输量。此部分数据 2005 年之前由统计局收集整理，2005 年起改由省交通运输厅通过抽样调查方法负责收集整理。2009 年起，按国家交通运输部统一部署改用新调查方法收集整理。由于新调查方法对统计对象、城乡地域等重新明确和界定，导致数据与以往不可比，使用时敬请注意。(5)港口设备及吞吐量，根据各地港务管理部门注册的港口企业和从事港口生产活动单位的资料整理。

3. 管道运输资料：包括输原油、输成品油、输天然气、输其他气体的管线长度、输送能力及完成的运输量。数据主要来源于中国石油天然气集团公司和中国石油化工集团公司所属的本地各管道运输单位。

4. 民航运输资料：统计对象为在广东境内注册、从事民用航空运输飞行和通用飞行的航空运输企业和民用航空机场，不包括在境内运输飞行的国内其他航空公司及外国航空公司。统计范围为各航空公司从事国内运输、港澳台运输、国际运输的定期航班航线条数及里程、运输量及期末飞机在册架数、民用航空机场航班起降架次和客货吞吐量等。

5. 邮电通信资料：包括全省电信和邮政运营企业为社会公众提供的各类电信和邮政服务，不含专用网业务资料。资料主要来源于省通信管理局、邮政管理局以及邮政、电信、移动、联通和铁通等运营单位。

三、本篇资料由广东省统计局服务业统计处整理、编辑。资料主要来源于省内民航、铁路、公路、水运、港口、公安、邮政、通信等行业主管部门以及各有关单位。

14 Transport,Postal and Telecommunication Services

Brief Introduction

Ⅰ. The data in this chapter cover mainly the basic conditions of the development of transport, postal and telecommunication services in Guangdong Province.

The data on transport cover mainly the route length of five means of transportation, the possession of transport equipment, the freight and passenger traffic the possession of port equipment and the volume of freight handled in ports, the passenger and freight throughput of airports, etc.

The data on postal and telecommunication services cover mainly major means and equipment of post and telecommunications, achievements of main businesses of postal and telecommunication services, and the level of development of postal and telecommunication services, etc.

II. Coverage and Statistical Units

1. Data on railway transportation: including the operation and management of the national, local and joint-venture railways, but excluding the railways for military purpose, lines built by factories, mines, enterprises and institutions for exclusive use, and special railways.

2. Data on highways, waterways and ports: (1) The length of highways and waterways refer to the length open to traffic or navigation at the end of the year. The Statistical of leng of highways,bridges,ferries from 2006 include rural highway. (2) The data on the possession of civil motor vehicles are compiled according to registration data of vehicles at the divisions of vehicle management under the traffic management departments of public security authorities. (3) The data on the possession of civil vessels exclusive of fishing boats and engineering ships over water are compiled according to registration data of vessels at the authorities of navigation and port management. (4) The data on the volume of transportation by highways and waterways, including all enterprises, institutions, and individuals (or individual partnerships) registered in Guangdong for passenger and freight transportation by highways and waterways, were collected and prepared by the Bureau of Statistics before 2005. Since 2005, the data were collected and prepared by the Department of Transport of Guangdong through sample survey. Since 2009, the data are collected and prepared in accordance with the new survey method stipulated by the Ministry of Transport. Since the new survey method has new criteria for survey target and urban-rural division, the data are not comparable with those of the previous years. (5) The data on possession of port equipment and production capacity and handling capacity of ports are compiled according to registration data of port enterprises and production units at local port authorities.

3. Data on pipeline transport: The data on pipeline transport cover the length, transport capacity and the volume transported of pipelines of petroleum (crude oil), petroleum products, natural gas and other gases. The data are mainly provided by enterprises engaged in the pipeline transport subordinate to the China National Petroleum Corporation and China Petrochemical Corporation.

4. Data on civil aviation transport: Data on civil aviation transport include air transport enterprises and civil airports registered for civil aviation transport and general aviation, excluding other domestic aviation companies and foreign aviation companies engaged in air transport within Chinese territory. The statistics cover regular flights of domestic transport, transport between the mainland of China and Hong Kong, Macao and Taiwan, and international transport managed by various aviation companies, concerning the number of lines, length, transport volume, number of registered aircrafts at the end of the reference period, sorties at civil airports, and volumes of passenger and freight handled at civil airports.

5. Data on post and telecommunications: Data in this category include telecommunications and postal services rendered to the public by telecommunications and postal enterprises of the whole province, but exclude services provided through dedicated networks. Statistics are mainly provided by Guangdong Communications Administration and corresponding enterprises, including China Post, China Telecom, China Mobile, China Unicom, China TieTong, and China Netcom.

III. The data in this chapter are prepared and compiled by the Division of Service Industry Statistics of Statistics Bureau of Guangdong Province. Raw data are mainly provided by authorities and related enterprises and institutions within the province of civil aviation, railways, highways, waterways, ports, public securities, and post and telecommunications.

14-1 运输邮电主要指标

Main Indicators on Transport, Postal and Telecommunication Services

指标	Item	2000	2010	2011	2012	2012 比 2011增长% Growth Rate in 2012over 2011 (%)
铁路营业里程 (公里)	Length of Railways in Operation (km)	1942	2297	2555	2577	0.9
公路通车里程 (公里)	Length of Highways (km)	102606	190144	190724	194943	2.2
内河通航里程 (公里)	Length of Navigable Inland Waterways (km)	13696	13596	13596	13780	1.4
民航航线里程 (万公里)	Length of Civil Aviation Routes (10000 km)	50.03	180.74	167.11	185.10	10.8
管道输油(气)里程 (公里)	Length of Petroleum and Gas Pipelines (km)	1535.57	6033.62	6436.91	6448.01	0.2
港口码头泊位 (个)	Number of Berths in Coastal Ports (unit)	3191	3082	3120	3125	0.2
#万吨级泊位	Berths at 10000 Ton Class	126	245	259	265	2.3
码头泊位长度 (米)	Length of Quay Line (m)	180238	252762	257557	261368	1.5
公路桥梁 (座)	Number of Highway Bridges (unit)	19668	42330	43769	44468	1.6
#永久式	Permanent	19656	42233	43686	44385	1.6
民用汽车 (万辆)	Number of Civil Motor Vehicles (10000 units)	172.91	783.50	912.10	1038.51	13.9
机动船艘数 (艘)	Number of Motor Vessels (unit)	21733	8793	8657	8545	-1.3
吨位数 (万净载重吨)	Tonnage (10000 dead weight ton)	526.88	1140.71	1529.14	2255.17	47.5
民用运输飞机 (架)	Number of Civil Aircrafts (unit)	106	441	454	496	9.3
长途电话交换机容量 (万路端)	Capacity of Automatic Long-distance Telephone Exchanges (10000 lines)	70.34	269.11	264.43	261.81	-1.0
本地交换设备容量 (万门)	Capacity of Local Telephone Exchanges (10000 lines)	1939.45	5383.59	4871.27	4360.56	-10.5
移动电话交换机容量 (万户)	Capacity of Mobile Telephone Exchanges (10000 subscribers)	1825.40	14766.90	19076.70	20305.60	6.4
本地电话用户 (万户)	Subscribers of Local Fixed Telephones (10000 subscribers)	1414.94	3169.14	3147.14	3135.81	-0.4
移动电话用户 (万户)	Subscribers of Mobile Telephones (10000 subscribers)	1357.26	9710.09	10792.83	12467.99	15.5
客运量 (万人)	Passenger Traffic (10000 persons)	164791	467049	522095	586299	12.3
旅客周转量 (亿人公里)	Passenger-kilometers (100 million passenger-km)	1218.59	3342.23	3851.84	4372.06	13.5
货运量 (万吨)	Freight Traffic (10000 tons)	119216	205034	234978	266359	11.5
货物周转量 (亿吨公里)	Freight Ton-kilometers (100 million ton-km)	3064.51	5933.88	7113.29	9780.56	16.0
港口货物吞吐量 (万吨)	Volume of Freight Handled in Ports (10000 tons)	31649	122258	133704	140776	5.3
港口旅客吞吐量 (万人)	Volume of Passengers Handled in Ports(10000 persons)	1670.32	2483.21	2744.98	2869.27	4.5
航站旅客吞吐量 (万人)	Volume of Passengers Handled at Airports (10000 persons)	2142.84	7188.64	7767.78	8282.59	6.6
邮电业务总量 (亿元)	Business Volume of Postal and Telecommunication Services (100 million yuan)	602.31	4832.94	1918.01	2174.67	13.4
邮政 (亿元)	Postal Service (100 million yuan)	40.09	118.57	291.36	395.18	35.6
通信 (亿元)	Telecommunication Service (100 million yuan)	562.22	4714.37	1626.65	1779.49	9.4

注：1.邮电业务总量从2011年起按2010年不变价格计算，之前年份按2000年不变价格计算。增长速度按可比价格计算。
2.2012年货运量和货物周转量统计口径存在不可比因素,增长速度按可比口径计算.

Note: a)Since 2011,total business volume of postal and telecommunication services is calculated at 2010 constant price,and those of the previous years are calculated at 2000 constant price. The growth rate is calculated at constant price.
b)There are incomparable factors in the statistics of 2012 of freight traffic and freight ton-kilometers. The growth rates are calculated at comparable wverage.

14-2 全社会旅客运输量

Total Passenger Traffic

年份 Year	客运量(万人) Passenger Traffic (10000 persons)					旅客周转量（亿人公里） Passenger-kilometers (100 million passenger-km)				
	合计 Total	铁路 Railways	公路 Highways	水路 Waterways	民航 Civil Aviation	合计 Total	铁路 Railways	公路 Highways	水路 Waterways	民航 Civil Aviation
1985	49848	3357	41826	4427	238	270.23	50.41	178.27	20.46	21.09
1986	126890	3742	113561	9295	292	450.35	56.70	346.81	19.82	27.02
1987	158715	4129	144684	9557	345	796.86	66.98	678.04	21.20	30.64
1988	218915	4828	204278	9420	389	402.34	82.53	261.18	22.43	36.20
1989	66727	4882	58110	3377	358	447.62	84.38	309.25	20.50	33.49
1990	78046	4467	70681	2428	470	453.21	82.56	307.40	19.68	43.57
1991	83460	5004	75570	2317	569	526.66	102.11	348.85	20.89	54.81
1992	93678	6243	83128	3503	804	624.55	131.99	385.76	25.75	81.05
1993	95468	6835	84708	3078	847	696.92	161.04	422.88	25.60	87.40
1994	125036	6920	111447	5636	1033	929.48	164.11	619.52	33.21	112.64
1995	130998	6283	118406	5146	1163	936.29	163.11	613.07	31.13	128.98
1996	128831	5593	117815	4232	1191	938.65	153.86	626.60	20.65	137.54
1997	123649	6201	113259	3032	1157	957.20	177.61	616.48	17.21	145.90
1998	132462	6743	121795	2729	1195	994.84	194.16	630.65	13.87	156.16
1999	148636	7553	137324	2605	1154	1082.14	212.13	700.74	13.62	155.65
2000	164791	12165	148945	2363	1318	1218.59	241.51	780.74	11.65	184.69
2001	178676	12783	161967	2382	1544	1342.12	252.37	858.86	11.40	219.49
2002	188657	13310	171191	2347	1809	1490.34	273.19	945.16	11.31	260.68
2003	191202	12935	174288	2208	1771	1505.83	267.14	983.67	11.41	243.61
2004	202414	15142	183012	1827	2433	1738.21	308.38	1076.06	10.17	343.60
2005	212104	16106	189881	2062	4055	2122.14	327.74	1190.73	9.54	594.13
2005(调整) (Adjusted)	161357	16106	139158	2038	4055	2043.23	327.74	1111.57	9.79	594.13
2006	197314	15109	175567	2073	4565	2245.37	347.60	1212.76	12.14	672.87
2007	211215	16762	186835	2071	5548	2626.71	387.61	1410.72	10.98	817.40
2007(调整) (Adjusted)	206504	12050	186835	2071	5548	2626.71	387.61	1410.72	10.98	817.40
2008	238375	13739	216902	1902	5832	2844.79	420.12	1566.73	9.80	848.14
2008(调整) (Adjusted)	484161	13739	462997	1593	5832	2551.92	420.12	1276.12	7.54	848.14
2009	428705	13394	406704	1873	6734	2853.30	407.72	1470.06	7.06	968.46
2010	467049	14956	442224	2241	7628	3342.23	456.46	1736.34	8.36	1141.07
2011	522095	17902	493618	2594	7981	3851.84	505.16	2082.68	9.63	1254.37
2012	586299	18528	556510	2725	8535	4372.06	514.88	2470.11	10.01	1377.06

14-3 旅客运输量指数

Indices of Passenger Traffic

上年=100 (preceding year=100)

年份 Year	客运量 Passenger Traffic					旅客周转量 Passenger-kilometers				
	合计 Total	铁路 Railways	公路 Highways	水路 Waterways	民航 Civil Aviation	合计 Total	铁路 Railways	公路 Highways	水路 Waterways	民航 Civil Aviation
1978	107.9	105.6	109.0	104.8	144.8	110.4	112.8	109.8	102.3	151.9
1979	114.9	115.5	116.0	109.2	144.2	123.5	129.1	119.8	117.1	165.2
1980	117.3	101.0	125.2	97.7	118.6	121.2	120.4	128.0	109.3	97.4
1981	107.4	100.0	110.0	99.1	125.1	110.9	109.0	112.2	106.0	121.0
1982	119.7	95.7	126.6	99.9	122.4	111.8	102.6	117.1	102.4	125.4
1983	107.2	107.2	108.6	96.4	89.6	111.9	117.8	114.0	99.7	94.6
1984	119.7	109.2	124.4	87.3	142.9	125.6	115.3	130.4	98.3	183.2
1985	109.2	112.6	109.1	103.6	131.6	118.1	121.3	116.1	101.0	148.7
1986	90.0	102.8	88.2	91.7	125.2	95.0	106.7	86.0	91.4	130.8
1987	125.1	110.3	127.4	102.8	118.2	176.9	118.1	195.5	107.0	113.4
1988	137.9	116.9	141.2	98.6	112.8	50.5	123.2	38.5	105.8	118.1
1989	30.5	101.1	28.4	35.8	92.0	111.3	102.2	118.4	91.4	92.5
1990	117.0	91.5	121.6	71.9	131.3	101.2	97.8	99.4	96.0	130.1
1991	106.9	112.0	106.9	95.4	121.1	116.2	123.7	113.5	106.1	125.8
1992	112.2	124.8	110.0	151.2	141.3	118.6	129.3	110.6	123.3	147.9
1993	101.9	109.5	101.9	87.9	105.3	111.6	122.0	109.6	99.4	107.8
1994	131.0	101.2	131.6	183.1	122.0	133.4	101.9	146.5	129.7	128.9
1995	104.8	90.8	106.2	91.3	112.6	100.7	99.4	99.0	93.7	114.5
1996	98.3	89.0	99.5	82.2	102.4	100.3	94.3	102.2	66.3	106.6
1997	96.0	110.9	96.1	71.6	97.1	102.0	115.4	98.4	83.3	106.1
1998	107.1	108.7	107.5	90.0	103.3	103.9	109.3	102.3	80.6	107.0
1999	112.2	112.0	112.8	95.5	96.6	108.8	109.3	111.1	98.2	99.7
2000	108.4	111.9	108.5	90.7	114.2	112.6	113.8	111.4	85.5	118.7
2001	108.4	105.1	108.7	100.8	117.1	110.1	104.5	110.0	97.9	118.8
2002	105.6	104.1	105.7	98.5	117.2	111.0	108.2	110.0	99.2	118.8
2003	101.3	97.2	101.8	94.1	97.9	101.0	97.8	104.1	100.9	93.5
2004	105.9	117.1	105.0	82.7	137.4	115.4	115.4	109.4	89.1	141.0
2005	104.8	106.4	103.8	112.9	166.7	122.1	106.3	110.7	93.8	172.9
2006	122.3	93.8	126.2	101.7	112.6	109.9	106.1	109.1	124.0	113.3
2007	107.0	110.9	106.4	99.9	121.5	117.0	111.5	116.3	90.4	121.5
2008	115.4	114.0	116.1	91.8	105.1	108.3	108.4	111.1	89.3	103.8
2009	88.5	97.5	87.8	117.6	115.4	111.8	97.0	115.2	93.6	114.2
2010	108.9	111.7	108.7	119.6	113.3	117.1	112.0	118.1	118.4	117.8
2011	111.8	119.7	111.6	115.8	104.6	115.2	110.7	119.9	115.2	109.9
2012	112.3	103.5	112.7	105.1	106.9	113.5	101.9	118.6	103.9	109.8

14-4 各市客运量

Passenger Traffic by City

单位：万人 (10000 persons)

市别	City	2005	2006	2007	2008	2008(调整) (Adjusted)	2009	2010	2011	2012
总计	**Total**	**161357**	**197314**	**206504**	**238375**	**484161**	**428705**	**467049**	**522095**	**586299**
广州	Guangzhou	22583	39518	39272	42613	43546	43995	47872	51186	62142
深圳	Shenzhen	9500	11183	11852	12027	150413	141992	151404	163376	179724
珠海	Zhuhai	4874	5391	6018	6200	17127	16858	19078	22547	26645
汕头	Shantou	1991	2228	2289	2300	2191	2302	2539	2925	3406
佛山	Foshan	11472	16160	17646	18620	18867	21041	25166	34881	42935
#顺德	Shunde	5661	5948	6127	6189	6259	6326	6997	9660	13331
韶关	Shaoguan	2280	2494	2813	3218	7841	8861	10200	11878	15451
河源	Heyuan	1969	2286	2445	2556	2873	3025	3294	3878	4653
梅州	Meizhou	3550	3815	3966	4186	3681	3891	4399	5055	5803
惠州	Huizhou	5049	5265	5410	5591	11166	11657	12763	13008	16026
汕尾	Shanwei	3800	4784	5201	5438	3582	5014	7250	9524	11883
东莞	Dongguan	30951	35182	37182	56046	122468	73324	77446	80337	79739
中山	Zhongshan	9200	10235	10852	11375	20469	12009	13258	21083	28044
江门	Jiangmen	8249	8088	8094	8136	16976	17607	18096	19052	19578
阳江	Yangjiang	1585	1750	3292	3537	3553	3749	4111	4285	4324
湛江	Zhanjiang	6413	6731	6958	7116	11238	12019	12745	13892	14712
茂名	Maoming	5079	5377	5656	5838	6053	6398	6830	7427	8175
肇庆	Zhaoqing	4436	4966	5715	6498	5472	6045	6388	7322	7571
清远	Qingyuan	1959	5483	6724	7916	8239	8618	9874	11061	12691
潮州	Chaozhou	733	745	962	1082	1473	1670	2056	2717	3389
揭阳	Jieyang	3014	3324	3689	4487	3785	4216	4789	5380	5886
云浮	Yunfu	2509	2635	2870	4024	3577	4286	4907	5398	6458
不分地区	Unclassified	20161	19674	17598	19571	19571	20128	22584	25883	27064
按经济区域分	By Region									
珠三角	Pearl River Delta	126475	155662	159639	186677	426075	364656	371471	438675	489468
东翼	Eastern Region	9538	11081	12141	13307	11031	13202	16634	20546	24564
西翼	Western Region	13077	13858	15906	16491	20844	22166	23686	25604	27211
山区	Mountainous Region	12267	16713	18818	21900	26211	28681	32674	37270	45056

注：分市数据仅含公路和水路运输，铁路和民航运输在“不分地区”反映。下表同。

Note: Data by city only include the figures of highway and waterway transportation, whereas data of railway and civil aviation transportation are reflected in the category "Unclassified by Region". The same applies to the following table.

14-5 各市旅客周转量

Passenger-kilometers by City

单位：亿人公里 (100 million passenger-km)

市 别	City	2005	2006	2007	2008	2008(调整) (Adjusted)	2009	2010	2011	2012
总 计	**Total**	**2043.23**	**2245.37**	**2626.71**	**2844.79**	**2551.92**	**2853.30**	**3342.23**	**3851.84**	**4372.06**
广 州	Guangzhou	193.24	212.31	318.27	374.17	175.96	394.17	461.34	516.84	607.61
深 圳	Shenzhen	71.42	78.08	83.47	85.32	208.78	207.82	242.13	286.18	320.76
珠 海	Zhuhai	41.69	54.65	61.68	65.70	58.04	57.57	68.90	73.20	81.40
汕 头	Shantou	21.08	22.85	23.66	24.35	42.59	45.42	51.67	61.80	73.48
佛 山	Foshan	50.94	52.49	58.58	63.40	54.16	67.39	82.76	105.10	117.54
#顺 德	Shunde	10.12	10.86	11.32	12.67	10.77	17.09	24.95	34.27	37.61
韶 关	Shaoguan	14.17	15.24	18.85	22.18	29.59	34.21	40.41	48.54	63.12
河 源	Heyuan	36.97	38.97	41.58	44.41	33.54	34.75	38.18	44.11	53.41
梅 州	Meizhou	41.73	43.92	45.67	49.68	39.01	42.98	51.79	63.70	78.66
惠 州	Huizhou	35.97	51.99	56.31	66.66	36.30	38.78	49.46	73.05	116.48
汕 尾	Shanwei	26.90	35.41	43.19	46.53	23.06	33.43	52.98	71.80	93.34
东 莞	Dongguan	158.53	121.38	126.50	137.86	224.85	105.35	129.07	145.88	156.88
中 山	Zhongshan	48.84	65.32	69.25	72.52	48.72	75.95	88.99	155.82	216.61
江 门	Jiangmen	60.30	99.94	92.01	92.91	51.61	54.09	58.99	60.55	64.46
阳 江	Yangjiang	26.29	22.41	39.59	42.65	16.71	18.98	21.80	28.98	30.03
湛 江	Zhanjiang	62.10	65.74	68.73	74.25	60.77	71.33	82.45	94.29	103.00
茂 名	Maoming	64.83	65.08	73.38	77.32	52.27	55.19	61.47	70.58	80.05
肇 庆	Zhaoqing	25.40	28.86	33.56	38.57	27.15	29.34	33.22	39.53	41.85
清 远	Qingyuan	35.45	41.14	46.46	51.24	31.80	33.58	38.68	43.98	51.19
潮 州	Chaozhou	19.37	15.19	17.02	18.86	17.20	19.78	23.93	31.07	38.84
揭 阳	Jieyang	67.53	74.62	83.01	100.36	28.09	32.06	37.28	45.40	53.20
云 浮	Yunfu	18.62	19.30	20.93	27.59	23.46	24.95	29.21	31.92	38.21
不分地区	Unclassified	921.87	1020.47	1205.01	1268.26	1268.26	1376.18	1597.53	1759.53	1891.94
按经济区域分	By Region									
珠 三 角	Pearl River Delta	1608.20	1785.49	2104.64	2265.37	2153.83	2406.66	2812.37	3215.67	3615.53
东 翼	Eastern Region	134.87	148.07	166.87	190.09	110.94	130.68	165.86	210.07	258.86
西 翼	Western Region	153.23	153.23	181.70	194.23	129.75	145.49	165.72	193.85	213.08
山 区	Mountainous Region	146.93	158.58	173.50	195.10	157.40	170.47	198.27	232.25	284.59

14-6 全社会货物运输量

Total Freight Traffic

年份 Year	货运量(万吨) Freight Traffic (10000 tons)						货物周转量(亿吨公里) Freight Ton-kilometers (100 million ton-km)					
	合计 Total	铁路 Railways	公路 Highways	水路 Waterways	民航 Civil Aviation	管道 Pipelines	合计 Total	铁路 Railways	公路 Highways	水路 Waterways	民航 Civil Aviation	管道 Pipelines
1985	58726	3000	42813	12045	4	864	1767.86	102.29	156.45	1503.47	0.38	5.27
1986	65078	4269	49030	10831	4	944	1845.33	130.02	127.28	1581.60	0.45	5.98
1987	74571	4493	57393	11664	5	1016	1982.59	142.56	179.41	1653.81	0.54	6.27
1988	79811	4504	57717	16583	6	1001	2209.11	151.55	216.22	1834.41	0.67	6.26
1989	85054	4888	63254	15820	6	1086	2419.57	168.39	301.16	1942.79	0.71	6.52
1990	85809	4803	63709	16198	8	1091	2598.88	179.54	346.27	2065.69	0.90	6.48
1991	94136	5347	69784	17718	10	1277	3181.83	206.18	386.49	2580.79	1.06	7.31
1992	113119	6089	84181	21346	12	1491	3560.59	239.34	583.36	2727.97	1.41	8.51
1993	125273	6595	87567	29660	14	1437	3797.09	261.91	428.17	3097.19	1.70	8.12
1994	119901	6971	81361	30165	20	1384	4326.09	280.31	443.54	3592.35	2.39	7.50
1995	111063	7634	68884	32952	21	1572	4642.91	290.78	352.45	3990.19	2.75	6.74
1996	95598	8138	60131	25699	24	1606	3761.09	294.12	327.81	3129.27	3.27	6.62
1997	99763	8430	62728	26873	25	1707	3837.78	294.45	341.08	3185.26	3.99	13.00
1998	101933	8288	65682	25669	28	2266	3453.92	290.65	371.08	2750.19	4.90	37.10
1999	106334	8150	70626	24857	31	2670	2980.69	282.68	426.70	2223.75	5.45	42.11
2000	119216	15172	75365	25696	31	2952	3064.51	295.97	472.49	2247.86	6.45	41.74
2001	131621	15435	86555	26434	35	3162	3221.47	296.79	522.89	2350.73	7.54	43.52
2002	137032	14790	92736	26263	42	3201	3229.39	277.87	576.35	2323.27	9.94	41.96
2003	143964	15375	97806	27412	42	3329	3666.83	285.02	614.01	2719.83	11.76	36.21
2004	156094	19495	102843	29783	49	3924	4148.54	341.26	657.49	3091.39	13.22	45.18
2005	158470	18647	105581	30179	73	3989	4359.97	319.68	781.41	3195.85	17.45	45.58
2005(调整) (adjusted)	133992	18647	84861	26422	73	3989	3917.43	319.68	646.55	2888.17	17.45	45.58
2006	145911	16170	97461	27503	79	4698	4162.77	333.12	742.67	2964.89	18.70	103.39
2007	165426	16480	112611	30893	87	5355	4430.93	337.31	906.84	3043.53	20.14	123.11
2007(调整) (adjusted)	160455	11285	112611	30893	87	5578	4489.69	337.31	906.84	3043.53	20.14	181.87
2008	176279	11545	126068	32318	85	6263	4520.12	344.96	1064.55	2878.85	18.38	213.38
2008(调整) (adjusted)	153256	11545	101428	33935	85	6263	4591.22	344.96	1225.30	2853.92	18.38	148.66
2009	179722	11254	125433	36623	90	6322	4942.83	309.55	1518.43	2937.94	18.83	158.08
2010	205034	12170	142389	43092	116	7267	5933.88	329.49	1753.40	3642.22	32.98	175.79
2011	234978	12034	166567	48856	118	7403	7113.29	322.25	2150.04	4427.64	37.00	176.36
2012	266359	12002	189034	57737	128	7458	9780.56	306.04	2434.95	6820.29	42.40	176.89

14-7 货物运输量指数

Indices of Freight Traffic

上年=100 (preceding year=100)

年份 Year	货运量 Freight Traffic						货物周转量 Freight Ton-kilometers					
	合计 Total	铁路 Railways	公路 Highways	水路 Waterways	民航 Civil Aviation	管道 Pipelines	合计 Total	铁路 Railways	公路 Highways	水路 Waterways	民航 Civil Aviation	管道 Pipelines
1978	96.3	109.2	74.9	104.5	126.6		110.9	110.9	93.0	111.1	140.0	
1979	92.1	103.5	88.9	87.2	100.0	197.2	138.4	103.5	96.6	141.9	142.9	192.9
1980	101.4	93.8	85.3	111.3	151.0	151.4	98.2	99.1	90.7	98.1	100.0	596.3
1981	92.2	84.8	87.0	93.1	102.6	165.3	84.3	92.7	93.8	83.5	100.0	280.7
1982	104.6	107.8	98.1	105.7	125.8	105.7	104.9	105.4	105.3	104.9	130.0	103.8
1983	100.4	104.9	92.4	100.5	118.5	108.7	110.1	108.8	87.6	110.3	123.1	109.8
1984	100.0	108.6	92.6	98.4	133.8	105.3	98.8	112.2	84.7	97.9	162.5	101.9
1985	177.1	105.5	225.5	115.1	133.3	101.2	109.2	111.8	206.5	104.0	146.2	100.4
1986	110.8	142.3	114.5	89.9	100.0	109.3	104.4	127.1	81.4	105.2	118.4	113.5
1987	114.6	105.2	117.1	107.7	125.0	107.6	107.4	109.6	141.0	104.6	120.0	104.8
1988	107.0	100.2	100.6	142.2	120.0	98.5	111.4	106.3	120.5	110.9	124.1	99.8
1989	106.6	108.5	109.6	95.4	100.0	108.5	109.5	111.1	139.3	105.9	106.0	104.2
1990	100.9	98.3	100.7	102.4	133.3	100.5	107.4	106.6	115.0	106.3	126.8	99.4
1991	109.7	111.3	109.5	109.4	125.0	117.0	122.4	114.8	111.6	124.9	117.8	112.8
1992	120.2	113.9	120.6	120.5	120.0	116.8	111.9	116.1	150.9	105.7	133.0	116.4
1993	110.7	108.3	104.0	138.9	116.7	96.4	106.6	109.4	73.4	113.5	120.6	95.4
1994	95.7	105.7	92.9	101.7	142.9	96.3	113.9	107.0	103.6	116.0	140.6	92.4
1995	92.6	109.5	84.7	109.2	105.0	113.6	107.3	103.7	79.5	111.1	115.1	89.9
1996	86.1	106.6	87.3	78.0	114.3	102.2	81.0	101.1	93.0	78.4	118.9	98.2
1997	104.4	103.6	104.3	104.6	104.2	106.3	102.0	100.1	104.0	101.8	122.0	196.4
1998	102.2	98.3	104.7	95.5	112.0	132.7	90.0	98.7	108.8	86.3	122.8	285.4
1999	104.3	98.3	107.5	96.8	110.7	117.8	86.3	97.3	115.0	80.9	111.2	113.5
2000	106.0	106.0	106.7	103.4	100.0	110.6	102.8	104.7	110.7	101.1	118.3	99.1
2001	110.4	101.7	114.8	102.9	112.9	107.1	105.1	100.3	110.7	104.6	116.9	104.3
2002	104.1	95.8	107.1	99.4	120.0	101.2	100.2	93.6	110.2	98.8	131.8	96.4
2003	105.1	104.0	105.5	104.4	100.0	104.0	113.5	102.6	106.5	117.1	118.3	86.3
2004	108.4	126.8	105.1	108.6	116.7	117.9	113.1	119.7	107.1	113.7	112.4	124.8
2005	101.5	95.7	102.7	101.3	149.0	101.7	105.1	93.7	118.8	103.4	132.0	100.9
2006	108.9	86.7	114.8	104.1	108.1	117.8	106.3	104.2	114.9	102.7	107.2	226.8
2007	113.4	101.9	115.5	112.3	110.5	114.0	106.4	101.3	122.1	102.7	107.7	119.1
2008	109.9	102.3	111.9	104.6	97.1	112.3	100.7	102.3	117.4	94.6	91.3	117.3
2009	117.3	97.5	123.7	107.9	106.8	101.0	107.7	89.7	123.9	102.9	102.4	106.3
2010	114.1	108.1	113.5	117.7	128.1	114.9	120.1	106.4	115.5	124.0	175.1	111.2
2011	114.6	98.9	117.0	113.4	102.4	101.9	119.9	97.8	122.6	121.6	112.2	100.3
2012	111.5	99.7	113.5	109.1	107.9	100.7	116.0	95.0	113.3	119.5	114.6	100.3

14-8 各市货运量

Freight Traffic by City

单位：万吨 (10000 tons)

市 别	City	2005	2006	2007	2008	2008(调整) (Adjusted)	2009	2010	2011	2012
总 计	**Total**	**133992**	**145911**	**160455**	**176279**	**153256**	**179722**	**205034**	**234978**	**266359**
广 州	Guangzhou	28026	34323	37603	41458	29586	45251	51335	56585	67678
深 圳	Shenzhen	7837	9013	13402	14452	19126	21834	25706	28408	28217
珠 海	Zhuhai	2225	2828	3374	3230	7524	6682	7038	6887	7581
汕 头	Shantou	1703	1822	2050	2228	2489	2782	3087	3576	4078
佛 山	Foshan	17354	19718	22401	24197	15121	17649	19153	23496	24757
#顺 德	Shunde	4096	4321	4539	4588	2709	4310	5381	7458	7887
韶 关	Shaoguan	3251	3429	3905	4411	3924	5483	6364	7056	9738
河 源	Heyuan	986	1070	1145	1237	1959	2025	2244	2698	3296
梅 州	Meizhou	3751	3794	4015	4145	3143	3501	4092	4747	5608
惠 州	Huizhou	4786	5387	5695	7240	6672	8413	11104	14224	17111
汕 尾	Shanwei	1106	1570	1682	1898	615	860	1232	1596	1765
东 莞	Dongguan	5127	5481	5676	5971	9273	8733	9312	10165	11191
中 山	Zhongshan	5985	6177	6652	6991	6793	7167	7820	11439	14770
江 门	Jiangmen	5626	5295	5697	6099	6500	6691	7458	8180	8996
阳 江	Yangjiang	417	933	1971	2265	1293	1422	1752	2980	4173
湛 江	Zhanjiang	5016	5280	6211	5949	5167	5549	6808	8847	9530
茂 名	Maoming	4388	4456	5027	5799	3226	3660	4365	5202	6157
肇 庆	Zhaoqing	3689	4106	4958	6490	2428	2647	2869	3342	3681
清 远	Qingyuan	3200	3700	4583	5013	5803	6171	7155	8038	9238
潮 州	Chaozhou	1310	1258	1475	1141	1555	1860	2339	2970	3541
揭 阳	Jieyang	2213	1820	2030	3189	1318	1591	1945	2280	2559
云 浮	Yunfu	3286	3504	3952	4983	1848	2085	2303	2707	3106
不分地区	Unclassified	22710	20947	16950	17893	17893	17666	19553	19555	19588
按经济区域分	By Region									
珠 三 角	Pearl River Delta	103365	113275	122408	134021	120916	142733	161348	182281	203570
东 翼	Eastern Region	6332	6470	7237	8456	5977	7093	8603	10422	11943
西 翼	Western Region	9821	10669	13209	14013	9686	10631	12925	17029	19860
山 区	Mountainous Region	14474	15497	17600	19789	16677	19265	22158	25246	30986

注：分市数据仅含公路和水路运输，铁路、民航和管道运输在“不分地区”反映。下表同。

Note: Data by city only include the figures of highway and waterway transportation, whereas data of railway, civil aviation and pipeline transportation are reflected in the category “Unclassified by Region”. The same applies to the following table.

14-9 各市货物周转量
Freight Ton-kilometers by City

单位：亿吨公里 (100 million ton-km)

市 别	City	2005	2006	2007	2008	2008(调整) (Adjusted)	2009	2010	2011	2012
总 计	**Total**	**3917.43**	**4162.77**	**4489.69**	**4520.12**	**4591.22**	**4942.83**	**5933.88**	**7113.29**	**9780.56**
广 州	Guangzhou	2431.16	2488.52	2179.90	2154.63	1604.62	1865.01	2032.86	2436.53	4570.28
深 圳	Shenzhen	317.28	371.68	842.55	730.40	1078.75	1118.37	1627.56	1931.80	1969.89
珠 海	Zhuhai	84.89	113.31	117.46	121.46	132.73	148.49	168.12	101.02	115.17
汕 头	Shantou	38.41	39.99	45.95	52.54	62.88	79.66	101.79	133.88	161.12
佛 山	Foshan	182.11	159.58	151.80	165.95	156.71	167.94	152.08	199.45	215.99
#顺 德	Shunde	115.50	82.57	61.83	67.01	62.49	65.81	40.67	56.53	60.42
韶 关	Shaoguan	26.97	28.78	34.54	40.03	75.54	97.74	118.91	143.07	206.87
河 源	Heyuan	8.48	9.33	10.07	10.97	29.90	30.52	34.02	40.74	50.39
梅 州	Meizhou	45.95	47.57	50.75	55.22	54.95	59.99	73.69	92.39	115.02
惠 州	Huizhou	40.29	45.53	49.08	67.17	112.31	125.41	152.97	217.17	287.86
汕 尾	Shanwei	8.60	15.19	18.52	20.69	6.21	9.01	13.44	17.56	22.97
东 莞	Dongguan	32.94	33.68	35.67	37.44	174.75	101.65	109.03	187.48	296.71
中 山	Zhongshan	43.03	49.63	53.26	57.30	60.48	58.65	64.81	94.28	122.05
江 门	Jiangmen	70.96	69.53	71.33	75.41	72.63	75.69	112.55	107.19	115.29
阳 江	Yangjiang	2.98	8.52	12.01	14.20	15.78	28.59	39.93	64.88	95.35
湛 江	Zhanjiang	57.47	63.89	78.79	80.40	119.65	136.13	177.54	300.77	301.27
茂 名	Maoming	23.78	24.49	32.35	43.72	67.64	78.75	92.42	118.35	140.43
肇 庆	Zhaoqing	24.87	29.10	35.96	47.76	29.92	33.11	38.56	45.36	50.73
清 远	Qingyuan	29.37	37.35	47.55	73.95	95.45	100.82	118.19	136.96	158.39
潮 州	Chaozhou	25.27	34.36	38.15	15.73	75.97	85.73	103.37	130.88	163.68
揭 阳	Jieyang	22.64	17.63	20.05	31.24	18.99	20.86	26.93	34.08	42.34
云 浮	Yunfu	17.26	19.93	24.65	47.20	33.36	34.25	36.83	43.85	53.44
不分地区	Unclassified	382.72	455.21	539.32	576.72	512.00	486.46	538.26	535.61	525.33
按经济区域分	By Region									
珠 三 角	Pearl River Delta	3610.25	3815.77	4076.30	4034.24	3934.90	4180.77	4996.80	5855.88	8269.29
东 翼	Eastern Region	94.92	107.17	122.67	120.19	164.04	195.26	245.54	316.40	390.11
西 翼	Western Region	84.22	96.90	123.15	138.32	203.08	243.46	309.90	484.00	537.05
山 区	Mountainous Region	128.04	142.96	167.56	227.37	289.20	323.34	381.64	457.01	584.11

14-10 运输工具和线路拥有量

Number of Means of Transport and Length of Transport Routes

项　　目		Item		2000	2005	2009	2010	2011	2012
铁　路		**Railways**							
铁路机车	(台)	Number of Locomotives	(unit)	538	470	463	448	396	395
铁路营业里程	(公里)	Length of Railways in Operation	(km)	1942	1924	2176	2297	2555	2577
中央铁路		National Railways		694	693	629	629	631	629
地方铁路		Local Railways		1248	1231	1547	1668	1924	1948
公　路		**Highways**							
公路通车里程	(公里)	Length of Highways	(km)	102606	115337	184960	190144	190724	194943
民用汽车	(万辆)	Civil Motor Vehicles	(10000 units)	172.91	377.29	660.24	783.50	912.10	1038.51
载客汽车	(万辆)	Passenger Vehicles	(10000 units)	85.34	247.44	520.38	629.30	745.35	861.60
	(万客位)	Passenger Vehicle Seats	(10000 seats)	796.92	2104.62	3546.44	4148.85	4810.70	5429.96
私人轿车	(万辆)	Private Vehicles	(10000 units)	25.39	119.38	308.07	380.46	456.59	531.88
载货汽车	(万辆)	Freight Vehicles	(10000 units)	84.38	118.84	133.24	147.53	159.92	169.86
	(万吨位)	Tonnage of Freight Vehicles	(10000 tonnages)	351.75	262.11	236.73	268.23	296.26	316.00
水　运		**Waterways**							
内河通航里程	(公里)	Length of Navigable Inland Waterways	(km)	13696	13596	13596	13596	13596	13780
机动船	(艘)	Number of Motor Vessels	(unit)	21733	16208	9310	8793	8657	8545
	(万净载重吨位)	Tonnage of Motor Vessels	(dead weight tonnage)	526.88	735.97	972.54	1140.71	1529.14	2255.17
	(客位)	Number of Motor Vessel Seats	(seat)	149004	70794	65322	65960	72935	78953
	(总功率万千瓦)	Total Power	(10000 kws)		422.27	386.61	420.54	448.50	606.90
驳　船	(艘)	Number of Barges	(unit)	1076	110	23	23	21	18
	(净载重吨位)	Tonnage of Barges	(dead weight tonnage)	274836	60211	27934	29318	33083	29872
	(客位)	Number of Barge Seats	(seat)	395	48				
民　航		**Civil Aviation**							
民用航空航线条数	(条)	Number of Civil Aviation Routes	(line)	329	557	819	815	768	826
民用航空航线里程	(万公里)	Length of Civil Aviation Routes	(10000 kms)	50.03	108.07	169.96	180.74	167.11	185.10
民用运输飞机	(架)	Number of Civil Aircrafts	(unit)	106	241	381	441	454	496
管　道		**Pipelines**							
条　数	(条)	Number of Pipelines	(line)	45	63	81	105	106	109
输油(气)里程	(公里)	Length of Petroleum and Gas Pipelines	(km)	1535.57	1813.26	5347.96	6033.62	6436.91	6448.01

注：1. 2006年起，公路通车里程含农村公路。
　　2. 2006年起，船舶统计使用广东省交通厅数据。

Notes: a) Length of highways since 2006 includes data of rural highways.
　　b) Data of vessels since 2006 are provided by Guangdong Provincial Department of Transportation.

14-11 各市民用汽车拥有量（2012年）

Possession of Civil Vehicles by City (2012)

单位：辆 (unit)

市别	City	民用汽车总计 Total	载客汽车 Passenger Vehicles	#轿车 Sedan Cars	按车型分 By Vehicle Type 大型 Large	中型 Medium	小型 Small	微型 Minibuses
总计	**Total**	**10385119**	**8616036**	**5788040**	**158351**	**194236**	**8142154**	**121295**
广州	Guangzhou	2041592	1773925	1102793	34015	55806	1664770	19334
深圳	Shenzhen	2213975	1904304	1332481	37485	37051	1814693	15075
珠海	Zhuhai	273365	231628	167006	6230	4936	220270	192
汕头	Shantou	359868	296286	212742	3429	3816	283103	5938
佛山	Foshan	1197638	988140	680761	10627	17308	942924	17281
#顺德	Shunde	386238	311449	223337	3235	5496	298080	4638
韶关	Shaoguan	135754	108331	71228	1926	2341	102007	2057
河源	Heyuan	108258	78515	51556	2927	1940	72750	898
梅州	Meizhou	156700	119008	83934	1818	2857	110353	3980
惠州	Huizhou	357655	294265	209745	6623	5375	278343	3924
汕尾	Shanwei	42553	31778	19367	1942	1147	28116	573
东莞	Dongguan	1207044	1047922	692868	19108	16080	1004869	7865
中山	Zhongshan	482647	378053	249119	5079	6079	355523	11372
江门	Jiangmen	361205	281114	190714	3976	7933	262320	6885
阳江	Yangjiang	128012	100592	75705	1722	1795	95543	1532
湛江	Zhanjiang	214356	158968	111713	4726	4237	147544	2461
茂名	Maoming	228248	160054	114682	3420	3934	147793	4907
肇庆	Zhaoqing	199243	141887	91109	3267	4596	131308	2716
清远	Qingyuan	187704	132277	78795	2905	3847	122951	2574
潮州	Chaozhou	145528	119791	80751	854	1421	111170	6346
揭阳	Jieyang	191602	152291	107109	2723	2710	143670	3188
云浮	Yunfu	105940	78178	51042	1591	2786	71626	2175
不分地区	Unclassified	46232	38729	12820	1958	6241	30508	22
按经济区域分	By Region							
珠三角	Pearl River Delta	8380596	7079967	4729416	128368	161405	6705528	84666
东翼	Eastern Region	739551	600146	419969	8948	9094	566059	16045
西翼	Western Region	570616	419614	302100	9868	9966	390880	8900
山区	Mountainous Region	694356	516309	336555	11167	13771	479687	11684

14-11 续表 continued

单位：辆 (unit)

市 别	City	载货汽车 Freight Vehicles	按车型分 By Vehicle Type 重型 Heavy	中型 Medium	轻型 Light	微型 Mini Trucks	其他汽车 Others
总 计	**Total**	**1698565**	**207682**	**192826**	**1265840**	**32217**	**70518**
广 州	Guangzhou	255124	32957	33677	184706	3784	12543
深 圳	Shenzhen	296959	52773	28206	215430	550	12712
珠 海	Zhuhai	39777	4867	3055	31849	6	1960
汕 头	Shantou	62085	5428	4318	43885	8454	1497
佛 山	Foshan	204276	18373	23791	160463	1649	5222
#顺 德	Shunde	73001	5889	9916	56307	889	1788
韶 关	Shaoguan	26127	2814	1712	21095	506	1296
河 源	Heyuan	25735	3547	3592	18101	495	4008
梅 州	Meizhou	35832	5222	4901	24908	801	1860
惠 州	Huizhou	60076	6689	7187	45688	512	3314
汕 尾	Shanwei	9853	1263	1771	6514	305	922
东 莞	Dongguan	153655	14675	19460	119020	500	5467
中 山	Zhongshan	101859	6715	10506	83434	1204	2735
江 门	Jiangmen	77964	7774	10102	58828	1260	2127
阳 江	Yangjiang	26351	3849	2946	19150	406	1069
湛 江	Zhanjiang	53251	8352	8402	35589	908	2137
茂 名	Maoming	65237	8125	7483	46644	2985	2957
肇 庆	Zhaoqing	56211	7002	7125	41907	177	1145
清 远	Qingyuan	53269	8886	5950	38128	305	2158
潮 州	Chaozhou	23268	1243	1808	17602	2615	2469
揭 阳	Jieyang	38575	4209	4302	28818	1246	736
云 浮	Yunfu	26803	2839	2382	18044	3538	959
不分地区	Unclassified	6278	80	150	6037	11	1225
按经济区域分	By Region						
珠 三 角	Pearl River Delta	1252179	151905	143259	947362	9653	48450
东 翼	Eastern Region	133781	12143	12199	96819	12620	5624
西 翼	Western Region	144839	20326	18831	101383	4299	6163
山 区	Mountainous Region	167766	23308	18537	120276	5645	10281

14-12 各市私人汽车拥有量（2012年）

Possession of Private Vehicles by City (2012)

单位：辆 (unit)

市别	City	汽车总计 Total	载客汽车 Passenger Vehicles	#轿车 Sedan Cars	载货汽车 Freight Vehicles	其它汽车 Others
总计	**Total**	**8643005**	**7549628**	**5318799**	**1068148**	**25229**
广州	Guangzhou	1646931	1520211	985186	121870	4850
深圳	Shenzhen	1780799	1663331	1220943	114508	2960
珠海	Zhuhai	216136	194332	149989	21387	417
汕头	Shantou	312733	267046	197370	45454	233
佛山	Foshan	1066317	908821	645020	155570	1926
#顺德	Shunde	344791	287510	211842	56645	636
韶关	Shaoguan	112962	93091	65361	19537	334
河源	Heyuan	89251	64836	45522	21367	3048
梅州	Meizhou	134919	104621	78396	29423	875
惠州	Huizhou	305145	261530	196724	42906	709
汕尾	Shanwei	32060	23760	16070	7916	384
东莞	Dongguan	1016060	941727	649179	73431	902
中山	Zhongshan	421890	344073	234403	76984	833
江门	Jiangmen	302712	246807	176307	55181	724
阳江	Yangjiang	112901	90517	71294	21971	413
湛江	Zhanjiang	177198	133588	101294	42531	1079
茂名	Maoming	196724	142627	107804	51964	2133
肇庆	Zhaoqing	168052	121145	82971	46393	514
清远	Qingyuan	159871	113741	72440	45073	1057
潮州	Chaozhou	129227	110341	76282	17931	955
揭阳	Jieyang	169678	135583	99483	33744	351
云浮	Yunfu	91439	67900	46761	23007	532
按经济区域分	By Region					
珠三角	Pearl River Delta	6924042	6201977	4340722	708230	13835
东翼	Eastern Region	643698	536730	389205	105045	1923
西翼	Western Region	486823	366732	280392	116466	3625
山区	Mountainous Region	588442	444189	308480	138407	5846

14-13 各市公路基本情况（2012年）
Basic Conditions of Highways by City (2012)

单位：公里 (km)

市别	City	通车里程 Length of Highways	#晴雨通车里程 Length of Highways Unaffected by Weather Conditions	按等级分 By Class		按路面分 By Pavement			桥梁 Bridges	
				等级路 Expres-sways and Class I to IV Highways	等外路 Highways below Class IV	有铺装路面 Paved Highways	简易铺装路面 Simply-paved Highways	未铺装路面 Unpaved Highways	座 Number (unit)	米 Span (meter)
总计	**Total**	**194943**	**193707**	**177204**	**17740**	**134808**	**4892**	**55244**	**44468**	**2801751**
广州	Guangzhou	8997	8997	7857	1140	7609	85	1303	2902	434012
深圳	Shenzhen	1659	1659	1659		1659			908	95571
珠海	Zhuhai	1448	1448	1423	26	1260	37	151	441	91212
汕头	Shantou	3802	3802	3791	11	2699	11	1092	1036	51904
佛山	Foshan	5207	5207	5207		5199	7		2489	365894
#顺德	Shunde	1323	1323	1323		1323			964	132597
韶关	Shaoguan	14767	14767	14309	459	10096	342	4329	2177	102325
河源	Heyuan	15251	15251	14498	753	10155	74	5022	3250	106592
梅州	Meizhou	15882	15882	13646	2236	12108		3774	3563	133252
惠州	Huizhou	10933	10932	10341	593	7556	177	3201	2927	146983
汕尾	Shanwei	4864	4726	4586	278	3393	95	1376	1235	39643
东莞	Dongguan	4969	4969	4861	108	4902	8	59	1462	236243
中山	Zhongshan	2757	2757	2712	45	2650	6	101	1117	115743
江门	Jiangmen	10008	10008	8139	1870	6666	70	3271	2637	131379
阳江	Yangjiang	7465	6367	6367	1098	4465	501	2498	2145	80347
湛江	Zhanjiang	21489	21489	14525	6964	10001	1994	9495	2271	88440
茂名	Maoming	15638	15638	14777	860	8776	579	6282	3833	110174
肇庆	Zhaoqing	12611	12611	12546	65	9682	338	2591	2300	133898
清远	Qingyuan	18238	18238	18085	153	11668	371	6199	3240	131772
潮州	Chaozhou	5048	5048	4968	80	3915	1	1132	1023	37255
揭阳	Jieyang	6353	6353	6218	136	4784	6	1563	1919	80254
云浮	Yunfu	7556	7556	6689	867	5564	188	1804	1593	88859
按经济区域分	By Region									
珠三角	Pearl River Delta	58590	58589	54745	3845	47182	729	10678	17183	1750935
东翼	Eastern Region	20067	19929	19563	504	14791	113	5163	5213	209056
西翼	Western Region	44592	43494	35670	8922	23242	3075	18275	8249	278960
山区	Mountainous Region	71695	71695	67227	4468	49592	974	21129	13823	562801

14-14 公路通车里程和桥梁数
Length of Highways and Number of Bridges

项　目		Item		2000	2005	2009	2010	2011	2012
通车里程	**（公里）**	**Length of Highways**	**(km)**	**102606**	**115337**	**184960**	**190144**	**190724**	**194943**
#晴雨通车里程		Length of Highways Unaffected by Weather Conditions		100863	114653	183574	188790	189421	193707
按等级分		By Class							
等级路		Expressways and Class Ⅰ to Ⅳ Highways		93695	106476	160180	170144	172382	177204
高速公路		Expressways		1186	3140	4035	4839	5049	5524
一 级		First Class		5391	7301	10040	10126	10339	10544
二 级		Second Class		13397	17146	18793	19082	19044	19042
三 级		Third Class		9156	12461	15860	16089	16996	17210
四 级		Fourth Class		64565	66428	111452	120008	120955	124884
等外公路		Highways below Class Ⅳ		8911	8861	24780	19999	18342	17740
按路面分		By Pavement							
有铺装路面		Paved Highways				112876	123784	129440	134808
简易铺装路面		Simply-paved Highways				6216	5721	5272	4892
未铺装路面		Unpaved Highways				65868	60638	56013	55244
桥 梁	**（座）**	**Number of Bridges**	**(unit)**	**19668**	**23948**	**40012**	**42330**	**43769**	**44468**
	（米）	Span of Bridges	(m)	819770	1260600	2033112	2340261	2660957	2801751
#永久式	（座）	Number of Permanent Bridges	(unit)	19656	23944	39926	42233	43686	44385
	（米）	Span of Permanent Bridges	(m)	819502	1260514	2029826	2337490	2658574	2799398
半永久式	（座）	Number of Semi-permanent Bridges	(unit)	12	4	35	52	39	40
	（米）	Span of Semi-permanent Bridges	(m)	268	86	1754	1391	1023	1032
渡 口	**（个）**	**Number of Ferries**	**(unit)**	**33**	**25**	**71**	**71**	**72**	**80**

14-15 输油(气)管道长度和运输量
Length and Traffic of Petroleum and Gas Pipelines

项 目	Item	2000	2005	2008	2009	2010	2011	2012
总 计	**Total**							
条 数 (条)	Number of Pipelines (line)	45	63	79	81	105	106	109
输送里程 (公里)	Length of Pipelines (km)	1535.57	1813.26	5118.86	5347.96	6033.62	6436.91	6448.01
输油(气)量 (万吨)	Pipeline Traffic (10000 tons)	2952	3989	6263	6322	7267	7403	7458
输油(气)周转量(万吨公里)	Ton-kilometers (10000 ton-km)	417432	455853	2133772	1580795	1757891	1763644	1768918
原油管道	**Crude Oil Pipelines**							
条 数 (条)	Number of Pipelines (line)	7	5	5	5	17	17	17
输送里程 (公里)	Length of Pipelines (km)	352.67	377.67	648.67	475.97	634.18	603.88	603.88
输油量 (万吨)	Pipeline Traffic (10000 tons)	1912	2434	3241	3008	3364	3640	3366
输油周转量 (万吨公里)	Ton-kilometers (10000 ton-km)	189623	219479	410360	323812	352764	359526	354884
成品油管道	**Refined Oil Pipelines**							
条 数 (条)	Number of Pipelines (line)	27	42	54	55	62	61	63
输送里程 (公里)	Length of Pipelines (km)	211.00	295.22	3285.62	3604.23	3925.88	4384.17	4382.77
输油量 (万吨)	Pipeline Traffic (10000 tons)	663	931	2413	2545	3015	2889	3366
输油周转量 (万吨公里)	Ton-kilometers (10000 ton-km)	13250	14277	1590834	1045845	1153210	1164877	1206717
其他管道	**Other Pipelines**							
条 数 (条)	Number of Pipelines (line)	11	16	20	21	26	28	29
输送里程 (公里)	Length of Pipelines (km)	971.90	1140.37	1184.57	1267.76	1473.56	1448.86	1461.36
输气量 (万吨)	Pipeline Traffic (10000 tons)	377	624	610	769	887	874	726
输气周转量 (万吨公里)	Ton-kilometers(10000 ton-km)	214559	222097	132578	211138	251917	239241	207317

14-16 民航航站吞吐量
Throughput of Civil Aviation Airports

年 份 Year	合 计 Total			进 港 In-port			出 港 Out-port		
	架次 (万次) Sorties (10000 sorties)	旅客 (万人) Passenger Traffic (10000 persons)	货物 (万吨) Freight Traffic (10000 tons)	架次 (万次) Sorties (10000 sorties)	旅客 (万人) Passenger Traffic (10000 persons)	货物 (万吨) Freight Traffic (10000 tons)	架次 (万次) Sorties (10000 sorties)	旅客 (万人) Passenger Traffic (10000 persons)	货物 (万吨) Freight Traffic (10000 tons)
1980	1.60	161	2.90	0.80	81	1.40	0.80	80	1.50
1985	4.00	318	6.20	2.00	160	3.00	2.00	158	3.20
1990	6.20	687	13.50	3.10	343	5.90	3.10	344	7.60
1995	17.70	1963	39.50	8.80	963	14.10	8.90	1000	25.40
1996	18.20	2025	45.60	9.10	993	15.90	9.10	1032	29.70
1997	19.00	1981	49.00	9.50	974	16.70	9.50	1007	32.30
1998	20.80	2010	55.80	10.40	986	20.80	10.40	1024	35.00
1999	22.20	1929	63.70	11.10	942	25.60	11.10	987	38.10
2000	23.60	2143	73.00	11.80	1044	30.90	11.80	1099	42.10
2001	25.10	2344	81.00	12.50	1136	33.90	12.60	1208	47.10
2002	28.00	2731	95.70	14.00	1340	40.40	14.00	1391	55.30
2003	28.10	2751	82.40	14.10	1351	34.90	14.00	1400	47.50
2004	34.70	3661	115.80	17.30	1801	50.80	17.40	1860	65.00
2005	38.40	4100	133.00	19.20	2023	58.60	19.20	2077	74.40
2006	42.36	4599	151.13	21.18	2262	64.40	21.18	2337	86.70
2007	46.61	5407	133.20	23.30	2614	53.00	23.31	2793	80.20
2008	49.33	5738	130.47	24.60	2756	52.70	24.60	2982	77.78
2009	54.20	6462	158.50	27.10	3150	65.30	27.10	3312	93.20
2010	58.56	7189	198.40	29.30	3533	83.00	29.30	3655	115.50
2011	61.18	7768	203.96	30.59	3837	84.56	30.59	3931	119.40
2012	65.60	8283	213.59	32.79	4090	86.81	32.81	4193	126.78

注：从2007年起，货物吞吐量不含行李。

Note: Since 2007, freight traffic handled excludes luggage traffic.

14-17 港口泊位及吞吐量

Berth and Throughput of Coastal Ports

项　目	Item	2000	2005	2010	2011	2012
码头泊位合计　（个）	**Number of Berths (unit)**	**3191**	**2926**	**3082**	**3120**	**3125**
沿海港口	**Coastal Ports**	**1373**	**1334**	**1884**	**1935**	**1963**
#广州港	Guangzhou Port	141	617	633	650	657
湛江港	Zhanjiang Port	41	142	184	184	184
汕头港	Shantou Port	28	88	91	91	91
深圳港	Shenzhen Port	121	142	172	172	172
内河港口	**Ports of Inland Rivers**	**1818**	**1592**	**1198**	**1185**	**1162**
万吨级码头泊位合计（个）	**Berths at 10000 Ton Class (unit)**	**126**	**191**	**245**	**259**	**265**
沿海港口	**Coastal Ports**	**126**	**191**	**245**	**259**	**265**
#广州港	Guangzhou Port	32	51	62	67	68
湛江港	Zhanjiang Port	24	31	31	31	31
汕头港	Shantou Port	6	16	18	18	18
深圳港	Shenzhen Port	34	56	69	69	69
内河港口	**Ports of Inland Rivers**					
码头泊位长度　（米）	**Length of Quay Line (m)**	**180238**	**190788**	**252762**	**257557**	**261368**
沿海港口	**Coastal Ports**	**105193**	**120307**	**176753**	**182539**	**187593**
#广州港	Guangzhou Port	13496	46553	51673	54458	55675
湛江港	Zhanjiang Port	6635	13411	17458	17458	17458
汕头港	Shantou Port	3152	8917	9715	9715	9715
深圳港	Shenzhen Port	17150	24026	31377	31461	31461
内河港口	**Ports of Inland Rivers**	**75045**	**70481**	**76009**	**75018**	**73775**
货物吞吐量合计　（万吨）	**Total Volume of Freight Handled (10000 tons)**	**31649**	**70926**	**122258**	**133704**	**140776**
沿海港口	**Coastal Ports**	**25495**	**59273**	**105300**	**114455**	**121266**
#广州港	Guangzhou Port	11128	25036	42526	43149	43517
湛江港	Zhanjiang Port	2038	6620	13638	15539	17092
汕头港	Shantou Port	1284	1736	3509	4005	4563
深圳港	Shenzhen Port	4224	15351	22097	22325	22807
内河港口	**Ports of Inland Rivers**	**6154**	**11653**	**16958**	**19249**	**19510**
集装箱吞吐量合计（万TEU）	**Total Volume of Containers Handled (10000 TEUS)**	**862.68**	**2644.87**	**4360.14**	**4614.34**	**4763.00**
沿海港口	**Coastal Ports**	**655.15**	**2378.21**	**3867.77**	**4102.51**	**4256.20**
#广州港	Guangzhou Port	142.98	468.26	1270.00	1425.04	1454.74
湛江港	Zhanjiang Port	7.48	17.78	32.01	38.07	41.21
汕头港	Shantou Port	11.44	36.83	93.50	110.08	125.02
深圳港	Shenzhen Port	395.84	1619.67	2250.96	2257.08	2294.13
内河港口	**Ports of Inland Rivers**	**207.53**	**266.66**	**492.37**	**511.83**	**506.79**
旅客吞吐量合计　（万人）	**Total Volume of Passengers Handled(10000 persons)**	**1670.32**	**2095.12**	**2483.21**	**2744.98**	**2869.27**
沿海港口	**Coastal Ports**	**1330.81**	**1753.55**	**2109.39**	**2357.68**	**2457.39**
#广州港	Guangzhou Port	15.00	94.98	79.01	80.13	74.89
湛江港	Zhanjiang Port	29.60	596.68	1051.41	1196.42	1215.23
汕头港	Shantou Port	5.50	0.24			
深圳港	Shenzhen Port	203.36	368.66	333.88	383.71	432.57
内河港口	**Ports of Inland Rivers**	**339.51**	**341.57**	**373.82**	**387.30**	**411.88**

14-18 各市港口货物吞吐量
Freight Throughput of Ports by City

单位：万吨 (10000 tons)

项 目	Item	2000	2005	2008	2009	2010	2011	2012
总 计	**Total**	**31649**	**70926**	**98795**	**102761**	**122258**	**133704**	**140776**
广 州	Guangzhou	12455	27283	36954	37549	42526	44770	45125
深 圳	Shenzhen	5697	15351	21125	19365	22098	22325	22807
珠 海	Zhuhai	1770	3557	4086	4407	6056	7170	7745
汕 头	Shantou	1284	1736	2806	3102	3509	4005	5253
佛 山	Foshan	2033	3951	5155	5099	5410	5423	4563
#顺 德	Shunde	263	695	1040	1229	1237	1231	988
韶 关	Shaoguan	131	118	68	33	40	53	82
河 源	Heyuan	45	49	3				
梅 州	Meizhou	145	306	187	142	132	135	128
惠 州	Huizhou	825	1515	2583	3811	4673	5170	5257
汕 尾	Shanwei	25	107	387	460	489	564	772
东 莞	Dongguan	746	2280	3208	3530	5657	6848	9228
中 山	Zhongshan	635	2072	2756	3401	4798	5485	5153
江 门	Jiangmen	879	2438	4025	4170	4965	5914	6211
阳 江	Yangjiang	68	222	243	331	799	1121	1605
湛 江	Zhanjiang	2688	6620	10404	11838	13638	15539	17092
茂 名	Maoming	1104	1360	1822	2122	2284	2307	2390
肇 庆	Zhaoqing	189	520	915	1124	1597	2489	2729
清 远	Qingyuan	193	461	444	499	639	697	729
潮 州	Chaozhou	60	80	354	348	635	936	951
揭 阳	Jieyang	266	248	606	744	1290	1547	1601
云 浮	Yunfu	411	654	663	686	1023	1206	1355
按经济区域分	By Region							
珠 三 角	Pearl River Delta	25229	58966	80808	82457	97779	105594	108818
东 翼	Eastern Region	1635	2171	4154	4654	5924	7051	8577
西 翼	Western Region	3860	8202	12469	14291	16721	18967	21087
山 区	Mountainous Region	925	1588	1365	1359	1834	2092	2294

14-19 各市城市公共交通情况（2012年）

Basic Statistics on Public Transportation in Cities by City (2012)

市别	City	公共汽电车 Public Bus and Trolly Bus				出租汽车 Taxi	
		运营车辆（辆）Number of Vehicles under Operation (unit)	公共汽车 Bus	运营线路网长度(公里) Length under Operation (Km)	客运量（万人）Passenger Traffic (10000 persons)	运营车辆（辆）Number of Vehicles in Operation (unit)	客运量（万人）Passangers Transported (10000 persons)
总计	**Total**	**52013**	**51739**	**91235**	**750296**	**64386**	**202449**
广州	Guangzhou	12569	12295	15402	265122	20390	77669
深圳	Shenzhen	14546	14546	18336	228305	15300	40789
珠海	Zhuhai	1731	1731	3215	31319	1852	5000
汕头	Shantou	1323	1323	2568	11821	1373	2994
佛山	Foshan	5449	5449	13694	54230	3344	9364
#顺德	Shunde	1654				1083	
韶关	Shaoguan	543	543	2097	6533	972	3108
河源	Heyuan	336	336	403	4674	780	1146
梅州	Meizhou	406	406	679	2043	600	1512
惠州	Huizhou	1419	1419	2552	21675	1650	5716
汕尾	Shanwei	283	283	794	816	746	920
东莞	Dongguan	5920	5920	16418	49156	7691	24753
中山	Zhongshan	2240	2240	3131	24276	1387	4186
江门	Jiangmen	1362	1362	2946	13751	1059	3852
阳江	Yangjiang	168	168	262	1575	640	530
湛江	Zhanjiang	926	926	1142	13118	1543	8921
茂名	Maoming	517	517	1128	3349	532	1062
肇庆	Zhaoqing	581	581	1555	7527	1214	4451
清远	Qingyuan	816	816	2698	7038	981	2874
潮州	Chaozhou	227	227	571	1207	862	1130
揭阳	Jieyang	312	312	534	996	1059	1546
云浮	Yunfu	339	339	1110	1768	411	925
按经济区域分	By Region						
珠三角	Pearl River Delta	45817	45543	77249	695359	53887	175779
东翼	Eastern Region	2145	2145	4467	14840	4040	6590
西翼	Western Region	1611	1611	2532	18042	2715	10513
山区	Mountainous Region	2440	2440	6987	22055	3744	9566

14-19 续表 continued

市 别	City	轨道交通 Subway, Light Rail and Streetcar			客运轮渡 Passanger Ferryboat	
		运营车数 (辆) Number of Vehicles under Operation (unit)	运营线路长度 (公里) Length under Operation (km)	客运量 (万人) Passangers Transported (10000 persons)	运营船舶 (艘) Number of Vehicles under Operation (unit)	客运量 (万人) Passangers Transported (10000 persons)
总 计	**Total**	**2360**	**413**	**263739**	**154**	**3363**
广 州	Guangzhou	1310	236	185610	26	1782
深 圳	Shenzhen	1050	177	78129		
珠 海	Zhuhai				31	205
汕 头	Shantou				9	332
佛 山	Foshan				58	788
#顺 德	Shunde					
韶 关	Shaoguan					
河 源	Heyuan					
梅 州	Meizhou					
惠 州	Huizhou					
汕 尾	Shanwei				13	45
东 莞	Dongguan					
中 山	Zhongshan					
江 门	Jiangmen				1	22
阳 江	Yangjiang					
湛 江	Zhanjiang				8	106
茂 名	Maoming					
肇 庆	Zhaoqing				8	83
清 远	Qingyuan					
潮 州	Chaozhou					
揭 阳	Jieyang					
云 浮	Yunfu					
按经济区域分	By Region					
珠 三 角	Pearl River Delta	2360	413	263739	124	2879
东 翼	Eastern Region				22	377
西 翼	Western Region				8	106
山 区	Mountainous Region					

14-20 邮电业务总量和指数

Business Volume of Postal and Telecommunication Services and Their Indices

年份 Year	邮电业务总量(亿元) Business Volume of Postal and Telecommunication Services (100million yuan)			指数(上年=100) Indices(preceding year=100)		
	合计 Total	邮政 Postal Services	通信 Telecommunication Services	合计 Total	邮政 Postal Services	通信 Telecommunication Services
1978	0.90			103.4		
1979	0.96			106.7		
1980	1.05			109.4		
1981	1.15			109.5		
1982	1.17			101.7		
1983	1.31			112.0		
1984	1.56			119.1		
1985	2.05			131.4		
1986	2.54			123.9		
1987	3.49			137.4		
1988	5.11			146.4		
1989	10.33	0.75	9.58	135.9	90.4	141.5
1990	26.30	3.91	22.39	254.6	521.3	233.7
1991	38.89	4.60	34.29	147.9	117.6	153.1
1992	57.06	5.59	51.47	146.7	121.5	150.1
1993	94.25	7.10	87.15	165.2	127.0	169.3
1994	142.78	8.32	134.46	151.5	117.2	154.3
1995	204.93	9.63	202.60	143.5	115.7	150.7
1996	265.56	10.92	254.64	129.6	113.4	125.7
1997	330.38	11.44	318.94	124.4	104.8	125.3
1998	418.18	15.20	402.98	126.6	132.9	126.3
1999	542.65	19.72	522.93	129.8	129.8	129.8
2000	757.22	50.40	706.82	139.5	255.5	135.2
2001	782.67	42.13	740.54	129.9	105.1	131.7
2002	917.87	48.36	869.51	117.3	114.8	117.4
2003	1202.52	54.33	1148.19	131.0	112.3	132.1
2004	1781.78	55.12	1726.66	148.2	101.5	150.4
2005	2121.94	59.82	2062.12	119.1	108.5	119.4
2006	2540.54	69.48	2471.06	119.7	116.1	119.8
2007	3070.55	77.30	2993.25	120.9	111.3	121.1
2008	3564.85	87.97	3476.88	116.1	113.8	116.2
2009	3938.15	101.16	3837.00	110.5	115.0	110.4
2010	4832.94	118.57	4714.37	122.7	117.2	124.4
2011	1918.01	291.36	1626.65	116.4	129.9	114.3
2012	2174.67	395.18	1779.49	113.4	135.6	109.4

注：1. 邮电业务总量1988年及以前按1980年不变价格计算，1989-2000年按1990年不变价格计算，2001-2010年按2000年不变价格计算，2011年起按2010年不变价格计算。

2. 指数按可比价格计算。

3. 2011年起，邮政业务总量统计口径为全部国家邮政及年业务收入200万元以上的快递企业，之前仅为国家邮政业。

Notes: a) The business volume of postal and telecommunication services in and before 1988 was calculated at 1980 constant prices, that from 1989 to 2000 was calculated at 1990 constant prices, that from 2001 to 2010 was calculated at 2000 constant prices, and that from 2011 on was calculated at 2010 constant prices.

b) The indices are calculated at constant prices.

c) Since 2011,statistical coverages of business volume of postal services are all national postal enterprises and express mail enterprises with annual business revenue above 2 million yuan. Statistical coverages prior to 2011 are national postal enterprises.

14-21 各市邮电业务总量

Business Volume of Postal and Telecommunication Services by City

单位：亿元 (100 million yuan)

市别	City	2000	2005	2009	2010	2011	2012
总计	**Total**	**757.22**	**2121.94**	**3938.15**	**4832.94**	**1918.01**	**2174.67**
广州	Guangzhou	168.26	484.79	864.78	1051.65	525.32	495.88
深圳	Shenzhen	154.20	471.53	854.42	1031.26	404.40	463.95
珠海	Zhuhai	22.31	61.48	107.99	137.61	43.85	49.11
汕头	Shantou	36.61	76.95	144.63	173.81	60.13	68.82
佛山	Foshan	66.29	177.20	347.17	428.72	134.57	148.78
#顺德	Shunde	25.91	46.85	88.77	35.13	41.70	43.82
韶关	Shaoguan	11.11	27.42	55.79	69.58	21.68	25.59
河源	Heyuan	6.26	16.17	35.13	46.33	19.36	23.75
梅州	Meizhou	12.87	23.24	43.16	52.48	35.69	43.17
惠州	Huizhou	27.19	80.00	161.25	201.02	65.92	80.05
汕尾	Shanwei	11.10	19.38	38.58	48.01	17.59	20.73
东莞	Dongguan	74.05	313.97	563.47	674.09	218.36	250.47
中山	Zhongshan	30.10	83.16	152.56	194.98	69.35	80.22
江门	Jiangmen	32.02	61.13	109.37	135.08	50.34	56.64
阳江	Yangjiang	8.60	19.58	39.32	50.67	21.36	25.25
湛江	Zhanjiang	19.38	40.48	89.38	116.85	56.98	68.72
茂名	Maoming	13.21	32.97	67.63	87.27	39.23	48.50
肇庆	Zhaoqing	13.22	37.97	75.86	95.05	32.28	37.48
清远	Qingyuan	9.96	21.27	45.35	56.06	28.14	33.50
潮州	Chaozhou	12.78	25.13	42.84	54.52	21.70	24.70
揭阳	Jieyang	20.81	34.67	73.36	94.01	35.57	41.29
云浮	Yunfu	6.89	13.47	26.11	33.91	16.18	20.34
不分地区	Unclassified						67.74
按经济区域分	By Region						
珠三角	Pearl River Delta	587.64	1771.22	3236.87	3949.45	1544.39	1730.31
东翼	Eastern Region	81.31	156.12	299.41	370.35	134.99	155.53
西翼	Western Region	41.19	93.03	196.33	254.79	117.58	142.47
山区	Mountainous Region	47.09	101.57	205.54	258.35	121.05	146.36

注：1. 2000年的邮电业务总量按1990年不变价格计算，2011年起按2010年不变价格计算，其余年份按2000年不变价格计算。
2. 从2011年起，本表统计口径为全社会所有从事电信运营企业和国家邮政企业,以及年业务收入200万元以上的快递企业。之前仅为国家邮政业。

Note: a) Business volume of postal and telecommunication services of 2000 is calculated at 1990 constant prices，business volumes after 2011 is calculated at 2010 constant prices，business volumes of other years are calculated at 2000 constant prices.

b) Since 2011, Statistics coverage in this table refers to all telecom operation enterprise, the national postal enterprises and express delivery enterprises with annual business revenue above 2 million yuan. The data before covers only to the national postal enterprises.

14-22 各市邮电业务情况（2012年）

Conditions of Postal and Telecommunication Services by City (2012)

市别	City	业务总量（亿元） Business Volume of Postal and Telecom-munication Services (100million yuan)	#通信 Business Volume of Telecom-munications	函件（万件） Number of Letters (10000 pcs)	报刊累计数（万份） Newspaper and Magazine Issue (10000 copies)	快递（万件） Pieces of Express Mail Services (10000 pcs)	移动电话用户（万户） Subscribers of Mobile Telephones (10000 subscribers)	城市电话用户（万户） Telephone Subscribers in Urban Areas (10000 subscribers)	乡村电话用户（万户） Telephone Subscribers in Rural Areas (10000 subscribers)
总计	**Total**	**2174.67**	**1779.49**	**80390.33**	**105320.70**	**133770.50**	**12467.99**	**2220.87**	**914.94**
广州	Guangzhou	495.88	358.07	25180.22	17290.14	52724.72	2367.39	531.24	59.49
深圳	Shenzhen	463.95	347.70	15671.77	11991.14	36160.60	2464.43	552.40	17.98
珠海	Zhuhai	49.11	43.48	4662.51	2636.76	1483.20	290.75	73.98	8.97
汕头	Shantou	68.82	62.28	1656.18	3635.96	2289.20	500.75	82.01	55.91
佛山	Foshan	148.78	132.94	6542.13	13103.02	4940.69	1050.68	205.90	72.35
#顺德	Shunde	43.82	42.50	1010.62	4252.38		411.20	91.60	
韶关	Shaoguan	25.59	23.13	1923.43	2307.52	315.70	189.41	40.63	19.46
河源	Heyuan	23.75	22.14	232.27	3404.00	320.50	140.04	25.71	27.03
梅州	Meizhou	43.17	40.01	727.37	3241.11	530.19	220.21	37.34	33.87
惠州	Huizhou	80.05	73.78	1410.81	4584.05	1825.37	477.04	69.18	60.06
汕尾	Shanwei	20.73	19.66	132.39	1156.61	170.91	152.97	21.37	22.03
东莞	Dongguan	250.47	188.33	5065.21	6037.90	25462.71	1718.58	134.80	181.94
中山	Zhongshan	80.22	70.14	2168.08	3943.68	3321.10	547.55	63.17	52.77
江门	Jiangmen	56.64	51.15	4677.49	6670.65	1221.95	392.09	78.63	54.05
阳江	Yangjiang	25.25	23.13	1217.07	1755.63	260.26	157.35	29.01	20.38
湛江	Zhanjiang	68.72	63.95	1448.95	3461.96	558.55	388.13	48.58	28.79
茂名	Maoming	48.50	45.11	1526.46	3469.60	349.16	275.81	40.13	43.33
肇庆	Zhaoqing	37.48	34.81	597.36	2682.41	551.83	264.64	45.75	32.64
清远	Qingyuan	33.50	31.42	1055.31	3573.60	408.95	240.84	36.35	19.59
潮州	Chaozhou	24.70	22.77	728.90	2015.79	409.26	206.55	38.85	31.34
揭阳	Jieyang	41.29	39.04	558.69	1838.76	368.94	301.29	47.64	48.02
云浮	Yunfu	20.34	18.71	912.78	1606.60	96.71	121.48	18.19	24.93
不分地区	Unclassified	67.74	67.74	2294.95	4913.81				
按经济区域分	By Region								
珠三角	Pearl River Delta	1730.31	1368.14	68270.53	73853.56	127692.17	9573.16	1755.04	540.25
东翼	Eastern Region	155.53	143.76	3076.16	8647.12	3238.31	1161.56	189.87	157.31
西翼	Western Region	142.47	132.19	4192.48	8687.19	1167.97	821.28	117.72	92.51
山区	Mountainous Region	146.36	135.40	4851.16	14132.83	1672.05	911.98	158.23	124.88

注：1. 邮电业务总量按2010年不变价格计算。
2. 本表统计口径为全社会所有从事电信运营企业和国家邮政企业，以及年业务收入200万元以上的快递企业。

Note: a) The business volume of postal and telecommunication services is calculated at 2010 constant prices.
b) The statistics coverage in this table refers to all telecom operation enterprises , national postal enterprises and express mail service enterprises with annual revenue of 2 million yuan.

14-23 邮政通信业基本情况

Basic Conditions of Postal and Telecommunication Services

项　目	Item	2000	2005	2010	2011	2012
邮运汽车 (辆)	Number of Postal Vehicles (unit)	1154	1170	1155	1206	1067
邮路长度 (公里)	Length of Postal Routes (km)	180724	369332	137740	104194	110345
农村投递路线 (公里)	Length of Rural Delivery Routes (km)	185223	206151	214877	214587	215842
长途光缆线路长度 (公里)	Length of Long-distance Optical Cable Routes (km)		40846	46289	45500	46530
长途电话交换机容量 (万路端)	Capacity of Long-distance Telephone Exchanges (10000 lines)	70.34	206.02	269.11	264.43	261.81
本地交换设备容量 (万门)	Capacity of Local Telephone Exchanges (10000 lines)	1939.45	4616.57	5383.59	4871.27	4360.56
移动电话交换机容量(万户)	Capacity of Mobile Telephone Exchanges (10000 subscribers)	1825.40	7925.00	14766.90	19076.70	20305.60
本地电话用户 (万户)	Number of Subscribers of Local Telephones (10000 subscribers)	1414.94	3442.53	3169.14	3147.14	3135.81
#城市电话	Urban Subscribers	916.03	2700.89	2236.05	2206.10	2220.87
移动电话用户 (万户)	Number of Mobile Telephones Subscribers (10000 subscribers)	1357.26	6406.61	9710.09	10792.83	12467.99
国际互联网用户 (万户)	Number of Internet Subscribers (10000 subscribers)	216.41	1006.36	1523.22	1716.30	1975.39
互联网用户使用时长 (亿分钟)	Duration of Internet Use by Subscribers (100million minutes)	90.06	3190.52	19871.15	25100.34	30835.73
函件 (万件)	Number of Letters (10000 pcs)	106603	91267	76204	80942	80390
快递 (万件)	Pieces of Express Mail Services (10000 pcs)	1327.80	3328.30	59107.53	86436.13	133770.49
报刊累计数 (万份)	Newspaper and Magazine Circulation (10000 copies)	107755	113009	87895	101317	105321
全省平均每人每年发函件数 (件)	Annual Number of Per Capita Letter Mailed (pcs)	13.80	11.30	8.31	9.66	9.45
全省平均每百人每年订报刊数 (份)	Annual Average Number of Newspapers and Magazines Subscribed per 100 Persons (copies)	15.10	12.07	8.21	9.36	12.00
本地电话普及率 (户/百人)	Popularization Rate of Local Telephones (subscribers/100 persons)	18.40	37.44	30.38	30.00	29.60
移动电话普及率 (户/百人)	Popularization Rate of Mobile Telephones (subscribers/100 persons)	17.61	69.68	93.09	102.70	117.69

注：从2010年起，由于速递物流和邮政储蓄从国家邮政业分离，因此邮路、邮运汽车等数据与往年不可比。

Note: Since 2010, Since express logistics and postal savings have been seperated from national postal services, data on length of postal routes and number of postal vehicles are not comparable with the previous years.

主要统计指标解释

铁路营业里程 又称营业长度(包括正式营业和临时营业里程)，指办理客货运输业务的铁路正线总长度。凡是全线或部分建成双线及以上的线路，以第一线的实际长度计算；复线、站线、段管线、岔线和特殊用途线以及不计算运费的联络线都不计算营业里程。该指标可以反映铁路运输业基础设施的发展水平，也是计算客货周转量、运输密度和机车车辆运用效率等指标的基础资料。

公路通车里程 指在一定时期内实际达到《公路工程[WTBZ]技术标准 JTJ01-88》规定的等级公路，并经公路主管部门正式验收交付使用的公路里程数。包括大中城市的郊区公路以及通过小城镇街道部分的公路里程和桥梁、渡口的长度，不包括大中城市的街道、厂矿、林区生产用道和农业生产用道的里程。两条或多条公路共同经由同一路段，只计算一次，不得重复计算里程长度。该指标可以反映公路建设的发展规模，也是计算运输网密度等指标的基础资料。

内河航道里程 也称内河通航里程，指在一定时期内，能通航运输船舶及排筏的天然河流、湖泊水库、运河及通航渠道的长度。包括全年季节性通航累计三个月以上的航道，不包括仅供零散流放竹、木排的河道。该指标可以反映内河水运网的规模、水平和发展情况。

民用航空航线里程 指民航运输定期班机飞行的航线长度的总和。航线长度按机场之间的距离计算，通常有两种计算方法：一是将每条航线长度相加称为重复计算航线里程；一是将两线或两条以上航线经过同一区段里程，只计算一次航线长度称为不重复计算航线里程。一般常用的是后者，该指标可以确切反映民航运输网的规模，是表明民航事业为国民经济服务和方便人民生活程度的主要指标。

输油(气)管道里程 指油品(或天然气)的实际输送距离，一般按输油(气)管道的单线长度计算。若包括复线和备用线长度则称为输油(气)管道延展长度，是指管道铺设的实际长度。我们通常使用的是不包括复线的“输油(气)管道里程”，该指标可以反映管道运输的发展规模和水平。

货(客)运量 指在一定时期内，各种运输工具实际运送的货物(旅客)数量。该指标是反映运输业为国民经济和人民生活服务的数量指标，也是制定和检查运输生产计划、研究运输发展规模和速度的重要指标。货运按吨计算，客运按人计算。货物不论运输距离长短、货物类别，均按实际重量统计。旅客不论行程远近或票价多少，均按一人一次客运量统计；半价票、小孩票也按一人统计。

货物(旅客)周转量 指在一定时期内，由各种运输工具运送的货物(旅客)数量与其相应运输距离的乘积之总和。该指标可以反映运输业生产的总成果，也是编制和检查运输生产计划，计算运输效率、劳动生产率以及核算运输单位成本的主要基础资料。计算货物(旅客)周转量通常按发出站与到达站之间的最短距离，也就是计费距离计算。计算公式为：

货物（旅客）周转量=Σ（货物（旅客）运输量×运输距离）

港口货物吞吐量 指经水运进出港区范围，并经过装卸的货物数量，包括邮件及办理托运手续的行李、包裹以及补给运输船舶的燃料、物料和淡水。货物吞吐量按货物流向分为进口、出口吞吐量，按货物交流性质分为外贸货物吞吐量和国内贸易货物吞吐量。货物吞吐量的货类构成及其流向，是衡量港口生产能力大小的重要指标。

民用汽车 指报告期末，在公安交通管理部门按照《机动车注册登记工作规范》，已注册登记领有民用车辆牌照的全部汽车数量。汽车统计的主要分类：根据汽车结构分为载客汽车、载货汽车及其他汽车；根据汽车所有者不同分为个人(私人)汽车、单位汽车；根据汽车的使用性质分为营运汽车、非营运汽车；根据汽车大小规格不同载客汽车分为大型、中型、小型和微型，载货汽车分为重型、中型、轻型和微型。

机动船 又称自航船，指装有各种发动机推进装置，以机械动力行驶的船舶。

驳船 指本身无动力装置，或只设简易动力装置，依靠拖船或推船带动的平底船。

船舶净载重量 指报告期末所拥有船舶的总载重量减去燃（物）料、淡水、粮食及供应品、人员及其行李等的重量及船舶常数后，能够装载货物的实际重量。

沿海港口 指位于海沿岸，具有一定设施和条件，供船舶停靠、旅客上下、货物装卸、生活物料供应等作业的港口。

内河港口 指位于江、河、湖沿岸，具有一定设施和条件，供船舶停靠、旅客上下、货物装卸、生活物料供应等作业的港口。

民用航空航线条数 民用航空航线指出于商业的目的，运输飞机从地球表面一点(起飞)飞到另一点(终点)的航行线路。应同时具备三个条件：一是有运输飞机定期飞行，二是有足以保证运输飞机飞行和起降所需要的机场及地面设施，三是经过批准并在一个航季中正常执行。计算条数时，来回程计为一条。分为国内航线、国际航线和地区航线。

民航运输飞机 从事公共航空运输的民用飞机。分为大中型飞机和小型飞机，大中型飞机指 100 座及以上的运输飞机，小型飞机指 100 座以下的运输飞机。

城市公共交通 指城市中供公众乘用的、经济方便的各种交通方式的总称。包括公共汽车、电车、轨道交通（地铁、轻轨、有轨电车、磁悬浮、索道、缆车等）、出租汽车、公共轮渡等客运交通设施。

运营线路网长度 指公共交通线路所通过的运营线路净长度。计算公式：运营线路网长度=运营线路总长度－Σ重复的线路长度

运营线路总长度 指全部运营线路长度之和。计算公式：运营线路长度=Σ各条运营线路长度=Σ〔1/2（上行起点至终点里程+下行起点至终点里程+上下行终点掉头里程〕。单向行驶的环行线路长度等于起点至终点里程与终点下客站至起点里程之和的一半，不包括折返、试车、联络线等非运营线路。

运营车辆数 指城市中用于公共交通运营业务的全部车辆数。地铁和轻轨在统计时一自然节为一辆。出租汽车指已经领取出租汽车专用牌照的运营车辆，包括技术完好的、在修的、长期行驶的以及拟报废尚未经上级机关批准的车辆。

轮渡运营船舶数 指用于城市客渡运营业务的全部船舶数。不含旅游客轮（长途旅游、市内供游人游览江、河、湖泊的船只）。

城市公共交通客运总量 指报告期内城市公共交通各种运输方式运送乘客的总人次。

邮电业务总量 指以价值量形式表现的邮电通信企业为社会提供各类邮电通信服务的总数量。邮电业务量按专业分类包括函件、包件、汇票、报刊发行、邮政快件、特快专递、邮政储蓄、集邮、公众电报、用户电报、传真、长途电话、出租电路、无线寻呼、移动电话、分组交换数据通信、出租代维等。计算方法为各类产品乘以相应的平均单价(不变价)之和，再加上出租电路和设备、代用户维护电话交换机和线路等的服务收入。该指标综合反映了一定时期邮电业务发展的总成果，是研究邮电业务量构成和发展趋势的重要指标。计算公式为：

邮电业务总量=Σ（各类邮电业务量×不变单价）+出租代维及其他业务收入

=邮政业务总量+通信业务总量

移动电话用户 指通过移动电话交换机进入移动电话网、占用移动电话号码的各类电话用户。包括签约用户和智能网预付费用户。一个移动电话号码统计为一户。

本地电话用户 指接入本地电信运营商固定电话网上的电话用户。包括：住宅用户、单位用户、公用电话用户等。按电话用户位置又分为城市电话用户和乡村电话用户。按通信手段又分为固定电话用户和无线市话用户。1997 年以前，“城市（内）电话用户”是指接入县城及县以上城市的电话网上的电话用户；“乡（农）村电话用户”是指接入县邮电局农话台及县以下农村电话交换点，以县城为中心(除市话用户外)联通县、乡(镇)、行政村、村民小组的用户。从 1997 年起，电话用户数分组调整为以用户所在区域划分为“城市电话用户”和“乡村电话用户”，与过去的按市内电话和农村电话划分方法不同。

城市电话用户 指直辖市、省辖市、地级市、县级市的市区、市郊区及县城(包括县人民政府所在地的县城关区或行政建制相当于县人民政府所在地的镇)范围内接入局用交换机的电话用户数，包括分布在农村地区的独立工矿区、林区、驻军等电话用户数。

乡村电话用户 指按行政区划属于城市范围以外的乡(镇)、村的电话用户数。

国际互联网用户 包括互联网窄带拨号用户和互联网宽带接入用户。互联网窄带拨号用户又分为互联网注册拨号用户、互联网主叫电话记费用户、互联网上网卡用户等几种。互联网注册拨号用户指由基础电信运营商用户提供的，使用固定帐号上网的一种方式，由用户到运营商的营业厅或业务代理商处申请办理，获得拨号上网帐号及密码，用户根据该帐号及密码拨叫上网特服号，通过认证获得动态 IP 地址接入宽带互联网。互联网主叫电话记费用户指用户不需要到运营商的营业厅或业务代理商处申请办理，只需要拨打某一运营商已经开通的主叫特服号码即可上网，上网费用随主叫电话收取。互联网上网卡用户指使用上网卡

上的帐号和密码认证，通过 PSTN、N-ISDN 等方式接入宽带互联网的用户。互联网宽带接入用户指采用分组交换网、DDN 网、帧中继/ATM 网以及模拟专线、数字专线等方式，不经过基础电信运营商的宽带 IP 城域网，直接接入宽带互联网节点的用户，不含 XDSL、专线和 LAN 专线用户。

长途电话交换机容量 指用于接入长途电话网的电话交换机设备的额定容量，包括国际电话交换机容量。

本地交换设备容量 指安装在电信运营企业内用于接续本地固定电话的电话交换机容量，包括现用和备用的人工或自动交换机的全部容量。包括局用交换机容量、接入网设备容量（含无线市话）和用户交换机容量。

移动电话交换机容量 指移动电话交换机根据一定话务模型和交换机处理能力计算出来的最大同时服务用户的数量。

Explanatory Notes on Main Statistical Indicators

Length of Railways in Operation refers to the total length of the trunk line under passenger and freight transportation (including both regular operations and temporary operations). In the case of wholly or partially double- or multi-track railways, calculation is based on the actual length of the first track, regardless of other tracks, station sidings, tracks under the charge of stations, branch lines, special-purpose lines and non-payable connecting lines. The length of railways in operation is an important indicator of the development of infrastructure for railway transport, as well as the foundation for the calculation of passenger-kilometers and freight ton-kilometers, traffic density and utilization efficiency of locomotives and carriages.

Length of Highways refers to the length of highways built in conformity with the grades specified by the Technical Standards JTJ01-88 for Highway Engineering, formally checked and accepted by highway authorities and put into use. The length of highways includes that of suburban highways at large and medium-sized cities and highways passing through streets at small cities and towns, as well as the span of bridges and ferries. However, it does not include the length of streets in large and medium-sized cities and highways built for production purposes at factories, mines, forest areas and agricultural areas. If two or more highways share the same segment, the length of the shared segment is only calculated for once and no duplication is allowed. The length of highways is an important indicator of the scale of development of highway construction, as well as the foundation for the calculation of transport network density and other indicators.

Length of Navigable Inland Waterways refers to the length of natural rivers, lakes, reservoirs, canals, and ditches open to navigation during a given period, which enables the transport by ships and rafts. This includes channels open to seasonal navigation for an accumulative period of over 3 months in a year, but excludes river courses used exclusively for wood or bamboo rafts on an irregular basis. This indicator reflects the scale, level and development situation of the inland waterway network.

Length of Civil Aviation Routes refers to the length of all routes for regular civil aviation flights. Calculation of route lengths is based on the distance between airports, usually in either of the following ways: duplicated calculation of route lengths, which directly sums up the length of every single air route; or singular calculation of route lengths, which calculates the same segments of aviation routes shared by two or more routes only once. In general practice, the latter is used, as it can precisely reflect the size of the civil aviation network and indicate the extent to which civil aviation serves the national economy and the needs of the people.

Length of Petroleum and Gas Pipelines refers to the actual transport distance of oil or gas products, generally calculated as the length of single pipelines. Inclusion of double pipelines and alternate pipeline in the calculation is termed the extension length of petroleum and gas pipelines, which indicates the actual length of the pipelines built. In general practice, the "Length of Petroleum and Gas Pipelines" exclusive of double pipelines is used, which reflects the scale and degree of development in pipeline transport.

Freight (Passenger) Traffic refers to the volume of freight (passengers) transported with various means. This indicator provides a quantitative measure of how the transport industry serves the national economy and the needs of the people, as well as an important reference for drafting and checking production plans in the transport industry and for studying the scale and speed of development in the transport industry. Freight transport is calculated in tons and passenger traffic is calculated in the number of persons. Freight transport is calculated in the actual weight of goods regardless of traveling distances and types of freight; while passenger traffic is calculated as the number of individuals traveling once, regardless of traveling distances, ticket prices, whether the passengers are traveling with half-price tickets or child tickets.

Freight Ton-kilometers (Passenger-kilometers) refer to the sum of the products of the volume of transported cargo (passengers) multiplied by the transport distance. These are important indicators of the total achievements of the transport industry, as well as the major foundation for drafting and checking production plans in the transport industry and for calculating the efficiency, labor productivity and the cost of transport enterprises. Normally, the shortest distance between the departure station and the destination station (i.e. the payable distance) is the basis to calculate the freight ton-kilometers and passenger-kilometers on. These indicators are calculated as follows:

Freight Ton-kilometers (Passenger-kilometers) = Σ (Freight (Passenger) Traffic ×Transport Distance)

Volume of Freight Handled in Ports refers to the volume of cargo passing in and out of the harbor area that undergoes the loading and unloading processes, including mails, checked baggage and bales, as well as fuel, material and fresh water supplies to ships. The volume of freight handled may be classified by direction of flow as import volume and export volume, or by nature of cargo as volume of freight for domestic trade and volume of freight for foreign trade. The classification of volume of freight handled and its direction of flow are important indicators of the production capacity of ports.

Possession of Civil Motor Vehicles refers to the total number of vehicles that are registered at transport management offices under the public security authorities and provided with civil vehicle licenses and tags according to the Work Standard for Motor Vehicles Registration at the end of the reference period. Major categories of vehicle are: passenger vehicles, freight vehicles and other vehicles in terms of structure; private vehicles and organization-owned vehicles in terms of ownership; commercial vehicles and non-commercial vehicles in terms of use; large, medium, small and mini passenger vehicles, and heavy, medium, light and mini trucks in terms of size.

Motor Vessels refer to vessels installed with power units and propelled by mechanical power. It is also known as self-propelled vessels.

Barges refer to flat-bottomed vessels driven by drawers or propellers. It has no power units or has only simple power units.

Dead Weight Tonnage of Vessels refers to the actual tonnage all the vessels within the reference period are capable of carrying. It equals the tonnage of all the vessels minus that of fuel, material and fresh water, foods, supplies, persons and luggages on vessels.

Coastal Seaports refer to seaports located alongside the coasts that have the right facilities and conditions for vessel mooning, passenger boarding and alighting, cargo loading and disloading, and supply of daily life materials.

Inland Ports refer to ports located along rivers and lakes that have the right facilities and conditions for vessel mooning, passenger boarding and alighting, cargo loading and disloading, and supply of daily life materials.

Number of Civil Aviation Routes refers to the number of all routes of commercial civil aviation flights from one point of the earth to another. Civil aviation routes shall meet three conditions. First, there shall be regular flights. Second, there shall be adequate airport and ground facilities to ensure the flight, takeoff and landing. Third, the flights are approved and carried out normally during the flight season. Singular calculation is used in calculating the number of routes. Civil aviation routes are divided into domestic routes, international routes and regional routes.

Civil Aviation Aircraft refer to aircraft used in public civil aero transport. They are divided into large and medium-sized aircraft and small-sized aircraft. The former refer to those with 100 seats and above, and the latter refer to those with less than 100 seats.

Urban Public Transportation refers to all the economical transport taken by the public in cities. It includes buse, trolley bus, rail transport (subway, light rail, streetcar, magnetically levitated trains, cableway, telpher, etc.), taxi, ferry boast, etc.

Length of Public Transportation Network refers to the net length covered by the public transportation routes. The following formula is used:

Length of Public Transportation Network=Length of Public Transportation under Operation - ΣLength of Repeated Routes

Length of Public Transportation under Operation refers to the sum of all public transportation routes under operation. The following formula is used:

Length of Public Transportation under Operation= -Σ(1/2 (length from starting station to terminal of forward trip+length from terminal to beginning station of backward trip+length of take-turning of both trips)

Number of Vehicles under Operation refers to the total number of vehicles under operation in public transportation in cities. For subway and light rail, each compartment is calculated as one unit. Taxi refers to all those with special operation license, including those in good condition, under maintenance, in long-term operation and with pending approval for writing-off.

Number of Ferry Boats refer to the total number of boats for ferry operation., excluding the long-distance or intra-city cruiser.

Total Passenger Traffic in Cities refers to the total number of persons transported by public transportation in cities.

Business Volume of Postal and Telecommunication Services refers to the total amount of postal and telecommunication services, expressed in value terms, provided by postal and telecommunication enterprises for the society. Postal and telecommunication services can be classified as letters, parcels, remittance, delivery of newspapers and magazines, fast mail service, express mail service, savings deposits, stamps for collection, public and individual telegraph service, facsimiles, long-distance telephone service, leasing of telephone lines, urban paging service, mobile telephone service, data communication through packet networks, network elements lease and maintenance, etc. To calculate the volume, the business volume of each product is multiplied by its average unit price (at constant prices), summed, and added to income from other services such as leasing of telephone lines and equipment, maintenance of telephone switchboards and lines on behalf of customers. This indicator reflects the overall achievements of postal and telecommunication services during a given period, and is an important reference for studying the composition of business volume and the development trend of postal and telecommunication services. This volume is calculated as follows:

Business Volume of Postal and Telecommunication Services = Σ(Business Volume of Each Product× Constant Unit Price) + Income from Leasing, Maintenance, and Other Services = Business Volume of Postal Services + Business Volume of Telecommunication Services

Mobile Telephone Subscribers refer to persons who own mobile telephone numbers and are connected with the mobile telephone communication network through mobile telephone switchboards, including contracted subscribers and pre-paid subscribers for intelligent network. One mobile telephone number is calculated as one subscriber.

Local Telephone Subscribers refer to subscribers that are connected to the local telecommunication service provider through fix line network, including household subscribers, institutional subscribers and public telephones. They are also classified as urban subscribers and rural subscribers according to locations, or fixed-line subscribers and wireless subscribers according to the means of telecommunication. Before 1997, urban subscribers referred to those connected to urban telephone networks in county towns and cities, while rural subscribers referred to those connected to rural telephone stations at or below the county level, clustered around the county town (excluding urban subscribers), and further connected to the county, towns and townships, administrative villages and villagers' groups. Since 1997, the classification of telephone subscribers into urban telephone subscribers and rural telephone subscribers was modified on the basis of geographical location of the subscribers, which is different from the previous distinction between urban telephones and rural telephones.

Urban Telephone Subscribers refer to the number of telephone subscribers located at municipalities under the jurisdiction of the central government, cities under the jurisdiction of provinces, cities at prefecture level, downtown and suburb of cities at county level and county towns (including county towns where the county governments are located, and towns where the governments of other administrative regions at county level are located), that are connected to the public line telephone network, including the number of telephone subscribers in independent mining areas, forest areas, and military zones located in rural areas.

Rural Telephone Subscribers refer to telephone subscribers located at townships, towns and villages outside the range of cities according to administrative jurisdiction.

Wireless Local Telephone Subscribers refer to the number of subscribers who own wireless local telephone terminals connected to the public telephone network through PHS, SCDMA, and CDMA450 systems based on base stations and access network equipment.

Number of Internet Subscribers include both narrow-band dial-up users and broad-band access users of the internet. Narrow-band dial-up users are further classified into registered dial-up users, pay-per-calling users, and pre-pay card users. Registered dial-up service enables internet access through fixed accounts provided by basic telecommunication operators. Users of this service apply to the operators or their agents for accounts and passwords, with which they dial special numbers for internet connection and acquire dynamic IP addresses through authentification to gain access to the broad-band internet. Pay-per-calling service implies that instead of applying to the operators or their agents, users only need to dial a certain operator's special numbers to gain access to the internet and pay internet fees together with their calling fees. Pre-pay card users refer to those connected to the broad-band internet through PSTN and N-ISDN networks with accounts and passwords provided by the pre-pay cards. Broad-band access users (exclusive of XDSL and LAN users) refer to users directly connected to broad-band internet nodes through packet networks, DDN networks, frame relay/ATM networks, and special analog or digital lines, bypassing the broad-band IP MAN provided by basic telecommunication operators.

Capacity of Long Distance Telephone Exchanges refers to the rated capacity of telephone exchanges connected to long distance telephone networks, including capacity of international telephone exchanges.

Capacity of Local Telephone Exchanges refers to the capacity of telephone exchanges installed in the offices of telecommunication service providers for communication between fixed telephones. It includes the capacity of both manual and automatic exchanges in use and for stand-by purpose. It consists of the capacity of office telephone exchanges, access network equipment(including wireless city call) and subscriber exchanges.

Capacity of Mobile Telephone Exchanges refers to the maximum number of subscribers that can be served simultaneously, calculated according to a certain calling model and the handling capacity of the mobile telephone exchanges.

十五、国内贸易

DOMESTIC TRADE

十五 国内贸易

简要说明

一、本篇资料反映广东省国内市场发展情况。主要内容包括批发零售业商品流通情况，住宿餐饮业销售情况，社会消费品零售总额等。

二、本篇资料主要根据国家统计局《批发和零售业、住宿和餐饮业统计报表制度》进行搜集和加工整理。资料中限额以上批发和零售业、住宿和餐饮业资料采用全面调查的方法自下而上逐级综合汇总而得，限额以下企业及个体户资料采用抽样调查方法推算而得。

三、各表的调查范围：

限额以上批发和零售业、住宿和餐饮业统计限额标准：批发业年销售额2000万元及以上；零售业年销售额500万元及以上；住宿业年营业额200万元及以上；餐饮业年营业额200万元及以上。

商品购、销、存总额表为各种经济类型的限额以上和限额以下批发零售业法人及产业活动单位和个体户。

社会消费品零售总额表为各种经济类型的法人及产业活动单位、个体户对城乡居民和社会集团的零售。

四、根据第二次全国经济普查资料对2005-2008年社会消费品零售额及相关销售额数据进行了调整。

五、本篇资料由广东省统计局贸易外经处整理提供。

15 Domestic Trade

Brief Introduction

Ⅰ. The date in this chapter show the development of Guangdong's domestic market，including mainly the circulation of commodities in the wholesale and retail trades，the sales in accommodations and catering services and the total retail sales of consumer goods，etc.

Ⅱ. The data are collected and processed in accordance with the Statistical Reporting Scheme on Wholesale and Retail Trades, Accommodations and Catering Services stipulated by the National Bureau of Statistics. Data on basic conditions for all corporate enterprises of wholesale, retail, accommodations and catering services above the designated size are collected through comprehensive reporting systems and data are reported level by level in a bottom-up manner. Data on small-size enterprises and individual enterprises below the designated size are collected through sample surveys.

Ⅲ. The statistical coverage in this chapter comes as follows:

Criteria for wholesale and retail sale trades, accommodations and catering services above designated size is defined as follows：wholesale trade with annual sales of 20 million yuan or above, retail sale trade with annual sales of 5 million yuan or above, hotels with annual turnover of 2 million yuan or above, and catering services with annual turnover of 2 million yuan or above.

The table of total purchases，sales and inventory include corporate units, establishments and individuals of various types of ownership both above and below designated size by category of commodities.

The table of total retail sales of consumer goods includes the retail sales of corporate units, establishments and individuals of various types of ownership to urban and rural residents and institutions.

Ⅳ. Data of 2005 to 2008 on retail sales volume of consumer goods and related sales figures have been adjusted in accordance with the figures from the second national economic census.

Ⅴ. The data in this chapter are prepared and provided by the Division of Trade and External Economic Relations Statistics of Statistics Bureau of Guangdong Province.

15-1 国内贸易主要指标
Main Indicators on Domestic Trade

指 标	Item	2000	2005	2010	2011	2012	2012比2011增长(%) Growth Rate in 2012 over 2011 (%)
社会消费品零售总额（亿元）	**Total Retail Sales of Consumer Goods (100 million yuan)**	**4379.81**	**7915.51**	**17414.66**	**20246.72**	**22677.11**	**12.0**
按行业分	By Sector						
批发零售业	Wholesale and Retail Trades	3625.37	6773.37	15521.26	18059.41	20231.14	12.0
限额以上	Above Designated Size	885.95	2091.87	5747.82	7525.75	8467.42	15.3
限额以下	Below Designated Size	2739.42	4681.50	9773.44	10533.66	11763.72	9.8
住宿餐饮业	Hotels and Catering Services	655.94	1016.63	1893.40	2187.31	2445.97	11.8
限额以上	Above Designated Size		284.83	671.58	849.19	991.35	15.0
限额以下	Below Designated Size		731.80	1221.82	1338.12	1454.62	9.7
其他行业	Others	98.50	125.51				
按城乡分	By Urban and Rural Area						
城镇	Urban Areas	3290.33	5967.71	14853.20	17348.90	19767.95	12.1
乡村	Rural Areas	1089.48	1947.80	2561.46	2897.82	2909.16	11.1
批发零售业商品销售总额（亿元）	**Total Sales in Wholesale and Retail Trades (100 million yuan)**	**10316.88**	**20403.87**	**47217.39**	**59307.89**	**70296.24**	**18.5**
批发额	Wholesale Value	6691.51	13630.50	31727.96	41281.91	50053.25	21.3
零售额	Retail Value	3625.37	6773.37	15489.43	18025.98	20242.99	12.3
按行业分	By Sector						
批发业销售额	Sales in Wholesale Trade	7053.14	13720.54	30173.58	38746.50	48461.02	22.2
批发额	Wholesale Value	6247.11	12597.16	28849.48	37042.05	46327.41	22.1
零售额	Retail Value	806.03	1123.38	1324.10	1704.45	2133.61	25.2
零售业销售额	Sales in Retail Trade	3263.74	6683.33	17043.81	20561.39	21835.22	11.1
批发额	Wholesale Value	444.40	1033.34	2878.48	4239.86	3725.84	11.8
零售额	Retail Value	2819.34	5649.99	14165.33	16321.53	18109.38	10.9
按规模分	By Size						
限额以上销售额	Sales above Designated Size	4922.10	11298.82	30316.84	40066.30	48000.92	23.0
批发额	Wholesale Value	4036.15	9206.95	24600.85	31833.39	39540.46	24.8
零售额	Retail Value	885.95	2091.87	5715.99	8232.91	8460.46	15.6
限额以下销售额	Sales below Designated Size	5394.78	9105.05	16900.55	19241.59	22295.32	9.9
批发额	Wholesale Value	2655.36	4423.55	7127.11	8707.94	10512.79	9.7
零售额	Retail Value	2739.42	4681.50	9773.44	10533.65	11782.53	10.0
限额以上住宿餐饮业营业额（亿元）	**Business Revenue from Hotels and Catering Services above Designated Size(100 million yuan)**		**399.95**	**901.95**	**1124.95**	**1278.825**	**13.8**
#客房收入	Revenue from Accommodations		89.35	189.48	225.27	231.14	7.0
餐费收入	Revenue from Restaurants		271.25	645.66	819.94	963.9	16.1
商品销售收入	Revenue from Sales of Commodities		6.26	15.17	18.81	18.8	9.0
亿元以上商品交易市场成交额（亿元）	**Transaction Value of Commodity Markets above 100 Million Yuan (100 million yuan)**		**1948.95**	**4828.13**	**5106.46**	**5506.48**	**7.8**
限额以上连锁总店数（个）	**Number of General Chain Stores above Designated Size (unit)**		**182.00**	**267**	**278**	**372**	**34.0**
限额以上连锁门店数（个）	**Number of Branch Chain Stores above Designated Size (unit)**		**11076.00**	**25214**	**31561**	**25239**	**-20.0**
限额以上连锁店销售总额（亿元）	**Total Sales of Chain Stores above Designated Size(100 million yuan)**		**1635.88**	**3643.32**	**5567.81**	**5125.76**	**-7.9**
#零售额	Retail Value		1366.10	3114.45	4208.98	3717.31	-11.7

注：1. 2005-2008年有关数据根据第二次经济普查资料有所调整。
2. 2010年指标口径和统计范围有些调整。

Notes: a) Data of 2005 to 2008 have been adjusted in accordance with the figures from the second national economic census.
b)The indicators and statistical coverage of 2010 have been adjusted.

15-2 按行业及城乡分社会消费品零售总额

Total Retail Sales of Consumer Goods by Sector and by Urban and Rural Area

单位：亿元 (100 million yuan)

年份 Year	社会消费品零售总额 Total Retail Sales of Consumer Goods	按行业分 By Sector			按城乡分 By Urban and Rural Area	
		批发零售业 Wholesale and Retail Trades	住宿餐饮业 Hotels and Catering Services	其他行业 Others	城镇 Urban Areas	乡村 Rural Areas
1978	79.86	66.92	5.39	7.55	38.42	41.44
1979	92.69	76.76	6.09	9.84	43.25	49.44
1980	117.67	94.52	7.30	15.85	66.72	50.95
1981	142.38	114.56	8.85	18.97	71.19	71.19
1982	164.23	131.86	10.19	22.18	82.77	81.46
1983	183.62	144.88	11.58	27.16	97.32	86.30
1984	226.13	170.06	16.04	40.03	131.61	94.52
1985	289.23	209.38	26.74	53.11	178.45	110.78
1986	327.02	235.59	28.68	62.75	172.67	154.35
1987	405.19	294.17	37.83	73.19	214.34	190.85
1988	568.07	414.30	50.79	102.98	306.19	261.88
1989	636.15	451.24	65.69	119.22	345.43	290.72
1990	667.36	463.92	71.11	132.33	457.34	210.02
1991	786.64	535.40	87.87	163.37	531.57	255.07
1992	1109.55	951.21	128.60	29.74	809.96	299.59
1993	1518.31	1309.60	168.75	39.96	1137.80	380.51
1994	1991.33	1705.13	234.42	51.78	1511.03	480.30
1995	2478.35	2121.16	300.24	56.95	1864.90	613.45
1996	2772.83	2358.28	356.23	58.32	2093.18	679.65
1997	3139.32	2653.90	409.95	75.47	2362.67	776.65
1998	3567.01	2962.27	505.56	99.18	2688.64	878.37
1999	3932.44	3268.96	569.18	94.30	2960.30	972.14
2000	4379.81	3625.37	655.94	98.50	3290.33	1089.48
2001	4856.65	3996.92	751.32	108.41	3638.52	1218.13
2002	5392.64	4443.64	843.82	105.18	4044.52	1348.12
2003	6029.86	5021.81	897.26	110.79	4540.94	1488.92
2004	6852.03	5734.94	953.84	163.25	5177.13	1674.90
2005	7915.51	6773.37	1016.63	125.51	5967.71	1947.80
2006	9194.29	7944.17	1155.39	94.73	6913.19	2281.10
2007	10731.28	9373.42	1298.31	59.55	8064.08	2667.20
2008	12986.60	11423.07	1498.91	64.62	9754.30	3232.30
2009	14891.78	13228.45	1656.30	7.03	11278.66	3613.12
2010	17414.66	15521.26	1893.40		14853.20	2561.46
2011	20246.72	18059.41	2187.31		17348.90	2897.82
2012	22677.11	20231.14	2445.97		19767.95	2909.16

注：1. 本表1992–2004年数据根据广东省第一次全国经济普查资料进行了调整。
2. 本表2005–2008年数据根据广东省第二次全国经济普查资料进行了调整。

Note: a) Data of 1992 to 2004 in this table have been adjusted in accordance with the figures from the first national economic census of Guangdong Province.
b) Data of 2005 to 2008 in this table have been adjusted in accordance with the figures from the second national economic census of Guangdong Province.

15-3 各市社会消费品零售总额（2012年）
Total Retail Sales of Consumer Goods by City (2012)

单位：亿元 (100 million yuan)

市别	City	社会消费品零售总额 Total Retail Sales of Consumer Goods	按行业分 By Sector 批发和零售业 Wholesale and Retail Trades	住宿和餐饮业 Hotels and Catering Services	按城乡分 By Urban and Rural Area 城镇 Urban Area	乡村 Rural Area
广州	Guangzhou	5977.27	5168.57	808.7	5903.16	74.11
深圳	Shenzhen	4008.78	3526.29	482.49	4008.78	
珠海	Zhuhai	635.2	559.17	76.03	610.58	24.62
汕头	Shantou	1029.82	962.05	67.77	728.98	300.84
佛山	Foshan	2019.5	1754.92	264.58	1475.15	544.35
#顺德	Shunde	652.01	574.32	77.69	341.12	310.89
韶关	Shaoguan	409.59	368.27	41.32	384.63	24.96
河源	Heyuan	209.37	191	18.37	171.27	38.1
梅州	Meizhou	403.5	372.36	31.14	282.95	120.55
惠州	Huizhou	754.15	683.32	70.83	628.15	126
汕尾	Shanwei	424.32	379.08	45.24	300.14	124.18
东莞	Dongguan	1354.58	1234.09	120.49	1263.84	90.74
中山	Zhongshan	809.33	724.9	84.43	739.25	70.08
江门	Jiangmen	807.21	712.63	94.58	554.61	252.6
阳江	Yangjiang	467.01	424.49	42.52	369.5	97.51
湛江	Zhanjiang	861.33	746.64	114.69	762.18	99.15
茂名	Maoming	902.2	818.59	83.61	540.55	361.65
肇庆	Zhaoqing	433.39	385.68	47.71	286.2	147.19
清远	Qingyuan	459.63	419.97	39.66	361.36	98.27
潮州	Chaozhou	317.04	289.52	27.52	223.81	93.23
揭阳	Jieyang	521.05	497.58	23.47	468.54	52.51
云浮	Yunfu	180.31	162.32	17.99	169.13	11.18
按经济区域分	By Region					
珠三角	Pearl River Delta	16552.69	14640.8	1911.89	15114.33	1438.36
东翼	Eastern Region	2258.56	2112.53	146.03	1681.94	576.62
西翼	Western Region	2197.78	1975.04	222.74	1633.81	563.97
山区	Mountainous Region	1668.08	1502.77	165.31	1337.87	330.21

15-4 各市社会消费品零售总额

Total Retail Sales of Consumer Goods by City

单位: 亿元 (100 million yuan)

市 别	City	2000	2005	2007	2008	2010	2011	2012
广 州	Guangzhou	1121.13	1905.84	2624.24	3187.39	4500.28	5243.02	5977.27
深 圳	Shenzhen	735.02	1441.61	1930.81	2276.59	3000.76	3520.87	4008.78
珠 海	Zhuhai	121.17	220.19	301.70	360.10	486.03	567.86	635.20
汕 头	Shantou	218.99	345.23	474.98	572.01	830.41	972.21	1029.82
佛 山	Foshan	337.55	650.18	957.57	1195.75	1687.13	1931.41	2019.50
#顺 德	Shunde	93.18	212.27	317.27	392.34	539.71	617.99	652.01
韶 关	Shaoguan	85.40	141.67	196.72	241.57	329.78	383.99	409.59
河 源	Heyuan	37.12	73.02	104.37	124.46	163.07	188.04	209.37
梅 州	Meizhou	67.28	131.85	184.60	228.94	319.05	372.79	403.5
惠 州	Huizhou	126.48	252.01	356.06	426.75	582.53	684.72	754.15
汕 尾	Shanwei	69.84	130.45	187.68	233.14	352.06	414.59	424.32
东 莞	Dongguan	235.16	506.29	722.45	881.15	1108.06	1266.31	1354.58
中 山	Zhongshan	141.81	277.08	397.74	480.29	648.11	756.07	809.33
江 门	Jiangmen	177.03	310.44	411.93	493.26	655.86	759.15	807.21
阳 江	Yangjiang	86.46	159.22	222.76	266.71	370.58	440.11	467.01
湛 江	Zhanjiang	156.59	269.98	385.31	472.85	679.79	805.59	861.33
茂 名	Maoming	158.11	287.96	408.81	504.59	704.97	842.86	902.20
肇 庆	Zhaoqing	77.31	142.99	199.78	238.49	332.89	389.71	433.39
清 远	Qingyuan	72.27	130.03	198.12	252.75	370.50	433.69	459.63
潮 州	Chaozhou	60.57	103.32	142.89	172.85	245.47	287.73	317.04
揭 阳	Jieyang	82.38	144.76	215.15	275.90	446.62	573.45	521.05
云 浮	Yunfu	31.30	59.71	83.75	101.07	136.97	167.58	180.31
按经济区域分	By Region							
珠 三 角	Pearl River Delta	3204.99	5878.70	7919.89	9539.76	12613.24	14575.57	16552.69
东 翼	Eastern Region	450.38	745.58	1022.97	1253.90	1818.56	2167.17	2258.56
西 翼	Western Region	418.44	738.78	1019.15	1244.15	1702.90	2013.47	2197.78
山 区	Mountainous Region	306.00	552.45	769.27	948.79	1279.96	1490.51	1668.08

注：本表2005-2008年数据根据广东省第二次全国经济普查资料进行了调整。

Notes: Data of 2005 to 2008 have been adjusted in accordance with the figures from the second national economic census of Guangdong Province.

15-5 批发零售业商品销售总额

Total Sales of Commodities in Wholesale and Retail Trades

单位：亿元 (100 million yuan)

项 目	Item	2000	2005	2010	2011	2012
合 计	**Total**	**10316.88**	**20403.87**	**47217.39**	**59307.89**	**70296.24**
按行业分组	By sector					
批发业	Wholesale Trade	7053.14	13720.54	30173.58	38746.50	48461.02
零售业	Retail Trade	3263.74	6683.33	17043.81	20561.39	21835.22
按规模分组	By Size of Enterprises					
限额以上企业和个体户	**Enterprises above Designated Size and Individuals**	**4922.10**	**11298.82**	**30316.84**	**40066.30**	**48000.92**
食品、饮料、烟酒类	Food, Beverages, Tobacco and Liquor	843.07	1464.98	2635.17	3388.90	3837.14
粮油类	Grain and Edible Oil	17.02	132.42	366.51	515.00	610.04
肉禽蛋类	Meat, Poultry and Eggs	110.80	136.73	230.13	276.04	339.09
饮料类	Beverages	24.27	65.16	192.76	247.52	286.04
烟酒类	Tobacco and Liquor	464.74	840.88	1175.56	1414.84	1510.41
其它食品类	Other Food	226.24	289.79	670.21	935.50	1091.56
服装鞋帽、针纺织品类	Garments,Footwear,Headgear,Knitwear and Textiles	437.67	631.70	1869.06	2335.70	3208.98
服装类	Garments	277.69	424.29	1133.19	1521.50	2043.03
鞋帽类	Footwear and Headgear	49.29	73.12	206.49	256.00	376.38
针、纺织品类	Knitwear and Textiles	110.69	134.29	529.38	558.20	789.57
化妆品类	Cosmetics	20.12	42.58	138.83	185.91	217.34
金银珠宝类	Gold, Silver and Jewelry	26.10	36.06	221.13	394.79	643.05
日用品类	Daily-use Articles	206.22	344.39	762.55	1003.55	1386.86
#洗涤用品类	Detergents	22.54	85.05	232.11	264.74	333.36
儿童玩具类	Toys for Children	15.33	17.78	32.61	38.89	53.34
五金、电料类	Hardware and Electrical Appliances	50.65	120.13	266.24	331.39	323.55
体育、娱乐用品类	Sports and Recreational Articles	22.79	53.08	153.92	156.41	134.1
书报杂志类	Newspapers and Magazines	43.41	49.36	77.67	73.74	79.16
电子出版物及音像制品类	E-journals and Video Products	6.67	14.15	23.12	22.05	19.64
家用电器和音像器材类	Household Appliances and Video Appliances	329.32	551.66	1221.85	1363.01	1462.82
中西药品类	Traditional Chinese and Western Medicines	275.71	522.45	1248.10	1478.11	1752.11
#西药	Western Medicines	170.09	375.73	848.37	957.84	1167.4
中草药及中成药	Traditional Chinese Medicines	70.92	117.22	256.71	298.78	400.91
文化办公用品类	Articles for Cultural and Office Use	55.91	192.41	637.27	1345.73	2487.36
家具类	Furniture	31.98	71.01	189.07	218.64	258.49
通讯器材类	Communication Appliances	70.47	366.54	719.27	1129.55	1602.19
煤炭及制品类	Coal and Related Products	82.94	333.03	1144.17	1621.07	1649.43
木材及制品类	Timber and Related Products	10.08	25.30	60.20	74.84	136.48
石油及制品类	Petroleum and Related Products	1176.36	2818.57	7779.83	9014.41	10230.6
化工材料及制品类	Chemical Materials and Products	172.79	531.74	1566.66	2819.02	2911.36
金属材料类	Metal Materials	324.60	1301.79	4380.16	5890.61	7041.13
建筑及装潢材料类	Construction and Decoration Materials	36.43	152.18	432.07	635.30	598.39
机电产品及设备类	Mechanical and Electrical Products and Equipment	119.99	458.83	1235.24	2104.67	3023.97
汽车类	Motor Vehicles	213.08	661.73	2773.14	3035.74	3141.70
种子饲料类	Seeds and Feedstuff	22.64	18.39	53.57	59.99	147.04
棉麻类	Cotton and Hemp	6.52	8.32	20.81	38.41	55.53
其它类	Others	336.58	528.44	707.74	1344.76	1652.5
限额以下企业和个体户	**Enterprises below Designated Size and Individuals**	**5394.78**	**9105.05**	**16900.55**	**19241.59**	**22295.32**

注：1.本表2000-2004年数据根据广东省第一次全国经济普查资料进行了调整。
2.本表2005年-2008年数据根据第二次全国经济普查资料有所调整。

Note: a) Data of 2000 to 2004 in this table have been adjusted in accordance with the figures from the first national economic census of Guangdong Province.

b) Data of 2005 to 2008 in this table have been adjusted in accordance with the figures from the second national economic census of Guangdong Province.

15-6 批发零售业商品批发额
Total Wholesale Value of Commodities in Wholesale and Retail Trades

单位：亿元 (100 million yuan)

项　目	Item	2000	2005	2010	2011	2012
合　计	**Total**	**6691.51**	**13630.50**	**31727.96**	**41281.91**	**50053.25**
按行业分组	By sector					
批发业	Wholesale Trade	6247.11	12597.16	28849.48	37042.05	46327.41
零售业	Retail Trade	444.40	1033.34	2878.48	4239.86	3725.84
按规模分组	By Size of Enterprises					
限额以上企业和个体户	**Enterprises above Designated Size and Individuals**	**4036.15**	**9206.95**	**24600.85**	**32573.98**	**39540.46**
食品、饮料、烟酒类	Food, Beverages, Tobacco and Liquor	677.15	1190.67	2067.13	2651.65	3025.7
粮油类	Grain and Edible Oil	6.87	107.31	279.88	388.89	450.35
肉禽蛋类	Meat, Poultry and Eggs	94.01	99.91	168.66	196.25	250.08
饮料类	Beverages	13.88	38.48	134.29	172.64	198.27
烟酒类	Tobacco and Liquor	418.34	780.01	1065.75	1274.57	1367.25
其它食品类	Other Food	144.05	164.96	418.55	619.30	759.75
服装鞋帽、针纺织品类	Garments,Footwear,Headgear,Knitwear and Textiles	344.17	472.44	1385.88	1705.80	2425.29
服装类	Garments	210.88	313.32	786.06	1059.21	1495.53
鞋帽类	Footwear and Headgear	35.16	41.52	117.36	151.16	225.35
针、纺织品类	Knitwear and Textiles	98.13	117.60	482.46	495.43	704.41
化妆品类	Cosmetics	5.45	13.35	56.22	94.26	97.05
金银珠宝类	Gold, Silver and Jewelry	12.37	15.45	151.49	271.75	463.38
日用品类	Daily-use Articles	147.50	262.51	569.53	714.36	1015.47
#洗涤用品类	Detergents	11.35	56.02	166.98	183.86	231.26
儿童玩具类	Toys for Children	12.05	12.45	19.52	22.52	33.65
五金、电料类	Hardware and Electrical Appliances	44.79	111.09	241.86	286.25	280.47
体育、娱乐用品类	Sports and Recreational Articles	15.68	41.08	131.35	130.95	94.48
书报杂志类	Newspapers and Magazines	29.11	29.74	50.89	48.78	52.85
电子出版物及音像制品类	E-journals and Video Products	2.42	8.75	16.38	15.73	13.51
家用电器和音像器材类	Household Appliances and Video Appliances	255.61	394.85	790.44	863.43	990.94
中西药品类	Traditional Chinese and Western Medicines	217.40	408.38	957.64	1136.55	1368.67
#西药	Western Medicines	136.84	282.30	651.83	748.65	910.19
中草药及中成药	Traditional Chinese Medicines	55.80	99.23	216.34	251.69	342.12
文化办公用品类	Articles for Cultural and Office Use	41.13	160.47	570.14	1204.04	2203.73
家具类	Furniture	23.41	55.59	156.89	170.76	202.38
通讯器材类	Communication Appliances	65.29	325.41	639.96	1008.52	1386.22
煤炭及制品类	Coal and Related Products	82.62	332.44	1137.75	1604.44	1632.34
木材及制品类	Timber and Related Products	9.73	24.41	60.2	74.84	136.48
石油及制品类	Petroleum and Related Products	1043.57	2309.33	6488.12	7272.25	8390.66
化工材料及制品类	Chemical Materials and Products	169.88	521.99	1566.66	2819.02	2911.36
金属材料类	Metal Materials	322.33	1297.92	4380.16	5890.61	7041.13
建筑及装潢材料类	Construction and Decoration Materials	33.07	133.56	392.48	573.61	531.96
机电产品及设备类	Mechanical and Electrical Products and Equipment	102.51	423.93	1200.2	1990.03	2816.41
汽车类	Motor Vehicles	100.37	183.44	920.6	780.72	926.93
种子饲料类	Seeds and Feedstuff	22.64	18.39	53.57	59.99	147.04
棉麻类	Cotton and Hemp	6.52	8.32	20.81	37.85	55.44
其它类	Others	261.43	463.44	594.5	1167.79	1330.57
限额以下企业和个体户	**Enterprises below Designated Size and Individuals**	**2655.36**	**4423.55**	**7127.11**	**8707.93**	**10512.79**

15-7 批发零售业商品零售额
Total Retail Value of Commodities in Wholesale and Retail Trades

单位：亿元 (100 million yuan)

项　目	Item	2000	2005	2010	2011	2012
合　计	**Total**	**3625.37**	**6773.37**	**15489.43**	**18025.98**	**20242.99**
按行业分组	By sector					
批发业	Wholesale Trade	806.03	1123.38	1324.10	1704.45	2133.61
零售业	Retail Trade	2819.34	5649.99	14165.33	16321.53	18109.38
按规模分组	By Size of Enterprises					
限额以上企业和个体户	**Enterprises above Designated Size and Individuals**	**885.95**	**2091.87**	**5715.99**	**7492.32**	**8460.46**
食品、饮料、烟酒类	Food, Beverages, Tobacco and Liquor	165.92	274.31	568.04	737.25	811.44
粮油类	Grain and Edible Oil	10.15	25.11	86.63	126.11	159.69
肉禽蛋类	Meat, Poultry and Eggs	16.79	36.82	61.47	79.79	89.01
饮料类	Beverages	10.39	26.68	58.47	74.88	87.77
烟酒类	Tobacco and Liquor	46.40	60.87	109.81	140.27	143.16
其它食品类	Other Food	82.19	124.83	251.66	316.20	331.81
服装鞋帽、针纺织品类	Garments,Footwear,Headgear,Knitwear and Textiles	93.50	159.26	483.18	629.91	783.69
服装类	Garments	66.81	110.97	347.13	462.30	547.5
鞋帽类	Footwear and Headgear	14.13	31.60	89.13	104.85	151.03
针、纺织品类	Knitwear and Textiles	12.56	16.69	46.92	62.76	85.16
化妆品类	Cosmetics	14.67	29.23	82.61	91.65	120.29
金银珠宝类	Gold, Silver and Jewelry	13.73	20.61	69.64	123.03	179.67
日用品类	Daily-use Articles	58.72	81.88	193.02	289.19	371.39
#洗涤用品类	Detergents	11.19	29.03	65.13	80.88	102.1
儿童玩具类	Toys for Children	3.28	5.33	13.09	16.37	19.69
五金、电料类	Hardware and Electrical Appliances	5.86	9.04	24.38	45.13	43.08
体育、娱乐用品类	Sports and Recreational Articles	7.11	12.00	22.57	25.46	39.62
书报杂志类	Newspapers and Magazines	14.30	19.62	26.78	24.96	26.31
电子出版物及音像制品类	E-journals and Video Products	4.25	5.40	6.74	6.32	6.13
家用电器和音像器材类	Household Appliances and Video Appliances	73.71	156.81	431.41	499.58	471.88
中西药品类	Traditional Chinese and Western Medicines	58.31	114.07	290.46	341.57	383.44
#西药	Western Medicines	33.25	93.43	196.54	209.19	257.21
中草药及中成药	Traditional Chinese Medicines	15.12	17.99	40.37	47.09	58.79
文化办公用品类	Articles for Cultural and Office Use	14.78	31.94	67.13	141.70	283.63
家具类	Furniture	8.57	15.42	32.18	47.88	56.11
通讯器材类	Communication Appliances	5.18	41.13	79.31	121.03	215.97
煤炭及制品类	Coal and Related Products	0.32	0.59	6.42	16.62	17.09
木材及制品类	Timber and Related Products	0.35	0.89			
石油及制品类	Petroleum and Related Products	132.79	509.24	1291.71	1742.15	1839.94
化工材料及制品类	Chemical Materials and Products	2.91	9.75			
金属材料类	Metal Materials	2.27	3.87			
建筑及装潢材料类	Construction and Decoration Materials	3.36	18.62	39.59	61.69	66.43
机电产品及设备类	Mechanical and Electrical Products and Equipment	17.48	34.90	35.04	114.64	207.56
汽车类	Motor Vehicles	112.71	478.29	1852.54	2255.01	2214.77
种子饲料类	Seeds and Feedstuff					
棉麻类	Cotton and Hemp				0.56	0.09
其它类	Others	75.15	65.00	113.24	176.99	321.93
限额以下企业和个体户	**Enterprises below Designated Size and Individuals**	**2739.42**	**4681.5**	**9773.44**	**10533.66**	**11782.53**

注：1.本表2000–2004年数据根据广东省第一次全国经济普查资料进行了调整。
2.本表2005年–2008年数据根据第二次全国经济普查资料有所调整。

Note: a) Data of 2000 to 2004 in this table have been adjusted in accordance with the figures from the first national economic census of Guangdong Province.
b) Data of 2005 to 2008 in this table have been adjusted in accordance with the figures from the second national economic census of Guangdong Province.

15-8 各市批发零售业商品销售总额

Total Sales of Enterprises in Wholesale and Retail Trades by City

单位：亿元 (100 million yuan)

市别	City	2011 销售总额 Total Sales	2011 批发 Wholesale Trade	2011 零售 Retail Trade	2012 销售总额 Total Sales	2012 批发 Wholesale Trade	2012 零售 Retail Trade
广州	Guangzhou	26935.74	22410.15	4525.59	31800.33	26641.13	5159.20
深圳	Shenzhen	11042.31	7885.93	3156.38	14657.78	11134.06	3523.72
珠海	Zhuhai	1761.92	1264.62	497.30	2080.12	1520.96	559.16
汕头	Shantou	1753.77	848.31	905.46	1853.37	891.32	962.05
佛山	Foshan	5886.62	4227.09	1659.53	6083.83	4334.11	1749.72
#顺德	Shunde	2203.36	1662.33	541.03	2320.56	1746.23	574.33
韶关	Shaoguan	589.59	244.25	345.34	604.51	236.24	368.27
河源	Heyuan	257.26	83.54	173.72	278.72	87.72	191.00
梅州	Meizhou	602.62	258.27	344.35	626.67	254.39	372.28
惠州	Huizhou	1159.09	542.92	616.17	1251.78	571.44	680.34
汕尾	Shanwei	505.12	136.02	369.10	553.18	174.10	379.08
东莞	Dongguan	2346.18	1195.57	1150.61	2522.89	1288.80	1234.09
中山	Zhongshan	1970.76	1292.80	677.96	2117.53	1393.09	724.44
江门	Jiangmen	1384.49	718.46	666.03	1370.90	660.51	710.39
阳江	Yangjiang	685.73	284.89	400.84	710.52	286.03	424.49
湛江	Zhanjiang	1464.61	759.41	705.20	1528.96	783.48	745.48
茂名	Maoming	1478.93	716.29	762.64	1607.61	789.03	818.58
肇庆	Zhaoqing	670.97	326.53	344.44	763.27	377.59	385.68
清远	Qingyuan	573.79	179.45	394.34	594.60	174.62	419.98
潮州	Chaozhou	648.53	386.62	261.91	639.26	365.68	273.58
揭阳	Jieyang	1128.89	579.92	548.97	1081.70	587.49	494.21
云浮	Yunfu	254.91	104.22	150.69	313.24	150.92	162.32
按经济区域分	By Region						
珠三角	Pearl River Delta	49962.01	37117.33	12844.68	60294.39	45636.49	14657.90
东翼	Eastern Region	3793.63	1778.67	2014.96	3972.43	1873.36	2099.07
西翼	Western Region	3411.06	1605.54	1805.52	3702.53	1723.28	1979.25
山区	Mountainous Region	2141.19	780.37	1360.82	2326.89	820.12	1506.77

注：本表2005–2008年数据根据广东省第二次全国经济普查资料进行了调整。

Note: Data of 2005 to 2008 in this table have been adjusted in accordance with the figures from the second national economic census of Guangdong Province.

15-9 限额以上批发业商品购、销、存总额（2012年）
Total Purchases, Sales and Inventory of Enterprises above Designated Size in Wholesale Trade (2012)

单位：亿元 (100 million yuan)

项　目	Item	企业单位数(个) Number of Enterprises (unit)	购进总额 Total Purchases	#进口 Imports	商品销售总额 Total Sales of Commodities
批发业合计	**Total Wholesale Trade**	**11281**	**39574.79**	**3154.36**	**42336.33**
#国有及国有控股	State-owned and State-controlled Enterprises	941	14987.70	580.04	15353.47
按登记注册类型分组	By Status of Registration				
内资企业	Domestic-funded Enterprises	8036	31111.61	1934.39	32867.90
国有企业	State-owned Enterprises	389	6920.39	283.79	7602.74
集体企业	Collective-owned Enterprises	93	90.54	8.92	95.48
股份合作企业	Share-holding Cooperative Enterprises	35	41.61	2.11	46.72
联营企业	Joint-operation Enterprises	34	236.45	17.03	250.75
国有联营企业	State-owned Joint-operation Enterprises	10	117.26	12.41	123.81
集体联营企业	Collective Joint-operation Enterprises	8	19.30		21.53
国有与集体联营企业	State-collective Joint-operation Enterprises	4	57.55		57.78
其他联营企业	Other Joint-operation Enterprises	12	42.34	4.62	47.64
有限责任公司	Limited Liability Corporations	2967	12172.21	817.52	13093.96
国有独资企业	State Sole Investment Enterprises	66	727.52	35.98	755.18
其他有限责任公司	Other Limited Liability Companies	2901	11444.70	781.54	12338.78
股份有限公司	Share-holding Corporations Ltd.	158	2900.60	26.41	2222.53
私营企业	Private Enterprises	4182	8459.07	769.79	9230.15
私营独资企业	Private Sole Investment Enterprises	158	159.65	4.51	190.60
私营合伙企业	Private Partnership Enterprises	36	77.72	2.38	80.39
私营有限责任公司	Private Limited Liability Corporations	3885	7994.28	753.70	8707.11
私营股份有限公司	Private Share-holding Corporations Ltd.	103	227.42	9.20	252.04
其他企业	Other Enterprises	178	290.74	8.81	325.58
港、澳、台商投资企业	Enterprises with Investment from Hong Kong, Macao and Taiwan	349	1920.29	732.29	2131.67
合资经营企业	Joint Ventures	50	377.32	43.95	400.21
合作经营企业	Cooperative Enterprises	6	5.82	0.05	6.72
独资经营企业	Sole Investment Enterprises	282	1525.91	687.59	1710.63
投资股份有限公司	Share-holding Corporations Ltd.	9	3.99	0.69	7.14
其他港、澳、台商投资企业	Others	2	7.24	0.02	6.96
外商投资企业	Enterprises with Foreign Investment	250	2166.10	414.75	2388.56
中外合资经营企业	Sino-foreign Joint Ventures	58	876.29	95.77	874.86
中外合作经营企业	Sino-foreign Cooperative Enterprises	7	45.45	4.60	54.42
外资企业	Foreign-funded Enterprises	176	995.91	313.77	1209.39
外商投资股份有限公司	Share-holding Corporations Ltd.	6	238.73	0.01	239.43
其他外商投资企业	Others	3	9.73	0.60	10.46
个体工商户	Self-employed Individuals	2646	4376.79	72.93	4948.20
按国民经济行业分组	By Economic Sector				
农畜产品批发业	Wholesale of Farm and Livestock Products	149	291.99	28.64	310.14
食品、饮料及烟草制品批发业	Wholesale of Food, Beverages and Tobacco Products	1406	2515.12	205.34	2939.53
#米、面制品及食用油批发业	Wholesale of Rice, Flour Products and Edible Oil	116	337.85	120.86	348.70
烟草制品批发业	Wholesale of Tobacco Products	49	873.17	44.41	1113.04
纺织、服装及日用品批发业	Wholesale of Textiles, Garments and Daily-use Products	2379	4198.92	199.25	4964.62
#服装批发业	Wholesale of Garments	816	1219.34	22.32	1542.03
家用电器批发	Wholesale of Household Appliance	262	962.72	52.10	1008.74
文化、体育用品及器材批发业	Wholesale of Cultural and Sports Articles and Appliances	496	789.11	43.45	1139.36
医药及医疗器材批发业	Wholesale of Medicines and Medical Appliances and Chemical Products	823	1483.77	138.38	1624.08
矿产品、建材及化工产品批发	Wholesale of Mineral Products, Building Materials	3552	21542.72	1133.01	21996.15
#煤炭及制品批发业	Wholesale of Coal and Related Products	215	1503.49	338.64	1641.21
石油及制品批发业	Wholesale of Petroleum and Related Products	563	9430.13	354.58	9262.93
金属及金属矿批发业	Wholesale of Metal and Related Products	974	6007.41	178.35	6147.51
建材批发业	Wholesale of Building Materials	405	1507.87	45.40	1573.65
化肥批发业	Wholesale of Chemical Fertilizers	78	173.13	17.16	183.91
机械设备、五金交电及电子产品批发业	Wholesale of Machinery, Hardware, Electric and Electronic Products	1875	6793.90	678.34	7275.32
#汽车批发	Wholesale of Motor Vehicles	44	348.08	4.71	362.56
汽车、摩托车及零配件批发业	Wholesale of Motor Vehicles, Motorcycles and Parts	127	399.54	81.78	4265.81
计算机、软件及辅助设备批发业	Wholesale of Computers, Software and Assistant Equipments	356	1301.99	47.48	1486.70
贸易经纪与代理	Trade Broker and Agency	203	802.75	95.43	879.00
其他批发业	Other Wholesale Trades	398	1156.51	632.53	1208.13

15-9 续表 continued

单位：亿元 (100 million yuan)

项目	Item	批发 Wholesale Trade	#出口 Exports	零售 Retail Trade	年末库存总额 Inventory at the Year-end
批发业合计	**Total Wholesale Trade**	**40680.27**	**3958.71**	**1656.06**	**2320.14**
#国有及国有控股	State-owned and State-controlled Enterprises	14691.93	1118.83	661.54	708.60
按登记注册类型分组	By Status of Registration				
内资企业	Domestic-funded Enterprises	31803.95	2998.73	1063.95	1898.06
国有企业	State-owned Enterprises	7541.96	389.08	60.78	279.67
集体企业	Collective-owned Enterprises	90.83	12.18	4.65	18.08
股份合作企业	Share-holding Cooperative Enterprises	46.60	3.33	0.12	1.81
联营企业	Joint-operation Enterprises	241.94	18.61	8.82	26.11
国有联营企业	State-owned Joint-operation Enterprises	121.16	18.17	2.65	7.35
集体联营企业	Collective Joint-operation Enterprises	19.43	0.10	2.10	1.10
国有与集体联营企业	State-collective Joint-operation Enterprises	53.78		4.00	1.13
其他联营企业	Other Joint-operation Enterprises	47.58	0.34	0.06	16.54
有限责任公司	Limited Liability Corporations	12746.15	1431.23	347.80	709.89
国有独资企业	State Sole Investment Enterprises	745.07	107.91	10.10	49.77
其他有限责任公司	Other Limited Liability Companies	12001.08	1323.33	337.70	660.12
股份有限公司	Share-holding Corporations Ltd.	1855.79	242.07	366.74	158.11
私营企业	Private Enterprises	8971.82	890.13	258.34	671.73
私营独资企业	Private Sole Investment Enterprises	175.79	18.71	14.81	12.06
私营合伙企业	Private Partnership Enterprises	78.12	5.60	2.28	3.55
私营有限责任公司	Private Limited Liability Corporations	8469.06	850.36	238.05	645.10
私营股份有限公司	Private Share-holding Corporations Ltd.	248.85	15.47	3.20	11.02
其他企业	Other Enterprises	308.87	12.10	16.70	32.66
港、澳、台商投资企业	Enterprises with Investment from Hong Kong, Macao and Taiwan	2051.25	597.50	80.42	175.30
合资经营企业	Joint Ventures	389.77	6.05	10.44	18.06
合作经营企业	Cooperative Enterprises	6.72			0.04
独资经营企业	Sole Investment Enterprises	1640.66	591.45	69.97	155.46
投资股份有限公司	Share-holding Corporations Ltd.	7.14		...	0.62
其他港、澳、台商投资企业	Others	6.96			1.12
外商投资企业	Enterprises with Foreign Investment	2281.23	361.79	107.33	180.76
中外合资经营企业	Sino-foreign Joint Ventures	813.76	73.37	61.10	100.38
中外合作经营企业	Sino-foreign Cooperative Enterprises	24.19		30.23	1.91
外资企业	Foreign-funded Enterprises	1196.66	288.41	12.73	76.84
外商投资股份有限公司	Share-holding Corporations Ltd.	239.21	0.01	0.22	0.39
其他外商投资企业	Others	7.41		3.06	1.24
个体工商户(今年无此项分组)	Self-employed Individuals	4543.84	0.70	404.36	66.02
按国民经济行业分组	By Economic Sector				
农畜产品批发业	Wholesale of Farm and Livestock Products	304.52	20.36	5.62	38.07
食品、饮料及烟草制品批发业	Wholesale of Food, Beverages and Tobacco Products	2891.48	140.50	48.05	207.26
#米、面制品及食用油批发业	Wholesale of Rice, Flour Products and Edible Oil	339.08	37.98	9.62	75.27
烟草制品批发业	Wholesale of Tobacco Products	1108.78		4.26	28.21
纺织、服装及日用品批发业	Wholesale of Textiles, Garments and Daily-use Products	4802.18	1260.87	162.44	288.08
#服装批发业	Wholesale of Garments	1462.60	300.02	79.43	94.29
家用电器批发	Wholesale of Household Appliance	988.59	142.05	20.15	96.99
文化、体育用品及器材批发业	Wholesale of Cultural and Sports Articles and Appliances	1102.18	99.85	37.18	132.06
医药及医疗器材批发业	Wholesale of Medicines and Medical Appliances and Chemical Products	1416.14	68.92	207.94	194.57
矿产品、建材及化工产品批发	Wholesale of Mineral Products, Building Materials	21318.47	632.70	677.67	980.89
#煤炭及制品批发业	Wholesale of Coal and Related Products	1601.76	65.81	39.45	118.73
石油及制品批发业	Wholesale of Petroleum and Related Products	8760.17	235.18	502.76	275.84
金属及金属矿批发业	Wholesale of Metal and Related Products	6121.83	105.50	25.67	349.73
建材批发业	Wholesale of Building Materials	1508.35	153.54	65.30	73.80
化肥批发业	Wholesale of Chemical Fertilizers	175.41	1.17	8.50	16.87
机械设备、五金交电及电子产品批发业	Wholesale of Machinery, Hardware, Electric and Electronic Products	6807.52	759.44	467.80	383.13
#汽车批发	Wholesale of Motor Vehicles	344.68	3.95	17.88	8.75
汽车、摩托车及零配件批发业	Wholesale of Motor Vehicles, Motorcycles and Parts	418.46	64.57	8.12	18.41
计算机、软件及辅助设备批发业	Wholesale of Computers, Software and Assistant Equipments	1374.45	61.57	112.24	107.25
贸易经纪与代理	Trade Broker and Agency	850.13	328.09	28.87	46.31
其他批发业	Other Wholesale Trades	1187.64	647.97	20.49	49.77

15-10 限额以上零售业商品购、销、存总额（2012年）
Total Purchases, Sales and Inventory of Enterprises above Designated Size in Retail Trade (2012)

单位：亿元 (100 million yuan)

项目	Item	企业单位数(个) Number of Enterprises (unit)	购进总额 Total Purchases	#进口 Imports	商品销售总额 Total Sales of Commodities
零售业合计	**Total Retail Trade**	**8646**	**6967.94**	**343.16**	**8246.83**
#国有及国有控股	State-owned and State-controlled Enterprises	643	1572.92	25.20	2164.28
按登记注册类型分组	By Status of Registration				
内资企业	Domestic-funded Enterprises	5097	5125.57	203.56	5997.16
国有企业	State-owned Enterprises	187	520.98	13.92	580.67
集体企业	Collective-owned Enterprises	174	114.54	0.67	130.28
股份合作企业	Share-holding Cooperative Enterprises	39	27.49	0.43	39.46
联营企业	Joint-operation Enterprises	42	28.67	0.49	34.29
国有联营企业	State-owned Joint-operation Enterprises	17	17.36		22.10
集体联营企业	Collective Joint-operation Enterprises	9	3.42	0.49	3.75
国有与集体联营企业	State-collective Joint-operation Enterprises	3	1.80		1.93
其他联营企业	Other Joint-operation Enterprises	13	6.10		6.51
有限责任公司	Limited Liability Corporations	2051	2215.21	124.63	2454.07
国有独资企业	State Sole Investment Enterprises	14	12.41	0.62	23.83
其他有限责任公司	Other Limited Liability Companies	2037	2202.81	124.02	2430.24
股份有限公司	Share-holding Corporations Ltd.	110	564.66	1.75	985.49
私营企业	Private Enterprises	2268	1533.42	61.48	1642.31
私营独资企业	Private Sole Investment Enterprises	398	108.41	1.00	114.23
私营合伙企业	Private Partnership Enterprises	52	24.23		25.74
私营有限责任公司	Private Limited Liability Corporations	1752	1320.09	58.18	1412.53
私营股份有限公司	Private Share-holding Corporations Ltd.	66	80.69	2.30	89.81
其他企业	Other Enterprises	226	120.59	0.18	130.59
港、澳、台商投资企业	Enterprises with Investment from Hong Kong, Macao and Taiwan	180	642.32	109.17	800.37
合资经营企业	Joint Ventures	36	268.33	31.02	393.35
合作经营企业	Cooperative Enterprises	16	14.83		18.17
独资经营企业	Sole Investment Enterprises	124	346.97	77.15	376.23
投资股份有限公司	Share-holding Corporations Ltd.	4	12.18	0.99	12.62
其他港澳台投资企业	Others				
外商投资企业	Enterprises with Foreign Investment	149	755.78	13.80	856.70
中外合资经营企业	Sino-foreign Joint Ventures	62	358.22	7.84	389.48
中外合作经营企业	Sino-foreign Cooperative Enterprises	11	74.55		83.26
外资企业	Foreign-funded Enterprises	66	298.73	0.22	354.57
外商投资股份有限公司	Share-holding Corporations Ltd.	5	9.63		11.30
其他外商投资企业	Other Foreign Enterprises	5	14.66	5.73	18.09
个体工商户	Self-employed Individuals	3220	444.27	16.64	592.61
按国民经济行业分组	By Economic Sector				
综合零售业	Comprehensive Retail Trade	1053	1347.13	29.39	1666.57
#百货零售业	Retail of General Merchandise	429	614.34	18.69	864.57
超级市场零售业	Retail in Supermarkets	442	672.13	10.18	736.84
食品、饮料及烟草制品专门零售业	Retail of Food, Beverages and Tobacco Products	772	145.95	4.33	186.07
纺织、服装及日用品专门零售业	Retail of Textiles, Garments and Daily-use Products	729	401.81	10.86	531.28
#服装零售业	Retail of Garments	239	249.83	6.62	309.07
文化、体育用品及器材专门零售业	Retail of Cultural and Sports Articles and Appliances	940	297.70	5.75	390.16
#体育用品零售业	Retail of Sports Articles and Appliances	21	50.73		53.41
图书零售业	Retail of Books	87	41.86		39.51
医药及医疗器材专门零售业	Retail of Medicines and Medical Appliances	461	194.11	1.45	237.52
#药品零售业	Retail of Medicines	410	177.07	0.02	218.72
汽车、摩托车、燃料及零配件零售业	Retail of Motor Vehicles, Motorcycles and Parts	2343	3428.17	268.88	3954.39
#汽车零售业	Retail of Motor Vehicles	1380	2363.72	266.64	2406.30
机动车燃料零售业	Retail of Motor Vehicle Fuels	659	993.93	0.97	1472.84
家用电器及电子产品专门零售业	Retail of Household Appliances and Electronic Products	1120	756.94	13.50	829.60
#家用电器零售业	Retail of Household Appliances	293	268.71	0.83	311.18
计算机、软件及辅助设备零售业	Retail of Computers, Software and Assistant Equipments	422	79.88	0.20	92.13
通讯设备零售业	Retail of Communication Equipments	173	306.95	11.21	308.88
五金、家具及室内装修材料专门零售业	Retail of Hardware, Furniture and Interior Decoration Materials	802	132.80	1.04	164.91
无店铺及其他零售业	Non-shop and Other Retails	426	263.34	7.96	286.33

15-10 续表 continued

单位：亿元 (100 million yuan)

项 目	Item	批发 Wholesale Trade	#出口 Exports	零售 Retail Trade	年末库存总额 Inventory at the Year-end
零售业合计	**Total Retail Trade**	**1025.01**	**19.17**	**7221.82**	**794.53**
#国有及国有控股	State-owned and State-controlled Enterprises	330.95	5.68	1833.33	122.63
按登记注册类型分组	By Status of Registration				
内资企业	Domestic-funded Enterprises	814.65	17.66	5182.51	615.55
国有企业	State-owned Enterprises	129.25	5.29	451.42	45.19
集体企业	Collective-owned Enterprises	31.91	0.11	98.37	4.40
股份合作企业	Share-holding Cooperative Enterprises	12.92		26.54	1.33
联营企业	Joint-operation Enterprises	0.85		33.44	2.10
国有联营企业	State-owned Joint-operation Enterprises	0.55		21.55	1.26
集体联营企业	Collective Joint-operation Enterprises	0.29		3.46	0.05
国有与集体联营企业	State-collective Joint-operation Enterprises	0.01		1.92	0.06
其他联营企业	Other Joint-operation Enterprises			6.51	0.72
有限责任公司	Limited Liability Corporations	225.05	2.37	2229.02	320.94
国有独资企业	State Sole Investment Enterprises	2.40		21.43	9.58
其他有限责任公司	Other Limited Liability Companies	222.65	2.37	2207.59	311.35
股份有限公司	Share-holding Corporations Ltd.	184.53	0.28	800.97	28.61
私营企业	Private Enterprises	219.91	9.06	1422.40	197.29
私营独资企业	Private Sole Investment Enterprises	9.00	0.02	105.23	8.33
私营合伙企业	Private Partnership Enterprises	2.44		23.31	1.92
私营有限责任公司	Private Limited Liability Corporations	207.15	8.79	1205.38	182.37
私营股份有限公司	Private Share-holding Corporations Ltd.	1.32	0.25	88.48	4.67
其他企业	Other Enterprises	10.24	0.55	120.35	15.70
港、澳、台商投资企业	Enterprises with Investment from Hong Kong, Macao and Taiwan	85.57	1.51	714.80	92.92
合资经营企业	Joint Ventures	30.57	1.51	362.78	22.71
合作经营企业	Cooperative Enterprises	0.21		17.96	0.85
独资经营企业	Sole Investment Enterprises	51.07		325.16	65.88
投资股份有限公司	Share-holding Corporations Ltd.	3.73		8.89	3.49
其他港澳台投资企业	Others				
外商投资企业	Enterprises with Foreign Investment	44.35		812.35	63.24
中外合资经营企业	Sino-foreign Joint Ventures	6.36		383.12	24.88
中外合作经营企业	Sino-foreign Cooperative Enterprises	10.07		73.19	8.07
外资企业	Foreign-funded Enterprises	27.58		326.99	27.91
外商投资股份有限公司	Share-holding Corporations Ltd.	0.35		10.95	0.66
个体工商户	Self-employed Individuals	80.44		513.12	23.00
按国民经济行业分组	By Economic Sector				
综合零售业	Comprehensive Retail Trade	64.14	0.13	1602.43	134.17
#百货零售业	Retail of General Merchandise	6.95	0.02	857.62	55.33
超级市场零售业	Retail in Supermarkets	50.83	...	686.02	72.90
食品、饮料及烟草制品专门零售业	Retail of Food, Beverages and Tobacco Products	37.49	0.02	148.58	24.38
纺织、服装及日用品专门零售业	Retail of Textiles, Garments and Daily-use Products	93.88	2.15	437.40	102.90
#服装零售业	Retail of Garments	54.65	0.14	254.41	47.51
文化、体育用品及器材专门零售业	Retail of Cultural and Sports Articles and Appliances	46.41	1.36	343.75	52.42
#体育用品零售业	Retail of Sports Articles and Appliances	1.36	0.10	52.05	11.03
图书零售业	Retail of Books	6.20		33.31	19.32
医药及医疗器材专门零售业	Retail of Medicines and Medical Appliances	61.35		176.16	34.60
#药品零售业	Retail of Medicines	53.87		164.85	32.99
汽车、摩托车、燃料及零配件零售业	Retail of Motor Vehicles, Motorcycles and Parts	407.27	8.83	3547.12	322.31
#汽车零售业	Retail of Motor Vehicles	197.36	7.28	2208.95	283.43
机动车燃料零售业	Retail of Motor Vehicle Fuels	195.75	0.55	1277.09	26.08
家用电器及电子产品专门零售业	Retail of Household Appliances and Electronic Products	236.30	4.51	593.30	87.81
#家用电器零售业	Retail of Household Appliances	31.19	1.76	279.99	42.98
计算机、软件及辅助设备零售业	Retail of Computers, Software and Assistant Equipments	13.42	...	78.70	4.96
通讯设备零售业	Retail of Communication Equipments	181.57	0.06	127.31	31.16
五金、家具及室内装修材料专门零售业	Retail of Hardware, Furniture and Interior Decoration Materials	19.04	2.12	145.87	15.64
无店铺及其他零售业	Non-shop and Other Retails	59.11	0.05	227.22	20.29

15-11 各市限额以上批发零售业商品购、销、存总额（2012年）

Total Purchases, Sales and Inventory of Enterprises above Designated Size in Wholesale and Retail Trades by City (2012)

单位：万元 (10000 yuan)

市 别	City	商品购进总额 Total Purchases	#进口 Imports	商品销售总额 Total Sales	批发 Wholesale Trade	#出口 Exports	零售 Retail Trade	年末库存总额 Inventory at the Year-end
合 计	**Total**	**465427239**	**34975173**	**505831596**	**417052747**	**39778876**	**88778849**	**31146764**
批发业	**Wholesale Trade**	**395747869**	**31543555**	**423363297**	**406802673**	**39587141**	**16560624**	**23201440**
广 州	Guangzhou	192110933	10928034	196931728	192217835	11438966	4713893	10311069
深 圳	Shenzhen	107633270	13535869	118590498	110671120	14317920	7919378	5605188
珠 海	Zhuhai	11214712	1586200	13383247	13147643	1060145	235604	656367
汕 头	Shantou	5427892	262187	6690324	6356961	265434	333363	387299
佛 山	Foshan	24542406	1128701	27189229	26463362	4483718	725866	2460826
#顺 德	Shunde	8804181	346420	9379547	9352826	1223005	26722	829016
韶 关	Shaoguan	1690051	10113	1808523	1654257	28103	154267	67768
河 源	Heyuan	300054	3645	373566	372985		581	12595
梅 州	Meizhou	837449	242490	944073	897018	47834	47055	41559
惠 州	Huizhou	4882645	35513	5082838	4849858	366480	232981	559960
汕 尾	Shanwei	415268		519032	503759		15273	25403
东 莞	Dongguan	13964798	588376	14937245	14694893	3146221	242352	997940
中 山	Zhongshan	7941234	465542	8479615	8444338	2563423	35277	695240
江 门	Jiangmen	3625254	304840	3933625	3876779	797238	56846	188337
阳 江	Yangjiang	485830	55	931737	610519	192262	321218	37720
湛 江	Zhanjiang	4341545	95483	4568936	4361500	143091	207435	280475
茂 名	Maoming	6496942	90782	6712292	6425986	17198	286306	181346
肇 庆	Zhaoqing	2336798	841451	2575012	2543942	486025	31070	122678
清 远	Qingyuan	595840	165	1270861	886180	89782	384681	71591
潮 州	Chaozhou	1489223	882057	1742261	1645463	116265	96797	159316
揭 阳	Jieyang	4017628	459769	5203331	4686818	20823	516513	251881
云 浮	Yunfu	1398097	82285	1495323	1491456	6212	3868	86882
零售业	**Retail Trade**	**69679370**	**3431618**	**82468299**	**10250074**	**191735**	**72218225**	**7945323**
广 州	Guangzhou	23746252	963714	25580098	4027522	106898	21552576	2329575
深 圳	Shenzhen	17194881	1085986	21435785	2299942	49531	19135843	2601808
珠 海	Zhuhai	1918171	154056	2109700	213706		1895993	234633
汕 头	Shantou	1256192	14503	1384735	96313		1288422	145450
佛 山	Foshan	4592418	410074	5228815	558371	3934	4670444	419916
#顺 德	Shunde	2116831	182987	2448301	148971	104	2299330	201817
韶 关	Shaoguan	311456	397	334538	1070		333468	36831
河 源	Heyuan	255017	160	621501	23456	7	598045	40181
梅 州	Meizhou	534214	10521	839272	72946		766326	58448
惠 州	Huizhou	1708796	69620	2436628	325037	2835	2111590	197207
汕 尾	Shanwei	166874		305714	36180		269534	28402
东 莞	Dongguan	6081517	510096	7384652	825656	2966	6558996	703209
中 山	Zhongshan	2593703	147959	3225634	265965	12157	2959669	340530
江 门	Jiangmen	1839855	30020	1931658	188003	1085	1743654	188143
阳 江	Yangjiang	224161	1704	224498	14942		209556	34503
湛 江	Zhanjiang	705517	9871	1262226	145360	787	1116865	137113
茂 名	Maoming	1084896	545	1832261	456560		1375701	137592
肇 庆	Zhaoqing	1716753	18764	2007961	363584		1644377	82437
清 远	Qingyuan	415041	474	438808	23870		414938	42216
潮 州	Chaozhou	593161	1364	622272	10848	1378	611424	57191
揭 阳	Jieyang	2380380	616	2694630	266502	10159	2428128	68203
云 浮	Yunfu	360116	1173	566916	34239		532676	61737

15-12 限额以上住宿业经营情况（2012年）

Business of Hotels above Designated Size (2012)

单位：万元 (10000 yuan)

项　目	Item	企业数（个）Number of Enterprises (unit)	营业额 合计 Business Revenue	#客房收入 Revenue from Hotels	#餐费收入 Revenue from Restaurants	#商品销售收入 Revenue from Sales of Commodities
住宿业合计	**Total Accommodations**	**2070**	**4811572.5**	**2250161.9**	**1893050.6**	**91943.0**
#国有及国有控股	State-owned and State-controlled Enterprises	347	1035232.7	484314.5	380065.1	11879.1
按登记注册类型分组	By Status of Registration					
内资企业	Domestic-funded Enterprises	1613	3402874.4	1521378.3	1382822.7	61344.8
国有企业	State-owned Enterprises	175	510398.4	234864.1	191330.5	6778.8
集体企业	Collective-owned Enterprises	64	51232.9	23074.9	19949.5	634.0
股份合作企业	Share-holding Cooperative Enterprises	11	13163.6	3226.0	8827.8	631.1
联营企业	Joint-operation Enterprises	14	18682.0	10736.2	4815.3	164.6
国有联营企业	State-owned Joint-operation Enterprises	11	16447.3	9062.2	4488.3	164.6
集体联营企业	Collective Joint-operation Enterprises	2	1651.7	1164.5	289.8	
国有与集体联营企业	State-collective Joint-operation Enterprises	1	583.0	509.5	37.2	
其他联营企业	Other Joint-operation Enterprises					
有限责任公司	Limited Liability Corporations	506	1334960.4	574897.9	551352.9	28111.4
国有独资企业	State Sole Investment Enterprises	12	33590.1	18681.5	10960.1	120.9
其他有限责任公司	Other Limited Liability Companies	494	1301370.3	556216.4	540392.8	27990.5
股份有限公司	Share-holding Corporations Ltd.	30	90328.5	35447.8	41378.2	927.2
私营企业	Private Enterprises	718	1180864.0	544921.1	483282.8	22083.6
私营独资企业	Private Sole Investment Enterprises	188	205385.1	95874.0	85387.2	5111.1
私营合伙企业	Private Partnership Enterprises	44	52161.9	24486.0	21126.0	243.1
私营有限责任公司	Private Limited Liability Corporations	462	820380.4	379868.6	328660.0	13306.3
私营股份有限公司	Private Share-holding Corporations Ltd.	24	102936.6	44692.5	48109.6	3423.1
其他企业	Other Enterprises	95	203244.6	94210.3	81885.7	2014.1
港、澳、台商投资企业	Enterprises with Investment from Hong Kong,Macao and Taiwan	147	681128.5	324328.5	260128.5	19633.8
合资经营企业	Joint Ventures	50	211207.2	96147.6	87170.2	4895.6
合作经营企业	Cooperative Enterprises	39	213448.7	95282.1	91399.8	5479.8
独资经营企业	Sole Investment Enterprises	49	243688.6	125158.8	79383.2	9168.1
投资股份有限公司	Share-holding Corporations Ltd.	8	12188.8	7618.8	1742.5	90.3
其他港澳台投资企业	Others	1	595.2	121.2	432.8	
外商投资企业	Enterprises with Foreign Investment	91	628307.2	331405.6	227999.5	9048.5
中外合资经营企业	Sino-foreign Joint Ventures	30	202583.7	104667.0	75652.8	865.0
中外合作经营企业	Sino-foreign Cooperative Enterprises	20	88428.2	37326.2	37995.1	4070.2
外资企业	Foreign-funded Enterprises	35	319367.4	183690.0	105813.7	4074.5
外商投资股份有限公司	Share-holding Corporations Ltd.	3	3422.4	1776.4	896.5	22.2
其他外商投资企业	Others	3	14505.5	3946.0	7641.4	16.6
个体工商户	Self-employed Individuals	219	99262.4	73049.5	22099.9	1915.9
按国民经济行业分组	By Economic Sector					
旅游饭店	Tourist Hotels	1389	4175915.6	1827365.5	1751351.7	82686.6
一般旅馆	General Hotels	615	566148.4	385690.2	119773.3	8549.7
其它住宿服务	Others	66	69508.5	37106.2	21925.6	706.7

15-13 限额以上餐饮业经营情况（2012年）

Business of Catering Services Enterprises above Designated Size (2012)

单位：万元 (10000 yuan)

项目	Item	企业数(个) Number of Enterprises (unit)	营业额 Business Revenue	#客房收入 Revenue from Hotels	#餐费收入 Revenue from Restaurants	#商品销售收入 Revenue from Sales of Commodities
餐饮业合计	**Total Catering Services**	**5229**	**8603423.6**	**201952.1**	**8194664.6**	**99993.0**
#国有及国有控股	State-owned and State-controlled Enterprises	117	311552.4	32858.7	231658.1	22665.7
按登记注册类型分	By Status of Registration					
内资企业	Domestic-funded Enterprises	2321	3722614.5	171959.9	3397414.0	72909.3
国有企业	State-owned Enterprises	35	113099.1	23264.0	76140.2	742.9
集体企业	Collective-owned Enterprises	48	66447.7	7909.7	52145.9	822.3
股份合作企业	Share-holding Cooperative Enterprises	38	46422.6	286.4	45880.0	69.8
联营企业	Joint-operation Enterprises	3	6152.3		6152.3	
国有联营企业	State-owned Joint-operation Enterprises					
集体联营企业	Collective Joint-operation Enterprises	1	406.6		406.6	
国有与集体联营企业	State-collective Joint-operation Enterprises					
其他联营企业	Other Joint-operation Enterprises	2	5745.7		5745.7	
有限责任公司	Limited Liability Corporations	420	984843.5	51138.9	882492.9	31903.2
国有独资企业	State Sole Investment Enterprises	3	14858.7	138.5	10031.9	4682.5
其他有限责任公司	Other Limited Liability Companies	417	969984.8	51000.4	872461.0	27220.7
股份有限公司	Share-holding Corporations Ltd.	21	83440.9	5425.2	60458.7	14154.6
私营企业	Private Enterprises	1587	2224341.2	76374.5	2089809.4	23269.5
私营独资企业	Private Sole Investment Enterprises	635	633713.1	19008.1	602587.3	5683.7
私营合伙企业	Private Partnership Enterprises	115	111084.8	2796.7	105351.9	1375.1
私营有限责任公司	Private Limited Liability Corporations	793	1430247.7	51162.9	1336743.5	15980.6
私营股份有限公司	Private Share-holding Corporations Ltd.	44	49295.6	3406.8	45126.7	230.1
其他企业	Other Enterprises	169	197867.2	7561.2	184334.6	1947.0
港、澳、台商投资企业	Enterprises with Investment from Hong Kong, Macao and Taiwan	171	799825.7	12377.5	761864.9	15248.3
合资经营企业	Joint Ventures	34	111397.3	1890.3	102569.7	2043.7
合作经营企业	Cooperative Enterprises	14	93009.5	2445.1	80981.5	8597.9
独资经营企业	Sole Investment Enterprises	121	586077.2	8042.1	568972.0	4606.7
投资股份有限公司	Share-holding Corporations Ltd.	2	9341.7		9341.7	
外商投资企业	Enterprises with Foreign Investment	74	1324155.7	3354.2	1313763.7	1112.8
中外合资经营企业	Sino-foreign Joint Ventures	17	292418.1	2392.9	284449.6	744.0
中外合作经营企业	Sino-foreign Cooperative Enterprises	6	27381.5	765.7	25314.8	356.1
外资企业	Foreign-funded Enterprises	44	982507.6	6.0	982370.4	12.7
外商投资股份有限公司	Share-holding Corporations Ltd.	4	20399.2		20399.2	
其他外商投资企业	Others	3	1449.3	189.6	1229.7	
个体工商户	Self-employed Individuals	2663	2756827.7	14260.5	2721622.0	10722.6
按国民经济行业分	By Economic Sector					
正餐服务业	Restaurant Service	4966	6590310.9	200192.3	6207082.5	84354.2
快餐服务业	Fast Food Service	130	1775679.1	269.1	1767945.2	5074.5
饮料及冷饮服务业	Beverage and Cold Drink Service	40	102888.6	59.7	99114.7	3587.0
其他餐饮服务业	Other Services	93	134545.0	1431.0	120522.2	6977.3

15-14 各市限额以上住宿餐饮业经营情况（2012年）

Business of Enterprises above Designated Size of Hotels and Catering Services by City (2012)

单位：万元 (10000 yuan)

市别	Item	企业数（个） Number of Enterprises (unit)	营业额 Business Revenue	客房收入 Revenue from Hotels	餐费收入 Revenue from Restaurants	商品销售收入 Revenue from Sales of Commodities
合计	**Total**	**7299**	**13414996.1**	**2452114.0**	**10087715.2**	**191936.0**
住宿业	**Accommodation**	**2070**	**4811572.5**	**2250161.9**	**1893050.6**	**91943.0**
广州	Guangzhou	522	1439716.3	759076.7	477634.5	16690.5
深圳	Shenzhen	253	947180.4	513090.9	329197.9	3166.8
珠海	Zhuhai	90	206852.5	105781.3	65028.9	11361.7
汕头	Shantou	71	97097.3	47535.0	36091.4	1556.1
佛山	Foshan	117	269790.3	92952.1	138966.7	10948.6
#顺德	Shunde	30	61173.1	22389.7	30584.8	1244.9
韶关	Shaoguan	63	77570.1	33249.0	36198.3	3433.0
河源	Heyuan	37	56412.9	27694.2	21470.8	754.5
梅州	Meizhou	47	83567.5	26468.1	41447.0	2891.6
惠州	Huizhou	92	209042.9	97058.4	79916.7	6768.3
汕尾	Shanwei	16	14478.9	8050.2	5645.0	220.0
东莞	Dongguan	193	564346.6	196906.1	283717.4	2320.1
中山	Zhongshan	103	189515.0	63537.8	97050.7	771.5
江门	Jiangmen	58	158284.2	49000.3	71254.5	9589.4
阳江	Yangjiang	36	38100.4	23431.1	12156.1	483.7
湛江	Zhanjiang	63	110561.3	39028.6	61839.7	3149.8
茂名	Maoming	51	45563.5	22992.0	19414.8	992.3
肇庆	Zhaoqing	82	81826.3	44068.4	27823.0	4730.0
清远	Qingyuan	52	99714.4	42344.5	40290.6	4470.2
潮州	Chaozhou	33	25405.3	10633.1	12253.2	5.6
揭阳	Jieyang	40	66723.0	29249.6	27015.3	6918.9
云浮	Yunfu	51	29823.4	18014.5	8638.1	720.4
餐饮业	**Catering Service**	**5229**	**8603423.6**	**201952.1**	**8194664.6**	**99993.0**
广州	Guangzhou	1403	2981784.9	42102.1	2837798.9	57817.6
深圳	Shenzhen	881	2931836.6	30077.0	2875586.8	7914.6
珠海	Zhuhai	134	158201.8	1143.4	156684.8	218.1
汕头	Shantou	122	118964.8	689.7	117481.6	487.2
佛山	Foshan	263	394820.7	23447.1	358287.7	2612.0
#顺德	Shunde	51	76265.5	7090.8	65649.6	1057.9
韶关	Shaoguan	129	66486.4	6540.6	57686.4	1478.7
河源	Heyuan	32	32751.4	4750.6	25042.5	283.9
梅州	Meizhou	56	36787.4	2653.4	32532.7	1268.7
惠州	Huizhou	164	161060.3	12626.1	142806.2	1636.7
汕尾	Shanwei	69	39889.6	2676.7	35636.7	148.5
东莞	Dongguan	310	396056.7	4279.2	385281.2	3063.2
中山	Zhongshan	248	244414.0	1350.8	242084.6	114.1
江门	Jiangmen	188	153498.2	3478.2	147521.4	749.6
阳江	Yangjiang	185	163996.5	10170.0	148928.8	2242.7
湛江	Zhanjiang	215	176173.3	11691.6	156182.8	5362.9
茂名	Maoming	164	107186.3	7886.3	98012.0	607.3
肇庆	Zhaoqing	253	156429.8	5460.8	142542.4	4717.9
清远	Qingyuan	88	64442.2	5041.3	55000.6	2135.7
潮州	Chaozhou	113	40848.8	2519.4	36329.2	1054.7
揭阳	Jieyang	95	120873.4	20772.2	91675.7	4023.9
云浮	Yunfu	117	56920.5	2595.6	51561.6	2055.0

15-15 限额以上连锁批发零售业、住宿餐饮业经营情况（2012年）
Business of Chain Stores above Designated Size in Retail Trade and Hotels and Catering Services (2012)

项目	Item	连锁总店数(个) Number of General Chain Stores (unit)	销售总额(营业总收入)(万元) Total Sales (Total Business Revenue) (10000 yuan)	#零售额(万元) Retail Sales (10000 yuan)	营业面积(平方米) Operational Area (sq.m)
总计	**Total**	**372**	**51257583**	**37173137**	**24993121**
批发零售业合计	**Retail Trade**	**273**	**49086189**	**35158633**	**24066048**
按注册登记类型分	By Status of Registration				
内资企业	Domestic-funded Enterprises	223	39921105	26920899	19737912
国有企业	State-owned Enterprises	16	9560033	2454157	2499753
集体企业	Collective-owned Enterprises	4	42341	39679	23111
股份合作企业	Share-holding Cooperative Enterprises	1	83175	2842	7124
联营企业	Joint-operation Enterprises	2	59674	59674	32661
有限责任公司	Limited Liability Corporations	97	4889023	4203600	3311078
股份有限公司	Share-holding Corporations Ltd.	28	23646927	18870474	12856067
私营企业	Private Enterprises	75	1639932	1290473	1008118
其他企业	Other Enterprises				
港、澳、台商投资企业	Enterprises with Investment from Hong Kong, Macao and Taiwan	20	3424351	3191875	1487068
合资经营企业(港或澳、台资)	Joint Ventures	8	2768779	2557150	1006459
合作经营企业(港或澳、台资)	Cooperative Enterprises	2	20635	20635	7005
港、澳、台商独资经营企业	Sole Investment Enterprises	10	634937	614090	473604
港、澳、台商投资股份有限公司	Share-holding Corporations Ltd.				
外商投资企业	Enterprises with Foreign Investment	30	5740733	5045859	2841068
中外合资经营企业	Sino-foreign Joint Ventures	14	2550476	2383792	1615039
中外合作经营企业	Sino-foreign Cooperative Enterprises	5	1072820	866069	309307
外资企业	Foreign-funded Enterprises	10	2083614	1762175	891622
外商投资股份有限公司	Others	1	33823	33823	25100
按零售业态分	By Type of Operation				
便利店	Convenience Store	8	304495	267714	100273
超市	Supermarket	32	1052241	999720	752557
大型超市	HyperMarket	17	4640176	4213773	3152615
百货商店	Department Store	18	4733522	4367249	2484183
专业店	Specialty Store	131	16323696	13409682	6240301
专卖店	Franchised Store	44	1574559	1258518	704959
家居建材店	Building Material Store	2	46561	37899	47205
其他	Others	21	20410939	10604078	10583955
住宿餐饮业合计	**Catering Service**	**99**	**2171394**	**2014504**	**927073**
按注册登记类型分	By Status of Registration				
内资企业	Domestic-funded Enterprises	65	613400	545208	422202
国有企业	State-owned Enterprises	5	55849	18750	4346
集体企业	Collective-owned Enterprises	2	19784	19156	18669
股份合作企业	Cooperative Enterprises	2	1295	1295	1346
有限责任公司	Limited Liability Corporations	10	194104	185961	141677
股份有限公司	Share-holding Enterprises	2	65447	61103	35200
私营企业	Private Enterprises	44	276921	258943	220964
其他企业	Other Enterprises				
港、澳、台商投资企业	Enterprises with Investment from Hong Kong, Macao and Taiwan	20	341228	341228	139494
合资经营企业(港或澳、台资)	Joint Ventures	2	6522	6522	1068
合作经营企业(港或澳、台资)	Cooperative Enterprises	2	29384	29384	17260
港、澳、台商独资经营企业	Sole Investment Enterprises	16	305322	305322	121166
港、澳、台商投资股份有限公司	Share-holding Corporations Ltd.				
外商投资企业	Enterprises with Foreign Investment	14	1216766	1128068	365377
中外合资经营企业	Sino-foreign Joint Ventures	2	282148	258968	37800
中外合作经营企业	Sino-foreign Cooperative Enterprises				
外资企业	Foreign-funded Enterprises	12	934618	869100	327577
其他外商投资企业	Others				
按行业分	By Sector				
旅游饭店	Tour Hotel	5	69502	3632	3467
一般旅馆	General Hotel	4	90525	1373	2880
正餐服务	Restaurant	48	303212	302458	262647
快餐服务	Fast Food	35	1625121	1624007	615108
饮料及冷饮服务	Beverages and Cold Drinks	4	76420	76420	36116
其他餐饮服务	Others	3	6614	6614	6855

15-15 续表 continued

项 目	Item	从业人数(人) Number of Employed Persons (person)	连锁门店数(个) Number of Branch Chain Stores (unit)	直营店(个) Under Direct Management (unit)	加盟店(个) Through License Arrangement (unit)
总 计	**Total**	**407857**	**25239**	**17466**	**7773**
批发零售业合计	**Retail Trade**	**275022**	**22216**	**14528**	**7688**
按注册登记类型分	By Status of Registration				
内资企业	Domestic-funded Enterprises	187288	14619	12151	2468
国有企业	State-owned Enterprises	29996	1573	960	613
集体企业	Collective-owned Enterprises	2699	674	81	593
股份合作企业	Share-holding Cooperative Enterprises	136	29	29	
联营企业	Joint-operation Enterprises	1751	318	261	57
有限责任公司	Limited Liability Corporations	68076	4531	3693	838
股份有限公司	Share-holding Corporations Ltd.	54159	5400	5400	
私营企业	Private Enterprises	30471	2094	1727	367
其他企业	Other Enterprises				
港、澳、台商投资企业	Enterprises with Investment from Hong Kong, Macao and Taiwan	31566	2408	1541	867
合资经营企业(港或澳、台资)	Joint Ventures	20522	939	907	32
合作经营企业(港或澳、台资)	Cooperative Enterprises	495	90	90	
港、澳、台商独资经营企业	Sole Investment Enterprises	10549	1379	544	835
港、澳、台商投资股份有限公司	Share-holding Corporations Ltd.				
外商投资企业	Enterprises with Foreign Investment	56168	5189	836	4353
中外合资经营企业	Sino-foreign Joint Ventures	15574	470	445	25
中外合作经营企业	Sino-foreign Cooperative Enterprises	17513	1367	68	1299
外资企业	Foreign-funded Enterprises	22957	3343	314	3029
外商投资股份有限公司	Share-holding corporations	124	9	9	
按零售业态分	By Type of Operation				
便利店	Convenience Store	6156	1237	1148	89
超市	Supermarket	18344	526	504	22
大型超市	HyperMarket	55954	523	510	13
百货商店	Department Store	28864	589	585	4
专业店	Specialty Store	89366	8972	7153	1819
专卖店	Franchised Store	29732	5902	1504	4398
家居建材店	Building Material Store	585	14	14	
其他	Others	46021	4453	3110	1343
住宿餐饮业合计	**Catering Service**	**132835**	**3023**	**2938**	**85**
按注册登记类型分	By Status of Registration				
内资企业	Domestic-funded Enterprises	40697	1198	1117	81
国有企业	State-owned Enterprises	2995	56	56	
集体企业	Collective-owned Enterprises	760	13	9	4
股份合作企业	Share-holding Cooperative Enterprises	134	4	4	
有限责任公司	Limited Liability Corporations	10806	443	443	
股份有限公司	Share-holding Corporations Ltd.	2181	18	16	2
私营企业	Private Enterprises	23821	664	589	75
其他企业	Other Enterprises				
港、澳、台商投资企业	Enterprises with Investment from Hong Kong, Macao and Taiwan	16494	448	444	4
合资经营企业(港或澳、台资)	Joint Ventures	397	12	12	
合作经营企业(港或澳、台资)	Cooperative Enterprises	852	9	9	
港、澳、台商独资经营企业	Sole Investment Enterprises	15245	427	423	4
港、澳、台商投资股份有限公司	Share-holding Corporations Ltd.				
外商投资企业	Enterprises with Foreign Investment	75644	1377	1377	
中外合资经营企业	Sino-foreign Joint Ventures	12540	249	249	
中外合作经营企业	Sino-foreign Cooperative Enterprises				
外资企业	Foreign-funded Enterprises	63104	1128	1128	
其他外商投资企业	Others				
按行业分	By Sector				
旅游饭店	Tourist Hotel	2922	53	52	1
一般旅馆	General Hotel	2741	178	178	
正餐服务	Restaurant	16805	298	222	76
快餐服务	Fast Food	106536	2097	2093	4
饮料及冷饮服务	Beverages and Cold Drinks	3505	364	364	
其他餐饮服务	Others	326	33	29	4

15-16 限额以上批发零售、住宿餐饮业财务状况（2012年）

Financial Indicators of Enterprises above Designated Size in Wholesale and Retail Trades, Hotels and Catering Services (2012)

单位：万元 (10000 yuan)

项目	Item	批发业 Wholesale Trade	零售业 Retail Trade	住宿业 Hotels Services	餐饮业 Catering Services
企业数（个）	Number of Enterprises (unit)	8648	5425	1845	2516
年初存货	Inventory at the Year-beginning	27696748	7870964	203428	169309
流动资产合计	Circulating Assets	118298624	28763315	4613553	1731800
#存货	Inventory	20466487	6294483	213946	178352
固定资产原价	Original Value of Fixed Assets	13346770	6001554	8155777	1759175
累计折旧	Accumulated Depreciation	3936005	2058825	3505509	742367
#本年折旧	Depreciation Drawn in Current Year	940281	438909	487633	149200
资产合计	Total Assets	145568561	38070776	12092654	3787082
负债合计	Total Liabilities	112749123	25951289	9017054	2643033
所有者权益合计	Total Creditors' Equity	32817092	12119187	3074757	1143994
实收资本	Paid-up Capital	16614328	6252629	3816329	997624
#国家资本	State Capital	3980177	1430839	777422	46213
集体资本	Collective Capital	371277	183222	123259	14694
法人资本	Legal Person Capital	5524438	2411655	1115752	306000
个人资本	Personal Capital	4061821	1130957	504232	262987
港澳台资本	Capital from Hong Kong, Macao and Taiwan	1749368	767723	798666	175350
外商资本	Foreign Capital	927247	328234	496998	192381
营业收入	Business Revenue	353444989	71198253	4682323	5782991
#主营业务收入	Main Business Revenue	350190464	69681625	4583883	5481194
营业成本	Business Costs	330931149	61971868	1570382	2813241
#主营业务成本	Main Business Costs	327647370	60789592	1457883	2619925
营业税金及附加	Tax and Extra Charges on Business	1099784	278954	275536	319040
#主营业务税金及附加	Tax and Extra Charges on Main Business	1044223	257298	259567	296610
其它业务利润	Profits from Other Businesses	648939	929113	96399	34663
销售费用	Marketing Expenses	8501516	4967728	1507881	1745162
管理费用	Management Expenses	4709361	2062192	1189378	602251
#税　金	Taxes	186444	84598	41565	25212
旅差费	Traveling Expenses	190520	56762	9289	10918
工会经费	Trade Union Dues	86799	52837	4921	4417
财务费用	Financial Expenses	1597511	420839	213469	74858
#利息支出	Interests	1612184	272056	139011	38624
营业利润	Business Profits	7345740	1873595	5184	233912
营业外收入	Non-operating Revenue	630737	124066	47856	11542
利润总额	Total Profits	7917351	2009739	29491	193045
应交所得税	Income Taxes Payable	1785818	374602	45375	70211
本年应付职工薪酬	Total Wages Payable in Current Year	3720164	2501006	1051592	980127
本年应交增值税	Value-added Tax Payable in Current Year	3836669	1815613		

15-17 限额以上批发企业财务状况（2012年）

单位:万元

项目	Item	企业数（个）Number of Enterprises	年初库存 Beginning Inventory	流动资产合计 Circulating Assets	固定资产原价 Original Value of Fixed Assets
批发业合计	**Total Wholesale Trade**	**8648**	**27696748**	**118298624**	**13346770**
#国有及国有控股	State-owned and State-controlled Enterprises	942	7142940	31633523	6419223
按登记注册类型分	By Status of Registration				
内资企业	Domestic-funded Enterprises	8048	23661782	100611273	12126497
国有企业	State-owned Enterprises	390	4129661	11137810	2333757
集体企业	Collective-owned Enterprises	94	52867	266179	53057
股份合作企业	Share-holding Cooperative Enterprises	35	17215	102668	13811
联营企业	Joint-operation Enterprises	34	171517	942490	55236
国有联营企业	State-owned Joint-operation Enterprises	10	39841	284191	22558
集体联营企业	Collective Joint-operation Enterprises	8	15152	44859	4007
国有与集体联营企业	State-collective Joint-operation Enterprises	4	8619	66738	4202
其他联营企业	Other Joint-operation Enterprises	12	107905	546703	24469
有限责任公司	Limited Liability Corporations	2973	5499535	43359491	2103035
国有独资企业	State Sole Investment Enterprises	66	416326	2963928	411295
其他有限责任公司	Other Limited Liability Companies	2907	5083209	40395562	1691740
股份有限公司	Share-holding Corporations Ltd.	157	1248094	6412189	3179682
私营企业	Private Enterprises	4187	12331662	36983496	4330350
私营独资企业	Private Sole Investment Enterprises	158	121279	616765	120479
私营合伙企业	Private Partnership Enterprises	37	19841	161191	7551
私营有限责任公司	Private Limited Liability Corporations	3889	12104661	35537976	4114261
私营股份有限公司	Private Share-holding Corporations Ltd.	103	85882	667565	88059
其他企业	Other Enterprises	178	211231	1406950	57569
港、澳、台商投资企业	Enterprises with Investment from Hong Kong, Macao and Taiwan	349	2684549	10269817	510281
合资经营企业	Joint Ventures	50	1454050	887803	76991
合作经营企业	Cooperative Enterprises	6	288	5824	2079
独资经营企业	Sole Investment Enterprises	282	1216390	9277209	429970
投资股份有限公司	Share-holding Corporations Ltd.	9	5424	28115	393
其它港澳台商投资企业	Others	2	8398	70866.1	849.1
外商投资企业	Enterprises with Foreign Investment	251	1350417	7417534	709993
中外合资经营企业	Sino-foreign Joint Ventures	58	563342	2603084	177686
中外合作经营企业	Sino-foreign Cooperative Enterprises	7	13574	101840	20279
外资企业	Foreign-funded Enterprises	177	729708	3753803	293293
外商投资股份有限公司	Share-holding Corporations Ltd.	6	30273	893081	207062
其它外商投资企业	Others	3	13520	65726	11672
按国民经济行业分	By Economic Sector				
农林牧产品批发业	Wholesale of Farm and Livestock Products	143	285634	1051650	148581
食品、饮料及烟草制品批发业	Wholesale of Food, Beverages and Tobacco Products	790	2840305	8676549	1448064
#米、面制品及食用油批发业	Wholesale of Rice, Flour Products and Edible Oil	113	521862	1774595	269359
烟草制品批发业	Wholesale of Tobacco Products	48	267369	2274357	384663
纺织、服装及日用品批发业	Wholesale of Textiles, Garments and Daily-use Products	1295	9285954	12748376	646719
#服装批发业	Wholesale of Garments	303	7762117	3362504	189491
文化、体育用品及器材批发业	Wholesale of Cultural and Sports Articles and Appliances	309	964876	5847210	2781084
医药及医疗器材批发业	Wholesale of Medicines and Medical Appliances	709	1165143	6251710	349254
矿产品、建材及化工产品批发	Wholesale of Mineral Products, Building Materials and Chemical Products	3518	10265595	59204350	6880538
#煤炭及制品批发业	Wholesale of Coal and Related Products	214	1108664	7054654	121399
石油及制品批发业	Wholesale of Petroleum and Related Products	564	4052088	19244797	4827279
金属及金属矿批发业	Wholesale of Metal and Related Products	968	2685494	18887580	1024961
建材批发业	Wholesale of Building Materials	383	784605	7053410	488208
化肥批发业	Wholesale of Chemical Fertilizers	75	186566	672281	43898
机械设备、五金交电及电子产品批发业	Wholesale of Machinery, Hardware, Electric and Electronic Products	1286	2330827	15893151	676541
#汽车批发业	Wholesale of Motor Vehicles	39	79829	820084	15549
汽车零配件批发业	Wholesale of Motor Vehicles, Motorcycles and Parts	111	160121	1213750	38610
计算机、软件及辅助设备批发业	Wholesale of Computers, Software and Assistant Equipments	161	643815	2646578	110413
贸易经纪与代理	Trade Broker and Agency	203	208818	4998684	157430
其他批发业	Other Wholesale Trades	395	349597	3626945	258559

Financial Indicators of Enterprises above Designated Size in Wholesale Trade (2012)

(10000 yuan)

累计折旧 Accumulated Depreciation	本年折旧 Depreciation Drawn in Current Year	资产合计 Total Assets	负债合计 Total Liabilities	所有者权益合计 Total Creditors' Equity	实收资本 Paid-up Capital	营业收入 Business Revenue	主营业务收入 Main Business Revenue	营业成本 Business Costs
3936005	**940281**	**145568561**	**112749123**	**32817092**	**16614328**	**353444989**	**350190464**	**330931149**
2372043	571381	45104977	30011476	15093113	6110420	148402127	147452305	140980659
3480459	821532	124984630	98982722	25999563	13564923	311332587	308482869	292926217
821757	332945	15432302	11675523	3756780	1474123	68267173	67752785	65461544
21142	1408	339722	244361	95360	45199	940182	932368	874215
4512	708	127932	83125	44808	22167	410749	409290	349835
24037	2212	1064762	935971	128791	78028	2398180	2397410	2277884
11332	1238	305764	238322	67442	30828	1205427	1205140	1176911
2665	368	49638	32994	16644	9147	220224	220224	212382
2401	135	82844	69475	13369	9410	548633	548312	534069
7640	471	626516	595180	31336	28643	423896	423734	354522
798486	144063	49512710	41067679	8442684	4536600	120280278	119076078	114705753
163737	14696	4504954	2785637	1719318	706846	6951351	6894614	6420789
634749	129367	45007755	38282043	6723366	3829754	113328927	112181464	108284964
1159475	192125	13159626	7142946	6016679	2751693	30716083	30342870	28503347
630094	142240	43800578	36736135	7064442	4535002	85263104	84523624	78008349
36312	7538	1019279	581676	437603	285336	1816158	1799572	1599849
4289	745	173123	128023	45100	13032	722501	722434	595853
566015	129571	41759631	35445734	6313897	4056091	80484213	79795911	73713504
23478	4386	848544	580703	267842	180543	2240231	2205707	2099143
20957	5832	1546999	1096981	450019	122110	3056838	3048445	2745290
176307	32602	12210041	9101858	3108183	1794517	20406825	20171427	18347622
28591	3422	1106464	843625	262839	161383	3699122	3675878	3413675
1554	84	6853	2927	3926	3544	57841	57841	50035
145744	28867	10988808	8162029	2826779	1619545	16509862	16302932	14769863
160	75	32620	22463	10157	4842	65750	65750	54696
259.1	153.4	75296.2	70814.1	4482.1	5204.8	74250	69026.2	59352.9
279239	86147	8373890	4664544	3709346	1254888	21705577	21536168	19657309
92820	10088	2875551	992534	1883017	421782	7747674	7703965	7347502
6395	1014	131024	48819	82205	35791	504040	502855	418270
87299	58454	4266109	2741462	1524647	602930	11294429	11170768	10150514
84235	15886	1028095	830736	197358	181366	2055214	2055213	1652991
8491	705	73112	50993	22119	13019	104221	103366	88033
47122	7576	1356679	1022906	333773	144106	2964755	2945359	2790901
500810	80642	11319839	6594735	4725104	1141714	24042880	23707313	20383046
67338	6737	2174327	1866726	307601	140008	3241250	3216830	3133637
162837	31959	2697263	476531	2220732	57520	9758569	9749854	7664149
264888	47633	14136542	11774929	2361613	1144167	35759246	35390238	31436649
71125	17343	3657744	2677037	980707	262280	12481226	12415764	10323030
84576	33044	8877460	6899688	1975847	559484	8756941	8624195	6493783
142035	30076	7343402	5452249	1891153	1000340	14051143	13924478	12513288
2487046	662105	75000912	59529353	15471138	9195884	209626786	207878177	202539362
42578	7931	7916876	7166589	749898	741569	15103197	15068898	14739305
1703439	517009	27782166	19242351	8539815	3940673	92140804	91412631	88552883
386586	65069	22053157	19523080	2530077	2325438	56091284	55449464	54973532
193665	39564	9316493	7385650	1930844	1172678	14737105	14645513	14030107
15572	2191	767141	624952	142190	74422	1883663	1797764	1799726
254606	53397	17896886	13353527	4543360	2554812	37907206	37481597	35310562
6448	1955	878073	671421	206651	155401	3145401	3097464	3000673
17797	3486	1533092	1024527	508565	175623	3661248	3621841	3250089
28562	5101	2869439	2167226	702213	538774	5910987	5803961	5407027
87916	8420	5556254	4697193	859061	471734	8508902	8474396	8187211
67007	17389	4080587	3424544	656043	402088	11827130	11764710	11276347

15-17 续表

单位:万元

项　　目	Item	主营业务成本 Main Business Costs	营业税金及附加 Tax and Extra Charges on Business	主营业务税金及附加 Tax and Extra Charges on Main Business
批发业合计	**Total Wholesale Trade**	**327647370**	**1099784**	**1044223**
#国有及国有控股	State-owned and State-controlled Enterprises	139661524	630394	619524
按登记注册类型分	By Status of Registration			
内资企业	Domestic-funded Enterprises	289926129	1036055	985629
国有企业	State-owned Enterprises	64840011	285116	278461
集体企业	Collective-owned Enterprises	868707	1798	1778
股份合作企业	Share-holding Cooperative Enterprises	349116	1639	1602
联营企业	Joint-operation Enterprises	2277599	2571	2476
国有联营企业	State-owned Joint-operation Enterprises	1176754	707	611
集体联营企业	Collective Joint-operation Enterprises	212382	255	255
国有与集体联营企业	State-collective Joint-operation Enterprises	534051	107	107
其他联营企业	Other Joint-operation Enterprises	354412	1503	1503
有限责任公司	Limited Liability Corporations	113220071	348186	334122
国有独资企业	State Sole Investment Enterprises	6147479	17166	16613
其他有限责任公司	Other Limited Liability Companies	107072592	331019	317509
股份有限公司	Share-holding Corporations Ltd.	28177512	89121	87299
私营企业	Private Enterprises	77467619	301843	274400
私营独资企业	Private Sole Investment Enterprises	1584967	8339	8024
私营合伙企业	Private Partnership Enterprises	595853	850	849
私营有限责任公司	Private Limited Liability Corporations	73193657	289870	262763
私营股份有限公司	Private Share-holding Corporations Ltd.	2093142	2785	2764
其他企业	Other Enterprises	2725495	5780	5492
港、澳、台商投资企业	Enterprises with Investment from Hong Kong, Macao and Taiwan	18183642	32855	31011
合资经营企业	Joint Ventures	3400654	6969	5664
合作经营企业	Cooperative Enterprises	50035	100	100
独资经营企业	Sole Investment Enterprises	14619219	25406	24865
投资股份有限公司	Share-holding Corporations Ltd.	54696	225	225
其它港澳台商投资企业	Others	59039	157	157
外商投资企业	Enterprises with Foreign Investment	19537599	30873	27583
中外合资经营企业	Sino-foreign Joint Ventures	7311684	7138	6998
中外合作经营企业	Sino-foreign Cooperative Enterprises	417175	1207	1207
外资企业	Foreign-funded Enterprises	10068534	20893	17743
外商投资股份有限公司	Share-holding Corporations Ltd.	1652991	1402	1402
其它外商投资企业	Others	87215	233	233
按国民经济行业分	By Economic Sector			
农林牧产品批发业	Wholesale of Farm and Livestock Products	2780076	2004	1998
食品、饮料及烟草制品批发业	Wholesale of Food, Beverages and Tobacco Products	19829328	542534	537859
#米、面制品及食用油批发业	Wholesale of Rice, Flour Products and Edible Oil	2887071	3442	3055
烟草制品批发业	Wholesale of Tobacco Products	7598425	500208	496947
纺织、服装及日用品批发业	Wholesale of Textiles, Garments and Daily-use Products	31208918	87362	84002
#服装批发业	Wholesale of Garments	10279883	50110	48935
文化、体育用品及器材批发业	Wholesale of Cultural and Sports Articles and Appliances	6230341	121047	120713
医药及医疗器材批发业	Wholesale of Medicines and Medical Appliances	12458169	40433	32749
矿产品、建材及化工产品批发	Wholesale of Mineral Products, Building Materials and Chemical Products	200804806	175294	163836
#煤炭及制品批发业	Wholesale of Coal and Related Products	14611026	18234	14348
石油及制品批发业	Wholesale of Petroleum and Related Products	87851290	68034	63289
金属及金属矿批发业	Wholesale of Metal and Related Products	54349058	31676	30403
建材批发业	Wholesale of Building Materials	13999606	26555	25951
化肥批发业	Wholesale of Chemical Fertilizers	1717364	4506	4506
机械设备、五金交电及电子产品批发业	Wholesale of Machinery, Hardware, Electric and Electronic Products	34985194	112804	86263
#汽车批发业	Wholesale of Motor Vehicles	2957205	2719	2621
汽车零配件批发业	Wholesale of Motor Vehicles, Motorcycles and Parts	3211963	4770	4756
计算机、软件及辅助设备批发业	Wholesale of Computers, Software and Assistant Equipments	5325882	61983	43815
贸易经纪与代理	Trade Broker and Agency	8163834	5962	4697
其他批发业	Other Wholesale Trades	11186704	12345	12106

15-17 continued

(10000 yuan)

其他业务利润 Profits from Other Businesses	销售费用 Marketing Expenses	管理费用 Manag-ement Expenses	财务费用 Financial Expenses	营业利润 Business Profits	营业外收入 Non-operating revenue	利润总额 Total Profits	应交所得税 Income Taxes Payable	本年应付职工薪酬 Staff Salary Payable in Current Year	本年应交增值税 Value-added Tax Payable in Current Year
648939	**8501516**	**4709361**	**1597511**	**7345740**	**630737**	**7917351**	**1785818**	**3720164**	**3836669**
184460	2278264	1444866	395521	3032530	263187	3281659	726063	1336114	1353084
484704	6629810	3979338	1345547	6122140	600453	6549581	1438037	2935493	3186503
89516	919846	496732	183566	994515	98017	1060030	279543	459274	612488
3974	20601	19184	3702	23415	1900	23747	2901	15296	13090
1003	25854	9187	2068	22473	105	20005	5220	6185	7839
582	27308	33962	9724	48926	51247	49194	7501	19970	78141
	6060	5521	2924	13190	12	13184	3666	5189	-608
279	2460	1624	106	3255	50821	3438	480	2064	761
303	2937	3120	4661	3738	0	3739	1155	963	1199
	15850	23696	2033	28743	414	28834	2200	11754	76788
197181	2106074	1259829	566338	1597795	203415	1864982	447159	878389	996287
46637	168305	100261	34202	289061	43481	394695	79471	65151	78174
150544	1937769	1159567	532136	1308734	159934	1470287	367687	813238	918113
14042	768302	516544	84326	903697	33615	908435	154447	539283	329728
175927	2645773	1600309	481629	2399319	210501	2491465	528820	975563	1100095
1889	63445	47410	15296	100823	1323	101316	14164	27778	26429
85	55077	10335	4975	55442	86	55677	17508	7805	18500
168793	2474450	1511892	443849	2205221	205207	2294431	486736	915441	1029602
5160	52802	30672	17509	37834	3886	40040	10412	24539	25565
2480	116052	43591	14196	132000	1655	131723	12446	41532	48836
110420	970308	398849	174306	513802	18420	537977	141179	449128	268539
36650	166645	53875	3634	66093	2073	69578	9069	80266	59308
1	3024	1220	157	3306	108	3450	1051	1021	1657
68859	784023	335970	170724	443025	15497	463480	130519	360366	204370
1	5708	3328	-190	1984	306	1658	510	2906	3016
4910	10908	4457	-19	-605	437	-190	29	4569	187
53815	901398	331174	77658	709799	11863	829794	206603	335543	381627
7692	246029	67551	28785	41043	4662	44840	17962	97282	53531
185	39282	3133	-709	48077	88	48376	10460	7918	12109
44645	406940	247529	29344	444039	7012	460021	87923	221198	242083
102	202827	4956	19889	173765	52	273184	89884	6569	71772
1191	6320	8005	349	2876	49	3373	374	2578	2134
11181	69547	49840	24090	40879	46957	64754	8450	35580	29827
67374	930246	714745	63084	1611513	128539	1779754	372289	563109	540569
7768	100584	47019	43126	-73140	74970	59661	6009	34473	14780
6253	141757	355121	-34323	1219007	9891	1237441	300275	229834	355889
127277	2043655	723397	112214	1392121	53987	1397438	370395	729927	606779
61773	821463	266486	58108	965405	6526	966020	259182	158724	283714
17595	429849	444365	-14057	1312932	31645	1320334	200263	263933	109642
61175	747898	331289	80371	405428	60306	419328	85008	264917	385206
200010	2956225	1461404	1038146	1677344	210722	2026394	550621	1152714	1515186
7690	287249	88103	158739	-167039	10944	-149971	15459	37739	158269
41845	1356306	554999	291238	1372495	24472	1485501	369032	551150	485147
79068	394576	274455	368531	103412	35478	268656	69800	192660	474989
21007	268935	209651	104913	130718	17856	145098	35549	157959	131018
590	34152	22677	11721	11699	57217	17214	2806	31081	2950
133899	1035424	783980	126349	690402	83124	673912	135005	582117	425023
5170	28287	116120	11070	-11910	31003	21180	5122	26332	18559
3472	153345	54067	9564	230388	6739	231573	37037	43661	176468
27447	192634	149635	14127	120057	6296	55364	10657	104535	-14314
13293	97354	82634	12941	135762	4464	144459	32112	40573	38629
17136	191319	117708	154374	79361	10992	90979	31675	87295	185809

15-18 限额以上零售企业财务状况（2012年）

单位:万元

项　目	Item	企业数（个）Number of Enterprises (unit)	年初库存 Beginning Inventory	流动资产合计 Circulating Assets
零售业合计	**Total Retail Trade**	**5425**	**7870964**	**28763315**
#国有及国有控股	State-owned and State-controlled Enterprises	643	962341	7004652
按登记注册类型分	By Status of Registration			
内资企业	Domestic-funded Enterprises	5096	6481411	21918553
国有企业	State-owned Enterprises	186	378270	1301591
集体企业	Collective-owned Enterprises	174	34353	151533
股份合作企业	Share-holding Cooperative Enterprises	39	16414	60912
联营企业	Joint-operation Enterprises	42	17998	57829
国有联营企业	State-owned Joint-operation Enterprises	17	9944	39088
集体联营企业	Collective Joint-operation Enterprises	9	1172	2048
国有与集体联营企业	State-collective Joint-operation Enterprises	3	590	2868
其他联营企业	Other Joint-operation Enterprises	13	6291	13825
有限责任公司	Limited Liability Corporations	2056	2344407	9528589
国有独资企业	State Sole Investment Enterprises	14	63961	240607
其他有限责任公司	Other Limited Liability Companies	2042	2280446	9287982
股份有限公司	Share-holding Corporations Ltd.	110	293490	4429508
私营企业	Private Enterprises	2269	3200182	5885731
私营独资企业	Private Sole Investment Enterprises	396	67525	271193
私营合伙企业	Private Partnership Enterprises	51	19467	54511
私营有限责任公司	Private Limited Liability Corporations	1756	3067491	5295826
私营股份有限公司	Private Share-holding Corporations Ltd.	66	45700	264201
其他企业	Other Enterprises	220	196298	502861
港、澳、台商投资企业	Enterprises with Investment from Hong Kong, Macao and Taiwan	180	703252	4159838
合资经营企业	Joint Ventures	36	204690	2224872
合作经营企业	Cooperative Enterprises	16	13552	38329
独资经营企业	Sole Investment Enterprises	124	448981	1563226
投资股份有限公司	Share-holding Corporations Ltd.	4	36029	333411
其他港澳台商投资企业	Others			
外商投资企业	Enterprises with Foreign Investment	149	686301	2684924
中外合资经营企业	Sino-foreign Joint Ventures	61	204693	1272090
中外合作经营企业	Sino-foreign Cooperative Enterprises	11	86189	253675
外资企业	Foreign-funded Enterprises	67	373364	1092928
外商投资股份有限公司	Share-holding Corporations Ltd.	5	8307	25683
其它外商投资企业	Others	5	13748	40547
按国民经济行业分	By Economic Sector			
综合零售业	Comprehensive Retail	688	1074883	7654564
#百货零售业	Retail of General Merchandise	302	412111	4717855
超级市场零售业	Retail in Supermarkets	311	623586	2803277
食品、饮料及烟草制品专门零售业	Retail of Food, Beverages and Tobacco Products	291	179741	742634
纺织、服装及日用品专门零售业	Retail of Textiles, Garments and Daily-use Products	333	953432	2223413
#服装零售业	Retail of Garments	156	570705	1505889
文化、体育用品及器材专门零售业	Retail of Cultural and Sports Articles and Appliances	234	303247	765544
#体育用品零售业	Retail of Sports Articles and Appliances	16	68427	220893
图书零售业	Retail of Books	81	93619	272180
医药及医疗器材专门零售业	Retail of Medicines and Medical Appliances	290	214191	881753
#药品零售业	Retail of Medicines	239	198213	798315
汽车、摩托车、燃料及零配件专门零售业	Retail of Motor Vehicles, Motorcycles and Parts	2226	4436381	12015085
#汽车零售业	Retail of Motor Vehicles	1379	4113372	7615930
机动车燃料零售业	Retail of Motor Vehicle Fuels	639	218435	4148449
家用电器及电子产品专门零售业	Retail of Household Appliances and Electronic Products	622	460539	3183841
#家用电器零售业	Retail of Household Appliances	51	31509	245224
计算机、软件及辅助设备零售业	Retail of Computers, Software and Assistant Equipments	167	35638	210001
通讯设备零售业	Retail of Communication Equipments	80	161951	556019
五金、家具及室内装修材料专门零售业	Retail of Hardware, Furniture and Interior Decoration Materials	355	115839	670926
无店铺及其他零售业	Non-shop and Other Retails	386	132712	625554
#邮购及电子销售业	Mail Order and E-commerce	1	5273	17345

Financial Indicators of Enterprises above Designated Size in Retail Trade (2012)

(10000 yuan)

固定资产原价 Original Value of Fixed Assets	累计折旧 Accumulated Depreciation	本年折旧 Depreciation Drawn in Current Year	资产合计 Total Assets	负债合计 Total Liabilities	所有者权益合计 Total Creditors' Equity	实收资本 Paid-up Capital	营业收入 Business Revenue	主营业务收入 Main Business Revenue	营业成本 Business Costs
6001554	**2058825**	**438909**	**38070776**	**25951289**	**12119187**	**6252629**	**71198253**	**69681625**	**61971868**
2287808	715305	137694	10712550	4886290	5826260	1745961	20313201	19955336	17960480
4391561	1523513	329523	28976748	19429334	9547114	4552891	56095052	54861586	49472994
605019	245043	63661	2633669	1084141	1549528	747525	6027983	5860874	5273782
62175	26853	4160	281121	124323	156798	110792	1235912	1227555	1126299
23393	10420	3778	172163	86086	86078	7469	376940	371529	328947
16365	8984	1152	73069	46778	26291	10349	328945	325826	289282
9130	5140	489	49533	32971	16561	5879	212746	212171	191441
2229	1226	91	3491	1446	2046	1716	34757	34757	28433
1070	705	157	3561	2213	1348	343	16898	14362	15521
3935	1913	416	16484	10148	6336	2413	64544	64537	53888
1475497	529139	123199	11936420	9286989	2649431	1630721	22629513	22031677	19884064
22332	7334	1487	341312	110408	230904	55211	235085	210203	151880
1453164	521805	121712	11595108	9176581	2418527	1575511	22394428	21821474	19732184
1283408	340160	45506	6103793	2678212	3425581	682419	8956816	8830890	8036152
850282	334628	78693	7167241	5647161	1519780	1266808	15296470	15010386	13450117
67617	21168	4743	360211	244342	115869	76505	1134092	1127188	953702
20965	5390	1396	82391	59496	22895	12670	240177	237109	211946
727732	298002	69404	6420532	5101619	1318613	1132195	13120755	12857145	11593264
33968	10069	3150	304107	241705	62402	45439	801448	788944	691205
75423	28286	9375	609272	475645	133627	96807	1242473	1202849	1084351
675601	254139	50486	5314471	3637972	1676499	866751	7262192	7113922	5908944
335491	131956	24140	2793465	1829756	963709	330491	3439302	3384034	2738480
13538	9036	836	45984	30105	15879	29809	167924	167657	143076
321307	111181	24535	1920711	1350815	569897	462763	3526039	3445625	2945576
5266	1967	975	554312	427297	127015	43689	128927	116607	81812
934393	281173	58901	3779556	2883983	895573	832988	7841008	7706117	6589930
265706	82319	24983	1601696	1377760	223936	211308	3573112	3508144	3145699
85327	51421	3847	427698	353747	73951	78432	782625	765438	644099
529924	129516	27540	1632427	1048497	583930	516461	3217016	3170965	2585377
13972	8160	1259	33318	47369	-14052	5850	111868	110032	97724
39464	9757	1272	84418	56610	27808	20937	156387	151539	117032
2072953	721441	124546	10392805	7561459	2831346	1637658	15048968	14573647	12146067
1035378	402580	50984	6266917	4254720	2012197	881442	7615731	7348070	5963704
986782	298926	68256	3927581	3107613	819968	688569	6927005	6727668	5764964
103016	31717	6310	959976	502152	457824	130846	1326072	1301517	1003211
161359	62407	17745	2727084	1790204	936880	499393	3939574	3899030	2770285
74850	31403	7059	1843510	1213725	629785	299520	2624702	2591519	1859959
368962	157151	16334	1069208	614599	454609	351524	2089992	2057525	1783048
29407	5755	1513	255162	158256	96906	100392	463011	462507	404932
309665	140722	13075	506354	251477	254877	182226	496473	473340	363057
73783	32561	6175	993904	738020	255884	142171	1933940	1899472	1591064
68966	30321	5472	903812	677369	226444	125856	1774823	1744801	1456701
2720063	872552	229875	16400695	10399991	6000704	2588454	37343893	36684760	34478694
1199675	436241	150373	9510241	7663818	1846423	1362933	23011885	22548109	21417319
1493473	426446	77706	6600996	2515302	4085695	1182297	13699193	13535112	12497745
143988	58273	17788	3559585	2866074	693211	416130	5835068	5660066	5118943
15290	5171	2618	293679	207502	86178	46981	662218	653831	574572
19798	8909	1606	237620	130866	106754	86655	468082	455157	395959
34696	12964	6034	667215	540868	126047	125906	1963987	1916056	1782808
108342	39544	5680	1030307	789325	240982	167157	1070643	1039397	823590
249089	83179	14457	937211	689464	247747	319297	2610104	2566212	2256968
2779	1563	279	19175	11518	7658	10000	46609	46282	38281

15-18 续表

单位:万元

项　　目	Item	主营业务成本 Main Business Costs	营业税金及附加 Tax and Extra Charges on Business	主营业务税金及附加 Tax and Extra Charges on Main Business
零售业合计	**Total Retail Trade**	**60789592**	**278954**	**257298**
#国有及国有控股	State-owned and State-controlled Enterprises	17620296	69940	61431
按登记注册类型分	By Status of Registration			
内资企业	Domestic-funded Enterprises	48389130	211828	192279
国有企业	State-owned Enterprises	5046038	19978	16011
集体企业	Collective-owned Enterprises	1121151	3895	3808
股份合作企业	Share-holding Cooperative Enterprises	325180	642	605
联营企业	Joint-operation Enterprises	286451	1989	1980
国有联营企业	State-owned Joint-operation Enterprises	190925	459	450
集体联营企业	Collective Joint-operation Enterprises	28433	950	950
国有与集体联营企业	State-collective Joint-operation Enterprises	13206	26	26
其他联营企业	Other Joint-operation Enterprises	53888	555	555
有限责任公司	Limited Liability Corporations	19396244	82378	78602
国有独资企业	State Sole Investment Enterprises	144767	1625	1339
其他有限责任公司	Other Limited Liability Companies	19251477	80753	77263
股份有限公司	Share-holding Corporations Ltd.	7974409	28384	23370
私营企业	Private Enterprises	13181170	66228	59827
私营独资企业	Private Sole Investment Enterprises	945666	15265	12603
私营合伙企业	Private Partnership Enterprises	209636	985	907
私营有限责任公司	Private Limited Liability Corporations	11335643	46016	42364
私营股份有限公司	Private Share-holding Corporations Ltd.	690225	3963	3953
其他企业	Other Enterprises	1058486	8336	8077
港、澳、台商投资企业	Enterprises with Investment from Hong Kong, Macao and Taiwan	5877640	36186	34737
合资经营企业	Joint Ventures	2733025	20572	20289
合作经营企业	Cooperative Enterprises	142990	532	524
独资经营企业	Sole Investment Enterprises	2923574	12904	12457
投资股份有限公司	Share-holding Corporations Ltd.	78052	2179	1467
其他港澳台商投资企业	Others			
外商投资企业	Enterprises with Foreign Investment	6522821	30940	30282
中外合资经营企业	Sino-foreign Joint Ventures	3130468	11678	11651
中外合作经营企业	Sino-foreign Cooperative Enterprises	638603	2668	2577
外资企业	Foreign-funded Enterprises	2539626	15209	14670
外商投资股份有限公司	Share-holding Corporations Ltd.	97350	376	375
其它外商投资企业	Others	116774	1009	1009
按国民经济行业分	By Economic Sector			
综合零售业	Comprehensive Retail	12001534	103804	94733
#百货零售业	Retail of General Merchandise	5937473	65422	58574
超级市场零售业	Retail in Supermarkets	5653565	34831	32630
食品、饮料及烟草制品专门零售业	Retail of Food, Beverages and Tobacco Products	996984	10199	10002
纺织、服装及日用品专门零售业	Retail of Textiles, Garments and Daily-use Products	2752606	19767	18941
#服装零售业	Retail of Garments	1851191	14930	14131
文化、体育用品及器材专门零售业	Retail of Cultural and Sports Articles and Appliances	1767030	12834	11689
#体育用品零售业	Retail of Sports Articles and Appliances	404885	1775	1768
图书零售业	Retail of Books	356005	5450	4537
医药及医疗器材专门零售业	Retail of Medicines and Medical Appliances	1581175	7847	7011
#药品零售业	Retail of Medicines	1446820	7264	6428
汽车、摩托车、燃料及零配件专门零售业	Retail of Motor Vehicles, Motorcycles and Parts	33747913	77196	70900
#汽车零售业	Retail of Motor Vehicles	20868253	45927	42727
机动车燃料零售业	Retail of Motor Vehicle Fuels	12338497	28892	25938
家用电器及电子产品专门零售业	Retail of Household Appliances and Electronic Products	4924782	19894	17794
#家用电器零售业	Retail of Household Appliances	563331	2437	2403
计算机、软件及辅助设备零售业	Retail of Computers, Software and Assistant Equipments	380410	2618	2485
通讯设备零售业	Retail of Communication Equipments	1753056	4699	3279
五金、家具及室内装修材料专门零售业	Retail of Hardware, Furniture and Interior Decoration Materials	809995	14766	13804
无店铺及其他零售业	Non-shop and Other Retails	2207573	12647	12424
邮购及电子销售业	Mail Order and E-commerce	38281	267	267

15-18 continued

(10000 yuan)

其它业务利润 Profits from Other Businesses	销售费用 Marketing Expenses	管理费用 Manag-ement Expenses	财务费用 Financial Expenses	营业利润 Business Profits	营业外收入 Non-operating revenue	利润总额 Total Profits	应交所得税 Income Taxes Payable	本年应付职工薪酬 Staff Salary Payable in Current Year	本年应交增值税 Value-added Tax Payable in Current Year
929113	**4967728**	**2062192**	**420839**	**1873595**	**124066**	**2009739**	**374602**	**2501006**	**1815613**
136682	1000014	384365	50714	882705	31688	882197	93285	576287	276856
603827	3321282	1564417	344831	1351627	94830	1430746	276791	1886599	1389646
26969	235220	153163	21522	340883	12589	328370	21566	222906	41670
3131	36230	23858	2648	46171	2900	42000	5880	24834	19387
728	16596	8421	919	17295	84	16323	2912	5571	7582
1092	21850	4820	890	10988	296	11052	2768	9456	6284
1049	14960	2019	570	3605	119	3703	1213	6729	2236
26	1264	722	-23	4008	168	3935	874	620	760
17	423	228	-1	673	2	704	202	335	179
0	5204	1851	344	2703	7	2710	479	1772	3109
297232	1580961	629649	166637	332555	42750	401159	129913	788747	730807
18551	19983	15596	-3401	51433	2955	54012	13597	13990	4893
278681	1560978	614053	170039	281123	39795	347147	116316	774757	725913
71744	431461	140001	14475	308824	5188	317302	38641	206253	165602
189935	921095	568527	128131	266776	29223	280099	69129	579325	392334
10849	52382	44225	8870	65988	2462	59460	9216	40164	33860
3515	13868	7893	1310	7401	347	7736	1616	7348	5632
163649	804735	491541	115635	164576	24852	183665	56391	515080	337226
11922	50110	24867	2316	28812	1562	29237	1905	16733	15616
12998	77869	35979	9609	28135	1800	34441	5983	49507	25980
192632	781367	272325	48839	346805	11696	399776	56723	309283	255400
136832	401462	95280	25914	284378	5968	329790	38351	139771	120777
1911	11577	5528	269	7141	64	8410	2469	5162	3955
45664	348224	162898	15872	25412	5461	31955	12940	155913	125737
8226	20104	8619	6785	29874	203	29621	2963	8437	4932
132654	865079	225450	27169	175164	17540	179217	41088	305125	170567
50020	255428	45513	8409	113678	2276	113103	27491	104418	85394
42945	117073	29649	2365	6512	834	7024	2307	36524	8781
36402	459927	139544	13248	49362	9562	48699	10670	154483	67290
74	11842	2053	979	-1066	4807	3731		5483	6348
3213	20810	8693	2167	6677	61	6661	619	4217	2754
492646	1830005	526459	71177	597526	44021	676745	135115	691370	389485
265952	883272	249095	54268	454323	21751	478045	101973	322381	268097
210404	875101	250470	13916	154358	19027	206062	31855	340485	113151
25697	119222	62497	2724	161647	13822	163713	31994	94974	55965
26221	681350	254773	27846	225299	11123	237804	49776	340860	173239
21074	461921	143741	12989	172051	6178	176405	36097	204301	126413
22300	114625	129932	3171	53082	9749	59653	7033	177824	45759
490	29993	21456	257	4604	329	5186	159	12239	15622
17970	34846	77982	-637	18984	4172	23853	2507	125594	12075
20952	200078	69744	10137	65100	4199	67269	14677	126462	83113
20507	189187	61940	9774	58982	2463	62290	13583	120267	79105
198437	1243388	705295	262476	600710	29093	636843	88972	723730	740832
182799	813909	511901	238323	-1159	20683	47722	48954	514928	556475
12755	401901	173168	20039	590937	7330	578202	37087	189213	175465
103091	472513	150598	22825	59902	7234	59590	18179	210382	120353
10574	64152	10444	1840	8377	1239	9980	2119	16285	18336
4822	29874	28499	2342	9945	1335	10299	3353	24762	7604
55606	114023	36308	12305	13521	1343	14377	4132	56319	51813
27605	104203	60810	14474	79749	1123	79006	7740	42850	26584
12165	202345	102084	6009	30580	3701	29115	21116	92553	180283
327	6858	1803	226	-826	74	-782		3621	14350

15-19 各市限额以上批发零售企业财务状况（2012年）

单位:万元

市别	City	企业数（个）Number of Enterprises (unit)	年初库存 Beginning Inventory	流动资产合计 Circulating Assets	固定资产原价 Original Value of Fixed Assets	累计折旧 Accumulated Depreciation
批发零售业合计	**Total Wholesale and Retail Trades**	**14073**	**35567712**	**147061938**	**19348325**	**5994830**
批发业	**Wholesale Trade**	**8648**	**27696748**	**118298624**	**13346770**	**3936005**
广　州	Guangzhou	3174	18357163	49801025	5217588	1912282
深　圳	Shenzhen	1259	4050084	32703444	5239642	996513
珠　海	Zhuhai	454	663173	5182591	390362	117379
汕　头	Shantou	313	410851	1546278	246130	101914
佛　山	Foshan	942	1389851	9713909	588506	236181
#顺　德	shunde	456	779586	4621080	132588	49916
韶　关	Shaoguan	66	85512	343832	73684	25906
河　源	Heyuan	14	49611	102274	6835	3890
梅　州	Meizhou	49	25455	201595	36740	11763
惠　州	Huizhou	135	278860	1416587	175916	43555
汕　尾	Shanwei	15	15377	79292	19604	8413
东　莞	Dongguan	500	658054	6108066	316726	124150
中　山	Zhongshan	413	549270	2775310	152226	58601
江　门	Jiangmen	196	144663	1152960	102148	42661
阳　江	Yangjiang	47	16159	134762	66268	24307
湛　江	Zhanjiang	194	158715	2132180	157664	36828
茂　名	Maoming	329	157966	1004577	75657	28449
肇　庆	Zhaoqing	89	149561	1014524	64135	17016
清　远	Qingyuan	49	66439	340917	136805	31539
潮　州	Chaozhou	44	199551	644636	68129	25221
揭　阳	Jieyang	325	235736	1286867	142683	51958
云　浮	Yunfu	41	34696	612998	69324	37478
零售业	**Retail Trade**	**5425**	**7870964**	**28763315**	**6001554**	**2058825**
广　州	Guangzhou	1207	2040963	9199052	1293902	486594
深　圳	Shenzhen	624	3364066	8917192	1540648	591418
珠　海	Zhuhai	194	196954	811588	178920	77944
汕　头	Shantou	209	168508	377726	94777	37681
佛　山	Foshan	341	432634	1948439	480186	159950
#顺　德	shunde	129	201416	947317	261533	76208
韶　关	Shaoguan	82	32236	103798	34664	12158
河　源	Heyuan	74	36301	136284	381100	14741
梅　州	Meizhou	76	50371	163406	57911	19189
惠　州	Huizhou	181	130126	812309	286081	83299
汕　尾	Shanwei	42	22889	52077	43760	14865
东　莞	Dongguan	459	658520	3315748	566696	206520
中　山	Zhongshan	357	225030	755500	179651	73229
江　门	Jiangmen	206	111137	571067	218534	69352
阳　江	Yangjiang	52	13145	70476	24732	5893
湛　江	Zhanjiang	131	65732	285432	94557	35325
茂　名	Maoming	180	96978	337170	122035	32564
肇　庆	Zhaoqing	112	62064	311390	126507	44183
清　远	Qingyuan	116	30654	149073	38398	9582
潮　州	Chaozhou	91	21441	57903	28217	11867
揭　阳	Jieyang	571	79633	287954	165446	55534
云　浮	Yunfu	120	31585	99730	44832	16939

Financial Indicators of Enterprises above Designated Size in Wholesale and Retail Trades by City (2012)

(10000 yuan)

#本年折旧 Depreciation Drawn in Current Year	资产合计 Total Assets	负债合计 Total Liabilities	所有者权益合计 Total Creditors' Equity	实收资本 Paid-up Capital	营业收入 Business Revenue	主营业务收入 Main Business Revenue	营业成本 Business Costs
1379190	**183639337**	**138700412**	**44936279**	**22866957**	**424643241**	**419872089**	**392903017**
940281	**145568561**	**112749123**	**32817092**	**16614328**	**353444989**	**350190464**	**330931149**
554835	59785746	46580262	13205095	7980474	180433732	178638364	170124867
149632	42395141	31324624	11068592	4624876	73035126	72223687	67076065
56076	6133911	4719828	1414083	731105	12835361	12684388	12152856
9576	1906444	1237679	668733	395154	6155765	6078728	5777526
58627	12548565	10662608	1885958	827789	25408814	25337557	24372853
10804	4968887	4574200	394687	427960	8803290	8790834	8521331
7073	451240	295685	155555	65701	1633384	1621782	1384138
721	116054	59740	56314	17648	332226	331982	262228
2293	244619	144954	99664	31548	965350	944115	821064
14568	1770694	1468025	302669	185727	4238603	4150588	3825438
1198	98269	46934	51335	7739	357025	356574	286463
25798	6933709	6116749	816960	463756	13752671	13671833	13019788
8980	3037937	2614174	423763	238950	7910235	7896242	7507599
9091	1315017	1026337	288680	134673	3627602	3625026	3347765
2533	228828	-11068	239896	14353	827721	823956	737473
6667	2476272	2091990	384282	255045	4299803	4296674	4078847
3507	1098798	919252	179546	128606	5795336	5775715	5591825
3141	1100693	1056429	44264	63367	2402517	2399511	2262529
6942	738179	359750	378429	33396	1193638	1189791	1066431
3858	800171	712801	87370	52722	1671601	1669823	1544908
9596	1636456	924693	711763	228861	5145750	5145152	4389346
5570	751818	397677	354141	132837	1422729	1328976	1301141
438909	**38070776**	**25951289**	**12119187**	**6252629**	**71198253**	**69681625**	**61971868**
120760	11403757	8278097	3125660	1624544	22808776	22384991	19813643
91087	11072093	7613669	3458124	1813302	16561749	15965375	13910804
12155	1674835	925354	749481	520603	1966617	1906241	1691154
8631	480437	363435	117002	100156	1214422	1198339	1096470
41355	2614667	2119164	495503	317187	5147493	5087936	4614768
14947	1359368	1105561	253806	183084	2458893	2434892	2211556
2979	141021	100509	40512	37142	316501	313964	276908
3487	539190	292627	246563	267463	571067	563772	518161
2970	273382	155337	118045	110903	773597	752170	691673
16877	1088195	917147	171048	155947	2192987	2153060	1988761
4558	191991	91681	100310	25971	290532	285591	258710
52821	4012588	2615878	1396709	373290	6760175	6627849	6133019
24743	1092390	498489	593901	164438	2816985	2760817	2477928
15128	854366	291079	563287	157821	1851170	1809033	1689039
2318	93080	70445	22635	17569	209203	205942	182874
6797	440365	308796	131570	99216	1134747	1129430	1033234
5740	488272	362273	126000	85052	1470561	1458588	1341633
11239	531085	341373	189712	173462	1639402	1630654	1414148
2215	198660	156040	42620	27893	422193	414153	374666
2200	80297	38899	41398	27739	363533	361340	297198
7678	572374	247878	324496	114672	2202922	2192784	1726868
3174	227732	163122	64610	38263	483623	479599	440208

15-19 续表

单位:万元

市 别	City	主营业务成本 Main Business Costs	营业税金及附加 Tax and Extra Charges on Business	主营业务税金及附加 Tax and Extra Charges on Main Business	其它业务利润 Profits from Other Businesses
批发零售业合计	**Total Wholesale and Retail Trades**	**388436961**	**1378738**	**1301521**	**1578052**
批发业	**Wholesale Trade**	**327647370**	**1099784**	**1044223**	**648939**
广 州	Guangzhou	168486379	331712	306835	309196
深 圳	Shenzhen	66161990	269720	256127	184255
珠 海	Zhuhai	12051701	30849	27777	16490
汕 头	Shantou	5654379	37239	37084	5114
佛 山	Foshan	24230744	60910	53363	30048
#顺 德	shunde	8514769	4912	4863	9079
韶 关	Shaoguan	1378564	16366	16272	1506
河 源	Heyuan	262087	14963	14963	163
梅 州	Meizhou	807805	20534	20395	194
惠 州	Huizhou	3750409	25599	25187	13637
汕 尾	Shanwei	282728	16102	16095	2951
东 莞	Dongguan	12898813	48275	47521	40598
中 山	Zhongshan	7496049	21870	21828	20359
江 门	Jiangmen	3333026	27973	27923	4486
阳 江	Yangjiang	734051	11928	11885	1975
湛 江	Zhanjiang	4072012	26187	26167	1679
茂 名	Maoming	5576110	19902	19629	4654
肇 庆	Zhaoqing	2254272	18549	18481	1128
清 远	Qingyuan	1065804	17794	17792	2451
潮 州	Chaozhou	1544155	15919	14735	1054
揭 阳	Jieyang	4387966	56851	53634	5426
云 浮	Yunfu	1218328	10543	10530	1576
零售业	**Retail Trade**	**60789592**	**278954**	**257298**	**929113**
广 州	Guangzhou	19660912	83261	77436	298664
深 圳	Shenzhen	13526934	71295	67018	290011
珠 海	Zhuhai	1641963	8584	8343	21023
汕 头	Shantou	1062390	3870	3762	10205
佛 山	Foshan	4483045	15384	14610	77327
#顺 德	shunde	2161471	7315	6956	32652
韶 关	Shaoguan	275354	1356	1301	2940
河 源	Heyuan	513345	1128	876	2588
梅 州	Meizhou	662277	1622	1419	3030
惠 州	Huizhou	1967374	6249	6096	24195
汕 尾	Shanwei	245572	924	758	2109
东 莞	Dongguan	5878242	16610	13911	101334
中 山	Zhongshan	2461921	7652	7468	34872
江 门	Jiangmen	1648418	4649	4418	19216
阳 江	Yangjiang	182053	1177	1031	3140
湛 江	Zhanjiang	1031551	3052	2995	5703
茂 名	Maoming	1331508	3738	3695	8585
肇 庆	Zhaoqing	1406192	2802	2621	7359
清 远	Qingyuan	366992	1291	1263	4837
潮 州	Chaozhou	293917	5509	1718	2767
揭 阳	Jieyang	1711664	37434	35214	5693
云 浮	Yunfu	437972	1368	1346	3516

15-19 continued

(10000 yuan)

销售费用 Marketing Expenses	管理费用 Management Expenses	财务费用 Financial Expenses	营业利润 Business Profits	营业外收入 Non-operating revenue	利润总额 Total Profits	应交所得税 Income Taxes Payable	本年应付职工薪酬 Staff Salary Payable in Current Year	本年应交增值税 Value-added Tax Payable in Current Year
13469244	**6771553**	**2018350**	**9219335**	**754802**	**9927089**	**2160420**	**6221171**	**21992797**
8501516	**4709361**	**1597511**	**7345740**	**630737**	**7917351**	**1785818**	**3720164**	**3836669**
4424208	1935887	711466	3148274	241525	3540889	928185	1698523	2186823
1952823	1443919	358666	2201711	225860	2314427	411672	1076258	493250
291589	161912	92278	131828	25775	184847	54770	91422	181913
110820	82429	17189	137813	3669	125972	33072	50368	73617
420313	201108	172134	285545	31555	293884	61184	127881	203005
152546	59977	91681	-23703	18000	-6958	12881	39599	45176
35756	37470	1985	152779	4500	156026	14876	24775	42371
7448	15064	1875	30560	257	30525	8043	12628	11780
36317	31092	1698	54676	2794	51436	11723	32907	21827
183091	67743	15686	112612	2085	132152	14641	77856	45156
8713	16441	689	31871	1402	33375	8200	11270	11106
351099	147652	103446	142219	7238	145864	45119	126072	123175
164293	91579	25525	105124	21269	85840	26764	72431	119551
92560	63425	15290	81917	20571	86959	23815	31803	45956
20993	18877	1044	37410	558	36538	5400	19043	15190
72326	56129	39026	23930	5119	22689	15366	40179	32686
69643	48153	13710	49717	18935	51488	11994	31018	28447
40650	40637	12908	25507	4935	28493	9801	39679	31813
32038	29646	2919	44898	6381	50761	9800	30916	29047
17440	26783	-12743	79384	370	71576	7705	11405	13604
151753	165662	18756	365156	4199	370645	76612	90607	116599
17643	27754	3967	102811	1741	102967	7076	23123	9754
4967728	**2062192**	**420839**	**1873595**	**124066**	**2009739**	**374602**	**2501006**	**18156128**
1869641	688835	93797	354945	31385	402819	114531	737955	6769595
1404766	564149	123585	608209	40171	669285	117432	838504	5174277
102949	69359	9512	102944	7501	110154	25661	73173	226564
52239	28526	7090	17288	1185	11557	3380	27401	148036
277598	155787	48089	117638	8747	122441	26552	134483	890941
134614	91796	27229	44712	4198	48856	17129	60629	573820
19824	14129	2457	2549	509	2606	669	12651	34018
29036	11177	2949	9820	522	9608	73	18021	23931
32567	17344	2753	21630	235	15132	1773	19445	174101
135676	52715	19566	2348	1955	5227	2756	55471	469483
17665	9939	696	502	280	-1504	202	7072	89741
399373	125162	53966	57203	7377	74093	22612	192409	1228368
171806	63503	14153	88142	10215	101444	6762	89401	690192
104485	42588	8528	6285	3255	8876	3367	50871	274866
16646	3572	2129	3142	251	2389	758	9731	25120
54941	19734	4536	23093	2325	26293	6494	29715	215444
48198	39663	5918	36296	570	35677	2466	35636	403434
60686	19800	6097	137345	2381	133471	3366	68001	185120
24609	14371	2858	4454	1238	5765	2029	16269	217980
11970	5987	693	42224	166	35529	1229	9010	27365
110016	106262	10097	225794	3292	226290	31659	55894	824396
23036	9590	1372	11746	507	12587	832	19898	63156

15-20 限额以上住宿企业财务状况（2012年）

单位:万元

项　目	Item	企业数（个）Number of Enterprises (unit)	年初库存 Beginning Inventory	流动资产合计 Circulating Assets	固定资产原价 Original Value of Fixed Assets
住宿业合计	**Total Hotels**	**1845**	**203428**	**4613553**	**8155777**
#国有及国有控股	State-owned and State-controlled Enterprises	346	53333	803730	2284328
按登记注册类型分	By Status of Registration				
内资企业	Domestic-funded Enterprises	1608	146136	2938482	4872047
国有企业	State-owned Enterprises	175	30255	337831	1026768
集体企业	Collective-owned Enterprises	64	1956	30472	119034
股份合作企业	Share-holding Cooperative Enterprises	10	410	4789	4377
联营企业	Joint-operation Enterprises	14	207	17463	40580
国有联营企业	State-owned Joint-operation Enterprises	11	146	14622	34813
集体联营企业	Collective Joint-operation Enterprises	2	61	2616	3838
国有与集体联营企业	State-collective Joint-operation Enterprises	1		225	1930
其他联营企业	Other Joint-operation Enterprises				
有限责任公司	Limited Liability Corporations	506	60302	1280749	1896597
国有独资企业	State Sole Investment Enterprises	12	390	14228	75575
其他有限责任公司	Other Limited Liability Companies	494	59912	1266521	1821023
股份有限公司	Share-holding Corporations Ltd.	30	1828	70045	131751
私营企业	Private Enterprises	714	43073	970293	1408999
私营独资企业	Private Sole Investment Enterprises	185	6554	130033	171344
私营合伙企业	Private Partnership Enterprises	44	1371	19134	64820
私营有限责任公司	Private Limited Liability Corporations	461	33325	762958	964346
私营股份有限公司	Private Share-holding Corporations Ltd.	24	1823	58169	208489
其他企业	Other Enterprises	95	8105	226839	243940
港、澳、台商投资企业	Enterprises with Investment from Hong Kong, Macao and Taiwan	146	35413	813446	1947831
合资经营企业	Joint Ventures	49	6042	232858	568073
合作经营企业	Cooperative Enterprises	39	8127	318382	676433
独资经营企业	Sole Investment Enterprises	49	20864	251470	642303
投资股份有限公司	Share-holding Corporations Ltd.	8	333	10312	61022
其他港澳台商投资企业	Others	1	47	425	
外商投资企业	Enterprises with Foreign Investment	91	21880	861625	1335900
中外合资经营企业	Sino-foreign Joint Ventures	30	6337	299008	246992
中外合作经营企业	Sino-foreign Cooperative Enterprises	20	5801	104425	177899
外资企业	Foreign-funded Enterprises	35	9050	435552	681768
外商投资股份有限公司	Share-holding Corporations Ltd.	3	2	3534	208507
其它外商投资企业	Others	3	689	19106	20734
按国民经济行业分	By Economic Sector				
旅游饭店	Tourist Hotels	1315	189223	4108401	7395192
一般旅馆	General Hotels	465	12590	473393	645607
其它住宿服务	Others	65	1616	31759	114979
按控股情况分组	By Holdings				
国有控股	State Holdings	257	49117	744723	2107126
集体控股	Collective Holdings	89	4216	59008	177202
私人控股	Private Holdings	1023	78492	1715877	2253915
港澳台商控股	Hongkong,Macaw and Taiwan Holdings	122	31414	605722	1545528
外商控股	Foreign Holdings	58	11894	536357	1066567
其他	Others	296	28295	951866	1005440
按星级分组	By sStar Rating				
五星	Five Star	132	72480	1545347	3288765
四星	Four Star	206	26420	887444	1550395
三星	Three Star	444	20316	581298	993557
二星	Two Star	98	3360	71323	111120
一星	One Star	13	2151	61138	48390
其他	Others	952	78701	1467003	2163551

Financial Indicators of Hotels above Designated Size (2012)

(10000 yuan)

累计折旧 Accumulated Depreciation	本年折旧 Depreciation Drawn in Current Year	资产合计 Total Assets	负债合计 Total Liabilities	所有者权益合计 Total Creditors' Equity	实收资本 Paid-up Capital	营业收入 Business Revenue	主营业务收入 Main Business Revenue	营业成本 Business Costs
3505509	**487633**	**12092654**	**9017054**	**3074757**	**3816329**	**4682323**	**4583883**	**1570382**
1117644	132782	2648465	1385645	1262821	1010648	1034531	1021672	337850
2095500	301459	7639741	5859952	1779789	2063485	3407883	3326676	1149574
498844	90905	1148550	604912	543638	421859	509876	504058	151600
72584	4349	99173	60092	39080	52153	50859	47872	18454
2763	347	8886	6250	2636	2206	12291	12291	6062
23828	917	44940	17548	27392	31298	18043	17741	6644
19093	844	40266	16272	23994	26319	15809	15506	6476
2917	48	3858	1055	2803	3592	1652	1652	115
1819	25	817	221	595	1387	583	583	53
774792	92811	3278363	2589986	688377	844673	1343272	1320185	458295
31007	2844	129900	81610	48290	17333	32576	31907	9475
743785	89967	3148463	2508376	640087	827340	1310696	1288278	448821
65706	4718	168914	79114	89800	65157	89626	88487	27914
553014	83678	2461133	2136590	324543	573437	1168154	1128490	415336
65441	11027	302768	226249	76519	92905	202482	187878	77610
19498	3347	75801	52392	23409	26320	52139	51471	18979
392444	54138	1823544	1641802	181742	378812	811876	789949	260111
75631	15166	259020	216147	42874	75399	101657	99193	58636
103969	23735	429783	365460	64323	72703	215763	207554	65269
941461	107469	2336960	1691955	644164	1045986	678466	673684	184340
322589	31126	649502	397048	252454	279568	213182	212502	72499
293479	23421	882103	736190	145914	335293	211913	210576	56680
295784	52470	745290	524808	219640	396409	240587	237952	48522
29609	452	57476	31871	25606	34167	12188	12059	6395
		2589	2039	550	550	595	595	245
468548	78706	2115952	1465148	650805	706857	595975	583522	236468
108716	24171	534951	327767	207183	165617	202886	196735	40016
113224	2745	212848	190591	22257	92260	88571	88571	24368
224710	43491	1067855	632595	435260	418668	286591	280307	165108
12435	7321	214882	257583	-42702	1189	3422	3422	547
9462	978	85417	56611	28806	29123	14506	14487	6430
3239211	448647	10847951	8205171	2641937	3322599	4089045	4014887	1354310
227935	33961	1099845	721324	378522	452973	525897	503516	196704
38362	5026	144858	90560	54298	40757	67381	65480	19369
1016547	125741	2469322	1253283	1216039	940295	933758	925922	292562
101096	7040	179144	132362	46782	70353	100773	95749	45289
897907	138753	4053360	3510296	543064	1008698	1844440	1793312	632739
757153	102005	1827066	1405098	421126	843484	580659	573124	155382
315904	71914	1528088	1051685	476403	509097	405739	386991	191395
416901	42181	2035674	1664331	371343	444402	816955	808784	253016
1424176	225593	4440301	3282045	1158256	1411349	1475897	1460837	461598
705949	98549	2332754	1868751	464003	611422	813747	804631	273905
516087	44249	1341431	919205	422227	550850	697793	681001	256582
55223	5406	152627	96254	56373	76890	99137	94299	35942
38412	2440	88694	49175	39518	14502	42732	41542	20835
765662	111395	3736847	2801625	934380	1151316	1553018	1501573	521519

15-20 续表

单位:万元

项　目	Item	主营业务成本 Main Business Costs	营业税金及附加 Tax and Extra Charges on Business	主营业务税金及附加 Tax and Extra Charges on Main Business
住宿业合计	**Total Hotels**	**1457883**	**275536**	**259567**
#国有及国有控股	State-owned and State-controlled Enterprises	307038	62345	55766
按登记注册类型分	By Status of Registration			
内资企业	Domestic-funded Enterprises	1075870	204272	193601
国有企业	State-owned Enterprises	145003	33295	27320
集体企业	Collective-owned Enterprises	17415	3111	2857
股份合作企业	Share-holding Cooperative Enterprises	5587	757	564
联营企业	Joint-operation Enterprises	6548	1022	1012
国有联营企业	State-owned Joint-operation Enterprises	6381	894	884
集体联营企业	Collective Joint-operation Enterprises	115	95	95
国有与集体联营企业	State-collective Joint-operation Enterprises	53	33	33
其他联营企业	Other Joint-operation Enterprises			
有限责任公司	Limited Liability Corporations	431094	79158	77627
国有独资企业	State Sole Investment Enterprises	9475	1830	1765
其他有限责任公司	Other Limited Liability Companies	421620	77329	75862
股份有限公司	Share-holding Corporations Ltd.	12539	5349	5239
私营企业	Private Enterprises	396064	69260	67071
私营独资企业	Private Sole Investment Enterprises	74328	12425	12097
私营合伙企业	Private Partnership Enterprises	18188	3587	3585
私营有限责任公司	Private Limited Liability Corporations	246164	47633	46062
私营股份有限公司	Private Share-holding Corporations Ltd.	57384	5616	5327
其他企业	Other Enterprises	61619	12321	11911
港、澳、台商投资企业	Enterprises with Investment from Hong Kong, Macao and Taiwan	178593	37757	35839
合资经营企业	Joint Ventures	69261	12247	12177
合作经营企业	Cooperative Enterprises	56660	11551	11527
独资经营企业	Sole Investment Enterprises	46205	13284	11475
投资股份有限公司	Share-holding Corporations Ltd.	6222	661	646
其他港澳台商投资企业	Others	245	15	15
外商投资企业	Enterprises with Foreign Investment	203421	33507	30127
中外合资经营企业	Sino-foreign Joint Ventures	35504	11745	8832
中外合作经营企业	Sino-foreign Cooperative Enterprises	24368	4737	4636
外资企业	Foreign-funded Enterprises	136574	15942	15577
外商投资股份有限公司	Share-holding Corporations Ltd.	547	204	204
其它外商投资企业	Others	6429	878	877
按国民经济行业分	By Economic Sector			
旅游饭店	Tourist Hotels	1255242	241424	227303
一般旅馆	Ordinary Hotels	183673	29974	28223
其它住宿服务	Others	18968	4138	4041
按控股情况分组	By Holdings			
国有控股	State Holdings	263565	56792	50538
集体控股	Collective Holdings	43473	5554	5228
私人控股	Private Holdings	606372	110269	106890
港澳台商控股	Hongkong,Macaw and Taiwan Holdings	141947	32579	29115
外商控股	Foreign Holdings	160603	22738	21412
其他	Others	241923	47605	46384
按星级分组	By Star Rating			
五星	Five Star	420092	83757	80846
四星	Four Star	259310	48570	47195
三星	Three Star	249751	40650	39174
二星	Two Star	32921	5309	4979
一星	One Star	20835	2280	2280
其他	Others	474974	94970	85094

15-20 continued

(10000 yuan)

其它业务利润 Profits from Other Businesses	销售费用 Marketing Expenses	管理费用 Management Expenses	财务费用 Financial Expenses	营业利润 Business Profits	营业外收入 Non-operating revenue	利润总额 Total Profits	应交所得税 Income Taxes Payable	本年应付职工薪酬 Staff Salary Payable in Current Year
96399	**1507881**	**1189378**	**213469**	**5184**	**47856**	**29491**	**45375**	**1051592**
6864	331688	280416	18344	22602	21237	36418	16053	285123
48078	1139689	814159	150142	1222	36636	25845	34858	778687
3689	182568	149529	5686	-3196	11027	5496	6461	153628
2038	18909	10789	1017	-2196	4270	-1750	673	13522
38	2711	2029	205	759	3	761	90	2862
200	4838	5541	68	78	46	-150	310	5401
200	4332	4581	57	-542	46	-769	134	4826
	212	861	8	519	0	518	151	393
	293	100	4	100		100	25	182
22483	451930	309631	60546	-1910	11989	12462	13136	297955
48	14880	7178	664	-1454	2096	1052	575	8540
22435	437050	302453	59882	-456	9893	11410	12561	289415
114	25395	24680	689	7152	279	8991	2191	23169
16437	384983	251222	67560	-5076	7339	-5483	8401	240217
4403	64029	38095	5184	7899	249	6771	1773	40151
327	14729	12021	1980	923	23	1077	465	9906
10520	289574	184491	52949	-10798	6764	-10286	5868	172101
1188	16651	16615	7447	-3100	304	-3045	294	18059
3079	68356	60738	14371	5612	1683	5518	3596	41932
41824	213327	224376	39580	-19531	9372	-23368	5553	144602
383	60377	66413	12273	-6457	7524	-7449	2748	51801
6318	60419	71799	19389	-8314	313	-10650	951	43422
34650	90194	81403	6527	-454	1572	-921	1828	46984
474	2137	4695	1170	-4155	-37	-4198	20	2247
	199	66	221	-151		-151	6	148
6497	154866	150842	23747	23493	1849	27014	4964	128303
2502	69174	64276	9633	7858	709	11392	686	47079
3383	30437	26945	1936	232	162	280	1069	22535
612	47482	54609	11872	18626	479	18125	3186	49149
	3473	1929	1	-2732	475	-2262	3	6069
1	4300	3083	306	-491	24	-522	20	3471
85064	1317964	1043035	193067	18903	36771	36429	39594	925043
11303	162849	121404	18502	-3818	8040	-4751	5344	105898
33	27068	24940	1900	-9900	3046	-2187	437	20651
4576	300490	261870	16149	25341	16265	38052	15019	263225
2287	31198	18545	2194	-2739	4972	-1634	1034	21898
23213	613120	407581	101713	-795	11383	4919	14036	384354
39245	200663	194195	35410	-36939	8770	-40352	3425	119652
5066	82291	99082	18346	12730	1088	15944	3381	78989
22012	280121	208105	39656	7588	5379	12562	8481	183474
10364	457430	407005	74105	30406	9418	37035	15740	321380
14858	256369	210652	52197	-7563	2448	-6004	5766	180421
9774	220995	150894	17260	14577	10163	14004	7523	165937
2122	31021	17085	3848	6084	308	5717	996	22617
5	9050	7500	1121	2591	60	2677	510	10363
59276	533017	396241	64938	-40910	25459	-23938	14840	350874

15-21 限额以上餐饮企业财务状况（2012年）

单位:万元

项 目	Item	企业数（个）Number of Enterprises (unit)	年初库存 Beginning Inventory	流动资产合计 Circulating Assets	固定资产原价 Original Value of Fixed Assets
餐饮业合计	**Total Catering Services**	**2516**	**169309**	**1731800**	**1759175**
#国有及国有控股	State-owned and State-controlled Enterprises	117	8594	132826	149986
按登记注册类型分	By Status of Registration				
内资企业	Domestic-funded Enterprises	2272	108784	1268300	1173102
国有企业	State-owned Enterprises	34	3331	47935	102115
集体企业	Collective-owned Enterprises	48	1826	23596	16990
股份合作企业	Share-holding Cooperative Enterprises	38	475	5282	4534
联营企业	Joint-operation Enterprises	3	105	2051	949
国有联营企业	State-owned Joint-operation Enterprises				
集体联营企业	Collective Joint-operation Enterprises	1	1	55	515
国有与集体联营企业	State-collective Joint-operation Enterprises				
其他联营企业	Other Joint-operation Enterprises	2	104	1996	434
有限责任公司	Limited Liability Corporations	418	34246	474476	359778
国有独资企业	State Sole Investment Enterprises	3	286	4246	517
其他有限责任公司	Other Limited Liability Companies	415	33961	470230	359261
股份有限公司	Share-holding Corporations Ltd.	20	2766	43725	13568
私营企业	Private Enterprises	1543	59774	627010	620237
私营独资企业	Private Sole Investment Enterprises	596	13383	144750	169505
私营合伙企业	Private Partnership Enterprises	115	3409	20070	27911
私营有限责任公司	Private Limited Liability Corporations	788	41671	452787	400150
私营股份有限公司	Private Share-holding Corporations Ltd.	44	1312	9402	22671
其他企业	Other Enterprises	168	6261	44226	54932
港、澳、台商投资企业	Enterprises with Investment from Hong Kong, Macao and Taiwan	170	19466	313632	302718
合资经营企业	Joint Ventures	33	2985	47185	36653
合作经营企业	Cooperative Enterprises	14	4931	32191	35187
独资经营企业	Sole Investment Enterprises	121	11381	228287	229460
投资股份有限公司	Share-holding Corporations Ltd.	2	168	5968	1418
外商投资企业	Enterprises with Foreign Investment	74	41059	149869	283355
中外合资经营企业	Sino-foreign Joint Ventures	17	4458	34033	125059
中外合作经营企业	Sino-foreign Cooperative Enterprises	6	153	5191	2559
外资企业	Foreign-funded Enterprises	44	36100	108328	148338
外商投资股份有限公司	Share-holding Corporations Ltd.	4	292	1947	7152
其它外商投资企业	Others	3	56	371	248
按国民经济行业分	By Economic Sector				
正餐服务业	Dinner Service	2334	122160	1323222	1363121
快餐服务业	Fast Food Service	104	43814	330489	359168
饮料及冷饮服务业	Beverage and Cold Drink Service	19	867	22099	13831
其他餐饮服务业	Other Services	59	2468	55990	23055
按控股情况分组	By Holdings				
国有控股	State Holdings	54	6049	103790	120645
集体控股	Collective Holdings	63	2545	29036	29341
私人控股	Private Holdings	1953	85623	1003196	866178
港澳台商控股	Hongkong,Macaw and Taiwan Holdings	170	20865	311922	299435
外商控股	Foreign Holdings	63	40668	138505	275776
其他	Others	213	13558	145351	167800
按经营形式分组	By Type of Operation				
独立门店	Independent Stores	2209	103355	1125248	1253786
连锁总店	Main Chain Stores	67	47557	323651	317742
连锁门店	Chain Stores	47	3270	92425	30096
其他	Others	193	15128	190476	157551

Financial Indicators of Catering Services Enterprises above Designated Size (2012)

(10000 yuan)

累计折旧 Accumulated Depreciation	本年折旧 Depreciation Drawn in Current Year	资产合计 Total Assets	负债合计 Total Liabilities	所有者权益合计 Total Creditors' Equity	实收资本 Paid-up Capital	营业收入 Business Revenue	主营业务收入 Main Business Revenue	营业成本 Business Costs
742367	**149200**	**3787082**	**2643033**	**1143994**	**997624**	**5782991**	**5481194**	**2813241**
76149	6799	303559	215668	87891	74176	314166	304577	168934
460564	86205	2600190	1965893	634243	559380	3650583	3610086	1870790
49147	3846	162853	131695	31158	31769	106681	106403	52204
11009	1058	34317	20625	13692	8659	70267	70249	41790
3397	323	9014	7177	1837	1481	46257	46229	23759
415	36	2642	2283	359	510	5982	5982	4834
57	10	570	320	250	10	407	407	270
358	26	2072	1963	109	500	5575	5575	4564
137219	32378	945060	748673	196386	151447	952316	945917	461727
277	55	5678	4126	1552	289	14184	14183	7042
136942	32322	939382	744548	194834	151158	938131	931734	454686
7319	473	73566	32709	40858	23776	81067	79140	37367
232250	45032	1273449	949353	324041	314110	2191199	2166421	1141966
67408	12111	299732	166296	133436	110256	611149	605214	336401
9833	1937	44996	24591	20405	15571	110469	109309	58773
146258	30294	901321	730211	171055	181410	1423022	1406013	723965
8751	691	27400	28255	-855	6874	46560	45885	22826
19809	3060	99289	73378	25912	27629	196815	189744	107143
147566	15991	618900	352155	266744	217219	801650	787672	332453
18165	2171	80957	39850	41107	44717	110713	110693	49151
20154	2801	57972	34324	23648	24607	93010	92726	44609
108492	10824	472853	275065	197787	146170	588586	574912	234535
755	195	7118	2916	4202	1725	9342	9342	4157
134237	47004	567992	324985	243007	221025	1330757	1083436	609999
56259	6190	160424	95707	64716	93276	299180	292132	117928
1579	168	7728	2652	5076	6399	27425	27425	10375
71394	40266	392883	228040	164843	117628	982303	742030	472912
4942	380	6244	-1542	7786	3085	20399	20399	8053
63		713	128	586	637	1449	1449	732
566360	91211	2745684	2073562	672067	707002	3840520	3800133	1926006
158289	53656	912968	513026	399943	251729	1729366	1468043	786123
5974	1270	43197	18254	24944	13758	95218	95218	32912
11745	3063	85232	38192	47040	25135	117887	117801	68201
58505	5000	251045	173719	77326	58724	212054	202734	112226
17644	1799	52514	41949	10565	15452	102112	101843	56708
320369	63540	1985131	1524569	460507	427752	2952418	2920554	1514119
143997	15436	611350	348759	262590	215639	799854	785819	325171
131706	46577	549437	311870	237567	213126	1291106	1050911	588944
70146	16848	337606	242167	95439	66930	425447	419333	216074
521011	81298	2397304	1863113	534192	622324	3366184	3313174	1712401
141390	56198	877135	458059	419075	250557	1651453	1408249	742582
15712	2907	134093	84412	49681	40605	186118	186000	76701
64254	8797	378551	237450	141046	84138	579236	573773	281558

15-21 续表

单位: 万元

项　目	Item	主营业务成本 Main Business Costs	营业税金及附加 Tax and Extra Charges on Business	主营业务税金及附加 Tax and Extra Charges on Main Business
餐饮业合计	**Total Catering Services**	**2619925**	**319040**	**296610**
#国有及国有控股	State-owned and State-controlled Enterprises	159615	15798	15145
按登记注册类型分	By Status of Registration			
内资企业	Domestic-funded Enterprises	1818172	206499	201020
国有企业	State-owned Enterprises	51103	5608	5564
集体企业	Collective-owned Enterprises	41788	3561	3493
股份合作企业	Share-holding Cooperative Enterprises	23471	2494	2446
联营企业	Joint-operation Enterprises	4834	337	337
国有联营企业	State-owned Joint-operation Enterprises			
集体联营企业	Collective Joint-operation Enterprises	270	22	22
国有与集体联营企业	State-collective Joint-operation Enterprises			
其他联营企业	Other Joint-operation Enterprises	4564	316	316
有限责任公司	Limited Liability Corporations	453528	53816	53407
国有独资企业	State Sole Investment Enterprises	7042	590	590
其他有限责任公司	Other Limited Liability Companies	446486	53227	52818
股份有限公司	Share-holding Corporations Ltd.	37296	3944	3938
私营企业	Private Enterprises	1101198	125105	120842
私营独资企业	Private Sole Investment Enterprises	325939	34223	32734
私营合伙企业	Private Partnership Enterprises	57382	6551	6502
私营有限责任公司	Private Limited Liability Corporations	695910	81675	79092
私营股份有限公司	Private Share-holding Corporations Ltd.	21968	2655	2514
其他企业	Other Enterprises	104953	11634	10993
港、澳、台商投资企业	Enterprises with Investment from Hong Kong,Macao and Taiwan	323469	43055	40845
合资经营企业	Joint Ventures	47200	6254	6128
合作经营企业	Cooperative Enterprises	44543	3611	3511
独资经营企业	Sole Investment Enterprises	227569	32669	30685
投资股份有限公司	Share-holding Corporations Ltd.	4157	521	521
外商投资企业	Enterprises with Foreign Investment	478285	69487	54745
中外合资经营企业	Sino-foreign Joint Ventures	110735	16241	15838
中外合作经营企业	Sino-foreign Cooperative Enterprises	10375	1564	1564
外资企业	Foreign-funded Enterprises	348391	50502	37024
外商投资股份有限公司	Share-holding Corporations Ltd.	8053	1111	253
其它外商投资企业	Others	732	68	66
按国民经济行业分	By Economic Sector			
正餐服务业	Dinner Service	1872573	215053	209649
快餐服务业	Fast Food Service	647363	92725	77132
饮料及冷饮服务业	Beverage and Cold Drink Service	32763	5470	4103
其他餐饮服务业	Other Services	67227	5793	5726
按控股情况分组	By Holdings			
国有控股	State Holdings	103015	10383	9935
集体控股	Collective Holdings	56600	5416	5211
私人控股	Private Holdings	1467599	169216	164299
港澳台商控股	Hongkong,Macaw and Taiwan Holdings	317033	42967	40853
外商控股	Foreign Holdings	464423	67402	53068
其他	Others	211256	23657	23245
按经营形式分组	By Type of Operation			
独立门店	Independent Stores	1658260	189323	184087
连锁总店	Main Chain Stores	615715	87225	71423
连锁门店	Chain Stores	75861	10214	10144
其他	Others	270089	32278	30957

15-21 continued

(10000 yuan)

其它业务利润 Profits from Other Businesses	销售费用 Marketing Expenses	管理费用 Management Expenses	财务费用 Financial Expenses	营业利润 Business Profits	营业外收入 Non-operating revenue	利润总额 Total Profits	应交所得税 Income Taxes Payable	本年应付职工薪酬 Staff Salary Payable in Current Year
34663	**1745162**	**602251**	**74858**	**233912**	**11542**	**193045**	**70211**	**980127**
4439	76491	39971	6354	20082	1198	17650	3921	79189
30785	967182	434187	71642	125665	7615	94258	42586	631679
66	27678	18611	5057	-2404	499	-3141	259	31966
2345	13096	7607	657	5883	35	3568	1553	14792
18	13499	4986	495	1095	21	970	589	8291
	319	312	81	99	1	100	11	1542
	65	14	7	30	1	31	9	53
	254	298	74	69		69	2	1489
9627	282186	111765	26888	21146	3148	7850	12285	166451
	3408	1381	74	1660	7	1656	111	2637
9627	278777	110384	26814	19486	3141	6193	12174	163814
2494	20794	11425	339	18462	551	18829	1475	15372
15623	566692	259273	35026	69638	3109	56655	24743	361071
4395	130446	64475	6943	43135	951	38331	6697	97381
232	27262	12469	1309	4736	117	3770	1304	16698
9968	397982	173663	25600	21487	2027	14826	15983	238398
1028	11003	8666	1174	281	13	-272	758	8594
613	42918	20210	3099	11745	252	9427	1671	32194
2989	321483	73024	2764	29869	2400	25872	8359	116731
42	38979	10915	416	5017	143	6098	1383	21156
91	26385	15451	418	2307	692	1436	1050	16605
2856	252403	46086	1902	22197	1565	17990	5831	77437
	3716	572	28	348	0	348	95	1533
889	456498	95040	453	78377	1528	72915	19266	231717
-16	133642	13521	-707	19083	16	16662	4903	50493
282	5370	3863	1336	4918	0	3271	1021	2402
466	308531	76906	6	52014	1510	50686	12885	175425
157	8511	687	-182	2219	2	2153	455	3018
	444	62		143		143	2	379
30326	1066357	454769	74856	124600	8678	102053	44195	673542
1890	616050	119446	-704	97367	1785	78359	22775	267800
	42687	7008	318	6972	499	7334	1951	15267
2447	20068	21028	389	4973	581	5300	1290	23519
1977	52316	28540	5474	14081	1027	13480	2048	57026
2462	24175	11431	880	6002	171	4170	1873	22163
24454	781874	346580	58870	91945	5311	63149	33593	488086
3258	321677	75568	3955	31518	2394	26339	9022	115666
619	449172	90305	-889	74730	1522	70202	18278	220775
1893	115948	49827	6569	15636	1117	15706	5397	76411
28804	894178	412008	68877	102715	6825	83055	40099	589781
3888	576662	122250	1376	110985	3690	99153	26390	268532
470	81155	14262	480	5501	111	4371	1122	29147
1500	193168	53731	4125	14710	917	6466	2601	92667

15-22 各市限额以上住宿和餐饮企业财务状况（2012年）

单位：万元

市别	City	企业数（个）Number of Enterprises (unit)	年初库存 Beginning Inventory	流动资产合计 Circulating Assets	固定资产原价 Original Value of Fixed Assets	累计折旧 Accumulated Depreciation
住宿餐饮业合计	**Total Hotels and Catering Services**	**4361**	**372737**	**6345352**	**9914952**	**4247876**
住宿业	**Hotels**	**1845**	**203428**	**4613553**	**8155777**	**3505509**
广　州	Guangzhou	495	33788	1385656	2241090	1044043
深　圳	Shenzhen	249	22541	825565	1613402	708595
珠　海	Zhuhai	89	9057	202878	608205	324631
汕　头	Shantou	70	6097	90070	307539	140816
佛　山	Foshan	117	23079	206243	416029	181787
#顺　德	shunde	30	13111	72788	86611	36420
韶　关	Shaoguan	56	4324	67595	93631	33031
河　源	Heyuan	35	7344	58142	87166	25962
梅　州	Meizhou	37	3042	49395	92576	29195
惠　州	Huizhou	81	29164	210710	267492	97784
汕　尾	Shanwei	11	1036	9401	41862	13276
东　莞	Dongguan	189	34601	585902	932327	438989
中　山	Zhongshan	100	5301	205958	369838	111117
江　门	Jiangmen	53	6628	143693	271842	96592
阳　江	Yangjiang	17	974	36777	57880	22619
湛　江	Zhanjiang	42	3604	121370	160990	38485
茂　名	Maoming	25	1135	68074	44237	9908
肇　庆	Zhaoqing	51	2787	155429	141344	38797
清　远	Qingyuan	50	6736	126773	243402	97787
潮　州	Chaozhou	21	487	14753	38193	8696
揭　阳	Jieyang	39	1181	30600	72859	28837
云　浮	Yunfu	18	523	18570	53875	14563
餐饮业	**Catering Services**	**2516**	**169309**	**1731800**	**1759175**	**742367**
广　州	Guangzhou	795	64787	571522	517526	255120
深　圳	Shenzhen	445	44722	490542	417920	178342
珠　海	Zhuhai	75	3291	37722	17637	9198
汕　头	Shantou	70	3020	9456	12690	7430
佛　山	Foshan	210	10440	116916	172209	79127
#顺　德	shunde	51	2377	47262	28527	14821
韶　关	Shaoguan	78	861	12428	24115	4811
河　源	Heyuan	25	1318	22010	23043	8538
梅　州	Meizhou	21	1018	4992	23609	8742
惠　州	Huizhou	85	3903	52691	49010	19948
汕　尾	Shanwei	19	743	9728	19382	4081
东　莞	Dongguan	149	9733	105971	104029	46936
中　山	Zhongshan	148	4900	47661	40225	18534
江　门	Jiangmen	82	5124	25976	43226	24665
阳　江	Yangjiang	56	3747	43136	55180	12752
湛　江	Zhanjiang	39	4919	66213	77479	17792
茂　名	Maoming	42	1708	15469	22971	7443
肇　庆	Zhaoqing	40	1869	39053	31904	8777
清　远	Qingyuan	22	932	27921	44972	6150
潮　州	Chaozhou	33	540	4291	17264	6464
揭　阳	Jieyang	64	1130	19524	31798	12211
云　浮	Yunfu	18	606	8578	12986	5309

Financial Indicators of Enterprises above Designated Size of Hotels and Catering Services by City (2012)

(10000 yuan)

#本年折旧 Depreciation Drawn in Current Year	资产合计 Total Assets	负债合计 Total Liabilities	所有者权益合计 Total Creditors' Equity	实收资本 Paid-up Capital	营业收入 Business Revenue	主营业务收入 Main Business Revenue	营业成本 Business Costs
636833	**15879736**	**11660087**	**4218751**	**4813953**	**10465314**	**10065077**	**4383623**
487633	**12092654**	**9017054**	**3074757**	**3816329**	**4682323**	**4583883**	**1570382**
163645	3399192	2401757	997436	1063768	1425574	1410121	485489
86890	2183252	1365827	816583	807930	911194	873404	263470
47052	583043	521764	61279	247229	206705	204710	58835
15448	335943	230173	105769	184973	95558	94445	36968
24550	584100	384638	199462	225770	269985	260854	100041
4533	134732	90958	43774	78547	60997	60979	19519
8632	181390	133281	48109	42944	70118	69266	25241
3858	204989	133684	71305	60137	55516	54999	19473
2791	140524	95827	44697	52616	70265	58014	33729
11621	543748	434280	109468	147133	197881	196933	60747
2194	51750	15654	36096	46326	12889	12575	3182
59082	1380529	1257525	123004	246674	563919	558036	168498
15368	637387	531035	106352	203425	188607	187328	65404
13759	409466	315917	93549	155054	155674	152769	55254
2423	76217	38827	37390	51733	32458	32134	13091
6534	323615	299978	23638	37716	106118	104737	42117
4156	125109	116622	8487	13007	33395	31576	13524
-103	304602	260559	44043	67070	64257	62236	24196
10357	331179	327194	3985	82105	98995	98816	31580
1249	49241	19604	29637	22210	23002	23000	10400
5462	132239	76812	55427	37055	79293	77155	52597
2667	115138	56097	59041	21455	20923	20774	6547
149200	**3787082**	**2643033**	**1143994**	**997624**	**5782991**	**5481194**	**2813241**
51914	1256739	901673	355065	355290	2343280	2332650	1082315
44990	962172	667443	294673	241339	1611284	1345088	787213
2018	56210	40986	15225	15190	113588	101648	57208
1016	25944	16138	9805	7852	89608	89312	57067
11124	293617	197421	96196	61575	357035	356276	183755
1974	71100	56332	14768	13882	77513	76905	40749
1349	37369	24579	12789	9165	35791	35774	18391
949	39176	28941	10235	14131	28329	27936	13691
1077	24902	26335	-1433	7927	16032	15756	7160
3050	106839	80185	26654	42330	103902	103187	50268
794	28990	4845	24145	20784	18274	18242	8815
6615	233497	123419	110079	78221	310121	306495	155696
2163	83971	61205	22766	16754	196760	196687	102141
2211	60762	38968	21793	27562	101254	96991	47492
3666	106086	66443	39643	18349	90383	90383	42675
5851	168065	148500	19565	16003	88293	88019	42352
1414	35119	21586	13533	8234	46147	44382	25409
1699	100971	87972	12999	13761	54224	54180	28363
3992	84388	77238	7151	8218	32617	32614	12304
602	16614	9050	7564	3595	18869	18824	11718
1933	47308	7296	40012	26756	107048	106598	69366
774	18346	12810	5535	4590	20153	20153	9842

15-22 续表

单位: 万元

市 别	City	主营业务成本 Main Business Costs	营业税金及附加 Tax and Extra Charges on Business	主营业务税金及附加 Tax and Extra Charges on Main Business	其它业务利润 Profits from Other Businesses
住宿餐饮业合计	**Total Hotels and Catering Services**	**4077809**	**594576**	**556177**	**131062**
住宿业	**Hotels**	**1457883**	**275536**	**259567**	**96399**
广 州	Guangzhou	424542	80796	79867	45146
深 圳	Shenzhen	235418	57134	48355	16753
珠 海	Zhuhai	55291	11348	9673	6668
汕 头	Shantou	36382	5806	5088	57
佛 山	Foshan	95477	14878	14207	1781
#顺 德	shunde	17674	3513	3355	301
韶 关	Shaoguan	24698	3903	3845	351
河 源	Heyuan	19171	3832	3734	2376
梅 州	Meizhou	30016	2913	2474	52
惠 州	Huizhou	60464	11955	11878	755
汕 尾	Shanwei	3148	722	714	27
东 莞	Dongguan	163196	35688	35214	8458
中 山	Zhongshan	64894	11675	11624	3128
江 门	Jiangmen	55092	9635	8746	3245
阳 江	Yangjiang	12947	1974	1974	179
湛 江	Zhanjiang	42113	6510	6481	1306
茂 名	Maoming	13387	2312	2107	777
肇 庆	Zhaoqing	23643	3737	3479	3863
清 远	Qingyuan	31357	6200	6152	171
潮 州	Chaozhou	10400	1519	1500	2
揭 阳	Jieyang	49781	1845	1302	1257
云 浮	Yunfu	6469	1155	1155	49
餐饮业	**Catering Services**	**2619925**	**319040**	**296610**	**34663**
广 州	Guangzhou	1069919	125310	124718	11368
深 圳	Shenzhen	624875	89934	71838	8047
珠 海	Zhuhai	52621	6468	6460	758
汕 头	Shantou	56071	6095	5902	14
佛 山	Foshan	183571	19176	18876	5315
#顺 德	shunde	40565	4495	4468	1851
韶 关	Shaoguan	17540	2279	2223	490
河 源	Heyuan	12505	1848	1693	1
梅 州	Meizhou	6963	814	716	8
惠 州	Huizhou	48981	6317	6163	105
汕 尾	Shanwei	7712	1317	1217	82
东 莞	Dongguan	152179	17362	17162	1166
中 山	Zhongshan	102141	10885	10880	3431
江 门	Jiangmen	46859	5811	4644	2490
阳 江	Yangjiang	42675	5678	5578	23
湛 江	Zhanjiang	41553	5081	5080	335
茂 名	Maoming	24706	1980	1890	35
肇 庆	Zhaoqing	26894	3200	2932	737
清 远	Qingyuan	11948	2468	2412	30
潮 州	Chaozhou	11390	1251	1251	
揭 阳	Jieyang	69008	4323	3537	184
云 浮	Yunfu	9814	1445	1439	43

15-22 continued

(10000 yuan)

销售费用 Marketing Expenses	管理费用 Management Expenses	财务费用 Financial Expenses	营业利润 Business Profits	营业外收入 Non-operating revenue	利润总额 Total Profits	应交所得税 Income Taxes Payable	本年应付职工薪酬 Staff Salary Payable in Current Year
3253044	**1791629**	**288327**	**239096**	**59398**	**222536**	**115586**	**2031719**
1507881	**1189378**	**213469**	**5184**	**47856**	**29491**	**45375**	**1051592**
437004	366874	50580	49538	12687	52889	19028	339035
275730	273227	41305	19902	16628	31864	6766	200714
73822	64502	4111	-5255	1503	-5837	1600	51853
31774	21754	5653	-5972	182	-6438	706	18632
79523	54726	8747	12892	2503	10575	4010	53148
25513	14511	1544	-1708	611	-1844	105	13582
27153	15895	2097	-4000	424	-3968	249	17331
17554	11342	3030	220	226	2768	637	11664
13248	14507	1717	4149	979	2927	504	10255
64848	46370	12184	1498	265	-1226	1223	42908
7062	3040	219	-1335	19	-1771	9	3736
215237	145424	29557	-19368	7700	-12679	4684	128215
79947	43112	8742	-19696	605	-18806	813	49653
55046	41853	8671	-14260	945	-14099	515	30610
9528	4710	1319	1836	10	1146	356	4894
31898	16440	12043	-2685	526	2116	1215	20049
9646	7005	1073	-74	66	-54	28	10509
20824	15818	7324	-7422	1302	-4146	348	16293
35880	27035	11378	-13078	1224	-12250	819	22139
4872	5640	492	79		-321	288	3978
9118	6031	2001	8644		6973	1353	10349
8169	4074	1227	-428	62	-172	225	5627
1745162	**602251**	**74858**	**233912**	**11542**	**193045**	**70211**	**980127**
743261	254976	25125	117409	5250	104056	37372	381409
523899	157292	11077	33454	2879	26904	11717	285168
37641	9334	1066	1910	52	2118	1304	21436
14261	6702	593	5041	13	4121	1557	8942
88754	38090	6201	25034	833	19785	4127	60094
18547	8743	1166	4093	51	2422	936	15941
7366	5311	508	2070	202	2296	334	8375
8034	3088	1616	52	29	41	359	4660
3652	2153	436	1874	112	314	50	2890
31149	12165	2595	1473	120	1266	678	18320
4895	1742	95	1376	8	549	197	3748
94622	28741	480	15607	585	6440	3436	54862
59838	13578	1187	9165	136	8767	2923	37184
32052	11801	1180	3027	580	1832	1100	18209
21516	10629	2042	7843	96	6506	727	14542
20228	18759	11692	-9820	89	-9383	959	18204
8807	6622	782	2611	22	2183	353	8495
16612	6625	3087	-3052	15	-1100	454	10821
12341	4462	3606	-2562	285	-3622	398	7847
2209	1564	408	1719	83	1606	171	2658
7913	7010	629	19031	112	17622	1913	9551
6116	1609	456	651	40	744	83	2714

15-23 亿元以上商品交易市场成交额

Turnover of Commodity Exchange Markets with Transaction Value over 100 Million Yuan

单位: 亿元 (100 million yuan)

项　目	Item	2005	2008	2010	2011	2012
合　计	**Total**	**1948.95**	**3502.90**	**4828.13**	**5106.46**	**5506.48**
食品、饮料、烟酒类	Food, Beverages, Tobacco and Liquor	853.12	1261.53	1591.87	1783.72	1828.69
#粮油类	Grain and Edible Oil	136.45	119.41	192.61	230.45	245.15
服装鞋帽、针、纺织品类	Garments, Footwear, Headgear, Knitwear and Textiles	457.60	831.78	1028.01	1062.79	1090.39
化妆品类	Cosmetics	8.18	14.01	15.69	15.43	15.33
金银珠宝类	Gold, Silver and Jewelry	1.14	11.59	47.17	37.20	36.11
日用品类	Daily-use Articles	42.93	167.16	209.48	249.25	275.06
五金、电料类	Hardware and Electrical Appliances	19.07	68.94	121.51	103.15	138.41
体育、娱乐用品类	Sports and Recreational Articles	5.09	5.80	7.44	6.81	14.21
书报杂志类	Newspapers and Magazines	2.37	1.62	4.75	3.92	4.21
电子出版物及音像制品类	E-journals and Video Products	2.22	2.98	5.84	4.63	2.23
家用电器和音像器材类	Household Appliances and Video Appliances	15.20	23.35	33.88	33.75	33.15
中西药品类	Traditional Chinese and Western Medicines	13.24	11.33	12.49	12.47	13.71
#中草药及中成药类	Chinese Herbal Medicines and Chinese Patent Medicines	12.52	10.64	11.76	11.77	12.87
文化办公用品类	Articles for Cultural and Office Use	62.63	56.29	66.35	50.24	61.32
家 具 类	Furniture	3.03	6.85	9.05	7.64	8.46
通讯器材类	Communication Appliances	2.24	45.58	52.00	43.58	55.68
煤炭及制品类	Coal and Related Products					
木材及制品类	Timber and Related Products	34.84	33.21	45.27	51.65	90.56
化工材料及制品类	Chemical Materials and Products	5.11	22.47	388.17	439.28	474.4
金属材料类	Metal Materials	82.11	373.97	485.52	481.03	604.94
建筑及装潢材料类	Construction and Decoration Materials	43.93	49.86	73.64	80.70	83.07
机电产品及设备类	Mechanical and Electrical Products and Equipments	17.68	24.82	28.11	42.37	32.12
汽车类	Motor Vehicles	175.68	420.16	531.59	504.62	509.39
种子饲料类	Seeds and Feedstuff		0.03	0.07	0.08	0.08
棉麻类	Cotton and Hemp		0.13			
其他类	Others	101.54	69.44	70.23	92.15	134.96

主要统计指标解释

社会消费品零售总额 指各种经济类型的批发零售业、住宿餐饮业和其他行业的企业（单位）或个体户，售予城乡居民用于生活消费和社会集团用于公共消费的商品金额的总和。

批发零售业商品购进总额 指从本企业以外的单位和个人购进（包括从国外直接进口）作为转卖或加工后转卖的商品金额。本指标由“从生产者购进额”、“从批发零售业购进额”、“进口额”和“其他购进”组成。 这个指标反映批发零售企业从国内、国外市场上购进商品的总量。

批发零售业商品销售总额 指售予本企业以外的单位和个人的商品金额（包括对国（境）外直接出口及售给本单位消费用的商品）。本指标由“对生产经营单位批发额”、“对批发零售业批发额”、“出口额”和“对居民和社会集团商品零售额”项目组成。这个指标反映批发零售业在国内市场上销售商品以及出口商品的总量。

批发 指除零售以外的一切商品销售活动。包括对生产经营单位批发、对批发零售业批发和出口。

对生产经营单位批发 指售给国民经济和社会各部门作为生产或经营使用的商品。

零售 指出售城乡居民用于生活消费商品和社会集团直接用于公用消费商品的活动。

批发零售业年末库存总额 指批发零售企业已取得所有权的全部商品。这个指标反映批发零售贸易企业的商品库存情况，对市场商品供应的保证程度。

批发零售业住宿餐饮业法人单位 指各种经济类型独立核算法人批发零售企业、住宿餐饮企业的单位个数。法人单位应同时具备以下条件：1. 依法成立，有自己的名称、组织机构和场所，能够独立承担民事责任；2. 独立拥有和使用资产，承担负债，有权与其他单位签订合同；3. 独立核算盈亏，并能够编制资产负债表。

批发业 是指从工农业生产者或从商品流通企业单位和个体户购进商品，转卖给工业、农业、建筑业、运输邮电业、住宿餐饮业、服务业等生产经营单位作为生产经营用，以及将商品转卖给其他批发企业或零售企业的商品流通企业(单位)和个体户。

零售业 是指从工农业生产者、批发业或居民购进商品，转卖给城乡居民作为生活消费和售给社会集团作为公共消费的商品流通企业(单位)和个体户。

住宿业 是指为顾客提供临时住宿服务的企业(单位)和个体户。

餐饮业 是指从事食品的烹饪、调制并直接售给居民和社会集团的企业(单位)和个体户。

Explanatory Notes on Main Statistical Indicators

Total Retail Sales of Consumer Goods refer to the sum of retail sales of consumer goods sold by enterprises (establishments) or individuals in wholesale, retail trade, accommodations, catering services and other industries of various types of ownership to urban and rural households for living consumption and to social institutions for public consumption.

Total Purchases of Commodities by Wholesale and Retail Trades refer to the purchases of commodities from other establishments or individuals (including direct import from abroad) for the purpose of reselling, either with or without further processing of the commodities purchased This indicator includes the purchases from producers, the purchases from wholesale and retail trades, imports and other purchases It is used to show the total value of purchases of commodities by wholesale and retail establishments from domestic and overseas markets.

Total Sales of Commodities by Wholesale and Retail Trades refer to the value of commodities sold to other establishments and individuals (including direct export and commodities sold to the sellers themselves for consumption). This indicator includes the value of wholesale to production and operation units, the value of wholesale to wholesale and retail trades, exports and retail sales to urban and rural households and social institutions It is an indicator of the total value of sales of commodities at domestic markets and export.

Wholesale refers to all selling activities of commodities except retail trade, including wholesale to production and operation units, wholesale to wholesale and retail trades and export.

Wholesale to Production and Operation Units refers to commodities sold to departments of national economy and social departments for their production and operation.

Retail Sale refers to the selling of commodities to urban and rural households for living consumption and to social institutions for direct public consumption.

Total Inventory of Wholesale and Retail Trades at the Year-end refers to the total commodities possessed by wholesale and retail enterprises, which reflects the commodity stock level of various wholesale and retail enterprises and the potential for market supply.

Corporate Units in Wholesale and Retail Trades, Accommodations and Catering Services refer to the number of corporate enterprises of various types of ownership in the wholesale and retail trades, accommodations and catering services with independent accounting systems An enterprise can be called a corporate enterprise only when it simultaneously meets the following requirements:(1)It is established according to law, with its own name, organization and location for business operation, as well as the capability to independently assume civil responsibility (2)It owns and uses its assets independently, assumes liabilities and is entitled to sign contracts with other units (3)It has an independent accounting system and is able to compile balance sheets.

Wholesale Trade refers to the commodity circulation enterprises (establishments) and individuals which purchase commodities from producers in industry and agriculture or from commodity circulation enterprises and individuals for the purpose of reselling them to establishments in industry, agriculture, construction, transportation, postal and telecommunications services, accommodations and catering services and other services for their production and operation as well as reselling them to other wholesale or retail enterprises.

Retail Trade refers to the commodity circulation enterprises (establishments) and individuals which purchase commodities from producers in industry and agriculture, wholesale trade or residents for the purpose of reselling them to urban and rural households for living consumption and to social institutions for public consumption.

Hotel Services refers to the enterprises (establishments) and individuals engaged in providing temporary accommodation to customers.

Catering Services refer to the enterprises (establishments) and individuals engaged in food cooking, seasoning and selling food directly to households and social institutions.

十六、对外经济

FOREIGN ECONOMY

十六 对外经济

简要说明

一、本篇资料综合反映广东对外贸易、利用外资、对外承包工程和劳务合作以及“三资”企业工商登记等历年概况和近年发展的详细情况。

二、本篇资料由广东省统计局贸易外经处负责整理、编辑。

三、资料来源和统计范围：

1．人民币对美元、日元、港元的年平均汇价资料来源于外汇管理部门，是根据当年国家外汇管理局提供的每日汇价进行加权平均计算而得出的。

2．进出口贸易规模、结构情况资料，来源于广州海关，统计范围为在广东境内经海关报关注册登记的经营单位（包括有进出口经营权和无进出口经营权的经营单位）。进出口商品价值，出口按离岸价（FOB）、进口按到岸价（CIF）统计；进出口商品分类按海关合作理事会制定的《商品名称及编码协调制度》（HS）目录进行分类统计。

3. 利用外资规模、结构和广东对外承包工程和劳务合作状况资料来源于省外经贸厅。

4. 外商投资企业注册登记情况资料来源于省工商行政管理局。

5. 对外开放使用口岸分布状况资料来源于省外经贸厅。

16 Foreign Economy

Brief Introduction

Ⅰ. The data in this chapter show the development of Guangdong's foreign trade, utilization of foreign capital, contracted projects and labor services cooperation with foreign countries or regions, and registration status of enterprises with foreign investment over the years.

Ⅱ. The data in this chapter are prepared and edited by the Division of Trade and External Economic Relations Statistics of Statistics Bureau of Guangdong Province.

Ⅲ. Data sources and statistical coverage:

(1) The data on the average exchange rates of RMB yuan to US dollar, Japanese yen and Hong Kong dollar over the years come from the State Administration of Foreign Exchange. The annual average exchange rate is calculated as the weighted mean of the daily exchange rates provided by the State Administration of Foreign Exchange in current year.

(2) The data on the size and composition of [BF]Guangdong's imports[BFQ] and exports come from Guangzhou Customs Office. The statistics cover the operating units (with or without the right to handle imports and exports) which have a declaration and register at customs within the boundary of Guangdong. The values of export commodities are calculated on an FOB basis, while the values of import commodities are calculated on a CIF basis. The Harmonized Commodity Description and Coding System (HS) stipulated by the Customs Cooperation Council is used in the classification of import and export commodities.

(3) The data on the scale and composition of the utilization of foreign capital and the conditions of contracted projects and labor cooperation with foreign countries or territories in Guangdong come from the Department of Foreign Trade and Economic Cooperation of Guangdong Province.

(4) The data on registration status of enterprises with foreign investment come from the Administration of Industry and Commerce of Guangdong Province.

(5) The data on the distribution of ports opening to the outside world come from the Department of Foreign Trade and Economic Cooperation of Guangdong Province.

16-1 对外经济主要指标

Main Indicators of Foreign Trade and Economic Cooperation

指　标	Item	2000	2005	2010	2011	2012	2012比2011增长(%) Growth Rate in 2012 over 2011 (%)
进出口总额　(亿美元)	Total Value of Imports and Exports (USD 100 million)	1701.06	4280.02	7848.96	9133.34	9839.47	7.7
出口总额	Total Exports	919.19	2381.71	4531.91	5317.93	5740.59	7.9
#农产品	Farm Produce		24.04	56.71	69.70	75.04	7.7
机电产品	Machanical and Electrical Products	499.75	1644.17	3156.48	3597.19	3894.54	9.3
高新技术产品	High and New-tech Products	170.20	835.70	1753.39	1975.25	2213.70	12.2
进口总额	Total Imports	781.87	1898.31	3317.05	3815.41	4098.88	7.4
#农产品	Farm Produce		35.38	97.93	119.79	138.21	15.4
机电产品	Machanical and Electrical Products	358.34	1146.46	2055.00	2266.18	2453.31	8.3
高新技术产品	High and New-tech Products	183.15	704.66	1489.79	1656.95	1860.68	12.6
签订利用外资协议(合同)项目　(个)	Number of Projects with Contracted Foreign Capital (unit)	16879	11786	6022	7289	6263	-14.1
#对外借款	Foreign Loans	57					
外商直接投资	Foreign Direct Investment	4245	8384	5641	7035	6043	-14.1
签订利用外资协议(合同)金额　(亿美元)	Amount of Contracted Foreign Capital (USD 100 million)	110.86	267.57	251.70	348.55	354.46	1.7
#对外借款	Foreign Loans	7.29					
外商直接投资	Foreign Direct Investment	86.84	237.44	246.01	346.92	349.94	0.9
实际利用外资额　(亿美元)	Amount of Foreign Capital Actually Utilized (USD 100 million)	145.75	151.74	210.26	223.28	241.06	8.0
#对外借款	Foreign Loans	7.02					
外商直接投资	Foreign Direct Investment	122.37	123.64	202.61	217.98	235.49	8.0
外商投资企业年底工商登记数　(户)	Number of Registered Enterprises with Foreign Investment at the Year-end (unit)	49865	58762	71525	73290	74551	
投资总额　(亿美元)	Total Investment (USD 100 million)	2165.09	2889.27	4212.60	4524.66	4786.45	5.8
注册资本　(亿美元)	Registered Capital (USD 100 million)	1280.86	1677.35	2494.93	2684.75	2832.69	5.5
对外承包工程合同数　(份)	Number of Contracted Projects with Foreign Countries and Territories (unit)	86	2061	605	528	517	-20.8
合同金额　(亿美元)	Contracted Value (USD 100 million)	3.66	32.68	98.67	134.35	190.51	41.8
完成营业额　(亿美元)	Value of Turnover Fulfilled(USD 100 million)	3.45	24.72	82.08	113.42	160.53	41.5
对外劳务人员合同工资总额(亿美元)	Contracted Value (USD 100 million)	1.29	3.28	7.66	4.66	4.66	
对外劳务人员实际工资总额(亿美元)	Value of Turnover Fulfilled(USD 100 million)	1.08	3.09	5.84	4.64	3.86	-16.8

注：1. 2004年后实际利用外商直接投资统计口径作了调整，与2003年以前的年份不可比。
　　2. 2011年对外劳务合作统计口径调整。

Note: a) The foreign direct investment actually utilized since 2004 has been adjusted, incomparable to values of preceding years.
　　b)The labour services with foreign countries and regions has been adjusted in 2011.

16-2 人民币对主要外币年平均汇价

Annual Average Exchange Rates of RMB Yuan against Main Convertible Currencies

单位: 人民币, 元 (RMB/yuan)

年份 Year	100美元 100 US Dollars	100日元 100 Japanese Yen	100港元 100 Hong Kong Dollars	100欧元 100 Euros
1987	372.21	2.5799	47.74	
1988	372.21	2.9082	47.70	
1989	376.59	2.7360	48.28	
1990	478.38	3.3233	61.39	
1991	532.27	3.9602	68.45	
1992	551.49	4.3608	71.24	
1993	576.19	5.2020	74.41	
1994	861.87	8.4370	111.53	
1995	835.07	8.9225	107.96	
1996	830.57	7.6238	107.40	
1997	828.97	6.8623	107.09	
1998	827.90	6.3487	106.88	
1999	827.83	7.2913	106.66	
2000	827.84	7.6950	106.17	
2001	827.71	6.8098	106.07	
2002	827.70	6.6651	106.08	801.45
2003	827.70	7.1347	106.24	937.77
2004	827.70	7.6552	106.23	1029.00
2005	819.17	7.4484	105.00	1019.53
2006	797.18	6.8570	102.62	1001.90
2007	760.40	6.4632	97.46	1041.75
2008	694.51	6.7427	89.19	1022.27
2009	683.10	7.2986	88.12	952.70
2010	676.95	7.7279	87.13	897.25
2011	645.88	8.1050	82.97	900.11
2012	631.25	7.9029	81.04	810.78

16-3 进出口总额

Total Value of Imports and Exports

单位：亿美元 (USD 100 million)

年份 Year	进出口总额 Total Imports and Exports	出口 Exports	进口 Imports	差额 Balance
1987	210.37	101.40	108.97	-7.57
1988	310.19	148.17	162.02	-13.85
1989	355.78	181.13	174.65	6.48
1990	418.98	222.21	196.77	25.44
1991	525.21	270.73	254.48	16.25
1992	657.48	334.58	322.90	11.68
1993	783.44	373.94	409.50	-35.56
1994	966.63	502.11	464.52	37.59
1995	1039.72	565.92	473.80	92.12
1996	1099.60	593.46	506.14	87.32
1997	1301.20	745.64	555.56	190.08
1998	1297.98	756.18	541.80	214.38
1999	1403.68	777.05	626.63	150.42
2000	1701.06	919.19	781.87	137.32
2001	1764.87	954.21	810.66	143.55
2002	2210.92	1184.58	1026.34	158.24
2003	2835.22	1528.48	1306.74	221.74
2004	3571.29	1915.69	1655.60	260.09
2005	4280.02	2381.71	1898.31	483.40
2006	5272.07	3019.48	2252.59	766.89
2007	6340.35	3692.39	2647.96	1044.43
2008	6834.92	4041.88	2793.04	1248.83
2009	6111.18	3589.56	2521.62	1067.93
2010	7848.96	4531.91	3317.05	1214.86
2011	9133.34	5317.93	3815.41	1502.52
2012	9839.47	5740.59	4098.88	1641.71

注：进出口差额负数为入超。

Note: A negative balance indicates trade deficit. That is, imports surpassing exports.

16-4 按贸易方式和经济类型分的进出口额

Total Value of Imports and Exports by Customs Regime and Ownership Type

单位：亿美元 (USD 100 million)

项目	Item	2000 出口 Exports	2000 进口 Imports	2005 出口 Exports	2005 进口 Imports	2009 出口 Exports	2009 进口 Imports
总计	**Total**	**919.19**	**781.87**	**2381.71**	**1898.31**	**3589.56**	**2521.62**
按贸易方式分	By Customs Regime						
一般贸易	Ordinary Trade	174.36	208.55	533.21	485.00	1098.16	890.03
来料加工	Processing and Assembling with Customer's Materials	265.80	179.09	402.71	286.27	475.47	302.94
补偿贸易	Compensation Trade	0.08		0.01			
进料加工	Processing and Assembling with Import Materials	452.00	314.62	1347.97	884.13	1755.80	1025.20
加工设备	Processing Equipments		15.24		24.49		6.86
外资设备	Foreign-funded Equipments		34.53		64.44		24.51
保税仓库	Bonded Warehouse	24.04	23.36	97.54	142.07	226.66	264.08
捐赠	Donation	0.02	0.19	0.04	0.09	0.03	0.12
其他	Others	2.89	6.29	0.21	11.81	33.44	7.88
按经济类型分	By Type of Ownership						
国有经济	State-owned Economy	389.65	317.51	445.63	396.43	482.39	402.44
集体经济	Collective-owned Economy	25.31	25.64	88.66	47.70	143.57	64.97
私营经济	Private Economy	6.14	5.54	299.48	209.35	716.68	442.41
外商投资经济	Foreign-funded Economy	495.09	425.27	1546.77	1240.07	2238.03	1586.12
其他经济	Others	3.00	7.91	1.17	4.76	8.89	25.68

16-4 续表 continued

项目	Item	2010 出口 Exports	2010 进口 Imports	2011 出口 Exports	2011 进口 Imports	2012 出口 Exports	2012 进口 Imports
总计	**Total**	**4531.91**	**3317.05**	**5317.93**	**3815.41**	**5740.59**	**4098.88**
按贸易方式分	By Customs Regime						
一般贸易	Ordinary Trade	1492.16	1192.60	1836.92	1370.51	1903.30	1388.64
来料加工	Processing and Assembling with Customer's Materials	513.93	331.39	499.16	312.25	417.19	263.30
补偿贸易	Compensation Trade	…		…			
进料加工	Processing and Assembling with Import Materials	2241.82	1375.22	2615.99	1649.95	2831.59	1787.05
加工设备	Processing Equipments		7.48		5.59		5.27
外资设备	Foreign-funded Equipments		31.16		27.10		19.08
保税仓库	Bonded Warehouse	280.61	364.80	362.50	432.69	584.67	613.38
捐赠	Donation	…	0.17	…	0.06	…	…
其他	Others	3.38	14.23	3.36	17.26	3.83	22.16
按经济类型分	By Type of Ownership						
国有经济	State-owned Economy	545.07	471.22	567.31	470.48	518.66	415.77
集体经济	Collective-owned Economy	163.86	68.82	179.54	63.91	151.02	47.70
私营经济	Private Economy	998.97	686.25	1318.09	846.17	1660.75	1008.18
外商投资经济	Foreign-funded Economy	2818.47	2026.45	3247.63	2250.96	3405.23	2306.43
其他经济	Others	5.55	64.32	5.36	183.90	4.93	320.80

16-5 按产品类型分的进出口额

Total Value of Imports and Exports by Product Type

单位：亿美元 (USD 100 million)

项 目	Item	2000	2005	2009	2010	2011	2012
出口总额	**Total Exports**	**919.19**	**2381.71**	**3589.56**	**4531.91**	**5317.93**	**5740.59**
#农产品	Farm Produce		24.04	48.58	56.71	69.70	75.04
机电产品	Machanical and Electrical Products	499.75	1644.17	2501.36	3156.84	3597.19	3894.54
金属制品	Metal Products	15.45	89.46	117.01	133.67	152.76	151.69
机械及设备	Machinery and Equipments	133.33	544.24	659.76	867.14	943.67	1010.09
电器及电子产品	Electric and Electronic Products	228.00	738.51	1365.38	1704.46	1983.79	2151.00
运输工具	Transport Equipments	14.87	54.27	73.11	112.87	135.98	133.06
仪器仪表	Instruments and Meters	28.77	80.60	126.71	172.15	186.86	251.18
其他	0thers	79.38	137.09	159.38	166.56	194.12	197.51
#高新技术产品	High and New-tech Products	170.20	835.70	1393.74	1753.39	1975.25	2213.70
生物技术	Biotechnology	0.09	0.11	0.05	0.07	0.14	0.08
生命科学技术	Life Sciences Technology	2.12	4.65	10.74	13.26	15.16	16.73
光电技术	Photoelectric Technology	6.01	28.75	72.13	102.20	102.97	152.66
计算机与通信技术	Computer and Communication Technology	141.54	730.56	1170.28	1448.96	1626.15	1693.16
电子技术	Electronic Technology	17.54	62.65	122.38	162.74	200.17	316.41
计算机集成制造技术	Computer Integrated Manufacturing Technology	1.46	4.79	10.37	14.86	17.49	18.33
材料技术	Material Technology	0.26	2.54	4.63	7.39	8.86	12.16
航空航天技术	Aerospace Technology	0.14	0.88	2.38	3.05	3.41	3.18
其他	Others	1.04	0.77	0.77	0.86	0.90	0.98
进口总额	**Total Imports**	**781.87**	**1898.31**	**2521.62**	**3317.05**	**3815.41**	**4098.88**
#农产品	Farm Produce		35.38	79.91	97.93	119.79	138.21
机电产品	Machinery and Electrical Products	358.34	1146.46	1576.77	2055.00	2266.18	2453.31
金属制品	Metal Products	3.19	15.55	20.04	26.38	30.15	29.51
机械及设备	Machinery and Equipments	105.39	261.22	297.12	407.40	454.46	460.32
电器及电子产品	Electric and Electronic Products	204.74	683.30	983.97	1256.87	1406.53	1525.33
运输工具	Transport Equipments	8.63	40.46	62.18	77.20	74.43	72.97
仪器仪表	Instruments and Meters	21.64	135.33	200.69	270.26	282.08	337.04
其他	0thers	14.75	10.61	12.78	16.89	18.54	28.15
#高新技术产品	High and New-tech Products	183.15	704.66	1150.84	1489.79	1656.95	1860.68
生物技术	Biotechnology	0.10	0.31	0.65	0.50	0.70	0.92
生命科学技术	Life Sciences Technology	2.86	6.32	11.61	14.43	17.44	20.20
光电技术	Photoelectric Technology	2.55	7.68	138.03	183.90	188.22	240.66
计算机与通信技术	Computer and Communication Technology	64.65	216.85	303.46	384.11	469.72	539.25
电子技术	Electronic Technology	90.48	410.38	621.45	790.21	848.76	930.42
计算机集成制造技术	Computer Integrated Manufacturing Technology	16.12	35.17	29.80	59.04	73.69	64.30
材料技术	Material Technology	1.46	8.97	16.25	19.08	20.42	23.33
航空航天技术	Aerospace Technology	1.81	18.85	28.52	37.34	36.84	39.86
其他	Others	3.12	0.13	1.06	1.18	1.15	1.74

16-6 广东同主要国家(地区)进出口额

Total Value of Imports and Exports with Main Countries and Regions

单位: 亿美元 (USD 100 million)

国别（地区）	Country (Region)	2011 进出口 Total	2011 出口 Exports	2011 进口 Imports	2012 进出口 Total	2012 出口 Exports	2012 进口 Imports
合计	**Total**	**9133.34**	**5317.93**	**3815.41**	**9839.47**	**5740.59**	**4098.88**
亚洲	**Asia**	**5956.28**	**3059.93**	**2896.36**	**6535.19**	**3480.50**	**3054.68**
中国香港	Hong Kong, China	1932.66	1870.52	62.14	2276.48	2199.60	76.88
中国澳门	Macao, China	17.73	16.37	1.36	18.82	16.48	2.34
中国台湾	Taiwan, China	523.35	74.90	448.45	586.32	72.61	513.71
日本	Japan	731.77	247.71	484.07	720.21	268.37	451.84
韩国	Republic of Korea	510.84	135.79	375.05	619.35	207.02	412.33
菲律宾	Philippines	99.07	37.04	62.03	101.05	39.20	61.85
泰国	Thailand	197.30	64.37	132.93	201.78	70.02	131.77
马来西亚	Malaysia	234.33	65.56	168.77	216.09	73.49	142.59
新加坡	Singapore	175.44	86.17	89.27	173.52	85.75	87.77
印度尼西亚	Indonesia	124.47	61.33	63.14	121.27	62.14	59.13
印度	India	104.74	85.01	19.73	100.40	77.20	23.20
沙特阿拉伯	Saudi Arabia	53.39	36.47	16.92	56.19	37.13	19.06
阿联酋	United Arab Emirates	73.25	58.43	14.82	76.93	61.35	15.58
东盟	Association of Southeast Asian Nations	931.55	378.95	552.60	923.65	397.06	526.59
非洲	**Africa**	**300.16**	**144.77**	**155.39**	**413.86**	**144.84**	**269.03**
埃及	Egypt	14.24	13.51	0.73	15.14	14.40	0.74
南非	South Africa	165.90	30.42	135.47	275.72	28.17	247.55
欧洲	**Europe**	**1170.92**	**827.78**	**343.13**	**1123.12**	**783.25**	**339.86**
比利时	Belgium	53.14	36.60	16.54	51.04	34.99	16.05
丹麦	Denmark	17.93	13.54	4.39	19.86	14.54	5.32
英国	United Kingdom	131.85	113.98	17.88	133.59	114.87	18.72
德国	Germany	247.64	160.87	86.77	222.33	142.83	79.49
法国	France	113.50	68.01	45.49	112.50	65.53	46.97
意大利	Italy	82.18	56.78	25.40	72.77	48.01	24.76
荷兰	Netherlands	121.08	105.44	15.64	117.89	101.26	16.63
西班牙	Spain	72.70	41.73	30.97	52.76	36.41	16.35
奥地利	Austria	10.88	5.35	5.54	9.57	4.45	5.12
芬兰	Finland	21.56	11.44	10.12	16.29	11.81	4.48
瑞士	Switzerland	40.04	9.77	30.27	69.39	9.06	60.33
波兰	Poland	25.72	23.84	1.88	26.88	25.57	1.31
俄罗斯	Russia	80.17	61.91	18.26	77.50	64.54	12.96
欧盟	European Union	1019.01	729.43	289.58	948.00	685.69	262.31
拉丁美洲	**Latin America**	**367.97**	**262.07**	**105.90**	**380.16**	**272.49**	**107.67**
阿根廷	Argentina	26.24	17.37	8.86	21.06	14.47	6.59
巴西	Brazil	86.19	65.26	20.93	90.88	66.55	24.33
智利	Chile	47.91	20.92	26.99	48.78	22.18	26.60
墨西哥	Mexico	68.54	53.28	15.26	72.33	60.04	12.29
北美洲	**North America**	**1132.62**	**940.90**	**191.72**	**1184.31**	**974.72**	**209.58**
加拿大	Canada	88.17	59.40	28.77	90.75	63.52	27.24
美国	United States of America	1044.39	881.44	162.95	1093.31	910.96	182.34
大洋洲及其他	**Oceania and others**	**205.39**	**82.48**	**122.91**	**202.84**	**84.78**	**118.06**
澳大利亚	Australia	135.45	70.38	65.07	133.26	73.29	59.97
新西兰	New Zealand	15.99	9.89	6.10	17.04	8.82	8.22

注：本表数字按产销国别原则统计。
Note:The data in the table are calculated on the basis of production and consumption courtries.

16-7 进出口市场结构

Market Structure of Imports and Exports

单位：亿美元 (USD 100 million)

地　区	Region	2000 金额 Amount	2000 比重(%) Percentage (%)	2005 金额 Amount	2005 比重(%) Percentage (%)	2009 金额 Amount	2009 比重(%) Percentage (%)
出口总额	**Total Value of Exports**	**919.19**	**100.0**	**2381.71**	**100.0**	**3589.56**	**100.0**
亚洲	Asia	491.57	53.5	1269.40	53.3	1973.06	55.0
#港澳地区	Hong Kong and Macao	321.05	34.9	850.10	35.7	1173.14	32.7
中国台湾	Taiwan, China	17.51	1.9	35.38	1.5	40.39	1.1
日本	Japan	77.47	8.4	138.41	5.8	174.19	4.9
东盟	Association of Southeast Asian Nations	42.41	4.6	115.79	4.9	268.29	7.5
中东十七国	The Seventeen Countries of the Middle East			59.87	2.5	151.56	4.2
非洲	Africa	9.70	1.1	36.91	1.5	101.97	2.8
欧洲	Europe	137.14	14.9	385.00	16.2	587.98	16.4
#欧盟	European Union	125.79	13.7	333.12	14.0	539.93	15.0
俄罗斯	Russia	1.43	0.2	15.93	0.7	24.74	0.7
拉丁美洲	Latin America	21.21	2.3	58.33	2.4	135.78	3.8
北美洲	North America	247.14	26.9	600.59	25.2	733.80	20.4
#美国	United States of America	236.27	25.7	571.07	24.0	688.65	19.2
大洋洲及其他	Oceania and others	12.43	1.4	31.47	1.3	56.97	1.6
进口总额	**Total Value of Imports**	**781.87**	**100.0**	**1898.31**	**100.0**	**2521.62**	**100.0**
亚洲	Asia	602.64	77.1	1542.61	81.3	1996.77	79.2
#港澳地区	Hong Kong and Macao	53.35	6.8	64.26	3.4	42.04	1.7
中国台湾	Taiwan, China	151.28	19.3	308.64	16.3	345.44	13.7
日本	Japan	140.13	17.9	302.52	15.9	360.70	14.3
东盟	Association of Southeast Asian Nations	91.25	11.7	253.22	13.3	364.73	14.5
中东十七国	The Seventeen Countries of the Middle East			67.56	3.6	80.49	3.2
非洲	Africa	7.61	1.0	19.01	1.0	35.00	1.4
欧洲	Europe	84.64	10.8	165.93	8.7	237.76	9.4
#欧盟	European Union	70.03	9.0	134.60	7.1	198.56	7.9
俄罗斯	Russia	6.22	0.8	12.34	0.7	19.09	0.8
拉丁美洲	Latin America	8.52	1.1	40.83	2.2	65.41	2.6
北美洲	North America	60.26	7.7	101.15	5.3	137.01	5.4
#美国	United States of America	53.05	6.8	89.19	4.7	120.11	4.8
大洋洲及其他	Oceania and others	18.21	2.3	28.78	1.5	49.67	2.0

16-7 续表 continued

单位：亿美元

(USD 100 million)

地　区	Region	2010		2011		2012	
		金额 Amount	比重(%) Percentage (%)	金额 Amount	比重(%) Percentage (%)	金额 Amount	比重(%) Percentage (%)
出口总额	**Total Value of Exports**	**4531.91**	**100.0**	**5317.93**	**100.0**	**5740.59**	**100.0**
亚洲	Asia	2504.24	55.3	3059.93	57.5	3480.50	60.6
#港澳地区	Hong Kong and Macao	1542.96	34.0	1886.89	35.5	2216.08	38.6
中国台湾	Taiwan, China	57.72	1.3	74.90	1.4	72.61	1.3
日本	Japan	216.39	4.8	247.71	4.7	268.37	4.7
东盟	Association of Southeast Asian Nations	313.30	6.9	378.95	7.1	397.06	6.9
中东十七国	The Seventeen Countries of the Middle East	171.89	3.8	216.42	4.1	206.02	3.6
非洲	Africa	120.58	2.7	144.77	2.7	144.84	2.5
欧洲	Europe	741.72	16.4	827.78	15.6	783.25	13.6
#欧盟	European Union	667.32	14.7	729.43	13.7	685.69	11.9
俄罗斯	Russia	45.58	1.0	61.91	1.2	64.54	1.1
拉丁美洲	Latin America	203.46	4.5	262.07	4.9	272.49	4.7
北美洲	North America	894.62	19.7	940.90	17.7	974.72	17.0
#美国	United States of America	838.53	18.5	881.44	16.6	910.96	15.9
大洋洲及其他	Oceania and others	67.29	1.5	82.48	1.6	84.78	1.5
进口总额	**Total Value of Imports**	**3317.05**	**100.0**	**3815.41**	**100.0**	**4098.88**	**100.0**
亚洲	Asia	2610.49	78.7	2896.36	75.9	3054.68	74.5
#港澳地区	Hong Kong and Macao	60.84	1.8	63.50	1.7	79.22	1.9
中国台湾	Taiwan, China	438.43	13.2	448.45	11.8	513.71	12.5
日本	Japan	465.92	14.0	484.07	12.7	451.84	11.0
东盟	Association of Southeast Asian Nations	492.97	14.9	552.60	14.5	526.59	12.8
中东十七国	The Seventeen Countries of the Middle East	108.79	3.3	143.29	3.8	143.04	3.5
非洲	Africa	61.52	1.9	155.39	4.1	269.03	6.6
欧洲	Europe	300.21	9.1	343.13	9.0	339.86	8.3
#欧盟	European Union	262.20	7.9	289.58	7.6	262.31	6.4
俄罗斯	Russia	15.17	0.5	18.26	0.5	12.96	0.3
拉丁美洲	Latin America	95.29	2.9	105.90	2.8	107.67	2.6
北美洲	North America	169.96	5.1	191.72	5.0	209.58	5.1
#美国	United States of America	144.97	4.4	162.95	4.3	182.34	4.4
大洋洲及其他	Oceania and others	79.59	2.4	122.91	3.2	118.06	2.9

16-8 进出口商品分类金额

Total Value of Imports and Exports by Category of Commodities

单位：万美元 (USD 10000)

商品类别	Category of Commodities	2011		2012	
		出口 Exports	进口 Imports	出口 Exports	进口 Imports
总　计	**Total Value**	**53179312**	**38154076**	**57405853**	**40988798**
第一类 活动物；动物产品	**Live Animals and Animal Products**	**172481**	**183394**	**180601**	**199060**
活动物	Live Animals	24671	459	24752	636
肉及食用杂碎	Meat and Edible Haslets	34535	99628	32389	95229
水产品	Aquatic Products	101556	35057	108063	39777
乳品、蛋品、天然蜂蜜、其他食用动物产品	Dairy Products, Eggs, Natural Honey and Other Edible Animal Products	6491	42793	7805	55326
其他动物产品	Other Animal Products	5228	5456	7591	8092
第二类 植物产品	**Plant Products**	**115932**	**522642**	**125034**	**657335**
树苗及花草	Saplings, Flowers and Herbs	3377	1955	3548	2437
蔬菜	Edible Vegetables	33243	4574	29505	7856
水果及坚果	Fruits and Nuts	24672	153990	36158	198465
咖啡、茶叶及调味香料	Coffee, Tea and Spices	15456	7766	14932	8982
谷物	Cereals	151	52211	51	106565
制粉工业产品	Flour, Starch and Related Products	11468	13006	13532	16235
植物油籽及果实、种子、药材及饲料	Oil Seeds and Kernels, Seeds, Medical Materials and Forage	21081	282000	20001	307569
虫胶、树胶、树脂	Shellac, Gum, Resin	2918	2789	3915	3055
编结植物材料、其他植物产品	Stuff of Knitting Plant, Other Plants and Related Products	3566	4349	3391	6170
第三类 动、植物油脂及蜡	**Animal Fat, Vegetable Oil and Wax**	**11597**	**158112**	**14800**	**154292**
动、植物油脂及蜡	Animal Fat, Vegetable Oil and Wax	11597	158112	14800	154292
第四类 食品、烟草及制品	**Food, Tobacco and Related Products**	**382907**	**236544**	**416535**	**264839**
动物产品制品	Animal Products	146829	1602	159371	2106
糖及糖食	Sugar and Sugar Products	43454	11521	47835	14711
可可及可可制品	Cocoa and Cocoa Products	9613	8170	10585	10372
粮食及乳制品、糕饼点心	Foodstuff, Dairy Products and Pastry Products	43721	75957	45644	82325
蔬菜、水果等植物制品	Products of Vegetables and Fruits	25451	10598	26507	10537
杂项制品	Miscellaneous Edible Products	33726	30445	37383	27343
饮料、酒及醋	Beverages, Liquor and Vinegar	64161	48650	72470	65451
食品的残渣、动物饲料	Dreg of Food, Animal Forage	5301	49511	6600	51716
烟草及烟草制品	Tobacco and Related Products	10651	91	10141	279
第五类 矿产品	**Minerals**	**664446**	**2776762**	**565740**	**2686589**
盐、硫磺、建筑材料	Salt, Sulphur, Building Materials	30717	73436	35707	69933
矿砂、矿渣及矿灰	Ore, Slag and Mortar	4079	226559	3751	266562
矿物燃料、矿物油及产品	Mineral Fuels, Mineral Oils and Related Products	629650	2476766	526282	2350095
第六类 化工产品	**Chemicals**	**811728**	**1579222**	**734124**	**1568170**
无机化学品	Inorganic Chemicals	97872	91788	89859	112549
有机化学品	Organic Chemicals	140812	583372	128375	505188
药品	Medicinal and Pharmaceutical Products	74718	139769	62151	163569
肥料	Fertilizer	25542	21424	16500	22034
鞣料、染料浸膏、染料、颜料、油漆、油墨	Tanning Materials, Dyeing Extracts, Dyestuff, Colourant, Paint and Printing Ink	70523	129377	62380	114218

16-8 续表 1 continued

单位：万美元 (USD 10000)

商品类别	Category of Commodities	2011 出口 Exports	2011 进口 Imports	2012 出口 Exports	2012 进口 Imports
化妆品及其原料、芳香料制品	Cosmetics and Cosmetic Raw Materials, Perfume Products	107759	40575	114860	43643
洗涤用品	Detergents	48689	79503	46923	71427
蛋白类物质、改性淀粉、胶、酶	Protein Materials, Modified Starch, Gum and Enzyme	47490	93886	49165	103915
炸药、烟火制品、易燃材料制品	Explosive, Pyrotechnic Products, Inflammable Material Products	8048	192	8567	372
照相及电影用品	Photographic and Film Products	30639	72399	32288	78978
杂项化学产品	Miscellaneous Chemical Products	159636	326936	123055	352276
第七类 塑料、橡胶及其制品	**Plastics, Rubber and Related Products**	**1366225**	**2498072**	**1401436**	**2464316**
塑料及其制品	Plastics and Related Products	1208177	2279568	1260002	2268669
橡胶及其制品	Rubber and Related Products	158047	218505	141434	195648
第八类 皮革、毛皮及其制品、旅行用品、手提包	**Leather, Furs and Related Products, Travel Articles, Handbags**	**825441**	**299953**	**820566**	**297649**
生皮及皮革	Raw Hides and Leather	18165	248049	19421	243641
皮革制品、旅行用品及手提包	Leather Products, Travel Articles and Handbags	776797	19314	764498	20613
毛皮、人造毛皮及制品	Furs, Artificial Furs and Related Products	30480	32589	36647	33395
第九类 木及木制品、草柳编结品	**Wood and Wooden Products, Straw and Wicker Knitting Products**	**154119**	**212328**	**156955**	**226728**
木及木制品、木炭	Wood and Wooden Products, Charcoal	123186	211424	128651	225777
软木及软木制品	Cork and Related Products	223	282	175	254
草柳编结品	Straw and Wicker Knitting Products	30711	621	28129	697
第十类 木浆、纸、纸板及制品	**Wood Pulp, Paper, Paperboard and Related Products**	**513897**	**515902**	**524894**	**510767**
木浆及其他纤维素浆、废碎纸板	Wood Pulp and Cellulose Pulp, Waste Paper and Paperboard	142	327894	174	323914
纸及纸板、纸浆、纸制品	Paper, Paperboard, Paper Pulp, Paper Products	303173	157172	304253	148271
书籍、印刷品、设计图纸	Books, Printed Matter, Design Blueprint	210582	30836	220467	38582
第十一类 纺织原料及纺织制品	**Textile Materials and Products**	**4115537**	**780402**	**4109731**	**798222**
蚕丝	Natural Silk	15766	4859	14514	4087
羊毛、动物毛、毛纱线及制品	Wool, Animal Hair, Woolen Yarn and Woven Fabrics	23666	23250	20056	19591
棉花	Cotton	228745	267229	242155	307925
其他纺织纤维、纸纱线及机织物	Other Textile Fibers, Yarn and Related Woven Fabrics	23107	13490	22104	13271
化学纤维长丝	Chemical Fiber, Continuous Filament	61420	122663	59463	115795
化学纤维短丝	Chemical Fiber, Staple Fiber	39212	61144	38570	61126
絮胎、毡尼及无纺物、特种纱线、线绳索缆	Wadding, Felt and Adhesive-bond Fabrics, Special Yarn, Threads, Ropes, Cables	58923	36049	61870	34280
地毯及纺织铺地制品	Carpets and Related Woven Products	23123	1687	20574	1382
特种机织物、纺织装饰品、刺绣品	Special Woven Fabrics, Woven Ornaments, Embroidery	81017	23946	75116	24491
浸渍、涂布、包覆或层压的纺织物	Impregnated, Coated, Covered or Laminated Textile Products	104703	54378	91373	51953
针织物及钩编织物	Knit Wear and Crocheted Fabrics	295159	104216	309040	102362
针织或钩编的服装及衣着附件	Knitted or Crocheted Garments and Clothing Accessories	1811444	25580	1824872	22695
非针织或非钩编的服装及衣着附件	Garments Not Knitted or Not Crocheted and Clothing Accessories	1166660	36248	1152489	33377
其他纺织制成品、成套物品	Other Textile Products	182591	5662	177537	5886
第十二类 鞋帽伞杖、加工羽毛、人造花、人发制品	**Footwear, Headgear, Umbrellas, Canes, Processed Feather, Artificial Flowers, Wigs**	**1589060**	**23761**	**1535128**	**26403**
鞋类及零件	Footwear and Accessories	1427330	21447	1376615	23171
帽类及零件	Headgear and Accessories	68580	717	70837	911

16-8 续表 2 continued

单位：万美元 (USD 10000)

商品类别	Category of Commodities	2011 出口 Exports	2011 进口 Imports	2012 出口 Exports	2012 进口 Imports
伞、杖、鞭及零件	Umbrellas, Canes, Whips and Accessories	37701	442	34598	1341
加工羽毛、羽绒及制品、人造花、人发制品	Processed Feathers, Down and Related Products, Artificial Flowers, Wigs	55449	1156	53077	980
第十三类 石材制品、陶瓷产品、玻璃及其制品	**Stone Products, Ceramics, Glass and Glassware**	**944747**	**264286**	**934348**	**339708**
矿物材料的制品	Stone and Related Products	105539	31359	106065	33905
陶瓷产品	Ceramics	577018	9474	562802	8763
玻璃及其制品	Glass and Glassware	262189	223453	265481	297041
第十四类 珠宝首饰、硬币	**Jewellery, Coins**	**2234362**	**689903**	**3628713**	**623412**
珠宝首饰	Jewellery	2234362	689903	3628713	623412
第十五类 贱金属及其制品	**Base Metals and Related Products**	**2334774**	**3197924**	**2249517**	**2683972**
钢铁	Iron and Steel	328279	666143	284320	549386
钢铁制品	Iron and Steel Products	794012	175944	794661	189655
铜及其制品	Copper and Related Products	159661	1599405	141716	1297409
镍及其制品	Nickel and Related Products	1782	87797	817	33601
铝及其制品	Aluminum and Related Products	419082	453589	420817	400632
铅及其制品	Lead and Related Products	226	3137	375	2726
锌及其制品	Zinc and Related Products	7300	57002	5200	59331
锡及其制品	Tin and Related Products	5147	32435	4485	32120
其他贱金属金属陶瓷及其制品	Other Base Metals, Metallic Ceramics and Related Products	22356	31702	25694	29721
贱金属工具器具利口器餐具及零件	Base Metal Tools, Utensils, Sharp Tools, Dinner-sets and Accessories	247757	51497	237661	49154
贱金属杂项制品	Miscellaneous Base Metal Products	349172	39276	333770	40237
第十六类 机械、电气设备、电视机及音响设备	**Machinery, Electric Equipment, TV Sets, Sound Appliances**	**29274642**	**18609857**	**31610881**	**19856437**
核反应堆、锅炉、机械设备及零件	Nuclear Reactor, Boilers, Mechanic Equipment and Accessories	9436708	4544607	10100882	4603184
机电、电气设备、电视机及音响设备	Machinery, Electric Equipment, TV Sets and Sound Appliances	19837934	14065250	21509999	15253253
第十七类 车辆、航空器、船舶及有关运输设备	**Vehicles, Aircraft, Ships and Related Transport Equipment**	**1359850**	**744339**	**1330580**	**729725**
铁道及电车机车、车辆及零件	Rail Locomotives, Tramcars and Accessories	284930	1640	212752	3183
车辆及零附件	Vehicles and Related Parts and Accessories	770924	405553	799019	373022
航空器、航天器及零件	Aircraft, Spacecraft and Related Parts and Accessories	5813	290411	7302	305834
船舶及浮动结构体	Ships and Related Products	298183	46735	311507	47685
第十八类 仪器、医疗器械、钟表及乐器	**Instruments, Medical Instruments and Equipment,Clocks and Watches, Musical Instruments**	**2146256**	**2932943**	**2904433**	**3586982**
光学、照相电影、计量检验、医疗仪器设备	Optical, Photographic, Film, Measuring and Checking, Medical Instruments and Equipment	1868602	2820813	2511847	3370381
钟表及零件	Clocks, Watches and Parts	229173	107555	345050	211985
乐器及零附件	Musical Instruments and Parts	48481	4576	47536	4616
第十九类杂项制品	**Miscellaneous Manufactured Articles**	**4156200**	**160537**	**4155417**	**157618**
家具、床上用品、照明装置、发光标志	Furniture, Bed Articles, Lighting Apparatus, Radiate Marks	2211670	53396	2298989	48684
玩具、游戏、运动用品及零附件	Toys, Game Goods, Sports Articles and Related Parts and Accessories	1738806	77554	1645695	77575
杂项制品	Miscellaneous Manufactured Articles	205723	29587	210733	31359
第二十类 艺术品、收藏品及古物	**Works of Art, Collection Pieces and Antiques**	**3191**	**477**	**3681**	**338**
第二十一类 特殊交易品及未分类商品	**Special Trading Goods and Unclassified Goods**	**1923**	**1766716**	**2740**	**3156235**

16-9 出口主要商品数量和金额

Main Export Commodities in Volume and Value

单位：万美元 (USD 10000)

商品名称		Item		2011 数量 Volume	2011 金额 Value	2012 数量 Volume	2012 金额 Value
活猪	(万头)	Live Hogs	(10000 heads)	66	19883	70	19996
活家禽	(万只)	Live Poultry	(10000 heads)	641	2448	646	2644
鲜、冻猪肉	(吨)	Fresh and Frozen Pork	(ton)	18761	7653	15188	6321
冻鸡	(吨)	Frozen Chicken	(ton)	4407	1155	2956	918
水产品	(吨)	Aquatic Products	(ton)	228367	101417	412879	244230
#活鱼	(吨)	Live Fish	(ton)	52206	16258	49715	18087
鲜冻对虾	(吨)	Fresh and Frozen Prawn	(ton)	13363	8292	7587	5218
谷物	(吨)	Cereals	(ton)	139647	8213	118799	8082
#大米	(吨)	Rice	(ton)	163	83	25	1
蔬菜	(吨)	Vegetables	(ton)	829752	37072	821333	32655
#鲜蔬菜	(吨)	Fresh Vegetables	(ton)	782848	25723	775771	22917
鲜、干果类	(吨)	Fresh and Dried Fruit	(ton)	303402	24235	368348	35728
#柑桔橙	(吨)	Mandarins and Oranges	(ton)	96107	8123	126472	12023
食用油籽	(吨)	Edible Oil Seeds	(ton)	2446	219	4120	411
食用植物油	(吨)	Edible Vegetable Oil	(ton)	12461	2520	20112	4261
食糖	(吨)	Sugar	(ton)	44515	3918	39810	3613
茶叶	(吨)	Tea	(ton)	6803	4781	6316	4966
猪肉罐头	(吨)	Canned Pork	(ton)				
蘑菇罐头	(吨)	Canned Mushroom	(ton)	6574	1162	6665	1179
羽毛、羽绒	(吨)	Feather and Down	(ton)	3112	1746	2818	3250
药材	(吨)	Medicinal Materials	(ton)	96897	18618	84651	20998
纸烟	(万条)	Cigarettes	(10000 cartons)	1229	4488	1491	5383
生丝	(吨)	Raw Silk	(ton)	1145	5971	1013	4850
成品油	(吨)	Finished Petroleum Products	(ton)	5736032	435437	3812799	313869
合成有机染料	(吨)	Synthetic Organic Dyestuff	(ton)	10753	7159	9472	5342
医药品	(吨)	Medicinal and Pharmaceutical Products	(ton)	70802	105363	60857	95031
#抗菌素	(吨)	Antibiotics	(ton)	6381	24335	8310	27335
烟花爆竹	(吨)	Fireworks and Firecrackers	(ton)	32551	6498	30504	6989
松香、树脂	(吨)	Rosin, Resin	(ton)	107964	28016	79767	12565
轮胎	(万条)	Rubber Tire	(10000 units)	4258	70833	4007	65318
纸及纸板	(吨)	Paper and Paperboard	(ton)	420664	39609	427152	45014
纺织品		Textiles			1127602		1123141
#棉纱线	(吨)	Cotton Yarn	(ton)	127158	69131	155458	75161
丝绸		Silk			8388		8635
棉布		Cotton Cloth			182102		179536
麻纺布	(万米)	Linen Cloth	(10000 m)	5486	17403	5131	18139
混纺布	(万米)	Blended Cloth	(10000 m)	3935	4804	4155	4870
玻璃制品		Glass Products			116514		110868
家用陶瓷		Porcelain and Pottery Wares for Household Use					173064
家用或装饰用木制品	(吨)	Wood Articles for Household or Decoration Use	(ton)	128287	30502	114434	31010
珍珠、宝石		Pearls and Precious Stones			172416		184860

16-9 续表 continued

单位：万美元 (USD 10000)

商品名称	Item	2011 数量 Volume	2011 金额 Value	2012 数量 Volume	2012 金额 Value
贵金属及首饰	Precious Metal and Jewelry		962168		2167226
钢材 (吨)	Steel Products (ton)	2604506	398644	2667995	353819
铝材 (吨)	Aluminum Products (ton)	630629	213572	606027	210828
铜材 (吨)	Copper Products (ton)	142245	115312	137367	108201
工具	Tools		102276		103724
微波炉 (万个)	Microwave Ovens (10000 units)	4154	174687	4077	174320
电扇 (万台)	Electric Fans (10000 sets)	39585	256467	38043	264295
普通缝纫机 (万台)	Sewing Machines (10000 sets)	343	17202	334	17024
金属加工机床 (台)	Machine Tools (set)	174431	22294	199471	26527
电子计算器 (万台)	Electric Calculators (10000 sets)	19005	40396	16252	39955
数据处理设备 (万台)	Data Processing Equipment (10000 sets)	106998	4856236	95866	5176401
电动、发电机 (万台)	Electric Motors and Generators (10000 sets)	241431	314796	206732	335920
静止式变流器 (万个)	Static Converters (10000 units)	224165	988263	218340	994722
原电池 (万个)	Primary Cells and Batteries (10000 units)	1610100	103149	1520600	97384
蓄电池 (万个)	Electric Accumulators (10000 units)	125559	296423	115240	316284
有线电话 (万台)	Landline Telephone Sets (10000 sets)	11459	168045	9956	161260
手持或车载无线电话(万台)	Hand-held or Vehicle-mounted Cordless Telephone (10000 sets)	54444	3377273	62236	3476778
扬声器 (万个)	Loudspeakers (10000 units)	110273	300158	100354	330183
收录机、组合音响 (万台)	Radio Recorders and Audio Systems(10000 sets)	21694	297720	18707	290167
彩电(整套散件) (万台)	Colour TV Sets (Complete Sets of Spare Parts) (10000 sets)	3058	467769	3119	490450
集成电路、微电子件(万个)	Integrated Circuit and Parts of Electronic Compoments (10000 units)	1563900	628839	2043600	1613685
集装箱 (个)	Containers (unit)	639736	281500	502347	208399
自行车 (万辆)	Bicycles (10000 units)	1027	68688	921	69300
船舶 (艘)	Ships (unit)	210112	295520	168944	303125
照相机 (万架)	Cameras (10000 sets)	6380	343086	5344	277951
手表 (万只)	Wrist Watches (10000 units)	51662	129160	43337	152342
#电子手表 (万只)	Electronic Watches (10000 units)	51285	125182	42944	147391
日用钟 (万只)	Clocks (10000 units)	13538	30041	9795	28492
家具	Furniture		1492757		1541270
床垫、卧具用品	Mattress and Bedding Articles		80103		75468
灯具、照明用品	Lights and Lighting Apparatus		591521		634132
箱包、旅行用品	Boxes and Bags, Travel Goods		714063		700431
服装、衣着附件	Garments and Clothing Accessories		3143207		3141726
#织物服装	Textile Garments		2748380		2749039
皮革服装 (万件)	Leather Garments (10000 pcs)	189	6890	141	6493
皮革手套 (万双)	Leather Gloves (10000 pairs)	26199	31934	24745	32300
帽类 (万个)	Headgear (10000 units)	142492	65969	143323	68123
鞋 (万双)	Footwear (10000 pairs)	422879	1359452	362080	1323433
#橡胶、塑料鞋 (万双)	Rubber and Plastic Shoes (10000 pairs)	308373	578739	264978	543533
皮鞋 (万双)	Leather Shoes (10000 pairs)	43379	539107	37400	525774
塑料制品	Plastic Articles		711166		765400
玩具	Toys		761255		783797
体育用品及设备	Sports Articles and Facilities		294945		316971

16-10 进口主要商品数量和金额

Volume and Value of Main Import Commodities

单位：万美元 (USD 10000)

商品名称		Item		2011		2012	
				数量 Volume	金额 Value	数量 Volume	金额 Value
谷物	(吨)	Cereals	(ton)	1099316	53656	2653568	108217
#小麦	(吨)	Wheat	(ton)	347679	11177	514885	16634
稻谷和大米	(吨)	Paddy and Rice	(ton)	447369	31497	1245380	63503
大豆	(吨)	Soybean	(ton)	3968522	224235	4158180	252816
鲜、干果类	(吨)	Fresh and Dried Fruit	(ton)	1081486	153835	1128293	196990
#香蕉	(吨)	Mandarins and Oranges	(ton)	163624	8736	53524	3358
食用植物油	(吨)	Edible Vegetable Oil	(ton)	874355	103232	1005482	107603
#棕榈油	(吨)	Palm Oil	(ton)	858598	100368	970929	100680
食糖	(吨)	Sugar	(ton)	87933	5802	138045	7766
饲料	(吨)	Forage	(ton)	262368	31919	226746	29394
纸烟	(条)	Cigarettes	(carton)	105200	89	35600	34
天然橡胶	(吨)	Natural Rubber	(ton)	108344	39807	98405	27396
合成橡胶	(吨)	Synthetic Rubber	(ton)	269908	86579	244113	79928
原木	(立方米)	Logs	(cu.m)	1637186	80682	1586481	77464
锯材	(立方米)	Sawn Timber	(cu.m)	3038172	107704	3184558	121188
纸浆	(吨)	Paper Pulp	(ton)	1001602	72413	1560449	95365
羊毛	(吨)	Wool	(ton)	2440	1711	2520	1744
原棉	(吨)	Raw Cotton	(ton)	105559	28692	134684	28055
合成纤维	(吨)	Synthetic Fiber	(ton)	53035	11431	43738	10691
#聚酯纤维	(吨)	Polyester Fiber	(ton)	35269	5873	31626	5349
聚丙烯晴纤维	(吨)	Polyacrylonitrile Fibre	(ton)	11655	3250	7183	2185
人造纤维	(吨)	Artificial Fiber	(ton)	4992	1689	4178	1251
铁矿砂	(吨)	Iron Ore	(ton)	8098098	127833	11770947	148297
氧化铝	(吨)	Aluminum Oxide	(ton)	153148	7263	741376	26915
原油	(万吨)	Crude Oil	(10000 tons)	1231	944178	1191	949740
成品油	(万吨)	Finished Petroleum Products	(10000 tons)	631	509842	423	367095
液化石油气	(万吨)	LPG	(10000 tons)	582	255812	569	266425
乙二醇	(吨)	Glycol	(ton)	93782	11514	119405	12218
对苯二甲酸	(吨)	Terephthalic Acid	(ton)	122447	15669	179857	19486
己内酰胺	(吨)	Caprolactam	(ton)	123137	39772	121801	31028
医药品	(吨)	Medicinal and Pharmaceutical Products	(ton)	36454	147068	42873	168850
#抗菌素	(吨)	Antibiotics	(ton)	250	5701	136	3233
肥料	(吨)	Fertilizer	(ton)	421480	21389	444142	24219
#氯化钾	(吨)	Potassium Chloride	(ton)	55633	2206	104163	4869
复合肥料	(吨)	Compound Fertilizer	(ton)	280717	15760	205742	12574
合成有机染料	(吨)	Synthetic Organic Dyestuff	(ton)	14818	11760	11340	9401
初级型状聚乙烯	(吨)	Polyethylene in Primary Form	(ton)	1041683	145510	1101581	150108
初级型状聚丙烯	(吨)	Polypropylene in Primary Form	(ton)	1732297	255786	1769155	259839
初级型状聚苯乙烯	(吨)	Polystyrene in Primary Form	(ton)	1937847	362486	1741829	333279
#ABS树脂	(吨)	ABS Copolymer Resin	(ton)	1118370	226962	998252	205180
初级型状聚氯乙烯	(吨)	Polyvinyl Chloride in Primary Form	(ton)	713140	79029	668197	69418
初级型状聚酯	(吨)	Polyester in Primary Form	(ton)	815771	266793	864858	267734
农药	(吨)	Pesticides	(ton)	6344	3625	5771	3519
牛皮革、马皮革	(吨)	Cattlehide and Horsehide	(ton)	425162	176041	394611	174870

16-10 续表 continued

单位：万美元 (USD 10000)

商品名称		Item		2011 数量 Volume	2011 金额 Value	2012 数量 Volume	2012 金额 Value
胶合板	(立方米)	Plywood	(cu.m)	102254	5342	92245	4757
纸及纸板	(吨)	Paper and Paperboard	(ton)	1273146	128724	1152686	122820
#牛皮纸	(吨)	Kraft-paper	(ton)	232284	15983	224236	16263
毛纱线	(吨)	Wool and Cotton Thread	(ton)	17615	14795	12780	12062
棉纱线	(吨)	Cotton Yarn	(ton)	406818	150317	538155	186789
合成纤维纱线	(吨)	Synthetic Fiber,Continuous Filament and Yarn	(ton)	194012	80914	170088	81775
丝绸		Silk			4648		3936
棉布		Cotton Cloth			87102		89440
化纤布	(万米)	Chemical Fibre Cloth	(10000 m)	46701	54996	39803	52662
钢材	(吨)	Steel Products	(ton)	5100668	612777	4566199	534771
#钢铁板材	(吨)	Iron & Steel Plate	(ton)	4609216	514421	4061371	428710
铜材	(吨)	Copper Products	(ton)	501260	444716	421574	384754
铝材	(吨)	Aluminium Products	(ton)	244312	126664	224717	115664
制冷压缩机	(台)	Refrigeration Compressors	(set)	6297731	40848	5807891	35330
空调	(台)	Air Conditioners	(set)	22515	2250	16860	2667
制冷设备		Refrigerating Equipments			3312		5423
机械装卸设备		Mechanical Handling Equipments			52603		59323
建筑采矿设备		Building and Mining Equipments			54497		30394
食品机械		Food-processing Machinery			4436		7306
造纸、纸品机械		Paper and Pulp Mill Machinery			49924		19047
印刷机械		Printing Machinery			638582		570688
纺织机械		Textile Machinery			62819		39257
工业缝纫机	(台)	Industrial Sewing Machines	(set)	7496	2491	5829	2829
机床	(台)	Machine Tools	(set)	20384	166194	20461	179603
橡、塑加工机械		Rubber and Plastic Processing Machinery			55436		49775
数据处理设备	(万台)	Data Processing Equipments	(10000 sets)	26146	1246615	26708	1479079
电动、发电机	(万台)	Electric Motors and Generators	(10000 sets)	151095	140079	139696	144000
发电机组、变流机	(台)	Generating Sets and Converters	(set)	4594	18573	2547	13336
电视机	(台)	TV Sets	(set)	11697	240	19241	551
#彩色电视机	(台)	Colour TV Sets	(set)	11697	240	19241	551
半导体器件	(万个)	Parts of Semi-conductor Devices	(10000 units)	16962800	831642	18879000	913381
电路保护装置		Circuit Protection Devices			701735		735005
显像管	(万只)	Kinescopes	(10000 units)	103	2856	83	1660
集成电路、电子件	(万个)	Integrated Circuits and Parts of Electronic Components	(10000 units)	8895600	6708371	9228200	7404316
电线、电缆	(吨)	Electric Wires and Cables	(ton)	117547	200635	106569	204595
汽车及底盘	(辆)	Motor Vehicles and Chassis	(unit)	15720	47636	11056	32942
#小轿车	(辆)	Sedan Cars	(unit)	822	5272	791	2689
旅行车	(辆)	Station Wagons	(unit)	1652	3656	677	1823
船舶	(艘)	Ships	(unit)	1181	15292	1549	5150
塑料制品		Plastic Products			115785		116571
印刷品	(吨)	Presswork	(ton)	47711	30836	43945	38582

16-11 各市出口总额

Total Value of Exports by City

单位：亿美元 (USD 100 million)

市 别	City	2000	2005	2009	2010	2011	2012
全省合计	**Provincial Total**	**919.19**	**2381.71**	**3589.56**	**4531.91**	**5317.93**	**5740.59**
广 州	Guangzhou	117.90	266.68	374.05	483.79	564.68	589.15
深 圳	Shenzhen	345.64	1015.22	1619.79	2041.80	2453.99	2713.56
珠 海	Zhuhai	36.46	107.68	177.83	208.62	239.77	216.37
汕 头	Shantou	25.95	31.82	40.16	49.35	59.53	61.63
佛 山	Foshan	57.36	170.80	245.78	330.38	390.91	401.50
#顺 德	Shunde	25.94	85.55	110.88	144.30	169.27	171.47
韶 关	Shaoguan	1.32	3.40	5.79	6.59	7.22	8.70
河 源	Heyuan	0.93	2.96	14.13	17.15	19.16	19.53
梅 州	Meizhou	2.97	3.10	6.71	9.51	10.94	12.70
惠 州	Huizhou	44.97	106.55	171.49	202.32	231.22	292.04
汕 尾	Shanwei	3.64	6.42	9.48	11.12	12.77	14.69
东 莞	Dongguan	171.42	409.29	551.67	696.03	783.26	850.53
中 山	Zhongshan	36.77	122.54	177.36	225.04	245.46	246.44
江 门	Jiangmen	29.85	60.25	79.49	104.09	122.52	129.70
阳 江	Yangjiang	5.43	9.13	12.30	16.06	19.19	19.64
湛 江	Zhanjiang	3.78	9.57	13.65	16.84	20.95	22.09
茂 名	Maoming	10.03	2.39	5.32	5.59	5.99	6.29
肇 庆	Zhaoqing	7.40	14.16	20.30	25.97	33.08	37.81
清 远	Qingyuan	2.41	9.32	14.15	19.33	23.43	23.82
潮 州	Chaozhou	6.94	14.80	18.70	23.41	27.09	26.96
揭 阳	Jieyang	5.98	11.32	25.25	30.80	37.92	38.10
云 浮	Yunfu	2.03	4.31	6.16	8.13	8.84	9.34
按经济区域分	By Region						
珠 三 角	Pearl River Delta	847.77	2273.18	3417.77	4318.02	5064.89	5477.09
东 翼	Eastern Region	42.51	64.36	93.59	114.68	137.30	141.38
西 翼	Western Region	19.24	21.09	31.27	38.49	46.13	48.02
山 区	Mountainous Region	9.67	23.08	46.93	60.72	69.61	74.09

16-12 各市进口总额

Total Value of Imports by City

单位：亿美元 (USD 100 million)

市　别	City	2000	2005	2009	2010	2011	2012
全省合计	**Provincial Total**	**781.87**	**1898.31**	**2521.62**	**3317.05**	**3815.41**	**4098.88**
广　州	Guangzhou	115.60	268.08	393.32	553.83	596.94	582.52
深　圳	Shenzhen	293.80	812.69	1081.75	1425.83	1685.76	1954.47
珠　海	Zhuhai	55.19	149.58	196.57	226.21	276.53	240.44
汕　头	Shantou	16.17	17.78	20.12	24.31	28.35	26.39
佛　山	Foshan	45.91	86.31	137.62	186.21	217.98	209.08
#顺　德	Shunde	21.48	40.55	37.80	42.28	51.50	48.72
韶　关	Shaoguan	1.36	5.80	6.15	9.16	10.57	11.73
河　源	Heyuan	0.67	2.32	8.13	10.01	8.77	9.73
梅　州	Meizhou	0.52	0.52	1.18	2.21	2.71	2.33
惠　州	Huizhou	37.12	83.66	120.92	140.03	156.91	202.90
汕　尾	Shanwei	2.44	5.66	7.98	9.39	12.27	13.74
东　莞	Dongguan	148.82	334.39	389.70	519.63	569.07	594.64
中　山	Zhongshan	24.12	64.97	67.34	86.08	96.39	88.78
江　门	Jiangmen	18.48	30.29	30.91	39.25	54.37	58.02
阳　江	Yangjiang	0.77	1.12	1.82	1.97	2.31	2.59
湛　江	Zhanjiang	7.89	8.70	14.53	18.59	23.10	24.91
茂　名	Maoming	2.56	1.28	1.41	2.43	3.25	4.11
肇　庆	Zhaoqing	4.11	7.60	12.34	17.94	24.04	25.71
清　远	Qingyuan	1.98	7.82	12.74	18.35	21.97	21.55
潮　州	Chaozhou	1.27	4.12	9.18	14.82	14.72	15.35
揭　阳	Jieyang	1.84	2.60	4.57	5.47	4.32	4.65
云　浮	Yunfu	1.24	3.02	3.35	5.34	5.05	5.23
按经济区域分	By Region						
珠三角	Pearl River Delta	743.15	1837.57	2430.46	3195.01	3678.00	3956.56
东　翼	Eastern Region	21.72	30.16	41.86	53.98	59.67	60.13
西　翼	Western Region	11.22	11.10	17.76	22.99	28.66	31.62
山　区	Mountainous Region	5.78	19.48	31.55	45.07	49.08	50.57

16-13 各市外商投资企业出口总额
Total Value of Exports of Enterprises with Foreign Investment by City

单位：亿美元 (USD 100 million)

市 别	City	2000	2005	2009	2010	2011	2012
全省合计	**Provincial Total**	**495.09**	**1546.77**	**2238.03**	**2818.47**	**3247.63**	**3405.23**
广 州	Guangzhou	60.29	167.64	224.50	285.26	322.61	339.31
深 圳	Shenzhen	194.97	675.85	952.15	1207.70	1384.31	1401.59
珠 海	Zhuhai	26.24	89.05	147.80	166.03	186.36	160.13
汕 头	Shantou	7.10	15.33	17.39	20.74	22.83	23.16
佛 山	Foshan	36.21	109.33	148.95	188.74	218.09	216.78
#顺 德	Shunde	18.22	66.65	85.02	107.10	124.17	122.89
韶 关	Shaoguan	0.64	1.38	3.75	4.16	4.76	5.75
河 源	Heyuan	0.63	2.46	11.30	14.04	15.82	16.32
梅 州	Meizhou	0.78	0.72	3.36	5.13	5.58	6.28
惠 州	Huizhou	31.56	92.11	152.23	176.15	198.48	261.51
汕 尾	Shanwei	0.85	5.35	7.49	8.98	9.98	11.75
东 莞	Dongguan	83.51	235.32	334.55	442.62	542.80	633.64
中 山	Zhongshan	20.16	75.70	116.94	150.74	166.44	165.20
江 门	Jiangmen	15.15	37.13	50.47	65.71	78.54	80.29
阳 江	Yangjiang	1.27	2.42	3.30	4.22	3.83	3.18
湛 江	Zhanjiang	1.36	4.43	7.60	8.98	10.77	10.01
茂 名	Maoming	2.92	1.13	1.80	2.34	2.62	2.18
肇 庆	Zhaoqing	4.16	8.00	14.45	18.15	19.83	18.57
清 远	Qingyuan	1.18	6.44	12.96	17.73	20.60	20.36
潮 州	Chaozhou	3.14	7.36	9.03	10.40	11.22	9.11
揭 阳	Jieyang	1.65	6.08	12.94	13.84	14.99	13.76
云 浮	Yunfu	1.31	3.54	5.06	6.81	7.18	6.35
按经济区域分	By Region						
珠三角	Pearl River Delta	472.26	1490.13	2142.04	2701.10	3117.46	3277.01
东 翼	Eastern Region	12.75	34.12	46.85	53.96	59.02	57.78
西 翼	Western Region	5.54	7.98	12.70	15.54	17.21	15.37
山 区	Mountainous Region	4.54	14.54	36.43	47.87	53.93	55.06

16-14 各市外商投资企业进口总额

Total Value of Imports of Enterprises with Foreign Investment by City

单位：亿美元 (USD 100 million)

市 别	City	2000	2005	2009	2010	2011	2012
全省合计	**Provincial Total**	**425.27**	**1240.07**	**1586.12**	**2026.45**	**2250.96**	**2306.43**
广 州	Guangzhou	57.91	154.97	209.99	308.54	336.84	326.89
深 圳	Shenzhen	162.17	565.67	732.20	907.10	961.33	945.24
珠 海	Zhuhai	25.19	87.45	119.75	126.75	146.43	118.16
汕 头	Shantou	7.20	11.35	9.38	11.11	11.48	9.84
佛 山	Foshan	34.02	62.50	76.94	96.17	102.20	102.62
#顺 德	Shunde		32.76	27.50	30.62	31.49	27.98
韶 关	Shaoguan	0.93	1.30	1.02	1.24	2.08	1.52
河 源	Heyuan	0.46	2.17	6.99	9.02	7.76	7.25
梅 州	Meizhou	0.47	0.40	1.03	1.62	1.59	1.68
惠 州	Huizhou	24.37	68.30	102.39	118.95	140.70	185.41
汕 尾	Shanwei	0.61	4.82	6.21	7.48	9.67	11.18
东 莞	Dongguan	70.59	188.21	215.87	302.97	365.15	434.17
中 山	Zhongshan	15.61	48.98	50.98	66.98	75.14	70.57
江 门	Jiangmen	12.09	18.99	18.59	25.64	39.28	40.57
阳 江	Yangjiang	0.21	0.18	1.61	0.65	0.69	0.28
湛 江	Zhanjiang	6.60	6.86	8.20	9.61	13.94	17.34
茂 名	Maoming	0.29	0.39	0.33	0.34	0.34	0.68
肇 庆	Zhaoqing	2.97	5.52	9.08	12.89	15.32	12.94
清 远	Qingyuan	1.12	5.56	8.38	12.02	13.71	12.71
潮 州	Chaozhou	0.55	2.71	3.04	2.68	2.54	3.30
揭 阳	Jieyang	0.89	1.61	1.84	1.44	1.50	1.48
云 浮	Yunfu	1.02	2.13	2.29	3.24	3.28	2.61
按经济区域分	By Region						
珠三角	Pearl River Delta	404.92	1200.59	1535.78	1965.99	2182.39	2236.56
东 翼	Eastern Region	9.25	20.49	20.48	22.72	25.18	25.80
西 翼	Western Region	7.09	7.43	10.14	10.60	14.97	18.30
山 区	Mountainous Region	4.00	11.56	19.72	27.14	28.42	25.78

16-15 外商投资企业进出口主要指标

Main Indicators on Imports and Exports of Enterprises with Foreign Investment

单位：亿美元 (USD 100 million)

项 目	Item	2005		2010		2011		2012	
		出口 Exports	进口 Imports	出口 Exports	进口 Imports	出口 Exports	进口 Imports	出口 Exports	进口 Imports
总 计	**Total**	**1546.77**	**1240.07**	**2818.47**	**2026.45**	**3247.63**	**2250.96**	**3405.23**	**2306.43**
按贸易方式分	By Customs Regime								
一般贸易	Ordinary Trade	133.38	146.51	410.06	422.79	499.41	485.97	528.63	495.91
来料加工	Processing and Assembling with Customer's Materials	61.54	48.60	170.21	92.69	204.80	107.51	204.73	112.91
进料加工	Processing and Assembling with Import Materials	1301.35	863.11	2108.57	1277.01	2385.20	1421.29	2467.71	1427.10
加工设备	Processing Equipments		7.67		3.80		3.65		3.69
外资设备	Foreign-funded Equipments		64.44		31.08		27.10		19.08
保税仓库	Bonded Warehouse	50.50	109.34	129.64	194.82	157.81	202.74	203.75	241.89
其他	Others		0.40		4.26	0.42	2.70	0.40	5.85
按经济类型分	By Type of Ownership								
合作经营企业	Joint Ventures	99.02	61.19	102.88	31.49	108.86	32.46	96.98	30.79
合资经营企业	Cooperative Enterprises	355.07	286.71	547.47	400.27	630.88	433.48	716.83	488.11
外资(独资)企业	Enterprises with Sole Foreign Investment	1092.68	892.17	2168.18	1593.78	2507.90	1785.01	2591.42	1787.53
按产品类型分	By Type of Product								
机电产品	Machanical and Electrical Products	1181.08	830.47	2193.11	1410.55	2480.42	1554.47	2599.39	1620.55
#机械及设备	Machinery and Equipmcnts	423.96	185.02	698.87	292.57	747.29	302.29	807.32	322.11
电器及电子产品	Electric and Electronic Products	525.14	526.56	1147.05	861.46	1327.92	977.38	1349.24	991.85
高新技术产品	High and New-tech Products	666.60	532.70	1319.76	1013.65	1475.11	1120.55	1549.46	1199.33
#计算机与通信技术	Computer and Communication Technology	581.19	166.53	1078.35	282.89	1208.33	343.27	1252.52	390.76
电子技术	Electronic Technology	52.88	323.14	141.33	524.26	155.76	561.05	157.95	555.71
按主要国家(地区)分	By Main Country (Region)								
亚洲	**Asia**	**862.45**	**1045.16**	**1633.98**	**1702.51**	**1957.24**	**1881.78**	**2105.43**	**1948.02**
中国香港	Hong Kong, China	607.66	29.49	1126.75	20.32	1339.05	19.65	1369.55	22.85
中国澳门	Macao, China	7.83	1.30	7.33	0.42	7.77	0.59	6.83	0.60
中国台湾	Taiwan, China	23.88	223.12	40.67	309.90	54.72	315.60	54.01	326.90
日本	Japan	95.05	210.14	151.99	323.34	177.10	335.47	210.87	338.17
韩国	Republic of Korea	33.61	112.10	74.05	210.60	106.16	265.25	180.61	301.23
东盟	Association of Southeast Asian Nations	66.47	169.02	145.72	281.30	167.53	300.44	183.66	299.62
中东十七国	The Seventeen Countries of the Middle East	19.27	17.56	52.12	30.75	64.86	44.94	63.02	42.48
非洲	**Africa**	**8.14**	**9.79**	**26.80**	**18.55**	**31.34**	**23.10**	**33.33**	**26.28**
欧洲	**Europe**	**235.13**	**85.50**	**419.16**	**139.20**	**463.51**	**158.58**	**448.68**	**145.07**
欧盟	European Union	219.15	73.19	388.63	125.03	421.97	138.63	407.49	129.42
#英国	United Kingdom	37.99	7.33	64.93	9.81	69.35	9.98	69.76	9.82
德国	Germany	45.19	22.74	83.00	45.76	96.88	44.74	87.95	40.53
法国	France	17.73	9.16	36.52	13.14	38.87	16.04	38.09	19.45
意大利	Italy	13.43	9.01	29.20	12.20	29.42	15.01	24.75	14.05
荷兰	Netherlands	49.55	3.79	67.51	7.65	72.82	8.91	74.23	10.33
芬兰	Finland	2.67	2.18	4.57	3.03	5.53	6.18	5.51	2.24
瑞士	Switzerland	4.95	7.15	4.68	7.38	6.59	9.11	5.74	9.74
俄罗斯	Russia	7.11	3.32	18.85	4.98	26.22	7.77	27.36	3.78
拉丁美洲	**Latin America**	**26.07**	**25.63**	**94.11**	**51.30**	**113.13**	**59.67**	**119.46**	**60.03**
北美洲	**North America**	**397.71**	**60.22**	**608.83**	**92.91**	**640.20**	**104.02**	**654.43**	**105.36**
加拿大	Canada	16.90	7.30	31.26	11.74	33.57	15.03	37.12	13.26
美国	United States of America	380.81	52.95	577.56	81.15	606.60	88.99	617.08	92.10
大洋洲	**Oceania**	**17.27**	**13.77**	**35.64**	**21.06**	**42.21**	**23.79**	**43.90**	**21.29**
澳大利亚	Australia	15.54	12.64	32.20	18.95	37.54	21.32	39.09	18.99
新西兰	New Zealand	1.57	1.08	2.94	2.08	4.03	2.38	4.07	2.22

16-16 外商投资企业出口主要商品数量和金额

Volume and Value of Main Export Commodities of Enterprises with Foreign Investment

单位：万美元 (USD 10000)

商品名称		Item		2011 数量 Volume	2011 金额 Value	2012 数量 Volume	2012 金额 Value
活猪	(万头)	Live Hogs	(10000 heads)	3	890	5	1192
活家禽	(万只)	Live Poultry	(10000 heads)	10	60	10	63
冻鸡	(吨)	Frozen Chicken	(ton)	1197	180		
水产品	(吨)	Aquatic Products	(ton)	83653	40603	135442	83090
#活鱼	(吨)	Live Fish	(ton)	338	63	313	53
鲜冻对虾	(吨)	Fresh and Frozen Prawn	(ton)	5449	3411	3282	2247
谷物	(吨)	Cereals	(ton)	127635	7605	110618	7637
蔬菜	(吨)	Vegetables	(ton)	53943	7520	36710	7548
#鲜蔬菜	(吨)	Fresh Vegetables	(ton)	41634	2246	25522	1498
鲜、干果类	(吨)	Fresh and Dried Fruit	(ton)	18731	3250	5518	1778
#柑桔橙	(吨)	Mandarins and Oranges	(ton)	4256	540	672	45
食用植物油	(吨)	Edible Vegetable Oil	(ton)	8738	1975	15292	3492
食糖	(吨)	Sugar	(ton)	5269	220	5569	286
茶叶	(吨)	Tea	(ton)	82	77	104	99
烤鳗鱼	(吨)	Daked Eel	(ton)	2588	8205	1627	7074
蘑菇罐头	(吨)	Canned Mushroom	(ton)	2160	432	1307	264
羽毛、羽绒	(吨)	Feather and Down	(ton)	789	538	803	1201
药材	(吨)	Medicinal Materials	(ton)	3780	4884	4737	7005
成品油	(吨)	Finished Petroleum Products	(ton)	2787066	252984	1716506	170394
合成有机染料	(吨)	Synthetic Organic Dyestuff	(ton)	6879	6127	5197	4118
医药品	(吨)	Medicinal and Pharmaceutical Products	(ton)	37467	42692	38462	44218
#抗菌素	(吨)	Antibiotics	(ton)	5297	17760	6681	19392
美容护肤用品	(吨)	Cosmetic and Skin Care Products	(ton)	42071	37704	42561	40139
口腔清洁剂	(吨)	Dental Cleanser	(ton)	69697	14153	80149	16618
轮胎	(万条)	Rubber Tire	(10000 units)	2714	37856	2471	34344
纸及纸板	(吨)	Paper and Paperboard	(ton)	137872	16058	162465	18599
纺织品		Textiles			576783		601137
#棉纱线	(吨)	Cotton Yarn	(ton)	75534	38662	81169	39725
丝绸		Silk			1103		352
棉布		Cotton Cloth			63346		65554
麻纺布	(万米)	Linen Cloth	(10000 m)	342	1092	375	1241
混纺布	(万米)	Blended Cloth	(10000 m)	312	331	178	348
玻璃制品		Glass Products			24131		26831
家用陶瓷		Porcelain and Pottery Wares for Household Use					51731
家用或装饰用木制品	(吨)	Wood Articles for Household or Decoration Use	(ton)	58747	13323	50786	12644
珍珠、宝石		Pearls and Gems			171077		171758
贵金属及首饰		Precious Metal and Jewelry			474014		767918
钢材	(吨)	Steel Products	(ton)	1332010	230644	1166926	188572
铝材	(吨)	Aluminum Products	(ton)	201647	73094	183506	64159
铜材	(吨)	Copper Products	(ton)	107400	87490	105806	82657
工具		Tools			50222		57408
微波炉	(万个)	Microwave Ovens	(10000 units)	4113	173086	4018	171911
电扇	(万台)	Electric Fans	(10000 sets)	26996	150325	26336	156834
普通缝纫机	(万台)	Sewing Machines	(10000 sets)	223	15811	211	15524

16-16 续表 continued

单位：万美元 (USD 10000)

商品名称		Item		2011 数量 Volume	2011 金额 Value	2012 数量 Volume	2012 金额 Value
金属加工机床	(台)	Machine Tools	(set)	51982	3809	60400	7712
电子计算器	(万台)	Electronic Calculators	(10000 sets)	10120	30649	10507	33134
数据处理设备	(万台)	Data Processing Equipment	(10000 sets)	69317	4308242	61342	4549683
#显示器	(万台)	Displays	(10000 sets)	2368	244950	766	83268
电动、发电机	(万台)	Electric Motors and Generators	(10000 sets)	146060	171964	145845	195750
静止式变流器	(万个)	Static Converters	(10000 units)	120036	616186	129770	663834
原电池	(万个)	Primary Cells and Batteries	(10000 units)	482700	44348	516400	41670
蓄电池	(万个)	Electric Accumulators	(10000 units)	66280	134013	60032	145839
有线电话	(万台)	Landline Telephone Sets	(10000 sets)	8075	132104	7474	132269
手持或车载无线电话	(万台)	Hand-held or Vehicle-mounted Cordless Telephones	(10000 units)	30942	2672931	28924	2479632
扬声器	(万个)	Loudspeakers	(10000 sets)	46338	151074	48642	180968
收录机、组合音响	(万台)	Radio Recorders and Audio Systems	(10000 sets)	6502	192470	5672	171140
彩电(整套散件)	(万台)	Colour TV Sets (Complete Sets of Spare Parts)	(10000 sets)	1310	204054	1246	196907
电路保护装置		Circuit Protection Devices			474719		536516
半导体器件	(万个)	Parts of Semi-conductor Devices	(10000 units)	8602300	294488	8819300	303919
集成电路、微电子件	(万个)	Integrated Circuits and Parts of Electronic Components	(10000 units)	1239600	414494	1310100	365327
电线、电缆		Electric Wires and Cables			372711		451331
集装箱	(个)	Containers	(unit)	637186	280399	488038	206134
自行车	(万辆)	Bicycles	(10000 units)	337	36737	292	37409
船舶	(艘)	Ships	(unit)	129962	98146	115438	124982
照相机	(万架)	Cameras	(10000 sets)	4392	260558	4676	267624
手表	(万只)	Wrist Watches	(10000 units)	15864	70360	16671	102425
#电子手表	(万只)	Electronic Watches	(10000 units)	15705	67813	16488	99226
日用钟	(万只)	Clocks	(10000 units)	3932	13644	3938	15653
家具		Furniture			557029		595117
床垫、卧具用品		Mattresses and Bedding Articles			33155		35941
灯具、照明用品		Lights and Lighting Apparatus			284626		298816
箱包、旅行用品		Boxes, Bags and Travel Goods			305491		328295
服装、衣着附件		Garments and Clothing Accessories			1073764		1132351
#织物服装		Textile Garments			869476		914063
皮革服装	(万件)	Leather Garments	(10000 units)	59	3493	50	3609
裘皮服装		Fur Garments			2909		2572
皮革手套	(万双)	Leather Gloves	(10000 pairs)	13345	16995	12491	17322
帽类	(万个)	Headgear	(10000 units)	46168	33998	62030	40973
鞋	(万双)	Footwear	(10000 pairs)	115959	648152	106047	664757
#橡胶、塑料鞋	(万双)	Rubber and Plastic Shoes	(10000 pairs)	72151	192424	63530	190986
皮鞋	(万双)	Leather Shoes	(10000 pairs)	26148	357092	23949	357160
塑料制品		Plastic Articles			357832		411059
圣诞用品		Articles for Christmas			40930		40332
玩具		Toys			393634		438901
体育用品及设备		Sports Articles and Facilities			213765		237502

16-17 外商投资企业进口主要商品数量和金额

Volume and Value of Main Import Commodities by Enterprises with Foreign Investment

单位：万美元 (USD 10000)

商品名称		Item		2011 数量 Volume	2011 金额 Value	2012 数量 Volume	2012 金额 Value
谷物	(吨)	Cereals	(ton)	429025	15219	668219	21988
#小麦	(吨)	Wheat	(ton)	153608	4897	206285	6675
面粉	(吨)	Flour	(ton)	3927	165	4806	202
大豆	(吨)	Soya Bean	(ton)	1692620	95288	1379316	83802
食用植物油	(吨)	Edible Vegetable Oil	(ton)	91136	10260	323405	34420
#棕榈油	(吨)	Palm Oil	(ton)	77735	8274	293816	29049
食糖	(吨)	Sugar	(ton)	21950	1503	22445	1423
饲料	(吨)	Forage	(ton)	90473	11782	83700	11646
天然橡胶	(吨)	Natural Rubber	(ton)	52607	20445	49482	15205
合成橡胶	(吨)	Synthetic Rubber	(ton)	164369	53588	146858	48962
原木	(立方米)	Logs	(cu.m)	189580	12996	139456	4594
纸浆	(吨)	Paper Pulp	(ton)	722413	51953	1017835	62858
羊毛	(吨)	Wool	(ton)	2218	1619	2305	1662
原棉	(吨)	Raw Cotton	(ton)	66173	18007	89530	18542
合成纤维	(吨)	Synthetic Fiber	(ton)	34709	7706	29482	7760
#聚酯纤维	(吨)	Polyester Fiber	(ton)	23611	3941	21103	3612
聚丙烯晴纤维	(吨)	Polyacrylonitrile Fibre	(ton)	6463	2023	4386	1447
人造纤维	(吨)	Artificial Fiber	(ton)	2750	935	2398	683
铁矿砂	(吨)	Iron Ore	(ton)	1154275	17682	804894	9576
氧化铝	(吨)	Aluminium Oxide	(ton)	3166	943	4183	990
原油	(吨)	Crude Oil	(ton)	1211885	102522	1987137	160719
成品油	(吨)	Finished Petroleum Products	(ton)	2680471	257141	1549858	157276
苯乙烯	(吨)	Styrene	(ton)	400165	56407	265071	38564
乙二醇	(吨)	Glycol	(ton)	63709	7903	96111	9785
对苯二甲酸	(吨)	Terephthalic Acid	(ton)	88419	11408	143415	15488
己内酰胺	(吨)	Caprolactam	(ton)	89220	28710	87885	22469
医药品	(吨)	Medicinal and Pharmaceutical Products	(ton)	15768	51652	16672	62743
肥料	(吨)	Fertilizer	(ton)	420505	21325	441881	24167
#氯化钾	(吨)	Potassium Chloride	(ton)	55633	2206	104163	4869
复合肥料	(吨)	Compound Fertilizer	(ton)	280674	15758	205702	12567
合成有机染料	(吨)	Synthetic Organic Dyestuff	(ton)	11443	9296	8652	7134
初级型状聚乙烯	(吨)	Polyethylene in Primary Form	(ton)	529006	73575	552016	75541
初级型状聚丙烯	(吨)	Polypropylene in Primary Form	(ton)	872647	134926	942717	142402
初级型状聚苯乙烯	(吨)	Polystyrene in Primary Form	(ton)	1144188	230050	1131329	226397
#ABS树脂	(吨)	ABS Copolymer Resin	(ton)	648500	141128	638236	137438
初级型状聚氯乙烯	(吨)	Polyvinyl Chloride in Primary Form	(ton)	547075	60469	561247	57655
初级型状聚酯	(吨)	Polyester in Primary Form	(ton)	548453	189961	615841	199557
农药	(吨)	Pesticides	(ton)	2423	1564	1964	1185
牛皮革、马皮革	(吨)	Cattlehide and Horsehide	(ton)	242976	135562	196172	133134
胶合板	(立方米)	Plywood	(cu.m)	58596	3514	49266	2817
纸及纸板	(吨)	Paper and Paperboard	(ton)	702042	77553	752952	81918
#牛皮纸	(吨)	Kraft-paper	(ton)	116093	8269	130275	9355

16-17 续表 continued

单位：万美元 (USD 10000)

商品名称		Item		2011 数量 Volume	2011 金额 Value	2012 数量 Volume	2012 金额 Value
毛纱线	(吨)	Wool and Cotton Thread	(ton)	10886	10551	9136	9218
棉纱线	(吨)	Cotton Yarn	(ton)	326740	126202	389204	147142
合成纤维纱线	(吨)	Synthetic Fiber, Continuous Filament and Yarn	(ton)	139451	65732	126345	67420
丝绸		Silk			3878		3292
棉布		Cotton Cloth			70696		74173
化纤布	(万米)	Chemical Fibre Cloth	(10000 m)	32559	40626	28649	39006
钻石	(千克拉)	Diamond	(1000 carats)	1668	210046	1396	216557
钢材	(吨)	Steel Products	(ton)	3986831	480825	3644608	421504
#钢铁板材	(吨)	Iron & Steel Plate	(ton)	3623469	407516	3304858	346190
铜材	(吨)	Copper Products	(ton)	363309	346321	335440	318120
铝材	(吨)	Aluminium Products	(ton)	195231	104655	174242	90582
制冷压缩机	(台)	Refrigeration Compressors	(set)	3851769	21052	3716612	18520
空调	(台)	Air Conditioners	(set)	17414	1289	11984	1477
制冷设备		Refrigeration Equipments			2026		3470
机械装卸设备		Mechanical Handling Equipments			36549		43287
建筑采矿设备		Building and Mining Equipments			18338		7284
食品机械		Food-processing Machinery			3521		5495
造纸、纸品机械		Paper and Pulp Mill Machinery			34705		12225
印刷机械		Printing Machinery			560042		503540
纺织机械		Textile Machinery			35106		20591
工业缝纫机	(台)	Industrial Sewing Machines	(set)	5615	1651	2418	802
机床	(台)	Machine Tools	(set)	10808	113826	10136	105909
橡、塑加工机械		Rubber and Plastic Processing Machinery			40145		34826
数据处理设备	(万台)	Data Processing Equipment	(10000 sets)	17929	807380	20960	1028925
电动、发电机	(万台)	Electric Motors and Generators	(10000 sets)	111123	104720	107019	110471
发电机组、变流机	(台)	Generating Sets and Converters	(set)	1806	5839	391	3896
电视摄像机	(万台)	Pickup Cameras	(10000 sets)	26107	179137	19870	183194
电视机	(台)	Colour TV Sets	(set)	8466	132	17784	433
半导体器件	(万个)	Parts of Semi-conductor Devices	(10000 units)	10790100	557684	11526600	574611
电路保护装置		Circuit Protection Devices			539388		578783
显像管	(万只)	Kinescopes	(10000 units)	18	605	13	287
集成电路、电子件	(万个)	Integrated Circuits and Parts of Electronic Components	(10000 units)	5868300	4308771	5635300	4214307
电线、电缆	(吨)	Electric Wires and Cables	(ton)	85675	166527	81055	175207
汽车及底盘	(辆)	Motor Vehicles and Chassis	(unit)	11009	26048	8855	21556
#小轿车	(辆)	Sedan Cars	(unit)	362	938	740	2183
货车	(辆)	Trucks	(unit)				
船舶	(艘)	Ships	(unit)	237	1824	164	736
塑料制品	(吨)	Plastic Products	(ton)	90867	93451	96763	96056
印刷品	(吨)	Presswork	(ton)	18505	13552	20724	12861

16-18 私营企业进出口主要指标

Main Indicators on Imports and Exports of Private Enterprises

单位：亿美元 (USD 100 million)

项 目	Item	2000		2005		2009	
		出口 Exports	进口 Imports	出口 Exports	进口 Imports	出口 Exports	进口 Imports
总 计	**Total**	**6.14**	**5.54**	**299.48**	**209.35**	**716.68**	**442.41**
按贸易方式分	By Customs Regime						
一般贸易	Ordinary Trade	5.72	4.27	216.69	137.75	525.24	312.19
来料加工	Processing and Assembling with Customer's Materials	0.09	0.07	57.06	45.63	88.93	61.31
进料加工	Processing and Assembling with Import Materials	0.28	0.16	19.40	11.35	48.45	30.98
加工设备	Processing Equipments				0.94		1.20
保税仓库	Bonded Warehouse	0.04	1.03	6.27	13.64	23.69	36.49
其他	Others			0.06	0.04	30.37	0.24
按产品类型分	By Type of Product						
机电产品	Machanical and Electrical Products	2.24	2.50	133.91	95.56	347.57	203.86
#机械及设备	Machinery and Equipments	0.23	1.07	25.82	26.73	63.63	44.57
电器及电子产品	Electric and Electronic Products	0.81	0.61	61.36	51.40	171.89	123.04
高新技术产品	High and New-tech Products	0.28	1.22	35.67	49.92	123.12	149.95
#计算机与通信技术	Computer and Communication Technology	0.20	0.72	30.04	15.38	103.48	37.85
电子技术	Electronic Technology	0.02	0.20	1.58	28.96	7.63	80.26
按主要国家(地区)分	By Main Country (Region)						
亚洲	**Asia**	**3.21**	**3.75**	**156.90**	**146.87**	**368.80**	**296.52**
中国香港	Hong Kong, China	1.66	0.24	87.26	13.38	146.07	13.01
中国澳门	Macao, China	0.15	0.01	2.09	0.61	2.99	1.43
中国台湾	Taiwan, China	0.08	0.72	3.44	26.27	7.18	52.33
日本	Japan	0.25	1.04	9.61	26.19	20.63	40.34
韩国	Republic of Korea	0.08	0.68	4.74	14.97	12.03	31.68
东盟	Association of Southeast Asian Nations	0.52	0.91	24.68	30.23	86.08	73.33
中东十七国	The Seventeen Countries of the Middle East	0.33	0.03	20.16	5.12	73.29	9.41
非洲	**Africa**	**0.16**	**0.02**	**11.60**	**3.12**	**45.39**	**8.61**
欧洲	**Europe**	**0.85**	**1.01**	**50.91**	**32.99**	**135.67**	**61.24**
欧盟	European Union	0.74	0.82	41.84	27.23	118.55	52.37
#英国	United Kingdom	0.14	0.08	7.33	2.40	17.62	3.99
德国	Germany	0.13	0.36	8.31	11.00	25.11	19.72
法国	France	0.06	0.04	4.00	1.87	11.93	4.51
意大利	Italy	0.11	0.12	4.41	2.86	12.49	4.33
荷兰	Netherlands	0.12	0.02	5.72	0.69	11.19	1.82
俄罗斯	Russia	0.01	0.01	3.96	3.52	8.81	5.42
拉丁美洲	**Latin America**	**0.29**	**0.08**	**14.08**	**5.39**	**39.28**	**16.85**
北美洲	**North America**	**1.50**	**0.56**	**60.48**	**14.44**	**114.14**	**37.36**
加拿大	Canada	0.09	0.06	5.14	1.64	10.35	5.55
美国	United States of America	1.42	0.49	55.34	12.80	103.79	31.80
大洋洲及其他	**Oceania and others**	**0.12**	**0.12**	**5.51**	**6.54**	**13.39**	**21.83**
澳大利亚	Australia	0.10	0.10	4.80	5.30	11.71	19.22
新西兰	New Zealand	0.01	0.02	0.59	1.20	1.26	2.56

16-18 续表 continued

单位：亿美元 (USD 100 million)

项　目	Item	2010 出口 Exports	2010 进口 Imports	2011 出口 Exports	2011 进口 Imports	2012 出口 Exports	2012 进口 Imports
总　计	**Total**	**998.97**	**686.25**	**1318.09**	**846.17**	**1660.75**	**1008.18**
按贸易方式分	By Customs Regime						
一般贸易	Ordinary Trade	763.62	466.50	960.12	564.83	1003.38	580.83
来料加工	Processing and Assembling with Customer's Materials	96.67	65.93	95.26	62.14	82.34	53.70
进料加工	Processing and Assembling with Import Materials	98.21	49.02	183.19	63.52	311.66	63.99
加工设备	Processing Equipments		1.18		0.54		0.34
保税仓库	Bonded Warehouse	38.85	102.74	78.06	153.89	260.68	308.78
其他	Others	1.62	0.88	1.46	1.25	2.68	0.54
按产品类型分	By Type of Product						
机电产品	Machanical and Electrical Products	482.54	330.47	622.43	427.25	854.81	595.90
#机械及设备	Machinery and Equipments	83.08	69.15	104.60	100.70	117.02	87.51
电器及电子产品	Electric and Electronic Products	261.44	211.93	346.14	265.00	524.30	404.14
高新技术产品	High and New-tech Products	182.03	249.02	250.87	334.77	446.61	492.61
#计算机与通信技术	Computer and Communication Technology	153.63	56.05	196.35	78.15	244.40	100.30
电子技术	Electronic Technology	10.83	146.52	33.00	185.93	148.26	299.84
按主要国家(地区)分	By Main Country (Region)						
亚洲	**Asia**	**526.28**	**469.85**	**744.74**	**596.20**	**1056.07**	**752.14**
中国香港	Hong Kong, China	235.66	18.49	374.35	23.73	693.68	40.36
中国澳门	Macao, China	3.59	0.53	3.56	0.55	3.84	1.12
中国台湾	Taiwan, China	11.16	76.31	12.83	87.80	12.04	153.90
日本	Japan	32.28	64.90	38.40	82.66	32.23	67.85
韩国	Republic of Korea	16.55	59.91	21.52	77.76	20.26	83.57
东盟	Association of Southeast Asian Nations	108.28	120.28	141.27	164.41	148.19	152.31
中东十七国	The Seventeen Countries of the Middle East	84.28	14.09	107.25	16.73	101.30	18.28
非洲	**Africa**	**52.67**	**13.49**	**68.05**	**17.32**	**70.96**	**22.12**
欧洲	**Europe**	**182.97**	**94.17**	**217.30**	**107.93**	**213.30**	**98.57**
欧盟	European Union	156.68	81.29	181.19	95.00	174.48	84.53
#英国	United Kingdom	24.01	5.35	27.00	5.04	30.03	4.97
德国	Germany	31.10	23.77	39.40	26.22	34.66	27.27
法国	France	18.70	8.52	18.23	12.40	17.87	11.07
意大利	Italy	16.04	6.04	17.55	7.33	16.22	7.68
荷兰	Netherlands	15.45	3.13	17.62	4.86	17.80	5.01
俄罗斯	Russia	15.68	8.00	22.04	6.50	25.43	6.94
拉丁美洲	**Latin America**	**65.99**	**25.84**	**90.15**	**27.94**	**100.23**	**32.81**
北美洲	**North America**	**153.33**	**46.34**	**173.94**	**55.23**	**194.63**	**69.16**
加拿大	Canada	13.98	10.76	15.06	11.30	16.28	10.99
美国	United States of America	139.34	35.58	158.88	43.93	178.34	58.18
大洋洲及其他	**Oceania and others**	**17.74**	**32.34**	**23.91**	**34.62**	**25.55**	**33.37**
澳大利亚	Australia	15.49	29.62	18.87	31.33	21.37	24.13
新西兰	New Zealand	1.86	2.65	4.42	3.19	3.41	5.32

16-19 利用外资情况

Utilization of Foreign Capital

年份 Year	签订项目 (个) Number of Signed Projects (unit)	#外商直接投资 Foreign Direct Investment	合同外资额 (万美元) Amount of Contracted Foreign Capital (USD 10000)	#外商直接投资 Foreign Direct Investment	实际利用外资 (万美元) Amount of Foreign Capital Actually Utilized (USD 10000)	#外商直接投资 Foreign Direct Investment
1979	1642	70	22889	14616	9143	3074
1980	5048	188	138920	120046	21419	12320
1981	6803	236	167507	156206	28837	17326
1982	8171	151	155916	147698	28103	17123
1983	11318	412	72660	61552	40685	24523
1984	17452	1105	144489	116958	64379	54163
1985	13621	1640	256521	200073	91910	51529
1986	9417	774	183480	85902	142829	64392
1987	6999	1186	201750	124647	121671	59396
1988	7662	2741	382748	224196	243965	91906
1989	6636	2438	362311	243813	239915	115644
1990	7196	3042	316751	268958	202347	145984
1991	8507	4554	580152	490530	258250	182286
1992	12916	9769	1986673	1885764	486147	355150
1993	19012	16768	3489660	3314887	965225	749805
1994	11956	10558	2638753	2382441	1144664	939708
1995	9345	8177	2610480	2483244	1210037	1018028
1996	5955	4608	1744639	1554584	1389943	1162362
1997	17737	3744	964527	769202	1420519	1171083
1998	15459	4349	1237802	916180	1509945	1202005
1999	14824	3013	871592	617451	1447383	1220300
2000	16879	4245	1108598	868393	1457466	1223720
2001	13198	5317	1580386	1343463	1575526	1297240
2002	11706	6613	1890108	1617119	1658946	1311071
2003	11472	7306	2446711	2178926	1894081	1557779
2004	10530	8322	2217800	1936046	1289900	1001158
2005	11786	8384	2675695	2374365	1517358	1236391
2006	11276	8452	2838923	2456820	1780780	1451065
2007	11705	9506	3646583	3393817	1961771	1712603
2008	8980	6999	3071447	2863991	2126657	1916703
2009	5693	4346	1824109	1755834	2028688	1953460
2010	6022	5641	2516987	2460075	2102646	2026098
2011	7289	7035	3485492	3469238	2232847	2179836
2012	6263	6043	3544579	3499424	2410578	2354911

注：1. 2002年起外商直接投资统计口径调整，企业投资总额内的境外借款只包括外方股东贷款。
2. 2004年实际利用外商直接投资统计口径作了调整，与2003年以前的年份不可比。
3. 2004年起签订项目数、合同外资额、实际利用外资不包含对外借款。

Notes:a) Since 2002, the foreign direct investment statistic has been adjusted, of which the overseas borrowings in total investment of enterprises only include loans by foreign shareholders.
b) The foreign direct investment actually utilized of 2004 is adjusted, incomparable to values of preceding years.
c) Since2004,the number of signed projects,amount of contracted foreign capital and foreign capital actually utilized exclude foreign borrowings

16-20 分方式利用外资（2012年）

Utilization of Foreign Capital by Type (2012)

指　标	Item	签订项目（个）Number of Signed Projects (unit)	合同外资额（万美元）Amount of Contracted Foreign Capital (USD 10000)	实际利用外资（万美元）Amount of Foreign Capital Actually Utilized (USD 10000)
总　计	**Total**	**6263**	**3544579**	**2410578**
外商直接投资	**Foreign Direct Investment**	**6043**	**3499424**	**2354911**
合资经营企业	Joint Ventures	423	615665	470222
合作经营企业	Cooperative Enterprises	22	73312	69343
外资(独资)企业	Enterprises with Sole Foreign Investment	5592	2768651	1780836
外商投资股份制	Foreign Share-holding Corporations Ltd.	6	41796	34510
合作开发	Cooperative Development			
其他	Others			
外商其它投资	**Other Foreign Investment**	**220**	**45155**	**55667**
对外发行股票	Shares Issued Abroad			
国际租赁	International Lease			
补偿贸易	Compensation Trade			
加工装配	Processing and Assembly	220	45155	55667

16-21 分行业外商直接投资（2012年）

Foreign Direct Investment by Sector (2012)

指　标	Item	签订项目（个）Number of Signed Projects (unit)	合同外资额（万美元）Amount of Contracted Foreign Capital (USD 10000)	实际利用外资（万美元）Amount of Foreign Capital Actually Utilized (USD 10000)
总　计	**Total**	**6043**	**3499424**	**2354911**
农、林、牧、渔业	Farming, Forestry, Animal Husbandry and Fishery	127	66417	15264
采矿业	Mining	1	877	2053
制造业	Manufacture	2498	2079175	1320742
电力、燃气及水的生产和供应业	Production and Supply of Electric Power, Gas and Water	18	32749	51984
建筑业	Construction	32	11095	19273
交通运输、仓储和邮政业	Transport, Storage and Postal Services	54	90584	78595
信息传输、计算机服务和软件业	Information Transmission, Computer Services and Software	121	54425	26005
批发和零售业	Wholesale and Retail Trades	2055	315122	278573
住宿和餐饮业	Hotels and Catering Services	85	50512	10594
金融业	Finance	48	111872	21773
房地产业	Real Estate	64	338236	287405
租赁和商务服务业	Leasing and Business Services	691	186468	133582
科学研究、技术服务和地质勘查业	Scientific Research, Technical Servicesand Geologic Prospecting	169	73988	53155
水利、环境和公共设施管理业	Management of Water Conservancy, Environment and Public Facilities	8	12338	6511
居民服务和其他服务业	Services to Households and Other Services	48	33942	14676
教育	Education	4	1233	16
卫生、社会保障和社会福利业	Health, Social Security and Social Welfare	4	733	2355
文化、体育和娱乐业	Culture, Sports and Recreation	16	39658	32355
公共管理和社会组织	Public Administration and Social Organizations			

16-22 分国别(地区)外商直接投资

Foreign Direct Investment by Country (Region)

指 标	Item	1979-2011	2000	2005	2010	2011	2012
签订协议(合同)数(个)	**Number of Agreements (Contracts) Signed (unit)**	**161689**	**4245**	**8384**	**5641**	**7035**	**6043**
亚洲	**Asia**	**138627**	**3482**	**6912**	**4992**	**6248**	**5423**
#中国香港	Hong Kong, China	116734	2474	5208	4051	5219	4525
中国澳门	Macao, China	8347	304	448	133	161	184
中国台湾	Taiwan, China	10862	482	531	326	375	219
日本	Japan	2147	51	191	108	116	99
菲律宾	Philippines	94	5	4		2	1
泰国	Thailand	643	12	11	8	11	14
马来西亚	Malaysia	731	14	52	47	38	37
新加坡	Singapore	2161	76	137	72	85	68
印度尼西亚	Indonesia	174	6	15	4		5
韩国	Republic of Korea	1489	52	108	97	111	134
以色列	Israel	42	2	4	4	5	8
印度	India	101		9	18	5	16
文莱	Brunei	599		99	19	20	12
非洲	**Africa**	**775**	**14**	**85**	**118**	**131**	**97**
#毛里求斯	Mauritius	491	12	58	20	29	6
南非	South Africa	25		2	2	1	1
塞舌尔	Seychelles	207			73	78	68
欧洲	**Europe**	**2386**	**81**	**223**	**114**	**133**	**151**
#波兰	Poland	31		1	1	2	2
德国	Germany	381	11	35	19	32	18
法国	France	313	7	34	17	16	16
意大利	Italy	298	8	36	16	17	30
荷兰	Netherlands	182	14	17	9	6	4
比利时	Belgium	46		5	1	3	4
英国	United Kingdom	669	18	39	14	16	14
丹麦	Denmark	44	1	6	4	1	4
瑞典	Sweden	47	2	5	1	3	6
挪威	Norway	26	2	3	1	2	
瑞士	Switzerland	113	3	11	5	8	7
奥地利	Austria	34		2	2	2	1
西班牙	Spain	99	4	8	7	4	20
俄罗斯联邦	Russian	59	2	3	5	5	8
拉丁美洲	**Latin America**	**5997**	**428**	**605**	**158**	**201**	**123**
#巴拿马	Panama	85	3	3	1	6	5
维尔京群岛	Virgin Islands	5253	380	534	138	168	93
委内瑞拉	Venezuela	43	2	2	2	1	3
巴哈马	Bahamas	59	8	2			
开曼群岛	Cayman Islands	339	26	33	5	15	14
伯利兹	Belize	61	9	7	5	6	2
北美洲	**North America**	**5303**	**229**	**412**	**139**	**154**	**123**
#加拿大	Canada	943	32	73	28	32	27
美国	United States of America	4465	193	332	110	120	96
百慕大	Bermuda	42	3	6	1		
大洋洲	**Oceania**	**2721**	**96**	**319**	**154**	**175**	**140**
#澳大利亚	Australia	819	31	68	30	30	32
新西兰	New Zealand	116	4	9	5	9	4
萨摩亚	Samoa	1841	52	233	114	134	101
东萨摩亚	East Samoa	47	8	1			
海外机构	**Overseas Organizations**	**278**					
其它	**Others**	**263**	**2**	**18**	**31**	**42**	**45**

16-22 续表 1 continued

指　标	Item	1979-2011	2000	2005	2010	2011	2012
协议利用外资额(万美元)	**Amount of Utilization of Foreign Capital through Signed Agreements (USD 10000)**	**42897035**	**868393**	**2374365**	**2460075**	**3469238**	**3499424**
亚洲	**Asia**	**33643539**	**548646**	**1566619**	**2065831**	**2940164**	**2996066**
#中国香港	Hong Kong, China	28440987	412219	1220865	1853437	2573212	2423988
中国澳门	Macao, China	1080582	12863	79936	44138	43349	64032
中国台湾	Taiwan, China	1160242	48354	60237	29271	58232	55718
日本	Japan	997079	19608	99260	37066	77653	140325
菲律宾	Philippines	9879				48	1
泰国	Thailand	142549		3716	7000	1459	6207
马来西亚	Malaysia	133932	4006	9699	3508	1314	3184
新加坡	Singapore	1057581	46516	53125	37456	118052	140532
印度尼西亚	Indonesia	64564		3587	3573	3147	6937
韩国	Republic of Korea	335890	8143	14018	30011	38786	135372
阿联酋	Unit Arab Emirates	64570	27	1039	7576	5395	2080
文莱	Brunei	114216		18576	8679	11800	10901
印度	India	6752			818	152	1728
非洲	**Africa**	**270708**	**4397**	**33060**	**17872**	**20055**	**32158**
#毛里求斯	Mauritius	236670	4275	30220	10292	10440	8181
埃及	Egypt	4719	6	70	17	118	117
塞舌尔	Seychelles	22540			7401	9208	13674
欧洲	**Europe**	**1413132**	**28033**	**69444**	**37887**	**72159**	**71279**
#德国	Germany	190450	2461	6428	4971	29808	21466
法国	France	240170	5670	19646	5187	20569	3140
意大利	Italy	45290	411	3116	1315	193	5500
荷兰	Netherlands	325206	5948	10817	7537	9137	23594
比利时	Belgium	4461	187			1773	2518
英国	United Kingdom	401214	7158	9593		448	662
爱尔兰	Eire	13059		211	3748	2258	5534
丹麦	Denmark	19382	765	2884	3646		
芬兰	Finland	8755	440	6709	208	6	877
瑞典	Sweden	7868	333	1291	31	2438	3286
瑞士	Switzerland	54234	619	344	244	3967	5042
奥地利	Austria	11674		251	2884	601	866
西班牙	Spain	30595	858	1227	3945	1531	2849
俄罗斯联邦	Russian	4434	24	31	55	124	215
拉丁美洲	**Latin America**	**4696254**	**208680**	**490204**	**155430**	**168332**	**201682**
#巴拿马	Panama	30622	1793	911	921	746	1516
巴西	Brazil	2203		7	20	15	150
维尔京群岛	Virgin Islands	4199649	181692	430621	137874	158222	183442
委内瑞拉	Venezuela	3916	15	19	320		1047
开曼群岛	Cayman Islands	351535	20578	41739	8907	21693	16399
伯利兹	Belize	17052	1690	1486	875	2077	1667
巴哈马	Bahamas	30396	2897	1569	8718		
巴巴多斯	Barbados	46123		10476			20
北美洲	**North America**	**1383886**	**48580**	**74124**	**34076**	**86067**	**33087**
#加拿大	Canada	171222	3126	11111	927	16368	8398
美国	United States of America	1100425	44389	42046	28995	61752	22795
百慕大	Bermuda	111818	1039	20937	4154	7771	1651
大洋洲	**Oceania**	**815038**	**26715**	**94320**	**72007**	**63708**	**50631**
#澳大利亚	Australia	127343	7507	13045	281	1882	976
新西兰	New Zealand	15946	108	1302	284	2809	
萨摩亚	Samoa	628787	16151	74611	70040	48635	51282
东萨摩亚	East Samoa	13746	1866	788			
马绍尔群岛	Marshall Islands	19506	1073	1962	1196	9808	86
海外机构	**Overseas Organizations**	**147950**				**4755**	
其它	**Others**	**526528**	**3342**	**46594**	**76972**	**113998**	**114521**

16-22 续表 2 continued

指　　标	Item	1979-2011	2000	2005	2010	2011	2012
实际利用外资(万美元)	**Foreign Capital Actually Utilized (USD 10000)**	**27525231**	**1223720**	**1236391**	**2026098**	**2179836**	**2354911**
亚洲	**Asia**	**20538412**	**927071**	**794244**	**1486738**	**1640706**	**1809978**
#中国香港	Hong Kong, China	16990574	744826	582361	1291738	1403028	1478493
中国澳门	Macao, China	578936	26137	28579	30189	36685	25819
中国台湾	Taiwan, China	787703	49746	33370	24543	20443	23165
日本	Japan	987050	30852	94365	51044	69398	111224
菲律宾	Philippines	8681	191	69	91	41	
泰国	Thailand	60233	2895	1044	998	4070	412
马来西亚	Malaysia	75024	4993	3761	5133	5086	3002
新加坡	Singapore	682137	49115	29207	46482	45453	117213
印度尼西亚	Indonesia	40740	3352	473	877	2830	38
韩国	Republic of Korea	213842	13671	10904	20658	32634	36032
阿联酋	Unit Arab Emirates	21305	100	2070	5370	4759	1037
文莱	Brunei	73916		6911	8825	12476	10237
印度	India	4127	964	407	69	170	259
非洲	**Africa**	**164960**	**4272**	**11283**	**16967**	**21315**	**13643**
#塞舌尔	Seychelles	6770			1772	3776	4346
毛里求斯	Mauritius	150578	4576	10776	14738	17020	9008
欧洲	**Europe**	**945193**	**38643**	**83276**	**78703**	**75363**	**73353**
#德国	Germany	131695	10057	8041	3657	24450	11992
法国	France	169285	4551	14148	52008	18950	12290
意大利	Italy	41618		4991	1736	1978	3374
荷兰	Netherlands	220182	7886	38768	9646	8579	31696
比利时	Belgium	3563	499	73	60	33	1336
英国	United Kingdom	240962	8258	12096	1859	6775	1111
爱尔兰	Ireland	7434		286	2010	1315	115
丹麦	Denmark	11832		235	201	1005	468
芬兰	Finland	15010	2302	150	18	163	2
瑞典	Sweden	6403	360	257	500	480	3283
挪威	Norway	2586	710	211	30	139	8
瑞士	Switzerland	41108	3349	2385	2839	859	1151
奥地利	Austria	13147	101	178	1000	1493	1714
西班牙	Spain	22526	18478	1052	2089	1959	3783
拉丁美洲	**Latin America**	**3918113**	**161983**	**237757**	**303059**	**270348**	**250871**
#巴拿马	Panama	22641	1544	1541	1953	734	1685
维尔京群岛	Virgin Islands	3481078	149200	210548	270979	235419	216916
开曼群岛	Cayman Islands	308159	6694	20526	24644	20323	30055
伯利兹	Belize	9309	423	1095	263	907	1314
巴哈马	Bahamas	45689	3543	2183	1649	9652	64
北美洲	**North America**	**908526**	**74453**	**34704**	**40816**	**39660**	**60233**
#加拿大	Canada	92536	5161	2728	2087	7274	2369
美国	United States of America	728201	66972	25694	25388	26062	46850
百慕大	Bermuda	86081	2320	6252	13341	6324	10895
大洋洲	**Oceania**	**607890**	**14510**	**57743**	**53171**	**65357**	**40367**
#澳大利亚	Australia	76135	4697	4315	2869	3082	2094
萨摩亚	Samoa	504252	8942	50651	49714	61509	36652
东萨摩亚	East Samoa	8094	105	687			
马绍尔群岛	Marshall Islands	5846	680	959	183	184	927
亚洲开发银行	**Asian Development Bank**	**44550**					
海外机构	**Overseas Organizations**	**131498**			**10118**	**2599**	
其它	**Others**	**266089**	**2788**	**17384**	**36526**	**64488**	**106466**

16-23 各市外商直接投资
Foreign Direct Investment by City

市别	City	2011			2012		
		签订项目(个) Number of Signed Projects (unit)	合同外资额(万美元) Amount of Contracted Foreign Capital (USD 10000)	实际利用外资(万美元) Amount of Foreign Capital Actually Utilized (USD 10000)	签订项目(个) Number of Signed Projects (unit)	合同外资额(万美元) Amount of Contracted Foreign Capital (USD 10000)	实际利用外资(万美元) Amount of Foreign Capital Actually Utilized (USD 10000)
全省合计	**Provincial Total**	**7035**	**3469238**	**2179836**	**6043**	**3499424**	**2354911**
广　州	Guangzhou	1134	674725	427148	1095	680186	457489
深　圳	Shenzhen	2513	763307	459921	2428	626184	522940
珠　海	Zhuhai	186	177636	133758	253	218978	144677
汕　头	Shantou	46	47274	34563	18	15653	13051
佛　山	Foshan	236	325701	215440	155	330471	234983
#顺　德	Shunde	92	94844	65012	54	95804	72296
韶　关	Shaoguan	64	34305	23789	69	31736	17169
河　源	Heyuan	94	19242	17876	73	24287	19710
梅　州	Meizhou	116	29688	10188	177	37338	11877
惠　州	Huizhou	425	216755	156801	327	265479	172787
汕　尾	Shanwei	18	76692	30492	35	77225	34517
东　莞	Dongguan	1324	350836	305052	690	381031	336938
中　山	Zhongshan	264	107834	72950	193	131881	80394
江　门	Jiangmen	209	135176	78914	153	136478	86982
阳　江	Yangjiang	67	65028	23930	54	66040	15303
湛　江	Zhanjiang	25	31472	5319	12	31958	8726
茂　名	Maoming	50	12098	3531	23	15226	8004
肇　庆	Zhaoqing	117	232055	102891	154	291321	115159
清　远	Qingyuan	54	84093	38439	37	36465	30296
潮　州	Chaozhou	32	17793	12589	29	17806	14208
揭　阳	Jieyang	30	46830	17086	40	59010	19166
云　浮	Yunfu	31	20698	9159	28	24671	10535
按经济区域分	By Region						
珠三角	Pearl River Delta	6408	2984025	1952875	5448	3062009	2152349
东　翼	Eastern Region	126	188589	94730	122	169694	80942
西　翼	Western Region	142	108598	32780	89	113224	32033
山　区	Mountainous Region	359	188026	99451	384	154497	89587

16-24 对外经济技术合作情况

Economic and Technical Cooperation with Foreign Countries and Regions

年 份 Year	对外承包工程 Contracted Projects				对外劳务合作 Labor Services		
	签订合同数 (宗) Number of Contracts Signed (unint)	合同金额 (万美元) Contracted Value (USD 10000)	营业金额 (万美元) Value of Turnover (USD 10000)	年末在外人数 (人) Number of Persons Abroad at the Year-end (person)	劳务人员合同工资总额 (万美元) (USD 10000)	劳务人员实际收入总额 (万美元) (USD 10000)	年末在外人数 (人) Number of Persons Abroad at the Year-end (person)
1985	28	1897	2491	305	424	433	1197
1990	23	5953	7586	688	6055	3189	8045
1995	29	19183	10924	850	20593	17775	33263
1996	37	14823	9474	1680	11784	19365	23319
1997	67	22435	10940	354	17356	14743	22857
1998	28	13331	17526	566	12925	14464	20816
1999	63	52961	21857	603	9327	13230	19128
2000	86	36555	34515	634	12941	10777	19564
2001	250	53924	26192	641	13271	11752	30695
2002	165	64827	58986	643	19114	17059	18922
2003	193	97055	86898	730	23132	21926	21738
2004	810	168338	161287	856	27392	28315	17043
2005	2061	326752	247189	606	32762	30878	20469
2006	1625	458442	344170	752	41898	37030	27024
2007	757	597733	546069	946	80824	62927	27880
2008	331	844352	686045	886	68209	58420	33691
2009	556	814859	758799	2105	45718	59469	33124
2010	605	986740	820815	4554	76575	58428	33901
2011	528	1343526	1134158	4017	46578	46445	38621
2012	517	1905053	1605342	3863	46643	38600	44301

注：1. 2009年以后，“对外承包工程”包含“对外设计咨询”。
2. 2011年对外劳务合作统计口径调整。

Note: a) Since 2009, foreign design cousultation is inclued in foreign contracted projects.
b) The statistics coverage of foreign labor service has been adjusted in 2011.

16-25　分行业外商投资企业工商注册登记情况（2012年末）

Registration Status of Enterprises with Foreign Investment by Sector (Year-end of 2012)

行　业	Sector	企业数（户）Number of Registered Enterprises (unit)	投资总额（亿美元）Total Investment (USD 100 million)	注册资本（亿美元）Registered Capital (USD 100 million)	#外方 Capital Invested by Foreign Partners
总　计	**Total**	**74551**	**4786.45**	**2832.69**	**2301.98**
农、林、牧、渔业	Farming, Forestry, Animal Husbandry and Fishery	1505	40.72	28.34	25.56
采矿业	Mining	43	6.46	3.35	2.75
制造业	Manufacture	46949	2744.08	1676.44	1431.44
电力、燃气及水的生产和供应业	Production and Supply of Electric Power, Gas and Water	313	297.70	102.43	51.60
建筑业	Construction	436	99.65	41.84	25.50
交通运输、仓储和邮政业	Transport, Storage and Postal Services	1860	215.58	109.08	68.65
信息传输、计算机服务和软件业	Information Transmission, Computer Services and Software	1821	57.97	38.27	35.18
批发和零售业	Wholesale and Retail Trades	9659	196.28	121.75	101.91
住宿和餐饮业	Hotels and Catering Services	999	62.53	40.50	33.33
金融业	Finance	81	37.15	33.38	25.14
房地产业	Real Estate	2638	586.98	355.48	291.39
租赁和商务服务业	Leasing and Business Services	4341	235.90	157.73	118.80
科学研究、技术服务和地质勘查业	Scientific Research, Technical Services and Geological Prospecting	2870	129.87	74.85	49.60
水利、环境和公共设施管理业	Management of Water Conservancy, Environment and Public Facilities	116	16.92	9.71	6.80
居民服务和其他服务业	Households and Other Servies	467	20.06	13.54	11.92
教育	Education	21	0.78	0.47	0.38
卫生、社会保障和社会福利业	Health Care, Social Security and Social Welfare	25	3.10	1.86	1.32
文化、体育和娱乐业	Culture, Sports and Recreation	299	27.19	17.19	14.79
其他	Others	108	7.53	6.46	5.93

16-26　各市外商投资企业工商注册登记情况（2012年末）

Registration Status of Enterprises with Foreign Investment by City (Year-end of 2012)

市　别	City	企业数(户) Number of Registered Enterprises(unit)	投资总额（亿美元）Total Investment (USD 100 million)	注册资本（亿美元）Registered Capital (USD 100 million)	#外方 Capital Invested by Foreign Partners
全省合计	**Provincial Total**	**74551**	**4786.45**	**2832.69**	**2301.98**
广　州	Guangzhou	10795	1074.60	576.44	418.08
深　圳	Shenzhen	23275	1090.97	640.76	512.35
珠　海	Zhuhai	4008	279.71	156.01	127.34
汕　头	Shantou	995	63.29	41.32	33.78
佛　山	Foshan	4070	349.16	209.27	170.07
#顺　德	Shunde	1537	105.13	66.71	50.58
韶　关	Shaoguan	536	30.79	20.69	18.22
河　源	Heyuan	955	44.27	30.09	27.22
梅　州	Meizhou	1015	21.23	15.23	12.85
惠　州	Huizhou	5734	350.16	207.79	179.69
汕　尾	Shanwei	401	37.84	25.74	24.45
东　莞	Dongguan	9862	518.54	358.14	342.29
中　山	Zhongshan	2879	176.73	104.81	95.62
江　门	Jiangmen	3997	275.20	153.94	122.19
阳　江	Yangjiang	428	30.40	20.05	17.31
湛　江	Zhanjiang	302	45.01	24.65	14.84
茂　名	Maoming	380	12.48	8.69	7.28
肇　庆	Zhaoqing	1556	99.90	62.08	55.87
清　远	Qingyuan	696	82.06	50.61	40.86
潮　州	Chaozhou	523	18.14	12.00	8.28
揭　阳	Jieyang	726	25.27	19.33	16.07
云　浮	Yunfu	336	17.51	10.12	8.32
局本部	Unclassified by Region	1082	143.18	84.92	49.00

16-27 一类口岸开放使用情况（2012年末）

Opening and Operating Status of Class A Ports (Year-end of 2012)

市别	City	个数 Number	口岸名称 Name of Ports					
			水运	Water Transport	陆运	Land Transport	空运	Air Transport
合计	**Total**	**58**	**39**		**14**		**5**	
广州	Guangzhou	6	广州港	Guangzhou Port	天河铁路客运	Tianhe Railway Station for Passenger Service	白云机场	Baiyun Airport
			南沙港	Nansha Port				
			莲花山港	Lianhuashan Port				
			新塘港	Xintang Port				
深圳	Shenzhen	17	蛇口港	Shekou Port	罗湖	Luohu	深圳机场	Shenzhen Airport
			赤湾港	Chiwan Port	文锦渡	Wenjindu		
			梅沙港	Meisha Port	沙头角	Shatoujiao		
			东角头港	Dongjiaotou Port	皇岗	Huanggang		
			妈湾港	Mawan Port	深圳湾	Shenzhen Bay		
			盐田港	Yiantian Port	福田	Futian		
			大亚湾港	Dayawan Port	笋岗铁路货运	Sungang Railway Freight		
			西涌港	Xichong Port				
			大铲湾港	Dachan Bay Port				
珠海	Zhuhai	8	九州港	Jiuzhou Port	拱北	Gongbei		
			湾仔港	Wanzai Port	横琴	Hengqin		
			珠海港	Zhuhai Port	珠澳跨境工业区专用口岸	The Industrial Zone Dedicated port cross-border between The Pearl River Delta and Macao		
			万山港	Wanshan Port				
			斗门港	Doumen Port				
汕头	Shantou	4	汕头港	Shantou Port			揭阳潮汕机场（临时开放）	Jieyang Chaoshan Airport (Temporary Open)
			潮阳港	Chaoyang Port				
			南澳港	Nanao Port				
梅州	Meizhou	1					梅州机场	Meizhou Airport
惠州	Huizhou	1	惠州港	Huizhou Port				
汕尾	Shanwei	1	汕尾港	Shanwei Port				
东莞	Dongguan	2	虎门港	Humen Port	东莞铁路客运	Dongguan Railway Stations for Passenger Service		
中山	Zhongshan	1	中山港	Zhongshan Port				
江门	Jiangmen	5	江门港	Jiangmen Port				
			三埠港	Sanfu Port				
			广海港	Guanghai Port				
			鹤山港	Heshan Port				
			新会港	Xinhui Port				
佛山	Foshan	4	顺德港	Shunde Port	佛山铁路客运	Foshan Railway Stations for Passenger Service		
			南海港	Nanhai Port				
			高明港	Gaoming Port				
阳江	Yangjiang	1	阳江港	Yangjiang Port				
湛江	Zhanjiang	2	湛江港	Zhanjiang Port			湛江机场	Zhanjiang Airport
茂名	Maoming	1	水东港	Shuidong Port				
肇庆	Zhaoqing	2	肇庆港	Zhaoqing Port	肇庆铁路客运	Zhaoqing Railway Station for Passenger Service		
潮州	Chaozhou	1	潮州港	Chaozhou Port				
揭阳	Jieyang	1	揭阳港	Jieyang Port				

注：2012年末全省二类口岸89个，其中水运84个，公路1个，铁路4个。直通港澳货运车辆 检查场62个。

Note: At the end of 2012, Class B ports of the whole province totaled 89, including waterways,hihways,4railways and 62 inspection yards for freight vehicles to Hong Kong and Macao.

主要统计指标解释

进出口总额 指实际进出我国国境的货物（包括贸易和非贸易）的价值总和。主要包括对外贸易实际进出口货物，来料加工装配、补偿贸易、进料加工进出口货物，国家间及国际组织无偿援助物资和赠送品，华侨、港澳台同胞和外籍华人捐赠品，租赁期满归承租人所有的租赁货物，边境地方贸易及边境地区小额贸易进出口货物（边民互市贸易除外），中外合资、合作经营企业、外商独资经营企业进出口货物和公用物品，到、离岸价格在规定限额以上的进出口货样和广告品（无商业价值、无使用价值和免费提供出口的除外），从保税仓库提取在中国境内销售的进出口货物，以及其他进出口货物。进出口总额反映一个国家在对外经济贸易方面实际进出口货物的总规模。

产消国 即原产国（地）和最终目的国。原产国指进口货物的生产、开采或加工制造的国家。最终目的国指出口货物已知的消费、使用或进一步加工制造的国家。

利用外资 指我国政府、部门、企业和其他经济组织通过对外借款、吸收客商直接投资以及向境外发行债券、股票等方式筹借的境外资金。

外资的形式可以是现汇、实物、工业产权或专有技术等有形资本和无形资本。

我国自有外汇和中国银行自有外汇资金发放的外汇贷款购置国外设备和材料，华侨、港澳同胞的捐赠，联合国或其他国际组织的无偿赠送资金、无偿援建的项目均不属于外资范围 。

利用外资的方式有：对外借款，外国（或港澳地区）企业和经济组织或个人在我国境内开办独资企业、与我国境内的企业或组织共同开办合资企业、合作经营(企业)项目或合作开发资源，以及补偿贸易、国际租赁等。

补偿贸易 是以商品或劳务偿还贷款的一种贸易方式。即由客商提供设备、原材料、生产技术，以这些设备、原材料、生产技术生产的产品或是用双方协商的其他产品价值去支付 （偿还）进口设备、原材料价款。

对外借款 指我国政府、部门、企业和中国银行等单位向国际金融组织 、外国政府、企业等借用的长期、短期资本，到期需还本付息。借款按不同渠道划分为：①外国政府贷款； ②国际金融组织贷款；③外国银行贷款；④出口信贷；⑤发行债券。

外商直接投资 指外国企业和经济组织或个人（包括华侨、港澳同胞以及我在境外注册的企业）按我国有关政策、法规，在我国境内开办外商独资企业，与我国境内的企业或经济组织共同举办中外合资企业、合作经营企业或合作开发资源的投资，以及外商从企业得到收益的再投资。2002 年起“外商直接投资”统计口径调整，“企业投资总额内的境外借款”只包括“企业投资总额内直接投资者对企业的贷款,即外方股东贷款”。不包括“直接投资者提供担保的第三方对企业的贷款即外方股东担保贷款”和“其他方式的企业境外借款即其他境外借款。”

国际租赁 指出租者用自有资金，或向银行借款购买资本设备租给承租者在约定的期限内使用，承租者依约按期付给出租者一定租金，在租赁期内设备的使用属于承租者，设备的所有权属于出租者，租期满后，出租者对设备具有支配权：收回、作价出卖或赠送企业。

中间价 指人民银行每日公布的银行买入卖出外汇的参考价。银行在买入卖出业务中可以在中间价上下浮动 5 ‰。

Explanatory Notes on Main Statistical Indicators

Total Imports and Exports refer to the real value of commodities (both trade and non-trade) imported and exported across the border of China. They mainly include actual imports and exports through foreign trade, imported and exported goods in the categories of processing and assembling of customer's materials, compensation trade, and processing of import materials, supplies and gifts as aid given gratis between governments and by international organizations, donations by overseas Chinese, compatriots in Hong Kong, Macao and Taiwan and Chinese with foreign citizenship, leasing commodities owned by tenants at the expiration of leasing period, local trade and Small-amount trade in border areas (excluding exchange trade between border residents), imported and exported commodities and articles for public use of Sino-foreign joint ventures, cooperative enterprises and ventures with sole foreign investment. Also included are import or export of samples and advertising articles above designated CIF or FOB prices (excluding goods of no trading or use value and free commodities for export), import and export goods sold in China from bonded warehouse and other import and export goods. Total imports and exports is an indicator of the total size of actual imported and exported goods of a country in foreign trade and economic cooperation.

Production and Consumption Countries refer to the country of origin and the country of final destination. The country of origin refers to the country where the imported goods are produced, exploited or processed. The country of final destination refers to the country where the imported goods are consumed, utilized or further processed.

Utilization of Foreign Capital refers to funds financed from abroad by means of loans, foreign direct investment, and issuing bonds and shares undertaken by the Chinese governments at all levels, various departments, enterprises and other economic units.

The types of foreign capital include tangible capital and intangible capital, such as remittance, goods, industrial property rights and know-how.

Those excluded are the purchases of foreign equipment and materials with loans from state-owned foreign exchange and foreign exchange owned by the Bank of China, donations by overseas Chinese, compatriots in Hong Kong and Macao, and funds and projects as aid given gratis by the United Nations and other international organizations.

Utilization of foreign capital takes the forms of loans from abroad, sole investment in enterprises in the boundary of China by foreign (or Hong Kong and Macao) enterprises, economic organizations or individuals, investment in Sino-foreign joint ventures, cooperative projects (enterprises), cooperative exploitation of natural resources with enterprises or organizations in China, compensation trade and international lease, etc.

Compensation Trade is a kind of trade returning loans with commodities or services, i.e. imported equipment, raw materials and production technology provided by foreign entrepreneurs are repaid (returned) by means of the products produced with such equipment, raw materials and production technology or by means of the value of other products negotiated by both sides.

Foreign Loans refer to long-term capital and short-term capital borrowed from international financial organizations, foreign governments and enterprises by the Chinese governments at all levels, by various departments, enterprises and the Bank of China, etc, and repaid with interest at maturity. Foreign loans can be divided according to channels into: ①loans from foreign governments; ②loans from international financial organizations; ③loans from foreign banks; ④export credit; ⑤bonds and shares issued abroad.

Foreign Direct Investment refers to investment inside China by foreign enterprises and economic organizations or individuals (including overseas Chinese, compatriots from Hong Kong and Macao, and Chinese enterprises registered abroad), following the relevant policies and laws of China, for the establishment of foreign sole investment enterprises, Sino-foreign joint ventures and cooperative enterprises or for cooperative exploitation of resources with enterprises or economic organizations in China, and re-investment of foreign entrepreneurs with the profits gained from such enterprises and corporations. Starting from 2002, the foreign direct investment statistic has been adjusted such that the overseas borrowings in total investment of enterprises only include loans to the enterprises by direct investors or, in other terms, loans by foreign shareholders, but exclude loans from the third party guaranteed by the direct investors or, in other terms, loans guaranteed by the foreign shareholders, and overseas borrowings by enterprises in other manners or, in other terms, other overseas borrowings.

International Lease refers to the lease of which tenants rent the equipment purchased by lessors with their own money or loans from banks during a fixed period and repay a sum of leasing expenses to lessors according to contracts. During the leasing period, tenants have the right to use the equipment while lessors maintain possession of the equipment. At the expiration of the leasing period, lessors have the right to dispose the equipment: take it back, sell it at a fixed price, or donate it to an enterprise.

Middle Exchange Rate refers to the reference rate of banks buying and selling foreign exchanges issued by the People's Bank of China on a daily basis. There is a 5‰ floating range for the middle exchange rate in the operation of banks buying and selling foreign exchanges.

十七、旅游

TOURISM

十七 旅游

简要说明

一、本篇资料反映经广东口岸入境游客人数（港澳台和外国人）、城市接待国内外旅游人数、旅行社组织接待人数、以及旅游收入等基本情况。

二、本篇资料由广东省统计局贸易外经处整理、编辑。

三、本篇资料来源和统计范围：

1、本篇资料由广东省旅游局提供。

2、入境游客人数由广州、深圳、珠海、汕头出入境边防检查站，武警广东省边防总队所报资料汇总而得。

3、旅游部门基本情况、住宿设施接待人数、旅行社接待人数由各基层企业上报汇总，城市接待旅游人数、国内外旅游收入根据抽样调查资料测算。

17 Tourism

Brief Introduction

Ⅰ. The data in this chapter show the basic conditions of tourism, including number of international tourists entering China through ports in Guangdong (including foreigners, Chinese compatriots from Hong Kong, Macao and Taiwan), number of domestic and international tourists received by cities, number of tourists received by travel agencies, and earnings from tourism, etc.

Ⅱ. The data in this chapter are prepared and edited by the Division of Trade and External Economic Relations Statistics of Statistics Bureau of Guangdong Province.

Ⅲ. Data sources and statistical coverage:

(1) The data in this chapter are provided by Guangdong Provincial Tourism Administration.

(2) Number of international tourists entering China through ports in Guangdong is a summary of data provided by the frontier inspection posts of Guangzhou, Shenzhen, Zhuhai, and Shantou, as well as the Guangdong Provincial Command of the Chinese People's Armed Police Force.

(3) Basic statistics on tourist agencies, the number of tourists received by lodging facilities, and the number of tourists received by travel agencies are summaries of reports from various enterprises, whereas the number of tourists received by cities and earnings from domestic and international tourism are estimates from sample surveys.

17-1 旅游主要指标
Main Indicators on Tourism

指 标	Item	2000	2005	2010	2011	2012
旅行社数 （个）	**Number of Travel Agencies (unit)**	**504**	**884**	**1292**	**1459**	**1624**
旅行社从业人员 （人）	**Engaged Persons of Travel Agencies (person)**		**24162**	**37841**	**44885**	**47260**
星级宾馆(酒店)数 （个）	**Number of Star-rated Hotels (unit)**	**750**	**1128**	**1209**	**1144**	**1092**
入境旅游人数 （万人次）	**Number of Overseas Visitor Arrivals (10000 person-times)**	**6729.18**	**9579.12**	**10485.82**	**11085.83**	**10794.72**
外国人	Foreigners	283.59	537.27	652.72	760.29	764.72
香港同胞	Chinese Compatriots from Hong Kong	5202.98	6358.78	7328.39	7759.39	7723.28
澳门同胞	Chinese Compatriots from Macao	1051.40	2467.90	2297.81	2364.21	2109.97
台湾同胞	Chinese Compatriots from Taiwan	191.21	215.17	206.90	201.94	196.75
城市接待旅游人数(万人次)	**Number of Visitors Received by Cities (10000 person-times)**	**7662.95**	**11566.61**	**21283.05**	**24377.16**	**27412.20**
入境游客	Overseas Visitor Arrivals	1198.94	1792.97	3141.09	3309.64	3500.65
外国人	Foreigners	212.85	463.91	733.28	728.23	774.51
港澳同胞	Chinese Compatriots from Hong Kong and Macao	813.84	1106.20	2091.07	2268.43	2414.91
台湾同胞	Chinese Compatriots from Taiwan	172.25	222.86	316.74	312.98	311.23
国内游客	Domestic Visitors	6464.01	9773.64	18141.96	21067.52	23911.55
旅行社组织接待人数(万人)	**Number of Visitors Received by Travel Agencies (10000 persons)**	**653.41**	**1538.49**	**2409.36**	**2826.37**	**2865.92**
入境游客	Overseas Visitor Arrivals	264.22	368.79	448.74	463.32	481.81
国内游客	Domestic Visitors	389.19	1169.70	1960.62	2363.05	2384.11
团体出境旅游人数 （万人）	**Number of Outbound Visitors in Group Tours (10000 persons)**	**116.20**	**196.28**	**426.52**	**524.87**	**663.20**
港澳游	Visits to Hong Kong and Macao	86.07	137.16	276.74	344.14	420.29
其他	Others	30.13	59.12	149.78	180.73	242.91
旅游收入 （亿元）	**Earnings from Tourism (100 million yuan)**	**1149.95**	**1882.60**	**3809.44**	**4835.26**	**5794.74**
旅游外汇收入	Foreign Exchange Earnings	340.08	529.06	844.85	903.55	986.88
国内旅游收入	Domestic Tourism Earnings	809.87	1353.54	2964.59	3931.71	4807.86

注：2000年香港同胞包括澳门同胞。
Note: In 2000, data of Chinese compatriots from Hong Kong include those from Macao.

17-2 旅游部门基本情况

Basic Statistics on Tourism-related Agencies

指 标	Item	2000	2005	2010	2011	2012
宾馆(酒店) (家)	Number of Hotels (unit)	2655	3837	9179	10111	10733
按星级分: 五星	By Star Rating: Five Star	19	41	94	97	107
四星	Four Star	61	140	194	196	187
三星	Three Star	283	496	661	648	630
二星	Two Star	339	412	246	194	160
一星	One Star	48	39	14	9	8
未评星级	Unrated	1905	2709	7970	8967	9641
宾馆(酒店)接待能力	Reception Capability of Hotels					
客房 (间)	Number of Guest Rooms (unit)	202277	279302	565582	628105	666807
床位 (张)	Number of Beds (unit)	401718	512582	938389	1029006	1121171
客房出租率 (%)	Room Occupancy (%)	58.0	61.4	59.9	60.6	59.6
旅行社 (家)	Number of Travel Agencies(unit)	504	884	1292	1459	1624

17-3 城市接待外国游客人数

Number of Foreign Visitors Received by Cities

单位：人次 (person-time)

国 别	Country	1995	2000	2005	2009	2010	2011	2012
总计	**Total**	**1173919**	**2128501**	**4639133**	**6175557**	**7322478**	**7282262**	**7745127**
日本	Japan	288978	413833	962727	993607	1077329	1129635	1156694
韩国	Republic of Korea	25172	71841	239213	328041	418115	393164	419950
菲律宾	Philippines	10312	20793	30847	42871	47184	54109	56831
新加坡	Singapore	60760	93762	179559	250542	284832	302893	304594
泰国	Thailand	51185	48341	150502	125825	134313	130521	139158
印度尼西亚	Indonesia	40583	63159	128428	124208	158879	153201	198305
马来西亚	Malaysia	70639	110384	220598	340476	421556	414101	432150
美国	United States	129238	196362	361224	543728	645783	651946	664836
加拿大	Canada	24908	35968	67844	107612	133138	120147	115997
英国	United Kingdom	41020	59123	105238	125780	138353	140467	146587
法国	France	29728	43578	99158	107037	119850	129307	132017
德国	Germany	32864	44707	87158	100628	118332	130290	127784
意大利	Italy	19187	19792	56071	81291	86454	89220	89949
俄罗斯	Russia	1937	10407	26692	39995	58568	68729	82878
澳大利亚	Australia	28789	34595	73346	137743	149780	151006	137042
新西兰	New Zealand	4133	5835	15702	22875	24119	24415	26866
其他	Others	314486	856021	1834826	2703298	3305893	3199111	3513489

17-4 各市旅游宾馆(酒店)住宿设施(2012年)
Lodging Facilities of Tourist Hotels by City (2012)

市 别	City	宾馆(酒店)(个) Number of Hotels (unit)	五星级 Five Star	四星级 Four Star	三星级 Three Star	二星级 Two Star	一星级 One Star	客房(间) Number of Rooms (unit)	床位(张) Number of Beds (unit)	客房出租率(%) Room Occupancy (%)
全省合计	**Total**	**10733**	**107**	**187**	**630**	**160**	**8**	**666807**	**1121171**	**59.6**
广 州	Guangzhou	1751	21	36	135	34		132304	217764	63.3
深 圳	Shenzhen	809	18	28	66	22		82114	120654	63.0
珠 海	Zhuhai	480	9	8	62	4		38996	60444	59.1
汕 头	Shantou	440	3	7	19	8	1	18969	32063	55.3
佛 山	Foshan	181	9	17	46	19	1	21554	38376	56.9
#顺 德	Shunde	55	2	10	7	7	1	6507	11512	56.9
韶 关	Shaoguan	705	1	6	42	5	2	26069	45074	56.6
河 源	Heyuan	641	1	2	14	6		29282	69082	56.0
梅 州	Meizhou	526	2	3	17	9		19941	35792	64.8
惠 州	Huizhou	63	5	11	43	4		26419	46824	54.3
汕 尾	Shanwei	240	1	2	10			15289	28471	55.9
东 莞	Dongguan	89	20	25	30	13	1	17254	38358	59.1
中 山	Zhongshan	510	3	6	19	3	2	32297	47612	56.7
江 门	Jiangmen	477	6	2	21	2		34590	60030	61.9
阳 江	Yangjiang	426	3	2	18	6		20103	36687	53.8
湛 江	Zhanjiang	637	2	8	22	5		34230	55903	61.0
茂 名	Maoming	437	1	3	7			18712	29837	68.4
肇 庆	Zhaoqing	832		1	16	8	1	36498	54768	61.3
清 远	Qingyuan	820	1	5	26	3		31788	54188	44.8
潮 州	Chaozhou	13		6	4	3		1787	2559	64.8
揭 阳	Jieyang	319	1	5	6	1		14247	21717	60.5
云 浮	Yunfu	337		4	7	5		14364	24968	79.5
按经济区域分	By Region									
珠 三 角	Pearl River Delta	5192	91	134	438	109	5	422026	684830	
东 翼	Eastern Region	1012	5	20	39	12	1	50292	84810	
西 翼	Western Region	1500	6	13	47	11		73045	122427	
山 区	Mountainous Region	3029	5	20	106	28	2	121444	229104	

注:本表星级宾馆(酒店)指2010年底止已得到国家旅游局或广东省旅游局批准的,不包已报未批部分。

Note: Star-rated hotels in this table refer to those approved by the National Tourism Administration or Guangdong Provincial Tourism Administration by the end of 2010, excluding hotels under examination.

17-5 各市接待过夜旅游者人数
Number of Overnight Tourists by City

单位：万人次 (10000 person-times)

市 别	City	2011 合计 Total	2011 入境游客 Overseas Tourist Arrivals	2011 国内游客 Domestic Tourists	2012 合计 Total	2012 入境游客 Overseas Tourist Arrivals	2012 国内游客 Domestic Tourists
全省合计	**Provincial Total**	**24377.16**	**3309.64**	**21067.52**	**27412.21**	**3500.66**	**23911.55**
广 州	Guangzhou	4594.85	778.69	3816.16	4809.57	792.21	4017.36
深 圳	Shenzhen	3732.53	1104.55	2627.98	4147.74	1206.45	2941.29
珠 海	Zhuhai	1535.68	320.84	1214.84	1596.37	297.58	1298.79
汕 头	Shantou	903.84	14.06	889.78	1040.94	14.78	1026.16
佛 山	Foshan	980.65	125.13	855.52	1045.22	133.21	912.01
#顺 德	Shunde	267.41	34.42	232.99	276.00	43.60	232.40
韶 关	Shaoguan	910.55	18.47	892.08	1000.68	8.79	991.89
河 源	Heyuan	604.07	4.91	599.16	783.27	5.78	777.50
梅 州	Meizhou	751.97	10.51	741.46	969.56	12.77	956.79
惠 州	Huizhou	1188.63	174.68	1013.95	1312.84	190.59	1122.25
汕 尾	Shanwei	442.23	3.73	438.50	522.79	4.37	518.42
东 莞	Dongguan	1686.13	286.14	1399.99	1735.39	303.34	1432.05
中 山	Zhongshan	665.27	60.82	604.46	800.25	55.86	744.40
江 门	Jiangmen	1142.27	129.17	1013.11	1284.65	165.09	1119.55
阳 江	Yangjiang	461.35	5.61	455.74	578.13	5.70	572.43
湛 江	Zhanjiang	923.60	14.23	909.38	1265.25	17.95	1247.30
茂 名	Maoming	362.64	2.30	360.34	400.96	2.50	398.47
肇 庆	Zhaoqing	1262.56	158.87	1103.69	1392.22	171.68	1220.54
清 远	Qingyuan	780.31	35.99	744.33	845.45	38.58	806.86
潮 州	Chaozhou	404.29	43.56	360.73	491.60	54.14	437.46
揭 阳	Jieyang	440.31	8.01	432.30	543.67	8.17	535.50
云 浮	Yunfu	603.39	9.36	594.03	845.63	11.13	834.51
按经济区域分	By Region						
珠三角	Pearl River Delta	16788.59	3138.89	13649.70	18124.26	3316.00	14808.26
东 翼	Eastern Region	2190.67	69.36	2121.30	2599.00	81.46	2517.54
西 翼	Western Region	1747.60	22.14	1725.46	2244.35	26.15	2218.20
山 区	Mountainous Region	3650.30	79.24	3571.06	4444.60	77.05	4367.55

17-6 各市旅行社组团出境游人数（2012年）

Number of Outbound Visitors in Group Tours by City (2012)

单位：人 (person)

市别	City	合计 Total	香港 Hong Kong	澳门 Macao	其它 Others
全省合计	**Provincial Total**	**6632016**	**3018264**	**1184664**	**2429088**
广 州	Guangzhou	2439858	748131	564146	1127581
深 圳	Shenzhen	2732716	1585775	212340	934601
珠 海	Zhuhai	361448	138518	105174	117756
汕 头	Shantou	38638	16212	5838	16588
佛 山	Foshan	387499	253987	75212	58300
#顺 德	Shunde	105261	71492	12000	21769
韶 关	Shaoguan	4301	1294	531	2476
河 源	Heyuan	1186	248	53	885
梅 州	Meizhou	19482	10717	5078	3687
惠 州	Huizhou	41262	20177	7899	13186
汕 尾	Shanwei	676	332	77	267
东 莞	Dongguan	177950	57562	57125	63263
中 山	Zhongshan	189610	113419	19439	56752
江 门	Jiangmen	149231	32815	102877	13539
阳 江	Yangjiang	4201	1375	885	1941
湛 江	Zhanjiang	6506	3148	947	2411
茂 名	Maoming	10006	3981	4436	1589
肇 庆	Zhaoqing	33099	15090	11032	6977
清 远	Qingyuan	18092	8760	8998	334
潮 州	Chaozhou	14212	6107	2419	5686
揭 阳	Jieyang	1098	169	128	801
云 浮	Yunfu	945	447	30	468
按经济区域分	By Region				
珠三角	Pearl River Delta	6512673	2965474	1155244	2391955
东 翼	Eastern Region	54624	22820	8462	23342
西 翼	Western Region	20713	8504	6268	5941
山 区	Mountainous Region	44006	21466	14690	7850

17-7 各市旅游业收入

Tourism Earnings by City

单位：亿元 (100 million yuan)

市别	City	收入合计 Total Earnings 2011	收入合计 Total Earnings 2012	旅游外汇收入 Foreign Exchange Earnings 2011	旅游外汇收入 Foreign Exchange Earnings 2012	国内旅游收入 Domestic Tourism Earnings 2011	国内旅游收入 Domestic Tourism Earnings 2012
全省合计	**Provincial Total**	**4835.26**	**5794.74**	**903.55**	**986.88**	**3931.71**	**4807.86**
广州	Guangzhou	1630.79	1911.09	315.32	324.98	1315.47	1586.11
深圳	Shenzhen	737.32	839.97	243.32	273.45	494.00	566.52
珠海	Zhuhai	222.83	235.83	69.32	60.04	153.51	175.79
汕头	Shantou	104.42	123.87	3.30	3.27	101.12	120.60
佛山	Foshan	296.46	365.72	63.21	76.42	233.25	289.30
#顺德	Shunde	81.53	92.24	24.96	23.64	56.57	68.60
韶关	Shaoguan	129.60	155.87	4.18	1.96	125.42	153.91
河源	Heyuan	61.09	132.43	0.54	0.59	60.55	131.84
梅州	Meizhou	116.18	150.12	2.24	2.58	113.94	147.54
惠州	Huizhou	161.19	184.15	37.46	42.82	123.73	141.33
汕尾	Shanwei	57.95	72.50	0.70	0.89	57.25	71.61
东莞	Dongguan	249.37	306.35	59.12	80.18	190.25	226.17
中山	Zhongshan	151.41	180.69	16.06	13.88	135.35	166.81
江门	Jiangmen	154.43	185.29	39.10	44.17	115.33	141.12
阳江	Yangjiang	66.35	86.49	1.37	1.41	64.98	85.08
湛江	Zhanjiang	92.92	127.13	2.36	3.04	90.56	124.09
茂名	Maoming	84.41	93.14	0.82	0.83	83.59	92.31
肇庆	Zhaoqing	142.32	179.50	21.26	30.76	121.06	148.74
清远	Qingyuan	161.51	178.71	7.63	9.11	153.88	169.60
潮州	Chaozhou	63.48	74.76	12.84	13.46	50.64	61.30
揭阳	Jieyang	64.79	86.19	1.74	1.12	63.05	85.07
云浮	Yunfu	86.44	124.94	1.66	1.92	84.78	123.02
按经济区域分	By Region						
珠三角	Pearl River Delta	3746.12	4388.59	864.17	946.70	2881.95	3441.89
东翼	Eastern Region	290.64	357.32	18.58	18.74	272.06	338.58
西翼	Western Region	243.68	306.76	4.55	5.28	239.13	301.48
山区	Mountainous Region	554.82	742.07	16.25	16.16	538.57	725.91

17-8 国际旅游外汇收入

Foreign Exchange Earnings from International Tourism

单位：万美元 (USD 10000)

指 标	Item	2000	2005	2009	2010	2011	2012
全省总计	**Provincial Total**	**411221**	**639739**	**1002813**	**1243154**	**1390619**	**1562257**
商品性收入	**Commodity Earnings**	**87837**	**159295**	**284799**	**300843**	**328186**	**373380**
商品销售收入	Shopping	40834	104917	204574	203877	230843	226528
饮食销售收入	Food and Beverage	47003	54378	80225	96966	97343	146852
劳务性收入	**Service Earnings**	**323384**	**480444**	**718014**	**942311**	**1062433**	**1188877**
景区游览费	Sightseeing	14804	16633	34096	44754	45890	62490
宿费	Accommodation	59216	78048	115323	159124	175218	221840
长途交通费	Long Distance Transportation	173535	246939	376055	493532	603529	640525
民航	Civil Aviation	113086	143302	276776	361758	492279	499922
铁路	Railway	43589	67173	33093	44754	40328	59366
轮船	Waterway	6991	23031	37104	45997	40328	34370
汽车	Highway	9869	13435	29082	41024	30594	46868
市内交通费	Local Transportation	7813	11515	27076	26106	26422	28121
邮政电讯费	Postal and Communication Services	9458	21111	19053	19890	20859	21872
文化娱乐费	Cultural and Recreational Services	37010	46701	61172	94480	87609	112482
其他	Others	21548	59496	85239	104425	102906	101547

17-9 各市国际旅游外汇收入

Foreign Exchange Earnings from International Tourism by City

单位：万美元 (USD 10000)

市　别	City	2000	2004	2005	2007	2008	2009	2010	2011	2012
全　省	**Provincial Total**	**411221**	**538039**	**639739**	**870404**	**917760**	**1002813**	**1243154**	**1390619**	**1562257**
广　州	Guangzhou	150580	189665	229400	319147	313035	362396	468858	485306	514458
深　圳	Shenzhen	141669	178672	200869	262330	270800	276026	318058	374474	432882
珠　海	Zhuhai	39395	56258	70148	90240	94823	102670	122339	106685	95045
汕　头	Shantou	11705	6574	5950	5936	6491	4910	5016	5071	5175
佛　山	Foshan	15973	25606	34485	54113	58176	65194	72896	97283	120984
#顺　德	Shunde	9572	18210	21101	28996	33848	32823	35615	36760	38130
韶　关	Shaoguan	351	1238	2782	2647	2159	2112	10309	6430	3110
河　源	Heyuan	798	808	850	1068	931	1267	1389	839	926
梅　州	Meizhou	1487	2611	1975	2695	3028	2624	2962	3455	4086
惠　州	Huizhou	5333	8628	16549	28669	33091	40107	50168	57652	67786
汕　尾	Shanwei	387	389	455	525	511	511	1175	1076	1418
东　莞	Dongguan	7618	23437	28189	42702	45614	51756	67592	90975	126924
中　山	Zhongshan	14692	20688	21027	21678	22702	20434	27591	24717	21979
江　门	Jiangmen	8295	9254	10521	16485	39129	40891	47657	60167	69917
阳　江	Yangjiang	230	794	852	1975	1537	1412	1876	2110	2226
湛　江	Zhanjiang	1004	1071	1483	1785	1891	2237	2716	3630	4816
茂　名	Maoming	169	558	676	986	1099	981	1198	1264	1315
肇　庆	Zhaoqing	6264	4594	4718	5092	6685	8089	12440	32731	48689
清　远	Qingyuan	834	1321	2051	2895	4446	4511	11062	11737	14417
潮　州	Chaozhou	3071	4614	5264	6923	8774	11072	13207	19773	21303
揭　阳	Jieyang	701	545	587	744	862	1481	2150	2679	1768
云　浮	Yunfu	665	714	907	1769	1975	2132	2499	2563	3033
按经济区域分	By Region									
珠三角	Pearl River Delta	389819	516802	615907	840455	884056	967563	1187597	1329991	1498663
东　翼	Eastern Region	15864	12122	12256	14128	16637	17974	21547	28599	29664
西　翼	Western Region	1403	2423	3012	4746	4527	4629	5790	7004	8357
山　区	Mountainous Region	4135	6692	8564	11074	12539	12647	28220	25025	25573

注：本表数为广东省旅游局抽样调查测算数。

Note: Data in this table are obtained from the sample surveys of Guangdong Provincial Tourism Administration.

主要统计指标解释

入境旅游人数 指来我国参观、访问、旅行、探亲、访友、休养 、考察、参加会议和从事经济、科技、文化、教育、体育、宗教等活动的外国人、华侨、港澳台同胞的人数。不包括外国在我国的常驻机构，如使领馆、通讯社、企业办事处的工作人员；来我国常驻的外国专家、留学生以及在岸逗留不过夜人员。

国际旅游外汇收入 指入境旅游的外国人、华侨、港澳台同胞在中国大陆旅游过程中发生的一切旅游支出，对于国家来说就是国际旅游外汇收入。

Explanatory Notes on Main Statistical Indicators

Number of Overseas Visitor Arrivals refers to the number of foreigners, overseas Chinese, Chinese compatriots from Hong Kong, Macao and Taiwan coming to China for sight-seeing, visits, tours, family reunions, gatherings of friends, recuperation, inspection, conferences and other activities in the nature of business, science and technology, culture, education, sports, and religion. The statistics excludes representatives and employees of resident institutions of foreign countries in China such as embassies, consulates, news agencies and offices of foreign companies and organizations, as well as long-term foreign experts or students residing in China, and persons in transition without staying overnight in China.

Foreign Exchange Earnings from International Tourism refer to the total expenditures of foreigners, overseas Chinese, Chinese compatriots from Hong Kong, Macao and Taiwan during their stay in the mainland of China, or earnings of foreign exchange from international tourism in terms of national economy.

十八、教育、科技和文化

EDUCATION,SCIENEC & TECHNOLOGY AND CULTURE

十八 教育、科技和文化

简要说明

一、本篇资料主要反映广东教育、科学技术活动和文化事业的基本情况。

二、本篇资料主要包括：

1. 高、中、初等教育，幼儿教育和各种类型的各级成人教育，指标主要包括各级各类的学校数、在校生数、招生数、毕业生数、教职工数和专任教师数等。

2. 科技成果奖励和技术市场情况，专利申请受理量和批准量，研究与开发机构基本情况，高校研究与发展人员及经费，科协系统科技活动情况等数据。

3. 文化艺术、文物、图书馆、新闻出版、广播、电影、电视等文化事业的机构、人员及业务活动开展情况等。

三、本篇资料由广东省统计局社会和科技统计处负责整理、编辑。

四、统计资料来源：

教育统计资料是根据省教育厅、省人力资源和社会保障厅提供的统计年报加工整理。 科技统计资料是根据省科技厅、省人力资源和社会保障厅、省教育厅、省科协等部门提供的统计年报加工整理。文化统计资料是根据省文化厅、省新闻出版局、省广播电影电视局、省体育局及省档案局等有关部门提供的统计年报加工整理。

18 Education,Science & Technology and Culture

Brief Introduction

Ⅰ. The data in this chapter show the basic conditions on the development Guangdong's education, science and technology as well as cultural undertakings.

Ⅱ. The data in this chapter mainly include:

(1) The data on tertiary, secondary, primary, and kindergarten education and various types of adult education at all levels, including the number of schools, the number of students enrolled, the number of new enrollments, the number of graduates, the number of staff and workers, and the number of full-time teachers of various levels and categories.

(2) The data on scientific and technological achievements and prizes, conditions of technological markets, numbers of patent applications accepted and granted, basic conditions of R & D institutions, R & D personnel and funds in universities and colleges, and scientific and technological activities of associations of science and technology, etc.

(3) The data on institutions, personnel and business activities of culture and arts, cultural relics, libraries, news and publication, radio, film and television, etc.

Ⅲ. The data are prepared and edited by the Division of Social, Scientific and Technological Statistics of Statistics Bureau of Guangdong Province.

Ⅳ. Data sources:

Data on education are processed and prepared in accordance with the annual statistical reports provided by Guangdong Provincial Department of Education and Guangdong Provincial Department of human resources and social security. Data on science and technology are processed and prepared in accordance with the annual statistical reports provided by Guangdong Provincial Department of Science and Technology, Guangdong Provincial Department of human resources and social security，Guangdong Provincial Department of Education, Guangdong Provincial Department of Personnel and Guangdong Provincial Association of Science and Technology. The data on culture are processed and prepared in accordance with the annual statistical reports provided by Guangdong Provincial Department of Culture, Guangdong Provincial Administration of Press and Publication, Guangdong Provincial Administration of Radio, Film and Television, Guangdong Provincial Bureau of Sports, Guangdong Provincial Bureau of Archives and the related departments.

18-1 教育、科技、文化主要指标

Main Indicators on Education, Science and Technology and Culture

指 标	Item	2000	2005	2010	2011	2012
在校学生数 (万人)	Number of Total Enrollment (10000 persons)					
普通本专科	Regular Institutions of Higher Education	29.95	87.47	142.66	152.73	161.69
成人本专科	Institutions of Higher Education for Adults	20.14	29.56	46.40	46.05	48.90
中等学校	Secondary Schools	541.72	715.52	939.23	931.04	906.49
#普通中学	Regular Secondary Schools	460.69	611.69	709.05	699.47	668.40
高等教育毛入学率 (%)	Gross Enrollment Rate of High Education (%)	11.4	22.0	28.0	28.0	28.2
高中毛入学率 (%)	Gross Enrollment Rate of Senior Secondary Schools (%)	38.7	57.5	86.2	90.3	95.0
小学毕业生升学率 (%)	Percentage of Graduates of Primary School Entering Junior Secondary School (%)	96.2	97.2	95.5	95.1	93.5
学龄儿童入学率 (%)	Percentage of School-age Children Enrolled (%)	99.7	99.7	100.0	99.96	99.94
每万人口普通高校在校学生数 (人)	Number of Students Enrolled in Regular Institutions of Higher Education per 10000 Population (person)	41.19	105.00	148.02	146.28	153.91
各级学会及研究会 (个)	Number of Learned Societies and Research Societies (unit)	3780	2901	2371	2630	2301
专业技术人员数 (万人)	Professional and Technical Personnel (10000 persons)	129.78	139.90	145.80	144.80	145.90
各级学会及农技协会员 (万人)	Number of Members of Learned Societies and Agricultural Technological Associations at Various Levels(10000 persons)	70.41	72.97	39.37	41.32	57.05
科技研究机构数 (个)	Number of R&D Institutions (unit)			4452	4535	4756
研究与实验发展(R&D)人员(万人)	Number of R&D Personnel (10000 persons)			44.66	51.56	62.91
研究与实验发展(R&D)经费内部支出 (亿元)	R&D Expenditure Internal Expernditure (100 million yuan)	107.12	249.60	808.75	1045.49	1236.15
占本省生产总值比例 (%)	Percentage of Research and Development Expenditure in Provincial GDP (%)	1.11	1.12	1.76	1.96	2.17
研究与实验发展(R&D)课题(项目)数 (个)	Number of R&D Programs/Projects (item)			72747	78772	93179
省级及以上科技奖励成果 (项)	Number of Achievements in Science and Technology Awarded by Provincial-level and Higher Agencies (item)	289	303	296	306	306
技术合同成交额 (亿元)	Transaction Value of Technological Contracts (100 million yuan)	48.21	112.47	242.5	286.62	369.75
专利申请受理量 (件)	Number of Patent Applications Examined (item)	21123	72220	152907	196275	229514
专利申请批准量 (件)	Number of Patent Applications Granted (item)	15799	36894	119346	128415	153598
电影放映单位 (个)	Number of Film Projection Units (unit)	1626	720	1392	1357	1419
艺术表演团体 (个)	Number of Art Performance Troupes (unit)	138	139	133	100	61
文化馆 (个)	Number of Cultural Centers (unit)	118	117	129	134	137
公共图书馆 (个)	Number of Public Libraries (unit)	125	129	133	134	137
公共图书馆藏量 (万册、件)	Holdings of Public Libraries (10000 volumes)	2330	3119	4615	5890	6567
博物馆（含美术馆） (个)	Number of Museums (including arts museum) (unit)	131	146	169	161	168
博物馆藏品数(含美术馆) (万件)	Holdings of Museums (including arts museum)(10000 pieces)	49.09	66.22	84.46	83.82	98.22
档案馆 (个)	Number of Archives (unit)	161	185	205	209	209
利用档案 (万卷次)	Archives Utilized (10000 volume-times)	36.32	67.45	301.00	254.00	236.00
图书出版量 (万册)	Number of Books Published (10000 copies)	26978	22600	23134	32637	29622
杂志出版量 (万册)	Number of Magazines Published (10000 copies)	26299	20371	21201	20402	18572
报纸出版量 (亿份)	Number of Newspapers Published (100 million copies)	34.63	39.82	45.59	45.79	45.32
广播电台 (座)	Number of Radio Stations (unit)	106	22	22	22	22
电视台 (座)	Number of TV Stations (unit)	67	24	24	24	24
广播综合人口覆盖率 (%)	Overall Population Coverage Rate of Radio (%)	96.0	96.1	98.0	98.0	99.9
电视综合人口覆盖率 (%)	Overall Population Coverage Rate of Television (%)	96.4	96.4	98.0	98.0	99.9

注：1. 科技活动有关指标1995年及以前只包括四大科技主体，从2000年起为全社会口径。
2. 2000年开始报纸出版统计不包校报、院报。
3. 全省小学毕业生升学率，按照教育部统一口径，根据教育统计报表，当年本省初中招生数除以小学毕业生数计算，不考虑学生跨省流动。

Note: a) In 1995 and prior to it,only four scientific and technological principals are included in the indicators on scientific and technological activities, whereas the data have referred to the statistical coverage of the whole society since 2000.
b) Since 2000, the number of newspaper published does not include that of college or institute newspaper.
c) According to the Ministry of Eduucation,the percentage of graduates of primary schools entering junior secondary schools is calculated as the number of new enrollments of local junior secondary schools divided by the number of graduates from local primary schools and the trans-provincial flow of students are without consideration.

18-2 各级各类学校在校学生数

Number of Total Enrollment by Level and Type of School

单位：万人 (10000 persons)

年份 Year	高等学校 Institutions of Higher Education	中等学校 Secondary Schools			小学 Primary Schools
		中等职业教育学校 Vocational Secondary Schools	技工学校 Technical Schools	普通中学 Regular Secondary Schools	
1978	3.07	3.64		313.32	743.02
1979	3.79	4.51	0.71	268.73	743.81
1980	4.10	6.28	1.61	252.11	748.86
1981	4.47	6.12	1.39	218.71	734.78
1982	4.09	6.51	0.99	200.19	723.03
1983	4.56	9.96	0.92	199.59	705.34
1984	5.47	12.99	1.01	220.69	692.73
1985	6.99	18.01	1.45	236.45	671.25
1986	7.83	28.22	1.45	249.93	670.62
1987	8.63	34.26	2.63	252.60	677.37
1988	9.72	37.63	3.40	244.23	688.72
1989	10.04	42.09	3.93	235.73	715.15
1990	9.59	45.27	5.22	234.03	747.29
1991	9.27	44.74	5.63	238.28	788.93
1992	9.74	46.29	6.58	255.02	808.98
1993	11.70	50.24	7.68	277.19	832.14
1994	13.75	55.89	9.57	307.38	862.21
1995	15.18	66.67	11.10	339.46	883.19
1996	16.40	67.30	12.28	373.19	897.64
1997	17.47	72.70	13.29	400.85	911.34
1998	18.50	70.50	14.50	423.61	918.02
1999	22.08	69.50	23.00	443.91	920.96
2000	29.95	65.57	15.46	460.69	929.93
2001	38.19	62.00	16.67	489.70	952.98
2002	46.78	61.20	17.82	513.40	979.61
2003	58.78	63.08	23.90	545.91	1025.37
2004	72.69	65.54	28.11	580.86	1049.62
2005	87.47	71.02	32.81	611.69	1067.03
2006	100.86	80.84	38.16	639.29	1056.99
2007	111.97	90.76	45.81	655.38	1017.62
2008	121.64	100.08	53.54	679.65	956.47
2009	133.41	120.46	64.11	696.11	887.65
2010	142.66	154.78	75.56	709.05	848.55
2011	152.73	152.05	85.13	699.47	822.06
2012	161.68	149.57	88.52	668.40	808.24

注：1. 高等学校人数指普通本、专科人数，下同。

2. 1986年后中等职业教育学校包括普通中专、成人中专、职业高中，1986年前缺成人中专数据。

Notes: a) Number of students in institutions of higher education refers to the number of students in regular universities with full undergraduate courses and colleges with specialized courses. The same applies to the following tables.

b) Since 1986, vocational secondary schools have included regular specialized secondary schools, specialized secondary schools for adults and vocational senior secondary schools. Prior to 1986, no data of specialized secondary schools for adults are available.

18-3 各级各类学校情况

Statistics on Various Levels and Types of Schools

项 目	Item	1995	2000	2005	2010	2011	2012
高等学校	**Institutions of Higher Education**						
学校数 (所)	Number of Schools (unit)	42	52	111	131	134	138
毕业生数 (万人)	Number of Graduates (10000 persons)	3.48	5.00	15.71	33.42	35.76	40.40
本科	Universities with Full Undergraduate Courses	1.47	2.40	6.11	15.29	16.23	18.13
专科	Colleges with Specialized Courses	2.01	2.60	9.60	18.13	19.53	22.27
招生数 (万人)	Number of New Enrollments (10000 persons)	4.94	12.08	30.70	44.02	47.36	51.08
本科	Universities with Full Undergraduate Courses	2.13	5.01	13.65	21.70	23.22	24.53
专科	Colleges with Specialized Courses	2.81	7.07	17.05	22.31	24.14	26.55
在校学生数(万人)	Number of Enrolled Students (10000 persons)	15.18	29.95	87.47	142.66	152.73	161.69
本科	Universities with Full Undergraduate Courses	7.68	15.03	42.86	77.86	84.23	90.04
专科	Colleges with Specialized Courses	7.50	14.92	44.61	64.8	68.49	71.65
教职工数 (万人)	Number of Teachers and Staff (10000 persons)	4.15	4.68	9.08	11.4	11.9	12.4
#专任教师	Full-time Teachers	1.66	2.04	5.43	7.86	8.29	8.74
中等职业教育	**Vocational Secondary Schools**						
学校数 (所)	Number of Schools (unit)	744	658	641	566	538	522
毕业生数 (万人)	Number of Graduates (10000 persons)	18.13	21.54	18.91	33.17	36.65	41.92
招生数 (万人)	Number of New Enrollment (10000 persons)	27.99	21.10	27.93	74.13	55.03	49.58
在校学生数(万人)	Number of Total Enrollment (10000 persons)	66.67	65.57	71.02	154.78	152.05	149.57
教职工数 (万人)	Number of Teachers and Staff (10000 persons)	5.34	5.70	4.91	5.86	6.06	6.08
#专任教师	Full-time Teachers	3.20	3.70	3.37	4.35	4.60	4.62
技工学校	**Technical Schools**						
学校数 (所)	Number of Schools (unit)	171	186	192	246	246	243
毕业生数 (万人)	Number of Graduates (10000 persons)	2.83	4.28	7.06	12.80	13.16	14.12
招生数 (万人)	Number of New Enrollments (10000 persons)	4.69	5.84	12.92	28.2	30.19	30.13
在校学生数(万人)	Number of Total Enrollment (10000 persons)	11.10	14.46	32.81	75.56	85.13	88.52
教职工数 (万人)	Number of Teachers and Staff (10000 persons)	1.24	1.07	1.46	2.78	2.83	2.84
#专任教师	Full-time Teachers	0.61	0.68	1.03	1.98	2.03	2.08
普通中学	**Regular Secondary Schools**						
学校数 (所)	Number of Schools (unit)	3845	3964	4282	4334	4328	4326
毕业生数 (万人)	Number of Graduates (10000 persons)	85.82	131.82	174.33	210.23	224.99	230.83
招生数 (万人)	Number of New Enrollments (10000 persons)	131.18	171.16	219.64	241.96	231.85	217.57
在校学生数(万人)	Number of Total Enrollment (10000 persons)	339.46	460.69	611.69	709.05	699.47	668.40
教职工数 (万人)	Number of Teachers and Staff (10000 persons)	22.31	27.57	36.03	44.53	45.74	46.69
#专任教师	Full-time Teachers	17.57	22.86	30.73	39.15	40.51	41.53

注：普通高等学校数包含独立学院数。

Note: The number of regular schools (institutions) of higher education includes independent colleges.

18-3 续表 continued

项目	Item	1995	2000	2005	2010	2011	2012
小学	**Primary Schools**						
学校数 (万所)	Number of Schools (10000 units)	2.46	2.42	2.12	1.68	1.51	1.34
毕业生数 (万人)	Number of Graduates (10000 persons)	121.56	148.48	167.43	174.19	161.97	149.96
招生数 (万人)	Number of New Enrollments (10000 persons)	151.55	155.73	164.16	135.92	140.89	145.30
在校学生数 (万人)	Number of Students Enrolled (10000 persons)	883.19	929.93	1067.03	848.55	822.06	808.24
教职工数 (万人)	Number of Teachers and Staff (10000 persons)	37.68	42.08	46.37	48.78	48.83	48.60
#专任教师	Full-time Teachers	32.14	36.41	40.38	43.07	43.25	43.24
学龄儿童	**School-age Children**						
学龄儿童总数 (万人)	Total number (10000 persons)	832.40	905.39	1026.90	801.82	775.53	764.20
已入学学龄儿童数(万人)	Primary School Enrollment number (10000 persons)	829.99	902.65	1023.60	801.45	775.23	763.76
学龄儿童入学率 (%)	Enrollment Rate (%)	99.71	99.70	99.68	99.95	99.96	99.94
小学毕业生	**Primary School Graduates**						
小学毕业生人数 (万人)	Number of Graduates (10000 persons)	121.56	148.48	167.43	174.19	161.97	149.96
已升学人数 (万人)	Number of Students Entering into Junior Secondary Schools (10000 persons)	115.62	142.77	162.66	166.37	154.09	140.25
小学毕业生升学率 (%)	Promotion Rate from Primary Schools to Junior Secondary Schools (%)	95.38	96.15	97.15	95.51	95.14	93.52
幼儿园	**Kindergartens**						
幼儿园数 (所)	Number of Kindergartens (unit)	7923	12027	10359	11161	11785	12720
在园幼儿数 (万人)	Number of Children in Kindergartens(10000 persons)	200.01	214.18	213.92	227.23	307.81	330.72
教职工数 (万人)	Number of Teachers and Staff (10000 persons)	9.09	12.91	15.90	23.68	27.00	30.40
#专任教师	Full-time Teachers	5.93	8.36	9.18	13.63	14.98	16.88
特殊教育学校	**Special Schools**						
特殊教育学校数 (所)	Number of Schools (unit)	42	61	67	75	80	94
招生数 (人)	Number of New Enrollments (persons)	5143	2000	3363	3666	3581	4632
在校学生数 (人)	Number of Total Enrollment (persons)	29377	27507	25752	26064	25022	24485

注：1. 2003年起中等职业教育学校包括：普通中等专业学校、成人中等专业学校、职业高中数据。
2. 高中阶段毕业生数不包括技工学校毕业生数。
3. 特殊教育学校是指独立设置招收盲哑和智残儿童，以及其他特殊需要的儿童、青少年进行普通或职业初、中等教育的教学机构。

Notes: a) Since 2003 , vocational secondary schools have included regular specialized secondary schools , specialized secondary schools for adults and vocational senior secondary schools.
b) Number of graduates from senior secondary schools does not include graduates from technical schools.
c) Special schools refer to separate institutions providing regular or vocational primary and secondary education for blinded, dumb or mentally-retarded children, or other children and adolescents in need of special care in education.

18-4 研究生教育情况

Statistics on Postgraduate Education

项　目	Item	1995	2000	2005	2009	2010	2011	2012
培养单位数（个）	**Number of Institutions of Postgraduate Education (unit)**	**23**	**26**	**29**	**31**	**31**	**31**	**32**
高等学校	Institutions of Higher Education	15	18	21	23	23	23	24
科研单位	Research Institutions	8	8	8	8	8	8	8
招生数（人）	**Number of New Enrollments (person)**	**1922**	**5672**	**17054**	**24452**	**25798**	**26919**	**28073**
攻读博士学位	For Doctor Degree	407	1053	2802	3182	3307	3379	3459
高等学校	Institutions of Higher Education	387	1001	2599	3007	3117	3184	3261
科研单位	Research Institutions	20	52	203	175	190	195	198
攻读硕士学位	For Master Degree	1515	4619	14252	21270	22491	23540	24614
高等学校	Institutions of Higher Education	1442	4510	13953	20948	22135	23209	24274
科研单位	Research Institutions	73	109	299	322	356	331	340
在校学生数（人）	**Number of Enrolled Students (person)**	**5405**	**13023**	**43942**	**65901**	**72455**	**77579**	**81459**
攻读博士学位	For Doctor Degree	935	2558	9049	11672	12341	12991	13438
高等学校	Institutions of Higher Education	894	2445	8406	11078	11706	12327	12756
科研单位	Research Institutions	41	113	643	594	635	664	682
攻读硕士学位	For Master Degree	4470	10405	34893	54229	60114	64588	68021
高等学校	Institutions of Higher Education	4308	10161	34066	53329	59159	63650	67069
科研单位	Research Institutions	162	244	827	900	955	938	952
毕业生数（人）	**Number of Graduates (person)**	**1265**	**2182**	**9489**	**16878**	**17862**	**20538**	**23220**
攻读博士学位	For Doctor Degree	154	417	1342	2482	2436	2589	2803
高等学校	Institutions of Higher Education	147	387	1241	2308	2288	2413	2620
科研单位	Research Institutions	7	30	101	174	148	176	183
攻读硕士学位	For Master Degree	1111	1765	8147	14396	15426	17949	20417
高等学校	Institutions of Higher Education	1074	1692	7941	14144	15158	17696	20156
科研单位	Research Institutions	37	73	206	252	268	253	261

18-5 各级各类成人教育在校学生数

Number of Total Enrollment by Level and Type of Adult School

单位：人 (person)

项　目	Item	1990	1995	2000	2005	2010	2011	2012
成人高等教育	**Higher Education for Adults**	**87850**	**135053**	**201410**	**295618**	**463987**	**460467**	**408541**
成人高等学校	Institutions of Higher Education for Adults	59787	86757	84057	30081	22025	18616	18437
广播电视大学	Radio and TV Universities	17090	38822	34242	10740	10980	11100	10856
职工高等学校	Schools of Higher Education for Staff and Workers	14712	16445	17147	6865	6344	6001	5961
管理干部学院	Colleges for Management Cadres	5488	13342	20142	2686	4398	495	
教育学院	Teachers' Colleges	22497	18148	12526	9790	303	1020	1620
普通高校附设	Departments Run by Institutions of Higher Education	28063	48296	117353	265537	441962	441851	390104
函授部	Correspondence Divisions	15878	20929	51028	100260	173761	161569	174105
夜大学	Evening Universities	11488	15215	43063	141532	265713	279064	215837
成人脱产班	Full-time Courses for Adults	697	12152	23262	23745	2488	1218	162
成人中等教育	**Secondary Education for Adults**				**129682**	**29105**	**32900**	**31719**
成人中专学校	Specialized Secondary Schools for Adults				85385	27327	28977	27134
农林类	Farming and Forestry				1568			
资源与环境类	Resource and Environment							
能源类	Energy							
土木水利工程类	Civil Construction and Water Conservancy Engineering				725			
加工制造类	Processing and Manufacturing				13179			
交通运输类	Transport				4951			
信息技术类	Information Technology				19961			
医药卫生类	Medicine and Public Health				4288			
休闲保健类	Health and Leisure							
商贸与旅游类	Trade and Tourism				11789			
财经类	Finance and Economics				16434			
文化艺术与体育类	Culture, Arts and Physical Education				2215			
社会公共事业类	Social Public Utilities				3484			
师范类	Teacher Education				6551			
其他	Others				240			
成人中学	Secondary Schools for Adults	50574	67888	44006	44297	5358	3923	4585
成人初等教育	**Primary Education for Adults**	**1041748**	**342318**	**235926**	**10714**			
职工初等教育	Primary Schools for Staff and Workers	21836	20522	10825	927			
农民初等教育	Primary School for Farmers	1019912	321796	225101	9787	1778	921	
#扫盲班	Literacy Courses	99396	7483	2389	2800	1778	921	

注：由于2010年中等职业教育报表重新分科类，故2009年有分类与2010年的分类有所不同。

Note: Fields of study of secondary vocational school are re-categorized in 2010,and hence some categories of 2009 and different from those of 2010. The categorization of 2010 is shown in the worksheet of "Fields of Study of Secondary Vocational School (2010)".

18-6 高等学校情况（2012年）

Statistics on Institutions of Higher Education (2012)

项目	Item	学校数(所) Number of Schools (unit)	毕业生数(人) Number of Graduates (person)	招生数(人) Number of New Enrollments (person)	在校学生数(人) Number of Total Enrollment (person)	教职工数(人) Number of Teachers and Staff (person)	#专任教师 Full-time Teachers
总　计	**Total**	**138**	**404011**	**510856**	**1616838**	**124085**	**87402**
#女性	Female		204172	263528	827529	58018	40093
按隶属关系分	**Grouped by Relation of Leadership**						
中央属	Under Central Government	4	20995	22742	86792	13090	8230
地方属	Under Local Government	134	383016	488114	1530046	110995	79172
按学校类别分	**Grouped by Type of Institution**						
综合大学	University	66	191502	251828	763416	57618	40159
理工院校	Science and Engineering College	29	92615	119806	362863	25940	18755
农业院校	Agriculture College	3	18216	21458	80148	5793	4137
医药院校	Medicine College	7	19783	22300	90364	10138	7376
师范院校	Teacher Education College	5	26042	27920	96532	7952	5428
语文院校	Language and Literature College	2	7096	7424	28915	2700	1686
财经院校	Economics and Finance College	14	37627	48310	157641	10019	7392
政法院校	Politics and Law College	2	3558	3620	10763	777	460
体育院校	Physical Culture College	3	3152	3184	10163	1154	654
艺术院校	Art College	6	4420	5006	16033	1994	1355
其他	Others	1		442	442	286	183
总计中:职业技术学院	Vocational Technological College	77	173492	234425	604999	40985	28855

18-7 中等学校情况（2012年）

Statistics on Secondary Schools (2012)

项目	Item	学校数(所) Number of Schools (unit)	毕业生数(人) Number of Graduates (person)	招生数(人) Number of New Enrollments (person)	在校学生数(人) Number of Total Enrollment (person)	教职工数(人) Number of Teachers and Staff (person)	#专任教师 Full-time Teachers
中等职业教育	**Vocational Secondary Education**	**522**	**419163**	**495758**	**1495738**	**60847**	**46193**
调整后中等职业学校	Vocational Secondary Schools after Adjustment	329	287746	329966	1023329	38704	28805
普通中专	General Secondary Schools	68	50738	63145	181018	7649	5417
成人中等专业学校	Specialized Secondary Schools for Adults	13	5390	7725	23215	793	589
职业高中学校	Vocational Senior Secondary Schools	112	66818	84909	241274	12413	10484
其他机构	Other Institutions	37	6712	8174	21237	1288	898
附设中职班	Affiliated Vocational Class	16	1759	1839	5665		
技工学校	**Technical Schools**	**243**	**141228**	**301322**	**885190**	**28382**	**20774**
普通中学	**Regular Secondary Schools**	**4326**	**2308266**	**2175745**	**6683932**	**466859**	**415328**
#高中	Senior Schools	1017	688461	773249	2259282		141835

注：2011年增加附设中职班。其他机构和附设中职班不计学校数。普通中专包括中等技术学校和中等师范学校。

Note: In 2011,the item of Affiliated Vocational Class is added. The number of schools of other institutions and affiliated secondary vocational classes is not included in the total number schools of vocational secondary education. The general secondary schools include the secondary technical schools and secondary normal schools.

18-8 各市普通中学情况（2012年）
Statistics on Regular Secondary Schools by City (2012)

市别	City	学校数（所）Number of Schools (unit)	毕业生数（人）Number of Graduates (person)	高中 Senior Secondary Schools	初中 Junior Secondary Schools	招生数（人）Number of New Enrollments (person)
广州	Guangzhou	478	181672	58829	122843	184319
深圳	Shenzhen	302	105384	31885	73499	127983
珠海	Zhuhai	63	31397	10512	20885	31985
汕头	Shantou	265	168086	48703	119383	154904
佛山	Foshan	189	103932	36821	67111	107294
#顺德	Shunde	61	35109	11891	23218	38387
韶关	Shaoguan	155	67123	20894	46229	56855
河源	Heyuan	186	76357	22180	54177	67290
梅州	Meizhou	236	123171	39464	83707	96769
惠州	Huizhou	214	99934	28128	71806	98045
汕尾	Shanwei	172	98543	23111	75432	99497
东莞	Dongguan	203	79449	23398	56051	96348
中山	Zhongshan	101	47504	14769	32735	52958
江门	Jiangmen	183	82425	26303	56122	79736
阳江	Yangjiang	108	64408	22573	41835	51483
湛江	Zhanjiang	333	230543	63930	166613	217350
茂名	Maoming	282	219695	64398	155297	192998
肇庆	Zhaoqing	170	107980	29235	78745	95996
清远	Qingyuan	177	87775	25713	62062	73579
潮州	Chaozhou	125	68696	21869	46827	65440
揭阳	Jieyang	278	194628	57287	137341	171303
云浮	Yunfu	106	69564	18459	51105	53613
按经济区域分	By Region					
珠三角	Pearl River Delta	1903	839677	259880	579797	874664
东翼	Eastern Region	840	529953	150970	378983	491144
西翼	Western Region	723	514646	150901	363745	461831
山区	Mountainous Region	860	423990	126710	297280	348106

18-8 续表 continued

市 别	City	在校学生数（人） Number of Total Enrollment (person)	高中 Senior Secondary Schools	初中 Junior Secondary Schools	教职工数（人） Number of Teachers and Staff (person)	#专任教师 Full-time Teachers
广 州	Guangzhou	550669	177188	373481	55340	46457
深 圳	Shenzhen	359643	107926	251717	47733	38081
珠 海	Zhuhai	94961	31685	63276	7733	6851
汕 头	Shantou	461788	157622	304166	31202	26731
佛 山	Foshan	318633	113315	205318	25750	22813
#顺 德	Shunde	112067	38448	73619	8797	8357
韶 关	Shaoguan	177923	63439	114484	16541	14844
河 源	Heyuan	213273	76163	137110	18582	16557
梅 州	Meizhou	327079	132677	194402	26029	23743
惠 州	Huizhou	296561	93938	202623	25308	22181
汕 尾	Shanwei	301912	103872	198040	18366	16298
东 莞	Dongguan	267918	75851	192067	27853	23578
中 山	Zhongshan	156852	47102	109750	15064	12928
江 门	Jiangmen	241855	83746	158109	20063	18452
阳 江	Yangjiang	171619	70268	101351	13688	12223
湛 江	Zhanjiang	681060	211097	469963	37205	33673
茂 名	Maoming	609324	221037	388287	38972	36864
肇 庆	Zhaoqing	302549	88773	213776	23460	21848
清 远	Qingyuan	237493	82618	154875	21066	19248
潮 州	Chaozhou	203924	83647	120277	12935	11550
揭 阳	Jieyang	529799	178315	351484	34210	29848
云 浮	Yunfu	179097	59003	120094	12800	11888
按经济区域分	By Region					
珠 三 角	Pearl River Delta	2589641	819524	1770117	248304	213189
东 翼	Eastern Region	1497423	523456	973967	96713	84427
西 翼	Western Region	1462003	502402	959601	89865	82760
山 区	Mountainous Region	1134865	413900	720965	95018	86280

注：2011年起，普通中学教职工数和专任教师数含初级中学、九年一贯制学校、职业初中、完全中学、高级中学、十二年一贯制学校数据。
Note: Since 2011 Number of teachers and staff and full-time teachers in regular secondary school include junior middle schools,nine-year and twelve-year primary-secondary schools, professional middle schools, senior middle schools and full middle schools.

18-9 各市中等职业教育基本情况（2012年）

Basic Statistics on Vocational Secondary Education by City (2012)

市别	City	学校数（所）Number of Schools (unit)	毕业生数（人）Number of Graduates (person)	招生数（人）Number of New Enrollments (person)	在校学生数（人）Number of Total Enrollment (person)	教职工数（人）Number of Teachers and Staff (person)	#专任教师 Full-time Teachers
广州	Guangzhou	85	78031	81671	240064	11535	7577
深圳	Shenzhen	15	9519	12233	32067	2739	1948
珠海	Zhuhai	8	6398	7648	22674	1139	904
汕头	Shantou	23	12948	36422	109712	2092	1534
佛山	Foshan	38	26306	28343	79827	4985	3940
#顺德	Shunde	13	10015	10488	30139	2055	1794
韶关	Shaoguan	22	15416	13195	40244	2215	1634
河源	Heyuan	14	12826	13117	38853	1484	1179
梅州	Meizhou	31	18767	19107	70736	2825	2167
惠州	Huizhou	27	19804	22685	69894	3362	2537
汕尾	Shanwei	14	11162	8184	57009	862	720
东莞	Dongguan	23	13106	16963	47259	2890	2268
中山	Zhongshan	11	6901	9621	25473	1606	1419
江门	Jiangmen	24	16308	18698	52275	2725	2341
阳江	Yangjiang	10	8103	9096	30441	1136	925
湛江	Zhanjiang	54	32821	51822	128151	5002	3834
茂名	Maoming	36	33984	33491	119089	3638	2787
肇庆	Zhaoqing	23	28010	26066	69147	3428	2666
清远	Qingyuan	16	20982	15850	49846	1840	1531
潮州	Chaozhou	13	5971	5823	23764	1165	881
揭阳	Jieyang	20	30174	51293	145051	2878	2290
云浮	Yunfu	15	11626	14430	44162	1301	1111
按经济区域分	By Region						
珠三角	Pearl River Delta	254	204383	223928	638680	34409	25600
东翼	Eastern Region	70	60255	101722	335536	6997	5425
西翼	Western Region	100	74908	94409	277681	9776	7546
山区	Mountainous Region	98	79617	75699	243841	9665	7622

18-10 各市小学情况（2012年）

Statistics on Primary Schools by City (2012)

市 别	City	学校数（所）Number of Schools (unit)	毕业生数（人）Number of Graduates (person)	升学率(%) Percentage of Graduates of Primary Schools Entering Junior Secondary Schools (%)	招生数（人）Number of New Enrollments (person)	在校学生数（人）Number of Total Enrollment (person)	教职工数（人）Number of Teachers and Staff (person)	#专任教师 Full-time Teachers
广 州	Guangzhou	941	138461	99.58	151108	822594	43219	38257
深 圳	Shenzhen	333	99359	95.21	137276	683058	24805	21222
珠 海	Zhuhai	114	22513	95.31	24531	128546	5804	5255
汕 头	Shantou	777	107309	99.92	84153	495278	24863	22064
佛 山	Foshan	411	74072	99.85	81732	452779	21416	19316
#顺 德	Shunde	152	26128	100.00	28955	163131	7671	7359
韶 关	Shaoguan	187	34997	100.00	37069	205681	12251	11461
河 源	Heyuan	1092	42405	99.34	48747	247526	16301	14865
梅 州	Meizhou	782	52440	99.91	53543	291187	19870	18975
惠 州	Huizhou	472	64366	99.94	87160	421074	19269	17506
汕 尾	Shanwei	759	70320	99.49	49009	297910	16039	13808
东 莞	Dongguan	322	87733	92.20	123290	608118	21025	17659
中 山	Zhongshan	207	39637	100.00	45587	246097	10394	9044
江 门	Jiangmen	321	52084	99.97	50653	291292	15126	14506
阳 江	Yangjiang	171	29335	99.89	33489	176814	11927	11066
湛 江	Zhanjiang	1563	153072	99.85	95319	624144	38856	34640
茂 名	Maoming	1731	118924	99.50	95500	598040	34835	32583
肇 庆	Zhaoqing	293	66524	100.00	55597	334632	17543	16822
清 远	Qingyuan	402	46613	98.91	47813	262010	15300	14348
潮 州	Chaozhou	656	36730	98.11	31589	183840	11423	9862
揭 阳	Jieyang	1306	128891	99.28	86436	528670	30496	26494
云 浮	Yunfu	556	33859	99.73	33358	183111	12215	11293
按经济区域分	By Region							
珠三角	Pearl River Delta	3414	644749		756934	3988190	178601	159587
东 翼	Eastern Region	3498	343250		251187	1505698	82821	72228
西 翼	Western Region	3465	301331		224308	1398998	85618	78289
山 区	Mountainous Region	3019	210314		220530	1189515	75937	70942

注：1. 各地市小学毕业生升学率，由于跨地市流动学生较多，如按教育部口径计算将与实际差异较大，因此采用各地填报的小学升上本地及外地高一级学校(包括普通初中、职业初中等)就读的学生数除以小学毕业生进行计算。

2. 2011年起小学教职工、专任教师数包含小学、教学点，不含九年一贯制和十二年一贯制学校小学部的教职工和专任教师数。

Note: a) Due to the large number of mobile students,the percentage of graduates of primary schools entering junior secondary schools by city would be greatlly different from the real situation if calculated as the method by the Ministry of Education. Thus the percentage of graduates of primary schools entering junior secondary schools by city in this table is calculated as the number of new enrollments of local junior and outside secondary Schools(ordinary secondary schools and professional secondary schools are incluede) from local primary school divided by the umber of graduates from local primary schools

b) Since 2011,the data of of the number of teachers and staff and of full-time teachers include primary schools and sub-campuses, but exclude the primary education section of the nine-year and twelve-year primary-secondary schools.

18-11 各市学龄儿童入学情况

Statistics on School-age Children Enrolled in Schools by City

市别	City	2011			2012		
		学龄儿童人数(人) Number of School-age Children (person)	已入学人数(人) Number of School-age Children Enrolled in Schools (person)	入学率(%) Enrollment Rate (%)	学龄儿童人数(人) Number of School-age Children (person)	已入学人数(人) Number of School-age Children Enrolled in Schools (person)	入学率(%) Enrollment Rate (%)
广州	Guangzhou	784041	784041	100.0	785938	785938	100.0
深圳	Shenzhen	624730	624730	100.0	661183	661183	100.0
珠海	Zhuhai	116066	115745	99.7	119043	118944	99.9
汕头	Shantou	497129	497129	100.0	455153	455153	100.0
佛山	Foshan	426594	426518	100.0	435473	435473	100.0
#顺德	Shunde						
韶关	Shaoguan	189165	188791	99.8	193042	192155	99.5
河源	Heyuan	227871	227861	100.0	223449	223036	99.8
梅州	Meizhou	292806	292806	100.0	286878	286878	100.0
惠州	Huizhou	392338	391500	99.8	409732	409732	100.0
汕尾	Shanwei	314128	313323	99.7	294578	294443	100.0
东莞	Dongguan	539286	539286	100.0	567799	567799	100.0
中山	Zhongshan	204252	204252	100.0	209728	209728	100.0
江门	Jiangmen	266436	266420	100.0	264094	264094	100.0
阳江	Yangjiang	164186	164149	100.0	170974	170877	99.9
湛江	Zhanjiang	602091	602090	100.0	571356	571330	100.0
茂名	Maoming	611411	611270	100.0	594861	594695	100.0
肇庆	Zhaoqing	335998	335993	100.0	312339	312339	100.0
清远	Qingyuan	236019	236019	100.0	239275	238035	99.5
潮州	Chaozhou	172571	172571	100.0	166331	166331	100.0
揭阳	Jieyang	576853	576853	100.0	502526	502526	100.0
云浮	Yunfu	181342	181014	99.8	178297	176861	99.2
按经济区域分	By Region						
珠三角	Pearl River Delta	3689741	3688485		3765329	3765230	
东翼	Eastern Region	1560681	1559876		1418588	1418453	
西翼	Western Region	1377688	1377509		1337191	1336902	
山区	Mountainous Region	1127203	1126491		1120941	1116965	

18-12 研究与试验发展(R&D)基本情况

Basic Statistics on Research and Development (R&D)

指　　标	Item	2010	2011	2012
研究机构数　　（个）	**Number of R&D Institutions　　(units)**	**4452**	**4535**	**4756**
科学研究与技术开发机构	Scientific Research and Technological Development Institutions	186	185	184
全日制普通高等学校	Full-time Regular Institutions of Higher Education	450	550	600
工业企业	Industiral Enterprises	3309	3289	3455
其他	Others	507	511	517
研究与试验发展(R&D)活动人员（人）	**Number of R&D Personnel　　(persons)**	**446579**	**515646**	**629055**
科学研究与技术开发机构	Scientific Research and Technological Development Institutions	9488	11899	14595
全日制普通高等学校	Full-time Regular Institutions of Higher Education	33865	36387	40557
工业企业	Industrial Enterprises	359476	416017	519212
其他	Others	43750	51343	54691
研究与试验发展(R&D)经费内部支出（万元）	**Internal Expenditure on R&D　　(10000 yuan)**	**8087477.6**	**10454871.3**	**12361500.8**
科学研究与技术开发机构	Scientific Research and Technological Development Institutions	213527	307375	391155.9
全日制普通高等学校	Full-time Regular Institutions of Higher Education	285790	390051	440081.7
工业企业	Industrial Enterprises	7036808	8994412.3	10778634.0
其他	Others	551353	762333	751629.2
研究与试验发展(R&D)活动课题(项目)数　　（个）	**Number of R&D Programs/Projects　　(item)**	**72747**	**78772**	**93179**
科学研究与技术开发机构	Scientific Research and Technological Development Institutions	3499	4513	4884
全日制普通高等学校	Full-time Regular Institutions of Higher Education	35749	39157	44800
工业企业	Industrial Enterprises	28423	29243	37460
其他	Others	5076	5859	6035

注：2009年以后只对研究与试验发展(R&D)情况进行统计。
Notes: After 2009, statics cover R&D conditions only.

18-13 国有企业、事业单位专业技术人员年末人数
Number of Professional and Technical Personnel in State-owned Enterprises and Institutions at the Year-end

单位:人 (person)

年份 Year	专业技术人员 Professional and Technical Personnel	#工程技术人员 Engineering	#农业技术人员 Agriculture	#科学技术人员 Scientific Research	#卫生技术人员 Health Care	#教学人员 Teaching
1978	211149	48836	16017	7852	53068	80287
1979	211117	48641	16975	7277	53155	79748
1980	291939	56144	18176	7356	61445	86192
1981	303892	60071	19017	6763	63536	97109
1982	328455	70699	19431	7822	69056	102178
1983	547038	85327	21636	5744	74183	109210
1984	579740	89348	22505	5573	79806	120016
1985	642542	102506	23030	6431	86174	133013
1986	656380	108210	23854	6368	89545	313009
1987	664085	118601	23553	6231	93553	333245
1988	674085	119167	19478	4904	85092	313419
1989	810130	137803	20644	5986	90751	364965
1990	838403	145535	21194	5731	92912	379894
1991	814651	140906	13050	4810	93141	398276
1992	883821	149916	13749	4566	104334	412681
1993	957725	163440	14246	4388	117959	434036
1994	1017804	174960	14670	4118	128079	460702
1995	1077848	180530	15219	4425	134586	511418
1996	1167583	186156	15449	4610	147155	573934
1997	1223897	191954	15779	4443	156889	613121
1998	1262343	190486	15703	4413	165721	649873
1999	1291078	184304	15660	4585	171461	677110
2000	1297804	180223	15083	4705	175521	696005
2001	1285708	168354	14151	4467	181703	710967
2002	1274140	160458	13386	4425	184192	721719
2003	1264983	135621	12575	4918	202548	734721
2004	1374679	149214	17321	5253	238886	774022
2005	1399042	146411	17407	5434	248547	791255
2006	1375416	137802	16999	5163	246679	805397
2007	1391934	140828	17311	5711	246480	824462
2008	1419852	144941	16701	5745	260940	837059
2009	1462861	153563	15805	5984	268796	856665
2010	1458044	149724	14084	4551	259131	885446
2011	1448011	151700	13475	5260	253992	879621
2012	1459018	151998	12256	5021	264976	861104

注：本表未包中央单位专业技术人员数。

Note:Data in this table do not include professional and technical personnel from the central units stationed in Guangdong.

18-14　高层次人才情况

Statistics on High-level Talents

单位: 人　　(person)

项　目	Item	2000	2005	2008	2009	2010	2011	2012
院士人数	Number of Academicians	41	68	69	75	98	99	105
享受国家津贴新增人数	Number of Persons Granted State Allowances	164		128		137		151
高级职称批准人数	Number of Persons with Senior Professional Titles	6111	19336	16743	19249	19031	20219	23000
博士后招收人数	Number of Persons in Working Stations for Post-doctoral Research	163	380	419	507	560	594	679
博士生情况	Status of Doctorate Students							
招生数	Number of New Enrollments	1053	2802	3121	3182	3307	3379	3459
在校生	Number of Enrolled Students	2558	9049	11466	11672	12341	12991	13438
毕业生	Number of Graduates	417	1342	2327	2482	2436	2589	2803

注：享受国家津贴的人数从2003年起逢双年评比一次。
Note: The number of persons granted state allowances has been appraised every double-digital year since 2003.

18-15　科技成果项数

Number of Achievements for Scientific and Technological Research

单位: 项　　(item)

项　目	Item	1995	2000	2005	2008	2009	2010	2011	2012
国家级科技奖励成果	**National Prizes for Scientific and Technological Research Achievements**	**27**	**24**	**15**	**30**	**26**	**36**	**34**	**26**
国家发明奖	National Invention Prize	3		1	1	1	2	5	5
国家自然科学奖	National Prize for Natural Sciences	4		1	4	2	1	1	3
国家科技进步奖	National Prize for Progress in Science and Technology	20	24	13	25	23	33	23	18
省级重大科技成果	**Major Provincial Scientific and Technological Achievements**	**323**	**746**	**588**	**433**	**504**	**431**	**482**	**573**
基础理论成果	Achievements in Fundamental Theory		93	54	29	29	30	35	44
应用技术成果	Achievements in Applied Technology		630	522	392	468	398	440	522
软科学成果	Achievements in Soft Sciences		23	12	12	7	3	7	7
省级科技奖励成果	**Provincial Prizes for Scientific and Technological Achievements**	**236**	**265**	**288**	**289**	**271**	**260**	**272**	**280**
省科技进步奖	Provincial Prize for Progress in Science and Technology	213	265	288	288	271	260	272	280
农业方面	Agriculture	40	46	51	47	41	31	33	45
工业方面	Industry	101	113	117	146	142	145	154	138
医药卫生方面	Medicine and Health Care	41	72	68	67	75	65	65	53
其他	Others	31	34	52	28	13	19	20	44

18-16 县级以上政府部门属研究与开发机构基本情况

Basic Statistics on Research and Development Institutions under Government Departments at and above County Level

项 目	Item	1995	2000	2005	2010	2011	2012
总 计	**Total**						
机构数 (个)	Number of Institutions (unit)	298	296	192	181	180	179
职工总数 (人)	Number of Staff and Workers (person)	27367	24926	14216	16922	18703	20293
科技活动人员 (人)	Scientists and Engineers				12819	14854	16207
经费收入 (万元)	Funds (10000 yuan)	201834	358844	384866	665228	851006	708689
#政府拨款	Government Appropriations	35364	98386	153946	332815	411489	525644
经费支出 (万元)	Expenditures (10000 yuan)	190944	330098	363973	674994	831595	1050343
科技经费支出(万元)	Expenditures on Purchase of Assets(10000 yuan)				408216	524914	692213
自然科学及技术领域	**Natural Sciences and Technology**						
机构数 (个)	Number of Institutions (unit)	271	263	163	156	155	153
职工总数 (人)	Number of Staff and Workers (person)	26234	23623	13026	15601	17349	18781
科技活动人员 (人)	Scientists and Engineers				11738	13697	14971
经费收入 (万元)	Funds (10000 yuan)	196728	345582	360334	626119	802876	996536
#政府拨款	Government Appropriations	32083	89595	137906	306735	375490	535752
经费支出 (万元)	Expenditures (10000 yuan)	186095	317219	341823	634843	783937	994745
科技经费支出(万元)	Expenditures on Purchase of Assets(10000 yuan)				378555	488535	649311
社会及人文科学领域	**Social Sciences and Humanities**						
机构数 (个)	Number of Institutions (unit)	13	16	13	10	10	10
职工总数 (人)	Number of Staff and Workers (person)	692	780	655	645	654	646
科技活动人员 (人)	Scientists and Engineers				567	583	577
经费收入 (万元)	Funds (10000 yuan)	2372	6906	10914	18906	24794	27827
#政府拨款	Government Appropriations	2137	5908	9370	14003	22121	23154
经费支出 (万元)	Expenditures (10000 yuan)	2332	6897	10207	17585	24821	28188
科技经费支出(万元)	Expenditures on Purchase of Assets(10000 yuan)				14334	19490	21312
科技情报和文献机构	**Scientific-Technological Information and Literature Institutions**						
机构数 (个)	Number of Institutions (unit)	14	17	16	15	15	16
职工总数 (人)	Number of Staff and Workers (person)	441	523	535	676	700	866
科技活动人员 (人)	Scientists and Engineers				514	574	659
经费收入 (万元)	Funds (10000 yuan)	2734	6356	13619	20203	23336	27284
#政府拨款	Government Appropriations	1144	2883	6670	12078	13878	13773
经费支出 (万元)	Expenditures (10000 yuan)	2517	5982	11944	22566	22837	27411
科技经费支出(万元)	Expenditures on Purchase of Assets(10000 yuan)				15327	16890	21590

18-17 县级政府部门属研究与开发机构基本情况

Basic Statistics on Research and Development Institutions under Government Departments at County Level

项 目	Item	1995	2000	2005	2008	2009	2010	2011	2012
机构数 (个)	Number of Institutions (unit)	192	183	166	157	149	143	142	133
职工总数 (人)	Number of Staff and Workers(person)	5234	4379	3433	3062	2891	2798	2789	2433
科技活动人员(人)						1521	1390	1457	1250
经费收入 (万元)	Funds (10000 yuan)	11976	13409	12229	16205	17192	16592	24740	24435
#来自政府的经费	Government Funds	3149	5426	5187	7330	8392	9605	12572	12543

18-18 各市县级及以上政府部门属研究与开发机构基本情况(2011年-2012年)

Basic Statistics on Research and Development Institutions under Government Departments at and above County Level by City (2011-2012)

市别	City	2011 机构数（个）Number of Institutions (unit)	从业人员（人）Number of Employed Persons (person)	#科技活动人员（人）R&D Personnel (person)	经费收入（万元）Funds (10000 yuan)	#政府拨款 Government Appropriations	经费支出（万元）Expenditures (10000 yuan)	科技经费支出（万元）R&D Expenditure (100 million yuan)
全省合计	**Provincial Total**	**322**	**21492**	**16311**	**875746**	**424061**	**855508**	**537372**
广州	Guangzhou	92	14492	11419	763744	340050	745866	451091
深圳	Shenzhen	2	826	823	24947	22954	26748	26486
珠海	Zhuhai	4	207	142	3425	2875	3362	2807
汕头	Shantou	14	724	492	8927	4622	8294	5011
佛山	Foshan	6	193	148	5521	4581	5316	3960
韶关	Shaoguan	24	501	300	6816	4400	6461	4135
河源	Heyuan	17	312	141	1496	1002	1485	1066
梅州	Meizhou	15	412	305	3303	1984	3203	2137
惠州	Huizhou	25	598	387	6044	4743	6165	4759
汕尾	Shanwei	6	115	60	520	519	524	323
东莞	Dongguan	9	518	417	15047	11245	11571	8708
中山	Zhongshan	3	115	70	3591	1627	3608	485
江门	Jiangmen	11	210	155	3307	2627	3213	2308
阳江	Yangjiang	4	108	56	906	651	826	365
湛江	Zhanjiang	23	973	628	18085	13418	19650	17115
茂名	Maoming	17	341	215	3386	1911	2980	1870
肇庆	Zhaoqing	17	227	166	3190	2220	2795	2208
清远	Qingyuan	13	142	65	723	353	682	419
潮州	Chaozhou	4	142	119	984	871	989	741
揭阳	Jieyang	9	269	159	1280	1092	1280	971
云浮	Yunfu	7	67	44	506	316	490	404

18-18 续表 continued

市 别	City	2012 机构数 (个) Number of Institutions (unit)	从业人员 (人) Number of Employed Persons (person)	#科技活动人员 (人) R&D Personnel (person)	经费收入 (万元) Funds (10000 yuan)	#政府拨款 Government Appropr-iations	经费支出 (万元) Expenditures (10000 yuan)	科技经费支出 (万元) R&D Expenditure (100 million yuan)
全省合计	**Provincial Total**	**312**	**22726**	**17457**	**1076083**	**585222**	**1072400**	**703871**
广 州	Guangzhou	93	16024	12603	953850	492082	950997	608034
深 圳	Shenzhen	1	970	970	32568	31402	35180	35180
珠 海	Zhuhai	4	203	161	2758	2218	2765	1143
汕 头	Shantou	14	627	415	9411	4617	9014	5521
佛 山	Foshan	6	211	160	5895	4642	6076	4267
韶 关	Shaoguan	23	427	291	7347	4055	7155	5369
河 源	Heyuan	16	294	133	1680	1113	1555	1066
梅 州	Meizhou	15	367	270	4203	2913	3742	2959
惠 州	Huizhou	24	594	376	6909	5004	6714	4979
汕 尾	Shanwei	6	113	54	605	602	603	327
东 莞	Dongguan	8	486	393	15016	11399	13461	11818
中 山	Zhongshan	3	103	72	3973	1831	3660	1275
江 门	Jiangmen	10	214	146	3841	2502	3825	2864
阳 江	Yangjiang	3	99	61	1025	867	819	671
湛 江	Zhanjiang	21	914	611	16731	12370	16659	10843
茂 名	Maoming	17	316	231	4116	2743	4029	2981
肇 庆	Zhaoqing	17	201	156	2518	1968	2529	1934
清 远	Qingyuan	12	103	58	522	237	606	281
潮 州	Chaozhou	4	136	111	1049	946	1034	838
揭 阳	Jieyang	9	261	151	1425	1322	1415	1109
云 浮	Yunfu	6	63	34	641	390	563	413

注：本表统计范围不含已转制的科研机构。

Note: The statistical coverage of this table excludes scientific research institutions which have undergone changes in ownership and/or mode of operation.

18-19 三种专利申请受理量与批准量

Three Types of Patent Application Accepted and Granted

单位：件 (item)

项 目	Item	1995	2000	2005	2010	2011	2012
受理量	**Number of Patent Application Accepted**	**7729**	**21123**	**72220**	**152907**	**196275**	**229514**
发明	Inventions	463	1760	12887	40866	52012	60448
实用新型	Utility Models	2367	6033	18951	47706	67336	78731
外观设计	Designs	4899	13330	40382	64335	76927	90335
批准量	**Number of Patent Application Granted**	**4611**	**15799**	**36894**	**119346**	**128415**	**153598**
发明	Inventions	56	261	1876	13691	18242	22153
实用新型	Utility Models	1447	4797	11017	43901	51402	65946
外观设计	Designs	3108	10741	24001	61754	58771	65499

18-20 各类技术合同签订情况

Statistics on Technical Contracts Signed by Type

项 目	Item	1995	2000	2005	2010	2011	2012
技术合同项目数（项）	**Number of Technical Contracts (item)**	**5098**	**5464**	**14432**	**17558**	**19721**	**19663**
技术开发合同	Technical Development Contracts	547	921	5983	11629	14202	15759
技术咨询合同	Technical Consultation Contracts	299	572	1279	1649	769	1188
技术转让合同	Technical Transfer Contracts	515	297	639	868	1216	830
技术服务合同	Technical Service Contracts	3737	3674	6531	3412	3534	1886
技术合同金额（万元）	**Value of Technical Contracts(10000 yuan)**	**125972**	**482104**	**1124740**	**2425045**	**2866219**	**3697534**
技术开发合同	Technical Development Contracts	46820	142107	571458	1961788	2319436	2728447
技术咨询合同	Technical Consultation Contracts	9109	12530	31696	48539	346002	40725
技术转让合同	Technical Transfer Contracts	18396	110279	288881	344264	36016	602066
技术服务合同	Technical Service Contracts	51647	217188	232705	70454	164765	326296

18-21 工业企业研究与试验发展情况

Conditions of Research and Development of Industrial Enterprises

项目	Item	2010	2011	2012
有研究机构的企业数(个)	Number of Enterprises with Research Institutes (unit)	2557	2316	2601
占工业企业的比重 (%)	Percentage of all Industrial Enterprises (%)	4.79	6.04	6.88
研究机构数 (个)	Number of Research Institutes (unit)	3309	3289	3455
企业R&D人员 (人)	R&D Personnel (persons)	359476	416017	519212
R&D经费 (万元)	R&D Investment (10000 yuan)	7036808	8994412	10778634.0
R&D项目 (项)	R&D Projects (items)	28423	29243	37460
新产品开发经费 (万元)	Investment in Developing New Products(10000 yuan)	6896433	10684939	11865618.2

注：个别指标计量单位调整为与国家反馈的科技综合年报单位一致。

Notes: Measure of some indictors are adjusted in order to be consistent with national science and technology comprehensive annual report.

18-22 分市工业企业R&D活动人员和经费

R&D Personnel and Expenditure of Industrial Enterprises by City

市别	City	R&D活动人员(人) Number of R&D Personnel (person)		R&D经费内部支出(万元) Internal Expenditure on R&D(10000 yuan)	
		2011	2012	2011	2012
全省	**Provincial Total**	**416017**	**519212**	**8994412**	**10778634**
广州	Guangzhou	58905	64621	1406661	1582281
深圳	Shenzhen	155912	196202	3888917	4618655
珠海	Zhuhai	13338	16409	275089	312434
汕头	Shantou	6018	7302	85659	102883
佛山	Foshan	57212	71576	1163528	1468785
韶关	Shaoguan	5756	5050	120865	118257
河源	Heyuan	660	949	8089	12712
梅州	Meizhou	1707	1815	28522	23536
惠州	Huizhou	13885	19055	314606	435405
汕尾	Shanwei	1386	2248	23805	31024
东莞	Dongguan	39400	51386	612516	748347
中山	Zhongshan	24815	34269	460413	531454
江门	Jiangmen	12629	15684	225697	277983
阳江	Yangjiang	1727	2016	31575	42954
湛江	Zhanjiang	1916	3205	29302	45810
茂名	Maoming	2115	4355	51804	89235
肇庆	Zhaoqing	7570	10267	99962	123820
清远	Qingyuan	1626	4125	46096	65042
潮州	Chaozhou	4217	2867	44617	49249
揭阳	Jieyang	3793	4072	57138	72635
云浮	Yunfu	1430	1739	19553	26133
按经济区域分	By Region				
珠三角	Pearl River Delta	383666	479469	8447389	10099164
东翼	Eastern Region	15414	16489	211219	255791
西翼	Western Region	5758	9576	112680	177999
山区	Mountainous Region	11179	13678	223124	245680

注：本表统计范围是规模以上工业企业。

Note: Data in this table refer to industrial enterprises above designated size.

18-23 分市工业企业新产品产出情况

Production of New Products by Industrial Enterprises by City

单位：万元 (10000 yuan)

市 别	City	2011 新产品产值 Output Value of New Products	2011 新产品销售收入 Sales Revenue of New Products	2011 #出口 Exports	2012 新产品产值 Output Value of New Products	2012 新产品销售收入 Sales Revenue of New Products	2012 #出口 Exports
全 省	**Provincial Total**	**146943021.1**	**143822735.7**	**56849072.4**	**157144526.2**	**154028477.8**	**59795804.9**
广 州	Guangzhou	26177532.0	25440917.4	2882947.1	22383772.1	22184517.3	2143724.2
深 圳	Shenzhen	57555274.5	57777822.5	33470844.3	62226473.7	62076796.8	39983188.6
珠 海	Zhuhai	7499195.2	6513034.9	1801209.3	7279123.3	7346628.0	2219361.6
汕 头	Shantou	1040003.2	997705.4	184343.6	1399445.5	1371004.7	352789.4
佛 山	Foshan	18528231.4	18534523.6	5560064.8	19092900.9	18510536.8	4118888.9
韶 关	Shaoguan	1802698.2	1856667.8	55590.0	1647323.3	1643151.2	34902.5
河 源	Heyuan	685438.4	651563.5	484989.0	188563.7	184459.0	122791.7
梅 州	Meizhou	340903.2	332101.6	26770.4	292608.7	284329.9	22058.7
惠 州	Huizhou	10710060.0	10549425.2	6180856.0	15475059.1	15469048.2	3593460.8
汕 尾	Shanwei	779205.3	772605.9	64327.2	1053763.1	1053563.0	468265.3
东 莞	Dongguan	6945494.3	6373686.6	3109604.7	8643848.4	8385864.4	3466739.0
中 山	Zhongshan	6084684.4	5674041.6	1486439.4	8123430.6	6535057.8	1386357.3
江 门	Jiangmen	3995544.4	3827363.5	987628.6	3237543.1	3232719.0	1057388.2
阳 江	Yangjiang	191882.6	195436.2	87508.4	155762.1	154169.1	61104.6
湛 江	Zhanjiang	360230.2	346511.0	58820.2	436685.3	435082.1	90482.6
茂 名	Maoming	1075563.1	1030664.2	1996.0	1104835.2	1010145.5	8138.3
肇 庆	Zhaoqing	1315156.1	1239491.4	158614.7	1606512.3	1474536.0	244204.8
清 远	Qingyuan	804250.2	680901.4	110855.3	1127397.7	1053649.2	204937.8
潮 州	Chaozhou	344291.6	331824.9	61093.0	626462.9	600874.3	94181.6
揭 阳	Jieyang	633169.7	617456.8	28282.7	924155.9	916281.6	114378.1
云 浮	Yunfu	74213.1	78990.3	46287.7	118859.3	106063.9	8460.9
按经济区域分	By Region						
珠三角	Pearl River Delta	138811172.3	135930306.7	55638208.9	148068663.5	145215704.3	58213313.4
东 翼	Eastern Region	2796669.8	2719593.0	338046.5	4003827.4	3941723.6	1029614.4
西 翼	Western Region	1627675.9	1572611.4	148324.6	1697282.6	1599396.7	159725.5
山 区	Mountainous Region	3707503.1	3600224.6	724492.4	3374752.7	3271653.2	393151.6

注：本表统计范围是规模以上工业企业。

Note: Data in this table refer to industrial enterprises above designated size.

18-24 科协机构及活动情况

Statistics on Associations for Science and Technology and Their Activities

项目	Item	2000	2005	2009	2010	2011	2012
科协机构 (个)	**Number of Associations for Science and Technology (unit)**	**357**	**196**	**870**	**1026**	**1066**	**1143**
省科协	Provincial Associations	1	1	1	1	1	1
市科协	City Associations	21	21	21	21	21	21
县(市、区)科协	County (County-level City, District) Associations	123	120	121	121	121	121
厂矿科协	Factory and Mine Associations	212	54	727	883	923	1000
各级学会及研究会 (个)	**Number of Learned Societies and Research Societies at Various Levels (unit)**	**3780**	**2901**	**2643**	**2371**	**2630**	**2301**
省级学会	Provincial Learned Societies	146	151	155	151	153	154
市级学会	City Learned Societies	734	802	821	780	770	754
农村专业技术协会	Rural Specialized Technological Societies	2900	1948	1667	1440	1707	1676
各级学会及农技协会员(人)	**Number of Members of Learned Societies and Rural Specialized Technological Societies at Various Levels (person)**	**704094**	**729671**	**535459**	**393734**	**413207**	**570547**
省级学会会员	Members of Provincial Learned Societies	203861	205212	259959	265046	282517	444518
学会从业人员	Personnel in Learned Societies			504	574	664	1744
农村专业技术协会会员	Members of Rural Specialized Technological Societies	223687	112200	120500	128688	130026	126029
科协活动开展情况	**Activities of Associations for Science and Technology**						
完成各类合同和无偿咨询项目 (项)	Number of Contracts and Free Consultative Projects Completed (item)	12553	3461	416	208	634	
举办各类学术交流会(次)	Number of Academic Meetings Held	4769	1232	873	677	883	1153
接待国外来访 (次)	Number of Foreign Visitors Received (time)	511	86	121	314	269	
举办科技科普展览 (次)	Number of Scientific and Technological Popularization Exhibitions (time)	2258	2319	3663	3582	3361	1313
举办科普讲座 (次)	Number of Scientific and Technological Popularization Lectures (time)	12014	5019	5269	5008	5490	
青少年科技竞赛 (次)	Number of Scientific and Technological Competitions for Adolescents (time)	1286	760	368	407	370	312
参加科协各类活动人次 (人次)	**Number of Participants in Activities Organized by Associations for Science and Technology (person-time)**	**8367629**	**8716871**	**12282831**	**11164480**	**9954211**	**7082802**
参加各类学术交流会	Number of Participants in Academic Meetings	505235	169988	368320	295009	345147	196318
参加各类科技培训	Number of Participants in Training Programs	654742	469514	224511	251993	564944	662880
参加各类科普活动	Number of Participants in Scientific and Technological Popularization Activities	7207652	8077369	11690000	10617478	9044120	6223604
出版各类学术刊物、科普读物 (种)	**Publications of Academic Journals and Scientific and Technological Popularization Readings (kind)**	**582**	**216**	**546**	**611**	**371**	**264**
各类学术刊物、科普读物发行量 (万册、万份)	Number of Academic Journals and Scientific and Technological Popularization Readings Issued (10000 copies)	562	522	859	513	574	956

注：2005年及以前年份学会从业人员指标为市级学会会员。

Note: In 2005 and prior to it, employed persons in learned societies refer to members of city learned societies.

18-25 文化艺术、文物事业机构数

Number of Institutions of Culture, Arts and Cultural Relics

单位：个 (unit)

年份 Year	电影放映单位 Film Projection Units	艺术表演团体 Arts Performance Troupes	文化馆 Cultural Centers	公共图书馆 Public Libraries	博物馆 Museums	档案馆 Archives
1978	6346	172	124	76	30	
1980	7375	195	113	97	26	
1985	6037	171	123	117	106	
1990	4024	130	113	103	106	138
1991	4041	122	110	104	107	147
1992	3917	125	113	108	108	150
1993	3974	126	115	110	108	148
1994	3750	132	116	111	111	156
1995	3668	134	115	114	113	155
1996	3670	136	115	115	114	157
1997	3463	138	117	119	117	157
1998	3621	139	117	120	122	157
1999	2938	140	117	121	128	162
2000	1626	138	118	125	131	161
2001	1794	139	118	129	140	175
2002	904	141	120	131	140	185
2003	840	144	117	129	144	185
2004	684	140	119	128	143	185
2005	720	139	117	129	146	185
2006	1542	138	120	129	147	186
2007	1844	128	122	130	153	186
2008	1450	130	121	132	152	188
2009	1265	127	128	133	160	197
2010	1306	133	129	133	169	205
2011	1357	100	134	134	161	209
2012	1419		137	137	168	209

注：由于全国文化文物统计制度统计口径的改变，2009年以后博物馆包含美术馆，其他年份博物馆不含美术馆。

Note: Due to the change in statistical coverage in national culture and cultural relics survey, the number of museums after 2009 includes arts museum, and that of other years does not include arts museum.

18-26 文化部门艺术表演团体演出基本情况（2012年）

Basic Statistics on Performances of Art Troupes under(of) Cultural Departments (2012)

项目	Item	剧团数（个）Number of Troupes (unit)	国内演出场次（万场）Number of Domestic Performances (10000 shows)	#到农村演出 Shows in Rural Areas	国内演出观众人次(万人次) Number of Domestic Spectators (10000 person-times)
合计	**Total**	**61**	**0.8**	**0.5**	**1091**
#国营剧团	Troupes Sponsored by State-owned Units	60	0.7	0.5	1090
集体经营剧团	Troupes Sponsored by Collective Units				
按剧种分	**By Type of Art Troupe**				
话剧、儿童剧、滑稽剧团	Drama, Children's Play and Comedy Troupes	2			22
歌剧、舞剧、歌舞剧团	Opera, Dance Drama, Song and Dance Drama Troupes	7	0.1		112
歌舞团、轻音乐团	Song and Dance Troupes, Light Music Troupes	6			61
乐团	Philharmonic Troupes	3			26
文工团、文宣队	Cultural and Performance Troupes				
戏曲剧团	Traditional Opera Troupes	33	0.1		790
曲、杂、木、皮团	Recitation and Ballad Troupes, Acrobatics and Circus Troupes,Puppet Show Troupes and Shadow Play Troupes	7			55
综合性艺术表演团体	Comprehensive Art Troupes	3			25

注：2012年文化部门进行改制，本表只统计事业单位和省直企业中的文化部门艺术表演团体。

Note: Due to institutional restructuring of cultural departments, this table only covers data of art troupes of institutional organizations and directly under provincial jurisdiction.

18-27 文化、文物机构及人员数（2012年）
Number of Institutions and Personnel in Culture and Cultural Relics (2012)

项目	Item	合计 Total		文化部门 Cultural Departments		其他部门 Others	
		机构数（个） Number of Institutions (unit)	人数（人） Number of Personnel (person)	机构数（个） Number of Institutions (unit)	人数（人） Number of Personnel (person)	机构数（个） Number of Institutions (unit)	人数（人） Number of Personnel (person)
总　计	**Total**	**18829**	**228266**	**2498**	**30249**	**16331**	**198017**
文化合计	**Culture**	**18624**	**224335**	**2293**	**26318**	**16331**	**198017**
艺术事业	Arts	433	18203	94	4270	339	13933
图书馆事业	Libraries	137	4237	137	4237		
群众文化事业	Mass Culture	1744	10234	1744	10234		
教育事业	Education	6	758	6	758		
文化市场经营单位	Operating Units in Cultural Market	15928	179982			15928	179982
文艺科研	Scientific Research on Arts	7	90	7	90		
其他	Others	369	10831	305	6729	64	4102
文物合计	**Cultural Relics**	**205**	**3931**	**205**	**3931**		
文物机构	Institutions for Cultural Relics	34	571	34	571		
博物馆	Museums	168	3277	168	3277		
文物商店	Cultural Relics Stores	3	83	3	83		

18-28 公共图书馆、群众文化事业机构及人员数（2012年）
Number of Institutions and Personnel in Public Libraries and Mass Culture (2012)

项目	Item	合计 Total		文化部门 Cultural Departments		其他部门 Others	
		机构数（个） Number of Institutions (unit)	人数（人） Number of Personnel (person)	机构数（个） Number of Institutions (unit)	人数（人） Number of Personnel (person)	机构数（个） Number of Institutions (unit)	人数（人） Number of Personnel (person)
图书馆事业	**Libraries**	**137**	**4237**	**137**	**4237**		
#少儿图书馆	Children's Libraries	4	160	4	160		
群众文化事业	**Mass Culture**	**1744**	**10234**	**1744**	**10234**		
群众艺术馆	Mass Art Centers	8	253	8	253		
文化馆	Cultural Centers	137	1985	137	1985		
文化站	Cultural Stations	1599	7996	1599	7996		

18-29 各市文化、文物事业机构数（2012年）

Number of Institutions in Culture and Cultural Relics by City (2012)

单位：个 (unit)

市别	City	艺术表演团体 Art Troupes	文化馆 Cultural Centers	公共图书馆 Public Libraries	博物馆(含美术馆) Museums (including art museums)	档案馆 Archives
广州	Guangzhou		13	14	29	17
深圳	Shenzhen	1	6	11	16	8
珠海	Zhuhai		4	3	2	6
汕头	Shantou	7	8	8	5	11
佛山	Foshan	3	6	6	9	13
#顺德	Shunde	1	1	1	1	1
韶关	Shaoguan	4	11	9	9	12
河源	Heyuan	1	6	7	6	8
梅州	Meizhou	8	9	10	11	14
惠州	Huizhou		6	5	6	9
汕尾	Shanwei	4	4	4	5	6
东莞	Dongguan			1	7	4
中山	Zhongshan		1	1	4	4
江门	Jiangmen	2	8	7	9	11
阳江	Yangjiang	1	5	4	3	8
湛江	Zhanjiang	8	11	8	6	13
茂名	Maoming	4	7	5	6	8
肇庆	Zhaoqing		9	9	7	11
清远	Qingyuan	2	8	9	11	11
潮州	Chaozhou	2	3	4	4	5
揭阳	Jieyang	5	5	6	6	6
云浮	Yunfu		6	5	5	9
省直属单位	Units Directly under Provincial Government	6	1	1	2	15
按经济区域分	By Region					
珠三角	Pearl River Delta	6	53	57	89	83
东翼	Eastern Region	18	20	22	20	28
西翼	Western Region	13	23	17	15	29
山区	Mountainous Region	15	40	40	42	54

注：1.2012年起，分市数只统计事业单位的文化部门艺术表演团体。
2.各区域不包省直单位部分。

Note: a)Since 2012, number of art troupes by city only covers data of art troupes of institutional organizations.
b)"By Region" does not include agencies directly under provincial jurisdiction.

18-30 各市文化、文物事业机构的人员数（2012年）

Number of Personnel in Culture and Cultural Relics by City (2012)

单位：人　　(person)

市别	City	艺术表演团体 Art Troupes	文化馆 Cultural Centers	公共图书馆 Public Libraries	博物馆(含美术馆) Museums (including art museums)	档案馆 Archives
广州	Guangzhou		229	560	739	248
深圳	Shenzhen	157	102	1170	293	49
珠海	Zhuhai		48	85	52	67
汕头	Shantou	315	117	129	49	31
佛山	Foshan	149	105	336	247	48
#顺德	Shunde	58	28	113	58	10
韶关	Shaoguan	117	174	112	113	30
河源	Heyuan	48	69	73	69	37
梅州	Meizhou	192	134	142	101	116
惠州	Huizhou		116	146	163	55
汕尾	Shanwei	181	62	57	79	21
东莞	Dongguan			174	314	22
中山	Zhongshan		21	60	171	121
江门	Jiangmen	50	103	99	91	81
阳江	Yangjiang	30	50	80	83	90
湛江	Zhanjiang	380	112	98	95	90
茂名	Maoming	94	90	153	74	70
肇庆	Zhaoqing		118	122	124	54
清远	Qingyuan	85	70	88	63	64
潮州	Chaozhou	126	36	45	59	30
揭阳	Jieyang	263	107	153	79	17
云浮	Yunfu		78	59	43	11
省直属单位	Units Directly under Provincial Government	814	44	296	176	228
按经济区域分	By Region					
珠三角	Pearl River Delta	356	842	2752	2194	745
东翼	Eastern Region	885	322	384	266	99
西翼	Western Region	504	252	331	252	250
山区	Mountainous Region	442	525	474	389	258

注：1.2012年起，分市数只统计事业单位的文化部门艺术表演团体。
　　2.各区域不包省直单位部分。

Note: a)Since 2012, number of art troupes by city only covers data of art troupes of institutional organizations.
　　b)"By Region" does not include agencies directly under provincial jurisdiction.

18-31 图书、杂志、报纸出版数量

Number of Books, Magazines and Newspapers Published

项　目	Item	1995	2000	2005	2010	2011	2012
图书出版	**Books Published**						
种数 (种)	Number of Publications (kind)	2510	4374	5908	6354	7257	9851
总印数 (万册)	Total Printed Copies(10000 copies)	36911	26978	22600	23134	32637	29622
总印张数(千印张)	Total Printed Sheets (1000 sheets)	1800632	1482942	1514191	1597301	2354474	2228062
杂志出版	**Magazines Published**						
种数 (种)	Number of Publications (kind)	329	337	366	380	381	381
总印数 (万册)	Total Printed Copies(10000 copies)	22740	26299	20371	21201	20402	18572
总印张数(千印张)	Total Printed Sheets (1000 sheets)	674634	919514	1116814	1251752	1238767	1121048
报纸出版	**Newspapers Published**						
种数 (种)	Number of Publications (kind)	130	101	102	100	99	101
总印数 (万份)	Total Printed Copies(10000 copies)	226441	346268	398152	455912	457921	453166
总印张数(千印张)	Total Printed Sheets (1000 sheets)	4747000	17669099	28996964	43788152	42895404	41319185

注：2000年开始报纸出版统计不包校报、院报。
Note：Since 2000, the number of newspaper published does not include that of college or institute newspaper.

18-32 图书出版情况（2012年）

Statistics on Books Published (2012)

门　类	Category	本版图书种数(种) Number of Publications (kind)	#新出 New Public-ations	总印数 (万册) Total Printed Copies (10000 copies)	总印张数 (千印张) Total Printed Sheets (1000 sheets)
合　计	**Total**	**9850**	**7453**	**29612**	**2227477**
马克思主义、列宁主义、毛泽东思想	Marxism, Leninism and Mao Zedong Thought	9	7	4	772
哲学	Philosophy	119	86	54	8252
社会科学总论	General Social Sciences	101	58	41	6536
政治、法律	Politics and Law	273	224	161	23476
经济	Economy	652	476	273	43160
军事	Military Affairs	39	37	25	3180
文化、科学、教育、体育	Culture, Science, Education and Sports	5652	4203	26280	1908177
语言、文字	Language, Philology	257	156	195	29877
文学	Literature	904	781	1474	99630
艺术	Arts	466	442	338	28084
历史、地理	History and Geography	495	374	332	29595
自然科学总论	General Natural Sciences	17	15	8	829
数理科学、化学	Mathematics, Physics and Chemistry	45	19	17	2041
天文学、地理科学	Astronomy and Geology	55	51	22	2243
生物科学	Biological Science	53	46	21	2282
医药、卫生	Medicine and Health Care	201	150	109	13129
农业科学	Agricultural Science	54	47	24	1819
工业技术	Industrial Technology	319	158	133	17522
交通运输	Transportation	22	14	8	895
环境科学	Environmental Science	23	19	30	1847
航空、航天	Aeronautics and Aerospace	6	2	3	290
综合性图书	General Books	88	88	60	3841

注:本表图书种数、总印数和总印张不包含非“中国标准书号”部分。
Notes: Total Printed Copies and Total Printed Sheets does not include publications without “China International Standard Book Number”.

18-33 杂志出版情况（2012年）
Statistics on Magazines Published (2012)

项目	Item	种数（种）Number of Publications (kind)	平均期印数（万册）Average Printed Copies per Issue (10000 copies)	总印数（万册）Total Printed Copies (10000 copies)	总印张数（千印张）Total Printed Sheets (1000 sheets)
合　计	**Total**	**381**	**863**	**18572**	**1121048**
综　合	General	28	34	593	46007
哲学、社会科学	Philosophy, Social Sciences	98	362	8547	471559
自然科学、技术	Natural Sciences, Technology	180	274	5865	296017
文化、教育	Culture, Education	45	129	2331	199532
文学、艺术	Literature, Arts	30	63	1236	107933

18-34 报纸出版情况（2012年）
Statistics on Newspapers Published (2012)

项　目	Item	种数(种) Number of Publications (kind)	平均期印数(万册) Average Printed Copies per Issue (10000 copies)	总印数(万册) Total Printed Copies (10000 copies)	总印张数(千印张) Total Printed Sheets (1000 sheets)
合　计	**Total**	**101**	**1830**	**453166**	**41319185**
按类型分	**By Type**				
综合报	General Newspapers	45	1145	380989	37774988
专业报	Specialized Newspapers	56	685	72177	3544197
按范围分	**By Region**				
省　级	Provincial-level Newspapers	34	915	243385	21453485
市　级	City-level Newspapers	67	915	209781	19865700

注：报纸出版情况统计表中，不含校报、院报数据。
Note: The number of newspaper does not include that of college or institute newspaper.

18-35 广播、电视事业发展情况

Statistics on Radio and Television Stations

项目	Item	1990	1995	2000	2005	2010	2011	2012
广播电台 (座)	Number of Radio Stations	87	96	106	22	22	22	22
中波广播发射台和转播台 (座)	Number of Medium Wave Radio Transmission Stations and Relaying Stations	12	13	10	16	21	21	21
电视台 (座)	Number of Television Stations	38	56	67	24	24	24	24
1000瓦及以上电视发射台和转播台 (座)	Number of Television Transmission and Relaying Stations at 1000 W and above	23	41	49	40	83	83	83
县、市广播电视台 (座)	Number of Radio and Television Stations in Counties and Cities	93	67	83	78	79	79	79
有线广播电视用户(万户)	Number of Subscribers to Cable Radio and Television (10000 subscribers)				1121.90	1701.53	1825.03	1913.01
数字电视用户 (万户)	Number of Subscribers to Digital Television (10000 subscribers)				100.60	950.45	1116.93	1432.87

注：1000瓦及以上电视发射台和转播台,从2006年起改为100瓦以上(含100瓦)电视发射台和转播台。

Note: Television transmission and relaying stations at 1000 W and above since 2006 have been replaced by television transmission and relaying stations at 100W and above.

18-36 广播电台宣传基本情况（2012年）

Basic Statistics on Radio Stations (2012)

项目	Item	广播电台(座) Number of Radio Stations (unit)	节目套数(套) Number of Programs (unit)	平均每日播音时间(小时) Average Daily Broadcasting Hours (hour)	#自办节目时间 Self-produced Programs	#新闻节目 News Programs	#专题节目 Special Subject Programs	#文艺节目 Programs of Entertainment
合计	**Total**	**22**	**130**	**2189**	**1675**	**446**	**430**	**540**
省级	Provincial Level	1	9	213	211	46	44	88
市级	City Level	21	52	970	812	185	226	188
县级	County Level		69	1006	652	215	160	264

18-37 电视台宣传基本情况（2012年）

Basic Statistics on Television Stations (2012)

项 目	Item	电视台（座） Television Stations (unit)	节目套数（套） Number of Programs (unit)	平均每日播出音时间(小时) Average Daily Broadcasting Hours (hour)	#自办节目时间 Self-produced Programs	#新闻节目 News Programs	#专题节目 Special Subject Programs	#文艺节目 Entertainment Programs
合 计	**Total**	**24**	**153**	**2040**	**630**	**313**	**212**	**87**
省 级	Provincial Level	2	17	326	110	48	41	18
市 级	City Level	22	66	1109	324	140	121	57
县 级	County Level		70	605	196	125	50	12

18-38 各市广播、电视事业机构数（2012年）

Number of Institutions of Radio and Television by City (2012)

单位：座 (unit)

市 别	City	广播电台 Number of Radio Stations	中波广播发射台和转播台 Number of Medium Wave Radio Transmission Stations and Relaying Stations	电视台 Number of Television Stations	100瓦及以上电视发射台和转播台 Number of Television Transmission and Relaying Stations at 100 W and above	县、市广播电视台 Number of Radio and Television Stations in Counties and Cities
广 州	Guangzhou	1	1	1	3	7
深 圳	Shenzhen	1	2	2	2	3
珠 海	Zhuhai	1		1	1	2
汕 头	Shantou	1		1	6	
韶 关	Shaoguan	1		1	8	8
河 源	Heyuan	1		1	2	5
梅 州	Meizhou	1		1	8	7
惠 州	Huizhou	1		1	6	4
汕 尾	Shanwei	1		1	2	3
东 莞	Dongguan	1		1	1	
中 山	Zhongshan	1		1	1	
江 门	Jiangmen	1		1	6	5
佛 山	Foshan	1		1		
阳 江	Yangjiang	1		1	3	3
湛 江	Zhanjiang	1	1	1	5	5
茂 名	Maoming	1		1	4	4
肇 庆	Zhaoqing	1		1	3	6
清 远	Qingyuan	1		1	5	7
潮 州	Chaozhou	1		1	1	2
揭 阳	Jieyang	1		1	5	4
云 浮	Yunfu	1		1	5	4
省直属单位	Units Directly under Provincial Government	1	17	2	6	

主要统计指标解释

普通高等学校 指按照国家规定的设置标准和审批程序批准举办，通过国家统一招生考试，收高中毕业生为主要培养对象，实施高等教育的全日制大学、独立设置的学院和高等专科学校，高等职业学校和其他机构。

成人高等学校 指按照国家有关规定审批、招收通过全国成人高教统一招生考试的具有高中毕业或同等学历的在职从业人员利用脱产、半脱产、业余或函授等多种形式对其实施高等学历教育，培养高等教育专科或本科毕业水平的专门人才，修业年限、课程设置和总学时的数按高等学历教育要求付诸实施的学校。包括广播电视大学、职工高等学校、农民高等学校、管理干部学院、教育学院、独立设置的函授学院等。

小学学龄儿童入学率 指调查范围内已入小学学习的学龄儿童占校内外学龄儿童总数（包括弱智儿童在内，但不包括盲聋哑儿童）的比重。

科技活动 是指在所有科学技术领域内，即自然科学、农业科学、医学科学、工程与技术科学、人文科学与社会科学中，与科技知识的产生、发展、传播和应用密切相关的全部的、有组织的、系统的科技活动。所谓有组织的、系统的科技活动，是指在一个机构的范围之内，并列入这一机构的工作计算，由这一机构的人员有计划地进行的科技活动。目前，我们统计的科技活动，是指调查范围内有组织有系统开展的科技活动。它包括三类活动(1)研究与试验发展活动；(2)研究与试验发展成果应用活动；(3)科技服务活动。

研究与发展活动 指为增进知识，及利用这些知识去开创新的用途而进行的系统的创造性工作。它具备四种基本因素：(1)创造性的因素；(2)新颖性或创新的因素；(3)科学方法的运用；(4)新知识的产生。它包括三种类：(1)基础研究；(2)应用研究；(3)实验发展。

科技活动统计单位 指制度调查范围内的调查单位个数，对于自然科学领域、社会与人文科学领域的科学研究与技术开发机构（含县属研究与开发机构)、科学技术情报与文献机构是以一个机构为一个调查单位；对于高等学校，是以一个学校为一个调查单位；对于企业是以一个企业为一个调查单位。

科技活动机构 是指调查范围内有建制的从事科技活动科研机构。包括国有独立核算的科学研究与技术开发机构自然科学领域、社会与人文科学领域)（含机构、大中型工业企业附属的技术开发机构。全日制附属科技活动机构，是指经学校及上级主管部门正式批准的以科技活动为主，相对稳定的开展科技活动机构；大中型工业企业附属的技术开发机构是指企业自办、或与外单位合办、管理上同生产系统相对独立的，或单独核算的专门技术开发机构（如企业办研究所或开发中心开发部等专门技术开发机构)。

从事科技活动人员 指报告期内调查单位中从事科技活动的人员。调查单位中从事科技活动人员为直接从事科技活动和科技活动提供直接服务，累计时间占全年工作时间10%以上的人员。

科学家和工程师 具有大学本科以及以上学历的和不具备上述学历但有高、中级职称的人员。

技术员 指具有大、中专学历和不具备大、中专学历，但有初级职称的人员。

研究与发展人员 指报告期内从事研究与发展活动的人员。调查单位直接从事研究与发展课题活动以及院、所等从事科技行政管理、科技服务等工作为研究与发展课题活动服务，累计时间占全年工作时间10%以上的人员。人员数为全时人员数加非全时人员数之和。

科技活动经费筹集总额 指报告期内调查单位从各种渠道筹集到的科技活动经费（含科研基建费)。包括政府资金、自筹资金、银行贷款、其他经费。

科技活动经费使用总额(内部支出) 指报告期内调查单位用于科技活动的实际支出。包括劳务费、科研业务费、科研管理费、非基建投资购建的固定资产、科研、基建支出以及其他用于科技活动的支出。但不包括生产性活动支出、归还贷款支出及转拨外单位支出。

研究与发展经费支出 指报告期内用于研究与发展课题活动（基础研究、应用研究、试验发展）的全部实际支出。包括用于研究与发展课题活动的直接支出，还包括间接用于研究与发展活动的一切支出（院、所管理费，维持院、所正常运转的必需费用和与研究发展有关的基本建设支出)。

省级以上获奖成果 指科技活动单位在本年度内从省以上政府科技管理部门获得的各种科技成果奖。

由于几个单位合作获得的科技成果奖，为防止重复，仅由第一完成单位填报，多次获奖的成果只填一个。获奖成果包括：国家级奖、省部级奖和地市级奖。国家级奖：指国家自然科学奖、国家发明奖、国家科技进步奖、国家星火奖等。省、部级奖：指以国务院各部门和省、自治区、直辖市名义颁发的重大科技成果奖和科技进步奖。

科技机构内课题(项目)个数　指调查单位列入科研计划或已为本单位科研管理部门认可，可作为本单位科研工作任务，并在当年开展活动的研究与发展、研究与发展成果应用、科技服务课题（项目）数。包括当年新开课题和上年尚未完成，在统计年度内继续进行的课题。

文化事业机构　指从事专业文化工作和为专业文化工作服务的独立建制的单独核算的单位。不包括这些单位另外举办独立核算的其他机构和各部门的业余文化组织。

艺术表演团体　指从事戏曲、音乐、舞蹈、杂技等专业艺术表演，有独立帐户，实行单独核算的团体。不包括半工半艺、半农半艺和民间职业剧团。

电影放映单位　指具有放映机器设备、固定或不固定的放映场所与专职或兼职的放映技术人员，经有关部门登记批准，经常为一定的观众对象放映电影的机构。包括经批准对外开放进行营业，并与电影发行放映管理机构分帐的专用放映单位和军委系统租片单位。

艺术表演观众人数(人次)　指售票、包场演出或民族地区免费演出的艺术表演观众人次数。不包括彩排审查和内部观摩演出的观看人次数。

Explanatory Notes on Main Statistical Indicators

Regular Institutions of Higher Education refer to educational establishments set up according to government standards and evaluation and approval procedures, mainly enrolling graduates from senior secondary schools through uniform national matriculation examinations and providing higher education. Such institutions include full-time universities, independent colleges, technical colleges, professional colleges, and other institutions.

Institutions of Higher Learning for Adults refer to educational establishments approved according to relevant government rules, enrolling staff and workers with senior secondary or equivalent education through uniform national matriculation examinations, and providing them with regular higher education in various forms such as full-time, part-time, spare-time and correspondence courses in accordance with requirements of regular higher education in years of education, curricula, and total learning hours, so that they meet the standards for graduation of universities or junior colleges Institutions of higher learning for adults include radio and TV universities, colleges for staff and workers, colleges for farmers, colleges for management cadres, teachers' colleges, and independent correspondence colleges.

Enrollment Rate of Primary School-age Children refers to the proportion of school-age children enrolled at primary schools in the total number of school-age children both in and outside schools (including retarded children, but excluding blind, deaf and dumb children).

Scientific and Technological Activities refer to all those organized and systematic activities of science and technology which are closely connected with the emergence, development, diffusion and application of scientific and technological knowledge in all scientific and technological fields, such as natural sciences, agricultural science, medical science, engineering and technical science, humanities and social sciences. Organized and systematic activities refer to activities within the range of an institution, regarded as regular work of the institution and organized in a planned way by the personnel of the institution. At present, scientific and technological activities include activities in an organized and systematic way within the survey coverage, classified into three categories: (1) activities of research and development; (2) applied activities of research and development; (3) service activities of science and technology.

Activities of Research and Development refer to the systematic and creative work with the aim of widening knowledge and creating new uses for knowledge They entail four basic factors: (1) creative factor; (2) novel or innovative factor; (3) application of scientific methods; (4) emergence of new knowledge. They include three types: (1) basic research; (2) applied research; (3) experiments and development.

Surveyed Units of Scientific and Technological Activities refer to the number of survey units within the survey coverage. As for research and development institutions (including those under county administration) and scientific and technological information and literature institutions in natural sciences, social sciences and humanities, one institution constitutes a survey unit; as for institutions of higher education, one university or college accounts for a survey unit; as for enterprises, one enterprise is a survey unit.

Institutions of Scientific and Technological Activities refer to organic institutions engaged in scientific and technological activities within the survey coverage, including state-owned research and development institutions with independent accounting system (in the field of natural sciences, social sciences and humanities), including technological development institutions affiliated to institutions and large and medium-sized industrial enterprises. Full-time affiliated institutions of scientific and technological activities refer to those mainly and relatively stably engaged in technological activities with formal ratification of educational institutions and higher authorities. Technological development institutions affiliated to large and medium-sized industrial enterprises refer to special development institutions solely run by enterprises or jointly run with other units but keeping relatively independent administration from production system, or having their independent accounting system (such as research institutions or development departments of development centers run by enterprises).

Personnel Engaged in Scientific and Technological Activities refer to all the persons in the survey units engaged in scientific and technological activities during the reference period, i.e. those who are directly engaged in such activities or provide direct services to such activities with over 10% of their annual working hours devoted to scientific and technological activities.

Scientists and Engineers refer to persons who have completed regular undergraduate or higher level education and persons with senior or medium professional titles but without the aforesaid educational background.

Other Technical Personnel refer to persons involved in science and technology with secondary specialized education or junior college education and persons with junior professional titles but without the aforesaid educational background.

Personnel of Research and Development refer to persons who are engaged in research and development activities during the reference period, i.e. those in the survey units who are directly engaged in R & D activities or provide services to R & D activities in such forms as administration and technical services with over 10% of their annual working hours devoted to such activities It is the sum of full-time personnel and non-full-time personnel.

Total Funds for Scientific and Technological Activities refer to the funds for scientific and technological activities (including capital construction funds for scientific research) raised by the survey units from various channels during the reference period, including government funds, self-raised funds, bank loans and other funds.

Total Expenditure for Scientific and Technological Activities (Internal Expenditure) refers to the actual expenditure made for scientific and technological activities by the survey units during the reference period, including service expenses, operating expenses for scientific research, management expenses for scientific research, purchases of fixed assets with investment in non-capital construction, capital construction expenditure for scientific research and others, but excluding expenditure for productive activities, expenditure for return of loans and expenditure transferred to other units.

Total Expenditure on Research and Development refers to all actual expenditure made for R & D (basic research, applied research and experimental development) in the reference period, including direct expenditure on R & D activities and indirect expenditure on R & D activities such as management expenses, administrative expenses and investment in capital construction related to R & D.

Number of Prizes Won at and above Provincial Level refers to the number of various prizes in scientific and technological research won by the units engaged in scientific and technological activities from administrative departments for science and technology in provincial or central governments in the current year. If a prize is won in a cooperative way, it is reported only by the first listed unit so as to avoid duplication. As for achievements that have won several prizes, only one prize is reported Prizes won by achievements include all those at state level, provincial level and city (prefecture) level. State-level prizes are National Prize for Natural Sciences, National Invention Prize, National Prize for Progress in Science and Technology and National Spark Prize Prizes at provincial and ministerial level refer to major achievements and progress in science and technology awarded by the departments of the state council, provinces, autonomous regions and municipalities directly under the central government.

Number of Research Tasks (Projects) of Scientific and Technological Institutions refers to the number of research tasks (projects) on R & D, application of R & D and scientific and technological services, which are listed in the plans of scientific research or approved by administrative departments of the survey units and launched in the current year. It includes those newly started and those uncompleted in the preceding year but continued into the current statistical year.

Cultural Institutions refer to units which have their own organizational system and independent accounting system and specialize in or serve cultural development. They exclude other establishments with independent accounting system run by these cultural institutions and amateur cultural groups established by various departments.

Art Troupes refer to troupes which are engaged in drama, opera, music, dance, acrobatics or other art performances, open independent accounts with banks with independent accounting system, excluding troupes which are engaged partly in industrial or agricultural activities and partly in art performance and folk professional troupes.

Film Projection Units refer to units with film projection equipment, full or part-time projectionists, permanent or non-permanent cinemas, approved by and registered with related administrative departments to show films regularly for certain groups of audience, including film projection units which have been approved to give commercial shows and share profits with administrative agencies of film circulation and projection, as well as film renting units of the military system.

Number of Spectators at Art Performance (person-time) refers to the number of attendants at commercial shows, completely booked shows or free shows given in minority national areas, excluding the number of spectators at rehearsals for examination and internal shows for study.

十九、体育、卫生、社会福利、社会保险、环保和其他

SPORTS,PUBLIC HEALTH,SOCIAL WELFARE,SOCIAL INSURANCE, ENVIRONMENTAL PROTECTION AND OTHERS

十九　体育、卫生、社会福利、社会保险、环保和其他

简要说明

一、本篇资料主要反映广东体育、卫生、社会福利、社会保险、环保、安全生产及其他事业的发展情况。

二、本篇资料由广东省统计局人口、社会科技统计处、能源处负责整理、编辑。

三、体育部分主要包括体育系统职工人数、群众体育活动开展情况及运动竞技成绩等，资料由广东省体育局提供。

四、卫生部分主要包括卫生事业机构、床位及人员数等，资料由广东省卫生厅提供。

五、社会福利部分主要包括各种社会福利事业的机构数、收养救济人数、城乡基层社会保障情况、婚姻登记状况等，资料由广东省民政厅提供。

六、社会保险部分主要包括社会基本养老、失业保险基金征缴额和征缴率、社会保险参保人数等，资料由广东省人力资源和社会保障厅提供。

七、环保部分主要包括水环境、大气环境、生态环境、城市环境、农村环境、自然灾害，“三废”的排放、治理、综合利用，环境管理、环保系统自身建设情况等，资料由广东省环保厅提供。

八、亿元生产总值安全生产事故死亡率数据由广东省安全生产监督管理局提供。

九、其他部分主要包括司法工作开展情况和交通、火灾事故发生情况等，资料由广东省司法厅 、广东省公安厅提供。

19 Sports,Public Health,Social Welfare,Social Insurance ,Environmental Protection and Others

Brief Introduction

Ⅰ. The data in this chapter mainly show the development of Guangdong's sports，public health，social welfare，social security, environmental protection, safe production and other undertakings.

Ⅱ. The data are prepared by the Division of Population，Social，Scientific and Technological Statistics , Energy of Statistics Bureau of Guangdong Province.

Ⅲ. The data on sports mainly include the number of staff and workers in sports departments，mass sports and athletics sports，etc. The data are provided by Guangdong Provincial Bureau of Sports.

Ⅳ. The data on public health mainly include the number of health institutions，hospital beds and personnel，etc. The data are provided by Guangdong Provincial Department of Public Health.

Ⅴ. The data on social welfare mainly include the number of institutions，the number of persons receiving social welfare relief funds，grassroots social security in urban and rural areas and marriage registration status，etc. The data are provided by Guangdong Provincial Department of Civil Affairs.

VI. The data on social security mainly include the amount collected and percentage of Collection of Basic Retirement Security Insurance and Unemployment Insurance, the number of persons participating in Social Insurance, etc. The data is provided by Guangdong Provincial Department of Human Resources and Social Security.

Ⅶ. The data on environmental protection mainly include water environment, atmospheric environment, ecological environment, urban environment, rural environment, natural disasters, the discharge, treatment and comprehensive utilization of waste water，waste gas and solid wastes， environment management and the improvement of environmental protection departments, etc. The data are provided by Guangdong Provincial Bureau of Environmental Protection.

VIII. The rate of death from work safety accidents per 100 million yuan of GDP is provided by Guangdong Provincial Bureau of Work Safety.

VIIII. Other data mainly include judicial conditions and basic statistics on traffic and fire accidents，etc. The data are provided by Guangdong Provincial Department of Justice and Guangdong Provincial Department of Public Security.

19-1 体育、卫生、社会福利、环保和其他主要指标
Main Indicators of Sports, Public Health, Social Welfare, Environmental Protection and Others

指 标	Item	2000	2005	2010	2011	2012
举办全民健身活动次数 (次)	Number of National Body-building Activities Held (time)		7838	9477	5260	8654
卫生事业机构数 (个)	Number of Health Institutions (unit)	8984	16318	16541	16962	17470
#医院、卫生院	Hospitals	2426	2428	2444	2411	2437
卫生事业机构床位数 (万张)	Number of Beds in Health Institutions(10000 units)	16.81	20.97	30.01	32.5	35.53
#医院、卫生院床位	Hospital Beds	15.72	19.26	27.71	29.81	32.47
卫生技术人员数 (万人)	Number of Medical Technical Personnel (10000 persons)	26.5	29.73	44.65	47.64	51.03
#医生	Doctors	11.12	11.80	16.85	17.94	19.21
平均每千户籍人口医院、卫生院床位数	Number of Hospital Beds per 1000 Population	2.12	2.44	3.25	3.45	3.76
平均每千户籍人口有卫生技术人员数 (人)	Number of Medical Technical Personnel per 1000 Population (person)	3.57	3.76	5.35	5.63	6.02
#医生	Doctors	1.50	1.49	2.05	2.16	2.31
优抚收养性单位收养人数 (人次)	Number of Persons Adopted by Special Care Units (person)	1785	2600	3179	3667	3836
社会救济总人数 (万人)	Number of Persons Receiving Relief Funds (10000 persons)	154.70	262.28	288	270.5	293.32
准予登记结婚对数 (对)	Registered Marriages (couple)	562118	589408	857146	863613	870741
#涉外婚姻	Marriages with Foreigners	11730	10905	6698	7251	8558
离婚总数 (对)	Total Divorces (couple)	47521	80873	127048	141387	155446
执业律师人数 (人)	Number of Full-time Lawyers (person)	7292	12020	20228	21537	23209
公证人员数 (人)	Number of Notarial Personnel (person)	1380	1527	1694	1719	1995
人民调解委员会调解人员数 (人)	Number of Mediators of People's Mediation Committees (person)	250117	163459	190775	183623	183963
企事业单位污染治理资金 (万元)	Funds for Pollution Treatment (10000 yuan)	167707	370384	310584	173140	280995
环保投资占GDP比重 (%)	Percentage of Investment in Environmental Protection in GDP (%)	2.00	2.50	3.08	0.36	0.47
亿元生产总值生产安全事故死亡率	Rate of Death from Work Safety Accidents per 100 Million Yuan of Gross Regional Product	1.08	0.51	0.15	0.13	0.11
交通事故发生数 (起)	Number of Traffic Accidents (unit)	66072	67756	30480	26582	25719
交通事故损失折款 (万元)	Losses from Traffic Accidents Converted into Cash (10000 yuan)	27526	20883	8051	9357	7915
火灾事故发生数 (起)	Number of Fire Accidents (unit)	8622	3176	6065	8148	8101
火灾事故损失折款 (万元)	Losses from Fire Accidents Converted into Cash (10000 yuan)	10065	7629	17500	19693	21798

注：2010年起每千人口医师、护士、卫生技术人员含村卫生室医生、护士数。

Note: Since 2010, Number of Medical Technical Personnel per 1000 Population includes the number of doctors and nurses of village clinics.

19-2 体育事业情况
Statistics on Sports

指　标	Item	1995	2000	2005	2010	2011	2012
体育系统年末职工人数(人)	**Number of Staff and Workers in Sports Departments at the Year-end (person)**	**8730**	**9635**	**8762**	**9405**	**10059**	**10057**
运动员	Athletes	1043	1462	1695	1036	1169	1427
专职教练员	Full-time Coaches	1464	1469	1568	1094	1606	1352
专职文化教师	Full-time Teachers for Literacy Classes	644	785	722	918	887	785
科技人员	Scientific and Technological Personnel	76	90	85	113	58	58
宣传出版人员	Publicity and Publishing Personnel	17	5				
医务人员	Medical Personnel	163	196	141	97	70	101
管理人员	Administrative Personnel	2743	3131	2241	3328	3338	3610
其他人员	Others	2580	2497	2310	2819	2931	2724
社会体育指导员人数　(人)	**Number of Instructors of Social Sports(person)**						
当年发展人数	Number of New Instructors in Current Year			9896	31594	37041	45384
#高级	Senior			150	2045	1250	1518
中级	Intermediate			3661	5733	4181	9095
初级	Junior			6085	23816	31610	34771
体育比赛成绩	**Achievements in Sports Tournament**						
破世界纪录　(项)	Number of World Records Chalked Up (item)	3	5		1		1
获世界冠军　(个)	Number of World Championships Won (unit)	31	36	26	27	29	25
破亚洲纪录　(项)	Number of Asian Records Chalked Up (item)	3	4	2	2		2
破全国纪录　(项次)	Number of National Records Chalked Up (item-time)	10	6	8	5	2	5
获得全国冠军　(项次)	Number of National Championships Won (item-time)	113	156	133	132	140	136
体育活动开展情况	**Sports Meets and Activities**						
举办全民健身活动次数(次)	Number of National Body-building Activities Held (time)			7838	9477	5260	8654

注：2008年运动员只包以省队为主的享受国家规定津贴的运动员。

Note:The number of athletes in 2008 includes those who are from provincial sports teams and receivce special state allowance.

19-3 卫生事业机构、床位及人员数

Number of Health Institutions, Beds and Personnel

年份 Year	机构 (个) Health Institutions (unit)	#医院及卫生院 Hospitals	床位 (张) Beds (unit)	#医院及卫生院床位 Hospital Beds	卫生工作人员 (人) Medical Personnel (person)	#卫生技术人员 Medical Technical Personnel
1978	6949	1968	90645	84120	159583	126606
1979	7304	1974	91955	85144	171703	136568
1980	7649	1988	92506	84999	181480	144537
1981	8045	2002	94794	87010	191370	151971
1982	8331	2014	97441	88688	202162	160710
1983	8443	2037	100042	90851	208506	166543
1984	8525	2042	103231	93770	213193	170495
1985	8479	1853	107702	98231	220593	175337
1986	8713	1860	110022	99632	225526	180045
1987	8705	1880	114773	104932	230444	184126
1988	8820	1906	119328	109280	234807	187307
1989	8948	1886	122055	111816	240581	192147
1990	8989	1885	124015	114056	244039	194771
1991	9032	1906	129774	119079	249717	199051
1992	8989	1943	135527	124835	257043	205110
1993	8572	1968	139812	129317	267432	211874
1994	8720	2231	144865	134334	277398	220153
1995	8848	2267	148825	137756	288715	229894
1996	8921	2319	151553	141221	196108	237623
1997	8942	2348	155313	144496	305562	245862
1998	8805	2373	158351	147604	313737	252213
1999	8699	2415	162398	151367	320432	258591
2000	8984	2426	168143	157164	327065	264990
2001	8638	2444	172735	162197	330418	268347
2002	15500	2415	180791	165498	323294	262633
2003	15409	2410	188543	172981	336175	273620
2004	15744	2391	200056	183107	348203	283351
2005	16318	2428	209741	192551	364520	297334
2006	16953	2433	221886	204071	408972	332829
2007	16490	2435	234179	216951	452080	360674
2008	15821	2428	250497	231583	479462	383876
2009	16238	2442	271972	250364	513997	413444
2010	16541	2444	300083	277126	550269	446456
2011	16962	2411	325038	298070	582244	476446
2012	17470	2437	355274	324744	620173	510288

注：从2002年开始，机构数中包含个体诊所机构数；人员、总计中不含乡村医疗点。

Note: Since 2002, the number of institutions has included the number of individual clinics, but has excluded the number of rural medical stations;the number of personnel has excluded the number of certified (assistant) doctors in rural medical stations.

19-4 卫生事业机构、床位和人员数（2012年）
Number of Health Institutions, Beds and Personnel (2012)

机构类别	Type of Institution	机构（个）Number of Institutions (unit)	床位数（张）Beds (unit)	人员数（人）Personnel (person)	#卫生技术人员 Medical Technical Personnel	#执业(助理)医师 Certified (Assistant) Doctors
合　计	**Total**	**17470**	**355274**	**620173**	**510288**	**192107**
医　院	Hospitals	1185	272873	386367	314875	106442
卫生院	Health Centers	1252	51871	81106	67455	29117
疗养院	Sanatoriums	15	1869	1366	751	312
社区卫生服务中心	Community Health Service Centers	1003	7135	34974	29723	13411
社区卫生服务站	Community Health Service Stations	1342	21	7383	6612	2751
门诊部、诊所、卫生所等	Outpatient Departments and Clinics	11903	430	47154	42140	23348
#诊所	Outpatient Departments	7377		17795	16703	10418
卫生所(医务室)	Clinics (Medical Stations)	2460		6835	6496	3943
急救中心(站)	Emergency Centers (Stations)	16		372	208	52
采供血机构	Blood Taking and Supply Agencies	42		2128	1527	254
妇幼保健院(所、站)	Maternity and Child Care Centers	127	16193	31786	26606	8790
专科疾病防治院(所、站)	Specialized Prevention and Treatment Stations	147	4882	8018	6150	2615
疾病预防控制中心(防疫站)	Disease Prevention and Control Centers (Antiepidemic Stations)	138		10646	7789	4113
卫生监督所	Sanitation Supervision Stations	144		4767	4048	
卫生监督检验(监测、检测)所(站)	Sanitation Supervision Quarantine Stations	2		11	3	3
医学科学研究机构	Research Institutions of Medical Science	18		109	67	31
医学在职培训机构	On-the-job Medical Training Institutions	20		855	285	138
健康教育所(站、中心)	Health Education Stations (Centers)	33		238	95	44
其他卫生机构	Other Health Agencies	83		2893	1954	686
#乡村医疗点	Rural Medical Stations	29086				

注：2008年起,门诊部、诊所、卫生所等含护理站；总数中不含乡村医疗点数。
Note: Since 2008, the number of outpatient departments and clinics include that of nurse stations.

19-5 各市卫生事业机构、床位和人员数（2012年）

Number of Health Institutions, Beds and Personnel by City (2012)

市 别	City	机构（个）Number of Institutions (unit)	#医院 Hospitals	床位数（张）Beds (unit)	#医院床位 Hospital Beds	卫生工作人员（人）Medical Personnel (person)	#卫生技术人员 Medical Technical Personnel	执业(助理)医师（人）Certified Doctors (person)
全省总计	**Provincial Total**	**17470**	**1185**	**355274**	**272873**	**620173**	**510288**	**192107**
广 州	Guangzhou	2415	224	70649	62194	129509	106250	37101
深 圳	Shenzhen	2623	121	28065	26214	76822	62079	23973
珠 海	Zhuhai	482	35	7439	6103	14923	12615	4733
汕 头	Shantou	521	35	13527	10899	21985	18123	7894
佛 山	Foshan	1039	83	25686	22140	45457	37472	13171
#顺 德	Shunde	291	29	8001	7585	14935	12026	4321
韶 关	Shaoguan	733	59	13510	9841	19577	16183	6058
河 源	Heyuan	289	24	9228	4015	13252	11264	4042
梅 州	Meizhou	1203	30	12660	7752	20498	17401	7399
惠 州	Huizhou	984	61	17231	11056	27743	23161	8564
汕 尾	Shanwei	310	25	6766	4359	11049	8762	4345
东 莞	Dongguan	1016	96	24617	24042	46276	37520	12849
中 山	Zhongshan	482	48	11336	11213	20244	17012	5635
江 门	Jiangmen	727	36	15627	10974	24314	20577	7409
阳 江	Yangjiang	396	37	8442	5863	12200	9896	3381
湛 江	Zhanjiang	1051	74	24212	15742	33057	26608	9587
茂 名	Maoming	439	48	19748	11785	26941	22600	9624
肇 庆	Zhaoqing	726	47	11869	8603	20883	16544	5176
清 远	Qingyuan	693	40	11823	6838	18569	15998	6381
潮 州	Chaozhou	759	21	5602	3417	9151	7193	3636
揭 阳	Jieyang	278	24	10812	6107	17207	14316	7941
云 浮	Yunfu	304	17	6425	3716	10516	8714	3208
按经济区域分	By Region							
珠 三 角	Pearl River Delta	10494	751	212519	182539	406171	333230	118611
东 翼	Eastern Region	1868	105	36707	24782	59392	48394	23816
西 翼	Western Region	1886	159	52402	33390	72198	59104	22592
山 区	Mountainous Region	3222	170	53646	32162	82412	69560	27088

19-6 各类卫生事业机构、床位和人员数

Number of Health Institutions, Beds and Personnel by Type

指　　标	Item	1995	2000	2005	2010	2011	2012
机构数　　（个）	**Number of Institutions　(unit)**	**8848**	**8984**	**16318**	**16541**	**16962**	**17470**
医院	Hospitals	665	746	965	1088	1125	1185
卫生院	Health Centers	1602	1680	1463	1356	1286	1252
门诊部　　(所)	Clinics, Health Stations and Community Health	5737	5710	12675	11056	11392	11903
专科防治机构	Specialized Prevention and Treatment Stations	165	158	157	147	147	147
疾病预防控制机构	Sanitation and Anti-epidemic Institutions	177	171	134	134	136	138
妇幼保健机构	Maternity and Child Care Centers	67	31	125	126	124	127
医学科学研究机构	Research Institutions of Medical Science	20	20	20	18	19	18
其他卫生机构	Other Health Care Institutions	415	468	779	2616	2733	2700
床位数　　（张）	**Number of Beds　(unit)**	**148825**	**168143**	**209741**	**300083**	**325038**	**355274**
人员数　　（人）	**Number of Personnel　(person)**	**288715**	**327065**	**364520**	**550269**	**582244**	**620173**
卫生技术人员	Medical Technical Personnel	229894	264990	297334	446456	476446	510288
#医生	Doctors	98877	111172	118023	168486	179381	192107
注册护士	Nurses	64504	83198	98791	165589	180303	197256
其他技术人员	Other Technical Personnel	6728	8910	16596	20325	20959	21220
管理人员	Administrative Personnel	22944	24320	21600	29541	28457	27619
工勤人员	Logistics Personnel	29149	28845	28990	53947	56382	61046

注：从2002年开始，机构数中包含个体诊所机构数；门诊部(所)含门诊部、诊所、卫生所、医务室、护理站等；妇幼保健院归入妇幼保健机构统计；医生指执业(助理)医师。2008年起，门诊部(所)含护理站，不含社区卫生服务站(纳入其他卫生机构)。

Note: Since 2002, the number of institutions has included the number of individual clinics, covered in the category of outpatient departments (clinics); maternity and child care centers have been included in the number of maternity and child care institutions; doctors have referred to certified (assistant) doctors; and Since 2008, clinics include nurse stations, but excludce community health stations, which is listed as Other Healthcare Institutions.

19-7 各市社会基本养老、失业保险基金征缴额和征缴率（2012年）

Amount Collected and Percentage of Collection of Basic Retirement Security Insurance and Unemployment Insurance by City (2012)

市别	City	城镇职工基本养老保险 Basic Retirement Security Insurance		失业保险 Unemployment Insurance	
		基金征缴额（万元）Amount Collected (10000 yuan)	基金征缴率(%) Percentage of Collection (%)	基金征缴额（万元）Amount Collected (10000 yuan)	基金征缴率(%) Percentage of Collection (%)
合　计	**Total**	**15529547**	**99.4**	**842529**	**99.5**
广　州	Guangzhou	2765865	100.0	400993	100.0
深　圳	Shenzhen	3784653	99.8	66644	99.6
珠　海	Zhuhai	514574	99.6	37676	99.7
汕　头	Shantou	300814	100.0	20921	100.0
佛　山	Foshan	1166920	100.0	68800	100.0
韶　关	Shaoguan	212435	99.1	18919	99.4
河　源	Heyuan	116429	96.7	8936	97.5
梅　州	Meizhou	434089	100.0	4860	100.0
惠　州	Huizhou	341637	100.0	10624	100.0
汕　尾	Shanwei	80002	74.5	4925	70.2
东　莞	Dongguan	1316202	99.7	33203	99.8
中　山	Zhongshan	714434	100.0	24578	100.0
江　门	Jiangmen	543490	98.0	34287	98.4
阳　江	Yangjiang	103253	95.6	8633	97.4
湛　江	Zhanjiang	322316	99.9	19005	98.7
茂　名	Maoming	234371	98.1	19881	99.1
肇　庆	Zhaoqing	219278	100.0	20665	100.0
清　远	Qingyuan	242967	99.9	16460	100.0
潮　州	Chaozhou	187207	99.1	10035	99.0
揭　阳	Jieyang	176841	91.5	5475	99.0
云　浮	Yunfu	97437	98.9	7008	99.6
省　直	Directly under Provincial Government	1654332	100.0		
按经济区域分	By Region				
珠三角	Pearl River Delta	11367053		697470	
东　翼	Eastern Region	744864		41356	
西　翼	Western Region	659940		47519	
山　区	Mountainous Region	1103357		56183	

注：各区域不包省直单位部分。

Note: "By Region" does not include agencies directly under provincial jurisdiction.

19-8 各市社会保险参保人数（2012年）

Number of Persons Participating in Social Insurance by City (2012)

单位：万人 (10000 persons)

市别	City	城镇职工基本养老保险参保人数 Number of Persons Participating in Basic Retirement Security Program	失业保险参保人数 Number of Persons Participating in Unemployment Insurance	医疗保险参保人数 Number of Persons Participating in Health Care Program	工伤保险参保人数 Number of Persons Participating in Industrial Accident Insurance	生育保险参保人数 Number of Persons Participating in Child-bearing Insurance
合计	**Total**	**4034.08**	**2009.12**	**8421.81**	**2962.77**	**2484.93**
广州	Guangzhou	583.42	391.66	768.22	406.71	276.66
深圳	Shenzhen	811.50	340.59	1138.74	991.53	506.61
珠海	Zhuhai	106.44	86.28	150.09	87.76	55.07
汕头	Shantou	120.27	65.74	491.16	63.99	62.09
佛山	Foshan	336.17	194.05	448.19	210.85	209.76
韶关	Shaoguan	58.66	27.64	87.45	33.71	15.36
河源	Heyuan	43.43	26.09	63.95	25.49	16.71
梅州	Meizhou	86.14	22.92	459.13	22.68	21.58
惠州	Huizhou	210.59	92.53	392.37	113.11	139.49
汕尾	Shanwei	41.77	14.56	289.60	14.81	12.58
东莞	Dongguan	520.28	312.78	616.86	494.14	616.86
中山	Zhongshan	211.89	145.07	250.68	146.69	250.68
江门	Jiangmen	176.02	66.19	379.85	67.09	64.69
阳江	Yangjiang	50.25	18.76	247.37	20.98	15.96
湛江	Zhanjiang	97.15	35.81	693.09	30.50	36.03
茂名	Maoming	77.27	26.38	71.87	31.33	25.54
肇庆	Zhaoqing	67.78	38.77	394.63	40.79	36.64
清远	Qingyuan	64.43	33.56	400.01	37.68	15.69
潮州	Chaozhou	57.90	35.28	251.34	35.01	24.65
揭阳	Jieyang	86.28	18.92	566.22	16.86	19.14
云浮	Yunfu	32.87	15.56	261.01	16.53	11.78
省直	Directly under Provincial Government	193.59			54.56	51.36
按经济区域分	By Region					
珠三角	Pearl River Delta	3024.08	1667.92	4539.61	2558.65	2156.46
东翼	Eastern Region	306.22	134.50	1598.32	130.66	118.46
西翼	Western Region	224.66	80.94	1012.33	82.81	77.53
山区	Mountainous Region	285.53	125.77	1271.54	136.09	81.12

注：各区域不包省直单位部分。

Note: "By Region" does not include agencies directly under provincial jurisdiction.

19-9 优抚、社会救济和福利事业情况

Statistics on Preferential Treatment and Resettlement, Social Relief and Welfare

项 目	Item	1995	2000	2005	2010	2011	2012
优抚事业	**Preferential Treatment and Resettlement**						
优抚收养性事业单位数 (个)	Number of Institutions for Preferential Treatment and Resettlement (unit)	58	63	81	81	85	81
编制登记	Registered with State Office for Public Sector Reform				57	61	57
工商登记	Registered with Industry and Commerce Administration						
民政登记	Registered with Civil Affairs Administration				21	19	19
未登记	Unregistered				3	5	5
优抚收养性单位收养人数 (人次)	Number of Persons Adopted byPreferential Treatment and Resettlement Institutions (person-time)	1918	1785	2600	3179	3667	3836
编制登记	Registered with State Office for Public Sector Reform				2896	3402	3552
工商登记	Registered with Industry and Commerce Administration						
民政登记	Registered with Civil Affairs Administration				177	149	167
未登记	Unregistered				106	116	117
优抚事业费用 (万元)	Expenses onPreferential Treatment and Resettlement (10000 yuan)	30749	57759	132738	181099	222120	261777
民政部门支出	Expenses by Civil Administration Departments	16003	31503	132738	181099	222120	261777
群众优待	Mass Preferential Treatment and Resettlement	14746	26256				
社会救济	**Social Relief**						
社会救济总人数 (万人)	Total Number under Social Relief (10000 persons)	337.80	154.70	262.28	288.00	270.5	293.3
#农村传统救济对象人数	Number of People Receiving Traditional Social Relief in Rural Areas	244.30	87.10	18.22	31.40	16.7	31.2
城乡居民最低生活保障人数 (万人)	Number of Urban and Rural Residents Receiving Minimum Income Relief (10000 persons)		38.00	167.59	224.70	224.1	215.0
城镇	Urban Areas		14.90	42.16	40.70	40.0	37.2
农村	Rural Areas		23.10	125.43	184.00	184.1	177.8
城乡居民最低生活保障家庭户数 (万户)	Number of Urban and Rural Households Receiving Minimum Income Relief (10000 households)		15.00	64.19	91.80	95.8	95.0
城镇	Urban Areas		5.50	15.01	17.30	17.4	16.5
农村	Rural Areas		9.50	49.18	74.50	78.4	78.5
城乡居民最低生活保障金支出 (万元)	Expenditures on Minimum Income Relief for Urban and Rural Residents (10000 yuan)		19334	81255	244490	354121	399793
城镇	Urban Areas		11460	39206	79665	106675	105925
农村	Rural Areas		7874	42049	164825	247446	293868
社会救济福利事业费 (万元)	Expenses on Social Relief and Welfare (10000 yuan)	18975	61538	120143	478211	684893	873889
自然灾害救济费 (万元)	Relief Funds for Natural Calamities (10000 yuan)	10356	8456	35257	45995	28488	30013
社会福利	**Social Welfare**						
社会福利收养性事业单位数(个)	Number of Social Welfare Institutions (unit)	1887	2086	2070	2514	2460	2488
编制登记	Registered with State Office for Public Sector Reform				256	282	291
工商登记	Registered with Industry and Commerce Administration				27	22	30
民政登记	Registered with Civil Affairs Administration				1791	1820	1786
未登记	Unregistered				440	336	381
社会福利收养性事业单位收养人数	Number of People Taken In by Social Welfare Institutions (person)	37364	51085	63256	92224	89965	91606
编制登记	Registered with State Office for Public Sector Reform				26402	27965	28336
工商登记	Registered with Industry and Commerce Administration				3188	2859	3566
民政登记	Registered with Civil Affairs Administration				51516	51859	52221
未登记	Unregistered				11118	7282	7483
社会福利企业单位 (个)	Number of Social Welfare Enterprises (unit)	4440	517	251	172	149	157
安排"四残"人员就业数 (人)	Number of "Four Kinds of Disabled Persons" Arranged for Employment (person)	20365	8165	6266	4818	4852	5618
编制登记	Registered with State Office for Public Sector Reform				75	127	148
工商登记	Registered with Industry and Commerce Administration				4743	4725	5470
城乡基层社会保障	**Urban and Rural Social Security**						
农村建立社会保障网络乡镇数 (个)	Number of Townships with Rural Social Security Network (unit)	1223	1536	1156			
城镇社区服务设施数 (个)	Number of Urban Community Service Facilities (unit)	2505	4983	9044	15960	20673	34284
社区服务中心数	Community Service Centers				1366	1552	1707
社区服务站数	Community Service Stations		787	665	1632	3190	8194
其它社区服务设施数	Others				12962	15931	24383

19-10 婚姻登记情况
Statistics on Marriage Registration

项 目	Item	1995	2000	2005	2010	2011	2012
国内结婚登记	**Domestic Marriage Registration**						
准予登记结婚 (对)	Registered Marriages (couple)	583852	550388	578503	850448	856362	862183
#恢复结婚	Resumption of Marriages	753	1515	3421	12764	12067	13666
初婚人数 (人)	Number of First Marriages (person)	1143110	1058051	1115700	1583025	1593432	1597762
再婚人数 (人)	Number of Remarriages (person)	24594	42725	63116	131267	133794	143720
男性	Male	13682	25251	37314	73731	77779	78597
女性	Female	10912	17474	25802	57536	56015	65123
涉外结婚登记	**Marriage Registration with Foreigners, Overseas Chinese and Citizens of Hong Kong, Macao and Taiwan**						
准予登记结婚 (对)	Registered Marriages (couple)	12837	11730	10905	6698	7251	8558
准予登记结婚人数(人)	Number of Persons Registered (person)	25674	23460	21810	13396	14502	17116
国内公民	Domestic Citizens	12837	11608	10901	6676	7243	8519
男性	Male	1272	1932	4851	1435	1675	3151
女性	Female	11565	9676	6050	5241	5568	5368
港澳同胞	Compatriots from Hong Kong and Macao	8060	5247	4698	2317	2634	3775
台湾同胞	Compatriots from Taiwan	652	1409	1172	770	922	961
华侨	Overseas Chinese	2032	1848	1584	1069	1209	1693
外国人	Foreigners	2093	3348	3455	2564	2494	2168
离婚	**Divorce**						
离婚总数 (对)	Total Number of Registered Divorces (couple)	34175	47521	80873	127048	141387	155446
民政部门办理离婚	Divorces Handled through Civil Affairs Departments	13181	19786	58589	100759	115813	129733
#涉外、华侨、港澳台婚姻	Divorces from Foreigners, Overseas Chinese and Citizens of Hong Kong, Macao and Taiwan	299	249	1165	1223	1022	1214
法院调解离婚	Divorces through Law Court Mediation	13101	15973	11834	17644	17552	17844
法院判决离婚	Divorces through Law Court Judgment	7893	11762	10450	8645	8022	7869

19-11 环境保护基本情况

Basic Conditions of Environmental Protection

项目	item	2000	2005	2010	2011	2012
水环境	**Water Environment**					
降水量 (毫米)	Precipitation (mm)		1765.7	1927.1	1461.0	1979.3
水资源总量 (亿立方米)	Total Amount of Water Resource (100 million cu.m)		1747.49	1998.79	1471.26	2026.55
人均水资源量 (立方米/人)	Per Capita Amount of Water Resource (cu.m/person)		1901	1915	1406	1922
用水总量 (亿立方米)	Total Water Consumption (100 million cu.m)		459.0	469.0	464.2	451.0
#农业用水	Agriculture		236.7	231.3	228.3	227.6
工业用水	Industry		133.9	138.8	133.6	121.6
生活用水	Living		83.5	90.4	93.2	95.3
生态用水	Ecology		4.9	8.6	9.1	6.5
万元GDP用水量(立方米/万元)	Water Consumption per 10000 Yuan of GDP (cu.m/10000 yuan)		205	103	88	75
万元工业增加值用水量 (立方米/万元)	Water Consumption per 10000 Yuan of Value-added of Industry (cu.m/10000 yuan)		128	65	50	46
废水排放总量 (亿吨)	Total Volume of Waste Water Discharged (100 million tons)	44.75	63.84	72.30	79.48	83.85
#生活污水	Living Waste Water	33.35	40.68	53.59	60.66	65.19
工业废水	Industrial Waste Water	11.41	23.16	18.70	18.78	18.61
废水中COD排放量 (万吨)	Volume of COD Discharged from Waste Water(10000 tons)	95.10	105.80	85.84	188.45	180.29
废水中氨氮排放量 (万吨)	Volume of Ammonia and Nitrogen Discharged from Waste Water (10000 tons)		10.0	10.7	23.1	22.4
大气环境	**Atmospheric Environment**					
工业废气排放总量 (亿标立米)	Total Volume of Industrial Waste Gas Emission (100 million cu.m)	8326	13447	24092	31463	27078
二氧化硫排放总量 (万吨)	Total Volume of Industrial Sulfur Dioxide Emission (10000 tons)	90.5	129.4	105.5	84.8	79.9
#工业二氧化硫 (万吨)	Volume of Industrial Sulfur Dioxide Emission(10000 tons)	88.2	127.4	98.9	81.9	77.2
氮氧化物 (万吨)	Nitrogen Oxides (10000 tons)				138.8	130.3
#工业氮氧化物 (万吨)	Industrial Nitrogen Oxides (10000 tons)				89.6	80.9
工业烟(粉)尘排放量 (万吨)	Volume of Industrial Soot(Dust) Emission (10000 tons)				26.4	26.8
空气质量达二级标准城市数(个)	Number of Cities Meeting Grade Ⅱ Air Quality Standard		21	21	21	21
生态环境	**Ecological Environment**					
人均耕地面积 (亩)	Per Capita Area of Cultivated Land (mu)		0.48	0.45	0.45	0.45
水土流失治理面积 (千公顷)	Area of Soil Erosion under Control (1000 hectares)		39.9	44.56	42.95	39.45
森林面积 (万公顷)	Forest Area (10000 hectares)		921.20	1036.28	1049.93	1061.68

19-11 续表 1 continued

项 目	item	2000	2005	2010	2011	2012
森林覆盖率 (%)	Forest Coverage Rate (%)		55.5	57.0	57.3	57.7
人均森林面积 (公顷)	Per Capita Forest Area (hectare)		0.1	0.1	0.1	0.1
活立木蓄积量 (万立方米)	Volume of Standing Forest Stock (10000 cu.m)		36459	43936	46329	49204
森林蓄积量 (万立方米)	Stock Volume of Forest (10000 cu.m)		34469	43190	45530	48639
当年营造林面积 (万公顷)	Afforested Area in Current Year (10000 hectares)		1.95	9.51	12.50	10.80
自然保护区数 (个)	Number of Natural Reserves (unit)	153	293	368	368	368
自然保护区面积 (万公顷)	Area of Natural Reserves (10000 hectares)	299.5	333.7	182.4	178.4	178.4
城市环境	**Urban Environment**					
城市面积 (平方公里)	Urban Area (sq.km)		26645.48	18130.10	17957.23	15984.06
#建成区面积	Built-up Area		3619.05	4618.07	4829.26	5026.44
城市建设用地面积 (平方公里)	Area of City Land Used for Construction (sq.km)		3080.17	4774.76	4172.38	4083.37
城市供水总量 (万立方米)	Total Volume of Water Supply in Urban Areas (10000 cu.m)		738573	806144	821640	817348
#生活用水量	Domestic Water Consumption		410932	394036	408212	410690
城市用水普及率 (%)	Popularization Rate of Tap Water in Urban Areas(%)		98.8	98.4	98.4	97.6
城市污水排放量 (万吨)	Volume of Municipal Sewage Discharge(10000 tons)		460562	506546	601879	615779
城市污水处理量 (万吨)	Volume of Municipal Sewage Disposal (10000 tons)		207403	436041	481315	549661
城市污水处理率 (%)	Rate of Municipal Sewage Disposal (%)		45.0	73.1	77.6	88.0
城市生活垃圾清运量 (万吨)	Transportation Amount of Urban Domestic Waste (10000 tons)		1722.60	1398.01	1996.42	2106.54
城市生活垃圾无害化处理量 (万吨)	Volume of Harmless Disposal of Urban Domestic Waste (10000 tons)		871.60	1938.55	1453.81	1654.71
城市生活垃圾无害化处理率(%)	Rate of Harmless Disposal of Urban Domestic Waste (%)		50.6	72.1	72.8	79.1
城市燃气普及率 (%)	Popularization Rate of Gas in Urban Areas (%)		95.4	95.8	91.8	94.9
城市人均公园绿地面积(平方米)	Per Capita Urban Public Green Area (sq.m)		11.00	13.29	14.38	15.82
建成区绿化覆盖率 (%)	Green Coverage Rate in Built-up Areas (%)		33.5	41.3	41.3	41.2
农村环境	**Rural Environment**					
农村改水受益率 (%)	Percentage of Population Benefiting from Water Improvement (%)		98.6	99.0	98.4	98.8
农村自来水普及率 (%)	Popularization Rate of Tap Water in Rural Areas (%)		75.0	83.9	84.3	86.7
农村卫生厕所普及率 (%)	Popularization Rate of Sanitary Toilets in Rural Areas (%)		75.0	85.8	86.7	88.6
无害化卫生厕所普及率 (%)	Popularization Rate of Harmless Sanitary Toilets (%)			77.7	78.8	81.1
农村沼气池产气总量 (万立方米)	Total Output of Biogas from Rural Biogas Pools (10000 cu.m)		9415	18724	26204	35203
自然灾害	**Natural Disasters**					
发生地质灾害起数 (起)	Number of Geological Disasters (unit)		155	600	100	231
地质灾害直接经济损失 (万元)	Direct Economic Loss due to Geological Disasters (10000 yuan)		58747.2	22732.1	2745.0	4309.4
海洋灾害发生次数 (次)	Number of Marine Disasters (time)		16	14	24	39
海洋灾害直接经济损失 (万元)	Direct Economic Loss due to Marine Disasters (10000 yuan)				177474	174782
森林火灾次数 (次)	Number of Forest Fires (time)		212	59	239	65
突发环境事件 (次)	Emergent Environment Cases (time)		31	30	27	23

注：从2007年起，城市环境所有指标统计范围为县级以上市，不包括不设市和县城。

Note: Since 2007, the statistical coverage of urban environment refers to the county-level cities, excluding counties.

19-11 续表 2 continued

项　目	item	2000	2005	2010	2011	2012
工业固体废物	**Industrial Solid Wastes**					
固体废物产生量 (万吨)	Volume of Industrial Solid Wastes Produced(10000 tons)	1694.30	2896.20	5455.80	6507.86	5965.49
固体废物排放量 (万吨)	Volume of Industrial Solid Wastes Discharged (10000 tons)	11.7	13.9	14.2	3.4	3.1
固体废物贮存量 (万吨)	Volume of Industrial Solid Wastes Accumulated (10000 tons)	360.4	376.7	177.4	74.6	252.5
工业"三废"治理设施	**Facilities for Treatment of Industrial Waste Water, Waste Gas and Solid Wastes**					
工业废水处理设施总数 (套)	Number of Facilities for Treatment of Waste Water (set)	7273	5971	9651	10144	10608
工业废气治理设施总数 (套)	Number of Facilities for Treatment of Waste Gas (set)	10901	7872	12789	17213	18667
企事业单位污染治理	**Pollution Treated by Enterprises and Institutions**					
污染治理资金 (万元)	Funds for Pollution Treatment (10000 yuan)	167707	370384	310584	173140	280995
当年安排治理项目 (个)	Number of Projects for Pollution Treatment in Current Year (unit)	2543	1327	657	1030	615
当年竣工项目数 (个)	Number of Projects Completed in Current Year (unit)	1438	1071	613	784	629
环境管理	**Environmental Management**					
环保投资占GDP比重(%)	Percentage of Investment in Environmental Protection in GDP (%)	2.00	2.50	3.08	0.36	0.47
当年制定环保法规及标准 (件)	Number of Environment Protection Laws, Regulations, Standards Drawn up in Current Year (item)	4	1	9	4	1
当年排污收费总额 (万元)	Total Fees for Discharging Waste in Current Year (10000 yuan)	60191	98077	88401	92263	87351
环保系统自身建设情况	**Statistics on Environmental Protection Agencies**					
年末机构数 (个)	Number of Agencies at the Year-end (unit)	1006	1024	843	833	
环境监测站数 (个)	Number of Environmental Monitoring Stations (unit)	121	120	127	128	
年末实有人数 (人)	Number of Personnel at the Year-end (person)	6313	9748	10793	10770	

注：2011年"环保投资占GDP比重"改为"环境污染治理投资占GDP比重"，亚运会后因财政紧缩投入减少。

Note: Percentage of Investment in Environmental Protection in GDP has been changed to Percentage of Pollution Treantment in GDP in 2011. The investment was reduced after Asian Games due to fiscal austerity.

19-12 各市“三废”排放及治理情况（2012年）

Statistics on Discharge and Treatment of Waste Water, Waste Gas and Solid Wastes by City (2012)

市 别	City	废水排放总量（亿吨）Total Volume of Waste Water Discharged (100 million tons)	#工业废水 Industrial Waste Water	工业废气排放总量（亿标立米）Total Volume of Industrial Waste Gas Emission (100million cu.m)	工业烟尘排放总量（万吨）Volume of Industrial Dust Emission (10000 tons)	工业固体废物产生量（万吨）Volume of Industrial Solid Wastes Produced (10000tons)	工业固体废物排放量（万吨）Volume of Industrial Solid Wastes Discharged (10000 tons)
广 州	Guangzhou	15.28	2.27	3217.50	1.42	615.00	
深 圳	Shenzhen	13.02	1.38	2137.00	0.52	105.20	0.1
珠 海	Zhuhai	2.28	0.55	1372.90	1.12	273.80	
汕 头	Shantou	2.51	0.51	672.60	0.49	108.30	
佛 山	Foshan	9.04	2.04	2381.50	4.24	503.90	
#顺 德	Shunde	2.69	0.56	546.90	0.88	76.90	
韶 关	Shaoguan	1.95	1.02	1373.20	0.66	790.70	1.0
河 源	Heyuan	1.16	0.19	585.30	0.52	262.20	
梅 州	Meizhou	1.67	0.57	1214.70	0.57	441.20	
惠 州	Huizhou	3.38	0.83	1487.80	2.13	123.20	
汕 尾	Shanwei	1.26	0.19	473.60	1.09	77.20	
东 莞	Dongguan	10.07	2.69	2928.80	1.51	534.30	0.7
中 山	Zhongshan	3.91	0.86	770.20	1.24	103.30	1.0
江 门	Jiangmen	3.76	1.44	1311.50	1.02	259.40	
阳 江	Yangjiang	0.99	0.20	787.50	1.17	226.20	0.3
湛 江	Zhanjiang	2.71	0.82	1008.80	1.01	252.80	0.1
茂 名	Maoming	2.16	0.52	855.80	1.04	101.30	
肇 庆	Zhaoqing	2.52	1.26	1077.60	2.48	208.50	
清 远	Qingyuan	1.73	0.41	1300.00	3.13	133.00	
潮 州	Chaozhou	1.41	0.30	931.70	0.33	112.40	
揭 阳	Jieyang	2.19	0.37	334.40	0.26	82.00	
云 浮	Yunfu	0.85	0.17	855.90	0.81	651.60	

19-13 各市环境保护基本情况

Basic Statistics on Urban Sanitation by City

市别	City	城镇污水处理率 (%) Rate of Sewage Treatment				城镇生活垃圾无害化处率 (%) Rate of Consumption Waste Treatment			
		2005	2010	2011	2012	2005	2010	2011	2012
广州	Guangzhou	40.2	88.1	79.4	82.7	85.0	92.0	81.4	80.4
深圳	Shenzhen	49.4	88.9	85.4	96.1	90.0	94.6	95.0	95.1
珠海	Zhuhai	78.3	84.7	86.0	86.6	43.3	92.3	100	100
汕头	Shantou	45.3	57.9	90.3	90.2	67.2	64.4	65.4	65.7
佛山	Foshan	36.5	79.7	95.9	99.0	25.1	95.6	79.8	83.4
韶关	Shaoguan	44.4	53.6	80.1	81.9		100	100	100
河源	Heyuan	4.4	43.0	89.4	89.4		96.5	99.7	100
梅州	Meizhou	10.5	33.7	59.3	53.3		100	100	100
惠州	Huizhou	8.8	71.5	91.7	92.1	66.3	100	100	100
汕尾	Shanwei	37.2	18.6	60.0	85.6			60.0	80.0
东莞	Dongguan		91.1	85.1	95.1	14.1	100	39.3	54.4
中山	Zhongshan	22.6	85.1	87.8	90.7	60.0	100	100	100
江门	Jiangmen	25.5	63.5	77.9	88.2	63.0	100	50.1	100
阳江	Yangjiang	29.5	54.6	63.5	83.5		100	100	100
湛江	Zhanjiang	13.0	39.6	93.5	96.6	56.3	97.4	97.5	97.7
茂名	Maoming	14.2	34.4	68.3	85.8				6.3
肇庆	Zhaoqing	22.2	70.5	82.0	85.4	65.1	83.8	100	98.5
清远	Qingyuan	33.1	70.4	65.1	83.6	87.8	100	76.1	100
潮州	Chaozhou	9.7	33.5	86.0	86.2	45.0	100	100	100
揭阳	Jieyang	36.9	20.8	71.0	80.8		90.0	100	92.1
云浮	Yunfu		63.7	80.7	98.6		100	100	100

19-13 续表 continued

市别	City	城市公共交通车辆标准运营数（标台） Number of Public Transportation Vehicles Per10 000 Population in City (unit)				城市人均公园绿地面积（平方米） Per Capital Area of Parks and Green Land in City (sq.m)			
		2005	2010	2011	2012	2005	2010	2011	2012
广 州	Guangzhou		10232	17861	18600	11.3	11.87	15.05	19.64
深 圳	Shenzhen		14677	20204	19757	16.1	16.4	16.50	16.60
珠 海	Zhuhai		1557	1887	2154	14.0	13.7	13.81	19.02
汕 头	Shantou		1111	1284	1371	5.2	12.2	12.80	13.10
佛 山	Foshan		3715	4899	5385	10.6	10.2	10.42	10.86
韶 关	Shaoguan		460	564	590	13.5	11.8	11.77	11.78
河 源	Heyuan		294	300	324	7.4	12.1	12.10	12.11
梅 州	Meizhou		238	350	362	9.5	11.8	11.85	11.85
惠 州	Huizhou		1124	1225	1425	5.8	11.1	12.16	14.91
汕 尾	Shanwei		199	183	219	3.5	10.7	12.11	12.89
东 莞	Dongguan		6129	6278	6331	18.6	15.3	16.69	16.53
中 山	Zhongshan		2151	2240	2338	10.0	11.9	13.43	14.33
江 门	Jiangmen		924	1228	1406	9.3	11.0	12.50	16.92
阳 江	Yangjiang		143	136	157	4.6	10.6	10.83	11.12
湛 江	Zhanjiang		735	865	894	9.7	12.7	12.81	12.92
茂 名	Maoming		392	489	482	4.2	10.0	11.12	12.12
肇 庆	Zhaoqing		443	466	564	10.0	22.7	22.57	22.67
清 远	Qingyuan		633	667	757	2.5	11.3	11.42	11.52
潮 州	Chaozhou		140	197	199	17.2	10.3	12.21	12.80
揭 阳	Jieyang		377	379	271	5.0	12.9	13.14	15.91
云 浮	Yunfu		176	245	313	7.3	12.1	12.60	12.82

19-14 律师、公证、基层司法及法学教育基本情况

Basic Statistics on Lawyers, Notarization, Grassroots Judicial Work and Law Education

项　目	Item	1995	2000	2005	2011	2012
律师工作	**Lawyers**					
律师事务所 (个)	Number of Law Offices (unit)	564	822	1107	1602	1950
执业律师 (人)	Number of Full-time Lawyers (person)	5692	7292	12020	21537	23209
担任常年法律顾问 (家)	Number of Units as Permanent Legal Advisors (unit)	16414	15759	19157	38913	39342
民事代理 (件)	Agent of Civil Cases (case)	17460	29769	68621	141993	146482
非诉讼法律事务 (件)	Agent of Non-litigious Legal Affairs (case)	33579	50795	183082	157143	120913
刑事辩护 (件)	Defender of Criminal Cases (case)	8755	13364	23409	15267	22256
涉外法律事务 (件)	Agent of Foreign-related Legal Affairs (case)	4515	6541	13907		
#涉外及港澳台经济法律事务	Agent of Foreign-related and Hong Kong, Macao and Taiwan Related Economic Legal Affairs	312	725	2640		
解答法律询问 (件)	Agent of Legal Advisory Services (case)	74691	101104	197069	367151	344893
公证工作	**Notarization**					
公证处 (个)	Number of Notary Offices (unit)	142	146	145	142	143
公证人员 (人)	Number of Notarial Personnel (person)	1210	1380	1527	1719	1995
办结公证总数 (件)	Number of Notarized Documents (case)	705022	1189475	2017640	1287405	1362427
国内公证	Domestic Notary					896256
#国内民事公证	Domestic Civil Case Notarization	209053	326921	336540	604756	
国内经济公证	Domestic Economic Notarization	192569	373505	291932	245012	
涉外及港澳台民事经济公证	Foreign-related and Hong Kong, Macao and Taiwan Related Civil Economic Notarization	303400	489049	1389168	437637	466171
协助调人非贸易外汇 (万元)	Assisting in Inward Transfer of Non-trade Foreign Exchange (10000 yuan)	12834	5599			240
基层司法工作	**Grassroots Judicial Work**					
法律服务所 (个)	Number of Law Service Offices (unit)	1899	1916	1357	1181	1132
法律服务所人员 (人)	Number of Personnel Working in Law Service Offices (person)	5974	5992	3869	2202	2420
担任法律顾问 (家)	Number of Units with Legal Advisors	30292	28723	17694	11498	8579
民事诉讼代理 (件)	Agent of Civil Cases (case)	12444	16668	11793	6733	4014
非诉讼代理 (件)	Agent of Non-litigious Legal Affairs (case)	80212	66132	30694	22852	10150
避免、挽回经济损失 (万元)	Avoiding and Retrieving Economic Losses (10000 yuan)	106835	139935	69136	53105	26122
人民调解委员会 (个)	Number of People's Mediation Committees (unit)	31811	29548	28923	32343	33058
调解人员 (人)	Number of Mediators (person)	285288	250117	163459	183623	183963
调解纠纷总数 (件)	Number of Disputes Mediated (case)	170165	136598	169991	394536	341963
法学教育	**Law Education**					
普通成人高等法学教育(人)	Regular Higher Law Education for Adults (person)					
招生数	Number of New Enrollments	4698	5184	1860	239	16
在校生数	Number of Students Enrolled	11445	12442	4623	508	382
毕业生数	Number of Graduates	1306	1350	1271	146	169
普通成人中等法学教育(人)	Regular Secondary Law Education for Adults(person)					
招生数	Number of New Enrollments	2110	1940	2083		
在校生数	Number of Students Enrolled	5127	5691	6227		
毕业生数	Number of Graduates	1054	1780	2043		

注：司法部2012年对公证统计表格进行了修改，不再区分国内民事公证和国内经济公证，统称为国内公证。

Note: Because the Justice Department modified the form of notarization tables in 2012,the items of "domestic civil case notarization" and "domestic economic notary" are both referred to as "the domestic notary".

19-15 交通事故发生情况（2012年）
Statistics on Traffic Accidents (2012)

项目	Item	合计 Total	按道路横断面位置分 By Cross-section Location of Roads				按事故发生道路类型分 By Type of Roads Where Accidents Occurs			
			机动车道 Roads for Motored Vehicles	非机动车道 Roads for Non-motored Vehicles	混合道 Mixed Roads	其他道 Others	高速公路 Express Highways	等级公路 Classified Highways	城市道路 Urban Roads	其他路 Others
发生（起）	Number of Traffic Accidents (case)	25719	19106	708	5042	869	946	11289	9917	3569
死亡（人）	Number of Deaths (person)	5714	4273	117	1047	275	596	2821	1697	596
受伤（人）	Number of Injuries (person)	29095	21581	851	5811	897	1247	12966	10885	4037
损失折款（万元）	Losses Converted into Cash (10000 yuan)	7915	6612	95	836	362	2458	2536	2353	565
平均每起事故损失（元）	Average Loss per Traffic Accident (yuan)	3077	3460	1336	1659	4163	25981	2246	2372	1584

注：1．等级公路分为一至四级公路和等外公路；
2．城市道路包括城市快速路和一般城市道路；
3．其他路包括单位小区自建路、公共停车场、公共广场、乡道、村道、田间地头、农垦区等区域。
4．因统计时间不同，分项数加总和合计数不等，以合计数为准。

Notes: a) Classified highways refer to highways of Class I to IV and Unclassified Highway.
b) Urban roads include express roads and normal roads in urban areas.
c) Other roads include roads within residential neighborhoods, public parking lots, squares, country roads, village roads, farm roads and reclaimed areas.
d) Due to different statistical time, in the event of any difference between category subtotal number and the totoal number, the total number shall be taken as standard.

19-16 火灾事故发生情况（2012年）
Statistics on Fire Accidents (2012)

项目	Item	合计 Total	特大 Extraordinarily Serious Accidents	重大 Serious Accidents	较大 Relatively Serious Accidents	一般 Ordinary Accidents
发生（起）	Number of Traffic Accidents (case)	8101			12	8089
死亡（人）	Number of Deaths (person)	98			41	57
受伤（人）	Number of Injuries (person)	60			16	44
损失折款（万元）	Losses Converted into Cash(10000 yuan)	21798			4846	16952
平均每起事故损失(元)	Average Loss per Traffic Accident(yuan)	26907			4038435	20956

19-17 各市亿元生产总值生产安全事故死亡率

Rate of Death from Work Safety Accidents per 100 Million Yuan of Gross Domestic Product by City

单位：% (%)

市别	City	2000	2004	2005	2006	2007	2008	2009	2010	2011	2012
全省	**Provincial Rate**	**1.08**	**0.64**	**0.51**	**0.38**	**0.29**	**0.23**	**0.19**	**0.15**	**0.13**	**0.11**
广州	Guangzhou	0.77	0.46	0.37	0.27	0.22	0.16	0.13	0.10	0.08	0.07
深圳	Shenzhen	0.32	0.27	0.23	0.18	0.14	0.11	0.09	0.07	0.05	0.04
珠海	Zhuhai	0.56	0.32	0.33	0.23	0.17	0.13	0.13	0.11	0.09	0.09
汕头	Shantou		0.56	0.53	0.41	0.31	0.24	0.22	0.18	0.15	0.15
佛山	Foshan	1.15	0.53	0.42	0.32	0.25	0.19	0.15	0.13	0.11	0.10
#顺德	Shunde									0.09	0.08
韶关	Shaoguan		1.67	1.18	0.85	0.59	0.52	0.43	0.36	0.28	0.26
河源	Heyuan		1.40	0.90	0.60	0.42	0.28	0.30	0.26	0.22	0.20
梅州	Meizhou		1.45	1.58	0.81	0.57	0.44	0.39	0.29	0.23	0.22
惠州	Huizhou	1.51	1.12	0.91	0.68	0.50	0.38	0.26	0.20	0.16	0.13
汕尾	Shanwei	2.01	1.39	1.15	0.86	0.64	0.52	0.40	0.30	0.25	0.19
东莞	Dongguan	1.21	0.57	0.44	0.31	0.23	0.17	0.15	0.14	0.11	0.10
中山	Zhongshan	1.64	0.75	0.60	0.44	0.34	0.26	0.22	0.19	0.15	0.13
江门	Jiangmen	1.46	0.92	0.74	0.57	0.43	0.35	0.29	0.26	0.22	0.20
阳江	Yangjiang	1.82	1.21	0.87	0.76	0.57	0.40	0.36	0.28	0.21	0.18
湛江	Zhanjiang	0.86	0.59	0.43	0.33	0.29	0.24	0.21	0.17	0.14	0.11
茂名	Maoming		0.60	0.48	0.37	0.30	0.27	0.24	0.19	0.15	0.12
肇庆	Zhaoqing	1.91	1.05	0.80	0.63	0.47	0.38	0.30	0.24	0.18	0.16
清远	Qingyuan		1.74	1.19	0.78	0.45	0.33	0.26	0.20	0.17	0.22
潮州	Chaozhou	0.98	0.61	0.56	0.37	0.30	0.24	0.20	0.17	0.13	0.13
揭阳	Jieyang	1.27	0.97	0.79	0.65	0.46	0.33	0.25	0.21	0.16	0.13
云浮	Yunfu	1.38	1.86	2.14	2.45	0.58	0.55	0.42	0.38	0.24	0.22

注：2005-2009年全省生产安全事故包括工矿商贸、道路交通、火灾、铁路路外、水上交通及渔业船舶 死亡人数；各市生产安全事故只包括工矿商贸、道路交通、火灾事故死亡人数。

Note: Work safery accidents from 2005 to 2009 of the Province include the number of deaths related to industry, mining, traffic、fire, railway, water traffic and fishing boats accidents, and work safety accidents of each city include the number of deaths related to mining, traffic and fire accidents.

主要统计指标解释

卫生技术人员 指卫生事业机构支付工资的全部固定职工和合同制职工，现任职务为卫生技术工作的专业人员。包括中医师、西医师、中西医结合高级医师、护师、中药师、西药师、检验师、其他技师、中医士、西医士、护士、助产士、中药剂士、西药剂士、检验士、其他技士、其他中医、护理员、中药剂员、西药剂员、检验员，其他初级卫生技术人员。

医生 指经卫生部门审查合格，具有执业资格的医疗专业人员。

社会福利事业单位 指集中收养社会孤、老、残、幼的机构，包括由民政部门管理的社会福利院、儿童福利院、精神病人福利院和城镇集体办的福利院、以及农村集体举办的敬老院。

社会福利事业单位收养人数 包括民政部门管理的和城镇及农村集体举办的社会福利事业单位中收养的老人、少年儿童、缺乏生活自理能力的残疾人员和精神病人。

律师 指受聘参加法律顾问处工作，担任法律顾问、刑（民）事代理人、刑事辩护人，办理非诉讼事件、解答法律询问，代写法律事务文书等主要从事律师事务的司法人员。

公证人员 指在国家公证机关依法办理公证事务的司法人员。包括公证员、助理公证员和在公证处工作的其他人员。

办理公证文书 指公证处在一定时期内办结的公证文书件数。公证文书是按司法部规定或批准的格式制作。包括国内公证和涉外公证两部分。其中国内公证分为经济合同公证和民事法律关系公证两大类。

调解人员 在人民调解委员会担负调解民间一般民事纠纷和轻微违法行为所引起的纠纷的工作人员。包括调解委员会的委员和调解小组的调解员。

调解民间纠纷 指调解委员会依照法律规定，根据自愿原则，用说服教育的方法调解民间发生的有关民事权利和义务的争执，促成当事双方达到协议和谅解，解决纠纷。包括婚姻家庭纠纷，财产权益纠纷等，不包括法院受理调解的民事案件数。

废水排放总量 包括生产废水和生活污水。生产废水指企、事业单位在生产、科研过程中所有排放口向外环境排放的废水量总和。生活污水指城镇居民区和企、事业单位职工集中居住区排放的污水量。

工业废水排放总量 指经过工业企业厂区所有排放口排到企业外部的工业废水量。包括外排的直接冷却水、超标排放的矿井地下水和与工业废水混排的厂区生活污水，不包括外排的间接冷却水（清污不分流的间接冷却水应计算在内）。

废气排放总量 指燃料燃烧和生产工艺过程中排放的各种废气总量,以标准状态下每年万标立方米表示。

燃料燃烧过程废气排放量 指燃煤、燃油、燃气锅炉、锻造加热炉、退火炉和其它工业炉窑在燃烧过程(燃料和物料不混合的纯加热过程)中所排废气的总量。它可以根据烟气计算公式或经验计算公式求得。

工业固体废物产生量 指工业企业在生产过程中产生的固体状、半固体状和高浓度液体状废弃物的总量，包括冶炼废渣、粉煤灰、炉渣、煤矸石、化工废渣、尾矿、放射性废渣和其它废渣等；不包括矿山开采的剥离废石和掘进废石（煤矸石和呈酸性或碱性的废石除外）。酸性或碱性废石是指采掘的废石其流经水、雨淋水 PH 值小于 4 或 PH 值大于 10. 5 者。

工业固体废物综合利用量 指已用作农业肥料、造田、生产建筑材料、筑路以及其它方式综合利用的固体废物量（包括当年利用往年的工业固体废物堆存量）。综合利用量由原产固体废物的单位统计。

亿元生产总值生产安全事故死亡率 指一定时期内，每生产亿元生产总值，因各类生产安全事故造成的死亡人数。

Explanatory Notes on Main Statistical Indicators

Medical Technical Personnel refer to all permanent and contract medical staff and workers employed by medical institutions，including doctors of Chinese and Western medicine，senior doctors who integrate traditional Chinese therapeutics with Western therapeutics in practice，senior nurses，pharmacists of Chinese and Western medicine，laboratory specialists，other specialists，paramedics of Chinese and Western medicine，nurses，midwives，druggists in Chinese and Western medicine，laboratory technicians，other technicians，other practitioners of Chinese medicine，nursing attendants，pharmacological workers of Chinese and Western medicine，laboratory workers，and other primary medical personnel.

Doctors refer to qualified medical professionals approved to practice by public health departments.

Social Welfare Institutions refer to institutions taking care of old people without children，senile citizens, handicapped people and orphans They include social welfare institutions, children's welfare institutions，and social welfare institutions for mental patients run by civil affairs departments，welfare institutions run by collective units in urban areas, and old people's homes run by collective units in rural areas.

Number of People Taken in by Social Welfare Institutions refers to the number of old people，children，totally dependent handicapped people and mental patients taken in by social welfare institutions run by civil affairs departments and those run by collective units in urban and rural areas.

Lawyers refer to legal workers who are employed by legal counseling firms to act as legal advisers，agents in criminal or civil lawsuits，or defenders in criminal lawsuits，or to handle non litigious legal affairs，to advise on matters of law or to write legal papers for others.

Notary Personnel refer to judicial workers of the state notary offices handling notarization work according to law They include notaries，assistant notaries，and other people working for notary offices.

Notarized Documents refer to documents settled by notary offices in a year The notarial documents are drawn up in formats stipulated or approved by the Ministry of Justice，including domestic documents and foreign-re-lated documents Domestic documents are divided into two major categories: documents on economic contracts and documents on civil legal relations.

Mediators refer to workers on people's mediation committees responsible for mediating in civil disputes and cases of slight infraction of the law They include members of the mediation committees and mediators of mediation groups.

Mediation of Civil Disputes refers to mediation committees' work in mediating in civil disputes concerning civil rights and duties through persuasion and education in accordance with the provisions of law on a voluntary basis，so as to solve disputes by helping the parties involved come to an agreement and understanding These disputes include divorce cases and disputes over property ownership，but exclude the civil cases to be handled by the court.

Total Volume of Waste Water Discharged includes the volume of production waste water and domestic sewage Production waste water refers to the total waste water discharged in the process of production and scientific research by enterprises and institutions，through all outlets to the outside environment Domestic sewage refers to the sewage volume discharged in the urban residential areas and the residential areas of staff and workers of enterprises and institutions.

Total Volume of Industrial Waste Water Discharged refers to the volume of industrial waste water discharged，through all outlets to the outside of industrial enterprises，including direct cooling water，underground water from mines that does not meet the discharge standards，and domestic sewage mixed up with industrial waste water when discharged，but excluding indirect cooling water discharged (except unclassified discharge of indirect cooling water).

Total Volume of Waste Gas Emission refers to waste gas emitted from burning of fuels and from the production process, and is measured by 10, 000 standard cubic meters each year under normal condition.

Volume of Waste Gas Emission from Burning of Fuels refers to the total volume of waste gas emitted from burning of fuels (the pure heating process not mixed with materials), such as burning of coal, burning of oil, gas fired boiler, forging furnace, annealing furnace and other industrial furnaces It can be calculated with the gas smoke formula or an empirical formula.

Volume of Industrial Solid Wastes Produced refers to the total volume of solid, semi solid or high concentration liquid residues produced by industrial enterprises in their production process, including residues from melting, slag, powdered coal ash, gangue, chemical residues, tailings, radioactive residues and other residues, but excluding stripped or dug stones in mining (except gangue and acid or alkali waste stones, which are waste stones washed or soaked by water with a PH value smaller than 4 or larger than 10. 5).

Volume of Industrial Solid Wastes Utilized in a Comprehensive Way refers to the volume of solid wastes utilized in a comprehensive way, such as the solid wastes utilized as fertilizers, building materials, for building up fields and making roads or for other purposes (including the volume of industrial solid wastes stored up in previous years and utilized in the current year). Statistical data on utilization of industrial solid wastes are collected by solid wastes producing units.

Rate of Death from Work Safety Accidents per 100 Million Yuan of Gross Domestic Product refers to the number of deaths due to various work safety accidents in the production process of every 100 million yuan of gross domestic product within a certain period.

二十、区域经济主要指标

MAIN INDICATORS OF REGIONAL ECONOMY

二十 区域主要经济指标

简要说明

一、本篇主要反映广东境内主要区域社会经济发展的基本情况，内容主要包括：珠江三角洲、广州和深圳、东西两翼、山区县以及少数民族县等经济区域的主要统计指标数据。

二、本篇资料分别由广东省统计局各有关专业处整理提供，综合处负责编辑。

三、本篇资料根据国家统计局制定的各有关专业统计报表制度，由全省 21 个地级市统计局填报汇总而成。

四、本篇各项指标数据为各经济区域汇总数，由于各市生产总值等指标汇总数不等于全省数，因此仅适合反映该地区发展变化情况。

五、2006-2009 年年末常住人口根据 2010 年第六次全国人口普查快速汇总数进行平滑调整。

20 Major Economic Regions

Brief Introduction

Ⅰ. The data in this chapter mainly reflect the basic conditions of social and economic development of main economic regions in Guangdong, including the main indicators on the cities of the Pearl River Delta, Guangzhou and Shenzhen, the East and West Wings, counties in mountainous areas and minority counties.

Ⅱ. The data in this chapter are prepared and provided by the related specialized divisions and compiled by the Division of Comprehensive Statistics of Statistics Bureau of Guangdong Province.

Ⅲ. The data in this chapter are tabulated and reported by the 21 prefectural statistical bureaus of Guangdong Province in accordance with the various statistical reporting schemes stipulated by the National Bureau of Statistics.

Ⅳ. The indicators in this chapter are overall figures of various economic regions that only reflect the status of development of the corresponding regions, as the provincial total is not equal to the sum of indicators of various cities, such as gross domestic product.

V. The year-end population from 2006 to 2009 has been adjusted in accordance with the fast sum data of the 6th National Population Census.

20-1 区域主要经济指标

Main Indicators on Regional Economies

指标	Item	2011 珠江三角洲 Pearl River Delta	东翼 East Wing	西翼 West Wing	山区 Mountainous Areas
土地面积 (平方公里)	Land Area (sq.km.)	54733	15516	32615	76655
年末常住人口 (万人)	Permanent Population at the Year-end (10000 persons)	5646.51	1697.12	1539.67	1621.70
#城镇人口 (万人)	Urban Population (10000 persons)	4687.17	987.89	589.54	721.49
年末从业人员 (万人)	Employed Persons at the Year-end (10000 persons)	3630.21	770.13	742.58	817.81
地区生产总值 (亿元)	Gross Domestic Product (100 million yuan)	43720.86	3699.38	4212.36	3588.03
第一产业	Primary Industry	924.09	338.42	823.75	588.60
第二产业	Secondary Industry	20952.91	1996.11	1746.07	1589.38
第三产业	Tertiary Industry	21843.86	1364.85	1642.54	1410.05
人均生产总值 (元)	Per Capita GDP (yuan)	77637	21850	27485	22205
地区生产总值指数(上年=100)	Index of Gross Domestic Product (preceding year=100)	109.9	112.2	111.1	110.5
第一产业	Primary Industry	103.5	104.7	104.5	104.6
第二产业	Secondary Industry	110.4	114.6	112.4	111.5
第三产业	Tertiary Industry	109.7	110.7	113.2	111.8
人均生产总值指数(上年=100)	Index of Per Capita Gross Domestic Product (preceding year=100)	107.1	111.0	110.4	109.5
规模以上工业增加值 (亿元)	Value-added of Industry above Designated Size(100 million yuan)	17976.18	1362.80	1168.54	1155.78
固定资产投资总额 (亿元)	Investment in Fixed Assets (100 million yuan)	12366.76	1624.81	1105.92	1746.34
社会消费品零售总额 (亿元)	Total Retail Sales of Consumer Goods (100 million yuan)	14575.57	2167.17	2013.47	1490.51
出口总额 (亿美元)	Total Exports (USD 100 million)	5064.89	137.30	46.13	69.61
进口总额 (亿美元)	Total Imports (USD 100 million)	3678.00	59.67	28.66	49.08
实际外商直接投资 (亿美元)	Foreign Direct Investment Actually Utilized (USD 100 million)	195.29	9.47	3.28	9.95
地方公共财政预算收入 (亿元)	Local Public Budgetary Revenue (100 million yuan)	3674.70	191.91	181.10	246.28
中外资金融机构本外币储蓄存款 (亿元)	Savings Deposits in Renminbi and Foreign Currencies inAll Financial Institutions (100 million yuan)	33015.57	2967.02	2369.23	2709.74

20-1 续表 continued

指标	Item	2012 珠江三角洲 Pearl River Delta	东翼 East Wing	西翼 West Wing	山区 Mountainous Areas
土地面积 (平方公里)	Land Area (sq.km.)	54754	15462	32644	76751
年末常住人口 (万人)	Permanent Population at the Year-end (10000 persons)	5689.64	1709.69	1556.85	1637.82
#城镇人口 (万人)	Urban Population (10000 persons)	4770.19	1009.57	618.38	741.93
年末从业人员 (万人)	Employed Persons at the Year-end (10000 persons)	3638.83	765.42	741.92	819.78
地区生产总值 (亿元)	Gross Domestic Product (100 million yuan)	47779.56	4138.87	4683.43	3821.81
第一产业	Primary Industry	983.24	369.37	905.11	636.80
第二产业	Secondary Industry	22084.62	2272.48	1921.58	1585.65
第三产业	Tertiary Industry	24711.70	1497.02	1856.74	1599.37
人均生产总值 (元)	Per Capita GDP (yuan)	84355	24315	30271	23467
地区生产总值指数(上年=100)	Index of Gross Domestic Product (preceding year=100)	108.1	110.2	110.0	108.6
第一产业	Primary Industry	103.3	104.9	104.6	105.2
第二产业	Secondary Industry	106.7	112.6	112.4	109.5
第三产业	Tertiary Industry	109.7	107.8	109.9	109.0
人均生产总值指数(上年=100)	Index of Per Capita Gross Domestic Product (preceding year=100)	107.5	109.6	108.9	107.8
规模以上工业增加值 (亿元)	Value-added of Industry above Designated Size(100 million yuan)	18639.71	1623.17	1350.43	1107.49
固定资产投资总额 (亿元)	Investment in Fixed Assets (100 million yuan)	13974.24	1891.15	1483.32	1958.82
社会消费品零售总额 (亿元)	Total Amount of Retail Sales of Consumer Goods (100 million yuan)	16552.69	2258.56	2197.78	1668.08
出口总额 (亿美元)	Total Exports (USD 100 million)	5477.09	141.38	48.02	74.09
进口总额 (亿美元)	Total Imports (USD 100 million)	3956.56	60.13	31.62	50.57
实际外商直接投资 (亿美元)	Foreign Direct Investment Actually Utilized (USD 100 million)	215.23	8.09	3.20	8.96
地方公共财政预算收入 (亿元)	Local Public Budgetary Revenue (100 million yuan)	4129.09	226.07	213.33	279.02
中外资金融机构本外币储蓄存款 (亿元)	Savings Deposits in Renminbi and Foreign Currencies in All Financial Institutions (100 million yuan)	37059.20	3386.80	2733.86	3085.72

注：1. 珠江三角洲包括：广州、深圳、珠海、佛山、江门、东莞、中山、惠州和肇庆。东翼指汕头、汕尾、潮州和揭阳。西翼指湛江、茂名和阳江。山区指韶关、河源、梅州、清远和云浮。

2. 本表地区生产总值、工业增加值绝对数按当年价格计算，增长速度按可比价格计算。

3. 工业增加值统计范围为年主营业务收入2000万元及以上的工业法人企业。

Notes: a) The pearl river delta include Guangzhou, Shenzhen, Zhuhai, Foshan, Jiangmen, Dongguan, Zhongshan, Huizhou and Zhaoqing. The East Wing includes Shantou, Shanwei, Chaozhou and Jieyang. The West Wing includes Zhanjiang, Maoming and Yangjiang.The mountainous areas include Shaoguan, Heyuan, Meizhou, Qingyuan and Yunfu.

b) The figures in value terms on GDP and value-added of industry are calculated at current prices, whereas the growth rates are calculated at comparable prices.

c) Statistics of value-added of industry covers the legal person industrial enterprises with annual main business revenue over 20 million yuan.

20-2 区域主要经济指标占全省比重

Percentage of Main Regional Economic Indicators to the Provincial Total

单位：% (%)

指标	Item	2011 珠江三角洲占全省比重 Percentage of Pearl River Delta to the Whole Province	东翼占全省比重 Percentage of East Wing to the Whole Province	西翼占全省比重 Percentage of West Wing to the Whole Province	山区占全省比重 Percentage of Mountainous Areas to the Whole Province
土地面积	Land Area	30.5	8.6	18.2	42.7
年末常住人口	Permanent Population at the Year-end	53.7	16.2	14.7	15.4
#城镇人口	Urban Population	67.1	14.1	8.4	10.3
年末从业人员	Employed Persons at the Year-end	60.9	12.9	12.5	13.7
地区生产总值	Gross Domestic Product	79.2	6.7	7.6	6.5
第一产业	Primary Industry	34.5	12.7	30.8	22.0
第二产业	Secondary Industry	79.7	7.6	6.6	6.0
第三产业	Tertiary Industry	83.2	5.2	6.3	5.4
规模以上工业增加值	Value-added of Industry above Designated Size	83.0	6.3	5.4	5.3
固定资产投资总额	Investment in Fixed Assets	73.4	9.6	6.6	10.4
社会消费品零售总额	Total Retail Sales of Consumer Goods	72.0	10.7	9.9	7.4
出口总额	Total Exports	95.2	2.6	0.9	1.3
进口总额	Total Imports	96.4	1.6	0.8	1.3
实际外商直接投资	Foreign Direct Investment Actually Utilized	89.6	4.3	1.5	4.6
地方公共财政预算收入	Local Public Budgetary Revenue	66.6	3.5	3.3	4.5
中外资金融机构本外币储蓄存款	Savings Deposits in Renminbi and Foreign Currencies in All Financial Institutions	80.4	7.2	5.8	6.6

注：地区生产总值在计算分区域占全省比重时，分母为21个市相加的合计数。

Notes: While calaulating the percentage of GDP of Pearl River Delta, East Wing, West Wing and Mountainous Areas to the whole province, the denominator is the sum of 21 cities.

20-2 续表 continued

单位：% (%)

指 标	Item	2012 珠江三角洲占全省比重 Percentage of Pearl River Delta to the Whole Province	东翼占全省比重 Percentage of East Wing to the Whole Province	西翼占全省比重 Percentage of West Wing to the Whole Province	山区占全省比重 Percentage of Mountainous Areas to the Whole Province
土地面积	Land Area	30.5	8.6	18.2	42.7
年末常住人口	Permanent Population at the Year-end	53.7	16.1	14.7	15.5
#城镇人口	Urban Population	66.8	14.1	8.7	10.4
年末从业人员	Employed Persons at the Year-end	61.0	12.8	12.4	13.8
地区生产总值	Gross Domestic Product	79.1	6.8	7.8	6.3
第一产业	Primary Industry	34.0	12.8	31.3	22.0
第二产业	Secondary Industry	79.3	8.2	6.9	5.7
第三产业	Tertiary Industry	83.3	5.0	6.3	5.4
规模以上工业增加值	Value-added of Industry above Designated Size	82.0	7.1	5.9	4.9
固定资产投资总额	Investment in Fixed Assets	72.4	9.8	7.7	10.1
社会消费品零售总额	Total Retail Sales of Consumer Goods	73.0	10.0	9.7	7.4
出口总额	Total Exports	95.4	2.5	0.8	1.3
进口总额	Total Imports	96.5	1.5	0.8	1.2
实际外商直接投资	Foreign Direct Investment Actually Utilized	91.4	3.4	1.4	3.8
地方公共财政预算收入	Local Public Budgetary Revenue	66.3	3.6	3.4	4.5
中外资金融机构本外币储蓄存款	Savings Deposits in Renminbi and Foreign Currencies in All Financial Institutions	80.1	7.3	5.9	6.7

20-3 珠江三角洲主要经济指标

Main Economic Indicators of the Pearl River Delta Economic Zone

年份 Year	年末常住人口(万人) Permanent Population at the Year-end (10000 persons)	#城镇人口 Urban Population	年末户籍总人口(万人) Total Population with Residence Registration at the Year-end (10000 persons)	年末从业人员(万人) Employed Persons at the Year-end (10000 persons)	#城镇单位从业人员 Employed Persons in Urban Areas
1990	2369.93	1696.63	2371.57		
1995	3292.03		2372.76		
2000	4289.78	2981.23	2563.60	1902.93	495.46
2001	4376.10		2595.24	1947.10	480.97
2002	4414.68		2595.24	2034.09	498.78
2003	4463.55		2660.46	2250.43	523.34
2004	4516.50		2714.08	2492.27	570.64
2005	4547.14	3516.06	2763.32	2822.60	636.10
2006	4735.47	3771.33	2821.27	2963.93	675.38
2007	4930.68	3919.89	2872.47	3107.38	718.88
2008	5138.48	4119.52	2920.82	3232.88	724.38
2009	5361.72	4375.17	2967.02	3412.10	767.05
2010	5616.39	4645.88	3024.57	3572.01	823.67
2011	5646.51	4687.17	3073.87	3630.21	927.40
2012	5689.64	4770.19	3105.01	3638.83	969.59

注：2006-2009年年末常住人口根据2010年第六次全国人口普查快速汇总数进行平滑调整，城镇人口也作了相应的调整。

Note: The year-end populations from 2006 to 2009 have been adjusted in accordance with the fast sum figure obtained from the 6th National Population Census and the same applied to urban population.

20-3 续表 1 continued

年份 Year	地区生产总值(亿元) Gross Domestic Product (100 million yuan)	第一产业 Primary Industry	第二产业 Secondary Industry	#工业 Industry	第三产业 Tertiary Industry
1990	1006.88	153.78	441.65	388.89	411.45
1995	4076.16	346.42	1983.39	1710.30	1746.35
2000	8422.24	458.30	4009.14	3618.01	3954.80
2001	9560.64	475.94	4500.11	4094.73	4584.59
2002	10956.75	496.63	5133.78	4705.82	5326.34
2003	12960.09	511.32	6263.90	5758.61	6184.87
2004	15488.13	556.37	7650.42	7080.88	7281.34
2005	18279.63	557.96	9266.58	8664.74	8455.09
2006	21686.34	561.77	11137.08	10481.75	9987.49
2007	25759.83	624.99	13015.56	12301.40	12119.28
2008	29945.66	722.86	14932.71	14123.72	14290.09
2009	32147.00	723.62	15427.46	14518.51	15995.92
2010	37673.26	809.78	18313.49	17223.20	18549.99
2011	43720.86	924.09	20952.91	19674.73	21843.86
2012	47779.56	983.24	22084.62	20731.70	24711.70

注：本表1990年数据按第四次人口普查统计口径计算；2000、2005年数据按国家统计局1999年发布的《关于统计上划分城乡的规定(试行)》计算；2006年起数据按国家统计局2006年颁布的《关于统计上划分城乡的暂行规定》计算。

Note: The data of 1990 are collected according to the methods of the Fourth National Population Census. The data of 2000 and 2005 are collected according to the Interim Regulation on the Divison of Uran and Rural Areas in Statistics promogulated.by the National Bureau of Statistics. The data since 2006 are collected according to the Temporary Regulation on the Divison of Uran and Rural Areas in Statistics promogulated by the National Bureau of Statistics.

20-3 续表 2 continued

年份 Year	人均生产总值(元) Per Capita Gross Domestic Product(yuan)	地区生产总值指数(上年=100) Index of Gross Domestic Product (preceding year=100)				
			第一产业 Primary Industry	第二产业 Secondary Industry	#工业 Industry	第三产业 Tertiary Industry
1990	4295	117.5	107.2	119.9	121.5	119.0
1995	12676	120.4	108.2	122.4	124.6	120.0
2000	20280	113.7	104.3	114.4	115.1	113.9
2001	22065	113.3	104.9	113.6	114.5	114.0
2002	24928	114.4	105.9	115.5	116.5	114.1
2003	29195	116.9	101.7	122.0	122.7	113.3
2004	34495	116.8	102.6	120.1	121.4	114.4
2005	40336	115.7	103.5	118.2	119.0	113.7
2006	46725	116.8	98.8	118.8	119.6	115.7
2007	53299	116.3	101.6	116.0	116.7	117.5
2008	59480	112.8	103.8	111.8	112.4	114.3
2009	61231	109.4	103.9	108.6	108.4	110.5
2010	68633	112.2	104.2	114.1	114.2	110.4
2011	77637	109.9	103.5	110.4	110.5	109.7
2012	84355	108.1	103.3	106.7	107.0	109.7

20-3 续表 3 continued

年份 Year	人均生产总值指数(上年=100) Index of Per Capita Gross Domestic Product (preceding year=100)	公路通车里程(公里) Total Length of Highways in Operation (km)	邮电业务总量(亿元) Total Business Volume of Postal and Telecommunication Services (100 million yuan)	本地电话年末用户(万户) Number of Subscribers of Local Telephones at the Year-end (10000 subscribers)	移动电话年末用户 (万户) Number of Subscribers of Mobile Telephones at the Year-end (10000 subscribers)	固定资产投资额(亿元) Investment in Fixed Assets (100 million yuan)
1990	115.2					264.34
1995	112.9	20323	152.60			1515.82
2000	107.2	29029	587.64			2364.71
2001	108.6	29792	614.33	1069.79	1867.67	2612.88
2002	112.7	30354	728.24	1253.95	2508.32	2945.74
2003	115.8	30919	967.45	1663.32	3118.25	3749.51
2004	115.5	31582	1446.30	1915.25	4502.45	4515.27
2005	114.6	32312	1738.94	2355.10	5317.71	5328.37
2006	114.0	52139	2068.19	2559.62	5497.75	5964.60
2007	111.7	53106	2348.22	2651.33	6075.36	6909.74
2008	108.3	53418	2754.77	2529.77	6463.22	7829.03
2009	104.9	54261	2983.47	2400.25	6867.61	9603.55
2010	107.3	55848	3949.45	2269.84	7457.64	11355.80
2011	107.1	56380	1544.39	2284.31	8285.85	12366.76
2012	107.5	58590	1730.31	2295.29	9573.16	13974.24

注：1. 2006年起，公路通车里程含村道。
2. 邮电业务总量2000年以前按1990年不变价计算，2000年至2010年按2000年不变价计算,2011年起按2010年不变价计算。
3. 2010年邮政业务总量为全部国家邮政及年收入200万元以上的快递企业。
4. 2011年起，固定资产投资项目统计起点由50万元提高至500万元，且不包含农村农户投资；2010年以前为全社会固定资产投资。

Note: a) Since 2006, total length of Highway includes village roads.
b) The total business volume of postal and telecommunication services are at 1990 constant prices before 2000 and at 2000 constant prices from 2000 to 2010,and at 2010 constant price since 2010.
c) The total business volume of post services includes the total income of national postal services and the income of express delivery enterprises with annual income above 2 million yuan.
d) Since 2011, the cut-off point of investment statistics is changed from a minimum of 500,000 yuan to a minimum of 5,000,000 yuan, and the data do not include the investment made by rural households. Data before 2010 refer to total investment in fixed assets.

20-3 续表 4 continued

年份 Year	城镇 Urban Area	#房地产开发投资 Investment in Real Estate Development	农村 Rural Area	社会消费品零售总额(亿元) Total Retail Sales of Consumer Goods (100 million yuan)	出口总额(亿美元) Total Exports (USD 100 million)	进口总额(亿美元) Total Imports (USD 100 million)
1990				424.35	222.21	196.77
1995				1694.60	513.31	429.29
2000				3204.99	847.77	743.15
2001				3581.35	908.29	776.32
2002				3996.23	1126.08	992.57
2003				4497.21	1450.56	1262.47
2004				5106.86	1824.44	1596.44
2005				5878.70	2273.18	1837.58
2006				6810.19	2887.45	2181.97
2007				7919.89	3540.85	2560.28
2008				9539.76	3872.08	2697.61
2009	7783.61	2583.17	1819.95	10834.73	3417.77	2430.46
2010	9452.12	3118.66	1903.68	12613.24	4318.02	3195.01
2011	10509.63	4022.87	1857.13	14575.57	5064.89	3678.00
2012	11708.00	4483.67	2266.25	16552.69	5477.09	3956.56

20-3 续表 5 continued

年份 Year	实际外商直接投资额(亿美元) Foreign Direct Investment Actually Utilized (USD 100 million)	地方公共财政预算收入(亿元) Local Public General Budgetary Revenue (100 million yuan)	地方公共财政预算支出(亿元) Local Public General Budgetary Expenditure (100 million yuan)	城乡居民人民币储蓄存款余额(亿元) Savings Deposits by Urban and Rural Residents (100 million yuan)	中外资金融机构本外币存款(亿元) Deposits in Renminbi and Foreign Currencies in All Financial Institutions (100 million yuan)	中外资金融机构本外币贷款(亿元) Loans in Renminbi and Foreign Currencies in All Financial Institutions (100 million yuan)
1990	12.36	97.98	80.03			
1995	79.47	275.26	322.81			
2000	103.87	599.06	690.64	6699.12	16118.10	11061.27
2001	114.96	749.65	832.94	7733.33	18562.11	12447.65
2002	116.17	772.97	976.78	9309.45	21881.50	14689.30
2003	137.41	867.88	1113.18	11146.36	25574.00	17772.73
2004	90.16	930.99	1234.13	12860.44	28704.24	19642.60
2005	113.34	1218.48	1567.23	15257.09	32962.25	21073.93
2006	130.86	1460.77	1714.73	17287.90	37367.68	23613.32
2007	151.88	1882.01	2145.82	17738.02	42555.31	27982.87
2008	169.21	2248.16	2550.77	21991.67	48512.14	31044.80
2009	175.08	2522.29	2882.33	25168.89	60618.78	40608.44
2010	183.47	3139.58	3654.91	29064.60	71294.51	47159.74
2011	195.29	3674.70	4444.97	31725.18	79575.13	53133.57
2012	215.53	4129.09	4798.40	35646.70	91585.24	60568.45

注：1. 珠江三角洲包括广州、深圳、珠海、佛山、江门、东莞、中山、惠州、肇庆九市。
2. 本表地区生产总值绝对数按当年价格计算，增长速度按可比价格计算。

Notes: a) The Pearl River Delta Economic Zone covers the areas of 13 cities and counties (districts), including Guangzhou, Shenzhen, Zhuhai, Foshan, Jiangmen, Dongguan, Zhongshan, urban districts of Huizhou, Huidong County, Boluo County, urban districts of Zhaoqing, Gaoyao County-level City and Sihui County-level City. The data on banking refer to the sum of the nine cities in the Pearl River Delta, including Guangzhou, Shenzhen, Zhuhai, Foshan, Jiangmen, Dongguan, Zhongshan, Huizhou and Zhaoqing.

b) The figures in value terms on GDP are calculated at current prices, whereas the growth rates are calculated at comparable prices.

20-4 珠江三角洲工业企业主要指标（2012年）

单位：亿元

项　目	Item	企业单位数（个）Number of Enterprises (unit)	#亏损企业 Loss-making Enterprises
总　计	**Total**	**29130**	**4446**
按经济类型分	Grouped by Ownership		
在总计中：国有控股经济	Of the Total: State-controlled Economy	693	141
国有经济	State-owned Economy	207	39
集体经济	Collective-owned Economy	254	54
股份合作经济	Share-holding Cooperative Economy	67	8
股份制经济	Share-holding Economy	13618	1478
外商投资经济	Economy with Foreign Investment	4175	890
港澳台投资经济	Economy with Investment from Hong Kong, Macao and Taiwan	8246	1751
按轻重工业分	Grouped by Light and Heavy Industry		
轻工业	Light Industry	14828	2170
重工业	Heavy Industry	14302	2276
按企业规模分	Grouped by Size of Enterprise		
大型企业	Large	1208	119
中型企业	Medium	7373	1110
小微型企业	Small and Micro	20549	3217
按行业分	Grouped by Sector		
煤炭开采和洗选业	Mining and Washing of Coal		
石油和天然气开采业	Extraction of Petroleum and Natural Gas	2	
黑色金属矿采选业	Mining and Dressing of Ferrous Metal Ores	20	
有色金属矿采选业	Mining and Dressing of Nonferrous Metal Ores	4	1
非金属矿采选业	Mining and Dressing of Nonmetal Ores	67	
开采辅助活动	Auxiliary Minning Operations	4	
其他采矿业	Mining and Dressing of Other Ores		
农副食品加工业	Processing of Farm and Sideline Food	371	52
食品制造业	Manufacture of Food	325	41
酒、饮料和精制茶制造业	Manufacture of Beverage	124	28
烟草制品业	Tobacco Products	2	
纺织业	Textile Industry	1209	168
纺织服装、服饰业	Manufacture of Textile Garments, Footwear and Headgear	1984	262
皮革、毛皮、羽毛及其制品和制鞋业	Leather, Fur, Feather, Down and Related Products	1104	160
木材加工和木、竹、藤、棕、草制品业	Timber Processing, Bamboo, Cane, Palm Fiber & Straw Products	254	32
家具制造业	Manufacture of Furniture	974	137
造纸和纸制品业	Papermaking and Paper Products	909	116
印刷和记录媒介复制业	Printing and Record Medium Reproduction	567	83
文教、工美、体育和娱乐用品制造业	Manufacture of Cultural, Educational and Sports Articles	936	166
石油加工、炼焦和核燃料加工业	Petroleum Refining, Coking and Nuclear Fuel Processing	56	13
化学原料和化学制品制造业	Manufacture of Raw Chemical Materials and Chemical Products	1578	179
医药制造业	Manufacture of Medicines	231	29
化学纤维制造业	Manufacture of Chemical Fibers	46	8
橡胶和塑料制品业	Plastic Products	2431	379
非金属矿物制品业	Nonmetal Mineral Products	1186	162
黑色金属冶炼和压延加工业	Smelting and Pressing of Ferrous Metals	353	73
有色金属冶炼和压延加工业	Smelting and Pressing of Nonferrous Metals	536	81
金属制品业	Metal Products	2415	334
通用设备制造业	Manufacture of General-purpose Machinery	1184	164
专用设备制造业	Manufacture of Special-purpose Machinery	1030	154
汽车制造业	Manufacture of Automobile	515	73
铁路、船舶、航空航天和其他运输设备制造业	Manufacture of Railway ,Ship,Aeronautics and Other Transport equipment	372	82
电气机械和器材制造业	Manufacture of Electrical Machinery and Equipment	3570	528
计算机、通信和其他电子设备制造业	Manufacture of Communication Equipment, Computers and Other Electronic Equipment	3763	766
仪器仪表制造业	Manufacture of Instruments and Meters	368	66
其他制造业	Other Manufactures	182	25
废弃资源综合利用业	Comprehensive Utilization of Waste	102	15
金属制品、机械和设备修理业	Manufacture of Metal Products,Machinery and Equipment Maintenance	33	4
电力、热力生产和供应业	Production and Supply of Electric Power and Heat Power	119	20
燃气生产和供应业	Production and Supply of Gas	38	6
水的生产和供应业	Production and Supply of Water	166	39

注：本表统计范围为年主营业务收入2000万元及以上的工业法人企业。

Main Indicators of Industrial Enterprises of the Pearl River Delta (2012)

(100 million yuan)

工业总产值(当年价) Gross Industrial Output Value (at current prices)	工业增加值(收入法) Value-added of Industry (by production approach)	年末资产总计 Total Assets at the Year-end	#产成品 Finished Products	流动资产合计 Total Current Asserts	固定资产合计 Net Value of Fixed Assets	年末负债合计 Total Liabilities at the Year-end
79954.57	**18639.71**	**60659.64**	**3092.27**	**36250.44**	**16730.95**	**35607.52**
11843.91	3230.94	13672.14	317.93	5451.58	5473.39	7772.45
4309.28	1016.77	3924.44	33.00	835.20	2588.48	2308.43
307.75	98.77	204.64	5.20	89.53	80.40	134.54
98.23	24.10	62.44	2.51	38.92	13.18	33.95
28791.44	6983.92	24187.00	1303.78	14767.27	5163.86	14561.35
23940.79	5054.66	15474.74	803.00	9810.72	4287.08	8819.23
19798.37	4842.36	15572.70	866.33	9986.00	4286.39	8981.50
28706.30	7057.87	20678.72	1370.14	13753.54	4668.38	12014.44
51248.26	11581.84	39980.92	1722.13	22496.90	12062.57	23593.08
38917.25	9456.39	29926.91	1293.36	17630.47	8220.04	17730.76
21511.07	5091.98	17568.48	974.80	10318.51	5068.62	9923.13
19526.25	4091.34	13164.25	824.12	8301.46	3442.29	7953.62
373.60	323.15	340.02	4.16	23.04	271.73	319.62
74.13	22.89	24.08	0.48	17.29	5.50	5.28
54.39	2.46	7.20	2.36	4.33	0.48	4.41
85.36	22.93	22.67	3.03	10.88	8.86	9.68
22.80	5.25	16.38	0.10	13.90	2.14	4.68
1404.14	210.52	708.40	46.89	513.59	126.67	469.96
1113.21	393.18	813.01	43.36	553.92	180.19	385.62
740.63	181.42	545.46	16.36	300.22	177.10	291.87
231.82	182.70	218.54	6.66	156.06	42.12	31.61
1474.34	343.11	973.33	65.51	542.94	333.02	546.44
2070.24	602.95	1124.37	102.91	818.77	223.41	656.68
1312.57	402.89	764.07	51.08	566.63	135.38	400.34
309.96	67.57	242.01	14.33	142.51	54.63	146.53
1033.85	253.25	697.48	47.25	428.86	164.13	396.74
1372.03	279.91	1370.60	56.69	697.21	534.67	809.65
628.11	177.83	615.22	23.93	379.99	168.86	316.92
2640.94	438.75	1339.23	249.26	1081.64	165.33	850.06
2113.93	411.00	814.23	36.66	379.33	356.62	589.13
4023.32	1056.25	2813.71	159.10	1648.47	824.89	1424.51
749.40	254.80	888.63	48.43	550.32	174.10	358.69
104.39	23.52	99.21	5.22	48.87	41.46	50.20
2859.05	651.18	2168.98	124.04	1319.51	552.28	1194.86
2169.07	548.81	1758.67	108.48	862.26	701.96	1075.57
1381.57	189.88	1031.67	57.70	506.62	427.99	754.36
1988.37	361.58	1188.03	79.13	615.73	426.60	786.22
3298.80	770.18	2089.84	120.54	1284.66	562.11	1148.38
2760.08	545.32	1953.86	152.79	1395.64	355.69	1103.60
1454.28	411.93	1452.31	73.73	912.32	350.53	762.43
3751.98	1058.96	2658.69	102.42	1583.47	784.80	1352.54
1138.86	238.11	1232.33	29.79	726.62	256.77	814.07
9051.38	1979.95	7029.49	444.41	4990.87	1291.48	4443.75
22149.55	4674.09	15041.69	739.77	10926.68	2748.85	9493.34
593.07	180.51	540.49	36.97	382.15	96.59	256.87
176.77	44.47	120.45	6.37	77.77	29.97	69.32
504.34	105.64	219.44	18.66	167.63	41.96	163.46
75.55	14.95	96.93	2.68	58.02	29.37	56.50
3947.93	1018.96	6153.07	4.42	1137.54	3406.51	3174.76
472.81	95.72	460.05	5.27	149.70	214.32	265.71
247.94	93.16	1025.81	1.31	274.49	461.87	623.17

Notes: The statistical coverage of industry refers to the legal person industrial enterprises with annual main business revenue over 20 million yuan.

20-4 续表

单位：亿元

项　目	Item	年末所有者权益合计 Total Creditors' Equity at the Year-end
总　计	**Total**	**24861.49**
按经济类型分	Grouped by Ownership	
在总计中：国有控股经济	Of the Total: State-controlled Economy	5895.63
国有经济	State-owned Economy	1615.51
集体经济	Collective-owned Economy	69.52
股份合作经济	Share-holding Cooperative Economy	28.41
股份制经济	Share-holding Economy	9497.18
外商投资经济	Economy with Foreign Investment	6621.76
港澳台投资经济	Economy with Investment from Hong Kong, Macao and Taiwan	6567.12
按轻重工业分	Grouped by Light and Heavy Industry	
轻工业	Light Industry	8539.96
重工业	Heavy Industry	16321.53
按企业规模分	Grouped by Size of Enterprise	
大型企业	Large	12067.85
中型企业	Medium	7619.38
小微型企业	Small and Micro	5174.25
按行业分	Grouped by Sector	
煤炭开采和洗选业	Mining and Washing of Coal	
石油和天然气开采业	Extraction of Petroleum and Natural Gas	20.40
黑色金属矿采选业	Mining and Dressing of Ferrous Metal Ores	18.80
有色金属矿采选业	Mining and Dressing of Nonferrous Metal Ores	2.79
非金属矿采选业	Mining and Dressing of Nonmetal Ores	11.98
开采辅助活动	Auxiliary Minning Operations	11.70
其他采矿业	Mining and Dressing of Other Ores	
农副食品加工业	Processing of Farm and Sideline Food	238.06
食品制造业	Manufacture of Food	425.53
酒、饮料和精制茶制造业	Manufacture of Beverage	253.37
烟草制品业	Tobacco Products	186.93
纺织业	Textile Industry	422.95
纺织服装、服饰业	Manufacture of Textile Garments, Footwear and Headgear	463.62
皮革、毛皮、羽毛及其制品和制鞋业	Leather, Fur, Feather, Down and Related Products	362.11
木材加工和木、竹、藤、棕、草制品业	Timber Processing, Bamboo, Cane, Palm Fiber & Straw Products	94.39
家具制造业	Manufacture of Furniture	297.94
造纸和纸制品业	Papermaking and Paper Products	556.96
印刷和记录媒介复制业	Printing and Record Medium Reproduction	295.90
文教、工美、体育和娱乐用品制造业	Manufacture of Cultural, Educational and Sports Articles	488.56
石油加工、炼焦和核燃料加工业	Petroleum Refining, Coking and Nuclear Fuel Processing	225.05
化学原料和化学制品制造业	Manufacture of Raw Chemical Materials and Chemical Products	1392.83
医药制造业	Manufacture of Medicines	527.92
化学纤维制造业	Manufacture of Chemical Fibers	48.97
橡胶和塑料制品业	Plastic Products	968.89
非金属矿物制品业	Nonmetal Mineral Products	673.30
黑色金属冶炼和压延加工业	Smelting and Pressing of Ferrous Metals	276.15
有色金属冶炼和压延加工业	Smelting and Pressing of Nonferrous Metals	399.62
金属制品业	Metal Products	935.78
通用设备制造业	Manufacture of General-purpose Machinery	848.81
专用设备制造业	Manufacture of Special-purpose Machinery	686.23
汽车制造业	Manufacture of Automobile	1289.80
铁路、船舶、航空航天和其他运输设备制造业	Manufacture of Railway ,Ship,Aeronautics and Other Transport equipment	420.67
电气机械和器材制造业	Manufacture of Electrical Machinery and Equipment	2481.31
计算机、通信和其他电子设备制造业	Manufacture of Communication Equipment, Computers and Other Electronic Equipment	5528.96
仪器仪表制造业	Manufacture of Instruments and Meters	283.20
其他制造业	Other Manufactures	50.98
废弃资源综合利用业	Comprehensive Utilization of Waste	55.64
金属制品、机械和设备修理业	Manufacture of Metal Products,Machinery and Equipment Maintenance	40.60
电力、热力生产和供应业	Production and Supply of Electric Power and Heat Power	2981.39
燃气生产和供应业	Production and Supply of Gas	191.05
水的生产和供应业	Production and Supply of Water	402.33

20-4 continued

(100 million yuan)

主营业务收入 Principal Business Revenue	主营业务税金及附加 Tax and Extra Charges on Principal Business	利润总额 Total Profits	#亏损总额 Total Losses	利税总额 Total Pretax Profits	本年应交增值税 Value-added Tax Payable in Current Year	全部从业人员年平均人数(万人) Annual Average Number of Employed Persons (10000 persons)
78563.14	**738.08**	**4381.23**	**382.77**	**7442.24**	**2310.16**	**1221.24**
11938.98	402.62	601.66	82.37	1623.51	611.64	62.63
4320.93	119.03	147.19	10.88	522.94	249.58	16.17
294.23	1.04	10.38	2.23	15.89	4.40	19.08
94.28	0.45	11.00	0.17	13.75	2.31	1.74
28377.99	309.57	1718.88	105.41	2930.25	899.38	393.75
23610.15	186.17	1296.69	126.23	2099.57	615.05	293.89
19262.85	110.07	1028.23	134.27	1611.97	472.46	454.34
28486.11	254.10	1657.95	130.75	2770.23	855.67	596.27
50077.03	483.98	2723.28	252.03	4672.01	1454.49	624.97
38404.01	450.74	2225.45	132.03	3946.25	1261.55	466.47
20921.98	208.98	1191.85	137.64	2018.60	615.50	481.66
19237.15	78.36	963.94	113.10	1477.39	433.11	273.10
356.74	30.24	161.94		214.49	22.27	0.11
73.25	0.87	14.07		19.36	4.42	0.29
54.66	0.05	1.08	0.02	1.22	0.10	0.10
80.81	0.81	7.21		10.61	2.51	0.66
22.80	0.46	5.39		5.86	0.01	0.06
1370.08	1.72	62.52	2.05	81.60	17.27	6.11
1131.13	9.17	179.85	2.81	261.86	72.82	12.95
750.33	18.30	29.95	25.77	85.81	37.27	6.61
226.61	113.03	27.67		168.44	27.75	0.35
1427.75	5.27	75.40	4.60	115.33	34.57	30.11
1986.26	8.66	82.53	6.98	141.22	49.99	76.31
1292.52	6.39	55.24	5.40	90.90	29.23	68.52
296.91	1.70	21.47	0.89	31.30	8.07	4.73
1029.35	4.97	50.82	3.92	84.63	28.59	29.32
1331.44	4.56	49.01	9.44	84.44	30.83	21.57
612.12	2.87	45.72	5.03	67.63	19.03	17.17
2682.83	5.79	89.51	5.08	131.32	35.48	56.94
2141.11	175.90	34.51	9.98	333.55	123.14	1.49
3915.28	21.10	326.39	15.05	524.81	177.09	27.34
697.79	5.61	92.31	3.61	137.32	39.28	8.80
99.11	0.29	5.67	1.09	7.56	1.60	1.19
2827.24	11.21	131.81	18.05	205.07	61.93	70.54
2057.74	10.25	131.41	13.50	204.37	62.43	37.37
1334.27	4.41	20.16	30.84	49.20	24.00	7.26
1956.14	4.83	92.01	6.97	124.13	27.28	13.26
3175.17	15.09	197.47	14.33	290.50	77.74	61.77
2660.64	11.44	140.53	10.12	211.81	59.64	41.71
1406.18	8.34	118.27	19.31	166.39	39.61	29.56
3782.89	100.45	362.75	12.25	588.32	124.86	29.39
1078.15	8.37	17.19	25.31	49.11	23.41	15.29
9129.01	34.48	532.96	29.50	797.49	229.32	176.53
21607.44	89.99	813.19	74.40	1505.10	601.12	322.23
578.57	3.02	45.21	2.76	62.36	14.08	19.97
172.46	0.64	7.20	1.14	11.73	3.89	5.88
497.38	1.37	31.67	0.74	39.49	6.44	1.98
76.18	0.38	2.73	2.44	4.20	1.09	1.49
3940.10	12.08	261.08	8.78	445.22	165.02	11.82
463.41	1.71	38.44	1.90	58.08	17.90	0.98
241.28	2.27	18.91	8.70	30.40	9.08	3.46

20-5 广州、深圳主要经济指标（2012年）

Main Economic Indicators of Guangzhou and Shenzhen (2012)

指标	Item	合计 Total	广州市 Guangzhou	深圳市 Shenzhen
土地面积 (平方公里)	Land Area (sq.km)	9246	7249	1997
年末常住人口 (万人)	Permanent Population at the Year-end (10000 persons)	2338.63	1283.89	1054.74
#城镇人口	Urban Population	2146.30	1091.56	1054.74
年末户籍总人口 (万人)	Total Population with Residence Registration at the Year-end (10000 persons)	1121.45	822.30	299.15
年末从业人员 (万人)	Employed Persons at the Year-end (10000 persons)	1522.50	751.30	771.20
#城镇单位从业人员	Employed Persons in Urban Areas	606.86	326.85	280.01
地区生产总值 (亿元)	Gross Domestic Product (100 million yuan)	26501.27	13551.21	12950.06
第一产业	Primary Industry	220.06	213.76	6.30
第二产业	Secondary Industry	10458.29	4720.65	5737.64
#工业	Industry	9620.01	4264.16	5355.85
第三产业	Tertiary Industry	15822.92	8616.79	7206.12
人均生产总值 (元)	Per Capita Gross Domestic Product (yuan)	113727	105909	123247
地区生产总值指数 (上年=100)	Index of Gross Domestic Product (preceding year=100)	110.3	110.5	110.0
第一产业	Primary Industry	103.1	103.2	100.1
第二产业	Secondary Industry	107.9	108.5	107.3
#工业	Industry	108.1	109.1	107.3
第三产业	Tertiary Industry	112.1	112.0	112.3
人均生产总值指数 (上年=100)	Index of Per Capita Gross Domestic Product (preceding year=100)	109.5	110.0	109.0
公路通车里程 (公里)	Total Length of Highways in Operation (km)	10656	8997	1659
民用汽车拥有量 (万辆)	Number of Civil Vehicles Owned (100 million unit)	469.32	244.08	225.24
#私人汽车拥有量	Number of Private Vehicles Owned	342.77	164.69	178.08
邮电业务总量 (亿元) (按2010年不变价计算)	Total Business Volume of Postal and Telecommunication Services (calculated at 2010 constant Prices) (100 million yuan)	959.83	495.88	463.95
本地电话年末用户 (万户)	Number of Subscribers of Local Telephones at the Year-end (10000 subscribers)	1161.13	590.75	570.38
#城市	Subscribers in Urban Areas	1083.64	531.24	552.40
移动电话年末用户 (万户)	Number of Subscribers of Mobile Telephones at the Year-end (10000 subscribers)	4831.82	2367.39	2464.43
固定资产投资额 (亿元)	Investment in Fixed Assets (100 million yuan)	6072.82	3758.39	2314.43
城镇 (亿元)	Urban Area (100 million yuan)	5926.65	3612.21	2314.43
#房地产开发投资 (亿元)	Investment in Real Estate Development (100 million yuan)	2107.29	1370.45	736.84
农村 (亿元)	Rural Area (100 million yuan)	146.17	146.17	
社会消费品零售总额 (亿元)	Total Retail Sales of Consumer Good (100 million yuan)	9986.05	5977.27	4008.78
出口总额 (亿美元)	Total Exports (USD 100 million)	3302.70	589.15	2713.56
进口总额 (亿美元)	Total Imports (USD 100 million)	2536.99	582.52	1954.47
实际外商直接投资额 (亿美元)	Foreign Direct Investment Actually Utilized (USD 100 million)	98.04	45.75	52.29
地方公共财政预算收入 (亿元)	Local Public Budgetary Revenue (100 million yuan)	2584.48	1102.40	1482.08
地方公共财政预算支出 (亿元)	Local Public Budgetary Expenditure (100 million yuan)	2912.65	1343.65	1569.01
中外资金融机构本外币存款 (亿元)	Deposits in Renminbi and Foreign Currencies in All Financial Institutions (100 million yuan)	59848.97	30186.57	29662.40
中外资金融机构本外币储蓄存款 (亿元)	Savings Deposits in Renminbi and Foreign Currencies in All Financial Institutions (100 million yuan)	20467.98	11557.00	8910.98
中外资金融机构本外币贷款 (亿元)	Loans in Renminbi and Foreign Currencies in All Financial Institutions (100 million yuan)	41744.85	19936.52	21808.34
城镇居民人均可支配收入 (元)	Per Capita Annual Disposable Income of Urban Residents (yuan)		38054	40742
农村居民人均纯收入 (元)	Per Capita Annual Net Income of Rural Residents (yuan)		16788	13399

注：1. 本表地区生产总值绝对数按当年价格计算，指数按可比价格计算。
2. 2011年起固定资产投资项目统计起点由50万元提高至500万元，且不包含农村农户投资。

Note: a) The figures in value terms on GDP are calculated at current prices, whereas their indexes are calculated at constant prices.
b) Since 2011, the cut-off point of investment statistics is changed from a minimum of 500,000 yuan to a minimum of 5,000,000 yuan, and the data do not include the investment made by rural households.

20-6 东西两翼主要经济指标（2012年）
Main Economic Indicators of the East and West Wings (2012)

指标	Item	东西翼合计 Total	东翼 East Wing	西翼 West Wing
土地面积 (平方公里)	Land Area (sq.km)	48106	15462	32644
年末常住人口 (万人)	Permanent Population at the Year-end (10000 persons)	3266.54	1709.69	1556.85
#城镇人口	Urban Population	1627.95	1009.57	618.38
年末户籍总人口 (万人)	Total Population with Residence Registration at the Year-end (10000 persons)	3635.35	1818.78	1816.57
年末从业人员 (万人)	Employed Persons at the Year-end (10000 persons)	1507.34	765.42	741.92
#城镇单位从业人员	Employed Persons in Urban Areas	207.77	106.66	101.11
地区生产总值 (亿元)	Gross Domestic Product (100 million yuan)	8822.30	4138.87	4683.43
第一产业	Primary Industry	1274.48	369.37	905.11
第二产业	Secondary Industry	4194.05	2272.48	1921.58
#工业	Industry	3854.48	2119.07	1735.41
第三产业	Tertiary Industry	3353.77	1497.02	1856.74
人均地区生产总值 (元)	Per Capita Gross Domestic Product (yuan)	27151	24315	30271
地区生产总值指数（上年=100）	Index of Gross Domestic Product (preceding year=100)	110.1	110.2	110.0
第一产业	Primary Industry	104.7	104.9	104.6
第二产业	Secondary Industry	112.5	112.6	112.4
#工业	Industry	113.0	113.4	112.5
第三产业	Tertiary Industry	108.9	107.8	109.9
人均生产总值指数（上年=100）	Index of Per Capita Gross Domestic Product (preceding year=100)	109.3	109.6	108.9
公路通车里程 (公里)	Total Length of Highways in Operation (km)	64659	20067	44592
邮电业务总量 (亿元) (按2010年不变价计算)	Total Business Volume of Postal and Telecommunication Services (clculated at 2010 constant Prices) (100 million yuan)	298.00	155.53	142.47
本地电话年末用户 (万户)	Number of Subscribers of Local Telephones at the Year-end (10000 subscribers)	557.42	347.19	210.23
移动电话年末用户 (万户)	Number of Subscribers of Mobile Telephones at the Year-end (10000 subscribers)	1982.85	1161.56	821.28
固定资产投资额 (亿元)	Investment in Fixed Assets (100 million yuan)	3374.46	1891.15	1483.32
城镇 (亿元)	Urban Area (100 million yuan)	2530.74	1489.56	1041.18
#房地产开发投资 (亿元)	Investment in Real Estate Development (100 million yuan)	450.52	184.42	266.10
农村 (亿元)	Rural Area (100 million yuan)	843.72	401.58	442.14
社会消费品零售总额 (亿元)	Total Retail Sales of Consumer Goods (100 million yuan)	4456.34	2258.56	2197.78
出口总额 (亿美元)	Total Exports (USD 100 million)	189.41	141.38	48.02
进口总额 (亿美元)	Total Imports (USD 100 million)	91.74	60.13	31.62
实际外商直接投资额 (亿美元)	Foreign Direct Investment Actually Utilized (USD 100 million)	11.29	8.09	3.20
地方公共财政预算收入 (亿元)	Local Public Budgetary Revenue (100 million yuan)	439.40	226.07	213.33
地方公共财政预算支出 (亿元)	Local Public Budgetary Expenditure (100 million yuan)	1001.63	488.21	513.42
中外资金融机构本外币存款 (亿元)	Deposits in Renminbi and Foreign Currencies in All Financial Institutions (100 million yuan)	8819.81	4855.70	3964.12
中外资金融机构本外币储蓄存款 (亿元)	Savings Deposits in Renminbi and Foreign Currencies in All Financial Institutions (100 million yuan)	6120.66	3386.80	2733.86
中外资金融机构本外币贷款 (亿元)	Loans in Renminbi and Foreign Currencies in All Financial Institutions (100 million yuan)	3962.47	1908.56	2053.91

注：1. 东翼指汕头、汕尾、潮州和揭阳四个市。西翼指湛江、茂名和阳江三个市。
2. 本表地区生产总值绝对数按当年价格计算，指数按可比价格计算。

Notes: a) The East Wing includes the four cities of Shantou, Shanwei, Chaozhou and Jieyang. The West Wing includes the three cities of Zhanjiang, Maoming and Yangjiang.
b) The figures in value terms on GDP are calculated at current prices, whereas their indexes are calculated at constant prices.

20-7 东翼主要经济指标

Main Economic Indicators of the East Wing

指　　标	Item	2011	2012	2012比2011增长% Growth Rate in 2012 over 2011
土地面积 (平方公里)	Land Area (sq.km)	15516	15462	-0.3
年末常住人口 (万人)	Permanent Population at the Year-end (10000 persons)	1697.12	1709.69	0.7
#城镇人口	Urban Population	987.89	1009.57	2.2
年末户籍总人口 (万人)	Total Population with Residence Registration at the Year-end (10000 persons)	1808.68	1818.78	0.6
年末从业人员 (万人)	Employed Persons at the Year-end (10000 persons)	770.13	765.42	-0.6
#城镇单位从业人员	Employed Persons in Urban Areas	87.76	106.66	21.5
地区生产总值 (亿元)	Gross Domestic Product (100 million yuan)	3699.38	4138.87	10.2
第一产业	Primary Industry	338.42	369.37	4.9
第二产业	Secondary Industry	1996.11	2272.48	12.6
#工业	Industry	1837.29	2119.07	13.4
第三产业	Tertiary Industry	1364.85	1497.02	7.8
人均生产总值 (元)	Per Capita Gross Domestic Product (yuan)	21850	24315	9.6
地区生产总值指数 (上年=100)	Index of Gross Domestic Product (preceding year=100)	112.2	110.2	10.2
第一产业	Primary Industry	104.7	104.9	4.9
第二产业	Secondary Industry	114.6	112.6	12.6
#工业	Industry	114.9	113.4	13.4
第三产业	Tertiary Industry	110.7	107.8	7.8
人均生产总值指数 (上年=100)	Index of Per Capita Gross Domestic Product (preceding year=100)	111.0	109.6	9.6
公路通车里程 (公里)	Total Length of Highways in Operation (km)	20069	20067	0.0
邮电业务总量 (按2010年不变价计算) (亿元)	Total Business Volume of Postal and Telecommunication Services (calculated at 2010 constant Prices) (100 million yuan)	134.99	155.53	15.2
本地电话年末用户 (万户)	Number of Subscribers of Local Telephones at the Year-end (10000 subscribers)	353.32	347.19	-1.7
移动电话年末用户 (万户)	Number of Subscribers of Mobile Telephones at the Year-end (10000 subscribers)	1011.71	1161.56	14.8
固定资产投资额 (亿元)	Investment in Fixed Assets (100 million yuan)	1624.81	1891.15	16.4
城镇 (亿元)	Urban Area (100 million yuan)	1282.10	1489.56	16.2
#房地产开发投资 (亿元)	Investment in Real Estate Development (100 million yuan)	175.62	184.42	5.0
农村 (亿元)	Rural Area (100 million yuan)	342.71	401.58	17.2
社会消费品零售总额 (亿元)	Total Retail Sales of Consumer Goods (100 million yuan)	2167.17	2258.56	4.2
出口总额 (亿美元)	Total Exports (USD 100 million)	137.30	141.38	3.0
进口总额 (亿美元)	Total Imports (USD 100 million)	59.67	60.13	0.8
实际外商直接投资额 (亿美元)	Foreign Direct Investment Actually Utilized (USD 100 million)	9.47	8.09	-14.6
地方公共财政预算收入 (亿元)	Local Public Budgetary Revenue (100 million yuan)	191.91	226.07	17.8
地方公共财政预算支出 (亿元)	Local Public Budgetary Expenditure (100 million yuan)	413.45	488.21	18.1
中外资金融机构本外币存款 (亿元)	Deposits in Renminbi and Foreign Currencies in All Financial Institutions (100 million yuan)	4236.89	4855.70	14.6
中外资金融机构本外币储蓄存款 (亿元)	Savings Deposits in Renminbi and Foreign Currencies in All Financial Institutions (100 million yuan)	2967.02	3386.80	14.1
中外资金融机构本外币贷款 (亿元)	Loans in Renminbi and Foreign Currencies in All Financial Institutions (100 million yuan)	1644.74	1908.56	16.0

注：本表地区生产总值绝对数按当年价格计算，指数按可比价格计算。

Notes: Level data on GDP in this table are calculated at current prices while indices at constant prices.

20-8 西翼主要经济指标

Main Economic Indicators of the West Wing

指　标	Item	2011	2012	2012比2011增长% Growth Rate in 2012 over 2011
土地面积 (平方公里)	Land Area (sq.km)	32616	32644	0.1
年末常住人口 (万人)	Permanent Population at the Year-end (10000 persons)	1539.67	1556.85	1.1
#城镇人口	Urban Population	589.54	618.38	4.9
年末户籍总人口 (万人)	Total Population with Residence Registration at the Year-end (10000 persons)	1837.97	1816.57	-1.2
年末从业人员 (万人)	Employed Persons at the Year-end (10000 persons)	742.58	741.92	-0.1
#城镇单位从业人员	Employed Persons in Urban Areas	96.94	101.11	4.3
经济总量指标	Aggregate Indicators on Economy			
地区生产总值 (亿元)	Gross Domestic Product (100 million yuan)	4212.36	4683.43	10.0
第一产业	Primary Industry	823.75	905.11	4.6
第二产业	Secondary Industry	1746.07	1921.58	12.4
#工业	Industry	1583.71	1735.41	12.5
第三产业	Tertiary Industry	1642.54	1856.74	9.9
人均生产总值 (元)	Per Capita Gross Domestic Product (yuan)	27485	30271	8.9
地区生产总值指数 (上年=100)	Index of Gross Domestic Product (preceding year=100)	111.1	110.0	10.0
第一产业	Primary Industry	104.5	104.6	4.6
第二产业	Secondary Industry	112.4	112.4	12.4
#工业	Industry	111.9	112.5	12.5
第三产业	Tertiary Industry	113.2	109.9	9.9
人均生产总值指数 (上年=100)	Index of Per Capita Gross Domestic Product (preceding year=100)	110.4	108.9	8.9
公路通车里程 (公里)	Total Length of Highways in Operation (km)	44579	44592	0.0
邮电业务总量 (亿元) (按2010年不变价计算)	Total Business Volume of Postal and Telecommunication Services (calculated at 2010 constant Prices) (100 million yuan)	117.58	142.47	21.2
本地电话年末用户 (万户)	Number of Subscribers of Local Telephones at the Year-end (10000 subscribers)	218.65	210.23	-3.9
移动电话年末用户 (万户)	Number of Subscribers of Mobile Telephones at the Year-end (10000 subscribers)	708.70	821.28	15.9
固定资产投资额 (亿元)	Investment in Fixed Assets (100 million yuan)	1105.92	1483.32	34.1
城镇 (亿元)	Urban Area (100 million yuan)	910.68	1041.18	14.3
#房地产开发投资 (亿元)	Investment in Real Estate Development (100 million yuan)	232.72	266.10	14.3
农村 (亿元)	Rural Area (100 million yuan)	195.24	442.14	126.5
社会消费品零售总额 (亿元)	Total Retail Sales of Consumer Goods (100 million yuan)	2013.47	2197.78	9.2
出口总额 (亿美元)	Total Exports (USD 100 million)	46.13	48.02	4.1
进口总额 (亿美元)	Total Imports (USD 100 million)	28.66	31.62	10.3
实际外商直接投资额 (亿美元)	Foreign Direct Investment Actually Utilized (USD 100 million)	3.28	3.20	-2.3
地方公共财政预算收入 (亿元)	Local Public Budgetary Revenue (100 million yuan)	181.10	213.33	17.8
地方公共财政预算支出 (亿元)	Local Public Budgetary Expenditure (100 million yuan)	429.65	513.42	19.5
中外资金融机构本外币存款 (亿元)	Deposits in Renminbi and Foreign Currencies in All Financial Institutions (100 million yuan)	3566.20	3964.12	11.2
中外资金融机构本外币储蓄存款 (亿元)	Savings Deposits in Renminbi and Foreign Currencies in All Financial Institutions (100 million yuan)	2369.23	2733.86	15.4
中外资金融机构本外币贷款 (亿元)	Loans in Renminbi and Foreign Currencies in All Financial Institutions (100 million yuan)	1682.34	2053.91	22.1

注：本表地区生产总值绝对数按当年价格计算，指数按可比价格计算。

Notes: Level data on GDPin this table are calculated at current prices while indices at constant prices.

20-9 山区主要经济指标

Main Economic Indicators of Mountainous Areas

指标	Item	2011	2012	2012比2011增长% Growth Rate in 2012 over 2011
土地面积 (平方公里)	Land Area (sq.km)	76835	76751	-0.1
年末常住人口 (万人)	Permanent Population at the Year-end (10000 persons)	1621.70	1637.82	1.0
#城镇人口	Urban Population	721.49	741.93	2.8
年末户籍总人口 (万人)	Total Population with Residence Registration at the Year-end (10000 persons)	1916.68	1895.54	-1.1
年末从业人员 (万人)	Employed Persons at the Year-end (10000 persons)	817.81	819.78	0.2
#城镇单位从业人员	Employed Persons in Urban Areas	126.12	126.62	0.4
地区生产总值 (亿元)	Gross Domestic Product (100 million yuan)	3588.03	3821.81	8.6
第一产业	Primary Industry	588.60	636.80	5.2
第二产业	Secondary Industry	1589.38	1585.65	9.5
#工业	Industry	1395.69	1390.17	9.9
第三产业	Tertiary Industry	1410.05	1599.37	9.0
人均生产总值 (元)	Per Capita Gross Domestic Product (yuan)	22205	23467	7.8
地区生产总值指数 (上年=100)	Index of Gross Domestic Product (preceding year=100)	110.5	108.6	8.6
第一产业	Primary Industry	104.6	105.2	5.2
第二产业	Secondary Industry	111.5	109.5	9.5
#工业	Industry	112.1	109.9	9.9
第三产业	Tertiary Industry	111.8	109.0	9.0
人均生产总值指数 (上年=100)	Index of Per Capita Gross Domestic Product (preceding year=100)	109.5	107.8	7.8
公路通车里程 (公里)	Total Length of Highways in Operation (km)	69697	71695	2.9
邮电业务总量 (亿元) (按2010年不变价计算)	Total Business Volume of Postal and Telecommunication Services (calculated at 2010 constant Prices) (100 million yuan)	121.05	146.36	20.9
本地电话年末用户 (万户)	Number of Subscribers of Local Telephones at the Year-end (10000 subscribers)	290.88	283.09	-2.7
移动电话年末用户 (万户)	Number of Subscribers of Mobile Telephones at the Year-end (10000 subscribers)	786.62	911.98	15.9
固定资产投资额 (亿元)	Investment in Fixed Assets (100 million yuan)	1746.34	1958.82	12.2
城镇 (亿元)	Urban Area (100 million yuan)	1409.12	1698.61	20.5
#房地产开发投资 (亿元)	Investment in Real Estate Development (100 million yuan)	378.70	418.60	10.5
农村 (亿元)	Rural Area (100 million yuan)	337.22	260.21	-22.8
社会消费品零售总额 (亿元)	Total Retail Sales of Consumer Goods (100 million yuan)	1490.51	1668.08	11.9
出口总额 (亿美元)	Total Exports (USD 100 million)	69.61	74.09	6.4
进口总额 (亿美元)	Total Imports (USD 100 million)	49.08	50.57	3.0
实际外商直接投资额 (亿美元)	Foreign Direct Investment Actually Utilized (USD 100 million)	9.95	8.96	-9.9
地方公共财政预算收入 (亿元)	Local Public Budgetary Revenue (100 million yuan)	246.28	279.02	13.3
地方公共财政预算支出 (亿元)	Local Public Budgetary Expenditure (100 million yuan)	621.75	725.20	16.6
中外资金融机构本外币存款 (亿元)	Deposits in Renminbi and Foreign Currencies in All Financial Institutions (100 million yuan)	4211.93	4694.49	11.5
中外资金融机构本外币储蓄存款 (亿元)	Savings Deposits in Renminbi and Foreign Currencies in All Financial Institutions (100 million yuan)	2709.74	3085.72	13.9
中外资金融机构本外币贷款 (亿元)	Loans in Renminbi and Foreign Currencies in All Financial Institutions (100 million yuan)	2154.62	2546.17	18.2

注：1. 山区指韶关、河源、梅州、清远和云浮市。
2. 本表地区生产总值绝对数按当年价格计算，指数按可比价格计算。

Notes: a) The mountainous areas include Shaoguan, Heyuan, Meizhou, Qingyuan and Yunfu.
b) The figures in value terms on GDP are calculated at current prices, whereas their indexes are calculated at comparable prices.

20-10 山区县(市、区)主要经济指标

Main Economic Indicators of Counties (County-level Cities and Districts) in Mountainous Areas

指标	Item	2011	2012	2012比2011增长% Growth Rate in 2012 over 2011(%)
土地面积 (平方公里)	Land Area (sq.km)			
常用耕地面积 (公顷)	Area of Regularly Cultivated Land (ha.)			
年末户籍总人口 (万人)	Total Population with Residence Registration at the Year-end (10000 persons)	3351.41	3329.58	-0.7
年末从业人员 (万人)	Employed Persons at the Year-end (10000 persons)	1494.0	1489.7	-0.3
地区生产总值 (亿元)	Gross Domestic Product (100 million yuan)	5937.6	6599.9	11.3
第一产业	Primary Industry	1131.1	1224.8	5.0
第二产业	Secondary Industry	2615.5	2890.0	15.1
第三产业	Tertiary Industry	2191.0	2485.1	9.8
人均生产总值 (元)	Per Capita Gross Domestic Product (yuan)	21391	23591	10.5
地区生产总值指数 (上年=100)	Index of Gross Domestic Product (preceding year=100)	114.0	111.3	11.3
第一产业	Primary Industry	105.1	105.0	5.0
第二产业	Secondary Industry	118.4	115.1	15.1
第三产业	Tertiary Industry	113.5	109.8	9.8
人均生产总值指数 (上年=100)	Index of Per Capita Gross Domestic Product (preceding year=100)	113.3	110.5	10.5
固定资产投资额 (亿元)	Investment in Fixed Assets (100 million yuan)	2555.7	2815.6	10.2
城镇 (亿元)	Urban Area (100 million yuan)	1857.72	2005.38	7.9
#房地产开发投资 (亿元)	Investment in Real Estate Development (100 million yuan)	379.86	431.96	13.7
农村 (亿元)	Rural (100 million yuan)	697.95	808.73	15.9
社会消费品零售总额 (亿元)	Total Retail Sales of Consumer Goods (100 million yuan)	2467.62	2676.42	8.5
出口总额 (亿美元)	Total Exports (USD 100 million)	103.15	115.65	12.1
实际外商直接投资额 (亿美元)	Foreign Direct Investment Actually Utilized (USD 100 million)			
地方公共财政预算收入 (亿元)	Local Public Budgetary Revenue (100 million yuan)	279.40	322.40	15.4
地方公共财政预算支出 (亿元)	Local Public Budgetary Expenditure (100 million yuan)	783.83	926.51	18.2
农村居民人均纯收入 (元)	Per Capita Net Income of Rural Residents (yuan)			

注：1. 50个山区县(市、区)包括:从化市、南澳县、曲江区、仁化县、南雄市、始兴县、翁源县、新丰县、乳源县、乐昌市、东源县、和平县、龙川县、紫金县、连平县、梅江区、梅县、蕉岭县、大埔县、丰顺县、五华县、兴宁市、平远县、惠东县、龙门县、海丰县、陆河县、阳春市、高州市、信宜市、高要市、广宁县、德庆县、封开县、怀集县、清新区、英德市、佛冈县、连山县、连南县、连州市、阳山县、饶平县、潮安县、普宁市、揭西县、新兴县、罗定市、郁南县、云安县。

2. 本表国内生产总值绝对数按当年价格计算，指数按可比价格计算。

Notes: a) Counties(county-level cities and districts) in mountainous areas total 50,including Conghua City, Nan'ao County, Qujiang District, Renhua County, Nanxiong City, Shixing County, Wengyuan County, Xinfeng County, Qujiang District, Ruyuan County, Lechang City, Dongyuan County, Heping County,Longchuan County,Zijin County,Lianping County,Meijiang District,Meixian County,Jiaoling County,Dabu County, Fengshun County, Wuhua County, Xingning City, Pingyuan County, Huidong County, Longmen County, Haifeng County, Luhe County, Yangchun City, Gaozhou City,Xinyi City,Gaoyao City,Guangning County,Deqing County, Fengkai County,Huaiji County,Qingxin County, Yingde City, Fogang County,Lianshan County, Liannan County,Lianzhou City,Yangshan County,Raoping County Chao'an County, Puning City,Jiexi County, Xinxing County, Luoding City, Yunan County, and Yun'an County.

b) The figures in value terms on GDP are calculated at current prices, whereas the growth rates are calculated at comparable prices.

20-11 少数民族县主要经济指标（2012年）

Main Economic Indicators of Minority Counties (2012)

指标		Item		合计 Total	连南县 Liannan County	连山县 Lianshan County	乳源县 Ruyuan County
土地面积	(平方公里)	Land Area	(sq.km)	4758	1241	1219	2299
年末户籍总人口	(万人)	Total Population with Residence Registration at the Year-end	(10000 persons)	49.56	16.14	11.72	21.70
少数民族人口	(万人)	Population of Minority Nationalities	(10000 persons)	18.26	8.71	7.31	2.24
年末从业人员	(万人)	Employed Persons at the Year-end	(10000 persons)	21.93	7.31	4.87	9.75
地区生产总值	(亿元)	Gross Domestic Product	(100 million yuan)	100.66	24.16	26.92	49.58
第一产业		Primary Industry		16.00	5.58	4.45	5.97
第二产业		Secondary Industry		43.27	8.99	10.50	23.78
第三产业		Tertiary Industry		41.39	9.58	11.97	19.83
人均生产总值	(元)	Per Capita Gross Domestic Product	(yuan)	25012	26302	20509	27646
地区生产总值指数	(上年=100)	Index of Gross Domestic Product	(preceding year=100)	105.8	105.8	106.5	105.6
第一产业		Primary Industry		106.3	104.0	109.0	106.4
第二产业		Secondary Industry		101.8	106.7	102.6	99.6
第三产业		Tertiary Industry		110.6	105.9	109.5	113.5
人均生产总值指数	(上年=100)	Index of Per Capita Gross Domestic Product(preceding year=100)		105.0	104.8	105.5	104.9
公路通车里程	(公里)	Total Length of Highways in Operation	(km)	3964	1223	852	1889
本地电话年末用户	(户)	Number of Subscribers of Local Telephones at the Year-end	(subscriber)	57541	17020	14349	26172
#乡村		Subscribers in Rural Areas		22679	6846	6218	9615
移动电话年末用户	(户)	Number of Subscribers of Mobile Telephones at the Year-end	(subscriber)	286454	72140	60096	154218
邮电业务总量	(万元)	Total Business Volume of Postal and Telecommunication Services	(10000 yuan)	25974	8118	6655	11202
固定资产投资额	(亿元)	Investment in Fixed Assets	(100 million yuan)	36.98	3.12	1.50	32.36
城镇	(亿元)	Urban Area	(100 million yuan)	35.81	2.92	1.49	31.40
#房地产开发投资	(亿元)	Investment in Real Estate Development	(100 million yuan)	6.72	1.00	1.49	4.22
农村	(亿元)	Rural Area	(100 million yuan)	1.17	0.20	…	0.96
社会消费品零售总额	(亿元)	Total Retail Sales of Consumer Goods	(100 million yuan)	23.11	5.08	4.08	13.94
地方公共财政预算收入	(亿元)	Local Public Budgetary Revenue	(100 million yuan)	6.21	1.48	1.13	3.60
地方公共财政预算支出	(亿元)	Local Public Budgetary Expenditure	(100 million yuan)	23.11	7.77	5.01	10.33
城镇单位在岗职工年平均工资	(元)	Annual Average Wage of Staff and Workers	(yuan)		41799	38857	23461
农村居民人均纯收入	(元)	Per Capita Net Income of Rural Residents	(yuan)		5501	6661	7388
普通中学	(所)	Number of Regular Secondary Schools	(unit)	30	12	9	9
在校学生数	(人)	Number of Students Enrolled in Regular Secondary Schools	(person)	25271	9031	5623	10617
小学	(所)	Number of Primary Schools	(unit)	106	20	27	59
在校学生数	(人)	Number of Students Enrolled in Primary Schools	(person)	31401	11367	6061	13973

注：本表地区生产总值绝对数按当年价计算，指数按可比价格计算。

Note: The figures in value terms on GDP are calculated at current prices, whereas their indexes are calculated at constant prices.

二十一、县（市）区主要经济指标

COUNTIES AND DISTRICTS UNDER CITY ADMINISTRATION

二十一　县(市)区主要经济指标

简要说明

一、本篇资料反映广东县(市)区经济发展基本情况，主要包括：各县(市)区的地区生产总值、工农业总产值、主要农产品产量、固定资产投资、消费品零售总额、在岗职工人数和职工工资、财政收支以及居民储蓄存款等内容。

二、本篇资料由广东省统计局各有关专业处整理提供，综合处负责编辑。

三、本篇资料依据国家统计局制定的各有关专业年度报表制度，由21个地级市统计局填报汇总而成。

四、本篇各县(市)区生产总值、产值、金融、财政类指标数据汇总数不等于全省数。

21 Countles and Districts Under City Administration

Brief Introduction

Ⅰ. The data in this chapter show the basic conditions of the economic development of counties and districts under city administration in Guangdong Province, mainly including gross domestic product, gross output value of industry and agriculture, output of major farm products, investment in fixed assets, total retail sales of consumer goods, number and wages of fully employed staff and workers, local government budgetary revenue and expenditure and savings deposits by urban and rural residents, etc.

Ⅱ. The data in this chapter are prepared and provided by the related specialized divisions and compiled by the Division of Comprehensive Statistics of Statistics Bureau of Guangdong Province.

Ⅲ. The data in this chapter are compiled on the basis of data reported "y the bureaus of statistics of 21 cities at or above prefectural level in accordance with related specialized annual report schemes formulated by the National Bureau of Statistics.

Ⅳ. The tabulated data on gross domestic product, output value, banking and government finance of the counties and districts in this chapter do not sum up to the provincial total.

21-1 各县(市)区地区生产总值（2012年）

Gross Domestic Product by County (County-level City) and District (2012)

单位: 万元 (10000 yuan)

县(市)区	County (County-level City) and District	地区生产总值 Gross Domestic Product	第一产业 Primary Industry	第二产业 Secondary Industry	第三产业 Tertiary Industry
广州市	Guangzhou				
市　区	Urban District	124549279	1437146	40929395	82182738
从化市	Conghua City	2460096	209917	1128012	1122167
增城市	Zengcheng City	8502697	490557	5149097	2863043
深圳市	Shenzhen	129500601	63018	57376373	72061210
珠海市	Zhuhai	15037642	390170	7763648	6883824
汕头市	Shantou				
市　区	Urban District	14126700	769626	7348145	6008929
南澳县	Nanao County	123438	34799	53880	34759
佛山市	Foshan	66130223	1305252	41133362	23691609
韶关市	Shaoguan				
市　区	Urban District	4498729	232059	1916921	2349749
乐昌市	Lechang City	831081	179835	275971	375275
南雄市	Nanxiong City	874819	216336	301712	356771
仁化县	Renhua County	770339	150463	366246	253630
始兴县	Shixing County	502264	137950	199985	164329
翁源县	Wengyuan County	626478	178969	214188	233321
新丰县	Xinfeng County	452642	90458	202755	159429
乳源县	Ruyuan County	495831	59668	237819	198344
河源市	Heyuan				
市　区	Urban District	2077556	23933	1113307	940316
东源县	Dongyuan County	768245	132133	367521	268591
和平县	Heping County	595911	119754	255358	220799
龙川县	Longchuan County	1037492	210640	409982	416870
紫金县	Zijin County	831764	216220	277365	338179
连平县	Lianping County	846210	79569	573764	192877
梅州市	Meizhou				
市　区	Urban District	1498123	61233	816747	620143
兴宁市	Xingning City	1234683	339018	395368	500297
梅　县	Meixian County	1476887	375790	611250	489847
平远县	Pingyuan County	559905	105751	303490	150663
蕉岭县	Jiaoling County	494528	99629	211739	183160
大埔县	Dabu County	539694	156099	196675	186920
丰顺县	Fengshun County	690799	192912	316385	181502
五华县	Wuhua County	924417	265104	204686	454626
惠州市	Huizhou				
市　区	Urban District	15574090	349498	10074089	5150503
惠东县	Huidong County	3260060	344415	1572586	1343059
博罗县	Boluo County	4000879	387458	2123771	1489651
龙门县	Longmen County	1002857	164272	397316	441269
汕尾市	Shanwei				
市　区	Urban District	1838662	182889	1090751	565022
陆丰市	Lufeng City	1767517	415916	758882	592719
海丰县	Haifeng County	2010887	305827	893816	811244
陆河县	Luhe County	380476	88149	82423	209904
东莞市	Dongguan	50101727	187556	23756366	26157806
中山市	Zhongshan	24410432	621677	13536374	10252381
江门市	Jiangmen				
市　区	Urban District	10390352	441365	6467890	3481097
台山市	Taishan City	3040225	473990	1759591	806644
开平市	Kaiping City	2407735	247637	1234683	925415
鹤山市	Heshan City	1984117	157784	1064473	761860
恩平市	Enping City	1220756	174357	400616	645783

21-1 续表 continued

单位: 万元 (10000 yuan)

县(市)区	County (County-level City) and District	地区生产总值 Gross Domestic Product	第一产业 Primary Industry	第二产业 Secondary Industry	第三产业 Tertiary Industry
阳江市	Yangjiang				
市　区	Urban District	3021054	361351	1385138	1274565
阳春市	Yangchun City	2654400	589685	1172606	892109
阳东县	Yangdong County	1977423	359266	1091252	526905
阳西县	Yangxi County	1217453	449916	440293	327244
湛江市	Zhanjiang				
市　区	Urban District	9435601	616674	4531900	4287027
雷州市	Leizhou City	1827835	793955	297308	736571
廉江市	Lianjiang City	2584383	793851	971587	818945
吴川市	Wuchuan City	1517196	234026	641967	641203
遂溪县	Suixi County	2080592	836686	634582	609324
徐闻县	Xuwen County	1156599	574520	153635	428444
茂名市	Maoming				
市　区	Urban District	6365765	398267	3325218	2642280
信宜市	Xinyi City	2986320	728542	1068446	1189332
高州市	Gaozhou City	3727890	894756	1264788	1568346
化州市	Huazhou City	3256341	701963	1067557	1486821
电白县	Dianbai County	3025469	717652	1169507	1138310
肇庆市	Zhaoqing				
市　区	Urban District	3671052	124843	1558800	1987408
四会市	Sihui City	3918815	408270	2432992	1077553
高要市	Gaoyao City	3019706	582284	1667208	770214
广宁县	Guangning County	982758	244947	308973	428838
德庆县	Deqing County	917215	215095	333579	368541
封开县	Fengkai County	980759	301454	302095	377210
怀集县	Huaiji County	1686324	513462	464230	708632
清远市	Qingyuan				
市　区	Urban District	3615896	214371	1795257	1606268
英德市	Yingde City	1840367	415042	574573	850752
连州市	Lianzhou City	1001125	241365	255992	503768
佛冈县	Fogang County	770097	84683	344074	341340
清新县	Qingxin County	1702705	267316	653544	781845
连山县	Lianshan County	241584	55830	89917	95837
连南县	Liannan County	269176	44456	104972	119748
阳山县	Yangshan County	711398	218612	161830	330955
潮州市	Chaozhou				
市　区	Urban District	1218772	16016	548212	654544
饶平县	Raoping County	1705905	304671	751038	650196
潮安县	Chao'an County	4259502	173726	2633919	1451857
揭阳市	Jieyang				
市　区	Urban District	2962071	34077	1782193	1145801
普宁市	Puning City	4296376	303580	2784217	1208579
揭东县	Jiedong County	3270459	368244	2144223	757992
揭西县	Jiexi County	1561477	272739	815460	473278
惠来县	Huilai County	1837868	428671	1012097	397100
云浮市	Yunfu				
市　区	Urban District	1156159	104583	637839	413737
罗定市	Luoding City	1163969	320428	366746	476795
新兴县	Xinxing County	1663079	450956	706048	506076
郁南县	Yunan County	738163	228353	216654	293156
云安县	Yun'an County	577804	150625	279350	147829

注：本表按当年价格计算。
Note: The data in this table are calculated at current prices.

21-2 各县(市)区地区生产总值增长速度（2012年）

Growth Rates of Gross Domestic Product by County (County-level City) and District (2012)

单位：% (%)

县(市)区	County (County-level City) and District	地区生产总值 Gross Domestic Product	第一产业 Primary Industry	第二产业 Secondary Industry	第三产业 Tertiary Industry
广州市	Guangzhou				
市　区	Urban District	10.3	2.7	7.2	12.2
从化市	Conghua City	13.0	3.9	17.4	10.0
增城市	Zengcheng City	13.0	4.4	17.0	6.7
深圳市	Shenzhen	10.0	0.1	7.3	12.3
珠海市	Zhuhai	7.0	4.9	3.1	12.1
汕头市	Shantou				
市　区	Urban District	9.6	4.1	12.0	7.4
南澳县	Nan'ao County	4.8	6.1	5.3	2.8
佛山市	Foshan	8.2	2.3	9.2	6.6
韶关市	Shaoguan				
市　区	Urban District	11.1	5.6	10.2	12.5
乐昌市	Lechang City	8.3	3.7	7.1	11.5
南雄市	Nanxiong City	15.0	5.5	28.8	10.4
仁化县	Renhua County	9.0	5.2	9.8	10.0
始兴县	Shixing County	13.7	5.9	18.8	14.3
翁源县	Wengyuan County	18.8	6.6	33.0	16.8
新丰县	Xinfeng County	19.0	5.5	33.7	10.8
乳源县	Ruyuan County	5.6	6.4	-0.4	13.5
河源市	Heyuan				
市　区	Urban District	12.5	4.5	15.7	9.0
东源县	Dongyuan County	12.7	4.3	16.8	11.0
和平县	Heping County	11.1	5.5	16.7	8.5
龙川县	Longchuan County	10.4	4.5	13.2	10.3
紫金县	Zijin County	11.3	4.9	15.4	12.0
连平县	Lianping County	11.2	7.1	12.7	8.0
梅州市	Meizhou				
市　区	Urban District	7.6	6.1	6.1	9.8
兴宁市	Xingning City	10.3	5.9	14.2	9.6
梅　县	Meixian County	10.7	6.2	15.4	6.5
平远县	Pingyuan County	15.2	6.0	24.1	8.2
蕉岭县	Jiaoling County	10.7	5.6	14.9	7.2
大埔县	Dabu County	12.0	5.4	19.9	6.9
丰顺县	Fengshun County	10.6	5.5	14.9	6.8
五华县	Wuhua County	10.3	5.8	13.6	11.1
惠州市	Huizhou				
市　区	Urban District	13.2	1.8	15.5	9.6
惠东县	Huidong County	14.1	3.1	17.2	12.8
博罗县	Boluo County	13.7	3.3	17.7	10.8
龙门县	Longmen County	16.3	6.7	20.0	16.8
汕尾市	Shanwei				
市　区	Urban District	14.9	5.6	22.1	5.3
陆丰市	Lufeng City	12.4	5.9	20.0	6.6
海丰县	Haifeng County	13.6	6.0	21.0	7.7
陆河县	Luhe County	11.1	5.5	19.7	8.1
东莞市	Dongguan	6.1	0.0	5.8	6.5
中山市	Zhongshan	11.0	2.6	14.1	7.1
江门市	Jiangmen				
市　区	Urban District	5.5	3.0	7.3	2.0
台山市	Taishan City	8.0	5.6	9.0	6.5
开平市	Kaiping City	10.2	3.1	8.3	15.2
鹤山市	Heshan City	8.3	4.2	8.7	8.5
恩平市	Enping City	9.0	6.8	4.3	13.1

21-2 续表 continued

单位：% (%)

县(市)区	County (County-level City) and District	地区生产总值 Gross Domestic Product	第一产业 Primary Industry	第二产业 Secondary Industry	第三产业 Tertiary Industry
阳江市	Yangjiang				
市　区	Urban District	13.2	1.3	21.3	8.7
阳春市	Yangchun City	12.8	3.6	17.5	12.9
阳东县	Yangdong County	13.0	5.1	15.1	14.5
阳西县	Yangxi County	12.5	5.4	20.2	12.3
湛江市	Zhanjiang				
市　区	Urban District	7.1	5.7	4.7	10.0
雷州市	Leizhou City	12.7	6.3	18.7	17.0
廉江市	Lianjiang City	11.8	6.3	16.4	11.9
吴川市	Wuchuan City	13.7	5.9	21.1	9.5
遂溪县	Suixi County	12.6	5.6	15.7	18.7
徐闻县	Xuwen County	12.2	6.6	23.1	15.2
茂名市	Maoming				
市　区	Urban District	3.7	12.2	4.7	1.1
信宜市	Xinyi City	14.4	3.2	23.3	14.2
高州市	Gaozhou City	11.9	3.2	31.6	2.9
化州市	Huazhou City	15.8	3.3	27.7	14.3
电白县	Dianbai County	14.5	3.8	27.6	9.4
肇庆市	Zhaoqing				
市　区	Urban District	6.5	2.4	8.8	5.0
四会市	Sihui City	15.3	2.0	18.2	14.6
高要市	Gaoyao City	11.6	2.8	19.8	2.5
广宁县	Guangning County	11.2	6.9	25.3	4.7
德庆县	Deqing County	9.3	6.2	16.1	5.6
封开县	Fengkai County	10.9	5.0	20.7	8.3
怀集县	Huaiji County	11.9	6.6	26.0	7.6
清远市	Qingyuan				
市　区	Urban District	3.7	6.3	-0.4	8.7
英德市	Yingde City	5.3	4.8	-0.9	11.0
连州市	Lianzhou City	2.3	7.4	-7.1	4.7
佛冈县	Fogang County	6.8	9.1	8.5	4.4
清新县	Qingxin County	4.2	8.1	0.1	7.3
连山县	Lianshan County	5.8	4.0	6.7	5.9
连南县	Liannan County	6.5	9.0	2.6	9.5
阳山县	Yangshan County	4.2	6.5	-6.2	9.3
潮州市	Chaozhou				
市　区	Urban District	7.8	4.2	4.6	10.7
饶平县	Raoping County	10.7	7.6	11.8	10.7
潮安县	Chao'an County	11.6	5.0	11.7	12.3
揭阳市	Jieyang				
市　区	Urban District	7.9	-0.6	10.7	4.1
普宁市	Puning City	12.5	3.8	15.1	9.1
揭东县	Jiedong County	12.3	4.0	15.9	6.9
揭西县	Jiexi County	9.0	5.3	6.4	16.1
惠来县	Huilai County	11.3	5.3	17.0	4.6
云浮市	Yunfu				
市　区	Urban District	9.7	3.7	13.8	4.9
罗定市	Luoding City	14.9	4.9	17.8	19.4
新兴县	Xinxing County	14.9	4.8	23.1	12.5
郁南县	Yunan County	12.6	5.5	15.4	15.3
云安县	Yun'an County	12.4	3.3	15.1	15.6

注：本表按可比价格计算。
Note: Data in this table are calculated at comparable prices.

21-3 各县(市)区人均地区生产总值及增长速度

Per Capita Gross Domestic Product and Growth Rates by County (County-level City) and District

县(市)区	County (County-level City) and District	绝对数（元/人） Absolute Figure (yuan/person) 2011	2012	增长速度（%） Growth Rate (%) 2011	2012
广州市	Guangzhou				
市　区	Urban District	102738	111704	7.3	9.8
从化市	Conghua City	37981	41005	10.0	12.0
增城市	Zengcheng City	76728	81342	8.9	12.3
深圳市	Shenzhen	110421	123247	7.3	9.0
珠海市	Zhuhai	89794	95471	10.3	6.3
汕头市	Shantou				
市　区	Urban District	23651	26297	9.8	9.1
南澳县	Nan'ao County	18627	20336	15.1	4.3
佛山市	Foshan	86073	91259	8.6	7.7
韶关市	Shaoguan				
市　区	Urban District	39756	44848	7.7	10.3
乐昌市	Lechang City	18315	20661	15.1	7.7
南雄市	Nanxiong City	23008	27177	17.7	13.8
仁化县	Renhua County	35411	38032	7.6	8.3
始兴县	Shixing County	20980	24223	20.5	13.1
翁源县	Wengyuan County	15481	18734	18.2	18.2
新丰县	Xinfeng County	17931	21715	14.6	18.3
乳源县	Ruyuan County	25993	27646	10.5	4.9
河源市	Heyuan				
市　区	Urban District	39658	44081	5.6	11.6
东源县	Dongyuan County	16863	17196	15.8	11.7
和平县	Heping County	13169	15678	15.1	10.2
龙川县	Longchuan County	15719	14697	12.3	9.5
紫金县	Zijin County	11953	12800	10.4	10.3
连平县	Lianping County	24503	24736	11.0	10.2
梅州市	Meizhou				
市　区	Urban District	36518	38900	10.2	6.9
兴宁市	Xingning City	11817	12704	11.2	9.7
梅　县	Meixian County	22856	26282	10.8	9.9
平远县	Pingyuan County	21017	24208	15.9	14.8
蕉岭县	Jiaoling County	21999	23838	12.3	10.1
大埔县	Dabu County	13176	14313	13.8	11.6
丰顺县	Fengshun County	13846	14315	12.2	10.2
五华县	Wuhua County	8065	8690	13.1	9.6
惠州市	Huizhou				
市　区	Urban District	57778	65535	10.2	12.2
惠东县	Huidong County	32953	35563	16.7	13.3
博罗县	Boluo County	33328	38107	13.3	13.0
龙门县	Longmen County	27567	32275	17.7	15.4
汕尾市	Shanwei				
市　区	Urban District	30426	35702	16.9	14.4
陆丰市	Lufeng City	11949	12960	11.3	11.4
海丰县	Haifeng County	22874	25109	16.0	12.9
陆河县	Luhe County	13246	13461	12.6	12.7
东莞市	Dongguan	57470	60557	5.4	5.7
中山市	Zhongshan	70014	77527	9.9	10.5
江门市	Jiangmen				
市　区	Urban District	56620	56619	9.3	5.0
台山市	Taishan City	32151	32151	14.6	7.7
开平市	Kaiping City	34362	34362	9.3	9.9
鹤山市	Heshan City	39874	39874	7.1	7.9
恩平市	Enping City	24652	24652	13.0	8.7

21-3 续表 continued

县(市)区	County (County-level City) and District	绝对数(元/人) Absolute Figure (yuan/person) 2011	2012	增长速度(%) Growth Rate (%) 2011	2012
阳江市	Yangjiang				
市　区	Urban District	41756	43730	14.6	11.5
阳春市	Yangchun City	25860	30860	13.8	12.1
阳东县	Yangdong County	36072	44090	14.0	12.1
阳西县	Yangxi County	22235	26585	6.3	11.8
湛江市	Zhanjiang				
市　区	Urban District	56096	57783	10.8	6.3
雷州市	Leizhou City	10933	12634	11.2	11.9
廉江市	Lianjiang City	15378	17675	11.9	11.1
吴川市	Wuchuan City	14031	16129	13.3	12.8
遂溪县	Suixi County	20211	23146	14.1	11.8
徐闻县	Xuwen County	14192	16343	10.2	11.3
茂名市	Maoming				
市　区	Urban District	52535	51507	5.6	2.7
信宜市	Xinyi City	26811	32028	15.1	12.8
高州市	Gaozhou City	24888	28345	12.5	10.3
化州市	Huazhou City	23570	27012	14.0	14.1
电白县	Dianbai County	20837	24474	14.3	13.6
肇庆市	Zhaoqing				
市　区	Urban District	52889	56351	5.3	5.8
四会市	Sihui City	61717	70516	20.3	13.1
高要市	Gaoyao City	35328	39447	14.9	10.3
广宁县	Guangning County	20359	22826	15.5	10.1
德庆县	Deqing County	24209	26446	16.5	8.1
封开县	Fengkai County	21858	24258	16.6	9.8
怀集县	Huaiji County	18411	20369	15.8	10.7
清远市	Qingyuan				
市　区	Urban District	45685	43962	6.8	2.9
英德市	Yingde City	19253	19256	9.5	4.4
连州市	Lianzhou City	24517	26818	4.2	1.5
佛冈县	Fogang County	23577	25064	7.6	5.9
清新县	Qingxin County	23789	24022	6.5	3.3
连山县	Lianshan County	24969	26302	19.2	4.8
连南县	Liannan County	17604	20509	11.7	5.5
阳山县	Yangshan County	18880	19690	8.3	3.4
潮州市	Chaozhou				
市　区	Urban District	24719	26739	9.9	7.3
饶平县	Raoping County	17371	19170	14.7	10.0
潮安县	Chao'an County	28442	31641	12.6	11.0
揭阳市	Jieyang				
市　区	Urban District	35710	39573	9.0	7.3
普宁市	Puning City	17981	20700	16.0	11.8
揭东县	Jiedong County	24542	27975	15.5	11.6
揭西县	Jiexi County	17124	18734	11.5	8.3
惠来县	Huilai County	14245	16572	13.4	10.6
云浮市	Yunfu				
市　区	Urban District	33336	36226	8.5	8.5
罗定市	Luoding City	10937	11941	12.2	13.6
新兴县	Xinxing County	34396	38227	16.5	13.6
郁南县	Yunan County	17260	18692	12.7	11.3
云安县	Yun'an County	20438	21088	15.8	11.1

注：本表绝对数按当年价格计算，增长速度按可比价格计算。

Note: The figures in value terms in this table are calculated at current prices, whereas the growth rates are calculated at comparable prices.

21-4 各县(市)区工、农业总产值

Gross Output Value of Industry and Agriculture by County (County-level City) and District

单位：万元 (10000 yuan)

县(市)区	County (County-level City) and District	工业总产值 Gross Output Value of Industry 2011	2012	农业总产值 Gross Output Value of Agriculture 2011	2012
广州市	Guangzhou				
市　区	Urban District	140362589	131654162	2381951	2451744
从化市	Conghua City	3985850	4695626	334696	357600
增城市	Zengcheng City	12778712	12221071	789418	858559
深圳市	Shenzhen	204321231	213630523	152534	148572
珠海市	Zhuhai	33772489	30725614	655221	695721
汕头市	Shantou				
市　区	Urban District	18891519	21090871	1211205	1319677
南澳县	Nanao County	31084	24548	124763	137449
佛山市	Foshan	144250308	146539639	2387164	2580243
韶关市	Shaoguan				
市　区	Urban District	5508379	5791588	353785	383839
乐昌市	Lechang City	520470	613006	262290	286714
南雄市	Nanxiong City	462896	678364	326004	354983
仁化县	Renhua County	668181	561170	223445	242835
始兴县	Shixing County	462071	522682	205201	222746
翁源县	Wengyuan County	350970	537437	249729	279934
新丰县	Xinfeng County	356234	471555	129183	144012
乳源县	Ruyuan County	849382	825987	86820	95487
河源市	Heyuan				
市　区	Urban District	4163437	4909615	41412	43825
东源县	Dongyuan County	1032211	985195	201477	214703
和平县	Heping County	675685	809051	177518	191255
龙川县	Longchuan County	1919065	620701	313906	337220
紫金县	Zijin County	967999	783073	319164	339768
连平县	Lianping County	1655542	1428996	118061	127985
梅州市	Meizhou				
市　区	Urban District	1516849	1650439	97641	104183
兴宁市	Xingning City	485688	362138	496325	538080
梅　县	Meixian County	1539313	1402231	542954	596658
平远县	Pingyuan County	443793	347062	154960	165497
蕉岭县	Jiaoling County	324543	270651	153784	163672
大埔县	Dabu County	228679	203833	226354	246062
丰顺县	Fengshun County	609336	503729	299572	323704
五华县	Wuhua County	319557	289048	405928	433166
惠州市	Huizhou				
市　区	Urban District	38468788	44582830	532771	565605
惠东县	Huidong County	1896944	2679453	518933	555786
博罗县	Boluo County	6559172	6614059	604927	644367
龙门县	Longmen County	725428	896451	242067	252205
汕尾市	Shanwei				
市　区	Urban District	2863324	3584952	257452	283883
陆丰市	Lufeng City	1291334	1776478	628463	689943
海丰县	Haifeng County	1566744	2156854	449799	495377
陆河县	Luhe County	72741	87982	136379	147162
东莞市	Dongguan	84696933	94925533	306621	320083
中山市	Zhongshan	57468368	57021597	1003724	1057954
江门市	Jiangmen				
市　区	Urban District	30436461	14622958	798123	830415
台山市	Taishan City	6828912	3683296	759566	851617
开平市	Kaiping City	4423365	2448398	426395	449433
鹤山市	Heshan City	3945160	3469067	277666	289350
恩平市	Enping City	1078106	970995	280482	306502

21-4 续表 continued

单位：万元 (10000 yuan)

县(市)区	County (County-level City) and District	工业总产值 Gross Output Value of Industry 2011	2012	农业总产值 Gross Output Value of Agriculture 2011	2012
阳江市	Yangjiang				
市　区	Urban District	3335671	4521629	531756	584529
阳春市	Yangchun City	2995075	3357129	939269	992193
阳东县	Yangdong County	2657729	3249534	523329	584880
阳西县	Yangxi County	656769	845934	624474	700193
湛江市	Zhanjiang				
市　区	Urban District	12350653	11340422	879908	974286
雷州市	Leizhou City	416262	652705	1095474	1235249
廉江市	Lianjiang County	1998281	2189490	1160116	1279604
吴川市	Wuchuan City	838606	1016401	358453	385375
遂溪县	Suixi County	1651815	1705886	1188803	1321689
徐闻县	Xuwen County	271023	271815	769222	870031
茂名市	Maoming				
市　区	Urban District	13440734	13574863	589371	624330
信宜市	Xinyi City	919846	902732	1044510	1128255
高州市	Gaozhou City	667430	1087876	1299733	1385335
化州市	Huazhou City	761047	799273	1051212	1105077
电白县	Dianbai County	1250068	1390424	1066713	1151235
肇庆市	Zhaoqing				
市　区	Urban District	4902915	5426614	236757	242630
四会市	Sihui City	9215424	10276121	637931	650942
高要市	Gaoyao City	5965766	7341374	853104	896630
广宁县	Guangning County	1027243	1158930	316209	336950
德庆县	Deqing County	1511423	1705719	318761	332975
封开县	Fengkai County	774172	896547	449830	468739
怀集县	Huaiji County	1292613	1359084	662752	711724
清远市	Qingyuan				
市　区	Urban District	10239709	7683390	317483	347236
英德市	Yingde City	2121917	1606107	575086	625227
连州市	Lianzhou City	604393	461521	332630	368946
佛冈县	Fogang County	1170507	1263103	112035	124455
清新县	Qingxin County	2996194	1983697	374045	419116
连山县	Lianshan County	117983	112665	80549	85328
连南县	Liannan County	105381	102617	58787	65303
阳山县	Yangshan County	165909	131298	303278	335298
潮州市	Chaozhou				
市　区	Urban District	1459528	1526811	22479	22891
饶平县	Raoping County	1819965	1965107	513786	552554
潮安县	Chaoan County	5122713	5424393	252881	272922
揭阳市	Jieyang				
市　区	Urban District	5294240	5965087	51730	52419
普宁市	Puning City	7029981	9236247	456294	486738
揭东县	Jiedong County	6376391	7702583	529592	580753
揭西县	Jiexi County	1010912	1192575	385101	417141
惠来县	Huilai County	3278322	4191397	560259	615638
云浮市	Yunfu				
市　区	Urban District	1236736	1549495	159621	165363
罗定市	Luoding City	840107	652757	474547	495024
新兴县	Xinxing County	1767324	2165627	742693	772865
郁南县	Yunan County	456887	591525	328337	344987
云安县	Yunan County	825253	771903	213750	225803

注：本表按当年价格计算，工业总产值为规模以上工业数据。
Note: Data in this table are calculated at current prices and the output of industry refers to that of industry above designated size.

21-5 各县(市)区粮食产量

Output of Grain by County (County-level City) and District

单位: 吨 (ton)

县(市)区别	County (County-level City) and District	粮食 Grain 2011	粮食 Grain 2012	#稻谷 Rice 2011	#稻谷 Rice 2012
广州市	Guangzhou				
市　区	Urban District	173867	173432	88310	81256
从化市	Conghua City	117480	119428	105963	106836
增城市	Zengcheng City	155212	156809	129777	130318
深圳市	Shenzhen	18	5		
珠海市	Zhuhai	43389	44349	32247	31173
汕头市	Shantou				
市　区	Urban District	460097	474893	327014	336419
南澳县	Nan'ao County	4232	4300	1999	2249
佛山市	Foshan	97411	97331	67281	62938
韶关市	Shaoguan				
市　区	Urban District	139202	143178	128226	131774
乐昌市	Lechang City	122120	124863	89979	93705
南雄市	Nanxiong City	222356	228566	198678	205200
仁化县	Renhua County	103000	106157	84163	87162
始兴县	Shixing County	86044	88479	76288	78464
翁源县	Wengyuan County	105543	108013	96824	98908
新丰县	Xinfeng County	56257	57797	45635	47154
乳源县	Ruyuan County	57986	59530	47407	49142
河源市	Heyuan				
市　区	Urban District	12977	13034	10960	11383
东源县	Dongyuan County	169430	173916	152061	156465
和平县	Heping County	131921	135721	110983	115005
龙川县	Longchuan County	272033	274363	248611	250609
紫金县	Zijin County	218971	231815	193837	207571
连平县	Lianping County	104430	104862	93403	93762
梅州市	Meizhou				
市　区	Urban District	15210	15312	12502	12674
兴宁市	Xingning City	327480	337304	281868	290042
梅　县	Meixian County	200708	206729	172368	177539
平远县	Pingyuan County	89317	89425	76634	77635
蕉岭县	Jiaoling County	65619	66045	58419	59322
大埔县	Dabu County	98925	99014	85971	86927
丰顺县	Fengshun County	124618	124998	96848	97048
五华县	Wuhua County	310926	320253	285154	293425
惠州市	Huizhou				
市　区	Urban District	152722	157916	95150	96699
惠东县	Huidong County	198416	203133	140996	144001
博罗县	Boluo County	160979	165261	109761	114548
龙门县	Longmen County	97680	100260	91319	93075
汕尾市	Shanwei				
市　区	Urban District	27372	27694	19829	20076
陆丰市	Lufeng City	202939	210915	136604	143862
海丰县	Haifeng County	176433	183285	155500	162548
陆河县	Luhe County	61631	62866	44172	45216
东莞市	Dongguan	12890	12476	9137	8357
中山市	Zhongshan	76713	77468	34712	33684
江门市	Jiangmen				
市　区	Urban District	151795	164805	140668	151674
台山市	Taishan City	331956	357217	316533	340765
开平市	Kaiping City	221969	229510	205977	211957
鹤山市	Heshan City	82747	85054	73625	75495
恩平市	Enping City	129302	132601	117844	120379

21-5 续表 continued

单位: 吨 (ton)

县(市)区	County (County-level City) and District	粮食 Grain 2011	粮食 Grain 2012	#稻谷 Rice 2011	#稻谷 Rice 2012
阳江市	Yangjiang				
市 区	Urban District	110121	113380	94857	97560
阳春市	Yangchun City	297015	307322	227947	236735
阳东县	Yangdong County	157353	158725	120564	121888
阳西县	Yangxi County	145806	149401	111620	116015
湛江市	Zhanjiang				
市 区	Urban District	170639	176318	129506	136583
雷州市	Leizhou City	341915	352664	304583	315168
廉江市	Lianjiang County	425475	437688	332970	347373
吴川市	Wuchuan City	164733	170297	137709	143333
遂溪县	Suixi County	242447	249286	166305	176210
徐闻县	Xuwen County	130459	139504	73012	78447
茂名市	Maoming				
市 区	Urban District	182911	187038	151589	154775
信宜市	Xinyi City	325280	330307	242347	245519
高州市	Gaozhou City	384935	394450	357682	366971
化州市	Huazhou City	334786	341526	283772	290921
电白县	Dianbai County	260798	266132	223985	228491
肇庆市	Zhaoqing				
市 区	Urban District	44300	44661	39441	39428
四会市	Sihui City	122492	123052	101138	101469
高要市	Gaoyao City	233253	233324	202558	202691
广宁县	Guangning County	152234	152748	128229	128418
德庆县	Deqing County	121287	125821	111790	115397
封开县	Fengkai County	200525	206170	174250	179939
怀集县	Huaiji County	264981	265369	235355	235461
清远市	Qingyuan				
市 区	Urban District	74643	75024	70556	71033
英德市	Yingde City	215555	221686	176708	183011
连州市	Lianzhou City	122448	126385	94664	99169
佛冈县	Fogang County	60174	61697	53508	55369
清新县	Qingxin County	133340	136584	122940	126021
连山县	Lianshan County	41827	42053	36286	36288
连南县	Liannan County	35860	36710	21164	21642
阳山县	Yangshan County	109972	111173	65228	65913
潮州市	Chaozhou				
市 区	Urban District	4541	4923	4341	4502
饶平县	Raoping County	143556	150967	112817	117116
潮安县	Chao'an County	130748	133657	99447	103042
揭阳市	Jieyang				
市 区	Urban District	12027	12098	10120	10161
普宁市	Puning City	216536	218168	123924	126109
揭东县	Jiedong County	257052	260098	156576	156692
揭西县	Jiexi County	173047	179567	100743	102896
惠来县	Huilai County	203716	208848	94859	97707
云浮市	Yunfu				
市 区	Urban District	55753	57320	49815	51203
罗定市	Luoding City	251533	259512	220500	226048
新兴县	Xinxing County	142006	146247	128544	131808
郁南县	Yunan County	143925	147135	116133	119567
云安县	Yun'an County	95173	97883	67681	67170

21-6 各县(市)区糖蔗、花生和蔬菜产量

Output of Sugarcane,Peanut and Vegetable by County (County-level City) and District

单位: 吨 (ton)

县(市)区	County (County-level City) and District	糖蔗 Sugarcane 2011	糖蔗 Sugarcane 2012	花生 Peanuts 2011	花生 Peanuts 2012	蔬菜 Vegetable 2011	蔬菜 Vegetable 2012
广州市	Guangzhou						
市　区	Urban District	6296	5981	5465	5300	1908788	1922472
从化市	Conghua City			8366	8526	316117	316975
增城市	Zengcheng City			4861	4898	1062242	1109511
深圳市	Shenzhen			8	4	101783	103941
珠海市	Zhuhai	82506	74063	1061	971	155311	140184
汕头市	Shantou						
市　区	Urban District			3423	3161	1550230	1561639
南澳县	Nan'ao County			87	104	18088	16501
佛山市	Foshan	795	2668	5008	5174	1504869	1478908
韶关市	Shaoguan						
市　区	Urban District			25882	26830	392106	421924
乐昌市	Lechang City	2790	2792	8032	8246	263111	278463
南雄市	Nanxiong City			22062	23479	163792	187721
仁化县	Renhua County			27448	28655	163470	176204
始兴县	Shixing County			9725	10140	191437	204430
翁源县	Wengyuan County	190653	190975	13484	15596	248721	277755
新丰县	Xinfeng County	1880	966	3674	4760	185365	195110
乳源县	Ruyuan County			3744	3831	66111	69263
河源市	Heyuan						
市　区	Urban District	1067	2640	1658	2193	31169	30947
东源县	Dongyuan County	9337	13407	18521	18934	75639	79402
和平县	Heping County			4879	5079	96801	106941
龙川县	Longchuan County			12076	12162	105046	107283
紫金县	Zijin County	5375	5816	16102	16573	166640	175521
连平县	Lianping County	246		12710	14237	55332	60679
梅州市	Meizhou						
市　区	Urban District			907	703	97908	110646
兴宁市	Xingning City			4132	4208	514168	553032
梅　县	Meixian County			9316	9948	431853	461656
平远县	Pingyuan County			3860	3924	64356	67968
蕉岭县	Jiaoling County			3422	3983	82580	84625
大埔县	Dabu County			2661	2824	148213	162771
丰顺县	Fengshun County			4870	4931	185909	202411
五华县	Wuhua County			5906	6164	284335	307396
惠州市	Huizhou						
市　区	Urban District	970	1105	17156	17958	746276	780665
惠东县	Huidong County	885	885	15905	16646	567800	599549
博罗县	Boluo County	63467	69561	15513	16180	659033	676734
龙门县	Longmen County	1759	1739	5999	5356	172390	179371
汕尾市	Shanwei						
市　区	Urban District			1730	1807	63473	67239
陆丰市	Lufeng City			13412	15460	412967	461995
海丰县	Haifeng County	5080	5080	5405	5590	387543	415374
陆河县	Luhe County			3094	3669	55400	60566
东莞市	Dongguan	845		78	281	393126	391147
中山市	Zhongshan	1105	1727	377	350	512156	501044
江门市	Jiangmen						
市　区	Urban District	2617	3375	1181	1186	258444	263746
台山市	Taishan City	83539	84538	11598	11395	271229	315924
开平市	Kaiping City	11974	9136	6245	5992	277017	275760
鹤山市	Heshan City	884	639	5106	4955	248910	268391
恩平市	Enping City	66046	92113	5787	5647	100442	120499

21-6 续表 continued

单位: 吨 (ton)

县(市)区	County (County-level City) and District	糖蔗 Sugarcane		花生 Peanuts		蔬菜 Vegetable	
		2011	2012	2011	2012	2011	2012
阳江市	Yangjiang						
市　区	Urban District	2681	34500	4848	4872	113120	112457
阳春市	Yangchun City	27763	29248	23142	23437	372800	376840
阳东县	Yangdong County	35299	35312	14638	14966	197893	201161
阳西县	Yangxi County			9778	10141	223326	228280
湛江市	Zhanjiang						
市　区	Urban District	476241	456441	11577	10831	222656	226496
雷州市	Leizhou City	4054731	4297852	39974	44278	571709	603135
廉江市	Lianjiang County	454992	497473	33383	40612	725505	830485
吴川市	Wuchuan City	22914	24423	21326	22073	101975	108763
遂溪县	Suixi County	4393360	4622421	31836	33472	546257	590466
徐闻县	Xuwen County	1423800	1606357	9695	11052	568620	585441
茂名市	Maoming						
市　区	Urban District	15312	16286	22602	23429	438722	456849
信宜市	Xinyi City			13311	14727	320431	339181
高州市	Gaozhou City	6009	6221	21959	23075	596210	628464
化州市	Huazhou City	237285	256976	26949	29621	452534	472482
电白县	Dianbai County	3684	3179	34734	36452	494570	526945
肇庆市	Zhaoqing						
市　区	Urban District			1090	1244	119682	113603
四会市	Sihui City			13097	13145	231509	245276
高要市	Gaoyao City			13001	12893	771819	797932
广宁县	Guangning County			6504	6437	138948	157863
德庆县	Deqing County			8945	9377	154887	159855
封开县	Fengkai County	31557	30273	16918	17112	227674	238877
怀集县	Huaiji County	21888	19147	10662	10809	391535	426629
清远市	Qingyuan						
市　区	Urban District	1686		11594	12131	253269	276222
英德市	Yingde City	254230	259281	31106	31112	527179	561798
连州市	Lianzhou City			13373	14714	482061	539744
佛冈县	Fogang County			2899	2891	52130	52495
清新县	Qingxin County	4117	4520	12315	12625	282572	324112
连山县	Lianshan County			3571	3785	65380	68322
连南县	Liannan County			2773	3173	31408	33972
阳山县	Yangshan County	267	269	15674	16124	405241	413853
潮州市	Chaozhou						
市　区	Urban District			6	5	32821	32480
饶平县	Raoping County	8370	8925	2883	3138	210363	216673
潮安县	Chao'an County		5250	1150	1069	176520	187100
揭阳市	Jieyang						
市　区	Urban District			3	3	20392	20049
普宁市	Puning City			1227	1350	399427	404646
揭东县	Jiedong County	6249	6053	10882	10612	687102	731049
揭西县	Jiexi County	2535	2609	2424	2481	242779	254917
惠来县	Huilai County			8202	8348	454063	487780
云浮市	Yunfu						
市　区	Urban District	1791	782	2340	2960	34843	33016
罗定市	Luoding City			18926	19610	109294	94443
新兴县	Xinxing County			6990	7727	203324	216590
郁南县	Yunan County			10667	11915	40983	43187
云安县	Yun'an County			7558	7371	58695	56856

21-7 各县(市)区生猪年末存栏头数、肉猪出栏头数和猪肉产量

Number of Hogs on Hand at the Year-end, Slaughtered Fattened Hogs and Output of Pork by County (County-level City) and District

县(市)区	County (County-level City) and District	生猪年末存栏头数(万头) Number of Hogs on Hand at the Year-end (10000 heads)		肉猪出栏头数(万头) Slaughtered Fattened Hogs (10000 heads)		猪肉产量(万吨) Output of Pork (10000 tons)	
		2011	2012	2011	2012	2011	2012
广州市	Guangzhou						
市　区	Urban District	54.39	60.86	108.62	107.47	8.12	8.03
从化市	Conghua City	24.24	24.91	35.70	37.45	2.67	2.80
增城市	Zengcheng City	51.05	36.20	83.60	84.61	6.25	6.32
深圳市	Shenzhen	6.98	6.49	20.40	18.47	1.44	1.24
珠海市	Zhuhai	32.00	32.92	45.69	47.96	3.42	3.58
汕头市	Shantou						
市　区	Urban District	44.03	43.26	79.47	81.91	5.85	6.04
南澳县	Nan'ao County	2.03	2.04	4.09	4.19	0.33	0.32
佛山市	Foshan	103.93	101.30	199.31	195.92	14.09	14.05
韶关市	Shaoguan						
市　区	Urban District	27.33	27.14	40.11	41.65	2.98	3.08
乐昌市	Lechang City	15.83	15.55	26.14	26.90	1.94	1.99
南雄市	Nanxiong City	22.88	22.54	35.27	36.21	2.61	2.68
仁化县	Renhua County	10.72	10.54	16.18	16.51	1.20	1.22
始兴县	Shixing County	6.57	6.48	12.17	12.60	0.90	0.93
翁源县	Wengyuan County	8.66	7.92	10.88	11.07	0.81	0.82
新丰县	Xinfeng County	6.40	6.37	7.88	8.11	0.58	0.60
乳源县	Ruyuan County	7.87	7.80	6.92	7.18	0.51	0.53
河源市	Heyuan						
市　区	Urban District	4.95	7.26	6.26	6.55	0.47	0.49
东源县	Dongyuan County	10.19	8.89	17.21	16.05	1.25	1.27
和平县	Heping County	6.39	5.18	12.80	13.63	0.97	1.07
龙川县	Longchuan County	22.97	24.81	28.63	26.12	2.17	2.09
紫金县	Zijin County	17.04	13.07	20.50	19.46	1.48	1.41
连平县	Lianping County	19.06	21.33	12.10	13.21	0.85	0.85
梅州市	Meizhou						
市　区	Urban District	5.39	5.21	15.30	15.62	1.28	1.30
兴宁市	Xingning City	36.23	35.03	55.40	56.50	4.12	4.20
梅　县	Meixian County	23.35	23.05	40.52	41.63	2.93	2.99
平远县	Pingyuan County	11.24	10.68	14.06	14.29	1.10	1.12
蕉岭县	Jiaoling County	11.76	11.25	22.74	23.27	1.72	1.76
大埔县	Dabu County	13.45	12.86	20.90	21.31	1.48	1.51
丰顺县	Fengshun County	20.29	19.01	25.70	26.26	1.79	1.82
五华县	Wuhua County	46.01	46.97	53.99	55.03	4.02	4.10
惠州市	Huizhou						
市　区	Urban District	27.30	26.57	53.57	52.08	4.10	3.95
惠东县	Huidong County	28.47	28.98	38.97	39.83	2.92	2.99
博罗县	Boluo County	54.65	51.64	84.40	86.05	6.20	6.39
龙门县	Longmen County	6.94	7.09	8.23	8.30	0.63	0.62
汕尾市	Shanwei						
市　区	Urban District	4.33	4.23	7.70	8.13	0.56	0.60
陆丰市	Lufeng City	22.38	21.92	39.85	41.51	2.95	3.02
海丰县	Haifeng County	8.47	8.31	14.73	14.79	1.09	1.09
陆河县	Luhe County	8.34	8.18	14.53	14.67	1.09	1.13
东莞市	Dongguan	17.68	14.25	27.91	28.63	1.91	1.96
中山市	Zhongshan	27.83	23.63	54.82	43.32	3.78	3.21
江门市	Jiangmen						
市　区	Urban District	51.92	53.83	90.31	93.90	6.81	7.10
台山市	Taishan City	18.01	18.71	31.33	30.59	2.24	2.14
开平市	Kaiping City	23.39	23.28	43.13	48.05	3.32	3.69
鹤山市	Heshan City	38.80	38.11	63.81	62.14	4.43	4.29
恩平市	Enping City	15.16	15.48	20.37	21.45	1.63	1.71

21-7 续表 continued

县(市)区	County (County-level City) and District	生猪年末存栏头数(万头) Number of Hogs on Hand at the Year-end (10000 heads)		肉猪出栏头数(万头) Slaughtered Fattened Hogs (10000 heads)		猪肉产量(万吨) Output of Pork (10000 tons)	
		2011	2012	2011	2012	2011	2012
阳江市	Yangjiang						
市 区	Urban District	10.78	9.61	17.06	18.09	1.22	1.25
阳春市	Yangchun City	76.02	72.69	105.77	107.36	7.89	8.07
阳东县	Yangdong County	32.13	34.22	34.70	36.51	2.66	2.75
阳西县	Yangxi County	18.77	18.01	26.57	27.47	2.03	2.07
湛江市	Zhanjiang						
市 区	Urban District	25.15	24.91	43.73	44.97	3.26	3.33
雷州市	Leizhou City	26.52	25.90	35.33	35.28	2.60	2.59
廉江市	Lianjiang County	76.57	71.68	129.10	128.78	9.66	9.61
吴川市	Wuchuan City	18.23	18.16	24.13	25.21	1.79	1.88
遂溪县	Suixi County	38.36	40.58	72.15	77.72	5.39	5.79
徐闻县	Xuwen County	13.28	13.06	17.37	17.11	1.30	1.28
茂名市	Maoming						
市 区	Urban District	47.90	48.22	76.58	78.21	5.74	5.88
信宜市	Xinyi City	50.81	49.92	90.03	91.88	6.75	6.88
高州市	Gaozhou City	78.10	76.17	142.13	145.06	10.65	10.85
化州市	Huazhou City	79.02	78.24	141.69	144.59	10.61	10.79
电白县	Dianbai County	67.83	65.26	109.31	111.41	8.19	8.34
肇庆市	Zhaoqing						
市 区	Urban District	38.94	33.26	55.22	56.64	4.14	4.32
四会市	Sihui City	76.49	79.01	121.14	127.36	9.35	9.77
高要市	Gaoyao City	31.12	32.30	75.20	77.20	5.83	5.97
广宁县	Guangning County	20.24	20.25	18.70	18.98	1.38	1.39
德庆县	Deqing County	11.74	11.05	12.02	12.27	0.86	0.81
封开县	Fengkai County	20.21	18.81	19.24	19.51	1.52	1.45
怀集县	Huaiji County	43.90	44.89	97.57	98.57	6.74	6.84
清远市	Qingyuan						
市 区	Urban District	12.13	11.82	17.57	17.75	1.30	1.33
英德市	Yingde City	33.33	32.99	33.52	34.01	2.51	2.54
连州市	Lianzhou City	33.31	33.06	60.17	60.42	3.79	3.86
佛冈县	Fogang County	8.14	7.93	7.16	7.19	0.53	0.54
清新县	Qingxin County	23.09	22.60	37.32	37.50	2.81	2.82
连山县	Lianshan County	2.71	2.60	5.59	5.63	0.50	0.50
连南县	Liannan County	2.32	2.27	3.39	3.45	0.25	0.26
阳山县	Yangshan County	31.86	31.81	33.47	42.65	2.45	3.02
潮州市	Chaozhou						
市 区	Urban District	0.99	1.08	1.73	1.83	0.17	0.18
饶平县	Raoping County	26.41	25.53	35.59	39.53	2.65	2.91
潮安县	Chao'an County	11.99	13.18	17.68	18.56	1.23	1.32
揭阳市	Jieyang						
市 区	Urban District	4.76	4.21	7.01	7.30	0.49	0.50
普宁市	Puning City	29.82	29.51	43.38	44.40	3.31	3.45
揭东县	Jiedong County	12.59	12.17	25.04	25.76	1.91	1.94
揭西县	Jiexi County	26.14	25.83	39.19	41.06	2.89	2.99
惠来县	Huilai County	27.98	27.32	28.73	30.69	2.14	2.26
云浮市	Yunfu						
市 区	Urban District	15.70	15.86	20.45	20.70	1.47	1.51
罗定市	Luoding City	12.70	13.66	17.84	23.60	1.26	1.47
新兴县	Xinxing County	39.88	40.17	72.92	73.77	5.37	5.54
郁南县	Yunan County	7.17	7.08	8.84	8.95	0.64	0.66
云安县	Yun'an County	8.61	8.65	10.55	10.65	0.75	0.77

21-8 各县(市)区固定资产投资（2012年）
Investment in Fixed Assets by County (County-level City) and District (2012)

单位：万元 (10000 yuan)

县(市)区	County (County-level City) and District	总计 Total		城镇 Urban Area		#房地产投资 Investment in Real Estate Development	
		投资完成额 Completed Investment	新增固定资产 Newly Increased Fixed Assets	投资完成额 Completed Investment	新增固定资产 Newly Increased Fixed Assets	投资完成额 Completed Investment	新增固定资产 Newly Increased Fixed Assets
广州市	Guangzhou						
市　区	Urban District	33797889	25725072	20862195	24567317	11774794	5552589
从化市	Conghua City	1404523	595702	599711	510687	529595	119148
增城市	Zengcheng City	2381456	1194093	955720	1183720	1400122	652383
深圳市	Shenzhen	23144319	16695671	15775898	16695671	7368421	3618678
珠海市	Zhuhai	7876184	5281593	5365699	5226212	2420776	1957819
汕头市	Shantou						
市　区	Urban District	6018501	4926301	4302353	4003675	792867	452585
南澳县	Nan'ao County	100666	12314	56130	9119	40591	5870
佛山市	Foshan	21283257	12828565	4826605	5790171	6384638	3051324
韶关市	Shaoguan						
市　区	Urban District	2541826	1950866	1873445	1821894	527739	434854
乐昌市	Lechang City	538722	370060	317051	257471	104722	71495
南雄市	Nanxiong City	704941	496951	653498	496951	51443	25956
仁化县	Renhua County	340403	213681	269685	200781	53213	41139
始兴县	Shixing County	386850	140856	256881	125050	71143	3189
翁源县	Wengyuan County	354287	214750	257687	146168	38043	24228
新丰县	Xinfeng County	294110	237395	261439	226395	24430	11230
乳源县	Ruyuan County	323615	151229	271800	148218	42231	15757
河源市	Heyuan						
市　区	Urban District	1336352	1571172	934455	1538874	385683	233577
东源县	Dongyuan County	466493	95509	143940	41403	53661	22247
和平县	Heping County	155479	78820	55464	64149	62537	26878
龙川县	Longchuan County	449615	151660	262135	95184	85557	25541
紫金县	Zijin County	239364	159802	153082	146266	54753	116529
连平县	Lianping County	138565	50312	81330	41949	29073	18017
梅州市	Meizhou						
市　区	Urban District	730227	541867	575550	521347	137087	51825
兴宁市	Xingning City	286332	111076	123852	94945	70129	66945
梅　县	Meixian County	515885	282167	313895	232369	113719	112753
平远县	Pingyuan County	137461	90463	106382	84218	23334	14266
蕉岭县	Jiaoling County	109132	60771	60249	60771	48883	13572
大埔县	Dabu County	86540	41689	41366	25839	20358	24339
丰顺县	Fengshun County	202340	163307	143330	129617	12553	31991
五华县	Wuhua County	233525	204452	204064	204452	14461	20461
惠州市	Huizhou						
市　区	Urban District	8148738	4120963	4538321	3974417	3454381	1159757
惠东县	Huidong County	1636908	1082681	664403	746238	632674	140746
博罗县	Boluo County	1549368	1098537	804867	929181	560505	247127
龙门县	Longmen County	751789	528416	314834	326233	174123	5872
汕尾市	Shanwei						
市　区	Urban District	664101	374698	542636	322221	41163	11436
陆丰市	Lufeng City	1350225	1355159	986029	988908	510	
海丰县	Haifeng County	1790933	1334983	1594876	1316193	95427	78850
陆河县	Luhe County	110329	104759	45151	66564	23563	23563
东莞市	Dongguan	11803493	6238451	5822277	4621416	3773210	1714902
中山市	Zhongshan	8934346	5722452	3182079	3954934	3464062	1513821
江门市	Jiangmen						
市　区	Urban District	3991031	2608102	1864153	1879961	845765	624279
台山市	Taishan City	1786762	451477	1471952	317456	136707	72535
开平市	Kaiping City	1178024	993727	580367	640113	155439	228790
鹤山市	Heshan City	931039	786047	681958	767184	229248	197841
恩平市	Enping City	617252	317833	158008	92758	77731	27491

注：2011年起固定资产投资项目统计起点由50万元提高至500万元，且不包含农村农户投资。
Note: Since 2011, the cut-off point of investment statistics is changed from a minimum of 500,000 yuan to a minimum of 5,000,000 yuan, and the data do not include the investment made by rural households.

21-8 续表 continued

单位：万元 (10000 yuan)

县(市)区	County (County-level City) and District	总计 Total		城镇 Urban Area		#房地产投资 Investment in Real Estate Development	
		投资完成额 Completed Investment	新增固定资产 Newly Increased Fixed Assets	投资完成额 Completed Investment	新增固定资产 Newly Increased Fixed Assets	投资完成额 Completed Investment	新增固定资产 Newly Increased Fixed Assets
阳江市	Yangjiang						
市　区	Urban District	1542148	919372	923858	823584	482606	256584
阳春市	Yangchun City	931906	374037	593162	302480	80954	118110
阳东县	Yangdong County	1922743	643935	1720853	589695	144650	103153
阳西县	Yangxi County	439938	215807	323766	184244	63587	1410
湛江市	Zhanjiang						
市　区	Urban District	2985823	4883972	1789095	4818133	873298	589842
雷州市	Leizhou City	340874	270999	124311	156741	51704	36592
廉江市	Lianjiang City	771787	682135	287305	296996	92707	43814
吴川市	Wuchuan City	513063	499284	197866	266770	78983	79823
遂溪县	Suixi County	729227	745148	102727	141361	25939	45809
徐闻县	Xuwen County	381994	300638	88555	104229	27000	36814
茂名市	Maoming						
市　区	Urban District	1694946	572281	861166	381231	262799	162212
信宜市	Xinyi City	665754	443521	267532	217390	82796	58681
高州市	Gaozhou City	681086	301637	149298	85049	86735	56897
化州市	Huazhou City	608442	460407	169815	248632	118926	86841
电白县	Dianbai County	623446	419918	151430	225750	188334	117384
肇庆市	Zhaoqing						
市　区	Urban District	2018926	996454	980693	784365	775689	275190
四会市	Sihui City	2683934	1933323	1341676	1108121	302001	212185
高要市	Gaoyao City	1711023	1347246	326599	282007	169655	36463
广宁县	Guangning County	378779	342764	96975	137033	52964	59015
德庆县	Deqing County	625007	194111	235780	161311	46301	16495
封开县	Fengkai County	552810	539810	317879	331834	26955	44652
怀集县	Huaiji County	555560	424683	474617	424683	80943	84805
清远市	Qingyuan						
市　区	Urban District	1979091	1226823	726084	1158868	1200102	672349
英德市	Yingde City	1318896	840132	663510	392451	208561	63261
连州市	Lianzhou City	264447	68429	162207	51292	29371	41761
佛冈县	Fogang County	237576	283483	59883	216264	127107	77782
清新县	Qingxin County	428373	52832	187684	51021	167831	27983
连山县	Lianshan County	14955	12711		12711	14949	12711
连南县	Liannan County	31198	31994	19171	29251	9982	12659
阳山县	Yangshan County	104990	82171	36178	64111	49339	33171
潮州市	Chaozhou						
市　区	Urban District	797457	553007	434621	463767	247924	155541
饶平县	Raoping County	357079	236583	230899	142649	6223	
潮安县	Chao'an County	1087036	1021362	304706	272598	31518	42321
揭阳市	Jieyang						
市　区	Urban District	1588629	950242	1147635	945442	436194	140635
普宁市	Puning City	1709581	1422106	731608	608892	45953	
揭东县	Jiedong County	1280735	802601	844733	613069	23320	2450
揭西县	Jiexi County	438179	437512	312059	362050	51053	58925
惠来县	Huilai County	1618002	603976	1518055	543033	7851	
云浮市	Yunfu						
市　区	Urban District	1788361	1022014	1394815	837826	143275	91346
罗定市	Luoding City	768299	383560	547874	300494	72331	43399
新兴县	Xinxing County	868062	324838	680249	299942	104296	95451
郁南县	Yunan County	338781	257367	239220	198952	27087	4687
云安县	Yun'an County	873111	462294	722628	367950	6996	3375

21-9 各县(市)区社会消费品零售总额
Total Retail Sales of Consumer Goods by County (County-level City)and District

单位：万元 (10000 yuan)

县(市)区	County (County-level City) and District	社会消费品零售总额 Total Retail Sales of Consumer Goods 2011	2012	2012比2011增长(%) Growth Rate in 2012 over 2011 (%)	#批发零售贸易业零售额 Total Retail Sales of Wholesale and Retail Trades 2011	2012	2012比2011增长(%) Growth Rate in 2012 over 2011 (%)
广州市	Guangzhou						
市　区	Urban District	49635444.0	56520342.0	15.0	43197411.0	49059097.0	14.7
从化市	Conghua City	783243.0	901756.0	17.0	651755.0	739236.0	15.3
增城市	Zengcheng City	2011559.0	2350568.0	18.6	1595448.0	1887378.0	20.0
深圳市	Shenzhen	35208736.0	40087824.3	13.9	31592373.9	35262891.9	11.6
珠海市	Zhuhai	5678565.2	6351963.5	12.7	4974363.0	5591637.0	13.3
汕头市	Shantou						
市　区	Urban District	8875353.0	10147232.0	14.3	8289038.0	9490653.0	14.5
南澳县	Nan'ao County	133777.0	150975.0	12.9	115041.0	129811.0	12.8
佛山市	Foshan	19314145.0	20195045.0	11.6	16673377.0	17549246.0	11.5
韶关市	Shaoguan						
市　区	Urban District	2434375.7	2594410.6	14.1	2185473.7	2327518.8	13.7
乐昌市	Lechang City	371846.1	391404.3	12.0	337393.9	355295.0	11.7
南雄市	Nanxiong City	284091.3	309127.0	16.0	251802.7	275603.4	16.1
仁化县	Renhua County	169493.3	184223.3	17.6	146782.2	158497.5	16.7
始兴县	Shixing County	108587.2	115321.7	13.2	98461.3	105109.9	13.4
翁源县	Wengyuan County	208388.3	220750.2	12.9	194764.3	206625.6	12.7
新丰县	Xinfeng County	131851.1	141204.6	13.8	123139.7	131482.7	13.2
乳源县	Ruyuan County	131213.0	139414.5	12.9	115540.5	122559.6	12.6
河源市	Heyuan						
市　区	Urban District	845579	969520.9	13.8	786702	903480.9	13.7
东源县	Dongyuan County	175880	191813.6	12.7	166498	179331.3	12.6
和平县	Heping County	94627	104696.5	14.2	85657	92916.1	13.7
龙川县	Longchuan County	447228	480756.3	12.7	417692	452340.4	12.6
紫金县	Zijin County	231000	252887.1	12.6	209039	234032.4	12.8
连平县	Lianping County	86104	93988.7	12.6	71561	75524.4	13.3
梅州市	Meizhou						
市　区	Urban District	880731	933029.5	5.9	830845	875658.1	5.4
兴宁市	Xingning City	552934	603944.1	9.2	529680	577611.2	9.0
梅　县	Meixian County	772786	866044	12.1	661101	743179	12.4
平远县	Pingyuan County	139430.1	159170.9	14.2	128281	145110.8	13.1
蕉岭县	Jiaoling County	216662.8	243969.6	12.6	202529	227170.2	12.2
大埔县	Dabu County	307819.9	326826.7	6.2	280812	300904.8	7.2
丰顺县	Fengshun County	284193.9	300940.9	5.9	265198	279796.6	5.5
五华县	Wuhua County	573363.6	601095.5	4.8	545027	573253.9	5.2
惠州市	Huizhou						
市　区	Urban District	4129449	4605954	11.5	3624252	4193201	15.7
惠东县	Huidong County	1346406	1469093	9.1	1122199	1309267	16.7
博罗县	Boluo County	1067766	1120410	14.6	912404	1040366	14.0
龙门县	Longmen County	303585	346071	14.0	251054	283189	12.8
汕尾市	Shanwei						
市　区	Urban District	807028	846988	5.0	675819	751331	11.2
陆丰市	Lufeng City	1345126	1365104	1.5	1236748	1251090	1.2
海丰县	Haifeng County	1753527	1770920	1.0	1553720	1542866	-0.7
陆河县	Luhe County	240251	260182	8.3	224732	245474	9.2
东莞市	Dongguan	12663109	13545787	9.3	11506066	12340867	9.5
中山市	Zhongshan	7560748	8093293	10.3	6784671	7249019	10.3
江门市	Jiangmen						
市　区	Urban District	3269527.1	3456622.9	5.7	2951647.0	3117229.5	5.6
台山市	Taishan City	1363499.0	1470689.0	7.9	1163929.5	1291190.0	10.9
开平市	Kaiping City	1239309.0	1312567.0	5.9	1087253.5	1159158.1	6.6
鹤山市	Heshan City	1103422.0	1183605.1	7.3	916131.0	989817.4	8.0
恩平市	Enping City	615801.0	648879.0	5.4	542315.9	571746.6	5.4

注：2011年指标口径和统计范围有些调整。
Note: The indicators and statistic coverage of 2010 have been adjusted.

21-9 续表 continued

单位：万元 (10000 yuan)

县(市)区	County (County-level City) and District	社会消费品零售总额 Total Retail Sales of Consumer Goods 2011	2012	2012比2011增长(%) Growth Rate in 2012 over 2012 (%)	#批发零售贸易业零售额 Total Retail Sales of Wholesale and Retail Trades 2011	2012	2012比2011增长(%) Growth Rate in 2012 over 2012 (%)
阳江市	Yangjiang						
市 区	Urban District	1923785	2054244	6.8	1739568	1858053	6.8
阳春市	Yangchun City	1545141	1636695	5.9	1458472	1539109	5.5
阳东县	Yangdong County	474714	504161	6.2	420382	443965	5.6
阳西县	Yangxi County	457437	475014	3.8	389972	403779	3.5
湛江市	Zhanjiang						
市 区	Urban District	4330732	4785623	10.5	3794547	4180505	10.2
雷州市	Leizhou City	610567	693071	13.5	531195	601647	13.3
廉江市	Lianjiang City	464540	539130	16.1	395113	461240	16.7
吴川市	Wuchuan City	772405	885536	14.6	663619	757877	14.2
遂溪县	Suixi County	595302	677509	13.8	512054	584355	14.1
徐闻县	Xuwen County	911966	1037155	13.7	778618	885599	13.7
茂名市	Maoming						
市 区	Urban District	3567399	3875169	14.6	3253206	3549099	14.7
信宜市	Xinyi City	1305067	1363839	14.9	1186438	1243948	14.5
高州市	Gaozhou City	1251617	1332318	15	1115574	1187229	14.6
化州市	Huazhou City	1208819	1301265	15.7	1091724	1174980	15.3
电白县	Dianbai County	1095652	1149361	14	979410	1030554	14.1
肇庆市	Zhaoqing						
市 区	Urban District	1526385	1620675	6.2	1315420	1422960	8.2
四会市	Sihui City	669409	797836	19.2	626619	746622	19.2
高要市	Gaoyao City	618963	676278	9.3	549072	595460	8.4
广宁县	Guangning County	269327	302053	12.2	247951	275666	11.2
德庆县	Deqing County	239475	281383	17.5	205927	242456	17.7
封开县	Fengkai County	201009	231784	15.3	172620	199622	15.6
怀集县	Huaiji County	372559	423863	13.8	326829	373968	14.4
清远市	Qingyuan						
市 区	Urban District	1849168	1961512	6.1	1728365	1845895	6.8
英德市	Yingde City	977792	1046688	7	909506	976242	7.3
连州市	Lianzhou City	439921	457658	4	379531	396366	4.4
佛冈县	Fogang County	323355	343241	6.2	268434	287592	7.1
清新县	Qingxin County	409713	432824	5.6	370664	390670	5.4
连山县	Lianshan County	38802	40843	5.3	31697	33330	5.2
连南县	Liannan County	48430	50822	4.9	43073	45231	5
阳山县	Yangshan County	249789	262740	5.2	212032	224431	5.8
潮州市	Chaozhou						
市 区	Urban District	765048	846340	10.7	724114	799800	10.6
饶平县	Raoping County	637191	674964	11.8	578524	612917	11.7
潮安县	Chao'an County	1475022	1649082	16.9	1317430	1482426	17.2
揭阳市	Jieyang						
市 区	Urban District	1538715	1183113	18.9	1477618	1135879	18.6
普宁市	Puning City	2051282	1638612	18.1	1986814	1588005	18.3
揭东县	Jiedong County	1052208	1038630	17.7	1015664	1002682	17.5
揭西县	Jiexi County	520559	711486	7	469668	641929	7.5
惠来县	Huilai County	571808	638662	11.2	539987	604015	11.1
云浮市	Yunfu						
市 区	Urban District	538719	565480	6.9	491930	515147	6.4
罗定市	Luoding City	459521	496261	14.1	424888	460418	14.3
新兴县	Xinxing County	320768	348594	13.8	277292	301708	13.6
郁南县	Yunan County	265155	293448	13.9	230130	256417	13.9
云安县	Yun'an County	91618	99329	13.6	82644	89495	13.2

注：2011年指标口径和统计范围有些调整。
Note: The indicators and statistic coverage of 2010 have been adjusted.

21-10 各县(市)区年末在岗职工人数（2012年）

Number of Fully Employed Staff and Workers by County (County-Level City) and District (2012)

单位：人 (person)

县(市)区	County (County-level City) and District	在岗职工人数 Number of Fully Employed Staff and Workers	国有经济 State-owned Units	城镇集体经济 Urban Collective-owned Units	其他各种经济 Units of Other Types of Ownership
广州市	Guangzhou				
市 区	Urban District	2866474	882750	95349	1888375
从化市	Conghua City	81225	30617	1184	49424
增城市	Zengcheng City	154611	40243	5268	109100
深圳市	Shenzhen	2778994	495783	16593	2266618
珠海市	Zhuhai	640385	110968	22752	506665
汕头市	Shantou				
市 区	Urban District	502419	208235	31940	262244
南澳县	Nan'ao County	5157	4065	222	870
佛山市	Foshan	607387	195799	20294	391294
韶关市	Shaoguan				
市 区	Urban District	157574	70935	5758	80881
乐昌市	Lechang City	27119	16096	4449	6574
南雄市	Nanxiong City	29485	12862	4125	12498
仁化县	Renhua County	17577	9914	1525	6138
始兴县	Shixing County	25820	7479	960	17381
翁源县	Wengyuan County	22224	12266	1054	8904
新丰县	Xinfeng County	17006	8968	5397	2641
乳源县	Ruyuan County	23461	8985	2859	11617
河源市	Heyuan				
市 区	Urban District	108146	28092	5407	74647
东源县	Dongyuan County	29136	13245	2394	13497
和平县	Heping County	17397	13175	848	3374
龙川县	Longchuan County	37578	21909	1938	13731
紫金县	Zijin County	26358	18963	351	7044
连平县	Lianping County	18593	11540	677	6376
梅州市	Meizhou				
市 区	Urban District	56699	33797	1266	21636
兴宁市	Xingning City	45271	33477	2970	8824
梅 县	Meixian County	28733	17207	944	10582
平远县	Pingyuan County	14447	11290	841	2316
蕉岭县	Jiaoling County	13973	9594	987	3392
大埔县	Dabu County	15872	13607	1494	771
丰顺县	Fengshun County	25573	15533	4139	5901
五华县	Wuhua County	30571	27744	2203	624
惠州市	Huizhou				
市 区	Urban District	649699	107886	16245	525568
惠东县	Huidong County	61060	31452	2032	27576
博罗县	Boluo County	138517	30332	4132	104053
龙门县	Longmen County	22921	14204	1659	7058
汕尾市	Shanwei				
市 区	Urban District	71125	23547	6065	41513
陆丰市	Lufeng City	45281	32218	6745	6318
海丰县	Haifeng County	39993	24779	2661	12553
陆河县	Luhe County	12660	9739	1300	1621
东莞市	Dongguan	250225	145038	35406	69781
中山市	Zhongshan	320142	82827	10119	227196
江门市	Jiangmen				
市 区	Urban District	302950	59244	6639	237067
台山市	Taishan City	52153	23761	5494	22898
开平市	Kaiping City	88776	23113	1875	63788
鹤山市	Heshan City	36579	13524	2187	20868
恩平市	Enping City	28799	13928	3376	11495

21-10 续表 continued

单位：人 (person)

县(市)区	County (County-level City) and District	在岗职工人数 Number of Fully Employed Staff and Workers	国有经济 State-owned Units	城镇集体经济 Urban Collective-owned Units	其他各种经济 Units of Other Types of Ownership
阳江市	Yangjiang				
市 区	Urban District	67429	33957	14953	18519
阳春市	Yangchun City	55767	28026	9325	18416
阳东县	Yangdong County	30043	18574	5298	6171
阳西县	Yangxi County	25731	16703	5075	3953
湛江市	Zhanjiang				
市 区	Urban District	186973	106754	3962	76257
雷州市	Leizhou City	56772	45809	6064	4899
廉江市	Lianjiang City	61687	38583	13483	9621
吴川市	Wuchuan City	49592	41023	6759	1810
遂溪县	Suixi County	40085	24962	4127	10996
徐闻县	Xuwen County	38601	29744	4163	4694
茂名市	Maoming				
市 区	Urban District	122628	54934	1609	66085
信宜市	Xinyi City	39685	29907	3159	6619
高州市	Gaozhou City	74868	43774	10054	21040
化州市	Huazhou City	61372	44545	10338	6489
电白县	Dianbai County	71346	36379	7672	27295
肇庆市	Zhaoqing				
市 区	Urban District	158162	47120	3479	107563
四会市	Sihui City	36716	15653	3757	17306
高要市	Gaoyao City	22746	18458	1332	2956
广宁县	Guangning County	15931	12747	774	2410
德庆县	Deqing County	22741	11180	1430	10131
封开县	Fengkai County	21654	15101	1910	4643
怀集县	Huaiji County	28066	21938	2051	4077
清远市	Qingyuan				
市 区	Urban District	93814	34466	3471	55877
英德市	Yingde City	47637	27663	1741	18233
连州市	Lianzhou City	17261	12439	389	4433
佛冈县	Fogang County	25275	9629	400	15246
清新县	Qingxin County	48212	14008	135	34069
连山县	Lianshan County	5906	5315	238	353
连南县	Liannan County	8411	6676	150	1585
阳山县	Yangshan County	16453	13116	809	2528
潮州市	Chaozhou				
市 区	Urban District	55720	27751	6606	21363
饶平县	Raoping County	29398	23433	1563	4402
潮安县	Chao'an County	43095	23942	6443	12710
揭阳市	Jieyang				
市 区	Urban District	48760	30544	4582	13634
普宁市	Puning City	58126	44197	4740	9189
揭东县	Jiedong County	48764	26283	4088	18393
揭西县	Jiexi County	30912	18671	10724	1517
惠来县	Huilai County	38467	29954	2171	6342
云浮市	Yunfu				
市 区	Urban District	41423	20868	1792	18763
罗定市	Luoding City	50068	30190	6955	12923
新兴县	Xinxing County	41074	15922	99	25053
郁南县	Yunan County	25869	12299	840	12730
云安县	Yun'an County	11234	8070	159	3005

21-11 各县(市)区年末在岗职工工资总额及平均工资（2012年）

Total Wages and Average Wage of Fully Employed Staff and Workers by County (County-level City) and District (2012)

县(市)区	County (County-levelCity) and District	合计 Total		国有经济单位 State-owned Units		城镇集体经济单位 Urban Collective-owned Units		其他各种经济单位 Units of Other Types of Ownership	
		工资总额 (万元) Total Wages (10000yuan)	平均工资 (元) Average Wage(yuan)	工资总额 (万元) Total Wages (10000yuan)	平均工资 (元) Average Wage (yuan)	工资总额 (万元) Total Wages (10000yuan)	平均工资 (元) Average Wage (yuan)	工资总额 (万元) Total Wages (10000yuan)	平均工资 (元) Average Wage (yuan)
广州市	Guangzhou								
市　区	Urban District	18657747	65299	7561759	86411	341275	35312	10754713	57038
从化市	Conghua City	333281	42026	147564	52773	3072	26169	182645	36407
增城市	Zengcheng City	704087	46102	235129	60243	12055	23116	456903	42119
深圳市	Shenzhen	16421777	59010	4453377	90492	55878	34444	11912522	52374
珠海市	Zhuhai	3167026	48486	776244	70218	100991	43751	2289791	44072
汕头市	Shantou								
市　区	Urban District	1915316	37779	900104	43365	72242	21864	942970	35400
南澳县	Nanao County	16126	31508	12925	31945	602	27470	2599	30472
佛山市	Foshan	2861950	46203	1153540	58860	100095	49230	1608316	39897
韶关市	Shaoguan								
市　区	Urban District	719528	45489	388270	54765	25706	45659	305552	37423
乐昌市	Lechang City	100750	37170	68191	42231	14542	33035	18018	27482
南雄市	Nanxiong City	97071	33138	50942	39533	9300	22266	36829	30114
仁化县	Renhua County	73313	41062	39993	40377	3895	25706	29425	45734
始兴县	Shixing County	84138	32190	27593	36973	2844	29713	53702	30309
翁源县	Wengyuan County	76733	35758	49075	40032	2666	31290	24992	29937
新丰县	Xinfeng County	51265	30108	29674	33059	14805	27523	6786	25396
乳源县	Ruyuan County	85724	35708	34546	38376	8136	27902	43041	35604
河源市	Heyuan								
市　区	Urban District	450356	40820	150038	53988	14697	25803	285621	37170
东源县	Dongyuan County	89744	30362	44475	33546	6034	25281	39235	28200
和平县	Heping County	51955	30009	41736	31750	1810	22287	8409	25057
龙川县	Longchuan County	114682	31216	77582	35318	3767	21439	33333	25613
紫金县	Zijin County	83360	31731	63573	33594	985	28154	18802	26871
连平县	Lianping County	63436	34170	43354	37654	1125	17145	18957	29643
梅州市	Meizhou								
市　区	Urban District	326131	58055	233103	69366	3727	34732	89301	41539
兴宁市	Xingning City	109162	25247	86443	26763	6272	24830	16447	19550
梅　县	Meixian County	125572	42941	83753	48476	3886	34265	37934	35020
平远县	Pingyuan County	41062	29064	32617	29489	2116	25648	6329	28228
蕉岭县	Jiaoling County	44425	31780	32947	34298	2311	23037	9168	27204
大埔县	Dapu County	49762	31379	42601	31318	4161	28288	2999	38254
丰顺县	Fengshun County	74608	29184	48516	31202	10159	24485	15933	27157
五华县	Wuhua County	78696	25727	72203	26049	4145	18440	2348	37690
惠州市	Huizhou								
市　区	Urban District	2788098	43711	683681	63458	61914	39648	2042503	39700
惠东县	Huidong County	214349	35201	124131	39817	6620	34862	83598	30051
博罗县	Boluo County	494766	35723	152509	50644	10622	26370	331635	31778
龙门县	Longmen County	73274	31850	51340	36216	4060	24755	17874	24860
汕尾市	Shanwei								
市　区	Urban District	299888	42364	105568	45132	24880	41322	169439	41116
陆丰市	Lufeng City	116605	26338	88685	27984	13287	21041	14633	23349
海丰县	Haifeng County	130718	32694	84100	33955	7739	29028	38880	30973
陆河县	Luhe County	33964	27134	26886	27787	2552	21122	4526	27718
东莞市	Dongguan	1434133	57007	960274	66857	126456	35977	347404	47726
中山市	Zhongshan	1802762	55480	587486	71887	43578	40271	1171698	50419
江门市	Jiangmen								
市　区	Urban District	1285393	41427	336243	57067	32180	49100	916970	37457
台山市	Taishan City	147851	28477	79473	33808	10324	19030	58054	25255
开平市	Kaiping City	314447	35399	100913	43704	5838	31474	207696	32511
鹤山市	Heshan City	130636	35044	61156	45297	5508	25252	63972	29622
恩平市	Enping City	92732	30278	48151	34466	11115	22956	33466	28327

21-11 续表 continued

县(市)区	County (County-levelCity) and District	合计 Total		国有经济单位 State-owned Units		城镇集体经济单位 Urban Collective-owned Units		其他各种经济单位 Units of Other Types of Ownership	
		工资总额(万元) Total Wages (10000yuan)	平均工资(元) Average Wage (yuan)	工资总额(万元) Total Wages (10000yuan)	平均工资(元) Average Wage(yuan)	工资总额(万元) Total Wages (10000yuan)	平均工资(元) Average Wage (yuan)	工资总额(万元) Total Wages (10000yuan)	平均工资(元) Average Wage(yuan)
阳江市	Yangjiang								
市　区	Urban District	251408	37383	136396	40522	50648	32510	64363	35738
阳春市	Yangchun City	175101	32422	94521	33771	19533	24521	61047	33817
阳东县	Yangdong County	95122	32506	63206	33954	12500	25732	19416	33534
阳西县	Yangxi County	75703	29229	43607	26160	14178	26964	17919	45102
湛江市	Zhanjiang								
市　区	Urban District	880888	46642	566749	52554	7937	19690	306202	39773
雷州市	Leizhou City	113619	19909	94919	20043	9633	16106	9067	24302
廉江市	Lianjiang City	171814	28011	112480	29167	35335	26670	23999	25193
吴川市	Wuchuan City	114681	22855	103569	25026	9269	13722	1843	9043
遂溪县	Suixi County	102716	26513	70619	26513	10814	26847	21283	22323
徐闻县	Xuwen County	93682	24150	71322	23796	10278	25968	12082	24850
茂名市	Maoming								
市　区	Urban District	571732	47370	253067	46371	6841	41535	311824	48365
信宜市	Xinyi City	127740	32005	96318	32051	12734	38541	18688	28501
高州市	Gaozhou City	246651	33722	151293	34710	31353	31603	64005	32599
化州市	Huazhou City	173579	28543	130475	29507	24663	24236	18441	28730
电白县	Dianbai County	211318	30897	107305	30027	20860	29593	83153	32469
肇庆市	Zhaoqing								
市　区	Urban District	644378	40694	287994	61653	11423	32451	344961	31907
四会市	Sihui City	158618	42512	82068	51939	8422	22369	68128	38393
高要市	Gaoyao City	117036	50934	101799	55389	5587	34128	9650	32580
广宁县	Guangning County	53321	32704	43709	33188	2250	30988	7363	30576
德庆县	Deqing County	75077	30221	40466	33229	2848	17557	31763	28763
封开县	Fengkai County	64910	30012	48681	32445	4163	22132	12066	25440
怀集县	Huaiji County	98116	35017	80030	36787	5916	28608	12169	29002
清远市	Qingyuan								
市　区	Urban District	483469	50081	250947	76068	15441	45872	217082	36071
英德市	Yingde City	214902	45093	147799	54793	9485	54766	57617	30402
连州市	Lianzhou City	74880	41983	59675	46771	1590	40660	13616	29056
佛冈县	Fogang County	94011	37028	46353	47802	2046	52584	45612	29806
清新县	Qingxin County	203445	41291	89122	63951	497	34776	113826	32344
连山县	Lianshan County	22743	38857	20123	38314	1167	49466	1453	39811
连南县	Liannan County	34969	41799	30335	45934	1313	88087	3322	20596
阳山县	Yangshan County	64083	38775	55050	41686	2681	33854	6351	25114
潮州市	Chaozhou								
市　区	Urban District	226991	40985	142439	51713	12362	18885	72189	33901
饶平县	Raoping County	72867	22006	58928	21744	2424	15048	11515	26165
潮安县	Chaoan County	136874	32401	92160	39125	10082	15743	34633	28191
揭阳市	Jieyang								
市　区	Urban District	193881	40018	130232	42984	12657	27799	50992	37502
普宁市	Puning City	165124	28377	128131	28993	9800	20697	27193	29429
揭东县	Jiedong County	164976	33960	91886	34996	11398	28367	61692	33702
揭西县	Jiexi County	86554	28000	60646	32481	20807	19402	5101	33626
惠来县	Huilai County	79851	20665	64359	21331	3860	17832	11632	18355
云浮市	Yunfu								
市　区	Urban District	191180	46082	118399	56947	3384	25216	69397	35857
罗定市	Luoding City	156171	29303	103184	34789	15087	21724	37900	22708
新兴县	Xinxing County	152340	36587	73093	45612	262	26465	78985	30957
郁南县	Yunan County	71849	27900	41043	33510	3317	39727	27489	21698
云安县	Yunan County	33374	29714	25927	32308	242	16690	7205	23530

21-12 各县(市)区财政收支及城乡居民储蓄存款余额
Local Government Budgetary Revenue and Expenditure and Savings Deposits by Urban and Rural Residents by County (County-level City) and District

单位：万元 (10000 yuan)

县(市)区	County (County-level City) and District	地方公共财政预算收入 Local Government Budgetary Revenue		地方公共财政预算支出 Local Government Budgetary Expenditure		城乡居民储蓄存款余额 Savings Deposits by Urban and Rural Residents	
		2011	2012	2011	2012	2011	2012
广州市	Guangzhou						
本　级	Prefectural-city Level	4420242	5110334	5092189	5768831		
市　区	Urban District	4671668	5122540	5784832	6597829	92456117	105137131
从化市	Conghua City	236285	261777	372639	396412	1448542	1624146
增城市	Zengcheng City	466573	529310	562794	673379	4409792	4985528
深圳市	Shenzhen						
本　级	Prefectural-city Level	8027480	8790168	9234793	8746470		
市　区	Urban District	5368248	6030632	6670806	6943601	72513877	81321557
珠海市	Zhuhai						
本　级	Prefectural-city Level	974167	1106302	1358287	1513616		
市　区	Urban District	459905	519695	545457	608407	10663949	11962702
汕头市	Shantou						
本　级	Prefectural-city Level	344639	369809	439374	435578		
市　区	Urban District	498684	580658	1019977	1198400	13529898	15138121
南澳县	Nanao County	12506	12980	57262	95349	123692	143103
佛山市	Foshan						
本　级	Prefectural-city Level	283225	247823	488194	503760		
市　区	Urban District	3134101	3592980	3398646	3835790	46537024	51550143
韶关市	Shaoguan						
本　级	Prefectural-city Level	231216	261885	431178	484100		
市　区	Urban District	99279	112040	191842	220051	3176826	3554206
乐昌市	Lechang City	38211	44560	126122	148408	684133	768251
南雄市	Nanxiong City	34015	40018	126140	145566	511811	598615
仁化县	Renhua County	40426	45348	85926	98919	376141	423147
始兴县	Shixing County	21588	25025	79687	89482	378769	432669
翁源县	Wengyuan County	21743	26881	88243	107780	503560	591187
新丰县	Xinfeng County	18362	23020	67871	82738	283729	325352
乳源县	Ruyuan County	34256	35988	88577	103313	254937	292336
河源市	Heyuan						
本　级	Prefectural-city Level	108843	129520	219290	284492		
市　区	Urban District	45050	54755	104264	119289	1247106	1366348
东源县	Dongyuan County	40021	47406	169781	188765	375434	456014
和平县	Heping County	20210	26328	127665	154860	380986	427485
龙川县	Longchuan County	30706	36250	198512	236402	778804	908244
紫金县	Zijin County	30268	36618	156298	209038	503648	580505
连平县	Lianping County	38569	45526	124594	151885	352230	416594
梅州市	Meizhou						
本　级	Prefectural-city Level	157131	189638	288362	337334		
市　区	Urban District	32789	39473	79535	87060	1614800	1783478
兴宁市	Xingning City	37762	44962	195006	278187	1224220	1399907
梅　县	Meixian County	100132	116805	217660	236824	1076579	1242734
平远县	Pingyuan County	23276	34119	90954	105951	327169	371853
蕉岭县	Jiaoling County	30252	35152	86055	96176	360670	406400
大埔县	Dapu County	35266	41033	138913	150777	487794	577820
丰顺县	Fengshun County	30013	34817	153859	173501	648058	759853
五华县	Wuhua County	22238	26702	231772	289443	882814	1034677
惠州市	Huizhou						
本　级	Prefectural-city Level	892300	1112949	1010229	1280153		
市　区	Urban District	366722	442894	512277	595806	7594127	8786547
惠东县	Huidong County	134282	172029	280719	343302	1635175	1831705
博罗县	Boluo County	183584	220340	300542	358257	2063972	2373075
龙门县	Longmen County	51421	60550	168332	163313	435378	500981
汕尾市	Shanwei						
本　级	Prefectural-city Level	86657	108466	161241	174899		
市　区	Urban District	36700	45886	81412	95258	715061	786457
陆丰市	Lufeng City	93276	116670	245557	308220	702822	820396
海丰县	Haifeng County	90038	113459	179445	197107	944617	1079933
陆河县	Luhe County	20456	26438	76003	104388	231370	276146
东莞市	Dongguan	3130639	3563245	3519171	3855844	36972666	41876833
中山市	Zhongshan	1832152	2018859	1926677	2153155	15821807	17478955
江门市	Jiangmen						
本　级	Prefectural-city Level	245006	271504	296964	332134		
市　区	Urban District	447720	507810	557119	641668	8335370	9439524
台山市	Taishan City	155605	176125	250690	302815	2623633	2927244
开平市	Kaiping City	142949	164891	235936	255379	2624153	2950681
鹤山市	Heshan City	140783	159483	160669	182198	1574257	1784018
恩平市	Enping City	59668	70528	151650	166956	1291198	1423303

21-12 续表 continued

单位：万元 (10000 yuan)

县(市)区	County (County-level City) and District	地方公共财政预算收入 Local Government General Budgetary Revenue		地方公共财政预算支出 Local Government General Budgetary Expenditure		城乡居民人民币储蓄存款余额 Savings Deposits by Urban and Rural Residents	
		2011	2012	2011	2012	2011	2012
阳江市	Yangjiang						
本 级	Prefectural-city Level	152106	188383	217146	305502		
市 区	Urban District	26706	34889	91185	134828	1934337	2182728
阳春市	Yangchun City	70372	83542	216090	273662	1251843	1429313
阳东县	Yangdong County	71678	85301	159365	164831	650526	754751
阳西县	Yangxi County	28641	39106	126737	150200	489567	579080
湛江市	Zhanjiang						
本 级	Prefectural-city Level	457523	514150	760874	701363		
市 区	Urban District	129529	152958	252005	318686	5595720	6377970
雷州市	Leizhou City	45018	53210	198389	272855	1054838	1260824
廉江市	Lianjiang City	56065	67338	227329	289688	1387434	1628179
吴川市	Wuchuan City	41228	46188	141159	210251	1056617	1232148
遂溪县	Suixi County	43107	52230	163094	225853	909011	1090428
徐闻县	Xuwen County	27826	34792	125298	163750	760515	867020
茂名市	Maoming						
本 级	Prefectural-city Level	306861	350159	460099	513127		
市 区	Urban District	70799	93203	195269	215474	2625504	2978364
信宜市	Xinyi City	56647	62600	200952	261856	1275436	1487565
高州市	Gaozhou City	78845	93071	282189	342569	1852122	2161069
化州市	Huazhou City	67251	80746	236779	286401	1309420	1514658
电白县	Dianbai County	80778	101450	242572	303255	1455011	1698694
肇庆市	Zhaoqing						
本 级	Prefectural-city Level	250024	258865	385645	393856		
市 区	Urban District	124698	144847	178219	197700	2869160	3260330
四会市	Sihui City	143669	172995	202953	233554	1275850	1438235
高要市	Gaoyao City	165390	192203	239693	275738	1305425	1496271
广宁县	Guangning County	55901	58367	126520	141999	517900	597133
德庆县	Deqing County	54127	64427	119234	153857	470423	542452
封开县	Fengkai County	50099	56307	120459	136356	456155	521052
怀集县	Huaiji County	78401	90077	197375	231837	550838	657413
清远市	Qingyuan						
本 级	Prefectural-city Level	249520	259589	300375	320850		
市 区	Urban District	134722	140774	212194	248678	2467210	2774445
英德市	Yingde City	143079	153976	322670	343374	1334729	1522660
连州市	Lianzhou City	55151	55615	148040	150230	692854	794912
佛冈县	Fogang County	78071	80413	124820	141875	515994	562788
清新县	Qingxin County	105570	110027	218492	252016	857892	916207
连山县	Lianshan County	10432	11288	47749	50061	112283	132018
连南县	Liannan County	18218	14837	74660	77730	158271	180126
阳山县	Yangshan County	48293	42203	128586	135288	465774	536716
潮州市	Chaozhou						
本 级	Prefectural-city Level	133641	155995	188662	220670		
市 区	Urban District	23997	27842	49913	58062	2420945	2785797
饶平县	Raoping County	34324	40474	183200	240627	917891	1078916
潮安县	Chaoan County	80754	95026	213260	258766	1738925	1994503
揭阳市	Jieyang						
本 级	Prefectural-city Level	151078	183153	304765	344573		
市 区	Urban District	47656	54899	76708	91964	2223695	2557276
普宁市	Puning City	123027	150302	295524	379635	2834184	3297324
揭东县	Jiedong County	80587	103201	210319	253483	1323232	1549152
揭西县	Jiexi County	26347	33395	164813	198685	1032785	1267023
惠来县	Huilai County	34801	42000	187028	226436	670267	809015
云浮市	Yunfu						
本 级	Prefectural-city Level	78592	98893	147028	183009		
市 区	Urban District	32457	41548	68865	85387	1200039	1405150
罗定市	Luoding City	52354	66625	199294	268980	1086403	1267140
新兴县	Xinxing County	70184	88211	155954	180136	835923	987885
郁南县	Yunan County	31562	39253	110702	136565	581078	662736
云安县	Yunan County	32826	33083	89983	97463	244685	280942

注：本级财政收支指市本级地方公共财政预算收支。

Note: The local government revenue and expenditure at the prefectural-city level refer to the budgetary revenue and expenditure directly collected and spent by the same-level local governments.

附录

APPENDIX

附　录

简要说明

一、本篇资料包括部分省市社会经济主要指标、中国香港特别行政区、中国澳门特别行政区、中国台湾省主要统计指标及国际主要统计指标。

二、附录 A、附录 B、附录 C 资料来源于国家统计局编辑、中国统计出版社出版的《中国统计年鉴》和《中国统计摘要》。附录 D 资料来源于国家统计局编辑、中国统计出版社出版的《国际统计年鉴——2013》。

三、一些国际组织及其组成成员：

西方七国（G7）：包括美国、日本、英国、德国、法国、意大利和加拿大。

经济合作与发展组织（经合组织，OECD）：成员国有 30 个：澳大利亚 (1971)、 奥地利、比利时、冰岛、丹麦、德国、法国、芬兰 (1969)、加拿大、荷兰、卢森堡、美国、葡萄牙、日本 (1964)、挪威、瑞典、瑞士、爱尔兰、西班牙、希腊、意大利、新西兰 (1973)、土耳其、英国、墨西哥 (1994.3.24)、捷克 (1995.11.28)、匈牙利 (1996.3.29)、波兰(1996.7.11)、韩国 (1996.10.11)、斯洛伐克（2000.9）。

欧洲联盟（简称欧盟，EU）：成员国共 27 个：法国、德国、意大利、荷兰、比利时、卢森堡（1951 年）、丹麦、爱尔兰、英国（1973 年）、希腊（1981 年）、西班牙、葡萄牙（1986 年）、奥地利、芬兰、瑞典（1995 年）、塞浦路斯、捷克、爱沙尼亚、匈牙利、拉脱维亚、立陶宛、马耳他、波兰、斯洛伐克、斯洛文尼亚(2004 年)、保加利亚和罗马尼亚（2007 年）。

欧洲货币联盟（欧元区，Euro Area）:成员国共 13 个：德国、比利时、奥地利、荷兰、法国、意大利、西班牙、葡萄牙、卢森堡、爱尔兰、芬兰、希腊、斯洛文尼亚。1999 年 1 月 1 日欧元启动起，各成员国与欧元汇率锁定，1 欧元分别相当于 1.95583 德国马克、40.3399 比利时法郎、40.3399 卢森堡法郎、166.386 西班牙比塞塔、6.55967 法国法郎、0.787564 爱尔兰镑、1936.27 意大利里拉、2.20371 荷兰盾、13.7603 奥地利先令、200.482 葡萄牙埃斯库多和 5.94873 芬兰马克。2001 年 1 月 1 日，希腊加入欧元区，其原货币德拉克马与欧元汇率锁定为 1 欧元兑换 340.7502 德拉克马。2002 年 1 月 1 日起，欧元现钞正式取代各成员国原货币全面流通。

北美自由贸易区（NAFTA）：成立于 1994 年 1 月 1 日，至今始终有三个成员国，即加拿大、墨西哥和美国。

东南亚国家联盟（东盟，ASEAN）：成员国共有 10 个：菲律宾、马来西亚、泰国、新加坡、印度尼西亚、文莱（1984 年）、越南（1995 年）、缅甸（1997 年）、老挝（1997 年）和柬埔寨（1999 年）。

四、一些国家(含地区)分类含义：

按收入分组国家：按照世界银行分组标准，高收入国家指 2005 年人均国民总收入 10726 美元及以上国家，上中等收入国家指 2005 年人均国民总收入 3466 美元至 10725 美元的国家，下中等收入国家指 2005 年人均国民总收入 876 美元至 3465 美元的国家，低收入国家指 2005 年人均国民总收入 875 美元及以下的国家。

发达国家与发展中国家：按照联合国分组标准，发达国家具体包括加拿大、美国、原欧盟成员国、澳大利亚、新西兰、日本、以色列和南非，发展中国家则指其他国家。

五、2012 年各省市资料中，除广东为正式年报数外，其余各省市资料均为快速年报数。

六、本篇资料由广东省统计局综合处负责整理、编辑。

Appendix

Brief Introduction

I. The data in this chapter include main social and economic indicators of some provinces and municipalities,main statistical indicators of Hong Kong and Macao Special Administrative Regions and Taiwan Province of the People's Republic of China, as well as main international statistical indicators.

II. Data in Appendices A, B, C come from China Statistical Yearbook and China Statistical Abstract compiled by National Bureau of Statistics and published by China Statistics Press. Data in Appendix D come from International Statistical Yearbook compiled by National Bureau of Statistics and published by China Statistics Press.

III. International organizations and their members included are as follows:

G7 includes the United States, Japan, the United Kingdom, Germany, France, Italy and Canada. Organization for Economic Co-operation and Development (OECD) has 30 members, i.e. Australia (1971), Austria, Belgium, Iceland, Denmark, Germany, France, Finland (1969), Canada, the Netherlands, Luxembourg, the United States, Portugal, Japan (1964), Norway, Sweden, Switzerland, Ireland, Spain, Greece, Italy, New Zealand (1973), Turkey, the United Kingdom, Mexico (Mar. 24, 1994), Czech Republic (Nov. 28, 1995), Hungary (Mar. 29, 1996), Poland (Jul. 11, 1996), the Republic of Korea (Oct. 11, 1996) and Slovakia (Sep，2000).

European Union (EU) has 27 members, i.e. France, Germany, Italy, the Netherlands, Belgium, Luxembourg (1951), Denmark, Ireland, the United Kingdom (1973), Greece (1981), Spain, Portugal (1986), Austria, Finland, Sweden (1995), Cyprus, the Czech Republic, Estonia, Hungary, Latvia, Lithuania, Malta, Poland, Slovakia, Slovenia (2004), Bulgaria and Romania (2007).

European Monetary Union (Euro Area) has 13 member countries: Germany, Belgium, Austria, the Netherlands, France, Italy, Spain, Portugal, Luxembourg, Ireland, Finland, Greece and Slovenia. Since the launch of the euro on Jan. 1, 1999, the central rates have been fixed between the euro and the currencies of the member countries. One euro equals to 1.95583 Deutsch Mark, 40.3399 Belgium Francs, 40.3399 Luxembourg Francs, 166.386 Spanish Pesetas, 6.55967 French Francs, 0.787564 Irish Pounds, 1936.27 Italian Lire, 2.2037 Dutch Guilders, 13.7603 Austrian Schillings, 200.482 Portugal Escudos and 5.94873 Finnish Mark respectively. Greece joined Euro Area on January 1, 2001, adopting the euro as its currency, with a conversion factor of 340.750 drachmas per euro. Since January 1, 2002, the euro has formally substituted the former local currencies of the member countries.

North American Free Trade Area (NAFTA) was founded on January 1, 1994, with members unchanged hitherto, i.e. Canada, Mexico and the United States.

Association of Southeast Asian Countries (ASEAN) has 10 members, i.e. the Philippines, Malaysia, Thailand, Singapore, Indonesia, Brunei Darussalam (1984), Viet Nam (1995), Myanmar (1997), Lao People's Democratic Republic (1997) and Cambodia (1999).

IV. Countries (territories) are classified as follows:

Countries by income group: According to the criteria by the World Bank, countries and territories (referred to as economies) are classified into high income (higher than \$10726), higher middle income (between \$3466 and \$10725), lower middle income (between \$876 and \$3465) and low income (\$875 and below) groups by their per capita GNI in the year 2005.

Developed and developing countries: According to the classification standard of the United Nations, developed countries include Canada, the United States, the member countries of the former European Union, Australia, New Zealand, Japan, Israel and South Africa while others are developing countries.

V. Among the data of various provinces and municipalities in 2012, all come from flash annual reports except the data of Guangdong, which come from formal annual reports.

VI. The data in this chapter are prepared and compiled by the Division of Comprehensive Statistics of Guangdong Provincial Bureau of Statistics.

附录A 部分省(市)主要统计指标

Appendix A Main Statistical Indicators of Some Provinces and Municipalities

省、市 名称 Province or Municipality		年末常住人口（万人） Permanent Population at the Year-end (10000 persons) 2011	2012	2012比2011 增长(%) Growth Rate in 2012 over 2011(%)	国内(地区)生产总值（亿元） Gross Domestic Product (100 million yuan) 2011	2012	2012比2011 增长(%) Growth Rate in 2012 over 2011(%)
全 国	**National Total**	**134735**	**135404**	**0.5**	**473104.0**	**519322.1**	**7.8**
辽 宁	Liaoning	4383	4389	0.1	22226.7	24801.3	9.5
上 海	Shanghai	2347	2380	1.4	19195.7	20101.3	7.5
江 苏	Jiangsu	7899	7920	0.3	49110.3	54058.2	10.1
浙 江	Zhejiang	5463	5477	0.3	32318.9	34606.3	8.0
安 徽	Anhui	5968	5988	0.3	15300.7	17212.1	12.1
福 建	Fujian	3720	3748	0.8	17560.2	19701.8	11.4
山 东	Shandong	9637	9685	0.5	45361.9	50013.2	9.8
河 南	Henan	9388	9406	0.2	26931.0	29810.1	10.1
湖 北	Hubei	5758	5779	0.4	19632.3	22250.2	11.3
湖 南	Hunan	6596	6639	0.7	19669.6	22154.2	11.3
广 东	Guangdong	10505	10594	0.8	53210.3	57067.9	8.2
四 川	Sichuan	8050	8076	0.3	21026.7	23849.8	12.6

附录A 续表 1 continued

省、市 名称 Province or Municipality		全部工业增加值(亿元) Value-added of Industry (100 million yuan) 2011	2012	2012比2011 增长(%) Growth Rate in 2012 over 2011 (%)	第三产业增加值(亿元) Value-added of the Tertiary Industry (100 million yuan) 2011	2012	2012比2011 增长(%) Growth Rate in 2012 over 2011 (%)
全 国	**National Total**	**188470.2**	**199859.6**	**7.9**	**205205.0**	**231626.5**	**8.1**
辽 宁	Liaoning	10696.5	11712.7	9.7	8159.0	9306.8	9.9
上 海	Shanghai	7208.6	7159.4	2.8	11142.9	12060.8	10.6
江 苏	Jiangsu	22280.6	23908.4	11.2	20842.2	23518.0	9.6
浙 江	Zhejiang	14683.0	15336.3		14180.2	15624.4	9.3
安 徽	Anhui	7062.0	8025.8	15.3	4976.0	5629.3	11.0
福 建	Fujian	7675.1	8644.2	14.2	6878.7	7636.7	8.5
山 东	Shandong	21275.9	22798.3	11.1	17370.9	19995.8	9.8
河 南	Henan	13949.3	15357.4	11.8	7991.7	9017.6	9.2
湖 北	Hubei	8538.0	9735.2		7247.0	8210.9	10.8
湖 南	Hunan	8122.8	9140.0	13.5	7539.5	8643.6	12.2
广 东	Guangdong	24649.6	25810.1	7.6	24097.7	26519.7	9.5
四 川	Sichuan	9491.1	10800.5	15.6	7014.0	7964.8	11.2

注：国内(地区)生产总值、农林牧渔业总产值和工业增加值绝对数按当年价格计算,增长速度按可比价格计算。

Notes: The figures in value terms on gross domestic product, gross output value of farming,forestry,animal husbandry and fishery and value-added of industry are calculated at current prices, whereas the growth rates are calculated at comparable prices.

附录A　续表 2　continued

省、市名称 Province or Municipality	人均国内(地区)生产总值(元) Per Capita Gross Domestic Product (yuan)			农林牧渔业总产值(亿元) Gross Output Value of Farming, Forestry, Animal Husbandry and Fishery (100 million yuan)		
	2011	2012	2012比2011增长(%) Growth Rate in 2012 over 2011 (%)	2011	2012	2012比2011增长(%) Growth Rate in 2012 over 2011 (%)
全　国　National Total	**35198**	**38449**	**7.2**	**81303.9**	**89453.0**	**4.9**
辽　宁　Liaoning	50760	56547	9.3	3633.6	4062.4	4.9
上　海　Shanghai	82560	85033	5.7	314.6	321.7	0.5
江　苏　Jiangsu	62290	68347	9.7	5237.4	5808.8	4.8
浙　江　Zhejiang	59249	63266	7.7	2534.9	2658.7	1.8
安　徽　Anhui	25659	28792	11.8	3459.7	3728.3	5.6
福　建　Fujian	47377	52763	10.5	2730.9	3007.4	4.3
山　东　Shandong	47335	51768	9.2	7409.7	7945.8	4.5
河　南　Henan	28661	31723	10.1	6218.6	6679.0	4.5
湖　北　Hubei	34197	38572	10.7	4252.9	4732.1	5.6
湖　南　Hunan	29880	33480	10.7	4508.2	4904.1	3.0
广　东　Guangdong	50807	54095	7.4	4384.4	4656.8	3.7
四　川　Sichuan	26133	29579	12.3	4932.7	5433.1	4.5

附录A　续表 3　continued

省、市名称 Province or Municipality	粮食产量(万吨) Output of Grain (10000 tons)			油料产量(万吨) Output of Oil-bearing Crops (10000 tons)		
	2011	2012	2012比2011增长(%) Growth Rate in 2012 over 2011 (%)	2011	2012	2012比2011增长(%) Growth Rate in 2012 over 2011 (%)
全　国　National Total	**57120.8**	**58958.0**	**3.2**	**3306.8**	**3436.8**	**3.9**
辽　宁　Liaoning	2035.5	2070.5	1.7	119.8	120.9	0.9
上　海　Shanghai	122.0	122.4	0.3	1.9	1.7	-8.9
江　苏　Jiangsu	3307.8	3372.5	2.0	144.1	146.9	2.0
浙　江　Zhejiang	781.6	769.8	-1.5	39.9	38.3	-4.0
安　徽　Anhui	3135.5	3289.1	4.9	213.8	227.7	6.5
福　建　Fujian	672.8	659.3	-2.0	27.5	28.1	2.1
山　东　Shandong	4426.3	4511.4	1.9	341.0	351.0	2.9
河　南　Henan	5542.5	5638.6	1.7	532.4	569.5	7.0
湖　北　Hubei	2388.5	2441.8	2.2	304.7	319.7	4.9
湖　南　Hunan	2939.4	3006.5	2.3	215.3	207.8	-3.5
广　东　Guangdong	1361.0	1396.3	2.6	91.9	96.6	5.1
四　川　Sichuan	3291.6	3315.0	0.7	278.4	287.8	3.4

附录A 续表 4 continued

省、市名称 Province or Municipality		肉类总产量(万吨) Total Output of Meat (10000 tons)			水果总产量(万吨) Output of Aquatic Products (10000 tons)		
		2011	2012	2012比2011 增长(%) Growth Rate in 2012 over 2011 (%)	2011	2012	2012比2011 增长(%) Growth Rate in 2012 over 2011 (%)
全 国	**National Total**	**7957.8**	**8387.2**	**5.3**	**22768.2**	**24056.8**	**5.7**
辽 宁	Liaoning	408.2	418.7	2.6	810.7	894.3	10.3
上 海	Shanghai	27.6	25.8	-6.5	88.0	87.2	-0.9
江 苏	Jiangsu	375.9	396.5	5.5	757.1	796.0	5.1
浙 江	Zhejiang	176.0	180.8	2.7	712.4	703.8	-1.2
安 徽	Anhui	375.5	397.7	5.9	846.6	885.4	4.6
福 建	Fujian	183.0	200.8	9.8	687.9	708.8	3.0
山 东	Shandong	711.1	764.2	7.5	2850.8	2924.5	2.6
河 南	Henan	641.7	677.4	5.6	2414.1	2535.0	5.0
湖 北	Hubei	381.9	412.3	8.0	855.2	885.7	3.6
湖 南	Hunan	489.5	515.3	5.3	868.8	909.2	4.7
广 东	Guangdong	434.7	443.2	2.0	1314.3	1390.1	5.8
四 川	Sichuan	651.2	670.2	2.9	776.6	821.6	5.8

注:本表水果产量含瓜果产量。
Note: The output of fruits includes melons in this table

附录A 续表 5 continued

省、市名称 Province or Municipality		汽车产量(万辆) Output of Motor Vehicles (10000 vehicles)			发电量(亿千瓦小时) Output of Electricity (100 million kwh)		
		2011	2012	2012比2011 增长(%) Growth Rate in 2012 over 2011 (%)	2011	2012	2012比2011 增长(%) Growth Rate in 2012 over 2011 (%)
全 国	**National Total**	**1841.6**	**1927.7**	**4.7**	**47130.2**	**49377.7**	**4.8**
辽 宁	Liaoning	75.5	83.6	10.7	1369.9	1420.0	3.7
上 海	Shanghai	191.6	202.4	5.7	949.2	886.2	-6.6
江 苏	Jiangsu	80.4	88.7	10.4	3762.5	3928.5	4.4
浙 江	Zhejiang	30.6	32.7	6.8	2777.4	2773.9	-0.1
安 徽	Anhui	117.0	104.2	-11.0	1635.4	1767.5	8.1
福 建	Fujian	18.6	18.3	-1.7	1580.5	1622.6	2.7
山 东	Shandong	76.3	90.3	18.3	3168.9	3195.2	0.8
河 南	Henan	36.6	37.6	2.7	2584.6	2643.0	2.3
湖 北	Hubei	131.9	118.9	-9.9	2086.3	2204.1	5.6
湖 南	Hunan	16.2	17.3	6.7	1346.6	1318.7	-2.1
广 东	Guangdong	167.0	159.7	-6.1	3607.2	3593.2	1.3
四 川	Sichuan	12.9	39.7	208.7	1980.7	2152.4	8.7

附录A 续表 6 continued

省、市名称 Province or Municipality		钢材(万吨) Steel (10000 tons)			固定资产投资总额(亿元) Investment in Fixed Assets (100 million yuan)		
		2011	2012	2012比2011 增长(%) Growth Rate in 2012 over 2011 (%)	2011	2012	2012比2011 增长(%) Growth Rate in 2012 over 2011 (%)
全 国	**National Total**	**88619.6**	**95317.6**	**7.6**	**302396.1**	**364835.1**	**20.6**
辽 宁	Liaoning	5761.1	5916.1	2.7	17431.5	21535.4	23.5
上 海	Shanghai	2483.6	2340.8	-5.7	4959.9	5114.6	3.1
江 苏	Jiangsu	10011.7	10989.2	9.8	26313.5	30427.2	15.6
浙 江	Zhejiang	3177.6	3361.3	5.8	13651.7	17001.0	24.5
安 徽	Anhui	2746.3	2765.4	0.7	12007.9	14902.3	24.1
福 建	Fujian	1589.1	2034.4	28.0	9677.1	12165.6	25.7
山 东	Shandong	7083.3	7817.9	10.4	25907.4	30319.8	17.0
河 南	Henan	3553.5	3481.4	-2.0	16934.3	20870.2	23.2
湖 北	Hubei	3706.0	3558.4	-4.0	12195.4	15162.2	24.3
湖 南	Hunan	1947.8	1847.5	-5.1	11407.7	13966.3	22.4
广 东	Guangdong	3176.6	2993.0	2.8	16599.2	18248.0	9.9
四 川	Sichuan	2237.6	2281.6	2.0	13687.7	16526.9	20.7

注：各地固定资产投资不含跨省投资。
Note: Trans-provincial investments are not included in the investment in fixed assets of various province.

附录A 续表 7 continued

省、市名称 Province or Municipality		城镇居民人均可支配收入(元) Per Capita Disposable Income of Urban Residents (yuan)			农村居民人均纯收入(元) Per Capita Net Income of Rural Residents (yuan)		
		2011	2012	2012比2011 增长(%) Growth Rate in 2012 over 2011 (%)	2011	2012	2012比2011 增长(%) Growth Rate in 2012 over 2011 (%)
全 国	**National Total**	**21810**	**24565**	**12.6**	**6977**	**7917**	**13.5**
辽 宁	Liaoning	20467	23223	13.5	8297	9384	13.1
上 海	Shanghai	36230	40188	10.9	16054	17804	10.9
江 苏	Jiangsu	26341	29677	12.7	10805	12202	12.9
浙 江	Zhejiang	30971	34550	11.6	13071	14552	11.3
安 徽	Anhui	18606	21024	13.0	6232	7160	14.9
福 建	Fujian	24907	28055	12.6	8779	9967	13.5
山 东	Shandong	22792	25755	13.0	8342	9447	13.2
河 南	Henan	18195	20443	12.4	6604	7525	13.9
湖 北	Hubei	18374	20840	13.4	6898	7852	13.8
湖 南	Hunan	18844	21319	13.1	6567	7440	13.3
广 东	Guangdong	26897	30227	12.4	9372	10543	12.5
四 川	Sichuan	17899	20307	13.5	6129	7001	14.2

附录A　续表 8　continued

省、市名称 Province or Municipality		社会消费品零售总额(亿元) Total Retail Sales of Consumer Goods (100 million yuan)			地方公共财政预算收入(亿元) Local Government Budgetary Revenue (100 million yuan)		
		2011	2012	2012比2011增长(%) Growth Rate in 2012 over 2011 (%)	2011	2012	2012比2011增长(%) Growth Rate in 2012 over 2011 (%)
全　国	**National Total**	**183918.6**	**210307.0**	**14.3**	**52547.1**	**61077.3**	**16.2**
辽　宁	Liaoning	8095.3	9346.6	15.5	2643.2	3103.7	17.4
上　海	Shanghai	6814.8	7412.3	8.8	3429.8	3743.7	9.2
江　苏	Jiangsu	15988.4	18331.3	14.7	5148.9	5860.7	13.8
浙　江	Zhejiang	12028.0	13588.3	13.0	3150.8	3441.2	9.2
安　徽	Anhui	4955.1	5736.6	15.8	1463.6	1792.7	22.5
福　建	Fujian	6276.2	7256.5	15.6	1501.5	1776.2	18.3
山　东	Shandong	17155.5	19651.9	14.6	3455.9	4059.4	17.5
河　南	Henan	9453.6	10915.6	15.5	1721.8	2040.6	18.5
湖　北	Hubei	8275.2	9562.5	15.6	1526.9	1823.1	19.4
湖　南	Hunan	6884.7	7921.9	15.1	1517.1	1776.0	17.1
广　东	Guangdong	20246.7	22677.1	12.0	5514.8	6229.2	13.0
四　川	Sichuan	8044.6	9268.6	15.2	2044.8	2421.3	18.4

附录A　续表 9　continued

省、市名称 Province or Municipality		外贸进出口总额(亿美元) Total Imports and Exports (USD 100 million)			外贸出口总额(亿美元) Total Exports (USD 100 million)		
		2011	2012	2012比2011增长(%) Growth Rate in 2012 over 2011 (%)	2011	2012	2012比2011增长(%) Growth Rate in 2012 over 2011 (%)
全　国	**National Total**	**36418.6**	**38667.6**	**6.2**	**18983.8**	**20489.3**	**7.9**
辽　宁	Liaoning	960.4	1039.9	8.3	510.4	579.5	13.5
上　海	Shanghai	4375.5	4365.4	-0.2	2096.7	2067.4	-1.4
江　苏	Jiangsu	5395.8	5480.9	1.6	3125.9	3285.4	5.1
浙　江	Zhejiang	3093.8	3122.3	0.9	2163.5	2245.7	3.8
安　徽	Anhui	313.1	393.3	25.6	170.8	267.5	56.6
福　建	Fujian	1435.2	1559.3	8.6	928.4	978.4	5.4
山　东	Shandong	2358.9	2455.4	4.1	1257.1	1287.3	2.4
河　南	Henan	326.2	517.5	58.6	192.4	296.8	54.3
湖　北	Hubei	335.9	319.6	-4.8	195.3	194.0	-0.7
湖　南	Hunan	189.4	219.4	15.8	99.0	126.0	27.2
广　东	Guangdong	9133.3	9839.5	7.7	5317.9	5740.6	7.9
四　川	Sichuan	477.2	591.3	23.9	290.3	384.6	32.5

附录A 续表 10 continued

省、市名称 Province or Municipality		居民消费价格指数(%) Consumer Price Index (%)			普通高等学校在校学生数(万人) Number of Enrolled Students in Institutions of Higher Education (10000 persons)		
		2011	2012	2012比2011增长(%) Growth Rate in 2012 over 2011 (%)	2011	2012	2012比2011增长(%) Growth Rate in 2012 over 2011 (%)
全 国	**National Total**	**105.4**	**102.6**	**2.6**	**2308.5**	**2391.3**	**3.6**
辽 宁	Liaoning	105.2	102.8	2.8	90.2	93.4	3.5
上 海	Shanghai	105.2	102.8	2.8	51.1	50.7	-0.9
江 苏	Jiangsu	105.3	102.6	2.6	165.9	167.1	0.7
浙 江	Zhejiang	105.4	102.2	2.2	90.7	93.2	2.7
安 徽	Anhui	105.6	102.3	2.3	99.1	102.3	3.2
福 建	Fujian	105.3	102.4	2.4	67.5	70.1	3.9
山 东	Shandong	105.0	102.1	2.1	164.6	165.8	0.8
河 南	Henan	105.6	102.5	2.5	150.0	155.9	3.9
湖 北	Hubei	105.8	102.9	2.9	134.0	138.6	3.4
湖 南	Hunan	105.5	102.0	2.0	106.8	108.2	1.3
广 东	Guangdong	105.3	102.8	2.8	152.7	161.7	5.9
四 川	Sichuan	105.3	102.5	2.5	113.9	122.4	7.4

附录A 续表 11 continued

省、市名称 Province or Municipality		单位地区生产总值能耗(吨标准煤/万元) Energy Consumption per Unit of GDP (ton of SCE/10000 yuan)		万元规模以上单位工业增加值能耗上升或下降(±%) Energy Consumption per Unit of Industrial Value-added above Designated Size Changes(±%)	万元地区生产总值电耗上升或下降(±%) Energy Consumption per Unit of Electricity Power (ton of SCE/10000 yuan)
		2011	上升或下降(±%) Changes(±%)	2011	2011
全 国	**National Total**	**0.793**	**2.01**		
辽 宁	Liaoning	1.096	-3.15	-5.02	-3.15
上 海	Shanghai	0.618	-4.42	-7.33	-4.42
江 苏	Jiangsu	0.600	-0.14	-5.41	-0.14
浙 江	Zhejiang	0.590	1.41	-2.40	-1.41
安 徽	Anhui	0.754	-0.15	-9.54	-0.15
福 建	Fujian	0.644	2.73	-1.16	2.73
山 东	Shandong	0.855	-0.58	-7.67	-0.58
河 南	Henan	0.895	1.27	-8.60	1.27
湖 北	Hubei	0.912	-4.20	-6.88	-4.20
湖 南	Hunan	0.894	-2.10	-8.61	-2.10
广 东	Guangdong	0.563	-1.46	-5.13	-1.46
四 川	Sichuan	0.997	-1.87	-7.78	-1.87

附录B-1 中国香港特别行政区主要社会经济指标

Main Statistical Indicators of Hong Kong Special Administrative Region

指标	Item	1990	2000	2010	2011	2012
本地生产总值	**Gross Domestic Product (GDP)**					
按2010年环比物量计算①	At 2009 Link Ratios①					
本地生产总值年增长率 (%)	Annual Growth Rate (%)	3.9	8.0	7.0	4.9	1.4
本地生产总值 (亿港元)	GDP (HKD 100 million)	7957	11685	17368	18630	18898
人均本地生产总值 (港元)	Per Capita GDP (HKD)	139483	175316	247256	263442	264142
按当年价格计算	At Current Prices					
本地生产总值年增长率 (%)	Annual Growth Rate (%)	11.7	4.0	7.3	9.0	5.4
本地生产总值 (亿港元)	GDP (HKD 100 million)	5990	13177	17417	19361	20401
人均本地生产总值 (港元)	Per Capita GDP (HKD)	104996	197697	247951	273779	285146
人口及生命统计	**Population and Vital Events**					
年中人口 (万人)	Mid-year Population (10000 persons)	570.4	666.5	702.4	707.2	715.5
粗出生率 (‰)	Crude Birth Rate (‰)	12.0	8.1	12.6	13.5	12.8
粗死亡率 (‰)	Crude Death Rate (‰)	5.2	5.1	6	6	6
劳动、就业 ②	**Labor and Employment ②**					
劳动人口 (万人)	Labor Force (10000 persons)	274.8	337.4	363.1	370.3	378.5
失业率 (%)	Unemployment Rate (%)	1.3	4.9	4.3	3.4	3.3
实际工资指数③(1992年9月=100)	Real Wage Index③ (September 1992=100)	100.2	112.8	121.7	117.9	118.9
政府收支、货币、金融 (亿港元)	**Public Accounts, Money and Finance (HKD 100 million)**					
政府收入总额④	Total Government Revenue④	895	2251	3765	4377	4455
政府支出总额④	Total Government Expenditure④	856	2329	3014	3640	3806
货币供应量M3	Money Supply M3	12880	36928	71563	80810.8	89713.2
居民消费物价指数	**Consumer Price Index**					
(2009年10月至2010年9月=100)	(Oct. 2009 to Sep. 2010 = 100)					
综合消费物价指数	Composite Consumer Price Index	57.3	96.5	100.7	106.0	110.3
工业生产	**Industrial Production**					
工业生产指数⑤ (2008年=100)	Index of Industrial Production⑤ (2008=100)			95.0	95.7	94.9
工业电力消费量 (万亿焦耳)	Industrial Electricity Consumption (terajoules)	24934	17769	11080	11104	11282
工业煤气消费量 (万亿焦耳)	Industrial Gas Consumption (terajoules)	583	982	917	1086	1331
运输、旅游	**Transport and Tourism**					
进出香港货运车辆 (万辆)	Inward/Outward Movement of Goods Vehicles	473.35	940.22	834.57	786.66	767.14
集装箱吞吐量⑥ (万标准集装箱单位)	Volume of Containers Handled ⑥ (10000 TEUs)	510	1810	2370	2438	2312
访港旅客⑦ (万人次)	Visitor Arrivals⑦ (10000 person-times)	658	1306	3603	4192	4862
酒店入住率 (%)	Hotel Room Occupancy Rate (%)	79	83	87	89	89
对外商品贸易	**External Merchandise Trade**					
港产品出口 (亿港元)	Domestic Exports (HKD 100 million)	2259	1810	695	657	588
转口 (亿港元)	Re-exports (HKD 100 million)	4140	13917	29615	32716	33755
进口 (亿港元)	Imports (HKD 100 million)	6425	16580	33648	37646	39122
教育	**Education**					
小学学生人数 (人)	Student Enrolment in Primary Schools (person)	526720	493979	331112	322881	317442
中学学生人数 (人)	Student Enrolment in Secondary Schools (person)	453423	466710	452581	469129	420723

注：本表数据由香港特别行政区政府统计处提供，国家统计局整理编辑。1996年及以前年份数据均指原香港地区。

①按环比物量计算的本地生产总值及其组成部分的参照年，已由2009年重订为2010年。

②数字已就2011年人口普查的结果作出修订。2011年人口普查的结果提供了一个基准，用作修订自2006年中期人口统计以来编制的人口数字。

③自2004年以后工资统计数字采用《香港标准行业分类2.0版》编制。

④财政年度数字。指当年4月1日至第二年3月31日。

⑤自2005年统计年度开始，所有工业生产指数均按《香港标准行业分类2.0版》编制。

⑥1998年起，采用一系列新的集装箱吞吐量数字，与1998年以前的数字不可比。

⑦1996年及以后的数字包括澳门访港的非澳门居民旅客人数。

Notes: Data in this table are provided by the Census and Statistics Department of the Government of Hong Kong Special Administrative Region, and further prepared and edited by the National Bureau of Statistics. Data of 1996 and prior to it refer to the original Hong Kong.

① The chain volume measures of GDP and its components have been re-referenced from 2009 to 2010.

② Figures have been revised in accordance with the 6th National Population Census. Figures of population since mid 2006 have been revised according to the census results.

③Since 2004, statistics on wages are compiled based on the Hong Kong Standard Industrial Classification (HSIC)Version 2.0.

④Figures are as at end of the financial year. Financial year is from 1 April to 31 March of the next year,unless otherwise specified.

⑤Since 2005, all indices of industrial production are compiled based on the Hong Kong Standard Industrial Classification (HSIC) Version 2.0.

⑥Since 1998,new figures of container throughput are adopted,and therefore not comparable with the previous years.

⑦Figures of 1996 and after include arrival of non-Macao residents via Macao.

附录B-2 中国澳门特别行政区主要社会经济指标

Main Statistical Indicators of Macao Special Administrative Region

指　　标	Item	1990	2000	2010	2011	2012
本地生产总值①	**Gross Domestic Product① (GDP)**					
以2010年环比物量计算	At 2009 Link Ratios					
本地生产总值实际增长率（支出法） (%)	Real Growth Rate of GDP by Expenditure	8.0	5.7	27.0	21.8	9.9
本地生产总值 （亿澳门元）	GDP (100 million MOP)	546.9	711.9	2161.7	2764.5	3039.5
人均本地生产总值(万澳门元)	Per Capita GDP (10000 MOP)	16.3	16.5	40.3	50.3	53.4
按当年价格计算	At Current Prices					
本地生产总值名义增长率（支出法） (%)	Nominal Growth Rate of GDP by Expenditure	20.4	2.7	32.9	30.0	18.0
本地生产总值 （亿澳门元）	GDP (100 million MOP)	254.6	516.3	2262.2	2950.5	3482.2
人均本地生产总值(万澳门元)	Per Capita GDP (10000 MOP)	7.6	12	42.1	53.7	61.2
人口及生命统计	**Population and Vital Events**					
年中人口估计 （万人）	Mid-year Estimates of Population (10000 persons)	33.5	43.1	53.7	55	56.8
粗出生率 (‰)	Crude Birth Rate (‰)	20.5	8.9	9.5	10.6	12.9
粗死亡率 (‰)	Crude Death Rate (‰)	4.4	3.1	3.3	3.4	3.2
劳动、就业②	**Labor②**					
劳动人口 （万人）	Labor Force (10000 persons)	16.9	20.9	32.4	33.6	35
失业率 (%)	Unemployment Rate (%)	3.2	6.8	2.8	2.6	2.0
对外贸易	**External Trade**					
出口 （亿澳门元）	Exports (100 million MOP)	136.4	203.8	69.6	69.7	81.6
本地产品出口 （亿澳门元）	Domestic Exports (100 million MOP)		170.8	23.9	23.9	22.8
转口 （亿澳门元）	Re-exports (100 million MOP)		33.0	45.7	45.8	58.7
进口 （亿澳门元）	Imports (100 million MOP)	123.4	181.0	441.2	622.9	709.3
工业生产	**Industrial Production**					
工业电力消耗量 （亿千瓦小时）	Industrial Electricity Consumption (100 million kwh)		1.6	1.6	1.7	1.8
运输、旅游	**Transport and Tourism**					
进出澳门货运车辆数目③(万辆)	Lorries Entering and Departing Macao③(10000 times)	26.4	45.4	35.8	33.4	32.5
访澳旅客④ （万人次）	Visitor Arrivals④ (10000 person-times)	594.2	916.2	2496.5	2800.2	2808.2
酒店入住率 (%)	Hotel Room Occupancy Rate (%)	69	58	80	84	83
政府收支、货币、金融(亿澳门元)	**Government Accounts, Money and Finance (100 million MOP)**					
政府总收入①	Total Government Revenue①	60.2	153.4	884.9	1229.7	1295.0
政府总开支①	Total Government Expenditure①	55.1	150.2	383.9	455.9	567.4
货币供应（广义货币供应量M2）	Money Supply (M2)	307.4	849.2	2430.5	2979.6	3744.3
消费价格指数	**Consumer Price Index**					
（2008年4月至2009年3月=100）	(Jul. 2004 to Jun. 2005 = 100)					
综合消费价格指数	Composite Consumer Price Index		83.95	104.25	110.30	117.04
教育	**Education**					
小学生 （人）	Students in Primary Education (person)	34972	45474	23833	22646	
中学生 （人）	Students in Secondary Education (person)	17601	38156	37101	35726	
高等教育学生 （人）	Students in Higher Education (person)	7425	8358	24156	26217	

注：本表数据由澳门特别行政区政府统计暨普查局提供，国家统计局整理编辑。1998年及以前数据均指原澳门地区。

①数字在日后得到更多资料时会作出修订。

②自2009年起，劳动人口的年龄下限由14岁调升至16岁。

③自2000年开始包括进出关闸及路(氹)城边检站的数字。而自2007年开始亦包括进出跨境工业区边检站的数字。

④自2008年开始，访澳旅客不包括外地雇员及学生等。

Notes: Data in this table are provided by the Statistics and Census Services of the Government of Macao Special Administrative Region, and further prepared and edited by the National Bureau of Statistics. Data of 1998 and prior to it refer to the original Macao."r" indicates rectified figures.

① Figures of are subject to revision as more data become available.

② Starting from 2009, the minimum age of labor population has been changed from 14 to 16.

③Starting from 2000,data include the figures via inspection stations.Starting from 2007,data include those via inspection stations of the cross-border industrial zone.are also included.

④Starting from 2008,foreign employees and students are not included in Macao Visitor arrivals.

附录C 中国台湾省主要社会经济指标
Main Statistical Indicators of Taiwan Province

指标	Item	1995	2000	2010	2011	2012
国民经济核算	**National Accounts**					
本地居民生产总值(新台币亿元)	Gross National Product (NT$ 100 million)	71291	101716	140439	140627	144892
本地生产总值 (新台币亿元)	Gross Domestic Product (NT$ 100 million)	70179	100320	136142	136743	140369
经济增长率 (%)	Economic Growth Rate (%)	6.4	5.8	10.7	4.1	1.3
农业	Agriculture, Forestry, Hunting and Fishery	2.9	1.2	1.2	7.2	-5.8
工业	Industry	5.1	5.8	23.0	5.7	0.9
服务业	Services	7.4	5.9	5.4	3.0	0.8
产业结构 (%)	Industrial Structure (%)					
农业	Agriculture, Forestry, Hunting and Fishery	3.5	2.0	1.6	1.8	1.9
工业	Industry	36.4	29.1	31.1	29.8	29.0
服务业	Services	60.1	68.9	67.2	68.4	69.2
人均本地居民生产总值	Per Capita Gross National Product					
新台币元	NT$	336042	459729	606885	606321	622814
美元	USD	12686	14721	19175	20574	21035
人口	**Population**					
户籍登记人口数① (万人)	Year-end Population① (10000 persons)	2136	2228	2316	2322.5	2332
人口自然增加率 (‰)	Natural Population Growth Rate (‰)	9.90	8.08	0.91	1.88	3.23
人口密度 (人/平方公里)	Population Density (persons/sq.km)	590	616	640	641.7	644
劳动、就业	**Labor and Employment**					
劳动力人口 (万人)	Labor Force (10000 persons)	921	978	1107	1120	1134
失业率 (%)	Unemployment Rate (%)	1.8	3.0	5.2	4.4	4.2
工业	**Industry**					
受雇者劳动生产力指数 (2006年=100)	Productivity Index (%) (2001=100)			124.0	128.2	127.2
工业生产指数 (2006年=100)	Index of Industrial Production (2006=100)			123.5	129.7	129.6
工业生产总值 (新台币亿元)	Gross Industry Product (NT$ 100 million)	71609	91425	147160	153505	148557
对外贸易	**Foreign Trade**					
贸易额 (亿美元)	Total Value of Imports and Exports (USD 100 million)					
出口	Exports	1117	1520	2746	3083	3011
进口	Imports	1036	1407	2512	2814	2707
运输、旅游	**Transportation and Tourism**					
航空 (万人)	Airway (10000 persons)					
省内	Domestic	2874	2665	973	1048	1068
国际	Non-domestic	1499	1978	2774	2909	3287
高速公路通行车辆数 (万辆次)	Vehicles for Motorway Transportation(10000 unit-times)	36815	45381	55506	57123	57351
每百人机动车辆数① (辆)	Vehicles per 100 Persons① (unit)	61.8	76.4	93.8	95.7	95.8
港埠货物装卸量 (万收费吨)	Inward and Outward Movements Cargo (10000 tons)	42017	56695	65540	67900	69080
观光 (万人次)	Tourism (10000 person-times)					
出岛旅客	Outbound Tourists	519	733	942	958.4	1024
来台湾旅客	Inbound Tourists	233	262	557	609	731
财政、金融	**Public Accounts and Finance**					
赋税实征净额② (新台币亿元)	Revenue② (NT$ 100 million)	12323	19298	16222	17646	17793
货币供应量M2① (新台币亿元)	Money Supply M2① (NT$ 100 million)	128054	188978	309538	324519	335739
年增长率 (%)	Average Annual Growth Rate (%)	9.4	6.5	5.4	4.8	3.5
存款① (新台币亿元)	Deposits① (NT$ 100 million)	131309	193087	310057	323022	332995
物价年增率(2006年=100) (%)	**Price Indices Annual Growth Rate (2006=100) (%)**					
批发	Wholesale Trade Price		1.82	5.46	4.32	-1.16
消费者	Consumer Price		1.26	0.96	1.42	1.93

注：①年底数。
②为年度资料,如2000年度指1999年下半年及2000年度。

Notes: ① Year-end data.
② Annual data, of which year of 2000 refers to the second half year of 1999 and year of 2000.

附录D-1 部分国家和地区主要经济指标（2011年）

Main Economic Indicators of Some Countries and Territories (2011)

国家和地区	Country or Territory	国内生产总值（亿美元）Gross Domestic Product (USD 100 million)	人均国民总收入（美元）Per Capita Gross National Income (USD)	国内生产总值增长率(%) Growth Rate of GDP (%)	对GDP增长贡献率(%) Contribution Share in GDP Growth (%)		
					消费支出 Final Consumption Expenditure	资本形成总额 Gross Capital Formation	净出口 Net Exports
世　界	World	699937	9491	2.73			
发达国家①	Developed Countries①	466435	39783	1.54			
发展中国家①	Developing Countries①	229755	4125	6.33			
西方七国	G 7						
欧元区	Euro Area						
北美自由贸易区	NAFTA						
东南亚国家联盟	ASEAN						
中　国	China	73185	4940	9.30	55.5	48.8	-4.3
美　国	United States of America	150940	48450	1.70			
日　本	Japan	58672	45180	-0.70	5.0②	62.7②	32.4②
加拿大	Canada	17361	45560	2.46	439.4③	48.7③	-388.1③
德　国	Germany	35706	43980	3.00	32.9	45.0	22.1
英　国	United Kingdom	24316	37780	0.66			
法　国	France	27730	42420	1.70			
意大利	Italy	21948	35330	0.43	13.7②	64.5②	21.9②
墨西哥	Mexico	11553	9420	3.94			
印度尼西亚	Indonesia	8648	2940	6.46	40.8	32.9	26.3
马来西亚	Malaysia	2787	8420	5.14			
泰　国	Thailand	3456	4420	0.05	64.2	10.6	25.3
新加坡	Singapore	2397	42930	4.89	32.9	43.1	24.0
韩　国	Korea, Rep.	11162	20870	3.63	46.0④	51.6④	2.4④
印　度	India	18480	1410	6.86			
巴　西	Brazil	24767	10720	2.73	94.4③	64.0③	-58.4③
俄罗斯联邦	Russian Federation	18578	10400	4.30	-366.1④	-911.1④	1377.2④

附录D-1　续表　continued

国家和地区	Country or Territory	GDP产业构成(%) Structure of GDP by Production Approach (%) 农业增加值占GDP比重 Agriculture	工业增加值占GDP比重 Industry	服务业增加值占GDP比重 Service Industry	能源生产量(2010年，万吨标准油当量) Energy Production(2010, 10000 tons of SOE)	能源最终消费量(2010年，万吨标准油当量) Total Energy Consumption(2010, 10000 tons of SOE)	货物进出口贸易总额(亿美元) Total Merchandise Imports and Exports (USD 100 million)	货物出口总额(亿美元) Merchandise Exports (USD 100 million)	货物进口总额(亿美元) Merchandise Imports (USD 100 million)
世　界	World	2.8④	26.3④	70.9④	1284006	868196	366930	182550	184380
发达国家①	Developed Countries①	1.3④	24.4④	74.3④					
发展中国家①	Developing Countries①	9.7	34.7	55.6					
西方七国	G 7								
欧元区	Euro Area								
北美自由贸易区	NAFTA								
东南亚国家联盟	ASEAN								
中　国	China	10.0	46.6	43.3	225245	151356	36419	18984	17435
美　国	United States	1.2④	20.0④	78.8④	172451	150018	37463	14804	22659
日　本	Japan	1.2④	27.4④	71.5④	9679	32458	16776	8226	8550
加拿大	Canada	1.9③	32.0③	66.1③	39783	19598	9151	4524	4626
德　国	Germany	0.9④	28.2④	71.0④	13135	22675	27262	14723	12539
英　国	United Kingdom	0.7④	21.7④	77.6④	14877	13791	11110	4732	6378
法　国	France	1.8②	19.1②	79.2②	13557	16281	13099	5961	7139
意大利	Italy	1.9④	25.2④	72.9④	2979	12977	10807	5232	5575
墨西哥	Mexico	3.7	34.1	62.2	22636	11345	7106	3496	3611
印度尼西亚	Indonesia	16.9	44.9	38.3	38145	15645	3775	2006	1769
马来西亚	Malaysia	10.6④	44.4④	45.0④	8588	4333	4147	2270	1877
泰　国	Thailand	12.4	43.5	44.1	7056		4573	2288	2285
新加坡	Singapore		26.6	73.4	40	2372	7753	4095	3658
韩　国	Korea, Rep.	2.6④	39.3④	58.2④	4492	15744	10796	5552	5244
印　度	India	17.2	26.4	56.4	51867	45749	7672	3046	4626
巴　西	Brazil	5.5	27.5	67.0	24637	21061	4929	2560	2369
俄罗斯联邦	Russian Federation	4.0④	36.7④	59.3④	129305	44576	8458	5220	3238

注：①除“经济增长”外，发达国家均指高收入国家，发展中国家均指中低收入国家。②2009年数据。③2008年数据。④2010年数据。

Notes: ① Except for “Economic Growth”,“Developed Countries”refer to high-income countries, and“Developing Countries”refer to mid-income and low-income countries. ②Data of 2009.③Data of 2008.

附录D-2　部分国家和地区国内生产总值

Gross Domestic Product of Some Countries and Territories

单位：亿美元　　(USD 100 million)

国家和地区	Country or Territory	1990	2000	2005	2009	2010	2011
世界总计	**World**	**219769**	**323293**	**456753**	**578767**	**631360**	**699937**
低收入国家	Low Income Countries	1452	1667	2412	3915	4251	4744
中等收入国家	Middle Income Countries	35622	57201	95212	163003	196554	229755
中下等收入国家	Lower Middle Income Countries	8682	12640	20715	34676	41813	47533
中上等收入国家	Upper Middle Income Countries	36933	44560	74487	128303	154712	182215
中、低收入国家	Low and Middle Income Countries	37029	58886	97690	167057	201014	234763
高收入国家	High Income Countries	182734	264422	359145	411975	431195	466435
经合组织成员国	OECD Countries						
欧元区	Euro Area						
中国	China	3569	11985	22569	49913	59305	73185
中国香港	Hong Kong, China	769	1691	1778	2093	2245	2437
中国澳门	Macao, China	30	61	118	213	283	364
阿根廷	Argentina	1414	2842	1832	3071	3687	4460
澳大利亚	Australia	3141	4169	6965	9242	11316	13718
孟加拉国	Bangladesh	301	471	603	894	1004	1106
白俄罗斯	Belarus	174	127	302	493	552	551
巴西	Brazil	4620	6447	8822	16217	21430	24767
保加利亚	Bulgaria	207	129	289	486	477	535
加拿大	Canada	5827	7249	11338	13376	15770	17361
捷克	Czech Republic	387	588	1301	1962	1977	2152
埃及	Egypt	431	998	897	1890	2189	2295
法国①	France①	12442	13263	21366	26197	25490	27730
德国	Germany	17145	18864	27663	32986	32589	35706
印度	India	3266	4747	8342	13611	16843	18480
印度尼西亚	Indonesia	1144	1650	2859	5396	7080	8468
伊朗	Iran	1160	1013	1920	3310		
以色列	Israel	525	1249	1340	1949	2174	2429
意大利	Italy	11334	11040	17863	21111	20436	21948
日本	Japan	31037	47312	45719	50351	54884	58672
哈萨克斯坦	Kazakhstan	269	183	571	1153	1480	1862
韩国	Korea, Rep.	2638	5334	8449	8341	10149	11162
马来西亚	Malaysia	440	938	1380	1929	2378	2787
墨西哥	Mexico	2627	5814	8489	8824	10359	11553
蒙古	Mongolia	26	11	25	46	62	86
荷兰	Netherlands	2949	3851	6385	7934	7742	8363
新西兰	New Zealand	445	516	1131	1174	1425	
尼日利亚	Nigeria	285	460	1122	1686	1968	2359
巴基斯坦	Pakistan	400	740	1096	1618	1769	2111
菲律宾	Philippines	443	810	1031	1683	1996	2248
波兰	Poland	645	1713	3039	4309	4698	5145
罗马尼亚	Romania	383	371	989	1611	1616	1798
俄罗斯联邦	Russian Federation	5168	2597	7640	12226	14875	18578
新加坡	Singapore	361	959	1235	1759	2132	2397
南非	South Africa	1120	1329	2471	2830	3635	4082
西班牙	Spain	5210	5803	11308	14556	13833	14908
斯里兰卡	Sri Lanka	80	163	244	421	496	592
泰国	Thailand	853	1227	1764	2635	3189	3456
土耳其	Turkey	1507	2666	4830	6146	7311	7731
乌克兰	Ukraine	815	313	861	1172	1364	1652
英国	United Kingdom	10126	14772	22805	21714	22519	24316
美国	United States of America	57508	98988	125643	138636	144471	150940
委内瑞拉	Venezuela	470	1171	1455	3294	3938	3165
越南	Viet Nam	65	312	529	972	1064	1240

注：①包括法属圭亚那、瓜德罗普、马提尼克和留尼汪。

Notes: ① Including French Guiana, Guadeloupe, Martinique and Réunion.

附录D-3 部分国家和地区国内生产总值增长率

Growth Rates of GDP of Some Countries and Territories

单位：% (%)

国家和地区	Country or Territory	1990	2000	2005	2009	2010	2011
世界①	**World ①**	**2.95**	**4.20**	**3.46**	**-2.24**	**4.34**	**2.73**
发达国家	Developed Countries	3.15	3.93	2.53	-3.75	3.28	1.54
主要发达国家	Major Developed Countries						
亚洲新兴工业化国家	Newly Industrialized Asian Countries						
新兴和发展中国家	Developing Countries						
亚洲发展中国家	Developing Asian Countries						
东盟5国②	ASEAN-5②						
中　　国	China	3.80	8.40	11.30	9.20	10.40	9.30
中国香港	Hong Kong, China	3.90	7.95	7.08	-2.66	6.97	5.16
阿 根 廷	Argentina	-2.40	-0.79	9.18	0.85	9.16	8.87
澳大利亚	Australia	3.58	3.95	2.96	1.45	2.26	1.85
孟加拉国	Bangladesh	5.94	5.95	5.96	5.74	6.07	6.66
白俄罗斯	Belarus		5.80	9.44	0.16	7.70	5.30
巴　　西	Brazil	-4.30	4.31	3.16	-0.33	7.53	2.73
保加利亚	Bulgaria	-9.12	5.73	6.36	-5.50	0.40	1.70
加 拿 大	Canada	0.19	5.23	3.02	-2.77	3.22	2.46
捷　　克	Czech Republi		4.19	6.75	-4.69	2.74	1.66
埃　　及	Egypt	5.70	5.37	4.47	4.69	5.15	1.80
法　　国	France	2.62	3.68	1.83	-3.15	1.66	1.70
德　　国	Germany	5.26	3.06	0.69	-5.13	3.69	3.00
印　　度	India	5.53	3.98	9.29	8.24	9.55	6.86
印度尼西亚	Indonesia	9.00	4.92	5.69	4.63	6.20	6.46
伊　　朗	Iran	13.69	5.14	4.62	1.80		
以 色 列	Israel	6.84	9.26	4.94	0.84	4.85	4.71
意 大 利	Italy	2.05	3.65	0.93	-5.49	1.80	0.43
日　　本	Japan	5.20	2.26	1.30	-5.53	4.43	-0.70
哈萨克斯坦	Kazakhstan		9.80	9.70	1.20	7.30	7.50
韩　　国	Korea，Rep.	9.15	8.49	3.96	0.32	6.32	3.63
马来西亚	Malaysia	9.01	8.86	5.33	-1.64	7.19	5.14
墨 西 哥	Mexico	5.07	6.60	3.21	-6.24	5.52	3.94
蒙　　古	Mongolia	-3.18	1.15	7.25	-1.27	6.37	17.26
缅　　甸	Myanmar	2.82	13.75	13.49	10.58	10.42	
荷　　兰	Netherlands						
新 西 兰	New Zealand	0.04	2.62	3.30	-0.47	1.90	
尼日利亚	Nigeria	8.20	5.40	5.40	7.00	7.82	6.67
巴基斯坦	Pakistan	4.46	4.26	7.67	3.60	4.14	2.36
菲 律 宾	Philippines	3.04	4.41	4.78	1.15	7.63	3.72
波　　兰	Poland		4.26	3.62	1.63	3.90	4.35
罗马尼亚	Romania	-5.60	2.10	4.17	-8.50	0.95	-0.37
俄罗斯联邦	Russian Federation	-3.00	10.00	6.38	-7.83	4.30	4.30
新 加 坡	Singapore	10.11	9.04	7.37	-0.98	14.76	4.89
南　　非	South Africa	-0.32	4.16	5.28	-1.54	2.89	3.12
西 班 牙	Spain	3.78	5.05	3.58	-3.74	-0.07	0.71
斯里兰卡	Sri Lanka	6.40	6.00	6.24	3.54	8.02	8.25
泰　　国	Thailand	11.17	4.75	4.61	-2.33	7.81	0.05
土 耳 其	Turkey	9.27	6.77	8.40	-4.83	9.16	8.49
乌 克 兰	Ukraine	-6.34	5.90	2.70	-14.80	4.10	5.20
英　　国	United Kingdom	0.78	4.46	2.09	-4.37	2.09	0.66
美　　国	United States of America	1.86	4.17	3.08	-3.53	3.02	1.70
委内瑞拉	Venezuela	6.47	3.69	10.32	-3.20	-1.49	4.18
越　　南	Viet Nam	5.10	6.79	8.44	5.32	6.78	5.89

注：①指国际货币基金组织世界经济展望数据库的180个国家和地区。
②印度尼西亚、马来西亚、菲律宾、泰国和越南。

Notes: ① Refer to the 180 countries and territories listed in the IMF World Economic Outlook database.
②Composed of Indonesia,Malaysia,Philippines,Thailand.and Viet Nam.

附录D-4 部分国家和地区人均国民总收入

Per Capita Gross National Income of Some Countries and Territories

单位：美元 (USD)

国家和地区	Country or Territory	1990	2000	2005	2009	2010	2011
世界总计	**World**	**4080**	**5278**	**7104**	**8674**	**9067**	**9491**
低收入国家	Low Income Countries	287	267	343	496	534	567
中等收入国家	Middle Income Countries	892	1252	1921	3349	3722	4125
下中等收入国家	Lower Middle Income Countries	520	575	897	1462	1596	1760
上中等收入国家	Upper Middle Income Countries	1207	1881	2912	5233	5865	6530
中、低收入国家	Low and Middle Income Countries	820	1127	1712	2959	3283	3631
高收入国家	High Income Countries	18375	25324	34000	37800	38765	39783
非经合组织成员国	Non-OECD Countries	8538	13895	18474	22890	23782	25372
经合组织成员国	OECD Countries	19059	26218	35292	39150	40142	41144
中国	China	330	930	1740	3620	4240	4940
中国香港	Hong Kong, China	12660	26570	28150	31410	32780	35160
阿根廷	Argentina	3180	7460	4480	7580	8620	9740
澳大利亚	Australia	20080	26000	37210	46630	46920	48300
孟加拉国	Bangladesh	290	380	480	640	700	770
白俄罗斯	Belarus		1380	2780	5590	5990	5830
巴西	Brazil	2700	3860	3960	8150	9540	10720
保加利亚	Bulgaria	2260	1620	3640	6080	6320	6550
加拿大	Canada	20150	22130	33110	41890	43250	45560
捷克	Czech Republic		5800	11890	17860	18490	18520
埃及	Egypt	750	1440	1250	2160	2420	2600
法国①	France①	20160	24270	34850	42380	42190	42420
德国	Germany	20630	25300	34780	42400	42970	43980
印度	India	390	450	730	1150	1260	1410
印度尼西亚	Indonesia	600	560	1220	2160	2500	2940
伊朗	Iran	2450	1630	2550	4520		
以色列	Israel	10860	17830	20180	25510	27270	28930
意大利	Italy	17900	21010	30880	35570	35530	35330
日本	Japan	27090	35040	39140	37580	42050	45180
哈萨克斯坦	Kazakhstan		1260	2950	6780	7500	8220
韩国	Korea, Rep.	6000	9910	16900	19650	19720	20870
马来西亚	Malaysia	2370	3420	5110	7230	7760	8420
墨西哥	Mexico	2790	5010	7820	8670	8930	9240
蒙古	Mongolia	1430	460	890	1760	1870	2320
荷兰	Netherlands	18810	26580	39880	48530	48920	49730
新西兰	New Zealand	12970	13760	24990	28740	29350	
尼日利亚	Nigeria	260	270	630	1160	1170	1200
巴基斯坦	Pakistan	410	470	710	990	1050	1120
菲律宾	Philippines	730	1050	1210	1870	2060	2210
波兰	Poland		4600	7270	12190	12450	12480
罗马尼亚	Romania	1710	1690	3920	8320	7850	7910
俄罗斯联邦	Russian Federation		1710	4460	9290	9880	10400
新加坡	Singapore	11450	24500	27240	36030	39410	42930
南非	South Africa	3390	3050	4850	5730	6090	6960
西班牙	Spain	11890	15420	25450	32020	31460	30990
斯里兰卡	Sri Lanka	460	860	1210	1970	2260	2580
泰国	Thailand	1480	1930	2560	3720	4150	4420
土耳其	Turkey	2300	4170	6480	9060	9890	10410
乌克兰	Ukraine	1610	700	1540	2840	2990	3120
英国	United Kingdom	16600	26010	38850	40970	38140	37780
美国	United States of America	23260	34890	44670	46080	47350	48450
委内瑞拉	Venezuela	2570	4100	4950	10230	11660	11920
越南	Viet Nam	130	390	630	1030	1160	1260

注：①包括法属圭亚那、瓜德罗普、马提尼克和留尼汪。

Notes: ①Including French Guiana, Guadeloupe, Martinique and Réunion.

附录D-5 部分国家和地区人均国内生产总值增长率

Growth Rates of Per Capita GDP of Some Countries and Territories

单位：%　　(%)

国家和地区	Country or Territory	1990	2000	2005	2009	2010	2011
世　界	**World**	**1.25**	**2.84**	**2.24**	**-3.37**	**3.15**	**1.56**
低收入国家	Low Income Countries	0.25	1.16	4.74	2.52	3.86	3.77
中等收入国家	Middle Income Countries	0.11	4.04	6.01	1.50	6.52	5.16
下中等收入国家	Lower Middle Income Countries	1.57	2.27	5.12	3.54	5.67	3.90
上中等收入国家	Upper Middle Income Countries	-0.10	4.81	6.57	1.24	7.09	5.85
中、低收入国家	Low and Middle Income Countries	0.04	3.87	5.86	1.41	6.34	5.00
高收入国家	High Income Countries	2.36	3.27	1.79	-4.43	2.62	0.91
非经合组织成员国	Non-OECD Countries	5.20	5.02	3.19	-3.61	5.18	3.94
经合组织成员国	OECD Countries	2.31	3.22	1.78	-4.42	2.53	0.78
中　国	China	2.29	7.55	10.65	8.65	9.87	8.79
中国香港	Hong Kong, China	3.57	7.00	6.62	-3.02	6.00	5.11
中国澳门	Macao, China	4.62	3.85	6.00	-0.71	24.12	18.12
孟加拉国	Bangladesh	3.35	4.00	4.48	4.63	4.88	5.39
印　度	India	3.35	2.24	7.65	6.73	8.04	5.40
印度尼西亚	Indonesia	7.14	3.55	4.44	3.54	5.11	5.38
伊　朗	Iran	10.72	3.43	3.37	0.62		
以色列	Israel	3.58	6.41	3.11	-1.54	2.95	2.79
日　本	Japan	4.84	2.08	1.29	-5.42	4.52	-0.98
哈萨克斯坦	Kazakhstan		10.13	8.73	-1.44	5.79	5.97
韩　国	Korea, Rep.	7.91	7.58	3.74	-0.16	5.83	2.87
马来西亚	Malaysia	5.99	6.32	3.28	-3.21	5.49	3.47
蒙　古	Mongolia	-5.11	0.20	5.87	-2.88	4.65	15.42
缅　甸	Myanmar	1.23	12.58	12.88	9.77	9.58	
巴基斯坦	Pakistan	1.45	1.91	5.78	1.74	2.29	0.53
菲律宾	Philippines	0.49	2.20	2.81	-0.54	5.84	1.98
新加坡	Singapore	5.92	7.17	4.88	-3.92	12.75	2.72
斯里兰卡	Sri Lanka	5.09	5.75	5.11	2.36	6.95	7.13
泰　国	Thailand	9.63	3.51	3.60	-2.95	7.16	-0.52
土耳其	Turkey	7.39	5.21	6.96	-6.05	7.80	7.18
越　南	Viet Nam	3.12	5.37	7.18	4.22	5.68	4.79
埃　及	Egypt	3.52	3.51	2.56	2.86	3.33	0.05
尼日利亚	Nigeria	5.51	2.93	2.82	4.35	5.15	4.02
南　非	South Africa	-2.33	1.61	4.09	-2.59	1.51	1.91
加拿大	Canada	-1.29	4.31	2.01	-3.95	2.02	1.40
墨西哥	Mexico	3.02	5.06	1.94	-7.42	4.23	2.70
美　国	United States of America	0.71	3.02	2.13	-4.37	2.16	0.97
阿根廷	Argentina	-3.76	-1.84	8.22	-0.03	8.22	7.93
巴　西	Brazil	-5.94	2.82	1.99	-1.21	6.60	1.84
委内瑞拉	Venezuela	4.01	1.79	8.45	-4.73	-3.03	2.60
白俄罗斯	Belarus		6.12	9.99	1.16	7.89	5.49
保加利亚	Bulgaria	-7.46	6.25	6.93	-5.02	1.08	2.49
捷　克	Czech Republic		4.30	6.55	-5.27	2.42	1.40
法　国	France	2.11	2.97	1.06	-3.67	1.11	1.14
德　国	Germany	4.35	2.92	0.74	-4.89	3.85	3.06
意大利	Italy	1.97	3.61	0.19	-6.06	1.32	-0.04
荷　兰	Netherlands						
波　兰	Poland		4.81	3.66	1.56	3.81	4.26
罗马尼亚	Romania	-5.76	2.23	4.42	-8.36	1.15	-0.14
俄罗斯联邦	Russian Federation	-3.37	10.01	6.90	-7.81	4.29	4.29
西班牙	Spain	3.62	4.17	1.90	-4.48	-0.42	0.35
乌克兰	Ukraine	-6.56	6.97	3.46	-14.42	4.51	5.58
英　国	United Kingdom	0.48	4.09	1.48	-5.02	1.40	
澳大利亚	Australia	3.38	3.42	1.71	-4.14	2.02	2.75
新西兰	New Zealand	-1.41	2.02	2.14	-1.55	0.69	

主要统计指标解释

国民总收入 国内生产总值减去生产税和进口税净额，减去支付给国外的雇员报酬和财产收入，加来自国外的雇员报酬和财产收入（即国内生产总值减去支付给非常住单位的初次收入，加上收到的非常住单位的初次收入）。按市场价格计算国民总收入的另一种方法是各部门所有初次收入的总和。国民总收入即国民生产总值，国民生产总值是以往国民核算中使用的概念。

按购买力平价计算的人均国民总收入 根据购买力平价计算的人均国民总收入。购买力平价国民总收入是用购买力平价比率、以国际元计算的国民总收入。国民总收入中一国际元的购买力等于美国一美元购买力。

香港居民消费价格指数 《香港统计年刊》中称为“消费物价指数”。香港特别行政区政府统计处编制不同的居民消费价格指数数列，以反映消费价格变动对不同开支范围的住户的影响。甲类、乙类及丙类消费价格指数分别根据较低、中等及较高开支范围的住户消费模式编制而成。而综合消费价格指数是根据上述住户的整体开支模式而编制，反映消费价格转变对全体住户的影响。

Explanatory Notes on Main Statistical Indicators

Gross National Income is gross domestic product (GDP) minus net taxes on production and imports, minus remuneration and property income for employees abroad, plus the corresponding items from employees abroad (in other words, GDP minus primary incomes payable to non- resident units plus primary incomes receivable from non-resident units). An alternative approach to measuring GNI at market prices is the sum of gross primary incomes from all sectors. Gross national income is identical to gross national product (GNP), as previously used in national accounts.

Per Capita GNI in PPP is per capita GNI based on purchasing power parity (PPP). PPP GNI is gross national income (GNI) converted to international dollars using purchasing power parity rates. An international dollar has the same purchasing power over GNI as a U.S. dollar has in the United States of America.

Consumer Price Index by Residents in Hong Kong refers to a series of consumer price indices reflected in Hong Kong Annual Digest of Statistics. The series of consumer price indices (CPIs) are compiled by the Census and Statistics Department of Hong Kong Special Administrative Region to reflect the impact of consumer price changes on households in different expenditure ranges. The CPI(A), CPI(B) and CPI(C) are compiled based on the expenditure patterns of households in the relatively low, medium and relatively high expenditure ranges. By aggregating the expenditure patterns of all households covered by the above three indices, a composite CPI is also compiled to reflect the impact of consumer price changes on the household sector as a whole.